STERLING

ACTIVE ENGLISH DICTIONARY

Sterling Paperbacks

STERLING PAPERBACKS
An imprint of
Sterling Publishers (P) Limited
A-59, Okhla Industrial Area, Phase II, New Delhi 110020, India
Tel: (+91-11) 26387070, 26386165; Fax: (+91-11) 26383788
E-mail: mail@sterlingpublishers.com
Website: www.sterlingpublishers.com

Sterling's Active English Dictionary
© 2010 Sterling Publishers Pvt. Ltd.
© 2007 Main Dictionary Text: Cyber Media India Ltd.,
B-35, Sector-32, Gurgaon (NCR, Delhi) 122 001

ISBN: 978-81-207-4759-3

All rights reserved.
No part of this book may be reproduced, stored in or introduced into a retrieval system, or transmitted, in any form or by any means (electronic, mechanical, photocopying, recording or otherwise), without the prior written permission of both the copyright owner and the publisher of this book.

Printed by Sterling Publishers Pvt. Ltd.
New Delhi-110 020.

Contents

Foreword	v
Guide to the Dictionary	vi
Labels	viii
An Introduction to International Phonetic Alphabet (IPA)	ix
Pronunciation Guide	xii
Grammar Codes and Parts of Speech	xiii
Dictionary	1

Foreword

The Active English Dictionary for Junior High Schools is a compilation that has been specially designed to suit the needs of young scholars. This dictionary is a comprehensive collection of the astounding variety of words that make up the English language, adding to our repertoire of subject based editions.

English is no longer a language restricted to Britain and her erstwhile colonies. It has acquired the status of a world language, and in this era of globalisation, it is the accepted international language of communication. Over the past few decades, English has been enriched by the addition of words from several languages. These words have become an integral part of the vocabulary of English speakers. Keeping this in mind, the present volume has been extensively researched and carefully updated to include words in current use. Special effort has been made to keep the language simple and clear. The pronunciation guide uses common words as examples along with the phonetic symbols to help the reader pronounce the words correctly. The section on grammar explains basic grammatical terms in concise and simple language, with illustrative examples, that will be of particular use to learners for whom English is a foreign language.

A distinctive feature of this volume is the attractive illustrations that accompany the text. Above all, the learning requirements of secondary students have been given top priority. This dictionary aims to help young learners understand and appreciate the complexity and richness of the English language so that they can learn to use English competently and creatively.

Guide to the Dictionary

Headword

a word whose meaning is explained in the dictionary under a heading.

Part of Speech

↑●■ - symbols show different parts of speech of a word.

Pronunciation

pronunciation is given with each headword

Numbers

words with same spelling but different meanings and pronunciation

Idioms

marked (IDM)

Phrasal Verbs

a verb with an adverb or a preposition or both, giving a new meaning

Usage

formal or informal

Spellings

Great Britain and United States

ability /əˈbɪləti/ *n.* [C, U] (*pl.* **-ies**) talent, skill, or power.

allege /əˈledʒ/ *v.* [T] (*fml.*) state something as a fact but without proof. ▶ **alleged** *adj.* ▶ **allegedly** *adv.*

academic /ˌækəˈdemɪk/ *adj.* **1** of (teaching or learning in) colleges, universities, etc. **2** involving more theoretical reading or studying rather than practical skills. ● **academic** *n.* member of a university, college, etc. ▶ **academically** /-kli/ *adv.*

baseball /ˈbeɪsbɔːl/ *n.* [U] American game played with a bat and ball by two teams of nine players.

bass¹ /beɪs/ *n.* **1** [U] lowest tone or part in music, for instruments or voices. **2** [C] (man with the) lowest singing voice. **3** = DOUBLE BASS ● **bass** *adj.* low in tone.

bass² /bæs/ *n.* [C, U] (*pl.* **bass**) kind of edible sea or freshwater fish.

behalf /bɪˈhɑːf/ *n.* [IDM] **on behalf of somebody | on somebody's behalf** as the representative of somebody: *I'm speaking on the majority's ~.*

shell /ʃel/ *n.* **1** hard outer covering of eggs, nuts and some animals, e.g. snails. **2** metal case filled with explosives, to be fired from a large gun. **3** walls or outer structure of something, e.g. an empty or ruined building. [IDM] **come out of your shell** become less shy, quiet, etc. ● **shell** *v.* **1** [I, T] fire shells at something. **2** [T] remove the shell from nuts, peas, etc. [PV] **shell (something) out (for something)** (*infml.*) pay a lot of money for something ■ **shellfish** *n.* (*pl.* **shellfish**) creature with a shell that lives in water, esp. one of the types that can be eaten, e.g. a crab.

omnipotent /ɒmˈnɪpətənt/ *adj.* (*fml.*) having unlimited power. ▶ **omnipotence** /-təns/ *n.* [U].

overnight /ˌəʊvəˈnaɪt/ *adv.* **1** during or for the night: *stay ~* **2** (*infml.*) suddenly or quickly: *become a leader ~* ● **overnight** /ˈəʊvənaɪt/ *adj.*: *an ~ bag.*

paralyse (*US* **-lyze**) /ˈpærəlaɪz/ *v.* [T] **1** make somebody unable to fell or move all or part of their body. **2** prevent something from functioning normally: *The city was ~d by the bus strike.*

Derived words words with meaning derived from the headword	**photo** /'fəʊtəʊ/ *n.* (*pl.* ~s) = PHOTOGRAPH ■ **,photo 'finish** *n.* end of a race in which the leading competitors are so close together that a photograph is needed to show the winner. **photocopy** /'fəʊtəʊkɒpi/ *n.* (*pl.* **-ies**) photographic copy of a document, etc. ● **photocopy** *v.* (*pt, pp* **-ied**) make a photocopy of something. ▶ **photocopier** /-piə(r)/ *n.* machine for photocopying documents, etc. **photogenic** /ˌfəʊtəʊ'dʒenɪk/ *adj.* looking attractive in photographs. **photograph** /'fəʊtəgrɑːf/ *n.* picture made by using a camera that has film sensitive to light inside it. ● **photograph** *v.* [T] take a photograph of somebody/something. ▶ **photographer** /fə'tɒgrəfə(r)/ *n.* person who takes photographs, esp. as a job. ▶ **photographic** /ˌfəʊtə'græfɪk/ *adj.* ▶ **photography** /fə'tɒgrəfi/ *n.* [U] art or process of taking photographs.
Regional usage as used in a particular region	**pitcher** /'pɪtʃə(r)/ *n.* **1** (*US*) = JUG **2** (*GB*) large clay container with two handles, used esp. in the past for holding liquids. **3** (in baseball) player who throws the ball to the batter.
Meanings Different meanings with number heads	**negative** /'negətɪv/ *adj.* **1** bad or harmful: *have a ~ effect on somebody* **2** lacking enthusiasm or hope. **3** (of words, answers, *etc.*) showing or meaning 'no' or 'not'. **4** (*tech.*) of the kind of electric charge carried by electrons: *a ~ charge/current*. **5** less than zero. ● **negative** *n.* **1** word or statement that means 'no' or 'not': *She answered in the ~* (= said 'no'). **2** photographic film with light and dark areas reversed. ▶ **negatively** *adv.*
Forms of words Forms of verbs	**fling** /flɪŋ/ *v.* (*pt., pp.* **flung** /flʌŋ/) [T] throw somebody/ something violently somewhere. [PV] **fling yourself into something** do something with a lot of energy and enthusiasm. ● **fling** *n.* short period of enjoyment and fun.
Forms of adjectives	**flimsy** /'flɪmzi/ *adj.* (**-ier, -iest**) **1** light and thin; easily destroyed. **2** difficult to believe: *a ~ excuse* ▶ **flimsily** *adv.*
Singular and plural	**frenzy** /'frenzi/ *n.* [C, usu. sing., U] violent excitement. ▶ **frenzied** *adj.* **fixture** /'fɪkstʃə(r)/ *n.* [C] **1** [usu. pl.] something, e.g. a bath, that is fixed in a building and cannot be removed. **2** sporting event on an agreed date.

Labels

abbr	abbreviation	math	mathematics
adj.	adjective	med.	medical
adv.	adverb	modal v.	modal verb
anat.	anatomy	n.	noun
approv.	approving	neg.	negative
aux. v.	auxiliary verb	old-fash	old-fashioned
biol.	biology	phil.	philosophy
[C]	countable noun	pl.	plural
chem.	chemistry	pol.	politics
conj	conjunction	pp	past participle
det.	determiner	prep.	preposition
disapprov.	disapproving	pre. tense	present tense
e.g.	for example	pres.pt.	present participle
esp.	especially	pron.	pronoun
etc.	et cetera	pt	past tense
exclam.	exclamation	[PV]	phrasal verb
fem.	feminine	sl.	slang
fig.	figurative	sing.	singular
fml.	formal	third pers.sing	third person singular
GB	General British	[T]	transitive verb
geol.	geology	tech.	technical
geom.	geometry	symb.	symbol
gram.	grammar	TM	trademark
hum.	humorous	[U]	uncountable noun
[I]	intransitive verb	US	American/United States
[IDM]	idiom	usu.	usually
infml.	informal	usu.sing.	usually singular
ling.	linguistics	usu. pl.	usually plural
lit.	literally	v.	verb

An Introduction to
International Phonetic Alphabet (IPA)

IPA (International Phonetic Alphabet) is a standard set of symbols used for notating pronunciation that was established by the International Phonetic Association to enable more universally and accurately understood communication regarding pronunciation. IPA is used extensively by singers, speech pathologists, linguists, and others whose areas of expertise involve in-depth study of pronunciation.

How IPA is used in different contexts varies. In some instances, nearly every nuance of pronunciation — dynamic stress, vowel duration, precise vowel quality, etc. — are represented in IPA notation.

Naturally, IPA cannot perfectly denote the sound of a particular sound, and one often finds that the same IPA symbol is pronounced slightly differently in different languages.

IPA Symbol	Description of corresponding sound
Lowercase A	A brighter version of the sound denoted by the cursive A symbol below, as in the French word "égal".
Cursive A	A deep, open "ah" sound, as in the English word "father" and the French word "âme".
Cursive A with tilde	Like the previous sound, but slightly nasalized, as in the French word "silence".
Lowercase B	Pronounced basically as in English. Care should be taken to minimize aspiration in Italian and Latin and to avoid de-voicing into "p" at the ends of phrases.
Lowercase D	Pronounced basically as in English. Care should be taken to minimize aspiration in Italian and Latin.
Epsilon	An "eh" sound, like in the English words "let" and "kettle".
Epsilon with tilde	A nasalized "eh" sound, like in the French word "divin".
Lowercase E	A combination of the sounds notated with the epsilon and lowercase I symbols, as in the French word "égal" and the German word "Meer".

Schwa	Pronounced as in the English word "deny" and the French word "de".
Lowercase F	Pronounced as in English.
Lowercase G	Pronounced as in English. Care should be taken never to de-voice this consonant, particularly at the ends of phrases.
Turned H	Pronounced like the lowercase Y, but in a glide, as in the French word "puissante". The relationship between this sound and that of the lowercase Y is analogous to that between the sounds of lowercase W and lowercase U.
Lowercase I	Pronounced like "keep" in English. Native anglophones should take special care never to pronounce like "with" and "bit".
Lowercase J	This is a "glide", a short vowel sound that transitions between two longer vowels. It is pronounced like the "j" in the English word "Hallelujah".
Lowercase K	Pronounced as in English, though in Italian and Latin, this consonant should be aspirated as little as possible.
Lowercase L	Pronounced basically as in English. Those of Russian origin and some Americans should take care to pronounce with the tip of the tongue only.
Lowercase M	Pronounced basically as in English. Care should be taken to provide enough voice for this consonant so that it may be heard clearly.
Left-tail N (at left)	A combination of "n" and "j". It is pronounced like the "ni" in the English word "onion".
Eng	Pronounced like "ng&rdquo in the English word "ring".
Lowercase N	Pronounced as in English. One should take care to give sufficient voice to this consonant for the sake of clarity.
Open O	Pronounced like the "aw" in the English "law". In French, this sound mixes slightly with the schwa sound, as in the word "donne".
Lowercase O	A more closed variant of the open O sound, approximated by the vowel in the English word "low". Most anglophones, however, (unwittingly?) apply a slight diphthong to this sound; a better example might be the French word "haut".
Lowercase O with tilde	A nasalized version of the preceding sound, as in the French word "conduit".
O-E digraph	A more open variant of the schwa sound, with the lips slightly rounded, as in the French word "peuple".
Slashed O	A darker version the preceding sound, approximated by rounding the lips and raising the tongue, as in the French word "feu".

O-E digraph with tilde	A nasalized variant of the lowercase OE ligature, as in the French word "un".
Lowercase P	Pronounced as in English. Care should be taken in Italian and Latin to aspirate this consonant as little as possible.
Lowercase R	Lightly rolled "r" sound, as used typically in Spanish. There are variants on this symbol to indicate the degree to which the "r" is rolled, but this tutorial will just use this one symbol for everything. Native anglophones should be careful to roll with the tip of the tongue.
Lowercase S	Pronounced as in English.
Esh	Pronounced like "sh" in the English word "shell".
Lowercase T	Pronounced as in English, though in Italian and Latin singers should take care to aspirate this sound as little as possible.
Lowercase U	Pronounced like the "oo" in the English word "food". Americans should take care to pronounce this vowel as a pure vowel, avoiding the widespread tendency to "slide" it.
Lowercase V	Pronounced as in English. Care should be taken to give sufficient voice to this sound.
Lowercase W	Pronounced as in English.
Lowercase Y	A combination of the sounds of lowercase I and lowercase U, as in the French word "sur" and the German word "über".
Lowercase Z	Pronounced as in English, though many anglophones do not voice this consonant sufficiently, particularly at the ends of phrases.
Yogh	Pronounced like the "s" in the English word "measure". Often written as "zh" in non-IPA English dictionaries.

Pronunciation Guide

CONSONANTS

Phonetic symbol	Example
p	pot
b	bus
t	talk
d	dig
k	cow
g	goat
tʃ	charm
dʒ	jelly
f	fire
v	vase
θ	thick
ð	that
s	see
z	zoo
ʃ	sheep
ʒ	treasure
h	hut
m	mat
n	needle
ŋ	ring
l	lion
r	rat
j	yellow
w	walk

DIPTHONGS

eɪ	-	may-/meɪ/
aɪ	-	why-/waɪ/
ɔɪ	-	toy-/tɔɪ/
aʊ	-	wow-/waʊ/
əʊ	-	so-/səʊ/ (British English)
oʊ	-	so-/soʊ/ (American English)
ɪə	-	pear-/pɪə(r)/ (British English)
eə	-	pair-/peə(r)/ (British English)
ʊə	-	cure-/kjʊəʳ/ (British English)

long vowels
- iː - beetle - /biːtl/
- aː - rather -/raːðe(r)/
- ɔː - maul-/mɔːl/
- uː - sue-/suː/
- ɜː - cub-/kɜːb/

short vowels
- ɪ - bit -/bɪt/
- e - pen-/pen/
- æ - rat-/ræt/
- ʌ - pup - /pʌp/
- ɒ - lot -/ɒt/)British English)
- ʊ - foot -/fʊt/
- ə - out -/aʊt/

Grammar Codes and Parts of Speech

Here is a basic guide to the grammatical terms used in the dictionary.

Nouns
Nouns are names of persons, animals, places or things. In the sentences below, the coloured words are nouns.
- The wolf ate up the little girl.
- Hans Christian Andersen was a famous writer from Denmark, who wrote many books.

Countable nouns
Countable nouns are nouns that can be counted. When they are singular, they are used with a or an. They can also be used in the plural.
- 'The Little Mermaid' is a story by Andersen.
- The little mermaid is a character in one of Andersen's stories.

Uncountable nouns
Uncountable nouns are nouns that cannot be counted, for example, water.
- The poverty we saw around us moved us deeply.
- The sand shone in the moonlight.

Both countable and uncountable nouns
There are some nouns that are both countable and uncountable, depending on how they are used in a sentence. They can be made plural only when they are countable.
- Put the jar of coffee on the counter.
- Anna placed an order for four coffees.

Number
When a word denotes one person or thing, it is a singular word. When a word denotes more than one person or thing, it is a plural word.
Usually, we add **s** to a word to change it to plural.
- frog   frogs
- girl   girls

We add **es** to a word ending in **ss, sh, ch** or x to change it to plural.
- brush   brushes
- kiss   kisses

We add **es** to a word ending in **o** to change it to plural.
- potato   potatoes
- volcano   volcanoes

Sometimes we add only **s** to a word ending in **o** to change it to plural.
- piano   pianos
- photo   photos

When a word ends in **y** and has a consonant before the **y**, we form the plural by changing the y to **ies**.
- lady   ladies
- city   cities

When a word ends in **f** or **fe**, we form the plural by changing the **f** or **fe** to v and adding **es**.
- leaf   leaves
- knife   knives

Some words change the inside vowel to form the plural.
- man   men
- tooth   teeth

Singular and plural nouns
Some nouns are used only in the plural, for example, **scissors,** and are called plural nouns. Some nouns are used only in the singular, for example, **rush,** and are called singular nouns. They are used with a or an.

Verbs

A verb is a word that shows an action or a state of being. In the sentences below, the coloured words are verbs.

- Daniel **works** very hard.
- The girl is **reading** a book.
- I **am** twelve years old.

A verb must agree with its subject, i.e. if the subject is singular, the verb must also be singular.

- Michael **swims** in the pool every day.
- Michael and Obi **swim** in the pool every day.

I and You always take a plural verb.

- I **swim** every morning.
- You **swim** in the evenings, don't you?

A verb can also indicate what time an action takes place.

- Today is Sunday. It is my birthday.
  (The verb is shows that something is happening right now. It is in the **present tense**.)
- Yesterday **was** Saturday. My mother was baking a cake for me yesterday.
  (The verb **was** indicates an action that took place earlier. It is in the **past tense**.)
- Tomorrow **will be** Monday. I will be taking sweets for my friends tomorrow.
  (The verb **will be** shows an action that is going to take place some time later. It is in the **future tense**.)

The present, past and future tenses have two main forms – simple and continuous.

The **simple present tense** is used to express general truths or actions that happen every day.

- The sun **rises** in the east.
- I **walk** in the park every evening.

The **present continuous tense** is used to express an action that is happening at the moment of speaking. It is formed by adding **ing** to the main verb.

- She is **cutting** vegetables.
- They **are playing** football.

The **simple past tense** is used to express an action that had happened at a particular time in the past, or to indicate past habits.

- He wrote a letter to his father last night.
- She always wore a watch when she went shopping.

The **past continuous tense** is used to express an action that was going on at some time in the past, or when some other action took place.

- When I walked in, she was talking on the telephone.
- We were watching television all evening.

The **simple future tense** is used to express an action that will take place at a specific time in the future.

- They **will go** to her house at nine thirty.
- I **shall see** her tomorrow.

The **future continuous tense** is used to express an action that will be going on at a particular time in the future.

- My sister **will be visiting** us next week.
- We **shall be staying** at the Park Hotel till Sunday.

Linking Verbs
Linking verbs are verbs that have to be followed by a complement to make the sentence meaningful. The complement may be a noun or noun phrase, or an adjective or adjective phrase. Verbs like **seems, became** and **be** are linking verbs.

- The weather **seems** fine today.
- When she grew up, Mary **became** a scientist.
- The book **was** rather boring.

Modal Verbs

A modal verb is a verb that is used with another verb to add to its meaning. Words like **can, must, should, may** and **ought** are modal verbs. Each of them expresses a particular meaning.

1) **Can/could** expresses possibility, i.e. whether a person is able to do something or not.

    - **Can** you read a map? (present tense)
    - She **could** not reach the station in time. (past tense)

2) **Must** expresses necessity or compulsion, i.e. doing or saying something because it is necessary or the right thing to do.

    - We **must** always tell the truth.
    - You **must** carry an umbrella when it is raining.

3) **Ought** expresses obligation, i.e. doing or saying something because it is right; but it may also express probability, i.e. indicating that there is a strong chance of something happening. **Ought** is always used with to.

    - This team **ought** to win the World Cup.
    - You **ought** to say sorry for breaking his window.

4) **May/might** expresses permission, i.e. asking whether one can be allowed to do something. Sometimes it is used to express possibility, i.e. indicating that something is going to happen.

    - You **may** go to school tomorrow if you are better.
    - It **might** rain tonight.

5) **Will/would** expresses intention, i.e. indicating that a person is going to do something. It may also be used as a question to indicate an invitation or request.

    - My mother **will** go to the market tomorrow to buy vegetables.
    - I **would** love to come to your party.
    - **Will** you lend me your book for a day?

6) **Shall/should** expresses commands, i.e. indicating that something is the correct thing to do. It may also be used to indicate that something is going to happen or to give a suggestion.

    - If you see a robbery, you **should** call the police at once.
    - It **should** be a fine day tomorrow.
    - **Shall** we have coffee now?

Auxiliary verbs

Special verbs that are used to form the tenses, mood and voice of other words are called auxiliary verbs. They include **be, have, do, will, would, shall, should, dare** and **ought**.

- They **have** to reach the station by one o'clock.

Transitive verbs

A verb is transitive when the action passes over from the subject or doer to an object.

- The pilot **stopped** the aircraft.

Intransitive verbs

A verb is intransitive when the action does not pass over from the subject or doer to an object.

- The train **stopped** slowly.

Both transitive and intransitive verbs
Many verbs can be used both transitively and intransitively.

- How do you **feel?** (Intransitive)
- I **feel** a severe pain in my left ankle. (Transitive)

Phrasal verbs
Sometimes verbs consist of two or three parts. The first part is a verb, which is followed by an adverb or a preposition, or by both. For example, **get up, deal with** or **put up with** are phrasal verbs.

- The coach **looked into** the matter at once.
- Nanny **looked after** the baby.

Participle
When a verb performs the function of an adjective, it is called a participle.

- We met a woman **carrying** a basket of bananas.

Here the verb **carrying** is a present tense verb that describes the noun 'woman' like an adjective, so it is called a **present participle**.

When the participle expresses a completed action, it is called a **past participle**. Past participles usually end in **- ed, - d, - t, - en** or **- n**.

- Driven by hunger, the lion killed the deer.

Here are some examples of how verbs form the past tense and past participle.

Present Tense	Past Tense	Past Participle
deceive	deceived	deceived
forget	forgot	forgotten
weave	wove	woven
write	wrote	written
teach	taught	taught
watch	watched	watched

Adjectives

Adjectives are words that tell us more about a noun. In the sentences below, the coloured words are adjectives.

- Mary is a clever girl.
- My father is a tall man.

Comparative and superlative adjectives
We use the comparative form of an adjective (by adding er) when we compare two things.

- Her pizza slice is **bigger** than mine.

We use the superlative form of an adjective (by adding **est**) when we compare more than two things.

- Michael is the strongest player in the team.

Irregular comparatives and superlatives
Some adjectives use a completely different word for comparison.
- good   better   best
- many   more   most
- little   less   least

Adjectives of three or more syllables
When an adjective has three or more syllables, the comparative and superlative forms are made by adding more and most before the adjective.
- courageous   more courageous   most courageous
- beautiful   more beautiful   most beautiful

Adverbs
Adverbs are words that give more information about verbs, other adverbs or adjectives. In the sentences below, the coloured words are adverbs.

- The ballerina danced **gracefully.**
- The player looked **very** confident.
- The train arrived **quite** late.

Pronouns
A pronoun is a word that is used instead of a noun. Words like he, she, I, it, they, him, who and you are pronouns. In the sentences below, the coloured words are pronouns.

- Are you the man who told her to sell this car?
- They went for a walk and saw a kitten whose mother was stuck in a drain.

Conjunctions
A conjunction or a linking word is a word that connects two words, phrases or parts of a sentence. Words like **and, but, because, whereas** and **while** are linking words. In the sentences below, the coloured words are conjunctions.

- Daniel **and** Mary are going shopping on Sunday.
- She likes football **but** dislikes cricket.
- I watched television **while** my sister read a book.

Interjections
An interjection is a word or phrase that expresses a sudden feeling or emotion. It is usually followed by an exclamation mark. In the sentences below, the coloured words are interjections.

- **Ah!** Here is the pen I've been looking for all evening!
- **Oh gosh!** You frightened me!

Determiners

A determiner is a word that comes before a noun and shows how the noun is being used. In the sentences below, the coloured words are determiners.

- **Some** people were unhappy with the decision.
- **Each** boy was given a prize.

Prefixes

A prefix is a word or syllable which is placed before another word to change or add to the meaning of that word. Common prefixes include **un -, non -, ex - and semi -.**

1) The prefixes **un -, im -, in -, il -, ir -** and **non -** usually change the meaning of a word to its opposite.

    - **un**usual   **im**moral   **il**literate   **in**dependent   **ir**responsible   **non**-interfering

2) The prefixes **sub -, under -, trans -, pre -, and post -** indicate direction, time or position.

    - **sub**tropical   **pre**-war   **post**graduate   **under**sea   **trans**oceanic

3) The prefixes **bi -, di -, mono -, tri -, poly -** and **multi -** show numbers.

    - **bi**cycle (two)   **di**oxide (two)   **tri**logy (three)
    - **mono**logue (one)   **poly**gon (many)   **multi**national (many)

Suffixes

A suffix is a letter or group of letters that is added after a word to modify the meaning of the word or make it into a different part of speech. Common suffixes include **- ly, - let, - ling** and **- ment.**

1) The suffixes **- let, - en, - ling** and **- ock** are used to indicate things that are smaller in size.

    - leaf**let**   duck**ling**   chick**en**   hill**ock**

2) The suffix **- ly** changes an adjective into an adverb.

    - quick**ly**   slow**ly**   weak**ly**

3) The suffixes **- ish, - y, - less, - ful, - en** and **- ed** change a noun into an adjective.

    - joy**ful**   hope**less**   gold**en**   gif**ted**   heal**thy**   green**ish**

4) The suffixes **- y, - dom, - ness, - ship, - hood** and **- th** make words into abstract nouns that express a state or condition.

    - hones**ty**   grow**th**   kind**ness**   friend**ship**   child**hood**   free**dom**

5) The suffixes **- fy** and **- ise** make words into verbs.

    - simpl**ify**   pur**ify**   civil**ise**   minim**ise**

Quantifiers

A quantifier is a word or phrase that is used with a noun to give an idea of the quantity, but without indicating the exact amount. Nouns that answer questions like how many and how much show quantity. The common quantifiers include some, many, few and a lot of.

- Many people came for the concert.
- Some of them left before it got over.
- A lot of them were carrying cameras.

Any is used usually with 'not'.

- I'm sorry, I haven't got any grapes.

Some is usually used in a question, when you expect the answer to be yes.

- Have you got some milk?

Note: The quantifiers few and a few have different meanings, so they must be used carefully.

- Mary is such a good-natured girl that she has few enemies.
  (This means that most of the people who know Mary are her friends.)
- Mary is a good-natured girl, yet she has a few enemies.
  (This means that although Mary is nice, she has made some enemies.)

Prepositions

Prepositions are words that are used with nouns, pronouns, adjectives and verbs. They tell us the relation between a noun and another noun or pronoun, a noun and an adjective, or a noun and a verb. **In, on, beside, for, across** or to are some examples of prepositions. In the sentences below, the coloured words are prepositions.

- Rita goes to the bathroom and takes out her toothbrush from the cabinet.
- The cat ran after the rat and pounced on it.

Articles

The adjectives **a, an** and **the** are called articles. They are of two types. The is called a definite article because it points to a particular person or thing.

- He was feeling ill, so he went to the doctor.
  (This means that he went to some particular doctor.)

A and **an** are called **indefinite articles** because they do not point to any particular person or thing.

- I met a doctor at the function yesterday.
- She bought this painting from an artist.

A a

A, a /eɪ/ n. [C, U] (pl. **A's, a's** /eɪz/) the first letter of the English alphabet ● **A** abbr. amp(s) ■ **A level** n. [C, U] (GB) standard test in a specific subject at about the age of 18 and mandatory for entrance to a university.

a /ə; strong form eɪ/ (also **an** /ən; strong form æn/) indefinite article (an is used before a vowel sound) **1** one: *a computer* ◇ *a million people* **2** used for numbers, amount, groups, etc.: *a lot of work* **3** each: *20 calls an hour*

aback /əˈbæk/ adv. [IDM] **be taken aback (by somebody/something)** be shocked or surprised by somebody/something.

abacus /ˈæbəkəs/ n. frame with small beads or balls which slide on rods, used for calculating.

abandon /əˈbændən/ v. [T] **1** leave somebody/something behind with no intention of returning. **2** stop doing or believing in something: *~ a mission* **3** (lit.) *~ yourself to* feel an emotion very strongly or intensely. ▶ **abandoned** adj. **1** no longer used or done. **2** (of behaviour) wild; unrestrained. ▶ **abandonment** n. [U]

abashed /əˈbæʃt/ adj. embarrassed, ashamed.

abate /əˈbeɪt/ v. [I] (fml.) (esp. of wind, storm, or pain) become less strong. ▶ **abatement** n. [U]

abattoir /ˈæbətwɑː(r)/ n. place where animals are killed for food, a slaughterhouse.

abbess /ˈæbes/ n. woman designated as head of a convent.

abbey /ˈæbi/ n. building or group of buildings in which monks or nuns live.

abbot /ˈæbət/ n. man who functions as head of a monastery or an abbey.

abbreviate /əˈbriːvieɪt/ v. [T] make a word, phrase, name, etc. shorter. ▶ **abbreviation** /əˌbriːviˈeɪʃn/ n. shortened form of a word or phrase.

abdicate /ˈæbdɪkeɪt/ v. [I, T] give up an official position, responsibility, etc. ▶ **abdication** /ˌæbdɪˈkeɪʃn/ n. [U]

abdomen /ˈæbdəmən/ n. part of the body containing the stomach and digestive organs. ▶ **abdominal**/ æbˈdɒmɪnl/ adj.

abduct /æbˈdʌkt/ v. [T] take somebody away unlawfully, using force. ▶ **abduction** /æbˈdʌkʃn/ n. [U, C]

aberration /ˌæbəˈreɪʃn/ n. [C, U] action or way of behaving that is not normal or expected.

abet /əˈbet/ v. (-tt-) [IDM] **aid and abet** →AID

abhor /əbˈhɔː(r)/ v. (-rr-) [T] (fml.) hate or detest something. ▶ **abhorrence** /əbˈhɒrəns/ n. [U] ▶**abhorrent** /-ənt/adj.

abide /əˈbaɪd/ v. **1** [T] tolerate somebody/something. **2** [I] *~ by* keep or obey a law, an agreement, a promise, etc. ▶ **abiding** adj. (written) endure for a long time.

ability /əˈbɪləti/ n. [C, U] (pl. **-ies**) talent, skill, or power.

abject /ˈæbdʒekt/ adj. (fml.) **1** terrible and dejected: *~ misery* **2** without pride or respect for own self. ▶ **abjectly** adv.

ablaze /əˈbleɪz/ adj. (written) **1** burning strongly, on fire. **2** shining brightly.

able /ˈeɪbl/ adj. (~r, ~st) **1** *~to* having the power, resources, or opportunity to do something: *Are you ~ to follow the plan?* **2** intelligent, skilled. ■ **,able-'bodied** adj. physically strong. ▶ **ably** adv.

abnormal /æbˈnɔːml/ adj. unusual or irregular, esp. in a manner that is disturbing, harmful, etc. ▶ **abnormality** /ˌæbnɔːˈmæləti/ n. [C, U] (pl. **-ies**) ▶ **abnormally** adv.

aboard /əˈbɔːd/ adv., prep. on or onto a ship, an aircraft, or other vehicle.

abode /əˈbəʊd/ n. [sing.] (fml.) a dwelling place, home: *children with no particular ~* (= with no stable home)

abolish /əˈbɒlɪʃ/ v. [T] put an end to something. ▶ **abolition** /ˌæbəˈlɪʃn/ n. [U]

abominable /əˈbɒmməbl/ adj. very unpleasant and detestable. ▶ **abominably** adv.

Aboriginal /ˌæbəˈrɪdʒənl/ (also **Aborigine** /ˌæbəˈrɪdʒəni/) n. member of the race of original inhabitants of Australia. ▶ **Aboriginal** adj.

abort /əˈbɔːt/ v. [I, T] **1** (cause somebody to) end a pregnancy prematurely in order to stop a baby from developing. **2** end something before completion. ▶ **abortion** /əˈbɔːʃn/ n. [C, U] (instance of) aborting (1): *opt for an ~* ▶ **abortive** adj. unsuccessful.

abound /əˈbaʊnd/ v. [I] **-(in/with)** possess or exist in great quantities.

about /əˈbaʊt/ prep. **1** relating to the subject of: *a discussion ~ ecology* **2** in various directions: *journeying ~ the continent* **3** occupied with: *While you're ~ the task,.* (= while you are doing the task) [IDM] **be about to do something** be close to doing something **how/what about... ?** **1** used when proposing something: *How ~ a stroll?* **2** used when enquiring about something: *What ~ her health – is she better now?* ● **about** *adv.* **1** approximately, a little more or less than: *The estimate is ~ £100.* **2** in several different directions, in no specific direction: *The crowd were gathering ~.* **3** here and there: *glass pieces scattered ~ the room* **4** able to be located in a place: *Hardly anyone was ~.* ■ **a,bout-'turn** *n.* [sing.] complete change of stance or opinion.

above /ə'bʌv/ *prep., adv.* **1** at or to a higher place or position than somebody/something: *the floor ~* **2** more than something; more in number, level, or age than somebody/something. **3** of larger importance or of superior quality than somebody/something: *I regard Einstein ~ most scientists of any era.* **4** earlier in something written or printed: *Refer ~, page 5.* **5** too credible or too honest to do something: *be ~ doubt* [IDM] **above all** most important of all, over and above all other considerations. ● **above** *adj.* mentioned earlier in a text: *Contact us at the ~ address.* ▶ **the above** *n.* [sing., with sing. or pl. verb]: *Please inform us if the ~ is incorrect.*

abrasion /ə'breɪʒn/ *n.* (*tech.*) **1** [C] injury in an area of the skin that has been scraped. **2** [U] scraping or rubbing away.

abrasive /ə'breɪsɪv/ *adj.* **1** substance that scrapes or rubs something away, rough. **2** callous and rude: *an ~ manner*

abreast /ə'brest/ *adv.* side by side, facing the same way. [IDM] **keep abreast of something** remain informed about something.

abridge /ə'brɪdʒ/ *v.* [T] make a book, text, etc. shorter. ▶ **abridgement** *n.* [C, U]

abroad /ə'brɔːd/ *adv.* in or to a foreign country: *travel ~*

abrupt /ə'brʌpt/ *adj.* **1** sudden and unexpected: *an ~ goodbye* **2** (of behaviour) curt and unfriendly. ▶ **abruptly** *adv.* ▶ **abruptness** *n.* [U]

abscess /'æbses/ *n.* painful swelling in the body, full of thick yellowish liquid (**pus**).

abscond /əb'skɒnd/ *v.* [I] (*fml.*) **1** escape from a place that you are not permitted to leave. **2** leave secretly, esp. with something that does not belong to you.

abseil /'æbseɪl/ *v.* [I] descend a steep hill or rock while attached to a double rope, pushing against the slope with your feet.

absence /'æbsəns/ *n.* **1** [U, C] (state or period of) being away: *~ from work* **2** [U] lack of somebody/something: *the ~ of visionary leadership*

absent /'æbsənt/ *adj.* **~ (from)** not present, lacking. ■ **,absent-'minded** *adj.* with the mind preoccupied with other things, forgetful.

absentee /,æbsən'tiː/ *n.* person who is not present.

absolute /'æbsəluːt/ *adj.* **1** complete; total: *~ surrender* **2** unrestricted, authoritarian: *an ~ king* **3** not relative to other things: *an ~ law* ▶ **absolutely** *adv.* **1** completely. **2** /,æbsə'luːtli/ (*infml.*) emphasize that you totally agree with somebody.

absolve /əb'zɒlv/ *v.* [T] **~ from/of** (*fml.*) pronounce somebody to be free from blame, responsibility, etc.

absorb /əb'sɔːb/ *v.* [T] **1** take in a liquid, gas, etc. **2** hold somebody's attention: *~ed in her experiment* ▶ **absorbent** *adj.* that absorbs easily, esp. liquid. ▶ **absorption** /əb'sɔːpʃn/ *n.* [U]

abstain /əb'steɪn/ *v.* [I] **1** vote neither in favour of nor against a proposal. **2 ~ (from)** keep oneself from doing something.

abstemious /əb'stiːmiəs/ *adj.* not eating or drinking in excess; moderate.

abstention /əb'stenʃn/ *n.* [C, U] act of abstaining(1).

abstinence /'æbstɪnəns/ *n.* [U] practice of abstaining(2), esp. from alcoholic drink or food.

abstract /'æbstrækt/ *adj.* **1** existing as a theory or an idea, rather than having a material or practical existence: *Greatness is ~.* **2** (of art) not showing people or objects in a realistic way. **3** (of a noun) having a concept having an abstract quality or state, e.g. *freedom* ● **abstract** *n.* summary, short account of a text, book, etc.

absurd /əb'sɜːd/ *adj.* unreasonable, illogical, ridiculous. ▶ **absurdity** *n.* [U, C] (*pl.* **-ies**) ▶ **absurdly** *adv.*

abundance /ə'bʌndəns/ *n.* [U, sing.] quantity that is plentiful. ▶ **abundant** /ə'bʌndənt/ *adj.* ▶ **abundantly** *adv.*

abuse /ə'bjuːz/ *v.* [T] **1** make wrong or harmful use of something. **2** treat somebody in a cruel or violent way, esp. sexually. **3** say unkind things to or about somebody. ● **abuse** /ə'bjuːs/ *n.* **1** [U, sing.] wrong or harmful use of something: *the ~ of freedom* **2** [U] improper, cruel or violent treatment of somebody: *spousal ~* **3** [U] rude words: *fling ~ at somebody* ▶ **abusive** *adj.* using insulting words.

abysmal /ə'bɪzməl/ *adj.* extremely bad: *an ~ turn of events* ▶ **abysmally** *adv.*

abyss /ə'bɪs/ *n.* hole so deep that it seems to have no end.

academic /,ækə'demɪk/ *adj.* **1** of (teaching or learning in) colleges, universities, etc. **2** involving more theoretical reading or studying rather than practical skills. ● **academic** *n.* member of a university, college, etc. ▶ **aca-**

demically /-kli/ adv.
academy /əˈkædəmi/ n. (pl. **-ies**) **1** school for specialized training: *an arts ~* **2** society for people interested in the arts, sciences, etc.
accede /əkˈsiːd/ v. [I] **~(to)** (fml.) assent to a request, suggestion, etc.
accelerate /əkˈseləreɪt/ v. [I, T] (cause something to) move faster ▶ **acceleration** /əkˌseləˈreɪʃn/ n. [U] ▶ **accelerator** /əkˈseləreɪtə(r)/ n. pedal in a car or other vehicle that is pressed with the foot to increase speed.
accent /ˈæksent; -sənt/ n. **1** pronouncing words in a certain way showing the country, region or social strata a person belongs to. **2** mark written over or under a letter, e.g. the symbol on the *e* in café **3** special emphasis or force accorded to something.
accentuate /əkˈsentʃueɪt/ v. [T] emphasize something or make it more obvious.
accept /əkˈsept/ v. **1** [I, T] receive something offered; assent to an invitation, etc.: *~ a donation* **2** [T] agree to something; acknowledge something: *~ the truth* ▶ **acceptable** adj. **1** generally agreed upon or approved of. **2** that somebody agrees is satisfactory or in conformity. ▶ **acceptance** n. [U, C]
access /ˈækses/ n. [U] **~(to)** **1** way of approaching or entering a place. **2** means or right to use something. ● **access** v. [T] open a computer file in order to retrieve or add information. ▶ **accessible** /əkˈsesəbl/ adj. easy to approach, reach, use, etc.
accession /ækˈseʃn/ n. [U] act of attaining a rank or position.
accessory /əkˈsesəri/ n. (pl. **-ies**) **1** something additional that is useful but not vital: *fashion accessories* **2** (law) person who assists another in a crime.
accident /ˈæksɪdənt/ n. event that occurs unexpectedly, esp. causing injury or harm. [IDM] **by accident** in a way that is not foreseen or planned. ▶ **accidental** /ˌæksɪˈdentl/ adj. by chance ▶ **accidentally** /-təli/ adv.
■ **,accident and e'mergency** (abbr. **A & E**) n. = CASUALTY(2)
acclaim /əˈkleɪm/ v. [T] (fml.) appreciate or welcome somebody/something publicly. ● **acclaim** n. [U] (fml.) enthusiastic reception or approval.
acclimate /ˈækləmeɪt/verb= (GB) acclimatize
acclimatize (GB **-ise**) /əˈklaɪmətaɪz/ v. [I, T] **~ (yourself) (to)** adapt to a new climate or other changes.
accolade /ˈækəleɪd/ n. (fml.) praise or approval, award.
accommodate /əˈkɒmədeɪt/ v. [T] **1** provide somebody with a place to stay. **2** do a favour or service; oblige somebody. ▶ **accommo-**
dating adj. helpful, adjust ▶ **accommodation** /əˌkɒməˈdeɪʃn/ n. [U] room(s), esp. for living in; lodgings.
accompaniment /əˈkʌmpənimənt/ n. **1** [C, U] vocal or instrumental part to support a singer or another instrument. **2** [C] something that you consume or use together with something else.
accompanist /əˈkʌmpənɪst/ n. performer who plays musical instrument to support a singer or another instrument.
accompany /əˈkʌmpəni/ v. (pt, pp **-ied**) [T] **1** go somewhere with somebody. **2** occur or present with something else: *storm accompanied by flood* **3** play music to support a singer or another instrument.
accomplice /əˈkʌmplɪs/ n. person who helps another do something unlawful or wrong.
accomplish /əˈkʌmplɪʃ/ v. [T] succeed in completing something. ▶ **accomplished** adj. skilled, expert. ▶ **accomplishment** n. **1** [C] something completed after a lot of hard work. **2** [C, U] skill or expertise. **3** [U] completing something successfully.
accord /əˈkɔːd/ n. [IDM] **in accord (with something/ somebody)** (fml.) in agreement or harmony with something/somebody. **of your own accord** without being asked or forced, willingly. ● **accord** v. [I] **~ (with)** (fml.) be in agreement with or match something. **accordance** /əˈkɔːdns/ n. [IDM] **in accordance with something** in conformation with something.
accordingly /əˈkɔːdɪŋli/ adv. because of something just stated; for the reason given.
according to /əˈkɔːdɪŋ tə/ prep. **1** as reported by somebody; as demonstrated in something: *A ~ to the study, there is a decline in poverty.* **2** following or in keeping with something: *Decide ~ to your priorities.*
accordion /əˈkɔːdiən/ n. musical wind instrument with bellows and a keyboard.
accost /əˈkɒst/ v. [T] approach and speak to somebody, esp. a stranger.
account /əˈkaʊnt/ n. **1** [C] formal arrangement with a bank to hold money there: *operate a bank ~* **2** [usu. pl.] record of money that is payable to a business and of money that has been paid by it: *the ~ s staff* **3** [C] written or spoken report of something that has occurred: *The witness gave an ~ of the incident.* **4** [C] (business) regular client: *retain a long-term ~* **5** [C] arrangement by which a company allows somebody to use the Internet, send emails, etc. [IDM] **of no/little account** (fml.) not significant. **on account of something** by reason of something. **on no account** not for any cause or under any circumstance. **take ac-**

count of something | take something into account evaluate particular facts, etc. when deciding about something. ● **account** v. [PV] **account for something** 1 be a clarification of something. 2 give a justification of something: *How do you ~ for the widespread protest?* 3 be a particular amount or factor of something ▶ **accountable** adj. responsible, answerable.

accountant /əˈkaʊntənt/ n. person who maintains or checks financial accounts. ▶ **accountancy** /-tənsi/ n. [U] occupation of an accountant.

accredited /əˈkredɪtɪd/ adj. officially authorized or recognized: *an ~ agency* ▶ **accreditation** /-ˈteɪʃn/ n. [U] official recognition given when somebody/something achieves a certain standard.

accrue /əˈkruː/ v. [I] (*fml.*) come as an (*esp.* financial) increase or addition.

accumulate /əˈkjuːmjəleɪt/ v. [I, T] become or make something larger in quantity over a period of time. ▶ **accumulation** /-ˈleɪʃn/ n. [U, C]

accurate /ˈækjərət/ adj. exact; correct ▶ **accuracy** /-rəsi/ n. [U] ▶ **accurately** adv.

accusation /ˌækjuˈzeɪʃn/ n. statement accusing somebody of having done something wrong or unlawful.

accuse /əˈkjuːz/ v. [T] ~(**of**) claim that somebody has done wrong: *~ his friend of back-stabbing* ▶ **the accused** n. (*pl.* **the accused**) person formally charged with committing a crime. ▶ **accuser** n.

accustom /əˈkʌstəm/ v. [T] ~**to** make yourself/somebody get used to or familiar with something. ▶ **accustomed** adj. usual, used to.

ace /eɪs/ n. 1 playing card with a large single mark on it. 2 (*infml.*) person who is highly skilled at something: *an ~ marksman* 3 (in tennis) serve in which the opponent cannot hit the ball.

ache /eɪk/ v. [I] 1 feel a steady dull pain: *My heart ~s.* 2 (*written*) desire something very much ● **ache** n. (often in compounds) persistent dull pain in a part of the body: *a head~*

achieve /əˈtʃiːv/ v. [T] gain or reach something by effort or skill; get something done: *~ the best you can.* ▶ **achievement** n. [C, U]

Achilles' heel /əˌkɪliːzˈhiːl/ n. [sing.] weak and vulnerable aspect in somebody's character. ■ **A,chilles 'tendon** n. tendon joining the calf muscles of the leg to the heel bone.

acid /ˈæsɪd/ n. [U, C] (*chem.*) sour substance that contains hydrogen and possesses a pH of less than seven. ● **acid** adj. 1 sour. 2 (of remarks) sarcastic, very unkind. ■ **,acid 'rain** n. [U] rain containing harmful chemicals that damage trees, crops, etc. ■ **,acid 'test** n. [sing.] means of determining whether something is successful or correct.

acknowledge /əkˈnɒlɪdʒ/ v. [T] 1 admit that something is true. 2 accept that somebody/something has a particular authority or position. 3 confirm that you have received something (*e.g.* a mail). 4 show that you have observed somebody. 5 publicly express gratitude for help you have been extended. ▶ **acknowledgement** (*also* **acknowledgment**) n. [U, C]

acne /ˈækni/ n. [U] a skin condition marked by spots on the face and neck.

acorn /ˈeɪkɔːn/ n. fruit of the oak tree.

acoustic /əˈkuːstɪk/ adj. of or relating to sound. ▶ **acoustics** n. 1 [pl.] attributes that affect the quality of sound produced within an enclosed space. 2 [U] scientific study of sound.

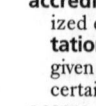

acquaint /əˈkweɪnt/ v. [T] ~**with** make somebody/yourself familiar with something. ▶ **acquaintance** n. 1 [C] person whom you know slightly. 2 [U, C] ~(**with**) (*esp.* slight) knowledge of somebody/something. [IDM] **make somebody's acquaintance** (*fml.*) introduced to somebody for the first time. ▶ **acquainted** adj. ~(**with**) knowing somebody personally.

acquiesce /ˌækwiˈes/ v. [I] ~(**in**) (*fml.*) accept something without objection. ▶ **acquiescence** n. [U]

acquire /əˈkwaɪə(r)/ v. [T] gain something by your own ability, efforts, experience, etc.; obtain something. ▶ **acquisition** /ˌækwɪˈzɪʃn/ n. 1 [U] act of getting something; act of gaining knowledge or a skill. 2 [C] something that somebody obtains to add to what they already possess. ▶ **acquisitive** /əˈkwɪzətɪv/ adj. (*fml., disapprov.*) strong desire to buy or gain new possessions.

acquit /əˈkwɪt/ v. (**-tt-**) 1 [T] formally declare that somebody is not guilty. 2 ~ **yourself** behave in a particular manner. ▶ **acquittal** n. [C, U]

acre /ˈeɪkə(r)/ n. unit of land area; 4,840 square yards (about 4,050 square metres). ▶ **acreage** /ˈeɪkərɪdʒ/ n. [U, C] land area measured in acres.

acrid /ˈækrɪd/ adj. (*esp.* of smell or taste) unpleasantly sharp or bitter.

acrimonious /ˌækrɪˈməʊniəs/ adj. (*fml.*) (*esp.* of quarrels) bitter and sharp. ▶ **acrimony**

/ˈækrɪməni/ n. [U]
acrobat /ˈækrəbæt/ n. person skilled at physical feats, esp. gymnastics. ▶ **acrobatic** /-ˈbætɪk/ adj. ▶ **acrobatics** n. [pl.]
acronym /ˈækrənɪm/ n. word formed from the first letters of various words, e.g. *NATO*
across /əˈkrɒs/ adv., prep. **1** from one side to the other: *bike ~ the country* **2** on or from the other side of something: *The shop is just ~ the street.*
acrylic /əˈkrɪlɪk/ adj. made of a material or fabric formed by chemical processes from a form of acid: *~ fibres/paints*
act¹ /ækt/ v. **1** [I] perform something; behave: *You must ~ on your judgement.* **2** [I, T] enact a role in a play or film. **3** *~as/like something* perform a specific role or function. ▶ **acting** n. [U] skill or work of performing on stage, etc. ▶ **acting** adj. performing the work of another person for a brief period: *the ~ing prime minister*
act² /ækt/ n. **1** particular thing done: *an ~ of sacrifice* **2** law passed officially by a government: *an A~ to codify all criminal procedures* **3** behaviour that is not sincere: *Don't be taken in by that ~.* **4** major division of a play. **5** one of a sequence of short performances: *a comedy ~* [IDM] **act of God** (*law*) event caused by natural powers beyond human control (*e.g.* a storm) **in the act (of doing something)** while you are carrying out something.
action /ˈækʃn/ n. **1** [U] process of doing something: *initiate ~ to fulfill the plan* **2** [C] something somebody does **3** [C, U] legal procedure to stop somebody from doing something, to make them compensate for a wrongdoing, etc.: *file a libel ~ against the malpractice* **4** [U] encounter or engagement in war: *He was killed in ~.* **5** [U] events or episodes in a story, play, etc. [IDM] **actions speak louder than words** what a person does in reality means more than what they claim they will do. **into action** launch into operation. **out of action** no longer active or working.
activate /ˈæktɪveɪt/ v. [T] cause something to work; set something in motion.
active /ˈæktɪv/ adj. **1** continuously engaged in something; energetic. **2** (*gram.*) of the verb form used to indicate that the subject of a sentence is doing the action, as in 'She *solved* the problem.' ▶ **the active** (*also* **'active voice**) n. [sing.] active(2) form of a verb ▶ **actively** adv.
activist /ˈæktɪvɪst/ n. person involved in work to bring about political or social change.
activity /ækˈtɪvəti/ n. (*pl.* **-ies**) **1** [U] situation in which something is happening or being done: *a flurry of ~ in the committee* **2** [C,

usu. pl.] something you pursue for interest or pleasure: *philanthropic activities*
actor /ˈæktə(r)/ n. (*fem.* **actress** /ˈæktrəs/) person who performs in plays, films, etc.
actual /ˈæktʃuəl/ adj. existing in fact; real. ▶ **actually** adv. **1** really; in truth: *what ~ly transpired* **2** used to express surprise: *He ~ly believed I would not make it!*

acumen /ˈækjəmən/ n. [U] (*fml.*) ability to comprehend and judge things clearly.
acupuncture /ˈækjupʌŋktʃə(r)/ n. [U] treatment of illness by pricking very small needles into specific parts of the body.
acute /əˈkjuːt/ adj. **1** very great; intensely sharp or severe: *bear ~ poverty* **2** extremely sensitive: *an ~ sense of perception* ■ **a,cute ˈaccent** n. mark inserted over a letter, as over the *e* in café. ■ **a,cute ˈangle** n. angle of less than 90°. ▶ **acutely** adv. ▶ **acuteness** n. [U]
AD /ˌeɪ ˈdiː/ abbr. (in the Christian calendar) since the traditional birth year of Jesus Christ.
ad /æd/ n. (*infml.*) = ADVERTISEMENT
adamant /ˈædəmənt/ adj. (*fml.*) refusing to change your view or opinion.
Adam's apple /ˌædəmz ˈæpl/ n. slight lump or projection at the front of the throat.
adapt /əˈdæpt/ v. **1** [T] make something fit for a new use. **2** [I, T] modify your behaviour to cope with a new situation. ▶ **adaptable** adj. able to adjust ▶ **adaptation** /-ˈteɪʃn/ n. [C, U] result or act of adapting: *an -ation of the novella for the stage* ▶ **adaptor** n. electrical device that enables several plugs to be connected to a single socket.
add /æd/ v. [T] **1** combine something with something else: *~ more drama to the portrait* **2** combine numbers to get a sum. **3** say something more [PV] **add up** (*infml.*) seem reasonable or consistent; make sense. **add up to something** lead to something; show something.
adder /ˈædə(r)/ n. small venomous snake.
addict /ˈædɪkt/ n. **1** person who is physiologically dependent on consuming some substance, e.g. drugs, alcohol, etc. **2** person strongly engrossed in something: *video games ~* ▶ **addicted** /əˈdɪktɪd/ adj. *~* **(to)** unable to control the consumption of something. ▶ **addiction** /əˈdɪkʃn/ n. [U, C] ▶ **addictive** /əˈdɪktɪv/ adj.
addition /əˈdɪʃn/ n. **1** [U] process of joining

numbers to calculate their value. **2** [C] something added to something else [IDM] **in addition (to somebody/something)** further inclusion. ▶ **additional** /-ʃənl/ *adj.* extra. ▶ **additionally** *adv.*

additive /'ædɪtɪv/ *n.* substance added in small amounts to something, esp. food.

address /ə'dres/ *n.* **1** particulars of where somebody lives or works and where mailers, etc. can be posted to: *What's your permanent ~? ◇ Don't you have an email ~?* **2** formal speech ● **address** *v.* [T] **1** mark something with a name and address. **2** make a formal speech.

adept /ə'dept/ *adj.* ~(at/in) skilled at (doing) something

adequate /'ædɪkwət/ *adj.* sufficient; satisfactory ▶ **adequately** *adv.*

adhere /əd'hɪə(r)/ *v.* [I] (*fml.*) ~(to) stick firmly to something. [PV] **adhere to something** (*fml.*) act according to a law, principle, etc.; follow a set of beliefs. ▶ **adherent** /əd'hɪərənt/ *n.* supporter of a person, movement, etc. ▶ **adherence** /-rəns/ *n.* [U]

adhesive /əd'hi:sɪv/ *adj.* able to stick to something. ▶ **adhesion** /əd'hi:ʒn/ *n.* [U] ▶ **adhesive** *n.* [C, U] substance, like glue, that causes things to stick together.

ad hoc /ˌæd 'hɒk/ *adj. adv.* planned or arranged for a specific purpose.

adjacent /ə'dʒeɪsnt/ *adj.* ~(to) next to something.

adjective /'ædʒɪktɪv/ *n.* (*gram.*) word that describes a noun, e.g. *sensitive* in *sensitive child* ▶ **adjectival** /ˌædʒek'taɪvl/ *adj.*

adjoin /ə'dʒɔɪn/ *v.* [I] (*fml.*) be next to, attach to: *~ing buildings*

adjourn /ə'dʒɜ:n/ *v.* [I, T] call off a meeting for a time, esp. in a court of law ▶ **adjournment** *n.* [C, U]

adjudicate /ə'dʒu:dɪkeɪt/ *v.* [I, T] (*fml.*) make an official judgement on something. ▶ **adjudication** /-'keɪʃn/ *n.* [U] ▶ **adjudicator** *n.*

adjunct /'ædʒʌŋkt/ *n.* **1** (*gram.*) adverb or phrase that adds meaning to the verb, e.g. *tomorrow* in *The tournament will begin tomorrow.* **2** (*fml.*) thing that is attached to something larger or more significant.

adjust /ə'dʒʌst/ *v.* **1** [T] change or correct something to make it suitable. **2** [I, T] ~(to) get adapt to a new situation. ▶ **adjustable** *adj.* ▶ **adjustment** *n.* [C, U]

ad lib /ˌæd 'lɪb/ *adj., adv.* spoken, performed, etc. without readiness or preparation. ● **ad lib** *v.* (-bb-) [I] speak, perform, etc. without being prepared.

administer /əd'mɪnɪstə(r)/ *v.* [T] **1** control or conduct something: *~ a university* **2** (*fml.*) give something: *~ a dose* ▶ **administration** /-'streɪʃn/ *n.* **1** [U] activities performed in order to plan, organize and run a business, university, etc. **2** [U] process of organizing and managing the way that something is done. **3** (often **Administration**) [C] the government of a country, esp. the US: *the Clinton A~* ▶ **administrative** /əd'mɪnɪstrətɪv/ *adj.* ▶ **administrator** /əd'mɪnɪstreɪtə(r)/ *n.*

admirable /'ædmərəbl/ *adj.* worthy of admiration; excellent. ▶ **admirably** *adv.*

admiral /'ædmərəl/ *n.* officer of very high rank in the navy.

admire /əd'maɪə(r)/ *v.* [T] have a good or approving opinion of somebody/something; look at somebody/something with pleasure. ▶ **admiration** /ˌædməˈreɪʃn/ *n.* [U] feeling of respect, approval or delight. ▶ **admirer** *n.* ▶ **admiring** *adj.*

admissible /əd'mɪsəbl/ *adj.* **1** (*law*) that can be allowed or accepted as valid: *~ proof* **2** (*fml.*) acceptable.

admission /əd'mɪʃn/ *n.* **1** [U] entering or being allowed to enter the premises of a building, school, etc. **2** [U] money charged for granting entry into a public place. **3** [C] statement that something is true; confession.

admit /əd'mɪt/ *v.* (-tt-) [T] **1** allow somebody/something to enter. **2** concur that something unpleasant is true: *I ~ that I knew the plan.* ▶ **admittance** *n.* [U] right or privilege to enter. ▶ **admittedly** *adv.* used to indicate your acceptance that something is true.

admonish /əd'mɒnɪʃ/ *v.* [T] (*fml.*) tell somebody firmly that they have done something wrong.

ad nauseam /ˌæd 'nɔ:zɪæm/ *adv.* so frequently as to become annoying: *She kept harping about the same old days ~.*

ado /ə'du:/ *n.* [U] trouble, delay, fuss: *without further ~*

adolescent /ˌædə'lesnt/ *adj., n.* (of a) young person in the stage of developing from a child into an adult. ▶ **adolescence** /-'lesns/ *n.* [U]

adopt /ə'dɒpt/ *v.* [T] **1** take somebody else's child into your family, making them lawfully your son or daughter. **2** cultivate a method, way of life, etc. ▶ **adoption** /ə'dɒpʃn/ *n.* [U, C] ▶ **adoptive** *adj.* related by adoption.

adore /ə'dɔ:(r)/ *v.* [T] **1** love somebody very much. **2** (*infml.*) like something very much. ▶ **adorable** *adj.* very lovable: *an adorable student* ▶ **adoration** /ˌædə'reɪʃn/ *n.* [U]

adorn /ə'dɔ:n/ *v.* [T] decorate something/somebody ▶ **adornment** *n.* [C, U]

adrenalin /ə'drenəlɪn/ *n.* [U] substance produced in the body in response to anger, fear, etc. and which increases the rate of heartbeat.

adrift /ə'drɪft/ *adj.* (of boats) floating freely or

without control; not fastened.
adulation /ˌædjuˈleɪʃn/ *n.* [U] (*fml.*) excessive praise or admiration.
adult /ˈædʌlt/ *also* əˈdʌlt/ *n., adj.* (person or animal) developed to full size or strength. ▶
adulthood *n.* [U] state of being an adult.
adulterate /əˈdʌltəreɪt/ *v.* [T] make food or drink less pure or poorer in quality by mixing another substance.
adultery /əˈdʌltəri/ *n.* [U] sex between a married person and somebody who is not their spouse. ▶ **adulterer** *n.* person who commits adultery. ▶ **adulterous** /-tərəs/ *adj.*
advance /ədˈvɑːns/ *n.* 1 [C, U] forward movement; progress. 2 [C, usu. sing] payment of money for work before it has been completed. 3 (**advances**) [pl] approaches made towards somebody with the intention to start a sexual relationship. [IDM] **in advance (of something)** ahead of the time that is expected. ● **advance** *adj.* made or given before something: *an ~ notice* ● **advance** *v.* 1 [I] move forward. 2 [I] give somebody money before before due date. ▶ **advanced** *adj.* 1 ahead of time; having the most modern ideas, etc.: *~d nuclear technology* 2 at a high or complex level: *~d theorems* [IDM] **of advanced years** very aged. ▶**advancement** *n.* [U] state of advancing; progress or promotion.
advantage /ədˈvɑːntɪdʒ/ *n.* [C, U] 1 a useful factor that puts you in a superior or more favourable position than other people. 2 attribute that makes something better or more useful. [IDM] **take advantage of something/somebody** 1 make profitable use of something (*e.g.* a prospect). 2 avail of somebody/something in a way that is unfair or dishonest to obtain an object. ▶ **advantageous** /ˌædvənˈteɪdʒəs/ *adj.*
advent /ˈædvent/ *n.* (**the advent**) [sing.] *~of* the approach of an important event.
adventure /ədˈventʃə(r)/ *n.* 1 [C] exciting, daring or dangerous journey or experience. 2 [U] excitement; risk. ▶ **adventurer** *n.* person who enjoys or seeks adventures. ▶ **adventurous** *adj.* 1 fond of adventures. 2 exciting.
adverb /ˈædvɜːb/ *n.* (*gram.*) word that adds information to a verb, adjective, phrase, or another adverb, e.g. *rapidly* in *turn rapidly* ▶ **adverbial** /ædˈvɜːbɪəl/ *adj., n.*
adversary /ˈædvəsəri/ *n.* (*pl.* **-ies**) (*fml.*) enemy, opponent, rival.
adverse /ˈædvɜːs/ *adj.* negative and unpleasant, unfavourable: *~ economic conditions* ▶ **adversely** *adv.* ▶ **adversity** /ədˈvɜːsəti/ *n.* [C, U] (*pl.* **-ies**) trouble, difficulty.
advert /ˈædvɜːt/ *n.* (*infml.*) = ADVERTISEMENT

advertise /ˈædvətaɪz/ *v.* [T] make something, esp. something for sale, known to people by notices in newspapers and other media. ▶
advertisement /ədˈvɜːtɪsmənt/ *n.* notice in a newspaper, on television, etc. informing people about a product, job, or service. ▶ **advertiser** *n.* ▶ **advertising** *n.* [U]
advice /ədˈvaɪs/ *n.* [U] opinion given to somebody about what they should do.
advise /ədˈvaɪz/ *v.* [T] 1 give advice to somebody. 2 *~(of)* (*business*) inform somebody about something: *~ somebody of a delivery schedule* ▶ **advisable** *adj.* sensible, wise. ▶ **adviser** (*esp. US* **advisor**) *n.* ▶ **advisory** *adj.* giving advice, making recommendation.
advocate /ˈædvəkət/ *n.* person who speaks in favour of somebody (*esp.* in a law court) or an idea. ● **advocate** /ˈædvəkeɪt/ *v.* [T] publicly express support for something.
aerial /ˈeərɪəl/ *adj.* in, through, or from the air: *an ~ survey* ● **aerial** *n.* wire or rod that sends out or receives television or radio signals.
aerobics /eəˈrəʊbɪks/ *n.* [U] physical exercise intended to strengthen the heart and lungs.
aerodynamics /ˌeərəʊdaɪˈnæmɪks/ *n.* [U] science concerned with the forces acting on objects moving through the air. ▶ **aerodynamic** *adj.*

aeronautics /ˌeərəˈnɔːtɪks/ *n.* [U] scientific study or practice of navigation through air.
aeroplane /ˈeərəpleɪn/ *n.* flying vehicle with fixed wings and one or more engines.
aerosol /ˈeərəsɒl/ *n.* small container from which a liquid is released as a fine spray.
aerospace /ˈeərəʊspeɪs/ *n.* [U] the industry of building aircraft and equipment to be sent into space.
aesthetic /iːsˈθetɪk/ *adj.* concerned with (the appreciation of) beauty. ▶ **aesthetically** /-kli/ *adv.* ▶ **aesthetics** *n.* [U] branch of philosophy dealing with beauty and artistic taste.
afar /əˈfɑː(r)/ *adv.* [IDM] **from afar** from or at a long distance.
affable /ˈæfəbl/ *adj.* friendly and easy to talk to. ▶ **affably** *adv.*
affair /əˈfeə(r)/ *n.* 1 (**affairs**) [pl.] important public or political events: *~s of the country* 2 [C, usu. sing.] event that people are talking about. 3 [C] sexual relationship between two people, esp. when one of them is married to somebody else 4 (**affairs**) [pl.] private business and financial matters. 5 [sing.] something that somebody is responsible for: *How I*

conduct the business is my ~.

affect /əˈfekt/ *v.* [T] have an influence on somebody/ something: *The change in diet ~ed her health.* ▶ **affectation** /ˌæfekˈteɪʃn/ *n.* [C, U] behaviour or action that is not natural or genuine. ▶ **affected** *adj.* not natural; artificial, false.

affection /əˈfekʃn/ *n.* [U] feeling of love; fondness. ▶ **affectionate** /-ʃənət/ *adj.* ▶ **affectionately** *adv.*

affidavit /ˌæfəˈdeɪvɪt/ *n.* (*law*) sworn written statement used as evidence in court.

affiliate /əˈfɪlieɪt/ *v.* [I, T] (*esp.* of an organization) officially join a larger organization. ▶ **affiliation** /-ˈeɪʃn/ *n.* [C, U]

affinity /əˈfɪnəti/ *n.* [C, U] (*pl.* **-ies**) **1** close relationship. **2** strong liking: *She feels a natural ~ for stray creatures.*

affirm /əˈfɜːm/ *v.* [T] (*fml.*) state or declare that something is true. ▶ **affirmation** /ˌæfəˈmeɪʃn/ *n.* [C, U] ▶ **affirmative** *n., adj.* (word, reply, etc.) indicating 'yes' or showing agreement: *I replied in the ~* (= I said yes).

affix /əˈfɪks/ *v.* [T] (*fml.*) fasten or attach something to something else. ● **affix** /ˈæfɪks/ *n* (*gram*) prefix or suffix, e.g. *un-* or *-ness*

afflict /əˈflɪkt/ *v.* [T] cause pain or trouble to somebody/something. ▶ **affliction** /-ʃn/ *n.* [C, U] (*fml.*) (cause of) suffering

affluent /ˈæfluənt/ *adj.* rich, wealthy ▶ **affluence** /-ns/ *n.* [U]

afford /əˈfɔːd/ *v.* [T] **1** have sufficient money or time for something. **2** be able to do something without risk: *I can't ~ to lose such an offer.*

affront /əˈfrʌnt/ *v.* [T] insult or offend somebody. ● **affront** *n.* insult

afield /əˈfiːld/ *adv.* [IDM] **far/farther/further afield** away from home.

afloat /əˈfləʊt/ *adj.* **1** floating on water. **2** (of a business, etc.) able to pay its debts or keep out of difficulty.

afoot /əˈfʊt/ *adj.* being planned; happening, in progress.

aforementioned /əˌfɔːˈmenʃənd/ (*also* **aforesaid** /əˈfɔːsed/) *adj.* (*fml.*) mentioned earlier.

afraid /əˈfreɪd/ *adj* **~(of/to)** frightened of somebody/ something or that something unpleasant will happen: *~ of height* ◊ *~ to approach strangers* [IDM] **I'm afraid** (*spoken*) I'm sorry: *I'm ~ the deadline is not practical.*

afresh /əˈfreʃ/ *adv.* (*fml.*) again; in a new way.

after /ˈɑːftə(r)/ *prep.* **1** later than something: *leave ~ breakfast* **2** following something/ somebody: *A year ~ the mishap, she is still in trauma.* **3** in consequence of something: *~ what he did, I cannot be friends with him.* **4** searching for something or on the trail of somebody: *The employers are ~ him.* **5** in spite of something: *~ all I had done for the venture, they still accused me of negligence!* **6** in the style of somebody/something; following the example of somebody/something: *She has been named ~ an ancient queen.* [IDM] **after all** in spite of what has been said, suggested, or expected. ● **after** *adv., conj.* subsequent in time (than something) ■ **'after-effect** *n.* [usu. pl.] (*esp.* unpleasant) effect that is felt or seen later. ■ **'afterthought** *n.* idea that strikes later.

aftermath /ˈɑːftəmæθ; -mɑːθ/ *n.* result of a war or causing misfortune.

afternoon /ˌɑːftəˈnuːn/ *n.* [U, C] part of the day from 12 midday to evening.

afterward /ˈɑːftə(r)-wərd/ or **afterwards** /wərdz/ *adv.* at a later time.

again /əˈɡen; əˈɡeɪn/ *adv.* **1** once more; another time: *come ~ later* ◊ *I had advised you ~ and ~* (= many times) *about staying away from him.* **2** returning to the original place or condition: *I fear we are back at the same street ~.* **3** in addition: *I'd like to listen to the same concerto ~* (= the same amount or thing as earlier).

against /əˈɡenst; əˈɡeɪnst/ *prep.* **1** in contact with: *The ladder was leaning ~ the wall.* **2** opposing: *Why are you ~ the decision?* ◊ *swim ~ the current* ◊ *~ the law* **3** in contrast to: *The white stood out ~ the red background.* **4** in order to prevent something from happening or causing harm: *a vaccination ~ cholera*

age¹ /eɪdʒ / *n.* **1** [C, U] duration of time somebody has lived or something has existed. **2** [U] state of being old: *Maturity comes with ~.* **3** [C] period of history: *the Victorian ~* (= the time of Queen Victoria) **4 (ages)** [pl.] (*infml.*) extremely long time: *Her depression lasted for ~.* [IDM] **come of age** become an adult in law. **under age** not legally old enough. ■ **'age group** *n.* people of a similar age. ▶ **ageism** /ˈeɪdʒɪzəm/ *n.* [U] prejudice against people because they are considered too old. ▶ **ageist** *adj.* ■ **'age limit** *n.* oldest or youngest age at which you are allowed to do something. ■ **ˌage-'old** *adj.* having endured for a very long time.

age² *v.* (*pres. pt.* **ageing** or **aging** *pp.* **aged** /eɪdʒd/) [I, T] (cause somebody to) become old. ▶ **aged** *adj.* **1** /eɪdʒd/ of a particular age: *a boy ~d seven* **2** /ˈeɪdʒɪd/ very old. ▶ **the aged** /ˈeɪdʒɪd/ *n.* [pl.] very old people.

agency /ˈeɪdʒənsi/ *n.* (*pl.* **-ies**) business or organization providing a particular service, esp. on behalf of other businesses or organizations: *a tourism ~*

agenda /əˈdʒendə/ n. list of matters to be discussed at a meeting.

agent /ˈeɪdʒənt/ n. **1** person who arranges a particular service for other people: *an insurance* ~ **2** person who finds work for an actor, a musician, etc. **3** person or thing that exercises an important effect on a situation.

aggravate /ˈægrəveɪt/ v. [T] **1** make something worse. **2** (*infml.*) annoy somebody. ▶ **aggravation** /ˌægrəˈveɪʃn/ n. [C, U]

aggregate /ˈægrɪgət/ n. total amount.

aggression /əˈgreʃn/ n. [U] **1** angry or hostile feelings. **2** violent attack or threats by one country against another. ▶ **aggressor** /əˈgresə(r)/ n. person or country that attacks first.

aggressive /əˈgresɪv/ adj. **1** having angry feelings. **2** behaving in a very forceful and determined way in order to get something: *an ~ manager* ▶ **aggressively** adv. ▶ **aggressiveness** n. [U]

aggrieved /əˈgriːvd/ adj. (*written*) feeling resentful and bitter, esp. because of unfair treatment.

aghast /əˈgɑːst/ adj. filled with horror or shock.

agile /ˈædʒaɪl/ adj. able to move quickly and easily. ▶ **agility** /əˈdʒɪləti/ n. [U]

aging → AGE

agitate /ˈædʒɪteɪt/ v. **1** [T] make somebody anxious or nervous. **2** [I] **~ for/against** campaign in favour of/against something **3** [T] (*tech.*) shake or stir a liquid strongly. ▶ **agitation** /ˌædʒɪˈteɪʃn/ n. [U] ▶ **agitator** n. person who urges people to take part in a protest.

AGM /ˌeɪ dʒiː ˈem/ abbr. (*esp. GB*) annual general meeting; meeting held once a year by a company, club, society, etc.

agnostic /ægˈnɒstɪk/ n., adj. (person who is) not sure whether God exists or not.

ago /əˈgəʊ/ adv. before the present: *The group left an hour ~.*

agog /əˈgɒg/ adj. excited and very interested to hear or see something.

agonize (*GB also* **-ise**) /ˈægənaɪz/ v. [I] **~ (over/about)** spend a long time thinking and worrying about something. ▶ **agonized** (*GB also* **-ised**) adj. expressing great pain. ▶ **agonizing** (*GB also* **-ising**) adj. causing great pain.

agony /ˈægəni/ n. [C, U] (*pl.* **-ies**) extreme pain. ■ **ˈagony aunt** n. (*GB*) person who writes in a newspaper, magazine, etc. giving advice in reply to readers' letters about personal problems.

agoraphobia /ˌægərəˈfəʊbiə/ n. [U] fear of being in open or public places where there are a lot of people. ▶ **agoraphobic** adj.

agrarian /əˈgreəriən/ adj. of land, esp. farmland; relating to agricultural matters.

agree /əˈgriː/ v. **1** [I] **~ (with)** have the same opinion or view as somebody: *I ~ that the situation is serious.* **2** [I] **~to** be willing to do something; say yes to something: *My parents ~d to let me go with my friends.* **3** [I, T] **~(on)** decide something **4** [I, T] **~ (with)** approve of or accept something. **5** [I] be the same as something; match: *The two versions do not ~.* **6** [I] **~(with)** (*gram.*) (of verbs, etc.) have the same number, person, case, etc. as another word in the same sentence. [IDM] **be agreed** have the same view about something. [PV] **not agree with somebody** (of food) make you feel ill. ▶ **agreeable** adj. **1** pleasant. **2** willing. ▶ **agreeably** adv. ▶ **agreement** n. **1** [C] arrangement, promise, or contract made with somebody. **2** [U] sharing the same opinion or feeling.

agriculture /ˈægrɪkʌltʃə(r)/ n. [U] science or practice of farming. ▶ **agricultural** /ˌægrɪˈkʌltʃərəl/ adj.

aground /əˈgraʊnd/ adv., adj. (of ships) touching the bottom in shallow water.

ahead /əˈhed/ adv. further forward in space or time: *go/plan ~* ■ **aˈhead of** prep. **1** further forward in space or time than something or somebody. **2** further advanced than: *be years ~ of current thinking*

aid /eɪd/ n **1** [U] food, money, etc. extended to a country in need. **2** [U] help: *with the ~ of well-wishers* **3** [C] device or person that helps: *hearing ~s* [IDM] **what is ... in aid of?** (*GB, spoken*) used to question why something is happening. ● **aid** v. [T] (*fml.*) help somebody/ something [IDM] **aid and abet** (*law*) help or encourage somebody to do wrong.

aide /eɪd/ n. assistant to somebody holding an important government position: *presidential ~s*

Aids (*also* **AIDS**) /eɪdz/ abbr. Acquired Immune Deficiency Syndrome; serious illness that breaks down the body's ability to fight infection.

ailing /ˈeɪlɪŋ/ adj. (*fml.*) ill and not improving. ▶ **ailment** /ˈeɪlmənt/ n. illness, esp. a minor one.

aim /eɪm/ v. **1** [I] **~ (at/for)** direct your efforts at achieving something; plan to achieve: *~ at increasing output* **2** [I, T] **~ (at)** point a weapon or object towards something. **3** [T] direct a remark, etc. at somebody. ● **aim** n. **1** [C] goal, purpose, intention: *Her ~ is to set up an orphanage.* **2** [U] action of pointing a weapon at somebody/something. ▶ **aimless** adj. without purpose. ▶ **aimlessly** adv.

ain't /eɪnt/ (used in non-standard spoken English) *short for* AM NOT, IS NOT, ARE NOT, HAS

NOT, HAVE NOT
air¹ /eə(r)/ *n.* **1** [U] invisible mixture of gases that we breathe **2** [U] earth's atmosphere: *send aids by ~* (= in an aircraft) **3** [C] impression or appearance: *an ~ of self-importance* **4 (airs)** [pl.] (*disapprov.*) way of behaving that shows that somebody thinks that they are more important, sophisticated, etc. than they really are: *It's amusing, the way she puts on ~s.* [IDM] **in the air** felt by a number of people to be happening; prevalent. **on/off (the) air** broadcasting/not broadcasting on television or radio. **up in the air** not yet decided, unresolved. ■ **'air bag** *n.* safety device in a car that rapidly fills with air if there is an accident, to protect the people in the car from being thrown forward. ■ **'airborne** *adj.* **1** (of a plane or passengers) in the air. **2** carried or spread through the air. ■ **'air conditioning** *n.* [U] system of machines that circulates cool dry air through a room or building. ▶ **'air-conditioned** *adj.* ■ **'aircraft** *n.* (*pl.* **aircraft**) vehicle that can fly and carry goods or passengers. ■ **'aircraft carrier** *n.* large ship that carries aircraft which use it as a base to land on and take off from. ■ **'airfield** *n.* area of open ground where aircraft can take off and land. ■ **'air force** *n.* part of a country's armed forces that is organized for fighting in the air. ■ **'air hostess** *n.* woman whose job is to look after the passengers in an aircraft. ■ **'airlift** *n.* transport of people or supplies by air. ▶ **airlift** *v.* [T] ■ **'airline** *n.* company that provides air transport for passengers or goods. ■ **'airliner** *n.* large passenger plane. ■ **'airmail** *n.* [U] system of transporting letters, etc. by air. ■ **'airplane** *n.* (*US*) = AEROPLANE ■ **'airport** *n.* place where aircraft land and take off, with buildings for passengers to wait in, refuelling facilities, etc. ■ **'air raid** *n.* attack by aircraft. ■ **'airship** *n.* large aircraft without wings, filled with a gas lighter than air, and driven by engines. ■ **'airspace** *n.* [U] part of the earth's atmosphere above a country, considered to lawfully belong to that country. ■ **'airstrip** *n.* piece of land demarcated for aircraft to take off and land. ■ **'air terminal** *n.* building at an airport that provides services for passengers travelling by plane. ■ **'airtight** *adj.* not allowing air to escape in or out. ■ **,air-to-'air** *adj.* (fired) from one aircraft to another in flight. ■ **,air traffic con'troller** *n.* person whose job is to give radio instructions to pilots about taking off and landing. ■ **'airway** *n.* passage from the nose and throat to the lungs. ■ **'airworthy** *adj.* (of an aircraft) safe to fly.

air² *v.* **1** [I, T] put clothes, etc. in a warm place to dry completely. **2** [T] allow fresh air into a room. **3** [T] state your opinions publicly. ▶ **airing** *n.* [sing.]: *give the woollens a good ~ing* ■ **'airing cupboard** *n.* warm cupboard for drying clean sheets, etc.

airless /'eələs/ *adj.* not having sufficient fresh air.

airy /'eəri/ *adj.* (**-ier, -iest**) **1** with plenty of fresh air due to a lot of space. **2** not serious. ▶ **airily** *adv.*

aisle /aɪl/ *n.* passage between rows of seats in a theatre, church, plane, etc. or between shelves in a shop.

ajar /əˈdʒɑː(r)/ *adj.* (of a door or window) slightly open.

akin /əˈkɪn/ *adj.* **~to** (*fml.*) similar to.

à la carte /ˌɑː lɑː ˈkɑːt/ *adj.* (of a restaurant meal) ordered as separate dishes from the menu and not as a fixed price for a set meal.

alacrity /əˈlækrəti/ *n.* [U] (*fml.*) great eagerness or enthusiasm.

alarm /əˈlɑːm/ *n.* **1** [U] sudden feeling of fear or anxiety, caused by danger. **2** [C] (device that gives a) warning sound: *a car ~ ◇ sound/raise the ~* ● **alarm** *v.* [T] make somebody anxious or afraid. ■ **a'larm clock** *n.* clock that can be set to make a noise at a particular time. ▶ **alarming** *adj.* causing fear.

albatross /ˈælbətrɒs/ *n.* large white seabird.

albeit /ˌɔːlˈbiːɪt/ *conj.* (*fml.*) although: *a well-researched, ~ bulky, report*

albino /ælˈbiːnəʊ/ *n.* (*pl.* **~s**) person or animal with white skin and hair, and usu. pink eyes.

album /ˈælbəm/ *n.* **1** book in which a collection of photographs, stamps, etc. is kept. **2** long-playing record; collection of musical recordings.

alcohol /ˈælkəhɒl/ *n.* [U] (pure colourless liquid in) drinks such as beer, wine and whisky. ▶ **alcoholic** /ˌælkəˈhɒlɪk/ *adj.* of or containing alcohol. ▶ **alcoholic** *n.* person who drinks too much alcohol and cannot stop the habit, so it has become an addiction. ▶ **alcoholism** /ˈælkəhɒlɪzəm/ *n.* [U] (disease caused by) regular heavy drinking of alcohol.

alcove /ˈælkəʊv/ *n.* small space in a room formed by part of the wall being set back.

ale /eɪl/ *n.* [U, C] kind of strong beer.

alert /əˈlɜːt/ *adj.* fully attentive and ready to act. ● **alert** *n.* **1** [sing., U] situation in which people are prepared to deal with possible danger: *The police have been put on ~ for suspicious activity.* **2** [C] warning of danger. ● **alert** *v.* [T] **~ to** warn somebody of danger.

algae /ˈældʒiː; ˈælɡiː/ *n.* [U] mass of very simple plants lacking true stems, roots and leaves, mainly found in water.

algebra /'ældʒɪbrə/ n. [U] branch of mathematics in which letters represent numbers and quantities.
algorithm /'ælgərɪðəm/ n. (computing) process or set of rules followed when solving a particular problem.
alias /'eɪliəs/ n. false name, used esp. by a criminal or an actor. ● **alias** adv. Also (falsely) called: *Ryan Smith, ~ Johnny Smith*
alibi /'æləbaɪ/ n. evidence that somebody was elsewhere when a crime was committed.
alien /'eɪliən/ n. **1** person who is not a citizen of the country in which they live or work. **2** a being from another world. ● **alien** adj. **1** strange and frightening. **2** foreign.
alienate /'eɪliəneɪt/ v. [T] cause somebody to become unfriendly or feel isolated. ▶ **alienation** /,eɪliə'neɪʃn/ n. [U]
alight /ə'laɪt/ adj. on fire. ● **alight** v. [I] (fml.) **1** get off a vehicle. **2** (of a bird) come down from a height and settle.
align /ə'laɪn/ v. **1** [T] place something in a straight line. **2 ~ yourself with** join or publicly support somebody/ something ▶ **alignment** n. [C, U]
alike /ə'laɪk/ adj. like one another. ● **alike** adv. in a similar way.
alimentary canal /,ælɪmentəri kə'næl/ n. passage in the body along which food passes from the mouth to the anus.
alimony /'ælɪməni/ n. [U] money that somebody has to pay regularly to a former wife or husband after they have been separated or divorced.
alive /ə'laɪv/ adj. **1** living. **2** excited, lively. **3** continuing to exist. [IDM] **alive to something** aware of something **alive with something** full of something.
alkali /'ælkəlaɪ/ n. [C, U] (chem.) substance that forms a salt when combined with an acid; any of several soluble mineral salts.
all /ɔːl/ det., pron. **1** the whole of a thing or of a period of time: *The family lost ~ (of) their belongings.* ◇ *I've been sitting idle ~ day.* **2** every unit of a group: *~ the members are present.* ◇ *They were ~ stolen.* **3** the only thing that; everything that: *~ I long for is a vacation!* **4** any, whatever: *denied ~ ties* [IDM] **all in all** when everything is considered; on the whole. **(not) at all** (not) in any way: *I didn't mean to hurt you at ~.* **in all** in total. **not at all** used as a polite reply when receiving gratitude. ● **all** adv. **1** completely: *in ~ ignorance* **2 ~ too** used to express that something is more than you would like: *I'm ~ too wary of her misgivings.* **3** (in games) equal score: *The score was six ~.* [IDM] **all along** (infml.) all the time. **all the better, etc.** so much better, etc.: *We'll have to study ~ the harder to improve our grades.* **all in** exhausted. **all over** everywhere. **all the same** → SAME **all there** having a healthy mind; thinking lucidly. **be all for (doing) something** believe strongly that something should be done. **be all the same to somebody** not be important to somebody: *It's ~ the same to me whether you consent or not.* **not all that good, etc.** not very good, etc. ■ **the all-'clear** n. [sing.] indication that the danger has ended. ■ **,all-'in** adj. with everything included: *an ~-in estimate* ■ **,all-'out** adj. using all potential strength: *an ~-out attack on the opponent* ▶ **'all out** adv.: *The party is going ~ out to win support.* ■ **,all 'right** (also infml. **alright**) adj., adv. **1** satisfactory, acceptable; in a satisfactory manner. **2** safe and well. **3** that can be allowed: *Is it ~ to skip my lessons today?* ■ **,all 'right** exclam. used to show that you agree to do what somebody has asked ■ **all-'rounder** n. person with a wide range of abilities.
Allah /'ælə/ n. [sing.] name of God among Muslims.
allay /ə'leɪ/ v. [T] (fml.) make fears, doubts, difficulties, etc. less.
allegation /,ælə'geɪʃn/ n. claim that is made without proof, accusing somebody of doing wrong.
allege /ə'ledʒ/ v. [T] (fml.) state something as a fact but without proof. ▶ **alleged** adj. ▶ **allegedly** adv.
allegiance /ə'liːdʒəns/ n. [U] support or loyalty to a leader, belief, etc.
allegory /'æləgəri/ n. (pl. -ies) story in which people are used to represent qualities such as truth, loyalty, or patience. ▶ **allegorical** /,ælə'gɒrɪkl/ adj.
allergy /'ælədʒi/ n. (pl. -ies) medical condition in which you react badly or feel ill when you eat or touch a particular substance. ▶ **allergic** /ə'lɜːdʒɪk/ adj.
alleviate /ə'liːvieɪt/ v. [T] make pain or difficulty less. ▶ **alleviation** /ə,liːvi'eɪʃn/ n. [U]
alley /'æli/ n. narrow passage between or behind buildings.
alliance /ə'laɪəns/ n. relationship or agreement between countries, groups, etc. to collaborate for the same purpose.
allied /ə'laɪd; 'ælaɪd/ adj. **1** (often **Allied**) of countries that agree to fight a war together: *~ forces/troops* **2 ~ (to/with something)** (written) connected to something; similar.
alliteration /ə,lɪtə'reɪʃn/ n. [U] use of the same letter or sound at the beginning of words that are close together, as in '*He sang a sweet song.*'
alligator /'ælɪɡeɪtə(r)/ n. large reptile of the croc-

odile family found in rivers and lakes in America and China.

allocate /'æləkeɪt/ v. [T] give something officially for a particular purpose. ▶ **allocation** /,ælə'keɪʃn/ n. [C, U]

allot /ə'lɒt/ v. (-tt-) [T] give something as a share. ▶ **allotment** n. **1** (GB) small plot of land rented for growing vegetables or flowers. **2** amount of something that somebody is given or allowed to have; the process of giving something to somebody.

allow /ə'laʊ/ v. [T] **1** permit to do something; let something be done. *You're not ~ed to leave this room.* **2** make sure you have something sufficiently for a particular purpose. [PV] **allow for somebody/something** include somebody/something when calculating something: *~ for unseen delays* ▶ **allowable** adj. ▶ **allowance** n. money given to somebody regularly. [IDM] **make allowances (for somebody)** allow somebody to behave in a way that you would not usu. tolerate, because of a problem or because of a special reason. **make allowance(s) for something** take something into account when making a decision.

alloy /'ælɔɪ/ n. [C, U] mixture of metals.

allude /ə'luːd/ v. [PV] **allude to somebody/something** mention somebody/something indirectly or in passing. ▶ **allusion** /ə'luːʒn/ n. [C, U] indirect reference to somebody/something.

alluring /ə'lʊərɪŋ/ adj. attractive; charming.

ally /'ælaɪ/ n. (pl. **-ies**) person, organization, or country that has agreed to support another. ● **ally** /ə'laɪ/ v. (pt, pp **-ied**) [I, T] **~ (yourself) with somebody/something** extend your support to another group or country.

almanac /'ɔːlmənæk/ n. book published every year with information about the sun, moon, tides, weather, etc; annual book featuring information about a particular field or various general fields.

almighty /ɔːl'maɪti/ adj. (infml.) having great power. ▶ **the Almighty** n. [sing.] God.

almond /'ɑːmənd/ n. oval-shaped sweet nut of the almond tree.

almost /'ɔːlməʊst/ adv. very nearly: *~ everywhere I go*

alone /ə'ləʊn/ adj., adv. **1** without other people; isolated: *travelling ~* **2** only: *You ~ can approach her.* [IDM] **go it alone** do something without help from anyone.

along /ə'lɒŋ/ prep. **1** from one end to the other end of something: *walk ~ the lane* **2** close to or on: *a resort ~ the shore* ● **along** adv. **1** on; forward: *Run ~!* **2** with others: *Why did you bring your friends ~?* [IDM] **along with somebody/something** together with somebody/something. ■ **a,long'side** adv., prep. close to the side of something; next to something.

aloof /ə'luːf/ adj. not friendly or attentive to other people. ▶ **aloofness** n. [U]

aloud /ə'laʊd/ adv. in a voice loud enough to be heard: *to talk ~*

alphabet /'ælfəbet/ n. set of letters arranged in order, used to write a language. ▶ **alphabetical** /-'betɪkl/ adj. in the order of the alphabet. ▶ **alphabetically** /-kli/ adv.

already /ɔːl'redi/ adv. **1** before now: *She has told her mother about the crisis.* **2** earlier than expected: *You're not leaving us ~, are you?*

alright = ALL RIGHT (ALL)

Alsatian /æl'seɪʃn/ n. large shepherd dog, often trained to help the police.

also /'ɔːlsəʊ/ adv. in addition; too.

altar /'ɔːltə(r)/ n. table used in a religious service.

alter /'ɔːltə(r)/ v. [I, T] (cause somebody/something to) become different; change somebody/something. ▶ **alteration** /-'reɪʃn/ n. [C, U]

alternate /ɔːl'tɜːnət/ adj. **1** (of two things) happening or following one after the other in a repeated way. **2** every second: *on ~ days* (= *e.g.* on Monday, Wednesday and Friday). ▶ **alternately** adv. ● **alternate** /'ɔːltəneɪt/ v. [I, T] **~ (between/with)** (cause things or people to) follow one another in a repeated pattern: *The venue will ~ between the two universities.* ■ **,alternating 'current** n. [U] electric current that regularly changes direction. ▶ **alternation** /-'neɪʃn/ n [U, C]

alternative /ɔːl'tɜːnətɪv/ adj. **1** that may be used or done in place of: *an ~ means of travel* **2** not based on traditional methods or standards: *~ medicine* ● **alternative** n. one out of two or more possibilities. ▶ **alternatively** adv.

alternator /'ɔːltəneɪtə(r)/ n. device, used esp. in a car, that generates an alternating current.

although /ɔːl'ðəʊ/ conj. Though.

altitude /'æltɪtjuːd/ n. height above sea level.

alto /'æltəʊ/ n. (pl. **~s**) **1** (music for a singer with the) highest adult male or lowest female voice. **2** musical instrument with the second highest range of notes in its group.

altogether /,ɔːltə'geðə(r)/ adv. **1** completely; on the whole: *It's not ~ unexpected that he did not come forward.* **2** including everything.

altruism /'æltruːɪzəm/ n. [U] (fml.) concern about the needs of other people more than your own. ▶ **altruistic** /,æltru'ɪstɪk/ adj.

aluminium /,æljə'mɪniəm; ,ælə-/ (US **aluminum** /ə'luːmɪnəm/) n. [U] light, corrosion-resistant silver-grey metal used for making pans, etc.

always /'ɔːlweɪz/ *adv.* **1** at all times: *You should ~ speak the truth.* **2** for ever: *I'll ~ follow my instincts.*

Alzheimer's disease /'æltshaɪməz dɪziːz/ *n.* [U] serious disease, esp. affecting older people, that hampers the normal functioning of the brain.

a.m. /ˌeɪ 'em/ *abbr.* between midnight and midday.

am /əm; *strong form* æm/ → BE

amalgamate /ə'mælgəmeɪt/ *v.* [I, T] (cause two or more things to) combine to form one. ▶ **amalgamation** /-'meɪʃn/ *n.* [U, C]

amass /ə'mæs/ *v.* [T] collect something, esp. in large quantities.

amateur /'æmətə(r)/ *n.* person who does something as a hobby, without receiving compensation for it. ▶ **amateurish** *adj.* without skill.

amaze /ə'meɪz/ *v.* [T] surprise somebody greatly: *~d at the abrupt change* ▶ **amazement** *n.* [U] ▶ **amazing** *adj.*

ambassador /æm'bæsədə(r)/ *n.* official who represents his/her own country in a foreign country.

amber /'æmbə(r)/ *n.* [U] **1** hard yellowish-brown substance used in jewellery. **2** yellowish-brown colour.

ambidextrous /ˌæmbi'dekstrəs/ *adj.* able to use the right hand and left hand equally well.

ambiguous /æm'bɪgjuəs/ *adj.* having more than one meaning. ▶ **ambiguity** /ˌæmbɪ'gjuːəti/ *n.* [U, C] (*pl.* **-ies**)

ambition /æm'bɪʃn/ *n.* **1** [U] strong desire to do something or be successful. **2** [C] object of such desire: *achieve your ~* ▶ **ambitious** /æm'bɪʃəs/ *adj.*

ambivalent /æm'bɪvələnt/ *adj.* (*written*) having or showing mixed feelings about something/somebody. ▶ **ambivalence** *n.* [U, sing.]

amble /'æmbl/ *v* [I] walk at a slow leisurely pace.

ambulance /'æmbjələns/ *n.* vehicle for carrying sick or injured people to hospital.

ambush /'æmbʊʃ/ *n.* [U, C] (waiting in a hidden position to make a) sudden attack. ● **ambush** *v.* [T] attack somebody/something from a hidden position.

ameba = AMOEBA

amen /ɑː'men; eɪ'men/ *exclam.* used at the end of a prayer or hymn, meaning 'may it be so.'

amenable /ə'miːnəbl/ *adj.* willing to be guided by something or to do something.

amend /ə'mend/ *v.* [T] change something slightly in order to correct it. ▶ **amendment** *n.* [C, U]

amends /ə'mendz/ *n.* [pl.] [IDM] **make amends (to somebody) (for (doing) something)** do something for somebody to show your regret for something wrong or unfair you have done.

amenity /ə'miːnəti/ *n.* (*pl.* **-ies**) feature that makes a place pleasant or convenient to live in.

American /ə'merɪkən/ *n.* person from America, esp. the United States. ▶ **American** *adj.* ■ **A,merican 'football** (*US* **football**) *n.* [U] American game of football, comparable to rugby.

amethyst /'æməθɪst/ *n.* purple-coloured precious stone.

amiable /'eɪmiəbl/ *adj.* pleasant and friendly. ▶ **amiably** *adv.*

amicable /'æmɪkəbl/ *adj.* friendly and peaceful, without disagreement. ▶ **amicably** *adv.*

amid /ə'mɪd/ (*also* **amidst** /ə'mɪdst/) *prep.* (*fml.*) in the middle of; among.

amiss /ə'mɪs/ *adj., adv.* not quite right; not as it should be. [IDM] **take something amiss** be offended by something.

ammonia /ə'məʊniə/ *n.* [U] strong-smelling gas used in making explosives, fertilizers, etc.

ammunition /ˌæmju'nɪʃn/ *n.* [U] supply of bullets, shells, etc. fired from weapons.

amnesia /æm'niːziə/ *n.* [U] loss of memory

amnesty /'æmnəsti/ *n.* (*pl.* **-ies**) official pardon, esp. for political offences.

amoeba (*also* **ameba**) /ə-'mē-bə/ *n.* (*pl.* **~s** or **-ae** /-biː/) microscopic living creature consisting of only one cell.

amok /ə'mɒk/ *adv.* [IDM] **run amok** → RUN¹

among /ə'mʌŋ/ (*also* **amongst** /ə'mʌŋst/) *prep.* **1** surrounded by: *a house ~ the woods* **2** in the number of; included in: *~ the most brilliant in the class* **3** (in parts) to each member of, between: *distribute the clothes ~ the poor*

amorous /'æmərəs/ *adj.* showing (*esp.* sexual) desire. ▶ **amorously** *adv.*

amount /ə'maʊnt/ *n.* total number or quantity: *a large ~ of money* ● **amount** *v.* [PV] **amount to something** add up to or be equal to something.

amp /æmp/ *n.* **1** (*also* **ampere** /'æmpeə(r)/) (*abbr.* **A**) unit for measuring electric current. **2** (*infml.*) = AMPLIFIER

ampersand /'æmpəsænd/ *n.* the symbol (&) used for 'and'.

amphetamine /æm'fetəmiːn/ *n.* [C, U] illegal drug that stimulates excitement and energy.

amphibian /æmˈfɪbiən/ n. animal, such as a frog, that can live both on land and in water. ▶ **amphibious** adj.

amphitheater (GB **-re**) /ˈam(p)-fə,th-ə-tər/ n. round building without a roof and with tiers of seats rising round an open space.

ample /ˈæmpl/ adj. (more than) enough; plentiful. ▶ **amply** adv.

amplify /ˈæmplɪfaɪ/ v. (pt, pp **-ied**) [T] **1** increase something in strength, esp. sound. **2** add details to something. ▶ **amplification** /ˌæmplɪfɪˈkeɪʃn/ n. [U] ▶ **amplifier** n. device for making sounds or radio signals louder.

amputate /ˈæmpjuteɪt/ v. [I, T] cut off a limb. ▶ **amputation** /ˌæmpjuˈteɪʃn/ n. [U, C]

amulet /ˈæmjʊlət/ n. object worn to ward off evil, etc.

amuse /əˈmjuːz/ v. [T] **1** make somebody laugh or smile. **2** give somebody something pleasant or enjoyable to do. ▶ **amusement** n. **1** [C] something that makes time pass pleasantly. **2** [U] state of being amused. ▶ **amusing** adj. causing you to laugh or smile.

an → A

anachronism /əˈnækrənɪzəm/ n. person or thing considered to be out of date.

anemia / n. [U] shortage of red cells in the blood, causing a person to look pale. ▶ **anemic** adj. (GB anaemic)

anaesthesia /ˌænəsˈθiːziə/ n. [U] condition of being unable to feel pain. ▶ **anaesthetic** /ˌænəsˈθetɪk/ n. [C, U] substance that induces loss of sensitivity to pain. ▶ **anaesthetist** /əˈniːsθətɪst/ n. person who is trained to administer anaesthetics to patients. ▶ **anaesthetize** (also **-ise**) /əˈniːsθətaɪz/ v. [T] give somebody an anaesthetic.

anagram /ˈænəgræm/ n. word or phrase made by changing the order of the letters of another word: 'Heart' is an ~ of 'Earth'.

analgesic /ˌænəlˈdʒiːzɪk/ n. (med.) substance that relieves pain.

analogue (also **analog**) /ˈænəlɒg/ adj. (tech.) **1** (of an electronic process) using a continuously variable range of physical quantities to measure or store data: an ~ signal **2** (of a clock or watch) showing the time using hands on a dial and not with a display of numbers.

analogy /əˈnælədʒi/ n. (pl. **-ies**) **1** [C] comparison of one thing with another based on similar features: draw an ~ between the heart and a pump **2** [U] explaining one thing by comparing it to something else. ▶ **analogous** /əˈnæləgəs/ adj. similar, comparable.

analyze /ˈænəlaɪz/ v. [T] examine or study something in detail, esp. by separating something into its components.

analysis /əˈnæləsɪs/ n. (pl. **-yses** /-əsiːz/) **1** [U] study of something by examining its parts. **2** [C] result of such study. ▶ **analyst** /ˈænəlɪst/ n. **1** person who makes analyses: a fashion ~ **2** = PSYCHOANALYST ▶ **analytical** /ˌænəˈlɪtɪkl/ (also **analytic** /-ˈlɪtɪk/) adj.

analyse = (GB) ANALYSE

anarchy /ˈænəki/ n. [U] absence of government; state of disorder. ▶ **anarchist** n. person who believes that all forms of government are oppressive and should be abolished.

anatomy /əˈnætəmi/ n. [U, C] (pl. **-ies**) (study of the) structure of human, animal, or plant bodies. ▶ **anatomical** /ˌænəˈtɒmɪkl/ adj.

ancestor /ˈænsestə(r)/ n. person in your family who lived a long time ago; person from whom you are descended. ▶ **ancestral** /ænˈsestrəl/ adj. of or from your ancestors. ▶ **ancestry** /-tri/ n. (pl. **-ies**) line of ancestors.

anchor /ˈæŋkə(r)/ n. heavy metal object lowered from a ship into the water in order to stop the ship from moving. ● **anchor** v. [I, T] lower a ship's anchor to fix it in position. ▶ **anchorage** /ˈæŋkərɪdʒ/ n. [C, U] place where ships may anchor safely.

anchovy /ˈæntʃəvi/ n. (pl. **-ies**) small fish with a strong salty flavour.

ancient /ˈeɪnʃənt/ adj. **1** belonging to times in the distant past: ~ Rome **2** very old: ~ monuments

ancillary /ænˈsɪləri/ adj. giving support; additional, extra.

and /ənd; ən; strong form ænd/ conj. **1** also; in addition to: salt ~ pepper **2** then; following this: She joined the meeting ~ started explaining. **3** as a result of: Study hard ~ you'll score. **4** used between repeated words to show that something is repeated or continuing: for time ~ again **5** (infml.) used in place of to after certain verbs: Try ~ work on it again.

anecdote /ˈænɪkdəʊt/ n. short interesting story about a real person or incident.

anemone /əˈneməni/ n. small plant with bright, star-shaped flowers.

angel /ˈeɪndʒl/ n. **1** attendant or messenger of God. **2** beautiful or very kind person. ▶ **angelic** /ænˈdʒelɪk/ adj.

anger /ˈæŋgə(r)/ n. [U] feeling of extreme displeasure that makes people want to quarrel or fight. ● **anger** v. [T] make somebody angry.

angina /ænˈdʒaɪnə/ n. [U] severe pain in the chest caused by inadequate supply of blood to the heart.

angle /ˈæŋgl/ n. **1** space between two lines or surfaces that meet. **2** corner. **3** point of view.

[IDM] **at an angle** not straight. ● **angle** *v.* **1** [T] place something so that it is not straight or not directly facing somebody/something. **2** [T] present information, report, etc. from a particular point of view. **3** [I] catch fish with a line and hook. [PV] **angle for something** try to get a desired reaction from somebody, without directly asking for what you want: *~ for praise* ▶ **angler** *n.* person who catches fish (= goes angling) as a hobby. ▶ **angling** *n.* [U]

anglicize (*GB also* **-ise**) /ˈæŋ-glə-ˌsɪz/ *v.* [T] make somebody/something English in form or character.

Anglo- /ˈæŋgləʊ/ *prefix* English or British: *A~-American*

angry /ˈæŋgri/ *adj.* (**-ier**, **-iest**) **1** filled with anger. **2** (of a wound) red and inflamed. ▶ **angrily** *adv.*

angst /æŋst/ *n.* [U] strong feeling of anxiety and worry about a situation or life in general.

anguish /ˈæŋgwɪʃ/ *n.* [U] great mental or physical pain. ▶ **anguished** *adj.*

angular /ˈæŋgjələ(r)/ *adj.* **1** (of a person) thin and bony. **2** having sharp corners.

animal /ˈænɪml/ *n.* **1** living creature that can feel and move and has specialized sense organs. **2** any such creature other than a human being. **3** unpleasant, uncivilized, or wild person. ● **animal** *adj.* physical; basic.

animate /ˈænɪmeɪt/ *v.* [T] give life and energy to something. ● **animate** /ˈænɪmət/ *adj.* living, alive. ▶ **animated** /ˈænɪmeɪtɪd/ *adj.* **1** lively. **2** (of pictures, drawings, etc. in a film) made to appear as if they are moving: *~d films* ▶ **animation** *n.* /ˌænɪˈmeɪʃn/ **1** [U] liveliness and enthusiasm. **2** [U] process and technique of making animated cartoons. **3** [C] animated film.

animosity /ˌænɪˈmɒsəti/ *n.* [U, C] (*pl.* **-ies**) strong dislike or hatred.

ankle /ˈæŋkl/ *n.* joint connecting the foot with the leg.

annals /ˈænlz/ *n.* [pl.] historical records.

annex /əˈneks/ *v.* [T] take control of a territory, etc. esp. by force. ▶ **annexation** /-ˈseɪʃn/ *n.* [U, C]

annexe (*esp. US* **annex**) /ˈæneks/ *n.* building attached to a larger one.

annihilate /əˈnaɪəleɪt/ *v.* [T] destroy somebody/something completely. ▶ **annihilation** /-ˈleɪʃn/ *n.* [U]

anniversary /ˌænɪˈvɜːsəri/ *n.* (*pl.* **-ies**) day remembered for something that happened on that date in a previous year: *a death ~*

annotate /ˈænəteɪt/ *v.* [T] add explanatory notes to a book, etc. ▶ **annotation** /ˌænəˈteɪʃn/ *n.* [C, U]

announce /əˈnaʊns/ *v.* [T] make something known publicly. ▶ **announcement** *n.* public statement. ▶ **announcer** *n.* person who introduces programmes on radio, television, or stage.

annoy /əˈnɔɪ/ *v.* [T] make somebody slightly angry; cause trouble to somebody. ▶ **annoyance** *n.* [U, C]

annual /ˈænjuəl/ *adj.* **1** happening once every year. **2** calculated for the year: *~ income* ● **annual** *n.* **1** book published once a year, having the same title but different contents. **2** plant that lives for one year or less. ▶ **annually** *adv.*

annuity /əˈnjuːəti/ *n.* (*pl.* **-ies**) fixed sum of money paid to somebody every year.

annul /əˈnʌl/ *v* (**-ll-**) [T] pronounce something no longer legally valid. ▶ **annulment** *n.* [C, U]

anode /ˈænəʊd/ *n.* point on a battery or other electrical device where the electric current enters.

anoint /əˈnɔɪnt/ *v.* [T] put oil or water on somebody's head, esp. as part of a religious ceremony.

anomaly /əˈnɒməli/ *n.* (*pl.* **-ies**) (*fml.*) something different from what is normal or standard. ▶ **anomalous** /-ləs/ *adj.*

anonymous /əˈnɒnɪməs/ *adj.* with a name that is not made known; without a name: *The donor wishes to remain ~.* ▶ **anonymity** /ˌænəˈnɪməti/ *n.* [U]

anorak /ˈænəræk/ *n.* waterproof jacket with a hood.

anorexia /ˌænəˈreksiə/ (*also* **anorexia nervosa** /nɜːˈvəʊsə/) *n.* [U] mental disorder that causes fear of gaining weight and eating, and leads to alarming loss of weight. ▶ **anorexic** /ˌænəˈreksɪk/ *adj.*

another /əˈnʌðə(r)/ *adj., pron.* **1** one more, an additional (one): *have ~ piece of cake* **2** a different (one): *try again ~ time* **3** a similar (one): *~ Chaplin*

answer /ˈɑːnsə(r)/ *n.* **1** thing said or written in response to somebody/something; reply. **2** solution: *Who among you can give the ~ to this equation?* ● **answer** *v.* [I, T] give an answer to somebody/something: *Think through before you ~.* ◊ *~ the phone* (= pick up the receiver and speak to the person calling) ◊ *~ the door* (= open the door when somebody has come) [PV] **answer (somebody) back** reply rudely to somebody. **answer for somebody/something 1** accept responsibility for something **2** speak in support of somebody/something ▶ **answerable** *adj.* responsible, accountable: *~ for your decisions*

ant /ænt/ *n.* small insect that lives in organized groups.

antagonism /ænˈtæɡənɪzəm/ *n.*

[U] opposition, hostility, dislike. ▶ **antagonist** /-nɪst/ n. opponent. ▶ **antagonistic** /-ˈnɪstɪk/ adj.

antagonize (GB also **-ise**) /anˈta·gə-ˌnɪz/ v. [T] do something to make somebody angry with you.

Antarctic /ænˈtɑːktɪk/ n. [sing.] **(the Antarctic)** very cold regions surrounding the South Pole. ▶ **Antarctic** adj.

antecedent /ˌæntɪˈsiːdnt/ n. **1** [C] (fml.) thing or event that comes or occurs before another. **2 (antecedents)** [pl.] ancestors.

antelope /ˈæntɪləʊp/ n. deer-like animal with long horns.

antenatal /ˌæntiˈneɪtl/ adj. relating to the medical care given to pregnant women: an ~ consultant

antenna /ænˈtenə/ n. **1** (pl. ~e /-niː/) insect's feeler (= one of two long, thin parts on the head). **2** (pl. ~s, ~e) = AERIAL

anthem /ˈænθəm/ n. piece of music sung in churches or composed for a special occasion.

anthology /ænˈθɒlədʒi/ n. (pl. **-ies**) collection of writings, esp. poems.

anthrax /ˈænθræks/ n. [U] serious disease that affects sheep and cows, and sometimes transmitted to human beings.

anthropology /ˌænθrəˈpɒlədʒi/ n. [U] study of the human race. ▶ **anthropologist** n.

anti- /ˈænti/ prefix opposed to, against; preventing.

antibiotic /ˌæntibaɪˈɒtɪk/ n., adj. (powerful substance, e.g. penicillin) that can destroy bacteria.

antibody /ˈæntibɒdi/ n. (pl. **-ies**) substance formed in the blood which can destroy harmful bacteria.

anticipate /ænˈtɪsɪpeɪt/ v. [T] **1** expect something: We ~ a positive reaction. **2** analyse what might happen in the future and take action. ▶ **anticipation** /ænˌtɪsɪˈpeɪʃn/ n. [U]

anticlimax /ˌæntiˈklaɪmæks/ n. disappointing end to something exciting.

anticlockwise /ˌæntiˈklɒkwaɪz/ adv., adj. in the opposite direction to the movement of the hands of a clock.

antics /ˈæntɪks/ n. [pl.] strange, foolish, or amusing behaviour.

anticyclone /ˌæntiˈsaɪkləʊn/ n. area of high pressure that leads to calm weather conditions.

antidepressant /ˌæntidɪˈpresnt/ n. drug used to treat or curb depression.

antidote /ˈæntidəʊt/ n. substance that counteracts the effects of a poison or disease.

antifreeze /ˈæntifriːz/ n. [U] substance added to water to prevent it from freezing, esp. in car radiators.

antihistamine /ˌæntiˈhɪstəmiːn/ n. [C, U] drug used in treating allergies.

antiperspirant /ˌæntiˈpɜːspərənt/ n. [U, C] substance that prevents or reduces sweating.

antiquated /ˈæntɪkweɪtɪd/ adj. old-fashioned, outdated.

antique /ænˈtiːk/ adj., n. old and valuable (object): ~ furniture

antiquity /ænˈtɪkwəti/ n. (pl. **-ies**) **1** [U] ancient period. **2** [C, usu. pl.] ancient building, art, etc. **3** [U] great age.

antiseptic /ˌæntiˈseptɪk/ n., adj. (substance) preventing disease or infection by destroying bacteria.

antisocial /ˌæntiˈsəʊʃl/ adj. **1** not inclined to meeting other people; unfriendly. **2** harmful to other people.

antithesis /ænˈtɪθəsɪs/ n. (pl. **-ses** /-siːz/) (fml.) direct opposite.

antler /ˈæntlə(r)/ n. each of a pair of branched horns of a deer.

antonym /ˈæntənɪm/ n. word that is opposite in meaning to another.

anus /ˈeɪnəs/ n. hole through which solid waste leaves the body.

anvil /ˈænvɪl/ n. heavy iron block on which metals are hammered and shaped.

anxiety /æŋˈzaɪəti/ n. (pl. **-ies**) **1** [U, C] concern and unease, esp. about what might happen. **2** [U] strong desire: ~ to get the job

anxious /ˈæŋkʃəs/ v. **1** feeling anxiety. **2** causing anxiety: an ~ wait **3** ~ **for/to** strongly hoping for something: He's ~ to make up to her. ▶ **anxiously** adv.

any /ˈeni/ adj., pron, **1** some amount (of): Have you got ~ sweet? ◊ I haven't attended ~ of his famous lectures. **2** no matter which: Give me ~ book you like. ● **any** adv. at all: She was not ~ better in math.

anybody /ˈenibɒdi/ (also **anyone** /ˈeniwʌn/) pron. **1** used instead of somebody in negative sentences and questions: Did ~ observe you? **2** any person at all: ~ will be able to work this out.

anyhow /ˈenihaʊ/ adv. **1** = ANYWAY **2** carelessly, in an unruly manner: finish the work ~

anyone = ANYBODY

anyplace /ˈenipleɪs/ = ANYWHERE

anything /ˈeniθɪŋ/ pron. **1** used instead of something in negative sentences and questions: Has ~ happened to cause such anxiety? **2** any thing at all (whatever it is): I'm so angry; I'll bash ~! [IDM] **anything but** not at all, definitely not.

anyway /ˈeniweɪ/ adv. **1** in spite of everything. **2** used to change the subject of discussion.

anywhere /ˈeniweə(r)/ adv. used instead of somewhere in negative sentences and questions. [IDM] **get anywhere** → GET

aorta /eɪˈɔːtə/ n. main artery that transports

blood from the heart to the rest of the body.
apart /əˈpɑːt/ *adv.* **1** separated by a distance of space or time: *The towns are 50 kilometres ~.* **2** separate(ly): *The brothers are working ~.* **3** into pieces: *It tore ~.* ■ **a'part from** *prep.* **1** except for. **2** as well as.
apartment /əˈpɑːtmənt/ *n.* **1** = FLAT² **2** private set of rooms generally located in a large building; set of rooms rented for a holiday.
apathy /ˈæpəθi/ *n.* [U] lack of interest, concern, or enthusiasm. ▶ **apathetic** /ˌæpəˈθetɪk/ *adj.*
ape /eɪp/ *n.* large animal like a monkey, with no tail, e.g. chimpanzee or gorilla. ● **ape** *v.* [T] copy somebody's speech or behaviour
aperitif /əˌperəˈtiːf/ *n.* alcoholic drink consumed before a meal.
aperture /ˈæpətʃə(r)/ *n.* (*tech.*) narrow hole, gap, or opening, e.g. in a camera lens.
apex /ˈeɪpeks/ *n.* (*pl.* **~es** or **apices** /ˈeɪpɪsiːz/) highest point: *the ~ of a pyramid*
apiece /əˈpiːs/ *adv.* each.
apologetic /əˌpɒləˈdʒetɪk/ *adj.* saying or feeling sorry for doing something wrong. ▶ **apologetically** /-kli/ *adv.*
apologize (*also* **-ise**) /əˈpɒlədʒaɪz/ *v.* [I] say that you are sorry: *I must ~ for giving wrong information.*
apology /əˈpɒlədʒi/ *n.* (*pl.* **-ies**) statement that you are sorry for doing something wrong.
apostle /əˈpɒsl/ *n.* **1** (**Apostle**) any of the twelve disciples sent out by Christ to spread his teaching. **2** leader of a new faith, cause, or movement.
apostrophe /əˈpɒstrəfi/ *n.* sign (') used to show that one or more letters have been left out, as in *I'll* for *I will*
appall (*also* **appal**) /əˈpɔːl/ *v.* (**-ll-**) [T] fill somebody with horror; shock somebody deeply: *We were ~ed at the treatment of the prisoners.* ▶ **appalling** *adj.*
apparatus /ˌæpəˈreɪtəs/ *n.* [U] set of tools or equipment used for a specific activity or purpose: *testing ~*
apparent /əˈpærənt/ *adj.* **1** clearly seen: *it is too ~ an evidence* **2** seen but not necessarily real: *an ~ lack of insight* ▶ **apparently** *adv.*
apparition /ˌæpəˈrɪʃn/ *n.* ghost.
appeal /əˈpiːl/ *v.* [I] **1** make a formal request to a higher court, etc. for a revised decision. **2 ~to** attract or interest somebody: *The plan does not ~ to me.* **3 ~ (for)** *~ for relief* ● **appeal** *n.* **1** [C] formal request to a court of law, etc. **2** [U] quality that makes somebody/something attractive or interesting: *innocent ~* **3** [C] urgent request. ▶ **appealing** *adj.* **1** attractive. **2** wanting somebody to show you pity.
appear /əˈpɪə(r)/ *v.* [I] **1** give the impression of being; seem: *The reason ~s (to be) genuine.* **2** come into view; become visible: *A figure ~ed in the distance.* **3** arrive. **4** be published or broadcast: *The latest book in the series ~s this season.* **5** be present in a law court. ▶ **appearance** *n.* **1** [C] act of arriving, esp. unexpectedly. **2** [C, U] way somebody/something looks or seems to other people: *All this while she had been keeping up ~s* (= hide the actual situation and pretend that everything is fine). [IDM] **put in an appearance** attend a conference, party, etc. esp. for a short time. **to all appearances** so far as can be seen and judged.
appease /əˈpiːz/ *v.* [T] (*fml.*) make somebody calm or stop somebody from being angry, esp. by conceding to their demands. ▶ **appeasement** *n.* [U]
append /əˈpend/ *v.* [T] (*fml.*) add or attach something, esp. in writing. ▶ **appendage** /-dɪdʒ/ *n.* something added to or joined to something larger.
appendicitis /əˌpendəˈsaɪtɪs/ *n.* [U] painful inflammation of the appendix that can be very serious.
appendix /əˈpendɪks/ *n.* **1** (*pl.* **~es**) small tube of tissue attached to the large intestine. **2** (*pl.* **-dices** /-dɪsiːz/) section containing extra information at the end of a book.
appetite /ˈæpɪtaɪt/ *n.* [C, U] desire, esp. for food.
appetizer (*GB also* **-iser**) /ˈæpə-ˌtiː-zər/ *n.* small amount of food or drink taken before a meal. ▶ **appetizing** (*GB also* **-ising**) *adj.* making you feel hungry.
applaud /əˈplɔːd/ *v.* **1** [I, T] express approval of somebody/something by clapping your hands. **2** [T] express praise for somebody/something because you approve of them/it. ▶ **applause** /əˈplɔːz/ *n.* [U]
apple /ˈæpl/ *n.* round fruit with red or green skin and white flesh.
applet /ˈæplət/ *n.* (*computing*) program run from within another program, e.g. from within a web browser.
appliance /əˈplaɪəns/ *n.* device, machine: *kitchen ~s*
applicable /əˈplɪkəbl; ˈæplɪkəbl/ *adj.* **~(to)** that can be claimed to be true in the case of somebody/something.
applicant /ˈæplɪkənt/ *n.* person who applies for a job, position, etc.
application /ˌæplɪˈkeɪʃn/ *n.* **1** [C, U] request: *an ~ (form) for a visa* **2** [C, U] act of putting something to practical use: *the practical ~s of the theory* **3** [U] hard work; intense effort. **4** [C] (*computing*) program designed to do

an intended job: *a web ~*
apply /əˈplaɪ/ *v.* (*pt, pp* **-ied**) **1** [I] **~ (for)** officially request for something: *~ for a contract* **2** [I] **~ (to)** concern or relate to somebody/something: *This clause does not ~ here.* **3** [T] work at something or study something hard: *~ your mind to the task at hand.* **4** [T] put something into operation; use something: *~ the paint.* **5** [T] put or rub something onto a surface: *~ balm on the joints.* ▶ **applied** *adj.* practical use: *applied science*
appoint /əˈpɔɪnt/ *v.* [T] **1** choose somebody for a job or position. **2** (*fml.*) fix or decide something: *the ~ed venue* ▶ **appointment** *n.* **1** [C] arrangement to meet somebody, esp. with a reason connected with their work: *It's an important ~.* **2** [C] job to which somebody is appointed. **3** [C, U] act of appointing somebody for a job.
appraise /əˈpreɪz/ *v.* [T] (*fml.*) consider the value of somebody/something. ▶ **appraisal** *n.* [C, U] judgement of the value of somebody/something: *annual staff ~s*
appreciable /əˈpriːʃəbl/ *adj.* substantial enough to be noticed: *an ~ progress* ▶ **appreciably** *adv.*
appreciate /əˈpriːʃieɪt/ *v.* **1** [T] recognize the good qualities of somebody/something: *I ~ her talent for the written word.* **2** [T] be thankful for somebody/something: *I ~ all your cooperation.* **3** [T] understand something completely: *I ~ your dilemma, but am not able to advise.* **4** [I] (of property, etc.) increase in value. ▶ **appreciation** /əˌpriːʃiˈeɪʃn/ *n.* [U, C] ▶ **appreciative** /əˈpriːʃətɪv/ *adj.*
apprehend /ˌæprɪˈhend/ *v.* [T] (*fml.*) (of the police) arrest somebody.
apprehension /ˌæprɪˈhenʃn/ *n.* [U, C] worry or fear. ▶ **apprehensive** /ˌæprɪˈhensɪv/ *adj.* worried.
apprentice /əˈprentɪs/ *n.* person learning a skilled trade. ▶ **apprenticeship** /əˈprenˌtɪʃɪp/ *n.* [C, U] (time of) being an apprentice.
approach /əˈprəʊtʃ/ *v.* **1** [I, T] come near(er) to somebody/something. **2** [T] make a request or offer to somebody: *~ the president for a new grant* **3** [T] begin to deal with a problem, task, etc. in a certain way. ● **approach** *n.* [C] **1** way of dealing with somebody/something. **2** [usu. sing.] act of approaching. **3** road, way, etc. leading to a place. ▶ **approachable** *adj.* friendly and easy to talk to.
appropriate /əˈprəʊpriət/ *adj.* suitable, proper, correct. ▶ **appropriately** *adv,* ● **appropriate** /əˈprəʊprieɪt/ *v.* [T] **1** take something that does not belong to you for your own use. **2** set something aside for a particular purpose. ▶ **appropriation** /-priˈeɪʃn/ *n.* [C, U]
approval /əˈpruːvl/ *n.* [U] feeling or showing that you think somebody/something is good or acceptable: *Your decision has my ~.* [IDM] **on approval** (of goods) to be returned without paying if not suitable.
approve /əˈpruːv/ *v.* **1** [I] **~(of)** feel or show that somebody/something is good or acceptable. **2** [T] agree to something formally. ▶ **approvingly** *adv.*
approximate /əˈprɒksɪmət/ *adj.* almost correct or exact, but not fully so. ▶ **approximately** *adv.: ~ly 100 miles* ● **approximate** /əˈprɒksɪmeɪt/ *v.* [I] **~ to** come very near to something. ▶ **approximation** /əˌprɒksɪˈmeɪʃn/ *n.*
apricot /ˈeɪprɪkɒt/ *n.* **1** [C] small, round orange-yellow fruit with a stone. **2** [U] orange-yellow colour.
April /ˈeɪprəl/ *n.* [U, C] the fourth month of the year: *on A~ the fifth* ◇ *on the first day of A~* ◇ *on A~ first*
apron /ˈeɪprən/ *n.* garment worn round the front part of your body to keep your clothes clean, e.g. when cooking.
apt /æpt/ *adj.* **1** suitable: *an ~ remark* **2 ~ to** likely to do something: *~ to be absent-minded* **3** quick to learn. ▶ **aptly** *adv.* ▶ **aptness** *n.* [U]
aptitude /ˈæptɪtjuːd/ *n.* [C, U] natural ability or tendency.
aqualung /ˈækwəlʌŋ/ *n.* breathing apparatus for underwater swimming.
aquamarine /ˌækwəməˈriːn/ *n.* **1** [C] light bluish-green precious stone. **2** [U] bluish-green colour.
aquarium /əˈkweəriəm/ *n.* (building with a) large glass tank for keeping live fish and other water creatures.
aquatic /əˈkwætɪk/ *adj.* **1** (of animals or plants) living or growing in water. **2** (of sports) taking place on or in water.
aqueduct /ˈækwɪdʌkt/ *n.* bridge-like structure that carries water across a valley.
Arabic /ˈærəbɪk/ *n.* [U], *adj.* (language) of the Arabs. ■ ,**Arabic ˈnumeral** *n.* symbol 0, 1, 2, 3, etc. used for writing numbers in many countries.
arable /ˈærəbl/ *adj.* (of land) used or suitable for cultivation.
arbitrage /ˈɑːbɪtrɑːʒ; -trɪdʒ/ *n.* [U] (*business*) the practice of buying something (*e.g.* shares) in one place and selling it in another place to profit from the higher price. ▶ **arbitrageur** /ˌɑːbɪtrɑːˈʒɜː(r)/ (*also* **arbitrager** /ˈɑːbɪtrɪdʒə(r)/) *n.*
arbitrary /ˈɑːbɪtrəri/ *adj.* based on chance or random choice, not reason. ▶ **arbitrarily**

adv.
arbitrate /'ɑːbɪtreɪt/ *v.* [I, T] ~ **(between)** settle a dispute, etc. between two groups. ▶ **arbitration** /ˌɑːbɪ'treɪʃn/ *n.* [U] settlement of a dispute by somebody chosen as a judge. ▶ **arbitrator** *n.*
arc /ɑːk/ *n.* part of the curved line of a circle.
arcade /ɑː'keɪd/ *n.* covered passage with arches along the sides.
arch /ɑːtʃ/ *n.* curved structure, e.g. one that is part of the support mechanism of a bridge. ● **arch.** *v.* [I, T] form an arch: *The peacock ~ed its back.*
archaeology /ˌɑːki'ɒlədʒi/ *n.* [U] study of the remains of ancient buildings and other objects. ▶ **archaeological** /ˌɑːkiə'lɒdʒɪkl/ *adj.* ▶ **archaeologist** *n.*
archaic /ɑː'keɪɪk/ *adj.* (*esp.* of words) no longer in use; very old.
archbishop /ˌɑːtʃ'bɪʃəp/ *n.* chief bishop.
archer /'ɑːtʃə(r)/ *n.* person who shoots with a bow and arrows. ▶ **archery** *n.* [U] skill or sport of shooting with a bow and arrows.
archipelago /ˌɑːkɪ'peləgəʊ/ *n.* (*pl.* **~s** or **~es**) group of many small islands.
architect /'ɑːkɪtekt/ *n.* person who designs buildings. ▶ **architecture** /'ɑːkɪtektʃə(r)/ *n.* [U] art of building; style and design of building. ▶ **architectural** /ˌɑːkɪ'tektʃərəl/ *adj.*
archives /'ɑːkaɪvz/ *n.* [pl] (collection of) historical documents or records.
Arctic /'ɑːktɪk/ *adj.* **1** of the very cold region around the North Pole. **2** (**arctic**) very cold. ▶ **the Arctic** *n.* [sing.] the very cold region around the North Pole.
ardent /'ɑːdnt/ *adj.* (*written*) very enthusiastic. ▶ **ardently** *adv.*
arduous /'ɑːdjuəs; -dʒu-/ *adj.* requiring a lot of effort or energy; difficult and exhausting: *an ~ adventure* ▶ **arduously** *adv.*
are /ə(r); *strong form* ɑː(r)/ →BE
area /'eəriə/ *n.* **1** [C] part of a place, town, etc. or a region of a country or the world: *tropical ~s* **2** [C, U] extent or measurement of a surface. **3** [C] subject or range of activity: *different ~s of expertise*
arena /ə'riːnə/ *n.* **1** enclosed area used for sports and other public events. **2** area of activity: *the cultural ~*
aren't /ɑːnt/ = ARE NOT (BE)
argue /'ɑːgjuː/ *v.* **1** [I] express disagreement; debate; quarrel. **2** [I, T] **~for/against** give reasons for/against something. **3** [T] (*fml.*) discuss something: *The activists ~d their case.* ▶ **arguable** /'ɑːgjuəbl/ *adj.* not definite; questionable. ▶ **arguably** *adv.*
argument /'ɑːgjumənt/ *n.* **1** [C] disagreement. **2** [C, U] discussion; reason for or against something. ▶ **argumentative** /ˌɑːgju'mentətɪv/ *adj.* fond of arguing(1).
aria /'ɑːriə/ *n.* song for a solo voice in an opera, etc.
arid /'ærɪd/ *adj.* **1** (of land) very dry. **2** dull; uninteresting.
arise /ə'raɪz/ *v.* (*pt* **arose** /ə'rəʊz/ *pp* **~n** /ə'rɪzn/) [I] (*fml.*) come into existence or come to notice: *A new point has ~n.*
aristocracy /ˌærɪ'stɒkrəsi/ *n.* (*pl.* **-ies**) people of the highest social class, who have special titles. ▶ **aristocrat** /'ærɪstəkræt/ *n.* member of the aristocracy. ▶ **aristocratic** /ˌærɪstə'krætɪk/ *adj.*
arithmetic /ə'rɪθmətɪk/ *n.* [U] branch of mathematics that deals with the adding, subtracting, multiplying, etc. of numbers. ▶ **arithmetical** /ˌærɪθ'metɪkl/ *adj.*
ark /ɑːk/ *n.* (in the Bible) Noah's ship.
arm /ɑːm/ *n.* **1** either of the two upper limbs of your body connecting the shoulder to the hand. **2** piece of clothing that covers this; sleeve. **3** side part of a chair where you rest your arms. [IDM] **arm in arm** (of two people) with their arms linked. ■ **'armchair** *n.* chair with side supports for the arms. ■ **'armpit** *n.* hollow under the arm where it joins the shoulder. ● **arm** *v.* [I, T] provide somebody with weapons. [IDM] **armed to the teeth** having many weapons. ■ **the ˌarmed 'forces** *n.* [pl.] a country's army, navy and air force.
armada /ɑː'mɑːdə/ *n.* fleet of ships sailing together.
armadillo /ˌɑːmə'dɪləʊ/ *n.* (*pl.* **~s**) American animal with a hard shell made of bony plates.
armament /'ɑːməmənt/ *n.* **1** [C, usu. pl.] military weapons, esp. large guns. **2** [U] process of equipping military forces for war.
armistice /'ɑːmɪstɪs/ *n.* agreement during a war to stop fighting for a time; a truce.
armour (*US* **-or**) /'ɑːmə(r)/ *n.* [U] **1** protective metal covering for the body in battle. **2** metal covering for military tanks, ships, etc. ▶ **armoured** (*US* **-or-**) *adj.* ▶ **armoury** (*US* **-or-**) *n.* (*pl.* **-ies**) place where weapons are kept; supply of arms.
arms /ɑːmz/ *n.* [pl.] weapons. [IDM] **take up arms (against somebody)** (*fml.*) (prepare to) go to war. **(be) up in arms (about/over something)** (*infml.*) be very angry about something and ready to protest strongly about it.
army /'ɑːmi/ *n.* [C, with sing. or pl. verb] (*pl.* **-ies**) **1** military forces of a country equipped to fight on land: *the ~ ranks* **2** large group: *an ~ of rebels*
aroma /ə'rəʊmə/ *n.* pleasant smell. ▶ **aromatic** /ˌærə'mætɪk/ *adj.*

aromatherapy /ə,rəʊmə'θerəpi/ n. [U] use of natural oils for healing pain or for massage. ▶ **aromatherapist** n.

arose pt of ARISE

around /ə'raʊnd/ adv., prep. **1** approximately: It's ~ an hour's drive from my house. **2** on all sides of somebody/something; surrounding somebody/something: He built a fence ~ the garden. **3** on, to, or from the other side of somebody/something: The path follows ~ the field. **4** with a circular movement about something: The moon moves ~ the earth. **5** in or to many places: We biked all ~ the mountainside. **6** to fit in with people, ideas, customs, etc.: I planned the event ~ the local tastes. **7** present in a particular place; available: I hope you will be ~ when I reach.

arouse /ə'raʊz/ v. [T] **1** cause something to appear or become active: ~ false notions **2** excite somebody sexually.

arraign /ə'reɪn/ v. [T] (law) bring somebody to court to answer a charge brought against formally. ▶ **arraignment** n. [C, U]

arrange /ə'reɪndʒ/ v. **1** [I, T] plan or organize something in advance: We ~d to end the meeting with cocktails. ◇ I've ~d a contract with the company. **2** [T] put something in order; make something attractive. **3** [T] adapt a piece of music for a particular instrument. ▶ **arrangement** n. **1** [C, usu. pl.] plan or preparation made so that something can happen: sightseeing ~ments **2** [C, usu. pl.] the way things are done or ordered: revised travel ~ments **3** [C, U] agreement that you make with somebody that is mutually acceptable. **4** [C] group of things that are placed in a particular order **5** [U] piece of music that has been adapted for a particular instrument.

array /ə'reɪ/ n. large impressive range of things.

arrears /ə'rɪəz/ n. [pl.] money owed that should have been paid on an earlier date. [IDM] **be in arrears | get/fall into arrears** behind in paying money that you owe

arrest /ə'rest/ v. [T] **1** seize somebody by legal authority. **2** (fml.) stop a process. **3** attract somebody's attention. ● **arrest** n. act of arresting. [IDM] **under arrest** held prisoner by the police.

arrival /ə'raɪvl/ n. **1** [U] act of arriving. **2** [C] person or thing that arrives: The new ~ is a stranger to the gathering.

arrive /ə'raɪv/ v. [I] **1** reach a place: ~ the meeting **2** come: The appointed hour has ~d! **3** (infml.) become successful and famous. [PV] **arrive at something** reach something or come to a conclusion: ~ at a judgement

arrogant /'ærəgənt/ adj. behaving in a proud and rude way. ▶ **arrogance** /-ns/ n. [U] ▶ **arrogantly** adv.

arrow /'ærəʊ/ n. **1** pointed stick shot from a bow. **2** sign (→) used for indicating direction.

arse /ɑːs/ n. (GB, △, sl.) **1** buttocks; bottom(2). **2** stupid person. ● **arse** v. [PV] **arse about/around** (GB, △, sl.) behave in a stupid way.

arsenal /'ɑːsənl/ n. **1** collection of weapons. **2** place where weapons and explosives are stored or made.

arsenic /'ɑːsnɪk/ n. [U] very strong, poisonous substance.

arson /'ɑːsn/ n. [U] crime of intentionally setting fire to property.

art /ɑːt/ n. **1** [U] use of the imagination to express ideas or feelings in visual form, particularly in painting, drawing, or sculpture. **2** (**arts**) [pl.] subjects of study, e.g. languages or anthropology, that are concerned with human culture and are in contrast to science. **3** [C, U] skill in doing something. ■ **'art gallery** (pl. **-ies**) n. building where works of art are exhibited to the public.

artifact (esp. GB **artefact**) /'ɑːr-ti-,fakt/ n. thing made by a human being.

artery /'ɑːtəri/ n. (pl. **-ies**) **1** one of the tubes that transport blood from the heart to other parts of the body. **2** main transport route. ▶ **arterial** /ɑː'tɪəriəl/ adj.

artful /'ɑːtfl/ adj. clever at getting something, sometimes by concealing the truth. ▶ **artfully** adv.

arthritis /ɑː'θraɪtɪs/ n. [U] pain and inflammation in a joint in the body. ▶ **arthritic** /ɑː'θrɪtɪk/ adj.

artichoke /'ɑːtɪtʃəʊk/ n. **1** (also **,globe 'artichoke**) kind of plant with a lot of fleshy, green leaves, the bottom part of which can be eaten when cooked. **2** = JERUSALEM ARTICHOKE

article /'ɑːtɪkl/ n. **1** piece of writing in a newspaper, magazine, etc. **2** (law) separate part or clause of an agreement or a contract. **3** separate object: ~s of makeup **4** (gram.) word a, an, or the

articulate /ɑː'tɪkjələt/ adj. **1** (of a person) adept at expressing ideas or feelings clearly in words. **2** (of speech) clearly pronounced. ● **articulate** /ɑː'tɪkjuleɪt/ v. [I, T] express something clearly. ▶ **articulated** adj. (of a lorry) having two parts connected by a flexible joint that allows it to turn easily. ▶ **articulation** /ɑː,tɪkju'leɪʃn/ n. [U]

artificial /,ɑːtɪ'fɪʃl/ adj. **1** not natural; made by human beings. **2** false; not sincere. ■ **,artificial in'telligence** n. [U] (abbr. **AI**) (computing) area of study concerned with making computers simulate intelligent human behaviour. ■ **,artificial respi'ration** n. [U] process of helping a person who has stopped breathing begin to breathe again, usually by blowing into their mouth or nose. ▶ **artificially** adv.

artillery /ɑːˈtɪləri/ n. [U] (branch of the army that uses) large heavy guns.

artisan /ˌɑːtɪˈzæn/ n. (fml.) person who does skilled work, making things with their hands.

artist /ˈɑːtɪst/ n. **1** person who creates works of art, esp. paintings and drawings. **2** = ARTISTE ▶ **artistic** /ɑːˈtɪstɪk/ adj. **1** of art and artists. **2** having or showing skill in art. ▶ **artistically** /-kli/ adv. ▶ **artistry** n. [U] skill of an artist.

artiste /ɑːˈtiːst/ n. professional singer, dancer, actor, etc.

arty /ˈɑːti/ adj. (infml.) pretending to be artistic; involved in the arts in a pretentious way.

arugula /æˈruːgjʊlə/ n. [U] = ROCKET(3)

as /əz; strong form æz/ prep. **1** appearing to be somebody: dressed as a queen **2** having the function or character of somebody/something: acting as a peacemaker ◊ Treat me as a confidante. ● **as** adv. (**as ... as**) (used in comparisons) equally ... as somebody/something: as intelligent as his father ◊ Assemble as fast as possible! ● **as** conj. **1** during the time when: She walked in as I was leaving. **2** since; because: As you were busy, I left early. **3** though: Inexperienced as I am, I feel confident about handling the problem well. **4** in the way which: Do as he says. [IDM] **as for somebody/something** used to start talking about somebody/something. **as from | as of** showing the time from which something begins. **as if/though** in a way that suggests something. **as it is** in reality. **as it were** as it might be expressed. **as much**: I thought as much. **as per** according to: Study as per the schedule. **as to something | as regards something** used when you are referring to something.

asbestos /æsˈbestəs/ n. [U] soft grey material that is fire-resistant.

ascend /əˈsend/ v. [I, T] (fml.) go up something [IDM] **ascend the throne** (fml.) become king or queen. ▶ **ascendancy** n. [U] (fml.) power; influence. ▶ **ascendant** n. [IDM] **in the ascendant** being or becoming more powerful or popular.

ascent /əˈsent/ n. act of climbing or moving up; upward slope.

ascertain /ˌæsəˈteɪn/ v. [T] (fml.) find out or make certain about something.

ASCII /ˈæski/ n. [U] (computing) American Standard Code for Information Interchange: standard code to facilitate transfer of data between computers that use different programs.

ascribe /əˈskraɪb/ v. [T] ~ **to** consider something to be caused by or to belong to something/somebody: He ~d his success to good fortune.

aseptic /ˌeɪˈseptɪk/ adj. free from harmful bacteria or viruses.

asexual /ˌeɪˈsekʃuəl/ adj. **1** without sex or sex organs. **2** having no interest in sexual aspects.

ash /æʃ/ n. **1** [U] grey or black powder left after something has burnt: cigarette ~ **2** (**ashes**) [pl.] remnants after something has been destroyed by burning. **3** (**ashes**) [pl.] remains of a dead human body after cremation. **4** (also **'ash tree**) [C, U] forest tree with grey bark. **5** [U] hard pale wood of the ash tree. ■ **'ashtray** n. small dish for tobacco ash.

ashamed /əˈʃeɪmd/ adj. feeling guilt or embarrassment for something you have done.

ashore /əˈʃɔː(r)/ adv. towards, onto, or on land, having come from water.

aside /əˈsaɪd/ adv. to one side; out of the way: He laid all preconceptions ~. ● **aside** n. remark that is not supposed to be audible to others.

ask /ɑːsk/ v. **1** [I, T] put a question to somebody in order to get information: I ~ed him where he worked. ◊ 'What time is the train?' she ~ed. **2** [I, T] say to somebody that you want them to do something: I ~ed the man to help me with the luggage. **3** [T] invite somebody: ~ him to the meeting [IDM] **ask for it/trouble** (infml.) act in such a way that trouble is likely. [PV] **ask after somebody** ask about somebody's health or condition. **ask for somebody/something** say that you want to speak to somebody or be given something. ■ **'asking price** n. price that somebody plans to sell something for.

askew /əˈskjuː/ adj., adv. not straight or level.

asleep /əˈsliːp/ adj. **1** sleeping **2** (of an arm or leg) having no feeling.

asp /æsp/ n. small poisonous snake of N Africa.

asparagus /əˈspærəgəs/ n. [U] plant whose tender green shoots are eaten as a vegetable.

aspect /ˈæspekt/ n. **1** particular part or feature of something being considered. **2** (fml.) direction in which a building faces.

aspersions /əˈspɜːʃnz/ n. [pl.] (fml.) critical or unpleasant remarks or judgements: cast ~ on somebody's character

asphalt /ˈæsfælt/ n. [U] black sticky substance for making road surfaces.

asphyxiate /əsˈfɪksieɪt/ v. [T] cause somebody to become very ill or die by preventing them from breathing. ▶ **asphyxiation** /əsˌfɪksiˈeɪʃn/ n. [U]

aspirate /ˈæspərət/ n. sound of the letter 'h'. ● **aspirate** /ˈæspəreɪt/ v. [T] pronounce something with an 'h' sound.

aspire /ə'spaɪə(r)/ v. [I] ~(to) have a strong desire to achieve something. ▶ **aspiration** /,æspə'reɪʃn/ n. [C, U] strong desire, ambition.

aspirin /'æsprɪn; 'æspərɪn/ n. [U, C] (pl **aspirin** or ~s) drug used to reduce pain and fever.

ass /æs/ n. 1 (△, sl) = ARSE 2 (GB, infml.) stupid person.

assailant /ə'seɪlənt/ n. (fml.) person who attacks somebody, esp. physically.

assassin /ə'sæsɪn/ n. person who murders somebody important or well-known. ▶ **assassinate** /ə'sæsmeɪt/ v. [T] murder somebody important or well-known, esp. for political reasons. ▶ **assassination** /ə,sæsɪ'neɪʃn/ n. [U, C]

assault /ə'sɔːlt/ n. [C, U] sudden violent attack. ● **assault** v. [T] attack somebody violently, esp. when this is a crime.

assemble /ə'sembl/ v. 1 [I, T] come together as a group; bring people or things together. 2 [T] fit together the parts of something.

assembly /ə'sembli/ n. (pl. -ies) 1 [C] (**Assembly**) group of people who have been elected to discuss and make decisions or laws for a region or country: NATO A~ 2 [C] group of people coming together for a common purpose. 3 [C, U] meeting of teachers and students in a school, usually at the start of the day. 4 [U] process of fitting the parts of something together. ■ **as'sembly line** n. arrangement of machines and workers along which a product moves as it is put together in successive stages.

assent /ə'sent/ n. [U] (fml.) agreement. ● **assent** v. [I] ~(to) (fml.) agree to something.

assert /ə'sɜːt/ v. [T] 1 state something firmly. 2 make others recognize your authority, superiority, etc. by behaving firmly. 3 ~ **yourself** behave in a confident and forceful way. ▶ **assertion** /-ʃn/ n. [U, C] ▶ **assertive** adj. confident and forceful.

assess /ə'ses/ v. [T] 1 judge the importance, value, etc. of somebody/something. 2 calculate the value of something. ▶ **assessment** n. [C, U] ▶ **assessor** n.

asset /'æset/ n. [C] 1 valuable person or quality. 2 [usu. pl.] thing owned, esp. property, that can be sold to pay debts. ■ **'asset-stripping** n. [U] (business) practice of taking over a failing company at a low price and then selling all its assets(2) at a profit.

assign /ə'saɪn/ v. [T] 1 give something as a share or task. 2 provide somebody for a task or position. 3 fix something as a time, venue, etc.; name something. ▶ **assignment** n. 1 [C] work that somebody is given to do; task. 2 [U] act of giving something to somebody as a share or task.

assimilate /ə'sɪməleɪt v. 1 [T] take in or absorb food, information, values, etc. 2 [I, T] (allow somebody to) become part of another group or culture. ▶ **assimilation** /-'leɪʃn/ n. [U]

assist /ə'sɪst/ v. [I, T] (fml.) help somebody to do something. ▶ **assistance** n. [U] (fml.) help. ▶ **assistant** n. person who helps or supports somebody, usually in their job.

associate /ə'səʊʃieɪt/ v. 1 [T] ~(**with**) make a connection between people or things in your mind: Many of us ~ the smell of earth with the first rain of the season. 2 [I] ~**with** spend time with somebody: I have no desire to ~ with narrow-minded persons. ● **associate** /ə'səʊʃiət/ n. person you work with or do business with: academic ~s

association /ə,səʊsi'eɪʃn/ n. 1 [C] official group of people organized for a purpose. 2 [C, U] connection or relationship between people or organizations. 3 [C] connection in the mind. [IDM] **in association with somebody** together with somebody.

assorted /ə'sɔːtɪd/ adj. of different kinds; mixed. ▶ **assortment** /ə-'sɔːtmənt/ n. collection of different things or different types of the same thing.

assume /ə'sjuːm/ v. [T] 1 believe something to be true without evidence. 2 begin to use, take, or have something: ~ charge ◇ ~ a greater role 3 pretend to have a particular feeling or quality. ▶ **assumption** /ə'sʌmpʃn/ n. 1 [C] something believed to be true without evidence. 2 [U] act of assuming.

assurance /ə'ʃɔːrəns/ n. 1 [U] belief in your own abilities. 2 [C] promise: give a clear ~ 3 [U] (GB) insurance: lifetime ~

assure /ə'ʃʊə(r); -ʃɔː(r)/ v. [T] 1 tell somebody that something is true: I ~ you that the plan will be executed. 2 ~ **yourself (of something)** make yourself certain of something. 3 (GB) insure something, esp. against somebody's death. ▶ **assured** adj. 1 confident. 2 certain to happen.

asterisk /'æstərɪsk/ n. star-shaped symbol (*).

asteroid /'æstərɔɪd/ n. any one of the small planets that go around the sun.

asthma /'æsmə/ n. [U] chest illness that causes difficulty in breathing. ▶ **asthmatic** /æs'mætɪk/ adj.

astonish /ə'stɒnɪʃ/ v. [T] surprise or impress somebody greatly. ▶ **astonishing** adj. very surprising. ▶ **astonishment** n. [U]

astound /ə'staʊnd/ v. [T] shock or surprise somebody very much.

astray /ə'streɪ/ adv. away from the right path.

astride /ə'straɪd/ adj., prep. with one leg on each side (of).

astrology /əˈstrɒlədʒi/ n. [U] study of the stars and planets in the belief that they influence human affairs. ▶ **astrological** /-ˈlɒdʒɪkl/ adj. ▶ **astrologer** n.

astronaut /ˈæstrənɔːt/ n. person trained to travel in a spacecraft.

astronomy /əˈstrɒnəmi/ n. [U] scientific study of the universe, stars, planets, etc. ▶ **astronomer** n. ▶ **astronomical** /ˌæstrəˈnɒmɪkl/ adj. 1 of astronomy. 2 (infml.) (of an amount, a price, etc.) extremely large.

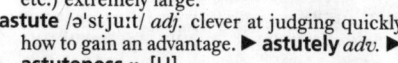

astute /əˈstjuːt/ adj. clever at judging quickly how to gain an advantage. ▶ **astutely** adv. ▶ **astuteness** n. [U]

asylum /əˈsaɪləm/ n. [U] (also fml. **po,litical a'sylum**) protection that a government gives to people who have been forced to leave their own countries, usually because they were in danger for political reasons: *the privileges of ~ seekers* (= people asking for political asylum)

at /ət; strong form æt/prep. 1 used to show where somebody/something is: *at the fair* ◇ *She's at Harvard* (= Harvard University). 2 used to inform when something happens: *at twelve o'clock in the noon* ◇ *at the end of the month* 3 used to state the age at which somebody does something: *He started his own enterprise at (the age of) 25.* 4 in the direction of or towards somebody/ something: *Look at the rainbow.* ◇ *He pointed all his questions at the president.* 5 used to state the distance away from something: *hold something at arm's length* 6 used to show the situation somebody/something is in: *The warring countries are finally at peace now.* 7 used to show a rate, speed, etc.: *driving at 80mph* ◇ *annual revenue valued at £18 million* 8 used after an adj. expressing skill: *naturally talented at writing* 9 used after an adj. to show the cause of something: *shocked at the news*

ate pt of EAT

atheism /ˈeɪθiɪzəm/ n. [U] belief that there is no God. ▶ **atheist** n.

athlete /ˈæθliːt/ n. person trained for physical games. ▶ **athletic** /æθˈletɪk/ adj. 1 physically strong and fit. 2 of athletics. ▶ **athletics** n. [U] sports that people compete in, esp. track and field events.

atlas /ˈætləs/ n. book of maps.

ATM /ˌeɪ tiː ˈem/ n automated teller machine = (GB) CASH MACHINE.

atmosphere /ˈætməsfɪə(r)/ n. [sing.] 1 (**the atmosphere**) gases surrounding the earth. 2 air in a room or enclosed space. 3 general impression of a place: *a cold, unwelcoming ~* ▶ **atmospheric** /ˌætməsˈferɪk/ adj. of the atmosphere.

atom /ˈætəm/ n. smallest unit of an element that can take part in chemical change. ▶ **atomic** /əˈtɒmɪk/ adj. of atoms. ■ **a,tomic 'bomb** (also **'atom bomb**) n. bomb whose explosive power comes from splitting atoms.

atrocious /əˈtrəʊʃəs/ adj. 1 very bad: *~ behaviour* 2 very cruel; wicked. ▶ **atrociously** adv.

atrocity /əˈtrɒsəti/ n. [C, usu. pl.C, U] (pl. -ies) extremely cruel or violent act, esp. in a war.

attach /əˈtætʃ/ v. 1 [T] fasten or join something to something. 2 [T] join something as a companion or member. 3 [I, T] **~to** (cause something to) connect with something: *Don't ~ much meaning to her assertions.* ▶ **attached** adj. 1 **~(to)** be very fond of somebody/something. 2 **~to** forming part of an organization: *The research wing is ~ed to the ministry.* 3 joined to something. ▶ **attachment** n. 1 [U] **~ (to)** strong feeling of affection for somebody/something. 2 [C] extra part that can be fixed onto a machine to make it perform another task. 3 [C] (computing) document that you send to somebody using email.

attaché /əˈtæʃeɪ/ n. person who works on the staff of an embassy. ■ **at'taché case** n. small case for documents.

attack /əˈtæk/ n. 1 [C, U] attempt to hurt or defeat somebody/something using force. 2 [C, U] strong criticism in speech or writing. 3 [C] illness, etc. ● **attack** v. 1 [I, T] try to hurt or defeat somebody/something using force. 2 [T] criticize somebody/something fiercely. 3 [T] have a harmful effect on something: *a disorder that ~s normal living* 4 [T] deal with something with energy and determination. ▶ **attacker** n.

attain /əˈteɪn/ v. [T] (fml.) succeed in getting something; achieve something. ▶ **attainable** adj. ▶ **attainment** n. 1 [C] skill or ability. 2 [U] success in achieving something.

attempt /əˈtempt/ v. [T] try to do something: *~ to run away* ● **attempt** n. effort to do something. [IDM] **an attempt on somebody's life** an act of trying to kill somebody.

attend /əˈtend/ v. 1 [T] be present at an occasion: *~ a club meeting* 2 [T] go regularly to a place: *~ college* 3 [I] **~(to)** (fml.) pay attention to somebody/something. [PV] **attend to somebody/something** deal with somebody/something; take care of somebody/something. ▶ **attendance** n. 1 [U, C] act of being present at a place, e.g. at school. 2 [C, U]

attendant *n.* person employed to serve people in a public place.
attention /əˈtenʃn/ *n.* [U] **1** careful thought: *give* ~ **2** interest in somebody/something. **3** special care or action: *in need of immediate* ~ **4** position of a soldier standing erect and still.
attentive /əˈtentɪv/ *adj.* giving attention to somebody/ something. ▶ **attentively** *adv.*
attest /əˈtest/ *v.* [I, T] ~**(to)** (*fml.*) show or prove that something is true.
attic /ˈætɪk/ *n.* space or room in the roof of a house.
attitude /ˈætɪtjuːd/ *n.* **1** way of thinking or behaving. **2** (*fml.*) posture of the body.
attn. *abbr.* (*business*) (in writing) for the attention of: *Customs Dept, attn A Waters*
attorney /əˈtɜːni/ *n.* lawyer.
attract /əˈtrækt/ *v.* [T] **1** get somebody's attention or interest: *a gimmick that* ~*s audience* **2** make somebody/something come somewhere: *The heavy disounts* ~ *a lot of buyers.* **3** cause a particular reaction: *His actions were bound to* ~ *gossip.* ▶ **attraction** /əˈtrækʃn/ *n.* [U, sing.] feeling of liking somebody, esp. sexually. **2** [C] interesting place to visit or thing to do. **3** [C, U] feature or quality that makes something seem interesting. ▶ **attractive** *adj.* pleasing or interesting.
attribute /əˈtrɪbjuːt/ *v.* [T] ~**to** say or believe that something is caused by somebody/something: *He* ~*s his failure to lack of facilities.* ● **attribute** /ˈætrɪbjuːt/ *n.* quality or feature of somebody/something.
attributive /əˈtrɪbjətɪv/ *adj.* (*gram.*) coming before a noun.
aubergine /ˈəʊbəʒiːn/ *n.* [C, U] large, dark purple fruit, eaten as vegetable.
auburn /ˈɔːbən/ *adj.* (*esp.* of hair) reddish-brown.
auction /ˈɔːkʃn/ *n.* [C, U] public sale at which goods are sold to the person who offers the highest sum. ● **auction** *v.* [T] sell something at an auction. ▶ **auctioneer** /-ˈnɪə(r)/ *n.* person in charge of an auction.
audacious /ɔːˈdeɪʃəs/ *adj.* willing to take risks or do something shocking. ▶ **audaciously** *adv.* ▶ **audacity** /ɔːˈdæsəti/ *n.* [U] bold but rude or shocking behaviour.
audible /ˈɔːdəbl/ *adj.* able to be heard. ▶ **audibly** *adv.*
audience /ˈɔːdiəns/ *n.* **1** group of people gathered to hear or watch somebody/something. **2** number of people who watch or listen to a broadcast programme. **3** formal meeting with somebody in authority.
audio /ˈɔːdiəʊ/ *adj.* of hearing or sound. ■ **‚audio-ˈvisual** *adj.* using both sound and pictures.

audit /ˈɔːdɪt/ *n.* official examination of business accounts. ● **audit** *v.* [T] examine accounts. ▶ **auditor** *n.*
audition /ɔːˈdɪʃn/ *n.* short performance by an actor, singer, etc. to test skill. ● **audition** *v.* [I, T] (ask somebody to) give an audition.
auditorium /ˌɔːdɪˈtɔːriəm/ *n.* part of a building in which an audience sits.
augment /ɔːgˈment/ *v.* [T] (*fml.*) increase the quantity, value, etc. of something.
augur /ˈɔːgə(r)/ *v.* [IDM] **augur well/ill for somebody/ something** (*fml.*) be a good/bad sign for somebody/ something in the future.
August /ˈɔːgəst/ *n.* [U, C] the eighth month of the year. (See examples of use at *April*.)
aunt /ɑːnt/ *n.* sister of your father or mother; wife of your uncle. ▶ **auntie** (*also* **aunty**) *n.* (*infml.*) aunt.
au pair /ˌəʊˈpeə(r)/ *n.* young person who does household work for a family in a foreign country in order to earn lodging and a chance to learn the language.
aura /ˈɔːrə/ *n.* distinct quality or feeling that seems to surround a person or place.
aural /ˈɔːrəl/ *adj.* of the ear or hearing.
auspices /ˈɔːspɪsɪz/ *n.* [pl.] [IDM] **under the auspices of somebody/something** (*fml.*) with the help or support of somebody/something.
auspicious /ɔːˈspɪʃəs/ *adj.* (*fml.*) showing signs of future success; favourable.
austere /ɒˈstɪə(r); ɔːˈst-/ *adj.* **1** without decoration; simple and plain. **2** (used about a person) strict or severe. **3** allowing nothing that gives pleasure; not comfortable. ▶ **austerely** *adv.* ▶ **austerity** /ɒ- ˈsterəti; ɔːˈst-/ *n.* [U, C] (*pl.*-**ies**)
authentic /ɔːˈθentɪk/ *adj.* known to be real or true. ▶ **authentically** /-kli/ *adv.* ▶ **authenticate** *v.* [T] prove that something is genuine, real, or true. ▶ **authentication** /-ˈkeɪʃn/ *n.* [U] ▶ **authenticity** /-ˈtɪsəti/ *n.* [U] quality of being genuine or true.
author /ˈɔːθə(r)/ *n.* **1** writer. **2** person who creates or begins something. ▶ **authoring** *n.* [U] (*computing*) creating computer programs without using programming language, for use in multimedia products. ▶ **authorship** *n.* [U] identity of the person who wrote something.
authoritative /ɔːˈθɒrətətɪv/ *adj.* having or showing authority; that can be trusted. ▶ **authoritatively** *adv*
authority /ɔːˈθɒrəti/ *n.* (*pl.* -**ies**) **1** [U] power to give orders. **2** [U] official permission to do something. **3** [C, usu. pl.] people or group with this power. **4** [C] expert: *He's an* ~ *on geopolitical affairs.*

authorize (*GB also* **-ise**) /'ɔːθəraɪz/ v. [T] give official permission for something. ▶ **authorization** (*also* **-isation**) /ˌɔːθəraɪ'zeɪʃn/ n. [U]

autobiography /ˌɔːtəbaɪ'ɒgrəfɪ/ n. (*pl.* **-ies**) account of a person's life, written by that person. ▶ **autobiographical** /ˌɔːtəˌbaɪə'græfɪkl/ adj.

autocrat /'ɔːtəkræt/ n. **1** ruler who has absolute power. **2** person who expects to be obeyed. ▶ **autocratic** /ˌɔːtə'krætɪk/ adj.

autograph /'ɔːtəɡrɑːf/ n. signature of somebody famous. ● **autograph** v. [T] write your signature on something.

automate /'ɔːtəmeɪt/ v. [T] use machines and computers instead of people to perform a task.

automatic /ˌɔːtə'mætɪk/ adj. **1** (of a machine) operating by itself without human control. **2** (of an action) done without thought. ● **automatic** n. **1** self-loading gun that fires bullets continuously as long as the trigger is pressed. **2** (*GB*) car with a system of gears that operate without direct action from the driver. ▶ **automatically** /-kli/ adv.

automation /ˌɔːtə'meɪʃn/ n. [U] use of machines to do work earlier done by people.

automobile /'ɔːtəməbiːl/ n. = CAR

autonomous /ɔː'tɒnəməs/ adj. **1** (of a country, region, council, etc.) able to govern itself. **2** (of a person) able to do things without help. ▶ **autonomy** n. [U] **1** freedom for a country, region, etc. to govern itself independently. **2** ability to act without being directed by anyone else.

autopsy /'ɔːtɒpsi/ n. (*pl.* **-ies**) medical examination of a body to find the cause of death.

autumn /'ɔːtəm/ n. [U, C] season of the year between summer and winter. ▶**autumnal** /ɔː'tʌmnəl/ adj.

auxiliary /ɔːg'zɪliəri/ adj. (of workers) giving help or support to the main group: ~ *interns* ▶ **auxiliary** n. (*pl.* **-ies**) ■ **au,xiliary 'verb** n. verb used with main verbs to show tense, voice, mood, etc. and to form questions, e.g. *will* and *has* in: *Will you tell me where he has gone?*

avail /ə'veɪl/ v. (*fml.*) ~ **yourself of** make use of something. ● **avail** n. [IDM] **of little/no avail** (*fml.*) of little or no use. **to little/no avail** with little or no success.

available /ə'veɪləbl/ adj. **1** that you can find or obtain: *There are no passes* ~. **2** (of a person) free to meet or talk to people. ▶ **availability** /-'bɪləti/ n. [U]

avalanche /'ævəlɑːnʃ/ n. mass of snow that falls rapidly down the side of a mountain.

avarice /'ævərɪs/ n. [U] (*fml.*) extreme desire for money or material things. ▶ **avaricious** /ˌævə'rɪʃəs/ adj.

avenge /ə'vendʒ/ v. [T] harm or punish somebody for a wrong they have done to you: ~ *his company's downfall*

avenue /'ævənjuː/ n. **1** (*abbr.* **Ave.**) street in a town or city. **2** (*GB*) road, esp. one with trees on either side. **3** choice or means of achieving something: *exhaust all* ~*s*

average /'ævərɪdʒ/ n. **1** [C] result of adding several amounts together and then dividing the total by the number of amounts. **2** [U] usual amount or level. ▶ **average** adj.: *the ~ ratio* ● **average** v. **1** [I, T] find the average of something. **2** [T] be or do something as an average: *The group* ~*d 10 hours of study a day.*

averse /ə'vɜːs/ adj. ~**to** (*fml.*) opposed to something: *not ~ to change*

aversion /ə'vɜːʃn/ n. [C, U] ~**(to)** strong dislike of somebody/something.

avert /ə'vɜːt/ v. [T] **1** prevent something unpleasant from happening. **2** (*fml.*) turn away your eyes, etc.

aviary /'eɪviəri/ n. (*pl.* **-ies**) large cage or building for keeping birds.

aviation /ˌeɪvi'eɪʃn/ n. [U] science or practice of flying aircraft.

avid /'ævɪd/ adj. very enthusiastic; keen. ▶**avidly** adv.

avocado /ˌævə'kɑːdəʊ/ n. (*pl.* ~**s**) pear-shaped green tropical fruit.

avoid /ə'vɔɪd/ v. [T] **1** prevent something bad from happening. **2** keep away from somebody/something; refrain from doing something. ▶ **avoidable** adj. that can be avoided. ▶ **avoidance** n. [U]

avow /ə'vaʊ/ v. [T] (*fml.*) declare or assert something openly.

await /ə'weɪt/ v. [T] (*fml.*) wait for somebody/something.

awake /ə'weɪk/ adj. not asleep. ● **awake** v. (*pt* **awoke** /ə'wəʊk/ *pp* **awoken** /ə'wəʊkən/) [I, T] (cause somebody to) wake up.

awaken /ə'weɪkən/ v. **1** [I, T] (cause somebody to) wake up. **2** [T] cause something to become active: ~ *her passion* [PV] **awaken (somebody) to something** (cause somebody to) become aware of something. ▶ **awakening** n. [sing.] act of realizing something.

award /ə'wɔːd/ v. [T] make an official decision to give something to somebody: *She was* ~*ed the first prize.* ● **award** n. something awarded: *an ~ for best stage performance*

aware /ə'weə(r)/ adj. ~**of/that** knowing or

realizing something: *I'm well ~ of the pros and cons.* ▶ **awareness** *n.* [U]

away /ə'weɪ/ *adv.* **1** to or at a distance from something: *The town is still some distance ~.* **2** to a different place or in a different direction: *Move ~! ◇ Put your clothes ~.* **3** not present: *He's ~ on account of urgent work.* **4** constantly or continuously: *He was just fooling ~.* **5** until disappearing completely: *The noise died ~.* **6** (*sport*) at the ground of your opponents: *play the deciding match ~*

awe /ɔː/ *n.* [U] respect and fear. ■ **'awe-inspiring** *adj.* impressive; making you feel respect. ▶ **awesome** /'ɔːsəm/ *adj.* **1** very impressive or difficult and perhaps rather frightening. **2** (*infml.*) excellent, enjoyable, etc.

awful /'ɔːfl/ *adj.* **1** very bad or unpleasant: *~ timing* **2** (*spoken*) used to emphasize that there is a large amount or too much of something: *It took up an ~ lot of time.* ▶ **awfully** /'ɔːfli/ *adv.* very: *~ly tiring*

awkward /'ɔːkwəd/ *adj.* **1** embarrassing: *an ~ interval* **2** difficult to deal with: *an ~ client* **3** not convenient: *held at an ~ time* **4** difficult or harmful due to its shape or design. **5** not graceful; not comfortable: *to sit in an ~ position* ▶ **awkwardly** *adv.* ▶ **awkwardness** *n.* [U]

awning /'ɔːnɪŋ/ *n.* sheet of canvas that stretches out from above a door or window to shelter from the rain or sun.

awoke *pt of* AWAKE

awoken *pp of* AWAKE

ax (**axe** *GB*) /æks/ *n.* tool for cutting wood. [IDM] **have an ax to grind** have private reasons for doing something. ● **ax** *v.* [T] greatly reduce jobs or services; dismiss abruptly and ruthlessly.

axiom /'æksiəm/ *n.* statement accepted as obviously true. ▶ **axiomatic** /-'mætɪk/ *adj.* true in such an obvious way that you do not need to prove it.

axis /'æksɪs/ *n.* (*pl.* **axes** /'æksiːz/) **1** imaginary line through the centre of a turning object: *the earth's ~* **2** (*tech.*) fixed line against which the positions of points are measured, esp. on a graph: *vertical ~*

axle /'æksl/ *n.* rod on which a wheel turns.

azure /'æʒə(r); 'æzjʊə(r)/ *adj., n.* [U] (*written*) bright blue.

B b

B, b /biː/ n. [C, U] (pl **B's, b's** /biːz/) the second letter of the English alphabet.
b. abbr. born
babble /'bæbl/ v. [I] talk quickly or in an excited and confused way. ▶ **babble** n. [sing.]
baboon /bə'buːn/ n. an Asian or African large monkey.
baby /'beɪbi/ n. (pl. -ies) **1** very young child or animal. **2** (sl.) word used affectionately to address your wife, husband, or lover. ▶ **babyish** adj. of or like a baby. ■ **'babysit** v. (-tt- pt, pp -sat) [I] look after a child or children while the parents are away. ■ **babysitter** n.

bachelor /'bætʃələ(r)/ n. **1** unmarried man. **2** (**Bachelor**) holder of a first university degree: a B~ of Commerce
back¹ /bæk/ n. **1** [C] rear part of a person's or an animal's body between the neck and the bottom. **2** [usu. Sing.] part or side of something that is furthest from the front: sit at the ~ of the auditorium ◊ Write a note on the ~ of the photograph. **3** [C] part of a chair that supports your upper body. [IDM] **back to front** with the back where the front should be: You've got your T-shirt on ~ to front, **behind somebody's back** without somebody's knowledge. **get/put somebody's back up** (infml..) annoy somebody. **get off somebody's back** (infml.) stop annoying somebody. **put your back into something** work very hard at something. ● **back** adj. **1** situated behind or at the back of something: the ~ room **2** owed from an earlier time: ~ pay ■ **'backache** n. [U, C] continuous pain in the back. ■ **,back'bencher** n. (GB) member of Parliament who does not hold a post in the government or opposition. ■ **'backbone** n. **1** [C] the spine. **2** [sing.] most important part of a system, an organization, etc. that gives it support. **3** [U] strength of character. ■ **'backbreaking** adj. (of physical work) very hard and demanding. ■ **'background** n. **1** [C] details of a person's family, education, experience, etc. **2** [C, usu. sing., U] circumstances or past events that explain why something is how it is; information about these. **3** [C, usu. sing.] part of a scene behind the main events, objects, people, etc. **4** [sing.] position in which somebody/something can be seen, heard, etc. but is not the centre of attention. ■ **'backhand** n. stroke in badminton, tennis, etc. with the back of the hand forward. ■ **,back'handed** adj. indirect or sarcastic: rather a ~handed comment ■ **'backlog** n. work still to be done. ■ **'backpack** n. = RUCKSACK ■ **'backpack** v. [I] travel on holiday carrying your belongings in a backpack: go ~ing ■ **'backside** n. (infml.) part of the body that you sit on. ■ **'backslash** n. mark (\) used in computer commands. ■ **,back'stage** adv. behind the stage in a theatre. ■ **'backstroke** n. [U] swimming stroke done on your back. ■ **'backwater** n. **1** stretch of a river away from the main part. **2** place not influenced by progress, new ideas, etc.
back² /bæk/ adv. **1** towards or at the back; away from the front or centre: Stand ~, for a complete view. **2** in (to) an earlier position or state: He is ~ in class. **3** (of time) in the past: a couple of years ~ **4** in return: reply him ~ ◊ I'll call you ~. [IDM] **back and forth** backwards and forwards. ■ **'backbiting** n. [U] unkind talk about somebody who is not present. ■ **,back'date** v. [T] declare that something is valid from an earlier date in the past. ■ **,back'fire** v. [I] have the opposite effect to the one intended, with bad or dangerous results. ■ **'backlash** n. [sing.] extreme, esp. violent, reaction to an event.
back³ /bæk/ v. **1** [I, T] move (something) backwards: ~ the car into the parking lot. **2** [I] ~ **onto** (of a building) face something at the back: The theatre ~s onto the park. **3** [T] give help or support to somebody/something. **4** [T] bet money on a horse, etc. **5** [T] cover the back of something. [PV] **back down** withdraw a claim, etc. made earlier; retract from a position; admit defeat. **back out (of something)** withdraw from an agreement. **back somebody/something up 1** support or encourage somebody. **2** give evidence to prove something. **3** (computing) make a spare copy of a file, program, etc. ▶ **backer** n. person who gives (esp. financial) support. ▶ **backing** n. [U] **1** support or help. **2** material that forms the back of something. ■ **'backup** n. [U, C] **1** extra help or support. **2** (computing) spare copy of a file, program, etc. that can be used if the original is lost or damaged.
backgammon /'bækgæmən/ n. [U] game played with dice on a board marked with triangular points.
backward /'bækwəd/ adj. **1** directed towards the back: a ~ throw **2** having made less than normal or acceptable progress: a ~ region ▶**backwards (backward)** adv. **1** towards a place or position that is behind. **2** with the back or end first: say the line ~s
bacon /'beɪkən/ n. [U] salted or smoked meat

from the back or sides of a pig.
bacteria /bækˈtɪərɪə/ n. [pl.] (sing. **-ium** /-ɪəm/) microscopic living organisms, often the cause of disease. ▶ **bacterial** /-rɪəl/ adj.
bad /bæd/ adj. (**worse** /wɜːs/, **worst** /wɜːst/) **1** not good; unpleasant: ~ *weather* **2** of poor quality: *a ~ piece of prose* **3** ~ **at** (of a person) not able to do something well or easily: *be ~ at logic* **4** serious; severe: *a ~ oversight* ◊ *in a ~ state* **5** (of food) not fresh or fit to eat; decayed: *The fruits have gone ~.* **6** unhealthy; painful: *a ~ ankle* **7** (of a person) wicked; immoral. **8** harmful: *Drinking is ~ for health.* **9** inappropriate: *a ~ time to talk* [IDM] **be bad luck** be unfortunate. **go from bad to worse** (of a bad situation) get even worse. **not bad** (*spoken*) quite good. **too bad** (*spoken*) unfortunate; regrettable: *It's too ~ she's unable to come.* ■ **,bad ˈdebt** n. money owed that is unlikely to be paid back. ▶ **baddy** n. (pl. **-ies**) (infml.) bad person in a novel, film, etc. ■ **,bad ˈlanguage** n. [U] rude or offensive words. ▶ **badly** adv. (**worse, worst**) **1** in a bad way; not good enough. **2** seriously; severely: *~ly affected* **3** very much: *need some help ~ly* [IDM] **badly off** poor; not having enough of something. ■ **,bad-ˈtempered** adj. often angry; in an angry mood.
bade pt of BID(3)
badge /bædʒ/ n. something worn to show membership, rank, office, etc.
badger /ˈbædʒə(r)/ n. small animal with black and white stripes on its head that lives in underground holes and is active at night. ● **badger** v. [T] put pressure on somebody by repeatedly asking them questions or asking them to do something.
badminton /ˈbædmɪntən/ n. [U] game similar to tennis, played by hitting a shuttlecock across a high net.
baffle /ˈbæfl/ v. [T] puzzle somebody; be too difficult for somebody to understand
bag¹ /bæɡ/ n. **1** [C] flexible container with an opening at the top: *use a paper ~* **2** (**bags**) [pl.] **~of** (GB, infml.) plenty of something. [IDM] **in the bag** (infml.) certain to be won, gained, etc. ● **bag** v. (**-gg-**) [T] **1** put something into bags. **2** catch or kill an animal. **3** (GB, infml.) claim something as yours.
baggage /ˈbæɡɪdʒ/ n. [U] (esp. US) = LUGGAGE
baggy /ˈbæɡi/ adj. (**-ier, -iest**) (of clothing) hanging loosely: *~ pants*
bagpipes /ˈbæɡpaɪps/ n. [pl.] musical instrument with pipes and a bag to store air.
bail /beɪl/ n. **1** [U] money that somebody assures to pay if an accused person fails to appear at their trial. Once bail has been arranged, the accused person is allowed to go free until the trial: *The accused was released on ~.* **2** [C, usu. pl.] (in cricket) either of the two small pieces of wood put over the wicket. ● **bail** (GB also **bale**) v. [PV] **bail out (of something)** make an emergency jump out of a plane that is going to crash. **bail somebody out 1** pay somebody's bail for them. **2** help somebody out of (esp. financial) difficulties. **bail (something) out** empty water from a boat using your hands or a container.
bailiff /ˈbeɪlɪf/ n. **1** official who keeps order in a law court. **2** (GB) person who manages land for somebody else. **3** (GB) law officer who seizes goods, property, etc. from somebody who owes money.
bait /beɪt/ n. [U] **1** food put on a hook or in a trap to catch fish or other animals. **2** thing used to tempt or lure somebody. ● **bait** v. [T] **1** put bait on or in something. **2** deliberately try to make somebody angry.
bake /beɪk/ v. **1** [I, T] cook something in an oven. **2** [I, T] (cause something to) become hard by heating. **3** [I] (infml.) be or become very hot: *It's baking summer here!* ▶ **baker** n. person whose job is to bake and sell bread, cakes, etc. ▶ **bakery** n. (pl. **-ies**) place where bread is baked and/or sold. ■ **ˈbaking powder** n. [U] powder used for making cakes, etc. rise and become light.
balance¹ /ˈbæləns/ n. **1** [U, sing.] condition when two opposites are equal or various parts are in correct proportions: *a ~ between personal and public affairs* **2** [U] ability to keep steady with an equal amount of weight on each side of the body: *maintain your ~* **3** [C, usu. sing.] amount of money in a bank account. **4** [C, usu. sing.] amount owed after a part payment. **5** [C] instrument used for weighing things. [IDM] **in the balance** uncertain or undecided. **on balance** having considered everything. ■ **ˈbalance sheet** n. (business) record of money received and paid out.
balance² /ˈbæləns/ v **1** [I, T] put your body or something else into a position where it is steady and does not fall: *He can ~ on one foot for quite a long while.* **2** [T] compare two objects, plans, options, etc.; give equal importance to two contrasting things. **3** [T] (business) show that in an account the total money spent is equal to the total received.
balcony /ˈbælkəni/ n. (pl. **-ies**) **1** platform built onto the outside of a building with a wall or rail around it. **2** level of seats upstairs in a theatre.
bald /bɔːld/ adj. **1** having little or no hair on the head. **2** without any extra explanation or detail; blunt: *a ~ speech* ▶ **balding** adj. start-

ing to lose the hair on your head. ▶ **baldly** *adv.* in a few words with nothing extra or unessential. ▶ **baldness** *n.* [U]

bale /beɪl/ *n.* large bundle of cotton, hay, cloth, etc. tied tightly together. ● **bale** *v.* [T] **1** make something into bales. **2** (*GB*) = BAIL

balk /bɔːk/ *v.* [I] ~(**at**) be very unwilling or hesitant to try or do something.

ball /bɔːl/ *n.* [C] **1** round object used in games. **2** round mass: *a ~ of cotton* **3** round part of the body: *the ~ of your foot* **4** [usu. pl.] (*infml.*) testicle. **5** large formal party with dancing. [IDM] **get/start/keep the ball rolling** begin/continue an activity. **have a ball** (*infml.*) have an enjoyable time. (**be**) **on the ball** (*infml.*) be alert and aware of new ideas, developments, etc. ■ **'ball game** *n.* **1** any game played with a ball. **2** game of baseball. [IDM] **a (whole) different/new ball game** (*infml.*) a completely different kind of situation. ■ **'ballpoint** (*also* ,**ballpoint 'pen**) *n.* pen with a tiny ball at its point to roll ink onto the paper. ■ **'ballroom** *n.* large room used for dancing on formal occasions.

ballad /'bæləd/ *n.* song or poem that tells a story.

ballast /'bæləst/ *n.* [U] heavy material placed in a ship or hot-air balloon to keep it stable.

ballerina /,bælə'riːnə/ *n.* female ballet dancer.

ballet /'bæleɪ/ *n.* **1** [U] style of dancing that tells a story with music but no talking or singing. **2** [C] story performed by a group of ballet dancers. **3** [C, with sing. or pl. verb] group of dancers who work and perform ballet together.

ballistics /bə'lɪstɪks/ *n.* [U] scientific study of the movement of objects shot or fired through the air. ■ **bal,listic 'missile** *n.* missile that is at first powered and guided but then falls freely towards the target.

balloon /bə'luːn/ *n.* **1** brightly coloured rubber bag filled with air and inflated. **2** (*also* **hot-'air balloon**) large rounded bag filled with air or gas to make it rise in the air, with an attached basket to carry passengers. ● **balloon** *v.* [I] **1** suddenly swell out or get bigger. **2** travel in a hot-air balloon as a sport: *enjoy ~ing* ▶ **balloonist** *n.* person who flies in a balloon as a sport.

ballot /'bælət/ *n.* **1** [U, C] system of voting in secret; occasion on which such a vote is held. **2** (*GB* **'ballot paper**) [C] piece of paper on which somebody marks who they are voting for. **3** (**the ballot**) [sing.] total number of votes in an election. ● **ballot** *v.* **1** [T] ask for a secret vote from somebody. **2** [I] vote secretly about something. ■ **'ballot box** *n.* box into which ballot papers are put.

balm /bɑːm/ *n.* [U, C] oil or cream that is used to make wounds less painful or skin softer. ▶ **balmy** *adj.* (**-ier, -iest**) (of the air, weather, etc.) warm and pleasant.

balsa /'bɔːlsə/ *n.* (*also* **'balsa wood**) *n.* [U] light wood of the tropical American balsa tree.

balustrade /,bælə'streɪd/ *n.* row of posts, joined together at the top, built along the edge of a balcony, gallery, bridge, etc.

bamboo /,bæm'buː/ *n.* [C, U] (*pl* ~**s**) tall plant of the grass family with woody, hollow stems.

ban /bæn/ *v.* (**-nn-**) [T] forbid something officially. ● **ban** *n.* ~(**on**) official rule that forbids something.

banal /bə'nɑːl/ *adj.* ordinary and uninteresting: *~ talk*

banana /bə'nɑːnə/ *n.* long, yellow tropical fruit.

band /bænd/ *n.* **1** group of musicians and singers who play popular music. **2** group of people: *a ~ of young boys* **3** thin, flat strip of material for tying things together or putting round an object. **4** range of numbers, values, etc. within a series. ● **band** *v.* [I] ~**together** unite in a group. ■ **'Band-Aid™** *n.* a small adhesive strip with a gauze pad to cover minor wounds ■ **'bandstand** *n.* covered platform outdoors, where musicians, esp. a brass or military band, can play. ■ **'bandwagon** *n.* [IDM] **climb/ jump on the bandwagon** (*infml.*) join others in doing something fashionable and successful.

bandage /'bændɪdʒ/ *n.* strip of material that is wrapped round a wound. ● **bandage** *v.* [T] wrap a bandage round something.

bandit /'bændɪt/ *n.* member of an armed group of thieves who attack travellers.

bandwidth /'bændwɪdθ; -wɪtθ/ *n.* [C, U] (*computing*) measurement of the amount of information that a computer network or Internet connection can transmit in a particular time. It is often measured in bits per second.

bandy /'bændi/ *adj.* (**-ier, -iest**) (of the legs) curving outwards at the knees. ● **bandy** *v.* (*pt, pp* **-ied**) [PV] **bandy something about** mention a name, word, idea, etc. frequently.

bang /bæŋ/ *n.* **1** sudden loud noise. **2** violent blow to a part of the body: *fell ~ on the head* ● **bang** *v.* **1** [I, T] (cause something to) make a loud noise: *She ~ed the objects in her room.* **2** [T] hit a part of the body against something: *She ~ed her head on the wall.* [IDM] **be banging your head against a brick wall** → HEAD¹ ● **bang** *adv.* (*infml.*) exactly: *~ on target*

banger /'bæŋə(r)/ *n.* (*GB, infml.*) **1** sausage. **2** noisy firework. **3** noisy old car.

bangle /'bæŋgl/ *n.* jewellery worn round the wrist.

banish /'bænɪʃ/ v. [T] **1** order somebody to leave a place, esp. as a punishment. **2** (written) make somebody/ something go away; get rid of somebody/something. ▶ **banishment** n. [U]

banister (GB also **bannister**) /'bænɪstə(r)/ n. [C, usu. pl.] posts and handrail at the side of a staircase.

banjo /'bændʒəʊ/ n. (pl. ~s) musical instrument with a circular body, played by plucking the strings.

bank /bæŋk/ n. **1** place where money is kept safely. **2** place for storing supplies: *a blood ~* **3** land sloping up beside a river, lake, etc. **4** raised ground that slopes at the sides. **5** piled-up mass of snow, clouds, etc. **6** row or series of similar things, esp. machines: *a ~ of switchboards* ● **bank** v. **1** [T] put money into a bank account. **2** [I] have an account with a particular bank. **3** [I] (of an aircraft) tilt sideways while turning. [PV] **bank on somebody/something** rely on somebody/something. ▶ **banker** n. owner, director, or manager of a bank. ■ **,bank 'holiday** n. (GB) official public holiday. ▶ **banking** n. [U] business activity of banks. ■ **'banknote** n. piece of paper money.

bankrupt /'bæŋkrʌpt/ adj. **1** unable to pay your debts. **2** completely lacking in anything good. ● **bankrupt** n. (law) person who is declared bankrupt in a court of law. ▶ **bankruptcy** /'bæŋkrʌptsi/ n. [C, U] (pl -ies) state of being bankrupt.

banner /'bænə(r)/ n. long strip of cloth with a message or slogan on it, hung up on poles and carried by marchers.

banns /bænz/ n. [pl.] public announcement in church of an intended marriage.

banquet /'bæŋkwɪt/ n. large formal dinner.

bantam /'bæntəm/ n. type of small chicken.

banter /'bæntə(r)/ n. [U] playful joking talk. ● **banter** v. [I] joke with somebody.

baptism /'bæptɪzəm/ n. ceremony of sprinkling water on somebody or dipping somebody in water, often giving them a name as well, as a sign of bestowing membership of the Christian Church. [IDM] **baptism of fire** difficult introduction to a new job or activity. ▶ **baptize** (also **-ise**) /bæp'taɪz/ v. [T] give somebody baptism.

bar /bɑː(r)/ n. **1** [C] room or counter where drinks and food are served. **2** [C] piece of something with straight sides: *a ~ of cheese* **3** [C] long straight piece of wood or metal, esp. across a door, window, etc.: *put behind ~s* (= be in prison) **4** [C] narrowband of colour, light, etc. **5** [C, usu. sing.] thing that stops somebody from doing something: *Poor nutrition is a ~ to good health.* **6** [C] (music) series of notes. **7 (the Bar)** [sing.] (GB) the profession of barrister: *go to the B~* (= become a qualified barrister) **8 (the Bar)** [sing.] the profession of any kind of lawyer. ■ **'bar code** n. group of thick and thin parallel lines printed on products for sale, containing information for a computer. ■ **'bartender**, **'barman** n. (pl. **-men**) (fem. **'barmaid**) [GB] person who serves drinks at a bar(1). ● **bar** v. (-rr-) [T] **1** fasten something with a bar or bars(3). **2** obstruct somebody/something: *~ the passage* **3** prevent somebody from doing something: *She was ~red from joining the class.* ● **bar** prep. except for somebody/something. [IDM] **bar none** without exception.

barb /bɑːb/ n. sharp curved point of an arrow or a hook. ▶ **barbed** adj. with short sharp points: *~ed fence*

barbarian /bɑː'beərɪən/ adj., n. uncivilized (person). ▶ **barbaric** /bɑː'bærɪk/ adj. cruel and violent and not as expected from civilized people; lacking culture. ▶ **barbarity** /bɑː'bærəti/ n. [U, C] (pl. **-ies**) great cruelty ▶ **barbarous** /'bɑːbərəs/ adj. (written) cruel and shocking; primitive.

barbecue /'bɑːbɪkjuː/ n. (abbr. **BBQ**) **1** metal frame for cooking food outdoors. **2** party at which food is cooked on a barbecue. ▶ **barbecue** v. [T] cook food on a barbecue.

barber /'bɑːbə(r)/ n. person whose job is to cut men's hair.

barbiturate /bɑː'bɪtʃʊrət/ n. powerful drug that induces sleep.

bare /beə(r)/ adj. (**~r**, **~st**) **1** without clothing or covering. **2** empty: *~ countryside* **3** just enough; basic. ● **bare** v. [T] uncover something; reveal something. ■ **'bareback** adj., adv. on a horse without a saddle. ■ **'barefaced** adj. shameless; very rude. ■ **'barefoot** adj., adv. without shoes or socks. ▶ **barely** adv. only just. ▶ **bareness** n. [U]

bargain /'bɑːgən/ n. **1** something sold cheaply. **2** agreement between two or more people to do something for each other. [IDM] **into the bargain** also; as well. ● **bargain** v. [I] discuss prices, conditions, etc. with somebody in order to reach a satisfactory agreement. [PV] **bargain for/on something** expect and be prepared for something to happen: *This is more than I had ~ed for.*

barge /bɑːdʒ/ n. flat-bottomed boat. ● **barge** v. (infml.) [I] move awkwardly and forcefully, pushing people out of the way or crashing into them. [PV] **barge in (on somebody/something)** interrupt rudely or awkwardly.

baritone /'bærɪtəʊn/ n. (man with a) singing voice between tenor and bass.

bark /bɑːk/ n. [U, C] **1** short loud sound made

by a dog. **2** outer covering of a tree. ● **bark** v.
1 [I] (of dogs) make a short loud sound. **2** [T] say something in a loud unfriendly way.
barley /ˈbɑːli/ n. [U] (plant producing) grain used for food and for making beer and whisky.
barmy /ˈbɑːmi/ adj. (-ier, -iest) (GB, infml.) slightly crazy.
barn /bɑːn/ n. building for storing hay, grain, etc. on a farm.
barnacle /ˈbɑːnəkl/ n. small shellfish that attaches itself to objects under water.
barometer /bəˈrɒmɪtə(r)/ n. instrument for measuring air pressure to show changes in the weather: (fig.) a ~ of public support
baron /ˈbærən/ n. **1** British nobleman of the lowest rank. **2** person who owns or controls a large part of a particular industry. ▶ **baroness** n. **1** woman with the same rank as a baron. **2** wife of a baron. ▶ **baronet** /ˈbærənət/ n. man with the lowest hereditary rank in Britain, below a baron but above a knight.
baroque /bəˈrɒk/ adj. used to describe European architecture, art and music of the 17th and early 18th centuries, marked by a grand and ornate style.
barrack /ˈbærək/ v. [I, T] shout loudly at somebody to interrupt him/her.
barracks /ˈbærəks/ n. [C] (pl. barracks) [with sing. or pl. verb] large building(s) for soldiers to live in.
barrage /ˈbærɑːʒ/ n. **1** heavy continuous gunfire. **2** large number of questions or comments that are directed at somebody quickly and aggressively: a ~ of issues **3** artificial barrier across a river.
barrel /ˈbærəl/ n. **1** cylindrical container for liquids. **2** contents of or the quantity contained in a barrel. **3** tube of a gun through which the bullet is fired. ▶ **'barrel organ** n. small mechanical instrument from which music is produced by turning a handle.
barren /ˈbærən/ adj. **1** (of soil or plants) not able to produce crops or fruit. **2** not producing anything useful or successful.
barricade /ˌbærɪˈkeɪd/ n. barrier of objects built to block an entrance, a street, etc. ▶ **barricade** v. [T] block a street, etc.
barrier /ˈbæriə(r)/ n. **1** something that prevents or controls movement, access, or progress: Trade ~s are redundant. **2** thing that keeps people apart: class ~
barring /ˈbɑːrɪŋ/ prep. except for.
barrister /ˈbærɪstə(r)/ n. lawyer in Britain qualified to argue cases in higher courts.
barrow /ˈbærəʊ/ n. **1** (GB) small handcart from which fruit and vegetables are sold in the street. **2** = WHEELBARROW (WHEEL)

barter /ˈbɑːtə(r)/ v. [I, T] exchange goods or services for other goods or services, without using money. ▶ **barter** n. [U]
base /beɪs/ n. **1** lowest part of something, on which it stands. **2** idea, assumption, situation, etc. from which something is developed. **3** main part to which other parts are added: a drink with a rum ~ **4** centre from which the armed forces operate: air force ~● **base** v. [T] **1** develop something using something else as a starting point: a report ~d on valid data **2** use a particular city, town, etc. as the main place for a business, holiday, movement, etc.: an organization ~d in Geneva ▶ **baseless** adj. (fml.) without cause or reason; not true. ● **base** adj. (~r, ~st) (fml.) immoral; dishonourable. ■ **,base 'metal** n. metal that is not a precious metal such as gold.
baseball /ˈbeɪsbɔːl/ n. [U] American game played with a bat and ball by two teams of nine players.

basement /ˈbeɪsmənt/ n. lowest floor of a building, below ground level.
bases 1 plural of BASIS **2** plural of BASE
bash /bæʃ/ v. [T] (infml.) hit somebody/something very hard. ● **bash** n. (infml.) hard hit. [IDM] **have a bash (at something)** (GB, spoken) try to do something.
bashful /ˈbæʃfl/ adj. shy. ▶ **bashfully** adv.
BASIC /ˈbeɪsɪk/ n [U] simple language, composed of familiar English words, for writing computer programs.
basic /ˈbeɪsɪk/ adj. simplest or most important; fundamental: The ~ rules don't change. ▶ **basically** adv. most importantly. ▶ **basics** n. [pl.] basic parts or facts.
basil /ˈbæzl/ n. [U] sweet-smelling herb used as a seasoning.
basin /ˈbeɪsn/ n. **1** = WASHBASIN (WASH¹) **2** round open bowl for liquids or food. **3** area of land by a large river with streams running down into it: the Amazon ~ **4** hollow place where water collects.
basis /ˈbeɪsɪs/ n. (pl. **bases** /ˈbeɪsiːz/) **1** [sing.] reason why people take a particular action: She was appointed to the position on the ~ of her experience. **2** [sing.] way in which something is done: a facility provided on a non-commercial ~ **3** [C, usu. sing., U] most important part of something from which it is developed; foundation: beliefs that have a firm ~
bask /bɑːsk/ v. [I] ~ (in) sit or lie, esp. in the

sunshine, enjoying its warmth: (*fig.*) ~ *in public adulation*
basket /'bɑːskɪt/ *n.* container made of woven strips of cane or wire: *a flower* ~ ■ **'basketball** *n.* [U] game in which two teams of five players try to throw a ball into a high netted hoop hanging from a ring.
bass[1] /beɪs/ *n.* **1** [U] lowest tone or part in music, for instruments or voices. **2** [C] (man with the) lowest singing voice. **3** = DOUBLE BASS (DOUBLE[1]) ● **bass** *adj.* low in tone.
bass[2] /bæs/ *n.* [C, U] (*pl.* **bass**) kind of edible sea or freshwater fish.
bassoon /bə'suːn/ *n.* wind instrument made of wood, producing very low sounds.
bastard /'bɑːstəd/ *n.* **1** (△, *sl.*) used to insult somebody, esp. a man, who has been rude, unpleasant, or cruel. **2** (*sl.*) word that some people use to refer to somebody, esp. a man, who they feel jealous of or sorry for.
baste /beɪst/ *v.* [T] pour fat or juices over meat while cooking.
bastion /'bæstiən/ *n.* **1** group of people or system that preserves a way of life or belief that may be threatened. **2** place that military forces are defending; projecting part of a fortification.
bat /bæt/ *n.* **1** piece of wood with a handle for hitting the ball in cricket, baseball, etc. **2** winged animal like a mouse that flies and feeds at night. [IDM] **off your own bat** (*infml.*) without being encouraged or helped by anyone else. ● **bat** *v.* (**-tt-**) [I] hit a ball with a bat(1). [IDM] **not bat an eyelid** (*infml.*) show no sign of surprise. ■ **'batsman** *n.* (*pl.* **-men**) (in cricket) player who is hitting the ball.
batch /bætʃ/ *n.* **1** group of things or people. **2** (*computing*) set of jobs or data processed together on a computer: *process a* ~ *data* ◇ *a* ~ *file*
bath /bɑːθ/ *n.* (*pl.* **~s** /bɑːðz/) **1** large container filled with water in which you sit to wash your body. **2** water in a bath, ready to use: *a relaxing hot* ~ **3** act of washing your body in the bath ● **bath** *v.* [T] give a bath to somebody: ~ *a child* ■ **'bathrobe** *n.* loose piece of clothing worn before or after taking a bath or as a dressing gown ■ **'bathroom** *n.* **1** room in which there is a bath, a washbasin, and often a toilet. **2** TOILET ■ **'bathtub** *n.* bath(1).
bathe /beɪð/ *v.* **1** [T] wash something with water, esp. a part of the body: *B*~ *the wound properly.* **2** [T] give a bath to somebody. **3** [I] (*old-fash.*) swim in the sea, etc. ● **bathe** *n.* [sing.] (*GB*) *act of* swimming. ▶ **bather** *n.* swimmer.
baton /'bætɒn; -tõ/ *n.* **1** short thin stick used by the conductor of an orchestra or choir. **2** (*esp. GB*) police officer's short thick stick used as a weapon.
battalion /bə'tæliən/ *n.* (*GB*) large group of soldiers that form part of a brigade.
batten /'bætn/ *n.* long wooden board; long strip for securing something. ● **batten** *v.* [T] ~ **down** fasten something with battens.
batter /'bætə(r)/ *v.* [T] hit somebody/something hard and often. ▶ **battered** *adj.* out of shape because of old age, frequent use, etc. ■ **'battering ram** *n.* large heavy log formerly used for breaking down doors, walls, etc. ● **batter** *n.* **1** [U] mixture of flour, eggs, milk, etc.: *food fried in* ~ **2** [C] (in baseball) player who is hitting the ball.
battery /'bætri; -təri/ *n.* (*pl.* **-ies**) **1** [C] device for supplying electricity. **2** [C] large number or series of things or people of the same type: *a* ~ *of TV crew* **3** [C] number of big guns or other heavy artillery that are used together. **4** [C] series of small cages in which hens are kept. **5** [U] (*law*) crime of attacking somebody physically.
battle /'bætl/ *n.* **1** [C, U] fight between armed forces. **2** [C] competition, argument, or struggle between people trying to win power or control; *a* ~ *for supremacy* ● **battle** *v.* [I] fight; struggle: *battling against discrimination* ■ **'battlefield** *n.* place where a battle is fought. ■ **'battleship** *n.* large warship with big guns and heavy armour.
battlements /'bætlmənts/ *n.* [pl.] low wall around the top of a castle, with gaps for firing from.
batty /'bæti/ *adj.* (**-ier, -iest**) (*infml.*) slightly crazy.
bauble /'bɔːbl/ *n.* cheap and small showy ornament.
bawdy /'bɔːdi/ *adj.* (**-ier, -iest**) indecent and amusing about sexual matters.
bawl /bɔːl/ *v.* [I, T] **1** shout loudly. **2** cry loudly: *He was* ~*ing his guts out.*
bay /beɪ/ *n.* **1** area of the coast where the land curves widely inwards. **2** area or division allocated for a particular purpose: *a cargo* ~ [IDM] **hold /keep somebody/something at bay** prevent an enemy from approaching or a problem from having a bad effect. ■ **'bay tree** *n.* tree whose dark green leaves are used in cooking. ■ **,bay 'window** *n.* window with glass on three sides projecting outwards from a wall. ● **bay** *v.* [I] (of large dogs) make a series of deep loud sound, esp. when hunting.
bayonet /'beɪənət/ *n.* long sharp blade fixed to the end of a rifle. ▶ **bayonet** /'beɪənət; ˌbeɪə'net/ *v.* [T] stab somebody with a bayonet.
bazaar /bə'zɑː(r)/ *n.* **1** (in some eastern coun-

tries) street or area where there are many small shops. **2** (in Britain, the US, *etc.*) sale of goods to raise funds for charity.
bazooka /bəˈzuːkə/ *n.* long and portable short-range gun that rests on the shoulder and fires rockets, esp. against tanks.
BBC /ˌbiː biː ˈsiː/ *abbr.* British Broadcasting Corporation.
BBQ *abbr.* = BARBECUE
BC /ˌbiː ˈsiː/ *abbr.* (in the year) before the birth of Jesus Christ.
be¹ /bi; *strong form* biː/ *v.* (I **am** (I'**m**), you **are** (you'**re**), he/she/it **is** (he'**s** /she'**s**/it'**s**), we **are** (we'**re**), you **are** (you'**re**), they **are** (they'**re**). *Past tense:* I **was**, you **were**, he/she/it **was**, we **were**, you **were**, they **were**. *Past participle:* **been**, *present participle:* **being**, *negative short forms:* **aren't, isn't, wasn't, weren't**.) **1** *linking verb* (**there is/are**) exist; be present: *Is there life outside this planet?* **2** [I] be situated: *The book is on the table.* **3** *linking verb* used to give the date or age of somebody/something or to talk about time: *The date today is April 12.* ◇ *They'll be bringing in their 25th wedding anniversary this month.* ◇ *It's noon already.* **4** *linking verb* used when you are giving the name of people or things, describing them or giving extra information about them: *This is Mrs Franklin.* ◇ *The documentary was thought-provoking.* ◇ *She's from India.* ◇ *'How are the children?' 'They're well, thanks.'* **5** [I] (used only in the perfect tenses) go to a place; visit somebody/something: *I've been to Africa a couple of times.* ◇ *Has the chief guest been yet?* **6** *linking verb* used to show possession: *The house is rightfully Bill's.* ◇ *The call is for you.* **7** *linking verb* used to show equivalence in value, number, etc.: *I made purchases worth nearly £50.* ◇ *Three and two is five.*
be² /bi; *strong form* biː/ *aux v.* (for full present and past tense forms → BE¹) **1** used with *a present participle* to form the continuous tense: *They are sleeping.* **2** used with a *past participle* to form the passive: *He was elected mayor.* **3** (**to do something**) used to show that something must happen or that something has been arranged: *You are to incorporate the changes discussed.*
beach /biːtʃ/ *n.* area covered by sand or small stones. (**shingle**) beside the sea or a lake. ● **beach** *v.* [T] move a boat onto the shore from the water.
beacon /ˈbiːkən/ *n.* light or fire used as a signal or warning.
bead /biːd/ *n.* **1** small piece of glass, stone, wood, etc. with a hole through it, that can be put on a string with others of the same type and worn as ornament, etc. **2** drop of liquid: *~s of perspiration*
beady /ˈbiːdi/ *adj.* (**-ier, -iest**) (of eyes) small and bright.
beak /biːk/ *n.* hard pointed or curved outer part of a bird's mouth.
beaker /ˈbiːkə(r)/ *n.* **1** tall narrow cup for drinking from. **2** glass container used in laboratory.
beam /biːm/ *n.* **1** line of light, electric waves, or particles: *~ of morning light* ◇ *a radio ~* **2** long piece of wood, metal, stone, etc. used to support weight, esp. as part of the roof in a building. **3** wooden bar that is used in gymnastics for people to move and balance on. **4** wide and radiant smile. ● **beam** *v.* **1** [I] **~(at)** smile happily. **2** [T] send out radio or television signals. **3** [I] send out light and warmth.
bean /biːn/ *n.* **1** edible seeds or seed containers (**pods**) from a climbing plant: *soya ~s* **2** seed from a coffee plant or similar plant: *cocoa ~s* [IDM] **full of beans** (*infml.*) having a lot of energy; lively.
bear /beə(r)/ *v.* (*pt* **bore** /bɔː(r)/; *pp* **borne** /bɔːn/) **1** [T] (used with *can/could in* negative sentences and questions) be able to accept and deal with something unpleasant: *I can barely ~ the stench of stale meat.* ◇ *I cannot ~ the suspense any more.* **2** [T] (used in negative sentences) be fit for something: *The plan will not ~ close scrutiny.* **3** [T] (*fml.*) take responsibility for something: *We'll ~ the cost of renovation.* **4** [T] (*written*) have a particular feeling, esp. a negative feeling: *I ~ them no ill feelings.* **5** [T] support somebody/something: *The evidence is too flimsy to ~ your statement.* **6** [T] (*fml.*) show something; carry something so it can be seen: *The writing bore her distinct style.* **7** [T] (*written*) give birth to a child. **8** [T] (*fml.*) (of trees and plants) produce flowers or fruit. **9** [I] follow or turn in the direction mentioned: *The road ~s several corners.* [IDM] **bear the brunt of something** suffer the main force of something: *~ the brunt of the public's anger* **bear something in mind** → MIND¹ **bear witness to something** show evidence of something. **bring something to bear (on somebody/something)** (*fml.*) use pressure, influence, etc. to try to achieve something or make somebody do something: *Pressure was brought to ~ on him to expedite matters.* [PV] **bear down on somebody/something** move quickly and threateningly towards somebody/something. **bear somebody/something out** show that somebody is right or that something is true. **bear up** be as cheerful as possible in difficult times; to

withstand difficulty or stress. **bear with somebody** be patient with somebody. ▶ **bearable** *adj.* that can be tolerated. ● **bear** *n.* heavy wild animal with thick fur and sharp claws.

beard /bɪəd/ *n.* [C, U] hair that grows on the chin and cheeks of a man's face. ▶**bearded** *adj.*

bearer /'beərə(r)/ *n.* **1** person who carries something, esp. at a ceremony: *pall ~s* **2** person who brings a letter or message. **3** (*fml.*) person who has a cheque for payment.

bearing /'beərɪŋ/ *n.* **1** [U] **~on** relevance; connection: *The proposition has no ~ on the subject.* **2** [sing.] way of standing or behaving. **3** [C] (*tech.*) direction shown on a compass. [IDM] **get/find your bearings** become familiar with where you are. **lose your bearings** → LOSE

beast /biːst/ *n.* **1** (*old-fash. or fml.*) large or dangerous animal. **2** cruel person.

beat[1] /biːt/ *v.* (*pt* **beat** *pp* **-en** /'biːtn/) **1** [T] defeat somebody; be better than something: *She ~ me at crossword.* **2** [I, T] hit somebody/something many times, usually very hard. **3** [I, T] make a regular sound or movement: *His heart was ~ing unusually fast.* **4** [T] mix something thoroughly with a utensil: *~ eggs* **5** [T] change the shape of something, esp. metal, by hitting it. [IDM] **beat about the bush** talk indirectly about something. **beat it** (*sl.*) go away. **beat a (hasty) retreat** go away or back quickly. **beat time (to something)** mark the rhythm of music by making regular movements. **off the beaten track** far away from frequented places or from other people, houses, etc. [PV] **beat down (on somebody/something)** (of the sun) shine with great heat. **beat somebody down** persuade a seller to reduce a price. **beat somebody up** hit and kick somebody hard, many times: *He was cruelly ~en up.* ▶**beat** *adj.* very tired: *I'm so ~ I can sleep right here.* ▶**beater** *n.* tool for beating: *a carpet ~er* ◊ *an egg ~er* ▶**beating** *n.* **1** punishment by hitting. **2** very heavy defeat.

beat[2] /biːt/ *n.* **1** (sound of a) repeated stroke: *the ~ of a bell* **2** rhythm in music or poetry. **3** route along which a police officer goes regularly.

beautician /bjuː'tɪʃn/ *n.* person whose job is to give beauty treatments.

beautiful /'bjuːtɪfl/ *adj.* very pretty or attractive; giving pleasure to the senses. ▶ **beautifully** *adv.* ▶ **beautify** /'bjuːtɪfaɪ/ *v.* (*pt, pp* **-ied**) [T] make somebody/something beautiful.

beauty /'bjuːti/ *n.* (*pl.* **-ies**) **1** [U] quality or state of being beautiful. **2** [C] person or thing that is beautiful. ■ **'beauty salon** (*also* **'beauty parlour**) *n.* place where you can pay for treatment to your face, skin, hair, nails, etc. ■ **'beauty spot** *n.* (*GB*) place famous for its scenery.

beaver /'biːvə(r)/ *n.* a rodent with a broad flat tail and strong teeth that lives on land and in water and that builds barriers (**dams**) across rivers. ● **beaver** *v.* [PV] **beaver away (at something)** (*infml.*) work hard at something.

became *pt of* BECOME

because /bɪ'kɒz/ *conj.* for the reason that: *I did it ~ the situation was such.* ● **because of** *prep.* by reason of: *He cannot sit comfortably ~ of his backache.*

beckon /'bekən/ *v.* [I, T] call somebody to come nearer by waving your hand or finger.

become /bɪ'kʌm/ *v.* (*pt* **became** /bɪ'keɪm/ *pp* **become**) (*usu.* used with an *adj.*) **1** *linking verb* begin to be something: *They soon became restless.* ◊ *He wants to ~ a nuclear scientist.* **2** [T] (*fml.*) look attractive on somebody: *The dress ~s you.* [IDM] **what became, has become, will become of somebody/something?** used to ask what has happened or will happen to somebody/something.

bed[1] /bed/ *n.* **1** piece of furniture that you sleep on. **2** bottom of the sea or a river. **3** piece of ground for growing plants and flowers. **4** layer of clay, rock, etc. in the ground. [IDM] **go to bed with somebody** (*infml.*) have sex with somebody. ■ **'bedclothes** *n.* [pl.] sheets, blankets, pillows, etc. on a bed. ▶ **bedding** *n.* [U] bedclothes. ■ **'bedpan** *n.* container for using as a toilet by somebody ill in bed. ■**'bedridden** *adj.* having to stay in bed all the time because of illness, old age, etc. ■ **'bedroom** *n.* room for sleeping in. ■ **'bedside** *n.* [sing.] area beside a bed. ■ **'bedsit** (*also* **'bedsitter**) *n.* (*GB*) rented room for both living and sleeping in ■ **'bedspread** *n.* decorative top cover for a bed ■ **'bedstead** *n.* wooden or metal frame of a bed. ■ **'bedtime** *n* [U] time that somebody normally goes to bed.

bed[2] /bed/ *v.* (**-dd-**) [T] place or fix something firmly in something: *The seeds are ~ded in the soil.* [PV] **bed down** sleep in a place where you do not usu. sleep.

bedevil /bɪ'devl/ *v.* [T] (*fml.*) cause a lot of problems for somebody/something.

bedlam /'bedləm/ *n.* [U] scene of noisy confusion.

bedraggled /bɪ'drægld/ *adj.* made wet, dirty, or untidy by rain, mud, etc.

bee /biː/ *n.* black and yellow stinging insect that

makes honey. [IDM] **have a bee in your bonnet (about something)** think or talk about something a lot and think that it is very important. ■ **'beehive** *n.* box for bees to live in. ■ **'beeline** *n.* [IDM] **make a beeline for something/somebody** (*infml.*) go directly towards something/somebody.

beech /biːtʃ/ *n.* **1** [C] tree with smooth bark, shiny leaves, and small nuts. **2** [U] wood of this tree.

beef /biːf/ *n.* **1** [U] meat of a cow. **2** [C] (*infml.*) complaint. ● **beef** *v.* [I] (*infml.*) complain about somebody/something. ▶ **beefy** *adj.* (-ier, -iest) (*infml.*) big or fat.

been /biːn; bɪn/ *pp of* BE

beer /bɪə(r)/ *n.* [U, C] alcoholic drink made from malt and flavoured with hops. ▶ **beery** *adj.* smelling of or like beer.

beet /biːt/ *n.* [U, C] **1** plant with a fleshy root that is used as a vegetable, esp. for feeding animals or for making sugar. **2** = BEETROOT ■ **'beetroot** *n.* [U, C] dark red fleshy root of beet, eaten as a vegetable.

beetle /'biːtl/ *n.* insect, often large and black, with a hard case on its back, covering its hind wings when at rest.

before /bɪ'fɔː(r)/ *prep.* **1** earlier than somebody/something: *I met her the day* ~. **2** in front of somebody/something; ahead of somebody/something: *Monday comes* ~ *Tuesday in the week.* ● **before** *conj.* **1** earlier than the time when: *Do it* ~ *something else comes along.* **2** until: *It was some time* ~ *I could trust her.* ● **before** *adv.* at an earlier time; already: *I've heard that line* ~.

beforehand /bɪ'fɔːhænd/ *adv.* in advance; earlier.

befriend /bɪ'frend/ *v.* [T] make a friend of somebody.

beg /beg/ *v.* [I, T] (-gg-) **1** ask somebody for something anxiously because you want or need it very much: *He* ~*ged for a fair trial.* **2** ~**(for)** ask somebody for money, food, etc. esp. in the street. [IDM] **go begging** (*GB, spoken*) (of things) be unwanted. **I beg your pardon 1** (*fml.*) I am sorry. **2** used to ask somebody to repeat something because you did not hear it.

beggar /'begə(r)/ *n.* person who lives by asking people for money, food, etc.

begin /bɪ'gɪn/ *v.* (-nn- *pt* **began** /bɪ'gæn/ *pp* **begun** /bɪ'gʌn/) [I, T] start: ~ *to write a new script* ◊ *The assembly* ~*s at ten.* ◊ ~ *to feel dizzy* [IDM] **to begin with** at first; firstly. ▶ **beginner** *n.* person who is just starting to learn something. ▶ **beginning** *n.* [C, U] starting point.

begrudge /bɪ'grʌdʒ/ *v.* [T] feel envy or resentment at somebody/something: *Why* ~ *them their victory?*

behalf /bɪ'hɑːf/ *n.* [IDM] **on behalf of somebody | on somebody's behalf** as the representative of somebody: *I'm speaking on the majority's* ~.

behave /bɪ'heɪv/ *v.* **1** [I] act in a particular way: ~ *properly* **2** [T] ~ **yourself** act in the correct or appropriate way. ▶ **behavior** (*GB* - **iour**) *n.* [U] way of behaving.

behead /bɪ'hed/ *v.* [T] cut off somebody's head.

behind /bɪ'haɪnd/ *prep.* **1** at, in, or to the back of somebody/something: *Stay* ~ *the door.* **2** later or less good than somebody/something; making less progress than somebody/something: *He's* ~ *the rest of the batch.* **3** supporting or agreeing with somebody/something. **4** responsible for causing or starting something: *What's* ~ *this sudden change in mood?* ● **behind** *adv.* **1** at or towards the back of somebody/something; further back: *The others are only some way* ~. **2** remaining after others have left: *stay* ~ *after office hours* **3** ~ **(with/in)** late in making payment money or completing work: *be* ~ *with the instalment* ● **behind** *n.* (*infml.*) person's bottom.

beige /beɪʒ/ *adj., n.* [U] (of a) very light yellowish-brown colour.

being[1] /'biːɪŋ/ *pres. part.* BE

being[2] /'biːɪŋ/ *n.* **1** [U] existence: *The movement came into* ~ *in 2005.* **2** [C] living creature: *human* ~*s*

belated /bɪ'leɪtɪd/ *adj.* coming or happening late. ▶ **belatedly** *adv.*

belch /beltʃ/ *v.* **1** [I] let air come up noisily from your stomach and out through your mouth. **2** [T] send out a lot of smoke, flames, etc. ▶ **belch** *n.*

belfry /'belfri/ *n.* (*pl.* -**ies**) tower for bells.

belief /bɪ'liːf/ *n.* **1** [U] ~**(in)** feeling that something/somebody is real and true and can be trusted. **2** [C] something accepted as true: *age-old* ~*s*

believe /bɪ'liːv/ *v.* **1** [T] be sure of the truth of something or that somebody is telling the truth: *I never* ~*d you!* **2** [T] think that something is true or possible: *I* ~ *they have left town.* **3** (in negative sentences) [T] used to show anger or surprise at something. **4** [I] have religious faith. [PV] **believe in somebody/something 1** feel certain that somebody/something exists: *I don't* ~ *in miracles.* **2** be sure of the value of something: *He* ~*s in the power of meditation.* ▶ **believable** *adj.* that can be believed. ▶ **believer** *n.* person who believes in the existence or truth of something, esp. a religious faith.

belittle /bɪ'lɪtl/ *v.* [T] make somebody/something seem unimportant: *Don't* ~ *your tal-*

ents.

bell /bel/ n. **1** metal object that makes a ringing sound when struck: *school ~* **2** electrical device that makes a ringing sound when a button on it is pushed; the sound that it makes: *I was having dinner when the door ~ rang.*

belligerent /bə'lɪdʒərənt/ adj. **1** unfriendly and aggressive. **2** (*fml.*) (of a country) fighting a war.

bellow /'beləʊ/ v. [I, T] shout in a deep loud voice.

bellows /'beləʊz/ n. [pl.] device for blowing air into something, e.g. a fire.

belly /'beli/ n. (*pl.* **-ies**) part of the body below the chest, containing the stomach. ■ **'bellyache** n. [C, U] (*infml.*) stomach pain. ■ **'bellyache** v. [I] (*infml.*) complain constantly. ■ **'bellyful** n. (*infml.*) enough; too much: *I've had a ~ful of your boasts.*

belong /bɪ'lɒŋ/ v. [I] **1 ~to** be owned by somebody: *These CDs ~ to me.* **2 ~to** be a member of something: *~ to a cultural association* **3** have a right or usual place: *The books ~ to this shelf.* ▶ **belongings** n. [pl.] personal articles; possessions.

beloved adj. /bɪ'lʌvd; *before a noun* bɪ'lʌvɪd/ much loved: *He was ~ by the general populace.* ◇ *my ~ daughter*

below /bɪ'ləʊ/ prep., adv. at or to a lower place or level than somebody/something: *We saw the valley ~ us.* ◇ *The temperature dipped ~ normal.* ◇ *For details, see ~.*

belt /belt/ n. **1** strip of material worn round the waist. **2** circular piece of material that drives machinery or carries things along. **3** area that has a particular feature or where a particular group of people live: *the sea ~* [IDM] **below the belt** (*infml.*) unfair or cruel. ● **belt** v. **1** [T] (*infml.*) hit somebody/something very hard **2** [I] (*infml.*) move very fast: *~ing along the highway* **3** [T] fasten something with a belt: *The robe was ~ed at the waist.* [PV] **belt up** (*spoken*) used to tell somebody rudely to be quiet.

bemoan /bɪ'məʊn/ v. [T] (*fml.*) complain about something.

bench /bentʃ/ n. **1** [C] long wooden or metal seat for two or more people. **2 (the bench)** [sing.] (*law*) judge or place where a judge sits in a law court: *approach the ~* **3** [C, usu. pl.] (in British Parliament) seat occupied by a particular group of politicians: *the Opposition ~es* **4 (the bench)** [sing.] (*sport*) seats where players sit when they are not playing in the game.

bend /bend/ v. (*pt, pp* **bent** /bent/) **1** [T] make something that was straight into a curved shape: *~ the iron* ◇ *It hurts when I ~ my knees.* **2** [I] be or become curved: *The path ~s*

to the left here. **3** [I] move your body forwards and downwards: *Slowly ~ from the waist and try to touch your toes.* [IDM] **bend over backwards (to do something)** make a great effort. ● **bend** n. **1** [C] curve or turn *a ~ in the road* **2 (the bends)** [pl.] pain experienced by divers coming to the surface too quickly. [IDM] **round the bend** (*infml.*) crazy.

beneath /bɪ'ni:θ/ prep., adv. (*fml.*) **1** below; under. **2** not good enough for somebody/something: *~ attention*

benediction /ˌbenɪ'dɪkʃn/ n. [C, U] religious blessing.

benefactor /'benɪfæktə(r)/ n. person who gives money or help to an organization such as a charity.

beneficial /ˌbenɪ'fɪʃl/ adj. having a good effect; useful.

beneficiary /ˌbenɪ'fɪʃəri/ n. (*pl.* **-ies**) person who receives something, esp. money, from a will.

benefit /'benɪfɪt/ n. **1** [U, C] advantage; helpful or useful effect: *have the ~ of good upbringing* **2** [U, C] (*GB*) money given by the government to people who are ill, poor, deprived, unemployed, etc.: *unemployment ~* **3** [C, usu. pl.] advantages that you get from a company in addition to the money you earn: *a company house and other ~s* [IDM] **for somebody's benefit** in order to help somebody. **give somebody the benefit of the doubt** accept that somebody is right or innocent because there is no clear proof that they are not. ● **benefit** v. **1** [T] be useful to somebody. **2** [I] be in a better position because of something.

benevolent /bə'nevələnt/ adj. kind and helpful. ▶ **benevolence** /bə'nevələns/ n. [U]

benign /bɪ'naɪn/ adj. **1** (*fml.*) (of a person) kind and gentle. **2** (*med.*) (of tumours growing in the body) not dangerous.

bent¹ *pt, pp of* BEND

bent² /bent/ adj. **1** not straight: *with your arms ~* **2** (*GB, infml.*) dishonest. [IDM] **be bent on (doing) something** be determined to do something, esp. something bad. ● **bent** n. [C, usu. sing.] natural talent: *have a ~ for writing*

bequeath /bɪ'kwi:ð/ v. [T] (*fml.*) leave property, etc. to somebody after your death. ▶ **bequest** /bɪ'kwest/ n. (*fml.*) something bequeathed to somebody.

berate /bɪ'reɪt/ v. [T] (*fml.*) speak angrily to somebody; criticize angrily.

bereaved /bɪ'ri:vd/ adj. (*fml.*) having lost a relative or friend by death. ▶ **bereavement** /bɪ'ri:vmənt/ n. [U, C]

bereft /bɪ'reft/ adj. **~of** (*fml.*) completely

without something: ~ *of all happiness*
beret /'bereɪ/ *n.* soft, flat round hat.
berry /'beri/ *n.* (*pl* **-ies**) small soft fruit with seeds: *rasp~*
berserk /bə'zɜːk/ *adj.* very angry: *My boss will go ~ if I back out.*
berth /bɜːθ/ *n.* **1** place for sleeping on a ship or train. **2** place in a harbour where ships moor. ● **berth** *v.* [I, T] tie up a ship.
beseech /bɪ'siːtʃ/ *v.* (*pt, pp* **besought** /bɪ'sɔːt/ or **~ed**) [T] (*fml.*) plead somebody for something anxiously because you want or need it very much.
beset /bɪ'set/ *v.* (**-tt-** *pt, pp* **beset**) [T] (*fml.*) (*usu.* passive) trouble somebody/something constantly: *~ by worries*
beside /bɪ'saɪd/ *prep.* next to or at the side of somebody/something: *Stay ~ me.* [IDM] **beside yourself (with something)** unable to control yourself because of the intensity of emotion you are feeling.
besides /bɪ'saɪdz/ *prep.* in addition to somebody/something; apart from somebody/something. ● **besides** *adv.* moreover; also.
besiege /bɪ'siːdʒ/ *v.* [T] surround a place with armed forces: (*fig*) *The office was ~d by the rebels.*
bespoke /bɪ'spəʊk/ *adj.* (of a product) made specially, according to the requirements of the customer.
best¹ /best/ *adj. superlative of* GOOD¹ **1** of the most excellent type or quality: *the ~ time I've had in a long while* **2** most enjoyable; happiest: *the ~ year of my life* **3** most suitable or appropriate: *It's ~ if you stop now.* ■ **,best 'man** *n.* man who assists the bridegroom at a wedding. ● **best** *adv. superlative of* WELL¹,² **1** most; to the greatest extent: *Who among your friends do you like ~?* **2** in the most excellent way: *I think ~ when I'm alone.* **3** in the most suitable or appropriate way. [IDM] **as best you can** not perfectly, but as well as you are able. ■ **,best-'seller** *n.* book or other product that sells in very large numbers.
best² /best/ *n.* [sing.] **1** most excellent thing or person: *We want the ~ education for our children.* **2** highest standard that somebody/something can reach: *do your ~* **3** something that is as close as possible to what you need or want: *That's the ~ I have been able to do.* [IDM] **all the best** (*infml.*) used when saying goodbye to somebody to express your good wishes. **at best** taking the most favourable or optimistic view. **the best of both worlds** the benefits of two completely different situations that you can enjoy at the same time. **make the best of something** do as well as you can in a difficult situation.

bestial /'bestɪəl/ *adj.* cruel and disgusting. ▶ **bestiality** /ˌ' æləti/ *n.* [U]
bestow /bɪ'stəʊ/ *v.* [T] (*fml.*) give something to somebody: *~ a title on her*
bet /bet/ *v.* (**-tt-** *pt, pp* **bet**) [I, T] **1** ~ (**on**) risk money on a race or event by trying to predict the result. **2** (*spoken*) used to say you are confident something will happen: *I ~ they'll again give some excuse.* ● **bet** *n.* **1** pact to risk money on a future event. **2** money risked in this way.
betray /bɪ'treɪ/ *v.* [T] **1** give information about somebody/something to an enemy; make a secret known. **2** hurt somebody who trusts you by not being faithful to them. **3** show something unintentionally: *His face ~ed his agony.* ▶ **betrayal** /bɪ-'treɪəl/ *n.* [C, U]
better¹ /'betə(r)/ *adj. comparative of* GOOD¹ **1** of a higher standard or less poor quality; not as bad as something else: *He's in a much ~ situation.* **2** more able or skilled: *She's ~ at persuading than I am.* **3** more suitable or appropriate. **4** less ill or unhappy: *He is finally getting ~.*
better² /'betə(r)/ *adv. comparative of* WILL¹,² **1** in a more excellent or pleasant way; not as badly: *You play golf ~ than most amateurs.* **2** more; to a greater degree: *Be careful till you know her ~.* **3** used to suggest that something would be a suitable or appropriate thing to do: *She is ~ left alone.* [IDM] **be better off** in a better position, esp. financially. **had better (do something)** should; ought to: *You'd ~ start practicing now.* **know better (than to do something)** be sensible enough not to do something.
better³ /'betə(r)/ *n.* [sing, U] something that is better: *I thought ~ of it.* [IDM] **get the better of somebody/ something** defeat somebody/something or gain an advantage.
better⁴ /'betə(r)/ *v.* [T] **1** be better or do something better than somebody/something else. **2** ~ **yourself** improve your social position through education, work, etc.
between /bɪ'twiːn/ *prep.* **1** in or into the space or time that separates two points: *My house is situated ~ a park and a theatre.* ◊ *I'm at the laboratory ~ noon and early evening.* **2** from one place to another and back again: *There are any number of daily flights ~ Paris and London.* **3** used to show a connection or relationship: *the link ~ illiteracy and unemployment* **4** shared by two or more people or things: *We finished 2 bottles of wine ~ us.* **5** by putting together the actions of two or more people: *B~ them, they managed the event.* ● **between** *adv.* (*usu.* **in between**) in the space or time that separates two points, objects, dates, etc.

bevelled /'bevld/ (*also* **beveled**) *adj.* having a sloping edge or surface: *a ~ façade*
beverage /'bevərɪdʒ/ *n.* (*fml.*) drink other than water.
bevy /'bevi/ *n.* [sing.] (*infml.*) large group.
beware /bɪ'weə(r)/ *v.* [I] **~(of)** be careful about somebody/ something dangerous or harmful: *B~ of the traffic!*
bewilder /bɪ'wɪldə(r)/ *v.* [T] confuse somebody: *~ed by the rush and noise* ▶ **bewildering** *adj.*
bewitch /bɪ'wɪtʃ/ *v.* [T] **1** attract somebody so much that they cannot think in a sensible way. **2** put a magic spell on somebody. ▶ **bewitching** *adj.*
beyond /bɪ'jɒnd/ *prep.* **1** on or to the further side of something: *The river stretches ~ the town.* **2** further than the limits of: *The situation went ~ our control.* [IDM] **be beyond somebody** (*infml.*) be too difficult for somebody to comprehend. ● **beyond** *adv.* on the other side; further on.
bias /'baɪəs/ *n.* [U, C] tendency to be unfair in your decisions by strongly favouring one side, person, etc. ● **bias** *v.* (**-s-, -ss-**) [T] (*esp. passive*) unfairly influence somebody's opinions or decisions: *The managers were ~ed against her.*
bib /bɪb/ *n.* piece of cloth or plastic that you put under babies' chins while they eat.
bible /'baɪbl/ *n.* **1 (the Bible)** [sing.] holy book of the Jewish and Christian religions. **2** [C] copy of the holy book. **3** [C] authoritative book: *the wordsmith's ~* ▶ **biblical** /'bɪblɪkl/ *adj.*

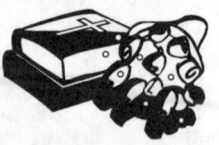

bibliography /ˌbɪbli'ɒgrəfi/ *n.* (*pl.* **-ies**) list of books and writings about one subject or by a particular author. ▶ **bibliographer** /-'ɒgrəfə(r)/ *n.*
bicentenary /ˌbaɪsen'tiːnəri/ *n.* (*pl.* **-ies**) = **bicentennial** (celebration of the) 200th anniversary of an event.
bicentennial /ˌbaɪsen'teniəl/ *n.* = BICENTENARY ● **bicentennial** *adj.*
biceps /'baɪseps/ *n.* (*pl.* **biceps**) large muscle in the upper arm.
bicker /'bɪkə(r)/ *v.* [I] argue about unimportant things.
bicycle /'baɪsɪkl/ *n.* (*also infml.* **bike**) road vehicle with two wheels that you ride by pushing the pedals with your feet: *I enjoy a ~ ride whenever I find free time.*
bid /bɪd/ *v.* (**-dd-** *pt, pp* **bid**) (*usu.* in sense 3: *pt* **bade** /bæd/ *pp* **~den** /'bɪdn/) **1** [I, T] offer to pay a particular price for something, esp. at an auction. **2** [I] offer to do work or provide a service for a particular price, in competition with other companies. **3** [T] (*fml.*) say 'good evening', etc. to somebody ● **bid** *n.* **1** price offered to buy something. **2** offer to do work or provide a service for a particular price, in competition with other companies. **3** attempt to do something: *a last ~ to pacify* ▶ **bidder** *n.* ▶ **bidding** *n.* [U]
bide /baɪd/ *v.* [IDM] **bide your time** wait for an opportune time to do something.
bidet /'biːdeɪ/ *n.* low bowl in the bathroom that you fill with water and sit on to wash your bottom.
biennial /baɪ'eniəl/ *adj.* happening every two years.
bifocals /ˌbaɪ'fəʊklz/ *n.* [pl] pair of glasses with lenses that are designed for seeing both distant and near objects. ▶ **bifocal** *adj.*
big /bɪɡ/ *adj.* (**~ger, ~gest**) **1** large in size, amount, importance, etc.: *~ arms ◇ a ~ contest* **2** (*infml.*) popular. [IDM] **a big noise/shot** (*infml.*) important person. ■ **ˌbig ˈgame** *n.* [U] large wild animals, hunted for sport. ■ **ˈbig-head** *n.* (*infml.*) person who is too proud or conceited. ■ **ˌbig-ˈheaded** *adj.* (*infml.*) too proud or conceited. ■ **ˈbigwig** *n.* (*infml.*) important person
bigamy /'bɪɡəmi/ *n.* [U] crime of marrying a person when still legally married to somebody else. ▶ **bigamist** *n.* person guilty of bigamy. ▶ **bigamous** *adj.*
bigot /'bɪɡət/ *n.* person who holds strong unreasonable opinions and will not tolerate opposing opinions. ▶ **bigoted** *adj.* intolerant and narrow-minded. ▶ **bigotry** *n.* [U]
bike /baɪk/ *n.* (*infml.*) *short for* BICYCLE
bikini /bɪ'kiːni/ *n.* two-piece swimming costume worn by women.
bilateral /ˌbaɪ'lætərəl/ *adj.* between two sides: *~ trade*
bile /baɪl/ *n.* [U] liquid produced by the liver.
bilge /bɪldʒ/ *n.* **1** [C] (*also* **bilges** [pl.]) almost flat part of the bottom of a boat or a ship. **2** [U] dirty water that collects in a bilge.
bilingual /ˌbaɪ'lɪŋɡwəl/ *adj.* speaking or using two languages.
bill /bɪl/ *n.* **1** statement of money owed for goods and services. **2** proposed law to be discussed by parliament. **3** piece of paper money. **4** printed notice. **5** bird's beak. [IDM] **fill/fit the bill** be suitable for a particular purpose. ■ **ˌbill of exˈchange** *n.* (*pl.* **~s of exchange**) (*business*) written order to pay a particular person a sum of money on a particular date. ■ **ˌbill of ˈlading** *n.* (*pl.* **~s of lading**) (*business*) list giving details of the cargo that a ship, etc. is carrying. ● **bill** *v.* [T]

1 send a bill(1) to somebody. **2** announce somebody/something in a programme: *He is ~ed to make a special appearance.*
billet /ˈbɪlɪt/ *n.* private house in which soldiers are housed temporarily. ▶ **billet** *v.* [T]
billiards /ˈbɪliədz/ *n.* [U] game played on a table, using balls and long sticks.
billion /ˈbɪljən/ *number* one thousand million.
billow /ˈbɪləʊ/ *v.* [I] **1** (of a sail, dress, *etc.*) fill with air and swell out. **2** (of smoke, steam, cloud, *etc.*) rise and move in a large mass. ● **billow** *n.* moving mass of cloud, etc.
billy goat /ˈbɪli ɡəʊt/ *n.* male goat.
bin /bɪn/ *n.* large container for storing things in or for rubbish.
binary /ˈbaɪnəri/ *adj.* of a system of numbers that uses only the digits 0 and 1.
bind /baɪnd/ (*pt, pp* **bound** /baʊnd/) *v.* **1** [T] tie or fasten somebody/something with a string or rope: *~ the prisoner's hands to the post* **2** [T] unite people, organizations, etc.: *bound by friendship* **3** [T] fasten a book to a cover: *a book bound in hard cover* **4** [T] make somebody obey a duty or promise: *He bound her to the code of conduct.* **5** [I, T] (cause something to) stick together in a solid mass. ● **bind** *n.* [sing.] (*GB, infml.*) annoying situation that is difficult to avoid. ▶ **binder** *n.* **1** hard cover that holds magazines or sheets of paper together. **2** person or machine that binds books. ▶ **binding** *n.* book cover.
binge /bɪndʒ/ *n.* (*infml.*) short time of doing a particular activity in excess, esp. eating or drinking alcohol: *go on a weekend ~* ▶ **binge** [I] **~ (on)**
bingo /ˈbɪŋɡəʊ/ *n.* [U] gambling game with numbers.
binoculars /bɪˈnɒkjələz/ *n.* [pl.] instrument with a lens for each eye, for viewing distant objects.
biochemistry /ˌbaɪəʊˈkemɪstri/ *n.* [U] study of the chemistry of living things. ▶ **biochemist** *n.* scientist who studies biochemistry.
biodata /ˈbaɪəʊdeɪtə/ *n.* [U] = CURRICULUM VITAE
biodegradable /ˌbaɪəʊdɪˈɡreɪdəbl/ *adj.* that can be taken back into the earth naturally and so not affect the environment adversely.
biodiversity /ˌbaɪəʊdaɪˈvɜːsəti/ *n.* [U] existence of many different kinds of animals and plants required to maintain a balanced environment.
biography /baɪˈɒɡrəfi/ *n.* (*pl.* **-ies**) account of a person's life, written by somebody else. ▶ **biographer** /baɪˈɒɡrəfə(r)/ *n.* person who writes a biography. ▶ **biographical** /ˌbaɪəˈɡræfɪkl/ *adj.*
biology /baɪˈɒlədʒi/ *n.* [U] scientific study of living things. ▶ **biological** /ˌbaɪəˈlɒdʒɪkl/ *adj.* ▶ **biologist** *n.* scientist who studies biology.
birch /bɜːtʃ/ *n.* [U, C] (hard wood of a) kind of tree with smooth bark and slender branches.
bird /bɜːd/ *n.* **1** creature with feathers and wings, usu. able to fly. **2** (*GB, sl.* sometimes *offens.*) young woman. ■ **,bird of ˈprey** *n.* bird that kills other animals for food.
Biro™ /ˈbaɪrəʊ/ *n.* (*pl.* **~s**) kind of ballpoint pen.
birth /bɜːθ/ *n.* **1** [C, U] (process of) being born. **2** [U] family origin: *French by ~* **3** [sing.] beginning: *the ~ of Modernism* [IDM] **give birth (to somebody/ something)** produce a baby or young animal. ■ **ˈbirth control** *n.* [U] practice of preventing unwanted pregnancy. ■ **ˈbirthday** *n.* anniversary of the day on which you were born. ■ **ˈbirthmark** *n.* distinct mark on the skin from birth. ■ **ˈbirth rate** *n.* number of births per thousand people in one year.
biscuit /ˈbɪskɪt/ *n.* (**cookie**) small, flat, crisp cake.
bisect /baɪˈsekt/ *v.* [T] divide something into two parts.
bishop /ˈbɪʃəp/ *n.* **1** Christian clergyman of senior rank. **2** chess piece. ▶ **bishopric** /ˈbɪʃəprɪk/ *n.* office or district of a bishop.
bison /ˈbaɪsn/ *n.* (*pl.* **bison**) American buffalo; European wild ox.
bistro /ˈbiːstrəʊ/ *n.* (*pl.* **~s**) small restaurant.
bit¹ *pt of* BITE
bit² /bɪt/ *n.* **1** (**a bit**) [sing.] rather; a little: *a ~ wary* **2** (**a bit**) [sing.] short time or distance: *Walk down a ~.* **3** [C] **~ of** small piece, quantity, or part of something: *useful ~s of data* ◊ *Which ~ of the performance did you like best?* **4** (**a bit**) [sing.] (*infml.*) a lot: *He talks quite a ~.* **5** [C] (*computing*) smallest unit of information. **6** [C] metal bar that is held inside a horse's mouth with reins so that the rider can control it. **7** [C] part of a tool for drilling holes. [IDM] **bit by bit** gradually. **do your bit** (*infml.*) do your share of a task. **every bit as good, bad, etc. (as something)** just as good, etc. **not a bit | not one (little) bit** not at all.
bitch /bɪtʃ/ *n.* **1** female dog. **2** (*sl., disapprov.*) unpleasant woman.
bite /baɪt/ *v.* (*pt* **bit** /bɪt/ *pp* **bitten** /ˈbɪtn/) **1** [I, T] cut into or through something with your teeth. **2** [I, T] (of an insect or snake) wound somebody with a sting or fangs. **3** [I] (of fish) take the food from the hook of a fishing line. **4** [I] have an unpleasant effect: *The economic slump is beginning to ~.* [IDM] **bite somebody's head off** (*infml.*) answer somebody angrily. **bite off more than you can chew** try to do too much. ● **bite** *n.* **1** [C] act of bit-

ing. **2** [C] piece cut off by biting. **3** [sing.] (*infml.*) small amount of food: *Have a quick ~ before leaving.* **4** [C] wound made by an animal or insect. ▶ **biting** *adj.* sharp, cruel, painful: *a biting wind*

bitmap /'bɪtmæp/ *n.* (*computing*) way in which an image or display is stored with a fixed number of bits (= units of information), ▶ **bitmap** *v.* (-pp-) [T]

bitter /'bɪtə(r)/ *adj.* **1** having a sharp unpleasant taste; not sweet. **2** filled with deep resentment or hatred: *~ enemies* **3** causing unhappiness or anger for a long time: *a ~ experience* **4** very cold: *a ~ wind* ● **bitter** *n.* [U] (*GB*) type of dark beer that is popular in Britain. ▶ **bitterly** *adv.: ~ly cold/ disappointed* ▶ **bitterness** *n.* [U]

bitumen /'bɪtʃəmən/ *n.* [U] sticky black substance used in making roads.

bivouac /'bɪvuæk/ *n.* temporary camp or shelter, built without using tents. ▶ **bivouac** *v.* (-ck-) [I]

bizarre /bɪ'zɑː(r)/ *adj.* very strange or unusual.

blab /blæb/ *v.* (-bb-) [I] (*infml.*) tell a secret, usu. through talking carelessly.

black /blæk/ *adj.* **1** of the darkest colour. **2** of a dark-skinned race. **3** (of coffee or tea) without milk or cream. **4** very angry or sullen; give somebody a ~ look **5** without hope; depressing: *The prospect looks ~.* **6** very dirty. **7** (of humour) funny, but about unpleasant events: *a ~ comedy* ● **black** *n.* **1** [U] the darkest colour. **2** [C] person belonging to a race of people with dark skin. ● **black** *v.* [T] (*GB*) refuse to handle goods or do business with somebody as a political protest: *The strikers ~ed the cargo.* [PV] **black out** lose consciousness. **black something out** switch off lights and cover windows. ■ **'blackberry** *n.* (*pl.* **-ies**) small purple-black fruit growing wild on bushes. ▶ **'blackbird** *n.* common European bird with black or brown feathers. ■ **'blackboard** *n.* board used for writing on. ■ **,black'currant** *n.* small black fruit that grows on a bush. ▶ **blacken** *v.* **1** [I, T] become or make something black. **2** [T] say harmful things about somebody. ■ **,black 'eye** *n.* dark-coloured bruise around the eye caused by a blow. ■ **'blackhead** *n.* small spot on the skin, with a black top. ■ **,black 'ice** *n.* [U] transparent layer of ice on a road. ■ **'blackleg** *n.* (*GB, disapprov.*) person who works when fellow workers are on strike. ■ **'blacklist** *n.* list of people considered dangerous or who are to be punished. ▶ **'blacklist** *v.* [T] ■ **,black 'magic** *n.* [U] magic practised for evil purposes. ■ **'blackmail** *n.* [U] **1** crime of demanding money from somebody by threatening to reveal a secret about them. **2** use of threats to influence somebody: *emotional ~* ■ **'blackmail** *v.* [T] **~ (into)** force somebody to give you money or do something for you by threatening them. ▶ **'blackmailer** *n.* ■ **,black 'market** *n.* [C, usu. sing.] illegal buying and selling of goods. ▶ **'blackness** *n.* [U] ■ **'blackout** *n.* **1** period of darkness caused by electrical failure. **2** period in a war when all lights must be switched off and windows covered. **3** short loss of consciousness. **4** prevention of the reporting of information: *a news ~out* ■ **,black 'sheep** *n.* person who is different from the rest of their family. ■ **'blacksmith** *n.* person who makes things out of iron.

bladder /'blædə(r)/ *n.* organ in the body in which urine collects.

blade /bleɪd/ *n.* **1** sharp cutting edge of a knife or other weapon. **2** flat wide part of an oar, a propeller, etc. **3** long narrow leaf of grass.

blame /bleɪm/ *v.* [T] consider somebody/something to be responsible for something bad. [IDM] **be to blame (for something)** be responsible for something bad. ● **blame** *n.* [U] responsibility for something bad: *place the ~ on somebody* ▶ **blameless** *adj.* not having done anything wrong. ▶ **blameworthy** *adj.* having done something wrong.

blanch /blɑːntʃ/ *v.* **1** [I] become pale because you are shocked or frightened. **2** [T] prepare food by putting it into boiling water for a short time.

blancmange /blə'mɒnʒ/ *n.* [C, U] jelly-like dessert made with cornflour and milk.

bland /blænd/ *adj* **1** ordinary or not very interesting. **2** (of food) having little flavour. **3** not showing any emotion. ▶ **blandly** *adv.* ▶ **blandness** *n.* [U]

blank /blæŋk/ *adj.* **1** (of paper) with nothing written on it. **2** without expression; empty: *a ~ stare* ● **blank** *n.* **1** empty space in a document, etc. **2** cartridge without a bullet. ■ **,blank 'cheque** *n.* cheque that is signed but with the amount to be filled in later by the person cashing it. ▶ **blankly** *adv.* ■ **,blank 'verse** *n.* [U] (*tech.*) poetry that has a regular rhythm but which does not rhyme.

blanket /'blæŋkɪt/ *n.* **1** piece of thick cloth used as a warm covering on a bed. **2** thin covering of something: *a ~ of fog* ● **blanket** *v.* [T] cover something. ▶ **blanket** *adj.* including all people or things in a group: *a ~ ban on tobacco advertising.*

blare /bleə(r)/ *v.* [I, T] make a loud, unpleasant

noise. ▶ **blare** n. [sing.]
blasé /'blɑːzeɪ/ adj. showing no excitement or interest in things because of over-familiarity.
blaspheme /blæs'fiːm/ v. [I, T] speak in a bad or disrespectful way about God or holy things. ▶ **blasphemous** /'blæsfəməs/ adj. ▶ **blasphemy** /'blæsfəmi/ n. [U, C] (pl. -ies)
blast /blɑːst/ n. **1** explosion, esp. one caused by a bomb. **2** sudden strong rush of air or wind. **3** loud sound made by a musical instrument, etc. [IDM] **(at) full blast** at the greatest possible volume or power. ● **blast** v. [T] **1** break something apart or destroy something with explosives. **2** direct water, air, gas, etc. at somebody/something with a lot of force. [PV] **blast off** (of spacecraft) leave the ground. ● **blast** exclam. (infml.) used for showing anger or annoyance. ■ **'blast furnace** n. large structure like an oven for melting iron ore (= rock containing iron). ■ **'blast-off** n. [U] moment when a spacecraft leaves the ground.
blatant /'bleɪtnt/ adj. very obvious; shameless. ▶ **blatantly** adv.
blaze /bleɪz/ n. **1** [C] large dangerous fire. **2** [sing.] strong bright flames in a fire. **3** [sing] ~**of** bright show of light or colour; impressive show of something: *a ~ of media coverage* ● **blaze** v. [I] **1** burn brightly. **2** shine brightly. **3** show strong feeling: *blazing with anger* ▶ **blazing** adj.
blazer /'bleɪzə(r)/ n. jacket, often showing the colours of a school or team.
bleach /bliːtʃ/ v. [I, T] become or make something white or lighter in colour by using a chemical or by leaving it in the sun. ● **bleach** n. [U] strong chemical used to bleach cloth or to clean something well.
bleak /bliːk/ adj. **1** (of a situation) not hopeful or encouraging: *The future looks ~.* **2** cold and unpleasant: *a ~ landscape* ▶ **bleakly** adv.
bleary /'blɪəri/ adj. (-ier, -iest) (of eyes) sore and tired. ▶ **blearily** adv.
bleat /bliːt/ v [I] n. (make the) sound of a sheep or goat.
bleed /bliːd/ v. (pt, pp **bled** /bled/) **1** [I] lose blood. **2** [T] draw liquid or air from something.
blemish /'blemɪʃ/ n. mark that spoils the good appearance of something. ● **blemish** v. [T] spoil something: *The scandal has ~ed the person's standing.*
blend /blend/ v. [I, T] mix together. [PV] **blend in** mix well, so that you cannot notice separate parts. ● **blend** n. mixture. ▶ **blender** n. electric machine for mixing soft food or liquid.
bless /bles/ v. (pt, pp **-ed** /blest/) [T] **1** ask for God's favour for somebody/something. **2** make something holy. ▶ **blessed** /'blesɪd/ adj. **1** holy or favoured. **2** giving pleasure. ▶ **blessing** n. [C] **1** something you are grateful for. **2** [usu. sing.] approval. **3** [usu. sing.] (prayer asking for) God's favour.
blew pt of BLOW¹
blight /blaɪt/ n. **1** [U, C] disease of plants. **2** [U, sing.] bad influence. ▶ **blight** v. [T] spoil or damage something.
blind¹ /blaɪnd/ adj. **1** unable to see. **2** ~**(to)** unwilling to notice something: *~ to the reality of the situation* **3** without reason or thought: *~ obsession* [IDM] **(as) blind as a bat** unable to see well. **blind drunk** (infml.) very drunk. ▶ **the blind** n. [pl.] blind people. ■ ,**blind 'alley** n. course of action that does not produce useful results like travelling along a path that suddenly stops. ▶ **blindly** adv. ▶ **blindness** n. [U] ■ **'blind spot** n. **1** part of a road that a motorist cannot see. **2** subject that somebody is unwilling or unable to understand. ● **blind** v. [T] **1** make somebody blind. **2** take away somebody's reason, understanding, judgement, etc.: *~ed by desire*
blind² /blaɪnd/ n. roll of cloth pulled down to cover a window.
blindfold /'blaɪndfəʊld/ v. [T] cover somebody's eyes with a strip of cloth. ● **blindfold** n. strip of cloth to cover the eyes. ● **blindfold** adj., adv. (as if) with the eyes covered.
blink /blɪŋk/ v. **1** [I, T] shut and open your eyes quickly. **2** [I] (of light) shine with an unsteady light; shine on and off. ● **blink** n. act of blinking. [IDM] **on the blink** (infml.) (of a machine) not working properly.
blinkers /'blɪŋkəz/ n. [pl.] small leather pieces fixed at the side of a horse's eyes to stop it from looking sideways.
bliss /blɪs/ n. [U] perfect happiness. ▶ **blissful** adj. ▶ **blissfully** adv.
blister /'blɪstə(r)/ n. **1** swelling on the surface of the skin, containing watery liquid. **2** swelling on the surface of a painted surface, etc. ● **blister** v. [I, T] (cause something to) form blisters.
blitz /blɪts/ n. ~**(on)** sudden attack: (fig.) *have a ~ on the house* (= clean it very thoroughly)
blizzard /'blɪzəd/ n. severe snowstorm.
bloated /'bləʊtɪd/ adj. swollen.
blob /blɒb/ n. drop of liquid; small round mass.
bloc /blɒk/ n. group of countries, parties, etc. united by a common interest.
block /blɒk/ n. **1** large solid piece: *a ~ of ice* **2** large building divided into separate parts: *a ~ of apartments* **3** group of buildings bounded by streets on four sides: *walk round the ~* **4** quantity of things considered as a

unit: *a ~ of seats* **5** obstruction: *a ~ to decision-making* ● **block** *v.* [T] **1** make movement on or in something difficult or impossible: *roads ~ed by fallen trees* **2** prevent somebody/something from moving. ■ **,block 'capitals** (*also*. **,block 'letters**) *n.* [pl.] separate capital letters.

blockade /blɒˈkeɪd/ *n.* action of surrounding a place to prevent goods or people from entering or leaving. ▶ **blockade** *v.* [T]

blockage /ˈblɒkɪdʒ/ *n.* thing that blocks; obstruction: *a ~ in a tube*

bloke /bləʊk/ *n.* (*GB, infml.*) man.

blonde (*also* **blond**) /blɒnd/ *n., adj.* (person) having golden or pale-coloured hair.

blood /blʌd/ *n.* [U] **1** red liquid that flows through your body. **2** (*fml.*) family origins: *She seems to be a woman of noble ~.* [IDM] **make somebody's blood boil** make somebody very angry. **make somebody's blood run cold** make somebody very frightened. **new/fresh blood** new members or employees with new ideas, methods, etc. ■ **'bloodbath** *n.* violent killing of many people. ■ **'blood-curdling** *adj.* filling you with horror. ■ **'blood donor** *n.* person who gives their blood for transfusions. ■ **'blood group** (*also* **'blood type**) *n.* class of human blood. ■ **'bloodhound** *n.* large dog, used for tracking people. ■ **'bloodless** *adj.* **1** without any killing. **2** very pale. ■ **'blood poisoning** *n.* [U] infection of the blood with harmful bacteria. ■ **'blood pressure** *n.* [U] measured force of blood as it circulates through the body. ■ **'bloodshed** *n.* [U] killing or wounding of people. ■ **'bloodshot** *adj.* (of eyes) red. ■ **'blood sport** *n.* [C, usu. pl.] sport in which animals or birds are killed. ■ **'bloodstained** *adj.* covered with blood. ■ **'bloodstream** *n.* blood circulating through the body. ■ **'bloodthirsty** *adj.* wanting to kill or wound; showing interest in violence. ■ **'blood vessel** *n.* tube in the body through which blood flows.

bloody /ˈblʌdi/ *adj., adv.* (△, *GB, spoken*) swear word that is used for expressing anger or for adding emphasis; *You ~ coward!* ● **bloody** *adj.* (-ier, -iest) **1** covered with blood. **2** involving a lot of violence and killing. ▶ **bloodily** *adv.* ■ **,bloody 'minded** *adj.* (*GB, infml.*) deliberately unhelpful.

bloom /bluːm/ *n.* flower [IDM] **in (full) bloom** with the flowers fully open. ● **bloom** *v.* [I] **1** produce flowers. **2** become healthy, happy, or confident.

blossom /ˈblɒsəm/ *n.* [C, U] flower, esp. of a fruit tree: *The trees are in ~.* ● **blossom** *v.* [I] **1** produce blossom. **2** become more healthy, confident, or successful.

blot /blɒt/ *n.* **1** spot of ink, etc. **2** fault: *a ~ on his character* ● **blot** *v.* (-tt-) [T] **1** make a blot on something. **2** dry wet ink with blotting paper. [PV] **blot something out** cover or hide something: *Thick fog ~ted out the scene.* ▶ **blotter** *n.* large piece of blotting paper. ■ **'blotting paper** *n.* [U] absorbent paper for soaking up wet ink.

blotch /blɒtʃ/ *n.* irregular discoloured mark or spot.

blouse /blaʊz/ *n.* piece of clothing like a shirt, worn by women.

blow¹ /bləʊ/ *v.* (*pt.* **blew** /bluː/, *pp* **~n** /bləʊn/) **1** [I, T] send out air from the mouth. **2** [I] (of the wind) be moving. **3** [I, T] move something or be moved by the wind: *The leaves blew in the wind.* ◇ *The door blew open.* **4** [I, T] produce sound from a wind instrument, whistle, etc. **5** [T] clear your nose by forcing air out of it. **6** [T] make or shape something by blowing: *~ bubbles* **7** [I, T] (cause a fuse to) melt because the electric current is too strong: *A bulb has ~n out.* **8** [T] (*infml.*) spend or waste a lot of money on something. [IDM] **blow your/somebody's brains out** (*infml.*) kill yourself/somebody by shooting yourself/them through the head. **blow your mind** (*infml.*) produce a pleasant or shocking feeling. **blow your own trumpet** (*infml.*) praise your own abilities and achievements. [PV] **blow (something) out** (cause something to) be extinguished by the wind, somebody's breath, etc.: *~ out the candles* **blow over** pass away without serious effect: *The quarrel will soon ~ over.* **blow up 1** explode. **2** start suddenly and with force: *A fire is ~ing up.* **3** (*infml.*) get angry with somebody. **blow something up 1** destroy something by an explosion. **2** fill something with air or gas. **3** make a photograph bigger. ■ **'blowtorch** (*GB* **'blowlamp**) *n.* burner for directing a flame onto a surface, e.g. to remove old paint. ■ **'blowout** *n.* **1** bursting of a tyre on a motor vehicle. **2** sudden uncontrolled escape of oil or gas from a well. **3** (*infml.*) large meal. ■ **'blow-up** *n.* enlargement of a photograph.

blow² /bləʊ/ *n.* **1** hard hit with your hand or a weapon. **2** unexpected misfortune; unpleasant or disappointing surprise; **3** action of blowing: *Give your nose a good ~.* [IDM] **come to blows** start fighting. ■ **,blow-by-'blow** *adj.* giving all the details of an event as they occur.

blown *pp of* BLOW¹

blubber /ˈblʌbə(r)/ *n.* [U] fat of whales.

bludgeon /ˈblʌdʒən/ *v.* [T] (*written*) **1** hit somebody several times with a heavy object. **2** force somebody to do something, esp. by

arguing with them.
blue /bluː/ *adj.* **1** having the colour of a clear sky on a sunny day. **2** (*infml.*) sad; depressed. **3** (of films, jokes, etc.) about sex: *a ~ film* ● **blue** *n.* **1** [C, U] colour of a clear sky on a sunny day. **2 (the blues)** [with sing. or pl. verb] slow, sad music from the southern US. **3 (the blues)** [pl.] (*infml.*) sadness. [IDM] **out of the blue** unexpectedly. ■ **'bluebell** *n.* plant with blue, bell-shaped flowers. ■ **blue-'blooded** *adj.* from a royal or noble family. ■ **'bluebottle** *n.* large fly with a blue body. ■ **,blue-'collar** *adj.* of manual workers. ■ **'blueprint** *n.* detailed description of a plan.
bluff /blʌf/ *v.* [I, T] try to make somebody believe that you will do something that you do not really intend to do. ● **bluff** *n.* [U, C] (act of) bluffing. ● **bluff** *adj.* (of a person) very direct and cheerful.
blunder /'blʌndə(r)/ *n.* stupid or careless mistake. ● **blunder** *v.* [I] **1** make a mistake. **2** move clumsily or uncertainly.
blunt /blʌnt/ *adj.* **1** without a sharp edge or point. **2** (of a person) very direct; frank, not trying to be polite. ● **blunt** *v.* [T] make something less sharp. ▶ **bluntness** *n.* [U]
blur /blɜː(r)/ *n.* something that cannot be seen clearly. ● **blur** *v.* (**-rr-**) [I, T] become or make something unclear.
blurb /blɜːb/ *n.* short description of the contents of a book.
blurt /blɜːt/ *v.* [PV] **blurt something out** say something suddenly and thoughtlessly.
blush /blʌʃ/ *v.* [I] become red in the face because of embarrassment or shame. ▶ **blush** *n.*
bluster /'blʌstə(r)/ *v.* [I] **1** talk in a noisy, aggressive way, but with little effect. **2** (of the wind) blow fiercely. ▶ **bluster** *n.* [U] ▶ **blustery** *adj.* (of the weather) with strong winds.
boa constrictor /'bəʊə kənstrɪktə(r)/ (*also* **boa**) *n.* large South American snake that crushes prey to death.
boar /bɔː(r)/ *n.* **1** male pig. **2** wild pig.
board¹ /bɔːd/ *n.* **1** [C] long, thin, flat piece of wood: *a floor ~* **2** [C] flat piece of wood or other rigid material used for a special purpose: *a game ~* **3** [C] surface marked with patterns on which certain games are played: *Chess is a ~ game.* **4** [C] group of people supervising a business: *approved by the ~ of directors* **5** [U] provision of food in rented accommodation: *pay for ~ and lodging* [IDM] **across the board** affecting or including all members, groups, categories, etc.: *an across-the-~ tax increase* **be above board** be honest and open. **go by the board** be rejected or ignored. **on board** on or in a ship, an aircraft, or other vehicle. **take something on board** (*infml.*) accept something.
board² /bɔːd/ *v.* **1** [T] get on a ship, plane, or other vehicle. **2 (be boarding)** [I] (of a plane, train, *etc.*) be ready for passengers to get on. **3** [I] lodge and take meals in somebody's home, in return for payment. **4** [I] live at a school during the term. [PV] **board something up** cover a window, door, etc. with wooden boards. ▶ **boarder** *n.* pupil who lives at a boarding school during the term. ■ **'boarding card** *n.* card allowing a person to board a ship or an aircraft. ■ **'boarding house** *n.* private house providing meals and accommodation for paying guests. ■ **'boarding school** *n.* school where pupils live during the term.
boast /bəʊst/ *v.* **1** [I, T] ~(**about/of**) talk about your own abilities, achievements, possessions, etc. with too much pride: *~ about your overseas vacation* **2** [T] possess something that you are proud of: *The school ~s a fine stadium.* ▶ **boast** *n.* ▶ **boastful** *adj.* (*disapprov.*) talking about yourself in a very proud way. ▶ **boastfully** *adv.*
boat /bəʊt/ *n.* **1** vehicle (smaller than a ship) for travelling on water: *a rowing ~* **2** any ship. ■ **'boathouse** *n.* building beside a river in which boats are stored. ▶ **boating** *n.* [U] activity of using a small boat for pleasure: *Let's go ~ing on the lake.*

bob /bɒb/ *v.* (**-bb-**) **1** [I] move up and down, esp. in water: *a cork ~bing on the water* **2** [T] cut somebody's hair short so that it is the same length all the way around. ● **bob** *n.* woman's short haircut in which the hair is the same length all the way around.
bobbin /'bɒbɪn/ *n.* small device on which you wind thread, used e.g. on a sewing machine.
bobsleigh /'bɒbsleɪ/ (*also* **bobsled** /'bɒbsled/) *n.* sledge for racing on snow.
bode /bəʊd/ *v.* [IDM] **bode well/ill (for somebody/ something)** (*written*) be a good/bad sign for somebody/ something.
bodice /'bɒdɪs/ *n.* upper part of a woman's dress.
bodily /'bɒdɪli/ *adj.* of the human body; physical. ● **bodily** *adv.* **1** by moving the whole of somebody's body; by force. **2** in one piece; completely.
body /'bɒdi/ *n.* (*pl.* **-ies**) **1** whole physical structure of a person or an animal. **2** main part of a human body excluding the head, arms, or legs. **3** dead body. **4** main part of

something: *the ~ of a ship* **5** group of people doing something together: *an executive ~* **6** large amount of something; mass: *a ~ of water* **7** (*fml.*) object: *heavenly bodies* (= stars and planets) ■ **'bodyguard** *n.* person or group of people who protect somebody important. ■ **'bodywork** *n.* [U] main external structure of a motor vehicle.

bog /bɒg/ *n.* **1** area of soft, wet ground. **2** (*GB, sl.*) toilet. ▶ **bog** *v.* (**-gg-**) [IDM] **be/get bogged down (in something)** be/get stuck so that you cannot make progress: *get ~ged down by interruptions* ▶ **boggy** *adj.* (of land) soft and wet.

bogey (*also* **bogy**) /ˈbəʊgi/ *n.* (*pl.* **-ies**) thing that causes fear or alarm, often without reason.

boggle /ˈbɒgl/ *v.* [I] **~(at)** (*infml.*) find something difficult to imagine or accept: *The mind ~s at such attitude.*

bogus /ˈbəʊgəs/ *adj.* not real.

bogy → BOGEY

boil /bɔɪl/ *v.* **1** [I, T] (of a liquid) (cause something to) bubble and change into steam or vapour by being heated: *The kettle* (= the water in the kettle) *is ~ing.* ◊ *She left the gas on and the kettle ~ed dry* (= the water boiled until there was none left). **2** [T] cook something in boiling water: *~ some vegetables* **3** [I] (*written*) be very angry. [PV] **boil away** (of a liquid) boil until there is none left. **boil down to something** have something as its main point; amount to: *It all ~s down to the earlier conclusion.* **boil over 1** (of a liquid) boil and flow over the side of a pan. **2** (of an affair, an emotion, *etc.*) change into something more dangerous or violent. ● **boil** *n.* **1** [sing.] period of boiling; point at which liquid boils: *Bring the tea to the ~.* **2** [C] red, infected swelling under the skin. ▶ **boiling** (*also* **,boiling 'hot**) *adj.* very hot. ■ **'boiling point** *n.* temperature at which a liquid begins to boil.

boiler /ˈbɔɪlə(r)/ *n.* device in which water is heated and circulated, e.g. for the central heating in a house. ■ **'boiler suit** *n.* one-piece garment worn for doing dirty work.

boisterous /ˈbɔɪstərəs/ *adj.* (of a person) noisy and full of life and energy.

bold /bəʊld/ *adj.* **1** (of a person) brave and confident; not afraid to take risks. **2** (of shape, design, colour, lines, *etc.*) that can be clearly seen: *~ patterns* ▶ **boldly** *adv.* ▶ **boldness** *n.* [U]

bollard /ˈbɒlɑːd/ *n.* short thick post used to stop motor vehicles from entering an area.

bolster /ˈbəʊlstə(r)/ *n.* long, firm pillow. ● **bolster** *v.* [T] **~(up)** improve something or make it stronger.

bolt /bəʊlt/ *n.* **1** metal bar that slides into a socket to lock a door, window, etc. **2** metal screw used with a nut for securing things together. **3** flash of lightning. **4** act of running away quickly: *make a ~ for it* ● **bolt** *v.* **1** [I, T] fasten something with a bolt. **2** [I] (*esp.* of a horse) run away quickly. **3** [T] ~ (**down**) swallow food quickly. ● **bolt** *adv.* [IDM] **sit/stand bolt upright** sit or stand with your back straight.

bomb /bɒm/ *n.* **1** [C] weapon designed to explode when it is thrown or dropped. **2** (**the bomb**) [sing.] nuclear weapons (atomic or hydrogen bombs). **3** (**a bomb**) (*GB, infml.*) [sing.] a lot of money: *The laptop cost a ~.* ● **bomb** *v.* [T] attack somebody/something with bombs. ▶ **bomber** *n.* **1** aircraft that drops bombs. **2** person who throws or puts bombs in place. ■ **'bombshell** *n.* (*infml.*) great surprise or shock.

bombard /bɒmˈbɑːd/ *v.* [T] **1** attack somebody/something with bombs or shells from big guns. **2** direct a lot of questions, information, criticism, etc. at somebody. ▶ **bombardment** *n.* [U, C]

bona fide /ˌbəʊnə ˈfaɪdi/ *adj., adv.* genuine(ly).

bond /bɒnd/ *n.* **1** [C] something that unites people or groups: *~s of tradition* **2** [C] (*fml.*) written agreement that has legal force. **3** [C] certificate stating that money has been lent to a government, public company, etc. and will be paid back with interest. **4** (**bonds**) [pl.] (*fml.*) ropes or chains used for tying up a prisoner. ● **bond** *v.* **1** [T] join something together. **2** [I, T] develop a relationship of trust and affection with somebody.

bone /bəʊn/ *n.* [C, U] any of the hard parts that form the skeleton of a human or an animal's body. [IDM] **feel (it) in your bones (that ...)** feel certain about something. **have a bone to pick with somebody** have something to complain about to somebody. **make no bones about (doing) something** not hesitate to do or state something. ● **bone** *v.* [T] take bones out of something. ■ **,bone ˈdry** *adj.* completely dry. ■ **,bone ˈidle** *adj.* (*GB*) very lazy. ■ **'bone marrow** *n.* [U] soft substance that fills the hollow parts of bones: *a ~ marrow transplant*

bonfire /ˈbɒnfaɪə(r)/ *n.* large outdoor fire.

bonnet /ˈbɒnɪt/ *n.* **1** cover over the engine of a motor vehicle. **2** baby's or woman's hat tied under the chin.

bonus /ˈbəʊnəs/ *n.* **1** payment in addition to what is usual. **2** anything pleasant in addition to

what is expected.
bony /ˈbəʊni/ *adj.* (**-ier, -iest**) **1** full of bones: *The boy has a ~ frame.* **2** very thin; having bones that are clearly seen.
boo /buː/ *exclam, n.* (*pl.* **~s**) sound made to show disapproval. ● **boo** *v.* [I, T] shout 'boo' at somebody/ something.
booby prize /ˈbuːbi praɪz/ *n.* prize given to somebody who comes last in a competition.
booby trap /ˈbuːbi træp/ *n.* object that looks harmless, but that will kill or injure somebody when touched. ● **booby-trap** *v.* (**-pp**) [T] place a booby trap in something.
book¹ /bʊk/ *n.* **1** [C] number of printed sheets of paper fastened together in a cover. **2** [C] set of things fastened together like a book: *a ~ of stamps* **3** (**books**) [pl.] business accounts. **4** [C] main division of a large written work, e.g. the Bible. [IDM] **be in somebody's good/bad books** (*infml.*) used to say that somebody is pleased/annoyed with you. ■ **ˈbookcase** *n.* piece of furniture with shelves for books. ■ **ˈbook club** *n.* organization that sells selected books cheaply to its members. ■ **ˈbookkeeper** *n.* person whose job is to keep an accurate record of the accounts of a business. ▶ **ˈbookkeeping** *n.* [U] ■ **ˈbookmaker** (*also infml.* **ˈbookie**) *n.* person whose job is to accept and pay out bets, e.g. on horse races. ■ **ˈbookmark** *n.* **1** something used to mark a place in a book. **2** (*computing*) record of the address of a file, a Web page, etc. that enables you to access it quickly. ▶ **bookmark** *v.* [T]: *Do you want to ~ this Website?* ■ **ˈbookshop** *n.* shop that sells mainly books. ■ **ˈbookstall** *n.* small shop that is open at the front and which sells books, newspapers, magazines, etc. ■ **ˈbook token** *n.* card with a voucher, usu. given as a gift, that can be exchanged for books. ■ **ˈbookworm** *n.* person who greatly enjoys reading.
book² /bʊk/ *v.* **1** [I, T] order tickets, seats, etc. in advance; reserve something. **2** [T] write down the name of somebody when bringing a legal charge: *be ~ed for petty theft* ▶ **bookable** *adj.* that can be reserved. ▶ **booking** *n.* [C, U] arrangement that is made in advance to reserve a ticket, accommodation, etc.: *All advance ~ is over.* ■ **ˈbooking office** *n.* office where tickets are sold.
bookie /ˈbʊki/ *n.* (*infml.*) *short for* BOOKMAKER (BOOK¹)
booklet /ˈbʊklət/ *n.* small, thin book with paper covers.
boom /buːm/ *n.* **1** ~(**in**) sudden increase in trade and economic activity. **2** long pole that the bottom of a boat's sail is attached to. **3** long pole that carries a microphone. ● **boom** *v.* **1** [I] make a loud, deep sound. **2** [I, T] ~ (**out**) say something in a loud, deep voice. **3** [I] (of business or the economy) a period of rapid growth: *Exports are ~ing.*
boomerang /ˈbuːməræŋ/ *n.* curved wooden stick (used by Australian Aborigines) that returns to the thrower.
boon /buːn/ *n.* something that is helpful and makes life easier for you.
boost /buːst/ *v.* [T] increase the strength or value of something. ▶ **boost** *n.* ▶ **booster** *n.* **1** something that gives extra strength or power to something. **2** additional injection of a drug: *a polio ~er*
boot /buːt/ *n.* **1** shoe that covers the foot and ankle, and sometimes also the lower leg. **2** space for luggage at the back of a car. [IDM] **be given/get the boot** (*infml.*) be told that you must leave your job. **put the boot in** (*infml.*) kick somebody hard, esp. when they are on the ground. ● **boot** *v.* **1** [T] kick somebody/something. **2** [I, T] (*computing*) process of starting a computer for use by loading its operating system. [PV] **boot somebody out (of something)** (*infml.*) force somebody to leave a job or place.
booth /buːð/ *n.* **1** small stall where goods are sold. **2** small enclosed area: *a voting ~*
booze /buːz/ *n.* [U] (*infml.*) alcoholic drink. ● **booze** *v.* [I] (*infml.*) drink alcohol, esp. in large quantities. ▶ **boozer** *n.* (*infml.*) **1** a person who boozes. **2** (*GB*) pub. ■ **ˈbooze-up** *n.* (*GB, infml.*) party, occasion, etc. at which a lot of alcohol is drunk.
bop /bɒp/ *n.* [C, U] (*GB, infml.*) *a* dance to pop music. ● **bop** *v.* (**-pp-**) [I] (*infml.*) dance to pop music.
border /ˈbɔːdə(r)/ *n.* **1** (land near the) dividing line between two countries. **2** edge of something. **3** (in a garden) strip of soil along the edge of a lawn for planting flowers. ● **border** *v.* [I, T] **~(on)** be next to another country or area. [PV] **border on something** come very close to being something: *a state of mind ~ing on depression* ■ **ˈborderline** *n.* division between two qualities, categories, or conditions. ■ **ˈborderline** *adj.* not clearly belonging to a particular condition or category: *a ~line contestant* (= one that may or may not pass a competition)
bore¹ /bɔː(r)/ *v.* **1** [T] make somebody feel tired and uninterested, esp. by talking too much. **2** [I, T] **~into/through** make a long deep hole in something with a special tool. ● **bore** *n.* **1** person, condition, or thing that bores or annoys somebody. **2** (diameter of the) hollow part inside a tube, e.g. a gun. **3** deep hole made in the ground, esp. to find water, coal, or oil. ▶ **boredom** /ˈbɔːdəm/ *n*

[U] state of being bored. ▶ **boring** *adj.* uninteresting; dull.

bore² *pt of* BEAR

born /bɔːn/ *v.* **(be born)** (used only in the passive, without *by*) come out of your mother's body at the beginning of your life: *He was ~ in a foreign country.* ● **born** *adj.* having a particular natural ability: *is a ~ thinker* ▶ - **born** (in compounds) born in the order, place, etc. mentioned: *first~*; *Chinese-~* ■ **,born-a'gain** *adj.* having renewed and very strong faith in something, esp. a religion: *a ~-again believer*

borne *pp of* BEAR

borough /'bʌrə/ *n.* town or part of a city with its own local government.

borrow /'bɒrəʊ/ *v.* [I, T] have or use something that belongs to somebody else, with the intention of returning it. ▶ **borrower** *n.*

bosom /'bʊzəm/ *n.* **1** [C] a woman's chest or breasts. **2 (the bosom of something)** [sing.] loving care and protection of something: *in the ~ of your grandparents* ■ **,bosom 'friend** *n.* very close friend.

boss /bɒs/ *n.* person who is in charge of others at work and tells them what to do. ● **boss** *v.* [T] **~(about/ around)** (*infml.*) tell somebody what to do in a domineering and/or annoying way. ▶ **bossy** *adj.* (**-ier, -iest**) always telling people what to do.

botany /'bɒtəni/ *n.* [U] scientific study of plants. ▶ **botanical** /bə'tænɪkl/ *adj.* ■ **botanist** *n.* scientist who studies botany.

botch /bɒtʃ/ *v.* [T] spoil something by doing it badly. ● **botch** *n.* piece of work done badly or carelessly.

both /bəʊθ/ *adj., pron.* the two; the one as well as the other: *B~ (the) books are interesting.* ◊ *His children are ~ in boarding school.* ● **both** *adv.* Applying equally to each of two options; with equal truth in two cases: *She is charming ~ on the screen and off it.*

bother /'bɒðə(r)/ *v.* **1** [T] cause trouble or annoyance to somebody: *What is ~ing you?* **2** [I, T] take the time or trouble to do something: *Don't ~ to come again.* ● **bother** *n.* [U] trouble or difficulty: *I don't want to put you to any more ~* (= cause you any more trouble).

bottle /'bɒtl/ *n.* **1** [C] container with a narrow neck, for storing liquids. **2** [C] amount contained in this. **3** [C, usu. sing.] baby's feeding bottle; milk from this: *It's time for her ~.* **4** [U] (*GB, infml.*) courage: *She didn't have the ~ to stand by her statement.* ● **bottle** *v.* [T] put something in bottles. [PV] **bottle something up** not allow your feelings to be shown. ■ **'bottleneck** *n.* **1** narrow or restricted stretch of road that causes traffic to slow down. **2** anything that slows down movement or progress.

bottom /'bɒtəm/ *n.* **1** [C, usu. sing.] **~ (of)** lowest part of something. **2** [C] (*esp. GB*) part of the body that you sit on. **3** [sing.] ground under a sea, river, lake, etc. **4** [usu. sing.] part that is furthest from: *at the ~ of the town* **5** [sing.] lowest position in a class, society, organization, etc. [IDM] **be/lie at the bottom of something** be the original cause of something. **get to the bottom of something** discover the real cause of something. ● **bottom** *v.* [PV] **bottom out** (of prices, revenue, a bad situation, *etc.*) stop getting worse. ▶ **bottomless** *adj.* very deep; unlimited. ■ **the ,bottom 'line** *n.* **1** [sing.] most important or deciding point. **2** (*business*) amount of money that is profit or loss after everything has been calculated.

bough /baʊ/ *n.* large branch of a tree.

bought *pt, pp of* BUY

boulder /'bəʊldə(r)/ *n.* large rock.

bounce /baʊns/ *v.* **1** [I, T] (cause to) move quickly back from a surface that an object has just hit. **2** [I, T] (cause somebody/something to) move up and down in a lively way: *She ~d with joy.* **3** [I] move in the direction mentioned in a lively way: *She ~d into the house.* **4** [I, T] (*infml.*) (of a cheque) be returned by a bank because there is not enough money in an account. **5** [I, T] (of an email) be returned to the sender because the system could not deliver it. ● **bounce** *n.* action of bouncing. ▶ **bouncer** *n.* person employed by a nightclub, pub, etc. to throw out trouble makers. ▶ **bouncing** *adj.* strong and healthy: *a ~ newborn.*

bound¹ *pt, pp of* BIND

bound² /baʊnd/ *adj.* **1 ~to** certain or likely to happen, or to do or be something: *He is ~ to get the job.* **2** forced to do something by law or duty. **3 ~(for)** travelling to a place: *a plane ~ for Amsterdam* [IDM] **bound up in something** very busy with something. **bound up with something** closely connected with something.

bound³ /baʊnd/ *v.* **1** [I] jump; walk or run with jumping movements. **2** [T] (*usu. passive*) (*fml.*) form the boundary of something: *a manor ~ed by woods* ▶ **bound** *n.*

boundary /'baʊndri/ *n.* (*pl.* **-ies**) line that marks a limit.

boundless /'baʊndləs/ *adj.* without limits.

bounds /baʊndz/ *n.* [pl.] limits. [IDM] **out of bounds (to somebody)** (of a place) not allowed to be entered by somebody.

bounty /'baʊnti/ *n.* (*pl.* **-ies**) **1** [U, C] (*lit.*) generous actions. **2** [C] money given as a reward. ▶ **bountiful** *adj.* giving generously.

bouquet /buˈkeɪ/ n. **1** [C] bunch of flowers. **2** [C, U] smell of wine.

bourgeois /ˈbʊəʒwɑː; ˌbʊəʒˈwɑː/ n, adj. **1** (person) belonging to the middle class. **2** (disapprov.) (person who is) concerned with material possessions and social status. ▶ **bourgeoisie** /ˌbʊəʒwɑːˈziː/ n. [sing., with sing. or pl. verb] (**the bourgeoisie**) middle classes.

bout /baʊt/ n. short period of activity or an illness.

boutique /buːˈtiːk/ n. small shop, esp. one that sells fashionable clothes.

bow¹ /baʊ/ v. [I, T] bend your head or the upper part of your body forward as a sign of respect or as a greeting. [PV] **bow out (of something)** stop taking part in something. **bow to something** unwillingly agree to do something because other people want you to. ● **bow** n. **1** act of bending your head or body forward as a sign of respect or as a greeting. **2** front end of a boat or ship.

bow² /bəʊ/ n. **1** weapon used for shooting arrows, consisting of a long piece of wood curved by a tight string. **2** long, thin piece of wood with thin string stretched tightly along it, used for playing the violin, etc. **3** knot with two loops, often in ribbon, for decoration.

■ **bow-legged** /ˌbəʊ ˈlegɪd/ adj. having legs that curve outward at the knees. ■ ˌ**bow ˈtie** n. man's tie formed as a bow(3).

bowel /ˈbaʊəl/ n. [C, usu. pl.] **1** the intestine. **2** deepest part: in the ~s of the volcano

bowl¹ /bəʊl/ n. **1** [C] deep, round container for food or liquid. **2** [C] amount contained in this. **3** [C] part of an object that is shaped like a bowl. **4** [C] heavy wooden ball used in the game of bowls or tenpin bowling. **5** (**bowls**) [U] game played on an area of very smooth grass, in which players try to roll bowls as near as possible to a small white ball.

bowl² /bəʊl/ v. **1** [I, T] roll a ball in the game of bowls or bowling. **2** [I, T] (in cricket) throw a ball to the batsman. **3** [T] ~(**out**) get a batsman out of a game of cricket by hitting the wicket behind them with the ball. [PV] **bowl somebody over 1** run into somebody and knock them down. **2** surprise or impress somebody a lot.

bowler /ˈbəʊlə(r)/ n. **1** (in cricket) person who bowls. **2** (also ˌ**bowler ˈhat**) man's hard, round hat.

bowling /ˈbəʊlɪŋ/ n. [U] game in which heavy balls (**bowls**) are rolled along a track towards a group of bottle-shaped objects (**pins**) to knock them down.

box /bɒks/ n. **1** [C] container made of wood, cardboard, tin, etc. usu. with a lid, used for holding solid things. **2** [C] box and its contents: a ~ of goodies **3** [C] separate enclosed area or compartment: royal ~ in a theatre **4** [C] small structure used for a particular purpose: a telephone ~ **5** [C] small square on a form, to be filled in. **6** (**the box**) [sing.] (infml.) television. ● **box** v. **1** [T] put something into a box. **2** [I, T] fight somebody with the fists, wearing large thick gloves, as a sport. [PV] **box somebody/something in** prevent somebody from being able to move by surrounding them with people, barriers, vehicles, etc. ▶ **boxer** n. **1** person who boxes(2). **2** breed of bulldog. ▶ **boxing** n. [U] sport in which two people fight each other with their fists. ■ ˈ**box number** n. number used as an address in a newspaper advertisement, to which replies may be sent. ■ ˈ**box office** n. office at a theatre, cinema, etc. where tickets are sold.

Boxing Day /ˈbɒksɪŋ deɪ/ n. [U, C] (GB) the first weekday after Christmas Day.

boy /bɔɪ/ n. male child; young man. ■ ˈ**boyfriend** n. man or boy with whom somebody has a romantic and/or sexual relationship. ▶ **boyhood** n. [U] the time of being a boy. ▶ **boyish** adj. looking or behaving like a boy.

boycott /ˈbɔɪkɒt/ v. [T] refuse to be involved with or take part in something as a way of protesting. ▶ **boycott** n.

bra /brɑː/ n. (also fml. **brassière**) piece of women's underwear worn to support the breasts.

brace /breɪs/ v. **1** ~ **somebody/yourself (for)** prepare somebody/yourself for something difficult or unpleasant. **2** [T] tighten the muscles in your body or part of your body before doing something that is physically difficult. **3** [T] (tech) make something stronger or more solid. ● **brace** n. **1** [C] wire device worn to straighten the teeth. **2** [C] device that strengthens or supports something. **3** (**braces**) [pl.] (GB) straps that pass over the shoulders to hold trousers up. ▶ **bracing** adj. giving energy: the bracing outdoors

bracelet /ˈbreɪslət/ n. piece of jewellery worn around the wrist.

bracken /ˈbrækən/ n. [U] wild fern with large leaves that grows on hills and in woods.

bracket /ˈbrækɪt/ n. [C] **1** [usu. pl.] either of a

pair of marks, (), placed around extra information in a piece of writing. **2** wood or metal support for a shelf. **3** group within a particular range: *high-income ~*. ● **bracket** *v.* [T] **1** put something in brackets. **2** group somebody/ something together.

brackish /'brækɪʃ/ *adj.* (of water) slightly salty.

brag /bræg/ *v.* (**-gg-**) [I, T] talk with too much pride about something.

braid /breɪd/ *n.* **1** [U] thin coloured rope that is used to decorate furniture or military uniform. **2** [C] (*esp. US*) = PLAIT ● **braid** *v.* [T] (*US*) plait.

Braille /breɪl/ *n.* [U] system of writing for blind people, using raised dots.

brain /breɪn/ *n.* **1** [C] organ in the body that controls all bodily activities and sensory impulses including thought, feeling, etc. **2** [U, C, usu. pl.] mind; intelligence: *have a quick ~* **3** [C, usu. pl.] (*infml.*) clever person. [IDM] **have something on the brain** (*infml.*) think about something constantly. ● **brain** *v.* [T] hit on the head; kill somebody with a heavy blow on the head. ■ **'brainchild** *n.* [sing.] person's original idea or invention. ■ **'brain drain** *n.* [sing.] (*infml.*) movement of skilled people to other countries where they can earn more money or find more facilities. ▶ **brainless** *adj.* stupid. ■ **'brainstorm** *n.* (*GB*) sudden mental disturbance. ■ **'brainstorming** *n.* [U] way of making a group of people all think about something at the same time, esp. in order to solve a problem or to come up with good ideas. ■ **'brainwash** *v.* [T] force somebody to accept new beliefs by use of extreme mental pressure. ▶ **'brainwave** *n.* sudden clever idea. ▶ **brainy** *adj.* (**-ier, -iest**) (*infml.*) clever.

braise /breɪz/ *v.* [T] cook meat or vegetables slowly in a closed container.

brake /breɪk/ *n.* device for reducing the speed of or stopping a vehicle. ● **brake** *v.* [I, T] slow down or stop a vehicle using a brake.

bramble /'bræmbl/ *n.* prickly wild bush on which blackberries grow.

bran /bræn/ *n.* [U] outer covering of grain which is left when the grain is made into flour.

branch /brɑːntʃ/ *n.* **1** part of a tree growing out from a trunk. **2** local office or shop belonging to a large company or organization: *a ~ manager* **3** smaller or less important part of a river, road, railway, etc. ● **branch** *v.* [I] divide into two or more parts. [PV]

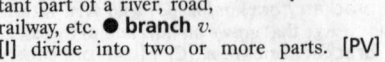

branch off turn from one road into a smaller one. **branch out (into something)** launch a new activity, esp. in your work or business.

brand /brænd/ *n.* **1** type of product made by a particular company: *one of the premium ~s of watch* ◊ *The success of a product owes greatly to its ~ image.* **2** particular kind: *a strange ~ of comedy* **3** mark burnt onto the skin of an animal to show ownership. ● **brand** *v.* [T] **1** mark an animal with hot metal to identify who owns it. **2** give a bad name to somebody: *He was ~ed (as) an unscrupulous businessman.* ■ **'brand name** (*also* **'trade name**) *n.* name given to a product by the company that produces it. ■ **,brand 'new** *adj.* completely new.

brandish /'brændɪʃ/ *v.* [T] wave something, esp. a weapon, threateningly in the air.

brandy /'brændi/ *n.* [U, C] (*pl.* **-ies**) strong alcoholic drink made from wine.

brash /bræʃ/ *adj.* confident in a rude or aggressive way.

brass /brɑːs/ *n.* **1** [U] bright yellow metal; objects made of brass. **2** (**the brass**) [U, with sing. or pl. verb] (people who play) brass wind instruments that form a band or section of an orchestra. ■ **,brass 'band** *n.* group of musicians who play brass instruments.

brassiere /'bræziə(r)/ *n.* (*fml.*) = BRA

brat /bræt/ *n.* (*disapprov.*) badly-behaved child.

bravado /brə'vɑːdəʊ/ *n.* [U] unnecessary or false show of courage.

brave /breɪv/ *adj.* (**~r, ~st**) **1** (of a person) willing to do things that are dangerous or painful; not afraid. **2** (of an action) requiring or showing courage. ● **brave** *v.* [T] have to deal with something difficult or unpleasant in order to achieve something. ▶ **bravely** *adv.* ▶ **bravery** /'breɪvəri/ *n.* [U]: *an award for outstanding ~*

bravo /,brɑː'vəʊ/ *exclam, n.* (*pl.* **~s**) shout meaning 'Well done!'

brawl /brɔːl/ *n.* noisy argument, usu. in a public place. ▶ **brawl** *v.* [I]

brawny /'brɔːni/ *adj.* (*infml.*) strong and muscular.

bray /breɪ/ *v.* **1** [I] (of a donkey) make a loud, harsh sound. **2** [I, T] (of a person) talk or laugh in a loud, unpleasant voice. ▶ **bray** *n.*

brazen /'breɪzn/ *adj.* open and without shame, usu. about something that people find shocking.

brazier /'breɪziə(r)/ *n.* metal container for holding a charcoal or coal fire.

breach /briːtʃ/ *n.* **1** [C, U] breaking or neglect of a law, a contract, etc.: *a ~ of faith* ◊ *a ~ of the peace* (= the crime of fighting in a public place) **2** [C] break in a friendly relationship. **3** [C] (*fml.*) opening, e.g. in a wall. ● **breach** *v.*

[T] **1** not keep to an agreement or not keep a promise. **2** (*fml.*) make a hole in a wall, barrier, etc. so that somebody/something can go through it.

bread /bred/ *n.* [U] food made of flour, water and often yeast; baked in an oven: *a loaf of* ~. ■ **'breadcrumbs** *n.* [pl.] tiny pieces of bread. ■ **'breadline** *n.* [IDM] **on the breadline** very poor. ■ **'breadwinner** *n.* person who supports their family with the money they earn.

breadth /bredθ/ *n.* [U, C] **1** distance from side to side; width. **2** wide range (of knowledge, activities, *etc.*)

break¹ /breɪk/ *v.* (*pt* **broke** /brəʊk/, *pp* **broken** /'brəʊkən/) **1** [I, T] (cause something to) be damaged and separated into pieces: *Glass utensils ~ easily.* ◇ *~ a bowl* **2** [I, T] (cause something to) stop working as a result of being damaged: *The television set is broken.* **3** [T] do something that is against the law; not keep a promise, etc. **4** [I] **~(for)** stop doing something for a while, esp. when it is time to eat or have a drink: *Let's ~ for tea.* **5** [T] interrupt something: *~ your journey* (= stop somewhere on the way to your destination) ◇ *~ the conversation.* ◇ *A boulder broke his fall* (= stopped him as he was falling). **6** [I, T] **~free** (of a person or an object) escape from a position in which they are trapped: *He broke free from his master.* **7** [I, T] (cause somebody/something to) be weakened or destroyed: *~ the power of the enemy.* ◇ *The failure broke him.* **8** [I] (of the weather) change suddenly or markedly after a settled period. **9** [I] begin: *Day was ~ing.* **10** [I, T] become or make something known: *~ the news.* **11** [I] (of a boy's voice) become deeper. **12** [T] do better than a previous record. **13** [T] solve something secret: *~ the code.* [IDM] **break the back of something** finish the largest or most difficult part of something. **break even** make neither a loss nor a profit. **break fresh/new ground** surpass previous achievements; introduce or discover a new method, activity, etc. **break the ice** make people feel friendly towards one another, e.g. at the beginning of a party. **break wind** let out air from the bowels. **make or break somebody/something** cause somebody/something to either succeed or fail. [PV] **break away (from somebody/something)** go away from somebody/something **break down 1** (of machinery) stop working. **2** fail; collapse: *Talks between the warring sides have broken down.* **3** lose control of your feelings. **break something down 1** destroy something: *~ down all opposition.* **2** analyse something; classify: *~ down the plan of action.* **break in 1** enter a building by force. **2** **~(on)** interrupt or disturb something. **break somebody/something in 1** train somebody/something in something new that they must do. **2** wear something, esp. new shoes, until they become comfortable. **break into something 1** enter a building or open a vehicle, etc. by force. **2** suddenly begin something: *~ into giggles.* **3** start to use something, esp. money, that has been kept for an emergency. **break off** stop speaking. **break (something) off** (cause to) separate by force. **break something off** end something suddenly: *They've broken off their agreement.* **break out 1** (of something bad) start suddenly: *Fire broke out.* **2** **~(of)** escape from a prison. **3** **~(in)** suddenly become covered in something: *~ out in spots.* **break through (something) 1** force a way through something. **2** (of the sun) appear from behind clouds. **break up 1** (of a group of people) disperse in different directions. **2** (*GB*) (of a school or its pupils) begin the holidays **3** **~ (with)** end a relationship with somebody. **break (something) up 1** (cause something to) separate into smaller pieces. **2** (cause something to) come to an end: *The meeting is ~ing up.* ▶ **breakable** *adj.* easily broken. ■ **'breakaway** *adj.* (of a political group, an organization, a society) having separated from a larger group. ■ **'break-in** *n.* entry into a building by force, esp. to steal something. ■ **'breakout** *n.* escape from a prison. ■ **'breakthrough** *n.* important development or discovery. ■ **'break-up** *n.* end, esp. of a relationship.

break² /breɪk/ *n.* **1** rest; pause: *a tea ~* **2** short holiday: *a weekend ~* **3** interruption or end of something that has existed for a long time: *a ~ with custom* **4** space or gap between two or more things. **5** (*infml.*) piece of luck that leads to success: *the big ~* **6** place where something, esp, a bone, is broken [IDM] **break of day/dawn** (*lit.*) moment in the early hours of the morning when it begins to get light. **make a break for something/for it** run towards something in order to try and escape.

breakage /'breɪkɪdʒ/ *n.* **1** [C] object that has been broken. **2** [U, C] act of breaking something.

breakdown /'breɪkdaʊn/ *n.* **1** failure in machinery. **2** failure of a relationship, meeting, or system. **3** analysis of statistics: *a ~ of costs* **4** weakness or collapse of somebody's mental health: *a nervous ~*

breaker /'breɪkə(r)/ *n.* large wave that breaks into foam.

breakfast /'brekfəst/ *n.* [C, U] first meal of the

day. ● **breakfast** v. [I] eat breakfast.
breakneck /'breɪknek/ adj. dangerously fast: at ~ speed
breakwater /'breɪkwɔːtə(r)/ n. wall built out into the sea to protect a coast or harbour.
breast /brest/ n. **1** either of the two organs of a woman's body that produce milk. **2** upper front part of the body. ■ **'breastbone** n. thin, flat vertical bone in the chest between the ribs. ■ **'breaststroke** n. [U, sing.] kind of swimming style that you do on your front, with the face down.
breath /breθ/ n. **1** [U] air taken into and sent out of the lungs. **2** [C] amount of air that enters the lungs at one time: *Take a deep ~.* **3** [sing.] slight movement of air. [IDM] **get your breath (back)** breathe normally again after running, jogging, etc. **out of breath** having difficulty breathing after exercise. **take somebody's breath away** be very surprising or beautiful. **under your breath** quietly so that people cannot hear. ▶ **breathless** adj. **1** having difficulty breathing. **2** ~(with) experiencing a strong emotional reaction: *~less with excitement* ▶ **breathlessly** adv. ■ **'breathtaking** adj. amazing, impressive.
breathalyser™ /'breθəlaɪzə(r)/ (*US* **Breathalyzer**) n. device for measuring the amount of alcohol in a driver's breath.
breathe /briːð/ v. **1** [I, T] take air into the lungs and send it out again. **2** [T] say something very quietly; whisper something. **3** [T] (*fml.*) be full of a particular feeling or quality. [IDM] **breathe again** feel calm or relaxed after a difficult or anxious time. **breathe down somebody's neck** (*infml.*) watch somebody too closely. ▶ **breather** n. (*infml.*) short rest.
breed /briːd/ v. (*pt, pp* **bred** /bred/) **1** [T] keep animals for the purpose of producing young: *~ poultry/cattle* **2** [I] (of animals) produce young. **3** [T] bring somebody up; educate somebody in a particular way: *a well-bred child* **4** [T] be the cause of something: *Bad air ~s disease.* ● **breed** n. **1** particular type of animal: *a ~ of dog* **2** particular kind of person: *a new ~ of entrepreneurs* ▶ **breeder** n. person who breeds animals. ▶ **breeding** n. [U] **1** producing of animal young. **2** good manners: *a gentleman of good ~ing*
breeze /briːz/ n. [C, U] light wind. ● **breeze** v. [I] move in a cheerful and confident way in a particular direction: *She just ~d into the party.* ▶ **breezy** adj. **1** windy. **2** having a relaxed and cheerily brisk manner. ▶ **breezily** adv.
brevity /'brevəti/ n. [U] (*fml.*) fact of lasting a short time: *the ~ of relationships*
brew /bruː/ v. **1** [I, T] prepare tea, coffee, or beer. **2** [I] (of something unpleasant) develop. ● **brew** n. result of brewing. ▶ **brewer** n. ▶ **brewery** /'bruːəri/ n. (*pl.* -**ies**) place where beer is brewed.
bribe /braɪb/ n. something (*esp.* money) given to somebody to persuade them to help, usu. by doing something dishonest or illegal. ● **bribe** v. [T] give a bribe to somebody. ▶ **bribery** /'braɪbəri/ n. [U] the giving or taking of bribes.
bric-a-brac /'brɪkəbræk/ n. [U] small ornaments of little value.
brick /brɪk/ n. [C, U] (block of) baked clay used for building. ● **brick** v. [PV] **brick something in/up** fill or block an opening with bricks. ■ **'bricklayer** n. person whose job is to build structures with bricks. ■ **'brickwork** n. [U] bricks in a wall, building, etc.
bridal /'braɪdl/ adj. of a bride or wedding.
bride /braɪd/ n. woman on her wedding day; newly married woman. ■ **'bridegroom** n. man on his wedding day; newly married man. ■ **'bridesmaid** n. woman or girl who assists the bride on her wedding day.
bridge /brɪdʒ/ n. **1** [C] structure providing a way across a river, road, etc. **2** [C] thing that links two or more different things. **3** [C] platform on a ship where the captain and officers stand to control and steer it. **4** [sing.] upper part of the nose. **5** [C] part on a violin, etc. over which the strings are stretched. **6** [U] card game for four players. ● **bridge** v. [T] build a bridge across something.
bridle /'braɪdl/ n. part of a horse's harness that goes on its head. ● **bridle** v. **1** [T] put a bridle on a horse. **2** [I] show anger or annoyance by moving your head up and back.
brief¹ /briːf/ adj. **1** lasting only a short time. **2** using few words. **3** (of clothes) short. [IDM] **in brief** in a few words. ▶ **briefly** adv.
brief² /briːf/ n. **1** instructions and information for a particular task. **2** (*GB, law*) legal case given to a lawyer to argue in court; piece of work for a barrister. **3** (*GB, infml.*) solicitor or defence lawyer: *I want to see my ~.* ● **brief** v. [T] **1** give somebody information about something so that they are prepared to deal with it. **2** (*GB, law*) give a barrister the main facts of a legal case so that it can be argued in a court of law. ■ **'briefcase** n. flat leather case for documents, etc.
briefs /briːfs/ n. [pl.] pants or knickers.
brigade /brɪ'geɪd/ n. **1** army unit, usu. of three battalions. **2** organization for a particular

purpose: *the anti-corruption* ~. ▶ **brigadier** /ˌbrɪɡəˈdɪə(r)/ *n.* officer commanding a brigade (1).

bright /braɪt/ *adj.* **1** giving out or reflecting a lot of light; shining. **2** (of colour) strong. **3** cheerful; happy. **4** clever, quick-witted. **5** likely to be successful: *The arrangement looks* ~. ▶ **brighten** *v.* [I, T] become or make somebody/something brighter. ▶ **brightly** *adv.* ▶ **brightness** *n.* [U]

brilliant /ˈbrɪliənt/ *adj.* **1** very clever or impressive. **2** (of light or colours) very bright. **3** (*spoken*) very good. ▶ **brilliance** /ˈbrɪliəns/ *n.* [U] ▶ **brilliantly** *adv.*

brim /brɪm/ *n.* **1** edge of a cup, bowl, etc. **2** bottom edge of a hat. ● **brim** *v.* (-mm-) [I] ~(**with**) be full of something. [PV] **brim over (with something)** overflow.

brine /braɪn/ *n.* [U] salt water, esp. for preserving food.

bring /brɪŋ/ *v.* (*pt, pp* **brought** /brɔːt/) [T] **1** come to a place with somebody/something: *Please* ~ *along your friend to the party.* ◊ *He brought his pet with him.* **2** cause something: *The rain brought some relief after a dry spell.* **3** cause somebody/something to be in a particular condition or place: ~ *the water to the boil* (= boil it). ◊ ~ *the meeting to an end.* **4** ~(**against**) (*law*) officially accuse somebody of a crime: ~ *a charge against somebody.* **5** force yourself to do something: *I can't* ~ *myself to do this.* [IDM] **bring something to a head** → HEAD¹ **bring something to mind** → MIND¹ [PV] **bring something about** cause something to happen. **bring somebody/something back 1** return somebody/something: ~ *back the papers.* ◊ *I brought the cattle back* (= home). **2** cause something to be remembered. **3** introduce something again: ~ *back the annual awards* **bring somebody/something down 1** cause somebody/something to fall: ~ *down the system.* **2** lower or reduce something: ~ *the demands down.* **3** cause an aircraft to fall out of the sky or to land. **bring something forward 1** move something to an earlier date or time: ~ *the journey forward.* **2** propose something for discussion. **bring something/somebody in 1** introduce a new law: ~ *in new standards.* **2** attract somebody/something to a place or business. **3** use somebody's services as a consultant, etc.: ~ *in an accountant to check expenses.* **bring something off** succeed in doing something difficult. **bring something on** make something develop, usu. something unpleasant: *The rumours brought on the crisis.* **bring somebody out** cause somebody to go on strike: *Rebel leaders brought out the students.* **bring somebody out of himself, herself, etc.** help somebody to feel more confident: **bring something out 1** make something appear: *A deadline* ~s *out the best in him.* **2** make something easy to see or understand. **3** produce or publish something: ~ *out a new type of computer.* **bring somebody round 1** cause somebody to regain consciousness. **2** persuade somebody to agree to something. **bring somebody up** care for and educate a child: *We were brought up to be honest.* **bring something up 1** call attention to something; mention something: ~ *up the topic of attendance* **2** vomit something. **3** make something appear on a computer screen.

brink /brɪŋk/ *n.* [sing.] edge of a steep or dangerous place: (*fig.*) *on the* ~ *of doom*

brisk /brɪsk/ *adj.* moving quickly; lively: *walk at a* ~ *pace* ▶ **briskly** *adv.*

bristle /ˈbrɪsl/ *n.* [C, U] short stiff hair, esp. on a brush. ● **bristle** *v.* [I] **1** suddenly become annoyed or defensive at what somebody says or does. **2** (of animal's fur) stand up stiffly. [PV] **bristle with something** have a large number of something.

brittle /ˈbrɪtl/ *adj.* hard but likely to break easily.

broach /brəʊtʃ/ *v.* [T] begin a discussion of a subject.

broad /brɔːd/ *adj.* **1** measuring a large amount from one side to the other; wide: ~ *shoulders* **2** including a great variety of people or things: *a* ~ *range of issues* **3** not detailed; general: *a* ~ *framework* **4** (of speech) with a strong accent. **5** clear; obvious: *a* ~ *hint* [IDM] **in broad daylight** in the full light of day. ■ **'broadband** *adj., n.* [U] (of a) communications network that allows multiple channels of information to pass through a single cable at the same time, e.g. cable TV and Internet access. ▶ **broaden** *v.* [I, T] become or make something wider. ▶ **broadly** *adv.* generally: ~*ly speaking* ■ **,broad-'minded** *adj.* liberal and tolerant.

broadcast /ˈbrɔːdkɑːst/ *n.* radio or television programme. ● **broadcast** *v.* (*pt, pp* **broadcast**) [I, T] send out radio or television programmes. ▶ **broadcaster** *n.* ▶ **broadcasting** *n.* [U]

broadside /ˈbrɔːdsaɪd/ *n.* fierce attack in words. ● **broadside** *adv.* sideways.

broccoli /ˈbrɒkəli/ *n.* [U] kind of cauliflower with dark green or purple flower heads.

brochure /ˈbrəʊʃə(r)/ *n.* booklet containing information or advertisements.

broil /brɔɪl/ *v.* [T] grill meat or fish.

broke¹ *pt of* BREAK¹

broke² /brəʊk/ *adj.* (*infml.*) having no money: *flat* ~ (= completely broke)

broken[1] *pp of* BREAK[1]

broken[2] /ˈbrəʊkən/ *adj.* **1** that has been damaged or injured; no longer whole or working properly: *a ~ arm* ◊ *a ~ affair* **2** not continuous; interrupted: *~ sleep* **3** (of a person) weakened by illness or difficulties. **4** (of a foreign language) spoken slowly or hesitantly and with a lot of mistakes. ■ **,broken 'home** *n.* family in which the parents have divorced or separated.

broker /ˈbrəʊkə(r)/ *n.* person who buys and sells, e.g. business shares for others.

brolly /ˈbrɒli/ *n.* (*pl.* **-ies**) (*GB, infml.*) = UMBRELLA

bronchial /ˈbrɒŋkiəl/ *adj.* of the tubes of the windpipe.

bronchitis /brɒŋˈkaɪtɪs/ *n.* [U] inflammation of the bronchial tubes.

bronze /brɒnz/ *n.* **1** [U] metal that is a mixture of copper and tin. **2** [U] dark reddish-brown colour. **3** [C] something made of bronze; bronze medal. ■ **,bronze 'medal** *n.* medal awarded as third prize in a competition, esp. a sports contest.

brooch /brəʊtʃ/ *n.* piece of ornament with a pin on the back of it, that can be fastened to your clothes.

brood /bruːd/ *n.* **1** young birds produced at one hatching or birth. **2** (*hum.*) large family of children. ● **brood** *v.* [I] **1** think a lot about something that makes you annoyed, anxious. or upset: *~ing over her prospects* **2** sit on eggs to hatch them. ▶ **broody** *adj.* **1** (of a woman) wanting very much to have babies. **2** (of a hen) wanting to brood. **3** thoughtful and sad.

brook /brʊk/ *n.* small stream.

broom /bruːm/ *n.* brush with a long handle for sweeping floors.

broth /brɒθ/ *n.* [U] kind of soup.

brothel /ˈbrɒθl/ *n.* house of prostitutes.

brother /ˈbrʌðə(r)/ *n.* **1** son of the same parents as yourself. **2** man who is a member of the same fraternity, society, profession, etc. **3** (also **Brother**) (*pl.* **brethren** /ˈbreðrən/ or **brothers**) male member of a religious order, esp. a monk. ▶ **brotherhood** *n.* **1** [U] (feeling of) fellowship and understanding between people. **2** [C] organization formed for a particular purpose, esp. a religious or political one. **3** [U] relationship between brothers. ■ **'brother-in-law** *n.* (*pl.* **~s-in-law**) brother of your husband or wife; your sister's husband. ▶ **brotherly** *adj.*

brought *pt, pp of* BRING

brow /braʊ/ *n.* **1** forehead. **2** = EYEBROW **3** highest point of a hill.

browbeat /ˈbraʊbiːt/ *v.* (*pt* **browbeat,** *pp* **~en** /-biːtn/) [T] frighten somebody into doing something.

brown /braʊn/ *adj., n.* [C, U] (having the) colour of earth or coffee with milk. ● **brown** *v.* [I, T] become or make something brown.

browse /braʊz/ *v.* [I] **1** look at a lot of things in a shop rather than looking for one particular thing. **2** look through a book, magazine, etc. without reading everything. **3** (*computing*) look for information on a computer. **4** (of cows, goats, sheep, *etc.*) feed on grass, leaves, twigs, etc. ▶ **browse** *n.* [sing.] ▶ **browser** *n.* **1** (*computing*) program that lets you look at or read documents on the Internet: *a default Web ~r* **2** person who browses.

bruise /bruːz/ *n.* blue, brown, or purple mark caused by a blow to the body. ● **bruise** *v.* [I, T] develop a bruise, or make a bruise appear on the skin of somebody/something.

brunette /bruːˈnet/ *n.* a woman with dark brown hair.

brunt /brʌnt/ *n.* [IDM] **bear the brunt of something** → BEAR

brush[1] /brʌʃ/ *n.* **1** [C] tool with bristles for cleaning, painting, etc.: *a tooth ~* **2** [sing.] act of brushing. **3** [C] short unfriendly meeting with somebody; unpleasant experience of something: *a forgettable ~ with his detractors* **4** [U] land covered by small trees and shrubs.

brush[2] /brʌʃ/ *v.* [T] **1** clean something with a brush. **2** touch somebody/something lightly when passing. [PV] **brush something aside** pay little or no attention to something. **brush something up | brush up on something** study or practise something forgotten: *~ up (on) your chemistry.*

brusque /bruːsk/ *adj.* using few words and sounding rude. ▶ **brusquely** *adv.* ▶ **brusqueness** *n.* [U]

Brussels sprout /ˌbrʌslz ˈspraʊt/ *n.* kind of vegetable that looks like a very small cabbage.

brutal /ˈbruːtl/ *adj.* violent and cruel. ▶ **brutality** /bruːˈtæləti/ *n.* [U, C] (*pl.* **-ies**) ▶ **brutally** *adv.*

brute /bruːt/ *n.* **1** cruel, insensitive man. **2** large strong animal. ● **brute** *adj.* involving physical strength only and not thought or intelligence: *~ force* ▶ **brutish** *adj.* of or like a brute.

BSE /ˌbiː es ˈiː/ (*also infml.* **,mad 'cow disease**) *n.* [U] bovine spongiform encephalopathy; brain disease of cows that causes death.

bubble /ˈbʌbl/ *n.* **1** (in the air) floating ball of liquid containing air or gas. **2** (in a liquid) ball of air or gas. ● **bubble** *v.* [I] **1** send up, rise in, or make the sound of bubbles. **2** (*~ with*) be full of a particular feeling. ■ **'bubblegum** *n.* [U] chewing gum that can be

blown into bubbles. ▶ **bubbly** adj. (**-ier, -iest**) **1** full of bubbles. **2** happy and lively.
buck¹ /bʌk/ n. **1** [C] (infml.) US or Australian dollar. **2** [C] male deer, hare, or rabbit. **3** (**the buck**) [sing.] (infml.) responsibility: *pass the ~* (= make somebody else responsible)
buck² /bʌk/ v. [I] (of a horse) jump up with all four feet together. [PV] **buck up** hurry. **buck (somebody) up** (cause somebody to) become more cheerful.
bucket /'bʌkɪt/ n. **1** round open container with a handle, for carrying liquids. **2** (also **'bucketful**) amount a bucket contains. ● **bucket** v. [PV] **bucket down** (GB, infml.) rain heavily.
buckle /'bʌkl/ n. metal or plastic fastener for a belt, strap, etc. ● **buckle** v. [I, T] **1** fasten with a buckle. **2** (cause something to) become bent, esp. because of force or heat. [PV] **buckle down (to something)** (infml.) start to do something seriously.
bud /bʌd/ n. flower or leaf before it opens. ● **bud** v. (**-dd-**) [I] produce buds. ▶ **budding** adj. beginning to develop or become successful.
Buddhism /'bʊdɪzəm/ n. [U] Asian religion based on the teaching of Gautama Siddhartha (or Buddha). ▶ **Buddhist** /'bʊdɪst/ n., adj.
buddy /'bʌdi/ n. (pl. **-ies**) (infml.) friend.
budge /bʌdʒ/ v. [I, T] (cause somebody/something to) move slightly: *The rock won't ~.*
budgerigar /'bʌdʒərɪɡɑː(r)/ n. (also infml. **budgie**) small brightly-coloured bird, often kept as a pet.
budget /'bʌdʒɪt/ n. [C, U] amount of money that is available to a person or an organization and a plan of how it will be spent over a period of time: *The task was finished within ~* (= did not cost more money than was planned). ● **budget** v. [I] **~(for)** plan the amount of money to be spent on something. ● **budget** adj. cheap: *~ travel*
buff /bʌf/ n. **1** person who knows a lot about the subject that is mentioned: *a literature ~* **2** [U] pale yellow-brown colour. ● **buff** v. [T] polish something with a soft cloth.
buffalo /'bʌfələʊ/ n. (pl. **buffalo** or **~es**) kind of large wild ox.
buffer /'bʌfə(r)/ n. **1** device on a railway engine, etc. to reduce the impact of a collision. **2** (computing) area in a computer's memory where data can be stored for a short time. ● **buffer** v. [T] (computing) (of a computer) hold data for a short time before using it.

buffet¹ /'bʊfeɪ/ n. **1** counter where food and drink may be bought and eaten, e.g. at an airport. **2** meal at which guests serve themselves from a number of dishes.
buffet² /'bʌfɪt/ v. [T] push or knock somebody/something roughly from side to side: *~ed by the waves.*
bug /bʌɡ/ n. **1** any small insect. **2** (infml.) infectious illness that is usu. fairly mild: *a flu ~* **3** (infml.) great interest in something mentioned: *He's got the sailing ~!* **4** (infml.) small hidden microphone. **5** (infml.) fault in a machine, esp. a computer ● **bug** v. (**-gg-**) [T] **1** fit somebody/something with a bug(4). **2** (infml.) annoy somebody constantly.
bugbear /'bʌɡbeə(r)/ n. thing that is disliked or causes irritation.
bugger /'bʌɡə(r)/ n. (GB, △, sl) **1** annoying person or thing. **2** person that you feel pity or contempt for. ● **bugger** exclam. (GB, △, infml.) used for expressing anger or annoyance.
bugle /'bjuːɡl/ n. musical instrument like a small trumpet, used in the army for giving signals. ▶ **bugler** n.
build¹ /bɪld/ v. (pt, pp **built** /bɪlt/) [T] **1** make something by putting parts, etc. together. **2** create or develop something: *~ a better future* [PV] **build on something** use something as a basis for further progress. **build something on something** base something on something. **build (something) up** (cause something to) become greater; increase: *The excitement is ~ing up.* ◇ *~ up an enterprise.* **build somebody/something up** speak with great praise about. somebody/something ▶ **builder** n. ■ **'build-up** n. **1** gradual increase. **2** favourable description of somebody/something that is going to happen, intended to make people excited about it. ■ **,built-'in** adj. included to form part of a structure: *~ blower* ■ **,built-'up** adj. (of an area of land) covered with buildings.
build² /bɪld/ n. [U, C] shape and size of the human body.
building /'bɪldɪŋ/ n. **1** [C] structure with a roof and walls. **2** [U] (business of) constructing houses and other structures. ■ **'building society** n. (GB) organization that accepts money to be invested and lends money to people who want to buy houses.
bulb /bʌlb/ n. **1** (also **'light bulb**) glass part that fits into an electric lamp. **2** thick, rounded underground stem of certain plants. ▶ **bulbous** adj. round and bulging.
bulge /bʌldʒ/ v. [I] stick out from something in a round shape. ● **bulge** n. round lump that sticks out from something.
bulk /bʌlk/ n. **1** (**the bulk of something**)

[sing.] the main part of something. **2** [U] (large) size or quantity of something: *It's economical to buy in ~*. **3** [sing.] large shape or mass. ▶ **bulky** *adj.* (**-ier, -iest**) large; difficult to move.

bull /bʊl/ *n.* **1** the male of any animal in the cow family. **2** male of the alligator, elephant, whale, and some other large animals. [IDM] **a bull in a china shop** person who is clumsy where skill or care is needed. **take the bull by the horns** face difficulty or danger directly and with courage. ■ **'bulldog** *n.* strong dog with a large head and a short thick neck. ■ **'bullseye** *n.* centre of the target used in archery and darts. ■ **'bullshit** *n.* [U] (△, *sl.*) nonsense.

bulldoze /'bʊldəʊz/ *v.* [T] **1** destroy buildings, walls, trees, etc. with a bulldozer. **2** force somebody to do something. ▶ **bulldozer** *n.* powerful tractor for moving large quantities of earth.

bullet /'bʊlɪt/ *n.* round or pointed piece of metal shot from a gun. ■ **'bulletproof** *adj.* that can stop bullets passing through it: *a ~proof vest*

bulletin /'bʊlətɪn/ *n.* short official statement or news report.

bullion /'bʊliən/ *n.* [U] gold or silver in bulk or in the form of bars.

bullock /'bʊlək/ *n.* young bull that has been castrated.

bully /'bʊli/ *n.* (*pl.* **-ies**) person who uses their strength to frighten or hurt weaker people: *the local ~.* ● **bully** *v.* (*pt, pp* **-ied**) [T] frighten or hurt a weaker person; use your strength or power to make somebody do something.

bulrush /'bʊlrʌʃ/ *n.* tall, strong plant that grows in or near water.

bulwark /'bʊlwək/ *n.* **1** person or thing that defends or protects something. **2** wall built as a defence.

bum /bʌm/ *n.* (*infml.*) **1** homeless person who asks other people for money or food. **2** lazy person. ● **bum** *v.* [PV] **bum around** (*infml.*) spend your time doing nothing in particular. **3** (*GB*) the part of the body that you sit on; buttocks.

bumblebee /'bʌmblbiː/ *n.* large hairy bee that makes a loud noise as it flies.

bump /bʌmp/ *v.* **1** [I] hit somebody/something accidentally: *I ~ed into the vase in my hurry.* **2** [T] hit something against or on something by accident: *My bicycle ~ed into a tree.* **3** [I] move across a rough surface: *The car ~ed along the country road.* [PV] **bump into somebody** (*infml.*) meet somebody by chance. **bump somebody off** (*infml.*) kill somebody. **bump something up** (*infml.*) increase something. ● **bump** *n.* **1** action or sound of something hitting a hard surface. **2** swelling on the body. **3** uneven area on a road surface. ▶ **bumpy** *adj.* (**-ier, -iest**) not smooth; uneven.

bumper /'bʌmpə(r)/ *n.* bar on the front and back of a motor vehicle to protect it during collision. ● **bumper** *adj.* unusually large or successful: *a ~ harvest.*

bun /bʌn/ *n.* **1** small, round, sweet cake. **2** (*esp.* woman's) hair twisted round into a tight knot at the back of the head.

bunch /bʌntʃ/ *n.* **1** number of similar things fastened or growing together: *a ~ of bananas* **2** (*infml.*) group of people. ● **bunch** *v.* [PV] **bunch (somebody/something) up/together** (cause somebody/something to) move closer and form into a group.

bundle /'bʌndl/ *n.* **1** [C] number of things fastened or wrapped together: *ornaments tied into a ~* **2** [sing.] *~of* a mass of something: *He's a ~ of nerves* (= he is very nervous). ● **bundle** *v.* [T] **1** *~(up/together)* make or tie something into a bundle. **2** push or send somebody somewhere quickly and roughly: *They ~d him into the waiting car.*

bung /bʌŋ/ *v.* [T] (*GB, infml.*) throw or put something somewhere carelessly and quickly. [PV] **bung something up (with something)** block something: *The drain is all ~ed up.* ● **bung** *n.* stopper for closing the hole in a barrel or cask.

bungalow /'bʌŋgələʊ/ *n.* house built all on one level.

bungee jumping /'bʌndʒi dʒʌmpɪŋ/ *n.* [U] sport in which a person jumps from a high place, e.g. a hill, with a long elastic rope (**a bungee**) tied to their feet.

bungle /'bʌŋgl/ *v.* [I, T] do something badly or clumsily; fail at something.

bunion /'bʌnjən/ *n.* painful swelling on the foot, usu. on the big toe.

bunk /bʌŋk/ *n.* **1** narrow, shelf-like bed fixed to a wall, e.g. on a ship or train. **2** (*also* **'bunk bed**) one of a pair of beds fixed one above the other, usu. for children. [IDM] **do a bunk** (*GB, infml.*) run away.

bunker /'bʌŋkə(r)/ *n.* **1** strongly built underground shelter for soldiers or guns. **2** container for storing coal. **3** small area filled with sand on a golf course.

bunny /'bʌni/ *n.* (*pl.* **-ies**) child's word for a rabbit.

buoy /bɔɪ/ *n.* floating object attached to the sea bottom to show danger, rocks, etc. ● **buoy** *v.* [T] **1** *~ (up)* make somebody feel cheerful or confident. **2** *~ (up)* keep somebody/something afloat. **3** *~(up)* keep prices at a high level.

buoyant /'bɔɪənt/ *adj.* **1** (of prices, market,

business activity, *etc*.) tending to increase or stay at a high level, usu. showing financial success: *a ~ industry* **2** cheerful and optimistic. **3** able to float or keep things afloat. ▶ **buoyancy** /-ənsi/ *n*. [U] ▶ **buoyantly** *adv*.

burden /'bɜːdn/ *n*. **1** responsibility or duty that causes worry or is hard to deal with: *the ~ of loans and interest* **2** (*fml*.) heavy load. ● **burden** *v*. [T] **1** put a burden on somebody. **2** *be ~ed with* be carrying something heavy.

bureau /'bjʊərəʊ/ *n*. (*pl*. **-x** or **-s** /-rəʊz/) **1** (*GB*) writing desk with drawers; a chest of drawers. **2** chest of drawers **3** office or organization that provides information of a particular kind. **4** government department.

bureaucracy /bjʊə'rɒkrəsi/ *n*. (*pl*. **-ies**) **1** [U] (*disapprov*.) unnecessary and complicated official rules. **2** [U, C] (country with a) system of government in which there are a large number of state officials who are not elected. ▶ **bureaucrat** /'bjʊərəkræt/ *n*. (*often disapprov*.) official who works in a government department. ▶ **bureaucratic** /ˌbjʊərə'krætɪk/ *adj*.

burglar /'bɜːglə(r)/ *n*. person who breaks into a building to steal things. ▶ **burglary** *n*. [U, C] (*pl*. **-ies**) crime of entering a building in order to steal things. ▶ **burgle** (*US* **burglarize**) /'bɜːgləraɪz/ *v*. [T] break into a building to steal things.

burial /'beriəl/ *n*. [C, U] act or ceremony of burying a dead body.

burly /'bɜːli/ *adj*. (**-ier, -iest**) (of a man) having a strong, heavy body.

burn /bɜːn/ *v*. (*pt, pp* **~t** /bɜːnt/ or **~ed** /bɜːnd/) **1** [I] be on fire; produce flames and heat. **2** [I, T] (cause somebody/something to) be destroyed, damaged, injured, or killed by fire: *~ all trash* ◊ *The house ~ed to the ground*. **3** [T] use something as source for heating or lighting: *~ coal in a fire*. **4** [I, T] (cause food to) become spoilt because it gets too hot: *I ~t the pancakes*. **5** [I, T] (cause somebody/something to) be damaged or injured by the sun, heat, chemicals, etc.: *My skin ~s easily* (= in the sun). **6** [I] (of part of the body) feel hot and painful. **7** [I] *~with* (*written*) feel a strong emotion or desire. [PV] **burn (something) down** (cause something to) be completely destroyed by fire. **burn (itself) out** (of a fire) stop burning because there is no more fuel. **burn (yourself) out** exhaust yourself or ruin your health by working too hard. **burn something out** destroy something completely by burning so that only the frame remains: *the ~tout wreck of an aeroplane* ● **burn** *n*. injury or mark caused by fire, heat, or radiation. ▶ **burner** *n*. part of a cooker, lamp, etc. that produces a flame.

▶ **burning** *adj*. **1** intense: *a ~ing ambition* **2** very important; urgent: *the ~ing issues*

burnish /'bɜːnɪʃ/ *v*. [T] (*fml*.) polish metal by rubbing it.

burp /bɜːp/ *v*. [I] (*infml*.) let out air from the stomach through the mouth, making a noise. ▶ **burp** *n*.

burrow /'bʌrəʊ/ *n*. hole made in the ground by rabbits, etc. ● **burrow** *v*. [I, T] dig a hole.

bursar /'bɜːsə(r)/ *n*. person who manages the money in a school or college. ▶ **bursary** *n*. (*pl*. **-ies**) money given to somebody so that they can study, usu. at a college or university.

burst /bɜːst/ *v*. (*pt, pp* **burst**) **1** [I, T] (cause something to) break open or apart, esp. because of pressure from inside: *The balloon ~ suddenly*. **2** [I] *~(with)* be full of something to the point of breaking open: *She was ~ing with anticipation*. [IDM] **be bursting to do something** be very eager to do something. **burst (something) open** open (something) suddenly or violently: *The door ~ open*. [PV] **burst in on somebody/something** interrupt somebody/something by entering a place suddenly. **burst into something** suddenly start producing something; force out an emotion suddenly and often violently: *~ into tears/laughter* **burst into/out of something** move suddenly and forcefully in the direction that is mentioned. **burst out 1** speak suddenly and loudly. **2** begin doing something suddenly: *~ out screaming* ● **burst** *n*. **1** short period of an activity or a strong emotion: *a ~ of applause* **2** occasion when something bursts; the hole left where something has burst. **3** short series of shots from a gun.

bury /'beri/ *v*. (*pt, pp* **-ied**) [T] **1** put a dead body in a grave. **2** put something underground; hide something from view: *buried treasure* ◊ *She buried* (= hid) *her face in her hands*. **3** *~ yourself in* give all your attention to something. [IDM] **bury the hatchet | bury your differences** stop arguing and become friends again.

bus /bʌs/ *n*. large motor vehicle that carries passengers. ● **bus** *v*. (**-s-** also **-ss-**) [I, T] go or take somebody/something by bus. ■ **'bus stop** *n*. regular stopping place for a bus.

bush /bʊʃ/ *n*. **1** [C] low plant that grows thickly: *a mulberry ~* **2** (**the bush**) [U] wild uncultivated land, esp. in Africa and Australia. ▶ **bushy** *adj*. (**-ier, -iest**) growing thickly: *~y*

eyebrows

business /'bɪznəs/ *n.* **1** [U] activity of buying and selling; commerce or trade. **2** [U] work that is part of your job: *He's away on* ~. **3** [U] volume of work done by a company, etc.; the rate or quality of this: *How's* ~? **4** [C] organization that sells goods or provides a service. **5** [U] something that concerns a particular person or organization: *My private affairs are none of your* ~ (= *does not concern you)!* **6** [U] important matters that need to be attended to. **7** [sing.] matter; affair: *Let's wind up this sorry* ~. [IDM] **get down to business** start the work that must be done. **go out of business** become bankrupt. **have no business to do something** have no right to do something. ■ **'businesslike** *adj.* well organized; efficient. ■ **'businessman | 'businesswoman** (*pl.* **-men** /-mən/ | **-women** /-wɪmɪn/) *n.* person who works in business.

busker /'bʌskə(r)/ *n.* (*infml.*) person who plays music in the street, etc. to try to earn money.

bust /bʌst/ *v.* (*pt, pp* **bust** or **~ed**) [T] (*infml.*) **1** break something. **2** (of the police) enter a place and search it or arrest somebody: *The police* ~*ed the drug den.* ● **bust** *n.* **1** sculpture of a person's head and shoulders. **2** woman's breasts. ● **bust** *adj.* (*infml.*) broken. [IDM] **go bust** (of a business) become bankrupt.

bustle /'bʌsl/ *v.* [I] move busily and energetically. ▶ **bustle** *n.* [U]

busy /'bɪzi/ *adj.* (**-ier, -iest**) **1** having a lot to do; already working on something: *I'm too* ~ *to be able to spare time for anything else.* **2** full of activity: *a* ~ *weekend* **3** (of a telephone line) being used. ▶ **busily** *adv.* ● **busy** *v.* (*pt, pp* **-ied**) [T] ~ **yourself** fill your time doing an activity.

but /bət; *strong form* bʌt/ *conj.* used for showing a contrast: *She went to say sorry,* ~ *it was too late by then.* ● **but** *prep.* apart from; except: *nothing to do* ~ *wait* ◇ *I came last* ~ *one in the test* (= I wasn't last but next to last). ● **but** *adv.* only: *We can* ~ *try.*

butcher /'bʊtʃə(r)/ *n.* **1** person whose job is to cut up and sell meat in a shop, or to kill animals for this purpose. **2** cruel murderer. ● **butcher** *v.* [T] **1** kill somebody/ something cruelly and violently. **2** kill and prepare animals for meat. ▶ **butchery** *n.* [U] unnecessary, cruel killing.

butler /'bʌtlə(r)/ *n.* chief male servant in a house.

butt /bʌt/ *n.* **1** thick end of a weapon or tool. **2** unburned end of a cigarette or cigar. **3** large barrel for storing liquids. **4** person who is often ridiculed or criticized: *She's always the* ~ *of their remarks.* ● **butt** *v.* [T] hit or push somebody/something hard with your head. [PV] **butt in (on somebody/something)** interrupt somebody's conversation rudely.

butter /'bʌtə(r)/ *n.* [U] yellow fatty food made from cream, spread on bread, etc. ● **butter** *v.* [T] spread butter on something. [PV] **butter somebody up** (*infml.*) flatter somebody. ■ **'buttercup** *n.* wild plant with small, cup-shaped yellow flowers. ■ **'butterscotch** *n.* [U] hard, pale brown sweet made by boiling sugar and butter together.

butterfly /'bʌtəflaɪ/ *n.* (*pl.* **-ies**) insect with a long, thin body and two pairs of large colourful wings.

buttock /'bʌtək/ *n.* [C, usu. pl.] either of the two round, soft parts that form a person's bottom.

button /'bʌtn/ *n.* **1** small round piece of metal, plastic, etc. that is sewn onto a piece of clothing as a fastener: *Your top* ~*'s undone.* **2** small knob that is pressed to operate a switch, machine, bell, etc. ● **button** *v.* [I, T] fasten something with buttons. ■ **'buttonhole** *n.* **1** hole through which a button is passed. **2** flower worn on a coat or jacket. ■ **'buttonhole** *v.* [T] stop somebody and make them listen to you.

buttress /'bʌtrəs/ *n.* support built against a wall. ● **buttress** *v.* [T] support or strengthen something.

buxom /'bʌksəm/ *adj.* (of a woman) large in an attractive way, and with large breasts.

buy /baɪ/ *v.* (*pt, pp* **bought** /bɔːt/) [T] **1** get something by paying money for it. **2** (*infml.*) believe that something is true. [PV] **buy somebody out** pay somebody to give up a share in a business so that you can gain control. ● **buy** *n.* thing bought: *a good* ~ ▶ **buyer** *n.* person who buys something, esp. somebody who chooses goods to be sold in a retail store.

buzz /bʌz/ *v.* **1** [I] (of a bee) make a low sound. **2** [I] make a sound like a bee buzzing: *The telephone* ~*ed.* **3** [I] ~ **(with)** be full of excited talk. **4** [I, T] call somebody with a buzzer: *The manager* ~*ed for her secretary.* [PV] **buzz off** (*infml.*) go away. ● **buzz** *n.* **1** [C] buzzing sound. **2** [sing.] (*infml.*) feeling of pleasure or excitement. [IDM] **give somebody a buzz** (*infml.*) telephone somebody. ▶ **buzzer** *n.* electrical device that produces a buzzing sound as a signal.

buzzard /'bʌzəd/ *n.* large European bird of prey of the hawk family.

by /baɪ/ *prep.* **1** at the side of somebody/something; near somebody/something: *Sit by me.*

2 used, usu. after a passive verb, to show who or what does, creates, or causes something: *The fire was spread further by a strong wind.* ◇ *a play by Shakespeare* **3** used for showing how or in what way something is done: *inform by email* ◇ *travel by bus* ◇ *The thief broke into the house by the window.* **4** as a result of something; because of something: *meet by chance* **5** not later than the time mentioned; before: *finish the work by tomorrow* **6** past somebody/something: *She walked by me.* **7** during something: *travel by night* **8** used to show the degree or amount of something: *She's shorter by three inches.* **9** according to something: *By law, he should be served a notice period.* **10** used to show the part of somebody/something that somebody touches, holds, etc.: *take somebody by the hand* **11** using something as a standard or unit: *get paid by the hour* **12** used to state the rate at which something happens: *He finished the tasks one by one.* **13** used to show the measurements of something: *The room measures 18 feet by 20 feet.* ● **by** *adv.* past: *I'll stop by sometime.*

bye /baɪ/ (*also* **bye-bye** /ˈbaɪbaɪ/) *exclam.* (*infml.*) goodbye.

by-election /ˈbaɪ ɪlekʃn/ *n.* election of a new Member of Parliament in a place when the member has died or resigned.

bygone /ˈbaɪɡɒn/ *adj.* past: *in ~ days* ▶ **bygones** *n.* [pl.] [IDM] **let bygones be bygones** forgive and forget past quarrels or differences.

by-law (*also* **bye-law**) /ˈbaɪ lɔː/ *n.* (*GB*) law made by a local authority.

bypass /ˈbaɪpɒːs/ *n.* **1** main road that winds round a town instead of through it. **2** medical operation on the heart to redirect the flow of blood in order to avoid a part that is damaged or blocked. ● **bypass** *v.* [T] **1** go around or avoid a place. **2** ignore a rule, an official system, etc. esp. in order to get something done quickly.

by-product /ˈbaɪ prɒdʌkt/ *n.* substance produced during the process of making or destroying something else.

bystander /ˈbaɪstændə(r)/ *n.* person who sees something that is happening but is not involved.

byte /baɪt/ *n.* (*computing*) unit of information stored in a computer, equal to 8 bits.

byword /ˈbaɪwɜːd/ *n.* **1** ~ **for** person or thing that is reputed for a particular quality. **2** common word or expression.

C c

C, c /si:/ *n.* [C, U] (*pl* **C's, c's** /si:z/) the third letter of the English alphabet. ● **C** *abbr.* **1** Celsius; Centigrade. **2** (*also* **c**) Roman numeral for 100.

c (*also* **c.**) *abbr.* **1** cent(s) **2** (*also* **C**) century. **3** (*also* **ca**) (*esp.* before dates) about.

cab /kæb/ *n.* **1** taxi. **2** place where the driver sits in a bus, train, or lorry.

cabaret /'kæbəreɪ/ *n.* [U, C] singing and dancing provided in a restaurant or nightclub.

cabbage /'kæbɪdʒ/ *n.* [C, U] vegetable with a round head of thick green leaves.

cabin /'kæbɪn/ *n.* **1** small room or compartment in a ship or an aircraft. **2** small wooden shelter or hut. ■ **'cabin cruiser** *n.* = CRUISER(2)

cabinet /'kæbɪnət/ *n.* [C] **1** piece of furniture with drawers or shelves for storing things. **2** (**the Cabinet**) [with sing. or pl. verb] group of senior ministers of a government.

cable /'keɪbl/ *n.* **1** [U, C] thick, strong metal rope of fibre or steel, used on ships, for supporting bridges, etc. **2** [C, U] set of wires for transmitting electricity, telephone signals, etc. **3** [U] = CABLE TELEVISION ■ **'cable car** *n.* **1** vehicle like a box that hangs on a moving cable and carries passengers up and down a mountain. **2** (*esp. US*) vehicle that runs on tracks and is pulled by a moving cable. ■ **,cable 'television** *n.* [U] system of broadcasting television programmes along wires rather than by radio waves.

cache /kæʃ/ *n.* **1** hidden store of things such as weapons. **2** (*computing*) part of a computer's memory that stores copies of data that can be accessed very quickly.

cackle /'kækl/ *n.* **1** [U] loud clucking noise that a hen makes. **2** [C] loud laugh. ● **cackle** *v.* [I] **1** (of a chicken) make a loud unpleasant noise. **2** (of a person) laugh noisily.

cactus /'kæktəs/ *n.* (*pl.* **~es** or **-ti** /-taɪ/) plant that grows in hot, dry regions, esp. one with thick stems and prickles.

cadet /kə'det/ *n.* young person training to become an officer in the police or armed forces.

cadge /kædʒ/ *v.* [I, T] (*infml.*) ask somebody for food, money, etc. esp. because you do not want to pay for something yourself.

cafe /'kæfeɪ/ *n.* small restaurant where you can buy drinks and simple meals.

cafeteria /,kæfə'tɪəriə/ *n.* restaurant where you choose and pay for your meal at a counter and carry it to your table.

caffeine /'kæfi:n/ *n.* [U] stimulating substance found in tea and coffee.

cage /keɪdʒ/ *n.* structure of bars or wires in which birds or animals are housed. ● **cage** *v.* [T] put or keep an animal in a cage.

cagey /'keɪdʒi/ *adj.* (*infml.*) secretive.

cagoule /kə'gu:l/ *n.* (*GB*) light, waterproof jacket with a hood.

cairn /keən/ *n.* mound of stones as a landmark(1) or memorial.

cajole /kə'dʒəʊl/ *v.* [T] make somebody do something by saying nice things to them.

cake /keɪk/ *n.* **1** [C, U] sweet food made from a mixture of flour, eggs, butter, sugar, etc. baked in an oven. **2** [C] other food mixture cooked in a round, flat shape: *pan ~s* ● **cake** *v.* [T] cover something thickly with mud, etc.

calamity /kə'læməti/ *n.* (*pl.* **-ies**) great disaster.

calcium /'kælsiəm/ *n.* [U] (*symb.* **Ca**) chemical element found as a compound in bones, teeth, and chalk.

calculable /'kælkjələbl/ *adj.* that can be calculated

calculate /'kælkjuleɪt/ *v.* [I, T] use numbers to find out a total number, amount, etc.: *~ the cost* [IDM] **be calculated to do something** be intended to do something: *~d to garner support* ▶ **calculating** *adj.* (*disapprov.*) using deceit or trickery to get what you want. ▶ **calculation** /,kælkju'leɪʃn/ *n.* [C, U] ▶ **calculator** *n.* small electronic device for making calculations.

calendar /'kælɪndə(r)/ *n.* **1** chart showing the days, weeks, and months of a particular year. **2** system by which time is divided: *the Islamic ~*

calf /kɑ:f/ *n.* (*pl.* **calves** /kɑ:vz/) **1** [C] back part of the leg, between the knee and the ankle. **2** [C] young cow. **3** [C] young of the seal, whale, and certain other animals. **4** (*also* **'calfskin**) [U] leather made from the skin of calves(2).

caliber (*also* **-bre**) /'kæ-lə-bər/ *n.* **1** [U] quality; ability: *Her composition is of the highest ~.* **2** [C] diameter of the inside of a tube or gun.

caliper = CALLIPER

call¹ /kɔ:l/ *v.* **1** [T] give somebody/something a name; use a particular name when talking to somebody: *His name's Harrison, but everyone ~s him Harry.* **2** [T] describe somebody/something in a particular way; consider somebody/something to be something: *I wouldn't ~ him a path-breaking writer.* **3** [I, T] say something loudly; shout. **4** [T] order or ask somebody to come by telephoning, shouting, etc.: *~ the ambulance* **5** [I, T] telephone somebody. **6** [I] make a short visit to a person or place: *Let's ~ on the new neighbours.* **7** [T] order something to happen; announce something: *~ a meeting* [IDM] **call somebody's bluff** invite somebody to do what they are threatening to do. **call it a day** (*infml.*) decide to stop doing something. **call somebody names** insult somebody. **call the shots/ tune** (*infml.*) be the person who controls a situation. **call somebody/something to mind** → MIND¹ [PV] **call for somebody/ something 1** visit a house, etc. to collect somebody/something. **2** demand or need something: *The development ~s for change in plan.* **call somebody in** ask for the services of somebody: *~ in the investigators* **call somebody/something off** order a dog or person to stop attacking, searching, etc. **call something off** cancel a planned event. **call on/upon somebody** formally ask or invite somebody to do something. **call somebody out 1** ask somebody to come, esp. in an emergency: *~ out the family doctor* **2** order or advise workers to go on strike. **call somebody up 1** telephone somebody. **2** order somebody to join the armed forces. ▶ **caller** *n.* person who makes a telephone call or a short visit. ■ **'call-up** *n.* [U, C] order to join the armed forces.

call² /kɔːl/ *n.* **1** [C] (*also* **'phone call**) telephone conversation. **2** [C] loud sound made by a bird or an animal, or by a person to attract attention. **3** [C] short visit. **4** [C] request, order, or demand for somebody to do something or to go somewhere: *~s for the official to resign* **5** [U] **(no ~ for something)** no need or demand for something. **6** [C] (*infml.*) decision: *It's your ~.* [IDM] **(be) on call** (of a doctor, policeman, etc.) available for work if needed. ■ **'call box** *n.* = TELEPHONE BOX

calligraphy /kəˈlɪɡrəfi/ *n.* [U] (art of) beautiful or decorative handwriting.

calling /ˈkɔːlɪŋ/ *n.* strong desire or feeling of duty to do a certain job.

calliper (*also* **caliper**) /ˈkælɪpə/ *n.* **1** (**callipers**) [pl.] instrument for measuring the diameter of round objects like logs. **2** (*GB*) [C, usu. pl.] metal support for weak or injured legs.

callous /ˈkæləs/ *adj.* cruelly unkind and insensitive.

callow /ˈkæləʊ/ *adj.* (*disapprov.*) young and inexperienced.

callus /ˈkæləs/ *n.* area of thick, hardened skin.

calm /kɑːm/ *adj.* **1** not excited, nervous, or upset. **2** (of the sea) without large waves. **3** (of the weather) not windy. ● **calm** *n.* [U, C] calm state or period. ● **calm** *v.* [I, T] **~(down)** become or make somebody/something calm. ▶ **calmly** *adv.* ▶ **calmness** *n.* [U]

calorie /ˈkæləri/ *n.* **1** unit of heat. **2** unit of the energy value of food.

calve /kɑːv/ *v.* [I] (of a cow) give birth to a calf.
calves *plural of* CALF
calypso /kəˈlɪpsəʊ/ *n.* [C, U] (*pl* ~s) Caribbean song; this type of music.
camber /ˈkæmbə(r)/ *n.* slight rise in the middle of a road surface.
camcorder /ˈkæmkɔːdə(r)/ *n.* portable video camera that records pictures and sound.
came *pt of* COME
camel /ˈkæml/ *n.* animal with a long neck and one or two humps on the back.
cameo /ˈkæmiəʊ/ *n.* (*pl.* ~s) **1** short part in a film or play for a well-known actor: *a ~ appearance* **2** short piece of descriptive writing. **3** piece of jewellery with a raised design, usu. of a head.
camera /ˈkæmərə/ *n.* piece of equipment for taking photographs or moving pictures.
camouflage /ˈkæməflɑːʒ/ *n.* [C, U] (use of) colour, nets, branches, clothing, etc. that help to hide somebody/ something: *attackers in ~* ● **camouflage** *v.* [T] hide somebody/ something by camouflage.
camp /kæmp/ *n.* **1** place where people live in tents or huts temporarily. **2** group of people with the same, esp. political ideas. ● **camp** *v.* [I] put up a tent; spend a holiday in a tent: *It's great fun ~ing on the hills.* ▶ **camper** *n.* person who camps.
campaign /kæmˈpeɪn/ *n.* **1** series of planned activities to achieve a particular aim: *a military ~* **2** series of military operations in a war. ● **campaign** *v.* [I] take part in a campaign. ▶ **campaigner** *n.*
campus /ˈkæmpəs/ *n.* grounds of a university, college, or school.
can¹ /kən; *strong form* kæn/ *modal v.* (*neg.* **cannot** /ˈkænɒt/, *short form* **can't** /kɑːnt/, *pt* **could** /kəd; *strong form* kʊd/, *neg* **could not**, *short form* **couldn't** /ˈkʊdnt/) **1** used to say that it is possible for somebody/ something to do something, or for something to happen: *The distance ~ be covered in an hour.* **2** be able to or know how to do something: *C~ you speak French?* **3** used with the verbs 'feel', 'hear', 'see', 'smell', 'taste': *C~ you hear a rumbling noise?* **4** used to show that somebody is allowed to do something: *You ~ keep it for a while.* **5** (*spoken*) used to ask permission to do something: *C~ I call you later?* **6** (*spoken*) used to ask somebody to do something for you: *C~ you pass the salt, please?* **7** used in the negative for saying that you are sure something is not true: *That ~'t be the case — I have full faith in his honesty.*
can² /kæn/ *n.* **1** metal container for food or liquids: *a ~ of beans* **2** contents of such a container. ● **can** *v.* (**-nn-**) [T] put food, etc. in a can. ▶ **cannery** *n.* (*pl.* **-ies**) factory where

food is canned.
canal /kəˈnæl/ n. man-made waterway for boats to travel along or for irrigation.
canary /kəˈneəri/ n. (pl. **-ies**) small yellow bird, often kept in a cage as a pet.
cancel /ˈkænsl/ v. (**-ll-** or **-l-**) [T] **1** say that something already planned will not be done or happen: *The appointment was ~led.* **2** mark a ticket or stamp so that it cannot be used again [PV] **cancel (something) out** be equal to something in effect; balance: *The recent drought ~led out any profits from the earlier harvests.* ▶ **cancellation** /ˌkænsəˈleɪʃn/ n. [C, U]
cancer /ˈkænsə(r)/ n. [U, C] very serious disease marked by uncontrolled division of abnormal cells in the body. ▶ **cancerous** adj.: *~ cells*
candid /ˈkændɪd/ adj. frank, saying what you think openly: *a ~ confession* ▶ **candidly** adv.
candidate /ˈkændɪdət/ n. **1** person being considered for a job or in an election. **2** person taking an exam.
candle /ˈkændl/ n. stick of wax with a string (**wick**) through it, which gives out light when it burns. ■ **ˈcandlestick** n. holder for a candle.
candor (GB **-dour**) /ˈkan-dər/ n. [U] quality of being candid.
candy /ˈkændi/ n. [U, C] (pl. **-ies**) (piece of) sweet food made of sugar and/or chocolate.
cane /keɪn/ n. **1** [C] hollow stem of certain plants, e.g. bamboo or sugar. **2** [U] such stems used as a material for making furniture. **3** [C] length of cane, etc. used as a support, for a plant or as a walking stick. **4** (**the cane**) [sing.] punishment of children by being hit with a cane. ● **cane** v. [T] hit a child with a cane as a punishment.
canine /ˈkeɪnaɪn/ adj. of or like a dog.
canister /ˈkænɪstə(r)/ n. **1** small (usu. metal) box with a lid. **2** cylinder fired from a gun.
canker /ˈkæŋkə(r)/ n. **1** [U] disease of trees and plants. **2** [U] disease causing sore areas in the ears of animals. **3** [C] bad influence that spreads and affects people's behaviour.
cannabis /ˈkænəbɪs/ n. [U] drug made from the hemp plant, smoked for its relaxing effect.
cannery → CAN²
cannibal /ˈkænɪbl/ n. **1** person who eats human flesh. **2** animal that eats its own kind. ▶ **cannibalism** /ˈkænɪbəlɪzəm/ n. [U] ▶ **cannibalize** (also **-ise**) /ˈkænɪbəlaɪz/ v. [T] use a machine, vehicle, etc. to provide spare parts for another.
cannon /ˈkænən/ n. (pl. **cannon**) **1** old type of large, heavy gun firing solid metal balls. **2** automatic gun firing shells from an aircraft.
cannot → CAN¹
canoe /kəˈnuː/ n. light narrow boat which you propel along in the water with a paddle. ● **canoe** v. [I] travel by canoe. ▶ **canoeist** n. person travelling in a canoe.
canon /ˈkænən/ n. **1** priest with special duties in a cathedral. **2** (fml.) generally accepted standard or principle: *offend the ~s of tradition* ▶ **canonical** /kəˈnɒnɪkl/ adj. according to the law of the Christian Church. ▶ **canonize** (also **-ise**) /ˈkænənaɪz/ v. [T] (of the Pope) officially declare somebody to be a saint. ■ ˌcanon ˈlaw n. [U] law of the Christian Church.
canopy /ˈkænəpi/ n. (pl. **-ies**) **1** cover that hangs above a bed, throne, etc. **2** cover for the cockpit of an aircraft.
can't cannot → CAN¹
cant /kænt/ n. [U] insincere talk.
cantankerous /kænˈtæŋkərəs/ adj. bad-tempered and always complaining.
canteen /kænˈtiːn/ n. **1** place, as in a factory, an office or a school, where food is served. **2** (GB) box containing a set of cutlery.
canter /ˈkæntə(r)/ n. [C, usu. sing.] horse's pace that is faster than a trot but slower than a gallop. ● **canter** v. [I, T] (cause a horse to) move at a canter.
cantilever /ˈkæntɪliːvə(r)/ n. long piece of metal or wood that projects out from a wall to support the end of a bridge.
canvas /ˈkænvəs/ n. **1** [U] strong coarse cloth used for making tents, sails, etc. and by artists for painting on. **2** [C] piece of canvas used for painting on; an oil painting.
canvass /ˈkænvəs/ v. [I, T] go round an area asking people for their political support or opinions. ▶ **canvasser** n.
canyon /ˈkænjən/ n. deep valley. ▶ **canyoning** n. [U] sport of jumping into a fast-flowing mountain stream and being carried downstream.
cap /kæp/ n. **1** soft, flat hat with a peak (= hard curved part sticking out at the front). **2** top covering, e.g. on a bottle or tube of toothpaste. ● **cap** v. (**-pp-**) [T] **1** cover the top or end of something. **2** do or say something better than something previously done or said. **3** choose a player for a national team.
capability /ˌkeɪpəˈbɪləti/ n. [C, U] (pl. **-ies**) **1** ability or qualities necessary to do something. **2** the power or weapons that a country has for war or for military action: *Britain's nuclear ~*
capable /ˈkeɪpəbl/ adj. **1** ~**of** having the ability necessary for something: *You are ~ of overcoming this setback.* **2** having the ability to do things well. ▶ **capably** adv.

capacity /kəˈpæsəti/ n. (pl. **-ies**) **1** [U, C, usu. sing.] number of people or things that a container or space can hold: *a stadium with a seating ~ of 10,000* **2** [C, U] power or ability. **3** [C] official position that somebody has: *in my ~ as coach*

cape /keɪp/ n. **1** loose sleeveless garment like a short cloak. **2** piece of land that sticks out into the sea.

capillary /kəˈpɪləri/ n. (pl. **-ies**) (*anat.*) any of the smallest tubes in the body that carry blood.

capital /ˈkæpɪtl/ n. **1** [C] the most important town or city from where the central government of a country operates. **2** [U] wealth or property owned by a person or business; money with which a business is started. **3** [C] (*also* ˌcapital ˈletter) large letter, e.g. *A*. [IDM] **make capital (out) of something** use a situation for your advantage. ● **capital** adj. involving punishment by death.

capitalism /ˈkæpɪtəlɪzəm/ n. [U] economic system in which a country's trade and industry are controlled by private owners and not the state. ▶ **capitalist** /ˈkæpɪtəlɪst/ n. **1** person who supports capitalism. **2** person who owns capital(2). ▶ **capitalist** adj.

capitalize (*GB also* **-ise**) /ˈkæpɪtəlaɪz/ v. [T] **1** write a letter of the alphabet as a capital; begin a word with a capital letter. **2** (*business*) sell possessions in order to convert them into money. **3** (*business*) provide a company, etc. with the money it needs to function. [PV] **capitalize on/upon something** gain a further advantage for yourself from a situation.

capitulate /kəˈpɪtʃuleɪt/ v. [I] **~(to)** surrender to somebody. ▶ **capitulation** /kəˌpɪtʃuˈleɪʃn/ n. [U]

capsize /kæpˈsaɪz/ v. [I, T] (cause a boat to) turn over in the water.

capsule /ˈkæpsjuːl/ n. **1** very small container of medicine that is swallowed. **2** compartment for people or instruments in a spacecraft.

captain /ˈkæptɪn/ n. **1** person in command of a ship or an aircraft. **2** officer of fairly high rank in the army. **3** leader of a sports team. ● **captain** v. [T] be captain of.

caption /ˈkæpʃn/ n. words printed underneath a picture or cartoon in order to explain it.

captivate /ˈkæptɪveɪt/ v. [T] fascinate somebody: *~d by her charm*

captive /ˈkæptɪv/ n., adj. (person or animal) taken prisoner. ▶ **captivity** /kæpˈtɪvəti/ n. [U] state of being kept as a prisoner.

captor /ˈkæptə(r)/ n. person who captures a person or an animal.

capture /ˈkæptʃə(r)/ v. [T] **1** catch a person or an animal and keep them as a prisoner. **2** take control of a place, building, etc. using force. **3** succeed in accurately expressing a feeling, idea, etc. in a picture, film, etc. ● **capture** n. [U] act of capturing somebody/something or of being captured: *signal ~*

car /kɑː(r)/ n. **1** motor vehicle for carrying passengers. **2** railway carriage of a particular type: *a dining ~* ■ ˌcar ˈboot sale n. (*GB*) outdoor sale at which people sell unwanted goods from the backs of their cars. ■ ˈcar park n. (*GB*) area where cars may be parked.

carafe /kəˈræf/ n. open-topped glass container in which water or wine is served.

caramel /ˈkærəmel/ n. **1** [U] burnt sugar used for colouring and flavouring food. **2** [C] chewy sweet of boiled sugar.

carat /ˈkærət/ n. **1** unit of weight for precious stones. **2** unit for measuring the purity of gold.

caravan /ˈkærəvæn/ n. **1** small home on wheels, pulled by a vehicle or a horse. **2** covered cart for living in. **3** group of people and animals travelling across a desert.

carbohydrate /ˌkɑːbəʊˈhaɪdreɪt/ n. [C, U] substance found in food, such as sugar and potatoes, that provides energy.

carbon /ˈkɑːbən/ n. [U] (*symb.* **C**) nonmetallic element found in diamonds, coal, and all living matter. ■ ˌcarbon ˈcopy (*also* **carbon**) n. copy of a document, etc. made with carbon paper. ■ ˈcarbon paper n. [C, U] (sheet of) thin paper coated with a dark substance, used for making copies.

carbuncle /ˈkɑːbʌŋkl/ n. large painful swelling under the skin.

carburetor /ˈkɑːbə-ˌreɪ-tər/ (*GB* **-tt-**) n. part of a car engine in which petrol and air are mixed.

carcass /ˈkɑːkəs/ n. dead body of an animal.

card /kɑːd/ n. **1** [U] thick, stiff paper. **2** [C] piece of stiff paper or plastic with information on it: *a business ~* ◇ *a credit ~* **3** [C] piece of card with a picture on it that you use for sending a greeting to somebody: *a New Year ~* **4** [C] = PLAYING CARD (PLAY¹) **5** [C] (*computing*) small device containing an electronic circuit that is part of a computer, enabling it to perform certain functions: *a sound ~* [IDM] **lay/put your cards on the table** be honest about your intentions. **on the cards** (*infml.*) likely.

cardboard /ˈkɑːdbɔːd/ n. [U] thick, stiff kind of paper: *a ~box*

cardiac /ˈkɑːdiæk/ adj. of the heart.

cardigan /ˈkɑːdɪgən/ n. knitted woollen jacket with buttons or a zip at the front.

cardinal /ˈkɑːdɪnl/ n. **1** senior Roman Catholic priest. **2** (*also* ˌcardinal ˈnumber) number, e.g. 1, 2, or 3, used to show quantity rather than order (1st, 2nd, 3rd). ● **cardinal** adj.

(*fml.*) most important.
care¹ /keə(r)/ *n.* **1** [U] protection: *The child was left in his nanny's* ~. **2** [U] serious attention or thought: *handle the flowers with* ~ ◊ *Take* ~ *when travelling at night.* **3** [C, usu. pl., U] feeling of worry or anxiety: *without a* ~ *in the world* [IDM] **in care** (*GB*) (of children) living in an institution run by the local authority rather than with their parents: *The homeless boys were taken into* ~. **take care of yourself/somebody/something 1** keep yourself/somebody/something safe from injury, illness, damage, etc.; look after somebody/something/ yourself. **2** be responsible for something. ■ **'carefree** *adj.* without worries. ▶ **careful** *adj.* **1** (of a person) cautious; thinking about what you are doing. **2** giving a lot of attention to details: *a ~ful piece of analysis* ▶ **carefulness** *n.* [U] ▶ **careless** *adj.* **1** not taking care; thoughtless. **2** resulting from lack of attention and thought: *a* ~ *oversight* **3** ~**of** (*fml.*) not at all worried about something. ▶ **carelessly** *adj.* ▶ **carelessness** *n.* [U]
care² /keə(r)/ *v.* [I] **1** ~(**about**) feel that something is important and worth worrying about: *I* ~ *about the general welfare.* **2** ~(**about**) like or love somebody and worry about what happens to them. **3** ~**for/to** (*fml.*) like to have something or do something: *Would you* ~ *for a light meal?* [PV] **care for somebody 1** look after somebody who is ill, very old, etc. **2** love or like somebody very much.
career /kə'rɪə(r)/ *n.* **1** series of jobs that a person has in a particular area of work. **2** the period of time that you spend in your life working. ● **career** *v.* [I] rush wildly: ~ *down the hill*
caress /kə'res/ *n.* loving touch. ● **caress** *v.* [T] give a caress to somebody/something.
caretaker /'keəteɪkə(r)/ *n.* person whose job is to look after a building.
cargo /'kɑːgəʊ/ *n.* [C, U] (*pl.* ~**es** *or* ~**s**) goods carried in a ship or an aircraft.
caricature /'kærɪkətʃʊə(r)/ *n.* picture or description of a person that emphasizes certain features to cause amusement or ridicule. ● **caricature** *v.* [T] produce a caricature of somebody.
carnage /'kɑːnɪdʒ/ *n.* [U] killing of a lot of people.
carnal /'kɑːnl/ *adj.* (*fml.*) connected with the body or with sex.
carnation /kɑː'neɪʃn/ *n.* white, pink, or red flower, often worn as a decoration.
carnival /'kɑːnɪvl/ *n.* public festival.
carnivore /'kɑːnɪvɔː(r)/ *n.* any animal that eats meat. ▶ **carnivorous** /kɑː'nɪvərəs/ *adj.*
carol /'kærəl/ *n.* Christian religious song sung at Christmas.
carp /kɑːp/ *n.* (*pl.* **carp**) large freshwater fish.
● **carp** *v.* [I] ~(**at/about**) complain continually about somebody/ something in an annoying way.
carpenter /'kɑːpəntə(r)/ *n.* person whose job is to make and repair wooden objects. ▶ **carpentry** /'kɑːpəntri/ *n.* [U] work of a carpenter.
carpet /'kɑːpɪt/ *n.* [U, C] (piece of) thick woollen or artificial fabric for covering floors. ●
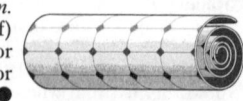
carpet *v.* [T] cover something with or as if with a carpet.
carriage /'kærɪdʒ/ *n.* **1** [C] separate section of a train for carrying passengers. **2** [C] vehicle pulled by a horse. **3** [U] act or cost of transporting goods. **4** [C] moving part of a machine for holding or moving another part: *a typewriter* ~ ■ **'carriageway** *n.* one of the two sides of a motorway, etc. intended for traffic moving in one direction.
carrier /'kæriə(r)/ *n.* **1** person or company that carries goods. **2** person or animal that can pass a disease to others without suffering from it. ■ **'carrier bag** *n.* paper or plastic bag for carrying shopping.
carrot /'kærət/ *n.* long, pointed, orange root vegetable.
carry /'kæri/ *v.* (*pt, pp* **-ied**) **1** [T] support the weight of somebody/something and take them or it from place to place: ~ *the bags to the car* **2** [T] have something with you and take it wherever you go: *I always* ~ *some money.* **3** [T] (of pipes, wires, etc.) contain and direct the flow of water, electricity, etc. **4** [T] support the weight of something: *He* ~ *the whole burden on his own.* **5** [T] have something as a result: *Parenthood carries great responsibility.* **6** [I] (of a sound) be able to be heard at a distance: *His voice* ~ *very far.* **7** [T] (*usu.* passive) approve of something in a vote: *The bill was carried.* **8** [T] (of a newspaper) include or contain a particular story. [IDM] **be/get carried away** become so excited that you lose self-control. [PV] **carry something off 1** win something. **2** succeed in doing something difficult. **carry on (with/doing something)** continue doing something: ~ *on practising* **carry something out 1** do something that you have said you will do or have been asked to do: ~ *out a long-standing promise* **2** do and complete a task: ~ *out a research* **carry something through** complete something successfully. **carry somebody through something** help somebody to survive a diffi-

cult period.
cart /kɑːt/ n. vehicle for carrying loads, usu. pulled by a horse. [IDM] **put the cart before the horse** do things in the wrong order. ● **cart** v. [T] **1** carry something in a cart or other vehicle. **2** (infml.) carry something large, heavy, or awkward. ■ **'carthorse** n. large, strong horse used for heavy work. ■ **'cartwheel** n. sideways somersault with arms and legs extended.
carte blanche /ˌkɑːt 'blɑːnʃ/ n. [U] complete freedom to do as you like.
cartilage /'kɑːtɪlɪdʒ/ n. [U, C] strong, white, flexible tissue found between the joints in the body.
carton /'kɑːtn/ n. light cardboard or plastic box for holding, esp. food or liquid.
cartoon /kɑːˈtuːn/ n. **1** amusing drawing or series of drawings in a newspaper, magazine, etc. **2** film made by photographing a series of drawings: *a Walt Disney* ~ ▶ **cartoonist** n. person who draws cartoons.
cartridge /'kɑːtrɪdʒ/ n. **1** tube or case containing explosive and a bullet, for firing from a gun. **2** case containing something that is used in a machine, e.g. photographic film for a camera, ink or ribbon for a printer, etc. **3** thin tube containing ink that you put in a pen.
carve /kɑːv/ v. [I, T] **1** make objects, patterns, designs, etc. by cutting away material from stone or wood: ~ *your initials on a tree bark* **2** cut cooked meat into slices for eating. [PV] **carve something out (for yourself)** work hard in order to have a successful career, reputation, etc. ▶ **carving** n. object or pattern carved in wood, stone, etc. ▶ **'carving knife** n. large, sharp knife used for carving meat.
cascade /kæˈskeɪd/ n. small waterfall. ● **cascade** v. [I] fall downwards in large amounts.
case /keɪs/ n. **1** [C] particular situation or a situation of a particular type; *In most* ~*s, a thorough analysis will give you the true picture.* **2 (the case)** [sing.] the true situation: *If that is the* ~*, we need not continue the arrangement.* **3** [C] matter being investigated by the police. **4** [C] matter to be decided in a law court: *a court* ~ **5** [C, usu. sing.] set of facts, etc. that support one side in a law court, debate, etc. **6** [C] box or other container for storing things: *a make-up* ~ **7** [C] = SUITCASE **8** [C] instance of a disease or injury **9** [C, U] (in some languages) form of a word that shows its relationship to another word. [IDM] **a case in point** clear example that is applicable to the matter being discussed. **in any case** whatever happens. **(just) in case** (...) because of the possibility of something happening: *Take some more money in* ~ *you run short.* **in case of something** if something happens: *In* ~ *of emergency, call for the doctor.* **in that case** if that is the situation. ■ **ˌcase 'history** n. record of a person's background, health, etc.
casement /'keɪsmənt/ n. window: that opens like a door.
cash /kæʃ/ n. [U] **1** money in coins or notes. **2** (infml.) money in any form. ● **cash** v. [T] exchange a cheque for cash. [PV] **cash in (on something)** take advantage of something; profit from something. ■ **'cash cow** n. (business) part of a business that always makes a profit and that provides money for the rest of the business. ■ **'cash crop** n. crop grown for selling. ■ **'cash machine** (also **'cash dispenser, 'Cashpoint**™) n. machine outside a bank from which you can get money from your bank account using a special plastic card. ■ **'cash register** n. machine in a shop for recording and storing cash received.
cashew /'kæʃuːkəˈʃuː/ n. (tropical American tree with a) small curved nut, used in cooking.
cashier /kæˈʃɪə(r)/ n. person whose job is to receive and pay out money in a bank, shop, company, etc.
cashmere /'kæʃmɪə(r); ˌkæʃˈmɪə-/ n. [U] fine, soft wool
casing /'keɪsɪŋ/ n. covering that protects something.
casino /kəˈsiːnəʊ/ n. (pl. ~s) public building or room where people play gambling games for money.
cask /kɑːsk/ n. barrel for storing liquids.
casket /'kɑːskɪt/ n. **1** small box for holding jewellery or other valuable objects. **2** (US) = COFFIN
cassava /kəˈsɑːvə/ n. [U] type of flour made from the thick roots of a tropical plant.
casserole /'kæsərəʊl/ n. **1** [C, U] hot dish made with meat, vegetables, etc. that are cooked slowly in liquid in an oven. **2** [C] container in which such food is cooked.
cassette /kəˈset/ n. small sealed case containing magnetic tape or film: *a* ~ *player*
cassock /'kæsək/ n. long outer garment worn by some Christian priests.
cast¹ /kɑːst/ v. (pt. pp **cast**) [T] **1** throw something; allow something to fall: ~ *a stone* ◊ *The approaching figure* ~ *a long shadow.* ◊ ~ *a glance at the curious-looking stranger* ◊ ~ *doubt on the recorded evidence* ◊ ~ *aspersions on his integrity* **2** give an actor a part in a play. **3** make an object by pouring metal into a mould (= a specially shaped container): *a figure* ~ *in bronze* [IDM] **cast an eye/your eyes over something** look at or examine something quickly. **cast light on**

something → LIGHT¹ **cast lots (for something / to do something)** → LOT³ [PV] **cast somebody/something aside** (*fml.*) get rid of somebody/something. **cast (something) off** untie the ropes of a boat. **cast something off** (*written*) get rid of something. ▶ **casting** *n*. **1** [U] process of choosing actors for a play or film. **2** [C] object made by pouring metal into a mould. ▶ **,casting 'vote** *n*. vote given to decide a matter when votes on each side are equal. ■ **,cast 'iron** *n*. [U] hard alloy of iron made by pouring hot liquid metal into a mould. ▶ **,cast-'iron** *adj*. **1** made of cast iron. **2** very strong or certain: *a ~ -iron resolve* ■ **'cast-off** (*GB*) *n*. [C, usu. pl.] *adj*. (piece of clothing) no longer wanted by its original owner.

cast² /kɑːst/ *n*. **1** all the actors in a film, play, etc. **2** object made by pouring hot liquid metal, etc. into a mould (= a specially shaped container). **3** shaped container used for this. **4** act of throwing something, esp. a fishing line.

castanets /ˌkæstəˈnets/ *n*. [pl.] musical instrument, consisting of two small, round pieces of wood, clicked together by the fingers, used esp. in Spanish dances.

castaway /ˈkɑːstəweɪ/ *n*. shipwrecked person.

caste /kɑːst/ *n*. any one of the Hindu social classes.

caster sugar (*also* **castor sugar**) /ˌkɑːstə ˈʃʊɡə(r)/ *n*. [U] very fine, white sugar.

castigate /ˈkæstɪɡeɪt/ *v*. [T] (*fml.*) criticize somebody severely.

castle /ˈkɑːsl/ *n*. **1** old, large building with thick walls, used for protection from enemies. **2** chess piece.

castor (*also* **caster**) /ˈkɑːstə(r)/ *n*. small wheel fixed to a piece of furniture.

castor oil /ˌkɑːstər ˈɔɪl/ *n*. [U] thick yellowish oil used as a medicine.

castor sugar *n*. [U] = CASTER SUGAR

castrate /kæˈstreɪt/ *v*. [T] remove the testicles of a male animal. ▶ **castration** /kæˈstreɪʃn/ *n*. [U, C]

casual /ˈkæʒuəl/ *adj*. **1** not showing much care or thought; seeming not to be worried. **2** informal: *~ atmosphere* **3** not permanent or regular: *~ work* **4** happening by chance: *a ~ get-together* ▶ **casually** *adv*.

casualty /ˈkæʒuəlti/ *n*. (*pl*. **-ies**) **1** [C] person injured or killed in a war or an accident. **2** [U] (*GB also* **'casualty department**) part of a hospital where people who need urgent treatment are taken.

cat /kæt/ *n*. **1** small furry animal often kept as a pet. **2** wild animal of the cat family, e.g. lion or tiger. ■ **'cat burglar** *n*. burglar who enters buildings stealthily, esp. by climbing up walls, etc. ■ **'catcall** *n*. [usu. pl.] loud shrill whistle expressing disapproval. ■ **'catnap** *n*. short sleep.

catacombs /ˈkætəkuːmz/ *n*. [pl.] series of underground tunnels for burying dead bodies.

catalogue (*US also* **-log**) /ˈkætəlɒɡ/ *n*. list of items for sale ● **catalogue** *v*. [T] list something in a catalogue

catalyst /ˈkætəlɪst/ *n*. something that speeds up or causes a change without itself changing.

catalytic converter /ˌkætəˌlɪtɪk kənˈvɜːtə(r)/ *n*. device used in the exhaust system of motor vehicles to reduce the damage caused to the environment by pollutant gases.

catapult /ˈkætəpʌlt/ *n*. Y-shaped stick with a piece of elastic band, for shooting stones, etc. ● **catapult** *v*. [I, T] throw somebody/something or be thrown suddenly and violently through the air.

cataract /ˈkætərækt/ *n*. **1** disease of the eye, causing blindness. **2** (*lit.*) large, steep waterfall.

catarrh /kəˈtɑː(r)/ *n*. thick liquid (**phlegm**) in the nose and throat, caused by a cold.

catastrophe /kəˈtæstrəfi/ *n*. sudden, great disaster or misfortune ▶ **catastrophic** /ˌkætəˈstrɒfɪk/ *adj*.

catch¹ /kætʃ/ *v*. (*pt, pp* **caught**/kɔːt/) **1** [T] stop and hold something moving, esp. in the hands: *~ a ball* **2** [T] capture a person or an animal: *~ the running child* **3** [T] find or discover somebody doing something: *~ somebody sleeping* **4** [T] be in time for and get on a vehicle or see a person. **5** [I, T] (cause somebody/something to) become trapped: *I caught my fingers in the drawers*. **6** [T] become ill with something: *~ a fever* **7** [T] hear something; understand something: *I didn't quite ~ your last sentence*. **8** [T] hit somebody/something: *The chalk caught him on the head*. [IDM] **catch somebody's eye** attract somebody's attention. **catch somebody's fancy** → FANCY¹ **catch fire** begin to burn. **catch somebody napping** (*infml.*) find somebody not paying attention. **catch somebody red-handed** discover somebody in the act of doing wrong. **catch sight of somebody/something** see somebody/something for a moment. [PV] **catch on** (*infml.*) become popular. **catch on (to something)** (*infml.*) understand something. **catch somebody out** show that somebody is ignorant or is doing something wrong. **catch up (with somebody)** (*GB also*) **catch somebody up** reach the same level as somebody. **catch up on something** spend extra time doing something. **be/get caught up in some-**

thing be/get involved in something. ▶ **catching** adj. (of a disease) infectious. ■ **'catchment area** n. area from where people are taken by a particular institution, e.g. school, hospital, etc. ■ **'catchphrase** n. popular word or phrase connected with the personality who made it famous. ▶ **catchy** adj. (-ier, -iest) (of music or the words of an advertisement) easy to remember.

catch² /kætʃ/ n. **1** act of catching something, esp. a ball. **2** (amount of) something caught: *a good ~ of fish* **3** device for fastening something. **4** hidden difficulty: *There must be a ~ in this proposal.*

categorical /ˌkætə'gɒrɪkl/ adj. (of a statement) unconditional; absolute. ▶ **categorically** /-kli/ adv.

category /'kætəgəri/ n. (pl. **-ies**) group in a complete system; class. ▶ **categorize** (GB -**ise**) /'kætəgəraɪz/ v. [T] put somebody/ something in a category.

cater /'keɪtə(r)/ v. [I] **~(for) 1** provide food and services for somebody, esp. at social functions. **2** provide what is needed or desired by somebody: *supermarkets ~ing for a large section of consumers* ▶ **caterer** n.

caterpillar /'kætəpɪlə(r)/ n. small creature like a worm with legs, which develops into a butterfly or moth.

catgut /'kætgʌt/ n. [U] thin, strong cord used in making the strings of musical instruments.

cathedral /kə'θiːdrəl/ n. main church of a district, under the care of a bishop.

cathode /'kæθəʊd/ n. (tech) negative electrode in a battery, etc.

catholic /'kæθlɪk/ adj. **1 (Catholic)** = ROMAN CATHOLIC (ROMAN) **2** (fml.) including many things; general: *have ~ interests* ● **Catholic** n. = ROMAN CATHOLIC (ROMAN) ▶ **Catholicism** /kə'θɒləsɪzəm/ n. [U] teaching, beliefs, etc. of the Roman Catholic Church.

cattle /'kætl/ n. [pl.] cows and bulls that are kept as farm animals.

catty /'kæti/ adj. (-ier, -iest) (infml.) (of a woman) saying unkind things about others.

caught pt, pp of CATCH¹

cauldron /'kɔːldrən/ n. large, deep pot for boiling things in: *a witch's ~*

cauliflower /'kɒlɪflaʊə(r)/ n. [C, U] vegetable with a large, white flower head.

cause /kɔːz/ n. **1** [C] person or thing that makes something happen: *the ~ of the blackout* **2** [U] **~(for)** reason: *There's no ~ for fear.* ◊ *have ~ for leaving* **3** [C] organization or idea that is strongly supported: *the ~ of preserving the environment* ● **cause** v. [T] make something happen, esp. something bad: *What ~d his failure?*

causeway /'kɔːzweɪ/ n. raised road or path across water or wet ground.

caustic /'kɔːstɪk/ adj. **1** able to burn by chemical action: *~ soda* **2** (of remarks) very bitter or critical. ▶ **caustically** /-kli/ adv.

caution /'kɔːʃn/ n. **1** [U] great care. **2** [C] (GB) warning given by the police to somebody who has committed a minor crime. **3** [U, C] warning words. ● **caution** v. [T] **1** warn somebody of possible danger. **2** (GB, law) warn somebody that anything they say may be used in evidence against them in a law court. ▶ **cautionary** /'kɔːʃənəri/ adj. giving a warning: *a ~ary advice*

cautious /'kɔːʃəs/ adj. very careful about what you do, esp. to avoid danger. ▶ **cautiously** adv.

cavalcade /ˌkævl'keɪd/ n. procession of people on horseback, in cars, etc.

cavalry /'kævlri/ n. [C, with sing. or pl. verb] (pl. **-ies**) soldiers fighting on horseback (esp. in the past), or in armoured vehicles.

cave /keɪv/ n. large hole in the side of a hill, or under the ground. ● **cave** v. [PV] **cave in (on somebody/ something)** (of a roof, wall, etc.) fall inwards; collapse.

cavern /'kævən/ n. large cave. ▶ **cavernous** adj. (written) (of a room or space) large and often empty and/or dark.

caviar (also **caviare**) /'kævɪɑː(r)/ n. [U] salted eggs of certain types of large fish, eaten as food.

caving /'keɪvɪŋ/ n. [U] (GB) sport or hobby of going into caves under the ground.

cavity /'kævəti/ n. (pl. **-ies**) (fml.) small hole in something solid, e.g. a tooth.

cayenne /keɪ'en/ (ˌcayenne **'pepper**) n. [U] kind of hot, red-powdered pepper.

CB /ˌsiː 'biː/ abbr. Citizens' Band: range of waves on a radio on which people can talk to each other, esp. when driving.

cc /ˌsiː 'siː/ abbr. cubic centimetre, as a measure of the power of an engine.

CCTV /ˌsiː siː tiː 'viː/ abbr. = CLOSED-CIRCUIT TELEVISION (CLOSE¹)

CD /ˌsiː 'diː/ abbr. compact disc; small disc on which information or sound is recorded and reproduced by laser action. CDs are played on a special machine called a **CD player**.

CD-ROM /ˌsiː diː 'rɒm/ n. [C, U] compact disc that functions as read-only memory; CD on which large amounts of information, sound and pictures can be stored, for use on a computer: *The travel series is available on ~.* ◊ *a ~ drive* (= in a computer)

cease /siːs/ v. [I, T] (fml.) (cause something to) stop happening or existing. ■ **'ceasefire** n. agreement to stop fighting. ▶ **ceaseless** adj. (fml.) not stopping. ▶ **ceaselessly** adv.

cedar /'si:də(r)/ n. **1** [C] tall evergreen tree with wide, spreading branches. **2** [U] hard, sweet-smelling wood of this tree.

ceiling /'si:lɪŋ/ n. **1** upper inside surface of a room. **2** official upper limit: *a tax* ~

celebrate /'selɪbreɪt/ v. **1** [I, T] mark a special occasion by enjoying yourself. **2** [T] (*fml.*) praise somebody/ something. ▶ **celebrated** *adj.* famous. ▶ **celebration** /ˌselɪ'breɪʃn/ n. [C, U]

celebrity /sə'lebrəti/ n. (*pl.* **-ies**) **1** [C] famous person. **2** [U] fame.

celery /'seləri/ n. [U] plant whose white stalks are eaten raw.

celestial /sə'lestiəl/ *adj.* (*fml.*) of the sky; of heaven.

celibate /'selɪbət/ *adj.* not married and not having sex, esp. for religious reasons. ▶ **celibacy** /-bəsi/ n. [U]

cell /sel/ n. **1** small room: *a prison* ~ **2** smallest unit of living matter that can exist on its own: *white blood* ~*s* **3** device for producing electric current by chemical action. **4** small group of people, e.g. in a secret organization.

cellar /'selə(r)/ n. underground room for storing things: *a wine* ~

cello /'tʃeləʊ/ n. (*pl.* ~**s**) kind of large violin, held upright on the floor between the knees. ▶ **cellist** /'tʃelɪst/ n. person who plays a cello.

Cellophane™ /'seləfeɪn/ n. [U] thin, transparent plastic material used for wrapping things in.

cellphone /'selfəʊn/ n. (*esp. US*) = MOBILE PHONE (MOBILE)

cellular /'seljələ(r)/ *adj.* **1** connected with or consisting of plant or animal cells. **2** connected with a telephone system that works by radio instead of wires. **3** (*GB*) (of blankets, etc.) loosely woven. ■ ˌ**cellular 'phone** n. = MOBILE PHONE (MOBILE)

cellulite /'seljulaɪt/ n. [U] type of fat just below the skin which stops the surface of the skin looking smooth.

Celsius /'selsiəs/ (*also* **centigrade**) (*abbr.* **C**) *adj., n.* [U] (of or using the) temperature scale in which water freezes at 0° and boils at 100°.

cement /sɪ'ment/ n. [U] **1** grey powder that, when mixed with water, becomes hard like stone, used in building. **2** kind of glue. ● **cement** v. [T] **1** join something with cement. **2** make a bond, agreement, etc. stronger.

cemetery /'semətri/ n. (*pl.* **-ies**) place where dead people are buried.

cenotaph /'senətɑ:f/ n. monument built in memory of soldiers killed in war.

censor /'sensə(r)/ n. person whose job is to examine books, films, etc. and remove parts considered indecent, offensive, provocative, etc. ● **censor** v. [T] examine or remove parts of a book, film, etc. ▶ **censorship** n. [U] act or policy of censoring books, etc.

censure /'senʃə(r)/ v. [T] (*fml.*) criticize somebody strongly for something they have done. ▶ censure n. [U]

census /'sensəs/ n. official counting of something, esp. of the population of a country.

cent /sent/ n. one 100th part of a main unit of money, e.g. a dollar.

centaur /'sentɔ:(r)/ n. (in Greek mythology) creature that is half man and half horse.

centenarian /ˌsentɪ'neəriən/ n. person who is 100 years old or more.

centenary /sen'ti:nəri/ n. (*pl.* **-ies**) 100th anniversary.

centennial /sen'teniəl/ n. (*esp. US*) centenary.

center (*US*) = CENTRE

centigrade /'sentɪgreɪd/ *adj., n.* [U] = CELSIUS

centimetre (*US* **-meter**) /'sentɪmi:tə(r)/ n. metric unit of length; 100th part of a metre.

centipede /'sentɪpi:d/ n. small crawling creature with many legs.

central /'sentrəl/ *adj.* **1** most important; main. **2** at or of the centre. ■ ˌ**central 'heating** n [U] system of heating a building from one main source through pipes and radiators. ▶ **centrally** *adv.* ■ ˌ**central 'processing unit** n. → CPU

centralize (*GB* **-ise**) /'sentrəlaɪz/ v. [I, T] (cause something to) come under the control of one central authority. ▶ **centralization** (*also* **-isation**) /ˌsentrəlaɪ'zeɪʃn/ n. [U]

center (*GB* **centre**) /'sen-tər/ n. **1** [C] middle point or part of something. **2** [C] building or place for a particular activity: *a sports* ~ **3** [C, usu. sing.] point towards which people direct their attention: *the* ~ *of action* **4** (*usu.* **the center**) [sing.] moderate political position, between the extremes of left and right. ● **center** v. [T] move something so that it is in the centre of something else. [PV] **center (something) around/on/round/ upon somebody/something** (cause something to) have somebody/something as its main concern.

centrifugal /ˌsentrɪ'fju:gl; sen'trɪfjəgl/ *adj.* (*tech.*) moving away from a centre: ~ *force*

century /'sentʃəri/ n. (*pl.* **-ies**) **1** period of 100 years. **2** (in cricket) 100 runs by one player.

ceramic /sə'ræmɪk/ n. **1** [C, usu. pl.] object made of clay that has been made permanently hard by heat. **2 (ceramics)** [U] art of

making and decorating ceramics. ▶ **ceramic** *adj*.: ~ *tiles*
cereal /'sɪərɪəl/ *n*. [U, C] **1** (edible grain produced by a) kind of grass, e.g. wheat or maize. **2** food made from cereal grain: *breakfast* ~*s*
ceremonial /ˌserɪ'məʊnɪəl/ *adj*. relating to or used in a ceremony: *a* ~ *costume* ● **ceremonial** *n*. [C, U] system of rules, etc. for ceremonies. ▶ **ceremonially** /-nɪəli/ *adv*.
ceremonious /ˌserə'məʊnɪəs/ *adj*. (*written*) very formal and polite. ▶ **ceremoniously** *adv*.
ceremony /'serəməni/ *n*. (*pl*. **-ies**) **1** [C] formal act(s), religious service, etc. on a special occasion: *a consecration* ~ **2** [U] formal behaviour.
certain /'sɜːtn/ *adj*. **1** having no doubts; sure. **2** ~**(to)** sure to happen: *They're* ~ *to stand by us*. **3** particular, but not named: *on* ~ *occasions* **4** slight; noticeable: *a* ~ *stiffness in his attitude* [IDM] **make certain (that …)** find out whether something is definitely true: *Make* ~ *that no hard feelings remain*. ▶ **certainly** *adv*. **1** without doubt. **2** (in answer to questions) of course; yes. ▶ **certainty** *n*. (*pl*. **-ies**) **1** [C] thing that is certain. **2** [U] state of being sure.
certificate /sə'tɪfɪkət/ *n*. official paper that states certain facts: *a marriage* ~
certify /'sɜːtɪfaɪ/ *v*. (*pt*, *pp* **-ied**) [T] state officially, esp. in writing, that something is true.
cessation /se'seɪʃn/ *n*. [U, C] (*fml*.) the stopping of something.
cesspit /'sespɪt/ (*also* **cesspool** /'sespuːl/) *n*. underground hole for collecting waste from a building, esp. the toilets.
CFC /ˌsiːef'siː/ *n*. [C, U] chlorofluorocarbon; type of gas used esp. in aerosols. CFCs are harmful to the layer of ozone gas in the earth's atmosphere.
chafe /tʃeɪf/ *v*. **1** [I, T] (cause something to) become sore by rubbing: *The metal* ~*d her wrists*. **2** [I] ~**(at/under)** become impatient because of something.
chaff /tʃɑːf/ *n*. [U] outer covering of grain, removed before the grain is used as food.
chagrin /'ʃægrɪn/ *n*. [U] (*fml*.) disappointment or annoyance.
chain /tʃeɪn/ *n*. **1** [C, U] length of metal rings joined together. **2** [C] series of connected things: *a* ~ *of events* ● **chain** *v*. [T] fasten somebody/something to another person or thing with a chain. ■ **ˌchain reˈaction** *n*. series of events, each of which causes the next. ■ **ˈchain-smoke** *v*. [I, T] smoke cigarettes continuously. ▶ **ˈchain-smoker** *n*. ■ **ˈchain store** *n*. one of several similar shops owned by the same company.

chair /tʃeə(r)/ *n*. **1** [C] moveable seat with a back, for one person. **2 (the chair)** [sing.] (position of the) person in charge of a meeting or committee. **3** [C] position of a professor at a university. ● **chair** *v*. [T] be in charge of a meeting. ■ **ˈchairman | chairperson | ˈchairwoman** *n*. person in charge of a meeting, committee, etc.
chalet /'ʃæleɪ/ *n*. **1** Swiss mountain hut built of wood. **2** (*GB*) small house in a holiday camp.
chalk /tʃɔːk/ *n*. [U] **1** kind of soft, white rock. **2** (*pl*. **chalks**) substance similar to chalk made into white or coloured sticks for writing or drawing. ● **chalk** *v*. [I, T] write or draw something with chalk. [PV] **chalk up something** (*infml*.) achieve a success, points in a game, etc. ▶ **chalky** *adj*. (**-ier, -iest**) containing or like chalk.
challenge /'tʃælɪndʒ/ *n*. **1** difficult or demanding task. **2** invitation to take part in a fight, contest, etc. ● **challenge** *v*. [T] **1** invite somebody to take part in a fight, contest, etc. **2** question the validity, rightness, etc. of something. ▶ **challenger** *n*. ▶ **challenging** *adj*. difficult and demanding.
chamber /'tʃeɪmbə(r)/ *n*. **1** [C] large room in a public building used for formal meetings: *the House* ~ **2 (chambers)** [pl.] set of rooms used by judges and barristers. **3** [C, with sing. or pl. verb] one of the parts of a parliament. **4** [C] room used for the particular purpose mentioned: *a burial* ~ **5** [C] enclosed space: *the four* ~*s of the heart* ■ **ˈchambermaid** *n*. woman whose job is to clean bedrooms in a hotel. ■ **ˈchamber music** *n*. [U] classical music written for a small group of instruments. ■ **ˌChamber of ˈCommerce** *n*. group of business people organized to promote local trade interests.
chameleon /kə'miːlɪən/ *n*. small lizard whose skin colour changes to match its surroundings.
chamois /'ʃæmwɑː/ *n*. (*pl*. **chamois**) animal like a small deer, that lives in the mountains of Europe and Asia. ● **chamois** /'ʃæmi/ *n*. [C, U] (piece of) soft leather cloth from the skin of goats, sheep, etc. used esp. for cleaning windows.
champ /tʃæmp/ *v*. [I] **1** (*esp*. of horses) bite noisily. **2** be impatient.
champagne /ʃæm'peɪn/ *n*. [U, C] sparkling, white French wine.
champion /'tʃæmpɪən/ *n*. **1** person, team, etc. that wins a competition. **2** ~ **(of)** person who supports or defends somebody or a principle: *a* ~ *of equal rights* ● **champion** *v*. [T] fight for or speak in support of a group of people or

a belief. ▶ **championship** *n.* [C] **1** (*also* **championships** [pl.]) competition to find the best player or team in a particular sport. **2** position of being a champion.

chance /tʃɑːns/ *n.* **1** [C, U] possibility of something happening, esp something that you want: *every ~ of winning* **2** [C] suitable time when you have the opportunity to do something: *have a ~ to meet the chief* **3** [C] unpleasant or dangerous possibility: *Don't take any ~s.* **4** [U] way in which things happen without any cause that can be seen; luck: *I met her by ~ at the crossing.* [IDM] **on the off chance (that)** because of the possibility of something happening, although it is unlikely. **take a chance (on something)** decide to do something, though it may not be the right choice. ● **chance** *v.* **1** [T] (*infml.*) take a risk. **2** [I] (*written* or *fml.*) happen by chance. ● **chance** *adj.* not planned: *a ~ encounter* ▶ **chancy** *adj.* (*infml.*) risky.

chancel /'tʃɑːnsl/ *n.* eastern part of a church, containing the altar.

chancellor (*also* **Chancellor**) /'tʃɑːnsələ(r)/ *n.* **1** head of government in Germany or Austria. **2** honorary head of a university in Britain. **3** a senior state official. ■ **ˌChancellor of the Exˈchequer** *n.* (*GB*) government minister responsible for finance.

chandelier /ˌʃændə'lɪə(r)/ *n.* decorative hanging light with branches for several bulbs or candles.

change¹ /tʃeɪndʒ/ *v.* **1** [I, T] become or make somebody/something different: *Our demands have ~d.* ◇ *Water ~s into steam.* ◇ *~ your outlook.* **2** [T] replace one thing or person with another: *~ a word here and there.* **3** [I, T] take off your clothes and put others on. **4** [I, T] go from one train, bus, etc. to another. **5** [T] give and receive the equivalent amount of money in smaller denominations or in a foreign currency. [IDM] **change hands** pass to another owner. **change your/somebody's mind** change a decision or opinion. **change your tune** (*infml.*) express a different opinion or behave differently when your situation changes. [PV] **change over (from something) (to something)** change from one system or position to another. ▶ **changeable** *adj.* likely to change. ■ **ˈchangeover** *n.* change from one system or method of working to another.

change² /tʃeɪndʒ/ *n.* **1** [C, U] act or result of something becoming different. **2** (**a change**) [sing.] fact of a situation, place, weather, etc. being different and therefore likely to be interesting, enjoyable, etc.: *Let's have an early dinner for a ~.* **3** [C] something used in place of another: *~ of job* **4** [U] money returned when the price of something is less than the amount given. **5** [U] coins of low value.

channel /'tʃænl/ *n.* **1** television station. **2** way by which news or information may travel: *Your communication must be made through the proper ~s.* **3** passage along which a liquid flows. **4** narrow passage of water: *the English C ~* ● **channel** *v.* (-ll-, *US also* -l-) [T] **1** **~ (into)** direct money, feelings, ideas, views, etc. towards a particular thing or purpose: *~ all our strengths into the new scheme* **2** carry or send water, light, etc. through a passage.

chant /tʃɑːnt/ *v.* [I, T] **1** sing or shout the same words many times. **2** sing a religious song or prayer using very few notes that are repeated many times. ▶ **chant** *n.*

chaos /'keɪɒs/ *n.* [U] complete disorder or confusion. ▶ **chaotic** /keɪ'ɒtɪk/ *adj.*

chap /tʃæp/ *n.* (*GB, infml.*) man or boy. ● **chap** *v.* (-pp-) [I, T] (of the skin) (cause something to) become cracked, rough and sore: *~ ped feet*

chapel /'tʃæpl/ *n.* **1** place used for Christian worship, e.g. in a school or hospital. **2** separate part of a church or cathedral, with its own altar.

chaplain /'tʃæplɪn/ *n.* priest or Christian minister in the armed forces, a hospital, prison, etc.

chapter /'tʃæptə(r)/ *n.* **1** (*usu.* numbered) main division of a book. **2** period of time.

char /tʃɑː(r)/ *v.* (-rr-) [I, T] (cause something to) become black by burning.

character /'kærəktə(r)/ *n.* **1** [C] qualities that make somebody, a community, a country, etc. different from others: *The ~ of the town has stayed unaffected by the passage of time.* **2** [U] particular quality of something: *aspirations that were simple in ~* **3** [U] interesting or unusual quality that a person or place has: *buildings with no ~* **4** [U] moral strength: *a woman of ~* **5** [C] person in a play, film, novel, etc. **6** [C] (*infml.*) person, esp. an unpleasant or a strange one. **7** [C] letter or sign used in writing or printing: *Greek ~s* [IDM] **in/out of character** typical/not typical of somebody's character. ▶ **characterless** *adj.* uninteresting; ordinary.

characteristic /ˌkærəktə'rɪstɪk/ *adj.* typical of something or somebody's character. ● **characteristic** *n.* typical quality or feature. ▶ **characteristically** /-kli/ *adv.*

characterize (*GB* **-ise**) /'kærəktəraɪz/ *v.* [T] (*fml.*) **1** be typical of somebody/something. **2** describe the qualities of somebody/something.

charade /ʃə'rɑːd/ *n.* **1** [C] absurd and obvious pretence. **2** (**charades**) [U] party game in which one team acts a word or phrase that

has to be guessed by the other team.
charcoal /'tʃɑːkəʊl/ n. [U] black substance of burnt wood, used as a fuel, an absorbent, for drawing, etc.
charge¹ /tʃɑːdʒ/ v. **1** [I, T] ask an amount of money for goods or a service: *How much do they ~ for a haircut?* **2** [T] ~**to** record something as a debt to be paid by somebody/something: *C ~ it to his account.* **3** [T] ~ **(with)** accuse somebody of something, esp. in a law court: *He was ~d with attempt to murder.* **4** [I, T] rush forward and attack somebody/something. **5** [T] put electricity into a battery. **6** [T] ~ **with** (*esp.* passive) (*written*) fill somebody with an emotion: *a voice ~d with sympathy* **7** [T] ~**with** (*fml.*) give somebody a duty or responsibility.
charge² /tʃɑːdʒ/ n. **1** [C] price asked for goods or services. **2** [C] formal claim that somebody has done wrong: *a ~ of coercion* **3** [U] responsibility and control: *She's in ~ of the administration affairs.* ◇ *take ~ of the department* **4** [C, U] sudden rush or violent attack. **5** [C] amount of electricity put into a battery or carried by a substance. [IDM] **bring/press/prefer charges against somebody** (*law*) accuse somebody formally of a crime so that there can be a trial in a court of law.
chariot /'tʃærɪət/ n. open vehicle with two wheels, pulled by horses, used in ancient times in battle and for racing. ▶ **charioteer** /ˌtʃærɪə'tɪə(r)/ n. driver of a chariot.
charisma /kə'rɪzmə/ n. [U] power to inspire devotion and enthusiasm. ▶ **charismatic** /ˌkærɪz'mætɪk/ adj.: *a ~tic actor*
charitable /'tʃærətəbl/ adj. **1** kind and helpful in your attitude to others. **2** of or connected with a charity(1). ▶ **charitably** /-bli/ adv.
charity /'tʃærəti/ n. (*pl.* **-ies**) **1** [C] organization that helps people in need. **2** [U] money, food, clothes, etc. given to people in need. **3** [U] kindness towards others.
charlatan /'ʃɑːlətən/ n. person who falsely claims to have a special skill or knowledge.
charm /tʃɑːm/ n. **1** [U] power of pleasing or attracting people. **2** [C] pleasing quality. **3** [C] object worn for good luck. **4** [C] magic spell. ● **charm** v. [T] **1** please or attract somebody. **2** influence somebody/something (as if) using magic. ▶ **charming** adj. very pleasant or attractive.
chart /tʃɑːt/ n. **1** [C] diagram, graph, table, etc. giving information. **2** [C] map of the sea. **3** **(the charts)** [pl.] (*esp. GB*) weekly list of the best-selling pop music records. ● **chart** v. [T] **1** record or follow the progress or development of somebody/something. **2** plan a course of action. **3** make a map of an area.
charter /'tʃɑːtə(r)/ n. **1** [C] official written statement giving certain rights, privileges, etc. to an institution or a corporation. **2** [U] hiring of an aircraft or a ship. ▶ **'charter flight** n. flight in an aircraft in which all the seats are paid for by a travel company and then sold to their customers at a low price. ● **charter** v. [T] hire an aircraft, a boat, etc. for a particular purpose. ▶ **chartered** adj. qualified according to the rules of a certain profession: *a ~ed accountant*
chase /tʃeɪs/ v. [I, T] ~**(after)** run, drive, etc. after somebody in order to catch them or make them go away. ● **chase** n. act of chasing somebody/something.
chasm /'kæzəm/ n. **1** deep opening in the ground. **2** (*fml.*) very big difference in attitude, opinions, etc. between two people.
chassis /'ʃæsi/ n. (*pl.* **chassis** /-siz/) base frame that a vehicle is built on.
chaste /tʃeɪst/ adj. **1** (*old-fash.*) avoiding sexual activity. **2** not expressing sexual feeling. **3** (*fml.*) simple and plain in style.
chasten /'tʃeɪsn/ v. [T] (*usu.* passive) (*fml.*) make somebody feel sorry for something they have done.
chastise /tʃæ'staɪz/ v. [T] (*fml.*) criticize somebody for doing something wrong. ▶ **chastisement** n. [U]
chastity /'tʃæstəti/ n. [U] state of not having sex with anyone or only with the person you are married to.
chat /tʃæt/ n. [C, U] friendly, informal talk. ● **chat** v. (**-tt-**) [I] talk to somebody in an informal way. [PV] **chat somebody up** (*GB*, *infml.*) talk in a friendly way to somebody you are sexually attracted to. ■ **'chat room** n. site on the Internet where people can communicate with each other. ▶ **chatty** adj. (**-ier, -iest**) talking a lot in a friendly way.
chateau (*also* **château**) /'ʃætəʊ/ n. (*pl.* **-x** /-təʊz/) castle or large country house in France.
chatter /'tʃætə(r)/ v. [I] **1** talk quickly and continuously about unimportant things. **2** (of birds or monkeys) make short, repeated, high-pitched noises. **3** (of the teeth) strike together from cold or fear. ● **chatter** n. **1** continuous, quick talk. **2** series of high sounds that some animals make. ■ **'chatterbox** n. person who talks a lot.
chauffeur /'ʃəʊfə(r)/ n. person whose job is to drive a car, esp. for somebody rich. ● **chauffeur** v. [T] drive somebody in a car, usu. as your job.
chauvinism /'ʃəʊvɪnɪzəm/ n. [U] **1** excessive and unreasonable belief that your own coun-

try is the best. **2** = MALE CHAUVINISM (MALE) ▶ **chauvinist** n. ▶ **chauvinistic** /ˌʃəʊvɪˈnɪstɪk/ adj.

cheap /tʃiːp/ adj. **1** costing little money. **2** of poor quality: ~ *and nasty* **3** unkind and unfair: *a* ~ *remark* ▶ **cheapen** v. [T] **1** make somebody lose respect for himself or herself. **2** lower the price of something. **3** make something appear to have less value. ▶ **cheaply** adv. ▶ **cheapness** n. [U]

cheat /tʃiːt/ v. [I] act dishonestly: ~ *in a race*. [PV] **cheat somebody (out) of something** prevent somebody from having something by dishonest behaviour. ● **cheat** n. person who cheats.

check¹ /tʃek/ v. **1** [T] examine something to make sure it is correct, safe, satisfactory, etc. **2** [T] find out if something is correct or true, or if something is how you think it is. **3** [T] cause somebody/something to stop; control something: ~ *the water flow* [PV] **check in** inform somebody of your arrival at an airport, a hotel, etc. **check something in** leave bags or cases with an official to be put on a plane. **check out (of ...)** pay your bill and leave a hotel. **check something out 1** find out if something is correct, true, or acceptable. **2** (*infml.*) look at or examine something that seems interesting or attractive. **check up on somebody** make sure that somebody is doing what they should be doing. **check up on something** examine something to discover if it is true, safe, correct, etc. ■ **'check-in** n. **1** [C, U] place where you report your presence or arrival, e.g. an airport or a hotel. **2** [U] act of showing your ticket, etc. when you arrive at an airport: *the ~-in desk* ■ **'checkout** n. **1** [C] place where customers pay for goods in a supermarket. **2** [U] time when you leave a hotel at the end of your stay. ■ **'checkpoint** n. place where travellers and vehicles are inspected, as on a frontier. ■ **'check-up** n. medical examination to make sure that you are healthy.

check² /tʃek/ n. **1** [C] ~ **(on)** examination to make sure that something is correct, safe, satisfactory, etc. **2** [U] (*fml.*) control: *keep your anger in* ~ **3** [U, C] pattern of squares, usu. two colours: *a* ~ *shirt* **4** [C] (*US*) = CHEQUE **5** [C] (*US*) bill in a restaurant. **6** [U] (in chess) position in which a player's king can be directly attacked. **7** [C] (*US*) = TICK(1)

checkered = GB CHEQUERED
checkers /ˈtʃekəz/ n. [U] = DRAUGHTS(3)
checkmate /ˌtʃekˈmeɪt/ n. [U] **1** (in chess) situation in which one player cannot prevent the capture of his/her king and therefore loses the game. **2** total defeat.

cheek /tʃiːk/ n. **1** [C] either side of the face below the eyes. **2** [U] rude and disrespectful behaviour or talk. ● **cheek** v. [T] (*GB, infml.*) speak to somebody in a rude way that shows a lack of respect. ▶ **cheeky** adj. (-ier, iest) (*GB*) rude and disrespectful. ▶ **cheekily** adv.

cheer¹ /tʃɪə(r)/ v. **1** [I, T] give shouts of praise, support, etc. to somebody. **2** [T] give hope, comfort, or encouragement to somebody: ~*ing news* [PV] **cheer (somebody/something) up** (cause somebody/something to) become more cheerful.

cheer² /tʃɪə(r)/ n. **1** [C] shout of praise, support, etc. **2** [U] (*old-fash.*) happiness. ▶ **cheerful** /ˈtʃɪəfl/ adj. **1** happy. **2** giving you a feeling of happiness: *a bright,* ~ *group*. ▶ **cheerfully** adv. ▶ **cheerless** adj. sad; gloomy.

cheerio /ˌtʃɪəriˈəʊ/ exclam. (*GB, infml.*) goodbye.

cheers /tʃɪəz/ exclam. **1** word that people say to each other as they lift up their glasses to drink. **2** (*GB, infml.*) thank you.

cheery /ˈtʃɪəri/ adj. (-ier, -iest) lively and happy. ▶ **cheerily** adv.

cheese /tʃiːz/ n. [U, C] solid food made from milk. ■ **'cheesecake** n. [C, U] cold, sweet dish made with cream cheese on a base of crushed biscuits. ■ **'cheesecloth** n. [U] loosely woven cotton cloth.

cheetah /ˈtʃiːtə/ n. spotted African wild animal of the cat family, able to run very fast.

chef /ʃef/ n. chief cook in a restaurant, hotel, etc.

chemical /ˈkemɪkl/ adj. **1** of or relating to chemistry. **2** produced by or using processes that involve changes to atoms or molecules: *a* ~ *reaction* ● **chemical** n. substance obtained by or used in a chemical process. ▶ **chemically** /-kli/ adv.

chemist /ˈkemɪst/ n. **1** person whose job is to prepare and sell medicines, and who works in a shop. **2** student of or expert in chemistry.

chemistry /ˈkemɪstri/ n. [U] scientific study of the structure of substances and how they combine together.

cheque /tʃek/ n. written order to a bank to pay money. ■ **'chequebook** n. book of printed cheques. ■ **'cheque card** n. card issued by a bank to somebody who has an account with it, guaranteeing payment of his/her cheques up to a stated amount.

chequered /ˈtʃekəd/ adj. having good and bad parts: *a* ~ *history*

cherish /ˈtʃerɪʃ/ v. [T] (*written*) **1** love somebody/something very much and want to protect them/it. **2** keep an idea, a hope, etc. in your mind for a long time: ~*ed childhood*

cherry /'tʃeri/ n. (pl. -ies) small, round, red or black fruit with a stone inside.

cherub /'tʃerəb/ n. **1** (in art) kind of angel. **2** (infml.) pretty, young child; child who behaves well.

chess /tʃes/ n. [U] board game for two players.

chest /tʃest/ n. **1** upper front part of the body. **2** large strong box. [IDM] **get something off your chest** (infml.) say something that you have wanted to say for a long time. ■ **,chest of 'drawers** n. (pl. ~s of drawers) piece of furniture with drawers for keeping clothes in.

chestnut /'tʃesnʌt/ n. (tree producing a) smooth, reddish-brown nut. ● **chestnut** adj. reddish-brown in colour.

chew /tʃuː/ v. [I, T] **1** bite food into small pieces in your mouth with your teeth. **2** bite something continuously, e.g. because you are anxious: *Don't ~ your nails.* [PV] **chew something over** think about something slowly and carefully. ▶ **chew** n. ■ **'chewing gum** n. type of sweet that you chew but do not swallow. ▶ **chewy** adj. (-ier, -iest) (of food) needing to be chewed a lot.

chic /ʃiːk/ adj. fashionable; elegant.

chick /tʃɪk/ n. young bird, esp. a young chicken.

chicken /'tʃɪkɪn/ n. **1** [C] large bird, often kept for its eggs or meat. **2** [U] meat from a chicken. ● **chicken** adj. (sl.) not brave; cowardly. ● **chicken** v. [PV] **chicken out (of something/doing sth)** (infml.) decide not to do something because you are afraid. ■ **'chickenpox** n. [U] disease, esp. of children, causing red spots on the skin.

chicory /'tʃɪkəri/ n. [U, C] small, pale-green plant with bitter leaves that can be eaten raw in salads. The root can be dried and used with coffee.

chief /tʃiːf/ n. highest official; leader or ruler. ● **chief** adj. **1** most important; main. **2** having the highest rank. ■ **,chief 'constable** n. (GB) head of the police force in a particular area. ▶ **chiefly** adv. mainly. ■ **-in-'chief** (in compound nouns) highest in rank.

chieftain /'tʃiːftən/ n. leader of a tribe.

child /tʃaɪld/ n. (pl. **children** /'tʃɪldrən/) **1** young human being. **2** son or daughter of any age. ■ **'childbirth** n. [U] act of giving birth to a child. ▶ **childhood** n. [U, C] state or time of being a child. ▶ **childish** adj. (of an adult) behaving like a child. ▶ **childless** adj. having no children. ■ **'childlike** adj. simple; innocent. ■ **'childminder** n. (GB) person whose job is to care for children while their parents are at work.

chill /tʃɪl/ v. **1** [I, T] become or make somebody/something cold. **2** [T] (lit) frighten somebody. ● **chill** n. **1** [sing.] feeling of being cold. **2** [C] illness caused by cold and damp. **3** [sing.] feeling of fear: *The incident sent a ~ down my spine.* ▶ **chilly** adj. (-ier, -iest) **1** too cold to be comfortable. **2** unfriendly.

chili (also **chilli**)/'tʃɪ-lē/ n. [C, U] (pl. **~es**) small, green or red fruit of a type of pepper plant used in cooking to give a hot taste to food, often dried or made into powder (**chili powder**). ■ **chili con carne** /,tʃɪli kɒn 'kɑːni/ n. [U] hot, spicy Mexican dish made with meat, beans, and chillies.

chime /tʃaɪm/ n. ringing sound, esp. one made by a bell. ● **chime** v. [I, T] (of a bell or clock) ring; show the time by making a ringing sound.

chimney /'tʃɪmni/ n. structure through which smoke is carried away from a fire and through the roof of a building. ■ **'chimney pot** n. (GB) short pipe fitted to the top of a chimney. ■ **'chimney stack** n. part of the chimney that is above the roof of a building. ■ **'chimney sweep** n. person whose job is to clean the inside of chimneys.

chimpanzee /,tʃɪmpæn'ziː/ (also infml. **chimp**) n. small, intelligent African ape.

chin /tʃɪn/ n. part of the face below the mouth.

china /'tʃaɪnə/ n. [U] **1** white clay which is baked and used for making delicate cups, plates, etc. **2** cups and plates, etc. that are made from china.

chink /tʃɪŋk/ n. **1** narrow opening or crack in something. **2** small area of light shining through a narrow opening. **3** light ringing sound that is made when glass objects or coins touch. ● **chink** v. [I] make a ringing sound when glass objects, coins, etc. hit together.

chip /tʃɪp/ n. [C] **1** (GB) [usu. pl.] long, thin piece of potato fried in oil or fat: *fish and ~s* **2** place from which a small piece of wood, stone, glass, etc. has broken from an object: *a cup with a ~ in it* **3** small piece of wood, stone, glass, etc. which has broken from an object. **4** (US) = CRISP **5** = MICROCHIP **6** flat piece of plastic used in gambling to represent an amount of money. [IDM] **have a chip on your shoulder (about something)** (infml.) be sensitive about something that happened in the past because you think you were treated unfairly. ● **chip** v. (-pp-) [I, T] (cause something to) become damaged by breaking a small piece off the edge of something. [PV] **chip in (with something)** (infml.) **1** join in or interrupt a conversation: *She ~ped in with some useful bits of information.* **2** give money so a group of people can buy something together.

chiropodist /kɪ'rɒpədɪst/ n. person whose job

is to treat minor problems people have with their feet. ▶ **chiropody** /kɪˈrɒpədi/ n. [U]

chirp /tʃɜːp/ v. [I], n. (make the) short, sharp sound of small birds. ▶ **chirpy** adj. (-ier, -iest) (infml.) lively and happy.

chisel /ˈtʃɪzl/ n. tool with a sharp end for cutting wood or stone. ● **chisel** v. (-ll-, also -l-) [T] cut or shape something with a chisel.

chit /tʃɪt/ n. note showing an amount of money owed.

chivalry /ˈʃɪvəlri/ n. [U] 1 rules and customs of knights in the Middle Ages. 2 good manners, e.g. honour and politeness, esp. as shown by men towards women. ▶ **chivalrous** /ˈʃɪvlrəs/ adj.

chlorine /ˈklɔːriːn/ n. [U] (symb. **Cl**) strong-smelling, greenish-yellow gas often used to purify water.

chlorofluorocarbon /ˌklɔːrəˌflʊərəʊˈkɑːbən/ n. → CFC

chlorophyll /ˈklɒrəfɪl/ n. [U] green substance in plants that absorbs energy from sunlight to help them grow.

chocolate /ˈtʃɒklət/ n. 1 [U] hard, brown, sweet food made from cocoa beans. 2 [C] sweet made of or covered with chocolate. 3 [U] hot drink made from chocolate. ● **chocolate** n. [U], adj. (of a) dark brown colour.

choice /tʃɔɪs/ n. 1 [C] act of choosing between two or more possibilities. 2 [U] right or possibility of choosing: *I had no ~ but to give in*. 3 [C] variety from which to choose: *a large ~ of investments* 4 [C] person or thing chosen: *She was the right ~ for the position*. ● **choice** adj. of high quality: *~ wine*

choir /ˈkwaɪə(r)/ n. [C] 1 [with sing. or pl. verb] group of singers. 2 part of a church where the choir sits.

choke /tʃəʊk/ v. 1 [I, T] (cause somebody to) be unable to breathe because the windpipe is blocked. 2 [T] block or fill a passage, space, etc.: *The drainpipes are ~d with sewage*. [PV] **choke something back** prevent your feelings from showing: *She ~d back the tears*. ● **choke** n. device that controls the amount of air flowing into the engine of a vehicle.

cholera /ˈkɒlərə/ n. [U] infectious and often fatal disease caught from infected water.

cholesterol /kəˈlestərɒl/ n. [U] fatty substance found in blood, fat, and most tissues of the body.

choose /tʃuːz/ v. (pt **chose** /tʃəʊz/, pp **chosen** /ˈtʃəʊzn/) 1 [I, T] decide which thing or person you want from a number of available alternatives: *You can only ~ one of these toys*. 2 [T] prefer or decide to do something: *She chose to stay alone*.

chop /tʃɒp/ v. [T] (-pp-) cut something into pieces with an axe, a knife, etc. ● **chop** n. 1 thick slice of meat, esp. pork or lamb, containing a bone. 2 act of chopping something.

chopper /ˈtʃɒpə(r)/ n. 1 (infml.) = HELICOPTER 2 heavy knife or small axe.

choppy /ˈtʃɒpi/ adj. (-ier, -iest) (of the sea) with a number of small waves; not calm.

chopstick /ˈtʃɒpstɪk/ n. [usu. pl.] either of a pair of thin, tapered sticks used for eating with, esp. in Asian countries.

choral /ˈkɔːrəl/ adj. of or for a choir.

chord /kɔːd/ n. 1 musical notes played together. 2 (maths) straight line that joins two points on a curve.

chore /tʃɔː(r)/ n. routine or boring task.

choreography /ˌkɒriˈɒɡrəfi/ n. [U] art of designing and arranging steps and movements for dances on stage. ▶ **choreographer** /ˌkɒriˈɒɡrəfə(r)/ n.

chorister /ˈkɒrɪstə(r)/ n. person, esp. a boy, who sings in a church choir.

chorus /ˈkɔːrəs/ n. 1 [C] part of a song that is sung after each verse. 2 [C] (piece of music for a) large group of singers. 3 [sing.] **~ of** something said by many people together: *a ~ of yes* ● **chorus** v. [T] sing or say something all together at the same time.

chose pt of CHOOSE

chosen pp of CHOOSE

Christ /kraɪst/ (also **Jesus**, ˌJesus ˈChrist) n. [sing.] founder of the Christian religion.

christen /ˈkrɪsn/ v. [T] 1 give a name to a baby at his/her baptism to welcome him/her into the Christian church. 2 give a name to somebody/something. 3 (infml.) use something for the first time. ▶ **christening** n.

Christian /ˈkrɪstʃən/ n. person who believes in the Christian religion. ● **Christian** adj. 1 of Christianity. 2 showing the qualities of a Christian; kind. ▶ **Christianity** /ˌkrɪstiˈænəti/ n. [U] religion based on the belief that Christ was the son of God, and on his teachings. ■ ˈChristian name n. (GB) first name.

Christmas /ˈkrɪsməs/ (also ˌChristmas ˈDay) n. [U, C] yearly celebration of the birth of Christ, held on 25 December.

chrome /krəʊm/ n. [U] hard, shiny metal used esp. as a protective covering on other metals; chromium.

chromium /ˈkrəʊmiəm/ n. [U] (symb. **Cr**) metallic element used esp. as a shiny protective covering on other metals, e.g. in stainless steel.

chromosome /ˈkrəʊməsəʊm/ n. (biol.) one of the fine thread-like structures in animal and

chronic /'krɒnɪk/ adj. **1** (of an illness) lasting a long time. **2** (GB, infml.) very bad. ▶ **chronically** /-kli/ adv.

chronicle /'krɒnɪkl/ n. written record of events in the order in which they happened. ● **chronicle** v. [T] record events in the order in which they happened.

chronology /krə'nɒlədʒi/ n. [U, C] (pl. **-ies**) order in which a series of events happened; list of these events in order. ▶ **chronological** /ˌkrɒnə'lɒdʒɪkl/ adj. (of a number of events) arranged in the order in which they happened: *Present the facts in chronological order.* ▶ **chronologically** /-kli/ adv.

chronometer /krə'nɒmɪtə(r)/ n. very accurate clock.

chrysalis /'krɪsəlɪs/ n. form of an insect, esp. a butterfly or moth, while it is changing into an adult inside a hard case.

chrysanthemum /krɪ'sænθəməm/ n. garden plant with brightly coloured flowers.

chubby /'tʃʌbi/ adj. (**-ier, -iest**) slightly fat.

chuck /tʃʌk/ v. [T] (esp. GB, infml.) **1** throw something carelessly. **2** give up or stop doing something. **3** leave your boyfriend/girlfriend and stop having a relationship with him/her. **4** (spoken) throw something away. ● **chuck** n. part of a tool such as a drill that can be adjusted to hold something tightly.

chuckle /'tʃʌkl/ v. [I] laugh quietly. ● **chuckle** n.

chum /tʃʌm/ n. (infml.) friend. ▶ **chummy** adj. (**-ier, -iest**) friendly.

chunk /tʃʌŋk/ n. **1** thick piece or lump: *a ~ of butter* **2** (infml.) fairly large amount of something. ▶ **chunky** adj. (**-ier, -iest**) **1** thick and heavy; *~y jewellery* **2** having a short and strong body. **3** (of food) containing thick pieces.

church /tʃɜːtʃ/ n. **1** [C] building for public Christian worship. **2** (**Church**) [C] particular denomination of Christians: *the Anglican C~* **3** ((**the**) **Church**) [sing.] ministers of the Christian religion; the institution of the Christian religion: *enter the C~* (= become a Christian minister) ■ **'churchyard** n. enclosed area of land around a church, often used for burying people.

churn /tʃɜːn/ n. **1** container in which milk or cream is shaken to make butter. **2** (GB) large metal container in which milk is carried. ● **churn** v. **1** [T] beat milk or cream to make butter. **2** [I, T] move (something) around vigorously. [PV] **churn something out** (infml.) produce something in large amounts.

chute /ʃuːt/ n. tube or passage down which people or things can slide.

chutney /'tʃʌtni/ n. [U] cold, thick sauce made from fruit, spices, sugar, and vinegar, eaten with cheese, etc.

cider /'saɪdə(r)/ n. [U, C] alcoholic drink made from apples.

cigar /sɪ'ɡɑː(r)/ n. roll of dried tobacco leaves that people smoke, like a cigarette but bigger.

cigarette /ˌsɪɡə'ret/ n. thin tube of paper filled with tobacco, for smoking.

cinder /'sɪndə(r)/ n. [C, usu. pl.] small piece of partly burnt coal, etc.

cinema /'sɪnəmə/ n. (GB) **1** [C] place where films are shown. **2** (**the cinema**) [sing.] films as an art or industry.

cinnamon /'sɪnəmən/ n. [U] yellowish-brown spice used in cooking.

cipher (GB also **cypher**) /'saɪfə(r)/ n. **1** [C, U] secret system of writing in which symbols or letters represent other letters. **2** [C] (fml., disapprov.) person or thing of no importance.

circa /'sɜːkə/ prep. (abbr. **c**) (used with dates) about, approximately: *born ~ 75 BC*

circle /'sɜːkl/ n. **1** (space enclosed by a) curved line, every point on which is the same distance from the centre. **2** ring. **3** group of people: *our ~ of supporters* **4** upstairs seats in a theatre, etc. ● **circle** v. **1** [I, T] move in a circle, esp. in the air. **2** [T] draw a circle around something.

circuit /'sɜːkɪt/ n. **1** line or route round a place: *a racing ~* **2** complete path along which an electric current flows. **3** series of venues or events: *tennis ~* ▶ **circuitous** /sə'kjuːɪtəs/ adj. (fml.) long and indirect: *a ~ route*

circular /'sɜːkjələ(r)/ adj. **1** shaped like a circle; round. **2** moving around in a circle: *a ~ route* ● **circular** n. printed letter, notice, advertisement, etc. sent to a large number of people.

circulate /'sɜːkjəleɪt/ v. [I, T] **1** (cause something to) go around continuously; move about freely. **2** pass (something) from one person to another. ▶ **circulation** /ˌsɜːkjə'leɪʃn/ n. **1** [U] movement of blood round the body. **2** [U] passing of something from one person to another: *the circulation of money* **3** [U] fact that somebody takes part in social activities at a particular time: *He's been out of circulation a while now.* **4** [C, usu. sing.] usual number of copies of a newspaper or magazine that are sold each day, week, month, etc.

circumcise /'sɜːkəmsaɪz/ v. [T] cut off the skin at the end of the penis of a man or boy. ▶ **circumcision** /ˌsɜːkəm'sɪʒn/ n. [C, U]

circumference /sə'kʌmfərəns/ n. [C, U] (length of the) line that goes around a circle or any other curved shape: *the Moon's ~*

circumflex /'sɜːkəmfleks/ n. mark over a vowel

to indicate a distinct pronunciation, as in French: *rôle*
circumnavigate /ˌsɜːkəmˈnævɪgeɪt/ v. [T] (*fml.*) sail all the way around something, esp. the world. ▶ **circumnavigation** /ˌsɜːkəmˌnævɪˈgeɪʃn/ n. [C, U]
circumspect /ˈsɜːkəmspekt/ adj. (*fml.*) cautious.
circumstance /ˈsɜːkəmstəns/ n. **1** [C, usu. pl.] condition connected with an event or action: *the ~s of their penury* **2** (**circumstances**) [pl.] conditions of a person's life, esp. the money they have. **3** [U] situations and events that affect you but are not in your control: *at the receiving end of ~* [IDM] **in/under the circumstances** this being the case. **in/under no circumstances** never.
circumstantial /ˌsɜːkəmˈstænʃl/ adj. **1** (*law*) (of evidence) having details that strongly suggest something but do not prove it. **2** (*fml.*) connected with particular circumstances.
circus /ˈsɜːkəs/ n. **1** [C] group of entertainers, sometimes with trained animals, who perform in a show that travels around to different places. **2** (**the circus**) [sing.] show performed by circus entertainers, usu. in a large tent. **3** (*GB*) (in some place names) open space where several streets intersect: *Piccadilly C ~*
cistern /ˈsɪstən/ n. water tank, e.g. above a toilet.
cite /saɪt/ v. [T] (*fml.*) **1** mention something as an example or to support an argument. **2** quote somebody/something. **3** (*law*) order somebody to appear in court; name somebody officially in a legal case. ▶ **citation** /saɪˈteɪʃn/ n. **1** [C] quotation. **2** [U] act of citing somebody/something.
citizen /ˈsɪtɪzn/ n. **1** person who has full rights as a member of a country. **2** person who lives in a town or city. ■ **,Citizens' 'Band** n. [U] = CB ▶ **citizenship** n. [U] legal rights, duties, and state of being a citizen.
citric acid /ˌsɪtrɪkˈæsɪd/ n. [U] kind of weak acid from such fruits as oranges and lemons.
citrus /ˈsɪtrəs/ n. any of a group of related trees including the lemon, lime, and orange: *~fruit*
city /ˈsɪti/ n. (*pl.* **-ies**) **1** [C] large, important town. **2** [C, with sing. or pl. verb] all the people living in a city. **3** (**the City**) [sing.] financial and business centre of London.
civic /ˈsɪvɪk/ adj. of a town or city, or its citizens.
civil /ˈsɪvl/ adj. **1** of the citizens of a country. **2** connected with the state rather than with religion or with the armed forces: *~ branches of government* **3** polite in a formal way. ■ **,civil engi'neering** n. [U] design and building of roads, bridges, etc. ▶ **civility** /səˈvɪləti/ n. (*fml.*) **1** [U] polite behaviour. **2** [C] (**civilities**) [pl.] polite remarks. ▶ **civilly** /ˈsɪvəli/ adj. ■ **,civil 'rights** n. [pl] rights of each citizen to freedom and equality. ■ **,civil 'servant** n. person who works in the civil service. ■ **the ,civil 'service** n. [sing.] all government departments in a country, except the armed forces, and the people who work for them ■ **,civil 'war** n. [C, U] war between groups of people in the same country.
civilian /səˈvɪliən/ n., adj. (person) not of the armed forces.
civilization (*GB also* **-isation**) /ˌsɪvəlaɪˈzeɪʃn/ n. **1** [U] (*esp.* advanced) state of human social development and organization. **2** [C, U] culture and way of life of a society at a particular time and place: *the ancient Greek ~*
civilize (*GB also* **-ise**) /ˈsɪvəlaɪz/ v. [T] educate and improve a person or society; make somebody's behaviour or manners better: *the ~d world*
CJD /ˌsiːdʒeɪˈdiː/ abbr. = CREUTZFELDT-JAKOB DISEASE
clad /klæd/ adj. (*written*) *~(in)* wearing a particular type of clothing.
claim /kleɪm/ v. [T] **1** say that something is true, without being able to prove it: *He ~s to be a confidante of the boss.* **2** ask for or demand something as your legal right. **3** (*written*) (of a calamity, accident, etc.) cause somebody's death: *The civil war ~ed thousands of lives.* ● **claim** n. **1** [C] statement that something is true, without being able to prove it. **2** [C, U] legal right that somebody believes they have to something, esp. land or property. **3** [C] request for money that you believe you have a right to, esp. from the government, a company, etc.: *an insurance ~* ▶ **claimant** n. person who claims something as their legal right.
clairvoyance /kleəˈvɔɪəns/ n. [U] supposed power of seeing future events in the mind. ▶ **clairvoyant** n., adj. (person) claiming to have such power.
clam /klæm/ n. large, edible shellfish with a shell in two parts that can open and close. ● **clam** v. (-mm-) [PV] **clam up (on somebody)** (*infml.*) refuse to speak.
clamber /ˈklæmbə(r)/ v. [I] climb with difficulty.
clammy /ˈklæmi/ adj. (**-ier, -iest**) unpleasantly damp and sticky.
clamor (*GB* **-our**) /ˈklæmər/ n. [C, U] (*fml.*)

loud, confused noise. **clamor** [I] ~**(for)** demand something noisily.

clamp /klæmp/ n. tool for holding things tightly together, usu. with a screw. ● **clamp** v. [T] fasten two things together with a clamp. [PV] **clamp down (on somebody/something)** take strict action in order to prevent something, esp. crime. ■ **'clampdown** n. [usu. sing.] sudden action taken to stop an illegal activity.

clan /klæn/ n. large family group, esp. in Scotland.

clandestine /klæn'destɪn/ adj. (fml.) secret: a ~ faction

clang /klæŋ/ v. [I, T] (cause something to) make a loud ringing sound, like that of metal being hit. ▶ **clang** n.

clank /klæŋk/ v. [I, T] (cause something to) make a sound like pieces of metal hitting each other. ▶ **clank** n.

clap /klæp/ v. (-pp-) **1** [I, T] hit your open hands together several times to show your approval or appreciation of something. **2** [T] hit somebody lightly with your open hand: ~ somebody on the back **3** [T] (infml.) put something/somebody somewhere quickly and suddenly: She ~ped the bag on the table. ● **clap** n. **1** act or sound of clapping. **2** sudden, loud noise, esp. of thunder. ■ **,clapped 'out** adj. (GB, infml.) (of a car or machine) old and worn out.

claret /'klærət/ n. [U, C] kind of red French wine. ● **claret** adj. dark red.

clarify /'klærəfaɪ/ v. (pt, pp -ied) [T] make something clearer and easier to understand. ▶ **clarification** /ˌklærəfɪ'keɪʃn/ n. [U, C]

clarinet /ˌklærə'net/ n. musical instrument of the woodwind group. ▶ **clarinettist** (also **clarinetist**) n. person who plays the clarinet.

clarity /'klærəti/ n. [U] **1** quality of being expressed clearly. **2** ability to think about or understand something clearly.

clash /klæʃ/ v. **1** [I] fight or argue with somebody. **2** [I] (of ideas, opinions, personalities, etc.) be very different and opposed to one another. **3** [I] (of events) happen at the same time so that you cannot go to or see them both. **4** [I] (of colours, patterns, etc.) look unattractive when put together. **5** [I, T] hit something together with a harsh ringing noise. ● **clash** n. **1** short fight, argument, or disagreement. **2** difference between two opposing things: a personality ~ with his girlfriend **3** loud noise made by two metal objects being hit together: the ~ of distant bells

clasp /klɑːsp/ n. **1** device for fastening things together: the ~ of a bracelet **2** firm hold with your hand. ● **clasp** v. [T] **1** hold somebody/something tightly. **2** fasten something with a clasp(1).

class /klɑːs/ n. **1** [C, with sing. or pl. verb] group of students taught together. **2** [C, U] period of time when a group of students meets to be taught. **3** [C, with sing. or pl. verb] social group at a particular level: the working/aristocratic ~ **4** [U] way that people are divided into different social and economic groups. **5** [C] group of people, animals, or things with similar qualities. **6** [U] (infml.) elegance. ● **class** v. [T] think or decide that somebody/something is a particular type of person or thing: His works are now ~ed with those of the great Renaissance painters. ■ **'classroom** n. room in a school in which a class of students is taught. ▶ **classy** adj. (-ier, -iest) (infml.) fashionable; stylish.

classic /'klæsɪk/ adj. **1** typical: a ~ case **2** of very high quality: a ~ painting ● **classic** n. **1** [C] book, film, or song of high quality and lasting value: The novel is a modern ~. **2** **(Classics)** [U] (study of the) languages and literature of ancient Greece and Rome.

classical /'klæsɪkl/ adj. **1** traditional. **2** of the style of ancient Greece and Rome. **3** (of music) serious, and having a value that lasts; as opposed to popular or folk tradition. ▶ **classically** /-kli/ adv.

classify /'klæsɪfaɪ/ v. (pt, pp -ied) [T] arrange something into groups according to the features that they have in common. ▶ **classification** /ˌklæsɪfɪ'keɪʃn/ n. [C,U] ▶ **classified** adj. officially secret: classified information

clatter /'klætə(r)/ n. [sing.] loud noise made by hard objects hitting each other: the ~ of utensils ▶ **clatter** v. [I]

clause /klɔːz/ n. **1** (gram.) group of words that contains a subject and a verb. **2** (law) section of a legal document.

claustrophobia /ˌklɔːstrə'fəʊbiə/ n. [U] extreme fear of being in an enclosed space.

claw /klɔː/ n. **1** hard, curved nail at the end of the foot of an animal or a bird. **2** long, sharp, curved part of the body of some shellfish. **3** device like a claw for gripping and lifting things. ● **claw** v. [I, T] ~**(at)** tear or scratch somebody/something with claws or with your fingernails. [PV] **claw something back 1** get something back that you have lost, usu. by using a lot of effort. **2** (of a government) get back money that has been paid to people, usu. by taxing them. ■ **'clawback** n. (GB, business) act of getting money back from people it has been paid to; money that is paid back.

clay /kleɪ/ n. [U] stiff, sticky earth that becomes hard when baked, used for making bricks, pots, etc.

clean[1] /kliːn/ adj. **1** not dirty. **2** (of paper) with nothing written on it. **3** not offensive or referring to sex: *a ~ joke* **4** not having any record of doing something that is against the law: *a ~ voting record* **5** smooth; regular: *a ~ outline* [IDM] **make a clean breast of something** make a full confession of something. ● **clean** *adv.* (*infml.*) completely: *I ~ forgot about the meeting.* [IDM] **come clean (with somebody) (about something)** make a full and honest confession. ■ **,clean-'cut** *adj.* (*esp.* of a man) looking neat and clean, and therefore socially acceptable. ■ **,clean-'shaven** *adj.* not having a beard or moustache.

clean² /kli:n/ *v.* [T] make something clean. [PV] **clean somebody out** (*infml.*) take all somebody's money. **clean something out** clean the inside of something thoroughly: *He ~ed out the nooks and corners.* **clean (something) up 1** remove dirt, rubbish, etc. from a place **2** (*infml.*) make or win a lot of money. **clean something up** remove crime and immoral elements from a place or an activity. ▶ **clean** *n.* [sing.]: *The garage needs a good ~.* ▶ **cleaner** *n.* **1** person whose job is to clean other people's houses, offices, etc. **2** machine or substance that cleans: *a vacuum ~* **3 (cleaner's)** (*also* **,dry-'cleaner's**) shop where clothes, etc. are cleaned with chemicals, not water.

cleanliness /'klenlinəs/ *n.* [U] state of being clean.

cleanly /'kli:nli/ *adv.* easily; smoothly.

cleanse /klenz/ *v.* [T] clean your skin or a wound. ▶ **cleanser** *n.* substance that cleanses.

clear¹ /klɪə(r)/ *adj.* **1** easy to see through: *~ glass* **2** easy to understand, see, or hear: *a ~ statement of the facts* **3** obvious; definite: *a ~ case of inefficiency* **4** without doubt or confusion; certain: *I'm not ~ about the agenda.* **5** free from obstructions. **6** ~**(of)** not touching something. **7** without cloud or mist: *a ~ morning* **8** without spots: *~ skin* **9** free from guilt: *a ~ mind* **10** (of a sum of money) with nothing to be taken away: *~ profit* [IDM] **make something/yourself clear** express something/yourself in such a way that your wishes, ideas, etc. are fully understood. ● **clear** *n.* [IDM] ■ **,clear-'cut** *adj.* definite and easy to understand. **in the clear** (*infml.*) no longer in danger or suspected of something. ● **clear** *adv.* **1** away from something; not near or touching something: *Stand ~ of the crowd.* **2** all the way to something that is far away. [IDM] **keep/stay/steer clear (of somebody/something)** avoid a person or thing because they/it may cause problems ■ **,clear-'headed** *n.* able to think clearly. ▶

clearly *adv.* in a way that is easy to see, hear, or understand; obviously. ■ **,clear-'sighted** *adj.* understanding or thinking clearly.

clear² /klɪə(r)/ *v.* **1** [T] remove something unwanted from a place. **2** [I] move freely again; no longer be blocked: *The weather took days to ~ after the dust storm.* **3** [I] (of sky or the weather) become brighter and free of cloud, fog, or rain. **4** [T] approve something officially. **5** [T] ~**(of)** declare somebody to be not guilty of a crime. **6** [T] get past or over something without touching it: *The horse-rider ~ed the fence.* [IDM] **clear the air** remove fears, misgivings, etc. by talking about them openly. [PV] **clear (something) away** remove objects in order to leave a place tidy. **clear off** (*infml.*) go away. **clear out (of...)** (*infml.*) leave a place quickly. **clear something out** make something empty or tidy by removing unwanted things: *~ out the drawers* **clear up** (of the weather) become bright or fine. **clear (something) up** make something clean and tidy. **clear something up** remove doubt about something; solve: *~ up a puzzle*

clearance /'klɪərəns/ *n.* **1** [C, U] removal of unwanted things. **2** [C, U] clear space between two things: *The underpass has sufficient ~ for vehicles.* **3** [U] official approval or permission.

clearing /'klɪərɪŋ/ *n.* open space in a forest from which trees have been cleared.

cleavage /'kli:vɪdʒ/ *n.* **1** space between a woman's breasts. **2** (*fml.*) division or split.

clef /klef/ *n.* musical symbol showing the pitch of the notes.

clemency /'klemənsi/ *n.* [U] (*fml.*) kindness shown to somebody when they are being punished; mercy.

clench /klentʃ/ *v.* [T] close something tightly; press something firmly together: *~ your fists*

clergy /'klɜ:dʒi/ *n.* [pl.] (often **the clergy**) priests and ministers of a religion, esp. of the Christian Church. ■ **'clergyman** /'klɜ:dʒimən/ *n.* (*pl.* **-men** /-mən/) Christian priest or minister.

clerical /'klerɪkl/ *adj.* **1** connected with office work. **2** of or for the clergy.

clerk /klɑ:k/ *n.* **1** person whose job is to keep the records or accounts in an office, a shop, etc. **2** (*US*) (*also* **'sales clerk**) = SHOP ASSISTANT

clever /'klevə(r)/ *adj.* **1** quick at learning and understanding; intelligent. **2** showing skill; effective: *a ~ strategy* ▶ **cleverly** *adv.* ▶ **cleverness** *n.* [U]

cliché /'kli:ʃeɪ/ *n.* idea or expression that is used so often that it no longer has any meaning or freshness.

click /klɪk/ *v.* **1** [I, T] (cause something to)

make a short, sharp sound: *He ~ed his heels while waiting for the results.* **2** ~(on) [I, T] choose a particular function or item on a computer screen, etc. by pressing one of the buttons on the mouse: *Just ~ on the mouse to navigate the computer screen.* **3** [I] (*infml.*) suddenly become understood. ▶ **click** *n.*

client /'klaɪənt/ *n.* **1** person who receives help or advice from a professional person: *a reputed lawyer with many famous ~s* **2** (*computing*) computer that is linked to a server.

clientele /ˌkliːən'tel/ *n.* [sing., with sing. or pl. verb] all the customers or clients of a shop, a hotel, an organization, etc.

cliff /klɪf/ *n.* steep rock face, esp. by the sea.

climactic /klaɪ'mæktɪk/ *adj.* (*written*) (of an event or a point in time) very exciting, most important.

climate /'klaɪmət/ *n.* **1** [C, U] general weather conditions of a place. **2** [C] general attitude or feeling. ▶ **climatic** /klaɪ'mætɪk/ *adj.*

climax /'klaɪmæks/ *n.* most exciting or interesting moment in a novel, etc. usu near the end. ● **climax** *v.* [I] reach a climax.

climb /klaɪm/ *v.* **1** [I, T] go up something, esp. using your limbs. **2** [I] move in the direction mentioned, with difficulty: *~ all the way to the top of the hill* **3** [I] (of aircraft) go higher in the sky. **4** [I] (of plants) grow up a wall or frame. [IDM] **climb on the bandwagon** → BAND [PV] **climb down (over something)** (*infml.*) admit that you have made a mistake or were wrong. ● **climb** *n.* **1** act of climbing. **2** mountain or rock which people climb for sport. ■ **'climbdown** *n.* act of admitting you were wrong. ▶ **climber** *n.* **1** person who climbs. **2** climbing plant.

clinch /klɪntʃ/ *v.* [T] **1** succeed in achieving or winning something: *to ~ a deal* **2** provide the answer to something; settle something that was not certain. ● **clinch** *n.* (*infml.*) tight embrace.

cling /klɪŋ/ *v.* (*pt, pp* **clung** /klʌŋ/) [I] ~(on) hold on tightly to somebody/something. ■ **'cling film** *n.* [U] clear, thin, plastic material used for wrapping food.

clinic /'klɪnɪk/ *n.* building or part of a hospital where people go for special medical treatment or advice: *a dental ~* ▶ **clinical** *adj.* **1** of clinics or medical treatment. **2** cold and unfeeling. **3** (of a room or building) very plain and undecorated.

clink /klɪŋk/ *n.* sound of small pieces of glass, etc. knocking together. ● **clink** *v.* [I, T] (cause something to) make this sound.

clip /klɪp/ *v.* (-pp-) **1** [I, T] fasten something to something else with a clip. **2** [T] cut something with scissors, shears, etc. **3** [T] hit the edge or side of something. ● **clip** *n.* **1** [C]

small metal or plastic object used for holding things together: *a hair ~* **2** [sing.] act of cutting something to make it shorter. **3** [C] short part of a film that is shown separately: *Here's a ~ from the much-hyped film.* **4** [C] (*infml.*) a quick hit with your hand: *She gave him a ~ on the ear.* ■ **'clipboard** *n.* **1** portable board with a clip at the top for holding papers. **2** (*computing*) place where cut or copied text and images can be stored temporarily before they are moved to another location. ▶ **clippers** *n.* [pl] tool for cutting small pieces off things: *nail ~pers* ▶ **clipping** *n.* [C] **1** [usu. pl.] piece cut off something. **2** (*esp. US*) = CUTTING(1)

clique /kliːk/ *n.* (*often disapprov*) closely united group of people.

cloak /kləʊk/ *n.* **1** [C] type of loose coat that has no sleeves and fastens at the neck. **2** [sing.] (*lit.*) thing that hides or covers something: *a ~ of mystery* ● **cloak** *v.* [T] (*lit.*) cover or hide something. ■ **'cloakroom** *n.* **1** (*esp. GB*) place in a public building where coats, bags, etc. may be left. **2** (*GB*) room in a public building where there are toilets.

clock /klɒk/ *n.* instrument for measuring and showing the time. [IDM] **around/round the clock** all day and all night. **put/turn the clock back 1** return to a situation that existed in the past. **2** return to old-fashioned ideas, ways, etc. ● **clock** *v.* [T] reach a particular time or speed. [PV] **clock in/on** record the time that you arrive at work, esp. by putting a card into a machine. **clock out/off** record the time that you leave work, esp. by putting a card into a machine. **clock something up** win or achieve a particular number or amount. ■ **'clockwise** *adv., adj.* in the direction of the movement of the hands of a clock. ■ **'clockwork** *n.* [U] machinery wound up with a key. [IDM] **go/run like clockwork** happen according to plan and without problems or delays.

clod /klɒd/ *n.* lump of earth or clay.

clog /klɒg/ *v.* (-gg-) [I, T] ~(up) (cause something to) become blocked. ● **clog** *n.* wooden shoe.

cloister /'klɔɪstə(r)/ *n.* covered passage round a square in a convent, college, cathedral, monastery, etc. ▶ **cloistered** *adj.* protected from the dangers and problems of normal life.

clone /kləʊn/ *n.* **1** (*biol.*) exact copy of a plant or animal, which is produced artificially from the cells of another plant or animal. **2** (*computing*) computer designed to work in exactly the same way as another, usu. one made by a different company. ● **clone** v. [T] produce an exact copy of an animal or a plant from its cells.

close¹ /kləʊz/ v. [I, T] **1** (cause something to) shut: ~ *the door* ◇ *The counter ~s at 5 p.m.* **2** (cause something to) come to an end: ~ *a deal* [IDM] **close your eyes to something** pretend you have not noticed something so that you do not have to deal with it. [PV] **close (something) down** (of a factory, business, etc.) stop (something) operating as a business. **close in (on somebody/something)** move nearer to somebody/something, esp. in order to attack them. ● **close** n. [sing.] (*fml.*) end of a period of time or activity: *The call for tea brought the meeting to a ~.* ■ **,closed-,circuit 'television** (*abbr.* **CCTV**) n. [U] television system that works within a limited area, e.g. a public building, to protect it from crime. ■ **'close-down** n. [U, sing.] stopping of work, esp. permanently, in an office, a factory, etc. ■ **,closed 'shop** n. place of work where the employees must all be members of a particular trade union.

close² /kləʊs/ adj. (~**r**, ~**st**) **1** ~ **(to)** near. **2** knowing somebody very well and liking them very much: *a ~ colleague* **3** near in a family relationship: *~ cousins* **4** careful and thorough: *on ~ analysis* **5** won by a small difference: *a ~ contest* **6** uncomfortably hot and without fresh air. [IDM] **a close call/shave** (*infml.*) situation in which a disaster or failure is only just avoided. ● **close** adv. near; not far away: *stay ~ behind* ■ **,close-'fitting** adj. (of clothes) fitting tightly to the body. ■ **,close-'knit** adj. (of a group of people) joined together closely by shared feelings, beliefs, activities, etc. ▶ **closely** adv. ▶ **closeness** n. [U] ■ **,close-'set** adj. situated very close together: *~-set eyebrows* ■ **'close-up** n. photograph taken very near to somebody/something.

close³ /kləʊs/ n. **1** (*GB*) (esp. in street names) street closed at one end. **2** grounds of a cathedral.

closet /'klɒzɪt/ n. (*esp. US*) small room or space in a wall, used for storing things. ● **closet** adj. secret. ● **closet** v. [T] shut somebody in a room away from other people.

closure /'kləʊʒə(r)/ n. [C, U] situation when a factory, shop, etc. shuts permanently.

clot /klɒt/ n. lump formed from a liquid, esp. blood. ● **clot** v. (**-tt-**) [I, T] (cause something to) form into clots.

cloth /klɒθ/ n. **1** [U] material made by weaving cotton, wool, etc. **2** [C] piece of cloth used for a special purpose: *a table ~* ◇ *Wipe the stain with a damp ~.*

clothe /kləʊð/ v. [T] provide clothes for somebody.

clothes /kləʊðz/ n. [pl.] things that you wear, e.g. trousers, dresses, etc. ■ **'clothes hanger** n. = HANGER ■ **'clothes horse** n. frame on which clothes are hung to dry, esp. indoors. ■ **'clothes line** n. rope stretched between posts on which washed clothes are hung to dry. ■ **'clothes peg** n. wooden or plastic clip for fastening clothes to a clothes line.

clothing /'kləʊðɪŋ/ n. [U] clothes.

cloud /klaʊd/ n. **1** [C, U] (mass of) visible water vapour floating in the sky. **2** [C] mass of something, e.g. mist or smoke, in the air. **3** [C] thing that makes you feel sad or anxious. [IDM] **under a cloud** in disgrace; under suspicion. ● **cloud** v. **1** [T] confuse something: *His good sense was ~ed by insecurity.* **2** [I, T] ~**(over)** (of the sky) to fill with clouds. ▶ **cloudy** adj. (**-ier, -iest**) **1** covered with clouds. **2** (of liquids) not clear.

clout /klaʊt/ v. [T] (*infml.*) hit somebody, esp. with your hand. ● **clout** n. (*infml.*) **1** [U] power and influence. **2** [C] heavy blow, esp. with the hand.

clove /kləʊv/ n. **1** dried flower of a tropical tree, used in cooking as a spice. **2** one of the small separate sections of a bulb of garlic: *Grind two ~s of garlic.*

clover /'kləʊvə(r)/ n. [U, C] small, wild plant with (*usu.*) three leaves on each stalk.

clown /klaʊn/ n. **1** performer in a circus who does silly things to make people laugh. **2** (*disapprov.*) person who acts in a stupid way. ● **clown** v. [I] ~**(around)** behave foolishly.

club /klʌb/ n. [C] **1** group of people who meet for sport, social entertainment, or other particular activity. **2** building that a particular club uses. **3** place where esp. young people go to listen to music, dance, socialize, etc. **4** thick, heavy stick used as a weapon. **5** stick for hitting the ball in golf. **6** (**clubs**) [pl., U] one of the four sets of playing cards (**suits**) with black, three-leaved shapes: *the queen of ~s* ● **club** (**-bb-**) v. **1** [T] hit somebody with a heavy stick: *The victim was ~bed to death with a cricket bat.* **2** [I] (**go clubbing**) (*GB, infml.*) spend time dancing and drinking in a club(3). [PV] **club together** (*GB*) join together to give money for something.

cluck /klʌk/ v. [I], n. (make) the noise of a hen.

clue /kluː/ n. something that helps in finding an answer to a problem: *The police are puzzled by the lack of ~s.* [IDM] **not have a clue** (*infml.*) not know anything. ▶ **clueless** adj. (*infml., disapprov.*) stupid.

clump /klʌmp/ n. small group (*esp.* of trees or plants). ● **clump** v. **1** [I] walk heavily and awkwardly. **2** [I, T] (cause something to)

clumsy /ˈklʌmzi/ adj. (-ier, -iest) 1 lacking in skill and ungraceful in movement. 2 (of actions and statements) tactless. 3 difficult to use. ▶ **clumsily** adv. ▶ **clumsiness** n. [U]

clung pt, pp of CLING

cluster /ˈklʌstə(r)/ n. group of things close together. ● **cluster** v. [I] ~ **(together)** form a close group.

clutch /klʌtʃ/ v. [I, T] (try to) hold somebody/something tightly, esp. with the hands. ● **clutch** n. 1 [C] pedal in a car, etc. that you press with your foot in order to change gear. 2 [C] device in a machine that connects and disconnects the engine and the gears. 3 **(clutches)** [pl.] (infml.) power or control: be in somebody's ~es 4 [C] tight hold of somebody/something. 5 [C] group of bird's eggs that hatch together.

clutter /ˈklʌtə(r)/ n. [U] (esp. unnecessary or unwanted) things lying about untidily. ● **clutter** v. [T] fill a place with too many things so that it is untidy.

cm abbr. (pl. **cm** or ~**s**) centimetre.

Co. abbr. company(1)

c/o /ˌsiː ˈəʊ/ abbr. (on letters, etc. addressed to somebody staying at somebody else's house) care of.

coach /kəʊtʃ/ n. 1 person who trains somebody or a team in sport. 2 bus for carrying passengers on long journeys. 3 railway carriage. 4 large carriage with four wheels, pulled by horses. 5 cheapest seats in a plane. ● **coach** v. [T] teach somebody, esp. for an examination or in a sport.

coagulate /kəʊˈægjuleɪt/ v. [I, T] (cause something to) change from a liquid to a thick, semi-solid state.

coal /kəʊl/ n. [C, U] (piece of) black mineral that is burnt as a fuel. ■ **'coalface** n. surface in a coal mine from which coal is cut. ■ **'coalfield** n. district in which coal is mined. ■ **'coal mine** n. place underground where coal is dug. ▶ **'coal miner** n. person whose job is digging coal in a coal mine.

coalesce /ˌkəʊəˈles/ v. [I] (fml.) come together to form a whole or one larger group, substance, etc.

coalition /ˌkəʊəˈlɪʃn/ n. union of political parties for a special purpose.

coarse /kɔːs/ adj. (~r, ~st) 1 rough; not fine. 2 rude and offensive. ▶ **coarsely** adv. ▶ **coarsen** /ˈkɔːsn/ v. [I, T] become or make somebody/something coarse. ▶ **coarseness** n. [U]

coast /kəʊst/ n. land next to the sea. [IDM] **the coast is clear** (infml.) there is no danger of being seen or caught. ● **coast** v. [I] move, esp. downhill, without using power. ▶ **coastal** adj. ■ **'coastguard** n. [C, with sing. or pl. verb] (one of a) group of people on police duty on the coast. ■ **'coastline** n. shape or outline of a coast.

coat /kəʊt/ n. 1 piece of outdoor clothing worn over other clothes to keep warm or dry. 2 fur or hair on an animal. 3 layer on a surface: a ~ of paint ● **coat** v. [T] cover something with a layer of something. ■ **ˌcoat hanger** n. = HANGER ▶ **coating** n. thin layer. ■ **'coat of 'arms** n. design on a shield used as a sign by a noble family, town, corporation, etc.

coax /kəʊks/ v. [T] persuade somebody gently or gradually. [PV] **coax something out of/from somebody** obtain something from somebody by persuading them gently.

cob /kɒb/ n. 1 = CORNCOB (CORN) 2 strong, short-legged horse. 3 male swan.

cobble /ˈkɒbl/ v. [PV] **cobble something together** put something together quickly or roughly.

cobbles /ˈkɒblz/ (also **'cobble-stones**) n. [pl.] small round stones used to make the surfaces of roads, esp. in the past. ▶ **cobbled** adj.

cobra /ˈkəʊbrə/ n. poisonous snake of India and Africa.

cobweb /ˈkɒbweb/ n. spider's web.

cocaine /kəʊˈkeɪn/ n. [U] powerful, illegal drug taken for pleasure by some people.

cock¹ /kɒk/ n. 1 male bird, esp. an adult male chicken. 2 = STOPCOCK

cock² /kɒk/ v. [T] 1 raise or turn part of the body upwards: ~ed her eyebrow in amusement. 2 raise the hammer of a gun ready for firing. [PV] **cock something up** (GB, sl.) spoil or ruin something. ■ **'cock-up** n. (GB, spoken) bad mistake that spoils people's arrangements.

cockatoo /ˌkɒkəˈtuː/ n. (pl. ~s) kind of parrot with a large crest.

cockerel /ˈkɒkərəl/ n. young male chicken.

cock-eyed /ˈkɒk aɪd/ adj. (infml.) 1 not straight or level; crooked. 2 not practical: a ~ plan

cockle /ˈkɒkl/ n. small edible shellfish.

cockney /ˈkɒkni/ n. 1 [C] person from the East End of London. 2 [U] way of speaking that is typical of cockneys: a ~ accent

cockpit /ˈkɒkpɪt/ n. part of a plane, boat, or racing car where the pilot or driver sits.

cockroach /ˈkɒkrəʊtʃ/ n. large brown insect that lives mainly in damp rooms.

cocktail /ˈkɒkteɪl/ n. 1 mixed alcoholic drink.

2 mixture of fruit or shellfish: *a shrimp ~*
cocky /ˈkɒki/ *adj.* **(-ier, -iest)** (*infml.*) too self-confident.
cocoa /ˈkəʊkəʊ/ *n.* **1** [U] brown powder tasting like bitter chocolate. **2** [U, C] hot drink made from this.
coconut /ˈkəʊkənʌt/ *n.* large nut with a hard, hairy shell and an edible white lining and filled with milky juice.
cocoon /kəˈkuːn/ *n.* silky covering made by an insect larva to protect itself while it is a chrysalis.
cod /kɒd/ *n.* [C, U] (*pl* **cod**) large sea fish with white flesh that is used as food.
coddle /ˈkɒdl/ *v.* [T] treat somebody with too much care and attention.
code /kəʊd/ *n.* **1** [C, U] system of words, letters, numbers, or symbols that represent a message or record information secretly or in a shorter form: *break the ancient military ~* **2** [U] (*computing*) system of computer programming instructions. **3** [C] system of rules and principles: *a ~ of conduct* ● **code** *v.* [T] **1** put something into code. **2** (*computing*) write a computer program by putting one system of numbers, words, and symbols into another system.
co-educational /ˌkəʊedʒuˈkeɪʃnl/ (*also infml.* **coed** /ˌkəʊˈed/) *adj.* (of a school or an educational system) where boys and girls are taught together. ▶ **coeducation** *n.* [U]
coerce /kəʊˈɜːs/ *v.* [T] (*fml.*) force somebody to do something. ▶ **coercion** /kəʊˈɜːʃn/ *n.* [U] ▶ **coercive** /-ˈɜːsɪv/ *adj.*
coexist /ˌkəʊɪɡˈzɪst/ *v.* [I] (*fml.*) exist together at the same time or in the same place. ▶ **co-existence** *n.* [U] state of being together in the same place at the same time: *harmonious ~ence*
coffee /ˈkɒfi/ *n.* **1** [U, C] (powder obtained by grinding the roasted) seeds of the coffee tree. **2** [U, C] hot drink made from coffee powder and boiling water.
coffer /ˈkɒfə(r)/ *n.* **1** [C] large, strong box used in the past for holding money or other valuables. **2** (**coffers**) [pl.] (*written*) money that a government, etc. has available to spend.
coffin /ˈkɒfɪn/ *n.* (*esp. GB*) box in which a dead body is buried or cremated.
cog /kɒɡ/ *n.* **1** one of the teeth on a wheel that moves the teeth of a similar wheel. **2** = COGWHEEL [IDM] **a cog in the machine** unimportant but necessary person in a large organization. ■ **ˈcogwheel** (*also* **cog**) *n.* wheel with teeth round the edge.

cogent /ˈkəʊdʒənt/ *adj.* (*fml.*) strongly and clearly expressed; convincing.
cognac /ˈkɒnjæk/ *n.* [U, C] kind of brandy.
cohabit /kəʊˈhæbɪt/ *v.* [I] (*fml.*) (*usu.* of an unmarried couple) live together as husband and wife. ▶ **cohabitation** /ˌkəʊˌhæbɪˈteɪʃn/ *n.* [U]
cohere /kəʊˈhɪə(r)/ *v.* [I] (*fml.*) **1** (of ideas, etc.) be connected logically. **2** (of people) work closely together. ▶ **coherent** /kəʊˈhɪərənt/ *adj.* (of ideas, arguments, etc.) connected logically; clear and easy to understand. ▶ **coherence** /kəʊˈhɪərəns/ *n.* [U] ▶ **coherently** *adv.*
cohesion /kəʊˈhiːʒn/ *n.* [U] tendency to stick together; unity. ▶ **cohesive** /kəʊˈhiːsɪv/ *adj.*
coil /kɔɪl/ *v* [I, T] (cause something to) wind into a series of loops. ● **coil** *n.* **1** series of loops formed by winding up a length of rope, wire, etc. **2** one circle of rope, wire, etc. in a series.
coin /kɔɪn/ *n.* piece of metal used as money. ● **coin** *v.* [T] **1** invent a new word or phrase. **2** make coins. ▶ **coinage** /ˈkɔɪnɪdʒ/ *n.* [U] coins in use in a country.
coincide /ˌkəʊɪnˈsaɪd/ *v.* [I] **1** (of events) happen at the same time. **2** (of opinions or ideas) agree. **3** (*fml.*) (of objects) meet; share the same space.
coincidence /kəʊˈɪnsɪdəns/ *n.* [C, U] fact of two or more things happening at the same time by chance: *It was pure ~ that we met in a foreign country.* ▶ **coincidental** /kəʊˌɪnsɪˈdentl/ *adj.* happening by chance. ▶ **coincidentally** *adv.*
coke /kəʊk/ *n.* [U] **1** (*infml.*) = COCAINE **2** black substance produced from coal and used as a fuel.
colander /ˈkʌləndə(r)/ *n.* bowl with many small holes in it, used to drain water from food.
cold¹ /kəʊld/ *adj.* **1** of low temperature. **2** (of food) not heated; having cooled after being heated. **3** unfriendly; unfeeling: *a ~ treatment* **4** unconscious: *knock somebody out ~* [IDM] **get/have cold feet** (*infml.*) become/be afraid to do something you had planned to do. **give somebody the cold shoulder** (*infml.*) treat somebody in an unfriendly way. **in cold blood** deliberately cruel and without feeling: *kill somebody in ~ blood* **pour/throw cold water on something** be discouraging or not enthusiastic about something. ■ ˌ**cold-ˈblooded** *adj.* **1** (of people and their actions) without pity; cruel. **2** (*biol.*) (of animals) having a blood temperature that varies with the surroundings. ■ ˌ**cold ˈcash** *n.* [U] = HARD CASH (HARD¹) ■ ˌ**cold-ˈhearted** *adj.* not showing

any love or sympathy for other people. ▶ **coldly** *adj.* ▶ **coldness** *n.* [U] ■ **,cold 'war** *n.* [sing.] very unfriendly relationship between two countries who are not actually fighting each other.

cold² /kəʊld/ *n.* **1** [U] lack of heat or warmth; low temperature. **2** [C] common illness of the nose or throat. [IDM] **leave somebody out in the cold** not include somebody in a group or an activity.

coleslaw /'kəʊlslɔː/ *n.* [U] finely chopped raw cabbage, carrots, etc. mixed with mayonnaise.

colic /'kɒlɪk/ *n.* [U] severe pain in the stomach and bowels.

collaborate /kə'læbəreɪt/ *v.* [I] **1** ~(with) work together. **2** ~(with) help the enemy. ▶ **collaboration** /kəˌlæbə'reɪʃn/ *n.* [U] ▶ **collaborator** *n.*

collage /'kɒlɑːʒ/ *n.* picture made by sticking pieces of paper, cloth, etc. onto a surface.

collapse /kə'læps/ *v.* **1** [I] fall down suddenly: *The building ~d due to its poor foundation.* **2** [I] fall down (and become unconscious) because of illness or fatigue. **3** [I] fail suddenly and completely. **4** [I, T] fold something into a flat, compact shape: *The chair ~s to fit into the cupboard.* ● **collapse** *n.* [C, usu. sing., U]: *the ~ of the empire* ▶ **collapsible** *adj.* that can be folded for packing, storing, etc.: *a collapsible chair*

collar /'kɒlə(r)/ *n.* **1** part around the neck of a shirt or other garment. **2** band of leather, etc. put round the neck of a dog or other animal. ● **collar** *v.* [T] seize or catch somebody. ■ **'collarbone** *n.* either of the two bones that go from the base of the neck to the shoulders.

collate /kə'leɪt/ *v.* [T] gather information to examine and compare it.

collateral /kə'lætərəl/ *n.* [U] (*business*) property or money used as security for a loan.

colleague /'kɒliːg/ *n.* person that you work with.

collect /kə'lekt/ *v.* **1** [I, T] come together; bring somebody/something together: *A large crowd ~ed at the rally.* ◇ *~ the scattered papers.* **2** [T] save stamps, cards, etc. as a hobby. **3** [I, T] ~(**for**) obtain money from a number of people for somebody/something: *- money for relief* **4** [T] fetch somebody/something: *- a child from school* [IDM] **collect yourself/ your thoughts** control your emotions; prepare yourself mentally for something. ● **collect** *adj., adv.* (*US*) (of a phone call) paid for by the person who receives the call. ▶ **collected** *adj.* calm and self-controlled. ▶ **collection** /kə'lekʃn/ *n.* **1** [C] group of objects collected. **2** [C, U] act of collecting somebody/something. **3** [C] sum of money collected. ▶ **collective** *adj.* of a group or society as a whole; shared. ▶ **collectively** *adv.* ▶ **collector** *n.* person who collects something, either as a hobby, or as a job: *a stamp ~or*

college /'kɒlɪdʒ/ *n.* **1** institution for higher education; part of a university. **2** (*fml.*) organized group of professional people.

collide /kə'laɪd/ *v.* [I] ~(**with**) **1** (of moving objects or people) hit each other or against somebody/something. **2** (of people, their opinions, etc) disagree strongly.

colliery /'kɒliəri/ *n.* (*pl.* **-ies**) (*GB*) coal mine.

collision /kə'lɪʒn/ *n.* [C, U] **1** accident in which two vehicles or people crash into each other. **2** (*written*) strong disagreement.

colloquial /kə'ləʊkwiəl/ *adj.* (of words and language) used in conversation but not in formal speech or writing. ▶ **colloquialism** *n.* colloquial word or phrase. ▶ **colloquially** *adv.*

collude /kə'luːd/ *v.* [I] ~(**with**) (*fml.*) work with somebody secretly and dishonestly. ▶ **collusion** /kə'luːʒn/ *n.* [U]

colon /'kəʊlən/ *n.* **1** punctuation mark (:). **2** (*anat.*) lower part of the large intestine (= part of the bowels).

colonel /'kɜːnl/ *n.* middle-ranking officer in the army or US air force.

colonial /kə'ləʊniəl/ *adj.* connected with or belonging to a colony(1). ● **colonial** *n.* person living in a colony(1). ▶ **colonialism** *n.* [U] policy of having colonies. ▶ **colonialist** *n., adj.*

colonist /'kɒlənɪst/ *n.* person who settles in an area and colonizes it.

colonize (*also* **-ise**) /'kɒlənaɪz/ *v.* [T] establish an area as a colony(1). ▶ **colonization** (**-isation**) /-'zeɪʃn/ *n.* [U]

colonnade /ˌkɒlə'neɪd/ *n.* row of columns(1).

colony /'kɒləni/ *n.* (*pl.* **-ies**) **1** country lived in and controlled by people from another country. **2** group of people with the same interests, etc. living in the same place.

color = (*GB*) COLOUR

colossal /kə'lɒsl/ *adj.* very large.

color¹ /'kə-lər/ *n.* **1** [C, U] appearance that things have that results from the way in which they reflect light. **2** [U] appearance of the skin on somebody's face: *The short holiday brought some ~ to her cheeks.* **3** [U, C] shade of a person's skin, when it shows the race they belong to. **4** [C] interesting details or qualities. **5** (**colors**) [pl.] flag, badge, etc. worn to show that somebody is a member of a particular team, school, organization, etc. [IDM] **off color** (*infml.*) unwell; ill. **with flying colors** with great success. ■ **'color-blind** *adj.* unable to distinguish between colors(1). ▶ **colorful** *adj.* **1** brightly colored.

2 interesting or exciting. ▶ **colorless** *adj.* **1** without color(1). **2** dull and uninteresting. ■

'color supplement *n.* (*GB*) magazine printed in color, given free esp. with a Sunday newspaper.

color² /'kə-ler/ *v.* **1** [T] give color to something, using paint, colored pencils, etc. **2** [I] become red with embarrassment; blush. **3** [T] affect something, esp. in a negative way. [PV] **color something in** fill a picture, etc. with color. ▶ **colored** *adj.* having a particular color or different colors. ▶ **coloring** *n.* **1** [U, C] substance used to give a particular color to food. **2** [U] colors of somebody's skin, eyes, and hair. **3** [U] colors that exist in something, esp. a plant or an animal.

colt /kəʊlt/ *n.* young male horse.

column /'kɒləm/ *n.* **1** tall vertical post supporting part of a building or standing alone. **2** something shaped like a column: *a ~ of steam* **3** (*abbr.* **col.**) vertical division of a printed page. **4** part of a newspaper or magazine which appears regularly: *a sports ~* **5** long moving line of people or vehicles. ▶ **columnist** /'kɒləmnɪst/ *n.* person who writes regular articles for a newspaper.

coma /'kəʊmə/ *n.* state of deep unconsciousness.

comb /kəʊm/ *n.* [C] **1** piece of plastic or metal with teeth, used for tidying your hair. **2** [usu. sing.] act of using a comb on your hair: *give the child a ~* **3** *n* [C, U] = HONEYCOMB ● **comb** *v.* [T] **1** tidy your hair with a comb. **2** search something carefully in order to find somebody/something.

combat /'kɒmbæt/ *n.* [U, C] fighting or a fight, esp. during a time of war. ● **combat** *v.* (**-t-** or **-tt-**) [T] **1** stop something unpleasant or harmful from happening or getting worse. **2** (*fml.*) fight against an enemy. ▶ **combatant** /'kɒmbətənt/ *n.* person who fights.

combination /ˌkɒmbɪ'neɪʃn/ *n.* **1** [C] number of things or people joined or mixed together: *a ~ of ethnic and modern style* **2** [U] act of joining two or more things together to form a single unit. **3** [C] series of numbers or letters needed to open the lock of a safe, etc.

combine¹ /kəm'baɪn/ *v.* [I, T] join two or more things together.

combine² /'kɒmbaɪn/ *n.* **1** (*also* ˌ**combine 'harvester**) machine that both cuts and threshes grain. **2** group of people or organizations acting together in business.

combustible /kəm'bʌstəbl/ *adj.* that can catch fire and burn easily.

combustion /kəm'bʌstʃən/ *n.* [U] process of burning.

come /kʌm/ *v.* (*pt* **came** /keɪm/, *pp* **come**) [I] **1** move towards the speaker or the place to which he/she is referring: *~ over and have dinner with us* **2** arrive at or reach a place. **3** reach; extend: *The lawn ~s right up to the woods.* **4** travel a specified distance: *We've ~ over 100 miles since starting.* **5** happen; take place: *Easter ~s once a year.* **6** **~to/into** reach a particular state: *~ to a conclusion* **7** **~(in)** (of goods, products, etc.) exist; be available: *This dress ~s in several different sizes.* **8** become: *The hook came undone.* **9** **~to** begin: *~ to understand the true facts* [IDM] **come to grips with something** → GRIP **come to a head** → HEAD¹ **come to nothing | not come to anything** be unsuccessful. **come what may** in spite of any problems or difficulties you may have. **how come (...)?** (*spoken*) why? **to come** in the future: *for all time to ~* [PV] **come about** happen. **come across** (*also* **come over**) **1** be understood: *The points of his paper didn't really ~ across.* **2** make a particular impression: *She ~s across very poised in interviews.* **come across somebody/something** find something or meet somebody by chance. **come along 1** arrive; appear: *When the right person ~s along, she'll surely marry him.* **2** progress, develop, or improve: *Her drama is coming along nicely.* **3** = COME ON(3) **come apart** fall to pieces. **come around/round 1** (*also* **come to**) become conscious again. **2** occur again: *Christmas seems to ~ round quicker every year.* **come around/round (to...)** visit for a short time: *C~ round to the club for the evening.* **come around/round (to something)** change your mood or your opinion. **come at somebody** move towards somebody to attack them: *He came at me with a threatening look.* **come back** return. **come back (to somebody)** return to somebody's memory. **come before somebody/something** (*fml.*) be presented to somebody/something for discussion or a decision: *The case should ~ before the court this month.* **come between A and B** interfere. **come by something** obtain or receive: *Genuine people are hard to ~ by.* **come down 1** collapse. **2** (of rain, prices, etc.) fall. **3** decide and say publicly that you support or oppose somebody. **4** reach down to a particular point: *Her dress ~s down to her knees.* **come down (to somebody)** have come from a long time in the past. **come down to something** be able to be explained by a single important point: *What it ~s down to is that you'll have to study harder to make it to the next grade.* **come in 1** (of the tide) move towards the land. **2** become fashionable. **3** arrive somewhere; be received. **4** have a part to play: *Where do I ~ in?* **come in for something** be the object of rebuke, criticism, etc. **come into something** inherit something. **come of/from something** be the result of something. **come off 1** be able to be removed: *Will these tea stains ~ off?* **2** (*infml.*) take place; happen. **3** (*infml.*) (of plans, etc.) be successful: *The attempt did not ~ off.* **come off (something) 1** fall from something: *~ off the stool.* **2** become separated from something: *The handle has ~ off the brush.* **come on 1** (of an actor) walk onto the stage. **2** improve or develop in the way you want. **3** used in orders to tell somebody to hurry or to try harder: *C~ on, we don't have much time for the show to begin.* **4** (of rain, night, illness, etc.) begin: *I think there's a storm coming on.* **come on/upon somebody/something** (*fml.*) meet or find somebody/something by chance. **come out 1** become visible; appear: *The rain stopped and the sun came out.* **2** become known; be published: *The secret deal came out eventually.* **3** (of workers) strike. **4** be clearly revealed, e.g. in a photograph. **come out (of something)** be removed from something: *Will the stains ~ out?* **come out in something** become (partly) covered in spots, etc.: *~ out in measles* **come out with something** say something: *He ~s out with the most absurd suggestions.* **come over 1** (*GB, infml.*) suddenly become something: *She came over all bashful.* **2** = COME ACROSS **come over (to...)** move from one place to another, esp. for a visit: *~ over to India for a holiday.* **come over somebody** (of feelings, etc.) affect somebody: *A feeling of intoxication came over him.* **come round (to something)** = COME AROUND **come through** (of a message, signal, etc.) arrive. **come through (something)** recover from a serious illness or escape injury. **come to** = COME AROUND(1) **come to somebody** (of an idea) enter your mind: *The idea came to me while I was taking a stroll.* **come to something 1** add up to something: *The bill came to £50.* **2** reach a particular situation, esp. a bad one.: *The doctors could do a surgery, but it might not ~ to that.* **come under something 1** be in a certain category, etc. **2** be subjected to something: *~ under her influence.* **come up 1** (of plants, etc.) appear above the soil. **2** happen: *Something urgent has ~ up again.* **3** be mentioned: *The question has to ~ up yet.* **come up against somebody/something** be faced with or opposed by somebody/something. **come up to something** reach something: *The water level has ~ up to the danger mark.* **come up with something** produce or find: *~ up with a solution* **come upon somebody/something** = COME ON somebody/something ■ **'comeback** *n.* [C, usu. sing.] return to a previous successful position: *an actor of yesteryears trying to make a ~back* ■ **'comedown** *n.* [C, usu. sing.] situation in which a person is not as important as before, or does not get as much respect from others. ▶ **coming** *adj.* future: *in the coming days* ▶ **coming** *n.* [sing.] arrival: *the coming of spring* [IDM] **comings and goings** arrivals and departures.

comedian /kəˈmiːdiən/ *n.* (*old-fash. fem* **comedienne** /kəˌmiːdiˈen/) entertainer who makes people laugh by telling jokes, enacting funny parts in film, etc.

comedy /ˈkɒmədi/ *n.* (*pl.* **-ies**) **1** [C, U] amusing play, film, etc. **2** [U] amusing aspect of something.

comet /ˈkɒmɪt/ *n.* bright object, like a star with a long tail, that moves round the sun.

comfort /ˈkʌmfət/ *n.* **1** [U] state of being relaxed and free from pain or worry: *They inherited enough money to live in ~ for a long time.* **2** [U] feeling of not suffering or worrying so much; feeling of being less unhappy: *to take ~ from somebody's assurances* **3** [sing.] person or thing that brings you help or relief. **4** [C, usu. pl.] thing that gives physical ease and makes life more pleasant. ● **comfort** *v.* [T] make somebody feel less unhappy or worried. ▶ **comfortable** /ˈkʌmftəbl/ *adj.* **1** (of clothes, furniture, etc.) pleasant to sit on, wear, etc.: *a ~able bed* **2** feeling pleasantly relaxed; warm enough, without pain, etc.: *I feel most ~able at the farmhouse.* **3** (*infml.*) fairly rich. **4** quite large; allowing you to win easily. ▶ **comfortably** *adv.*

comic /ˈkɒmɪk/ *adj.* **1** amusing and making you laugh. **2** connected with comedy. ● **comic** *n.* **1** comedian. **2** magazine, esp. for children, with stories told in pictures. ▶ **comical** *adj.* (*old-fash.*) funny or amusing because of being strange or unusual. ■ **'comic strip** (*also* **cartoon**) *n.* series of drawings that tell a story and are often printed in newspapers.

comma /ˈkɒmə/ *n.* punctuation mark (,).

command /kəˈmɑːnd/ *v.* **1** [I, T] order somebody to do something. **2** [T] be in charge of a group of people in the army, navy, or air force: *~ a regiment* **3** [T] deserve and get something: *~ admiration* **4** [T] (*fml.*) have a clear view of a place: *a ~ing location over the valley* ● **command** *n.* **1** [C] order given to a person or an animal. **2** [C] instruction given to a computer. **3** [U] control; authority over a situation or group of people: *in ~ of a battalion* **4** (**Command**) [C] part of an army, air force, etc. **5** [U, sing.] ~ (of)

ability to use something: *a good ~ of grammar*
commandant /'kɒməndænt/ *n.* officer in command of a military group or an institution.
commandeer /ˌkɒmən'dɪə(r)/ *v.* [T] take possession or control of something for official, esp. military purposes.
commander /kə'mɑːndə(r)/ *n.* **1** person who is in charge of something, esp. an officer in charge of a group of soldiers or a military operation. **2** (*abbr.* **Cdr**) officer of fairly high rank in the British or American navy.
commandment /kə'mɑːndmənt/ *n.* law given by God.
commando /kə'mɑːndəʊ/ *n.* (*pl.* **~s** or **~es**) (member of a) group of soldiers trained to make quick attacks in enemy areas.
commemorate /kə'meməreɪt/ *v.* [T] honour the memory of somebody, an event, etc. ▶ **commemoration** /kəˌmemə'reɪʃn/ *n.* [C, U] ▶ **commemorative** /kə'memərətɪv/ *adj.*
commence /kə'mens/ *v.* [I, T] (*fml.*) begin; start. ▶ **commencement** *n.* [U]
commend /kə'mend/ *v.* [T] (*fml.*) **1** praise somebody/ something, esp. publicly; recommend somebody/ something to somebody. **2** be approved of by somebody: *His pleasant demeanour ~ itself to all his colleagues.* ▶ **commendable** *adj.* deserving praise. ▶ **commendation** /-'deɪʃn/ *n.* [U, C]
commensurate /kə'menʃərət/ *adj.* **~with** (*fml.*) matching something in size, degree, importance, etc.: *pay ~ with the importance of the job*
comment /'kɒment/ *n.* [C, U] written or spoken statement that gives an opinion on or explains somebody/something. ● **comment** *v.* [I] **~ (on)** give your opinion on something.
commentary /'kɒməntri/ *n.* (*pl.* **~ies**) **1** [C, U] spoken description of an event given as it happens, esp. on the radio or television: *a sports ~* **2** [C] written explanation of a book, play, etc.
commentate /'kɒmənteɪt/ *v.* [I] **~ (on)** give a commentary(1). ▶ **commentator** *n.*
commerce /'kɒmɜːs/ *n.* [U] trade, esp. between countries; the buying and selling of goods.
commercial /kə'mɜːʃl/ *adj.* **1** of or relating to commerce. **2** making a profit. **3** (of television or radio) paid for by advertisements. ● **commercial** *n.* advertisement on television or radio. ▶ **commercialized** (*GB also* **-ised**) *adj.* concerned mainly with making a profit: *Filmmaking has become more -ized in recent years.* ▶ **commercially** /-ʃəli/ *adv.*
commiserate /kə'mɪzəreɪt/ *v.* [I] **~(with)** (*fml.*) show sympathy to somebody: *I ~d with her on the loss of her ranking.* ▶ **commiseration** /kəˌmɪzə'reɪʃn/ *n.* [C, U]

commission /kə'mɪʃn/ *n.* **1** [C] (often **Commission**) official group of people asked to find out about something and to report on it. **2** [U, C] amount of money paid to somebody who sells goods for making a sale. **3** [C] formal request to somebody to design a piece of work such as a building or painting. **4** [C] officer's position in the armed forces. ● **commission** *v.* [T] **1** officially ask somebody to do a piece of work for you. **2** choose somebody as an officer in one of the armed forces.
commissioner /kə'mɪʃənə(r)/ *n.* **1** (*usu.* **Commissioner**) member of a commission(1). **2** (**po'lice commissioner**) head of a particular police force in some countries. **3** head of a government department in some countries.
commit /kə'mɪt/ *v.* (**-tt-**) [T] **1** do something wrong or illegal: *~ robbery* **2** **~(to)** promise sincerely that you will do something: *The government has ~ ted itself to increasing employment.* **3** **~ yourself** give your opinion openly so that it is then difficult to change it. **4** be completely loyal to a person, principle, organization, etc. **5** **~to** order somebody to be sent to a prison or hospital. ▶ **commitment** *n.* **1** [C] something that you have promised to do. **2** [U] loyalty.
committee /kə'mɪti/ *n.* [C, with sing. or pl. verb] group of people chosen to deal with a particular matter.
commodity /kə'mɒdəti/ *n.* (*pl.* **-ies**) useful thing, esp. an article of trade; product.
common¹ /'kɒmən/ *adj.* **1** happening or found often and in many places; usual. **2** shared or used by two or more people: *a ~ goal* ◊ *~ belief* **3** (*GB, disapprov.*) typical of somebody from a low social class and not having good manners. ■ ,**common 'ground** *n.* [U] shared opinions or aims. ■ ,**common 'law** *n.* [U] (in England) system of laws developed from customs and decisions made by judges, not created by Parliament. ▶ '**common-law** *adj.* ▶ **commonly** *adv.* ■ '**commonplace** *adj.* done very often or existing in many places. ■ ,**common 'sense** *n.* [U] ability to think about things in a practical way and make sensible decisions.
common² /'kɒmən/ *n.* area of open land for public use. [IDM] **have something in common** share interests, ideas, etc. **in common with somebody/something** together with somebody/something.
commoner /'kɒmənə(r)/ *n.* person who does not come from a noble family.
Commons /'kɒmənz/ *n.* [sing.] (**the Commons**) = THE HOUSE OF COMMONS (HOUSE¹)
commonwealth /'kɒmənwelθ/ *n.* **1** (**the Commonwealth**) [sing.] organization con-

sisting of the UK and most of the countries that used to be part of the British Empire. **2** (*usu.* **Commonwealth**) [C] used in the names of some groups of countries or states that have chosen to be politically linked.

commotion /kə'məʊʃn/ *n.* [sing., U] noisy confusion.

communal /kə'mju:nl; 'kɒmjənl/ *adj.* shared by a group of people.

commune¹ /'kɒmju:n/ *n.* **1** group of people who live together and share property and responsibilities. **2** (in France, etc.) smallest division of local government.

commune² /kə'mju:n/ *v.* [PV] **commune with somebody/something** (*fml.*) share your emotions and feelings with somebody/something without speaking: *He takes off regularly for communing with nature.*

communicate /kə'mju:nɪkeɪt/ *v.* **1** [I, T] make your ideas, feelings, views, etc. known to other people. **2** [T] pass on a disease. **3** [I] (of rooms) be connected: *a communicating door* ▶ **communication** /kə,mju:nɪ'keɪʃn/ *n.* **1** [U] activity of expressing ideas and feelings or of giving people information. **2** [U] (*also* **communications** [pl.]) methods of sending information, esp. telephones, radios, computers, etc. or roads and railways **3** [C] (*fml.*) message, letter, or telephone call. ▶ **communicative** /kə'mju:nɪkətɪv/ *adj.* willing to give information or talk.

communion /kə'mju:niən/ *n.* [U] **1** (*also* **Communion, ,Holy Com'munion**) Christian ceremony of sharing bread and wine. **2** (*fml.*) state of sharing thoughts, feelings, etc.

communiqué /kə'mju:nɪkeɪ/ *n.* official announcement.

communism /'kɒmjunɪzəm/ *n.* [U] **1** social and economic system in which there is no private ownership and the means of production belongs to all members of society. **2** (**Communism**) system of government by a ruling Communist Party, such as in the former Soviet Union. ▶ **communist** (*also* **Communist**) /'kɒmjənɪst/ *n., adj.*

community /kə'mju:nəti/ *n.* (*pl.* **-ies**) **1** [sing.] all the people living in one place. **2** [C, with sing. or pl. verb] group of people who share the same religion, race, history, job, etc. **3** [U] feeling of sharing or having things in common.

commute /kə'mju:t/ *v.* **1** [I] travel regularly by car, bus, train, etc. between your place of work and home. **2** [T] (*law*) replace a punishment with one that is less severe. ▶ **commuter** *n.* person who

travels into a city to work each day, usu. from quite far away.

compact¹ /kəm'pækt/ *adj.* closely packed together; neatly fitted in a small space. ▶ **compactly** *adv.* ▶ **compactness** *n.* [U]

compact² /'kɒmpækt/ *n.* small, flat box with a mirror, containing face powder.

compact disc *n.* = CD

companion /kəm'pæniən/ *n.* person who spends time or travels with another. ▶ **companionship** *n.* [U] relationship between friends or companions.

company /'kʌmpəni/ *n.* (*pl.* **-ies**) **1** [C] (*abbr.* **Co.**) business organization. **2** [C] group of people who work or perform together: *a drama* ~ **3** [U] fact of being with somebody else and not alone: *He is good* ~ (= he is pleasant to be with). **4** [U] (*fml.*) guests in your house. **5** [U] (*fml.*) group of people together. **6** [C] group of soldiers that forms part of a battalion. [IDM] **keep somebody company** stay with somebody so that they are not alone.

comparable /'kɒmpərəbl/ *adj.* that can be compared; similar.

comparative /kəm'pærətɪv/ *adj.* **1** connected with studying things to find out how similar or different they are. **2** measured by comparing; relative: *a* ~ *newcomer* **3** (*gram.*) of adjectives and adverbs expressing a greater degree or more, e.g. *better, worse: 'Better' is the* ~ *form of good.* ● **comparative** *n.* (*gram.*) comparative form of an adjective or adverb. ▶ **comparatively** *adv.*

compare /kəm'peə(r)/ *v.* **1** [T] ~**(with/to)** (*abbr.* **cf.**) examine things to see how they are alike and how they are different: ~ *the results of the two surveys* **2** [I] ~**with/to** be similar to somebody/something else, either better or worse. **3** [T] ~**A to B** show the similarity between somebody/something and somebody/ something else. [IDM] **compare notes (with somebody)** exchange opinions with somebody.

comparison /kəm'pærɪsn/ *n.* **1** [C, U] ~**(with)** process of comparing somebody/something: *There is no ground for* ~ *between them.* **2** [C] ~**(of A and/to/with B)**; ~**(between A and B)** occasion when two or more people or things are compared. [IDM] **by/in comparison (with somebody/something)** when compared with somebody/something.

compartment /kəm'pɑ:tmənt/ *n.* **1** section of a railway carriage. **2** separate section in a piece of furniture, etc. for keeping things in.

compass /'kʌmpəs/ *n.* **1** [C] device for finding direction, with a needle that points north. **2** (*also* **compasses** [pl.]) V-shaped instrument for drawing circles. **3** [C] (*fml.*) range; scope.

compassion /kəm'pæʃn/ n. [U] feeling of pity for the suffering of others. ▶ **compassionate** /kəm'pæʃənət/ adj. showing or feeling compassion. ▶ **compassionately** adv.

compatible /kəm'pætəbl/ adj. ~ **(with)** 1 (of machines, esp. computers) able to be used together. 2 (e.g. of people, ideas, or principles) able to exist together. ▶ **compatibility** /kəm,pætə'bɪləti/ n. [U]

compatriot /kəm'pætriət/ n. person from the same country as somebody else.

compel /kəm'pel/ v. (-ll-) [T] (fml.) force somebody to do something. ▶ **compelling** adj. convincing.

compensate /'kɒmpenseɪt/ v. [I, T] ~**(for)** pay or give somebody something to balance or lessen the adverse effect of damage, loss, etc. ▶ **compensation** /,kɒmpen'seɪʃn/ n. 1 [U, C] ~**(for)** something, esp. money, that somebody gives you because they have hurt you, or damaged something of yours; act of giving this to somebody. 2 [C, usu. pl.] things that make a bad situation better.

compère /'kɒmpeə(r)/ n. person who introduces the performers or guests in a radio or television show. ● **compère** v. [T] act as a compère for a show.

compete /kəm'piːt/ v. [I] take part in a race, contest, etc.; try to win by defeating others: ~ against the best

competence /'kɒmpɪtəns/ n. [U] 1 ability to do something well. 2 (law) legal authority. ▶ **competent** /'kɒmpɪtənt/ adj. having the ability, skill, knowledge, etc. to do something well. ▶ **competently** adv.

competition /,kɒmpə'tɪʃn/ n. 1 [U] situation in which people compete for something that not everyone can have. 2 [C] event in which people compete to find out who is the best at something: a dance ~ 3 **(the competition)** [sing., with sing. or pl. verb] people who are competing against somebody. ▶ **competitive** /kəm'petətɪv/ adj. 1 of or involving competition. 2 (of a person) trying hard to be better than others.

competitor /kəm'petɪtə(r)/ n. person who competes.

compile /kəm'paɪl/ v. [T] 1 produce a book, report, etc. by collecting information. 2 (computing) translate a set of instructions into a language that a computer will understand. ▶ **compilation** /,kɒmpɪ'leɪʃn/ n. 1 [C] collection of items taken from different places and put together. 2 [U] process of compiling. ▶ **compiler** n.

complacent /kəm'pleɪsnt/ adj. (disapprov.) calmly satisfied. ▶ **complacency** /kəm'pleɪsnsi/ n. [U] ▶ **complacently** adv.

complain /kəm'pleɪn/ v. [I] say that you are dissatisfied or unhappy about somebody/something: ~ about the job

complaint /kəm'pleɪnt/ n. 1 [C, U] (statement of) complaining. 2 [C] illness; disease.

complement /'kɒmplɪmənt/ n. 1 something that goes well with something else, making it complete: Meditation is the perfect ~ to a morning workout. 2 total number needed. 3 (gram.) word(s), esp. adjectives and nouns, used after a verb such as be or become describing the subject of the verb: In I'm anxious', anxious' is the ~. ● **complement** /'kɒmplɪment/ v. [T] go well with something to form a whole. ▶ **complementary** /,kɒmplɪ'mentri/ adj. going well with each other to form a whole.

complete /kəm'pliːt/ adj. 1 having all its parts; whole. 2 finished; ended. 3 in every way; total: a ~ change of attitude ● **complete** v. [T] 1 finish something; make something whole. 2 fill in a form. ▶ **completely** adv. in every way. ▶ **completeness** n. [U] ▶ **completion** /kəm'pliːʃn/ n. [U] act of finishing something; state of being complete.

complex /'kɒmpleks/ adj. made up of many different parts or aspects; difficult to understand or explain. ● **complex** n. 1 group of similar buildings or things that are connected: a shopping ~ 2 abnormal mental state: suffer from an inferiority ~ ▶ **complexity** /kəm'pleksəti/ n. [C, U] (pl. -ies)

complexion /kəm'plekʃn/ n. [C] 1 natural colour and condition of the skin on a person's face: a spotless ~ 2 [usu. sing.] general character of something.

compliance /kəm'plaɪəns/ n. [U] (written) practice of obeying rules made by those in authority. ▶ **compliant** /kəm'plaɪənt/ adj. obedient.

complicate /'kɒmplɪkeɪt/ v. [T] make something difficult to do, understand, or deal with. ▶ **complicated** adj. difficult to understand or explain because there are many different parts or aspects. ▶ **complication** /,kɒmplɪ'keɪʃn/ n. something that makes a situation more difficult.

complicity /kəm'plɪsəti/ n. [U] (fml.) taking part with another person in a crime.

compliment /'kɒmplɪmənt/ n. 1 [C] remark that expresses praise, admiration, etc. 2 **(compliments)** [pl.] (fml.) greetings or good wishes. ● **compliment** /'kɒmplɪment/ v. [T] express praise or admiration of somebody/something ▶ **complimentary** /-'mentri/ adj. 1 expressing admiration. 2 given free of charge: ~ary passes

comply /kəm'plaɪ/ v. (pt, pp -ied) [I] ~**(with)** (fml.) obey a rule, an order, a requirement, etc.

component /kəmˈpəʊnənt/ n. any of the parts of which something is made. ▶ **component** adj.

compose /kəmˈpəʊz/ v. **1** [I, T] write music, a poem, a letter, etc. **2** [T] (fml.) manage to control your feelings or expression: *She tried very hard to ~ herself.* ▶ **composed** adj. **1 (be composed of something)** made or formed from several parts, things, or people. **2** calm. ▶ **composer** n. person who writes music.

composite /ˈkɒmpəzɪt/ n., adj. (thing) made up of different parts or materials.

composition /ˌkɒmpəˈzɪʃn/ n. **1** [C] something that is composed, e.g. a piece of music. **2** [U] action of composing something. **3** [C] short piece of written work done at school. **4** [U] parts of which something is made: *the chemical ~ of water*

compost /ˈkɒmpɒst/ n. [U] mixture of decayed plants, manure, etc. added to soil to help plants grow.

composure /kəmˈpəʊʒə(r)/ n. [U] (fml.) calmness.

compound¹ /ˈkɒmpaʊnd/ n. **1** thing made up of two or more parts. **2** (chem.) substance formed by a chemical reaction of two or more elements. **3** (gram.) word made up of two or more words, e.g. *travel agent, almond-eyed* **4** enclosed area with buildings, lawns, etc.: *a school ~* ● **compound** adj. (tech.) formed of two or more parts. ■ **,compound ˈinterest** n. [U] interest(4) paid on both the original amount of money and on the interest added to it.

compound² /kəmˈpaʊnd/ v. [T] (fml.) **1** make something bad become even worse. **2** mix something together (tech.).

comprehend /ˌkɒmprɪˈhend/ v. [T] (fml.) understand something fully.

comprehension /ˌkɒmprɪˈhenʃn/ n. **1** [U] ability to understand something. **2** [C] exercise that trains students to understand a language: *a reading ~* ▶ **comprehensible** /-ˈhensəbl/ adj. that can be understood by somebody.

comprehensive /ˌkɒmprɪˈhensɪv/ adj. **1** including (nearly) everything: *a ~ account* **2** (GB) (of education) for pupils of all abilities in the same school. ● **comprehensive** (also **compreˈhensive school**) n. (in Britain) large secondary school that teaches pupils of all abilities.

compress /kəmˈpres/ v. [T] **1** force something into a small(er) space; press something together. **2** put ideas, reports, etc. into fewer words. ▶ **compression** /-ˈpreʃn/ n. [U]

comprise /kəmˈpraɪz/ v. [T] have somebody/something as parts or members; be composed of somebody/something.

compromise /ˈkɒmprəmaɪz/ n. [C, U] settling of an argument by which each side gives up something it had asked for. ● **compromise** v. **1** [I] make a compromise. **2** [T] put somebody/something into a dangerous or embarrassing position.

compulsion /kəmˈpʌlʃn/ n. **1** [U, C] strong pressure that makes somebody do something they do not want to do. **2** [C] strong desire to do something.

compulsive /kəmˈpʌlsɪv/ adj. **1** (of behaviour) that is difficult to stop or control: *~ shopping* **2** (of people) not being able to control their behaviour: *a ~ liar* **3** that makes you pay attention to it because it is so interesting and exciting: *The series make ~ viewing.*

compulsory /kəmˈpʌlsəri/ adj. that must be done; required by the law, etc.

compunction /kəmˈpʌŋkʃn/ n. [U] (fml.) feeling of guilt.

compute /kəmˈpjuːt/ v. [T] (fml.) calculate something. ▶ **computation** /ˌkɒmpjuˈteɪʃn/ n. [C, U] act or process of calculating something.

computer /kəmˈpjuːtə(r)/ n. electronic device that can store, organize and find information, do calculations, and control other machines. ▶ **computerize** (GB also -**ise**) v. [T] **1** provide a computer to do the work of something. **2** store information on a computer: *~ized network* ▶ **computerization** (also -**isation**) /kəmˌpjuːtəraɪˈzeɪʃn/ n. [U] ■ **com,puterˈliterate** adj. able to use computers well.

comrade /ˈkɒmreɪd/ n. person who is a member of the same communist or socialist political party as the speaker. ▶ **comradeship** n.

Con abbr. (in British politics) Conservative.

con /kɒn/ v. (-**nn**-) [T] (infml.) trick somebody. ● **con** n. (infml.) trick: *He's a real ~ artist* (= person who regularly cheats others). ■ **ˈcon man** n. (infml.) man who tricks others into giving him their money or other possessions.

concave /kɒnˈkeɪv/ adj. curved inwards.

conceal /kənˈsiːl/ v. [T] hide somebody/something. ▶ **concealment** n. [U] (fml.)

concede /kənˈsiːd/ v. **1** [T] admit that something is true. **2** [T] give something away, esp. unwillingly; allow somebody to have something. **3** [I, T] admit that you have lost a contest, etc.

conceit /kənˈsiːt/ n. [U] too high an opinion of yourself. ▶ **conceited** adj.

conceive /kənˈsiːv/ v. [I, T] **1 ~(of)** form an idea,

etc. in your mind; imagine something. **2** become pregnant. ▶ **conceivable** *adj.* that you can imagine. ▶ **conceivably** *adv.*

concentrate /'kɒnsntreɪt/ *v.* **1** [I] ~(on) give your full attention to something: *~ on the task at hand.* **2** [T] bring something together in one place. **3** [T] (*tech.*) increase the strength of a substance by reducing its volume. ● **concentrate** *n.* [C, U] substance or liquid that is made stronger because water or other substances have been removed.

concentration /ˌkɒnsn'treɪʃn/ *n.* **1** [U] ability to give your full attention to something. **2** [U] ~(on) process of people directing their full attention on a particular thing. **3** [C] ~(of) a lot of something in one place. ■ **concen'tration camp** *n.* prison for political prisoners.

concentric /kən'sentrɪk/ *adj.* (of circles) having the same centre.

concept /'kɒnsept/ *n.* general idea.

conception /kən'sepʃn/ *n.* **1** [U] process of forming an idea or a plan. **2** [C, U] understanding or belief of what something is. **3** [U, C] act of conceiving(2).

concern /kən'sɜːn/ *v.* [T] **1** involve somebody; affect somebody. **2** be about something. **3** worry somebody: *I'm ~ed about his health.* **4** ~ yourself with/about something take an interest in something. [IDM] **as/so far as I am concerned** → FAR[1] ▶ **concerning** *prep.* (*fml.*) about something; involving somebody/ something. ● **concern** *n.* **1** [U, C] worry. **2** [C] something that is important to somebody. **3** [C] business or company: *a loss-making ~.*

concert /'kɒnsət/ *n.* musical performance: *Fans used to throng all Beatles ~s.* [IDM] **in concert with somebody/something** (*fml.*) working together with somebody/ something.

concerted /kən'sɜːtɪd/ *adj.* arranged or done by people working together: *need for a ~ effort*

concertina /ˌkɒnsə'tiːnə/ *n.* musical instrument like a small accordion. ▶ **concertina** *v.* [I] fold up by being pressed together from each end.

concerto /kən'tʃɜːtəʊ/ *n.* (*pl.* ~s) musical composition for one instrument supported by an orchestra.

concession /kən'seʃn/ *n.* **1** [C, U] something that you allow or do, or allow somebody to have, in order to end a dispute, etc. **2** [U] act of conceding. **3** [C, usu. pl.] (*GB*) reduction in the amount of money that has to be paid; ticket sold at a reduced price to a particular group of people: *Vacation for two £500, family of three £600.* **4** [C], special right given to somebody to do something: *a ~ to develop alternative energy sources*

conciliate /kən'sɪlieɪt/ *v.* [T] (*fml.*) make somebody less angry or more pleasant. ▶ **conciliation** /kənˌsɪli'eɪʃn/ *n.* [U] ▶ **conciliatory** /kən'sɪliətəri/ *adj.* having the intention or effect of making angry people calm.

concise /kən'saɪs/ *adj.* giving a lot of information in a few words. ▶ **concisely** *adv.* ▶ **conciseness** *n.* [U]

conclude /kən'kluːd/ *v.* **1** [T] come to believe something as a result of what you have heard or seen: *The report ~d that poor infrastructure has adversely affected the economy.* **2** [I, T] (*fml.*) come or bring something to an end. **3** [T] arrange and settle an agreement with somebody formally. ▶ **conclusion** /kən'kluːʒn/ *n.* **1** decision; settlement. **2** end of something. ▶ **conclusive** /kən'kluːsɪv/ *adj.* proving something and allowing no doubt: *~ evidence* ▶ **conclusively** *adv.*

concoct /kən'kɒkt/ *v.* [T] **1** make something, esp. food or drink, by mixing several things together. **2** invent a story, an excuse, etc. ▶ **concoction** /kən'kɒkʃn/ *n.* strange or unusual mixture of things, esp. drinks or medicines.

concord /'kɒŋkɔːd/ *n.* [U] (*fml.*) agreement or harmony.

concourse /'kɒŋkɔːs/ *n.* large, open part of a public building, esp. an airport or a train station.

concrete /'kɒŋkriːt/ *adj.* **1** made of concrete: *a ~ floor* **2** based on facts, not on ideas or guesses. **3** existing in material form; that can be touched, etc. ● **concrete** *n.* [U] building material made by mixing cement with sand, gravel, etc. ● **concrete** *v.* [T] cover something with concrete.

concur /kən'kɜː(r)/ *v.* (-rr-) [I] (*fml.*) agree. ▶ **concurrence** /kən'kʌrəns/ *n.* **1** [U, sing.] agreement. **2** [sing.] example of two or more things happening at the same time. ▶ **concurrent** /kən'kʌrənt/ *adj.* existing or happening at the same time. ▶ **concurrently** *adv.*

concuss /kən'kʌs/ *v.* [T] hit somebody on the head, making them unconscious or confused for a short time. ▶ **concussion** /kən'kʌʃn/ *n.* [U]

condemn /kən'dem/ *v.* [T] **1** say that you disapprove of somebody/something. **2** ~**to** (*law*) say what somebody's punishment will be: *He was ~ed to three years' imprisonment.* **3** ~**to** make somebody accept something unpleasant: *~ed to do mundane jobs* **4** say officially that a building, etc. is unfit for use. ▶ **condemnation** /ˌkɒndem'neɪʃn/ *n.* [U, C]

condense /kən'dens/ *v.* **1** [I, T] (cause a gas to)

change into a liquid. **2** [I, T] (cause a liquid to) become thicker and stronger because it has lost some of its water. **3** [T] put something into fewer words: *~ a report* ▶ **condensation** /ˌkɒndenˈseɪʃn/ *n.* [U] **1** drops of liquid formed on a cool surface when warm water vapour condenses. **2** process of a gas changing to a liquid. ▶ **condenser** *n.*

condescend /ˌkɒndɪˈsend/ *v.* [T] **~ (to)** *(disapprov.)* do something that you think is below your social or professional position to do. ▶ **condescending** *adj.* ▶ **condescension** /ˌkɒndɪˈsenʃn/ *n.* [U]

condiment /ˈkɒndɪmənt/ *n.* seasoning, e.g. salt or pepper.

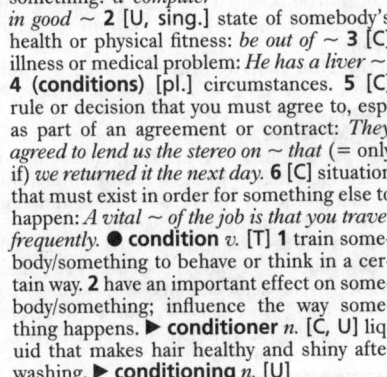

condition /kənˈdɪʃn/ *n.* **1** [U, sing.] what something is like; state of something: *a computer in good ~* **2** [U, sing.] state of somebody's health or physical fitness: *be out of ~* **3** [C] illness or medical problem: *He has a liver ~.* **4 (conditions)** [pl.] circumstances. **5** [C] rule or decision that you must agree to, esp. as part of an agreement or contract: *They agreed to lend us the stereo on ~ that* (= only if) *we returned it the next day.* **6** [C] situation that must exist in order for something else to happen: *A vital ~ of the job is that you travel frequently.* ● **condition** *v.* [T] **1** train somebody/something to behave or think in a certain way. **2** have an important effect on somebody/something; influence the way something happens. ▶ **conditioner** *n.* [C, U] liquid that makes hair healthy and shiny after washing. ▶ **conditioning** *n.* [U]

conditional /kənˈdɪʃənl/ *adj.* **1 ~(on)** depending on something: *Confirmation of employment is ~ on satisfactory performance.* **2** *(gram.)* (of a clause) beginning with *if*, *unless*, etc. ▶ **conditionally** /-ʃənəli/ *adv.*

condolence /kənˈdəʊləns/ *n.* [C, usu. pl., U] expression of sympathy.

condom /ˈkɒndɒm/ *n.* rubber covering worn by a man on his penis during sex, as a contraceptive.

condone /kənˈdəʊn/ *v.* [T] accept behaviour that is morally wrong as if it were not serious.

conducive /kənˈdjuːsɪv/ *adj.* **~to** *(written)* allowing or helping something to happen.

conduct¹ /kənˈdʌkt/ *v.* **1** [T] organize and do a particular activity: *~ an assessment* **2** [I, T] direct a group of people who are singing or playing music. **3** [T] lead or guide somebody through or around a place. **4 ~ yourself** *(fml.)* behave in a certain way. **5** [T] allow heat, electricity, etc. to pass along or through something. ▶ **conduction** /kənˈdʌkʃn/ *n.* [U] conducting of heat or electricity. ▶ **conductor** *n.* **1** person who conducts an orchestra, etc. **2** *(GB)* person who sells tickets on a bus. **3** substance that conducts heat or electricity.

conduct² /ˈkɒndʌkt/ *n.* [U] **1** behaviour: *The institution has a strict code of ~.* **2** way in which a business or an activity is organized and managed.

cone /kəʊn/ *n.* **1** solid body that narrows to a point from a circular, flat base. **2** solid or hollow object that is shaped like a cone: *an ice-cream ~* **3** fruit of certain evergreen trees, e.g. fir or pine.

confection /kənˈfekʃn/ *n.* *(fml.)* cake or other sweet food that looks very attractive. ▶ **confectioner** /kənˈfekʃənə(r)/ *n.* person who makes and sells sweets and cakes. ▶ **confectionery** *n.* [U] *(written)* sweets, cakes, etc.

confederacy /kənˈfedərəsi/ *n.* [sing.] union of states, groups of people, or political parties with the same aim.

confederate /kənˈfedərət/ *n.* person who helps somebody, esp. to do something illegal or secret.

confederation /kənˌfedəˈreɪʃn/ *n.* organization of countries, businesses, etc. that have joined together to help each other.

confer /kənˈfɜː(r)/ *v.* (**-rr-**) *(fml.)* **1** [I] **~(with)** discuss something with somebody **2** [T] **~(on)** give somebody an award, a university degree, or a particular honour or right.

conference /ˈkɒnfərəns/ *n.* **1** large official meeting, usu. lasting for a few days, at which people with the same work or interests come together for discussion or exchange of opinions. **2** meeting at which people have formal discussions: *He was in ~ with his managers all day.*

confess /kənˈfes/ *v.* [I, T] **1** admit, esp. formally or to the police, that you have done something wrong or illegal. **2** admit something that you feel ashamed or embarrassed about. **3** *(esp. in the Roman Catholic Church)* tell your sins formally to a priest. ▶ **confession** /kənˈfeʃn/ *n.* [C, U] **1** statement admitting that you have done something wrong. **2** telling of your sins to a priest. ▶ **confessional** /kənˈfeʃənl/ *n.* private enclosed place in a church where a priest hears confessions.

confetti /kənˈfeti/ *n.* [U] small pieces of coloured paper thrown at weddings.

confidant (*fem* **confidante**) /ˈkɒnfɪdænt; ˌkɒnfɪˈdɑːnt/ *n.* per-

confide /kən'faɪd/ v. [T] tell somebody secrets and personal information that you do not want others to know. [PV] **confide in somebody** tell somebody secrets, etc. because you feel you can trust them.

confidence /'kɒnfɪdəns/ n. 1 [U] ~(in) firm trust in the abilities or good qualities of somebody/something: *I have every ~ in her decision.* 2 [U] belief in your own ability to do things and be successful. 3 [U] feeling that you are certain about something. 4 [U] feeling of trust that somebody will keep information private: *He told me this in the strictest ~.* 5 [C] (*fml.*) secret that you tell somebody. [IDM] **take somebody into your confidence** tell somebody a secret. ▶ **confident** /'kɒnfɪdənt/ adj. very sure. ▶ **confidently** adv.

confidential /ˌkɒnfɪ'denʃl/ adj. 1 meant to be kept secret. 2 trusted with secrets. ▶ **confidentiality** /ˌkɒnfɪˌdenʃi'æləti/ n. [U] ▶ **confidentially** /-ʃəli/ adv.

configuration /kənˌfɪgə'reɪʃn/ n. 1 (*fml.*) arrangement of the parts of something. 2 (*computing*) equipment and programs that form a computer system and the way these are set up to run.

confine /kən'faɪn/ v. [T] 1 ~(to) keep somebody/something within certain limits: *The epidemic was ~d to the town.* 2 keep somebody shut in: *~d to bed with an infection* ▶ **confined** adj. (of space): limited: restricted. ▶ **confinement** n. [U] state of being shut in a closed space, prison, etc.; act of putting somebody there. ▶ **confines** /'kɒnfaɪnz/ n. [pl.] (*fml.*) limits; borders.

confirm /kən'fɜːm/ v. [T] 1 show or say that something is true: *The disclosure ~ed my suspicions.* 2 say or write that something is definite: *Please reply to ~ the appointment.* 3 (*usu.* passive) make somebody a full member of the Christian Church. ▶ **confirmation** /ˌkɒnfə'meɪʃn/ n. [C, U] ▶ **confirmed** adj. unlikely to change: *a ~ed pessimist*

confiscate /'kɒnfɪskeɪt/ v. [T] officially take something away from somebody, esp. as a punishment. ▶ **confiscation** /ˌkɒnfɪ'skeɪʃn/ n. [C, U]

conflagration /ˌkɒnflə'greɪʃn/ n. (*fml.*) large and destructive fire.

conflict /'kɒnflɪkt/ n. [C, U] 1 struggle, fight, or serious disagreement. 2 (of opinions, attitudes, etc.) opposition: difference. ▶ **conflict** /kən'flɪkt/ v. [I] be in opposition.

conform /kən'fɔːm/ v. [I] 1 ~(to) keep to generally accepted rules, standards, etc. 2 ~**with/to** agree with something. ▶ **conformist** n. person who conforms. ▶ **conformity** n. [U]

confront /kən'frʌnt/ v. [T] 1 ~(with) make somebody face something unpleasant or difficult. 2 meet somebody face to face; oppose somebody. ▶ **confrontation** /ˌkɒnfrʌn'teɪʃn/ n. [U, C] (instance of) angry opposition between two or more people.

confuse /kən'fjuːz/ v. [T] 1 make somebody unable to think clearly. 2 mistake somebody/something for somebody/something else: *Don't ~ numbers with strength.* 3 make something unclear. ▶ **confusion** /kən'fjuːʒn/ n. [U]

congeal /kən'dʒiːl/ v. [I] (of blood, fat, etc.) become thick and solid.

congenial /kən'dʒiːniəl/ adj. 1 pleasant: *a ~ gathering* 2 having similar interests. ▶ **congenially** adv.

congenital /kən'dʒenɪtl/ adj. (of a disease or medical condition) present from or before birth.

congested /kən'dʒestɪd/ adj. too full; overcrowded: *cities ~ with people and vehicles* ▶ **congestion** /kən'dʒestʃən/ n. [U]

conglomerate /kən'glɒmərət/ n. (*business*) large business organization consisting of several different firms. ▶ **conglomeration** /kənˌglɒmə'reɪʃn/ n. mixture of different things that are found all together.

congratulate /kən'grætʃuleɪt/ v. [T] tell somebody you are pleased about their success or achievements: *~ somebody on their job promotion* ▶ **congratulations** /kənˌgrætʃu'leɪʃnz/ exclam. used for congratulating somebody.

congregate /'kɒŋgrɪgeɪt/ v. [I] come together in a group. ▶ **congregation** /ˌkɒŋgrɪ'geɪʃn/ n. group of people who regularly attend a church. ▶ **congregational** adj.

congress /'kɒŋgres/ n. [C, with sing. or pl. verb] 1 large, formal meeting for discussion. 2 (**Congress**) (in the US, etc.) group of people elected to make laws. ▶ **congressional** /kən'greʃənl/ adj. ■ **'Congressman, 'Congresswoman** n. member of the US Congress.

congruent /'kɒŋgruənt/ adj. (of triangles) having the same size and shape.

conical /'kɒnɪkl/ adj. shaped like a cone.

conifer /'kɒnɪfə(r); 'kəʊn-/ n. tree, such as pine or fir, that produces hard, dry fruit. (**cones**) ▶ **coniferous** /kə'nɪfərəs/ adj.

conjecture /kən'dʒektʃə(r)/ v. [I, T] (*fml.*) guess something. ● **conjecture** n. [U, C] (*fml.*) guessing. ▶ **conjectural** adj.

conjugal /'kɒndʒəgl/ adj. (*fml.*) of the relationship between a husband and wife.

conjunction /kən'dʒʌŋkʃn/ n. 1 (*gram.*) word

that joins words, phrases, or sentences, e.g. *and*, *but*, or *or*. **2** (*fml.*) combination of events, etc. that causes a particular result. [IDM] **in conjunction with** (*fml.*) together with.
conjure /ˈkʌndʒə(r)/ *v.* [I] do clever tricks that appear magical. [PV] **conjure something up** cause something to appear as a picture in the mind. ▶ **conjuror** (*also* **-er**) *n.* person who performs conjuring tricks.
conk /kɒŋk/ *v.* [PV] **conk out** (*infml.*) **1** (of a machine) stop working: *His old bike has ~ed out.* **2** (*esp. US*) (of a person) fall asleep.
connect /kəˈnekt/ *v.* **1** [I, T] come or bring two or more things together; join something: *~ two tubes* **2** [I, T] (cause somebody/something to) have a link with somebody/something: *be ~ed by marriage* ◊ *There's reason to ~ him with the untoward incident.*
connection (*GB* **connexion**) /kəˈnekʃn/ *n.* **1** [C] something that connects two facts, ideas, groups, etc. **2** [U] act of connecting or state of being connected. **3** [C] train, aircraft, etc. that takes passengers on the next stage of their journey. **4** [C, usu. pl.] person you know who can help or advise you in your social or professional life: *He's one of my official ~s.* [IDM] **in connection with somebody/something** for reasons connected with somebody/something.
connive /kəˈnaɪv/ *v.* [I] (*disapprov.*) **1** ~**at** seem to allow something wrong to happen. **2** work with somebody to do something wrong or illegal. ▶ **connivance** *n.* [U]
connoisseur /ˌkɒnəˈsɜː(r)/ *n.* expert judge in matters of taste, e.g. on food or art.
connotation /ˌkɒnəˈteɪʃn/ *n.* idea or quality suggested by a word in addition to its main meaning: *negative ~s*
conquer /ˈkɒŋkə(r)/ *v.* [T] **1** take control of a country, city, etc. by force. **2** defeat somebody or overcome something. ▶ **conqueror** *n.*
conquest /ˈkɒŋkwest/ *n.* **1** [U] conquering, e.g. of a territory or people. **2** [C] something gained by conquering.
conscience /ˈkɒnʃəns/ *n.* [C, U] sense of right and wrong: *have a guilty ~* (= feel that you have done wrong) [IDM] **on your conscience** making you feel guilty for doing or failing to do something.
conscientious /ˌkɒnʃiˈenʃəs/ *adj.* (of a person or their actions) very careful. ▶ **conscientiously** *adv.* ▶ **conscientiousness** *n.* [U]
conscious /ˈkɒnʃəs/ *adj.* **1** awake. **2** ~(**of**) aware of something. **3** intentional: *make a ~ effort* ▶ **consciously** *adv.* ▶ **consciousness** *n.* [U]: *regain ~ness after the blow*
conscript /kənˈskrɪpt/ *v.* [T] force somebody by law to serve in the armed forces. ▶ **con-**

script /ˈkɒnskrɪpt/ *n.* person who has been conscripted. ▶ **conscription** /kənˈskrɪpʃn/ *n.* [U]
consecrate /ˈkɒnsɪkreɪt/ *v.* [T] **1** officially declare something to be holy or somebody to be a priest: *~ a church* **2** reserve something for a special (*esp.* religious) purpose. ▶ **consecration** /ˌkɒnsɪˈkreɪʃn/ *n.* [U]
consecutive /kənˈsekjətɪv/ *adj.* coming one after the other without interruption. ▶ **consecutively** *adv.*
consensus /kənˈsensəs/ *n.* [C, U] general opinion.
consent /kənˈsent/ *v.* [I] ~(**to**) give agreement to or permission for something. ▶ **consent** *n.* [U] agreement; permission.
consequence /ˈkɒnsɪkwəns/ *n.* **1** [C] result or effect: *the broad ~s of the decision* **2** [U] (*fml.*) importance: *It is of little ~.*
consequent /ˈkɒnsɪkwənt/ *adj.* (*fml.*) following as a result. ▶ **consequently** *adv.* therefore.
consequential /ˌkɒnsɪˈkwenʃl/ *adj.* (*fml.*) **1** consequent. **2** important.
conservation /ˌkɒnsəˈveɪʃn/ *n.* [U] **1** (*fml.*) protection of the natural environment. **2** prevention of loss, waste, etc.: *~ of the ecosystem* ▶ **conservationist** *n.* person interested in protecting the natural environment.
conservative /kənˈsɜːvətɪv/ *adj.* **1** opposed to great or sudden change. **2** (**Conservative**) of the Conservative Party. **3** cautious; moderate: *a ~ policy* ● **conservative** *n.* **1** conservative person. **2** (**Conservative**) member of the Conservative Party. ▶ **conservatively** *adv.* ■ **the Conˈservative Party** *n.* [sing., with sing. or pl. verb] one of the main British political parties, on the political right, which supports capitalism. ▶ **conservatism** /kənˈsɜːvətɪzəm/ *n.* [U]
conservatory /kənˈsɜːvətri/ *n.* (*pl.* **-ies**) **1** (*GB*) room with glass walls and roof that is built at the side of a house for growing plants in, etc. **2** school of music, drama, etc.
conserve /kənˈsɜːv/ *v.* [T] prevent something from being changed, lost, or destroyed. ● **conserve** /ˈkɒnsɜːv/ *n.* [C, U] (*fml.*) jam, with quite large pieces of fruit.
consider /kənˈsɪdə(r)/ *v.* [T] **1** think about something carefully. **2** think of somebody/something in a particular way: *We ~ this factor (to be) very important.* **3** take something into account: *~ the feelings of others* ▶ **considered** *adj.* as a result of careful thought: *a ~ed judgement*
considerable /kənˈsɪdərəbl/ *adj.* great in amount or size. ▶ **considerably** /kənˈsɪdərəbli/ *adv.* (*fml.*) much; a lot: *The weather is considerably cooler today.*

considerate /kənˈsɪdərət/ adj. kind and thinking of the needs of others. ▶ **considerately** adv.

consideration /kənˌsɪdəˈreɪʃn/ n. **1** [U] careful thought. **2** [C] something that must be thought about, esp. when deciding something: *Durability is one of the chief ~s.* **3** [U] quality of being thoughtful towards others. **4** [C] (*fml.*) reward; payment. [IDM] **take something into consideration** think about and include a particular thing or fact when forming an opinion or making a decision.

considering /kənˈsɪdərɪŋ/ prep., conj. used to show that you are thinking about and are influenced by a particular fact when you make a statement about something: *She's very perceptive, ~ her age.*

consign /kənˈsaɪn/ v. (*fml.*) [T] **1** put something/somebody somewhere in order to get rid of them: *~ the old papers to the wastepaper basket* **2** give or send something to somebody. ▶ **consignment** n. **1** [C] quantity of goods sent or delivered somewhere. **2** [U] act of sending or delivering something.

consist /kənˈsɪst/ v. [I] [PV] **consist in something** have something as the main or only part. **consist of something** be made up of something: *a meal ~ing of rice and curry.*

consistency /kənˈsɪstənsi/ n. (*pl.* **-ies**) **1** [U] quality of being consistent(1). **2** [C, U] degree of thickness, smoothness, etc. esp. of a liquid.

consistent /kənˈsɪstənt/ adj. **1** (*approv.*) always behaving in the same way, having the same opinions, standards, etc. **2** ~**(with)** in agreement: *compensation ~ with the damage* ▶ **consistently** adv.

consolation /ˌkɒnsəˈleɪʃn/ n. [U, C] person or thing that makes you feel better when you are unhappy.

console¹ /kənˈsəʊl/ v. [T] give somebody comfort or sympathy.

console² /ˈkɒnsəʊl/ n. panel for the controls of electronic equipment.

consolidate /kənˈsɒlɪdeɪt/ v. [I, T] **1** become or make something stronger, more secure, etc. **2** (*tech.*) join things together or become joined into one: *~ all his resources* ▶ **consolidation** /kənˌsɒlɪˈdeɪʃn/ n. [U]

consommé /kənˈsɒmeɪ/ n. [U] clear meat soup.

consonant /ˈkɒnsənənt/ n. **1** speech sound made by (partly) stopping the breath with the tongue, lips, etc. **2** letter of the alphabet that represents a consonant sound, e.g. *b*, *c*, and *d*.

consort /ˈkɒnsɔːt/ n. husband or wife, esp. of a ruler. ● **consort** /kənˈsɔːt/ v. [I] ~**with** (*fml.*) spend time with somebody that others disapprove of: *~ing with criminals*

consortium /kənˈsɔːtiəm/ n. (*pl.* **-s** or **-tia** /-tiə/) [C, with sing. or pl. verb] group of businesses, banks, etc. with a common purpose.

conspicuous /kənˈspɪkjuəs/ adj. easily seen; noticeable. ▶ **conspicuously** adv.

conspiracy /kənˈspɪrəsi/ n. (*pl.* **-ies**) [C, U] secret plan by a group of people to do something harmful or illegal.

conspire /kənˈspaɪə(r)/ v. [I] **1** ~**(with; against)** secretly plan with other people to do something harmful or illegal: *He ~d with others against the ruling authority.* **2** ~**against** (*written*) (of events) seem to work together to make something bad happen: *Circumstances ~d against them.* ▶ **conspirator** /kənˈspɪrətə(r)/ n. person who conspires.

constable /ˈkʌnstəbl/ n. = POLICE CONSTABLE ▶ **constabulary** /kənˈstæbjələri/ n. [C, with sing. or pl. verb] (*pl* **-ies**) (in Britain) police force of a particular area.

constant /ˈkɒnstənt/ adj. **1** continuing all the time: *~ chatter* **2** not changing: *a ~ temperature* ▶ **constancy** n. [U] state of being constant(2).

constellation /ˌkɒnstəˈleɪʃn/ n. group of stars with a name.

consternation /ˌkɒnstəˈneɪʃn/ n. [U] feeling of surprise, fear, or worry.

constipated /ˈkɒnstɪpeɪtɪd/ adj. not able to empty waste matter from the bowels easily. ▶ **constipation** /ˌkɒnstɪˈpeɪʃn/ n. [U]

constituency /kənˈstɪtjuənsi/ n. [C, with sing. or pl. verb] (*pl.* **-ies**) (in Britain) (voters living in an) area that sends a representative to Parliament.

constituent /kənˈstɪtjuənt/ adj. **1** being part of a whole. **2** (of an assembly, etc.) having the power or right to alter a political constitution. ● **constituent** n. **1** member of a constituency. **2** part of a whole.

constitute /ˈkɒnstɪtjuːt/ linking verb **1** be considered to be something: *The decision to build more factories ~s a real threat to the countryside.* **2** be the parts that together form something: *Various departments ~ a business.*

constitution /ˌkɒnstɪˈtjuːʃn/ n. **1** set of laws and principles according to which a country is governed. **2** person's physical structure and condition: *a strong ~* **3** general structure of something. ▶ **constitutional** adj. conforming to the laws, etc. by which a country is governed. ▶ **constitutionally** /-ʃənəli/ adv.

constrain /kənˈstreɪn/ v. [T] (*fml.*) **1** make somebody do something by force or strong

persuasion: *I felt ~ed to give in.* **2** restrict or limit somebody/something.
constraint /kən'streɪnt/ *n.* **1** [C] thing that limits or restricts something, or your freedom to do something: *One of the ~s on the project will be the skilled manpower available.* **2** [U] strict control over the way you behave.
constrict /kən'strɪkt/ *v.* **1** [I, T] become or make something tighter, smaller, or narrower: *Her throat ~ed and she felt a lump.* **2** [T] limit or restrict what somebody is allowed to do. ▶ **constriction** /kən'strɪkʃn/ *n.* [U, C]
construct /kən'strʌkt/ *v.* [T] build something or put something together.
construction /kən'strʌkʃn/ *n.* **1** [U] way or act of building something: *The new highway is still under ~.* **2** [C] (*fml.*) structure; building. **3** [C] way in which words are used together and arranged to form a sentence, phrase, etc.: *grammatical ~s*
constructive /kən'strʌktɪv/ *adj.* helpful; useful: *~ ideas* ▶ **constructively** *adv.*
consul /'kɒnsl/ *n.* official sent by his/her government to live in a foreign country and help people from his/her own country who are living there. ▶ **consular** /'kɒnsjələ(r)/ *adj.* of a consul or his/her work. ▶ **consulate** /'kɒnsjələt/ *n.* consul's office.
consult /kən'sʌlt/ *v.* **1** [T] go to a person, book, etc. for information, advice, or help: *~ the doctor about the symptoms.* **2** [I, T] **~with** discuss something with somebody to get their permission for something or to help you make a decision: *You should ~ your parents before taking a decision.*
consultant /kən'sʌltənt/ *n.* **1** person who is paid to give expert advice. **2** (*GB*) senior hospital doctor who specializes in a particular branch of medicine.
consultation /ˌkɒnsl'teɪʃn/ *n.* **1** [U] act of discussing something with somebody before making a decision about it. **2** [C] meeting with an expert, esp. a doctor, to get advice or treatment.
consume /kən'sjuːm/ *v.* [T] **1** use something: *The project ~d much time.* **2** (*fml.*) eat or drink something **3** **~(with)** fill somebody with a strong feeling: *She was ~d with worry.* **4** (of fire, etc.) destroy something. ▶ **consuming** *adj.* very strong.
consumer /kən'sjuːmə(r)/ *n.* person who buys goods. ■ **con,sumer 'durables** *n.* [pl.] (*business*) goods expected to last for a long time, such as refrigerators, televisions, etc. ■ **con'sumer goods** *n.* [pl.] goods bought by individual customers, such as food, clothes, etc.
consummate¹ /kən'sʌmət; 'kɒnsəmət/ *adj.* (*fml.*) very skilled; perfect.
consummate² /'kɒnsəmeɪt/ *v.* [T] (*fml.*) **1** make a marriage or relationship complete by having sex. **2** make something perfect. ▶ **consummation** /ˌkɒnsə'meɪʃn/ *n.* [C, U]
consumption /kən'sʌmpʃn/ *n.* [U] act of using food, resources, etc.; amount used: *This water is not fit for human ~.* ◇ *fuel ~*
contact /'kɒntækt/ *n.* **1** [U] act of communicating with somebody, esp. regularly: *Stay in ~ with your friends.* **2** [U] state of touching something: *This substance should not come into ~ with food or water.* **3** [C, usu. pl.] instance of meeting or communicating with somebody: *a job involving ~s with various marketing executives* **4** [C] person that you know, esp. somebody who can be helpful to you in your work: *He has several ~s in the government.* **5** [C] electrical connection. ● **contact** *v.* [T] communicate with somebody, e.g. by telephone or letter: *Where can I ~ you while you are on tour?* ■ **'contact lens** *n.* thin piece of plastic that you put on your eye to help you see better.
contagion /kən'teɪdʒən/ *n.* [U] spreading of disease by being close to or touching other people. ▶ **contagious** /kən'teɪdʒəs/ *adj.* **1** (of a disease) spread by people touching each other: *Scarlet fever is highly ~.* ◇ (*fig.*) *a laugh* **2** (of a person) having a disease that can be spread to others by touch.
contain /kən'teɪn/ *v.* [T] **1** have or hold something inside: *a bottle ~ing two litres of milk* **2** (*written*) keep your feelings under control. **3** (*written*) prevent something harmful from spreading or getting worse: *~ a dissent*
container /kən'teɪnə(r)/ *n.* **1** bottle, box, etc. for holding something: *a ~ for sugar* **2** large metal box, etc. for transporting goods.
contaminate /kən'tæmɪneɪt/ *v.* [T] make something dirty or impure; *~d water* ▶ **contamination** /-'neɪʃn/ *n.* [U]
contemplate /'kɒntəmpleɪt/ *v.* [T] **1** think carefully about something; consider doing something: *~ the proposal* **2** (*fml.*) look at something thoughtfully: *~ the scene* ▶ **contemplation** /ˌkɒntəm'pleɪʃn/ *n.* [U] act of contemplating something; deep thought. ▶ **contemplative** /kən'templətɪv/ *adj.* thoughtful.
contemporary /kən'temprəri/ *adj.* **1** belonging to the same time: *an ancient Greek play accompanied by ~ music* **2** of the present time; modern. ▶ **contemporary** *n.* (*pl.* -ies) person who lived or lives at the same time as another person: *Van Gogh and his*

contemporaries
contempt /kən'tempt/ *n.* [U] ~(for) **1** feeling that somebody/something is of no value and cannot be respected: *feel ~ for people who flatter unnecessarily* **2** lack of respect for rules, danger, etc.: *her ~ for tradition* ▶ **contemptible** /kən'temptəbl/ *adj.* not deserving any respect at all. ■ **con,tempt of 'court** *n.* [U] crime of not obeying a court or judge: *He was in ~ of court.* ▶ **contemptuous** /kən'temptʃuəs/ *adj.* feeling or showing contempt.

contend /kən'tend/ *v.* **1** [I, T] say that something is true, esp. in an argument: *~ that the theory was unfounded* **2** [I] compete against somebody in order to gain something. [PV] **contend with something** have to deal with a problem or difficult situation. ▶ **contender** *n.* person who tries to win something in competition with others.

content¹ /kən'tent/ *adj.* satisfied; happy: *~ to be idle* ● **content** *v.* [T] *~ yourself with* accept and be satisfied with something. ▶ **contented** *adj.* satisfied. ▶ **contentedly** *adv.* ▶ **contentment** (*also* **content**) *n.* [U] state of being content.

content² /'kɒntent/ *n.* **1 (contents)** [pl.] what is contained in something: *the ~s of her diary* **2 (contents)** [pl.] list of chapters in a book. **3** [sing.] subject written or spoken about in a book, programme, etc. **4** [sing.] amount of something contained in a substance, etc.: *the caffeine ~ in a cup of regular coffee*

contention /kən'tenʃn/ *n.* **1** [U] (*fml.*) angry disagreement between people. **2** [C] opinion expressed, esp. in an argument. ▶ **contentious** /kən'tenʃəs/ *adj.* liking or causing argument.

contest¹ /'kɒntest/ *n.* fight; competition.
contest² /kən'test/ *v.* [T] **1** take part in and try to win a competition, etc.: *~ an election* **2** formally oppose a decision, view, etc. because you think it is wrong. ▶ **contestant** *n.* person who takes part in a competition.

context /'kɒntekst/ *n.* [C, U] **1** situation in which an event happens. **2** sentence, phrase, article, etc. in which a word appears.

continent /'kɒntɪnənt/ *n.* **1** [C] one of the main land masses (Europe, Asia, Africa, North America, etc.) **2 (the Continent)** [sing.] (*GB*) the main part of the continent of Europe, not including Britain and Ireland. ▶ **continental** /ˌkɒntɪ'nentl/ *adj.* **1** (*also* **Continental**) (*GB*) of or in the continent of Europe, not including Britain and Ireland: *a ~al breakfast* **2** of or typical of a continent.

contingency /kən'tɪndʒənsi/ *n.* (*pl.* **-ies**) event that may or may not happen: *make ~ arrangements*

contingent /kən'tɪndʒənt/ *n.* [C, with sing. or pl. verb] **1** group of people at a meeting or an event who have something in common. **2** group of soldiers that are part of a larger force. ● **contingent** *adj.* *~ (on/upon)* (*fml.*) dependent on chance or possibility.

continual /kən'tɪnjuəl/ *adj.* happening all the time or very frequently: *~ dry weather* ◇ *~ disruptions* ▶ **continually** *adv.* again and again; without stopping.

continuation /kən,tɪnju'eɪʃn/ *n.* **1** [U, sing.] act of continuing. **2** [C] thing which continues beyond or extends something else: *This piece is a ~ of the previous article on gender equality.*

continue /kən'tɪnjuː/ *v.* **1** [I, T] (cause something to) keep existing or happening without stopping: *~ walking* ◇ *She ~d her visits to the old couple.* **2** [I] go or move further in the same direction: *~ down the riverbank* **3** [I] remain in a particular job or condition. **4** [I, T] start (something) again after stopping.

continuity /ˌkɒntɪ'njuːəti/ *n.* [U] **1** state of being continuous. **2** logical connection between parts of a whole: *The drama lacks ~.*

continuous /kən'tɪnjuəs/ *adj.* going on without stopping: *a ~ downpour* ▶ **continuously** *adv.* ■ **con'tinuous tense** *n.* (*gram.*) phrase formed from part of the verb *be* and a verb ending in *-ing*, used to show an action that continues over a period of time, as in *I am reading.*

contort /kən'tɔːt/ *v.* [I, T] (cause something to) become twisted out of its normal shape: *a face ~ed with cruelty* ▶ **contortion** /kən'tɔːʃn/ *n.* [C, U]

contour /'kɒntuə(r)/ *n.* **1** outline of a coast, a human figure, etc. **2** (*also* **'contour line**) line on a map showing points that are the same height above sea level.

contraband /'kɒntrəbænd/ *n.* [U] goods brought illegally into or taken out of a country.

contraception /ˌkɒntrə'sepʃn/ *n.* [U] prevention of pregnancy. ▶ **contraceptive** /ˌkɒntrə'septɪv/ *n., adj.* (device, drug, etc. for) preventing pregnancy.

contract¹ /'kɒntrækt/ *n.* [C, U] official written agreement: *a ~ between author and publishing company* ◇ *The manufacturer is under ~ to deliver the consignment by the month-end.* ▶ **contractual** /kən'træktʃuəl/ *adj.* of or in a contract.

contract² /kən'trækt/ *v.* **1** [I, T] (cause something to) become less or smaller: *Metal ~s as it cools.* **2** [T] (*written*) catch a disease. **3** [I, T] make a legal agreement with somebody: *She's ~ed to write a weekly column for the* *newspaper.* [PV] **contract out (of something)** (*GB*) agree not to take part in something. ▶ **contraction** /kənˈtrækʃn/ *n.* **1** [U] process of becoming smaller. **2** [C] tightening of the muscles around a woman's womb before birth. **3** [C] (*ling.*) short form of a word: *Won't is a ~ion of 'will not'*.

contradict /ˌkɒntrəˈdɪkt/ *v.* [T] **1** say that what a person has said is wrong and that the opposite is true: *Don't ~ my statement.* **2** (of statements or pieces of evidence) be so different from each other that one of them must be wrong: *Her action ~s what she had said.* ▶**contradiction** *n.* [C, U] ▶ **contradictory** *adj.* not agreeing: *~ory versions of the event*

contraflow /ˈkɒntrəfləʊ / *n.* (*GB*) system used when one half of a large road is closed for repairs, and the traffic going in both directions has to use the other half.

contralto /kənˈtræltəʊ /*n.* [C, U] =ALTO

contraption /kənˈtræpʃn/ *n.* (*infml.*) strange or complicated device.

contrary¹ /ˈkɒntrəri/ *adj.* **~(to)** opposite; quite different: *~ to what you think* ● **contrary** *n.* **(the contrary)** [sing.] the opposite: *The ~ is true.* [IDM] **on the contrary** used to introduce a statement that says the opposite of the last one: *'It must have been very boring.' 'On the ~, I enjoyed myself totally'.* **to the contrary** showing or proving the opposite: *I shall continue to support him until I get evidence to the ~.*

contrary² /kənˈtreəri/ *adj.* (*fml.*) (*usu.* of children) resistant to discipline; behaving badly; doing the opposite of what is expected. ▶ **contrariness** *n.* [U]

contrast /kənˈtrɑːst/ *v.* **1** [T] compare two things so that differences are made clear. **2** [I] show a clear difference: *unusual, ~ing colours* ● **contrast** /ˈkɒntrɑːst/ *n.* [C, U] clear difference between two or more people, conditions, or things.

contravene /ˌkɒntrəˈviːn/ *v.* [T] break a law, rule, etc. ▶ **contravention** /ˌkɒntrəˈvenʃn/ *n.* [C, U]

contretemps /ˈkɒntrətɒ̃/ (*pl.* **contretemps**) *n.* unfortunate event or embarrassing disagreement with somebody.

contribute /kənˈtrɪbjuːt; *GB also;* ˈkɒntrɪbjuːt/ *v.* **1** [I, T] **~(to/towards)** join with others in giving help, money, ideas, etc. **2** [I] **~to** help to cause something: *~ to her success* **3** [I, T] write articles, etc. for newspapers, magazines, etc. ▶ **contribution** /ˌkɒntrɪˈbjuːʃn/ *n.* [C, U] ▶ **contributor** /kənˈtrɪbjətə(r)/ *n.* person who contributes. ▶ **contributory** /kənˈtrɪbjətəri/ *adj.*

contrite /ˈkɒntraɪt' kənˈtraɪt/ *adj.* (*fml.*) very sorry for something bad that you have done.

▶ **contritely** *adv.* ▶ **contrition** /kənˈtrɪʃn/ *n.* [U]

contrive /kənˈtraɪv/ *v.* [T] (*fml.*) **1** find a way of doing something: *~ to make the scheme a success* **2** invent, plan, or design something: *~ a way of persuading him* ▶ **contrivance** *n.* **1** [C, U] something that somebody has done or written that does not seem natural; fact of seeming artificial. **2** [C] clever or complicated device or tool.

control /kənˈtrəʊl/ *n.* **1** [U] power to make decisions about how a country, an organization, etc. is run: *The powerful dissidents took ~ of the country.* **2** [U] ability to make somebody/something do what you want: *She lost ~ of the skidding car.* **3** [U, C] act of restricting, limiting, or managing something: *~ your temper* **4** [usu. pl.] means by which a machine, vehicle, etc. is operated or regulated. **5** [C] (*tech.*) standard of comparison for evaluating the results of an experiment. [IDM] **be in control (of something)** manage, direct, or rule something. **be/get/run/etc. out of control** be or become impossible to manage or to control: *The crowd went out of ~ once they saw the soccer team.* **bring/get/keep something under control** succeed in dealing with something so that it does not cause any harm: *The fire was brought under ~.* ● **control** *v.* (-ll-) [T] **1** have power or authority over somebody/something: *~ your expenses.* **2** limit something or make it happen in a particular way: *drugs to ~ the pain* **3** make a machine or system work in the way that you want it to: *~ the circulation of air.* ▶ **controller** *n.* person who manages or directs something, esp. part of a large organization.

controversy /ˈkɒntrəvɜːsi; *GB also* kənˈtrɒvəsi/ *n.* (*pl.* **-ies**) [C, U] public argument or debate about something many people do not agree with: *~ over the revised age limit* ▶ **controversial** /ˌkɒntrəˈvɜːʃl/ *adj.* causing controversy. ▶ **controversially** *adv.*

conundrum /kəˈnʌndrəm/ *n.* [C, usu. sing.] **1** confusing problem. **2** question, usu. involving a puzzle with words, asked for fun.

conurbation /ˌkɒnɜːˈbeɪʃn/ *n.* large urban area formed by several towns that have spread towards each other.

convalesce /ˌkɒnvəˈles/ *v.* [I] become healthy and strong again after an illness. ▶ **convalescence** *n.* [sing., U] (period of) recovery from an illness. ▶ **convalescent** *n., adj.* (person who is) recovering from illness.

convene /kənˈviːn/ *v.* [I, T] (arrange for people to) come together for a meeting, etc. ▶ **convener** (*also* **-venor**) *n.* person who arranges meetings.

convenience /kən'viːniəns/ n. **1** [U] quality of being useful, easy, or suitable for somebody. **2** [C] device, tool, etc. that is useful, suitable, etc.: *Computerized banking is one of the ~s of modern life.*

convenient /kən'viːniənt/ adj. fitting in well with somebody's needs; suitable: *a ~ place to live in* ▶ **conveniently** adv.

convent /'kɒnvənt/ n. building where a community of nuns lives.

convention /kən'venʃn/ n. **1** [C, U] general, usu. unspoken, agreement on how people should behave: *age-old ~s* **2** [C] meeting of the members of a profession, political party, etc.: *a ~ of peace activists* **3** [C] official agreement between countries or leaders. ▶ **conventional** adj. based on or following convention(1); normal and ordinary, and perhaps not very interesting. ▶ **conventionally** adv.

converge /kən'vɜːdʒ/ v. [I] (of lines, moving objects) come towards each other and intersect at a point: *a river where two streams ~* ▶ **convergence** n. [U] ▶ **convergent** adj.

conversant /kən'vɜːsnt/ adj. ~ **with** having knowledge or experience of something: *~ with modern art*

conversation /ˌkɒnvə'seɪʃn/ n. [C, U] informal talk involving a small group of people or only two; activity of talking in this way: *I had a long and frank ~ with my boss.* ◇ *He was deep in ~ with his lawyers.* ▶ **conversational** adj. not formal; as used in conversation: *a ~ interview*

converse¹ /kən'vɜːs/ v. [I] ~**(with)** (*fml.*) have a conversation with somebody.

converse² /'kɒnvɜːs/ (**the converse**) n. [sing.] the opposite or reverse of a fact or statement. ▶ **converse** adj. ▶ **conversely** adv.

conversion /kən'vɜːʃn/ n. [C, U] (instance of) converting somebody/something: *the ~ of the barren land into a park*

convert¹ /kən'vɜːt/ v. [I, T] **1** (cause something to) change from one form, use, etc. to another: *~ water into ice* **2** change or make somebody change their religion or beliefs: *He ~ed to Islam.* ▶ **convertible** /kən'vɜːtəbl/ adj. that can be changed to a different form or use. ▶ **convertible** n. car with a roof that can be folded down or removed.

convert² /'kɒnvɜːt/ n. person who has converted, esp. to a different religion.

convex /'kɒnveks/ adj. curved outwards: *~ mirror*

convey /kən'veɪ/ v. [T] **1** ~**(to)** make feelings, ideas, situation, etc. known to somebody: *She ~ed her doubts to her superiors.* **2** take, carry, or transport somebody/something from one place to another: *goods ~ed by truck* ▶ **conveyance** n. [C, U] (vehicle for) transporting. ▶ **conveyancing** n. [U] (*law*) branch of law concerned with moving property from one owner to another. ▶ **conveyor** (also **-veyer**) n. person or thing that conveys something. ■ **con'veyor belt** n. (*e.g.* in a factory) continuous moving band used for transporting objects, etc.

convict /kən'vɪkt/ v. [T] (of a judge, court, etc.) declare that somebody is guilty of a crime: *She was ~ed of forgery.* ● **convict** /'kɒnvɪkt/ n. person who has been convicted and sent to prison.

conviction /kən'vɪkʃn/ n. [C, U] **1** (instance of the) convicting of a person for a crime. **2** firm belief: *a ~ that her ideas are supreme*

convince /kən'vɪns/ v. [T] **1** ~**(of)** make somebody/yourself believe that something is true: *You'll need to ~ me of your good intentions.* **2** persuade somebody to do something. ▶ **convincing** adj. that makes somebody believe that something is true: *a convincing demonstration* ▶ **convincingly** adv.

convivial /kən'vɪviəl/ adj. cheerful and friendly: *a ~ ambience* ▶ **conviviality** /kənˌvɪvi'æləti/ n. [U]

convoluted /'kɒnvəluːtɪd/ adj. **1** extremely complicated and difficult to follow. **2** having many twists or curves.

convolution /ˌkɒnvə'luːʃn/ n. [C, usu. pl.] (*fml.*) **1** thing that is very complicated and difficult to follow: *the ~s of the story* **2** twist; curve.

convoy /'kɒnvɔɪ/ n. group of vehicles or ships travelling together, esp. when soldiers, etc. travel with them for protection. [IDM] **in convoy** (of travelling vehicles) as a group; together: *warships in ~*

convulse /kən'vʌls/ v. [I, T] (cause somebody to) make a violent, shaking movement: *A sudden pain ~d him.* ▶ **convulsion** /kən'vʌlʃn/ n. [C] **1** [usu. pl.] sudden, uncontrollable, and violent body movement. **2** sudden, important change ▶ **convulsive** adj.

coo /kuː/ v. **1** [I] make a soft, quiet sound like that of a dove. **2** [T] say something in a soft, quiet voice. ▶ **coo** n.

cook /kʊk/ v. **1** [I, T] prepare food by heating it: *~ a hearty dinner* **2** [I] (of food) be prepared by boiling, baking, frying, etc. [IDM] **cook the books** (*infml.*) change facts or figures dishonestly. ● **cook** n. person who cooks food. ▶ **cooker** n. device for cooking food by

heating it. ▶ **cookery** n. [U] art or activity of preparing and cooking food. ▶ **cooking** n. [U] process of preparing food.
cookie /'kʊki/ n. **1** biscuit. **2** (infml.) person: *a tough* ~ **3** (computing) computer file with information in it that is sent to the central server each time somebody uses a network or the Internet.
cool¹ /kuːl/ adj. **1** not hot or cold; fairly cold; *The weather has turned pleasantly* ~. **2** calm; not excited: *stay* ~ *amid the chaos* **3** showing no interest, enthusiasm, etc.: *He was* ~ *about the offer.* **4** used about a sum of money to emphasize how large it is. **5** (infml.) very good; fine. ● **cool** n. **(the cool)** [sing.] cool air or place; coolness: *sitting in the* ~ [IDM] **keep/lose your cool** (infml.) remain/not remain calm. ■ **‚cool-'headed** adj. not easily excited or worried; calm. ▶ **coolly** adv. ▶ **coolness** n. [U]
cool² /kuːl/ v. [I, T] ~ **(down/off)** become or make something cooler: *Take a deep breathe and* ~ *down.* [PV] **cool down/off** become calm or less excited.
coop /kuːp/ n. cage, esp. for hens. ● **coop** v. [PV] **coop somebody/something up** confine somebody/something in a small space: *prisoners* ~*ed up in cells*
cooperate (also **co-operate**) /kəʊ'ɒpəreɪt/ v. [I] **1** work or act together to achieve something: *The opposing groups* ~*d on the project.* **2** be helpful by doing what somebody asks you to do. ▶ **cooperation** (also **co-operation**) /kəʊˌɒpə'reɪʃn/ n. [U] **1** acting or working together with a common purpose. **2** willingness to be helpful. ▶ **cooperative** (also **co-operative**) /kəʊ'ɒpərətɪv/ adj. **1** joint. **2** willing to co-operate. ▶ **cooperative** (also **co-operative**) n. business that is owned and run by the people involved, with profits shared among them.
co-opt /kəʊ'ɒpt/ v. [T] make somebody a member of a committee, etc. by voting for them.
coordinate¹ (also **co-ordinate**) /kəʊ'ɔːdɪneɪt/ v. [T] ~**(with)** make actions, parts, limbs, etc. work together: ~ *resources to get the project implemented* ▶ **coordination** (also **co-ordination**) /kəʊˌɔːdɪ'neɪʃn/ n. [U] ▶ **coordinator** (also **co-ordinator**) n.
coordinate² (also **co-ordinate**) /kəʊ'ɔːdɪnət/ n. **1** [C] either of the two numbers or letters used to fix the position of a point on a map, graph, etc. **2** (**coordinates**) [pl.] pieces of clothing for wearing together.
cop /kɒp/ n. (infml.) police officer. ● **cop** v (-pp-) [T] (sl.) receive something unpleasant: ~ *a sudden thump on the back* [PV] **cop out (of something)** (infml.) avoid or stop doing something because you are afraid, lazy, etc. ■ **'cop-out** n. (infml., disapprov.) act of or excuse for not doing something.
cope /kəʊp/ v. [I] ~**(with)** deal successfully with something difficult: *She couldn't* ~ *with the pressure.*
copier → COPY²
copious /'kəʊpiəs/ adj. (fml.) in large amounts: *She shed - tears.* ▶ **copiously** adv.
copper /'kɒpə(r)/ n. **1** [U] (symb. **Cu**) a chemical element. Copper is a soft, reddish-brown metal: ~ *wire* ◇ ~-*coloured dress* **2** (**coppers**) [pl.] (GB) brown coins, of very low value. **3** [C] (GB, infml.) police officer.
copse /kɒps/ n. small area of shrubs and trees.
copulate /'kɒpjuleɪt/ v. [I] ~ **(with)** (tech.) have sex. ▶ **copulation** /ˌkɒpju'leɪʃn/ n. [U]
copy¹ /'kɒpi/ n. (pl. -**ies**) **1** thing made to be like another, esp. a reproduction of a letter, pictures, etc.: *Mail me a* ~ *of the file.* **2** one example of a book, newspaper, record, etc. of which many have been made: *I already received two copies of this book.* ■ **'copycat** n. (infml., disapprov.) person who imitates another's behaviour, clothes, etc.
copy² /'kɒpi/ v. (pt, pp -**ied**) **1** [T] make something that is exactly like something else: ~ *the extract on the photocopier* **2** [T] write something exactly as it is written somewhere else: *I copied out several paragraphs.* **3** [T] behave or do something in the same way as somebody else: *She copies almost everything her favourite star wears.* **4** [I] cheat in an exam, etc. by copying what somebody else has done, written, etc.
copyright /'kɒpiraɪt/ n. [U, C] author's legal right to print, publish, and sell his/her work. ▶ **copyright** v. [T] get the copyright for something.
coral /'kɒrəl/ n. [U] hard substance that is red, pink, or white in colour, formed on the sea bed by small creatures: *a* ~ *reef* ● **coral** adj. made of coral.
cord /kɔːd/ n. **1** [C, U] (piece of) strong, thick string or thin rope. **2** [C, U] FLEX **3** a cord jacket [U] = CORDUROY
cordial /'kɔːdiəl/ adj. (fml.) warm and friendly. ▶ **cordially** adv. ● **cordial** n. [U] (GB) non-alcoholic, sweet drink: *lime* ~
cordon /'kɔːdn/ n. ring or line of police officers, soldiers, etc. guarding something or stopping people entering or leaving an area: *an army* ~ ● **cordon** v. [PV] **cordon something off** stop people getting into an area by surrounding it with police, soldiers, etc.: *The army* ~*ed off the area.*
corduroy /'kɔːdərɔɪ/ n. [U] thick cotton cloth with soft, raised ridges.
core /kɔː(r)/ n. **1** usu. hard centre of some

fruits, e.g. apple and pear. **2** central or most important part of anything: *the ~ of the issue* [IDM] **to the core** completely: *hurt to the ~* ● **core** *v.* [T] take the core out of something, e.g. an apple.

cork /kɔːk/ *n.* **1** [U] light springy bark obtained from a type of oak tree: *~ table mats* **2** [C] round piece of this used to seal bottles, esp. wine bottles. ● **cork** *v.* [T] seal a bottle with a cork. ■ **'corkscrew** *n.* tool for pulling corks from bottles.

corn /kɔːn/ *n.* **1** [U] (*GB*) (the grain of) any plant that is grown for its grain, such as wheat and oat. **2** [U] MAIZE **3** [C] small painful area of hard skin on the foot. ■ **'corncob** *n.* hard part at the top of a maize stalk on which the grains grow. ▶ **'cornflour** *n.* [U] flour made from maize. ■ **,corn on the 'cob** *n.* corn that is cooked with all the grains still attached to the inner part and eaten as a vegetable.

cornea /'kɔːnɪə/ *n.* (*anat.*) transparent protective covering of the eyeball.

corned beef /,kɔːnd 'biːf/ *n.* [U] beef preserved in salt.

corner /'kɔːnə(r)/ *n.* **1** place where two lines or surfaces meet. **2** place where two streets join. **3** region: *from all ~s of the kingdom* **4** (*infml.*) difficult or awkward situation: *get out of a tight ~* **5** (in sports such as football) free kick taken from the corner of your opponent's end of the field. [IDM] **turn the corner** pass a very important point in an illness or a difficult situation, and start to improve. ● **corner** *v.* **1** [T] trap a person or an animal: *~ed by the police* **2** [I] turn a corner on a road, etc.: *a car not designed for smooth ~ing*

cornet /'kɔːnɪt/ *n.* **1** small musical instrument like a trumpet. **2** cone-shaped container of thin biscuit for ice cream, etc.

cornice /'kɔːnɪs/ *n.* ornamental border around a ceiling or at the top of a column.

corny /'kɔːnɪ/ *adj.* (**-ier, -iest**) (*infml.*) not original; used too often to sound interesting or sincere.

coronary /'kɒrənrɪ/ *adj.* (*med.*) of the arteries carrying blood to the heart. ■ **,coronary throm'bosis** (*also infml.* **coronary**) *n.* (*med.*) blocking of an artery in the heart by a clot of blood, often damaging the heart or causing death.

coronation /,kɒrə'neɪʃn/ *n.* ceremony of crowning a king or queen.

coroner /'kɒrənə(r)/ *n.* (*GB*) official whose job is to find the cause of any accidental or suspicious death by holding an inquest.

coronet /'kɒrənət/ *n.* small crown worn by princes, princesses, etc.

corporal /'kɔːpərəl/ *n.* (*abbr.* **Cpl**) non-commissioned officer below the rank of sergeant in the army. ● **corporal** *adj.* involving physical punishment: *~ punishment*

corporate /'kɔːpərət/ *adj.* **1** of or belonging to a corporation(1). **2** of or shared by all the members of a group: *~ mission*

corporation /,kɔːpə'reɪʃn/ *n.* [C, with sing. or pl. verb] **1** large business or company. **2** (*GB*) group of people elected to govern a town.

corps /kɔː(r)/ *n.* (*pl.* **corps** /kɔːz/) **1** military force formed from part of the full army, etc. **2** one of the technical branches of an army. **3** group of people involved in a particular activity: *press ~*

corpse /kɔːps/ *n.* dead body, esp. of a human being.

corpulent /'kɔːpjələnt/ *adj.* (*fml.*) fat.

corpuscle /'kɔːpʌsl/ *n.* (*anat.*) one of the red or white cells in the blood.

corral /kə'rɑːl/ *n.* (in N. America) fenced area for horses, cattle, etc. on a farm or ranch. ● **corral** *v.* (**-ll-** *or* **-l-**) [T] force horses or cattle into a corral.

correct¹ /kə'rekt/ *adj.* **1** true; right; accurate: *the ~ estimate* ◊ *the ~ way to speak* **2** (of manners, dress, etc.) proper; decent. ▶ **correctly** *adv.* ▶ **correctness** *n.* [U]

correct² /kə'rekt/ *v.* [T] **1** make something correct; remove the mistakes from something: *~ somebody's spelling* **2** change something so that it is accurate: *additional data to ~ your report* ▶ **correction** /kə'rekʃn/ *n.* **1** [C] change that corrects something: *~ions marked in red ink* **2** [U] act of correcting something. ▶ **corrective** *n., adj.* (something) that makes something right.

correlate /'kɒrəleɪt/ *v.* [I, T] **~(with)** (of two things) be closely related or connected; show such a relation between two things: *The two interpretations do not ~.* ▶ **correlation** /,kɒrə'leɪʃn/ *n.* [C, U] connection between two things in which one thing changes as the other does.

correspond /,kɒrə'spɒnd/ *v.* [I] **1 ~ (to/with)** be the same or similar; be in agreement: *Your statement doesn't ~ with hers.* **2 ~(with)** (*fml.*) exchange letters with somebody. ▶ **corresponding** *adj.* **~(to)** matching or connected with something that you have just mentioned. ▶ **correspondingly** *adv.*

correspondence /,kɒrə'spɒndəns/ *n.* **1** [C, U] agreement; similarity: *a close ~ between the two films* **2** [U] letter writing; letters. ▶ **correspondent** *n.* **1** person who reports for a newspaper, radio, or TV station, usu. from

abroad. **2** person who writes letters to another person.
corridor /'kɒrɪdɔː(r)/ *n.* long, narrow passage from which doors open into rooms.
corroborate /kə'rɒbəreɪt/ *v.* [T] confirm the correctness of a belief, statement, account, etc.: *I can ~ my statement with proof.* ▶ **corroboration** /kə,rɒbə'reɪʃn/ *n.* [U]
corrode /kə'rəʊd/ *v.* [I, T] be destroyed or destroy something slowly, esp. by chemical action: *Acid ~s metal.* ▶ **corrosion** /kə'rəʊʒn/ *n.* [U] ▶ **corrosive** /kə'rəʊsɪv/ *n., adj.* (substance) that corrodes something: *corrosive acid*
corrugated /'kɒrəgeɪtɪd/ *adj.* shaped into a series of regular folds that look like waves: *~ iron*
corrupt /kə'rʌpt/ *adj.* **1** immoral: *a ~ administration* **2** dishonest, esp. because of taking bribes: *a ~ deal* **3** (*computing*) containing changes or faults, and no longer in the original state: *~ mail attachment* ● **corrupt** *v.* [I, T] become or make somebody/something corrupt: *~ing impressive minds* ▶ **corruption** /kə'rʌpʃn/ *n.* [U] ▶ **corruptly** *adv.*
corset /'kɔːsɪt/ *n.* piece of women's underwear worn esp. in the past to make the waist look smaller.
cortege (*also* **cortége**) /kôr-'tezh/ *n.* funeral procession.
cosh /kɒʃ/ *n.* (*GB*) a short thick pipe, metal or rubber tube used as a weapon.
cosmetic /kɒz'metɪk/ *n.* [C, usu. pl.] substance put on the body, esp. the face, to make it attractive or look better. ● **cosmetic** *adj.* **1** improving only the outside appearance of something and not its basic character: *These modifications are merely ~.* **2** of medical treatment that is intended to improve a person's appearance: *~ surgery*
cosmic /'kɒzmɪk/ *adj.* of the whole universe or cosmos.
cosmopolitan /ˌkɒzmə'pɒlɪtən/ *adj.* **1** of or from all parts of the world: *a ~ hub* **2** having or showing a wide experience of people and things from many different countries.
cosmos /'kɒzmɒs/ (**the cosmos**) *n.* [sing.] the universe.
cost¹ /kɒst/ *n.* **1** [C, U] price paid for a thing: *the high ~ of car maintenance* **2** (**costs**) [pl.] total amount of money that needs to be spent by a business. **3** [U, sing.] effort, loss, or damage that is involved in order to do or achieve something: *the ~ of making it on your own* **4** (**costs**) [pl.] sum of money that somebody is ordered to pay for lawyers, etc. in a court case. [IDM] **at all cost/costs** whatever is needed to achieve something. **to your cost** to your loss or disadvantage. ▶ **costly** *adj.* (**-ier**, **-iest**) **1** costing a lot of money. **2** causing problems or the loss of something: *a ~ly decision*
cost² /kɒst/ *v.* (*pt, pp* **cost**; in sense 3 **~ed**) [T] **1** have as a price; be obtainable at the price of: *shoes ~ing an exorbitant amount* **2** cause the loss of something: require something: *a mistake that ~ him his best friend* ◊ *~ a great deal of struggle* **3** (*business*) estimate the cost of something. ▶ **costing** *n.* [C, U] (*business*) estimate of how much money will be needed for something.
co-star /'kəʊ stɑː(r)/ *n.* well-known actor who appears in a film, etc. with other actors of the same status. ● **co-star** *v.* (**-rr-**) [I] appear as a co-star.
costume /'kɒstjuːm/ *n.* [C, U] **1** clothes worn by people from a particular place or during a particular historical period: *tribal ~* **2** clothes worn by actors on stage or worn by somebody to make them look like something else.
cot /kɒt/ *n.* **2** (*GB*) small bed for a young child. **1.** simple, narrow bed, e.g. on a ship.
cottage /'kɒtɪdʒ/ *n.* small house, esp. in the country.
cotton /'kɒtn/ *n.* [U] **1** plant grown in warm countries for the soft, white hairs around its seeds that are used to make fabric and thread. **2** fabric made from the cotton plant: *a ~ frock* **3** thread used for sewing: *a reel of ~*. ■ **,cotton 'wool** *n.* [U] soft mass of white material used for cleaning the skin or a wound. ● **cotton** *v.* [PV] **cotton on (to something)** (*infml.*) begin to understand or realize something without being told.
couch /kaʊtʃ/ *n.* long comfortable seat like a bed. ● **couch** *v.* [T] **~(in)** (*fml.*) say or write something in a particular style or manner: *a reply ~ed in friendly terms*
couchette /kuː'ʃet/ *n.* narrow folding bed on a train.
cougar /'kuːgə(r)/ *n.* (*also* PUMA)
cough /kɒf/ *v.* **1** [I] force air out from the lungs violently and noisily: *The smoky interior made me ~.* **2** [T] **~(up)** force something out of your lungs or throat by coughing. ● **cough** *n.* **1** [C] act or sound of coughing. **2** [sing.] illness that makes you cough.
could /kəd; *strong form* kʊd/ *modal v.* (*neg.* **could not** *short form* **couldn't** /'kʊdnt/) **1** used as the past tense of 'can': *I ~ hear their conversation.* **2** used in requests: *C ~ I borrow your pen?* ◊ *C~ you help me carry these bags?* **3** used to show that something is or might be possible: *You ~ be justified.* **4** used to suggest something: *You ~ ask her to join*

you. [IDM] **could do with something** (*spoken*) need something: *I ~ do with a nice little vacation!*
council /'kaʊnsl/ *n.* [C, with sing. or pl. verb] group of people elected to manage the affairs of a city, town, etc. give advice, make rules, etc.: *a ~ notification* ■ **'council house, 'council flat** *n.* (*GB*) house or flat rented from the local council. ■ **'council tax** *n.* [sing., U] (in Britain) tax charged by local councils, based on the value of a person's home. ▶ **councillor** (*also* **councilor**) /'kaʊnsələ(r)/ *n.* member of a council.
counsel /'kaʊnsl/ *n.* 1 [U] (*fml.*) advice. 2 [C] (*pl.* **counsel**) (*law*) barrister acting in a law case. ● **counsel** *v.* (-ll-, -l-) [T] 1 listen to and give support to somebody who needs help: *~ the victims.* 2 (*fml.*) advise somebody. ▶ **counselling** (*also* -l-) *n.* [U] professional advice about a problem: *personality ~* ▶ **counsellor** (*also* -l-) *n.* 1 person who has been trained to advise people with problems. 2 lawyer.
count¹ /kaʊnt/ *v.* 1 [I] say numbers in order: *C~ from 1 to 10.* 2 [I, T] **~(up)** find the total number of people, things, etc. in a particular group: *~ the people present at the meeting* 3 [T] include somebody/something: *all members, ~ing me* 4 [T] consider somebody to be something: *~ yourself lucky* 5 [I] be important: *every moment ~s* 6 [I, T] be officially accepted: *His vote didn't ~ because the majority were on the opposite side.* [PV] **count (something) against somebody** be to the disadvantage of somebody: *Will my past behaviour ~ against me?* **count on somebody/something** rely or depend on somebody/something: *I'm ~ing on your support.* **count somebody/something out** 1 count things one after the other as you put them somewhere. 2 not include somebody: *C~ me out of the contest.* ▶ **countable** *adj.* that can be counted: *Feelings are not ~able.* ■ **'countdown** *n.* action of counting seconds backwards to zero, e.g. before a rocket is launched.
count² /kaʊnt/ *n.* [C] 1 [usu. sing.] act of counting; total number reached by counting: *He was winning by a good margin at the last ~.* 2 (*law*) crime that somebody is accused of: *He is accountable on all ~s.* 3 (in some European countries) nobleman of high rank. [IDM] **keep/lose count (of something)** know/not know how many there are of something.
countenance /'kaʊntənəns/ *n.* 1 [C] (*fml.*) person's face or expression. 2 [U] support; approval: *lend ~ to a proposal* ● **countenance** *v.* [T] (*fml.*) support something or

agree to something happening: *I cannot ~ misconduct.*
counter /'kaʊntə(r)/ *n.* 1 flat surface where goods are shown, items sold, etc. in a shop, bank, etc. 2 small disc used for counting games, etc. 3 thing that can be exchanged for something else: *a bargaining ~* ● **counter** *v.* [I, T] **~ (with)** respond to an attack, argument, etc. with an opposing view, etc.: *~ his points with her own insights* ● **counter** *adv.* **~ to** in the opposite direction; against something: *Her actions ran ~ to her stated beliefs.*
counter- /'kaʊntə(r)/ *prefix* (in compounds) 1 against; opposite: *~point* 2 corresponding: *~part*
counteract /ˌkaʊntər'ækt/ *v.* [T] do something to reduce the bad or harmful effects of something.
counter-attack /'kaʊntər ətæk/ *n., v.* [I] (make an) attack in response to an enemy's attack.
counterbalance /ˌkaʊntə'bæləns/ *v.* [T] (*fml.*) have an equal but opposite effect to something else. ● **counterbalance** /'kaʊntəbæləns/ *n.* thing that has an equal but opposite effect to something else and can be used to limit the bad effects of something.
counter-espionage /ˌkaʊntər 'espiənɑːʒ/ *n.* [U] secret action taken by a country to prevent an enemy country from finding out its secrets.
counterfeit /'kaʊntəfɪt/ *adj.* (of money and goods for sale) made to look exactly like something else in order to deceive people: *~ artwork* ▶ **counterfeit** *n.* ● **counterfeit** *v.* [T] make an exact copy of something in order to deceive people. ▶ **counterfeiter** *n.* person who counterfeits money.
counterfoil /'kaʊntəfɔɪl/ *n.* detachable part of a cheque, ticket, etc. that can be kept as a record.
countermand /ˌkaʊntə'mɑːnd/ *v.* [T] cancel or change a command you have already given.
counterpart /'kaʊntəpɑːt/ *n.* person or thing similar or corresponding to another.
counterproductive /ˌkaʊntəprə'dʌktɪv/ *adj.* producing the opposite effect to what is intended: *Increasing subsidies would be ~.*
countersign /'kaʊntəsaɪn/ *v.* [T] (*tech.*) sign a document, etc. that has already been signed, esp. to make it valid.
countess /'kaʊntəs, -es/ *n.* 1 woman who has the rank of a count or an earl. 2 wife of a count or an earl.
countless /'kaʊntləs/ *adj.* very many: *I've gone skiing ~ times.*
country /'kʌntri/ *n.* (*pl.* **-ies**) 1 [C] area of land that forms a politically independent unit; nation. 2 **(the country)** [sing.] the people of a

country: *a leader looked up to by the whole* ~ **3 (the country)** [sing.] land outside towns; fields, woods, etc. used for farming, etc.: ~ *ways* [IDM] **go to the country** (of a government) call a general election.

countryman /'kʌntrimən/ (*fem.*) **countrywoman** /'kʌntriwʊmən/ *n.* **1** person born or living in the same country as somebody else. **2** person who lives in the country(3).

countryside /'kʌntrisaɪd/ *n.* [U] land outside towns and cities, with fields, woods, etc.

county /'kaʊnti/ *n.* (*pl.* **-ies**) (*abbr.* **Co.**) area of Britain, Ireland, or the US that has its own local government.

coup /kuː/ *n.* (*pl.* ~s /kuːz/) **1** (*also* **coup d'état** /ˌkuː deɪˈtɑː/) illegal seizing of power in a state, often by violence. **2** fact of achieving something that was difficult to do: *The offer was a* ~ *for her.*

couple¹ /'kʌpl/ *n.* **1** two people or things, seen together or associated: *an engaged* ~ **2** ~**(of)** a few: *a* ~ *of hours*

couple² /'kʌpl/ *v.* **1** [T] fasten or join two parts of something, e.g. two vehicles or pieces of equipment. **2** [I] (*fml.*) (of two people or animals) have sex. [PV] **couple somebody/something with somebody/something** link one thing, situation, etc. to another: *His bad timing,* ~*d with his lack of experience, prevented the business from succeeding.*

coupon /'kuːpɒn/ *n.* **1** ticket which gives the holder the right to receive or do something. **2** printed form, often cut out from a newspaper, used to enter a competition, order goods, avail a discount, etc.

courage /'kʌrɪdʒ/ *n.* [U] ability to face danger, pain, etc. without showing fear; bravery: *show* ~ *in all circumstances* ▶ **courageous** /kəˈreɪdʒəs/ *adj.* ▶ **courageously** *adv.*

courgette /kɔːˈʒet/ *n.* small green marrow(2), eaten as a vegetable.

courier /'kʊriə(r)/ *n.* **1** person or company whose job is to take packages, documents, etc. somewhere. **2** (*GB*) person employed by a travel company to give help and advice to groups of tourists on holiday.

course /kɔːs/ *n.* **1** [C] series of lessons, lectures, etc.: *a language* ~ ◇ *a degree* ~ **2** [C] path or direction followed by something: *the* ~ *of a river* **3** [sing.] way something develops: *the* ~ *of events* **4** [C] one of several parts of a meal: *the main* ~ **5** [C] (often in compounds) area where sports events, esp. races, are held: *a golf* ~ **6** [C] (*med.*) series of treatments, etc.: *a* ~ *of injections* [IDM] **(as) a matter of course** (as) something that is quite normal and expected. **in due course** at the right time. **of course** naturally; certainly. **run /take its course** develop and end in the usual way. ● **course** *v.* [I] (*fml.*) (of liquids) move quickly: *The fish* ~*ed through the water.*

court¹ /kɔːt/ *n.* **1** [C, U] place where legal cases are heard. **2** (**the court**) [sing.] those present in a court, esp. the judges, etc. **3** [C] (often in compounds) space marked out for certain games: *a badminton* ~ **4** [C, U] (residence of a) king or queen, their family, and the people who work for them. **5** [C] = COURTYARD

court² /kɔːt/ *v.* **1** [T] try to gain the favour or support of somebody: ~ *somebody's patronage* **2** [T] (*fml.*) risk trouble, etc.: ~ *misfortune* **3** (*old-fash.*) [T] try to win somebody's affection, esp. when hoping to marry the person.

courteous /'kɜːtiəs/ *adj.* having good manners; polite: *a* ~ *bow* ▶ **courteously** *adv.*

courtesy /'kɜːtəsi/ *n.* (*pl.* **-ies**) **1** [U] polite behaviour. **2** [C] polite remark, action, etc. [IDM] **(by) courtesy of somebody/something** with the permission of somebody/something and as a favour.

courtier /'kɔːtiə(r)/ *n.* (*esp.* in the past) member of a king or queen's court¹(4).

court martial /ˌkɔːt ˈmɑːʃl/ *n.* (*pl.* **courts martial**) court for trying crimes against military law; trial in such a court. ● **court martial** *v.* (*also* **-ll**) [T] ~**(for)** try somebody in a court martial.

courtyard /'kɔːtjɑːd/ *n.* open space surrounded by walls but with no roof: *the village* ~

cousin /'kʌzn/ *n.* child of your uncle or aunt.

cove /kəʊv/ *n.* small bay.

cover¹ /'kʌvə(r)/ *v.* **1** [T] ~**(up/over)** place one thing over or in front of another; hide or protect something in this way: ~ *a table with a cloth* ◇ ~ *the child with warm clothes* ◇ ~ (*up*) *the body* **2** [T] ~**(in/with)** (*esp.* passive) spread, etc. a layer of something on the surface of something: *landscape* ~*ed with snow* ◇ *lawns* ~*ed in grass* **3** [T] travel a certain distance: ~ *100 miles in a day* **4** [T] (of money) be enough for something: *Will this money* ~ *your expenses?* **5** [T] include something; deal with something: *The assessment* ~*s all aspects of the economy.* **6** [T] (of a journalist) report an event: *I've been assigned to* ~ *the swearing-in ceremony.* **7** [I] ~**for** do somebody's work, etc. while they are away. **8** [I] ~**for** invent a lie or an excuse that will stop somebody from getting into trouble. **9** [T] keep a gun aimed at somebody: *We've got him* ~*ed.* [IDM] **cover your tracks** leave no evidence of where you have been or what you have been doing. [PV] **cover something up** (*disapprov.*) keep a

scandal, an embarrassment, etc. secret. ▶
coverage n. [U] reporting of news and sport in the media. ▶ **covered** adj. ~**in/with** having a layer or amount of something on it: *His forehead was ~ed in sweat.* ■ **'coverup** n. (usu. sing.) act of hiding a mistake or crime from the public.

cover² /'kʌvə(r)/ n. **1** [C] thing that is put over or on another thing, usu. to protect or decorate it: *a bed ~* **2** [U] place or area giving shelter or protection: *We ran for ~ under the shop fronts.* **3** [C] thick outside pages of a book, magazine, etc. **4** [U] insurance against loss, damage, theft, etc. **5** [U] protection from attack: *Fighter planes gave the infantry ~.* **6** (**the covers**) [pl.] sheets, blankets, etc. on a bed. **7** [C, usu. sing.] ~ (**for**) means of keeping something secret: *charity funds that are a ~ for unaccounted money* [IDM] **under (the) cover** of hidden or protected by something: *under ~ of darkness*

covert /'kʌvət/ adj. half-hidden; not open; secret: *a ~ meaning* ▶ **covertly** adv.

cow¹ /kaʊ/ n. **1** large female animal kept on farms to produce milk or beef. **2** female of the elephant, whale, and some other large animals. **3** (*disapprov., sl.*) offensive word for a woman: *You dumb ~!* ■ **'cowboy** n. **1** man who looks after cattle in the western parts of the US. **2** (*GB, infml.*) dishonest person in business, esp. somebody whose work is of bad quality.

cow² /kaʊ/ v. [T] frighten somebody into doing what you want: *He was ~ed into revealing the secret.*

coward /'kaʊəd/ n. (*disapprov.*) person who is not brave or does not have the courage to do things that other people do not consider very difficult. ▶ **cowardly** adj. ▶ **cowardice** /'kaʊədɪs/ n. [U] (*disapprov.*) fear or lack of courage.

cower /'kaʊə(r)/ v. [I] lower the body or move back from terror, cold, etc.

cowl /kaʊl/ n. **1** large, loose covering for the head, worn esp. by monks. **2** metal cover for a chimney, ventilation shaft, etc.

cox /kɒks/ (*also fml.* **coxswain** /'kɒksn/) n. person who controls the direction of a rowing boat while other people are rowing. ● **cox** v. [I, T] act as a cox.

coy /kɔɪ/ adj. **1** (pretending to be) shy, modest, etc.: *a ~ expression* **2** not willing to give information, answer questions, etc.: *She was ~ about her background.* ▶ **coyly** adv. ▶ **coyness** n. [U]

coyote /kaɪ'əʊti, kɔɪ-/ n. small wolf of western N. America.

cozy (*GB* **cosy**) /'kəʊzi/ adj. (**-ier, -iest**) **1** warm and comfortable: *a ~ feeling* **2** friendly and private: *a ~ dinner* ▶ **cozily** (*GB* **cosily**) adv. ▶ **coziness** (*GB* **cosiness**) n. [U]

CPU /ˌsiː piː 'juː/ abbr. (*computing*) central processing unit; part of a computer that controls all the other parts of the system.

crab /kræb/ n. **1** [C] shellfish with eight legs and two pincers that moves sideways on land. **2** [U] meat from a crab, eaten as food.

crabby /'kræbi/ adj. (**-ier, -iest**) (*infml.*) bad-tempered; irritable.

crack¹ /kræk/ v. **1** [I, T] (cause something to) break without dividing into separate parts: *~ the glass* ◊ *The mirror ~ed.* **2** [T] break something open or into pieces: *~ a safe* ◊ *~ the nuts* **3** [T] hit something/somebody sharply: *~ your head on the door* **4** [I, T] (cause something to) make a sharp sound: *~ a whip* **5** [I] (of the voice) suddenly change in depth, volume, etc. in a way that you cannot control: *in a voice ~ing with anger* **6** [I] no longer be able to function normally because of pressure: *She finally ~ed and came out with the truth.* **7** [T] solve a problem, etc.: *~ a code* **8** [T] (*infml.*) tell a joke. [IDM] **get cracking** (*infml.*) start work immediately. [PV] **crack down (on somebody/something)** become more severe in preventing illegal activity: *~ down on drug trafficking* **crack up** (*infml.*) **1** become ill because of pressure. **2** start laughing. ■ **'crackdown** n. sudden strict or severe measures: *an administrative ~down on tax evasion* ▶ **cracked** adj. **1** damaged with lines in its surface: *a ~ed mirror* **2** (*infml.*) slightly mad.

crack² /kræk/ n. **1** [C] ~(**in**) line where something has broken, but not into separate parts: *a ~ in the ice* **2** [C] narrow space or opening: *a ~ in the window* **3** [C] sudden, loud noise: *the ~ of a whip* **4** [C] sharp blow: *a ~ on the head* **5** [C] ~ (**at**) (*infml.*) attempt to do something: *to have a ~ at the winner's trophy* **6** (*also* ˌcrack 'cocaine) [U] very strong, pure form of cocaine. **7** [C] (*infml.*) joke, esp. a critical one: *She made a ~ about his unpolished manners.* [IDM] **at the crack of dawn** (*infml.*) very early in the morning. ● **crack** adj. excellent; very skilful: *She's a ~ tennis player.*

cracker /'krækə(r)/ n. **1** thin dry biscuit, often eaten with cheese. **2** (*also* ˌChristmas 'cracker) tube of coloured paper that makes a cracking noise when pulled apart by two people and has toys, presents, etc. inside it.

crackers /'krækəz/ adj. (*GB, infml.*) mad; crazy.

crackle /'krækl/ v. [I] make a series of short sharp sounds, as when dry sticks burn: *The fire ~d in the silence.* ● **crackle** n. [U, C] series of short sharp sounds.

crackpot /'krækpɒt/ n. (*infml.*) eccentric or

mad person: *a ~ idea*
cradle /'kreɪdl/ *n.* [C] **1** small bed for a baby which can be pushed from side to side. **2** [usu. sing.] **~of** place where something begins: *the ~ of civilization* **3** any framework like a cradle. ● **cradle** *v.* [T] hold somebody/something gently in your arms or hands.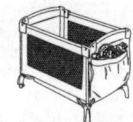

craft /krɑːft/ *n.* **1** [C] (activity needing) skill at making things with your hands: *traditional ~s like bamboo work* **2** [U] (*fml., disapprov.*) skill in deceiving people. **3** [C] (*pl.* **craft**) ship, boat, aircraft, or spacecraft. ■ **'craftsman** *n.* (*pl.* **-men**) skilled worker who practises a craft. ■ **'craftsmanship** *n.* [U] skill as a craftsman.

crafty /'krɑːfti/ *adj.* (**-ier, -iest**) clever at getting what you want, esp. by dishonest methods. ▶ **craftily** *adv.* ▶ **craftiness** *n.* [U]

crag /kræg/ *n.* high, steep mass of rock. ▶ **craggy** *adj.* (**-ier, -iest**) **1** having many crags. **2** (of somebody's face) having strong features and deep lines.

cram /kræm/ *v.* (**-mm-**) [T] **~(in/into/onto)** push too much of something into something: *~ all belongings into a single suitcase* ▶ **crammed** *adj.* **~(with)** full of things or people: *shelves ~ed with books and CDs*

cramp /kræmp/ *n.* **1** [U, C] sudden and painful tightening of the muscles. **2** (**cramps**) [pl.] severe pain in the stomach. ● **cramp** *v.* [T] (*usu. passive*) give too little space to; prevent the movement or development *of: freedom of expression ~ed by too many channels in-between* [IDM] **cramp somebody's style** (*infml.*) stop somebody doing things in the way they want to. ▶ **cramped** *adj.* having too little space: *~ lodgings*

crampon /'kræmpɒn/ *n.* iron plate with spikes, fixed to shoes for climbing on ice.

cranberry /'krænbəri/ *n.* small, red, slightly sour berry, used for making jelly and sauce.

crane /kreɪn/ *n.* **1** machine with a long arm, used for lifting heavy weights. **2** large wading bird with long legs and neck. ● **crane** *v.* [I, T] stretch your neck, e.g. to see better: *He ~d his neck to see over the wall.*

cranium /'kreɪniəm/ *n.* (*pl.* **~s** or **crania** /'kreɪniə/) (*anat.*) bone structure that forms the head and protects the brain. ▶ **cranial** *adj.*

crank /kræŋk/ *n.* **1** (*disapprov.*) person with fixed and strange ideas. **2** L-shaped handle for turning things. ● **crank** *v.* [T] **~(up)** make something move by turning a crank: *~ the engine* (= start it with a crank) ■ **'crankshaft** *n.* (*tech.*) metal rod in a vehicle that helps turn the engine's power into movement. ▶ **cranky** *adj.* (**-ier, -iest**) (*infml.*) **1** strange; eccentric. **2** bad-tempered.

cranny /'kræni/ *n.* very small hole or opening in a wall. [IDM] **every nook and cranny** → NOOK

crap /kræp/ *v.* (**-pp-**) [I] (*sl.*, ⚠) empty solid waste from the bowels. ● **crap** *n.* (⚠) **1** [U] nonsense; rubbish. **2** [U] excrement. **3** [sing.] act of emptying the bowels. ▶ **crappy** *adj.* (**-ier,-iest**) (*sl.*) of very bad quality.

crash¹ /kræʃ/ *n.* [C] **1** accident involving a vehicle in collision with something: *a car ~* **2** [usu. sing.] sudden loud noise made by something falling: *The glasses fell with a ~ to the floor.* **3** sudden fall in the price or the value of something; collapse of a business, etc.: *The stock market ~ came unexpectedly.* **4** sudden failure of a computer or system. ● **crash** *adj.* done to achieve quick results: *a ~ course in computers* ■ **'crash helmet** *n.* hard hat worn by a motorcyclist to protect the head. ■ **,crash-'land** *v.* [I, T] land an aircraft in an emergency. ■ **,crash 'landing** *n.* emergency landing.

crash² /kræʃ/ *v.* **1** [I, T] (cause something) to collide with something: *~ the aircraft* (*over the sea*) **2** [I, T] (cause somebody/something to) hit something hard while moving, causing noise and/or damage: *The tree ~ed through the window.* **3** [I] make a loud noise: *The thunder ~ed.* **4** [I] (of prices, a business, shares, etc.) lose value or fail suddenly. **5** [I, T] (cause a computer to) stop working.

crass /kræs/ *adj.* very stupid and showing no sympathy or understanding: *a ~ idea*

crate /kreɪt/ *n.* large wooden container for goods. ● **crate** *v.* [T] pack something in a crate.

crater /'kreɪtə(r)/ *n.* **1** opening at the top of a volcano. **2** hole made by a bomb.

cravat /krə'væt/ *n.* piece of cloth worn by men round the neck.

crave /kreɪv/ *v.* [T] **~(for)** have a strong desire for something: *~ for attention* ▶ **craving** *n.*

crawl /krɔːl/ *v.* [I] **1** move slowly along the ground or on the hands and knees: *The car ~ed along in the rush-hour traffic.* **2** move very slowly: *traffic ~ing into the city* **3** **~with** (*esp.* in the continuous tense) be covered with or full of things that crawl, move, etc.: *a floor ~ing with ants* **4** **~to** (*infml.*) try to gain somebody's favour by doing what they want, flattering them, etc. [IDM] **make your skin crawl** → SKIN ● **crawl** *n.* **1** [sing.] very slow speed. **2** (**the crawl**) [sing., U] fast swimming stroke. ▶ **crawler** *n.* (*infml., disapprov.*) person who crawls(4).

crayon /'kreɪən/ *n.* pencil of soft coloured

chalk or wax. ● **crayon** v. [T] draw something with crayons.

craze /kreɪz/ n. enthusiastic, usu. brief, popular interest in something; object of such an interest.

crazed /kreɪzd/ adj. ~(with) (fml.) full of strong feelings and lacking control.

crazy /'kreɪzi/ adj. (-ier, -iest) (infml.) 1 foolish; not sensible: a ~ thought 2 very angry: The suspense is driving me ~! 3 wildly excited or enthusiastic: ~ about cricket 4 ~ **about** in love with somebody: He's ~ about the actor! 5 mentally ill; insane. ▶ **crazily** adv. ▶ **craziness** n. [U]

creak /kriːk/ v. [I] n. (make a) sound like a door that needs oil: a ~ ing floorboard ▶ **creaky** adj. (-ier, -iest) making creaks.

cream /kriːm/ n. 1 [U] thick, yellowish, fatty liquid that rises to the top of milk: strawberries and ~ 2 [C] a sweet that has a soft substance like cream inside. 3 [U, C] any soft substance used on your skin to protect it, nourish it, etc. or used for cleaning things: face ~ 4 [U] pale yellow to yellowish white colour. 5 **(the cream)** [sing.] the best part: the ~ of society ● **cream** adj. yellowish-white. ● **cream** v. [T] mix things together into a soft paste. [PV] **cream somebody/something off** take the best part away. ▶ **creamy** adj. (-ier, -iest) like cream; containing cream.

crease /kriːs/ n. 1 line made on cloth, paper, etc. by crushing, folding, or pressing. 2 wrinkle on the skin. 3 white line near the wicket on a cricket pitch. ● **crease** v. [I, T] (cause something to) develop creases.

create /kriˈeɪt/ v. [T] 1 make something happen or exist. 2 produce a particular feeling or impression: The actor wants to ~ a serious image.

creation /kriˈeɪʃn/ n. 1 [U] act of making something new or of causing something to exist. 2 (usu. **the Creation**) [sing.] making of the world, esp. by God, as described in the Bible. 3 [U] the world and all the living things in it.

creative /kriˈeɪtɪv/ adj. 1 able to produce something new or a work or art: a ~ person who paints in his free hours 2 involving the use of skill and the imagination to produce something new: a ~ solution ▶ **creatively** adv. ▶ **creativity** /ˌkriːeɪˈtɪvəti/ n. [U]

creator /kriˈeɪtə(r)/ n. 1 [C] person who creates: the ~ of this sculpture 2 **(the Creator)** [sing.] God.

creature /ˈkriːtʃə(r)/ n. living animal or person.

crèche (also **creche**) /kreʃ/ n. (GB) place where babies are cared for while their parents are at work, etc.

credentials /krəˈdenʃlz/ n. [pl.] 1 qualities, achievements, etc. that make you suitable to do something. 2 documents as proof of your qualifications or achievements.

credible /ˈkredəbl/ adj. that can be believed or trusted: a ~ theory ▶ **credibility** /ˌkredəˈbɪləti/ n. [U] quality of being credible: to lose credibility ▶ **credibly** /-əbli/ adv.

credit[1] /ˈkredɪt/ n. 1 [U] agreement to buy something and pay later: buy a car on ~ 2 [U] belief of others that a person, company, etc. can pay debts: have good/ poor ~ 3 [U] sum of money in a bank account. 4 [U] sum of money lent by a bank, an institution, etc. 5 [C] entry in an account of money received. 6 [U] belief; trust: lend ~ to her explanation 7 [U] praise; approval: be given all the ~ for something 8 [sing.] ~**to** person or thing that makes a reputation better: She's a ~ to her department. 9 [C] unit of study at a college or university. [IDM] **to somebody's credit** making somebody deserve praise, respect, or acknowledgement. ■ **'credit card** n. card allowing the holder to buy goods on credit(1). ■ **'creditworthy** adj. able to be trusted to repay money owed. ▶ **'creditworthiness** n. [U]

credit[2] /ˈkredɪt/ v. [T] 1 ~(with) think that somebody has something: I ~ed you with more discretion. 2 add an amount of money to somebody's bank account. 3 believe something: How could you ~ it?

creditable /ˈkredɪtəbl/ adj. deserving praise (although not perfect): a ~ piece of writing ▶ **creditably** adv.

creditor /ˈkredɪtə(r)/ n. person, company, etc. that somebody owes money to.

credulous /ˈkredjələs/ adj. too willing to believe things. ▶ **credulity** /krɪˈdjuːləti/ n. [U]

creed /kriːd/ n. set of beliefs, esp. religious ones.

creek /kriːk/ n. 1 (GB) narrow stretch of river cutting into a coast or river bank. 2 small river.

creep /kriːp/ v. [I] (pt, pp **crept**/krept/) 1 move along slowly or quietly, esp. keeping the body close to ground: The thief crept along the wall. 2 (of plants, etc.) grow over the surface of a wall, etc. 3 ~**(to)** (GB, infml., disapprov.) try to gain somebody's favour by doing what they want, flattering them, etc. [IDM] **make your flesh creep** → FLESH [PV] **creep up on somebody** move slowly nearer to somebody, usu. from behind, without being seen or heard: (fig.) the old fears are ~ing up on me. ● **creep** n. (infml., disapprov.) unpleasant person, esp. one who tries to gain somebody's favour by doing what they want, flattering them, etc. [IDM] **give**

somebody the creeps (*infml.*) make somebody feel fear or dislike. ▶ **creeper** *n*. plant that grows along the ground, up walls, etc.
creepy /'kriːpi/ *adj.* (**-ier, -iest**) (*infml.*) causing or feeling fear: *a ~ hall*
creepy-crawly /ˌkriːpi 'krɔːli/ *n.* (*infml.*) insect, worm, etc. when you think of it as unpleasant.
cremate /krə'meɪt/ *v.* [T] burn the body of a dead person, esp. as part of a funeral ceremony. ▶ **cremation** /krə'meɪʃn/ *n.* [C, U] (act of) cremating somebody. ▶ **crematorium** /ˌkremə'tɔːriəm/ *n.* (*pl.* ~**s** or **-oria** /-ɔːriə/) place where bodies are burned.
creosote /'kriːəsəʊt/ *n.* [U] brown oily liquid used for preserving wood.
crêpe (*also* **crepe**) /'kreɪp/ *n.* **1** [U] any of various types of wrinkled cloth or paper. **2** [U] rubber with a wrinkled surface, used for making the soles of shoes. **3** [C] thin pancake.
crept *pt, pp of* CREEP
crescendo /krə'ʃendəʊ/ *n.* (*pl* ~**s**) **1** (*music*) gradual increase in loudness. **2** gradual increase in intensity, noise, etc. to a climax. ● **crescendo** *adj., adv.* of or with increasing loudness: *a ~ passage*
crescent /'kresnt ' 'kreznt/ *n.* **1** (something shaped like the) curve of the new moon. **2** row of houses built in a curve.
cress /kres/ *n.* [U] small plant with very small leaves, used in salads.
crest /krest/ *n.* **1** top of a hill or wave. **2** design used as the symbol of a particular family, etc. esp. one with a long history. **3** group of feathers that stand up on top of a bird's head. ● **crest** *v.* [T] (*written*) reach the top of a hill, valley, etc.
crestfallen /'krestfɔːlən/ *adj.* very sad or disappointed.
Creutzfeldt-Jakob disease /ˌkrɔɪtsfelt 'jækɒb dɪziːz/ *n.* [U] (*abbr.* **CJD**) fatal disease of the brain and nervous system, thought to be linked to BSE in cows.
crevasse /krə'væs/ *n.* deep, open crack in thin ice.
crevice /'krevɪs/ *n.* narrow opening or crack in a rock, wall, etc.
crew /kruː/ *n.* **1** all the people working on a ship or aircraft; these people, except the officers. **2** group of people working together: *a production ~* ● **crew** *v.* [I, T] be part of a crew, esp. on a ship.
crib /krɪb/ *n.* **1** small bed for a small child. **2** long open box for holding an animal's food. **3** (*infml.*) piece of paper containing written information such as answers to questions, often used dishonestly by students in tests: *a ~ sheet*

crick /krɪk/ *n.* [sing.] painful, stiff feeling in your neck.
cricket /'krɪkɪt/ *n.* **1** [U] ball game played on grass by two teams of eleven players, in which a ball is bowled at a wicket and a batsman tries to hit it: *a ~ fan* **2** [C] small, brown, jumping insect that makes a shrill noise. ▶ **cricketer** *n.* cricket player.
cried *pt, pp of* CRY¹
cries 1 *third pers. sing. pres tense* CRY¹ **2** *plural of* CRY²
crime /kraɪm/ *n.* **1** [U] activities that involve breaking the law. **2** [C] ~(**against**) illegal act for which there is a punishment by law: *commit a ~* **3** (**a crime**) [sing.] act that you think is immoral or foolish: *It's a ~ to idle away all your time.*
criminal /'krɪmɪnl/ *adj.* **1** of or concerning crime or the laws that deal with it: *a ~ case* ◇ *~ law* **2** morally wrong: *a ~ waste of money* ● **criminal** *n.* person who commits a crime or crimes. ▶ **criminally** /-nəli/ *adv.*
crimson /'krɪmzn/ *adj., n.* [U] (of a) deep red.
cringe /krɪndʒ/ *v.* [I] **1** move back and away from somebody/something in fear. **2** feel very embarrassed about something: *I ~ when I think of my childish behaviour at the meeting.*
crinkle /'krɪŋkl/ *n.* very thin fold or line made on paper, fabric, or skin. ▶ **crinkle** *v.* [I, T] (cause something to) form crinkles: *~d paper*
cripple /'krɪpl/ *v.* [T] (*usu.* passive) **1** damage somebody's body so that they are no longer able to walk or move normally: *~d by an injured ankle* **2** seriously damage or harm somebody/something: *~d by resource crunch*
crisis /'kraɪsɪs/ *n.* [C, U] (*pl.* **crises** /-siːz/) time of difficulty, danger, etc.; decisive moment: *a career ~* ◇ *a country in ~*
crisp /krɪsp/ *adj.* **1** (*also* **crispy**) (of food) pleasantly hard and dry: *a ~ wafer* **2** (*also* **crispy**) (of fruit and vegetables) fresh and firm: *~ carrots* **3** (of paper or fabric) new and slightly stiff: *~ banknotes* **4** (of the weather) frosty, cold: *~ mountain air* **5** (of somebody's way of speaking) quick and confident, and not very friendly: *a ~ rejoinder* ● **crisp** (*GB also* **po͵tato 'crisp**) *n.* [C, usu. pl.] thin slice of potato, fried and dried and sold in packets. ● **crisp** *v.* [I, T] become or make something crisp. ▶ **crisply** *adv.* ▶ **crispness** *n.* [U] ▶ **crispy** *adj.* (**-ier, -iest**) (*infml.*) = CRISP(1), (2)
criss-cross /'krɪs krɒs/ *adj.* with crossed lines: *a ~ pattern* ● **criss-cross** *v.* [I, T] form or make a criss-cross pattern on something: *roads ~ing the country*
criterion /kraɪ'tɪəriən/ *n.* (*pl.* **-ria** /-riə/) standard by which somebody/something is

judged.
critic /'krɪtɪk/ n. **1** person who gives opinions about the good and bad qualities of books, films, music, etc.: *The ~s appreciated the subtle aspects of the play.* **2** person who expresses disapproval of somebody/something publicly.
critical /'krɪtɪkl/ adj. **1** expressing disapproval of somebody/something publicly: *a ~ viewpoint* **2** extremely important for the future: *~ research* **3** serious, uncertain, and possibly dangerous: *The patient is in a ~ condition.* **4** giving fair, careful judgements, esp. about art, literature, etc.: *a ~ review* ▶ **critically** /-ɪkli/ adv.: *to be ~ly ill*
criticism /'krɪtɪsɪzəm/ n. **1** [U, C] ~ (of) act of expressing disapproval of somebody/something and opinions about their bad qualities; statement showing disapproval: *Her constant ~ is demoralizing.* **2** [U] work or activity of making fair, careful judgements about the good and bad qualities of somebody/something, esp. books, music, etc.: *literary ~*
criticize (GB also **-ise**) /'krɪtɪsaɪz/ v. **1** [I, T] point out the faults of somebody/something; express disapproval of somebody/something: *Don't ~ my work too harshly.* **2** [T] (GB) judge the good and bad qualities of something.
critique /krɪ'tiːk/ n. piece of written criticism of a set of ideas, work of art, etc.
croak /krəʊk/ n. deep, hoarse sound as made by a frog. ● **croak** v. **1** [I] make a deep, hoarse sound. **2** [I, T] speak or say something in a croaking voice.
crockery /'krɒkəri/ n. [U] plates, cups, dishes, etc.
crocodile /'krɒkədaɪl/ n. **1** [C] large river reptile with a long body and tail, found in tropical regions. **2** [U] crocodile skin made into leather. **3** [C] (GB) long line of people, esp. children, walking in pairs. [IDM] **crocodile tears** insincere sorrow.
crocus /'krəʊkəs/ n. small plant with white, yellow, or purple flowers appearing early in spring.
croissant /'krwæsɒ̃/ n. small sweet roll with a curved shape, eaten esp. at breakfast.
crony /'krəʊni/ n. (pl. **-ies**) (disapprov.) friend or companion.
crook /krʊk/ n. **1** (infml.) criminal. **2** bend in something: *the ~ of your arm* (= the place where it bends at the elbow). **3** stick with a hook at one end, esp. as used by a shepherd. ● **crook** v. [T] bend your finger or arm.
crooked /'krʊkɪd/ adj. **1** not straight: *a ~ line* **2** (infml.) dishonest: *a ~ officer* ▶ **crookedly** adv.
crop¹ /krɒp/ n. **1** [C] plant that is grown in large quantities, esp. as food. **2** [C] amount of grain, grass, fruit, etc. produced in a year or season: *an abundant ~ of wheat* **3** [sing.] ~**of** group of people or things.
crop² /krɒp/ v. (**-pp-**) [T] **1** cut somebody's hair very short. **2** (of animals) bite off and eat the tops of plants, esp. grass. [PV] **crop up** appear or happen, esp. unexpectedly: *A new angle has ~ped up.*
croquet /'krəʊkeɪ/ n. [U] game played on grass with balls that are knocked through hoops.
cross¹ /krɒs/ n. **1** [C] mark made by drawing one line across another, (x or +). **2** [C] long upright piece of wood with a shorter piece across it near the top. In the past, people were hung on crosses and left to die as a punishment. **3** (**the Cross**) [sing.] the cross that Jesus Christ died on, used as a symbol of Christianity. **4** [C] piece of jewellery, etc. in the shape of a cross, used as a symbol of Christianity. **5** (usu. **Cross**) [C] small cross-shaped decoration awarded to somebody for doing something very brave. **6** [C] mixture of two different things, breeds of animal or plant, etc. **7** [C] (in football or hockey) kick or hit of the ball across the field. [IDM] **have a (heavy) cross to bear** have a difficult problem to deal with.

cross² /krɒs/ v. **1** [I, T] go across something, extend from one side to the other of something: *a bridge ~ing the road* **2** [I] pass across each other: *Our letters seem to have ~ed in the post.* **3** [T] put or place something across or over something else: *~ your legs* (= place one leg over the other). **4** [T] oppose somebody or speak against them or their plans, etc.: *You shouldn't ~ her in business.* **5** [T] ~(**with**) cause two different types of animal or plant to produce young: *A mule is the product of a horse ~ed with a donkey.* **6** [I] (in football, etc.) to pass the ball sideways across the field. **7** [T] draw a line across something: *~ a cheque* (= draw two lines on it to show that it must be paid into a bank account). **8** ~**yourself** make the sign of a cross (= the Christian symbol) on your chest. [IDM] **cross your mind** (of ideas, etc.) come into your mind. [PV] **cross somebody/something off** draw a line through a person's name or an item on a list because they/it is no longer required: *C~ this venue off the list; we won't have time to go there.* **cross something out/through** draw a line through a word, usu. because it is wrong.
cross³ /krɒs/ adj. annoyed; angry: *I was ~ with him for not calling.* ▶ **crossly** adv.
crossbow /'krɒsbəʊ/ n. weapon consisting of a bow²(1) that is fixed onto a larger piece of

wood, and that shoots short, heavy arrows (**bolts**).

cross-breed /ˈkrɒs briːd/ v. [I, T] (cause an animal or plant to) breed with an animal or plant of a different breed: *cross-bred mule* ● **cross-breed** n. animal or plant that is the result of cross-breeding.

cross-check /ˌkrɒs ˈtʃek/ v. [I, T] make sure that information, figures, etc. are correct by using a different method or system to check them. ▶ **cross-check** /ˈkrɒs tʃek/ n.

cross-country /ˌkrɒs ˈkʌntri/ adj., adv. across the country or fields, not on roads: *a ~ trek*

cross-examine /ˌkrɒs ɪɡˈzæmɪn/ v. [T] question somebody closely, esp. to test answers already given, esp. in a law court. ▶ **ˌcross-eˌxamiˈnation** n. [C, U]

cross-eyed /ˌkrɒs ˈaɪd/ adj. with one or both eyes turned towards the nose.

crossfire /ˈkrɒsfaɪə(r)/ n. [U] firing of guns from two or more points, so that the bullets cross.

crossing /ˈkrɒsɪŋ/ n. 1 place where you can safely cross a road, river, etc. or from one country to another. 2 place where two roads, railways, etc. meet. 3 journey across the sea or a wide river: *a tedious ~*

cross-legged /ˌkrɒs ˈleɡd; -ˈleɡɪd/ adv., adj. with one leg over the other.

crosspiece /ˈkrɒspiːs/ n. (tech.) piece of a structure or tool that lies or is fixed across another piece.

cross purposes /ˌkrɒs ˈpɜːpəsɪz/ n. [IDM] **at cross purposes** (of two people or groups) misunderstanding what the other is talking about.

cross-reference /ˌkrɒs ˈrefrəns/ n. note directing the reader to another part of the book, file, etc.

crossroads /ˈkrɒsrəʊdz/ n. (pl. **crossroads**) place where two roads meet and cross each other. [IDM] **at a/the crossroads** at a point where an important decision is to be taken.

cross section /ˈkrɒs sekʃn/ n. 1 [C, U] (drawing of a) surface formed by cutting or slicing through something. 2 [C, usu. sing.] group of people or things that are typical of a larger group: *a ~ of age groups*

crosswind /ˈkrɒswɪnd/ n. wind blowing across the direction you are moving in.

crossword /ˈkrɒswɜːd/ n. puzzle in which words have to be guessed from clues and written in spaces in a grid.

crotch /krɒtʃ/ n. place where a person's legs, or trouser legs, join.

crouch /kraʊtʃ/ v. [I] lower your body by bending your knees: *~ down on the floor* ● **crouch** n. [sing.] crouching position.

croupier /ˈkruːpieɪ/ n. person in charge of a table where people gamble money on cards, etc.

crow¹ /krəʊ/ n. 1 large, black bird with a harsh cry. 2 sound like that of a cock crowing. [IDM] **as the crow flies** in a straight line: *It's only a mile away, as the ~ flies.* ■ **ˈcrow's feet** n. [pl.] lines on the skin near the corner of the eye. ■ **ˈcrow's-nest** n. lookout platform at the top of a ship's mast.

crow² /krəʊ/ v. [I] 1 (of a cock) make loud, high sounds, esp. early in the morning. 2 **~(about/over)** talk too proudly about your own success or achievements: *~ing over her popularity*

crowbar /ˈkrəʊbɑː(r)/ n. straight iron bar used as a lever for opening crates, moving heavy objects, etc.

crowd /kraʊd/ n. [C, with sing. or pl. verb] 1 large number of people together: *a ~ of spectators* 2 (infml.) particular group of people: *the usual ~* (= people who often meet each other) ● **crowd** v. 1 [I] come together in a crowd: *~ around the dais* 2 [T] fill a place so there is little room to move: *Tourists and locals ~ed the beach.* 3 [T] (infml.) stand close to somebody so that they feel nervous. ▶ **crowded** adj. (too) full of people: *a ~ carnival*

crown¹ /kraʊn/ n. 1 [C] circular ornamental headdress of a king or queen. 2 **(the Crown)** [sing.] royal power. 3 [C] top of a hill, head, hat, etc.

crown² /kraʊn/ v. [T] 1 put a crown on a new king or queen. 2 **~(with)** (usu. passive) (written) form or cover the top of something: *A rooftop restaurant ~s the shopping mall.* 3 **~(with)** (usu. passive) make something complete or perfect: *The event was ~ed with a grand reception.* [IDM] **to crown it all** (GB) to be the last in a series of bad events. ▶ **crowning** adj. making something perfect or complete: *a ~ing achievement*

crucial /ˈkruːʃl/ adj. of decisive importance: *a ~ step forward* ▶ **crucially** /-ʃəli/ adv.

crucifix /ˈkruːsəfɪks/ n. model of the Cross with a figure of Christ on it.

crucifixion /ˌkruːsəˈfɪkʃn/ n. [C, U] (act of) crucifying somebody.

crucify /ˈkruːsɪfaɪ/ v. (pt, pp **-ied**) [T] 1 kill somebody as a punishment by nailing them to a cross. 2 (infml.) criticize or punish somebody very severely.

crude /kruːd/ adj. 1 simple and not very accurate, but giving a general idea of something. 2 (of objects or works of art) simply made: *~ devices* 3 rude and vulgar: *~ jokes* 4 (of materials) in a natural state and not refined: *~ oil* ▶ **crudely** adv.

cruel /ˈkruːəl/ adj. (**-ler**, **-lest**) 1 (of people) enjoying the suffering of others. **2** causing suffering: *~ behaviour* ▶ **cruelly** *adv.* ▶ **cruelty** *n.* **1** [U] behaviour that causes pain and suffering to others. **2** [C, usu. pl.] (*pl.* **-ies**) cruel action.

cruet /'kruːɪt/ *n.* small stand for salt and pepper, oil and vinegar, etc. on a table.

cruise /kruːz/ *v.* [I] **1** travel in a ship visiting different places, esp. as a holiday. **2** (of cars, aircraft, etc.) travel at a steady speed: *~ along the highway* ● **cruise** *n.* journey by sea, visiting different places: *a round-the-world ~ on a luxury liner* ▶ **cruiser** *n.* **1** fast warship. **2** motor boat with sleeping accommodation. ■ **'cruise missile** *n.* missile that flies low and can guide itself.

crumb /krʌm/ *n.* **1** very small piece of dry food, esp. bread. **2** very small amount.

crumble /'krʌmbl/ *v.* **1** [I, T] (cause something to) break into very small pieces. **2** [I] begin to fail or come to an end: *The nuclear deal ~d.* ▶ **crumbly** *adj.* (**-ier, -iest**) that breaks easily into small pieces: *~ cookies*

crumple /'krʌmpl/ *v.* ~(**up**) **1** [I, T] (cause something to) be crushed into folds: *material that ~s easily* **2** [I] fall down; collapse.

crunch /krʌntʃ/ *v.* **1** [T] ~(**up**) crush something noisily between your teeth when eating. **2** [I, T] crush something or be crushed noisily: *The leaves ~ed under our feet.* ● **crunch** *n.* [C, usu. sing.] **1** noise like the sound of something firm being crushed. **2** (**the crunch**) [sing.] important, often unpleasant situation: *a resource ~*

crusade /kruːˈseɪd/ *n.* ~(**for/against**) long struggle for something good or against something bad. ● **crusade** *v.* [I] take part in a crusade. ▶ **crusader** *n.*

crush[1] /krʌʃ/ *v.* **1** [T] press something so hard that there is breakage or injury: *Some people were ~ed to death in the stampede.* **2** [I] push or press somebody/something into a small space: *Crowds ~ed into the ground.* **3** [T] break something into small pieces or powder by pressing hard. **4** [I, T] (cause something to) become full of creases: *clothes ~ed in a suitcase* **5** [T] defeat somebody completely. ▶ **crushing** *adj.* used to emphasize how bad or severe something is: *a ~ing blow*

crush[2] /krʌʃ/ *n.* **1** [sing.] crowd of people pressed together. **2** [C] ~(**on**) strong feeling of love, that usu. does not last very long: *She's got a ~ on the film actor.*

crust /krʌst/ *n.* [C, U] **1** hard outer surface of bread, pastry, etc. **2** hard layer or surface: *the earth's ~* ▶ **crusty** *adj.* (**-ier, -iest**) **1** having a crust; like a crust: *~y bread* **2** (*infml.*) bad-tempered.

crustacean /krʌˈsteɪʃn/ *n.* (*tech.*) shellfish.

crutch /krʌtʃ/ *n.* **1** stick used as a support under the arm to help an injured person walk. **2** (*disapprov.*) person or thing that you depend on for help and support. **3** = CROTCH

crux /krʌks/ *n.* most important or difficult part of a problem.

cry[1] /kraɪ/ *v.* (*pt, pp* **-ied**) **1** [I] ~(**for; about/over; with**) produce tears from the eyes because you are unhappy or hurt: *The little girl was ~ing bitterly.* ◇ *~ with pain* **2** [I, T] ~(**for**) shout loudly: *to ~ for help* ◇ *'Leave me alone!' he cried.* **3** [I] (of animals) make a loud, harsh noise. [PV] **cry off** (*GB*) cancel an appointment, etc. **cry out for something** need something urgently. ■ **'crybaby** *n.* person who cries too easily or for no good reason.

cry[2] /kraɪ/ *n.* (*pl.* **-ies**) **1** [C] loud sound expressing a strong feeling: *a ~ of rage* **2** [C] characteristic sound made by a bird or animal: *the ~ of the thrush* **3** [sing.] act or period of crying: *have a good ~* **4** [C] ~(**for**) urgent demand or request for something: *a ~ to arms* [IDM] **a far cry from** very different experience from.

crypt /krɪpt/ *n.* room under a church.

cryptic /ˈkrɪptɪk/ *adj.* having a hidden meaning.

crystal /ˈkrɪstl/ *n.* **1** [C] regular internal structure taken naturally by certain substances: *salt ~s* **2** [U, C] transparent, colourless mineral, e.g. quartz, used in making jewellery, etc. **3** [U] high-quality glass. **4** [C] (*US*) glass or plastic cover on the face of a watch or clock. ▶ **crystalline** /ˈkrɪstəlam/ *adj.* **1** made of crystal(s): like crystal. **2** (*fml.*) very clear: *~ water* ▶ **crystallize** (*also* **-ise**) /ˈkrɪstəlaɪz/ *v.* **1** [I, T] (cause ideas, plans, *etc.* to) become clear and definite. **2** [I, T] (cause something to) form into crystals.

cub /kʌb/ *n.* young lion, bear, fox, etc.

cubbyhole /ˈkʌbihəʊl/ *n.* small enclosed space or room.

cube /kjuːb/ *n.* **1** solid figure with six equal square sides. **2** (*maths*) result of multiplying a number by itself twice. ● **cube** *v.* [T] (*usu.* passive) (*maths*) multiply a number by itself twice: *3 ~d is 27.* ▶ **cubic** /ˈkjuːbɪk/ *adj.* **1** (*abbr.* **cu**) produced by multiplying length, width and height: *a ~ metre* **2** having the shape of a cube; of a cube.

cubicle /ˈkjuːbɪkl/ *n.* small space formed by dividing a larger room.

cuckoo /ˈkʊkuː/ *n.* bird whose call is like its name, and which lays its eggs in the nests of other birds.

cucumber /ˈkjuːkʌmbə(r)/ *n.* [C, U] long green vegetable eaten raw, esp. in salads.

cud /kʌd/ n. [U] food that cows, etc. bring back from the stomach and chew again.

cuddle /'kʌdl/ v. [T] hold somebody close and lovingly in your arms: ~ *a pet* [PV] **cuddle up (to/against somebody/something) cuddle up (together)** sit or lie very close to somebody/something: *She ~d up to her father.* ● **cuddle** n. [usu. sing.] act of cuddling somebody to show love or affection. ▶ **cuddly** adj. (-ier, -iest) (*infml.*) pleasant to cuddle: *a ~ baby*

cudgel /'kʌdʒl/ n. short thick stick used as a weapon. ● **cudgel** v. (-ll- *or* -l-) [T] hit somebody with a cudgel.

cue /kjuː/ n. 1 ~**(for)** action or event that is a signal for somebody to do something: *The chief guest's arrival was the ~ for beginning formal proceedings.* 2 words or an action in a play that is a signal for another actor to do something. 3 long thin stick used for hitting the ball in games of snooker, billiards, and pool.

cuff¹ /kʌf/ n. 1 end of a coat or shirt sleeve at the wrist. 2 light hit with an open hand. [IDM] **off the cuff** (of a remark, etc.) said without previous thought or preparation. ■ **'cufflink** n. decorative object for fastening shirt cuffs.

cuff² /kʌf/ v. [T] hit somebody quickly and lightly with an open hand.

cuisine /kwɪˈziːn/ n. [U] (style of) cooking.

cul-de-sac /'kʌl də sæk/ n. street that is closed at one end.

culinary /'kʌlɪnəri/ adj. (*fml.*) of or for cooking.

culminate /'kʌlmɪneɪt/ v. [I] ~**in/with** have as a final result or highest point: *~ in marriage* ▶ **culmination** /ˌkʌlmɪˈneɪʃn/ n. [sing.] final result or highest point.

culpable /'kʌlpəbl/ adj. deserving blame. ▶ **culpability** /ˌkʌlpəˈbɪləti/ n. [U] ▶ **culpably** adv.

culprit /'kʌlprɪt/ n. person who has done something wrong.

cult /kʌlt/ n. 1 system of religious worship. 2 devotion to a person, thing, practice, etc. 3 popular fashion: *a ~ novel*

cultivate /'kʌltɪveɪt/ v. [T] 1 prepare and use land for growing plants or crops. 2 grow plants and crops. 3 try to get somebody's friendship or support. 4 develop a way of talking, behaving, etc.: *~ her interest in photography* ▶ **cultivated** adj. showing a high level of education and good manners. ▶ **cultivation** /ˌkʌltɪˈveɪʃn/ n. [U]

culture /'kʌltʃə(r)/ n. 1 [U] customs, beliefs, art, way of life, institutions, etc. of a particular country or group: *Islamic ~* 2 [C] country, group, etc. with its own beliefs, etc. 3 [U] art, music, literature, etc. regarded as a group. 4 [U] (*tech.*) cultivating of crops, etc. 5 [C] (*biol., med.*) group of cells grown for study. ▶ **cultural** adj. concerning culture. ▶ **cultured** adj. (of people) well educated; able to appreciate art, literature, etc. ■ **'culture shock** n. feeling of confusion and anxiety that somebody may feel when they go to live in or visit another country.

cumbersome /'kʌmbəsəm/ adj. 1 heavy and awkward to carry. 2 slow and inefficient.

cumulative /'kjuːmjələtɪv/ adj. increasing in amount, force, etc. by one addition after another.

cunning /'kʌnɪŋ/ adj. having or showing skill in deceiving people: *a ~ tactic* ● **cunning** n. [U] quality of being cunning. ▶ **cunningly** adv.

cunt /kʌnt/ n. (*offens.*, △, *sl.*) 1 female sexual organs. 2 very offensive word used to insult somebody.

cup¹ /kʌp/ n. 1 small bowl with a handle for drinking tea, coffee, etc. 2 contents of a cup. 3 gold or silver vessel awarded as a prize in a competition. 4 something shaped like a cup. [IDM] **not somebody's cup of tea** (*infml., spoken*) not what somebody likes. ▶ **cupful** n. amount that a cup will hold.

cup² /kʌp/ v. (-pp-) [T] put your hands in the shape of a cup; hold something as if in a cup: *~ your chin firmly in your hands*

cupboard /'kʌbəd/ n. set of shelves with doors in the front.

curable /'kjʊərəbl/ adj. (of an illness) that can be cured.

curate /'kjʊərət/ n. clergyman who helps a parish priest.

curative /'kjʊərətɪv/ adj. (*fml.*) able to cure illness.

curator /kjʊəˈreɪtə(r)/ n. person in charge of a museum, art gallery, etc.

curb /kɜːb/ n. 1 ~**(on)** something that controls and limits something. 2 KERB ● **curb** v. [T] control or limit something, esp. something bad: *to ~ your indulgences*

curd /kɜːd/ n. [U] (*also* **curds** [pl.]) thick soft substance formed when milk turns sour.

curdle /'kɜːdl/ v. [I, T] (cause a liquid to) separate into solid and liquid parts.

cure /kjʊə(r)/ v. [T] 1 ~**(of)** bring somebody back to health: *~d of a chronic illness* 2 put an end to something: *a policy to ~ red tape* 3 stop somebody doing something unpleasant, foolish, etc.: *~ somebody of an addiction* 4 treat meat, fish, etc. in order to preserve it. ● **cure** n. 1 ~**(for)** medicine or medical treatment that cures an illness: *a ~ for asthma* 2 return to health.

curfew /'kɜːfjuː/ n. time or signal for people to stay indoors.

curio /ˈkjʊəriəʊ/ n. (pl. ~s) rare or unusual small object.
curiosity /ˌkjʊəriˈɒsəti/ n. (pl. -ies) 1 [U, sing.] strong desire to know about something. 2 [C] strange or rare object.
curious /ˈkjʊəriəs/ adj. 1 ~**about** eager to know about something: ~ *about the other planets in the solar system* 2 strange and unusual. ▶ **curiously** adv.
curl /kɜːl/ n. something that forms a curved or round shape, esp. a small bunch of hair. ● **curl** v. 1 [I, T] form into a curl or curls. 2 [I] grow into curls; coil: *the smoke ~ed up in the air* [PV] **curl up** lie or sit with a curved back and legs close to the body. ▶ **curly** adj. (**-ier, -iest**) having curls.
currant /ˈkʌrənt/ n. 1 small dried grape used in cakes, etc. 2 (used in compounds) (bush with) small black, red, or white berries: *black ~s*
currency /ˈkʌrənsi/ n. (pl. -ies) 1 [U, C] money in use in a country. 2 [U] state of being generally used or believed.
current¹ /ˈkʌrənt/ adj. 1 of the present time; happening now: ~ *affairs* 2 in general use; generally accepted. ■ ˌ**current acˈcount** n. bank account from which money can be drawn without notice. ▶ **currently** adv. at the present time; now.
current² /ˈkʌrənt/ n. 1 movement of water or air in a particular direction. 2 flow of electricity. 3 fact of particular feelings, opinions, practices, etc. being present.
curriculum /kəˈrɪkjələm/ n. (pl. ~s or -la /-lə/) subjects included in a course of study or taught in a school, college, etc. ▶ **curriculum vitae** /kəˌrɪkjələm ˈviːtaɪ/ (abbr. **CV**) (GB) n. written record of your education and employment used when you apply for jobs.
curry /ˈkʌri/ n. [C, U] (pl. -ies) Indian dish of meat, fish, vegetables, etc. cooked with hot spices. ● **curry** v. (pt, pp **-ied**) [T] make curry out of meat or vegetables. [IDM] **curry favour (with somebody)** (disapprov.) try to get somebody to like or support you by praising or helping them a lot. ▶ **curried** adj. cooked with hot spices.
curse¹ /kɜːs/ n. 1 offensive word or phrase used to express anger, annoyance, etc. 2 word or phrase that has a magic power to make something bad happen: *The devil put a ~ on the prince.* 3 something that causes harm or evil.
curse² /kɜːs/ v. 1 [I] swear: *cursing her ill fortune* 2 [T] say rude things to somebody, or think rude things about somebody. 3 [T] use a magic word or phrase against somebody to harm them. [PV] **be cursed with something** continuously suffer from or be affected by something bad.
cursor /ˈkɜːsə(r)/ n. (computing) small movable mark on a computer screen that shows the point where your input will take effect.
cursory /ˈkɜːsəri/ adj. often (disapprov.) done quickly and without much attention to detail. ▶ **cursorily** adv.
curt /kɜːt/ adj. (of a speaker or something spoken) abrupt; brief: *a ~ reply* ▶ **curtly** adv. ▶ **curtness** n. [U]
curtail /kɜːˈteɪl/ v. [T] (fml.) shorten or limit something: ~ *somebody's movement* ▶ **curtailment** n. [U]
curtain /ˈkɜːtn/ n. 1 [C] piece of cloth, etc. hung up to cover a window, divide a room, etc.: *draw the ~s* 2 [sing.] sheet of heavy material across the front of a stage in a theatre. 3 [C, usu. sing.] anything that screens, covers, protects, etc.: *a ~ of dust* [IDM] be **curtains (for somebody)** (infml.) be a hopeless situation or one that you cannot escape from ● **curtain** v. [T] provide with curtains for a window or room.

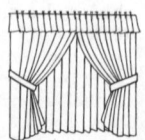

curtsy (also **curtsey**) /ˈkɜːtsi/ n. (pl. -ies or ~s) act of bending the knees (by a woman) to show respect. ● **curtsy** v. (pt, pp **-ied**) (also **curtsey**): [I] *She ~ied to the priest.*
curve /kɜːv/ n. line or surface that bends gradually; smooth bend. ● **curve** v. 1 [I, T] (cause something to) move in a curve. 2 [I] be in the shape of a curve.
cushion /ˈkʊʃn/ n. 1 small bag filled with soft material, to make a seat more comfortable, to kneel on, etc. 2 something like a cushion: *a ~ of air* ● **cushion** v. [T] 1 reduce the force of a blow, impact, etc. 2 ~**(from)** protect somebody from something unpleasant.
cushy /ˈkʊʃi/ adj. (**-ier, -iest**) usu. (disapprov.) (of a job, etc.) not needing much effort; easy.
custard /ˈkʌstəd/ n. [U] sweet yellow sauce made from eggs, sugar, flour, and milk.
custodian /kʌˈstəʊdiən/ n. person who is in charge of something, esp. a public building.
custody /ˈkʌstədi/ n. [U] 1 (legal right or duty of) caring for or keeping somebody/something: ~ *of her child* 2 imprisonment while waiting for trial: *held in ~*
custom /ˈkʌstəm/ n. 1 [U] generally accepted behaviour among members of a social group. 2 [sing.] (fml.) way a person always behaves; habit: *family ~s* 3 [U] (GB, fml.) regular use of a shop, etc.: *We've lost a lot of ~ since an increase in competition.* ▶ **customary** /ˈkʌstəməri/ adj. according to custom; usual.
■ ˌ**custom-ˈbuilt** (ˌ**custom-ˈmade**) adj. designed and made for a particular person.

customer /ˈkʌstəmə(r)/ *n.* person who buys something in a shop, etc, or uses a service, etc.

customs /ˈkʌstəmz/ *n.* [pl.] **1** (**Customs**) government department that collects taxes on goods brought into the country, etc. **2** place at an airport, seaport, etc. where your bags are checked as you come into a country. **3** taxes payable on imported goods.

cut¹ /kʌt/ *v.* (**-tt-** *pt, pp* **cut**) **1** [I, T] make an opening or wound in something with something sharp: *I ~ my hand while slicing the onions.* **2** [T] remove something from something larger with a knife, etc.; divide something into two or more pieces: *~ the cloth piece with scissors.* ◊ *~ the cake into four.* **3** [T] shorten something by cutting it: *~ somebody's hair* **4** [I] be capable of cutting or being cut: *This knife won't ~.* ◊ *Paper ~s easily* **5** [T] reduce something: *~ taxes* **6** [T] remove something from something: *~ some lines from the monologue* **7** [I, T] remove part of a text on a computer screen in order to place it elsewhere: *You can ~ and paste between different programs.* **8** [T] prepare a film or tape by removing parts of it, etc.; edit something. **9** [I] stop filming or recording. **10** [I] (in films, radio, or television) move quickly from one scene to another. **11** [T] (*infml., esp. US*) stay away from a class that you should go to. **12** [T] (*written*) hurt somebody emotionally: *His indifference ~ me deeply.* **13** [T] (of a line) cross another line. [IDM] **cut and dried** decided in a way that cannot be changed or argued about. **cut both/two ways** having two opposite effects or results. **cut corners** do things in the easiest and quickest way, often by being careless. **cut somebody dead** (*GB*) pretend not to have seen somebody; refuse to greet somebody. **cut it/things fine** (*infml.*) leave yourself just enough time to do something. **cut your losses** stop doing something before the situation gets even worse. **cut no ice (with somebody)** not impress or influence somebody. **cut somebody to the quick** hurt somebody's feelings. [PV] **cut across something 1** affect different groups that usu. remain separate: *The repercussions of the policy ~ across social classes.* **2** go across a field, etc. to shorten your route. **cut something back | cut back (on something) 1** reduce something: *~ back on the subsidies* **2** cut shrubs, etc. close to the stem. **cut something down** cause something to fall by cutting it at the base: *~ down a tree* **cut something down| cut down (on something)** reduce the size, amount, or number of something: *~ down on your working hours* **cut in (on somebody/something) 1** interrupt a conversation, etc. **2** move in front of another vehicle, leaving too little space. **cut somebody off** interrupt somebody: *be ~ off while talking on the phone* **cut somebody/something off** stop the supply of something to somebody: *~ off the relief operation* **cut something off 1** remove something by cutting: *He ~ off his finger.* **2** block or obstruct something: *~ off their passage* **cut out** (of an engine, etc.) stop working. **cut something out 1** remove something by cutting. **2** make or shape something by cutting: *~ out a bow* **3** leave something out of a piece of writing, etc. **4** (*infml.*) stop doing or using something: *~ out the sweets* **(not) be cut out for something/to be something** (not) have the abilities needed for something: *I'm not ~ out to be a politician* **cut somebody up** (*infml.*) upset somebody emotionally. **cut something up** cut something into small pieces. ■ **ˈcutback** *n.* reduction in something. ■ **ˈcut-out** *n.* **1** shape cut out of paper, wood, etc. **2** safety device that stops the flow of electric current through something. ■ **ˌcut-ˈprice** *adj.* reduced in price; cheap.

cut² /kʌt/ *n.* **1** wound caused by something sharp. **2** hole or opening made with a knife, etc. **3** **~(in)** reduction in amount, degree, size, supply, etc.: *a ~ in expenditure* **4** act of cutting something: *Your hair needs a ~.* **5** style in which clothes, hair, etc. is cut: *a suit with a traditional ~* **6** share in something: *a ~ of the earnings* **7** act of removing part of something: *need a few ~s in the film* **8** part that is cut from something larger: *a ~ of cheese* [IDM] **a cut above somebody/something** better than somebody/something.

cute /kjuːt/ *adj.* **1** attractive, pretty, or charming. **2** (*infml.*) (too) clever; sharp-witted. ▶ **cutely** *adv.* ▶ **cuteness** *n.* [U]

cuticle /ˈkjuːtɪkl/ *n.* layer of skin at the base of a fingernail or toenail.

cutlery /ˈkʌtləri/ *n.* [U] knives, forks, etc. used for eating.

cutlet /ˈkʌtlət/ *n.* slice of meat or fish.

cutter /ˈkʌtə(r)/ *n.* **1** [C] person or thing that cuts. **2** (**cutters**) [pl.] (used *esp.* in compounds) tool for cutting. **3** [C] type of small sailing boat.

cut-throat /ˈkʌt -rəʊt/ *adj.* (of an activity) in which people compete in aggressive and unfair ways.

cutting /ˈkʌtɪŋ/ *n.* **1** article or story cut from a newspaper or magazine. **2** short piece of the stem of a plant, used for growing a new plant. **3** (*GB*) narrow, open passage cut in

high ground for a road, railway, or canal. ● **cutting** *adj.* (of remarks, replies, etc.) unkind; hurtful.
CV /ˌsiː ˈviː/ *abbr.* curriculum vitae.
cyanide /ˈsaɪənaɪd/ *n.* [U] strong poison.
cyber- /ˈsaɪbə(r)/ *prefix* connected with electronic communication networks, esp. the Internet.
cybercafe /ˈsaɪbəkæfeɪ/ *n.* a cafe with computers on which customers can use the Internet, send emails, etc.
cyberspace /ˈsaɪbəspeɪs/ *n.* [U] imaginary place where electronic messages, pictures, etc. exist while they are being sent between computers.
cycle /ˈsaɪkl/ *n.* **1** (*infml.*) bicycle or motorcycle: *enjoy a ~ ride* **2** series of events in a regularly repeated order: *the ~ of life* ● **cycle** *v.* [I] ride a bicycle. ▶ **cyclical** /ˈsaɪklɪkl; ˈsɪk-/ *adj.* repeated many times and always happening in the same order. ▶ **cyclist** *n.* person who cycles.
cyclone /ˈsaɪkləʊn/ *n.* violent tropical storm in which strong winds move in a circle.

cygnet /ˈsɪgnət/ *n.* young swan.
cylinder /ˈsɪlɪndə(r)/ *n.* **1** long solid or hollow body with circular ends and straight sides. **2** hollow tube in an engine, shaped like a cylinder, inside which the piston moves. ▶ **cylindrical** /səˈlɪndrɪkl/ *adj.* cylinder-shaped.
cymbal /ˈsɪmbl/ *n.* musical instrument in the form of a round metal plate, which is hit with a stick or against another cymbal to make a ringing sound.
cynic /ˈsɪnɪk/ *n.* person who believes that people only do things to help themselves, rather than for good or sincere reasons. ▶ **cynical** *adj.* of or like a cynic: *a ~al outlook* ▶ **cynically** /-kli/ *adv.* ▶ **cynicism** /ˈsɪnɪsɪzəm/ *n.* [U]
cypher = CIPHER
cypress /ˈsaɪprəs/ *n.* any of various types of evergreen tree with dark leaves and hard wood.
cyst /sɪst/ *n.* swelling or lump filled with liquid in the body or under the skin.
cystitis /sɪˈstaɪtɪs/ *n.* [U] infection of the bladder.
czar, czarina = TSAR, TSARINA

D d

D, d /diː/ n. [C, U] (pl **D's, d's** /diːz/) **1** the fourth letter of the English alphabet. **2** Roman numeral for 500.

d abbr. died: d. 1924

dab /dæb/ v. (**-bb-**) [T] touch something lightly or gently: ~ your make-up ● **dab** n. small quantity of paint, etc. put on a surface.

dabble /'dæbl/ v. **1** [I] ~**(in)** be interested in a subject in a way that is not serious. **2** [T] move your hands or feet gently about in water.

dachshund /'dæksnd/ n. small dog with a long body and very short legs.

dad /dæd/ n. (infml.) father.

daddy /'dædi/ n. (pl. **-ies**) (used by children) father.

daffodil /'dæfədɪl/ n. yellow trumpet-shaped flower that grows in spring.

daft /dɑːft/ adj. (infml.) silly.

dagger /'dægə(r)/ n. short sharp knife used as a weapon.

daily /'deɪli/ adj., adv. happening or appearing every day or every weekday. ● **daily** n. (pl. **-ies**) newspaper that is published every day.

dainty /'deɪnti/ adj. (**-ier, -iest**) pretty and delicate. ▶ **daintily** adv.

dairy /'deəri/ n. (pl. **-ies**) **1** building on a farm where butter and cheese are made. **2** company that sells milk, butter, eggs, etc. ● **dairy** adj. **1** made from milk: ~ products **2** connected with the the production of milk: ~ farm

daisy /'deɪzi/ n. (pl. **-ies**) small flower with a yellow centre and white petals.

dale /deɪl/ n. (lit.) valley.

dam /dæm/ n. wall built to keep back water. ● **dam** v. (**-mm-**) [T] build a dam across something.

damage /'dæmɪdʒ/ n. **1** [U] harm; loss: The flood caused great ~ to crops. **2** (**damages**) [pl.] (law) money claimed from a person who has caused loss or injury. ● **damage** v. [T] harm or spoil somebody/something.

dame /deɪm/ n. (**Dame**) title given to a woman as a special honour because of the work she has done.

damn /dæm/ exclam. (infml.) used for showing anger or annoyance. ● **damn** (also **damned**) adj., adv. (infml.) **1** swear word people use to show anger or annoyance: You know ~ well that I am innocent! **2** swear word people use to emphasize what they are saying: I'll be ~ed if I repeat this mistake. ● **damn** v. [T] **1** used when swearing at somebody/something to show that you are angry. **2** (of God) decide somebody must suffer in hell. **3** criticize somebody/something very strongly. ● **damn** n. [IDM] **not care/give a damn (about somebody/ something)** (infml.) not care at all about somebody/something. ▶ **damnation** / dæm'neɪʃn/ n. [U] state of being in hell; act of sending somebody to hell.

damp¹ /dæmp/ adj. slightly wet: a ~ morning ● **damp** n. [U] state of being damp; areas on a wall, etc. that are damp. ▶ **dampness** n. [U]

damp² /dæmp/ v. = DAMPEN [PV] **damp something down** make a fire burn more slowly.

dampen /'dæmpən/ v. [T] **1** make something slightly wet. **2** make a feeling or a reaction less strong: ~ his fervour

damper /'dæmpə(r)/ n. small flat piece of metal that controls the flow of air into a fire. [IDM] **put a damper on something** (infml.) make something less enjoyable, successful, etc.

damson /'dæmzn/ n. (tree producing a) small purple plum.

dance /dɑːns/ n. **1** [C] movements and steps in tune with music. **2** [U] art of dancing. **3** [C] act of dancing: Will you ~ with me? **4** [C] social event at which people dance. ● **dance** v. **1** [I] move with steps in time to music. **2** [T] do a particular type of dance. ▶ **dancer** n. ▶ **dancing** n. [U]: dancing shoes

dandelion /'dændɪlaɪən/ n. small wild plant with yellow flowers.

dandruff /'dændrʌf/ n. [U] small pieces of dead skin in a person's hair.

danger /'deɪndʒə(r)/ n. **1** [U] possibility of being hurt or killed. **2** [C] thing or person that may cause danger. [IDM] **in danger** at risk of being hurt or killed. **out of danger** no longer seriously ill. ▶ **dangerous** adj. likely to cause danger. ▶ **dangerously** adv.

dangle /'dæŋgl/ v. [I, T] hang or swing loosely.

dank /dæŋk/ adj. unpleasantly damp and cold: a ~ cellar

dare /deə(r)/ v. **1** (pres. tense, all persons **dare**, neg. **dare not**, short form **daren't** /deənt/ or **do not/does not dare**, short form **don't/doesn't dare**) [I] ~**(to)** (usu. in negative sentences) have enough courage to do something: No one ~d (to) leave the room. ◇ I ~n't do this. **2** [T] ~**(to)** challenge somebody to do something dangerous or difficult: I ~ you to persuade him otherwise. ● **dare** n. [usu. sing.] something dangerous, difficult, etc. that you try to persuade somebody to do, to see if they will do it: He took on the assignment for a ~. ■ **'daredevil** n. person who likes to do dangerous things.

daring /'deərɪŋ/ adj. brave; willing to take risks. ▶ **daringly** adv.

dark¹ /dɑːk/ *adj.* **1** with no or very little light: *a ~ building* **2** (of colour) nearer black than white: *~ green* **3** (of the skin) not fair. **4** hopeless; sad: *saddened by the ~ side of things* [IDM] **a dark horse** person who is not known to have special abilities, but achieves or is likely to achieve unexpected success. ▶ **darken** *v.* [I, T] become or make something dark. ▶ **darkly** *adv.* ▶ **darkness** *n.* [U]

dark² /dɑːk/ *n.* [U] lack of light: *cry in the ~* [IDM] **after/before dark** after/before the sun goes down. **in the dark (about something)** knowing nothing about something.

darling /'dɑːlɪŋ/ *n.* person who is loved very much.

darn /dɑːn/ *v.* [I, T] repair a hole in something by sewing: *~ somebody's socks* ● **darn** *n.* hole repaired by darning.

dart /dɑːt/ *n.* **1** [C] small pointed object used in the game of darts. **2** (**darts**) [U] game in which darts are thrown at a target. ● **dart** *v.* [I] move suddenly and quickly.

dash¹ /dæʃ/ *n.* **1** sudden quick movement: *make a ~ for the door* **2** small amount of something added: *a ~ of cream* **3** punctuation mark (—) ■ **'dashboard** *n.* part of a car in front of the driver that has instruments and controls in it.

dash² /dæʃ/ *v.* **1** [I] go somewhere quickly: *~ across the road* **2** [T] throw something violently onto a hard surface. [IDM] **dash somebody's hopes** destroy somebody's hopes. ▶ **dashing** *adj.* (*written*) attractive and confident.

data /'deɪtə/ *n.* [U] information or facts, e.g. to be analysed by a computer. ■ **'database** *n.* organized store of computer data. ■ **,data 'processing** *n.* [U] (*computing*) series of actions that a computer performs on data to produce an output (= information that has been analysed).

date¹ /deɪt/ *n.* **1** [C] particular day of the month or year: *Her ~ of birth is 10 January 1979.* **2** [sing.] a particular time: *We'll defer this to a later ~.* **3** [C] arrangement to meet somebody, esp. a boyfriend or girlfriend. **4** [C] (*esp. US*) boyfriend or girlfriend with whom you have arranged a date. **5** [C] sweet, sticky brown fruit that grows on a tree. [IDM] **out of date 1** old-fashioned; no longer useful: *out-of-~ beliefs* **2** no longer valid: *My license is out of ~.* **to date** until now. **up to date 1** completely modern. **2** with all the latest information: *He's hardly up to ~ with the latest developments.*

date² /deɪt/ *v.* **1** [T] write a date on something: *The letter was ~d 13 July.* **2** [T] say when something old existed, happened, or was made. **3** [I] become old-fashioned. **4** [T] have a romantic relationship with somebody [PV] **date back (to …)** I **date from …** have existed since …: *The sculpture ~s from the fifth century BC.* ▶ **dated** /'deɪtɪd/ *adj.* old-fashioned.

daub /dɔːb/ *v.* [T] put paint, plaster, clay, etc. roughly on a surface.

daughter /'dɔːtə(r)/ *n.* person's female child. ■ **'daughter-in-law** *n.* (*pl.* **~s-in-law**) wife of your son.

daunting /'dɔːntɪŋ/ *adj.* making you feel nervous and less confident.

dawdle /'dɔːdl/ *v.* [I] go somewhere very slowly.

dawn /dɔːn/ *n.* **1** [C, U] first light of day. **2** [sing.] beginning of something. ● **dawn** *v.* [I] begin to become light. [PV] **dawn on somebody** become clear to somebody: *The facts began to ~ on him.*

day /deɪ/ *n.* **1** [C] period of 24 hours. **2** [U] time between sunrise and sunset: *She stayed all ~ long.* **3** [C, usu. sing.] hours of the day when you are awake, working, etc. **4** [C, usu. pl.] period of time or history: *in the ~s of the British Empire* [IDM] **any day (now)** (*spoken*) very soon. **day after day** I **day in, day out** every day for a long time. **day and night** → NIGHT **somebody's/ something's days are numbered** person or thing will soon die, fail, etc. **make somebody's day** (*infml.*) make somebody very happy. **one day** at some time in the future or at a particular time in the past. ■ **'daybreak** *n.* [U] first light of day; dawn. ■ **'daydream** *v.* [I] *n.* (have) pleasant thoughts that take your mind away from the present. ■ **'daylight** *n.* [U] light from the sun during the day. ■ **'daytime** *n.* [U] time between sunrise and sunset.

daze /deɪz/ *n.* [IDM] **in a daze** unable to think clearly.

dazed /deɪzd/ *adj.* unable to think or react normally.

dazzle /'dæzl/ *v.* [T] **1** make somebody unable to see clearly because of too much strong light. **2** impress somebody with your beauty, talent, achievements, etc.

DDT /ˌdiː diː 'tiː/ *n.* [U] powerful and dangerous insecticide.

dead /ded/ *adj.* **1** (of people, animals, or plants) no longer alive. **2** belonging to the past; no longer used or believed in. **3** (of machines, etc.) not working: *The engine suddenly went ~.* **4** without activity: *It's a ~ town now.* **5** (*infml.*) extremely tired; not well. **6** (of part of the body) unable to feel because of cold, shock, etc. **7** complete; absolute: *a ~ calm* ● **dead** *adv.* completely; absolutely: *~ certain* ▶ **the dead** *n.* [pl.] people who have died. ■ **,dead 'end** *n.* place or situation where more progress is impossible.

■ **'deadline** *n.* fixed date for completing a task: *stick to the ~line* ■ **,dead 'loss** *n.* [usu. sing.] (*GB, infml.*) person or thing that is not useful or helpful.

deaden /'dednǀ *v.* [T] make a sound, feeling, etc. less strong.

deadlock /'dedlɒk/ *n.* [C, U] total failure to reach agreement.

deadly /'dedli/ *adj.* (-ier, -iest) 1 causing or likely to cause death: *a ~ blow* 2 extreme; complete: *I'm in ~ earnest.* 3 (*GB, infml.*) boring. ● **deadly** *adv.* (*infml.*) extremely: *~ sure*

deaf /def/ *adj.* 1 unable to hear. 2 **~to** unwilling to listen. ■ **the deaf** *n.* [pl.] deaf people. ▶ **deafness** *n.* [U]

deafen /'defn/ *v.* [T] make it difficult for somebody to hear something: *~ed by the traffic noise*

deal¹ /diːl/ *v.* (*pt, pp* **~t** /delt/) [I, T] 1 give out playing cards to a number of players. 2 buy and sell illegal drugs. [IDM] **deal somebody/something a blow | deal a blow to somebody/something** (*fml.*) be very shocking or harmful to somebody/something. [PV] **deal in something** buy and sell goods; trade in something: *~ in custom-made cars* **deal with somebody/something** 1 take appropriate action in a particular situation: *She has to first ~ with all the dissenting members.* 2 do business with a person, a company, or an organization. **deal with something** 1 solve a problem, carry out a task, etc. 2 be about something: *poems that ~ with the subject of loss* ▶ **dealer** *n.* 1 person whose business is buying and selling a particular product: *an art ~* 2 person who sells illegal drugs. 3 person who deals out playing cards. ▶ **dealings** *n.* [pl.] business activities: *have ~ings with somebody*

deal² /diːl/ *n.* 1 [sing.] (**a good/great ~**) much; a lot: *a good ~ of concessions* ◇ *I have been seeing a great ~ of him.* 2 [C] (business) agreement. 3 [C, usu. sing.] way that somebody/something is treated: *They'd had a rough/raw ~* (= been treated unfairly). 4 [C] action of giving out playing cards in a card game.

dean /diːn/ *n.* 1 priest of high rank in charge of other priests. 2 head of a university department.

dear /dɪə(r)/ *adj.* 1 **~(to)** loved by or important to somebody. 2 (**Dear**) used at the beginning of letters: *D~ Madam/Sir* 3 (*GB*) expensive. ● **dear** *exclam.* used for expressing surprise, impatience, etc.: *Oh ~! ◇ D~ me!* ● **dear** *n.* 1 (*GB, spoken*) kind person. 2 used when speaking kindly to somebody: *Yes, ~.* ● **dear** *adv.* (*GB*) at a high price. ▶ **dearly** *adv.*

1 very much. 2 with great loss, damage, etc.

dearth /dɜːθ/ *n.* [sing.] **~(of)** (*fml.*) shortage of something.

death /deθ/ *n.* 1 [C] dying; being killed. 2 [U] end of life; state of being dead. 3 [U] **~of** permanent end or destruction of something. [IDM] **put somebody to death** kill somebody; execute somebody. **to death** extremely; very much: *be bored to ~* ▶ **deathly** *adj., adv.* like death. ■ **'death penalty** *n.* [sing.] punishment of being killed for a crime. ■ **'death trap** *n.* (*infml.*) building, road, vehicle, etc. that is dangerous and could cause somebody's death. ■ **'death warrant** *n.* official order for somebody to be killed as punishment for a crime.

debacle /deɪ'bɑːkl/ *n.* event or situation that is a complete failure.

debase /dɪ'beɪs/ *v.* [T] lower the value or quality of something. ▶ **debasement** *n.* [U]

debate /dɪ'beɪt/ *n.* [C, U] formal discussion in which opposing arguments are presented; formal discussion at a public meeting or in Parliament. ▶ **debate** *v.* [I, T] discuss something formally; consider something. ▶ **debatable** *adj.* not certain; open to question.

debauched /dɪ'bɔːtʃt/ *adj.* (*fml.*) immoral. ▶ **debauchery** /dɪ'bɔːtʃəri/ *n.* [U] wild, immoral behaviour.

debilitating /dɪ'bɪlɪteɪtɪŋ/ *adj.* making somebody weak: *a ~ illness*

debit /'debɪt/ *n.* written note in a bank account of money owed or spent. ● **debit** *v.* [T] take money from an account to pay for something.

debris /'debriː; 'deɪ-/ *n.* [U] pieces of metal, wood, rock, etc. left after something has been destroyed.

debt /det/ *n.* 1 [C] sum of money owed to somebody. 2 [U] state of owing money: *be deep in ~* 3 [C, usu. sing.] fact of feeling grateful to somebody for their help or kindness: *to owe a ~ of gratitude to somebody* ▶ **debtor** *n.* person who owes money to somebody.

debut /'deɪbjuː/ *n.* first public appearance of an actor, musician, etc.: *make your ~ on the stage*

decade /'dekeɪd; dɪ'keɪd/ *n.* period of ten years.

decadent /'dekədənt/ *adj.* (*disapprov.*) showing a fall in moral standards: *~ phase* ▶ **decadence** /'dekədəns/ *n.* [U]

decaffeinated /ˌdiː'kæfɪneɪtɪd/ *adj.* (of coffee) with the caffeine removed.

decant /dɪ'kænt/ *v.* [T] pour wine, etc. from a bottle into another container. ▶ **decanter** *n.* glass bottle with a stopper, for wine.

decapitate /dɪ'kæpɪteɪt/ *v.* [T] cut off somebody's head.

decay /dɪ'keɪ/ *v.* 1 [I, T] (cause something to) be

destroyed gradually by natural processes: ~*ing food* **2** [I] lose strength, power, freshness, etc.; deteriorate. ▶ **decay** *n.* [U]

deceased /dɪˈsiːst/ ▶ **the deceased** *n.* (*pl.* **the deceased**) (*fml.*) person who has recently died.

deceit /dɪˈsiːt/ *n.* [U, C] dishonest behaviour that causes somebody to believe something that is false. ▶ **deceitful** *adj.* behaving dishonestly by making people believe things that are false. ▶ **deceitfully** *adv.* ▶ **deceitfulness** *n.* [U]

deceive /dɪˈsiːv/ *v.* [T] make somebody believe something that is false. ▶ **deceiver** *n.*

December /dɪˈsembə(r)/ *n.* [U, C] twelfth month of the year. (See examples of use at *April.*)

decent /ˈdiːsnt/ *adj.* **1** of a sufficiently good standard or quality: *a ~ accommodation* **2** (of people) honest and fair. **3** acceptable to people in a particular situation: *The language isn't a ~.* ▶ **decency** /-nsi/ *n.* [U] ▶ **decently** *adv.*

deception /dɪˈsepʃn/ *n.* **1** [U] act of deceiving something: *obtain something by ~* **2** [C] trick intended to make somebody believe something that is false.

deceptive /dɪˈseptɪv/ *adj.* misleading: *a ~ appearance* ▶ **deceptively** *adv.*

decibel /ˈdesɪbel/ *n.* unit for measuring the loudness of sounds.

decide /dɪˈsaɪd/ *v.* **1** [I] think about something and choose between the possibilities available. *I ~d to resign from the job.* **2** [T] (*law*) make an official or legal judgement. **3** affect the result of something. **4** [T] be the reason why somebody does something. ▶ **decided** *adj.* obvious and definite. ▶ **decidedly** *adv.* definitely.

deciduous /dɪˈsɪdʒuəs; -dju-/ *adj.* (of trees) losing their leaves every autumn.

decimal /ˈdesɪml/ *adj.* based on or counted in tens or tenths: *the ~ system* ● **decimal** *n.* fraction expressed in tenths, hundredths, etc. e.g. 0.25. ■ **,decimal ˈpoint** *n.* dot placed after the unit figure in decimals: *10.25*

decimate /ˈdesɪmeɪt/ *v.* [T] **1** kill large numbers of animals, plants, or people. **2** (*infml.*) severely damage or weaken something.

decipher /dɪˈsaɪfə(r)/ *v.* [T] succeed in finding the meaning of something that is difficult to read: *to ~ the enemy code*

decision /dɪˈsɪʒn/ *n.* **1** [C] choice or judgement made after careful thought: *make a ~* **2** [U] ability to decide something quickly. **3** [U] process of deciding something. ▶ **decisive** /dɪˈsaɪsɪv/ *adj.* **1** important for the final result of something: *a ~ step forward* **2** able to decide something quickly and with confidence. ▶ **decisively** *adv.* ▶ **decisiveness** *n.* [U]

deck¹ /dek/ *n.* **1** floor in a ship, bus, etc. **2** pack of playing cards. **3** wooden floor that is built outside the back of a house where you can sit and relax. **4** part of a music system that records and/or plays sounds on a disc or tape. ■ **ˈdeckchair** *n.* folding canvas chair, used outside.

deck² /dek/ *v.* [T] **~(out)** decorate somebody/something: *homes ~ed out with flowers and candles*

declare /dɪˈkleə(r)/ *v.* [T] **1** say something officially or publicly. **2** state something firmly and clearly. **3** tell the authorities about money you have earned or goods you have imported, on which you have to pay tax. ▶ **declaration** /ˌdekləˈreɪʃn/ *n.*

decline¹ /dɪˈklaɪn/ *n.* [C, U] gradual and continuous loss of quality, quantity, importance, power, etc.: *a ~ in authority* ● **decline** *v.* **1** [I] become smaller, fewer, weaker, etc. **2** [I, T] (*fml.*) refuse politely to do or accept something.

decode /ˌdiːˈkəʊd/ *v.* [T] find the meaning of a message written in code.

decompose /ˌdiːkəmˈpəʊz/ *v.* [I, T] be destroyed gradually by natural chemical processes: *~d bodies* ▶ **decomposition** /-pəˈzɪʃn/ *n.* [U]

decor /ˈdeɪkɔː(r)/ *n.* [U, C, usu. sing.] style in which the inside of a room is decorated.

decorate /ˈdekəreɪt/ *v.* **1** [T] make something more attractive by putting things on it: *The hall was ~d for the child's birthday party.* **2** [I, T] put paint or wallpaper on the walls of a room or building. **3** [T] give a medal to somebody: *~d for bravery* ▶ **decoration** /ˌdekəˈreɪʃn/ *n.* **1** [C, usu. pl.] thing used for decorating something: *Christmas ~s* **2** [U] pattern or style in which something is decorated. **3** [C] medal, etc. given to somebody as an honour. ▶ **decorative** /ˌdekərətɪv/ *adj.* intended to look attractive: *purely ~ architecture* ▶ **decorator** *n.* person whose job is painting and decorating houses.

decoy /ˈdiːkɔɪ/ *n.* **1** (real or imitation) bird used to attract others so that they can be caught or shot. **2** person or thing that is used to lure somebody into a trap.

decrease /dɪˈkriːs/ *v.* [I, T] become or make something smaller in size, number, etc.: *Revenues have ~d in this financial year.* ● **decrease** /ˈdiːkriːs/ *n.* [C, U] process of reducing something or the amount that something is reduced by: *a marginal ~ in profits*

decree /dɪˈkriː/ *n.* **1** official order that has the force of the law: *by royal ~* **2** decision made in a law court. ● **decree** *v.* [T] order, judge, or

decrepit /dɪˈkrepɪt/ *adj.* very old and not in good condition.

dedicate /ˈdedɪkeɪt/ *v.* [T] ~**to 1** give a lot of your time, energy, thought, etc. to an activity because you think it is important. **2** (of an author) write somebody's name at the beginning of a book as a sign of friendship or respect. ▶ **dedicated** *adj.* working hard at something because it is important to you. ▶ **dedication** /ˌdedɪˈkeɪʃn/ *n.* [U, C]

deduce /dɪˈdjuːs/ *v.* [T] reach a conclusion, theory, etc. by reasoning.

deduct /dɪˈdʌkt/ *v.* [T] take away an amount or part from something: ~ *the loan amount from her salary*

deduction /dɪˈdʌkʃn/ *n.* [U, C] **1** conclusion reached by reasoning. **2** process of deducting something; amount deducted: *annual tax* ~

deed /diːd/ *n.* **1** (*fml.*) something done; act. **2** (*law*) signed agreement, esp. about ownership.

deem /diːm/ *v.* [T] consider something to be something: *The regional conference was ~ed a historic success.*

deep¹ /diːp/ *adj.* **1** going a long way down from the top or surface: *a ~ well* ◇ *a hole one metre* ~ **2** (of sounds) low. **3** (of colours or feelings) strong; intense: ~ *affection* **4** (of sleep) from which it is difficult to wake. **5** serious: profound: *a ~ philosophy* **6** ~**in** absorbed in something: ~ *in thought* [IDM] **go off the deep end** (*infml.*) become very angry. **in deep water(s)** (*infml.*) in trouble. ▶ **deeply** *adv.* very much; intensely: ~*ly disturbed by your actions*

deep² /diːp/ *adv.* far down or in something. ■ ˌdeep ˈfreeze *n.* = FREEZER ■ ˌdeep-ˈrooted (*also* ˌdeep-,ˈseated) *adj.* (of feelings and beliefs) very fixed and strong; difficult to change or destroy: ~-*rooted animosity*

deepen /ˈdiːpən/ *v.* [I, T] become or make something deep, deeper, or more intense.

deer /dɪə(r)/ *n.* (*pl.* **deer**) fast, graceful animal, the male of which has branching horns (**antlers**).

deface /dɪˈfeɪs/ *v.* [T] damage or spoil the appearance of something, esp. by drawing or writing on it.

defame /dɪˈfeɪm/ *v.* [T] (*fml.*) attack the good reputation of somebody. ▶ **defamation** /ˌdefəˈmeɪʃn/ *n.* [U]

default /dɪˈfɔːlt/ *v.* [I] **1** fail to pay a debt, perform a duty, or appear (*e.g.*, in a law court) when required. **2** (*computing*) ~(**to**) happen when you do not make any other choice or change. ● **default** *n.* [U, C] **1** failure to do something, appear, etc.: *reach the final of the tournament by* ~ **2** (*computing*) what happens if you do not make any other choice or change. ▶ **defaulter** *n.*

defeat /dɪˈfiːt/ *v.* [T] **1** win a victory over somebody. **2** stop something from being successful: *These differences among the team members will* ~ *the larger goal!* ● **defeat** *n.* [C, U] instance of defeating somebody/ something or being defeated.

defect¹ /ˈdiːfekt/ *n.* fault, imperfection. ▶ **defective** /dɪˈfektɪv/ *adj.*

defect² /dɪˈfekt/ *v.* [I] leave your country, political party, etc. and join an opposing one. ▶ **defection** dɪˈfekʃn/ *n.* [C, U] ▶ **defector** *n.* person who defects.

defend /dɪˈfend/ *v.* **1** [T] ~(**from/against**) protect somebody/something from attack. **2** [T] speak or write in support of somebody/something: ~ *the government's stand* **3** [I, T] act as a lawyer for somebody who has been charged with a crime. ▶ **defendant** *n.* person against whom a case is brought in a law court. ▶ **defender** *n.* **1** person who defends somebody/something. **2** (in sport) player who guards the goal area. ▶ **defensible** /dɪˈfensəbl/ *adj.* able to be defended.

defense (*GB* **defence**) /dɪ-ˈfen(t)s/ *n.* **1** [U] act of protecting somebody/something from attack, danger, criticism, etc. **2** [C, U] something that provides protection against attack: *the country's* ~*s programme* **3** [C, U] (*law*) (act of presenting an) argument used in a law court to prove that a person did not commit a crime. **4** (**the defense**) [sing., with sing. or pl. verb] the lawyer(s) acting in court for an accused person. ▶ **defenseless** *adj.* unable to defend yourself.

defensive /dɪˈfensɪv/ *adj.* **1** protecting somebody/something against attack. **2** behaving in a way that shows that you feel that people are criticizing or challenging you. ● **defensive** *n.* [IDM] **on/onto the defensive** ready to protect yourself against criticism or challenge. ▶ **defensively** *adv.*

defer /dɪˈfɜː(r)/ *v.* (-rr-) **1** [I] ~**to** accept somebody's decision, opinion, etc. because you respect him or her. *I* ~ *to her experience.* **2** [T] delay something until a later time: ~ *the interview* ▶ **deference** /ˈdefərəns/ *n.* [U] behaviour that shows you respect somebody/something.

defiance /dɪˈfaɪəns/ *n.* [U] open refusal to obey somebody/something: *in* ~ *of his parents* ▶ **defiant** /dɪˈfaɪənt/ *adj.* openly and aggressively disobedient. ▶ **defiantly** *adv.*

deficiency /dɪˈfɪʃnsi/ *n.* [C, U] (*pl.* -**ies**) state of not having, or not having enough of, something that is essential. ▶ **deficient** /dɪˈfɪʃnt/ *adj.* not having enough of something.

deficit /'defɪsɪt/ n. amount by which something, esp. a sum of money, is too small.

defile /dɪ'faɪl/ v. [T] (fml.) make something dirty or impure.

define /dɪ'faɪn/ v. (T) **1** say or explain what the meaning of a word or phrase is. **2** describe or show something clearly. ▶ **definable** adj.

definite /'defɪnət/ adj. **1** sure or certain; not likely to change. **2** easily seen or understood; obvious. ■ **,definite 'article** n. (gram.) the word the. ▶ **definitely** adv. **1** without doubt: ~ly practicable **2** (infml.) (used in answer to a question) yes; certainly.

definition /,defɪ'nɪʃn/ n. **1** [C] explanation of the meaning of a word or phrase, esp. in a dictionary. **2** [U] quality of being clear and easy to see: The demarcation of authority lacks ~.

definitive /dɪ'fɪnətɪv/ adj. final; not able to be changed.

deflate v. [T] **1** /dɪ'fleɪt, di:-/ make a balloon, tyre, etc. smaller by letting out air or gas. **2** /dɪ'fleɪt/ make somebody feel less important or confident. **3** /,di:'fleɪt/ reduce the amount of money in circulation in an economy. ▶ **deflation** /dɪ'fleɪʃn/ n. [U]

deflect /dɪ'flekt/ v. [I, T] (cause something to) change direction, esp. after hitting something: ~ a throw ▶ **deflection** /dɪ'flekʃn/ n. [C, U]

deform /dɪ'fɔ:m/ v. [T] change or spoil the natural shape of something: a ~ed foot ▶ **deformity** n. [C, U] (pl. -ies)

defraud /dɪ'frɔ:d/ v. [T] ~(of) get money illegally by tricking somebody: ~ him of all his savings

defrost /,di:'frɒst/ v. [T] remove ice from a refrigerator, frozen food, etc.

deft /deft/ adj. ~(at) quick and skilful, esp. with your hands. ▶ **deftly** adv. ▶ **deftness** n. [U]

defunct /dɪ'fʌŋkt/ adj. (fml.) no longer existing or being used.

defuse /,di:'fju:z/ v. [T] **1** reduce the danger or tension in a difficult situation. **2** remove the fuse from a bomb.

defy /dɪ'faɪ/ v. (pt, pp **-ied**) [T] **1** refuse to obey or respect somebody in authority, a law, a rule, etc. **2** be (almost) impossible to believe, explain, describe, etc.: ~ convention **3** challenge somebody to do something.

degenerate /dɪ'dʒenəreɪt/ v. [I] become worse in quality or strength, etc. ● **degenerate** /dɪ'dʒenərət/ adj. very low moral or mental qualities. ▶ **degenerate** /dɪ'dʒenərət/ n.

degrade /dɪ'greɪd/ v. [T] show or treat somebody in a way that makes them seem unworthy of respect: This kind of behaviour ~s the entire establishment. ▶ **degradation** /,degrə'deɪʃn/ n. [U]

degree /dɪ'gri:/ n. **1** [C] unit for measuring angles: an angle of 90 ~s (90°) **2** [C] unit for measuring temperature: forty ~s Celsius (40°C) **3** [C, U] amount or level of something: a high ~ of similarity ◇ The sisters are alike only to a certain ~. **4** [C] qualification given by a university or college to somebody who has completed a course. [IDM] **by degrees** gradually.

dehydrate /di:'haɪdreɪt/ v. **1** [T] remove water from something, esp. food, in order to preserve it. **2** [I, T] (cause somebody to) lose too much water from the body.

de-ice /,di: 'aɪs/ v. [T] remove the ice from something.

deign /deɪn/ v. [T] (disapprov.) do something in a way that shows you think you are too important to do it: She didn't ~ to speak to the crowd.

deity /'deɪəti/ n. (pl. **-ies**) god or goddess.

dejected /dɪ'dʒektɪd/ adj. sad and disappointed. ▶ **dejection** /-ʃn/ n. [U]

delay /dɪ'leɪ/ v. **1** [I, T] not do something until a later time, or make something happen at a later time. **2** [T] be or make somebody slow or late: I was ~ed at work. ● **delay** n. [C, U] (instance of) delaying something or being delayed.

delectable /dɪ'lektəbl/ adj. (written) (of food) extremely pleasant to taste, look at, etc.

delegate /'delɪgət/ n. person chosen by others to express their views at a meeting. ● **delegate** /'delɪgeɪt/ v. **1** [I, T] give part of your work, responsibility, etc. to somebody in a lower position than you. **2** [T] choose somebody to do something. ▶ **delegation** /,delɪ'geɪʃn/ n. **1** [C] group of representatives of an organization, a company, a country, etc. **2** [U] process of delegating.

delete /dɪ'li:t/ v. [T] remove something written, printed, or stored in a computer. ▶ **deletion** /dɪ'li:ʃn/ n. [C, U]

deliberate[1] /dɪ'lɪbərət/ adj. **1** intentional: a ~ remark **2** (of a movement or an action) slow and cautious. ▶ **deliberately** adv.

deliberate[2] /dɪ'lɪbəreɪt/ v. [I, T] ~(about/on) (fml.) think very carefully and thoroughly about something.

deliberation /dɪ,lɪbə'reɪʃn/ n. **1** [U, C, usu. pl.] careful thought. **2** [U] slowness of action or speech.

delicacy /'delɪkəsi/ n. (pl. **-ies**) **1** [U] quality of being delicate. **2** [C] tasty food: a home-made ~

delicate /'delɪkət/ adj. **1** needing careful handling or treatment: a ~ dilemma **2** (of a person) becoming ill easily: in ~ health **3** small

and pretty. **4** able to show very small changes or differences: *a ~ instrument* **5** (of colours, flavours, or smells) light and pleasant; not strong. ▶ **delicately** *adv.*
delicatessen /ˌdelɪkə'tesn/ *n.* shop selling prepared, esp. unusual or imported, food.
delicious /dɪ'lɪʃəs/ *adj.* having a very pleasant taste or smell.
delight¹ /dɪ'laɪt/ *n.* **1** [U] great pleasure: *take ~ in the sights and sounds of nature* **2** [C] cause or source of great pleasure. ▶ **delightful** *adj.* ▶ **delightfully** *adv.*
delight² /dɪ'laɪt/ *v.* [T] give somebody a lot of pleasure. [PV] **delight in something/doing something** enjoy doing something very much. ▶ **delighted** *adj.* very pleased.
delineate /dɪ'lɪnieɪt/ *v.* [T] (*fml.*) describe, draw, or explain something in detail.
delinquent /dɪ'lɪŋkwənt/ *n., adj.* (person) behaving badly or committing crimes. ▶ **delinquency** /dɪ'lɪŋkwənsi/ *n.* [C, U] (*pl.* -ies) bad or criminal behaviour, usu. of young people.
delirious /dɪ'lɪriəs; -'lɪəriəs/ *adj.* **1** in a confused and excited state, usu. because of fever. **2** very excited and happy. ▶ **deliriously** *adv.*
delirium /dɪ'lɪriəm; -'lɪəriəm/ *n.* [U] disturbed state of mind, esp. during illness.
deliver /dɪ'lɪvə(r)/ *v.* **1** [I, T] take letters, goods, etc. to houses or buyers: *~ the mail* **2** [T] give a speech in public: *~ a lecture* **3** [T] help a woman in the birth of a baby. [IDM] **deliver the goods** → GOODS
delivery /dɪ'lɪvəri/ *n.* (*pl.* -ies) **1** [U, C] act of delivering letters, goods, etc.: *When can you take ~ of* (= be available to receive) *the computer?* **2** [C, U] process of giving birth to a child: *She had an uncomplicated ~.* **3** [sing.] way somebody speaks, sings a song, etc. in public.
delta /'deltə/ *n.* land in the shape of a triangle where a river separates into branches.
delude /dɪ'lu:d/ *v.* [T] deceive somebody.
deluge /'delju:dʒ/ *n.* **1** heavy fall of rain. **2** great quantity of something: *a ~ of fan mail*
● **deluge** *v.* [T] send or give somebody/something a lot of things at once: *We were ~ d with goodwill messages.*
delusion /dɪ'lu:ʒn/ *n.* [C, U] false belief: *~s of grandeur* (= a belief that you are more important than you really are).
deluxe /də 'lʌks; 'lʊks/ *adj.* of very high quality: *a ~ holiday home*
delve /delv/ *v.* [I] search for something inside a bag, container, etc. [PV] **delve into something** try hard to find out more information about something.
Dem. *abbr.* (in politics) Democrat(ic).
demand¹ /dɪ'mɑ:nd/ *n.* **1** [C] very firm request for something; something that somebody needs: *~s for tax cut* **2** [U, C] people's desire for something/somebody that they want to buy/employ: *Skilled professionals are in great ~.* (= many people want them) [IDM] **on demand** when asked for.
demand² /dɪ'mɑ:nd/ *v.* [T] **1** ask for something very firmly. **2** need something as useful, necessary, or just: *~ing great concentration* ▶ **demanding** *adj.* **1** needing much skill, effort, etc.: *a ~ing schedule* **2** making others work hard: *a ~ing boss*
demarcate /'di:mɑ:keɪt/ *v.* [T] (*fml.*) fix the limits of something. ▶ **demarcation** /ˌdi:mɑ:'keɪʃn/ *n.* [U, C]
demean /ˌdɪ'mi:n/ *v.* [T] (*fml.*) **1 ~yourself** do something that makes people have less respect for you. **2** make people have less respect for somebody/something.
demeanor (*GB* **-our**)/di-'mē-nər/ *n.* [C, usu. sing.] (*fml.*) way somebody looks or behaves.
demented /dɪ'mentɪd/ *adj.* mad.
demerara sugar /ˌdeməreərə 'ʃʊgə(r)/ *n.* [U] (*GB*) type of rough brown sugar.
demilitarize (*GB also* **-ise**) /ˌdi:'mɪlɪtəraɪz/ *v.* [T] remove military forces from an area.
demise /dɪ'maɪz/ *n.* [sing.] **1** end or failure of an institution, an idea, etc. **2** (*fml.*) death.
demist /ˌdi:'mɪst/ *v.* [T] remove the condensation from a car's windows.
democracy /dɪ'mɒkrəsi/ *n.* (*pl.* -ies) **1** [C, U] (country with a) system of government in which all the people of a country can vote to elect their representatives. **2** [U] fair and equal treatment of everyone in an organization, etc.
democrat /'deməkræt/ *n.* **1** person who favours or supports democracy. **2** (**Democrat**) member of the Democratic Party. ▶ **democratic** /ˌdemə'krætɪk/ *adj.* of or supporting democracy. ▶ **democratically** *adv.*
demolish /dɪ'mɒlɪʃ/ *v.* [T] **1** pull or knock down a building. **2** destroy an argument, theory, belief, etc. ▶ **demolition** /ˌdemə'lɪʃn/ *n.* [C, U]
demon /'di:mən/ *n.* **1** evil spirit. **2** (*infml.*) person with great skill or energy. ▶**demonic** /dɪ'mɒnɪk/ *adj.*
demonstrable /'demənstrəbl/ *adj.* that can be shown or proved. ▶ **demonstrably** *adv.*
demonstrate /'demənstreɪt/ *v.* **1** [T] show something clearly by giving proof or evidence. **2** [T] show and explain how something works or how to do something. **3** [I] take part in a public meeting or march, usu. as a protest. ▶ **demonstrator** *n.* **1** person who demonstrates(3). **2** person whose job is to show or explain how something works or is done.
demonstration /ˌdemən'streɪʃn/ *n.* **1** [C] pub-

lic meeting or march at which people show that they are protesting against or supporting something. **2** [C, U] (*also infml.* **demo**) act of showing how something works or is done. **3** [C, U] act of giving proof or evidence for something. ▶ **demonstrative** /dɪˈmɒnstrətɪv/ *adj.* **1** showing feelings openly. **2** (*gram.*) used to identify the person or thing being referred to, e.g. *this*, *those*.

demoralize (*GB also* **-ise**) /dɪˈmɒrəlaɪz/ *v.* [T] destroy somebody's courage, confidence, etc.: *~d team*

demote /ˌdiːˈməʊt/ *v.* [T] move somebody to a lower position or rank.

demure /dɪˈmjʊə(r)/ *adj.* (of a woman) quiet, serious, and shy. ▶ **demurely** *adv.*

den /den/ *n.* **1** a wild animal's hidden home: *a lion's ~* **2** (*disapprov.*) place where people meet in secret, esp. for some illegal or immoral activity: *a ~ of gangsters*

denationalize (*GB also* **-ise**) /ˌdiːˈnæʃnəlaɪz/ *v.* [T] sell a company so that it is no longer owned by the government; privatize something. ▶ **denationalization** (*GB also* **-isation**) /ˌdiːˌnæʃnəlaɪˈzeɪʃn/ *n.* [U]

denial /dɪˈnaɪəl/ *n.* **1** statement that something is not true. **2** [C, U] refusal to allow somebody to have something they have a right to expect.

denigrate /ˈdenɪɡreɪt/ *v.* [T] claim unfairly that somebody/something is inferior, worthless, etc.

denim /ˈdenɪm/ *n.* [U] strong cotton cloth, that is usu. blue and is used for making clothes, esp. jeans: *a ~ skirt*

denomination /dɪˌnɒmɪˈneɪʃn/ *n.* **1** religious group. **2** unit of money or measurement. ▶ **denominational** *adj.* of religious groups.

denominator /dɪˈnɒmɪneɪtə(r)/ *n.* number below the line in a fraction, e.g. 4 in $^3/_4$.

denote /dɪˈnəʊt/ *v.* [T] **1** be a sign of something: *Her frown ~s displeasure.* **2** mean something.

denounce /dɪˈnaʊns/ *v.* [T] ~(as) speak publicly against somebody/something.

dense /dens/ *adj.* (~r, ~st) **1** (of people and things) crowded together: *~ growth of bushes* **2** difficult to see through: *~ cover of dust* **3** (*infml.*) stupid. ▶ **densely** *adv.*

density /ˈdensəti/ *n.* (*pl.* **-ies**) **1** [U] the quality of being dense. **2** [C, U] (*physics*) relation of mass to volume. **3** [U] (*computing*) amount of space available on a disk: *a high-~ floppy*

dent /dent/ *n.* hollow place in a hard surface made by something hitting it. ● **dent** *v.* [T] make a dent in something.

dental /ˈdentl/ *adj.* of or for the teeth.

dentist /ˈdentɪst/ *n.* person whose job is to treat diseases related to people's teeth. ▶

dentistry *n.* [U] work of a dentist.

denunciation /dɪˌnʌnsiˈeɪʃn/ *n.* [C, U] act of publicly criticizing somebody/something.

deny /dɪˈnaɪ/ *v.* (*pt, pp* **-ied**) [T] **1** say that something is not true. **2** refuse to give something asked for or needed by somebody.

deodorant /diˈəʊdərənt/ *n.* [C, U] substance that hides or removes body odours.

dep. *abbr.* (in writing) depart(s); departure.

depart /dɪˈpɑːt/ *v.* [I] (*fml.*) go away; leave: *The train ~s late in the evening.*

department /dɪˈpɑːtmənt/ *n.* one of several divisions of a government, business, shop, university, etc. ■ **deˈpartment store** *n.* large shop where many kinds of goods are sold in different departments.

departure /dɪˈpɑːtʃə(r)/ *n.* [C, U] **1** act of leaving a place. **2** plane, train, bus, etc. leaving a place at a particular time: *Look up the ~s board.*

depend /dɪˈpend/ *v.* [IDM] **that depends | it (all) depends** used to say that you are not certain about something because other things must be considered. [PV] **depend on/upon somebody/something 1** rely on somebody/something: be certain about something: *You can ~ on him not to dilly-dally.* **2** need the support of somebody/something in order to survive: *Crops ~ on the abundance of water.* **3** be affected or decided by something: *Our progress ~s on the soundness of our plan.* ▶ **dependable** *adj.* that can be relied on: *a ~able associate*

dependant (*esp. US* **-ent**) /dɪˈpendənt/ *n.* person who depends on another for shelter, food, etc.

dependence /dɪˈpendəns/ *n.* [U] state of needing somebody/something in order to survive, esp. when this is not normal or necessary: *~ on nicotine*

dependent /dɪˈpendənt/ *adj.* **1** ~(on/upon) needing somebody/something for support: *~ on donations* **2** ~on/upon affected or decided by something: *~ on your performance in the interview* ▶ **dependent** *n.* (*esp. US*) = DEPENDANT

depict /dɪˈpɪkt/ *v.* [T] show an image of somebody/something in a picture; describe something in words. ▶ **depiction** /-kʃn/ *n.* [U, C]

deplete /dɪˈpliːt/ *v.* [T] reduce something by a large amount: *The oil pool was considerably ~d.* ▶ **depletion** /dɪˈpliːʃn/ *n.* [U]

deplore /dɪˈplɔː(r)/ *v.* [T] express strong disapproval of something. ▶ **deplorable** *adj.* very bad; deserving strong disapproval.

deploy /dɪˈplɔɪ/ v. [T] (tech.) move soldiers or weapons into position for battle.

deport /dɪˈpɔːt/ v. [T] force somebody unwanted to leave a country. ▶ **deportation** /ˌdiːpɔːˈteɪʃn/ n. [C, U]

depose /dɪˈpəʊz/ v. [T] remove from office or power.

deposit¹ /dɪˈpɒzɪt/ n. **1** payment of part of a larger sum, the rest of which is to be paid later. **2** amount of money that somebody pays when beginning to rent something. **3** amount of money paid into a bank account. **4** layer of matter left by a river, etc. ■ **deˈposit account** n. account at a bank, etc. in which the money earns interest.

deposit² /dɪˈpɒzɪt/ v. [T] **1** (fml.) lay or put somebody/ something down. **2** (e.g., of a river) leave mud, debris, etc. on something. **3** put money into a bank, esp. to earn interest; put something valuable in a safe place.

depot /ˈdepəʊ/ n. **1** storehouse; warehouse. **2** (GB) place where vehicles, e.g. buses, are kept. **3** small railway or bus station.

depraved /dɪˈpreɪvd/ adj. (fml.) morally bad or corrupt. ▶ **depravity** /dɪˈprævəti/ n. [U]

deprecate /ˈdeprəkeɪt/ v. [T] (fml.) feel and show disapproval of.

depreciate /dɪˈpriːʃieɪt/ v. [I] become less valuable over a period of time. ▶ **depreciation** /dɪˌpriːʃiˈeɪʃn/ n. [U]

depress /dɪˈpres/ v. [T] **1** make somebody sad: *feel ~ed when alone* **2** make trade, business, etc. less active: *The recession has ~ed the stock market.* **3** lower the value of prices or wages. **4** (fml.) press or push something down. ▶ **depressing** adj. making you feel sad: *a ~ing affair*

depression /dɪˈpreʃn/ n. **1** [U, C] state of feeling very sad and anxious: *seasonal ~* **2** [C] period of little economic activity, and poverty and unemployment. **3** [C] (written) part of a surface that is lower than the parts around it. **4** [C] (tech.) weather condition in which the air pressure becomes lower.

deprive /dɪˈpraɪv/ v. [PV] **deprive somebody/something of something** prevent somebody from having or doing something: *~ people of civic amenities* ▶ **deprivation** /ˌdeprɪˈveɪʃn/ n. [U] ▶ **deprived** adj. without enough food, housing, health care, or other amenities.

Dept abbr. Department

depth /depθ/ n. **1** [C, U] distance from the top to the bottom or from the front to the back. **2** [U] deep thought, feeling, etc.: *writings with much ~* [IDM] **in depth** in detail; thoroughly. **out of your depth 1** in water that is deeper than your height. **2** in a situation that is beyond your understanding or control.

deputation /ˌdepjuˈteɪʃn/ n. [C, with sing. or pl. verb] group of people with the right to act or speak for others.

deputize (GB also **-ise**) /ˈdepjutaɪz/ v. [I] **~(for)** act as deputy: *~ for the manager*

deputy /ˈdepjuti/ n. (pl. **-ies**) person immediately below a business manager, a head of a school, a political leader, etc. and who does the person's job in his absence.

derail /dɪˈreɪl/ v. [T] cause a train to leave the track. ▶ **derailment** n. [C, U]

deranged /dɪˈreɪndʒd/ adj. unable to act and think normally, esp. because of mental illness.

derelict /ˈderəlɪkt/ adj. in very poor condition brought about by disuse and neglect; left to fall into ruin: *a ~ mansion* ▶ **dereliction** /ˌderəˈlɪkʃn/ n. [U]

derision /dɪˈrɪʒn/ n. [U] unkind laughter or remarks.

derisory /dɪˈraɪsəri/ adj. (fml.) too small to be considered seriously.

derivation /ˌderɪˈveɪʃn/ n. [C, U] origin or development of a word. ▶ **derivative** /dɪˈrɪvətɪv/ adj., n. (something, esp. a word) derived from another.

derive /dɪˈraɪv/ v. [PV] **derive something from something** (fml.) get something from something: *~ pleasure from something* **derive from something | be derived from something** develop from something: *meanings ~d from the classics*

derogatory /dɪˈrɒɡətri/ adj. showing a lack of respect for somebody/something.

derrick /ˈderɪk/ n. **1** large crane for moving cargo on a ship. **2** framework over an oil well to hold the drilling machinery, etc.

descend /dɪˈsend/ v. [I, T] (fml.) come or go down something. [IDM] **be descended from somebody** be related to somebody who lived a long time ago. [PV] **descend on/upon somebody/something** visit or attack somebody/something in large numbers, usu. unexpectedly. ▶ **descendant** n. person or animal that is descended from another.

descent /dɪˈsent/ n. **1** [C, usu. sing.] action of coming or going down. **2** [C] downward slope. **3** [U] family; origin: *of Chinese ~*

describe /dɪˈskraɪb/ v. [T] **1** say what somebody/something is like. **2** (fml.) or (tech.) form a particular shape: *~ a circle*

description /dɪˈskrɪpʃn/ n. **1** [C, U] (giving a) statement of what somebody/something is like. **2** [C] kind or type: *people of every ~* ▶ **descriptive** /dɪˈskrɪptɪv/ adj. saying what somebody/something is like.

desecrate /ˈdesɪkreɪt/ v. [T] spoil or damage a sacred thing or place. ▶ **desecration** /ˌde↓

sɪˈkreɪʃn/ n. [U]

desert[1] /dɪˈzɜːt/ v. **1** [T] leave somebody without help or support: ~ *your supporters* **2** [T] go away from a place and leave it empty. **3** [I] leave the armed forces without permission. ▶ **deserter** n. person who deserts(3). ▶ **desertion** /dɪˈzɜːʃn/ n. [U, C]

desert[2] /ˈdezət/ n. [C, U] large area of land, without water and trees, often covered with sand. ■ **,desert ˈisland** n. tropical island where no people live.

deserts /dɪˈzɜːts/ n. [pl.] [IDM] **somebody's (just) deserts** what somebody deserves, esp. something bad.

deserve /dɪˈzɜːv/ v. [T] earn something, either good or bad, because of something you have done: *She ~d to be promoted.*

design /dɪˈzaɪn/ n. **1** [U] general arrangement of the parts of a machine, building, etc. **2** [U] art of deciding how something will look, work, etc. by drawing plans. **3** [C] drawing from which something may be made. **4** [C] decorative pattern of lines, shapes, etc. **5** [U, C] plan; intention. ● **design** v. [T] **1** prepare a plan or drawing of something to be made. **2** make, plan, or intend something for a particular purpose or use. *a house ~ed for luxury living* ▶ **designer** n. person whose job is to decide how clothes, buildings, etc. will look by making drawings, plans, etc.

designate /ˈdezɪɡneɪt/ v. [T] **1** choose somebody for a particular job or purpose. **2** mark something out clearly.

desirable /dɪˈzaɪərəbl/ adj. worth having or doing. ▶ **desirability** /dɪˌzaɪərəˈbɪləti/ n. [U]

desire /dɪˈzaɪə(r)/ n. **1** [C, U] strong wish to have or do something: *no ~ for material possessions* **2** [C, sing.] person or thing that is wished for. ● **desire** v. [T] (*fml.*) want somebody/something very much.

desist /dɪˈzɪst/ v. [I] ~**(from)** (*fml.*) stop doing something.

desk /desk/ n. table, usu. with drawers in it, that you sit at to read, write, or work. ■ **,desktop comˈputer** (*also* **desktop**) n. computer with a keyboard, screen, and main processing unit, that fits on a desk. ■ **,desktop ˈpublishing** n. [U] (*abbr.* **DTP**) use of a small computer and a printer to produce a small book, a magazine, etc.

desolate /ˈdesələt/ adj. **1** (of a place) empty and without people. **2** lonely and sad. ▶ **desolation** /ˌdesəˈleɪʃn/ n. [U]

despair /dɪˈspeə(r)/ n. [U] feeling of having lost all hope. ● **despair** v. [I] ~**(of)** stop having any hope: *~ of finding peace*

despatch = DISPATCH

desperate /ˈdespərət/ adj. **1** having little hope and ready to do anything without caring about danger to yourself and others: *The waiting crowd grew increasingly ~.* **2** (of an action) tried when everything else has failed: *a ~ attempt to convince her* **3** in great need: *~ for food* **4** extremely serious or dangerous: *a ~ situation* ▶ **desperately** adv. ▶ **desperation** /ˌdespəˈreɪʃn/ n. [U]

despicable /dɪˈspɪkəbl/ adj. very unpleasant or evil.

despise /dɪˈspaɪz/ v. [T] dislike and have no respect for somebody/something.

despite /dɪˈspaɪt/ prep. used to introduce a contrast: *still an optimist, ~ the setbacks*

despondent /dɪˈspɒndənt/ adj. sad, without hope. ▶ **despondency** /-dənsi/ n. [U] ▶ **despondently** adv.

despot /ˈdespɒt/ n. ruler with great power, esp. one who rules unfairly. ▶ **despotic** /dɪˈspɒtɪk/ adj. *~ regime*

dessert /dɪˈzɜːt/ n. [U, C] sweet food eaten at the end of a meal. ■ **desˈsertspoon** n. medium-sized spoon.

destination /ˌdestɪˈneɪʃn/ n. place to which somebody/ something is going.

destined /ˈdestɪnd/ adj. **1** intended or certain: *~ to be together* **2** ~**for** on the way to a place.

destiny /ˈdestəni/ n. (*pl.* **-ies**) **1** [C] what happens to somebody, or what will happen to them in the future, esp. things beyond their control. **2** [U] fate.

destitute /ˈdestɪtjuːt/ adj. without food, money, shelter, etc. ▶ **destitution** /ˌdestɪˈtjuːʃn/ n. [U]

destroy /dɪˈstrɔɪ/ v. [T] **1** break or damage something so badly it no longer exists, works, etc. **2** kill an animal, usu. because it is sick. ▶ **destroyer** n. **1** small and fast warship. **2** person or thing that destroys.

destruction /dɪˈstrʌkʃn/ n. [U] act of destroying something or of being destroyed. ▶ **destructive** /dɪˈstrʌktɪv/ adj. causing destruction or damage.

detach /dɪˈtætʃ/ v. [I, T] **1** remove something from something larger; become separated **2** appoint a soldier for special duty.

detain /dɪˈteɪn/ v. [T] **1** keep somebody in an official place, e.g. a police station, and prevent them from leaving. **2** (*fml.*) delay somebody. ▶ **detainee** /ˌdiːteɪˈniː/ n. person who is kept in prison, esp. for political reasons.

detect /dɪˈtekt/ v. [T] discover the existence or presence of something. ▶ **detection** n. [U] ▶ **detective** n. person, esp. a police officer, whose job is to investigate crimes. ▶ **detector** n. device for detecting something: *a metal ~*

detention /dɪˈtenʃn/ n. **1** [U] act of detaining somebody, esp. for political reasons. **2** [U, C] punishment of being kept at school after school hours.

deter /dɪ'tɜː(r)/ v. (-rr-) [T] ~(from) prevent or discourage somebody from doing something.

detergent /dɪ'tɜːdʒənt/ n. [C, U] liquid or powder used for washing clothes or plates, etc.

deteriorate /dɪ'tɪəriəreɪt/ v. [I] become worse: *His behaviour has further ~d.* ▶ **deterioration** /dɪˌtɪəriə'reɪʃn/ n. [U]

determination /dɪˌtɜːmɪ'neɪʃn/ n. [U] 1 quality that makes you persist with something even when this is difficult: *her ~ to prove her theory* 2 process of deciding something officially.

determine /dɪ'tɜːmɪn/ v. [T] (*fml.*) 1 discover the facts about something: *~ the motive behind the murder* 2 control something or cause something to happen: *Our characters are ~d largely by our upbringing.* 3 officially decide something: *~ company strategy* 4 decide firmly to do something. ▶ **determined** *adj.* showing a serious wish to do something successfully: *~d to improve your worth*

deterrent /dɪ'terənt/ n. something that makes somebody less likely to do something: *the nuclear ~* (= nuclear weapons that are intended to stop an enemy from attacking)

detest /dɪ'test/ v. [T] hate somebody/something very much. ▶ **detestable** *adj.* that deserves to be hated.

dethrone /ˌdiː'θrəʊn/ v. [T] remove a king, queen, or ruler from power.

detonate /'detəneɪt/ v. [I, T] (cause a bomb, etc. to) explode. ▶ **detonation** /ˌdetə'neɪʃn/ n. [C, U] ▶ **detonator** n. device that makes a bomb explode.

detour /'diːtʊə(r)/ n. longer way round something: *make a ~ round the countryside*

detract /dɪ'trækt/ v. [PV] **detract (something) from something** make something seem less good or enjoyable.

detriment /'detrɪmənt/ n. [U] damage; harm: *to the ~ of her reputation* ▶ **detrimental** /ˌdetrɪ'mentl/ *adj.* ~(to) harmful

deuce /djuːs/ n. (in tennis) score of 40 points to each player.

devalue /ˌdiː'væljuː/ v. [I, T] make the value of a currency less. ▶ **devaluation** /ˌdiːˌvælju'eɪʃn/ n. [C, U]

devastate /'devəsteɪt/ v. [T] 1 completely destroy a place or an area. 2 make somebody very shocked and sad. ▶**devastation** /ˌdevə'steɪʃn/ n. [U]

develop /dɪ'veləp/ v. 1 [I, T] become or make something larger, more advanced, stronger, etc.: *The spark ~ed into a fire.* 2 [I, T] begin to have something, e.g. a disease or a problem; start to affect somebody/something: *~ an infection* 3 [T] build houses, etc. on an area of land and so increase its value. 4 [T] treat an exposed film so that the photograph can be seen. ▶ **developer** n. person or company that develops land. ▶ **development** n. 1 [U] gradual growth of something. 2 [C] new event or situation. 3 [C] area of land with new buildings on it.

deviate /'diːvieɪt/ v. [I] ~from turn away from what is normal, standard, accepted, etc. ▶ **deviation** /ˌdiːvi'eɪʃn/ n. [C, U]

device /dɪ'vaɪs/ n. 1 object designed to do a particular job. 2 plan or trick.

devil /'devl/ n. 1 **(the Devil)** most powerful evil being; Satan. 2 evil spirit. 3 (*infml.*) person who behaves badly, esp. a child. ■ **devil's 'advocate** n. person who speaks against somebody/something to encourage discussion.

devious /'diːviəs/ *adj.* behaving in a dishonest or indirect way in order to get something.

devise /dɪ'vaɪz/ v. [T] invent something new.

devoid /dɪ'vɔɪd/ *adj.* ~of without something: *~of any sense*

devolution /ˌdiːvə'luːʃn/ n. [U] transfer of power from central to regional government.

devote /dɪ'vəʊt/ v. [PV] **devote something to something** give an amount of time, attention, resources, etc. to something: *D~ more thought to the project.* **devote yourself to somebody/something** give most of your time, energy, thought, etc. to somebody/something. ▶ **devoted** *adj.* ~(to) very loving or loyal to somebody/something. ▶ **devotee** /ˌdevə'tiː/ n. person who admires and is enthusiastic about somebody/something. ▶ **devotion** /dɪ'vəʊʃn/ n. 1 [U] great love, care, and support for somebody/something. 2 [pl.] prayers.

devour /dɪ'vaʊə(r)/ v. [T] 1 eat all of something quickly and hungrily. 2 (*fml.*) destroy somebody/something: *crops ~ed by flood*

devout /dɪ'vaʊt/ *adj.* (of a person) believing strongly in a particular religion and obeying its laws.

dew /djuː/ n. [U] tiny drops of water that form on the ground during the night. ▶ **dewy** *adj.* ■ **'dewdrop** n. drop of dew.

dexterity /dek'sterəti/ n. [U] skill, esp. with your hands. ▶ **dexterous** (*also* **dextrous**) /'dekstrəs/ *adj.*

diabetes /ˌdaɪə'biːtiːz/ n. [U] disease in which the body cannot control the level of sugar in the blood. ▶ **diabetic** /ˌdaɪə'betɪk/ *adj., n.* (of or for a) person with diabetes.

diabolical /ˌdaɪə'bɒlɪkl/ *adj.* 1 (*infml., esp. GB*) very bad: *~ scheme* 2 evil and wicked.

diagnose /'daɪəgnəʊz/ v. [T] say exactly what

an illness or the cause of a problem is. ▶ **diagnosis** /ˌdaɪəgˈnəʊsɪs/ n. [C, U] (pl. **-noses** /-siːz/) act of identifying the exact cause of an illness or problem. ▶ **diagnostic** /ˌdaɪəgˈnɒstɪk/ adj.

diagonal /daɪˈægənl/ n., adj. (straight line) joining two opposite sides of something at an angle. ▶ **diagonally** adv. /-nəli/

diagram /ˈdaɪəgræm/ n. drawing, design, or plan used for explaining or illustrating something. ▶ **diagrammatic** /ˌdaɪəgrəˈmætɪk/ adj.

dial /daɪəl/ n. **1** marked face of a clock, watch, or measuring instrument. **2** round part on older telephones, that you move round to call a number. ● **dial** v. (**-ll-** or **-l-**) [I, T] use a telephone by turning the dial or pushing buttons to call a number. ■ **'dialling tone** n. sound heard on the telephone before you dial the number.

dialect /ˈdaɪəlekt/ n. [C, U] form of a language used in part of a country or by a particular social group.

dialogue (also **-log**) /ˈdaɪəlɒg/ n. [C, U] **1** conversations in a book, play, or film. **2** formal discussion between two groups or countries ■ **'dialogue box** (US, GB also **'dialog box**) n. box that appears on a computer screen prompting the user to provide information or choose commands.

diameter /daɪˈæmɪtə(r)/ n. length of a straight line drawn from side to side through the centre of a circle.

diametrically /ˌdaɪəˈmetrɪkli/ adv. completely: ~ opposite

diamond /ˈdaɪəmənd/ n. **1** [U, C] very hard, clear, colourless precious stone: a ~ pendant **2** [C] shape with four equal sides whose angles are not right angles. **3** (**diamonds**) [pl.] one of the four suits in a pack of cards, marked with red diamond shapes. ■ **ˌdiamond ˈjubilee** n. 60th anniversary of an important event.

diaper /ˈdaɪpə(r)/ also NAPPY

diaphragm /ˈdaɪəfræm/ n. **1** (anat.) muscle between the lungs and the stomach. **2** (tech.) thin vibrating disc or plate in an instrument.

diarrhea (GB **diarrhoea**) /ˌdī-ə-ˈre-ə/ n. [U] too frequent and too watery emptying of the bowels.

diary /ˈdaɪəri/ n. (**-ies**) book used for a daily record of events, future appointments, etc.: keep (= write regularly in) a ~ ◊ a date ~

dice /daɪs/ n. (pl. **dice**) small cube marked with spots to indicate numbers, used in games. ● **dice** v. [T] cut food into small cubes. [IDM] **dice**  **with death** (infml.) risk your life.

dictate /dɪkˈteɪt/ v. [I, T] **1** say words aloud for somebody else to write down. **2** order somebody to do something. **3** control or influence how something happens. ▶ **dictation** /dɪkˈteɪʃn/ n. **1** [U] act of saying words aloud so that somebody can write it down. **2** [C, U] test in which students write down what is being read aloud to them.

dictator /dɪkˈteɪtə(r)/ n. (disapprov.) ruler who has complete power over a country. ▶ **dictatorial** /ˌdɪktəˈtɔːriəl/ adj. ▶ **dictatorship** n. [C, U] (country with) government by a dictator.

diction /ˈdɪkʃn/ n. [U] way that somebody pronounces words.

dictionary /ˈdɪkʃənri/ n. (pl. **-ies**) book containing the words of a language, with their meanings, arranged in alphabetical order.

did pt of DO

didn't short for DID NOT

die /daɪ/ v. (pres. pt **dying** /ˈdaɪɪŋ/) [I] **1** stop living. **2** stop existing; disappear: ideas that will never ~ [IDM] **be dying for something/to do something** (infml.) want (to do) something very much: I'm dying for a good, long break. ◊ I'm dying to meet my old friends. **die laughing** (infml.) find something very funny. [PV] **die away** become weaker and disappear. **die down** become less strong. **die out** disappear completely. ● **die** n. metal block used to stamp designs on coins, medals, etc.

diesel /ˈdiːzl/ n. **1** [U] (also **'diesel oil**) type of heavy oil used as a fuel. **2** [C] vehicle that uses diesel: Our new car's a ~.

diet /ˈdaɪət/ n. **1** [C, U] food that you eat and drink regularly. **2** [C] limited variety or amount of food that you eat to lose weight or for medical reasons: I've been on a strict ~ for some time now. ● **diet** v. [I] eat less food or special food in order to lose weight.

differ /ˈdɪfə(r)/ v. [I] **1** ~(**from**) be different from somebody/something else. **2** disagree with somebody. ▶ **difference** /ˈdɪfrəns/ n. **1** [C, U] way in which two people or things are not like each other; way in which somebody/something has changed: the ~ in their attitudes **2** (sing., U) amount that something is greater or smaller than something else: The ~ between 5 and 27 is 22. **3** [C] disagreement between people: You've nursed your ~s for far too long. [IDM] **make a, no, some, etc. difference (to/in somebody/something)** have an effect/no effect/some effect on somebody/something: The sultry weather made no ~ to our camping programme.

different /ˈdɪfrənt/ adj. **1** ~(**from/to/than**) not the same as somebody/something; not like somebody/something. **2** separate and individual: *a gathering of vastly ~ people*

differentiate /ˌdɪfəˈrenʃieɪt/ *v.* [I, T] **~between A and B | ~ A from B** show the difference between two or more things; distinguish one thing from others.

difficult /ˈdɪfɪkəlt/ *adj.* **1** not easy; needing effort or skill: *find something ~ to understand* **2** full of problems; causing trouble: *be in a ~ position* **3** (of people) not easy to please; not helpful. ▶ **difficulty** *n.* (*pl.* **-ies**) **1** [C, usu. pl., U] problem, thing, or situation that causes problems: *We've run into ~ies right at the start.* **2** [U] state or quality of being difficult to do or understand; effort that something involves: *He calmed the crowd with great ~.*

diffident /ˈdɪfɪdənt/ *adj.* lacking confidence; shy. ▶ **diffidence** /-dəns/ *n.* [U]

diffuse /dɪˈfjuːz/ *v.* [I, T] (cause something to) spread widely in all directions. ▶ **diffuse** /dɪˈfjuːs/ *adj.* **1** spread over a wide area: *~ ray* **2** not clear or easy to understand; using a lot of words. ▶ **diffusion** /dɪˈfjuːʒn/ *n.* [U]

dig¹ /dɪɡ/ *v.* (**-gg-** *pt, pp* **dug** /dʌɡ/) **1** [I, T] make a hole in the ground or move soil from one place to another using your hands, a tool, or a machine. **2** [T] remove something from the ground with a tool: *~ worms* [PV] **dig somebody/something out (of something) 1** remove somebody/something from something by digging the ground around them/it. **2** find something that has been hidden or forgotten for a long time: *I dug these old letters out of the box.* **dig something up** remove or find something by digging or careful searching.

dig² /dɪɡ/ *n.* **1** small push with your fingers or elbow: *a sharp ~ in the ribs* **2 ~(at)** critical remark: *She takes a ~ at the boy every now and then.* **3** archaeological excavation.

digest /daɪˈdʒest; dɪ-/ *v.* **1** [T] break down food in your stomach so that it can be used by your body. **2** [I] (of food) be changed in this way. **3** [T] understand something fully. ● **digest** /ˈdaɪdʒest/ *n.* short concise report; summary.

digit /ˈdɪdʒɪt/ *n.* **1** any of the ten numbers from 0 to 9. **2** (*anat.*) finger or toe. ▶ **digital** *adj.* **1** using an electronic system that uses the numbers 1 and 0 to record sound or store information, and that gives high-quality results. **2** (of clocks, watches, camera, etc.) showing information by using numbers.

dignified /ˈdɪɡnɪfaɪd/ *adj.* calm and serious, and deserving respect.

dignitary /ˈdɪɡnɪtəri/ *n.* (*pl.* **-ies-**) (*fml.*) person with an important official position.

dignity /ˈdɪɡnəti/ *n.* [U] **1** calm, serious manner that deserves respect. **2** fact of being given honour and respect by people. [IDM] **beneath your dignity** below what you see as your own importance or worth.

digress /daɪˈɡres/ *v.* [I] **~(from)** turn from the main topic of discussion. ▶ **digression** /daɪˈɡreʃn/ *n.* [U, C]

dike *n.* = DYKE

dilapidated /dɪˈlæpɪdeɪtɪd/ *adj.* (of buildings) old and falling to pieces.

dilate /daɪˈleɪt/ *v.* [I, T] become or make something wider, larger, or more open.

dilemma /dɪˈlemə/ *n.* difficult situation in which you have to choose between two things.

diligent /ˈdɪlɪdʒənt/ *adj.* hardworking; showing care and effort: *a ~ student* ▶ **diligence** /ˈdɪlɪdʒəns/ *n.* [U] ▶ **diligently** *adv.*

dilute /daɪˈluːt; GB also -ˈljuːt/ *v.* [T] **~(with)** make a liquid weaker by adding water or another liquid. ▶ **dilution** /daɪˈluːʃn; GB also ˈljuːʃn/ *n.* [U]

dim /dɪm/ *adj.* (**-mer, -mest**) **1** not bright: *a ~ corner* **2** not easy to see. **3** unclear; vague: *~ recollections* **4** (*infml.*) not intelligent. [IDM] **take a dim view of somebody/something** disapprove of somebody/something. ● **dim** *v.* (**-mm-**) [I, T] become or make something less bright or strong. ▶ **dimly** *adv.* ▶ **dimness** *n.* [U]

dime /daɪm/ *n.* coin of USA and Canada worth ten cents.

dimension /dɪˈmenʃn/ *n.* [C] **1** measurement of length, width, or height of something. **2** [usu. pl.] size and extent of a situation: *the ~s of the problem* **3** aspect or way of looking at something. **4** (**-dimensional**) /-ʃənəl/ (in compound adjectives) having the number of dimensions that is mentioned: *multi-~al*

diminish /dɪˈmɪnɪʃ/ *v.* [I, T] become or make something smaller, weaker, etc.

diminutive /dɪˈmɪnjətɪv/ *adj.* (*fml.*) very small.

dimple /ˈdɪmpl/ *n.* small natural hollow in somebody's cheek or chin.

din /dɪn/ *n.* [U, sing.] loud unpleasant noise.

dine /daɪn/ *v.* [I] (*fml.*) eat dinner. [PV] **dine out** eat dinner in a restaurant, hotel, etc. ■ **ˈdining car** *n.* railway carriage in which meals are served. ■ **ˈdining room** *n.* room in which meals are eaten.

dinghy /ˈdɪŋi; ˈdɪŋɡi/ *n.* (*pl.* **-ies**) small open boat.

dingy /ˈdɪndʒi/ *adj.* (**-ier, -iest**) dark and dirty. ▶ **dinginess** *n.* [U]

dining → DINE

dinner /ˈdɪnə(r)/ *n.* [U, C] main meal of the day, eaten either at midday or in the evening. ■ **ˈdinner jacket** *n.* (*GB*) man's black jacket worn at formal evening events.

dinosaur /'daɪnəsɔː(r)/ n. large prehistoric reptile that no longer exists.

diocese /'daɪəsɪs/ n. area for which a bishop is responsible.

dip /dɪp/ v. (-pp-) **1** [T] put something into a liquid for a short time: *D~ your legs in the stream.* **2** [I, T] (cause somebody to) go downwards or to a lower level: *The sun ~ped below the horizon.* **3** [T] (GB) lower a beam of light: *~ the head-lights of your car.* [PV] **dip into something 1** put your hand into a container to take something out. **2** read parts of something. **3** take an amount from money you have saved. ● **dip** n. **1** [C] (*infml.*) quick swim. **2** [C] decrease in the amount or success of something. **3** [C] downward slope. **4** [U, C] creamy sauce into which food is dipped.

diphtheria /dɪf'θɪərɪə/ n. [U] serious disease of the throat.

diphthong /'dɪfθɒŋ/ n. union of two vowels, e.g. /aɪ/ in *fine* /faɪn/

diploma /dɪ'pləʊmə/ n. official paper showing that a student has passed an examination, completed a course of study, etc.

diplomacy /dɪ'pləʊməsi/ n. [U] **1** management of relations between countries. **2** skill in dealing with people; tact.

diplomat /'dɪpləmæt/ n. person whose job is to represent his or her country in a foreign country. ▶ **diplomatic** /ˌdɪplə'mætɪk/ adj. **1** of diplomacy(1): *long tenure in the ~ service* **2** having or showing diplomacy(2); tactful. ▶ **diplomatically** adv.

dire /'daɪə(r)/ adj. terrible.

direct[1] /də'rekt; dɪ-; daɪ-/ adj. **1** with nothing or nobody in between: *a ~ throw* ◇ *Avoid ~ contact with them.* **2** going straight between two places without stopping: *a ~ passage* **3** exact: *a ~ quotation* **4** frank and honest. ● **direct** adv. without interrupting a journey: *fly ~ to your destination* ■ **direct 'current** n. [U] (*abbr.* **DC**) electric current that flows in one direction only. ■ **diˌrect 'debit** n. (in Britain) instruction to your bank that allows somebody else to take money from your account. ▶ **directness** n. [U] ■ **diˌrect 'object** n. (*gram.*) noun, noun phrase, or pronoun that is affected by the action of the verb, e.g. *the letter* in *He posted the letter*. ■ **diˌrect 'speech** n. [U] speaker's actual words.

direct[2] /də'rekt; dɪ-; daɪ-/ v. [T] **1** aim something in a particular direction or at a particular person: *His criticism was ~ed at the government.* **2** control or be in charge of somebody/something: *~ a play* **3** tell somebody how to get somewhere: *A stranger ~ed me to your house.* **4** (*fml.*) give an official order.

direction /də'rekʃn; dɪ-; daɪ-/ n. **1** [C] general position a person or thing moves or points towards: *escape in the opposite ~* **2** [C, usu. pl.] instructions about where to go, etc. **3** [U] organization or management of somebody/ something: *under his expert ~*

directive /də'rektɪv/ dɪ-; daɪ-/ n. (*fml.*) official instruction. ·

directly /də'rektli; dɪ-; daɪ-/ adv. **1** in a direct manner; exactly. **2** immediately. ● **directly** conj. as soon as: (GB) *I came ~ I heard.*

director /də'rektə(r); dɪ-; daɪ-/ n. **1** person who manages something, esp. a company. **2** person who directs a play or a film. ▶ **directorship** n. [U] position of a company director.

directory /də'rektəri; dɪ-; daɪ-/ n. (*pl.* **-ies**) **1** book with a list of names, addresses, and telephone numbers. **2** file containing a group of other files or programs on a computer.

dirt /dɜːt/ n. [U] **1** unclean matter, e.g. dust or mud. **2** (*infml.*) scandal. **3** (*infml.*) = EXCREMENT ■ **ˌdirt'cheap** adj., adv. (*infml.*) very cheap.

dirty /'dɜːti/ adj. (**-ier, -iest**) **1** not clean; *~ clothes* **2** unpleasant or dishonest: *a ~ game* **3** connected with sex in an offensive way: *a ~ joke* [IDM] **give somebody a dirty look** look at somebody in a way that shows you are annoyed with them. ● **dirty** v. (*pt, pp* **-ied**) [T] make something dirty.

disable /dɪs'eɪbl/ v. [T] injure or affect somebody permanently so that they cannot walk or use a part of their body. ▶ **disability** /ˌdɪsə'bɪləti/ n. (*pl.* **-ies**) **1** [C] physical or mental condition that disables somebody. **2** [U] state of being disabled. ▶ **disabled** adj. ▶ **disablement** n. [U]

disabuse /ˌdɪsə'bjuːz/ v. [T] **~of** tell somebody that what they believe to be true is, in fact, false.

disadvantage /ˌdɪsəd'vɑːntɪdʒ/ n. something that causes problems: *His simplicity sometimes works to his ~.* ▶ **disadvantaged** adj. not having the things, e.g. education or money, that people need to succeed in life. ▶ **disadvantageous** /ˌdɪsædvæn'teɪdʒəs/ adj.

disagree /ˌdɪsə'griː/ v. [I] **1** have different opinions: *I ~ with the majority opinion.* **2** be different [PV] **disagree with somebody** (of food) make somebody feel ill. ▶ **disagreeable** adj. unpleasant. ▶ **disagreeably** adv. ▶ **disagreement** n. [C, U] difference of opinion.

disappear /ˌdɪsə'pɪə(r)/ v. [I] **1** go out of sight. **2** stop existing. ▶ **disappearance** n. [U, C]

disappoint /ˌdɪsə'pɔɪnt/ v. [I, T] fail to do or be what somebody hoped for. ▶ **disappointed**

adj. sad at not getting what was hoped for: *He was bitterly ~ed by the failure.* ▶ **disappointing** *adj.: a ~ing outcome* ▶ **disappointingly** *adv.* ▶ **disappointment** *n.* 1 [U] state of being disappointed. 2 [C] person or thing that disappoints somebody.

disapprove /ˌdɪsəˈpruːv/ *v.* [I] ~(of) say or think that somebody/something is bad. ▶ **disapproval** *n.* [U]

disarm /dɪsˈɑːm/ *v.* 1 [T] take away all weapons from somebody. 2 [I] (of a country) give up all or some (*esp.* nuclear) weapons. 3 [T] (*written*) make somebody feel less angry or critical. ▶ **disarmament** *n.* [U] act of disarming (2).

disarray /ˌdɪsəˈreɪ/ *n.* [U] (*fml.*) state of confusion; a lack of organization: *a nation in ~*

disassociate /ˌdɪsəˈsəʊʃieɪt; -ˈsəʊs-/ = DISSOCIATE

disaster /dɪˈzɑːstə(r)/ *n.* serious and sudden misfortune; terrible accident. ▶ **disastrous** /dɪˈzɑːstrəs/ *adj.* ▶ **disastrously** *adv.*

disband /dɪsˈbænd/ *v.* [I, T] break up a group of people or an organization.

disbelieve /ˌdɪsbɪˈliːv/ *v.* [T] refuse to believe somebody/something. ▶ **disbelief** /ˌdɪsbɪˈliːf/ *n.* [U] feeling of not being able to believe somebody/something.

disc (also **disk**) /dɪsk/ *n.* 1 thin, flat circular object. 2 = CD 3 (*GB, old-fash.*) = RECORD¹(2) 4 one of the layers of cartilage between the bones of the back: *a slipped ~* ■ **'disc jockey** *n.* (*abbr.* DJ) person whose job is to introduce and play popular recorded music on the radio or at a club.

discard /dɪsˈkɑːd/ *v.* [T] get rid of something; throw something away.

discern /dɪˈsɜːn/ *v.* [T] (*fml.*) 1 know, recognize, or understand something, esp. something that is not obvious. 2 see or hear something, but not very clearly. ▶ **discernible** *adj.* ▶ **discerning** *adj.* (*approv.*) showing good judgement about the quality of something. ▶ **discernment** *n.* [U] ability to judge the quality of somebody/something well.

discharge /dɪsˈtʃɑːdʒ/ *v.* 1 [T] give somebody official permission to leave a place or a job; make somebody leave a job. 2 [I, T] send out a liquid or gas. 3 [T] (*fml.*) do everything necessary to perform and complete a particular duty: *to ~ a duty* (= perform it) ● **discharge** /ˈdɪstʃɑːdʒ/ *n.* 1 [U, C] action of releasing a gas, liquid, etc.; substance that comes out of inside somewhere. 2 [U, C] act of officially allowing somebody to leave a place, etc. 3 [U] (*fml.*) act of performing a duty or paying money owed.

disciple /dɪˈsaɪpl/ *n.* follower of a religious, political, etc. leader.

discipline /ˈdɪsəplɪn/ *n.* 1 [U] practice of training people to obey rules and punishing them if they do not; controlled behaviour that results from such training. 2 [U] ability to control your behaviour or the way you live, work, etc. 3 [C] (*fml.*) area of knowledge. ● **discipline** *v.* [T] 1 punish somebody for something they have done. 2 train somebody to be obedient and self-controlled.

disclaim /dɪsˈkleɪm/ *v.* [T] (*fml.*) say that you have no knowledge of or responsibility for something.

disclose /dɪsˈkləʊz/ *v.* [T] 1 make something known. 2 allow something that was hidden to be seen. ▶ **disclosure** /dɪsˈkləʊʒə(r)/ *n.* [U, C]

disco /ˈdɪskəʊ/ (*also old-fash.* **discotheque** /ˈdɪskətek/) *n.* (*pl.* ~s) club, party, etc. where people dance to pop records.

discolor (*GB* ~**our**) /dɪsˈkʌlə(r)/ *v.* [I, T] (cause something to) change colour in an unpleasant way. ▶ **discolouration** /ˌdɪsˌkʌləˈreɪʃn/ *n.* [U, C]

discomfort /dɪsˈkʌmfət/ *n.* 1 [U] lack of comfort; slight pain. 2 [U] feeling of worry or embarrassment. 3 (*fml.*) something that causes slight pain or lack of comfort.

disconcert /ˌdɪskənˈsɜːt/ *v.* [T] embarrass, upset, or worry somebody.

disconnect /ˌdɪskəˈnekt/ *v.* [T] ~A(from B) detach something from something; undo a connection. ▶ **disconnected** *adj.* 1 not related to the things or people around. 2 (of speech or writing) badly ordered.

disconsolate /dɪsˈkɒnsələt/ *adj.* (*fml.*) very unhappy and disappointed. ▶ **disconsolately** *adv.*

discontent /ˌdɪskənˈtent/ (*also* **discontentment** /ˌdɪskənˈtentmənt/) *n.* [U, C] ~(with) lack of satisfaction. ▶ **discontented** *adj.* not satisfied.

discontinue /ˌdɪskənˈtɪnjuː/ *v.* [T] (*fml.*) put an end to something; stop doing something.

discord /ˈdɪskɔːd/ *n.* 1 [U] (*fml.*) disagreement; quarrelling. 2 [C, U] (*music*) combination of musical notes that sound harsh together. ▶ **discordant** /dɪsˈkɔːdənt/ *adj.*

discotheque = DISCO

discount /ˈdɪskaʊnt/ *n.* reduction in price. ● **discount** /dɪsˈkaʊnt/ *v.* [T] consider something to be unimportant or untrue.

discourage /dɪsˈkʌrɪdʒ/ *v.* [T] 1 take away somebody's hope or enthusiasm: *~d by administrative interference* 2 persuade somebody not to do something: *~ children from lying* ▶ **discouragement** *n.* [U, C]

discourse /ˈdɪskɔːs/ *n.* [C, U] (*fml.*) long and serious speech.

discourteous /dɪsˈkɜːtiəs/ *adj.* (*fml.*) impolite; rude. ▶ **discourtesy** /dɪsˈkɜːtəsi/ n. [U, C]

discover /dɪˈskʌvə(r)/ v. [T] **1** find or learn about something for the first time. **2** come to know or realize something; find out about something. ▶ **discoverer** n.: *the ~er of gravity* ▶ **discovery** /dɪˈskʌvəri/ n. (pl. -ies) **1** [C, U] act of finding somebody/something or learning something that was unknown before. **2** [C] something that is found or learned about for the first time.

discredit /dɪsˈkredɪt/ v. [T] **1** cause people to stop respecting somebody/something. **2** cause to appear untrue or doubtful. ● **discredit** n. [U] (fml.) loss of respect; damage to somebody's reputation.

discreet /dɪˈskriːt/ adj. careful in what you say or do, e.g. in order to keep something secret. ▶ **discreetly** adv.

discrepancy /dɪsˈkrepənsi/ n. (pl. -ies) difference between two things that should be the same.

discretion /dɪˈskreʃn/ n. [U] **1** freedom to decide what should be done in a particular situation: *use your ~* **2** care in what you say and do, e.g. in order to keep something secret.

discriminate /dɪˈskrɪmɪneɪt/ v. [I] **1** ~ (between) see or show a difference between people or things. **2** ~ against/in favour of treat somebody worse/better than another in an unfair way. ▶ **discriminating** adj. ▶ **discrimination** /-ˈneɪʃn/ n. [U]

discus /ˈdɪskəs/ n. heavy round disc thrown as a sport.

discuss /dɪˈskʌs/ v. [T] talk or write about something. ▶ **discussion** n. [C, U]

disdain /dɪsˈdeɪn/ n. [U] feeling that somebody/something is not good enough to deserve respect. ● **disdain** v. [T] **1** think that somebody/something does not deserve your respect. **2** refuse to do something because you think you are too important to do it. ▶ **disdainful** adj.

disease /dɪˈziːz/ n. [C, U] illness. ▶ **diseased** adj. having a disease.

disembark /ˌdɪsɪmˈbɑːk/ v. [I] leave a ship or an aircraft. ▶ **disembarkation** /ˌdɪsˌembɑːˈkeɪʃn/ n. [U]

disenchanted /ˌdɪsɪnˈtʃɑːntɪd/ adj. ~(with) having lost your good opinion of somebody/something.

disengage /ˌdɪsɪnˈɡeɪdʒ/ v. **1** [T] ~(from) free somebody/something from the person or thing that is holding them or it. **2** [I] (tech.) (of an army) stop fighting.

disentangle /ˌdɪsɪnˈtæŋɡl/ v. [T] **1** ~(from) free somebody/something from something complicated or confused. **2** make string, etc. free of knots.

disfigure /dɪsˈfɪɡə(r)/ v. [T] spoil the appearance of somebody/something. ▶ **disfigurement** n. [C, U]

disgorge /dɪsˈɡɔːdʒ/ v. [I, T] (written) (cause something to) flow or pour out of something.

disgrace /dɪsˈɡreɪs/ n. **1** [U] loss of other people's respect because of somebody's bad behaviour. **2** [sing.] person or thing that is so bad that it causes shame to others: *He's a ~ to the family.* ● **disgrace** v. [T] behave badly in a way that makes you or other people feel ashamed. ▶ **disgraceful** adj. very bad; that people should feel ashamed about.

disgruntled /dɪsˈɡrʌntld/ adj. annoyed and dissatisfied

disguise /dɪsˈɡaɪz/ v. [T] **1** change your appearance so that people cannot recognize you. **2** hide something or change it, so that it cannot be recognized: *~ your disappointment* ● **disguise** n. **1** [C, U] thing you wear in order to disguise yourself. **2** [U] art of changing your appearance.

disgust /dɪsˈɡʌst/ n. [U] strong dislike or disapproval of somebody/something. ● **disgust** v. [T] make somebody feel shocked and almost ill. ▶ **disgusted** adj. feeling disgust. ▶ **disgusting** adj. causing disgust.

dish /dɪʃ/ n. **1** [C] flat shallow container for cooking or serving food. **2** [C] particular kind of food in a meal. **3 (the dishes)** [pl.] plates, bowls, cups, etc. used for a meal. ● **dish** v. [PV] **dish something out** (infml.) give away a lot of something: *~ out unsolicited advice* **dish (something) up** serve food onto plates. ■ **ˈdishcloth** n. cloth for washing dishes. ■ **ˈdishwasher** n. machine that washes plates, bowls, etc.

dishearten /dɪsˈhɑːtn/ v. [T] (written) make somebody lose hope or confidence.

dishevelled (US **-l-**) /dɪˈʃevld/ adj. (of clothes or hair) very untidy.

dishonest /dɪsˈɒnɪst/ adj. not honest; intending to deceive people. ▶ **dishonestly** adv. ▶ **dishonesty** n. [U]

dishonour (US **-or**) /dɪsˈɒnə(r)/ n. [U] (fml.) loss of respect because you have done something immoral or unacceptable. ● **dishonour** v. [T] (fml.) **1** make somebody/something lose people's respect. **2** refuse to keep an agreement or promise. ▶ **dishonourable** adj. immoral or unacceptable.

disillusion /ˌdɪsɪˈluːʒn/ v. [T] destroy somebody's belief in or good opinion of somebody/something. ▶ **disillusioned** adj. ▶ **disillusionment** n. [U]

disinclined /ˌdɪsɪnˈklaɪnd/ adj. ~(to) (fml.) not willing.

disinfect /ˌdɪsɪnˈfekt/ v. [T] clean something with a substance that kills bacteria: ~ *a cut* ▶ **disinfectant** n. [U, C] substance that disinfects.

disinformation /ˌdɪsˌɪnfəˈmeɪʃn/ n. [U] false information, esp. from a government.

disinherit /ˌdɪsɪnˈherɪt/ v. [T] prevent somebody from inheriting your property.

disintegrate /dɪsˈɪntɪgreɪt/ v. [I] break into small pieces. ▶ **disintegration** /dɪsˌɪntɪˈgreɪʃn/ n. [U]

disinterested /dɪsˈɪntrəstɪd/ adj. not influenced by personal interests or feelings; impartial.

disjointed /dɪsˈdʒɔɪntɪd/ adj. not communicated in a logical way; not connected.

disk /dɪsk/ n. 1 (*esp. US*) = DISC 2 (*computing*) device for storing information on a computer, with a magnetic surface that records information received in electronic form: *a floppy ~* ∎ **'disk drive** n. device in a computer that transfers information to and from a disk(2). ▶ **dis'kette** n. = FLOPPY DISK (FLOP)

dislike /dɪsˈlaɪk/ v. [T] not like somebody/something. ● **dislike** n. 1 [U] feeling of not liking somebody/something. 2 [C] something that you dislike.

dislocate /ˈdɪsləkeɪt/ v. [T] 1 put a bone out of its proper position. 2 stop a system, plan, etc. from working. ▶ **dislocation** /ˌdɪsləˈkeɪʃn/ n. [C, U]

dislodge /dɪsˈlɒdʒ/ v. [T] force or knock something out of its position.

disloyal /dɪsˈlɔɪəl/ adj. not loyal. ▶ **disloyalty** n. [U]

dismal /ˈdɪzməl/ adj. sad; miserable. ▶ **dismally** adv.

dismantle /dɪsˈmæntl/ v. [T] take something to pieces: ~ *a machine*

dismay /dɪsˈmeɪ/ n. [U] worried, sad feeling after you have received an unpleasant surprise. ● **dismay** v. [T] shock and disappoint somebody.

dismember /dɪsˈmembə(r)/ v. [T] 1 cut or tear the limbs off a dead body. 2 divide a country, etc. into smaller parts.

dismiss /dɪsˈmɪs/ v. [T] 1 decide that somebody/something is not important and not worth thinking about. 2 put thoughts and feelings out of your mind. 3 officially remove somebody from their job. 4 send somebody away or allow them to leave. 5 (*law*) end a court case. ▶ **dismissal** n. [U, C]

disobedient /ˌdɪsəˈbiːdiənt/ adj. failing or refusing to obey. ▶ **disobedience** /ˌdɪsəˈbiːdiəns/ n. [U]

disobey /ˌdɪsəˈbeɪ/ v. [I, T] refuse to do what a person, law, etc. tells you to do.

disorder /dɪsˈɔːdə(r)/ n. 1 [U] lack of order; confusion. 2 [U] violent behaviour of large groups of people. 3 [C, U] illness of the mind or body. ▶ **disorderly** adj.

disorganized (*also* **-ised**) /dɪsˈɔːgənaɪzd/ adj. badly planned; not able to organize well. ▶ **disorganization** /dɪsˌɔːgənaɪˈzeɪʃn/ n. [U]

disorientate /dɪsˈɔːriənteɪt/ (*esp. US* **disorient** /dɪsˈɔːrient/) v. [T] cause somebody to lose all sense of direction; confuse somebody. ▶ **disorientation** /dɪsˌɔːriənˈteɪʃn/ n. [U]

disown /dɪsˈəʊn/ v. [T] say that you no longer want to be connected with somebody/something.

disparaging /dɪˈspærɪdʒɪŋ/ adj. suggesting that somebody/something is not important; scornful.

disparate /ˈdɪspərət/ adj. (*fml.*) 1 made up of parts or people that are very different from each other. 2 (of two things) so different that they cannot be compared. ▶ **disparity** /dɪˈspærəti/ n. [U, C] (*pl.* **-ies**) difference.

dispassionate /dɪsˈpæʃənət/ adj. not influenced by emotion; fair. ▶ **dispassionately** adv.

dispatch (*GB also* **despatch**) /dɪˈspætʃ/ v. [T] (*fml.*) 1 send somebody/something somewhere. 2 finish something quickly. ● **dispatch** n. 1 [U] (*fml.*) act of dispatching somebody/something. 2 [C] message or report that is sent.

dispel /dɪˈspel/ v. (-ll-) [T] cause something to disappear: ~ *all misgivings*

dispense /dɪˈspens/ v. [T] 1 (*fml.*) give something out to people; provide something. 2 prepare medicine and give it to people, as a job. [PV] **dispense with somebody/something** get rid of somebody/something that is not necessary. ▶ **dispensary** /dɪˈspensəri/ n. (*pl.* **-ies**) place where medicines are dispensed. ▶ **dispensation** /ˌdɪspenˈseɪʃn/ n. 1 [C, U] special permission to do something usually forbidden. 2 [U] (*fml.*) act of dispensing something.

disperse /dɪˈspɜːs/ v. [I, T] (cause something to) move away and spread out. ▶ **dispersal** n. [U]

dispirited /dɪˈspɪrɪtɪd/ adj. without enthusiasm; discouraged.

displace /dɪsˈpleɪs/ v. [T] 1 take the place of somebody/something. 2 move something from its usual position. ▶ **displacement** n. [U]

display /dɪˈspleɪ/ v. [T] show something; exhibit something. ● **display** n. 1 act of being displayed; something displayed. 2 words, pictures, etc. shown on a computer screen.

displease /dɪsˈpliːz/ v. [T] annoy somebody. ▶

displeasure /dɪsˈpleʒə(r)/ n. [U] annoyance.

dispose /dɪˈspəʊz/ v. [PV] **dispose of somebody/something** get rid of somebody/something unwanted. ▶ **disposable** /dɪˈspəʊzəbl/ adj. **1** made to be thrown away after use: ~ *equipment* **2** available for use: ~ *assets* ▶ **disposal** n. **1** [U] action of getting rid of something. **2** [C] (*business*) sale of part of a business, property, etc. [IDM] **at your/somebody's disposal** available for use as you prefer/somebody prefers. ▶ **disposed** adj. ~**(to)** willing to do something: *She seems favourably ~d to the general demand.* ▶ **disposition** /ˌdɪspəˈzɪʃn/ n. [U] (*fml.*) person's natural character.

dispossess /ˌdɪspəˈzes/ v. [T] ~**(of)** take somebody's property, etc. away from them.

disproportionate /ˌdɪsprəˈpɔːʃənət/ adj. too large or too small. ▶ **disproportionately** adv.

disprove /ˌdɪsˈpruːv/ v. [T] show something to be wrong or false.

dispute /dɪˈspjuːt; ˈdɪspjuːt/ n. [C, U] disagreement or argument. ● **dispute** /dɪˈspjuːt/ v. **1** [T] question whether something is true and valid. **2** [I, T] ~**(with)** argue with somebody, esp. about who owns something.

disqualify /dɪsˈkwɒlɪfaɪ/ v. (*pt, pp* **-ied**) [T] ~**(from)** prevent somebody from doing something because they have broken a rule. ▶ **disqualification** /dɪsˌkwɒlɪfɪˈkeɪʃn/ n. [C, U]

disquiet /dɪsˈkwaɪət/ n. [U] (*fml.*) worry or anxiety.

disregard /ˌdɪsrɪˈɡɑːd/ v. [T] not consider something; treat something as unimportant. ● **disregard** n. [U] lack of attention or care.

disrepair /ˌdɪsrɪˈpeə(r)/ n. [U] state of needing repair.

disrepute /ˌdɪsrɪˈpjuːt/ n. [U] state of having lost the good opinion of people: *bring the group into ~* ▶ **disreputable** /dɪsˈrepjətəbl/ adj. not respectable: *a disreputable place*

disrespect /ˌdɪsrɪˈspekt/ n. [U] lack of respect for somebody/something. ▶ **disrespectful** adj.

disrupt /dɪsˈrʌpt/ v. [T] cause disorder in something: *~ a peaceful demonstration* ▶ **disruption** /dɪsˈrʌpʃn/ n. [C, U] ▶ **disruptive** adj. causing disruption: *~ive effect*

dissatisfied /dɪsˈsætɪsfaɪd; ˈdɪsˌsæt-/ adj. ~**(with)** not happy or satisfied with something. ▶ **dissatisfaction** /ˌdɪsˌsætɪsˈfækʃn/ n. [U]

dissect /dɪˈsekt; daɪ-/ v. [T] cut up a dead body to examine it. ▶ **dissection** /dɪˈsekʃn/ n. [U, C]

disseminate /dɪˈsemɪneɪt/ v. [T] (*fml.*) spread information, knowledge, etc. widely. ▶ **dissemination** /dɪˌsemɪˈneɪʃn/ n. [U]

dissension /dɪˈsenʃn/ n. [U] disagreement.

dissent /dɪˈsent/ n. [U] fact of having opinions that differ from those that are officially accepted. ● **dissent** v. [I] ~**(from)** (*fml.*) disagree with an opinion. ▶ **dissenter** n. person who dissents.

dissertation /ˌdɪsəˈteɪʃn/ n. ~**(on)** long piece of writing.

disservice /dɪsˈsɜːvɪs/ n. [sing.] [IDM] **do somebody a disservice** do something that harms somebody.

dissident /ˈdɪsɪdənt/ n. person who disagrees with official government views or policies.

dissimilar /dɪˈsɪmɪlə(r)/ adj. not the same. ▶ **dissimilarity** /dɪˌsɪmɪˈlærəti/ n. [C, U] (*pl.* -**ies**)

dissipated /ˈdɪsɪpeɪtɪd/ adj. (*disapprov.*) enjoying activities that are harmful, e.g. drinking too much.

dissociate /dɪˈsəʊʃieɪt; -ˈsəʊs-/ (*also* **disassociate**) v. [T] **1** ~**yourself/somebody from somebody/something** say that you do not support somebody/something. **2** ~**(from)** disconnect or separate two people or things in your mind. ▶ **dissociation** /dɪˌsəʊʃiˈeɪʃn; -ˌsəʊs-/ n. [U]

dissolve /dɪˈzɒlv/ v. **1** [I] (of a solid) become liquid: *Salt ~s in water.* **2** [T] make a solid become liquid: *D~ the salt in water.* **3** [T] bring something to an end: *~ parliament* [IDM] **dissolve into tears/laughter** suddenly start crying/laughing. ▶ **dissolution** /ˌdɪsəˈluːʃn/ n. [U] (*written*) act of officially ending a marriage, parliament, etc.

dissuade /dɪˈsweɪd/ v. [T] ~**(from)** advise somebody not to do something.

distance /ˈdɪstəns/ n. **1** [C, U] amount of space between two points or places. **2** [U] being far away in space or time. **3** [C, U] distant place or point: *view from a ~* [IDM] **go the (full) distance** continue to run, fight, etc. until the end of the contest. ● **distance** v. [T] ~**(from)** become less involved or connected with somebody/something.

distant /ˈdɪstənt/ adj. **1** far away. **2** (of people) not closely related: *a ~ uncle* **3** unfriendly. ▶ **distantly** adv.

distaste /dɪsˈteɪst/ n. [U, sing.] dislike. ▶ **distasteful** adj. unpleasant or offensive.

distil (*US* **distill**) /dɪˈstɪl/ v. (**-ll-**) [T] **1** ~**(from)** change a liquid to gas by heating it, and then cool the gas and collect drops of liquid. **2** make whisky, etc. in this way. **3** ~**(from/into)** get the essential meaning from thoughts, information, etc. ▶ **distillation** /ˌdɪstɪˈleɪʃn/ n. [C, U] ▶ **distillery** /dɪˈstɪləri/ n. factory where whisky, etc. is

distilled.
distinct /dɪˈstɪŋkt/ *adj.* **1** clearly different; separate. **2** easily heard or seen. ▶ **distinctly** *adv.*
distinction /dɪˈstɪŋkʃn/ *n.* **1** [C] ~(between A and B) clear difference between two people or things. **2** [U] excellence. **3** separation of people or things into different groups. **4** [C, U] mark of honour or high achievement.
distinctive /dɪˈstɪŋktɪv/ *adj.* marking something as clearly different. ▶ **distinctively** *adv.*
distinguish /dɪˈstɪŋgwɪʃ/ *v.* **1** [I, T] ~(between) A and B | ~A from B recognize the difference between two people or things. **2** [T] ~A (from B) be a characteristic that makes two people or things different. **3** [T] be able to see or hear something. **4** ~yourself do something very well. ▶ **distinguishable** *adj.* ▶ **distinguished** *adj.* successful and admired.
distort /dɪˈstɔːt/ *v.* [T] **1** pull or twist something out of its usual shape. **2** give a false account of something: *~ the facts* ▶ **distortion** /dɪˈstɔːʃn/ *n.* [C, U]
distract /dɪˈstrækt/ *v.* [T] take somebody's attention away from something. ▶ **distracted** *adj.* unable to pay attention to somebody/something because you are worried, preoccupied, etc. ▶ **distraction** /dɪˈstrækʃn/ *n.* **1** [C, U] something, such as noise, that distracts somebody's attention. **2** [C] activity that amuses or entertains you.
distraught /dɪˈstrɔːt/ *adj.* very upset and worried.
distress /dɪˈstres/ *n.* [U] **1** great worry, suffering, or unhappiness. **2** state of danger: *a swimmer in ~* ● **distress** *v.* [T] make somebody feel very worried or unhappy. ▶ **distressing** *adj.* making you feel upset: *~ing news*
distribute /dɪˈstrɪbjuːt/ *v.* [T] **1** give something out. **2** send goods to shops and businesses to be sold. **3** spread something over an area. ▶ **distribution** /ˌdɪstrɪˈbjuːʃn/ *n.* [U, C] ▶ **distributor** /dɪˈstrɪbjətə(r)/ *n.* **1** person or company that supplies goods to shops, etc. **2** device in an engine that sends electric current to the spark plugs.
district /ˈdɪstrɪkt/ *n.* part of a town or country.
distrust /dɪsˈtrʌst/ *v.* [T] have no trust in somebody. ● **distrust** *n.* [U, sing.] lack of trust; suspicion. ▶ **distrustful** *adj.*
disturb /dɪˈstɜːb/ *v.* [T] **1** interrupt somebody when they are trying to work, concentrate, etc. **2** move something or change its position. **3** worry somebody. ▶ **disturbance** *n.* **1** [U, C] act of disturbing somebody/something. **2** [C] violent public disorder. ▶ **disturbed** *adj.* emotionally or mentally upset.
disunity /dɪsˈjuːnəti/ *n.* [U] (*fml.*) lack of agreement between people.
disuse /dɪsˈjuːs/ *n.* [U] state of not being used: *decline through ~* ▶ **disused** /ˌdɪsˈjuːzd/ *adj.*
ditch /dɪtʃ/ *n.* long channel dug at the side of a road to hold or take away water. ● **ditch** *v.* [T] (*infml.*) get rid of somebody/something: *She ~ed her best friend at a crucial time.*
dither /ˈdɪðə(r)/ *v.* [I] be unable to decide what to do.
ditto /ˈdɪtəʊ/ *n.* (*symb.*") the same thing; used in lists to avoid repeating a word, etc.
ditty /ˈdɪti/ *n.* (*pl.* **-ies**) short, simple song.
divan /dɪˈvæn/ *n.* long low seat without a back.
dive /daɪv/ *v.* (*pt, pp* **dived** US also *pt* **dove** /dəʊv/) [I] **1** go head first into water. **2** go under water. **3** (of an aircraft) go steeply downwards. **4** move quickly in the direction that is mentioned: *~ under the table* [PV] **dive into something** (*infml.*) put your hand quickly into something, such as a purse or pocket. ● **dive** *n.* **1** act of diving into water. **2** (*infml.*) bar, club, etc. that is cheap, and perhaps disreputable. ▶ **diver** *n.* person who dives, esp. one who works under water. ■ **'diving board** *n.* board from which people dive into a swimming pool.
diverge /daɪˈvɜːdʒ/ *v.* [I] separate; differ. ▶ **divergence** /-dʒəns/ *n.* [C, U] ▶ **divergent** /-dʒənt/ *adj.*
diverse /daɪˈvɜːs/ *adj.* of different kinds: *~ communities* ▶ **diversity** *n.* [U, C, usu. sing.] range; variety.
diversify /daɪˈvɜːsɪfaɪ/ *v.* (*pt, pp* **-ied**) [I, T] (*esp.* of a business) develop a wider range of products, interests, markets, etc. ▶ **diversification** /-fɪˈkeɪʃn/ *n.* [U]
diversion /daɪˈvɜːʃn/ *n.* **1** [C, U] act of changing direction; *the ~ of a path* **2** [C] something that draws attention away from something that you do not want to be noticed: *create a ~ to mislead the enemy* **3** [C] different route for traffic. ▶ **diversionary** *adj.*: *~ary attack*
divert /daɪˈvɜːt/ *v.* [T] ~(**from, to**) **1** turn something from one direction, use, etc. to another: *~ the funds* **2** take somebody's attention away from something.
divide /dɪˈvaɪd/ *v.* **1** [I, T] separate; break something into parts. **2** [T] cause people to disagree. **3** [T] ~**by** find out how many times one number is contained in another: *48 ~ d by 6 is 8.* ● **divide** *n.* [usu. sing.] something that divides somebody/something. ▶ **dividers** *n.* [pl.] instrument for measuring lines, angles, etc.
dividend /ˈdɪvɪdend/ *n.* part of the profits paid to people who have shares in a company.
divine[1] /dɪˈvaɪn/ *adj.* **1** of or like God or a god.

2 (*infml.*) wonderful. ▶ **divinely** *adv.* ▶ **divinity** /dɪ'vɪnəti/ *n.* **1** [U] quality of being a god or like God. **2** [C] god or goddess. **3** [U] study of religion.

divine² /dɪ'vaɪn/ *v.* [T] (*fml.*) discover something through guesswork or intuition.

divisible /dɪ'vɪzəbl/ *adj.* that can be divided: *9 is ~ by 3*

division /dɪ'vɪʒn/ *n.* **1** [U, sing.] process or result of dividing or being divided. **2** [U] process of dividing numbers. **3** [C, U] disagreement. **4** [C] big part of an organization: *the marketing ~* **5** [C] group of sports teams. **6** [C] (*tech.*) (in British Parliament) vote. ▶ **divisional** /dɪ'vɪʒənl/ *adj.*

divisive /dɪ'vaɪsɪv/ *adj.* causing disagreement.

divorce /dɪ'vɔːs/ *n.* **1** [C, U] legal termination of a marriage. **2** [C] (*fml.*) ending of a relationship between two things. ● **divorce** *v.* **1** [T] end your marriage to somebody by law: *get ~d* **2** [T] **~from** separate something from something else. ▶ **divorcee** /dɪˌvɔː'siː/ *n.* (*GB*) divorced person.

divulge /daɪ'vʌldʒ/ *v.* [T] (*fml.*) give somebody secret information.

DIY /ˌdiː aɪ 'waɪ/ *n.* [U] (*GB*) abbreviation for 'do it yourself'; activity of doing house repairs, decorating rooms, etc. yourself.

dizzy /'dɪzi/ *adj.* (**-ier, -iest**) **1** (of a person) feeling as if everything is turning round and round; unable to balance. **2** of or causing this feeling. ▶ **dizzily** *adv.* ▶ **dizziness** *n.* [U]

DJ /'diː dʒeɪ/ *n.* = DISC JOCKEY

do¹ /duː/ *v.* (third pers. sing. pres. tense **does** /dʌz/ *pt* **did** /dɪd/ *pp* **done** /dʌn/) **1** [T] perform an action, activity, or job: *What are you doing here?* ◇ *What do you do* (= What's your job)? ◇ *do your face* ◇ *do the cleaning* **2** [I] progress or develop; improve: *She's doing well in her new job.* **3** [T] produce or make something: *do a drawing* **4** [T] provide a service: *Do you do repairs here?* **5** [T] study something or find the answer to something: *do the assignment* ◇ *do a management course* **6** [T] travel a certain distance or at a certain speed: *How many miles did you do?* **7** [T] have a particular effect: *The change of place will do you good.* ◇ *do a lot of harm* **8** [I, T] be enough or suitable: *This length of cloth will do.* [IDM] **be/have to do with somebody/something** be connected with somebody/something: *The letter is to do with the business proposal.* **how do you do?** (*fml.*) used when meeting somebody for the first time. [PV] **do away with yourself/somebody** (*infml.*) kill yourself/somebody. **do away with something** (*infml.*) get rid of something; abolish something. **do somebody/something down** (*GB*, *infml.*) criticize somebody/something unfairly. **do for somebody/something** (*infml.*) (*usu.* passive) ruin or kill somebody/something: *If we don't get this contract, we're done for.* **do somebody/yourself in** (*infml.*) **1** kill somebody/yourself. **2** make somebody very tired: *The bad harvest did many farmers in.* **do something in** (*infml.*) injure a part of the body: *to do your back in* **do somebody out of something** (*infml.*) stop somebody having something, esp. by cheating. **do somebody over** (*infml.*, *esp. GB*) attack and beat somebody severely. **do up** be fastened: *do up the buttons properly.* **do something up 1** fasten a coat, skirt, etc. **2** repair and decorate an old house, etc. **do something with somebody/something** (used in negative sentences and questions with *what*): *What do you do with yourself* (= how do you pass the time) *at weekends?* ◇ *What have you done with* (= where have you put) *my papers?* **do without (somebody/something)** manage without somebody/something: *She can't do without her organizer.* ■ **ˌdo-ˈgooder** *n.* (*infml.*, *disapprov.*) person who tries too hard to help other people.

do² /də; *strong form* duː/ *aux v.* (*neg.* **do not**, *short form* **don't** /dəʊnt/; *third pers. sing. pres. tense* **does** /dəz; *strong form* dʌz/, *neg.* **does not**, *short form* **doesn't** /'dʌznt/; *pt* **did**, *neg.* **did not**, *short form* **didn't** /'dɪdnt/; *pp* **done** /dʌn/) **1** used before a full verb to form negative sentences and questions: *I don't like spicy food.* ◇ *Do you trust me?* **2** used at the end of a sentence to form a question tag: *You work at the shop, don't you?* **3** used to avoid repeating a full verb: *She dances better than I do.* **4** used for emphasizing that a verb is positive: *He 'does look dull.* ◇ *'Do listen!'*

do³ /duː/ *n.* (*pl.* **dos** or **do's** /duːz/) (*GB*, *infml.*) party. [IDM] **do's and don'ts** (*infml.*) rules that you should follow.

docile /'dəʊsaɪl/ *adj.* quiet and easy to control.

dock /dɒk/ *n.* **1** part of a port where ships are loaded and unloaded, or repaired. **2** (US) = JETTY **3** part of a law court where the prisoner stands. ● **dock** *v.* **1** [I, T] (of a ship) come or be brought into a dock. **2** [I, T] (of two spacecraft) join or be joined together in space. **3** [T] take away part of somebody's wages, etc. **4** [T] cut an animal's tail short. ▶ **docker** *n.* person who loads and unloads ships. ■ **ˈdockland** *n.* [U] (*also* **docklands** [pl.]) (*GB*) district near docks. ■ **ˈdockyard** *n.* place where ships are built or repaired.

docket /'dɒkɪt/ *n.* (*business*) document or label showing what is in a package, which goods have been delivered, etc.

doctor /'dɒktə(r)/ n. (abbr. **Dr**) **1** person who has been trained in medicine. **2** person who has received the highest university degree. ● **doctor** v. [T] **1** change something in order to deceive people: ~ *the facts* **2** (*infml.*) remove part of the sex organs of an animal. ▶ **doctorate** /'dɒktərət/ n. highest university degree.

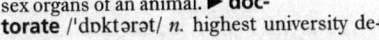

doctrinaire /ˌdɒktrɪ'neə(r)/ adj. (*disapprov.*) strictly applying a theory without thinking about practical problems: ~ *policy*

doctrine /'dɒktrɪn/ n. [C, U] set of teachings; belief(s). ▶ **doctrinal** /dɒk'traɪnl/ adj.

document /'dɒkjumənt/ n. **1** official paper giving information, evidence, etc. **2** computer file that contains text and has a name that identifies it. ● **document** v. [T] record the details of something; prove or support something with documents. ▶ **documentation** /ˌdɒkjuːmen'teɪʃn/ n. [U] documents used as evidence or proof.

documentary /ˌdɒkju'mentri/ n. (*pl.* **-ies**) film, radio, or television programme that gives information and facts. ▶ **documentary** adj. of documents: ~ *proof*

docusoap /'dɒkjusəʊp/ n. television programme about the lives of real people, presented as entertainment.

dodge /dɒdʒ/ v. **1** [I, T] move suddenly to one side in order to avoid somebody/something. **2** [T] avoid something by dishonesty: ~ *the real issue* ● **dodge** n. **1** sudden movement to avoid somebody/something. **2** clever trick. ▶ **dodger** n. (*infml.*) person who dishonestly avoids doing something. ▶ **dodgy** /'dɒdʒi/ adj. (*infml., GB*) dishonest; risky.

doe /dəʊ/ n. adult female deer, reindeer, rabbit, or hare.

does /dʌz/→ DO

doesn't /'dʌznt/ *short for* DOES NOT

dog[1] /dɒg/ n. [C] **1** common animal kept by people for hunting, guarding, etc. or as a pet. **2** male dog, fox, or wolf. **3** (**the dogs**) [pl.] (*GB, infml.*) greyhound racing. [IDM] (**a case of**) **dog eat dog** situation in business, politics, etc. where people are willing to harm each other in order to succeed. **a dog in the manger** person who stops others from having something even though he/she does not need or want it. **a dog's life** an unhappy life. **go to the dogs** (*infml.*) get into a very bad state. ■ **'dog collar** n. **1** collar for a dog. **2** (*infml.*) stiff white collar worn by a clergyman. ■ **'dog-eared** adj. (of a book) used so much that the corners of many pages are turned down. ■ **'doghouse** n. (*US*) = KENNEL [IDM] **be in the doghouse** (*infml.*) be in disgrace because of something bad you have done. ■ **ˌdog-'tired** adj. (*infml.*) very tired.

dog[2] /dɒg/ v. (**-gg-**) [T] **1** (of a problem or bad luck) cause you trouble for a long time: ~*ged by failures* **2** follow somebody/something closely.

dogged /'dɒgɪd/ adj. (*approv.*) not giving up easily; determined. ▶ **doggedly** adv.

dogma /'dɒgmə/ n. [U, C] (*esp.* religious) belief(s) to be accepted without questioning. ▶ **dogmatic** /dɒg'mætɪk/ adj. giving opinions forcefully, without thinking that different opinions might be right or true. ▶ **dogmatically** /-kli/ adv.

do-gooder → DO[1]

dogsbody /'dɒgzbɒdi/ n. (*pl.* **-ies**) (*GB, infml.*) person who does boring and unpleasant jobs for others.

doldrums /'dɒldrəmz/ n. [pl.] (**the doldrums**) **1** state of feeling sad or depressed: *He's been in the ~ since the closure of his business.* **2** lack of activity or improvement.

dole /dəʊl/ n. (**the dole**) [sing.] (*GB, infml.*) money paid regularly by the government to people without jobs: *be on the ~* (= receive such money) ● **dole** v. [PV] **dole something out** give out an amount of food, money, etc. to a group of people.

doleful /'dəʊlfl/ adj. sad; unhappy. ▶ **dolefully** adv.

doll /dɒl/ n. child's toy in the shape of a person, esp. a baby or a child. ● **doll** v. [PV] **doll yourself up** (*infml.*) make yourself look attractive.

dollar /'dɒlə(r)/ n. **1** (*symb.* **$**) unit of money in the USA, Canada, Australia, etc. **2** banknote or coin worth one dollar.

dollop /'dɒləp/ n. (*infml.*) soft, shapeless mass of something, esp food.

dolphin /'dɒlfɪn/ n. intelligent animal that looks like a large fish and lives in the sea.

domain /dəʊ'meɪn/ n. **1** area of activity or knowledge. **2** (*computing*) set of Internet addresses that end with the same group of letters. **3** area under somebody's control.

dome /dəʊm/ n. round roof with a circular base. ▶ **domed** adj. shaped like a dome.

domestic /də'mestɪk/ adj. **1** of the home, house, or family: ~ *responsibilities* **2** within a particular country; not foreign: ~ *policies* **3** (of animals) not wild; kept in a house or on a farm. ▶ **domesticated** adj. **1** (of animals) tame. **2** (of people) enjoying housework and home life.

dominant /'dɒmɪnənt/ adj. most important or powerful: *a ~ character* ▶ **dominance** /'dɒmɪnəns/ n. [U]

dominate /'dɒmɪneɪt/ v. **1** [I, T] have control

or power over somebody/something, esp. in an unpleasant way. **2** [T] be the most important or noticeable feature of something. **3** [T] be most noticeable thing in a place: *The tower ~s the city skyline.* ▶ **domination** /ˌdɒmɪˈneɪʃn/ *n.* [U]

domineering /ˌdɒmɪˈnɪərɪŋ/ *adj.* trying to control other people in an unpleasant way.

dominion /dəˈmɪniən/ *n.* **1** [U] (*fml.*) authority to rule; control. **2** [C] land controlled by a ruler.

domino /ˈdɒmɪnəʊ/ *n.* (*pl.* **~es**) **1** [C] small, flat piece of wood marked with spots, used for playing games. **2** (**dominoes**) [U] game played with a set of dominoes.

don /dɒn/ *n.* (*GB*) teacher at a university.

donate /dəʊˈneɪt/ *v.* [T] ~(**to**) give money, clothes, etc. to somebody, esp. a charity. ▶ **donation** /dəʊˈneɪʃn/ *n.* [C, U]

done¹ /dʌn/ *pt of* DO¹

done² /dʌn/ *adj.* **1** finished. **2** (of food) cooked enough. **3** socially correct.

donkey /ˈdɒŋki/ *n.* animal like a small horse, but with longer ears. [IDM] **donkey's years** (*GB, infml.*) a very long time.

donor /ˈdəʊnə(r)/ *n.* **1** person who gives something to charity. **2** person who gives blood or part of his/her body to help sick people: *a kidney ~*.

don't *short for* DO NOT

doodle /ˈduːdl/ *v.* [I] do small drawings while you are thinking about something else. ▶ **doodle** *n.*

doom /duːm/ *n.* [U] death or destruction; any terrible event that you cannot avoid. ▶ **doomed** *adj.* certain to fail, suffer, die, etc. ■ **'doomsday** *n.* [sing.] the end of the world.

door /dɔː(r)/ *n.* **1** piece of wood, etc. used for closing the entrance to a building, room, etc. **2** = DOORWAY [IDM] **be on the door** work at the entrance to a theatre, club, etc. e.g. collecting tickets or checking bags. (**from**) **door to door** from building to building: *The journey takes the whole day, ~ to ~.* **out of doors** in the open air. ■ **'doorbell** *n.* bell that is rung by visitors to a house. ■ **'doorstep** *n.* step in front of a door. ■ **'doorway** *n.* opening for a door.

dope /dəʊp/ *n.* **1** [U] (*infml.*) harmful drug. **2** [C] stupid person. ● **dope** *v.* [T] give a drug to a person or an animal. ▶ **dopey** *adj.* (*infml.*) **1** stupid. **2** sleepy, as if drugged.

dormant /ˈdɔːmənt/ *adj.* not active: *a ~ volcano*

dormitory /ˈdɔːmətri/ *n.* (*pl.* **-ies**) large bedroom where several people sleep.

dormouse /ˈdɔːmaʊs/ *n.* (*pl.* **dormice** /-maɪs/) small animal like a mouse.

dosage /ˈdəʊsɪdʒ/ *n.* [C, usu. sing.] amount of medicine.

dose /dəʊs/ *n.* **1** amount of medicine to be taken at one time. **2** experience of something unpleasant: *a ~ of hard luck* ● **dose** *v.* [T] ~(**with**) give somebody/ yourself a medicine.

doss /dɒs/ *v.* [I] (*GB, sl*) ~(**down**) sleep somewhere, esp. somewhere uncomfortable or not in a proper bed. ■ **'dosshouse** *n.* (*GB, sl.*) cheap place to stay for homeless people.

dossier /ˈdɒsieɪ/ *n.* ~(**on**) set of papers containing information about a person or event.

dot /dɒt/ *n.* small round mark, esp. one that is printed. [IDM] **on the dot** at the exact time mentioned.
■ **dot-'com** (*also* **dot.'com**) *n.* company that sells goods and services on the Internet.
● **dot** *v.* (**-tt-**) [T] **1** put a dot above or next to a letter or word. **2** (*usu.* passive) spread things or people all over an area: *The landscape was ~ted with flowers.*

dotage /ˈdəʊtɪdʒ/ *n.* [IDM] **be in your dotage** be old and not able to think clearly.

dote /dəʊt/ *v.* [PV] **dote on/upon somebody** show too much love for somebody, ignoring their faults.

double¹ /ˈdʌbl/ *adj.* **1** twice as much, big, good, effective, etc: *The new house is nearly ~ the size of the earlier one.* **2** having two parts or uses: *~-edged* ◊ *'Succumb' is spelt with a ~ c.* **3** made for two people: *a ~ bed* ■ **double 'bass** *n.* largest instrument of the violin family, that plays very low notes. ■ **double 'chin** *n.* fold of fat below the chin. ■ **double-'dealing** *n.* [U] deceitful behaviour. ■ **double-'decker** *n.* bus with two floors. ■ **double 'Dutch** *n.* [U] (*GB, infml.*) speech or writing that is impossible to understand.

double² /ˈdʌbl/ *det.* twice as much or as many as: *He spends ~ what I do.* ● **double** *adv.* in twos or in two parts: *He was bent ~ with pain.* ■ **double-'barrelled** *adj.* (of a gun) having two barrels. ■ **double-'book** *v.* [T] reserve a ticket, hotel room, etc. for more than one person at a time. ■ **double-'breasted** *adj.* (of a coat) made to cross over at the front with two rows of buttons. ■ **double-'check** *v.* [I, T] check something for a second time or with great care. ■ **double-'click** *v.* [I, T] (*computing*) ~(**on**) choose a particular function or item on a computer screen, etc. by pressing one of the mouse buttons twice quickly. ■ **double-'cross** *v.* [T] cheat or deceive somebody who trusts you. ■ **double-'edged** *adj.* (of a comment, proposal, etc.) having two possible meanings or outcomes. ■ **double 'glazing** *n.* [U] windows that have two layers of glass, designed to reduce noise, heat loss, etc. ■ ,double-'jointed *adj.* having joints in your fingers, arms, etc. that can bend backwards as well as forwards. ■ ,double 'quick *adv.* (*infml.*) very quickly. ▶ ,double-'quick *adj.*

double³ /'dʌbl/ *n.* **1** [U] twice the quantity: *24 is the ~ of 12.* **2** [C] person who looks exactly like another. **3 (doubles)** [pl.] game with two players on each side. [IDM] **at the double** (*infml.*) quickly.

double⁴ /'dʌbl/ *v.* **1** [I, T] become or make something become twice as much or as many: *the group's membership has almost ~d in the past year* **2** [T] bend or fold something to make two layers. [PV] **double (up) as something** have a second use or function. **double back** turn back in the opposite direction. **double (somebody) up/over** (cause somebody to) bend the body over quickly: *be ~d up with laughter*

doubly /'dʌbli/ *adv.* (used before an adj.) more than usual: *make ~ sure*

doubt /daʊt/ *n.* [U, C] feeling of uncertainty or not believing something. [IDM] **be in doubt** be uncertain. **no doubt** very probably. **without/beyond doubt** certainly. ● **doubt** *v.* [I, T] feel uncertain about something/somebody; not believe somebody/something. ▶ **doubtful** *adj.* **1** uncertain. **2** unlikely. ▶ **doubtless** *adv.* almost certainly, probably.

dough /dəʊ/ *n.* [U, sing.] mixture of flour, water, etc. for making bread. ■ **'doughnut** *n.* small round cake made of fried dough.

douse (*also* **dowse**) /daʊs/ *v.* [T] **1** put out a fire by pouring water over it; put out a light. **2** pour a lot of liquid over somebody/something: *The house was ~d in kerosene and set alight.*

dove¹ /dʌv/ *n.* **1** kind of pigeon. **2** person in favour of peace. ■ **dovecote** /'dʌvkɒt; -kəʊt/ *n.* small building for doves to live in.

dove² /dəʊv/ (*US*) *pt of* DIVE

dovetail /'dʌvteɪl/ *v.* [I, T] fit together well. ● **dovetail** *n.* joint for fixing two pieces of wood together.

dowdy /'daʊdi/ *adj.* (**-ier, -iest**) **1** (of a woman) not attractive or fashionable. **2** (of a thing) dull or boring.

down¹ /daʊn/ *adv., prep.* **1** to or at a lower level or place; from the top towards the bottom of something: *roll ~* **2** (of flat places) along: *live further ~ the street* **3** to a sitting or horizontal position: *I lie ~ here for a while.* **4** to or in the south: *We went ~ to the plains.* **5** used to show a reduction in level, amount, intensity, etc.: *Turn the speed ~.* ◇ *sober ~* **6** (written) on paper: *Copy this ~.* [IDM] **be down to somebody** (*infml.*) be the responsibility of somebody. **be/go down with something** have or catch an illness. **down under** (*infml.*) in Australia. **down with somebody/something** used to say you are opposed to somebody/something: *D~ with the council!* ■ **'down-and-out** *n.* person with no job, money, or home. ■ ,**down-to-'earth** *adj.* (of a person) practical; sensible.

down² /daʊn/ *adj.* **1** sad: *feel ~* **2** lower than before: *The profits are ~.* **3** (of a computer or computer system) not working: *The network has been ~ all day.* ■ ,**down 'payment** *n.* part of the total cost of something paid at the time of buying, with the rest to be paid later.

down³ /daʊn/ *v.* [T] (*infml.*) **1** finish a drink quickly. **2** force somebody/something to the ground.

down⁴ /daʊn/ *n.* [U] very soft feathers or hair: *duck ~*

downcast /'daʊnkɑːst/ *adj.* **1** sad; depressed. **2** (of eyes) looking down.

downfall /'daʊnfɔːl/ *n.* [sing.] fall from power or success; cause of such a fall.

downgrade /,daʊn'ɡreɪd/ *v.* [T] **1** move somebody/something down to a lower rank or level. **2** make something/somebody seem less important or valuable.

downhearted /,daʊn'hɑːtɪd/ *adj.* sad; depressed.

downhill /,daʊn'hɪl/ *adv.* towards the bottom of a hill: *run ~* [IDM] **go downhill** get worse in quality, health, etc. ● **downhill** *adj.* going down a slope.

download /,daʊn'ləʊd/ *v.* [T] (*computing*) copy a file or files from one computer to another. ● **download** /'daʊnləʊd/ *n.* (*computing*) **1** [U] act of copying data from one computer to another. **2** [C] computer file that is copied in this way.

downpour /'daʊnpɔː(r)/ *n.* heavy fall of rain.

downright /'daʊnraɪt/ *adj.* (of something bad) complete: *a ~ lie* ● **downright** *adv.* thoroughly: *~ shameless*

downs /daʊnz/ *n.* (**the downs**) [pl.] area of low hills.

downspout /'daʊnspaʊt/ (*US*) = DRAINPIPE

downstairs /,daʊn'steəz/ *adv., adj.* to or on a lower floor.

downstream /,daʊn'striːm/ *adv.* in the direction in which a river flows.

downtown /,daʊn'taʊn/ *adv., adj.* (*esp. US*) to or in the centre of a city, esp. its main business area.

downtrodden /'daʊntrɒdn/ *adj.* treated badly: *~ section of society*

downward /'daʊnwəd/ *adj.* moving or pointing towards a lower level. ▶ **downwards** (*esp. US* **downward**) *adv.* towards the

ground or a lower level: *He stood face ~*.
dowry /'daʊri/ *n*. (**-ies**) property or money that a bride's father gives to her husband.
dowse = DOUSE
doz. *abbr.* dozen.
doze /dəʊz/ *v.* [I] sleep lightly for a short time. ● **doze** *n.* [sing.] light sleep. ▶ **dozy** *adj.* (**-ier, -iest**) (*infml.*) **1** sleepy. **2** (*GB*) stupid; not intelligent.
dozen /'dʌzn/ *n., det.* (*pl.* **dozen**) **1** [C] (*abbr.* **doz.**) set of twelve of the same thing: *two ~ apples* **2** [C] group of approximately twelve people or things: *a couple of ~ inmates* **3** (**dozens**) [pl.] **~(of)** (*infml.*) a lot of people or things: *I've corrected her ~s of times.* [IDM] **talk, etc., nineteen to the dozen** → NINETEEN
Dr (*also* **Dr.**) *abbr.* **1** Doctor: *Dr (Tim) Walton* **2** (in street names) Drive.
drab /dræb/ *adj.* (**~ber, ~best**) without interest or colour; dull. ▶ **drabness** *n.* [U]
draft /drɑːft/ *n.* **1** [C] rough written plan of something. **2** [C] written order for payment of money by a bank. **3** (**the draft**) [sing.] (*esp. US*) = CALL-UP (CALL¹) **4** [C] (*US*) = DRAUGHT ● **draft** *v.* [T] **1** write the first rough version of something. **2** send people somewhere for a special task. **3** (*US*) = CONSCRIPT: *He was ~ed into the army.* ■ **'draftsman, 'draftswoman** *n.* (*pl.* **-men, -women**) **1** (*US*) = DRAUGHTSMAN, DRAUGHTSWOMAN **2** person who writes official or legal documents.
drafty /'drɑːfti/ *adj.* (*US*) = DRAUGHTY (DRAUGHT)
drag /dræg/ *v.* (**-gg-**) **1** [T] pull somebody/ something along with effort and difficulty. **2** [I] move yourself slowly and with effort: *I ~ged myself out of bed.* **3** [T] force somebody to go somewhere: *I had to ~ the child to the dentist.* **4** [I] (of time) pass slowly. **5** [T] search the bottom of a river, lake, etc. with nets, etc. **6** (*computing*) [T] move some text, an icon, etc. across a computer screen using the mouse. [IDM] **drag your feet/heels** deliberately do something slowly. [PV] **drag on** (*disapprov.*) go on for too long. **drag something out** cause a meeting, etc. to last longer than necessary. **drag something out of somebody** force somebody to say something they do not want to say. **drag something up** mention an unpleasant or embarrassing event. ● **drag** *n.* **1** [sing.] (*infml.*) boring thing or person. **2** [sing.] **~on** (*infml.*) person or thing that makes progress difficult. **3** [C] (*infml.*) act of breathing in smoke from a cigarette, etc. **4** [U] (*infml.*) women's clothes worn by a man: *in ~*
dragon /'drægən/ *n.* **1** (in stories and myths) large animal with wings and claws, able to breathe out fire. **2** fierce and unpleasant old woman.
drain /dreɪn/ *n.* [C] **1** pipe or channel for carrying away water or sewage. **2** [sing.] **~on** thing that uses a lot of money, time, etc. that could be used for something else: *a ~ on the national resources* [IDM] **(go) down the drain** | **(go) down the plughole** (*infml.*) (be) wasted; (get) very much worse. ● **drain** *v.* **1** [I, T] become or make something dry and empty by removing all the liquid from it: *Leave the sink to ~.* ◇ *D~ the bathtub.* **2** [I, T] **~(away/off)~(from)** (cause liquid to) flow away: *The water ~ed away.* **3** [T] empty a glass or cup by drinking everything in it. **4** [T] make somebody/something weaker or poorer: *The argument left her mentally ~ed.* ▶ **drainage** *n.* [U] **1** process by which water, sewage, etc. is drained from an area. **2** system of drains. ■ **'draining board** (*US* **'drainboard**) *n.* surface next to a sink, on which dishes, etc. drain. ■ **'drainpipe** *n.* pipe for carrying water from the roof of a building to the ground.
drake /dreɪk/ *n.* male duck.
drama /'drɑːmə/ *n.* **1** [C] play for the theatre, radio, or television. **2** [U] plays in general: *Elizabethan ~* **3** [C, U] series of exciting events. ▶ **dramatic** /drə'mætɪk/ *adj.* **1** exciting or impressive: *a ~tic success* ◇ *~tic climax* **2** of the theatre. **3** exaggerated in order to attract people's attention: *This is too ~tic to be true.* ▶ **dramatically** /-kli/ *adv.* ▶ **dramatics** /drə'mætɪks/ *n.* [pl.] exaggerated behaviour that does not seem sincere. ▶ **dramatist** /'dræmətɪst/ *n.* writer of plays. ▶ **dramatize** (*also* **-ise**) /'dræmətaɪz/ *v.* [T] **1** present a book, an event, etc. as a play or film. **2** make something seem more exciting or important than it really is. ▶ **dramatization** (*also* **-isation**) /-'zeɪʃn/ *n.* [U, C]: *a brilliant ~tization of his life story*
drank *pt of* DRINK
drape /dreɪp/ *v.* [T] **1** hang clothes, fabric, etc. loosely on somebody/something. **2** **~(in/with)** cover or decorate somebody/ something with material. **3** **~round/over** allow part of your body to rest loosely on something: *He ~d his arm round her shoulders.* ● **drape** *n.* [usu. pl.] (*esp. US*) long thick curtain. ▶ **drapery** /'dreɪpəri/ *n.* (*pl.* **-ies**) **1** [U] (*also* **draperies** [pl.]) cloth, etc. hanging in loose folds. **2** [C, usu. pl.] (*US*) = DRAPE
drastic /'dræstɪk/ *adj.* extreme; very significant: *a ~ shortage of manpower* ▶ **drastically** /-kli/ *adv.*
draught /drɑːft/ (*US* **draft** /dræft/) *n.* **1** [C]

current of cool air in a room: *to sit in a ~* **2** [C] (*fml.*) amount of liquid swallowed at one time. **3 (draughts)** (*GB*) [U] game for two players using 24 round pieces on a board. [IDM] **on draught** (*GB*) (of beer) taken from a barrel. ● **draught** *adj.* **1** served from a barrel rather than a bottle: *~ beer* **2** used for pulling heavy loads: *a ~ horse* ■ **'draughtsman, 'draughtswoman** (*US* **'drafts-**) *n.* (*pl.* **-men, -women**) **1** person whose job is to draw detailed plans of machinery, buildings, etc. **2** person who is skilled at drawing. ▶ **draughty** *adj.* (**-ier, -iest**) with currents of cold air blowing through.

draw¹ /drɔː/ *v.* (*pt* **drew** /druː/ *pp* **~n** /drɔːn/) **1** [I, T] make a picture with a pen, pencil, etc. **2** [T] move somebody/something by pulling it/them: *~ the chairs closer.* ◊ *~ the curtains* (= pull them across a window to cover or uncover it) **3** [I] (*written*) move in the direction mentioned: *The train drew nearer.* **4** [T] **~from/out of** take or pull something out of something: *~ a gun from your pocket* **5** [T] attract or interest somebody: *~ a huge crowd* **6** [T] make or obtain something by study, reasoning, etc.: *~ your own conclusion.* **7** [I, T] decide something by picking cards, tickets, numbers, etc. by chance: *~ lots* **8** [I, T] finish a game with neither side winning: *They drew 4-4.* **9** [T] obtain something from a source: *~ water from the river* ◊ *They drew supplies from the emergency pool.* **10** [I,T] breathe in smoke or air. [IDM] **draw a blank** get no response or result. **draw lots** → LOT³ **draw the line (at something/doing something)** refuse to do something. [PV] **draw back (from something/doing something)** not take action, esp. because you feel nervous. **draw in** (of the day) become shorter. **draw somebody in | draw somebody into something/doing something** make somebody take part in something, esp. when they do not want to. **draw on** (*written*) (of time) pass. **draw on/upon something** use a supply of something: *~ on somebody's strength* **draw out** (of the day) become longer. **draw somebody out** encourage somebody to talk. **draw something out** make something last longer than usual or necessary. **draw up** (of a vehicle) arrive and stop. **draw yourself up** stand up very straight. **draw something up** write out a list, a contract, etc.

draw² /drɔː/ *n.* [C] **1** [usu. sing.] **~(for)** act of choosing tickets, etc. by chance; lottery or raffle. **2** result of a game in which neither side wins. **3** person or thing that attracts many people.

drawback /'drɔːbæk/ *n.* disadvantage; problem.

drawer /drɔː(r)/ *n.* box-like container that slides in and out of a desk, chest, etc.

drawing /'drɔːɪŋ/ *n.* **1** [C] picture. **2** [U] art or skill of making pictures, plans, etc. using a pen or pencil. ■ **'drawing pin** *n.* short pin with a flat top. ■ **'drawing room** *n.* (*fml.*) room in which guests are received.

drawl /drɔːl/ *v.* [I, T] speak or say something slowly, making the vowels longer. ▶ **drawl** *n.* [sing.]

drawn¹ *pp* of DRAW¹

drawn² /drɔːn/ *adj.* (of a person or face) looking very tired or worried.

dread /dred/ *v.* [T] be very afraid of something. ● **dread** *n.* [U] great fear and anxiety. ▶ **dreaded** *adj.* causing fear. ▶ **dreadful** *adj.* very bad; terrible. ▶ **dreadfully** *adv.* terribly; very.

dream /driːm/ *n.* **1** [C] series of images and events that happen in your mind while you are asleep. **2** [C] wish to have or be something, esp. one that seems difficult to achieve: *his ~ of joining the army* **3** [sing.] (*infml.*) wonderful person or thing: *She moves like a ~.* ● **dream** *v.* [*pt, pp* **~t** /dremt/ or **~ed**) **1** [I, T] **~(of/ about)** have a dream; experience something in a dream. **2** [I, T] **~(of/about)** imagine something that you would like to happen. [IDM] **not dream of something/doing something** (*spoken*) not consider doing something; never do something: *I wouldn't ~ of letting you down.* [PV] **dream something up** (*infml.*) have an idea, esp. a silly one. ● **dream** *adj.* (*infml.*) wonderful: *a ~ holiday* ▶ **dreamer** *n.* **1** person with impractical ideas. **2** person who dreams. ▶ **dreamless** *adj.* (of sleep) without dreams. ▶ **dreamlike** *adj.* like a dream; strange and unreal. ▶ **dreamy** *adj.* (**-ier, -iest**) **1** thinking about other things and not paying attention to what is happening. **2** imaginative, but not realistic. **3** pleasant and peaceful. ▶ **dreamily** *adv.*

dreary /'drɪəri/ *adj.* (**-ier, -lest**) dull or boring; making you feel depressed. ▶ **drearily** /'drɪərəli/ *adv.* ▶ **dreariness** *n.* [U]

dredge /dredʒ/ *v.* [T] clear mud, stones, etc. from the bottom of a river, tank, etc. using a dredger. [PV] **dredge something up** mention something unpleasant that has been forgotten. ▶ **dredger** *n.* boat that can clear mud, etc. from the bottom of rivers, canals, etc.

dregs /dregz/ *n.* [pl.] **1** little bits of solid material that sink to the bottom of liquid: *coffee ~* **2** (*disapprov.*) worst and most useless parts

of something: *the ~ of humanity*

drench /drentʃ/ v. [T] make somebody/something completely wet.

dress¹ /dres/ n. 1 [C] piece of woman's clothing made in one piece that covers the body down to the legs. 2 [U] clothes: *formal ~* ■ **'dressmaker** n. person who makes women's clothes, esp. as a job. ■ **,dress re'hearsal** n. final practice of a play, with costumes, lighting, etc.

dress² /dres/ v. 1 [I, T] put clothes on yourself/somebody. 2 [I] ~**(for/in/as)** wear a particular type or style of clothes: *~ for the party* ◇ *She was ~ed in casuals.* 3 [T] clean, treat, and cover a wound. 4 [T] prepare food for cooking or eating: *to ~ a salad* (= put oil or vinegar, etc. on it) 5 [T] decorate or arrange something: *~ a store window* [IDM] **dressed to kill** (*infml.*) wearing clothes that will make you noticed and admired. [PV] **dress somebody down** criticize somebody angrily. **dress up 1** put on your best clothes. 2 put on special clothes for fun: *Who says men don't like to ~ up?*

dresser /'dresə(r)/ n. 1 (*esp. GB*) piece of kitchen furniture with shelves for dishes, and cupboards below. 2 (US) = CHEST OF DRAWERS

dressing /'dresɪŋ/ n. 1 [C, U] sauce of oil, vinegar, etc. put on salads. 2 [U] (*US*) = STUFFING(2) 3 [C] bandage for protecting a wound. ■ **'dressing gown** n. long, loose piece of clothing worn indoors over your night clothes. ■ **'dressing table** n. table with drawers and a mirror, in a bedroom.

drew pt of DRAW¹

dribble /'drɪbl/ v. 1 [I, T] let saliva or another liquid come out of your mouth. 2 [I] (cause a liquid to) fall in small drops or a thin stream. 3 [I, T] (in football, etc.) move the ball along with many short kicks. ▶ **dribble** n. [C, U]

dried pt, pp of DRY

drier → DRY

drift /drɪft/ v. [I] 1 move along in a current of air or water. 2 (of people) live or move somewhere without purpose. ● **drift** n. 1 [sing., U] slow and steady movement from one place to another, a gradual change or development. 2 [C] mass of snow piled up by the wind. 3 [sing.] general meaning: *the ~ of the article* ▶ **drifter** n. person who moves from one place or job to another with no real purpose.

drill /drɪl/ n. 1 [C] tool for making holes. 2 [C, U] way of learning something by means of repeated exercises: *writing ~s* 3 [C, U] practice of what to do in an emergency: *an earthquake*

~ 4 [U] method of training soldiers. ● **drill** v. [I, T] 1 make a hole in something, using a drill. 2 train or teach somebody with drills.

drily adv. = DRYLY

drink /drɪŋk/ v. (pt **drank** /dræŋk/ pp **drunk** /drʌŋk/) 1 [I, T] take liquid into your mouth and swallow it. 2 [I] drink alcohol. [IDM] **drink somebody's health** (*GB*) wish somebody good health as you lift your glass to drink from it. **drink like a fish** (*infml.*) drink a lot of alcohol regularly. [PV] **drink something in** watch or listen to something with great interest. **drink to somebody/something** wish somebody/something happiness, success, etc. as you lift your glass to drink from it. ● **drink** n. [C, U] 1 liquid for drinking; amount of liquid that you drink. 2 alcohol or an alcoholic drink; something that you drink on a social occasion: *I won't mind a ~.* ▶ **drinkable** adj. ▶ **drinker** n. person who drinks too much alcohol.

drip /drɪp/ v. (-pp-) [I, T] (allow liquid to) fall in small drops. [IDM] **dripping wet** very wet. ● **drip** n. 1 series of drops of falling liquid. 2 (*med.*) device that puts liquid food, etc. directly into a patient's veins. 3 (*infml.*) dull, weak person. ■ **,drip-'dry** adj. (of clothes) made of fabric that will dry easily when you hang it up. ▶ **dripping** n. [U] fat from roasted meat.

drive¹ /draɪv/ v. (pt **drove** /drəʊv/ pp ~n /'drɪvn/) 1 [I, T] operate and control a vehicle. 2 [T] take somebody somewhere in a car, etc. 3 [T] force animals or people to move somewhere. 4 [T] be the power for a machine. 5 [T] hit a ball with force. 6 [T] force something to go into something mentioned: *~ a nail into the wall* 7 [T] force somebody to be in a certain state: *You're driving me crazy!* [IDM] **what somebody is driving at** the thing somebody is trying to say. **drive a hard bargain** argue aggressively and force somebody to agree on the best possible price, etc. ■ **'drive-by** (*esp. US*) done from a moving car: *a ~-by murder* ■ **'drive-in** n. place where you can watch films, eat, etc. without leaving your car. ▶ **driver** n. 1 person who drives a vehicle. 2 (*computing*) software that controls the sending of data between a computer and a piece of equipment attached to it, e.g. a printer. ■ **'driving licence** (*US* **driver's license**) n. official document that shows you are qualified to drive.

drive² /draɪv/ n. 1 [C] journey in a car or other vehicle. 2 [C] (*also* **'driveway**) private road leading to a house. 3 [C] organized effort by a group of people: *an employment ~* 4 [C, U] strong desire or need. 5 [U] energy. 6 [C] hard stroke in golf, tennis, etc.

drivel /ˈdrɪvl/ n. [U] silly nonsense.
drizzle /ˈdrɪzl/ n. [U] fine, light rain. ● **drizzle** v. [I] rain lightly.
drone /drəʊn/ v. [I] make a continuous low noise. [PV] **drone on (about something)** talk for a long time in a tedious way. ● **drone** n. [C] **1** [usu. sing.] continuous low noise. **2** male bee.
drool /druːl/ v. [I] **1** let saliva come out of your mouth. **2** ~**(over)** (*disapprov.*) show in a silly way how much you like somebody/something: *~ing over photos of celebrities like a teenager*
droop /druːp/ v. [I] hang or bend downwards because of weakness.
drop¹ /drɒp/ v. (-pp-) **1** [I, T] fall or allow something to fall. **2** [I, T] become or make something weaker or less. **3** [T] ~**(off)** stop so that somebody can get out of a car, etc.; deliver something. **4** [T] ~**(from)** leave somebody/something out: *He's been ~ped from the project.* **5** [T] stop doing or discussing something. [IDM] **drop somebody a line** (*infml.*) write a short letter to somebody. [PV] **drop back/behind** | **drop behind somebody** move slowly and so get behind other people. **drop by/in/round** | **drop in on somebody** visit somebody informally. **drop off** (*GB, infml.*) **1** fall asleep. **2** become fewer or less. **drop out (of something) 1** no longer take part in something. **2** leave college, etc. without finishing your course. ■ **,drop-down 'menu** n. (*computing*) = PULL-DOWN MENU (PULL¹) ■ **'dropout** n. **1** person who leaves college, etc. without finishing their course. **2** person who rejects the ideas, behaviour, etc. generally accepted by society. ▶ **droppings** n. [pl.] solid waste matter of animals and birds.
drop² /drɒp/ n. **1** [C] small round mass of liquid. **2** [C, usu. sing.] fall or reduction in something: *a ~ in prices* **3** [sing.] steep or vertical distance: *a ~ of 700 metres* **4** (**drops**) [pl.] liquid medicine taken in drops. **5** [C] small round sweet. [IDM] **at the drop of a hat** immediately; without hesitating; with the slightest provocation.
drought /draʊt/ n. [C, U] long period of very dry weather.
drove¹ pt of DRIVE¹
drove² /drəʊv/ n. [usu. pl.] very large group: *~s of job seekers*
drown /draʊn/ v. **1** [I, T] die in water because you cannot breathe; kill somebody in this way. **2** [T] ~**(out)** (of a sound) be louder than other sounds so that you cannot hear them. [IDM] **drown your sorrows** get drunk in order to forget your problems and worries.

drowsy /ˈdraʊzi/ adj. (**-ier, -iest**) feeling sleepy. ▶ **drowsily** /-əli/ adv. ▶ **drowsiness** n. [U]
drudge /drʌdʒ/ n. person who does hard, tedious work. ▶ **drudgery** /ˈdrʌdʒəri/ n. [U] hard, tedious work.
drug /drʌɡ/ n. **1** illegal substance, e.g. cocaine or heroin, used for pleasure: *He's dependent on ~s.* ◇ *She's a ~ addict* (= cannot stop taking drugs). **2** substance used as a medicine. ● **drug** v. (**-gg-**) [T] **1** give drugs to a person or an animal, esp. to make them unconscious. **2** add a drug to somebody's food or drink. ■ **'drugstore** n. (*US*) chemist's shop that sells medicines and other types of goods, e.g. cosmetics.
drum /drʌm/ n. **1** musical instrument made of skin stretched tightly across a hollow round frame. **2** large, round metal container: *an oil ~* ● **drum** v. (**-mm-**) **1** [I] play a drum. **2** [I, T] make a sound by hitting a surface again and again: *to anxiously ~ on the table* [PV] **drum something into somebody** make somebody remember something by repeating it often. **drum something up** try hard to get support, customers, etc. ▶ **drummer** n. person who plays a drum. ■ **'drumstick** n. stick used for beating a drum.
drunk¹ pp of DRINK
drunk² /drʌŋk/ adj. excited or confused by alcoholic drink. ● **drunk** (*also old-fash.* **drunkard** /ˈdrʌŋkəd/) n. person who often gets drunk. ▶ **drunken** adj. **1** showing the effects of too much alcohol. **2** drunk. ▶ **drunkenly** adv. ▶ **drunkenness** n. [U]
dry /draɪ/ adj. (**drier, driest**) **1** not wet: *a ~ cloth* ◇ *~ paint* ◇ *~ weather* **2** (of wine) not sweet **3** (of humour) pretending to be serious; ironic. **4** boring; dull: *a ~ conversation* ▶ **dryer** (*also* **drier**) /ˈdraɪə(r)/ n. machine that dries something: *a hair ~er* ● **dry** v. (*pt, pp* **dried**) [I, T] become or make something dry. [PV] **dry (something) out** (cause something to) become dry, in a way that is not wanted. **dry up 1** (of a supply) come to an end. **2** suddenly stop talking because you do not know what to say next. **dry (something) up** dry dishes, etc. with a cloth after washing them. ■ **,dry-'clean** v. [T] clean clothes using chemicals instead of water. ■ **,dry-'cleaner's** n. = CLEANER'S (CLEAN²) ■ **,dry-cleaning** n. [U] ■ **,dry 'dock** n. part of a port from which water is removed, so that a ship may be repaired. ▶ **dryly** (*also* **drily**) /ˈdraɪli/ adv. ▶ **dryness** n. [U] ■ **,dry 'rot** n. [U] fungus that causes wood to decay and turn to powder.
dual /ˈdjuːəl/ adj. having two parts; double. ■ **,dual 'carriageway** n. road divided down

the centre by a barrier or grass.
dub /dʌb/ v. (**-bb-**) [T] **1** give somebody/something a particular name. **2** replace the original speech in a film with words in another language.
dubious /ˈdjuːbiəs/ adj. causing or feeling doubt. ▶ **dubiously** adv.
duchess /ˈdʌtʃəs/ n. **1** wife of a duke. **2** woman who has the rank of a duke.
duchy /ˈdʌtʃi/ n. (pl. **-ies**) land owned by a duke or duchess.
duck /dʌk/ n. (pl. **duck** or **~s**) **1** [C] common bird that lives on or near water. **2** [C] female duck. **3** [U] meat from a duck. **4** (**a duck**) [sing.] (in cricket) batsman's score of 0. ● **duck** /dʌk/ v. [I, T] move your head or body down quickly. **2** [T] push somebody underwater for a short time. **3** [I, T] **~(out of)** try to avoid a responsibility.
duckling /ˈdʌklɪŋ/ n. young duck.
duct /dʌkt/ n. tube or channel carrying liquids or air.
dud /dʌd/ n., adj. (infml.) (something) that is useless: a ~ report
due /djuː/ adj. **1** ~**to** because of somebody/something; caused by somebody/something: Her success is ~ to hard work. **2** arranged or expected: They are ~ (to arrive) anytime now. **3** needing to be paid; owed. **4** suitable; right. ● **due** adv. (of points of the compass) exactly: ~ north ● **due** n. **1** [U] thing that should be given to somebody by right **2** (**dues**) [pl.] charges, e.g. for membership of an organization.
duel /ˈdjuːəl/ n. **1** (in the past) formal fight with weapons between two people. **2** contest between two people or groups. ● **duel** v. (**-ll-** US **-l-**) [I] fight a duel.
duet /djuˈet/ n. piece of music for two players or singers.
duffel coat (also **duffle coat**) /ˈdʌflkəʊt/ n. coat made of a heavy woollen fabric, usu. with a hood.
dug pt, pp of DIG¹
dugout /ˈdʌɡaʊt/ n. **1** rough shelter for soldiers, made by digging a hole in the ground. **2** canoe made by cutting out the inside of a tree trunk.
duke /djuːk/ n. nobleman of the highest rank. ▶ **dukedom** n. **1** position or rank of a duke. **2** = DUCHY
dull /dʌl/ adj. **1** not exciting; boring. **2** not bright or shiny. **3** (of pain) not severe, but continuous: a ~ pain **4** slow in understanding. ● **dull** v. [I, T] become or make somebody/something dull. ▶ **dullness** n. [U] ▶ **dully** /ˈdʌlli/ adv.
duly /ˈdjuːli/ adv. in the correct manner; at the proper time.

dumb /dʌm/ adj. **1** (old-fash.) unable to speak. **2** temporarily not speaking: ~ with shock **3** (infml., esp. US) stupid. ▶ **dumbly** adv. ▶ **dumbness** n. [U]
dumbfounded /dʌmˈfaʊndɪd/ adj. unable to speak because of surprise.
dummy /ˈdʌmi/ n. (pl. **-ies**) **1** model of a person, used esp. for showing clothes in a shop. **2** (GB) rubber or plastic object for a baby to suck. ■ ,**dummy ˈrun** n. (GB) practice or trial before the real performance.
dump /dʌmp/ v. [T] **1** get rid of something unwanted: ~ the old letters **2** put something down carelessly. **3** (business) get rid of goods by selling them at a very low price, often abroad. **4** (computing) copy information and move it somewhere to store it. ● **dump** n. **1** place where rubbish may be left. **2** (infml., disapprov.) dirty, unattractive place. **3** store of military supplies. **4** (computing) (act of making a) copy of data stored in a computer: a screen ~ (= a copy of what is on the screen) [IDM] **down in the dumps** (infml.) unhappy. ■ ˈ**dumper truck** n. vehicle for carrying earth and other loose material.
dumpling /ˈdʌmplɪŋ/ n. ball of cooked dough, eaten with meat.
dumpy /ˈdʌmpi/ adj. (**-ier, -iest**) short and fat.
dunce /dʌns/ n. (disapprov.) person, esp. at school, who is slow to learn.
dune /djuːn/ n. (also ˈ**sand dune**) small hill of sand formed by the wind.
dung /dʌŋ/ n. [U] solid waste matter from animals.
dungarees /ˌdʌŋɡəˈriːz/ n. [pl.] trousers with an extra piece of fabric covering the chest, held up by straps.
dungeon /ˈdʌndʒən/ n. dark underground prison.
dunk /dʌŋk/ v. [T] dip food into liquid before eating it.
duo /ˈdjuːəʊ/ n. (pl. **~s**) pair of performers.
dupe /djuːp/ v. [T] trick or cheat somebody. ● **dupe** n. (fml.) person who is duped.
duplex /ˈdjuːpleks/ n. (esp. US) **1** semi-detached house. **2** flat on two floors.
duplicate¹ /ˈdjuːplɪkeɪt/ v. [T] make an exact copy of something. ▶ **duplication** /ˌdjuːplɪˈkeɪʃn/ n. [U, C]
duplicate² /ˈdjuːplɪkət/ adj. exactly like something else; made as a copy of something else. ● **duplicate** n. something that is exactly the same as something else. [IDM] **in duplicate** (of documents, etc.) as two copies that are exactly the same.
durable /ˈdjʊərəbl/ adj. lasting for a long time. ▶ ,**durable ˈgoods** n. [pl.] (US) = CONSUMER DURABLES
duration /djuˈreɪʃn/ n. [U] time during which

something lasts.

duress /dju'res/ n. [U] (fml.) threats or force: under ~

during /'djʊərɪŋ/ prep. **1** all through a period of time. **2** at some point in a period of time: *The accident happened ~ the night.*

dusk /dʌsk/ n. [U] time just before night. ▶ **dusky** adj. (-ier, -iest) (lit.) not very bright; dark in colour.

dust /dʌst/ n. [U] fine dry powder of earth or other matter. ● **dust** v. **1** [I, T] clean furniture, etc. by removing dust from surfaces with a cloth. **2** [T] cover something with fine powder. ■ **'dustbin** n. container for household rubbish. ■ **'dust bowl** n. area that has no vegetation because of drought, etc. ■ **'dustcart** n. lorry for collecting rubbish from dustbins. ▶ **duster** n. cloth for removing dust from furniture. ■ **'dust jacket** n. loose paper cover for a book. ■ **'dustman** n. (pl. **-men**) person whose job is to empty dustbins. ■ **'dustpan** n. small flat container into which dust is swept. ■ **'dust sheet** n. large sheet for covering furniture, to protect it from dust. ▶ **dusty** adj. (-ier, -iest) covered with dust.

Dutch /dʌtʃ/ adj. of the Netherlands (**Holland**), its people, or their language. [IDM] **go Dutch (with somebody)** share the cost of something.

duty /'dju:ti/ n. [C, U] (pl. **-ies**) **1** something that you must do. **2** tax: *customs duties* [IDM] **on/off duty** (of nurses, police officers, watchmen, etc.) working/not working. ▶ **dutiful** adj. showing respect and obedience. ▶ **dutifully** adv. ■ **,duty-'free** adj., adv. (of goods) able to be taken into a country without payment of tax.

duvet /'du:veɪ/ n. large bag filled with soft feathers used as a bed covering.

DVD /,di: vi: 'di:/ n. 'digital versatile disc'; disk on which large amounts of information, esp. photographs and video, can be stored, for use on a computer: *a ~ player* ◊ *a ~-ROM drive*

dwarf /dwɔ:f/ n. (pl. **-s**) person, animal, or plant that is much smaller than usual. ● **dwarf** v. [T] make somebody/something seem small.

dwell /dwel/ v. (pt, pp **dwelt** or **dwelled**) [I] (fml., lit.) live somewhere. [PV] **dwell on/upon something** think or talk a lot about something that it would be better to forget. ▶ **dweller** n. (in compound nouns) person who lives in the place mentioned: *slum ~ers* ▶ **dwelling** n. (fml.) home.

dwindle /'dwɪndl/ v. [I] become gradually less, fewer, or smaller.

dye /daɪ/ v. (*pres. pt* **-ing**) [T] change the colour of something by dipping it in a liquid. ● **dye** n. [C, U] substance used to dye cloth, etc. ■ **,dyed in the 'wool** adj. totally fixed in your opinions.

dying *pres. part* DIE

dyke (*also* **dike**) /daɪk/ n. **1** long wall of earth, for holding back water. **2** (*esp. GB*) channel that carries water away from the land.

dynamic /daɪ'næmɪk/ adj. **1** energetic and forceful. **2** (*physics*) (of a force or power) producing movement. ▶ **dynamics** n. **1** [pl.] way in which people or things react to each other. **2** [U] branch of physics dealing with movement and force. ▶ **dynamism** /'daɪnəmɪzəm/ n. [U] energy and enthusiasm.

dynamite /'daɪnəmaɪt/ n. [U] **1** powerful explosive. **2** person or thing that is likely to shock or excite. ● /**dynamite** v. [T] blow something up with dynamite.

dynamo /'daɪnəməʊ/ n. (pl. **~s**) machine that uses the movement of something, eg water, to produce electricity.

dynasty /'dɪnəsti/ n. (pl. **-ies**) series of rulers belonging to the same family.

dysentery /'dɪsəntri/ n. [U] painful disease of the bowels.

dyslexia /dɪs'leksiə/ n. [U] abnormal difficulty in reading and spelling. ▶ **dyslexic** /dɪs'leksɪk/ n., adj. (person) with dyslexia.

E e

E *abbr.* **1** East(ern): *E Sussex* **2** (*sl.*) the illegal drug Ecstasy.

E, e /iː/ *n.* [C, U] (*pl.* **E's, e's** /iːz/) the fifth letter of the English alphabet. ■ **'E-number** *n.* number used for showing an artificial substance added to food.

e- /iː/ *prefix* connected with electronic communication, esp. the Internet, for sending information, doing business, etc.: *e-commerce*

each /iːtʃ/ *det., pron.* used to refer to every one of two or more people or things, when you are thinking about them separately: *a chocolate for ~ child* ◊ *~ of the students* ◊ *They cost £5 ~.* ■ **,each 'other** *pron.* used as the object of a verb or a preposition to show that each member of a group does something to or for the other members: *Sam and Sue helped ~ other* (= Sam helped Sue and Sue helped Sam).

eager /ˈiːɡə(r)/ *adj.* **~(for) ~(to)** wanting to have something or to do something very much: *~ for their turn at the game* ▶ **eagerly** *adv.* ▶ **eagerness** *n.* [U, sing.]

eagle /ˈiːɡl/ *n.* large strong bird that eats small animals. ■ **,eagle-'eyed** *adj.* good at noticing small details.

ear /ɪə(r)/ *n.* **1** [C] part of the body on each side of the head used for hearing. **2** [sing.] ability to recognize and copy sounds well: *She has a good ~ for rhythm.* **3** [C] top part of wheat, barley, etc. that contains the seeds. [IDM] **be all ears** be listening with great interest. **be up to your ears in something** have a lot of something to deal with. ■ **'earache** *n.* [U, C] pain inside the ear. ■ **'eardrum** *n.* tightly stretched skin inside the ear which vibrates when sounds reach it. ■ **'ear lobe** *n.* soft part at the bottom of the ear. ■ **'earring** *n.* piece of jewellery fastened on or in the ear. ■ **'earshot** *n.* [U] [IDM] **out of/within earshot (of somebody/something)** not close/close enough to hear somebody/something or be heard.

earl /ɜːl/ *n.* nobleman of high rank.

early /ˈɜːli/ *adj., adv.* (**-ier, -iest**) **1** near to the beginning of something: *go for a walk in the ~ morning* **2** before the usual or expected time: *The boys arrived ~.* [IDM] **an early bird** (*hum.*) person who gets up or arrives early. **at the earliest** time before which something cannot happen. **at your earliest convenience** (*written, business*) as soon as possible. ■ **,early 'warning** *n.* [U, sing.] thing that tells you that something dangerous is going to happen: *an ~ warning system* (= of bad weather)

earmark /ˈɪəmɑːk/ *v.* [T] decide something will be used for a special purpose.

earn /ɜːn/ *v.* **1** [I, T] get money by working **2** [T] get something you deserve because of something good or worthy you have done. ▶ **earner** *n.* ▶ **earnings** *n.* [pl.] money earned.

earn /ɜːn/ *v.* **1** [I, T] get money by working **2** [T] get something you deserve because of something good or worthy you have done. ▶ **earner** *n.* ▶ **earnings** *n.* [pl.] money earned.

earnest /ˈɜːnɪst/ *adj.* serious and sincere. ● **earnest** *n.* [U] [IDM] **in earnest** serious(ly). ▶ **earnestly** *adv.* ▶ **earnestness** *n.* [U]

earth /ɜːθ/ *n.* **1** (also **Earth, the Earth**) [U, sing.] the world; the planet we live on. **2** [U, sing.] the surface of the world; land. **3** [U] soil. **4** [C] hole where an animal, esp. a fox, lives. **5** [C, usu. sing.] (*GB*) wire for electrical contact with the ground. [IDM] **charge, cost, pay, etc. the earth** (*infml.*) charge, etc. a lot of money. **how, why, etc. on earth** (*infml.*) used to emphasize the question: *Why on ~ are you doing this?* ● **earth** *v.* [T] (*GB*) (*usu. passive*) make electrical equipment safe by connecting it to the ground with a wire. ▶ **earthly** *adj.* **1** (*written*) of this world; not spiritual. **2** possible: *no ~ly purpose* ■ **earthquake** /ˈɜːθkweɪk/ *n.* sudden violent movement of the earth's surface. ■ **'earthworm** *n.* worm that lives in the soil. ▶ **earthy** *adj.* (**-ier, -iest**) **1** connected with the body, sex, etc. in a way some people find rude: *an ~y attractiveness* **2** of or like soil.

earthenware /ˈɜːθnweə(r)/ *n.* [U] *adj.* (bowls, etc.) made of very hard baked clay.

ease /iːz/ *n.* [U] **1** lack of difficulty: *do something with ~* **2** comfort. [IDM] **at (your) ease** comfortable and relaxed. ● **ease** *v.* **1** [I, T] become or make something less unpleasant, painful, severe, etc. **2** [T] move somebody/something slowly and carefully: *~ the injured man into a chair* [PV] **ease off/up** become less intense or severe.

easel /ˈiːzl/ *n.* wooden frame to hold a picture while it is being painted.

east /iːst/ *n.* [U, sing.] (*abbr.* **E**) **1** (**the east**) direction you look towards to see the sun rise; one of the four main points of a compass. **2** (also **East**) eastern part of a country, region, or city. **3** (**the East**) countries of Asia, esp. China, Japan, and India. ● **east** *adj., adv.* **1** (also **East**) (*abbr.* **E**) in or towards the east: *the ~ bank* ◊ *Let's travel ~.*

2 (of winds) blowing from the east. ■ **'eastbound** *adj.* travelling towards the east. ▶ **'easterly** *adj.* **1** in or towards the east. **2** (of winds) blowing from the east. ▶ **'eastern** (also **Eastern**) (*abbr.* **E**) *adj.* situated in the east or facing east: *E~ Europe* ▶ **'eastward** *adj.* towards the east. ▶ **eastward(s)** *adv.*

Easter /'iːstə(r)/ *n.* [U] day when Christians celebrate the resurrection of Christ.

easy /'iːzi/ *adj.* (**-ier, -iest**) **1** not difficult. **2** free from anxiety, pain, or trouble. ▶ **easily** *adv.* **1** without problems or difficulty. **2** without doubt: *easily the best choice* ● **easy** *adv.* [IDM] **go easy on somebody** (*infml.*) be less severe with somebody. **go easy on/with something** (*infml.*) used to tell somebody not to use too much of something. **take it/things easy** relax and not work too hard. ■ **,easy-'going** *adj.* relaxed and happy to accept things without worrying.

eat /iːt/ *v.* (*pt* **ate** /et/ *pp* **~en** /'iːtn/) **1** [I, T] put food into your mouth and swallow it. **2** [I] have a meal: *Why don't we ~ out tonight?* [IDM] **eat your heart out!** (*spoken*) used to compare two things and say that one of them is better: *E~ your heart out, for she has beat you to the trophy!* **eat your words** admit that you were wrong. [PV] **eat something away** destroy something gradually. **eat into something 1** use up money, time, etc. **2** destroy or damage the surface of something. ▶ **eatable** *adj.* that can be eaten. ▶ **eater** *n.* person who eats in a particular way: *a ravenous ~er* (= a person who eats a lot)

eaves /iːvz/ *n.* [pl.] overhanging edges of a roof.

eavesdrop /'iːvzdrɒp/ *v.* (**-pp-**) [I] **~(on)** listen secretly to a private conversation. ▶ **eavesdropper** *n.*

ebb /eb/ *v.* [I] **1** (of the tide in the sea) move away from the land. **2** become less or weaker. ● **ebb** *n.* (**the ebb**) [usu. sing.] flowing out of the tide.

ebony /'ebəni/ *n.* [U] hard, black wood. ● **ebony** *adj.* black in colour.

eccentric /ɪk'sentrɪk/ *adj.* considered by other people to be strange or unusual. ▶ **eccentric** *n.* ▶ **eccentricity** /ˌeksen'trɪsəti/ *n.* [C, U] (*pl.* **-ies**) (example of) eccentric behaviour.

ecclesiastical /ɪˌkliːzi'æstɪkl/ *adj.* of the Christian Church.

echo /'ekəʊ/ *n.* (*pl.* **~es**) sound reflected off a surface so that it seems to be repeated. ● **echo** *v.* **1** [I] be sent back as an echo. **2** [T] (*written*) repeat or agree with somebody's words.

eclair /ɪ'kleə(r)/ *n.* long, thin, cream-filled cake with chocolate on top.

eclipse /ɪ'klɪps/ *n.* **1** (of the sun) blocking of the sun's light by the moon. **2** (of the moon) blocking of the moon's light when the earth's shadow falls on the moon. ● **eclipse** *v.* [T] make somebody/something seem less important by comparison.

ecology /i'kɒlədʒi/ *n.* [U] (study of the) relations of living things to one another and to their surroundings. ▶ **ecological** /ˌiːkə'lɒdʒɪkl/ *adj.* ▶ **ecologist** /i'kɒlədʒɪst/ *n.* expert in ecology.

economic /ˌiːkə'nɒmɪk; ˌekə-/ *adj.* **1** connected with trade and industry; of economics. **2** (of a business, *etc.*) profitable. ▶ **economical** /ˌiːkə'nɒmɪkl', ˌekə-/ *adj.* careful in using money, time, etc. ▶ **economically** /-kli/ *adv.*

economics /ˌiːkə'nɒmɪks', ˌekə-/ *n.* [U] study of how a society organizes its money, trade, and industry. ▶ **economist** /ɪ'kɒnəmɪst/ *n.* student of or expert in economics.

economize (*also* **-ise**) /ɪ'kɒnəmaɪz/ *v.* [I] save money; spend less than before.

economy /ɪ'kɒnəmi/ *n.* (*pl.* **-ies**) **1** (often **the economy**) [C] economic system of a country. **2** [C, U] use of money, time, etc. available in a way that avoids waste: *fly ~ class* (= by the cheapest class of air travel)

ecotourism /ˌiːkəʊ'tʊərɪzəm/ *n.* [U] organized travel to unspoiled natural environments, when some of the money paid by the tourists is used to conserve the area and the animals that live there.

ecstasy /'ekstəsi/ *n.* [U, C] (*pl.* **-ies**) feeling of great happiness. ▶ **ecstatic** /ɪk'stætɪk/ *adj.* ▶ **ecstatically** /-kli/ *adv.*

eddy /'edi/ *n.* (*pl.* **-ies**) circular movement of water or air. ● **eddy** *v.* (*pt, pp* **-ied**) [I] move around in a circle.

edge /edʒ/ *n.* [C] **1** outer limit of an object or surface: *the ~ of the mountain* **2** sharp cutting part of a knife, sword, etc. **3** [sing.] **~(on/over)** slight advantage over somebody/something. [IDM] **be on edge** be nervous, tense, or irritable. **take the edge off something** make something less strong, bad, etc. ● **edge** *v.* **1** [I, T] move (something) slowly and carefully in a particular direction: *She ~d (her way) through the traffic.* **2** [T] put something round the edge of something. ▶ **edging** *n.* [C, U] narrow border. ▶ **edgy** *adj.* (*infml.*) nervous, irritable.

edible /'edəbl/ *adj.* that can be eaten.

edit /'edɪt/ *v.* [T] **1** prepare or make suitable somebody else's writing for publication. **2** direct the publishing of a newspaper, magazine, etc. **3** prepare a film, television programme, etc. by choosing and putting together different parts. ▶ **editor** *n.* person

who edits a newspaper, book, film, etc.
edition /ɪˈdɪʃn/ n. **1** form in which a book is printed: *a paperback* ~ **2** total number of copies of a book, etc. published at one time.
editorial /ˌedɪˈtɔːriəl/ adj. of an editor. ▶ **editorial** n. article in a newspaper giving the editor's opinion.
educate /ˈedʒukeɪt/ v. [T] teach somebody. ▶ **education** /ˌedʒuˈkeɪʃn/ n. [U] **1** process of teaching, training, and learning. **2** (*usu.* **Education**) institutions or people involved in teaching or training. ▶ **educational** /ˌedʒuˈkeɪʃənl/ adj.
eel /iːl/ n. long fish like a snake.
eerie /ˈɪəri/ adj. (~**r**, ~**st**) strange and frightening. ▶ **eerily** /ˈɪərəli/ adv.
effect /ɪˈfekt/ n. **1** [C, U] change that somebody/something causes in somebody/something else; result. **2** [C, U] particular look, sound, or impression that somebody, e.g. an artist, wants to create. **3** (**effects**) [pl.] (*fml.*, *written*) personal possessions. [IDM] **bring/put something into effect** put something into use or operation. **in effect 1** in fact; really. **2** (of a law or rule) in use. **take effect 1** start to produce the results that are intended: *The scheme finally took* ~. **2** come into use. ● **effect** v. [T] (*fml.*) make something happen.
effective /ɪˈfektɪv/ adj. **1** producing the result that is wanted or intended: *the most* ~ *treatment* **2** (*fml.*) (of laws, *etc.*) coming into use. ▶ **effectively** adv. ▶ **effectiveness** n. [U]
effectual /ɪˈfektʃuəl/ adj. (*fml.*) (of things) producing the result that was intended: *an* ~ *remedy*
effeminate /ɪˈfemɪnət/ adj. (*disapprov.*) (of a man) like a woman.
effervescent /ˌefəˈvesnt/ adj. **1** (of a person) excited and full of energy; bubbly. **2** (of a liquid) having or producing small bubbles of gas. ▶ **effervescence** /ˌefəˈvesns/ n. [U]
efficient /ɪˈfɪʃnt/ adj. **1** able to work well: *an* ~ *apprentice* **2** (of a machine, *etc.*) producing good results. ▶ **efficiency** /-ʃnsi/ n. [U] ▶ **efficiently** adv.
effigy /ˈefɪdʒi/ n. (*pl.* **-ies**) figure or model of a person.
effort /ˈefət/ n. **1** [U] use of strength: *make a good* ~ **2** [C] attempt. ▶ **effortless** adj. done easily, without effort. ▶ **effortlessly** adv.
effrontery /ɪˈfrʌntəri/ n. [U] (*fml.*) behaviour that is confident and rude without shame.
effusive /ɪˈfjuːsɪv/ adj. showing too much feeling. ▶ **effusively** adv.
EFL /ˌiːef'el/ abbr. (*GB*) English as a Foreign Language.
eg /ˌiːˈdʒiː/ abbr. for example.
egg¹ /eg/ n. **1** [C] round object with a hard shell, containing a baby bird. **2** [C, U] hen's egg used as food. **3** [C] female reproductive cell. [IDM] **put all your eggs in one basket** risk all your money, time, etc. on one single opportunity. ■ **'egg cup** n. small container for a boiled egg. ■ **'egghead** n. (*infml.*, *disapprov.*) very intellectual person. ■ **'eggplant** n. [C, U] (*US*) = AUBERGINE
egg² /eg/ v. [PV] **egg somebody on** encourage somebody to do something, esp. something bad.
ego /ˈiːgəʊ; ˈegəʊ/ n. (*pl.* ~**s**) sense of your own value and importance.
egocentric /ˌegəʊˈsentrɪk/ adj. thinking only about yourself.
egoism /ˈegəʊɪzəm; ˈiːg-/ (also **egotism** /ˈegətɪzəm; ˈiːg-/) n. [U] self-centredness; selfishness. ▶ **egoist** /ˈegəʊɪst; ˈiːg-/ (also **egotist** /ˈegətɪst; ˈiːgə-/) n. (*disapprov.*) person who thinks they are better than other people, and who thinks and talks too much about himself/herself.
eiderdown /ˈaɪdədaʊn/ n. thick, warm bed covering.
eight /eɪt/ number 8. ▶ **eighth** /eɪtθ/ ordinal number, n. 8th; the fraction; 1/8 each of eight equal parts of something.
eighteen /ˌeɪˈtiːn/ number 18. ▶ **eighteenth** /ˌeɪˈtiːnθ/ ordinal number **eighty** /ˈeɪti/ **1** number 80 **2** (**the eighties**) n. [pl.] numbers, years, or temperatures from 80 to 89. ▶ **eightieth** ordinal number
either /ˈaɪðə(r); ˈiːðə(r)/ det., pron. **1** one or the other of two: *walk on* ~ *side of the road* **2** each of two: *E* ~ *of the plans are acceptable.* ● **either** adv., conj. **1** used after negative verbs: *If you don't come along, I won't* ~. **(either ... or ...)** used to show a choice of two things: *E*~ *you do this now or it will be too late.*
eject /ɪˈdʒekt/ v. [T] ~**(from)** push or send somebody/ something out of a place, usu. with force. ▶ **ejection** /ɪˈdʒekʃn/ n. [U] ■ **e'jector seat** n seat that throws the pilot out of an aircraft in an emergency.
eke /iːk/ v. [PV] **eke something out** make a small supply of something last as long as possible.
elaborate /ɪˈlæbərət/ adj. complicated; very detailed. ● **elaborate** /ɪˈlæbəreɪt/ v. [I, T] ~**(on)** explain or describe something in more detail. ▶ **elaboration** /ɪˌlæbəˈreɪʃn/ n. [U, C]
elapse /ɪˈlæps/ v. [I] (*fml.*) (of time) pass.
elastic /ɪˈlæstɪk/ n. [U] material made with rubber that can stretch and then return to its original size. ● **elastic** adj. **1** made with elastic. **2** able to stretch and then return to its original size. **3** not fixed: *Our schedules are*

fairly ~. ■ **e,lastic 'band** *n.* (*GB*) = RUBBER BAND ▶ **elasticity** /ˌiːlæˈstɪsəti/ *n.* [U]

elated /ɪˈleɪtɪd/ *adj.* ~**(at/by)** very happy and excited. ▶ **elation** /ɪˈleɪʃn/ *n.* [U]

elbow /ˈelbəʊ/ *n.* **1** joint where the arm bends. **2** part of a piece of clothing that covers the elbow. ● **elbow** *v.* [T] push somebody with your elbow, usu. in order to get past them: *He ~ed his way through the crowd.* ■ **'elbow grease** *n.* [U] (*infml.*) effort used in physical work. ■ **'elbow room** *n.* [U] (*infml.*) enough space to move in.

elder /ˈeldə(r)/ *adj.* (of two members of a family) older: *my ~ sister* ● **elder** *n.* **1 (elders)** [pl.] people of greater age and authority. **2 (my etc. elder)** [sing.] (*fml.*) person older than me, etc. **3** [C] official in some Christian churches. **4** [C] small tree with white flowers and black berries. ▶ **elderly** *adj.* (of people) used as a polite word for 'old'. ■ **,elder 'statesman** *n.* old and respected politician.

eldest /ˈeldɪst/ *adj. n.* (of three or more people) oldest (person).

elect /ɪˈlekt/ *v.* [T] **1** choose somebody by voting. **2** (*fml.*) choose to do something: *They ~ed to stay back.* ● **elect** *adj.* (*fml.*) chosen but not yet doing the job: *the president ~* ▶ **elector** *n.* person with the right to vote in an election. ▶ **electoral** /ɪˈlektərəl/ *adj.* of elections. ▶ **electorate** /ɪˈlektərət/ *n.* [C, with sing. or pl. verb] all the electors.

election /ɪˈlekʃn/ *n.* [C, U] process of choosing representatives by voting.

electric /ɪˈlektrɪk/ *adj.* **1** using, produced by, or producing electricity: *an ~ appliance* **2** exciting. ▶ **electrical** *adj.* using, producing, or connected with electricity. ▶ **electrically** /-kli/ *adv.* ■ **e,lectric 'chair** *n.* [sing.] (*esp.* in the US) chair in which criminals are killed by passing a strong electric current through their bodies. ■ **e,lectric 'shock** *n.* sudden pain caused by electricity passing through your body.

electrician /ɪˌlekˈtrɪʃn/ *n.* person whose job is to fit and repair electrical equipment.

electricity /ɪˌlekˈtrɪsəti/ *n.* [U] **1** form of energy used for heating, lighting, driving machines, etc. **2** supply of such energy: *car running on* ~.

electrify /ɪˈlektrɪfaɪ/ *v.* (*pt, pp* **-ied**) [T] **1** (*usu.* passive) provide something with electricity. **2** (*written*) make somebody excited.

electrocute /ɪˈlektrəkjuːt/ *v.* [T] injure or kill somebody using an electric current. ▶ **electrocution** /ɪˌlektrəˈkjuːʃn/ *n.* [U]

electrode /ɪˈlektrəʊd/ *n.* point by which an electric current enters or leaves a battery, etc.

electromagnetic /ɪˌlektrəʊmægˈnetɪk/ *adj.* (*physics*) having both electrical and magnetic characteristics **(properties)**: *an ~ field*

electron /ɪˈlektrɒn/ *n.* tiny particle of matter inside an atom, with a negative electric charge. ▶ **electronic** /ɪˌlekˈtrɒnɪk/ *adj.* **1** (of a device) having many small parts, e.g. microchips, that control and direct a small electric current. **2** concerned with electronic equipment, e.g. computers. ▶ **electronically** /-kli/ *adv.* ▶ **electronics** *n.* [U] science and development of electronic technology.

elegant /ˈelɪɡənt/ *adj.* showing good taste; graceful and attractive. ▶ **elegance** /ˈelɪɡəns/ *n.* [U] ▶ **elegantly** *adv.*

element /ˈelɪmənt/ *n.* **1** [C] ~**(in/of)** necessary or typical part of something: *Planning is only one ~ in effective government.* **2** [C, usu. sing.] small amount of something: *an ~ of invention in their story* **3** [C] chemical substance that cannot be divided into simpler substances. **4** [C] one of the four substances: earth, air, fire, and water. **5 (the elements)** [pl.] bad weather. **6 (elements)** [pl.] basic principles of a subject. **7** [C] part of a piece of electrical equipment that gives out heat. [IDM] **in/out of your element** doing/not doing what you are good at and enjoy.

elementary /ˌelɪˈmentri/ *adj.* **1** of the basic and first stages of something: ~ *physics* **2** simple; not advanced. ■ **ele'mentary ,school** *n.* (*US*) school for children aged about 6 to 12.

elephant /ˈelɪfənt/ *n.* very large animal with thick grey skin, two tusks, and a trunk.

elevate /ˈelɪveɪt/ *v.* [T] **1** (*fml.*) or (*tech.*) raise somebody/something; lift somebody/something up to a higher position. **2** (*fml.*) improve somebody's mind or morals.

elevation /ˌelɪˈveɪʃn/ *n.* **1** [U] (*fml.*) process of raising somebody/something to a higher position. **2** [C, usu. sing.] (*tech.*) height of a place above sea level. **3** [C] (*fml.*) piece of land that is higher than the area around. **4** [C] (in architecture) (drawing of) one side of a building.

elevator /ˈelɪveɪtə(r)/ *n.* (*US*) = LIFT

eleven /ɪˈlevn/ *number* 11. ▶ **eleventh** /ɪˈlevnθ/ *ordinal number*

elf /elf/ *n.* (*pl.* **elves** /elvz/) (in stories) creature with pointed ears and magic powers.

elicit /ɪˈlɪsɪt/ *v.* [T] ~**(from)** (written) get information or a reaction from somebody.

eligible /ˈelɪdʒəbl/ *adj.* ~**(for)** ~**(to)** suitable; having the right qualifications: ~ *for the job* ▶ **eligibility** /ˌelɪdʒəˈbɪləti/ *n.* [U]

eliminate /ɪˈlɪmɪneɪt/ *v.* [T] remove or get rid of somebody/something. ▶ **elimination** /ɪˌlɪmɪˈneɪʃn/ *n.* [U, C]

elite /eɪˈliːt; ɪˈliːt/ *n.* [C, with sing. or pl. verb] group of powerful or important people in society. ▶ **elitism** /-tɪzəm/ *n.* [U] (*often disapprov.*) (belief in a) system that aims to develop an elite. ▶ **elitist** /-tɪst/ *n.*, *adj.*

elk /elk/ *n.* very large deer.

ellipse /ɪˈlɪps/ *n.* (*tech.*) regular oval shape. ▶ **elliptical** /ɪˈlɪptɪkl/ *adj.*

elm /elm/ *n.* **1** [C, U] (*also* **'elm tree**) tall tree with broad leaves. **2** [U] hard wood of the elm tree.

elocution /ˌeləˈkjuːʃn/ *n.* [U] art of speaking clearly.

elongate /ˈiːlɒŋgeɪt/ *v.* [I, T] become or make something longer.

elope /ɪˈləʊp/ *v.* [I] run away secretly to get married. ▶ **elopement** *n.* [C, U]

eloquence /ˈeləkwəns/ *n.* [U] skilful use of language to express yourself or to persuade others. ▶ **eloquent** /ˈeləkwənt/ *adj.* ▶ **eloquently** *adv.*

else /els/ *adv.* in addition to something already mentioned; different: *Isn't there anything ~ to do?* ◇ *Tim was with me and no one ~.* [IDM] **or else** otherwise; if not: *Hurry up or ~ we'll miss the ceremony.* ■ **ˌelse'where** *adv.* in, at, or to another place.

ELT /ˌiː el ˈtiː/ *abbr.* (*GB*) English Language Teaching.

elucidate /iˈluːsɪdeɪt/ *v.* [T] (*fml.*) make something clearer by explaining it. ▶ **elucidation** /iˌluːsɪˈdeɪʃn/ *n.* [U, C]

elude /iˈluːd/ *v.* [T] **1** avoid or escape from somebody/something. **2** be difficult for somebody to achieve, remember, or understand: *Success ~d him.* ▶ **elusive** /iˈluːsɪv/ *adj.* hard to find, describe, or achieve.

elves *plural of* ELF

emaciated /ɪˈmeɪʃieɪtɪd/ *adj.* very thin and weak. ▶ **emaciation** /ɪˌmeɪsiˈeɪʃn/ *n.* [U]

email (*also* **e-mail**) *n.* **1** [U] way of sending electronic messages or data from one computer to another. **2** [C, U] message(s) sent by email. ● **email** *v.* [T] send a message to somebody by email.

emanate /ˈeməneɪt/ *v.* [I] **~from** (*fml.*) come or flow from somebody/something.

emancipate /ɪˈmænsɪpeɪt/ *v.* [T] set somebody free, esp. politically or socially. ▶ **emancipation** /ɪˌmænsɪˈpeɪʃn/ *n.* [U]

embalm /ɪmˈbɑːm/ *v.* [T] preserve a dead body with chemicals, etc.

embankment /ɪmˈbæŋkmənt/ *n.* wall of earth, stone, etc. that holds back water or supports a railway or road.

embargo /ɪmˈbɑːgəʊ/ *n.* (*pl.* **~es**) **~(on)** official order that forbids trade with another country. ● **embargo** *v.* (*pt, pp* **-ed**) [T] put an embargo on something.

embark /ɪmˈbɑːk/ *v.* [I] go on board a ship. [PV] **embark on/upon something** start something new or difficult. ▶ **embarkation** /ˌembɑːˈkeɪʃn/ *n.* [U, C]

embarrass /ɪmˈbærəs/ *v.* [T] make somebody feel shy, awkward, or ashamed: *The remark ~ed her.* ▶ **embarrassing** *adj.*: *an ~ing revelation* ▶ **embarrassingly** *adv.* ▶ **embarrassment** *n.* [U, C]

embassy /ˈembəsi/ *n.* (*pl.* **-ies**) office of an ambassador and his/her staff.

embed /ɪmˈbed/ *v.* (**-dd-**) [T] **~(in)** (*usu.* passive) fix something firmly into a substance or solid object.

embellish /ɪmˈbelɪʃ/ *v.* [T] **1 ~(with)** (*usu.* passive) make something attractive by adding decorations. **2** add details to a story to make it more interesting. ▶ **embellishment** *n.* [C, U]

ember /ˈembə(r)/ *n.* [C, usu. pl.] piece of hot coal, etc. in a dying fire.

embezzle /ɪmˈbezl/ *v.* [I, T] steal money that you are responsible for or that belongs to your employer.

embitter /ɪmˈbɪtə(r)/ *v.* [T] (*usu.* passive) make somebody feel angry and disappointed about something.

emblem /ˈembləm/ *n.* design or symbol that represents something: *The dove is an ~ of peace.*

embody /ɪmˈbɒdi/ *v.* (*pt, pp* **-ied**) [T] **~(in)** (*fml.*) express an idea or feature; include. ▶ **embodiment** *n.* [usu. sing.]: *She is the embodiment of virtue.*

emboss /ɪmˈbɒs/ *v.* [T] put a raised design or piece of writing on paper, leather, etc. ▶ **embossed** *adj.*: *~ed coin*

embrace /ɪmˈbreɪs/ *v.* **1** [I, T] (*written*) take somebody into your arms as a sign of affection. **2** [T] (*fml.*) accept an idea, religion, etc. willingly. **3** [T] (*fml.*) include something. ▶ **embrace** *n.* [C, U]

embroider /ɪmˈbrɔɪdə(r)/ *v.* **1** [I, T] decorate fabric with needlework. **2** [T] add untrue details to a story to make it more interesting. ▶ **embroidery** *n.* [C, U]

embryo /ˈembriəʊ/ *n.* (*pl.* **~s**) young animal before birth. [IDM] **in embryo** existing but not yet fully developed. ▶ **embryonic** /ˌembriˈɒnɪk/ *adj.*

emerald /ˈemərəld/ *n.* bright green precious stone. ▶ **emerald** (*also* **emerald ˈgreen**) *adj.* bright green in colour.

emerge /iˈmɜːdʒ/ *v.* [I] **1** come out; come into view. **2** (of facts) become known. ▶ **emergence** /-dʒəns/ *n.* [U] ▶ **emergent** /iˈmɜːdʒənt/ *adj.* beginning to develop; new.

emergency /iˈmɜːdʒənsi/ *n.* [C, U] (*pl.* **-ies**) sudden, serious, and potentially dangerous situation needing quick action. ■ **eˈmer-**

gency room (*abbr.* **ER**) (*US*) = CASUALTY(2)

emigrate /'emɪgreɪt/ *v.* [I] leave your own country to go and live in another. ▶ **emigrant** /'emɪgrənt/ *n.* person who emigrates. ▶ **,emigration** /,emɪ'greɪʃn/ *n.* [U]

eminent /'emɪnənt/ *adj.* (of a person) famous and respected. ▶ **eminence** /'emɪnəns/ *n.* [U] ▶ **eminently** *adv.* (*fml.*) very; extremely: *~ly knowledgeable*

emir /e'mɪə(r); 'eɪmɪə(r)/ *n.* Muslim ruler. ▶ **emirate** /'emɪərət; 'emɪrət/ *n.* lands, etc. ruled by an emir.

emit /i'mɪt/ *v.* (**-tt-**) [T] (*fml.*) send out something such as light, heat, sound, gas, etc.: *~ radiation* ▶ **emission** /i'mɪʃn/ *n.* [U, C]

emoticon /ɪ'məʊtɪkən/ *n.* group of keyboard symbols that represent the expression on somebody's face, used in email, etc. to indicate the feelings of the person sending the message, e.g. :-) represents a smiling face.

emotion /ɪ'məʊʃn/ *n.* [C, U] strong feeling, e.g. love, fear, excitement, or hate. ▶ **emotional** /ɪ'məʊʃənl/ *adj.* **1** of the emotions. **2** causing emotion: *an ~al farewell* **3** showing (too much) emotion. ▶ **emotionally** *adv.*

emotive /i'məʊtɪv/ *adj.* causing strong feelings.

emperor /'empərə(r)/ *n.* ruler of an empire.

emphasis /'emfəsɪs/ *n.* [U, C] (*pl.* **-ases** /-əsiːz/) **1** special importance given to something. **2** extra force given to a word or words, esp. to show that it is important. ▶ **emphasize** (*also* **-ise**) /'emfəsaɪz/ *v.* [T] put emphasis on something. ▶ **emphatic** /ɪm'fætɪk/ *adj.* having or using emphasis. ▶ **emphatically** /-kli/ *adv.*

empire /'empaɪə(r)/ *n.* group of countries controlled by one ruler or government.

empirical /ɪm'pɪrɪkl/ *adj.* (of knowledge) based on experiments or experience rather than theory.

employ /ɪm'plɔɪ/ *v.* [T] **1** give work to somebody for payment. **2** (*fml.*) use something. ▶ **employable** *adj.* having the skills or experience that will make somebody want to employ you. ▶ **employee** /ɪm'plɔɪiː/ *n.* person who is paid to work for somebody. ▶ **employer** *n.* person or company that employs people. ▶ **employment** *n.* **1** [U, C] regular paid work; state of being employed. **2** [U] act of employing somebody.

empower /ɪm'paʊə(r)/ *v.* [T] (*fml.*) (*usu.* passive) give somebody the power or authority to do something.

empress /'emprəs/ *n.* female ruler of an empire; wife of an emperor.

empty /'empti/ *adj.* (**-ier, -iest**) **1** containing nothing or no one. **2** having no value or meaning: *~ utterances* ▶ **empties** *n.* [pl.] empty bottles or glasses. ▶ **emptiness** /'emptɪnəs/ *n.* [U, sing.] ● **empty** *v.* (*pt, pp* **-ied**) [I, T] become or make something empty. ■ **,empty-'handed** *adj.* bringing or taking nothing. ■ **,empty-'headed** *adj.* foolish; silly.

emu /'iːmjuː/ *n.* large Australian bird that cannot fly.

emulate /'emjuleɪt/ *v.* [T] (*fml.*) try to do something as well as somebody because you admire them. ▶ **emulation** /,emju'leɪʃn/ *n.* [U, C]

emulsion /ɪ'mʌlʃn/ *n.* [U, C] creamy liquid mixture, esp. paint.

enable /ɪ'neɪbl/ *v.* [T] **~to** make somebody able to do something.

enamel /ɪ'næml/ *n.* [U] **1** shiny substance that is melted onto metal, pots, etc. **2** hard covering of the teeth. ▶ **enamelled** (*US* **-l-**) *adj.* covered or decorated with enamel.

enamoured (*US* **-ored**) /ɪ'næməd/ *adj.* **~of/with** liking something a lot.

enchant /ɪn'tʃɑːnt/ *v.* [T] (*fml.*) attract somebody strongly. ▶ **enchanted** /ɪn'tʃɑːntɪd/ *adj.* placed under a magic spell. ▶ **enchanting** *adj.* attractive and pleasing. ▶ **enchantment** *n.* [U, C]

encircle /ɪn'sɜːkl/ *v.* [T] surround somebody/ something completely.

encl. *abbr.* (*business*) enclosed; used on business letters to show that another document is being sent in the same envelope.

enclave /'enkleɪv/ *n.* part of a country or a city surrounded by another.

enclose /ɪn'kləʊz/ *v.* [T] **1** build a wall, etc. round something. **2** put something in the same envelope as something else. ▶ **enclosure** /ɪn'kləʊʒə(r)/ *n.* **1** area of land surrounded by a fence or wall. **2** something put in the same envelope as a letter.

encode /ɪn'kəʊd/ *v.* [T] **1** convert ordinary language into letters, symbols, etc. in order to send secret messages. **2** (*computing*) convert information into a form that can be processed by a computer.

encore /'ɒŋkɔː(r)/ *exclam., n.* (used by an audience to ask for a) repeated performance.

encounter /ɪn'kaʊntə(r)/ *v.* [T] (*fml.*) meet something/ somebody difficult or unexpected. ● **encounter** *n.* unexpected (*esp.* unpleasant) meeting.

encourage /ɪn'kʌrɪdʒ/ *v.* [T] give somebody support, confidence, or hope: *They ~d him to participate.* ▶ **encouragement** *n.* [U, C] ▶ **encouraging** *adj.*

encroach /ɪn'krəʊtʃ/ *v.* [I] **~(on)** (*fml.*) go beyond what is right or natural: *~ on somebody's property*

encyclopedia (*also* **-paedia**) /ɪn,saɪklə'piːdiə/

n. book(s) or a CD-ROM giving information on all subjects or on one subject, usu. in alphabetical order. ▶ **encyclopedic** (*also* **-paedic**) /-'piːdɪk/ *adj.* complete and thorough.

end /end/ *n.* **1** point where something stops; last part of something: *at the ~ of the decade* **2** small piece that remains: *cigarette ~s* **3** aim or purpose: *with a specific ~ in view* [IDM] **in the end** at last; finally. **make (both) ends meet** earn just enough money to live on. **no end of something** (*spoken*) a lot of something. **on end 1** upright. **2** continuously: *disappear for days on ~* **put an end to something** stop something. ● **end** *v.* [I, T] (cause something to) finish. [PV] **end up** reach a certain place or state finally. ▶ **ending** /'endɪŋ/ *n.* last part of a word, story, etc. ▶ **endless** /'endləs/ *adj.* having no end. ▶ **endlessly** *adv.*

endanger /ɪn'deɪndʒə(r)/ *v.* [T] cause danger to somebody/something.

endear /ɪn'dɪə(r)/ *v.* [T] [PV] **endear somebody/yourself to somebody** make somebody/yourself popular. ▶ **endearment** *n.* [C, U] expression of affection.

endeavour (*US* **-or**) /ɪn'devə(r)/ *v.* [I] **~to** (*fml.*) try to do something. ● **endeavour** *n* [U, C] (*fml.*) attempt to do something, esp. something new or difficult.

endemic /en'demɪk/ *adj.* often found in a particular place: *Poverty and starvation are ~ in many underdeveloped countries.*

endive /'endaɪv' -dɪv/ (*US*) = CHICORY

endorse /ɪn'dɔːs/ *v.* [T] **1** approve of or support somebody/something publicly. **2** write your name on the back of a cheque. **3** (*GB*) (*usu.* passive) record a driving offence on a driving licence. ▶ **endorsement** *n.* [C, U]

endow /ɪn'daʊ/ *v.* [T] give money that provides a regular income for a school, project, etc. [PV] **be endowed with something** naturally have a particular feature, quality, talent, etc. ▶ **endowment** *n.* [C, U]

endure /ɪn'djʊə(r)/ *v.* **1** (*written*) [T] suffer pain, etc. patiently. **2** [I] (*fml.*) continue to exist for a long time. ▶ **endurance** *n.* [U] ability to endure something. ▶ **enduring** *adj.* lasting.

enemy /'enəmi/ *n.* (*pl.* **-ies**) **1** [C] person who hates somebody or who acts against somebody/something. **2** (**the enemy**) [sing., with sing. or pl. verb] (armed forces of a) country that you are fighting against.

energy /'enədʒi/ *n.* **1** [U] ability to act or work with strength or enthusiasm. **2** (**energies**) [pl.] physical and mental effort you use to do something. **3** [U] power used for operating machinery, etc.: *nuclear ~* ▶ **energetic** /ˌenə'dʒetɪk/ *adj.* having or needing a lot of energy and enthusiasm. ▶ **energetically** /-kli/ *adv.*

enfold /ɪn'fəʊld/ *v.* [T] (*fml.*) hold somebody in your arms.

enforce /ɪn'fɔːs/ *v.* [T] force people to obey a law, order, etc. ▶ **enforceable** *adj.* ▶ **enforcement** *n.* [U]

engage /ɪn'geɪdʒ/ *v.* **1** [T] (*fml.*) succeed in keeping your attention and interest. **2** [T] (*fml.*) employ somebody. **3** [I, T] (of parts of a machine) fit (something) together. [PV] **engage (somebody) in something** (make somebody) take part in something. ▶ **engaged** *adj.* **1** having agreed to marry somebody. **2** being used; busy. ▶ **engagement** *n.* **1** agreement to marry somebody. **2** arrangement to do something at a particular time. **3** (*fml.*) battle. ▶ **engaging** *adj.* pleasant; charming.

engine /'endʒɪn/ *n.* **1** machine that changes energy into movement. **2** vehicle that pulls a train.

engineer /ˌendʒɪ'nɪə(r)/ *n.* **1** person who designs machines, bridges, railways, etc. **2** person whose job is to control and repair engines. ▶ **engineer** *v.* [T] arrange something, esp. secretly or indirectly. ▶ **engineering** *n.* [U] work of an engineer; study of engineering as a subject.

English /'ɪŋglɪʃ/ *n.* **1** [U] the English language. **2** (**the English**) [pl.] the people of England. ▶ **English** *adj.*

engrave /ɪn'greɪv/ *v.* [T] **~A on B/B (with A)** cut words or designs on a hard surface. [IDM] **be engraved on/in your heart, memory, mind, etc.** be something that you will never forget because it affected or touched you so strongly. ▶ **engraver** *n.* person whose job is to cut words or designs on wood, metal, etc. ▶ **engraving** *n.* **1** [C] picture printed from an engraved metal plate. **2** [U] work of an engraver.

engross /ɪn'ɡrəʊs/ *v.* [T] (*usu.* passive) take all somebody's attention: *~ed in her books*

engulf /ɪn'ɡʌlf/ *v.* [T] (*written*) surround or cover somebody/something completely: *The town was ~ed in mist.*

enhance /ɪn'hɑːns/ *v.* [T] improve the good qualities of somebody/something. ▶ **enhancement** *n.* [U, C]

enigma /ɪ'nɪɡmə/ *n.* mystery. ▶ **enigmatic** /ˌenɪɡ'mætɪk/ *adj.* ▶ **enigmatically** /-kli/ *adv.*

enjoy /ɪn'dʒɔɪ/ *v.* [T] **1** get pleasure from something. **2 ~yourself** be happy. **3** (*written*) be lucky to have something: *~ the good weather* ▶ **enjoyable** *adj.* pleasant. ▶ **enjoyably** *adv.* ▶ **enjoyment** *n.* [U, C]

enlarge /ɪnˈlɑːdʒ/ v. [I, T] become or make something bigger. [PV] **enlarge on/upon something** (fml.) say or write more about something. ▶ **enlargement** n. [C, U]

enlighten /ɪnˈlaɪtn/ v. [T] give somebody more knowledge or understanding of something. ▶ **enlightenment** n. [U]

enlist /ɪnˈlɪst/ v. **1** [T] persuade somebody to help you or join you in doing something. **2** [I, T] (make somebody) join the armed forces. ▶ **enlistment** n. [U, C]

enormity /ɪˈnɔːməti/ n. (pl. -ies) **1** [U] very great size, scale, effect, etc. of something **2** [C, usu. pl.] (fml.) very serious crime.

enormous /ɪˈnɔːməs/ adj. very large. ▶ **enormously** adv. very; very much.

enough /ɪˈnʌf/ det., pron. as many or as much as somebody needs or wants: *I've got ~ money with me.* ● **enough** adv. sufficiently: *not good ~* [IDM] **funnily, oddly, strangely, etc. enough** used to show that something is very surprising.

enquire (also **inquire**) /ɪnˈkwaɪə(r)/ v. [I, T] **~(about)** ask somebody for information about something: *~ about the theatre timings* [PV] **enquire after somebody** ask about somebody's health. **enquire into something** investigate something. ▶ **enquiring** adj. showing an interest in learning: *an enquiring mind*

enquiry (also **inquiry**) /ɪnˈkwaɪəri/ n. (pl. -ies) **1** [C] request for information about something; investigation. **2** [U] act of asking questions or collecting information about somebody/something.

enrage /ɪnˈreɪdʒ/ v. [T] (written) make somebody very angry.

enrich /ɪnˈrɪtʃ/ v. [T] **1 ~(with)** improve something by adding something to it: *~ your diet with vitamins* **2** make somebody/something richer. ▶ **enrichment** n. [U]

enrol (esp. US **enroll**) /ɪnˈrəʊl/ v. (-ll-) [I, T] become or make somebody a member of a college or course. ▶ **enrolment** (US **enrollment**) n. [U, C]

en route /ˌɒ̃ˈruːt; ˌɒn/ adv. (GB) (from French) on the way.

ensemble /ɒnˈsɒmbl/ n. **1** group of things considered as a whole. **2** small group of musicians who often play together.

ensign /ˈensən/ n. **1** ship's flag. **2** junior officer in the US navy.

ensue /ɪnˈsjuː/ v. [I] (written) happen after or as a result of another event.

en suite /ˌɒ̃ˈswiːt/ adj., adv. (GB) (of a bathroom) joined onto a bedroom and for use only by people in that bedroom.

ensure (esp. US **insure**) /ɪnˈʃʊə(r); -ˈʃɔː(r)/ v. [T] make certain of something.

entail /ɪnˈteɪl/ v. [T] involve something that cannot be avoided: *Your plan ~s some degree of risk.*

entangled /ɪnˈtæŋgld/ adj. **~(in)** twisted or caught in something. ▶ **entanglement** n. [C, U]

enter /ˈentə(r)/ v. **1** [I, T] (fml.) come or go into something. **2** [T] become a member of an institution; join a profession: *~ university* **3** [T] write details of somebody/something in a book or list. **4** [I, T] take part in a competition, examination, etc. [PV] **enter into something 1** begin to deal with something. **2** take an active part in something; form part of something. **enter on/upon something** (fml.) begin something.

enterprise /ˈentəpraɪz/ n. **1** [C] company or business. **2** [C] large (esp. difficult) project. **3** [U] business activity: *private ~* **4** [U] ability to think of new projects; resourcefulness. ▶ **enterprising** adj. having or showing enterprise (4)

entertain /ˌentəˈteɪn/ v. **1** [I, T] invite people to eat or drink with you in your home. **2** [I, T] amuse and interest somebody. **3** [T] (fml.) consider an idea, a hope, feeling, etc. ▶ **entertainer** n. person whose job is to amuse or interest people, e.g. by acting ▶ **entertaining** adj. amusing. ▶ **entertainment** n. **1** [U, C] films, music, games, etc. used to entertain people. **2** [U] act of entertaining somebody.

enthral (esp. US **enthrall**) /ɪnˈθrɔːl/ v. (-ll-) [T] capture somebody's complete attention.

enthuse /ɪnˈθjuːz/ v. [I] **~(about/over)** talk about something with great enthusiasm.

enthusiasm /ɪnˈθjuːziæzəm/ n. [U] great excitement or interest in something and a desire to become involved in it. ▶ **enthusiast** /ɪnˈθjuːziæst/ n. person with a strong interest in something. ▶ **enthusiastic** /ɪnˌθjuːziˈæstɪk/ adj. full of enthusiasm. ▶ **enthusiastically** /-kli/ adv.

entice /ɪnˈtaɪs/ v. [T] persuade somebody/something to go somewhere or do something, by offering them something. ▶ **enticement** n. [C, U]

entire /ɪnˈtaɪə(r)/ adj. complete. ▶ **entirely** adv. ▶ **entirety** /-rəti/ n. [U]

entitle /ɪnˈtaɪtl/ v. [T] **1 ~to** give somebody the right to have or do something. **2** give a title to a book, etc. ▶ **entitlement** n. [U, C]

entity /ˈentəti/ n. (pl -ies) (fml.) something that has a separate existence.

entourage /ˈɒntʊrɑːʒ/ n. [C, with sing. or pl. verb] people who travel with an important person.

entrance[1] /ˈentrəns/ n. **1** [C] door, gate, etc. used for entering a room, building, or place.

2 [C, usu. sing.] act of entering. **3** [U] right to enter a building or place.

entrance² /ɪnˈtrɑːns/ v. [T] make somebody feel great pleasure and give somebody/something all their attention: *~d by the lyrics*

entrant /ˈentrənt/ n. person who enters a competition, profession, etc.

entreat /ɪnˈtriːt/ v. [T] (*fml.*) ask somebody to do something in a serious way. ▶ **entreaty** n. [C, U] (*pl* **-ies**) serious, often emotional, request.

entrenched /ɪnˈtrentʃt/ adj. (of ideas, beliefs, etc.) firmly fixed.

entrepreneur /ˌɒntrəprəˈnɜː(r)/ n. person who starts a business.

entrust /ɪnˈtrʌst/ v. [T] **~with**| **~to** give something to somebody to look after: *the responsibility to him.* ◇ *~ him with the job.*

entry /ˈentri/ n. (*pl* **-ies**) **1** [C] act of coming or going in a place. **2** [U] right to take part in or join something. **3** [C] item written in a dictionary, diary, etc. **4** [C] door, gate, or passage where you enter a building.

enumerate /ɪˈnjuːməreɪt/ v. [T] name things on a list one by one.

enunciate /ɪˈnʌnsieɪt/ v. [I, T] say words clearly. ▶ **enunciation** /ɪˌnʌnsiˈeɪʃn/ n. [U]

envelop /ɪnˈveləp/ v. [I] wrap somebody/something up or cover them or it completely.

envelope /ˈenvələʊp; ˈɒn-/ n. paper covering for a letter.

enviable /ˈenviəbl/ adj. desirable; causing envy.

envious /ˈenviəs/ adj. feeling or showing envy. ▶ **enviously** adv.

environment /ɪnˈvaɪrənmənt/ n. **1** [C, U] physical conditions that somebody/something exists in. **2** (**the environment**) [sing.] the natural world in which people, plants, and animals live. ▶ **environmental** /ɪnˌvaɪrənˈmentl/ adj. ▶ **environmentalist** /ɪnˌvaɪrənˈmentəlɪst/ n. person concerned with the protection of the environment(2). ▶ **environmentally** /-təli/ adv.: *~ally friendly packaging.*

envisage /ɪnˈvɪzɪdʒ/ v. [T] have an idea of something as a future possibility.

envoy /ˈenvɔɪ/ n. messenger or representative of a government or an organization.

envy /ˈenvi/ n. [U] feeling of wanting something that somebody else has. [IDM] **be the envy of somebody/something** be a person or thing that others admire and that causes envy. ● **envy** v. (*pt, pp* **-ied**) [T] wish you had the same qualities, possessions, achievements, etc. as somebody else.

enzyme /ˈenzaɪm/ n. chemical substance formed in living cells that causes chemical change.

epaulette (*esp. US* **-let**) /ˈepəlet/ n. decoration on the shoulder of a uniform.

ephemeral /ɪˈfemərəl/ adj. lasting for a very short time.

epic /ˈepɪk/ n. long poem, film, etc. about the actions of great heroes. ● **epic** adj. impressive; grand.

epidemic /ˌepɪˈdemɪk/ n. disease that spreads quickly among many people.

epilepsy /ˈepɪlepsi/ n. [U] disease that causes somebody to become unconscious and to have violent fits. ▶ **epileptic** /ˌepɪˈleptɪk/ adj., n.

epilogue (*US* **-log**) /ˈepɪlɒg/ n. last part of a book or play.

episode /ˈepɪsəʊd/ n. **1** one important event or period of time in somebody's life. **2** one of several parts of a story on television, in newspaper, etc.

epitaph /ˈepɪtɑːf/ n. words on a tombstone.

epithet /ˈepɪθet/ n. adjective used to describe somebody.

epitome /ɪˈpɪtəmi/ n. person or thing that is the perfect example of a quality or type: *She is the ~ of the modern woman.* ▶ **epitomize** (*also* **-ise**) /ɪˈpɪtəmaɪz/ v. [T] be a perfect example of something.

epoch /ˈiːpɒk/ n. period of time marked by important developments or characteristics.

equable /ˈekwəbl/ adj. moderate; not changing much: *an ~ climate*

equal /ˈiːkwəl/ adj. **1** the same in size, number, power, value, etc. **2** **~to** having the ability or strength for something: *~ to the task* ● **equal** n. person or thing equal to another. ● **equal** v. (**-ll-** *US* **-l-**) [T] be equal to somebody/somebody. ▶ **equality** /iˈkwɒləti/ n. [U] fact of being equal in rights, status, advantages, etc. ▶ **equalize** (*also* **-ise**) v. [I, T] become or make somebody/something equal. ▶ **equally** adv. **1** to the same degree; in the same way. **2** in equal parts, amounts, etc.

equate /ɪˈkweɪt/ v. [T] consider something to be the same or as important as something else: *You cannot ~ the two situations.*

equation /ɪˈkweɪʒn/ n. (*maths*) statement that two amounts or values are equal: $2a + 3 = 7$ *is an ~.*

equator /ɪˈkweɪtə(r)/ n. (**the equator**) [sing.] imaginary line round the earth, halfway between the North and South Poles. ▶ **equatorial** /ˌekwəˈtɔːriəl/ adj.

equestrian /ɪˈkwestriən/ adj. connected with horse riding.

equilibrium /ˌiːkwɪˈlɪbriəm; ˌek-/ n. [U, sing.] (*fml.*) state of being balanced.

equinox /ˈiːkwɪnɒks; ˈek-/ n. one of the two times in the year when day and night are of

equal length: *the autumn ~*
equip /ɪˈkwɪp/ v. (-pp-) [T] **~(with)** supply somebody with something needed for a particular purpose. ▶ **ˈequipment** n. [U] things needed for a particular purpose: *laboratory ~ment*

equitable /ˈekwɪtəbl/ adj. fair and reasonable. ▶ **equitably** adv.

equity /ˈekwəti/ n. **1** value of a company's shares; value of a property after all debts have been paid. **2 (equities)** [pl.] shares in a company on which fixed interest is not paid. **3** [U] (*fml.*) fairness.

equivalent /ɪˈkwɪvələnt/ adj., n. (thing) that is equal in value, amount, capacity, importance, etc. to something else.

equivocal /ɪˈkwɪvəkl/ adj. (*fml.*) not having one clear or definite meaning: *an ~ remark* ▶ **equivocate** /ɪˈkwɪvəkeɪt/ v. [I] (*fml.*) speak about something in a way that is not clear in order to hide the truth.

era /ˈɪərə/ n. period in history marked by an important event, reign, or development.

eradicate /ɪˈrædɪkeɪt/ v. [T] destroy something bad. ▶ **eradication** /-ˈkeɪʃn/ n. [U]

erase /ɪˈreɪz/ v. [T] remove something completely: *~ the incident from your mind.* ▶ **eraser** n. (*esp. US*) = RUBBER(2)

erect /ɪˈrekt/ v. [T] **1** (*fml.*) build something. **2** fix or set something upright: *~ a post* ● **erect** adj. in an upright position: *stand ~* ▶ **erection** /ɪˈrekʃn/ n. **1** [C] swelling and hardening of a man's penis. **2** [U] (*fml.*) act of erecting something. **3** [C] (*fml.*) building.

erode /ɪˈrəʊd/ v. [T] (of the sea, wind, *etc.*) gradually destroy the surface of something. ▶ **erosion** /ɪˈrəʊʒn/ n. [U]

erotic /ɪˈrɒtɪk/ adj. causing sexual excitement.

err /ɜː(r)/ v. [I] (*old-fash., fml.*) make a mistake.

errand /ˈerənd/ n. short journey, e.g. to fetch something from a place or person.

erratic /ɪˈrætɪk/ adj. not regular or reliable. ▶ **erratically** /-kli/ adv.

erroneous /ɪˈrəʊniəs/ adj. (*fml.*) (of beliefs, judgement, *etc.*) incorrect.

error /ˈerə(r)/ n. [C, U] mistake: *The mechanical failure was due to human ~.*

erudite /ˈeruːdaɪt/ adj. (*fml.*) having or showing great knowledge.

erupt /ɪˈrʌpt/ v. [I] **1** (of a volcano) throw out lava. **2** break out violently: *A state of unrest ~ed in the country.* ▶ **eruption** /ɪˈrʌpʃn/ n. [C, U]

escalate /ˈeskəleɪt/ v. [I, T] become or make something bigger or more serious. ▶ **escalation** /ˌeskəˈleɪʃn/ n. [C, U]

escalator /ˈeskəleɪtə(r)/ n. moving staircase for carrying people up or down.

escapade /ˈeskəpeɪd/ n. exciting and possibly dangerous adventure.

escape /ɪˈskeɪp/ v. **1** [I] **~(from)** get free from prison or somebody's control. **2** [I, T] get away from something unpleasant. **3** [I] **~(from)** (of gases, liquids, *etc.*) find a way out. **4** [T] be forgotten or not noticed: *The memory ~s me* (= I can't remember it). ● **escape** n. **1** [C, U] act or method of escaping from somewhere. **2** [C] leaking of a gas or liquid. ▶ **escapism** n. [U] engage in activity that helps you forget your problems, etc. ▶ **escapist** adj.

escort /ˈeskɔːt/ n. person or group of people or vehicles that travel with somebody to protect them. ● **escort** /ɪˈskɔːt/ v. [T] go with somebody as an escort.

esophagus (*US*) = OESOPHAGUS

esoteric /ˌesəˈterɪk; ˌiːsə-/ adj. (*fml.*) understood by only a small group of people with a specialized knowledge.

especially /ɪˈspeʃəli/ adj. (*abbr.* **esp.**) **1** in particular: *I love walking, ~ in the woods.* **2** for a particular purpose, person, etc. **3** very much; to a great degree: *This is ~ true of the youth.*

espionage /ˈespiənɑːʒ/ n. [U] activity of spying.

essay /ˈeseɪ/ n. short piece of writing on one subject. ▶ **essayist** n. writer of essays.

essence /ˈesns/ n. **1** [U] most important quality of something. **2** [C, U] flavouring in concentrated liquid form. [IDM] **in essence** really, basically.

essential /ɪˈsenʃl/ adj. **1** extremely important; completely necessary. **2** fundamental: *an ~ part of the country life* ● **essential** n. [C, usu. pl.] most important or necessary thing: *I always carry the bare ~s.* ▶ **essentially** /ɪˈsenʃəli/ adv. basically or really.

establish /ɪˈstæblɪʃ/ v. [T] **1** start or create a business, system, etc. meant to last for a long time. **2** settle yourself firmly in a position or activity. **3** show a fact, etc. to be true; prove. ▶ **establishment** n. **1** [C] (*fml.*) organization, large institution, or a hotel. **2** (*usu.* **the Establishment**) [sing., with sing. or pl. verb] often (*disapprov.*) people in positions of power. **3** [U] act of starting or creating something.

estate /ɪˈsteɪt/ n. **1** land in the country, with one owner. **2** (*GB*) large area of land with factories or houses on it: *an industrial ~* **3** (*law*) all of a person's money and property, esp. after their death. ■ **eˈstate agent** n. person who buys and sells houses for others.
■ **eˈstate car** n. car with an area for luggage behind the back seats and a door at the back.

esteem /ɪˈstiːm/ n. [U] (*fml.*) good opinion; respect. ● **esteem** v. [T] (*fml.*) respect somebody/something greatly.

esthetic (*US*) = AESTHETIC

estimate /ˈestɪmeɪt/ v. [T] form an idea of the cost, size, schedule, value, etc. of something, but without calculating it exactly. ●
estimate /ˈestɪmət/ n. approximate calculation of cost, size, etc. of something. ▶ **estimation** /ˌestɪˈmeɪʃn/ n. [U] judgement or opinion about value or quality of somebody/ something.
estuary/ˈestʃuəri/ n. (pl. **-ies**) mouth of a river into which the tide flows.
etc /ˌet ˈsetərə; ˌɪt-/ abbr. (short for 'et cetera') and other similar things; and the rest.
etch /etʃ/ v. [I, T] cut lines into a piece of glass, metal, stone, etc. in order to make words or a picture. ▶ **etching** n. [C, U] picture printed from an etched metal plate; art of making these pictures.
eternal /ɪˈtɜːnl/ adj. **1** lasting for ever. **2** (disapprov.) seeming never to stop. ▶ **eternally** /ɪˈtɜːnəli/ adv.
eternity /ɪˈtɜːnəti/ n. **1** [U] (fml.) time without end, esp. after death. **2 (an eternity)** [sing.] (infml.) a very long time.
ether /ˈiːθə(r)/ n. [U] colourless liquid made from alcohol. ▶ **ethereal** /iˈθɪəriəl/ adj. very delicate and light.
Ethernet /ˈiːθənet/ n. [U] system for connecting a number of computer systems to form a network.
ethic /ˈeθɪk/ n. **1 (ethics)** [pl.] moral principles. **2** [sing.] system of moral principles: work ~ **3 (ethics)** [U] study of moral principles. ▶ **ethical** adj. **1** of morals. **2** morally correct. ▶ **ethically** adv. /-kli/
ethnic /ˈeθnɪk/ adj. of a national, racial, or tribal group. ▶ **ethnically** /-kli/ adv.
etiquette /ˈetɪket/ n. [U] rules for polite behaviour in society.
etymology/ˌetɪˈmɒlədʒi/ n. [U] study of the history of words.
eucalyptus/ˌjuːkəˈlɪptəs/ n. tall evergreen tree from which an oil, used as medicine, is obtained.
euphemism /ˈjuːfəmɪzəm/ n. [C, U] use of an indirect word or phrase to express something unpleasant: 'Physically challenged' is a ~ for 'physically handicapped'. ▶ **euphemistic** /ˌjuːfəˈmɪstɪk/ adj.
euphoria /juːˈfɔːriə/ n. [U] feeling of great happiness and excitement. ▶ **euphoric** /juːˈfɒrɪk/ adj.
euro /ˈjʊərəʊ/ (pl. ~s) n. (symb. €) (since 1999) unit of money of many countries of the European Union.
Euro- /ˈjʊərəʊ/ prefix of Europe or the European Union.
euthanasia /ˌjuːθəˈneɪziə/ n. [U] painless killing of people who have a painful, incurable disease.

evacuate /ɪˈvækjueɪt/ v. [T] move people from a place of danger to a safer place: ~ the island ▶ **evacuation** /ɪˌvækjuˈeɪʃn/ n. [C, U]
evade /ɪˈveɪd/ v. [T] **1** escape from or avoid meeting somebody/something. **2** find a way of not doing or dealing with something: ~ (answering) my calls
evaluate /ɪˈvæljueɪt/ v. [T] decide on the value or quality of something. ▶ **evaluation** /ɪˌvæljuˈeɪʃn/ n. [C, U]
evangelical /ˌiːvænˈdʒelɪkl/ adj. of a Christian group that emphasizes salvation by belief in Christ.
evangelist /ɪˈvændʒəlɪst/ n. **1** person who travels around holding meetings to persuade people to become Christians. **2** one of the four writers of the Gospels in the Bible. ▶ **evangelistic** /ɪˌvændʒəˈlɪstɪk/ adj.
evaporate /ɪˈvæpəreɪt/ v. **1** [I, T] (cause a liquid to) change into gas, esp. steam, and disappear. **2** [I] gradually disappear. ▶ **evaporation** /ɪˌvæpəˈreɪʃn/ n. [U]
evasion /ɪˈveɪʒn/ n. [C, U] act of avoiding somebody/something. ▶ **evasive** /ɪˈveɪsɪv/ adj. not willing to give clear answers to a question. ▶ **evasively** adv.
eve /iːv/ n. [C, usu. sing.] day before an event, esp. a religious festival: New Year's E~
even¹ /ˈiːvn/ adv. **1** used for emphasizing something unexpected or surprising: E~ a child can solve it (= so adults certainly should be able to). **2** used to make a comparison between two things stronger: This is an ~ more interesting chapter. [IDM] **even if/though** in spite of the fact that: I'll join you ~ if I don't feel better. **even now/then** in spite of what (had) happened: I reminded him twice, but ~ then he forgot.
even² /ˈiːvn/ adj. **1** level and smooth: an ~ surface **2** not changing much in amount, speed, degree, etc.: an ~ temperament **3** (of amounts) equal or the same for each person, team, etc. **4** (of two people or teams) equally balanced: The two teams are very ~. **5** (of numbers) that can be divided by two. [IDM] **be/get even (with somebody)** (infml.) cause somebody the same amount of harm as they have caused you. **on an even keel** calm, with no sudden changes. ● **even** v. [PV] **even (something) out/up** become or make something level, equal, or balanced. ■ **,even 'handed** adj. fair. ▶ **evenly** adv. ▶ **evenness** n. [U] ■ **,even-'tempered** adj. not easily made angry.
evening /ˈiːvnɪŋ/ n. [C, U] part of the day between the afternoon and bedtime. ■ **'evening dress** n. **1** [U] clothes worn for formal occasions in the evening. **2** [C]

woman's long formal dress.
event /ɪ'vent/ n. **1** something that happens, esp. something important. **2** one race, competition, etc. in a sports programme. [IDM] **at all events** whatever happens. **in the event of something** (fml.) if something happens. ▶ **eventful** /ɪ'ventfl/ adj. full of interesting or important events.
eventual /ɪ'ventʃuəl/ adj. happening at the end of a period of time or of a process. ▶ **eventuality** /ɪ,ventʃu'æləti/ n. (pl. -ies) (fml.) possible event or result. ▶ **eventually** adv. in the end: They ~ly relented.
ever /'evə(r)/ adv. **1** at any time: Nothing ~ perturbs here. ◇ Do you ~ hope to achieve something? ◇ the best book I ~ read **2** all the time or every time; always: the ~-increasing cost of living ◇ He said he'd love me for ~. **3** (used for showing surprise in questions): What ~ are you implying? [IDM] **ever since** (...) continuously since the time mentioned: She's been extremely busy ~ since the new project began. **ever so/such a** (spoken, esp. GB) very; really: ~ so kind
evergreen /'evəgri:n/ n., adj. (tree or bush) that has green leaves throughout the year.
everlasting /,evə'lɑ:stɪŋ/ adj. lasting for ever.
every /'evri/ adj. **1** each (one): E~ person is entitled to basic human rights. **2** all possible: I have ~ reason to protest the decision. **3** used for showing that something happens regularly: She goes on vacation ~ year. [IDM] **every other** each alternate one: ~ other day (= Monday, Wednesday, and Friday, etc.) ■ **'everybody** (also **'everyone**) pron. every person; all people. ■ **'everyday** adj. ordinary; daily. ■ **'everything** pron. all things: E~ needs to be considered. ■ **'everywhere** adv. in or to every place.
evict /ɪ'vɪkt/ v. [T] force somebody to leave a house or land, esp. by official authority of the law. ▶ **eviction** /ɪ'vɪkʃn/ n. [C, U]
evidence /'evɪdəns/ n. [U] **1** facts, signs, or objects that make you believe something is true. **2** information used in a law court to try to prove something: You'll need to give stronger ~ than this. [IDM] **(be) in evidence** (be) present and clearly seen.
evident /'evɪdənt/ adj. plain and clear; obvious. ▶ **evidently** adv.
evil /'i:vl/ adj. wicked; cruel. ● **evil** n. (fml.) **1** [U] force that causes wicked things to happen. **2** [C, usu. pl.] very bad or harmful thing: the ~s of bad company ▶ **evilly** /'i:vəli/ adv.
evocative /ɪ'vɒkətɪv/ adj. that brings memories, feelings, etc. of something: an ~ song
evoke /ɪ'vəʊk/ v. [T] produce a memory, feeling, etc.

evolution /,i:və'lu:ʃn/ n. [U] (theory of) gradual development, esp. of animals and plants, from earlier simpler forms.
evolve /ɪ'vɒlv/ v. [I, T] (cause something to) develop gradually.
ewe /ju:/ n. female sheep.
exacerbate /ɪg'zæsəbeɪt/ v. [T] (fml.) make something worse, esp. a disease or problem.
exact[1] /ɪg'zækt/ adj. correct in every detail; precise: the ~ circumstance ▶ **exactitude** /-ɪtju:d/ n. [U] (fml.) correctness. ▶ **exactly** adv. **1** precisely. **2** used to agree with what somebody just said. ▶ **exactness** n. [U]
exact[2] /ɪg'zækt/ v. [T] (fml.) demand and obtain something from somebody: to ~ a commitment from her ▶ **exacting** adj. requiring or demanding hard work and care.
exaggerate /ɪg'zædʒəreɪt/ v. [I, T] make something seem better, larger, etc. than it really is. ▶ **exaggeration** /ɪg,zædʒə'reɪʃn/ n. [C, U]
exam /ɪg'zæm/ n. short for EXAMINATION (1)
examination /ɪg,zæmɪ'neɪʃn/ n. **1** [C] (fml.) formal test of knowledge or ability, esp. at school: take an ~ **2** [U, C] action of looking at or considering something carefully.
examine /ɪg'zæmɪn/ v. [T] **1** consider or study an idea, proposal, subject, etc. carefully. **2** look at somebody/ something to see if there is anything wrong. **3** question somebody in order to test their knowledge or ability. ▶ **examiner** n. person who tests knowledge or ability.
example /ɪg'zɑ:mpl/ n. **1** fact, thing, etc. that shows a general rule or represents a group: an ~ of Renaissance art **2** person or quality to be copied: His life is an ~ to us all. [IDM] **for example** (abbr. e.g.) used to emphasize something that explains or supports what you are saying: Cook a simple meal, for ~ soup and beans. **make an example of somebody** punish somebody as a warning to others.
exasperate /ɪg'zæspəreɪt/ v. [T] annoy somebody very much. ▶ **exasperation** /ɪg,zæspə'reɪʃn/ n. [U]
excavate /'ekskəveɪt/ v. [T] make or uncover something by digging in the ground: ~ ancient artefacts ▶ **excavation** /,ekskə'veɪʃn/ n. [C, U] ▶ **excavator** n. person or machine that excavates something.
exceed /ɪk'si:d/ v. [T] (fml.) **1** be greater than a particular number or amount. **2** go beyond a limit or rule: ~ the speed limit (= drive faster than is allowed) ▶ **exceedingly** adv. (fml.) extremely.
excel /ɪk'sel/ v. (-ll-) [I] **~at/in** be very good at something.
Excellency /'eksələnsi/ n. (pl. **-ies**) title of some officials, e.g. ambassadors or gover-

nors.
excellent /'eksələnt/ *adj.* very good. ▶ **excellence** /-ləns/ *n.* [U] ▶ **excellently** *adv.*
except /ɪk'sept/ *prep.* not including; apart from: *I like all fruits ~ mango.* ● **except** *v.* [T] (*fml.*) (*usu.* passive) not include somebody/something.
exception /ɪk'sepʃn/ *n.* person, thing, etc. that is not included. [IDM] **make an exception (of somebody/something)** treat somebody/something as a special case. **take exception to something** be annoyed by something. **with the exception of** except; not including. ▶ **exceptional** /-ʃənl/ *adj.* very good; unusual. ▶ **exceptionally** /-ʃənəli/ *adv.*
excerpt /'eksɜːpt/ *n.* piece taken from a book, film, speech, etc.
excess /ɪk'ses/ *n.* 1 [sing.] **~of** more than is necessary, reasonable, or acceptable: *an hike in ~ of* (= more than) *10%.* ◊ *drink to ~* (= too much) 2 (**excesses**) [pl.] (*fml.*) unacceptable, illegal, or immoral behaviour. ● **excess** /'ekses/ *adj.* in addition to the usual or legal amount: *~ alcohol* ▶ **excessive** *adj.* too much. ▶ **excessively** *adv.*
exchange /ɪks'tʃeɪndʒ/ *v.* [T] give and receive something in return: *~ old furniture for money* ● **exchange** *n.* 1 [C, U] act of exchanging something. 2 [C] (angry) conversation. 3 [U] process of changing an amount of one currency for an equal value of another: *the ~ rate* ◊ *avail a good rate of ~* 4 [C] place where people meet for business: *the New York Stock E~* 5 = TELEPHONE EXCHANGE
exchequer /ɪks'tʃekə(r)/ *n.* (**the Exchequer**) [sing.] (*GB*) government department in charge of public money: *the Chancellor of the E~* (= the minister at the head of this department)
excise /'eksaɪz/ *n.* [U] tax on certain goods produced inside a country.
excite /ɪk'saɪt/ *v.* [T] 1 cause strong, esp. pleasant, feelings in somebody. 2 cause a particular feeling or response in somebody. ▶ **excitable** *adj.* easily excited. ▶ **excited** *adj.* full of strong, happy feelings. ▶ **excitedly** *adv.* ▶ **excitement** *n.* [U, C] ▶ **exciting** *adj.* causing great interest and excitement.
exclaim /ɪk'skleɪm/ *v.* [I, T] (**written**) say something suddenly or loudly, esp. because of strong emotion or pain. ▶ **exclamation** /ˌekskləˈmeɪʃn/ *n.* sound(s) or word(s) exclaimed. ■ **excla'mation mark** (*US* **excla'mation point**) *n.* mark (!) written after an exclamation.
exclude /ɪk'skluːd/ *v.* [T] 1 deliberately not include somebody/something; keep somebody/something out of something. 2 decide that something is not possible: *A vital part was ~d from the evidence.* ▶ **exclusion** /ɪk'skluːʒn/ *n.* [U, C]
exclusive /ɪk'skluːsɪv/ *adj.* 1 only to be used by or given to one particular person or group. 2 (of a group) admitting only carefully chosen people. 3 of a high quality and expensive, and therefore not used by many people. ● **exclusive** *n.* report published by only one newspaper. ▶ **exclusively** *adv.* only.
excommunicate /ˌekskəˈmjuːnɪkeɪt/ *v.* [T] exclude somebody from the Christian church. ▶ **excommunication** /ˌekskəˌmjuːnɪˈkeɪʃn/ *n.* [U, C]
excrement /'ekskrɪmənt/ *n.* [U] (*fml.*) solid waste matter from the body.
excrete /ɪk'skriːt/ *v.* [T] pass solid waste matter from the body.
excruciating /ɪk'skruːʃieɪtɪŋ/ *adj.* very painful. ▶ **excruciatingly** *adv.*
excursion /ɪk'skɜːʃn/ *n.* short journey, esp. for pleasure.
excuse /ɪk'skjuːs/ *n.* reason given to explain or defend your behaviour. ▶ **excusable** /ɪk'skjuːzəbl/ *adj.* forgivable. ● **excuse** /ɪk'skjuːz/ *v.* [T] 1 **~(for)** forgive somebody for something they have done. 2 justify somebody's behaviour: *Nothing can ~ such treatment.* 3 **~(from)** set somebody free from a duty. [IDM] **excuse me 1** used as an apology when you interrupt somebody, disagree, etc. 2 (*US*) used to ask somebody to repeat something they said.
execute /'eksɪkjuːt/ *v.* [T] 1 kill somebody, esp. as a legal punishment. 2 (*fml.*) do a piece of work, perform a duty, etc.: *~ a policy* ▶ **execution** /ˌeksɪ'kjuːʃn/ *n.* 1 [U, C] act of killing somebody, esp. as a legal punishment. 2 [U] (*fml.*) act of carrying out of a plan, doing a piece of work, etc. ▶ **executioner** /ˌeksɪ'kjuːʃənə(r)/ *n.* official who executes criminals.
executive /ɪɡ'zekjətɪv/ *adj.* concerned with managing, and putting laws, plans, and decisions into effect. ● **executive** *n.* 1 [C] person with an important job as a manager of a company or an organization. 2 (**the executive**) [sing., with sing. or pl. verb] branch of government responsible for putting laws and policies into effect.
executor /ɪɡ'zekjətə(r)/ *n.* (*tech.*) person chosen to carry out the instructions in somebody's will.
exemplify /ɪɡ'zemplɪfaɪ/ *v.* (*pt, pp* -**ied**) [T] be or give an example of something. ▶ **exemplification** /ɪɡˌzemplɪfɪ'keɪʃn/ *n.* [U, C]
exempt /ɪɡ'zempt/ *adj.* **~(from)** free from a duty or obligation. ● **exempt** *v.* [T] (*fml.*)

~**(from)** give or get somebody's official permission not to do or pay something. ▶ **exemption** /ɪɡˈzempʃn/ n. [U, C]

exercise /ˈeksəsaɪz/ n. **1** [U] physical or mental activity that keeps you healthy: *Brisk walking is good ~.* **2** [C] activity intended for training or testing somebody: *relaxation ~s ◇ piano ~s* **3** [U] careful use or practice: *the ~ of power* ● **exercise** v. **1** [T] use your power, authority, or right in order to achieve something. **2** [I, T] keep your body healthy by doing sports, etc. ■ **'exercise book** n. small book for students to write in.

exert /ɪɡˈzɜːt/ v. [T] **1** use power or influence to affect somebody/something: *~ pressure on somebody to do something* **2** ~**yourself** make a big effort. ▶ **exertion** /ɪɡˈzɜːʃn/ n. [C, U]

exhale /eksˈheɪl/ v. [I, T] breathe out the air, smoke, etc. in your lungs. ▶ **exhalation** /ˌekshəˈleɪʃn/ n. [U, C]

exhaust /ɪɡˈzɔːst/ v. [T] **1** make somebody very tired. **2** use all of something. ● **exhaust** n. **1** [U] waste gases that come out of a vehicle, engine, etc. **2** [C] (*also* **exˈhaust pipe**) pipe through which exhaust gases come out. ▶ **exhausted** adj. very tired. ▶ **exhaustion** /ɪɡˈzɔːstʃən/ n. [U] ▶ **exhaustive** adj. thorough.

exhibit /ɪɡˈzɪbɪt/ v. **1** [I, T] show something publicly for people to enjoy or to give them information. **2** [T] (*written*) show clearly that you have a particular feeling, quality, or ability. ● **exhibit** n. **1** something shown in a museum, gallery, etc. **2** something shown as evidence in a law court. ▶ **exhibitor** n. person who shows their works or products to the public.

exhibition /ˌeksɪˈbɪʃn/ n. **1** (*US* **exhibit**) public show of pictures, etc. **2** (*usu. sing.*) act of showing a skill, a feeling, or kind of behaviour. ▶ **exhibitionism** /-ʃənɪzəm/ n. [U] behaviour intended to attract attention to yourself. ▶ **exhibitionist** n.

exhilarate /ɪɡˈzɪləreɪt/ v. [T] (*usu. passive*) make somebody feel happy and excited. ▶ **exhilaration** /-ˈreɪʃn/ n. [U]

exhort /ɪɡˈzɔːt/ v. [T] (*fml.*) ~**(to)** urge somebody to do something: *~ them to perform better* ▶ **exhortation** /ˌegzɔːˈteɪʃn/ n. [C, U]

exile /ˈeksaɪl/ n. **1** [U] being sent to live in a country that is not your own, esp. for political reasons: *live in ~* **2** [C] person who is sent away from his/her own country. ● **exile** v. [T] send somebody into exile.

exist /ɪɡˈzɪst/ v. [I] be real; continue living. ▶ **existence** n. **1** [U] state of existing: *believe in the ~ence of a higher power* **2** [C] way of life: *a blessed ~ence* ▶ **existent** adj. (*fml.*) living; real.

exit /ˈeksɪt/ n. **1** way out of a public building or vehicle. **2** act of leaving a place, esp. of an actor from the stage. ● **exit** v. [I] **1** go out; leave a building, stage, etc. **2** finish using a computer program.

exonerate /ɪɡˈzɒnəreɪt/ v. [T] (*fml.*) free somebody from blame. ▶ **exoneration** /ɪɡˌzɒnəˈreɪʃn/ n. [U]

exorbitant /ɪɡˈzɔːbɪtənt/ adj. (of a price) much too high. ▶ **exorbitantly** adv.

exorcize (*also* **-ise**) /ˈeksɔːsaɪz/ v. [T] drive out an evil spirit by prayer. ▶ **exorcism** /ˈeksɔːsɪzəm/ n. [U, C] ▶ **exorcist** n.

exotic /ɪɡˈzɒtɪk/ adj. **1** from another country, esp. a tropical one: *~ food* **2** attractive or pleasing for being unusual.

expand /ɪkˈspænd/ v. [I, T] become or make something greater in size, number, or importance: *Air ~ when heated.* ◇ *~ a business* [PV] **expand on/upon something** give more information about something.

expanse /ɪkˈspæns/ n. wide open area (of land, sea, *etc.*).

expansion /ɪkˈspænʃn/ n. [U] action of expanding. ▶ **expansionism** /ɪkˈspænʃənɪzəm/ n. [U] esp. (*disapprov.*) policy of expanding your territory or business. ▶ **expansionist** adj.

expansive /ɪkˈspænsɪv/ adj. **1** covering a large area. **2** (of people) willing to talk a lot.

expatriate /ˌeksˈpætriət/ (*also infml.* **expat**) n. (person) living outside his/her own country.

expect /ɪkˈspekt/ v. [T] think or believe that something will happen. [IDM] **be expecting a baby/child** be pregnant. ▶ **expectancy** n. [U] state of expecting something to happen, esp. something good. ▶ **expectant** adj. **1** expecting something to happen, esp. something good. **2** pregnant. ▶ **expectation** /ˌekspekˈteɪʃn/ n. [C, U] strong hope or belief that something will happen.

expedient /ɪkˈspiːdiənt/ adj., n. (*fml.*) (action that is) useful for a particular purpose, but not always fair or moral. ▶ **expediency** /-ənsi/ n. [U]

expedition /ˌekspəˈdɪʃn/ n. **1** organized journey for a purpose, e.g. exploration, conquest. **2** people who go on an expedition. ■ **ˌexpeˈditionary force** n. group of soldiers sent to another country to fight.

expel /ɪkˈspel/ v. (**-ll-**) [T] **1** to force somebody to leave a school or an organization. **2** (*tech.*) force air or water out of a part of the body or a container.

expend /ɪkˈspend/ v. [T] (*fml.*) spend or use a lot of money, time, or energy. ▶ **expendable** adj. (*fml.*) that may be got rid of or destroyed when no longer needed.

expenditure /ɪk'spendɪtʃə(r)/ n. [U, C] **1** amount of money spent on something. **2** act of spending or using money, energy, etc.

expense /ɪk'spens/ n. **1** [U, C] thing that makes you spend money; amount of money spent on something. **2 (expenses)** [pl.] money used for a particular purpose: *entertainment ~s* [IDM] **at somebody's expense 1** paid for by somebody. **2** (of a joke) intended to make somebody look foolish.

expensive /ɪk'spensɪv/ adj. costing a lot of money. ▶ **expensively** adv.

experience /ɪk'spɪəriəns/ n. **1** [U] knowledge or skill gained by doing or seeing things: *taught by ~* **2** [C] event or activity that affects you in some way: *an unforgettable ~* ● **experience** v. [T] have an experience of something; feel a particular emotion or physical sensation: *~ joy* ▶ **experienced** adj. having a lot of experience(1).

experiment /ɪk'sperɪmənt/ n. [C, U] (*esp.* in science) test done carefully to find out what happens or to test a theory. ● **experiment** v. [I] do a scientific experiment; try or test new ideas, methods, etc. ▶ **experimental** /ɪk,sperɪ'mentl/ adj. of or using experiments. ▶ **experimentation** /ɪk,sperɪmen'teɪʃn/ n. [U]

expert /'ekspɜːt/ n. **~(at/in)** person with special knowledge or skill. ● **expert** adj. **~(at/in)** having or involving special knowledge or skill. ▶ **expertly** adv.

expertise /,ekspɜː'tiːz/ n. [U] great knowledge or skill in a particular subject or job.

expire /ɪk'spaɪə(r)/ v. [I] **1** (of a document, an agreement, *etc.*) be no longer valid: *My membership has ~d.* **2** (*lit.*) die. ▶ **expiry** /ɪk's↓paɪəri/ n. [U] ending of the period when a contract, etc. is valid.

explain /ɪk'spleɪn/ v. **1** [I, T] make something clear; give the meaning of something. **2** [T] give reasons for something: *~ your absence* [PV] **explain something away** give reasons why something is not your fault or not important. ▶ **explanation** /,eksplə'neɪʃn/ n. **1** [C] statement that explains something. **2** [U] act of explaining something. ▶ **explanatory** /ɪk'splænətri/ adj. giving the reasons for something; intended to explain something.

explicit /ɪk'splɪsɪt/ adj. **1** (of statements) clear and easy to understand. **2** (of people) saying something clearly and openly. ▶ **explicitly** adv. ▶ **explicitness** n. [U]

explode /ɪk'spləʊd/ v. **1** [I, T] (cause something to) burst loudly and violently, usu. causing damage. **2** [I] (of people) show strong feelings suddenly.

exploit[1] /ɪk'splɔɪt/ v. [T] **1** treat somebody selfishly and unfairly, for profit. **2** use or develop something, esp. for profit: *~ unused land* ▶ **exploitation** /,eksplɔɪ'teɪʃn/ n. [U]

exploit[2] /'eksplɔɪt/ n. brave or exciting act.

explore /ɪk'splɔː(r)/ v. [T] **1** travel through a country to learn about it. **2** examine something carefully: *~ all possibilities* ▶ **exploration** /,eksplə'reɪʃn/ n. [U, C] ▶ **exploratory** /ɪk'splɒrətri/ adj. done in order to find out something. ▶ **explorer** n. person who travels to unknown places to find out more about them.

explosion /ɪk'spləʊʒn/ n. **1** sudden loud noise caused by something exploding; act of causing something to explode. **2** sudden burst of anger. **3** great and sudden increase: *the population ~*

explosive /ɪk'spləʊsɪv/ n., adj. (substance) that can explode: *an ~ device* (= a bomb) ▶ **explosively** adv.

exponent /ɪk'spəʊnənt/ n. person who supports and explains a belief, cause, etc.

export /ɪk'spɔːt/ v. [I, T] sell and send goods to another country. ● **export** /'ekspɔːt/ n. **1** [U] (business of) exporting goods. **2** [C, usu. pl.] product sold to another country. ▶ **exporter** n. person, company, or country that exports goods.

expose /ɪk'spəʊz/ v. [T] **1** show something that is usu. hidden. **2** tell the true facts about somebody/something and show them/it to be immoral, illegal, etc. **3** put somebody/something in a place or situation where they are unprotected against harm or danger. **4** (in photography) allow light to reach film. ▶ **exposure** /ɪk'spəʊʒə(r)/ n. [U, C]

expound /ɪk'spaʊnd/ v. [I, T] (*fml.*) **~(on)** explain something by talking about it in detail: *~ an idea*

express[1] /ɪk'spres/ v. [T] **1** make known a feeling, an opinion, etc. by words or looks: *~ your reservation* **2** **~ yourself** speak or write clearly your thoughts or feelings.

express[2] /ɪk'spres/ adj. **1** going quickly: *~ mail* **2** (*fml.*) clearly stated: *his ~ command* ● **express** adv. (*esp. GB*) by express post: *send this letter ~* ● **express** (*also* **ex'press train**) n. fast train. ▶ **expressly** adv. definitely; clearly. ■ **ex'pressway** n. (*US*) = MOTORWAY

expression /ɪk'spreʃn/ n. **1** [C, U] things that people say, write, or do to show their feelings, opinions, or ideas. **2** [C] look on somebody's face that shows a feeling: *a sad ~* **3** [C] word or phrase: *a polite ~* **4** [U] feeling shown when acting, singing, etc. ▶ **expressionless**

expressive *adj.* not showing your feelings, thoughts, etc.

expressive /ɪkˈspresɪv/ *adj.* showing your feelings or thoughts. ▶ **expressively** *adv.* ▶ **expressiveness** *n.* [U]

expropriate /eksˈprəʊprieɪt/ *v.* [T] 1 (*fml.*) or (*law*) (of a government) take away private property for public use. 2 (*fml.*) take somebody's property and use it without permission.

expulsion /ɪkˈspʌlʃn/ *n.* [C, U] (act of) expelling somebody.

exquisite /ɪkˈskwɪzɪt; ˈekskwɪzɪt/ *adj.* very beautiful; skilfully made. ▶ **exquisitely** *adv.*

extend /ɪkˈstend/ *v.* 1 [T] make something longer or larger: ~ *the garden* 2 [I] cover a particular area, distance, or length of time: *The river ~s to the hills.* 3 [T] stretch out part of your body fully. 4 [T] (*fml.*) offer or give something to somebody: ~ *an offer*

extension /ɪkˈstenʃn/ *n.* 1 [U, C] act of extending something. 2 [C] new part that is added to a building: *an ~ to the library* 3 [C] extra telephone line inside a house or an organization.

extensive /ɪkˈstensɪv/ *adj.* large in area or amount. ▶ **extensively** *adv.*

extent /ɪkˈstent/ *n.* [sing., U] 1 how large, important, serious, etc. something is: *the ~ of the damage* 2 degree: *to a large ~*

extenuating /ɪkˈstenjueɪtɪŋ/ *adj.* (*fml.*) making bad behaviour less serious by giving reasons for it: ~ *circumstances*

exterior /ɪkˈstɪəriə(r)/ *n.* outside surface of something or appearance of somebody. ▶ **exterior** *adj.* on the outside of something; done outdoors.

exterminate /ɪkˈstɜːmɪneɪt/ *v.* [T] kill all the members of a group of people or animals. ▶ **extermination** /ɪkˌstɜːmɪˈneɪʃn/ *n.* [U]

external /ɪkˈstɜːnl/ *adj.* outside: ~ *injuries* (= not inside the body) ▶ **externally** /ɪkˈstɜːnəli/ *adv.*

extinct /ɪkˈstɪŋkt/ *adj.* 1 (of a kind of animal) no longer existing. 2 (of a volcano) no longer active. ▶ **extinction** /ɪkˈstɪŋkʃn/ *n.* [U] situation in which a plant, animal, etc. stops existing.

extinguish /ɪkˈstɪŋgwɪʃ/ *v.* [T] (*fml.*) 1 cause a fire, etc. to stop burning. 2 destroy hope, love, etc. ▶ **extinguisher** = FIRE EXTINGUISHER (FIRE[1])

extol /ɪkˈstəʊl/ *v.* (-ll-) [T] (*fml.*) praise somebody/something greatly.

extort /ɪkˈstɔːt/ *v.* [T] obtain something from somebody using violence, threats, etc. ▶ **extortion** /ɪkˈstɔːʃn/ *n.* [U, C] ▶ **extortionate** /ɪkˈstɔːʃənət/ *adj.* (*disapprov.*) (of prices, *etc.*) much too high.

extra /ˈekstrə/ *adj.* more than usual or necessary; additional: ~ *expense* ● **extra** *adv.* 1 more than usually: ~ *strong coffee* 2 in addition: *price £1.50, local tax ~* ● **extra** *n.* 1 additional thing. 2 person employed for a small part in a film.

extract /ɪkˈstrækt/ *v.* [T] 1 remove or obtain a substance from something, e.g. using an industrial process. 2 obtain something by force: ~ *money from somebody* 3 pull something out, esp. with effort. ● **extract** /ˈekstrækt/ *n.* 1 short part of a book, film, speech, etc. 2 substance obtained by extracting: *meat ~* ▶ **extraction** /ɪkˈstrækʃn/ *n.* 1 [U, C] act of removing or obtaining something from something else: *the ~ ion of a tooth* 2 [U] having a particular family origin: *of Spanish ~ion*

extra-curricular /ˌekstrə kəˈrɪkjələ(r)/ *adj.* outside the regular course of work at a school or college.

extradite /ˈekstrədaɪt/ *v.* [T] send somebody accused of a crime to the country where the crime was reported to have been committed. ▶ **extradition** /ˌekstrəˈdɪʃn/ *n.* [U, C]

extramarital /ˌekstrəˈmærɪtl/ *adj.* happening outside marriage: *an ~ affair*

extraneous /ɪkˈstreɪniəs/ *adj.* (*fml.*) not directly connected with what is being dealt with.

extraordinary /ɪkˈstrɔːdnri/ *adj.* 1 beyond what is usual or ordinary; remarkable: ~ *talent* 2 very strange. ▶ **extraordinarily** *adv.*

extrapolate /ɪkˈstræpəleɪt/ *v.* [I, T] (*fml.*) estimate something unknown from facts that are already known. ▶ **extrapolation** /ɪkˌstræpəˈleɪʃn/ *n.* [U]

extraterrestrial /ˌekstrətəˈrestriəl/ *adj.* of or from outside the planet Earth.

extravagant /ɪkˈstrævəgənt/ *adj.* 1 wasting money, etc. 2 (of ideas or behaviour) impressive but not reasonable. ▶ **extravagance** /-gəns/ *n.* [U, C] ▶ **extravagantly** *adv.*

extravaganza /ɪkˌstrævəˈgænzə/ *n.* large, expensive, and impressive entertainment.

extreme /ɪkˈstriːm/ *adj.* 1 very great in degree: *in ~ poverty* 2 not ordinary or usual; serious or severe: ~ *sports* (= dangerous sports, e.g. rock climbing) 3 far from what people consider normal; not moderate: ~ *lifestyle* 4 furthest possible: *the ~ north of the continent* ● **extreme** *n.* 1 opposite feeling or condition: *Success and failure are ~s.* 2 greatest degree of something: *the ~s of your mood* ▶ **extremely** *adv.* very.

extremist /ɪkˈstriːmɪst/ *n., adj.* (*disapprov.*) (a person) holding extreme political opinions.

extremity /ɪkˈstreməti/ *n.* (*pl.* -ies) 1 [C] furthest point, end or limit of something. 2 [C, U] degree to which a situation, feeling, action, etc.

is extreme. **3 (extremities)** [pl.] (*fml.*) parts of your body furthest from the centre, esp. the hands and feet.

extricate /'ekstrɪkeɪt/ *v.* [T] ~**(from)** (enable somebody to) escape from a difficult situation.

extrovert /'ekstrəvɜːt/ *n.* lively, cheerful person.

exuberant /ɪɡ'zjuːbərənt/ *adj.* full of energy and excitement; lively. ▶ **exuberance** /-rəns/ *n.* [U] ▶ **exuberantly** *adv.*

exude /ɪɡ'zjuːd/ *v.* (*fml.*) **1** [T] express a feeling strongly: ~ *confidence* **2** [I, T] (of drops of liquid, *etc.*) (cause something to) come out slowly.

exult /ɪɡ'zʌlt/ *v.* [I] (*fml.*) show great happiness. ▶ **exultant** *adj.* ▶ **exultation** /ˌeɡzʌl'teɪʃn/ *n.* [U]

eye /aɪ/ *n.* **1** [C] either of the two organs of sight. **2** [C, usu. sing.] a particular way of seeing something: *To my ~, there is nothing wrong here.* **3** [C] hole in a needle. **4** [C] calm area in the centre of a storm. **[IDM] be all eyes** be watching somebody/something with great attention. **have an eye for something** be able to judge if things look attractive, are valuable, etc.: *have a good ~ for raw talent* **in the eyes of the law, world, etc.** according to the law, most people in the world, etc. **make eyes at somebody | give somebody something eye** look at somebody in a way that shows you find them attractive. **with your eyes open** fully aware of what you are doing. ● **eye** *v.* [T] look at somebody/something carefully. ■ **'eyeball** *n.* the whole of the eye, including the part inside the head that cannot be seen. ■ **'eyebrow** *n.* line of hair above each eye. ■ **'eyelash** (*also* **lash**) *n.* one of the hairs growing on the edge of the eyelid. ■ **'eyelid** *n.* one of two folds of skin that cover the eyes when they close. ■ **'eye-opener** *n.* [usu. sing.] surprising or revealing event or experience. ■ **'eyesight** *n.* [U] ability to see. ■ **'eyesore** *n.* something that is ugly, e.g. a factory ■ **'eyewitness** *n.* = WITNESS(1)

F f

F *abbr.* Fahrenheit
F, f /ef/ *n.* [C, U] (*pl.* **F's, f's** /efs/) the sixth letter of the English alphabet.
fable /ˈfeɪbl/ *n.* **1** [C] traditional short story, esp. with animals as characters, that teaches a moral lesson. **2** [U, C] statement or account of something that is not true. ▶ **fabled** *adj.* famous and often talked about.
fabric /ˈfæbrɪk/ *n.* **1** [C, U] woven cloth. **2 (the fabric (of something))** [sing.] the basic structure of something: *the ~ of society*
fabricate /ˈfæbrɪkeɪt/ *v.* [T] **1** invent a false story. **2** (*tech.*) make or manufacture something. ▶ **fabrication** /ˌfæbrɪˈkeɪʃn/ *n.* [C, U]
fabulous /ˈfæbjələs/ *adj.* **1** (*infml.*) wonderful. **2** (*written*) very great: *~ adventures* ▶ **fabulously** *adv.* extremely: *~ly handsome*
facade /fəˈsɑːd/ *n.* **1** front of a building. **2** false appearance: *behind a ~ of charitable activities*
face /feɪs/ *n.* **1** front part of the head. **2** expression shown on somebody's face. **3** surface or (front) side of something: *the ~ of a clock* [IDM] **face to face (with somebody)** close to and looking at somebody. **face to face with something** in a situation where you have to accept that something is true and deal with it. **lose face** → LOSE **make/pull faces/a face (at somebody)** produce an expression on your face to show your dislike of somebody/something or to make somebody laugh. **to somebody's face** openly and directly in somebody's presence. ● **face** *v.* **1** [I, T] be opposite somebody/something; have or turn the face towards somebody/something. **2** [T] accept and deal with a difficult situation: *~ a challenge* ◇ *the problems that ~ the common man* **3** [T] cover a surface with another material. [IDM] **face the music** (*infml.*) accept criticism or punishment for something you have done. [PV] **face up to something** accept and deal with something bravely. ▶ **faceless** *adj.* with no clear character or identity. ∎
'facelift *n.* **1** medical operation performed to make the face look younger. **2** improvement in the appearance of a building, town, etc. ∎
,face 'value *n.* [U, sing.] value shown on a coin or postage stamp. [IDM] **take something at face value** believe that something is what it appears to be.
facet /ˈfæsɪt/ *n.* **1** particular part or aspect of something. **2** any of the many flat sides of a cut stone or jewel.
facetious /fəˈsiːʃəs/ *adj.* trying to be amusing, esp. cleverly or at the wrong time. ▶ **facetiously** *adv.*

facial /ˈfeɪʃl/ *adj.* of or for the face.
facile /ˈfæsaɪl/ *adj.* (*disapprov.*) produced easily but without careful thought: *~ claims*
facilitate /fəˈsɪlɪteɪt/ *v.* [T] (*fml.*) make something possible or easier.
facility /fəˈsɪləti/ *n.* **1 (facilities)** [pl.] buildings, services, and equipment that are provided for a particular purpose: *medical facilities* **2** [C] special extra feature of a machine, service, etc.: *a workplace with crèche ~* **3** [sing., U] natural ability to do something easily.
fact /fækt/ *n.* [sing.] **1** knowledge or information based on actual occurrences; a particular situation that exists: *The fact is that unemployment levels are still high.* **2** [C] thing that is known to be true, esp. when it can be proved. **3** [U] truth; reality. [IDM] **the facts of life** details of sex and how babies are born. **in (actual) fact 1** used to give extra details about something. **2** really.
faction /ˈfækʃn/ *n.* small group in a larger group, esp. in politics.
factor /ˈfæktə(r)/ *n.* fact, circumstance, etc. that helps to produce a result: *a major ~ in her success*
factory /ˈfæktri; -təri/ *n.* (*pl.* **-ies**) building(s) where goods are made.
factual /ˈfæktʃuəl/ *adj.* based on or containing facts. ▶ **factually** *adv.*
faculty /ˈfæklti/ *n.* [C] (*pl.* **-ies**) **1** [usu. pl.] natural ability of the body or mind: *mental faculties* **2** university department. **3** [with sing. or pl. verb] all the teachers in a faculty.
fade /feɪd/ *v.* **1** [I, T] (cause something to) become paler and less bright. **2** [I] **~(away)** disappear gradually. [PV] **fade away** (of people) become weaker; die.
faeces /ˈfiːsiːz/ *n.* [pl.] (*fml.*) solid waste matter passed from the bowels.
fag /fæg/ *n.* **1** [C] (*GB, infml.*) = CIGARETTE **2** [C] (*US,* △, *sl.*) offensive word for a male homosexual. **3** [sing.] (*GB*) something that is boring and tiring to do.
faggot (*US* **fagot**) /ˈfægət/ *n.* **1** (*GB*) ball of chopped meat. **2** (*US*) (*also* **fag**) (*infml.*, △) offensive word for a male homosexual. **3** bundle of sticks for burning.
Fahrenheit /ˈfærənhaɪt/ *adj., n.* [U] (*abbr.* **F**) (of or using a) temperature scale in which water freezes at 32° and boils at 212°.
fail /feɪl/ *v.* **1** [I, T] be unsuccessful: *The scheme looks likely to ~.* **2** [I] not do something: *~ (to keep an appointment)* **3** [T] decide that somebody/something has not passed a test or an exam. **4** [I] (of health, eyesight, *etc.*) become weak. **5** [I, T] not be enough for somebody/something; disappoint somebody: *The project ~ed because of mis-*

management. ◇ He felt he had ~ed his supporters. **6** [I] become bankrupt: *The business ~ed.* ● **fail** *n.* failure in an examination. [IDM] **without fail** definitely.

failing /'feɪlɪŋ/ *n.* fault or weakness in somebody/something. ● **failing** *prep.* used to make a suggestion that could be considered if the one mentioned first is not possible.

failure /'feɪljə(r)/ *n.* **1** [U] lack of success. **2** [C] person or thing that fails. **3** [C, U] (instance of) not doing something: *His ~ to come forward was unexpected.* **4** [U, C] (instance of) not operating normally: *engine ~*

faint /feɪnt/ *adj.* **1** that cannot be clearly seen, heard, or smelt: *~ murmur* **2** very small or weak; possible but unlikely: *a ~ hope* **3** (of people) about to lose consciousness. ● **faint** *v.* [I] become unconscious, usu. because of the heat, a shock, etc. ● **faint** *n.* [sing.] act of fainting. ■ **,faint-'hearted** *adj.* not brave or confident. ▶ **faintly** *adv.* ▶ **faintness** *n.* [U]

fair¹ /feə(r)/ *adj.* **1** acceptable and appropriate; just: *a ~ distribution* **2** quite good: *a ~ chance of success* **3** (of the weather) dry and fine. **4** (of the skin or hair) light in colour: *a ~ skinned boy* [IDM] **fair play** fact of acting honestly and according to the rules. ● **fair** *adv.* according to the rules; in a way that is considered to be acceptable. [IDM] **fair enough** (*esp. GB, spoken*) used to say that an idea, plan, etc. seems reasonable. ▶ **fairly** *adv.* **1** moderately: *~ly good* **2** honestly. ▶ **fairness** *n.* [U]

fair² /feə(r)/ *n.* **1** (*also* **'funfair**) outdoor entertainment with machines to ride on, games, shows, etc. **2** (*GB*) = FÊTE **3** large exhibition of goods: *a trade ~* **4** (*GB*) (in the past) market at which animals were sold. ■ **'fairground** *n.* open area where funfairs are held.

fairy /'feəri/ *n.* (*pl.* **-ies**) small imaginary creature with magical powers. ■ **'fairy tale | 'fairy story** *n.* **1** story about fairies, princesses, magic, etc. usu. for children. **2** untrue story; lie.

fait accompli /ˌfeɪt əˈkɒmpliː/ *n.* (from French) something that has already happened and cannot be altered.

faith /feɪθ/ *n.* **1** [U] **~(in)** strong trust and confidence in somebody/something. **2** [U, sing.] strong religious belief. **3** [C] religion: *the Hindu ~* [IDM] **in good faith** with honest intentions.

faithful /'feɪθfl/ *adj.* **1 ~(to)** loyal to somebody/something. **2** accurate: *a ~ account* ▶ **the faithful** *n.* [pl.] true believers in a religion or a political party. ▶ **faithfully** /'feɪθfəli/ *adv.* [IDM] **Yours faithfully** (*GB*) used to end a formal letter before you sign your name. ▶ **faithfulness** *n.* [U]

faithless /'feɪθləs/ *adj.* not loyal; false.

fake /feɪk/ *adj.* **1** not genuine. **2** made to look like something else: *a ~ leather jacket* ● **fake** *n.* **1** object, e.g. a work of art, made to appear genuine. **2** person who pretends to be what they are not in order to deceive. ● **fake** *v.* [T] **1** make something false appear to be genuine. **2** pretend to have a particular feeling, talent, illness, etc.

falcon /'fɔːlkən/ *n.* small bird that can be trained to hunt and kill other birds and animals.

fall¹ /fɔːl/ *v.* (*pt* **fell** /fel/ *pp* **~en** /'fɔːlən/) [I] **1** drop down from a higher level to a lower level: *Fruits ~ from the tree.* ◇ *~ into a ditch* **2** suddenly stop standing: *He fell to his knees.* **3** hang down: *Her hair ~s over her shoulders.* **4** (of land) slope downwards. **5** decrease in amount, number, or strength: *The height fell sharply.* **6** be captured or defeated; die in battle. **7** pass into the state that is mentioned; become something: *~ ill* ◇ *~ in love* **8** happen or occur as a date: *Christmas ~s on a Sunday this year.* [IDM] **fall flat** (*e.g.* of a joke or act) fail to produce the effect that was wanted. **fall foul of somebody/something** get into trouble with somebody/something because of doing something wrong or illegal. **fall in love with somebody** feel a sudden, strong attraction for somebody. **fall on your feet** → FOOT **fall short of something** fail to reach the necessary standard. [PV] **fall apart** break into pieces. **fall back** retreat. **fall back on something** use something, when other things have been tried without success. **fall behind (somebody/something)** fail to keep level with somebody/something. **fall behind with something** not do or pay something at the right time: *He's fallen behind with his dues.* **fall for somebody** (*infml.*) be very attracted to somebody. **fall for something** (*infml.*) be tricked into believing something. **fall in** collapse: *The roof fell in.* **fall off** become less: *Grocery prices have ~en off.* **fall on/upon somebody/ something 1** attack or take hold of somebody/something with great enthusiasm. **2** be the responsibility of somebody. **fall out (with somebody)** (*GB*) quarrel with somebody. **fall through** fail to be completed: *The deal fell through.*

fall² /fɔːl/ *n.* [C] **1** act of falling. **2** amount of something that has fallen: *a heavy ~ of rain* **3** distance through which something falls. **4** (*also* **falls** [pl.]) waterfall. **5** (*US*) = AUTUMN

fallacy /'fæləsi/ *n.* [C, U] (*pl.* **-ies**) false belief or argument. ▶ **fallacious** /fə'leɪʃəs/ *adj.*

(*fml.*) wrong; based on a false idea.
fallen *pp. of* FALL¹
fallible /ˈfæləbl/ *adj.* liable to make mistakes. ▶ **fallibility** /-ˈbɪləti/ *n.* [U]
fallout /ˈfɔːlaʊt/ *n.* [U] radioactive dust in the air after a nuclear explosion.
fallow /ˈfæləʊ/ *adj.* (of farm land) not used for growing crops, esp. to improve the quality of the land.
false /fɔːls/ *adj.* **1** wrong; incorrect. **2** not real; artificial: ~ *inflation* **3** deceitful; disloyal: *a ~ friend* [IDM] **by/on/under false pretences** by pretending to be somebody else in order to gain an advantage for yourself. ■ **,false a'larm** *n.* warning about a danger that does not happen. ▶ **'falsehood** *n.* [C, U] untrue statement; lie; lying. ▶ **falsely** *adv.* ■ **,false 'start 1** unsuccessful beginning to something. **2** (in a race) start before the signal has been given.
falsify /ˈfɔːlsɪfaɪ/ *v.* (*pt., pp.* -ied) [T] alter a document, report, etc. so it is false. ▶ **falsification** /ˌfɔːlsɪfɪˈkeɪʃn/ *n.* [C, U]
falsity /ˈfɔːlsəti/ *n.* (*pl.* -ies) [U] state of not being true or genuine.
falter /ˈfɔːltə(r)/ *v.* [I] **1** become weaker or less effective. **2** walk or speak in a way that shows you are not confident. ▶ **falteringly** *adv.*
fame /feɪm/ *n.* [U] state of being well known. ▶ **famed** *adj.* famous.
familiar /fəˈmɪliə(r)/ *adj.* **1** ~**(to)** well known to somebody; often seen or heard. **2** ~**with** having a good knowledge of something. **3** close and (too) friendly. ▶ **familiarity** /fəˌmɪliˈærəti/ *n.* [C, U] (*pl.* -ies) ▶ **familiarly** *adv.*
familiarize (*also* -ise) /fəˈmɪliəraɪz/ *v.* [T] **yourself/ somebody (with something)** make yourself/somebody well informed about something in order to understand it.
family /ˈfæməli/ *n.* (*pl.* -ies) **1** [C, with sing. or pl. verb] group consisting of one or two parents and their children. **2** [C, with sing. or pl. verb, U] group consisting of one or two parents, their children, and close relations. **3** [C, with sing. or pl. verb] all the people descended from the same ancestor: *This heirloom has been in our ~ for generations.* **4** [C, with sing. or pl. verb, U] couple's or person's children: *to start a ~* (= have children) **5** [C] group of related animals or plants: *the cat ~* [IDM] **run in the family** be a common feature in a particular family: *Artistic talent seems to run in their ~.* ■ **,family 'planning** *n.* [U] controlling the number of children in a family by using contraception. ■ **,family 'tree** *n.* chart showing the relationship of family members over a long period of time.

famine /ˈfæmɪn/ *n.* [C, U] serious shortage of food.
famished /ˈfæmɪʃt/ *adj.* (*infml.*) very hungry.
famous /ˈfeɪməs/ *adj.* known about by many people. ▶ **famously** *adv.* in a way that is famous.
fan /fæn/ *n.* **1** object for making a current of air, e.g. to cool a room. **2** very keen supporter: *cricket ~s* ◇ *~ mail* (= letters from fans to a famous person) ● **fan** *v.* (-nn-) [T] send a current of air onto somebody/something. [PV] **fan out** spread out from a central point: *The players ~ned out across the field.* ■ **'fan belt** *n.* rubber belt used to turn the fan that cools a car engine.

fanatic /fəˈnætɪk/ *n.* **1** (*infml.*) person who is very enthusiastic about something: *a sport ~* **2** (*disapprov.*) person holding extreme or dangerous opinions: *a religious ~* ▶ **fanatical** /-kl/ *adj.* ▶ **fanatically** /-kli/ *adv.* ▶ **fanaticism** /fəˈnætɪsɪzəm/ *n.* [U]
fanciful /ˈfænsɪfl/ *adj.* (*written*) **1** based on imagination, not reason. **2** (of things) unusually decorated. ▶ **fancifully** /-fəli/ *adv.*
fancy¹ /ˈfænsi/ *v.* (*pt, pp.* -ied) [T] **1** (*GB, infml.*) want something or want to do something: *I ~ going on a long drive* **2** (*infml.*) find somebody sexually attractive: *She seems to ~ you.* **3** (*GB, infml.*) ~**yourself (as)** think you are very popular, intelligent, talented, etc.; believe that you are something: *They ~ themselves as creative writers.* **4** think or believe something. ● **fancy** *n.* (*pl.* -ies) **1** [C, U] something that you imagine; your imagination. **2** [sing.] liking or desire: *a ~ for some dessert* [IDM] **take a fancy to somebody/something** start liking somebody/ something.
fancy² /ˈfænsi/ *adj.* (-ier, -iest) **1** unusually complicated, often in an unnecessary way: *a collection of ~ accessories* **2** decorated and colourful; not plain: *~ dishes* ■ **,fancy 'dress** *n.* [U] (*GB*) clothes worn for a party to make you appear to be a different character: *guests in ~ dress*
fanfare /ˈfænfeə(r)/ *n.* short piece of music played on trumpets.
fang /fæŋ/ *n.* long, sharp tooth
fanny /ˈfæni/ *n.* (*pl.* -ies) **1** (*GB*, △, *sl.*) female sex organs. **2** (*sl., esp. US*) person's bottom.
fantasize (*also* -ise) /ˈfæntəsaɪz/ *v.* [I, T] ~**(about)** imagine that you are doing something that you would like to do.
fantastic /fænˈtæstɪk/ *adj.* **1** (*infml.*) wonderful: *a ~ idea* **2** (*infml.*) very large. **3** strange

and imaginative. **4** (of ideas) not practical. ▶ **fantastically** /-kli/ *adv.*
fantasy /'fæntəsi/ *n.* [C, U] (*pl.* **-ies**) (pleasant idea or dream of) imagination: *childhood ~ies*
far¹ /fɑː(r)/ *adv.* (**~ther** /'fɑːðə(r)/ or **further** /'fɜːðə(r)/ **~thest** /'fɑːðɪst/ or **furthest** /'fɜːðɪst/) **1** at or to a great distance: *How ~ is the theatre?* **2** very much; to a great degree: *It's ~ better that you don't leave the task midway.* ◊ *~ richer* **3** used to talk about how much progress has been made: *I can only go so ~.* [IDM] **as/so far as I in so far as** to the degree that: *As ~ as I know, the event is as planned.* **as/so far as I am concerned** used to give your personal opinion on something: *As ~ as I'm concerned, your personal life is your concern.* **far from something/doing something** almost the opposite of something: *F~ from disliking the book, I admire it!* ◊ *The task is ~ from easy* (= it is very difficult). **go far I go a long way** (of people) be very successful in the future. **go too far** behave in a way that is beyond reasonable limits. **not go far 1** (of money) not be enough to buy many things. **2** (of a supply of something) not be enough. **so far I thus far** until now. ■ **'faraway** *adj.* **1** distant. **2** (of a look in somebody's eyes) dreamy. ■ **,far-'fetched** *adj.* difficult to believe. ■ **'far-off** *adj.* long distance away. ■ **,far-'reaching** *adj.* having a wide influence: *a ~-reaching event* ■ **,far-'sighted** *adj.* seeing what may happen in the future and so making wise plans.
far² /fɑː(r)/ *adj.* (**~ther** /'fɑːðə(r)/ or **further** /'fɜːðə(r)/ **~thest** /'fɑːðɪst/ or **furthest** /'fɜːðɪst/) **1** more distant; at the furthest point in a particular direction: *the ~ end of the continent* ◊ *on the ~ right of the party* (= with extreme right-wing political views) **2** (*old-fash.* or *lit.*) distant: *the ~ past* ■ **the ,Far 'East** *n.* [sing.] China, Japan, and other countries of E and SE Asia.
farce /fɑːs/ *n.* **1** [C, U] funny play for the theatre, with unlikely ridiculous situations; this type of writing or performance. **2** [C] series of actual ridiculous events: *The meeting was a complete ~.* ▶ **farcical** *adj.*
fare /feə(r)/ *n.* [C, U] money charged for a journey by bus, train, etc.: *air ~s* ● **fare** *v.* [I] (*fml.*) progress; get on: *~ badly*
farewell /ˌfeə'wel/ *exclam., n.* (*old-fash.* or *fml.*) goodbye.
farm /fɑːm/ *n.* area of land and buildings for growing crops and raising animals. ● **farm** *v.* [I, T] use land for growing crops and raising animals. ▶ **farmer** *n.* person who owns or manages a farm. ■ **'farmhand** *n.* person who works for a farmer. ■ **'farmhouse** *n.* main house on a farm, where the farmer lives. ■ **'farmyard** *n.* area surrounded by farm buildings.
fart /fɑːt/ *v.* [I] (⚠, *sl.*) let air from the bowels out through the anus. ● **fart** *n.* (⚠, *sl.*) **1** act of letting air out through the anus. **2** unpleasant, boring, or stupid person.
farther, farthest *adv., adj.* → FAR
fascinate /'fæsɪneɪt/ *v.* [T] attract or interest somebody greatly. ▶ **fascinating** *adj.* ▶ **fascination** /-'neɪʃn/ *n.* [U, C]
fascism (*also* **Fascism**) /'fæʃɪzəm/ *n.* [U] extreme right-wing political system. ▶ **fascist** (*also* **Fascist**) *adj., n.*
fashion /'fæʃn/ *n.* **1** [U, C] popular style of clothes, hair, etc. at a particular time: *Black never went out of ~.* **2** [C] popular way of behaving, doing something, etc. **3** [U] business of making and selling clothes: *a ~ designer* [IDM] **after a fashion** in some way or other, but not very well or perfectly. ● **fashion** *v.* [T] make or shape something, esp. with your hands.
fashionable /'fæʃnəbl/ *adj.* **1** following a style that is popular at a particular time. **2** used by many (*esp.* rich) people: *a ~ club* ▶ **fashionably** *adv.*
fast¹ /fɑːst/ *adj.* **1** quick: *~ cars* **2** (of a watch or clock) showing a time later than the true time. **3** (of a boat, *etc.*) firmly fixed. **4** (of colours) not likely to fade or spread when washed. ● **fast** *adv.* **1** quickly; without delay. **2** firmly; completely: *She was ~ asleep* (= sleeping deeply). [IDM] **stand fast** → STAND²(11) ■ **,fast 'food** *n.* [U] hot food that is served very quickly in special restaurants and is often taken away to be eaten in the street.
fast² /fɑːst/ *v.* [I] go without food, esp. for religious reasons. ● **fast** *n.* period of fasting.
fasten /'fɑːsn/ *v.* [I, T] become or make something joined together, closed, or fixed: *~ with rope* [PV] **fasten on(to) somebody/something** choose or follow somebody/something in a determined way. ▶ **fastener** (*also* **fastening**) *n.* device, e.g. a button or a zip, that fasten things together.
fastidious /fæ'stɪdiəs/ *adj.* difficult to please; not liking things to be dirty or untidy. ▶ **fastidiously** *adv.*
fat¹ /fæt/ *adj.* (**~ter, ~test**) **1** (of somebody's body) large; weighing too much. **2** thick or wide. **3** (*infml.*) large in quantity: *~ profits* ▶ **fatness** *n.* [U]
fat² /fæt/ *n.* **1** [U] substance in the body of animals and humans, stored under the skin. **2** [C, U] substance from animals or plants used in cooking.
fatal /'feɪtl/ *adj.* **1** causing or ending in death:

$a \sim fall$ **2** causing disaster: $a \sim mistake$ ▶ **fatally** *adv.*
fatalism /ˈfeɪtəlɪzəm/ *n.* [U] belief that events are controlled by fate.(2) ▶ **fatalist** *n.*
fatality /fəˈtæləti/ *n.* (*pl.* **-ies**) **1** [C] death caused by accident or violence. **2** [U] fact that a particular disease will end in death: *The ~ rate of cancer has declined.* **3** [U] belief that we have no control over what happens to us.
fate /feɪt/ *n.* **1** [C] person's future, esp. death. **2** [U] power believed to control all events. ▶ **fateful** *adj.* important: *that ~ moment*
father /ˈfɑːðə(r)/ *n.* [C] **1** male parent. **2 (fathers)** [pl.] (*lit.*) person's ancestors. **3** first leader: *the town ~s* **4 (Father)** title of a priest. **5 (Father)** God. ● **father** *v.* [T] be the father of somebody. ■ **,Father ˈChristmas** *n.* old man who is believed by children to bring presents at Christmas. ■ **ˈfather-in-law** *n.* (*pl.* **~s-in-law**) father of your wife or husband. ▶ **fatherly** *adj.* of or like a father.
fathom /ˈfæðəm/ *n.* measurement of the depth of water (with unit of length equal to 1.8 metres or 6 feet). ● **fathom** *v.* [T] **~(out)** understand something fully.
fatigue /fəˈtiːɡ/ *n.* **1** [U] great tiredness. **2** [U] weakness in metals, etc. caused by constant stress. **3 (fatigues)** [pl.] clothes worn by soldiers when cleaning, cooking, etc.
fatten /ˈfætn/ *v.* [I, T] become or make somebody/ something fatter, esp. an animal before killing it for food.
fatty /ˈfæti/ *adj.* **(-ier, -iest)** containing a lot of fat; consisting of fat. ▶ **fatty** *n.* (*pl.* **-ies**) (*infml., disapprov.*) fat person.
fatuous /ˈfætʃuəs/ *adj.* silly: *~ statements* ▶ **fatuously** *adv.*
faucet /ˈfɔːsɪt/ *n.* (*US*) = TAP (1)
fault /fɔːlt/ *n.* **1** [sing.] responsibility for something wrong that has happened or been done: *It's my ~.* ◊ *Nobody seems to know who's at ~* (= responsible) *for this.* **2** [C] mistake or imperfection: *a mechanical ~* **3** [C] crack in the surface of the earth. ● **fault** *v.* [T] find a weakness in somebody/something: *I cannot ~ her work.* ▶ **faultless** *adj.* perfect. ▶ **faultlessly** *adv.* ▶ **faulty** *adj.* (*esp.* of a machine) not working properly.
fauna /ˈfɔːnə/ *n.* [U] all the animals living in an area, a habitat, or a period of history.
faux pas /ˌfəʊˈpɑː/ *n.* (*pl.* **faux pas** /-ˈpɑːz/) (from French) embarrassing mistake.
favour (*US* **-or**) /ˈfeɪvə(r)/ *n.* **1** [C] thing you do to help somebody: *Do me a ~ and lend me your book.* **2** [U] approval of support for somebody/something: *She's back in ~ with the boss again* (= the boss likes her again). **3** [U] treatment of somebody more generously than others: *show ~ to somebody* [IDM] **in favour (of somebody/something)** supporting somebody/something. **in somebody's favour** to the advantage of somebody. ● **favour** *v.* [T] **1** support somebody/something. **2** treat somebody more generously than others. ▶ **favourable** *adj.* **1** getting or showing approval. **2** helpful. ▶ **favourably** *adv.*
favourite (*US* **favor-**) /ˈfeɪvərɪt/ *n.* **1** person or thing liked more than others. **2** horse, competitor, team, etc. expected to win a race. ● **favourite** *adj.* liked more than any other. ▶ **favouritism** /ˈfeɪvərɪtɪzəm/ *n.* [U] practice of being unfairly generous to one person or group.
fawn /fɔːn/ *n.* **1** [C] young deer. **2** [U] light yellowish-brown colour. ● **fawn** *adj.* light yellowish-brown in colour. ● **fawn** *v.* [PV] **fawn on/over somebody** (*disapprov.*) try to gain somebody's favour by pretending to like them.
fax /fæks/ *n.* **1** [C] (*also* **ˈfax machine**) machine that sends and receives documents electronically along telephone wires and then prints them. **2** [U] system for sending documents using a fax machine: *What's your ~ number?* **3** [C] letter or message sent by fax. ● **fax** *v.* [T] send somebody a document, etc. by fax.
FBI /ˌef biː ˈaɪ/ *abbr.* (*US*) Federal Bureau of Investigation.
fear /fɪə(r)/ *n.* [C, U] bad feeling you have when you are in danger, when something bad might happen, or when somebody/ something frightens you. [IDM] **in fear of your life** afraid that you might be killed. **no fear** (*GB, spoken*) certainly not. ● **fear** *v.* [T] **1** be afraid of somebody/something. **2** feel that something bad might have happened or will happen in the future. [IDM] **fear for somebody/something** be worried about somebody/ something: *I ~ for his health.* ▶ **fearful** *adj.* **1** (*fml.*) nervous and afraid. **2** (*fml.*) terrible and frightening. ▶ **fearless** *adj.* not afraid. ▶ **fearlessly** *adv.*
feasible /ˈfiːzəbl/ *adj.* that can be done. ▶ **feasibility** /ˌfiːzəˈbɪləti/ *n.* [U]
feast /fiːst/ *n.* **1** large or special meal, esp. for a lot of people. **2** religious festival. **3** thing that brings great pleasure. ● **feast** *v.* [I] **~(on)** eat a lot of food, with great enjoyment. [IDM] **feast your eyes on something** look at something with pleasure.
feat /fiːt/ *n.* action that needs skill, strength, or courage.
feather /ˈfeðə(r)/ *n.* one of the many light parts that cover a bird's body: *a ~ pillow* (= one containing feathers) [IDM] **a feather in your cap** an action that you can be proud of.

● **feather** v. [IDM] **feather your (own) nest** make yourself richer or more comfortable. ▶ **feathery** adj. light and soft.

feature /'fi:tʃə(r)/ n. **1** noticeable part: *an important ~ of the government* **2** parts of somebody's face, e.g. the eyes and hair. **3** *~(on)* special article in a newspaper, magazine, etc. ● **feature** v. **1** [T] include a particular person or thing as a special feature. **2** [I] *~in* have an important part in something. ▶ **featureless** adj. uninteresting.

February /'februəri/ n. [U, C] second month of the year. (See examples of use at *April*.)

feces (US) = FAECES

fed pt., pp. of FEED

federal /'fedərəl/ adj. **1** of a system of government in which several states unite under a central authority while retaining certain powers in internal affairs. **2** of the central government, not the government of states.

federation /,fedə'reɪʃn/ n. **1** union of states with a central federal government. **2** similar union of clubs, trade unions, etc.

fed up /,fed 'ʌp/ adj. (*infml.*) *~(with)* bored or unhappy.

fee /fi:/ n. **1** money paid for professional advice or services: *accountancy ~s* **2** money paid to join an organization or do something: *an entrance ~*

feeble /'fi:bl/ adj. (*~r, ~st*) weak. ▶ **feebly** /-bli/ adv.

feed /fi:d/ v. (pt., pp. fed /fed/) **1** [T] give food to somebody/something. **2** [I] *~(on)* (esp. of animals) eat food. **3** [T] *~A (with B) | ~B into A* supply something to somebody /something. ● **feed** n. **1** [C] meal for an animal or baby. **2** [U] food for animals or plants. **3** [C] pipe, channel, etc. that carries material to a machine. ■ **'feedback** n. [U] advice, criticism, etc. about how good, relevant, or useful something or somebody's work is. ■ **'feeding bottle** n. plastic bottle from which a baby is given milk.

feel /fi:l/ v. (pt., pp. felt /felt/) **1** *linking verb* experience a particular feeling or emotion: *~ at peace* **2** [T] notice or be aware of something: *~ the wind on your face* ◊ *~ the cold in the air* **3** *linking verb* give you a particular feeling or impression: *This jacket ~s warm.* ◊ *It ~s good to be home again.* **4** *linking verb* have a particular physical quality that you discover by touching: *The water ~s cool.* **5** [T] move your fingers over something to find something, or to find out what something is like: *I could ~ something brush against me in the dark.* **6** [T] think or believe that something is the case: *He felt she was hiding something.* **7** [T] experience the effects of something, often strongly: *~ the cold* [IDM] **feel like (doing) something** want (to do) something: *~ like going for a swim* [PV] **feel for somebody** have sympathy for somebody. ● **feel** n. [sing.] **1** (**the feel**) sensation caused by touching something or being touched. **2** act of feeling or touching. **3** general impression of a place, situation, etc.

feeler /'fi:lə(r)/ n. long, thin part of an insect's head, used for touching things. [IDM] **put out feelers** ask questions, etc. to test the opinions of others.

feeling /'fi:lɪŋ/ n. **1** [C] something felt through the mind or the senses. **2** [sing.] belief; vague idea: *a ~ that something decisive is going to happen* **3** [U, C] attitude or an opinion. **4** (**feelings**) [pl.] somebody's emotions rather than thoughts. **5** [U] sympathy or sensitivity. **6** [U] ability to feel physically. [IDM] **bad/ill feeling** anger between people, esp. after an argument.

feet plural of FOOT

feign /feɪn/ v. [T] (*written*) pretend something.

feint /feɪnt/ n. [C, U] (*esp. in sport*) movement made to make your opponent think you are going to do one thing instead of another. ● **feint** v. [I] make a feint.

felicity /fə'lɪsəti/ n. [U] (*fml.*) great happiness.

feline /'fi:laɪn/ adj. of or like a cat.

fell¹ pt of FALL¹

fell² /fel/ n. area of rocky moorland in N England.

fell³ /fel/ v. [T] **1** cut down a tree. **2** (*written*) knock somebody down.

fellow /'feləʊ/ n. [C] **1** (*old-fash., infml.*) man. **2** [usu. pl.] companion: *school ~s* **3** [C] senior member of a college or university. ● **fellow** adj. of the same group or kind: *~ batchmates* ▶ **fellowship** n. **1** [U] feeling of friendship. **2** [C] group or society. **3** [C] position of a college fellow.

felony /'feləni/ n. [C, U] (*pl.* **-ies**) (*US or law*) serious crime, e.g. murder. ▶ **felon** /'felən/ n. person guilty of a felony.

felt¹ pt., pp. of FEEL

felt² /felt/ n. [U] thick cloth made from pressed wool, hair, or fur. ■ ,**felt-tip 'pen** (*also* '**felt tip**) n. pen with a pointed top made of felt.

female /'fi:meɪl/ adj. **1** of the sex that produces young. **2** (of a plant) producing fruit. **3** (of part of a device) having a hollow part into which another part fits. ● **female** n. female person or animal.

feminine /'femənɪn/ adj. **1** of or like women. **2** (*gram.*) of a particular class of nouns, pronouns, etc. ▶ **femininity** /,femə'nɪnəti/ n. [U] quality of being feminine.

feminism /'femənɪzəm/ n. [U] belief in the principle that women should have the same

rights as men. ▶ **feminist** *n., adj.*
fen /fen/ *n.* area of low, flat, wet land
fence /fens/ *n.* wall made of wood or wire. ● **fence** *v.* 1 [T] ~**in/off** surround or divide something with a fence. 2 [I] fight with a long, thin sword as a sport. 3 [I] avoid giving a direct answer to a question. ▶ **fencing** *n.* [U] 1 sport of fighting with long, thin swords. 2 material for making fences.
fend /fend/ *v.* [PV] **fend for yourself** look after yourself. **fend somebody/something off** defend yourself from somebody/something.
ferment[1] /fə'ment/ *v.* [I, T] (make something) change chemically so that glucose becomes alcohol, e.g. in beer. ▶ **fermentation** /,fɜːmen'teɪʃn/ *n.* [U]
ferment[2] /'fɜːment/ *n.* [U, sing.] state of political and social excitement.
fern /fɜːn/ *n.* [C, U] flowerless plant with feathery green leaves.
ferocious /fə'rəʊʃəs/ *adj.* fierce or violent. ▶ **ferociously** *adv.*
ferocity /fə'rɒsəti/ *n.* [U] quality of being ferocious.
ferret /'ferɪt/ *n.* small animal of the weasel family that hunts rabbits and rats. ● **ferret** *v.* [I] ~**(about/around)** (*infml.*) search for something. [PV] **ferret somebody/something out** (*infml.*) find somebody/something by searching thoroughly.
ferry /'feri/ (*also* **'ferry boat**) *n.* (*pl.* **-ies**) boat that carries people and goods across a river or short stretch of sea. ● **ferry** *v.* (*pt., pp.* **-ied**) [T] transport people or goods from one place to another.
fertile /'fɜːtaɪl/ *adj.* 1 (of land or soil) able to produce abundant vegetation and crops. 2 (of a person's mind) full of new ideas. 3 (of plants or animals) able to produce fruit or young. ▶ **fertility** /fə'tɪləti/ *n.* [U]
fertilize (*also* **-ise**) /'fɜːtəlaɪz/ *v.* [T] make somebody/something fertile. ▶ **fertilization** (*also* **-isation**) /,fɜːtəlaɪ'zeɪʃn/ *n.* [U] ▶ **fertilizer** (*also* **-iser**) *n* [U, C] substance added to soil to make it more fertile.
fervent /'fɜːvənt/ *adj.* showing strong feeling: ~ *supporter* ▶ **fervently** *adv.*
fervour (*US* **-or**) /'fɜːvə(r)/ *n.* [U] very strong feeling; enthusiasm.
fester /'festə(r)/ *v.* [I] 1 (of a wound) become infected. 2 (of bad feelings or thoughts) become more bitter and angry.
festival /'festɪvl/ *n.* 1 organized series of performances of music, drama, etc. 2 (day or time for a) public, esp. religious, celebration.
festive /'festɪv/ *adj.* joyous.
festivity /fe'stɪvəti/ *n.* [U, C] (*pl.* **-ies**) happy celebration.

fetch /fetʃ/ *v.* [T] 1 collect somebody/something from a place: ~ *a book from the library.* 2 be sold for a particular price: *The painting* ~*ed £15,000.*
fête /feɪt/ *n.* outdoor entertainment, usu. to collect money for a particular purpose. ● **fête** *v.* [T] (*usu.* passive) honour somebody in a special way.
fetish /'fetɪʃ/ *n.* something to which too much attention is given.
fetter /'fetə(r)/ *n.* 1 (*usu.* pl.) something that restricts somebody's freedom: *the* ~*s of state controls* 2 chain for a prisoner's foot. ● **fetter** *v.* [T] 1 (*usu.* passive) put chains on a prisoner. 2 restrict somebody's freedom.
fetus (*US*) = FOETUS
feud /fjuːd/ *n.* long, bitter quarrel. ● **feud** *v.* [I] carry on a feud.
feudal /'fjuːdl/ *adj.* of the system of receiving land from a nobleman, and working and fighting for him in return, during the Middle Ages in Europe. ▶ **feudalism** /-dəlɪzəm/ *n.* [U]
fever /'fiːvə(r)/ *n.* 1 [C, U] very high temperature of the body. 2 [U] disease causing a high body temperature. 3 [sing.] state of excitement. ▶ **feverish** *adj.* 1 excited; very fast. 2 having a fever. ▶ **feverishly** *adv.*
few /fjuː/ *det., adj., pron.* 1 not many people, things, or places: *There are only a* ~ *countries I've not been to.* 2 **(a few)** a small number of people or things; some. [IDM] **few and far between** very rare.
fiancé /fi'ɒnseɪ/ *n.* (*fem.* **fiancée**) person you are engaged to (= have agreed to marry).
fiasco /fi'æskəʊ/ *n.* (*pl.* ~**s** *US also* ~**es**) complete failure.
fib /fɪb/ *n.* (*infml.*) small lie, esp. about something unimportant. ● **fib** *v.* (**-bb-**) [I] tell a fib. ▶ **fibber** *n.*
fibre (*US* **fiber**) /'faɪbə(r)/ *n.* 1 [U] part of food that helps to keep a person healthy by keeping the bowels working: *a high-*~ *diet* 2 [U] material, e.g. rope, formed from a mass of fibres. 3 [C] one of the many thin threads that form body tissue and other natural materials: *muscle* ~*s* 4 [U] person's character: *strong moral* ~ ■ **'fibreglass** (*US* **'fiber-**) *n.* [U] material made from glass fibres, used for making boats, etc. ■ **,fibre 'optics** (*US* **'fiber-**) *n.* [U] use of thin fibres of glass, etc. for sending information in the form of light signals. ▶ **fibrous** /'faɪbrəs/ *adj.* made of, or like, fibres.
fickle /'fɪkl/ *adj.* often changing.
fiction /'fɪkʃn/ *n.* 1 [U] writing that describes invented people and events, not real ones. 2 [C] thing that is invented or not true. ▶ **fictional** /-ʃənl/ *adj.*

fictitious /fɪkˈtɪʃəs/ *adj.* untrue; invented.
fiddle /ˈfɪdl/ *v.* **1** [I] **~with** keep touching or playing with something in your hands. **2** [T] (*infml.*) change accounts dishonestly; get something by cheating. **3** [I] (*infml.*) play the violin. ● **fiddle** *n.* (*infml.*) **1** = VIOLIN **2** dishonest action. ▶ **fiddler** *n.* person who plays a violin. ▶ **fiddly** *adj.* difficult to do or use because small objects are involved.
fidelity /fɪˈdeləti/ *n.* [U] **1** faithfulness. **2** accuracy of a translation, report, etc.
fidget /ˈfɪdʒɪt/ *v.* [I] move your body about restlessly. ● **fidget** *n.* person who fidgets. ▶ **fidgety** *adj.*
field¹ /fiːld/ *n.* **1** area of land on which crops are grown or cattle are kept. **2** open area: *a landing ~* **3** area of study or activity. **4** area in which a force can be felt: *a gravitational ~* **5** (*computing*) part of a record that is a separate item of data. ■ **'field day** *n.* [IDM] **have a field day** have great fun, success, etc. ■ **,field 'marshal** *n.* officer of the highest rank in the British army.
field² /fiːld/ *v.* **1** [I, T] (in cricket, *etc.*) (stand ready to) catch or stop the ball. **2** [T] put a team into the field. **3** [T] deal with a question skilfully. ▶ **fielder** *n.* (in cricket, *etc.*) person who fields.
fiend /fiːnd/ *n.* **1** very wicked person. **2** person who is very keen on something mentioned: *a dope ~* ▶ **fiendish** *adj.* ▶ **fiendishly** *adv.* very.
fierce /fɪəs/ *adj.* (**~r, ~st**) **1** angry and violent. **2** intense; strong: *~ storm* ▶ **fiercely** *adv.* ▶ **fierceness** *n.* [U]
fiery /ˈfaɪəri/ *adj.* (**-ier, -iest**) **1** of or like fire; flaming. **2** (of a person) quickly made angry.
fifteen /ˌfɪfˈtiːn/ *number* 15. ▶ **fifteenth** /ˌfɪfˈtiːnθ/ *ordinal number*
fifth /fɪfθ/ *ordinal number*, *n.* 5th; ⅕
fifty /ˈfɪfti/ **1** *number* 50. **2 (the fifties)** *n.* [pl.] numbers, years, or temperatures from 50 to 59. ▶ **fiftieth** *ordinal number* ■ **,fifty-'fifty** *adj., adv.* (*infml.*) shared equally between two.
fig /fɪg/ *n.* (tree with a) soft, sweet fruit full of small seeds.
fig. *abbr.* (*written*) **1** figure; illustration: *See fig. 6.* **2** figurative(ly).
fight /faɪt/ *v.* (*pt., pp.* **fought** /fɔːt/) **1** [I, T] use force with the hands or weapons against somebody: *~ against injustice* **2** [T] take part in a war or battle against somebody. **3** [I] try hard to stop something bad or to achieve something. **4** [I] quarrel or argue with somebody. [PV] **fight back (against somebody/something)** resist strongly or attack somebody who has attacked you. **fight somebody/something off** resist or repel somebody/something: *~ off an infection* **fight something out** fight or argue until the argument is settled. ● **fight** *n.* **1** [C] act of fighting against somebody/something. **2** [U] desire or ability to keep fighting for something. ▶ **fighter** *n.* **1** fast military aircraft. **2** person who fights in war or in sport.
figment /ˈfɪgmənt/ *n.* [IDM] **a figment of somebody's imagination** something not real.
figurative /ˈfɪgərətɪv/ *adj.* (of words) used not in the ordinary literal sense, but in an imaginative way. ▶ **figuratively** *adv.*
figure /ˈfɪgə(r)/ *n.* **1** symbol representing a number. **2** price. **3** human form or shape: *a ~ appearing in the distance* ◊ *a good ~* (= slim body) **4** person: *important ~s in the revolution* **5** form of a person that is drawn, carved, etc. **6** diagram; illustration. ● **figure** *v.* **1** [I] **~(as/in)** be a part of a process, situation, etc. esp. an important one. **2** [T] think or decide that something is true or will happen. [IDM] **it/that figures** used to say that something seems logical. [PV] **figure on something/doing something** plan something or to do something; expect something. **figure somebody/something out 1** think about somebody/something until you understand them/it. **2** calculate an amount. ■ **'figurehead** *n.* person in a high position but with no real authority. ■ **,figure of 'speech** *n.* figurative expression.
filament /ˈfɪləmənt/ *n.* thin wire inside a light bulb; thin thread.
file¹ /faɪl/ *n.* **1** holder, box, cover, etc. for keeping papers. **2** organized computer data: *save a ~* **3** papers and information contained in a file: *keep a confidential ~ on somebody* **4** metal tool with a rough surface for cutting or shaping hard substances. **5** line of people or things one behind the other. [IDM] **on file** kept in a file.
file² /faɪl/ *v.* **1** [T] put something in a file. **2** [I, T] **~(for)** (*law*) make a formal request, etc. officially: *~ for custody of child* **3** [I] walk in a line of people, one after the other: *~ into the classroom* **4** [T] cut or shape something with a file¹(4): *~ your fingernails* ▶ **filings** /ˈfaɪlɪŋz/ *n.* [pl.] small pieces of metal removed by a file¹(4). ■ **'filing cabinet** (*US* **'file cabinet**) *n.* piece of office furniture for holding files.
fill /fɪl/ *v.* **1** [I, T] become or make something full of something. **2** [T] do a job, have a role or position, etc.; put somebody into a job: *~ a vacancy* [PV] **fill in (for somebody)** do somebody's job when they are away. **fill something in | fill something out** complete a form, etc. by writing information on it, **fill out** become larger or fatter, **fill (some-**

thing) up (with something) become or make something completely full, ● **fill** *n.* [IDM] **your fill of something/somebody 1** as much of something/somebody as you can bear: *I've had my ~ of his advice!* **2** as much as you can eat or drink. ▶ **filler** *n.* material used to fill holes in walls, etc. before painting. ▶ **filling** *n.* material used to fill a hole in a tooth.

fillet /'fɪlɪt/ *n.* [C, U] piece of meat or fish without bones. ● **fillet** *v.* [T] cut fish or meat into fillets.

film /fɪlm/ *n.* **1** [C] cinema picture; movie. **2** [U, C] roll of thin plastic used in photography. **3** [C, usu. sing.] thin layer of something: *a ~ of oil* ● **film** *v.* [I, T] make a film(1). ■ **'film star** *n.* famous cinema actor.

filter /'fɪltə(r)/ *n.* **1** device used for holding back solid material in a liquid passed through it. **2** coloured glass that allows light only of certain wavelengths to pass through. ● **filter** *v.* **1** [I, T] (cause something to) flow through a filter. **2** [I] pass or flow slowly; become known gradually.

filth /fɪlθ/ *n.* [U] **1** disgusting dirt. **2** very rude and offensive words, pictures, etc. ▶ **filthy** *adj.* (**-ier, -iest**)

fin /fɪn/ *n.* **1** wide, thin, wing-like part of a fish. **2** thing shaped like this, e.g. on the back of an aircraft.

final /'faɪnl/ *adj.* **1** coming at the end; last. **2** (of a decision) that cannot be changed. [IDM] **final straw** → STRAW ● **final** *n.* [C] **1** last of a series of competitions: *the football ~s* **2 (finals)** [pl.] last set of university examinations. ▶ **finalist** /'faɪnəlɪst/ *n.* player in a final competition. ▶ **finalize** (*also* **-ise**) /'faɪnəlaɪz/ *v.* [T] complete the last part of a plan, etc. ▶ **finally** /'faɪnəli/ *adv.* **1** eventually. **2** conclusively: *They gave in ~ly.*

finale /fɪ'nɑːli/ *n.* last part of a piece of music or drama.

finance /'faɪnæns; faɪ'næns; fə-/ *n.* **1** [U] management of (*esp.* public) money. **2** [U] money needed to pay for a project: *obtain ~ from the bank* **3 (finances)** [pl.] money available to a person, company, etc. ● **finance** *v.* [T] provide money for a venture, etc. ▶ **financial** /faɪ'nænʃl; fə-/ *adj.* ▶ **financially** *adv.* ▶ **financier** /faɪ'nænsɪə(r); fə-/ *n.* person who finances businesses.

finch /fɪntʃ/ *n.* small bird.

find /faɪnd/ *v.* (*pt., pp.* **found** /faʊnd/) [T] **1** discover something/somebody unexpectedly. **2** get back something/somebody that was lost. **3** discover something by searching, studying, or testing. **4** have a particular feeling or opinion about something: *I ~ it interesting to solve puzzles.* **5** have something available for you to use: *~ the tools to conduct experiments with* **6** arrive at something naturally: *Water ~s its own level.* **7** exist in a particular place: *Elephants are found in India.* **8** (*fml.*) decide something in a court of law: *~ a verdict of guilty* [IDM] **find fault (with something/somebody)** look for mistakes in something/somebody; complain about something/somebody. [PV] **find out (something) (about something/somebody)** learn something by study or inquiry: *~ out how the force of gravity works* ● **find** *n.* something interesting or valuable that is found. ▶ **finder** *n.* ▶ **finding** *n.* [C] **1** [usu. pl.] what is learnt by study or inquiry. **2** (*law*) decision reached by a court.

fine¹ /faɪn/ *adj.* (**~r, ~st**) **1** enjoyable or pleasing: *a ~ place* **2** in good health. **3** (of weather) bright; clear. **4** made of very small particles: *~ powder* **5** delicate; carefully made. **6** (able to be) seen or noticed only with difficulty or effort: *a ~ difference* ● **fine** *adv.* (*infml.*) well: *The children are all doing ~.* ■ **fine 'art** *n.* [U] (*also* **fine 'arts**) [pl.] paintings, sculptures, etc. ▶ **finely** *adv.* **1** into small pieces: *~ly cut meat* **2** beautifully; delicately. ▶ **fineness** *n.* [U]

fine² /faɪn/ *n.* money paid as a punishment for breaking the law. ● **fine** *v.* [T] officially punish somebody by making them pay a fine.

finery /'faɪnəri/ *n.* [U] beautiful clothes.

finesse /fɪ'nes/ *n.* [U] skilful way of dealing with a situation.

finger /'fɪŋɡə(r)/ *n.* **1** any of the five parts at the end of each hand. **2** part of a glove that fits over a finger. [IDM] **get, pull, etc. your finger out** (*infml.*) stop being lazy; start to work hard. **not put your finger on something** not be able to find exactly what is wrong. ● **finger** *v.* [T] touch or feel something with your fingers. ■ **'fingernail** *n.* hard layer that covers the end of each finger. ■ **'fingerprint** *n.* mark made by a finger when pressed on a surface. ■ **'fingertip** *n.* end of a finger. [IDM] **have something at your fingertips** know something very well.

finish /'fɪnɪʃ/ *v.* **1** [I, T] come or bring something to an end; reach the end of a task. **2** [T] eat, drink, or use what is left of something. **3** [T] make something complete. [PV] **finish somebody/something off** (*infml.*) destroy somebody/something. **finish with somebody/ something** no longer be dealing with somebody/ something; end a relationship with somebody. ● **finish** *n.* **1** [C] last part of something. **2** [C, U] last covering of paint or polish: *a smooth ~*

finite /'faɪnaɪt/ *adj.* **1** limited. **2** (*gram.*) (of a verb form) showing a particular tense, person, and number: *'Is' and 'was' are* ~ *forms of 'be'*.

fir (*also* **'fir tree**) /fɜː(r)/ *n.* evergreen tree with leaves like needles. ■ **'fir cone** *n.* fruit of the fir tree.

fire¹ /'faɪə(r)/ *n.* **1** [U] burning that produces light and heat. **2** [U, C] burning that causes destruction: *forest* ~*s* **3** [C] pile of burning fuel for heating, cooking, etc.: *light a* ~ **4** [C] apparatus for heating a room: *a gas* ~ **5** [U] shots from guns. [IDM] **on fire** burning. **under fire** being shot at. ■ **'fire alarm** *n.* bell that warns people of a fire. ■ **'firearm** *n.* [C, usu. pl.] gun. ■ **the 'fire brigade** *n.* [sing.] team of people who put out fires. ■ **'fire drill** *n.* [C, U] practice of leaving a burning building, etc. safely. ■ **'fire engine** *n.* vehicle that carries firefighters and equipment to put out fires. ■ **'fire escape** *n.* outside staircase or ladder for leaving a burning building. ■ **'fire extinguisher** *n.* metal cylinder containing water or chemicals for putting out a small fire. ■ **'firefighter** *n.* person whose job is to put out fires. ■ **'fireguard** *n.* protective metal framework round a fire in a room. ■ **'fireman** *n.* (*pl.* -men) person whose job is to put out fires. ■ **'fireplace** *n.* open space in a wall for a fire in a room. ■ **'fireproof** *adj.* unable to be damaged by fire. ■ **'fireside** *n.* [C, usu. sing.] part of a room beside the fire. ■ **'fire station** *n.* building for a fire brigade. ■ **'firewall** *n.* (*computing*) part of a computer system designed to prevent people from getting at information without authority, but that still allows them to receive information that is sent to them. ■ **'firewood** *n.* [U] wood used for lighting fires or as fuel. ■ **'firework** *n.* device containing chemicals that burn or explode with coloured flames.

fire² /'faɪə(r)/ *v.* **1** [I, T] shoot with a gun; shoot a bullet. **2** [T] force somebody to leave their job. **3** [T] excite somebody. **4** [T] heat a clay object in a special oven. ■ **'firing line** *n.* [sing.] front line of battle, nearest the enemy. ■ **'firing squad** *n.* [C, U] group of soldiers ordered to shoot a condemned person.

firm /fɜːm/ *adj.* **1** fairly hard. **2** strongly fixed in place. **3** not likely to change. **4** (of a person's voice or movements) strong and steady. [IDM] **stand firm** → STAND²(11) ● **firm** *v.* [I, T] become or make something firm. ● **firm** *n.* business or company. ▶ **firmly** *adv.* in a strong or definite way. ▶ **firmness** *n.* [U]

first¹ /fɜːst/ *det., ordinal number* coming before all others. [IDM] **at first sight** when seen for the first time. **first thing** as early as possible in the day. ■ **,first 'aid** *n.* [U] treatment given immediately to an injured person before a doctor comes. ■ **,first 'class** *n.* [U] *adv.* (using) the best seats on a train, plane, etc. or the fastest form of mail. ■ **'first-class** *adj.* of the best class. ■ **,first 'floor** *n.* **1** (*GB*) floor immediately above the ground floor. **2** (*US*) = GROUND FLOOR (GROUND¹) ■ **,first-'hand** *adj., adv.* (of information) (obtained) directly from the source. ▶ **firstly** *adv.* (in giving a list) to begin with. ■ **'first name** *n.* name that goes before your family name. ■ **the ,first 'person** *n.* [sing.] (*gram.*) set of pronouns, e.g. *I*, *we*, *me*, and the verb forms, e.g. *am*, used with them. ■ **,first-'rate** *adj.* excellent.

first² /fɜːst/ *adv.* **1** before anyone or anything else: *She came* ~. **2** for the first time: *when I* ~ *went camping outdoors* **3** in preference to something else. [IDM] **at first** at or in the beginning.

first³ /fɜːst/ *n.* **1** (**the first**) [C] (*pl.* **the first**) first person or thing: *the* ~ *to raise the issue* **2** [C, usu. sing.] (*infml.*) important new achievement. **3** [C] (*GB*) highest level of university degree.

fish /fɪʃ/ *n.* (*pl.* **fish** or ~**es**) **1** [C] cold-blooded animal that lives in water. **2** [U] flesh of a fish eaten as food: ~ *curry* ● **fish** *v.* [I] try to catch fish. [PV] **fish for something** try to obtain compliments, views, etc. indirectly. **fish somebody /something out (of something)** take or pull somebody/something out of a place: *He* ~*ed a coin out of his pocket.* ■ **'fisherman** *n.* (*pl.* -men) person who catches fish, as a job or as a sport. ▶ **'fishery** *n.* [C, usu. pl.] (*pl.* -ies) part of the sea where fish are caught. ▶ **'fishing** *n.* [U] sport or job of catching fish: *enjoy a* ~*ing excursion* ■ **'fishmonger** /'fɪʃmʌŋgə(r)/ *n.* person who sells fish in a shop. ▶ **'fishy** *adj.* (-ier, -iest) **1** (*infml.*) causing doubt: *a* ~*y tale* **2** like fish.

fission /'fɪʃn/ *n.* [U] splitting, esp. of an atom: *nuclear* ~

fissure /'fɪʃə(r)/ *n.* deep crack in rock.

fist /fɪst/ *n.* hand when tightly closed. ▶ **fistful** *n.* number or quantity that can be held in a fist.

fit¹ /fɪt/ *v.* (-tt-) **1** [I, T] be the right size and shape for somebody/something: *This shirt doesn't* ~ (*me*). **2** [T] (*usu. passive*) put clothes on somebody to make them the right size, shape, etc.: *have the trousers* ~*ted* **3** [T] put or fix something somewhere: ~ *a new shelf* **4** [I, T] (make something) agree with, match, or be suitable for something: *The music* ~*s my mood perfectly.* [PV] **fit some-**

body/something in find time or room for somebody/something. **fit in (with somebody/something)** live, work, etc. in an easy way with somebody/something. **fit somebody/something out** equip somebody/something. ▶ **fitted** *adj.* fixed in place: *~ted the cupboards* ▶ **fitter** *n.* **1** person whose job is to put together and fit machinery. **2** person who cuts and fits clothes, carpets, etc.

fit² /fɪt/ *adj.* (**~ter, ~test**) **1** healthy and strong: *keep ~ by eating well* **2 ~for/~to** suitable; good enough; right: *not ~ to drink* ◇ *Do as you see ~*. **3 ~to** ready to do something extreme: *laughing ~ to burst* ▶ **fitness** *n.* [U] **1** state of being physically fit. **2 ~for/~to** suitability for something.

fit³ /fɪt/ *n.* **1** sudden attack of an illness, e.g. epilepsy, in which you become unconscious and make violent movements. **2** sudden, short period of intense feeling or activity: *a ~ of giggling* **3** way in which something, esp. clothing, fits: *the right ~* [IDM] **by/in fits and starts** not continuously; over a period of time. **have/throw a fit** (*infml.*) be very shocked or angry. ▶ **fitful** /'fɪtfl/ *adj.* occurring irregularly. ▶ **fitfully** /-fəli/ *adv.*

fitting /'fɪtɪŋ/ *adj.* (*fml.*) right; suitable. ● **fitting** *n.* [C] **1** [usu. pl.] small part of equipment: *electrical ~s* **2** [usu. pl.] something, such as a cooker or shelves, that is fixed in a building but can be removed.

five /faɪv/ *number* 5. ▶ **fiver** /'faɪvə(r)/ *n.* (GB, *infml.*) £5 (note).

fix¹ /fɪks/ *v.* [T] **1** fasten something firmly to something. **2** arrange or organize something: *~ an itinerary for the visiting officials* **3** (esp. US) prepare food or drink. **4** repair something. **5** put something in order: *~ your make-up* **6** unfairly influence the result of something. **7** direct your eyes, thoughts, etc. onto something. [IDM] **fix somebody with a look, a stare, etc.** look directly at somebody for a long time. [PV] **fix on somebody/something** choose somebody/something. **fix somebody up (with something)** (*infml.*) provide somebody with something. ▶ **fixation** /fɪkˈseɪʃn/ *n.* unhealthy interest in somebody/something; obsession.

fix² /fɪks/ *n.* [C] **1** [C] (*infml.*) solution to a problem. **2** [sing.] (*infml.*) injection of a narcotic drug. **3** [sing.] difficult or awkward situation. **4** act of finding the position of a ship or an aircraft.

fixture /'fɪkstʃə(r)/ *n.* [C] **1** [usu. pl.] something, e.g. a bath, that is fixed in a building and cannot be removed. **2** sporting event on an agreed date.

fizz /fɪz/ *v.* [I] make a hissing sound of bubbles of gas in a liquid. ● **fizz** *n.* [U, sing.] small bubbles of gas in a liquid. ▶ **fizzy** *adj.* (**-ier, -iest**)

fizzle /'fɪzl/ *v.* [I] make a weak hissing sound. [PV] **fizzle out** come to a weak, disappointing end.

flab /flæb/ *n.* [U] (*infml.*) soft, loose flesh on a person's body. ▶ **flabby** *adj.* (**-ier, -iest**) **1** having soft, loose flesh; fat. **2** feeble and weak.

flabbergasted /'flæbəɡɑːstɪd/ *adj.* (*infml.*) very shocked and surprised.

flag /flæɡ/ *n.* piece of cloth used as a symbol of a country, or as a signal. ● **flag** *v.* (**-gg-**) **1** [T] mark information to show what you regard as important. **2** [I] become tired or weak: *Support is ~ging*. [PV] **flag somebody/something down** signal to a vehicle to stop. ■ **'flagship** *n.* **1** main ship in a fleet of ships in the navy. **2** most important product, service, etc. that an

organization owns.

flagon /'flæɡən/ *n.* large round bottle for wine, cider, etc.

flagrant /'fleɪɡrənt/ *adj.* openly bad: *~ violation of the law* ▶ **flagrantly** *adv.*

flagstone /'flæɡstəʊn/ *n.* large flat stone for a floor, path, or pavement.

flair /fleə(r)/ *n.* [U, sing.] natural ability to do something well: *She has a ~ for languages* (= is quick at learning them).

flake /fleɪk/ *n.* small thin layer; small piece of something: *snow ~s* ● **flake** *v.* [I] fall off in flakes. [PV] **flake out** (*infml.*) collapse with exhaustion. ▶ **flaky** *adj.* (**-ier, -iest**) made of flakes; tending to flake.

flamboyant /flæmˈbɔɪənt/ *adj.* **1** (of a person) very confident and lively. **2** brightly coloured.

▶ **flamboyance** /-'bɔɪəns/ *n.* [U] ▶ **flamboyantly** *adv.*

flame /fleɪm/ *n.* [C, U] hot, bright stream of burning gas coming from something on fire: *The apartment was in ~s* (= was burning). ● **flame** *v.* [I] **1** burn with a bright flame. **2** have the colour of flames; blaze. ▶ **flaming** *adj.* violent: *a flaming protest*

flamingo /flə'mɪŋgəʊ/ *n.* (*pl.* ~s) large bird with long legs, a long neck, and pink feathers.

flammable /'flæməbl/ *adj.* that can burn easily.

flan /flæn/ *n.* open pastry case with fruit, jam, etc. in it.

flank /flæŋk/ *n.* **1** left or right side of an army. **2** side of an animal between the ribs and the hip. ● **flank** *v.* [T] place somebody/something on one or both sides of somebody/something.

flannel /'flænl/ *n.* **1** [U] soft light fabric, containing cotton or wool. **2** small piece of cloth used for washing yourself. **3** (**flannels**) [pl.] trousers made of flannel.

flap /flæp/ *n.* **1** flat piece of material that covers an opening. **2** action or sound of flapping. **3** part of the wing of an aircraft that can be lifted. [IDM] **be in/get into a flap** (*infml.*) be/become excited or confused. ● **flap** *v.* (-**pp-**) **1** [I, T] (of a bird's wings) move or be made to move quickly up and down: *The bird ~ped its wings.* **2** [I, T] (cause something to) move up and down or from side to side: *flags ~ping in the wind* **3** [I] (*GB, infml.*) become excited and anxious.

flare /fleə(r)/ *v.* **1** [I] burn brightly, but only for a short time. **2** [I] (of clothes) become wider at the bottom: *~d pants* [PV] **flare up 1** burst into a bright flame. **2** become more violent. ● **flare** *n.* [C] **1** [usu. sing.] bright, unsteady light or flame that does not last. **2** (device that produces a) flaring light used as a signal. **3** shape that becomes gradually wider. ■ **'flare-up** *n.* [usu. sing.] **1** sudden expression of violent feeling. **2** (of illness) sudden attack.

flash /flæʃ/ *n.* **1** [C] sudden, bright burst of light: *a ~ of lightning* ◊ (*fig.*) *a ~ of inspiration* **2** [C, U] (device that produces a brief bright light for taking photographs indoors. [IDM] **in/like a flash** very quickly. ● **flash** *adj.* (*infml.*) expensive-looking; showy ● **flash** *v.* **1** [I, T] (cause something to) shine with a sudden bright light. **2** [I] move quickly: *The figure ~ed past us.* **3** [I] come suddenly into view or into the mind. **4** [T] send information quickly by radio, computer, etc. ■ **'flashback** *n.* part of a film, etc. that shows a scene in the past. ■ **'flashbulb** *n.* electric bulb in a flash(2). ■ **'flashlight** *n.* (*esp. US*) small electric torch. ▶ **flashy** *adj.* (**-ier, -iest**) attractive, but not in good taste: *~y attire* ▶ **flashily** *adv.*

flask /flɑːsk/ *n.* **1** bottle with a narrow neck. **2** (*GB*) = VACUUM FLASK **3** (*esp. US*) = HIP FLASK (HIP)

flat[1] /flæt/ *adj.* (**~ter, ~test**) **1** smooth and level, not curved or sloping. **2** having a broad level surface, but not high: *~ desk* **3** dull; boring. **4** absolute: *a ~ denial* **5** (*music*) below the correct pitch. **6** (of drinks) no longer fizzy. **7** (of a battery) no longer producing electricity. **8** (of a tyre) no longer having air inside. ● **flat** *adv.* **1** in or into a flat position: *fell ~ on his face.* **2** exactly: *arrived in 10 minutes ~* **3** (*music*) lower than the correct pitch. [IDM] **flat out** (*infml.*) as fast or as hard as possible ■ ,**flat-'footed** *adj.* having feet with flat soles.

flat[2] /flæt/ *n.* **1** [C] (*esp. GB*) (*esp. US* **apartment**) set of rooms on one floor of a building, used as a home. **2** [sing.] flat, level part of something. **3** [C, usu. pl.] area of low, level ground. **4** [C] (*music*) (*symb. b*) note that is half a tone lower than the note named. **5** [C] (*esp. US*) flat tyre.

flatten /'flætn/ *v.* [I, T] become or make something flat.

flatter /'flætə(r)/ *v.* [T] **1** praise somebody too much or insincerely. **2** make somebody seem more attractive than they really are. [IDM] **be/feel flattered** be pleased because somebody has made you feel special. ▶ **flatterer** *n.* ▶ **flattery** *n.* [U] insincere praise.

flaunt /flɔːnt/ *v.* [T] (*disapprov.*) show something valuable in order to gain admiration: *~ your possessions*

flautist /'flɔːtɪst/ *n.* flute player.

flavour (*US* **-or**) /'fleɪvə(r)/ *n.* **1** [U] taste and smell of food: *add spices to improve the ~* **2** [C] particular taste: *six ~s of ice cream* **3** [sing.] particular quality. ● **flavour** *v.* [T] give flavour to something. ▶ **flavouring** *n.* [C, U] something added to food to give flavour. ▶**flavourless** *adj.*

flaw /flɔː/ *n.* fault or mistake; imperfection. ▶ **flawed** *adj.* having a flaw; damaged. ▶ **flawless** *adj.* perfect. ▶**flawlessly** *adv.*

flax /flæks/ *n.* [U] plant grown for its fibres, used for making linen.

flea /fliː/ *n.* small jumping insect that feeds on blood.

fleck /flek/ *n.* very small patch, spot, or grain. ● **fleck** *v.* [T] cover or mark something with flecks.

flee /fliː/ *v.* (*pt., pp.* **fled** /fled/) [I, T] ~(**from**) run or hurry away from somebody/something; escape.

fleece /fliːs/ *n.* woolly coat of a sheep. ● **fleece**

v. [T] (*infml.*) rob somebody by trickery, esp. by charging too much money. ▶ **fleecy** *adj.* like fleece; woolly.

fleet /fliːt/ *n.* **1** group of ships under one commander. **2** group of buses, cars, etc. owned by one organization.

fleeting /'fliːtɪŋ/ *adj.* lasting only a short time: *a ~ view*

flesh /fleʃ/ *n.* **1** [U] soft part between the skin and bones of animal bodies. **2** [U] soft juicy part of a fruit. **3 (the flesh)** [sing.] the body, contrasted with the mind or the soul. [IDM] **in the flesh** in person; in real life. **make your flesh creep** make you feel afraid or disgusted. **your (own) flesh and blood** person you are related to. ▶ **fleshy** *adj.* fat.

flew *pt of* FLY[1]

flex /fleks/ *n.* [C, U] wire for electric current, in a covering of plastic, etc. ● **flex** *v.* [T] bend or stretch your legs, muscles, etc.

flexible /'fleksəbl/ *adj.* **1** that can bend easily without breaking. **2** easily changed: *~ mind* ▶ **flexibility** /ˌfleksəˈbɪləti/ *n.* [U]

flick /flɪk/ *n.* **1** quick, light blow. **2** quick, sharp movement: *with a ~ of his wrist* ● **flick** *v.* [T] hit something lightly with a sudden, quick movement. [PV] **flick through something** turn over the pages of a book, etc. quickly.

flicker /'flɪkə(r)/ *v.* [I] **1** (of a light or flame) keep going on and off. **2** (of an emotion) appear briefly. **3** move with small, quick movements. ● **flicker** *n.* [C, usu. sing.] **1** flickering movement. **2** feeling or emotion that only lasts for a short time: *a ~ of hope*

flier = FLYER

flight /flaɪt/ *n.* **1** [C] journey made by air. **2** [C] plane making a particular journey: *~ BA 9010C from Heathrow, London* **3** [U] act of flying. **4** [C] set of stairs between two floors. **5** [C, U] fleeing or running away. **6** [C] group of aircraft or birds flying together. [IDM] **a flight of fancy/imagination** unrealistic, imaginative idea. ■ **'flight path** *n.* course of an aircraft through the air.

flimsy /'flɪmzi/ *adj.* (**-ier, -iest**) **1** light and thin; easily destroyed. **2** difficult to believe: *a ~ excuse* ▶ **flimsily** *adv.*

flinch /flɪntʃ/ *v.* [I] move back because of shock, fear, or pain.

fling /flɪŋ/ *v.* (*pt., pp.* **flung** /flʌŋ/) [T] throw somebody/ something violently somewhere. [PV] **fling yourself into something** do something with a lot of energy and enthusiasm. ● **fling** *n.* short period of enjoyment and fun.

flint /flɪnt/ *n.* **1** [C, U] hard stone, used for making sparks. **2** [C] piece of flint or hard metal that is used to make a spark.

flip /flɪp/ *v* (**-pp-**) **1** [T] make something move, esp. through the air, by hitting it lightly: *~ a coin* **2** [I] (*infml.*) become very angry. ● **flip** *n.* quick, light blow.

flippant /'flɪpənt/ *adj.* not showing enough respect. ▶ **flippancy** /-ənsi/ *n.* [U] ▶ **flippantly** *adv.*

flipper /'flɪpə(r)/ *n.* **1** broad flat limb of a seal, turtle, etc. **2** large, flat rubber shoe used when swimming underwater.

flirt /flɜːt/ *v.* [I] **1 ~(with)** behave towards somebody in a romantic but not serious way. **2 ~with** think about something, but not seriously. ● **flirt** *n.* person who flirts. ▶ **flirtation** /flɜːˈteɪʃn/ *n.* [C, U] ▶ **flirtatious** /flɜːˈteɪʃəs/ *adj.* fond of flirting.

flit /flɪt/ *v.* (**-tt-**) [I] fly or move lightly and quickly.

float /fləʊt/ *v.* **1** [I, T] (cause something to) stay on the surface of a liquid or up in the air. **2** [T] suggest an idea or plan. **3** [T] (*business*) sell shares in a business or company for the first time. **4** [I, T] (of a currency) (allow its value to) change according to the value of foreign currencies. ● **float** *n.* **1** large vehicle, esp. one used in a procession: *a carnival ~* **2** light object that floats (often used to support a heavier object in water). **3** amount of money used, esp. by a shopkeeper, to provide change. ▶ **floating** *adj.* not fixed.

flock /flɒk/ *n.* **1** group of sheep, birds, or goats. **2** large crowd of people. **3** church congregation. ● **flock** *v.* [I] move in great numbers: *Crowds ~ed to the annual fair.*

flog /flɒg/ *v.* (**-gg-**) [T] **1** beat somebody severely as punishment. **2** (*infml.*) sell something to somebody. [IDM] **flog a dead horse** (*infml.*) waste your efforts doing something that cannot succeed. **flog something to death** (*infml.*) repeat an account, a joke, etc. too often. ▶ **flogging** *n.* [C, U] severe beating.

flood /flʌd/ *n.* **1** (coming of a) great quantity of water, esp. over a place that is usually dry. **2** large quantity: *a ~ of questions* ● **flood** *v.* [I, T] **1** fill or cover something with water. **2** (of a feeling) affect somebody suddenly and strongly: *A sense of guilt ~ed over her.* **3 ~in/ into/out of** arrive or go somewhere in large numbers. ■ **'flood tide** *n.* [C, U] rising tide.

floodlight /'flʌdlaɪt/ *n.* [C, usu. pl.] large powerful light that produces a wide beam. ● **floodlight** *v.* (*pt., pp.* **floodlit** /-lɪt/) [T] light something with floodlights.

floor /flɔː(r)/ *n.* **1** [C] surface of a room that you walk on. **2** [C] number of rooms on the same level in a building: *The office is on the tenth ~.* **3** [C, usu. sing.] ground at the bottom of the sea, a forest, etc. **4 (the floor)** [sing.] part of a building, esp. in a parliament, where debates are held. **5** [C, usu. sing.] area in a building used for a particular activity: *the dance ~* ◇ *the shop ~* (= where the ordinary workers, not the managers, work) ● **floor** *v.* [T] **1** surprise or confuse somebody so that they are not sure what to do. **2** knock somebody down. **3** provide a building or room with a floor. ■ **'floorboard** *n.* wooden plank for a floor. ■ **'floor show** *n.* cabaret entertainment.

flop /flɒp/ *v.* (**-pp-**) [I] **1** move or fall clumsily or helplessly: *~ into a chair* **2** (*infml.*) (of a book, film, *etc.*) fail. ● **flop** *n.* [C] **1** [usu. sing.] flopping movement or sound. **2** (*infml.*) failure of a book, film, etc. ▶ **floppy** *adj.* (**-ier, -iest**) hanging down loosely; soft and flexible: *dog with ~py ears* ■ **,floppy 'disk** (*also* **floppy**) (*pl.* **-ies**) (*also* **diskette**) *n.* (*computing*) flexible disk used for storing data.

flora /'flɔːrə/ *n.* [U] (*tech.*) all the plants of an area or period of time.

floral /'flɔːrəl/ *adj.* of flowers.

florid /'flɒrɪd/ *adj.* (*written*) **1** (of a person's face) red. **2** (*disapprov.*) decorated too much.

florist /'flɒrɪst/ *n.* person who has a shop that sells flowers.

flotation /fləʊ'teɪʃn/ *n.* [C, U] (*business*) act of floating(3) a company.

flotilla /flə'tɪlə/ *n.* group of small, esp. military, ships.

flounce /flaʊns/ *v.* [I] move in a quick, angry manner: *She ~d out in anger.*

flounder /'flaʊndə(r)/ *v.* [I] **1** struggle to know what to say or do, or how to continue with something. **2** struggle to move through water, mud, etc.

flour /'flaʊə(r)/ *n.* [U] fine powder made from grain, used for making bread, cake, etc.

flourish /'flʌrɪʃ/ *v.* **1** [I] be successful: *The economy is ~ing.* **2** [I] grow healthily. **3** [T] (*written*) wave something about. ● **flourish** *n.* [C, usu. sing.] **1** exaggerated movement made to attract attention. **2** short, loud piece of music.

flout /flaʊt/ *v.* [T] disobey orders, rules, customs, etc. openly and without respect.

flow /fləʊ/ *v.* [I] **1** (of liquid, gas, or electricity) move steadily and continuously: (*fig.*) *Keep the champagne ~ing.* **2** (of hair or clothes) hang loosely. **3** (of the tide) come in from the sea to the land. [PV] **flow from something** (*fml.*) come or result from something. ● **flow** *n.* **1** [C, usu. sing.] flowing movement; constant stream or supply. **2** movement of the sea towards the land: *the ~ of the tide*

flower /'flaʊə(r)/ *n.* part of a plant that produces seeds, often brightly coloured. [IDM] **the flower of something** (*lit.*) finest part of something. ● **flower** *v.* [I] produce flowers. ■ **'flower bed** *n.* piece of ground where flowers are grown. ■ **'flowerpot** *n.* pot in which a plant is grown. ▶ **flowery** *adj.* **1** having many flowers. **2** (of language) too complicated. *See page 177 for picture*

flown *pp.* of FLY¹

flu /fluː/ *n.* [U] (often **the flu**) (*also fml.* **influenza**) infectious disease with fever, aches, and a bad cold.

fluctuate /'flʌktʃueɪt/ *v.* [I] change frequently in size, amount, degree, quality, etc. ▶ **fluctuation** /-'eɪʃn/ *n.* [C, U]

fluent /'fluːənt/ *adj.* **1** (of a person) able to speak a language easily and well: *He's ~ in four foreign languages.* **2** (of a language or an action) expressed in a smooth, easy way: *a ~ performance* ▶ **fluency** /-ənsi/ *n.* [U] ▶ **fluently** *adv.*

fluff /flʌf/ *n.* [U] **1** soft light pieces that come from woolly material. **2** soft fur or hair on a young animal. ● **fluff** *v.* [T] **1** (*infml.*) do something badly or fail at something: *The actor ~ed his lines.* **2** *~out/up* shake or brush something so that it looks larger and/or softer: *~ out its feathers* ▶ **fluffy** *adj.* (**-ier, -iest**) soft and light; covered with fluff: *a ~y cat*

fluid /'fluːɪd/ *adj.* **1** (of movements, designs, music, *etc.*) smooth, graceful, and flowing. **2** (of a situation) not fixed; likely to change. ● **fluid** *n.* [C, U] liquid.

fluke /fluːk/ *n.* [usu. sing.] (*infml.*) accidental good luck.

flung *pt., pp.* of FLING

fluorescent /flɔː'resnt/ *adj.* giving out a bright glowing light when exposed to another light.

fluoride /'flɔːraɪd/ *n.* [U] chemical compound added to water supplies or toothpaste to prevent teeth from decaying.

flurried /'flʌrid/ *adj.* nervous and confused.

flurry /'flʌri/ *n.* [C] (*pl.* **-ies**) **1** [usu. sing.] short burst of activity: *a ~ of activity* **2** sudden rush of wind, snow, etc.

flush /flʌʃ/ *n.* **1** [C, usu. sing.] redness of the face. **2** [C, usu. sing.] sudden strong feeling: *a ~ of anger* **3** [sing.] act of cleaning a toilet with a sudden flow of water. ● **flush** *v.* [I, T] **1** (of the face) become red. **2** clean something with a rush of water: *~ the toilet* ▶ **flushed** *adj.* (of a person) red; with a red face. ● **flush** *adj.* **1** (*infml.*) having plenty of money **2** *~with* (of two surfaces) level.

fluster /'flʌstə(r)/ *v.* [T] make somebody nervous and confused. ● **fluster** *n.* [sing.] nervous, confused state.

flute /fluːt/ *n.* musical instrument like a thin pipe, played by blowing across a hole at one end.

flutter /ˈflʌtə(r)/ v. **1** [I, T] (cause something to) move about lightly and quickly: *leaves ~ing in the breeze* **2** [I, T] (of birds or insects) move by flapping the wings lightly and quickly. **3** [I] (of the heart) beat irregularly. ● **flutter** n. **1** [C, usu. sing.] quick light movement. **2** [sing.] state of nervous excitement.

flux /flʌks/ n. [U] continuous change: *in a state of ~*

fly¹ /flaɪ/ v. (pt **flew** /fluː/ pp **flown** /fləʊn/) **1** [I] move through the air as a bird does, or in an aircraft. **2** [T] control an aircraft. **3** [I] go or move quickly: *kites ~ing in every direction*. **4** [T] raise a flag. [IDM] **fly in the face of something** (written) oppose or be the opposite of something. **fly into a rage, temper, etc.** become suddenly very angry. ■ **,flying 'saucer** n. spacecraft believed to have come from another planet. ■ **,flying 'start** n. [sing.] very good beginning. ■ **,flying 'visit** n. (GB) very short visit.

fly² /flaɪ/ n. [C] (pl. **flies**) **1** insect with two wings. **2** natural or artificial fly used as a bait in fishing. **3** [usu. pl.] (pl. **flies**) zip or buttoned opening on the front of a pair of trousers.

flyer (also **flier**) /ˈflaɪə(r)/ n. **1** (infml.) pilot of an aircraft. **2** person who travels in an aircraft. **3** small sheet of paper that advertises something.

flyleaf /ˈflaɪliːf/ n. (pl. **-leaves**) blank page at the beginning or end of a book.

flyover /ˈflaɪəʊvə(r)/ n. bridge that carries one road or railway line over another.

foal /fəʊl/ n. young horse.

foam /fəʊm/ n. [U] **1** (also **,foam 'rubber**) soft, light rubber material used for seats, mattresses, etc. **2** mass of small, usu. white, air bubbles in a liquid. ● **foam** v. [I] (of a liquid) have or produce foam.

fob /fɒb/ v. (-bb-) [PV] **fob somebody off (with something)** trick somebody into accepting something of little or no value: *He ~bed me off with false promises*.

focus /ˈfəʊkəs/ n. [C] **1** [usu. sing.] centre of interest: *the ~ of discussion* **2** point at which rays of light, heat, etc. meet. [IDM] **in/out of focus** giving/not giving a clear, sharp picture. ● **focus** v. (-s- or -ss-) **1** [I, T] adjust a lens, etc. to give a clear, sharp image. **2** [T] **~(on)** give all your attention to somebody/something.

fodder /ˈfɒdə(r)/ n. [U] food for farm animals.

foe /fəʊ/ n. (old-fash. or fml.) enemy.

foetus /ˈfiːtəs/ n. young human or animal before it is born.

fog /fɒɡ/ n. [U, C] **1** thick cloud of tiny drops of water in the air: *The ~ clouded all view*. **2** state of confusion. ● **fog** v. (-gg-) [I, T] **1** cover something or become covered with fog: *The screen has ~ged up*. **2** make somebody/something confused and less clear. ▶ **foggy** adj. (-ier, -iest) not clear because of fog: *a ~gy winter morning* ■ **'foghorn** n. instrument used for warning ships in fog. ■ **'fog lamp** (also **'fog light**) n. powerful light on the front of a car for use in fog.

foil /fɔɪl/ n. **1** [U] metal cut into thin, flexible sheets, used for covering food. **2** [C] person or thing that contrasts with another. ● **foil** v. [T] prevent somebody from doing something, esp. something illegal.

foist /fɔɪst/ v. [PV] **foist somebody/something on/upon somebody** force somebody to accept somebody/something that they do not want.

fold /fəʊld/ v. **1** [T] bend one part of something back on itself: *~ the paper* **2** [I] be able to be folded: *a ~ing chair* **3** [I] (of a business) come to an end; fail. [IDM] **fold your arms** cross your arms over your chest. ● **fold** n. **1** part of fabric, etc. that is folded. **2** line made by folding something. **3** area surrounded by a wall where livestock are kept. ▶ **folder** n. holder, usu. made of cardboard, for papers.

foliage /ˈfəʊliɪdʒ/ n. [U] (fml.) all the leaves of a tree or plant.

folk /fəʊk/ n. **1** [pl.] people in general. **2** (**folks**) [pl.] (infml.) relatives. **3** [U] (also **'folk music**) music in the traditional style of a country or community. ■ **'folk dance** n. [C, U] (music for a) traditional, popular dance. ■ **folklore** /ˈfəʊklɔː(r)/ n. [U] traditions and stories of a country or community. ■ **'folk music** = FOLK(3) ■ **'folk song** n. traditional, popular song.

follow /ˈfɒləʊ/ v. **1** [I] come or go after somebody/something. **2** [I] be the logical result of something: *It ~s from your actions*. **3** [T] go along a road, etc. **4** [T] act according to advice, instructions, etc. **5** [I, T] understand something: *I don't ~ (your account)*. **6** [T] watch or listen to somebody/something carefully. **7** [T] take an interest in something: *~ all the business news* [IDM] **as follows** used to introduce a list. **follow in somebody's footsteps** do what somebody else has done earlier. **follow your nose** act instinctively. **follow suit** do what somebody else has just done. [PV] **follow something through** carry out or continue something to the end. **follow something up 1** add to something you have just done by doing something else. **2** investigate something: *He's ~ing up a new theory*. ▶ **follower** n. supporter or admirer. ■ **'follow-up** n. something done to continue what has already been done: *a ~-up experi-*

ment

following /ˈfɒləʊɪŋ/ *adj.* **(the following ...) 1** next. **2** about to be mentioned: *Read more in the ~ report.* ● **following** *n.* [usu. sing.] group of supporters. ● **following** *prep.* after or as a result of a particular event.

folly /ˈfɒli/ *n.* (*pl.* **-ies**) [U, C] (action that shows) lack of judgement; foolishness.

fond /fɒnd/ *adj.* **1** ~**of** having a great liking for somebody/something. **2** loving: *a ~ look* **3** hoped for but not likely to happen: *~ hopes* ▶ **fondly** *adv.* ▶ **fondness** *n.* [U]

fondle /ˈfɒndl/ *v.* [T] touch somebody/something lovingly.

font /fɒnt/ *n.* **1** basin in a church to hold water for baptism. **2** (*tech.*) size and style of a set of letters used for printing or computer documents.

food /fuːd/ *n.* **1** [U] things that people or animals eat: *indulgence in ~* **2** [C, U] particular kind of food: *health ~s* [IDM] **food for thought** idea that makes you think seriously. ■ ˈ**foodstuff** *n.* [usu. pl.] any substance used as food. *See pg 177 for picture*

fool /fuːl/ *n.* person who you think lacks intelligence or good judgement. [IDM] **act/play the fool** behave in a stupid way to make people laugh. **make a fool of yourself** do something stupid. ● **fool** *v.* **1** [T] trick somebody into believing something that is not true. **2** [I] ~**(about/around)** behave in a silly way, often in order to make people laugh: *He can't stop ~ing around.* ● **fool** *adj.* (*infml.*) stupid. ■ ˈ**foolhardy** *adj.* (*disapprov.*) taking unnecessary risks. ▶ **foolish** *adj.* silly. ▶ **foolishly** *adv.* ▶ **foolishness** *n.* [U] ■ ˈ**foolproof** *adj.* that cannot go wrong: *~proof measures*

foot /fʊt/ *n.* (*pl.* **feet** /fiːt/) **1** [C] lowest part of the leg, below the ankle. **2** [sing.] lowest part: *at the ~ of the hill* **3** [C] (*pl.* **feet** or **foot**) (*abbr.* **ft**) measure of length equal to 12 inches (30.48 centimetres). [IDM] **fall/land on your feet** recover quickly esp. through good luck, after being in difficulties. **on foot** walking. **put your feet up** rest. **put your foot down** be firm in opposing somebody/something. **put your foot in it** say or do something that upsets or offends somebody else. ● **foot** *v.* [IDM] **foot the bill** pay the bill. ■ ˌ**foot-and-ˈmouth disease** *n.* [U] disease that cows, sheep, etc. can die from, marked by sore places on the mouth and feet. ■ ˈ**football** *n.* **1** [U] game involving two teams of 11 players. Each team tries to kick the ball into the other's goal. **2** [C] large, round or oval ball. ■ ˈ**footballer** *n.* (*GB*) person who plays football. ■ ˈ**football pools** *n.* [pl.] system of betting money on the results of football matches. ■ ˈ**footer** *n.* line of text that is automatically added to the bottom of every page printed from a computer. ■ ˈ**foothill** *n.* [usu. pl.] low hill at the base of a mountain. ■ ˈ**foothold** *n.* **1** firm place for the foot when climbing. **2** strong position in a business, project, etc. from which progress can be made. ■ ˈ**footnote** *n.* note at the bottom of a page. ■ ˈ**footpath** *n.* path made for people to walk along. ■ ˈ**footprint** *n.* [usu. pl.] mark made by somebody's foot. ■ ˈ**footstep** *n.* [usu pl.] sound or mark made each time your foot touches the ground. ■ ˈ**footwear** *n.* [U] shoes, sandals, etc.

footing /ˈfʊtɪŋ/ *n.* [sing.] **1** secure placing of the feet. **2** relationship with others: *on a strong ~*

for /fə(r); *strong form* fɔː(r)/ *prep.* **1** used to show the person who is intended to have or use something, or where something is intended to be put: *a message ~ you* ◇ *curtains ~ the house* **2** in order to help somebody/something: *Can you take down notes ~ me?* **3** concerning somebody/something: *anxious ~ his health* **4** representing somebody/something; meaning: *Speak ~ your team.* ◇ *White is ~ peace.* **5** in support of somebody/something: *Are you ~ the proposal?* **6** used to show purpose or function: *Let's go ~ a stroll.* ◇ *This car is ~ sale.* **7** used to show a reason or cause: *famous ~ its monuments* **8** in order to obtain something: *pray ~ recovery* **9** in exchange for something: *buy a book ~ £10* ◇ *trade your car in ~ a new model* **10** considering what can be expected from somebody/something: *She's mature ~ her age.* **11** used to show where somebody/something is going: *Is this the train ~ London?* **12** used to show a distance or a length of time: *walk ~ an hour everyday* ◇ *stood in the queue ~ over an hour* **13** used to say how difficult, necessary, pleasant, etc. something is that somebody might do or has done: *It's impossible ~ me to carry on.*

forage /ˈfɒrɪdʒ/ *v.* [I] ~**(for)** search for something: *animals foraging for food*

foray /ˈfɒreɪ/ *n.* sudden attack or rush: (*fig.*) *the company's ~ into the export business*

forbear *n.* = FOREBEAR

forbearance /fɔːˈbeərəns/ *n.* [U] (*fml.*) quality of being patient and forgiving.

forbid /fəˈbɪd/ *v.* (*pt.* **forbade** /fəˈbæd; fəˈbeɪd/ *pp.* ~**den** /fəˈbɪdn/) [T] ~**(to)** order somebody not to do something; order that something must not be done: *I ~ you to shout.* ◇ *Smoking is ~den.* ▶ **forbidding** *adj.* looking unfriendly; threatening.

force /fɔːs/ *n.* **1** [U] strength, power, or violence. **2** [C, U] power or influence: *the ~s of* *destiny* ◊ *political ~s* **3** [U] authority: *the ~ of the law* **4** [C] group of soldiers, etc.: *the military ~* ◊ *a sales ~* **5** [C, U] power that causes movement: *the ~ of energy* [IDM] **bring something/come into force** (cause a law, rule, etc. to) start being used. **in force 1** (of people) in large numbers. **2** (of a law, *etc.*) being used. ● **force** *v.* [T] **1** ~(**to**) make somebody do something they do not want to do: *~ him to study* **2** use physical strength to move somebody/something into a particular position: *~ a door* (= break it open using force) **3** make yourself laugh, smile, listen, etc. ▶ **forceful** /ˈfɔːsfl/ *adj.* (of a person or an argument, *etc.*) strong; convincing. ▶ **forcefully** /-fəli/ *adv.* ▶ **forcible** /ˈfɔːsəbl/ *adj.* involving the use of physical force. ▶ **forcibly** *adv.*

forceps /ˈfɔːseps/ *n.* [pl.] medical instrument used for holding things.

ford /fɔːd/ *n.* shallow place in a river where you can walk or drive across. ● **ford** *v.* [T] cross a river or stream.

fore /fɔː(r)/ *adj.* front. ● **fore** *n.* [IDM] **be/come to the fore** be/become important.

forearm /ˈfɔːrɑːm/ *n.* part of the arm from the elbow to the wrist.

forebear (*also* **forbear**) /ˈfɔːbeə(r)/ *n.* [C, usu. pl.] (*fml.*) ancestor.

foreboding /fɔːˈbəʊdɪŋ/ *n.* [U, C] strong feeling that something bad or dangerous will happen.

forecast /ˈfɔːkɑːst/ *v.* (*pt., pp.* ~ *or* ~**ed**) [T] say in advance what is expected to happen. ● **forecast** *n.* statement of expected future events: *business ~*

forecourt /ˈfɔːkɔːt/ *n.* open area in front of a building.

forefinger /ˈfɔːfɪŋɡə(r)/ *n.* finger next to the thumb.

forefront /ˈfɔːfrʌnt/ *n.* [sing.] most forward or important position: *in the ~ of genetic research*

foregone /ˈfɔːɡɒn/ *adj.* [IDM] **a foregone conclusion** result that is certain to happen.

foreground /ˈfɔːɡraʊnd/ *n.* [sing.] (**the foreground**) **1** nearest part of a view or picture: *in the ~* **2** most important and noticeable position.

forehand /ˈfɔːhænd/ *adj., n.* (stroke in badminton, tennis, *etc.*) made with the palm of your hand turned forward.

forehead /ˈfɔːhed; ˈfɒrɪd/ *n.* part of the face above the eyes.

foreign /ˈfɒrən/ *adj.* **1** of, in, or from a country that is not your own. **2** concerning other countries: *~ relations* **3** ~**to** (*fml.*) not natural to somebody/something: *~ to his upbringing* **4** (*fml.*) having entered something by accident: *a ~ body* (= *e.g.* a hair) *in the eye* ▶ **foreigner** *n.* foreign person. ■ ,**foreign exˈchange** *n.* [U] (system of buying and selling) foreign money.

foreman /ˈfɔːmən/ *n.* (*pl.* -**men** /-mən/ *fem.* **forewoman** /-wʊmən/ *pl.* -**women** /-wɪmɪn/) **1** worker who is in charge of others. **2** leader of a jury.

foremost /ˈfɔːməʊst/ *adj.* most important.

forensic /fəˈrensɪk/ *adj.* of or used in courts of law: *~ laboratory*

forerunner /ˈfɔːrʌnə(r)/ *n.* person or thing that prepares the way for the coming of another.

foresee /fɔːˈsiː/ *v.* (*pt.* **foresaw** /fɔːˈsɔː/ *pp.* ~**n** /fɔːˈsiːn/) [T] see in advance what is going to happen: *~ complications* ▶ **foreseeable** /fɔːˈsiːəbl/ *adj.* that can be foreseen. [IDM] **for/in the foreseeable future** for the time being; fairly soon.

forest /ˈfɒrɪst/ *n.* [C, U] large area of land covered with trees. ▶ **forestry** *n.* [U] science and practice of planting and caring for forests.

forestall /fɔːˈstɔːl/ *v.* [T] (*written*) prevent something from happening by doing something first.

forethought /ˈfɔːθɔːt/ *n.* [U] careful planning for the future.

forever /fərˈevə(r)/ *adv.* **1** (*also* **for ever**) always: *I'll take care of you ~!* ◊ (*infml.*) *It takes her ~* (= a very long time) *to get ready.* **2** (*spoken*) constantly: *He is ~ confused.*

forewarn /fɔːˈwɔːn/ *v.* [T] ~(**of**) warn somebody of a possible danger or problem.

foreword /ˈfɔːwɜːd/ *n.* short introduction to a book.

forfeit /ˈfɔːfɪt/ *v.* [T] lose something as a punishment for or as a result of an action. ● **forfeit** *n.* something forfeited.

forgave *pt. of* FORGIVE

forge /fɔːdʒ/ *n.* place where objects are made by heating and shaping metal. ● **forge** *v.* [T] **1** put a lot of effort into making something successful: *~ an agreement* **2** make an illegal copy of something, in order to deceive people: *~ certificates* **3** shape metal by heating and hammering it. [PV] **forge ahead (with something)** advance or progress quickly. ▶ **forger** *n.* person who forges money, documents, etc. ▶ **forgery** /ˈfɔːdʒəri/ *n.* (*pl.* -**ies**) **1** [U] forging of money, documents, etc. **2** [C] forged banknote, document, etc.

forget /fəˈɡet/ *v.* (*pt.* **forgot** /fəˈɡɒt/ *pp.* **forgotten** /fəˈɡɒtn/) [I, T] **1** fail to remember something: *Don't ~ to call him.* **2** stop thinking about somebody/something: *Let's ~ our* *worries for a while.* ▶ **forgetful** /fə'getfl/ *adj.* in the habit of forgetting.

forgive /fə'gɪv/ *v.* (*pt.* **forgave** /fə'geɪv/ *pp.* ~**n** /fə'gɪvn/) [T] ~(**for**) stop being angry with somebody for something they have done to you: *She forgave him his behaviour.* ▶ **forgivable** *adj.* that can be forgiven. ▶ **forgiveness** *n.* [U] ▶ **forgiving** *adj.* willing to forgive.

forgo (*also* **forego**) /fɔː'gəʊ/ *v.* (*pt.* **forwent** /fɔː'went/ *pp.* -**gone** /-'gɒn/) [T] decide not to have or do something that you would like.

forgot *pt. of* FORGET

forgotten *pp. of* FORGET

fork /fɔːk/ *n.* **1** tool with sharp points, used for lifting food to the mouth. **2** gardening tool with metal points, used for digging. **3** place where a road, tree, etc. divides into two parts, **4** thing shaped like a fork, with two or more long parts. ● **fork** *v.* **1** [I] (of a road, *etc.*) divide into two parts. **2** [I] (of a person) turn left or right where a road, etc. divides into two. **3** [T] move, dig, or carry something with a fork. [PV] **fork out (something)** (*infml.*) pay money unwillingly. ▶ **forked** *adj.* divided into two or more parts. ■ **'fork-lift 'truck** *n.* small powerful vehicle for lifting heavy goods.

forlorn /fə'lɔːn/ *adj.* lonely and unhappy. ▶ **forlornly** *adv.*

form¹ /fɔːm/ *n.* **1** [C] kind or type: *different ~s of dance* **2** [C, U] shape; appearance. **3** [C] printed paper with spaces to be filled in: *insurance ~s* **4** [U] general way in which something made is put together: *image in outline ~* **5** [C, U] (*gram.*) spelling, pronunciation, or inflections of a word: *The plural ~ of 'ox' is 'oxen'.* **6** [C] (*GB, old-fash.*) class in a school. [IDM] **on/off form** fit/unfit; performing well/badly. ▶ **formless** *adj.* (*written*) without shape.

form² /fɔːm/ *v.* **1** [I, T] (cause something to) come into existence: *~ a business trust* **2** [T] produce or give shape to something. **3** [I, T] be arranged or arrange somebody/something in a certain order or shape: *~ into figures* **4** linking verb be something: *It ~s part of the design.*

formal /'fɔːml/ *adj.* **1** showing or expecting careful and serious behaviour: *a ~ party* **2** (of clothes or words) used in formal situations. **3** regular in design: *~ buildings* **4** official: *a ~ announcement* ▶ **formality** /fɔː'mæləti/ *n.* (*pl.* -**ies**) **1** [U] attention to rules. **2** [C] action required by custom: *a legal ~ity* ▶ **formalize** (*also* -**ise**) *v.* [T] make an arrangement, a plan, etc. official. ▶ **formally** *adv.*

format /'fɔːmæt/ *n.* size, shape, or general arrangement of something. ▶ **format** *v.* (-**tt-**) [T] arrange something in a particular format, usu. for a computer.

formation /fɔː'meɪʃn/ *n.* **1** [U] forming or shaping of something. **2** [C, U] structure; arrangement.

formative /'fɔːmətɪv/ *adj.* influencing the development of something or of somebody's character: *a child's ~ years*

former /'fɔːmə(r)/ *adj.* of an earlier period: *the ~ government* ▶ **the former** *pron.* the first of two people or things mentioned. ▶ **formerly** *adv.* in earlier times.

formidable /'fɔːmɪdəbl/ *adj.* (of people, things, or situations) causing fear and respect because they are impressive or powerful, or because they seem very difficult: *a ~ challenge* ▶ **formidably** /-əbli/ *adv.*

formula /'fɔːmjələ/ *n.* (*pl.* ~**s** or, in scientific use -**mulae** /-mjuliː/) **1** rule, fact, etc. shown in letters, signs, or numbers: *a mathematical ~* **2** method or set of ideas to achieve something: *a success ~* **3** list of things that something is made from. **4** fixed group of words used in a particular situation.

formulate /'fɔːmjuleɪt/ *v.* [T] **1** create or prepare something carefully. **2** express something in carefully chosen words. ▶ **formulation** /-'leɪʃn/ *n.* [U, C]

forsake /fə'seɪk/ *v.* (*pt.* **forsook** /fə'sʊk/ *pp.* ~**n** /fə'seɪkən/) [T] (*fml.*) leave somebody/something.

fort /fɔːt/ *n.* building for military defence.

forte /'fɔːteɪ/ *n.* [sing.] something somebody does well: *Writing is not my ~.*

forth /fɔːθ/ *adv.* (*lit.*) away from a place; out. [IDM] **and (so on and) so forth** and other things of the same kind.

forthcoming /ˌfɔːθ'kʌmɪŋ/ *adj.* **1** about to happen, be published, etc. very soon. **2** ready when needed: *Government help was not ~.* **3** willing to give information about something.

fortieth → FORTY

fortify /'fɔːtɪfaɪ/ *v.* (*pt., pp.* -**ied**) [T] **1** ~(**against**) strengthen a place against attack. **2** make somebody/something stronger: *diet fortified with vitamin supplements* ▶ **fortification** /ˌfɔːtɪfɪ'keɪʃn/ *n.* **1** [U] act of fortifying something. **2** [C, usu. pl.] tower, wall, building, etc. built for defence.

fortnight /'fɔːtnaɪt/ *n.* (*esp. GB*) two weeks. ▶ **fortnightly** *adj., adv.* happening every fortnight.

fortress /'fɔːtrəs/ *n.* large fort; castle.

fortuitous /fɔː'tjuːɪtəs/ *adj.* (*fml.*) happening by chance.

fortunate /'fɔːtʃənət/ *adj.* lucky. ▶ **fortunately** *adv.*

fortune /'fɔːtʃuːn/ *n.* **1** [C, U] good or bad

luck; chance. **2** [C] what will happen to somebody in the future: *tell somebody's* ~ **3** [C] large amount of money: *cost a* ~ ■ **'fortune teller** *n*. person who tells people's fortunes(2).

forty /'fɔːti/ *number* **1** 40. **2** (**the forties**) *n*. [pl.] numbers, years, or temperatures from 40 to 49. ▶ **fortieth** /'fɔːtiəθ/ *ordinal number*

forum /'fɔːrəm/ *n*. place for public discussion.

forward¹ /'fɔːwəd/ *adj*. **1** directed towards the front; at the front: ~ *plunge* **2** of the future: ~ *planning* **3** behaving in a way that is too confident or informal. ● **forward** *n*. attacking player in football, hockey, etc. ● **forward** *v*. [T] **1** send or pass goods or information to somebody. **2** send on a letter, etc. to a new address. **3** help to develop something: ~ *her proposal* ▶ **forwardness** *n*. [U] behaviour that is too confident or informal.

forward² /'fɔːwəd/ *adv*. (**forwards**) towards the front; towards the future. ■ **'forward-looking** *adj*. (*approv*.) having modern ideas.

forwent *pt. of* FORGO

fossil /'fɒsl/ *n*. remains of an animal or plant that have hardened and turned into rock. ▶ **fossilize** (*also* **-ise**) /'fɒsəlaɪz/ *v*. [I, T] **1** (cause something to) become a fossil. **2** (*disapprov*.) (cause something to) become fixed and unable to change.

foster /'fɒstə(r)/ *v*. [T] **1** encourage something to develop. **2** take care of a child without becoming his/her legal parent. ● **foster** *adj*. used with some nouns in connection with the fostering of a child: *a* ~ *father*

fought *pt., pp. of* FIGHT

foul /faʊl/ *adj*. **1** dirty and smelling bad. **2** very unpleasant; very bad: *a* ~ *disposition* **3** (of language) obscene and offensive. **4** (of weather) stormy. ● **foul** *n*. (*sport*) action against the rules. ● **foul** *v*. **1** [I, T] (*sport*) commit a foul against another player. **2** [T] make something dirty. [PV] **foul something up** (*infml*.) spoil something. ■ **,foul 'play** *n*. [U] criminal violence that leads to murder. **2** (*sport*) unfair play.

found¹ *pt., pp. of* FIND

found² /faʊnd/ *v*. [T] **1** build or establish something: ~ *a school* **2** base something on something: *a film* ~*ed on true events* ▶ **founder** *n*. person who establishes something.

foundation /faʊn'deɪʃn/ *n*. **1** [C, usu. pl.] layer of bricks, etc. that form the strong base of a building. **2** [C, U] an idea, etc. on which something is based. **3** [C] organization that provides money for a charity, etc. **4** [U] act of starting a new institution or organization.

founder /'faʊndə(r)/ *v*. [I] (*written*) **1** (of a plan, *etc*.) fail. **2** (of a ship) fill with water and sink.

foundry /'faʊndri/ *n*. (*pl*. **-ies**) factory where metal or glass is melted and shaped into objects.

fount /faʊnt/ *n*. ~(**of**) (*lit*. or *hum*.) place where something important comes from: *the* ~ *of civilization*

fountain /'faʊntən/ *n*. **1** ornamental structure from which water is pumped into the air. **2** powerful jet of liquid. ■ **'fountain pen** *n*. pen with a container from which ink flows to the nib.

four /fɔː(r)/ *number* 4. [IDM] **on all fours** bent over with your hands and knees on the ground. ▶ **fourth** /fɔːθ/ *ordinal number*, *n*. **1** 4th. **2** (*esp. US*) = QUARTER

fourteen /ˌfɔː'tiːn/ *number* 14. ▶ **fourteenth** *ordinal number*

fowl /faʊl/ *n*. (*pl*. **fowl** or ~**s**) [C, U] bird, e.g. a chicken, kept for its meat or eggs.

fox /fɒks/ *n*. wild animal of the dog family with red fur and a bushy tail. ● **fox** *v*. [T] (*infml*.) confuse or trick somebody. ■ **'fox-hunting** *n*. [U] sport in which a fox is hunted by hounds and people on horses.

foyer /'fɔɪeɪ/ *n*. **1** large entrance hall in a theatre or hotel. **2** (*US*) entrance hall in a private house or flat.

fraction /'frækʃn/ *n*. **1** division of a number, e.g. ¹/₃. **2** small part: *a* ~ *of a second* ▶ **fractional** /-ʃənl/ *adj*. very small.

fracture /'fræktʃə(r)/ *n*. [C, U] breaking of something, esp. a bone. ● **fracture** *v*. [I, T] (cause something to) break or crack.

fragile /'frædʒaɪl/ *adj*. **1** easily broken or damaged. **2** (*infml*.) weak; not healthy. ▶ **fragility** /frə'dʒɪləti/ *n*. [U]

fragment /'frægmənt/ *n*. small part of something that has broken off. ▶ **fragment** /fræg'ment/ *v*. [I, T] (*written*) (cause something to) break into pieces. ▶ **fragmentary** *adj*. incomplete: ~ *evidence* ▶ **fragmentation** /ˌfrægmen'teɪʃn/ *n*. [U]

fragrance /'freɪgrəns/ *n*. [C, U] sweet smell. ▶ **fragrant** /'freɪgrənt/ *adj*. sweet-smelling.

frail /freɪl/ *adj*. weak. ▶ **frailty** *n*. (*pl*. **-ies**) **1** [U] quality of being frail. **2** [U, C] fault in somebody's character.

frame /freɪm/ *n*. [C] **1** border in which a picture, window, etc. is set. **2** main structure of a building, vehicle, etc. that forms a support for its parts. **3** [usu. pl.] structure that holds the lenses of a pair of glasses. **4** [usu. sing.] human or animal body. **5** single photograph on a cinema film. [IDM] **a frame of mind** mood; way you feel about something. ● **frame** *v*. [T] **1** put a frame(1) round something. **2** (*infml.*) make an innocent person appear guilty of a crime. **3** express something in words. ■ **'framework** *n*. **1** structure giving shape and support. **2** set of principles or ideas.

franchise /'fræntʃaɪz/ *n*. **1** [C, U] right to sell a product or service. **2** [U] (*fml.*) the right to vote.

frank¹ /fræŋk/ *adj*. expressing thoughts and feelings openly. ▶ **frankly** *adv*. ▶ **frankness** *n*. [U]

frank² /fræŋk/ *v*. [T] mark a letter to show that postage has been paid.

frankfurter /'fræŋkfɜːtə(r)/ *n*. kind of small smoked sausage.

frantic /'fræntɪk/ *adj*. **1** wildly afraid or anxious. **2** hurried and disorganized. ▶ **frantically** /-kli/ *adv*.

fraternal /frə'tɜːnl/ *adj*. brotherly. ▶ **fraternally** *adv*.

fraternity /frə'tɜːnəti/ *n*. (*pl*. **-ies**) **1** [C] group of people with a common profession or interests. **2** [C] (*US*) society of male university students. **3** [U] brotherly feeling.

fraternize (*also* **-ise**) /'frætənaɪz/ *v*. [I] **~(with)** become friendly with somebody: *~ with the common people* ▶ **fraternization** (*also* **-isation**) /ˌfrætənaɪ'zeɪʃn/ *n*. [U]

fraud /frɔːd/ *n*. **1** [C, U] crime of deceiving somebody in order to gain money illegally. **2** [C] person who deceives others. ▶ **fraudulent** /'frɔːdjələnt/ *adj*. intended to deceive somebody.

fraught /frɔːt/ *adj*. **1 ~with** filled: *~ with uncertainty* **2** worried or anxious.

fray /freɪ/ *v*. [I, T] **1** (cause cloth, *etc.* to) become worn, so that there are loose threads. **2** (cause something to) become strained: *~ed tempers*

freak /friːk/ *n*. **1** very unusual act or event: *a ~ of nature* **2** person thought to be very abnormal. **3** (*infml.*) person who is very interested in something mentioned: *a dance ~* ▶ **freakish** *adj*. strange; unusual.

freckle /'frekl/ *n*. [C, usu. pl.] small brown spot on a person's skin. ▶ **freckled** *adj*.

free /friː/ *adj*. (**~r, ~st**) **1** not in prison; allowed to go where you want. **2** not controlled by somebody else, rules, a government, etc.: *advocate of ~ speech* **3** costing nothing. **4** not blocked; clear: *a ~ flow of ideas* **5 ~from/of** without something, usu. something unpleasant: *~ from blame* **6** without the thing mentioned: *interest-~* **7** not fixed to something: *the ~ end of a pendulum* **8** not being used: *a ~ counter* **9** (of a person) not busy. **10 ~with** ready to give something, esp. something not wanted: *He's ~ with his advice*. [IDM] **free and easy** relaxed. **a free hand** permission to do what you want: *have a ~ hand* ● **free** *adv*. **1** without payment. **2** no longer fixed or trapped. [IDM] **make free with something** use something a lot, even though it does not belong to you. ● **free** *v*. [T] make somebody/something free. ■ **ˌfree 'enterprise** *n*. [U] operation of business and trade without government control. ■ **'free-for-all** *n*. [sing.] quarrel, argument, etc. in which everyone joins in. ■ **'freehand** *adj., adv*. (drawn) by hand, without instruments. ■ **'freelance** *adj., adv*. done by a writer, artist, etc. who works for several employers. ■ **'freelance** *v*. [I] work in this way. ▶ **freely** *adv*. in a free manner; readily. ■ **ˌfree-'range** *adj*. produced by poultry kept in natural conditions. ■ **ˌfree 'trade** *n*. [U] system of international trade without taxes or other controls. ■ **'freeway** *n*. (*US*) = MOTORWAY ■ **ˌfree 'will** *n*. [U] power to make your own decisions independently of God or fate. [IDM] **of your own free will** because you want to do something.

freedom /'friːdəm/ *n*. **1** [C, U] **~(of)** right to do or say what you want without anyone stopping you: *~ of expression* **2** [U] state of being free.

freeze /friːz/ *v*. (*pt* **froze** /frəʊz/ *pp* **frozen** /'frəʊzn/) **1** [I, T] (*esp.* of water) change into ice. **2** [I] (used with *it*) (of weather) be at or below 0° Celsius: *It's freezing in the mountains*. **3** [I] be very cold; be so cold you could die: *I nearly froze to death*. **4** [T] keep food, etc. at a temperature below freezing point: *frozen meat* **5** [I] stop moving suddenly because of fear, etc.: *~ at the ghastly sight* **6** [T] hold prices, wages, etc. at a fixed level. [PV] **freeze over/up** become covered/blocked with ice. ● **freeze** *n*. **1** period of freezing weather. **2** fixing of wages, prices, etc. ▶ **freezer** *n*. large refrigerator in which food is kept frozen. ■ **'freezing point** *n*. [U, C] temperature at which a liquid, esp. water, freezes.

freight /freɪt/ *n*. [U] goods carried by trains, ships, aircraft, etc. ● **freight** *v*. [T] send or carry goods by air, sea, or train. ▶ **freighter** *n*. ship, train, or aircraft that carries freight.

French /frentʃ/ *adj*. of France, its people, or their language. ■ **ˌFrench 'fry** *n*. [usu. pl.] (*esp. US*) = CHIP(1) ■ **ˌFrench 'window** *n*. [C, usu. pl.] glass door that opens onto a garden or balcony.

frenzy /'frenzi/ *n*. [C, usu. sing., U] violent excitement. ▶ **frenzied** *adj*.

frequency /ˈfriːkwənsi/ n. (pl. -ies) **1** [U] rate at which something happens or is repeated. **2** [C] rate at which a radio wave vibrates.

frequent¹ /ˈfriːkwənt/ adj. happening often. ▶ **frequently** adv.

frequent² /friˈkwent/ v. [T] (fml.) go to a place often.

fresco /ˈfreskəʊ/ n. (pl. ~es or ~s) picture painted on a wall before the plaster is dry.

fresh /freʃ/ adj. **1** new or different: make a ~ attempt **2** newly made or produced; not stale: ~ bread **3** (of food) not tinned or frozen. **4** (of water) not salty. **5** (of weather) cool and windy. **6** (of colours) clear and bright. **7** full of energy. **8** (infml.) rude and too confident with somebody. **9** ~from having just left a place: students ~ from university ▶ **freshly** adv. (usu. with a pp) recently: ~ ly appointed ▶ **freshness** n. [U] ■ **'freshwater** adj. living in or having water that is not salty.

freshen /ˈfreʃn/ v. **1** [T] make something fresh. **2** [I] (of the wind) become stronger. [PV] **freshen (yourself) up** wash and make yourself look clean and tidy.

fret¹ /fret/ v. (-tt-) [I, T] ~(about) (cause somebody to) worry about something. ▶ **fretful** /ˈfretfl/ adj. worried or complaining. ▶ **fretfully** adv.

fret² /fret/ n. one of the metal bars across the neck of a guitar, etc.

friar /ˈfraɪə(r)/ n. male member of a certain Christian group.

friction /ˈfrɪkʃn/ n. **1** [U] rubbing of one thing against another. **2** [C, U] disagreement between people.

Friday /ˈfraɪdeɪ; -di/ n. [C, U] the day of the week after Thursday and before Saturday. (See examples of use at *Monday*.)

fridge /frɪdʒ/ n. (GB) (also fml. or US **refrigerator**) electrical appliance in which food is kept cold.

fried pt., pp. of FRY

friend /frend/ n. **1** person you know well and like, but who is not a relative. **2** helper or supporter: a ~ of the poor [IDM] **be/make friends (with somebody)** be/become a friend of somebody. ▶ **friendless** adj. without any friends. ▶ **friendly** adj. (-ier, -iest) **1** acting as a friend. **2** (of an argument, game, etc.) not as a serious competition. ▶ **friendliness** n. [U] ▶ **friendship** n. [C, U] friendly relationship.

frieze /friːz/ n. band of decoration along the top of a wall.

frigate /ˈfrɪɡət/ n. small, fast warship.

fright /fraɪt/ n. [U, C] feeling of sudden fear.

frighten /ˈfraɪtn/ v. [T] make somebody suddenly feel afraid. ▶ **frightened** adj. afraid. ▶ **frightening** adj. causing fear. ▶ **frighteningly** adv.

frightful /ˈfraɪtfl/ adj. (old-fash.) very unpleasant; very bad. ▶ **frightfully** /-fəli/ adv. (old-fash.) very.

frigid /ˈfrɪdʒɪd/ adj. **1** (of a woman) not able to enjoy sex. **2** very cold. ▶ **frigidity** /-ˈdʒɪdəti/ n. [U] ▶ **frigidly** adv.

frill /frɪl/ n. **1** [C] decorative border on a dress, etc. **2** [pl.] unnecessary additions. ▶ **frilly** adj.

fringe /frɪndʒ/ n. **1** hair hanging over the forehead. **2** decorative edge of loose threads on a rug, etc. **3** outer edge: on the ~ of society

frisk /frɪsk/ n. **1** [T] pass your hands over somebody's body to search for hidden weapons, etc. **2** [I] (of animals) jump and run about playfully. ▶ **frisky** adj. (-ier, -iest) lively.

fritter /ˈfrɪtə(r)/ v. [PV] **fritter something away (on something)** waste money or time on unimportant things. ● **fritter** n. piece of fried batter, with sliced fruit, meat, etc. in it.

frivolous /ˈfrɪvələs/ adj. not serious; silly. ▶ **frivolity** /frɪˈvɒləti/ n. (pl. -ies) [U, C] silly behaviour, esp. when this is not suitable. ▶ **frivolously** adv.

frizzy /ˈfrɪzi/ adj. (of hair) having small, tight curls.

fro /frəʊ/ adv. [IDM] **to and fro** → TO³

frog /frɒɡ/ n. small, cold-blooded, jumping animal that lives in water and on land. ■ **'frogman** n. (pl. -men) (GB) person who works underwater, wearing a rubber suit and breathing apparatus.

frolic /ˈfrɒlɪk/ v. (pt., pp. ~ked) [I] play about in a lively way.

from /frəm; strong form frɒm/ prep. **1** used to show where somebody/something starts: come ~ York **2** used to show when something starts: on leave ~ 20 December **3** used to show who sent or gave something: a note ~ my mother **4** used to show what the origin of somebody/something is: quotations ~ Milton **5** used to show the material that something is made of: Bread is made ~ flour. **6** used to show the distance between two places: a little way ~ the sea **7** used to show the range of something: Prices ~£10 to £100 **8** used to show change: right ~ wrong **9** used to show that somebody/something is separated or removed: take the book ~ the shelf **10** used to show that something is prevented: prevent him ~ making an error **11** used to show the reason for something: She felt faint ~ hunger. **12** used to show the reason for making a judgement: reach a conclusion ~ the evidence

front /frʌnt/ n. **1** (usu. **the front**) [C, sing.] part or side of something that faces forward: the ~ of a church **2** [sing.] the part of somebody's body that faces forward; the chest: *Lie on your ~*. **3 (the front)** [sing.] (*GB*) road beside the sea. **4 (the front)** [C, usu. sing.] (in war) area where fighting takes place. **5** [C] particular area of activity: *on the scientific ~* **6** [sing.] (often fake) behaviour: *put on a happy ~* **7** [C, usu. sing.] **~(for)** person or organization that hides an illegal or secret activity. **8** [C] line where cold air meets warm air. [IDM] **in front** in the most forward position; ahead **in front of 1** ahead of somebody/something. **2** in the presence of somebody. ● **front** *v*. [I, T] have the front facing something: *resorts that ~ onto the sea* ▶ **frontage** /'frʌntɪdʒ/ *n.* [U] extent of a piece of land or building along its front. ▶ **frontal** *adj.* of, from, or in the front. ■ **the ‚front 'line** *n.* [sing.] line of fighting that is nearest the enemy. ■,**front-'page** *adj.* appearing on the front page of a newspaper.

frontier /'frʌntɪə(r)/ *n.* [C] **1** (land near) the border between two countries. **2** [pl.] extreme limit: *the ~s of progress*

frost /frɒst/ *n.* **1** [C, U] (period of) weather with the temperature below freezing point. **2** [U] thin white layer of ice on the ground. ● **frost** *v*. **1** [I, T] **~over/up** (cause something to) become covered with frost(2). **2** [T] give a rough surface to glass to make it opaque: *~ed windows* **3** [T] (*esp. US*) cover a cake with powdered sugar. ■ **'frostbite** *n.* [U] injury to the fingers, toes, etc. caused by extreme cold. ▶ **'frostbitten** *adj.* ▶ **frosty** *adj.* (-ier, -iest) **1** cold with frost. **2** unfriendly: *a ~y look*

froth /frɒθ/ *n.* [U] **1** mass of small bubbles, e.g. on beer. **2** (*disapprov.*) light but worthless talk, ideas, etc. ● **froth** *v*. [I] have or produce froth. ▶ **frothy** *adj.* (-ier, -iest) like or covered with froth.

frown /fraʊn/ *v*. [I] bring your eyebrows together to express anger, displeasure, thought, etc. [PV] **frown on/upon something** disapprove of something. ▶ **frown** *n.*

froze *pt. of* FREEZE

frozen *pp. of* FREEZE

frugal /'fruːgl/ *adj.* **1** not wasteful; economical. **2** costing little; small.

fruit /fruːt/ *n.* **1** [C, U] part of a plant used as food, e.g. orange, banana. **2** [C] (*tech.*) part of a plant or tree which contains the seeds. [IDM] **the fruit/fruits of something** good results of hard work, patience, etc. ▶ **fruitful** *adj.* producing useful results. ▶ **fruitless** *adj.* producing no useful results. ▶ **fruity** *adj.* (-ier, -iest) **1** of or like fruit. **2** (*infml.*) (of the voice) rich and deep.

fruition /fruˈɪʃn/ *n.* [U] (*fml.*) successful result of a plan, process, or activity: *The effort finally came to ~*.

frustrate /frʌˈstreɪt/ *v*. [T] **1** make somebody feel annoyed because they cannot achieve what they want. **2** prevent somebody from doing something or something from happening. ▶ **frustrated** *adj.* annoyed; not satisfied. ▶ **frustration** /frʌˈstreɪʃn/ *n.* [U, C]

fry /fraɪ/ *v*. (*pt., pp.* **fried** /fraɪd/) [I, T] cook something in hot fat or oil. ■ **'frying pan** (*US* **frypan**) *n.* shallow pan used for frying food. [IDM] **out of the frying pan into the fire** from a bad situation to a worse one.

ft (*also* **ft.**) *abbr.* feet; foot.

fuck /fʌk/ *v*. [I, T] (△, *sl.*) **1** have sex with somebody. **2** offensive swear word used to show anger or surprise. [PV] **fuck off** go away. ● **fuck** *n.* (△ *sl.*) act of having sex. ■ ‚**fuck 'all** *n.* [U] (△, *sl.*) nothing. ▶ **fucking** *adj., adv.* (△, *sl.*) offensive swear word used to emphasize a comment or angry remark.

fudge /fʌdʒ/ *n.* [U] soft, brown sweet made of sugar, butter, milk, etc. ● **fudge** *v*. [T] (*infml.*) avoid giving clear information or a clear answer.

fuel /'fjuːəl/ *n.* [U] material, e.g. coal or oil, burned to produce heat or power. ● **fuel** *v*. (-**ll-** *US* -**l-**) [T] **1** supply something with fuel. **2** make a bad situation worse: *to ~ discontent* ■ **'fuel injection** *n.* [U] system of putting fuel into a car engine under pressure in order to improve its performance.

fugitive /'fjuːdʒətɪv/ *n.* **~(from)** person who is escaping from something.

fulfil (*US* **fulfill**) /fʊlˈfɪl/ *v*. (-**ll-**) [T] **1** do or achieve what was hoped for, expected, or required: *~ a dream* ◇ *~ a duty* **2** make somebody feel happy and satisfied with what they are doing or have done. ▶ **fulfilment** *n.* [U]

full /fʊl/ *adj.* **1** holding as much or as many as possible: *a ~ tank* **2 ~of** thinking or talking a lot about something: (*disapprov.*) *He's ~ of himself* (= thinking only of himself). **3** having eaten enough. **4** complete: *give ~ information* ◇ *Write your address in ~*. **5** to the highest extent or greatest amount possible: *He drove at ~ speed.* ◇ *live each moment to the ~* **6** plump: *a ~ face* **7** (of clothes) wide and loose: *a ~ skirt* ● **full** *adv.* **1** exactly; directly: *hit him ~ on the head* **2** very: *You knew ~ well that he was not reliable.* ■ ,**full 'board** *n.* [U] hotel accommodation with all meals included. ■ ‚**full 'length** *adj.* **1** (of a picture, mirror, *etc.*) showing the whole of a person. **2** (of clothing) reaching the ankles. ■ ‚**full 'moon** *n.* [C, usu. sing.] the moon appearing as a fully lit disc. ▶ **fullness** *n.* [U] ■ ‚**full-'scale** *adj.* **1** (of drawings, plans, *etc.*) of the same size as the object itself. **2** complete: *a ~-scale campaign against corruption* ■

,full 'stop *n.* (*GB*) mark (.) used esp. at the end of a sentence. [IDM] **come to a full stop** stop completely. ■ **,full'time** *adj., adv.* involving the standard number of working hours. ▶ **fully** *adv.* completely.

fumble /'fʌmbl/ *v.* [I] use your hands awkwardly.

fume /fju:m/ *n.* [c, usu. pl.] strong-smelling smoke or gas. ● **fume** *v.* [I] **1** be very angry about something. **2** give off fumes.

fun /fʌn/ *n.* [U] **1** (source of) enjoyment; pleasure. **2** playfulness. [IDM] **for fun** for amusement. **in fun** not seriously. **make fun of somebody/something** laugh at somebody/something unkindly. ■ **'funfair** *n.* = FAIR²(1)

function /'fʌŋkʃn/ *n.* **1** purpose of a thing or person. **2** formal social event. **3** (*computing*) part of a program, etc. that carries out a basic operation. ● **function** *v.* [I] work in the correct way. ▶ **functional** /-ʃənl/ *adj.* **1** having a practical use, not decorative. **2** working; able to work. ■ **functionality** /,fʌŋkʃə'næləti/ *n.* **1** [U] quality in something of being suitable for the purpose it was designed for. **2** [U, C] (*computing*) range of functions that a computer or other electronic system can perform.

fund /fʌnd/ *n.* **1** amount of money for a purpose. **2** supply of something: *a large ~ of experience* ● **fund** *v.* [T] provide money for something.

fundamental /,fʌndə'mentl/ *adj.* very important; basic or essential. ● **fundamental** *n.* [C, usu. pl.] basic rule or principle. ▶ **fundamentalism** /-təlɪzəm/ *n.* [U] **1** practice of following very strictly the rules of any religion. **2** (in Christianity) belief that everything written in the Bible is true. ▶ **fundamentalist** *n., adj.* ▶ **fundamentally** /-təli/ *adv.*

funeral /'fju:nərəl/ *n.* ceremony of burying or cremating (= burning) a dead person. ■ **'funeral parlour** *n.* (*GB*) place where dead people are prepared for the funeral and where visitors can see the body.

fungus /'fʌŋgəs/ *n.* [C, U] (*pl.* **fungi** /'fʌŋgi:; -gaɪ/) plant without leaves that grows on decaying matter, e.g. old wood.

funnel /'fʌnl/ *n.* **1** tube that is wide at the top and narrow at the bottom, used for pouring liquids through. **2** chimney on a steam engine or ship. ● **funnel** *v.* (-ll- *US* -l-) [I, T] pour something through a funnel or narrow space.

funny /'fʌni/ *adj.* (-ier, -iest) **1** causing laughter; amusing. **2** strange. ▶ **funnily** *adv.* ■ **'funny bone** *n.* sensitive part of the elbow.

fur /fɜ:(r)/ *n.* **1** [U] soft, thick hair covering a cat, beaver, rabbit, etc. **2** [C] (coat, *etc.* made from an) animal skin with the fur on it. **3** [U] hard grey covering on the inside of kettles, pipes, etc. ▶ **furry** *adj.* (-ier, -iest) of, like, or covered with fur.

furious /'fjʊəriəs/ *adj.* **1** very angry. **2** very strong; wild: *a ~ temper* ▶ **furiously** *adv.*

furlong /'fɜ:lɒŋ/ *n.* distance of 220 yards (201 metres).

furnace /'fɜ:nɪs/ *n.* enclosed fire-place that is used for heating metals, etc.

furnish /'fɜ:nɪʃ/ *v.* [T] **1** put furniture in a room, etc. **2** (*fml.*) provide somebody/something with something. ▶ **furnishings** *n.* [pl] furniture, rugs, curtains, etc. in a room or house.

furniture /'fɜ:nɪtʃə(r)/ *n.* [U] large movable things, e.g. sofas, chairs, etc. in a house or office.

furrier /ˈfʌrɪə(r)/ n. person who prepares or sells fur clothing.

furrow /ˈfʌrəʊ/ n. **1** long mark cut into the ground by a plough. **2** deep line in the skin of the face. ● **furrow** v. [T] make furrows in something.

furry → FUR

further /ˈfɜːðə(r)/ adv. **1** at or to a greater distance in space or time: *I can't go any ~*. **2** to a greater degree or extent. **3** in addition. ● **further** adj. more; additional: *~ experiment* ● **further** v. [T] help somebody/something to advance. ▶ **furtherance** n. [U] (*fml.*) advancement. ■ **,further edu'cation** n. [U] (abbr. **FE**) (*GB*) formal (but not university) education for people older than 16. ▶ **furthermore** adv. (*fml.*) in addition. ▶ **furthermost** adj. most distant.

furthest /ˈfɜːðɪst/ *superlative of* FAR

furtive /ˈfɜːtɪv/ adj. done or behaving secretly so as not to be noticed. ▶ **furtively** adv. ▶ **furtiveness** n. [U]

fury /ˈfjʊəri/ n. [U, C] violent anger.

fuse /fjuːz/ n. **1** short wire in an electrical appliance that melts to break the circuit if the current is too strong. **2** long piece of string or paper that is lit to make a bomb or firework explode. **3** (*US also* **fuze**) device in a bomb that makes it explode. ● **fuse** v. [I, T] **1** (cause two things to) join together to form a single thing. **2** (*GB*) (cause something to) stop working because a fuse melts: *~ the lights*

fuselage /ˈfjuːzəlɑːʒ/ n. body of an aircraft.

fusion /ˈfjuːʒn/ n. [C, U] mixing or joining of different things into one.

fuss /fʌs/ n. [U, sing.] unnecessary excitement, worry, or activity. [IDM] **make a fuss of/over somebody** pay a lot of loving attention to somebody. ● **fuss** v. [I] be worried or excited, esp. about small things. ▶ **fussy** adj. (**-ier, -iest**) **1** ~(**about**) too concerned about unimportant details. **2** showing nervous excitement. **3** (of dress or style) decorated too much. ▶ **fussily** adv.

futile /ˈfjuːtaɪl/ adj. useless; unsuccessful. ▶ **futility** /fjuːˈtɪləti/ n. [U]

future /ˈfjuːtʃə(r)/ n. **1** (**the future**) [sing.] the time that will come after the present: *in the distant ~* **2** [C] what will happen to somebody/something: *The government's ~ is uncertain.* **3** [U] possibility of success: *There is no ~ in this town.* **4** (**futures**) [pl.] (*business*) goods or shares bought at agreed prices, but to be delivered and paid for later. **5** (**the future**) (*also* **the ˌfuture 'tense**) [sing.] (*gram.*) form of a verb that expresses what will happen after the present. [IDM] **in future** from now onwards. ● **future** adj. of or happening in the future.

futuristic /ˌfjuːtʃəˈrɪstɪk/ adj. looking very modern and strange.

fuzz /fʌz/ n. [U] fluff. ▶ **fuzzy** adj. (**-ier, -iest**) **1** (of hair) tightly curled. **2** (of cloth, *etc.*) soft or fluffy. **3** not clear in shape or sound. ▶ **fuzzily** adv. ▶ **fuzziness** n. [U]

FYI abbr. used in writing to mean 'for your information'.

G g

G, g /dʒiː/ n. [C, U] (pl. **G's, g's** /dʒiːz/) the seventh letter of the English alphabet.
g abbr. gram(s): *500g*
gabble /'gæbl/ v. [I, T] talk or say something too quickly to be understood. ● **gabble** n. [U] very fast talk.
gable /'geɪbl/ n. triangular part of an outside wall, between the two sloping sides of the roof.
gad /gæd/ v. (-dd-) [PV] **gad about/around** (infml.) visit different places and have fun.
gadget /'gædʒɪt/ n. small, useful tool or device. ▶ **gadgetry** n. [U] gadgets.
Gaelic n. [U] adj. **1** /'geɪlɪk/ (language) of the Celtic people of Ireland. **2** /'gælɪk; 'geɪlɪk/ (language) of the Celtic people of Scotland.
gaffe /gæf/ n. tactless remark or act.
gag /gæg/ n. **1** something put over somebody's mouth to prevent them from speaking. **2** joke. ● **gag** v. (-gg-) [U] put a gag(1) on somebody.
gaga /'gɑːgɑː/ adj. (infml.) senile.
gage (US) = GAUGE
gaggle /'gægl/ n. **1** group of geese. **2** group of noisy people.
gaily /'geɪli/ adv. happily; cheerfully.
gain /geɪn/ v. [I, T] **1** obtain something wanted or needed: ~ *popular support* **2** increase in speed, weight, etc. **3** (of a clock or watch) go too fast: *My watch ~s four minutes a day.* [IDM] **gain ground** → GROUND¹ **gain time** obtain extra time by making excuses, etc. [PV] **gain on somebody/something** come closer to somebody/ something, e.g. in a contest. ● **gain** n. [C, U] increase in amount or wealth; advantage. ▶ **gainful** /-fl/ adj. useful work that you are paid for: *~ful employment.*
gait /geɪt/ n. way of walking.
gala /'gɑːlə/ n. special public celebration or entertainment.
galaxy /'gæləksi/ n. (pl. **-ies**) **1** [C] large group of stars. **2** (**the Galaxy**) [sing.] the system of stars that contains our sun and planets. **3** [C] (infml.) group of people. ▶ **galactic** /gə'læktɪk/ adj.
gale /geɪl/ n. **1** very strong wind. **2** noisy outburst of laughter.
gall¹ /gɔːl/ n. [U] **1** rude behaviour showing lack of respect. **2** (fml.) bitter feeling of hatred. ■ **'gall bladder** n. organ attached to the liver that stores bile. ■ **'gallstone** n. hard, painful mass that can form in the gall bladder.
gall² /gɔːl/ v. [T] annoy somebody.
gallant /'gælənt; / adj. **1** (old-fash. or lit.) brave. **2** (of a man) giving polite attention to women. ▶ **gallantly** adv. ▶ **gallantry** n. [U]

galleon /'gæliən/ n. Spanish sailing ship (15th to 17th centuries).
gallery /'gæləri/ n. (pl. **-ies**) **1** room or building for showing works of art. **2** raised area along an inner wall of a hall or church. **3** highest seats in a theatre. **4** passage in a mine.
galley /'gæli/ n. **1** (in the past) long, flat ship with sails and oars. **2** kitchen on a ship or plane.
gallivant /'gælɪvænt/ v. [PV] **gallivant about/around** (old-fash., infml.) travel for pleasure.
gallon /'gælən/ n. measure for liquids equal to 4.5 litres in the UK and 3.8 litres in the US.
gallop /'gæləp/ n. fastest pace of a horse: *at full ~* ● **gallop** v. **1** [I, T] (cause a horse to) go at a gallop. **2** [I] (infml.) hurry.
gallows /'gæləʊz/ n. structure on which people, e.g. criminals, are killed by hanging.
galore /gə'lɔː(r)/ adv. (infml.) in large quantities: *flowers ~*
galvanize (also **-ise**) /'gælvənaɪz/ v. [T] **1** ~(**into**) shock somebody into taking action. **2** (tech.) cover iron with zinc to protect it from rust.
gambit /'gæmbɪt/ n. **1** thing said or done at the beginning of a conversation, etc. intended to gain some advantage. **2** opening move in chess, to produce an advantage later.
gamble /'gæmbl/ v. [I] play games of chance for money. [PV] **gamble on something** take a risk with something. ● **gamble** n. risky attempt to win money or to be successful. ▶ **gambler** n. person who gambles. ▶ **gambling** n. [U]
gambol /'gæmbl/ v. (-ll- US also -l-) [I] jump about playfully.
game /geɪm/ n. **1** [C] form of play or sport with rules. **2** (**games**) [pl.] sports, esp. athletics, competitions. **3** [C] single part of a match in tennis, etc. **4** [C] children's activity when they play with toys, pretend to be somebody else, etc. **5** [C] activity or business: *Politics is a power ~.* **6** [C] (infml.) secret plan or trick. **7** [U] (flesh of) animals or birds hunted for sport or food. [IDM] **give the game away** carelessly reveal a secret. ■ **'gamekeeper** n. man employed to breed and protect game(7), e.g. pheasants. ● **game** adj. willing to do something risky. ▶ **gamely** adv. *See pg 186 for picture.*
gammon /'gæmən/ n. [U] smoked or cured ham.
gamut /'gæmət/ n. (**the gamut**) [sing.] complete range of something.
gander /'gændə(r)/ n. male goose.
gang /gæŋ/ n. [C, with sing. or pl. verb] **1** organized group of criminals or workers. **2** group of young people, usu. males, who often

fight against other groups: *a local ~* ▶ **gang** *v.* [PV] **gang up (on/against somebody)** (*infml.*) join together to hurt or frighten somebody.
gangling /'gæŋglɪŋ/ *adj.* (of a person) tall, thin, and awkward.
gangrene /'gæŋgriːn/ *n.* [U] decay of a part of the body because blood has stopped flowing to it. ▶ **gangrenous** /'gæŋgrɪnəs/ *adj.*
gangster /'gæŋstə(r)/ *n.* member of a gang of armed criminals.
gangway /'gæŋweɪ/ *n.* **1** movable bridge from a ship to the land. **2** passage between rows of seats.
gaol (*GB*) = JAIL
gap /gæp/ *n.* **1** empty space in something or between two things. **2** period of time when something stops or between two things: *~ between planning and implementation* **3** space where something is missing: *~s in your answer*
gape /geɪp/ *v.* [I] **1** stare at somebody/something with your mouth open, usu. in surprise. **2** be or become wide open: *a gaping hole* ▶ **gape** *n.*
garage /'gærɑːʒ; -rɑːdʒ; -rɪdʒ/ *n.* **1** building in which a car is kept. **2** place where cars are repaired. ● **garage** *v.* [T] put or keep a vehicle in a garage.
garbage /'gɑːbɪdʒ/ *n.* [U] (*esp. US*) rubbish. ■ **'garbage can** *n.* (*US*) = DUSTBIN
garbled /'gɑːbld/ *adj.* incomplete and confused: *a ~ speech*
garden /'gɑːdn/ *n.* **1** [C, U] piece of land next to or around your house used for growing flowers, vegetables, etc. **2** (*usu.* **gardens**) [pl.] public park. ● **garden** *v.* [I] work in a garden. ■ **'garden centre** *n.* (*GB*) place that sells plants, seeds, garden equipment, etc. ▶ **gardener** *n.* person who works in a garden. ▶ **gardening** *n.* [U] ■ **'garden party** *n.* formal social party in a garden.
gargle /'gɑːgl/ *v.* [I] wash the throat with liquid without swallowing. ● **gargle** *n.* **1** [C, U] liquid used for gargling. **2** [sing.] act of gargling.
gargoyle /'gɑːgɔɪl/ *n.* stone figure of an ugly creature on the roof of a church, etc. through which rainwater is carried away.
garish /'geərɪʃ/ *adj.* unpleasantly bright. ▶ **garishly** *adv.*
garland /'gɑːlənd/ *n.* circle of flowers or leaves as a decoration. ● **garland** *v.* [T] (*lit.*) decorate somebody/ something with a garland.
garlic /'gɑːlɪk/ *n.* [U] strong-smelling plant of the onion family used in cooking.
garment /'gɑːmənt/ *n.* (*fml.*) piece of clothing.

garnish /'gɑːnɪʃ/ *v.* [T] decorate a dish of food with a small amount of another food. ● **garnish** *n.* small amount of food used to decorate a larger dish.
garret /'gærət/ *n.* small room at the top of a house.
garrison /'gærɪsn/ *n.* [C, with sing. or pl. verb] group of soldiers living in a town or fort. ● **garrison** *v.* [T] defend a place with a garrison.
garrulous /'gærələs/ *adj.* (*fml.*) talking too much.
garter /'gɑːtə(r)/ *n.* elastic band worn round the leg to keep up a sock or stocking.
gas /gæs/ *n.* (*pl.* **~es** *US also* **~ses**) **1** [C, U] substance like air. **2** [U] gas used for heating, cooking, etc. **3** [U] (*US*) = PETROL ● **gas** *v.* (**-ss-**) [T] kill somebody with gas. ▶ **gaseous** /'gæsiəs; 'geɪsiəs/*adj.* of or like gas. ■ **'gaslight** *n.* [C, U] light from burning gas. ■ **'gasman** *n.* (*pl.* **-men**) (*infml.*) official who reads gas meters and checks gas heaters, etc. ■ **'gas mask** *n.* breathing apparatus to protect the wearer against poisonous gas. ■ **'gas station** *n.* (*US*) = PETROL STATION (PETROL) ▶ **gassy** *adj.* (**-ier, -iest**) of or like gas; full of gas: *~sy beer* ■ **'gasworks** *n.* (*pl.* **gasworks**) factory where coal is made into gas.
gash /gæʃ/ *n.* **~(in)** long, deep cut. ● **gash** *v.* [T] make a gash in something.
gasket /'gæskɪt/ *n.* soft, flat piece of material between two metal surfaces to prevent oil, steam, etc. from escaping.
gasoline (*also* **gasolene**) /'gæsəliːn/ *n.* [U] (*US*) = PETROL
gasp /gɑːsp/ *v.* **1** [I] breathe in quickly, because of surprise, pain, etc. **2** [I, T] have difficulty breathing or speaking. ● **gasp** *n.* quick, deep breath.
gastric /'gæstrɪk/ *adj.* of the stomach: *~ ulcer*
gastro-enteritis /ˌgæstrəʊ ˌentəˈraɪtɪs/ *n.* [U] (*med.*) illness of the stomach that causes diarrhoea and vomiting.
gate /geɪt/ *n.* **1** [C] movable barrier that closes an opening in a wall, fence, etc. **2** [C] way out from an airport building to a plane. **3** [C, U] (money paid by) number of people attending a sports event. ■ **'gatecrash** *v.* [I, T] go to a party without being invited. ■ **'gatecrasher** *n.* ■ **'gatepost** *n.* post on which a gate is hung. ▶ **'gateway** *n.* [C] **1** opening with a gate. **2** [usu. sing.] *~to* means of reaching something: *the ~ to fame* **3** (*computing*) device connecting two computer networks that cannot be connected in any other way.
gateau /'gætəʊ/ *n.* [C, U] (*pl.* **~x** or **~s**) large, rich cream cake.

gather /'gæðə(r)/ v. **1** [I, T] come or bring people or things together to form a group. **2** [T] pick flowers, leaves, etc.; cut and collect crops. **3** [T] understand or believe something: *I ~ she's not happy with the progress.* **4** [T] collect information from different sources. **5** [T] increase in speed, force, etc. **6** [T] pull a piece of clothing together in folds. ▶ **gathering** n. meeting.

gauche /gəʊʃ/ adj. socially awkward.

gaudy /'gɔːdi/ adj. (**-ier, -iest**) (*disapprov.*) too bright and showy. ▶ **gaudily** adv.

gauge (*US also* **gage**) /geɪdʒ/ n. **1** instrument for measuring something: *a rain ~* **2** measurement of the thickness of something, esp. sheet of metal or wire. **3** distance between the rails on a railway. **4** means of comparison; measure of something: *a ~ of her ability* ● **gauge** v. [T] **1** make a judgement about something, esp. people's feelings or attitudes. **2** measure something accurately. **3** estimate something.

gaunt /gɔːnt/ adj. (of a person) very thin, as from illness or hunger. ▶ **gauntness** n. [U]

gauntlet /'gɔːntlət/ n. strong glove with a wide covering for the wrist.

gauze /gɔːz/ n. [U] thin net material, used on wounds, etc.

gave *pt of* GIVE[1]

gawky /'gɔːki/ adj. (**-ier, -iest**) (*esp.* of a tall, young person) awkward and clumsy: *a ~ adolescent* ▶ **gawkiness** n. [U]

gawp /gɔːp/ v. [I] (*infml.*) stare rudely or stupidly at somebody/something.

gay /geɪ/ adj. **1** homosexual. **2** (*old-fash.*) happy; cheerful. ● **gay** n. homosexual person.

gaze /geɪz/ v. [I] **~(at)** look steadily at somebody/something for a long time. ● **gaze** n. [sing.] long steady look.

gazelle /gəˈzel/ n. small, graceful antelope (= an African animal like a deer).

gazette /gəˈzet/ n. official newspaper with legal notices, news, etc.

gazump /gəˈzʌmp/ v. [T] (*GB, infml., disapprov.*) (*usu.* passive) increase the price of a house after accepting an offer from a buyer.

GB /ˌdʒiː ˈbiː/ abbr. Great Britain.

GCSE /ˌdʒiː siː esˈiː/ n. (*GB*) General Certificate of Secondary Education; examination in a particular subject taken by school pupils aged about 16.

GDP /ˌdʒiː diː ˈpiː/ abbr. gross domestic product; total value of all the goods and services produced in a country in one year.

gear /gɪə(r)/ n. **1** [C, U] set of toothed wheels working together in a machine: *The car has automatic ~s.* ◊ *change ~* **2** [U] equipment: *fishing ~* **3** [U] apparatus of wheels, levers, etc.: *the landing ~ of an aircraft* ● **gear** v. [PV] **gear something to/towards something** adapt or organize something for a particular need: *The infrastructure is ~ed to the booming economy.* **gear (somebody) up (for/to something)** become or make somebody ready for something. ■ **'gearbox** n. case that contains the gears of a car or machine. ■ **'gear lever | 'gearstick** (*US* **'gear shift**) n. handle used for changing gear(1).

geese *plural of* GOOSE

gelatin /'dʒelətɪn/ (*also* **gelatine** /'dʒelətiːn/) n. [U] clear, tasteless substance, used for making jelly.

gelding /'geldɪŋ/ n. male horse whose sexual organs have been removed.

gelignite /'dʒelɪgnaɪt/ n. [U] powerful explosive.

gem /dʒem/ n. **1** jewel. **2** person, place, or thing that is especially good.

gender /'dʒendə(r)/ n. [C, U] **1** fact of being male or female. **2** (*gram.*) grouping of nouns and pronouns into masculine, feminine, and neuter.

gene /dʒiːn/ n. (*biol.*) unit in a cell that controls a particular quality in a living thing, by which offspring inherit characteristics from their parents.

genealogy /ˌdʒiːniˈælədʒi/ n. (*pl.* **-ies**) **1** [U] study of family history. **2** [C] diagram showing the history of a family. ▶ **genealogical** /ˌdʒiːniəˈlɒdʒɪkl/ adj.

general /'dʒenrəl/ adj. **1** affecting all or most people, places, or things: *of ~ concern* ◊ *a ~ protest* **2** not exact or detailed: *~ talk* **3** not limited to a particular subject or use, or to just one part or aspect of somebody/something: *~ studies* ◊ *a ~ physician* **4** (in titles) chief. [IDM] **in general** usually; mainly. ● **general** n. army officer of very high rank. ■ **ˌgeneral eˈlection** n. election in which all the people of a country vote to choose a government. ▶ **generality** /ˌdʒenəˈræləti/ n. (*pl.* **-ies**) **1** [C] general statement. **2** [U] quality of being general. ▶ **generally** adv. **1** by or to most people: *The truce was ~ly applauded.* **2** usually; in most cases: *I ~ly read at night.* **3** without discussing the details of something: *~ly speaking* ■ **ˌgeneral pracˈtitioner** (*abbr.* **GP**) n. (*esp. GB*) doctor trained in general medicine who treats patients in the local community rather than at a hospital.

generalize (*also* **-ise**) /'dʒenrəlaɪz/ v. [I] make a general statement about something. ▶ **generalization** (*also* **-isation**) /ˌdʒenrəlaɪˈzeɪʃn/ n. [C, U] (statement based on) generalizing.

generate /'dʒenəreɪt/ v. [T] produce something: ~ *energy* ▶ **generative** /'dʒenərətɪv/ *adj.* (*fml.*) able to produce something. ▶ **generator** *n.* machine that generates electricity.

generation /ˌdʒenə'reɪʃn/ *n.* **1** [C] all the people born and living at about the same time. **2** [C] single stage in a family history. **3** [U] act of generating something.

generic /dʒə'nerɪk/ *adj.* (*fml.*) shared by a whole group; not specific. ▶ **generically** /-kli/ *adv.*

generous /'dʒenərəs/ *adj.* **1** giving freely; kind: *He's ~ with his advice.* **2** larger than normal: *a ~ slice of cheese.* ▶ **generosity** /ˌdʒenə'rɒsəti/ *n.* [U] ▶ **generously** *adv.*

genetic /dʒə'netɪk/ *adj.* of genes or genetics. ▶ **genetically** /-kli/ *adv.* ■ **ge,netically 'modified** *adj.* (*abbr.* **GM**) (of food, plants, *etc.*) grown from cells whose genes have been changed artificially. ■ **ge,netic engi'neering** *n.* [U] science of changing the way a human, an animal, or a plant develops by altering the information in its genes. ▶ **genetics** *n.* [U] study of how characteristics are passed from one generation to the next.

genial /'dʒiːniəl/ *adj.* kind and pleasant. ▶ **genially** *adv.*

genie /'dʒiːni/ *n.* (in stories) spirit with magic powers, esp. one that lives in a bottle or a lamp.

genital /'dʒenɪtl/ *adj.* of the reproductive organs of people or animals. ▶ **genitals** (*also* **genitalia** /ˌdʒenɪ'teɪliə/) *n.* [pl.] (*anat.*) person's external sex organs.

genius /'dʒiːniəs/ *n.* **1** [U] exceptional intelligence or artistic ability. **2** [C] unusually intelligent or artistic person. **3** [sing.] special skill or ability: *have a ~ for solving crosswords*

genocide /'dʒenəsaɪd/ *n.* [U] killing of a whole race or group of people.

genome /'dʒiːnəʊm/ *n.* (*biol.*) complete set of genes in a cell or living thing: *the human ~*

genre /'ʒɑːnrə/ *n.* (*fml.*) particular style or type of literature, art, film, or music.

gent /dʒent/ *n.* (*GB*) **1** [C] (*old-fash* or *hum*) gentleman. **2** (**a/the Gents**) [sing.] (*infml.*) public toilet for men.

genteel /dʒen'tiːl/ *adj.* quiet and polite, esp. in an exaggerated way.

gentile /'dʒentaɪl/ *n., adj.* (person who is) not Jewish.

gentle /'dʒentl/ *adj.* (**~r** /-lə (r)/ **~st** /-lɪst/) not rough or violent. ▶ **gentleness** *n.* [U] ▶ **gently** /-li/ *adv.*

gentleman /'dʒentlmən/ *n.* [C] (*pl.* **-men** /-mən/) **1** [C] man who is polite and behaves well. **2** [C, usu. pl.] (*fml.*) used to address or refer to a man, esp. one you do not know: *Respected ~men ...* **3** (*old-fash.*) man of wealth and social position. ▶ **gentlemanly** *adv.* (*fml.* or *old-fash.*) behaving like a gentleman(1).

genuine /'dʒenjuɪn/ *adj.* real; true. ▶ **genuinely** *adv.* ▶ **genuineness** *n.* [U]

genus /'dʒiːnəs/ *n.* (*pl.* **genera** /'dʒenərə/) (*biol.*) division of animals or plants within a family(5).

geography /dʒi'ɒgrəfi/ *n.* [U] **1** study of the earth's surface, climate, countries, population, etc. **2** arrangement of features in a particular region. ▶ **geographer** /-fə(r)/ *n.* expert in geography. ▶ **geographical** /ˌdʒiːə'græfɪkl/ *adj.* ▶ **geographically** /-kli/ *adv.*

geology /dʒi'ɒlədʒi/ *n.* **1** [U] scientific study of the earth's rocks, crust, etc. **2** [sing.] structure of rocks, etc. in a particular region. ▶ **geological** /ˌdʒiːə'lɒdʒɪkl/ *adj.* ▶ **geologically** /-kli/ *adv.* ▶ **geologist** /dʒi'ɒlədʒɪst/ *n.* expert in geology.

geometry /dʒi'ɒmətri/ *n.* [U] branch of mathematics concerned with points, lines, angles, surfaces, and solids, and their relationships. ▶ **geometric** /ˌdʒiːə'metrɪk/ (*also* **geometrical**) *adj.*

geranium /dʒə'reɪniəm/ *n.* garden plant with red, pink, or white flowers.

geriatrics /ˌdʒeri'ætrɪks/ *n.* [U] branch of medicine concerned with the care of old people. ▶ **geriatric** *adj.*

germ /dʒɜːm/ *n.* **1** [C, usu. pl.] very small living thing that can cause disease. **2** [sing.] **~of** beginning: *the ~ of a revolution*

German /'dʒɜːmən/ *adj.* of Germany, its people, or their language. ■ **,German 'measles** *n.* [U] mild infectious disease causing red spots all over the body.

germinate /'dʒɜːmɪneɪt/ *v.* [I, T] (cause seeds to) start growing. ▶ **germination** /ˌdʒɜːmɪ'neɪʃn/ *n.* [U]

gerund /'dʒerənd/ *n.* the *-ing* form of a verb when used as a noun (as in '*fond of dancing*').

gestation /dʒe'steɪʃn/ *n.* [U, sing.] process or period of a baby or young animal being carried in the womb.

gesticulate /dʒe'stɪkjuleɪt/ *v.* [I] (*fml.*) move your hands and arms about to express yourself. ▶ **gesticulation** /dʒeˌstɪkju'leɪʃn/ *n.* [C, U]

gesture /'dʒestʃə(r)/ *n.* **1** [C, U] movement of the hand or head to show an idea, feeling, etc. **2** [C] action done to show a particular feeling or intention: *a ~ of dismissal*

get /get/ *v.* (**-tt-** *pt, pp* **got** /gɒt/, *US pp* **gotten** /'gɒtn/) **1** [T] receive something: *~ an offer* **2**

[T] obtain something: ~ *good marks* **3** [T] fetch something: *G~ your books.* **4** [T] receive something as a punishment: ~ *two years* (= two years in prison) **5** [T] (begin to) suffer from an illness, etc.: ~ *flu* **6** [I, T] (cause somebody/something/yourself to) reach a particular state or condition: ~ *dressed* ◇ ~ *the actors ready for rehearsal* ◇ ~ *a hair wash* ◇ *He got* (= was) *injured in a car accident.* **7** [I] reach the point at which you feel, know, are, etc. something: ~ *to appreciate art* **8** [T] make or persuade somebody/something to do something: *I couldn't ~ the information on the Internet.* ◇ *He got me to accompany him to the market.* **9** [I] start doing something: *We soon got started on the puzzle.* **10** [I] arrive at or reach a place or point: ~ *home early* ◇ *When will we ~ to London?* **11** [I, T] (cause somebody/something to) move somewhere, sometimes with difficulty: ~ *off the bus* ◇ *We can't ~ the table moving.* **12** [T] use a bus, train, etc.: ~ *a train to Paris* **13** [T] prepare a meal. **14** [T] (*spoken*) answer the telephone or a door when somebody calls, knocks, etc.: *Can you ~ the door?* **15** [T] catch somebody, esp. in order to harm or punish them: *The police got the murderer.* ◇ *We'll ~ them!* **16** [T] kill or wound somebody: *I got him on the chin.* **17** [T] (*infml.*) understand somebody/something: *I don't ~ your question.* ◇ *She didn't ~ the riddle.* **18** [T] (*spoken*) confuse or puzzle somebody: *That's got you!* **19** [T] (*spoken*) annoy somebody: *Flattery really ~s me.* [IDM] **get (somebody) anywhere/ somewhere/ nowhere** (*infml.*) (cause somebody to) achieve something/nothing: *Are we getting anywhere* (= making any progress) *with this?* **get to grips with something** → GRIP [PV] **get (something) across (to somebody)** (cause something to) be communicated or understood. **get ahead (of somebody)** make progress (further than others have done). **get along (with somebody)** = GET ON (WITH SOMEBODY). **get along with something** = GET ON WITH SOMETHING. **get at somebody** (*infml.*) criticize somebody: *Stop ~ting at the poor girl!* **get at something 1** reach or gain access to something. **2** learn or find out something: ~ *at the facts* **3** (only in the continuous tenses) suggest something indirectly: *What are you ~ting at?* **get away 1** have a holiday: ~ *away for a while* **2 ~(from ...)** escape from somebody or a place: *The convict got away.* **get away with something 1** steal something and escape with it. **2** receive a relatively light punishment: *to ~ away with just a warning* **3** do something wrong and receive no punishment: ~ *away with murder* **get by (on/in/with something)** survive: ~ *by on a meagre income* **get somebody down** (*infml.*) make somebody feel depressed. **get something down** swallow something with difficulty. **get down to something** begin to do something seriously: ~ *down to study* **get in | get into something** arrive at a place: *The train got in late.* **get somebody in** call somebody to your house to do a job: ~ *someone in to fix the air conditioning* **get something in 1** collect or gather something. **2** buy a supply of something: ~ *some cookies in for the party.* **3** manage to do or say something: *He was so busy I couldn't ~ a word in.* **get in with somebody** (*infml.*) become friendly with somebody, usu. to gain an advantage. **get into something 1** put on a piece of clothing, esp. with difficulty. **2** start a career in a particular profession: ~ *into management* **3** become involved in something; start something: ~ *into an argument* ◇ ~ *into conversation with somebody* **4** develop a habit: ~ *into the habit of waking up early* ◇ *Don't ~ into drugs* (= Don't start taking them)! **5** (*infml.*) become interested in something: *I can't ~ into cooking.* **get (yourself/somebody) into something** (cause yourself/somebody to) reach a particular state or condition: ~ *into trouble* **get off (somebody/something)** used to tell somebody to stop touching you/somebody/something. **get (somebody) off** (help somebody to) leave a place or start a journey: ~ *the children off to school* **get (somebody) off (with something)** (help somebody to) receive little or no punishment: *She got off with just a fine.* **get on 1** progress or become successful in life, in a career, etc. **2** (only in the continuous tenses) be getting old. **3** (only in the continuous tenses) be getting late. **get on/along (with somebody)** have a friendly relationship with somebody: *We don't ~ on.* ◇ *Do you ~ on with your competitor?* ◇ *We ~ along great!* **get on with something 1** (*also* **get along with something**) make progress: *How are you ~ting on with your assignment?* **2** continue doing something: *G~ on with your work.* **get out 1** become known: *The deal got out.* **2 ~(of)** leave a place. **get out of something** avoid a responsibility or duty: *We can't ~ out of going to the meeting.* **get over something 1** recover from an illness, a shock, a setback, the end of a relationship, etc. **2** deal with or gain control of something: ~ *over your fears* **get something over (to somebody)** make something clear to somebody. **get something over (with)** (*infml.*) finish something unpleasant: *I'm glad I've got the interview over with.* **get round/around somebody** persuade somebody to agree or do what you want, often by flattery, etc.: *She knows how to ~ round her boss.* **get round/around something** deal with a problem successfully. **get round/around to something** find the time to do something: *I didn't ~ round to seeing her.* **get through something 1** use up a large amount of something: *~ through £500 a month* **2** manage to do or complete something. **get through (something)** *(GB)* be successful in an exam, etc. **get through (to somebody) 1** reach somebody: *We must ~ the relief materials through to the victims.* **2** contact somebody, esp. by telephone. **get (something) through to somebody** succeed in making somebody understand something: *I just can't ~ through to them (that this is a mistake).* **get together (with somebody)** meet somebody socially or to discuss something: *~ together for a drink* **get (somebody) up 1** (cause somebody to) get out of bed. **2** stand up after sitting, kneeling, etc. **get up to something 1** reach a particular point: *~ up to the last page* **2** be busy with something, esp. something surprising or unpleasant: *What have you been ~ting up to?* ■ **'getaway** *n.* escape: *a fast ~away* ■ **'get-together** *n.* *(old-fash., infml.)* informal social meeting. ■ **,get-up-and-'go** *n.* [U] *(infml.)* energy and determination to get things done.

geyser /'gi:zə(r)/ *n.* natural spring¹(4) sending up a column of hot water or steam.

ghastly /'gɑ:stli/ *adj.* **(-ier, -iest) 1** (of an event) causing horror: *a ~ murder* **2** *(infml.)* very bad: *a ~ mistake* **3** very pale and ill.

ghetto /'getəʊ/ *n.* *(pl. ~s)* area of a city where many people of the same race or background live, separately from the rest of the population. ■ **'ghetto blaster** *n.* *(infml.)* large, powerful, portable radio and cassette player.

ghost /gəʊst/ *n.* **1** [C] spirit of a dead person that appears to somebody living. **2** [sing.] very slight amount of something that is left behind: *the ~ of a (= very little) chance* [IDM] **give up the ghost** die. ▶ **ghostly** *adj.* of or like a ghost. ■ **'ghost town** *n.* town that was once full of people, but is now empty. ■ **'ghostwriter** *n.* person who writes material for somebody else, but does not use his/her own name.

GI /ˌdʒi:'aɪ/ *n.* soldier in the US army.

giant /'dʒaɪənt/ *n.* *(fem. ~ess)* (in stories) enormous and very strong person. ▶ **giant** *adj.* enormous.

gibberish /'dʒɪbərɪʃ/ *n.* [U] meaningless talk; nonsense.

gibbon /'gɪbən/ *n.* long-armed ape.
gibe = JIBE
giblets /'dʒɪbləts/ *n.* [pl.] heart, liver, etc. of a chicken or other bird, usu. taken out before it is cooked.
giddy /'gɪdi/ *adj.* **(-ier, -iest)** feeling that everything is spinning around and that you are going to fall. ▶ **giddiness** *n.* [U]
gift /gɪft/ *n.* **1** something given freely; present. **2** natural ability: *a ~ for music* [IDM] **the gift of the gab** the ability to speak easily and persuasively. ▶ **gifted** *adj.* talented.
gig /gɪg/ *n.* live performance by pop or jazz musicians.
gigantic /dʒaɪ'gæntɪk/ *adj.* very big.
giggle /'gɪgl/ *v.* [I] **~(at)** laugh in a silly way because you are amused, embarrassed, etc. ● **giggle** *n.* **1** [C] light, silly laugh. **2** [sing.] *(GB, infml.)* something done for amusement.
gild /gɪld/ *v.* [T] cover something with gold leaf or gold paint.
gill¹ /gɪl/ *n.* [C, usu. pl.] organ through which a fish breathes.
gill² /dʒɪl/ *n.* measure for liquids; one quarter of a pint (0.142 litre).
gilt /gɪlt/ *n.* [U] thin layer of gold that is used on a surface for decoration. ■ **,gilt-'edged** *adj.* *(business)* very safe: *~-edged stocks* (= investments considered safe because they have been sold by the government).
gimmick /'gɪmɪk/ *n.* often *(disapprov.)* unusual trick or device used for attracting attention or persuading people to buy something. ▶ **gimmicky** *adj.*
gin /dʒɪn/ *n.* strong, colourless alcoholic drink.
ginger /'dʒɪndʒə(r)/ *n.* [U] **1** root of the ginger plant used in cooking as a spice. **2** orange-brown colour. ■ **,ginger 'ale | ,ginger 'beer** *n.* [U] non-alcoholic drink flavoured with ginger. ■ **'gingerbread** *n.* [U] sweet cake flavoured with ginger.
gingerly /'dʒɪndʒəli/ *adv.* with great care; hesitantly.
gingham /'gɪŋəm/ *n.* [U] cotton cloth with a pattern of squares or stripes.
gipsy = GYPSY
giraffe /dʒə'rɑ:f/ *n.* African animal with a very long neck and legs.
girder /'gɜ:də(r)/ *n.* long, strong piece of iron or steel used for supporting a floor, roof, bridge, etc.
girdle /'gɜ:dl/ *n.* piece of women's underwear that fits closely around the body from the waist to the thigh.
girl *n.* /gɜ:l/ female child; daughter; young woman. ■ **'girlfriend** *n.* **1** woman that

somebody is having a romantic relationship with. 2 (*esp. US*) woman's female friend. ■ ,Girl 'Guide *n.* = GUIDE(5) ▶ **girlish** *adj.* of or like a girl. ■ ,Girl 'Scout (*US*) = GUIDE(5)

giro /'dʒaɪrəʊ/ *n.* (*pl.* ~s) **1** [U, C] system for transferring money directly from one bank or post office account to another. **2** [C] (*GB*) cheque issued by the government for a social security payment.

girth /gɜːθ/ *n.* **1** [U, C] measurement round something, esp. a person's waist. **2** [C] leather strap fastened round the body of a horse to keep the saddle in place.

gist /dʒɪst/ *n.* (**the gist**) [sing.] ~(of) general meaning or main points: *get* (= understand) *the ~ of the poem*

give¹ /gɪv/ *v.* (*pt* **gave** /geɪv/ *pp* **given** /'gɪvn/) **1** [T] hand something to somebody so they can look at it, use it, or keep it for a time: *~ her the books* ◊ *Have you been ~n the cheque?* **2** [I, T] let somebody have something as a present: *What did he ~ you for your birthday?* ◊ *They both gave her flowers.* **3** [T] provide somebody with something: *The business is giving a good profit.* ◊ *I'll ~ you* (= allow you to have) *a week to decide.* ◊ *~ an account of your experience* **4** [T] ~**for** pay money in exchange for something: *I gave her £10 for the book.* **5** [T] ~**to** use time, energy, etc. for somebody/something: *I gave the offer a lot of thought.* **6** [T] make somebody suffer a particular punishment: *I gave him a reprimand.* **7** [T] infect somebody with an illness: *You've ~ n me your cold.* **8** [T] provide a party, meal, etc. as a host: *~ a dinner party* **9** [T] perform something in public: *~ a book reading* **10** [T] used with a noun to describe an action, giving the same meaning as the related verb: *She gave a smile* (= smiled). ◊ *He gave her a hug* (= hugged her). ◊ *~ a wave* **11** [I] bend or stretch under pressure: *The roof gave in finally.* [IDM] **give and take** be tolerant and willing to compromise: *You have to ~ and take in a relationship.* **give ground (to somebody/something)** → GROUND¹ **give or take (something)** (*infml.*) plus or minus: *It will take me an hour to complete this, ~ or take a few minutes.* [PV] **give something away** give something as a gift. **give something/somebody away** betray somebody or reveal a secret. **give somebody back something/give something back (to somebody)** return something to somebody: *~ the CD back* (*to him*) ◊ *~ him back the CD* **give in (to somebody/something) 1** admit that you have been defeated by somebody/something. **2** agree to do something that you do not want to do. **give off something** produce something, e.g. smoke, a smell, etc. **give out 1** (of supplies, somebody's strength, *etc.*) come to an end. **2** (of a motor, *etc.*) stop working. **give something out** distribute something to a lot of people: *~ out leaflets* **give over** (*GB, spoken*) used to tell somebody to stop doing something. **give somebody up 1** (*esp. US* **give up on somebody**) believe that somebody is never going to arrive, do something, get better, etc.: *After the accident, they had ~n him up for dead.* **2** stop having a relationship with somebody. **give something up 1** stop doing or having something: *I've ~n up smoking.* ◊ *I gave up my job.* **2** allow somebody else to have something: *He gave up his seat to the old man.* **give yourself/somebody up (to somebody)** offer yourself/somebody to be captured: *He gave himself up to the police.* **give up on somebody 1** stop believing that somebody will change, get better, etc. **2** (*esp. US*) = GIVE SOMEBODY UP ▶ **given** *adj.* agreed: *at the ~n time* ◊ **given** *prep.* considering something: *G~n his age, he talks very sensibly.* ■ '**giveaway** *n.* (*infml.*) **1** something that a company gives free of charge. **2** something that reveals a secret.

give² /gɪv/ *n.* [U] ability of something to bend and stretch under pressure: *This rope has good ~ in it.* [IDM] **give and take** willingness to be tolerant and make compromises in a relationship.

glacial /'gleɪʃl; 'gleɪsɪəl/ *adj.* (*geol.*) of ice or the Ice Age.

glacier /'glæsɪə(r)/ *n.* mass of ice that moves slowly down a valley.

glad /glæd/ *adj.* (~**der**, ~**dest**) **1** pleased; happy: *~ to hear about your recovery* ◊ *I'd be ~ to help you.* **2** grateful for something: *He was ~ of the company.* ▶ **gladly** *adv.* happily; willingly: *I will ~ly come along.* ▶ **gladness** *n.* [U]

glade /gleɪd/ *n.* (*lit.*) small open space in a forest.

gladiator /'glædieɪtə(r)/ *n.* (in ancient Rome) man trained to fight at public shows in an arena.

glamour (*US also* -**or**) /'glæmə(r)/ *n.* [U] **1** attractive and exciting quality: *the ~ of advertising* **2** physical beauty that suggests wealth and success. ▶ **glamorize** (*also* -**ise**) *v.* [T] make something bad seem attractive and exciting. ▶ **glamorous** *adj.*

glance /glɑːns/ *v.* [I] take a quick look at something/ somebody. [PV] **glance off (something)** hit something and bounce off it at an angle. ● **glance** *n.* quick look. [IDM] **at a (single) glance** at once.

gland /glænd/ n. organ that produces a chemical substance for the body to use. ▶ **glandular** /-jʊlə(r)/ adj.

glare /gleə(r)/ v. [I] ~(at) look at somebody/something angrily. 2 shine with a very bright, unpleasant light. ● **glare** n. 1 [U, sing.] very bright, unpleasant light. 2 [C] angry look. ▶ **glaring** adj. 1 (of something bad) very easily seen: *a glaring oversight* 2 (of light) very bright and unpleasant. 3 angry; fierce.

glass /glɑːs/ n. 1 [U] hard, transparent substance used in windows, mirrors, etc. 2 [C] a drinking container made of glass; its contents: *a ~ of juice* 3 (**glasses**) [pl.] two lenses in a frame worn in front of the eyes to help a person to see better: *a pair of ~es* ■ '**glasshouse** n. type of greenhouse. ■ '**glassware** /-weə(r)/ n. [U] objects made of glass. ▶ **glassy** adj. (**-ier, -iest**) 1 smooth and shiny. 2 showing no feeling or emotion.

glaze /gleɪz/ v. 1 ~(**over**) [I] (of somebody's eyes) become dull and lifeless because of boredom or tiredness. 2 [T] fit sheets of glass into something: *~ a window* 3 [T] cover something with a thin, shiny surface: *~ pottery* ● **glaze** n. [C, U] thin, shiny coating. ▶ **glazier** /'gleɪzɪə(r)/ n. person who fits glass into windows, etc.

gleam /gliːm/ n. [C, usu. sing.] 1 pale, clear light, often reflected from something. 2 small amount of something: *a ~ of hope* ● **gleam** v. [I] 1 shine softly. 2 look very clean or bright.

glean /gliːn/ v. [T] obtain information, etc. in small quantities and with difficulty.

glee /gliː/ n. [U] ~(**at**) feeling of happiness and satisfaction. ▶ **gleeful** /-fl/ adj. ▶ **gleefully** adv.

glen /glen/ n. narrow valley, esp. in Scotland or Ireland.

glib /glɪb/ adj. (**~ber, ~best**) (*disapprov.*) speaking or spoken easily and confidently, but not sincerely: *a ~ speech* ▶ **glibly** adv.

glide /glaɪd/ v. [I] 1 move along smoothly and quietly. 2 fly without engine power. ● **glide** n. continuous, smooth movement. ▶ **glider** n. light aircraft without an engine. ▶ **gliding** n. [U] sport of flying in a glider.

glimmer /'glɪmə(r)/ v. [I] shine with a weak, unsteady light. ● **glimmer** n. 1 weak, unsteady light. 2 (*also* **glimmering**) small sign of something: *a ~ of understanding*

glimpse /glɪmps/ n. quick, incomplete look at somebody/something: *He caught a ~ of her at the fair.* ● **glimpse** v. [T] see somebody/something for a moment, but not very clearly.

glint /glɪnt/ v. [I] produce small, bright flashes of light. ● **glint** n. sudden flash of light or colour shining from a bright surface.

glisten /'glɪsn/ v. [I] (of something wet) shine.

glitter /'glɪtə(r)/ v. [I] shine brightly with little flashes of light: *~ing stones* ● **glitter** n. [U] 1 bright, sparkling light. 2 attractiveness; excitement: *the ~ of show business*

gloat /gləʊt/ v. [I] ~(**about/at/over**) show selfish happiness at your own success or at somebody else's failure.

global /'gləʊbl/ adj. 1 covering or affecting the whole world. 2 considering or including all parts of something. ▶ **globally** /-bəli/ adv. ■ ,**global 'village** n. [sing.] the whole world, considered as a single community connected by electronic communication systems. ■ ,**global 'warming** n. [U] increase in temperature of the earth's atmosphere, caused by the increase of particular gases, esp. carbon dioxide.

globalize /'gləʊbəlaɪz/ v. [I, T] (of business companies, *etc.*) operate all around the world. ▶ **globalization** n. [U]: *the globalization of the media*

globe /gləʊb/ n. 1 [C] a model of the earth. 2 (**the globe**) [sing.] the world. ■ '**globe trotter** n. person who travels in many countries around the world.

globule /'glɒbjuːl/ n. (*fml.*) tiny drop, esp. of liquid.

gloom /gluːm/ n. 1 [U, sing.] feeling of being sad and without hope. 2 [U] (*lit.*) almost total darkness. ▶ **gloomy** adj. (**-ier, -iest**) 1 almost dark. 2 sad and without hope. ▶ **gloomily** /-ɪli/ adv.

glorify /'glɔːrɪfaɪ/ v. (*pt, pp* **-ied**) [U] 1 often (*disapprov.*) make something seem better or more important than it really is: *His mansion is just a glorified house.* 2 (*fml.*) praise and worship God. ▶ **glorification** /ˌglɔːrɪfɪ'keɪʃn/ n. [U]

glorious /'glɔːriəs/ adj. (*fml.*) 1 deserving or bringing great fame and success: *a ~ triumph* 2 magnificent. ▶ **gloriously** adv.

glory /'glɔːri/ n. (*pl.* **-ies**) 1 [U] fame, praise, or honour: *He has got his share of ~.* 2 [U] praise and worship of God. 3 [U] great beauty: *The palace was restored to its former ~.* 4 [C] special cause for pride, respect, or pleasure: *Her wit is her crowning ~.* ● **glory** v. (*pt, pp* **-ied**) [I] ~**in** take too much pleasure in something.

gloss /glɒs/ n. 1 [U, sing.] shine on a smooth surface. 2 (*also* ,**gloss 'paint**) [U] paint that has a shiny surface when dry. 3 [U, sing.] deceptively good appearance. 4 [C] ~(**on**) explanation of a word or phrase in a text. ● **gloss** v. [T] give an explanation of a word or phrase in a text. [PV] **gloss over something** avoid talking about something unpleasant or embarrassing. ▶ **glossy** *adj.* (**-ier, -iest**) smooth and shiny: ~*y magazines* (= magazines printed on shiny paper)

glossary /ˈglɒsəri/ *n.* (*pl.* **-ies**) alphabetical list of explanations of words.

glove /glʌv/ *n.* covering for the hand.

glow /gləʊ/ *v.* [I] **1** (*esp.* of something hot or warm) produce a dull, steady light: ~*ing embers* **2** be warm or red in the face. **3** appear a strong, warm colour. ● **glow** *n.* [sing.] **1** glowing light: *the ~ of the full moon* **2** warm colour. ▶ **glowing** *adj.* giving enthusiastic praise: *a ~ing review*

glower /ˈglaʊə(r)/ *v.* [I] ~(**at**) look at somebody angrily.

glucose /ˈgluːkəʊs/ *n.* [U] natural sugar found in fruit.

glue /gluː/ *n.* [U, C] sticky substance used for joining things together. ● **glue** *v.* [T] join two things together with glue. [IDM] **be glued to something** (*infml.*) give all your attention to something; stay close to something: *They were ~d to the performance.* ■ **ˈglue-sniffing** *n.* [U] dangerous habit of breathing in the fumes of some kinds of glue as a drug.

glum /glʌm/ *adj.* (**~mer, ~mest**) sad; gloomy. ▶ **glumly** *adv.*

glut /glʌt/ *v.* (**-tt-**) [T] supply something with too much of something: *The market is ~ted with cheap electronic goods.* ● **glut** *n.* [C, usu. sing.] ~(**of**) situation in which there is more of something than can be used.

glutton /ˈglʌtn/ *n.* **1** (*disapprov.*) person who eats too much. **2** person who enjoys doing difficult or unpleasant task: *a ~ for punishment* ▶ **gluttonous** /-tənəs/ *adj.* very greedy. ▶ **gluttony** *n.* [U] habit of eating too much.

glycerine /ˈglɪsəriːn/ (*US* **glycerin** /-rɪn/) *n.* [U] thick colourless liquid used in medicines, explosives, etc.

GM /ˌdʒiː ˈem/ *abbr.* (*GB*) genetically modified: *GM foods*

gm (*also* **gm.**) *abbr.* gram(s)

gnarled /nɑːld/ *adj.* **1** (of trees) rough and twisted. **2** (of a person or part of the body) bent and twisted because of age or illness.

gnash /næʃ/ *v.* [PV] **gnash your teeth** feel very angry or upset about something, esp. because you cannot get what you want.

gnat /næt/ *n.* small fly with two wings, that bites.

gnaw /nɔː/ *v.* [I, T] keep biting or chewing something so that it gradually disappears: *The dog ~ed at a bone.* ◊ (*fig.*) *All kinds of fears had begun to ~ away at her confidence.*

gnome /nəʊm/ *n.* **1** (in stories) small, old man who lives under the ground. **2** model of such a man used as a garden ornament.

GNP /ˌdʒiː en ˈpiː/ *abbr.* gross national product; total value of all the goods and services produced by a country in one year, including the total income from foreign countries.

go[1] /gəʊ/ *v.* (*third pers. sing. pres. tense* **goes** /gəʊz/ *pt* **went** /went/ *pp* **gone** /gɒn/) [I] **1** move from one place to another: *go for a walk* **2** move or travel: *go by bus* **3** leave a place: *Let's go now.* **4** ~**to** visit or attend a place for a particular purpose: *go to the clinic* **5** lead or extend from one place to another: *This road goes to London.* **6** have as a usual or correct position: *Where do the plates ~?* **7** fit into a place or space: *This bag won't go in the trunk.* **8** make progress: *How is the project going?* ◊ *The conference went very well.* **9** used to show that somebody/something has reached a particular state/is no longer in a particular state: *go home* ◊ *go out of fashion* **10** *linking verb* become different in a particular way, esp. a bad way: *go mad* **11** live or move around in a particular state: *go barefoot* **12** have a certain wording or tune: *How does the song go?* **13** make a certain sound: *The bell went ringing.* **14** (*esp.* in commands) begin an activity: *One, two, three, go!* **15** (of a machine) work: *This engine doesn't go.* **16** get worse; stop working: *My strength is going.* ◊ *The car battery has gone.* **17** be given, lost, spent, used up, etc.: *All my money went very quickly.* **18** ~(**to, for**) be sold: *The clock went to a dealer for £50.* **19** (of time) pass: *two hours to go before the show starts* [IDM] **anything goes** (*infml.*) anything is allowed. **be going to do something 1** intend; plan: *We're going to leave town.* **2** be likely or about to happen: *It's going to be stormy.* **go and do something** used to show that you are angry that somebody has done something stupid: *That careless girl went and lost her wallet.* **go to seed** → SEED **go to waste** → WASTE[2] **there goes something** (*infml.*) used for showing regret that something has been lost: *There goes my chance of getting the contract* (= I will certainly not get it). [PV] **go about** move from place to place. **go about something** start working on something: *How do you go about getting a job?* **go after somebody** chase or follow somebody. **go after somebody/something** try to get somebody/something **go against somebody/something 1** oppose somebody/something: *Don't go against the law.* **2** be unfavourable to somebody: *The evidence went against him.* **go ahead 1** travel in front of other people in your group and arrive before them. **2** happen; be done: *The football match went ahead in spite of the bad weather.* **go along 1** continue with an activity: *He went along despite the initial failure.* **2** make progress; develop. **go along with somebody/something 1** accompany somebody. **2** agree with somebody/something: *Will they go along with the plan?* **go around/round 1** spin or turn: *go round in a circle* **2** be enough for everyone: *There aren't enough biscuits to go round.* **3** often be in a particular state or behave in a certain way: *You can't go around antagonizing people like that.* **go around/ round (to ...)** visit somebody or a place that is near: *I'm going round to my aunt's later.* **go around/ round with somebody** be often in the company of. **go at somebody/something 1** attack somebody. **2** work hard at something. **go away 1** leave a person or place: *Go away and leave me alone!* **2** leave home for a period of time, esp. for a holiday. **3** disappear: *Has the pain gone away?* **go back 1** return **2** extend backwards in space or time: *Our friendship goes back a long time.* **go back on something** fail to keep a promise: *He went back on his promise.* **go by** (of time) pass: *The days go by too fast.* **go by something** be guided by something: *I always go by the advice of my parents.* **go down 1** fall to the ground. **2** (of a ship, *etc.*) sink. **3** (of the sun, moon, *etc.*) set. **4** (of food) be swallowed. **5** (of the sea, wind, *etc.*) become calm. **6** (of prices, the temperature, *etc.*) become lower. **7** (*computing*) stop working temporarily: *The system went down for over an hour.* **go down (in something)** be written or recorded in something: *The event will go down in history.* **go down well/badly (with somebody)** (of a comment, speech, performance, *etc.*) be well/badly received by somebody. **go down with something** become ill with an illness: *go down with flu* **go for somebody/something 1** fetch somebody/ something. **2** attack somebody: *The dog went for him.* **3** apply to somebody/something: *The line goes for me too.* **4** (*infml.*) like or prefer somebody/something. **go in 1** enter a room, house, *etc.* **2** (of the sun, moon, *etc.*) disappear behind clouds. **go in for something 1** enter a competition, etc. **2** have something as an interest or hobby: *She doesn't go in for pop music.* **go into something 1** (of a car, *etc.*) hit something. **2** join an organization, esp. in order to have a career in it: *going into medicine* **3** examine something carefully: *go into the details* **4** begin to do something: *go into a long explanation* **go off 1** leave a place, esp. in order to do something: *She went off to sit her favourite coffee shop.* **2** explode; be fired. **3** (of an alarm, *etc.*) suddenly make a loud noise. **4** (of a light, the electricity, *etc.*) stop working. **5** (GB) (of food, *etc.*) become unfit to eat: *The meat has gone off.* **6** proceed: *The party went off well.* **7** get worse in quality. **go off somebody/something** stop liking somebody/something. **go on 1** (of time) pass. **2** (of a light, the electricity, *etc.*) start to work. **3** continue: *The discussion went on for hours.* **4** happen: *What's going on here?* **5** used to encourage somebody: *Go on! Take a small break and try again.* **go on (about somebody/something)** talk about somebody/ something for a long time. **go on (at somebody)** criticize somebody. **go on (with something/doing something)** continue an activity. **go on to something/to do something** do or say something next. **go out 1** leave your house to go to a social event: *I don't go out much.* **2** (of a fire, light, *etc.*) stop burning or shining. **3** become unfashionable. **go out (together) | go out with somebody** have a romantic or sexual relationship with somebody: *How long have they been going out together?* **go over something** examine or check something carefully. **go round** = GO AROUND **go round (to)** = GO AROUND (TO) **go round with somebody** = GO AROUND WITH SOMEBODY **go through** be officially accepted and completed: *The proposal didn't go through.* **go through something 1** study or consider something in detail. **2** examine something carefully: *go through the papers* **3** experience or suffer something. **4** use up or finish something completely. **go through with something** complete something, esp. something unpleasant or difficult. **go to/towards something** be contributed to something: *All earnings go to charity.* **go under 1** sink. **2** fail. **go up 1** rise. **2** be built. **3** be destroyed by fire or in an explosion: *The vehicle went up in flames.* **4** (of prices, temperatures, *etc.*) become higher. **go up something** climb something. **go with somebody** accompany somebody. **go together | go with something** match: *This shoe won't go with the red dress.* **go without (something)** manage without something you usu. have or need: *go without food for four days* ■ **'go-ahead** *n.* **(the go-ahead)** [sing.] permission to start doing something. ■ **'go-ahead** *adj.* willing to try new methods. ■ **,go-'slow** *n.* industrial protest in which workers work more slowly than usual.

go² /gəʊ/ *n.* (*pl.* ~**es** /gəʊz/) **1** [C] (*GB*) person's turn to play in a game. **2** [C] attempt: *'Let me have a go at the shot.'* **3** [U] (*GB*, *infml.*) energy and enthusiasm: *He's full of go.* [IDM] **be all go** (*GB, infml.*) be very busy or full of activity. **be on the go** (*infml.*) be very active or busy. **have a go (at somebody)** criticize somebody or attack somebody. **make a go of something** (*infml.*) make a success of something.

goad /gəʊd/ *v.* [T] ~(**into**) annoy somebody continually: *He ~ed me into an angry remark.* [PV] **goad somebody on** urge somebody to do something. ● **goad** *n.* pointed stick for making cattle move.

goal /gəʊl/ *n.* **1** (in football, hockey, *etc.*) pair of posts between which the ball has to go in order to score. **2** point scored when the ball goes into the goal. **3** something that you hope to achieve. ■ **'goalkeeper** *n.* player who stands in the goal and tries to prevent the other team from scoring. ■ **'goalpost** *n.* either of the two posts which form a goal(1).

goat /gəʊt/ *n.* small horned animal with long hair that lives in mountain areas or is kept on farms: *~'s milk* [IDM] **get somebody's goat** (*infml.*) annoy somebody.

gobble /'gɒbl/ *v.* **1** [I, T] eat something quickly and greedily. **2** [I] (of a turkey) make a sound in the throat.

go-between /'gəʊ bɪtwiːn/ *n.* person who takes messages between one person or group and another.

goblet /'gɒblət/ *n.* cup for wine, usu. made of glass or metal, with a stem but no handle.

goblin /'gɒblɪn/ *n.* (in fairy stories) small, ugly, mischievous creature.

god /gɒd/ *n.* **1** (**God**) [sing.] (in Christianity, Judaism, and Islam) the maker and ruler of the universe. **2** [C] (in some religions) being that is believed to have power over nature or to represent a particular quality. **3** [C] person or thing that is greatly admired or loved. **4** (**the gods**) [pl.] (*GB, infml.*) seats high up in a theatre. [IDM] **God willing** (*spoken*) if everything goes as planned. ■ **'godchild | 'god-daughter | 'godson** *n.* person for whom somebody takes responsibility as a godparent. ▶ **goddess** /'gɒdes/ *n.* female god. ■ **'godfather | 'godmother | 'godparent** *n.* person who promises when a child is baptized to see that he/she is brought up as a Christian. ■ **'godforsaken** *adj.* (of places) boring, depressing, and ugly. ▶ **'godless** *adj.* not believing in God; wicked. ■ **'godlike** *adj.* like God or a god in some quality. ■ **'godsend** *n.* [sing.] unexpected piece of good luck.

goggle /'gɒgl/ *v.* [I] (*old-fash.*) ~(**at**) look at somebody/ something with wide, round eyes. ▶ **goggles** *n.* [pl.] glasses worn to protect the eyes from water, wind, dust, *etc.*: *a pair of swimming ~s*

going /'gəʊɪŋ/ *n.* **1** [sing.] (*fml.*) departure. **2** [U] (with an adjective) speed or difficulty involved in doing something: *It was easy ~ to start with.* ● **going** *adj.* [IDM] **a going concern** a profitable business. **the going rate (for something)** the usual price or cost of something. ▶ **,goings-'on** *n.* [pl.] (*infml.*) unusual events or dishonest activities.

go-kart (*also* **go-cart**) /'gəʊ kɑːt/ *n.* small, low, open racing car.

gold /gəʊld/ *n.* **1** (*symb.* Au) [U] yellow precious metal. **2** [U] jewellery, money, *etc.* made of gold. **3** [U, C] bright yellow colour of gold. **4** [C] = GOLD MEDAL ■ **'goldfish** *n.* (*pl.* **goldfish**) small orange or red fish kept as a pet. ■ **,gold 'leaf** (*also* **,gold 'foil**) *n.* [U] very thin sheet of gold, used for decoration. ■ **,gold 'medal** *n.* [C, U] (*sport*) prize given to the winner of a competition, esp. a sports contest. ■ **'gold mine** *n.* **1** place where gold is dug out of the ground. **2** profitable business activity. ■ **'gold rush** *n.* rush to a place where gold has been discovered in the ground. ■ **'goldsmith** *n.* person who makes or sells objects made of gold.

golden /'gəʊldən/ *adj.* **1** of or like gold. **2** special; wonderful: *a ~ period of history* ■ **,golden 'handshake** *n.* large sum of money given to somebody when they leave their job. ■ **,golden 'jubilee** *n.* 50th anniversary of an important event. ■ **,golden 'rule** *n.* very important rule of behaviour.

golf /gɒlf/ *n.* [U] outdoor game in which players hit a small ball into a series of 9 or 18 holes: *play a round of ~* ■ **'golf club** *n.* **1** (*also* **club**) long metal stick used for hitting the ball in golf. **2** organization whose members play golf; place where these people meet. ■ **'golf course** (*also* **course**) *n.* large area of land designed for playing golf on. ▶ **golfer** *n.* person who plays golf.

gone *pp* of GO¹

gong /gɒŋ/ *n.* round piece of metal that makes a loud ringing sound when it is hit with a stick.

gonorrhoea (*US* **gonorrhea**) /ˌgɒnə'rɪə/ *n.* [U] sexually transmitted disease.

good¹ /gʊd/ *adj.* (**better** /'betə(r)/ **best** /best/) **1** of a high quality: *very ~ design* **2** pleasant; that you enjoy or want: *~ news* ◇ *have a ~ time* ◇ *it is a ~ thing* (= it is lucky) *you can drive.* **3** able to do something well; skilful: *a ~ student* ◇ *~ at languages* **4** morally right or acceptable: *~ deeds* **5** kind: *They have been very ~ to me.* **6** (esp. of a child) well behaved. **7** beneficial; suitable: *A good night's rest will be ~ for you.* **8** (*spoken*) used as an expression of approval, agreement, etc.: *'I've solved it!' 'G~!'* **9** (*spoken*) used in exclamations: *G~ Heavens!* **10** great in number, amount, or degree: *a ~ many people* **11** not less than: *a ~ three miles to the station* **12** thorough: *a ~ analysis* **13** likely to provide something: *He's always ~ for a party.* **14** used in greetings and farewells: *G~ evening.* [IDM] **a good job** (*spoken*) used to show you are pleased about something or that somebody is lucky that something happened. **(all) in good time** (*spoken*) used to say that something will happen or be done at the appropriate time and not before. **as good as** very nearly: *as ~ as finished* **as good as gold** very well behaved. **(do somebody) a good turn** (do) something useful or helpful for somebody. **for good measure** as an extra amount of something in addition to what has already been given. **good and ...** (*infml.*) completely: *I won't start until I'm ~ and ready.* **good for you, somebody, them, etc** (*infml.*) used to praise somebody for doing something well. **good grief!** (*infml.*) used to express surprise or shock. **good luck (with something)** used to wish somebody success with something. **have a good mind to do something** be very willing to do something. **in good time** early. **make good** become rich and successful. ■ **'good-for-nothing** *n., adj.* (person who is) lazy and without any skills. ■ **,Good 'Friday** *n.* (U, C) the Friday before Easter Sunday. ■ **,good-'humoured** (*US* **-humored**) *adj.* cheerful. ■ **,good-'looking** *adj.* handsome; beautiful. ■ **,good-natured** *adj.* kind and friendly. ■ **,good sense** *n.* [U] ability to act wisely. ■ **,good-'tempered** *adj.* not easily annoyed.

good² /gʊd/ *n.* [U] **1** behaviour that is morally right or acceptable: *~ and evil* **2** something that helps somebody/something: *It's for the common ~.* [IDM] **be no much good I not be any/much good 1** not be useful; have no useful effect: *It's no ~ talking to them.* **2** not be interesting or enjoyable: *His new book's not much ~.* **do (somebody) good** have a useful effect; help somebody: *A holiday will do you ~.* **for good** permanently. **up to no good** (*infml.*) doing something wrong.

goodbye /ˌgʊdˈbaɪ/ *exclam., n.* used when you are leaving or when somebody else is leaving.

goodness /ˈgʊdnəs/ *n.* [U] **1** (*spoken*) used to express surprise: *My ~!* **2** quality of being good. **3** part of food that provides nourishment: *Brown rice is full of ~.*

goods /gʊdz/ *n.* [pl.] **1** things for sale; movable property: *electronic ~* **2** things carried by train: *a ~ train* [IDM] **come up with/deliver the goods** (*infml.*) do what you have promised.

goodwill /ˌgʊdˈwɪl/ *n.* [U] **1** friendly or helpful feeling towards other people or countries. **2** financial value of the good reputation of a business, calculated when the business is sold.

goody (*also* **goodie**) /ˈgʊdi/ *n.* [C] (*pl.* **-ies**) (*infml.*) **1** [usu. pl.] something pleasant, esp. to eat. **2** hero of a book, film, etc.

goose /guːs/n (*pl.* **geese** /giːs/) **1** [C] bird like a large duck with a long neck. **2** [U] meat from a goose. **3** [C] female goose. ■ **'goose pimples** *n.* [pl.] (*esp. GB* **'goose flesh** [U]) (*also* **goose bumps**) small raised spots on the skin, caused by cold or fear.

gooseberry /ˈgʊzbəri/ *n.* (*pl.* **-ies**) (bush with a) green, hairy, sour berry.

gorge /gɔːdʒ/ *n.* narrow, steep-sided valley. ● **gorge** *v.* [I, T] **~ (yourself) (on)** eat a lot of something until you cannot eat any more.

gorgeous /ˈgɔːdʒəs/ *adj.* (*infml.*) very beautiful and attractive; giving pleasure and enjoyment. ▶ **gorgeously** *adv.*

gorilla /gəˈrɪlə/ *n.* large, powerful African ape.

gorse /gɔːs/ *n.* [U] bush with sharp thorns and yellow flowers.

gory /ˈgɔːri/ *adj.* (**-ier, -iest**) (*infml.*) involving blood and violence.

gosh /gɒʃ/ *exclam.* (*infml.*) used to express surprise.

gosling /ˈgɒzlɪŋ/ *n.* young goose

gospel /ˈgɒspl/ *n.* **1 (the Gospel)** [sing.] life and teaching of Jesus. **2 (Gospel)** [C] any one of the first four books of the New Testament. **3** [U] (*infml.*) the complete truth. **4** (*also* **'gospel music**) [U] style of religious singing popular among African Americans and other black people: *a ~ choir*

gossamer /ˈgɒsəmə(r)/ *n.* [U] fine silky thread.

gossip /ˈgɒsɪp/ *n.* **1** [C, U] informal talk about other people, esp. about their private lives. **2** [C] (*disapprov.*) person who likes gossip. ■ **'gossip column** *n.* piece of writing in a newspaper about the personal lives of famous people. ● **gossip** *v.* [I] talk gossip.

got *pt, pp of* GET

gotten (*US*) *pp of* GET

gouge /ɡaʊdʒ/ *n.* tool with a sharp semicircular edge for cutting grooves in wood. ● **gouge** *v.* [T] make a hole in something in a rough way [PV] **gouge something out** force something out with a sharp tool or your fingers.

goulash /ˈɡuːlæʃ/ *n.* [C, U] hot, spicy Hungarian dish of meat cooked slowly in liquid with

paprika.
gourd /gʊəd; gɔːd/ n. type of large fruit, not usu. eaten, with hard skin and soft flesh; often dried and used as containers.
gourmet /ˈgʊəmeɪ/ n. expert in good food and drink.
gout /gaʊt/ n. [U] disease that causes painful swellings in joints, esp. toes and fingers.
govern /ˈgʌvn/ v. **1** [I, T] legally control and run a country, city, etc. **2** [T] control or influence somebody/ something: *Many people believe that destiny ~s a person's fate.* ▶ **governing** /ˈgʌvənɪŋ/ adj. having the power or right to govern something: *the ~ing body of a school*
governess /ˈgʌvənəs/ n. (*esp.* in the past) woman employed to teach the children of a rich family and to live with them.
government /ˈgʌvənmənt/ n. **1** (**the Government**) (*abbr* **govt**) [C, with sing or pl verb] group of people who govern a country or state **2** [U] (method or system of) governing a country: *democratic ~* **governor** /ˈgʌvənə(r)/ n. **1** person who governs a province or (in the USA) a state. **2** head of an institution; member of a governing body: *a school ~*
gown /gaʊn/ n. **1** woman's long dress for special occasions. **2** loose, usu. black, garment worn by judges, members of a university, etc.
GP /ˌdʒiː ˈpiː/ abbr. = GENERAL PRACTITIONER (GENERAL)
grab /græb/ v. (**-bb-**) [I, T] take something in your hand suddenly or roughly. ● **grab** n. sudden attempt to grab something. [IDM] **up for grabs** (*infml.*) available for anyone to take.
grace /greɪs/ n. **1** [U] simple beauty, esp. in movement. **2** [U] polite and pleasant behaviour, deserving respect. **3** [U] extra time allowed to complete something, pay money, etc.: *give somebody a week's ~* **4** [U, C] short prayer of thanks before or after a meal. **5** [U] God's kindness towards people. [IDM] **with (a) bad/good grace** unwillingly/willingly. ● **grace** v. [T] (*fml.*) **1** make something more attractive. **2** bring honour to somebody/ something; be kind enough to attend something: *The president is gracing the occasion.* ▶ **graceful** adj. having grace(1): *a ~ful performer* ▶ **gracefully** adv. ▶ **graceless** adj. without grace(2); rude. **gracious** /ˈgreɪʃəs/ adj. **1** polite; kind. **2** showing the comfort that wealth can bring: *~ living* ▶ **graciously** adv. ▶ **graciousness** n. [U]
grade /greɪd/ n. **1** step or degree in quality, rank, etc.: *different ~s of pay* **2** mark given for work in school. **3** (*US*) class in a school. **4** (*US*) gradient. [IDM] **make the grade** (*infml.*) reach the required standard. ● **grade** v. [U] **1** arrange people or things in groups according to their ability, size, quality, etc. **2** (*esp. US*) mark schoolwork. ■ **'grade school** n. (*US*) = ELEMENTARY SCHOOL
gradient /ˈgreɪdiənt/ n. degree of slope of a road, railway, etc.
gradual /ˈgrædʒuəl/ adj. taking place slowly over a period of time; not sudden. ▶ **gradually** /ˈgrædʒuəli/ adv.
graduate¹ /ˈgrædʒuət/ n. **1** person with a university degree. **2** (*US*) person who has completed their school studies.
graduate² /ˈgrædʒueɪt/ v. **1** [I] get a degree, esp. a first degree, from a university: *~ in commerce* **2** (*US*) complete a course in education, esp. at high school. **3** [I] start doing something more difficult or important than what you were doing before. ▶ **graduated** adj. **1** divided into groups or levels on a scale. **2** (of a container, *etc.*) marked with lines to show measurements. ▶ **graduation** /ˌgrædʒuˈeɪʃn/ n. **1** [U, C] (ceremony of) graduating at a university, etc. **2** [C] mark showing a measurement.
graffiti /grəˈfiːti/ n. [U, pl.] drawings or writing on a wall in a public place.
graft /grɑːft/ n. **1** [C] piece cut from a plant and fixed in another plant to form a new growth. **2** [C] (*med.*) piece of skin, bone, etc. transplanted to another body or another part of the same body. **3** [U] (*GB, infml.*) hard work. ● **graft** v. [T] attach something to something else as a graft.
grain /greɪn/ n. **1** [U, C] seeds of food plants such as wheat and rice. **2** [C] small, hard piece of particular substances: *~s of sand* **3** [C] very small amount: *a ~ of sense* **4** [U, C] pattern of the lines of fibres in wood, etc. [IDM] **be/go against the grain** be or do something different from what is normal or natural.
gram (*GB* **gramme**) /græm/ n. metric unit of weight.
grammar /ˈgræmə(r)/ n. [C, U] (book that describes the) rules for forming words and making sentences. ▶ **grammarian** /grəˈmeəriən/ n. expert in grammar. ■ **'grammar school** n. kind of British secondary school that provides academic courses. ▶ **grammatical** /grəˈmætɪkl/ adj. of or correct according to the rules of grammar. ▶ **grammatically** /-kli/ adv.
granary /ˈgrænəri/ n. (*pl.* **-ies**) building where grain is stored.
grand /grænd/ adj. **1** impressive and large or important: *a ~ vision* **2** full; final: *the ~ total* **3** proud; important. **4** (*infml.*) enjoyable. ● **grand** n. **1** (*pl.* **grand**) (*infml.*) $1000; £1000. **2** = GRAND PIANO ▶ **grandly** adv.

■ ,grand 'piano n. large piano with horizontal strings. ■ 'grandstand n. large building with rows of seats for people watching sports.

grand- prefix (used in compound nouns to show family relationships) ■ 'grandchild (pl. -children) 'granddaughter | 'grandson n. daughter or son of your child. ■ 'grandfather | 'grandmother | 'grandparent n. father or mother of either of your parents. ■ 'grandfather clock n. clock in a tall wooden case.

grandad (also granddad) /'grændæd/ n. (infml.) grandfather.

grandeur /'grændʒə(r); -djə(r)/ n. [U] greatness; importance.

grandiose /'grændiəus/ adj. seeming impressive but not practical.

grandma /'grænmɑː/ n. (infml.) grandmother.

grandpa /'grænpɑː/ n. (infml.) grandfather.

granite /'grænɪt/ n. [U] hard grey or red stone used for building.

granny (also grannie) /'græni/ n. (pl. -ies) (infml.) grandmother. ■ 'granny flat n. (GB, infml.) flat for an old person in a relative's house.

grant /grɑːnt/ v. [T] 1 (fml.) agree to give somebody what they ask for, esp. formal or legal permission to do something: ~ somebody's request 2 (fml.) admit that something is true. [IDM] take it for granted (that ...) believe something is true without first making sure that it is. take somebody/something for granted be so familiar with somebody/something that you no longer value them/it. ● grant n. sum of money given by the government for a particular purpose.

granulated sugar /ˌgrænjuleɪtɪd 'ʃugə(r)/ n. [U] white sugar in the form of grains.

granule /'grænjuːl/ n. small, hard piece of something; small grain.

grape /greɪp/ n. small, green or purple fruit used for making wine. ■ 'grapevine n. [IDM] on/through the grapevine by talking in an informal way to other people: I heard it on the ~ vine.

grapefruit /'greɪpfruːt/ n. (pl. grapefruit or ~s) large yellow fruit like an orange but usually not so sweet.

graph /grɑːf/ n. diagram showing the relationship of two or more sets of numbers. ■ 'graph paper n. [U] paper with small squares of equal size.

graphic /'græfɪk/ adj. 1 connected with drawings and design: ~ design 2 (of descriptions) clear and detailed. ▶ graphically /-kli/ adv. clearly: ~ally described ▶ graphics n. [pl.] designs, drawings, or pictures: computer ~s

graphite /'græfaɪt/ n. [U] soft, black substance used in pencils.

grapple /'græpl/ v. [I] ~(with) 1 hold and struggle with somebody/something. 2 try to deal with a problem.

grasp /grɑːsp/ v. [T] 1 take a firm hold of somebody/ something. 2 understand something fully. [PV] grasp at something 1 try to take hold of something in your hands. 2 try to take an opportunity. ● grasp n. [C, usu. sing.] 1 firm hold of somebody/ something. 2 understanding. ▶ grasping adj. (disapprov.) greedy for money.

grass /grɑːs/ n. 1 [U] common, wild, short green plant eaten by cattle, etc. 2 [C] any type of grass. 3 (usu. the grass) [sing., U] ground covered with grass: Don't walk on the ~. 4 [U] (sl.) marijuana 5 [C] (GB, sl.) person who grasses on somebody. [IDM] not let the grass grow under your feet not delay in doing something. ● grass (also grass somebody up) v. [I] (GB, infml.) ~(on) tell the police about somebody's criminal activities. [PV] grass something over cover an area with grass. ■ ,grass 'roots n. [pl.] ordinary people rather than leaders or decision makers: the ~ roots of the party ▶ grassy adj. (-ier, -iest) covered with grass.

grasshopper /'grɑːshɒpə(r)/ n. jumping insect that makes a sound with its legs.

grate /greɪt/ n. metal frame in a fireplace. ● grate v. 1 [T] rub food against a grater to cut it into small pieces: ~d cheese 2 [I] ~(on/with) irritate or annoy somebody: His shrill voice ~s on my nerves. 3 [I] make a rough, unpleasant noise by rubbing together or against something. ▶ grater n. kitchen utensil with a rough surface, used for grating food.

grateful /'greɪtfl/ adj. 1 ~(to) feeling or showing thanks: I'm ~ to you for your help. 2 used to make a request, esp. in a letter: I would be ~ if you could send me the book. ▶ gratefully /-fəli/ adv.

gratify /'grætɪfaɪ/ v. (pt, pp -ied) [T] (written) please or satisfy somebody/something. ▶ gratification /ˌgrætɪfɪ'keɪʃn/ n. [U, C] (fml.) feeling of pleasure or satisfaction. ▶ gratifying adj. (fml.) pleasing.

grating /'greɪtɪŋ/ n. framework of bars across an opening, e.g. a window. ● grating adj. (of a person's voice) harsh and unpleasant.

gratis /'grætɪs/ adj., adv. done or given without having to be paid for: a ~ copy of a book

gratitude /'grætɪtjuːd/ n. [U] ~(to; for) feeling of being grateful and wanting to express your thanks: convey ~

gratuitous /grəˈtjuːɪtəs/ adj. (fml., disapprov.) done without any good reason and often having harmful effects: ~ *violence in films* ▶ **gratuitously** adv.

gratuity /grəˈtjuːəti/ n. (pl. **-ies**) **1** (fml.) money given for a service done; tip. **2** (GB) money given to a retiring worker.

grave /greɪv/ n. hole in the ground for a dead body. ■ **ˈgravestone** n. stone over a grave. ■ **graveyard** n. cemetery. ● **grave** adj. (~r, ~st) serious: *a ~ risk* ▶ **gravely** adv.

gravel /ˈɡrævl/ n. [U] small stones, used to make the surfaces of paths and roads. ● **gravel** v. (-ll- US also -l-) [T] cover something with gravel. ▶ **gravelly** /ˈɡrævəli/ adj. **1** full of gravel **2** (of a voice) deep and rough.

gravitate /ˈɡrævɪteɪt/ v. (written) [PV] **gravitate to/toward(s) somebody/something** move towards somebody/something that you are attracted to. ▶ **gravitation** /ˌɡrævɪˈteɪʃn/ n. [U] (physics) force of attraction that causes objects to move towards each other.

gravity /ˈɡrævəti/ n. [U] **1** (abbr. **g**) force that attracts objects towards the centre of the earth. **2** (fml.) seriousness: *the ~ of the situation*

gravy /ˈɡreɪvi/ n. [U] sauce formed by adding flour to juice that comes from meat while it is cooking.

gray (esp. US) = GREY

graze /ɡreɪz/ v. **1** [I] (of cattle, sheep, etc.) eat grass. **2** [T] put cattle, etc. in a field to eat grass. **3** [T] break the surface of your skin by rubbing it against something rough. **4** [T] touch something lightly while passing it. ● **graze** n. place where the surface of the skin has been broken.

grease /ɡriːs/ n. [U] **1** thick, oily substance. **2** soft animal fat. ● **grease** v. [T] rub grease or fat on something. [IDM] **like greased lightning** (infml.) very fast. ■ **ˌgreaseproof ˈpaper** n. [U] paper used in cooking that does not let grease pass through it. ▶ **greasy** adj. (**-ier, -iest**) covered with grease.

great /ɡreɪt/ adj. **1** very large in size, quantity, or degree: *of ~ value* **2** (infml.) used for emphasis: *Look at that ~ big house!* **3** very good in ability or quality: *a ~ painter* **4** (infml.) very good or pleasant: *a ~ time at the dance* ◇ *What a ~ idea!* **5** important and impressive: *a ~ work of art* **6** healthy; fine: *I feel ~ today.* **7** used in compounds to show a further generation: *my ~-uncle* (= my father's or mother's uncle). ▶ **greatly** adv. (fml.) very much. ▶ **greatness** n. [U]

greed /ɡriːd/ n. [U] ~(**for**) strong desire for too much food, money, etc. ▶ **greedy** adj. (**-ier, -iest**) ▶ **greedily** adv.

green¹ /ɡriːn/ adj. **1** having the colour of grass. **2** covered with grass or other plants. **3** (of fruit) not yet ripe. **4** (infml.) (of a person) young and inexperienced. **5** (of a person) pale; looking ill. **6** esp. (pol.) concerned about protecting the environment: *the G~ Party* [IDM] **give somebody/get the green light** (infml.) give somebody/get permission to do something. **green with envy** very jealous. ■ **ˌgreen ˈbean** n. long, thin pod, cooked and eaten whole as a vegetable. ■ **ˌgreen ˈbelt** n. [U, C, usu. sing.] (GB) area of open land round a city, where building is strictly controlled. ■ **ˌgreen ˈfingers** n. [pl.] (US **ˌgreen ˈthumb** [sing.]) (infml.) skill in gardening. ■ **ˈgreengrocer** n. (esp. GB) shopkeeper who sells fruit and vegetables. ■ **ˈgreenhouse** n. glass building used for growing plants. ■ **ˈgreenhouse effect** n. [sing.] slow warming of the earth's atmosphere, caused by increased carbon dioxide. ■ **ˈgreenhouse gas** n. any of the gases thought to cause the greenhouse effect, esp. carbon dioxide. ▶ **greenness** n. [U]

green² /ɡriːn/ n. **1** [U, C] colour of grass. **2** (**greens**) [pl.] green vegetables. **3** [C] area of grass, esp. in the middle of a town or village. **4** [C] (in golf) area of grass cut short around a hole on a golf course.

greenery /ˈɡriːnəri/ n. [U] attractive green leaves and plants.

greet /ɡriːt/ v. [T] **1** say hello to somebody or welcome somebody. **2** react to somebody/something in a particular way. **3** (of sights and sounds) be the first thing you see or hear. ▶ **greeting** n. **1** [C, U] something you say or do to greet somebody. **2** (**greetings**) [pl.] message of good wishes for somebody: *Birthday ~s*

gregarious /ɡrɪˈɡeəriəs/ adj. **1** liking to be with other people. **2** (biol.) (of animals and birds) living in groups.

grenade /ɡrəˈneɪd/ n. small bomb thrown by hand.

grew pt of GROW

grey (esp. US **gray**) /ɡreɪ/ adj. **1** of the colour of black mixed with white. **2** having grey hair. ● **grey** n. [U, C] grey colour. ● **grey** v. [I] (of hair) become grey. ■ **ˈgrey matter** n. [U] (infml.) person's intelligence.

greyhound /ˈɡreɪhaʊnd/ n. thin dog able to run fast.

grid /ɡrɪd/ n. **1** pattern of straight lines that cross each other to form squares. **2** framework of bars: *a cattle ~* (= one placed at a gate to stop cattle from leaving a field) **3** pattern of squares on a map, marked with numbers or letters: *The ~ reference is D9.* **4** (esp. GB) system of wires for supplying electricity:

the national ~ (= the electricity supply in a country)
grief /griːf/ *n.* **1** [U] ~**(over/at)** great sadness, esp. when somebody dies. **2** [C, U] thing that causes great sadness. [IDM] **come to grief** (*infml.*) **1** end in failure. **2** be injured in an accident.
grievance /ˈgriːvəns/ *n.* ~**(against)** real or imagined cause for complaint.
grieve /griːv/ *v* (*fml.*) **1** ~**(for/over)** [I] feel very sad, esp. because somebody has died. **2** [T] (*fml.*) make you feel sad: *It ~d him that she was in such pain.*
grill /grɪl/ *n.* **1** shelf in a cooker where food is cooked below direct heat. **2** food, esp. meat, cooked in this way: *a mixed* ~ ● **grill** *v.* **1** [I, T] cook food under or over direct heat. **2** [T] question somebody severely.
grille (*also* **grill**) /grɪl/ *n.* screen of metal bars in front of a window, door, etc. to protect it.
grim /grɪm/ *adj.* (**~mer, ~mest**) **1** looking or sounding serious: ~*-faced* **2** unpleasant; depressing: ~ *news* ▶ **grimly** *adv.*
grimace /grɪˈmeɪs; ˈgrɪməs/ *n.* ugly expression on the face, to show pain, disgust, etc. ● **grimace** *v.* [I] make an ugly expression with your face to show pain, etc.
grime /graɪm/ *n.* [U] dirt, esp. on a surface. ▶ **grimy** *adj.* (**-ier, -iest**)
grin /grɪn/ *v.* (**-nn-**) [I] smile widely. [IDM] **grin and bear it** accept pain, disappointment, etc. without complaining. ● **grin** *n.* wide smile.
grind /graɪnd/ *v.* (*pt, pp* **ground** /graʊnd/) [T] **1** crush something into powder: ~ *wheat into flour* **2** make something sharp or smooth by rubbing it against a hard surface: ~ *a knife* **3** press or rub something into a surface: *He ground the cigarette into the ashtray.* [IDM] **grind to a halt** stop slowly. [PV] **grind somebody down** treat somebody very cruelly or unfairly over a long period of time. ● **grind** *n.* [sing.] **1** (*infml.*) hard, boring task. **2** harsh noise made by machines. ▶ **grinder** *n.* person or thing that grinds something. ■ **ˈgrindstone** *n.* round stone used for sharpening tools.
grip /grɪp/ *v.* (**-pp-**) **1** [I, T] hold something tightly. **2** [T] interest or excite somebody; hold somebody's attention: *a ~ping narrative* ● **grip** *n.* **1** [C, usu. sing.] tight hold of somebody/something. **2** [sing.] ~**(on)** control or power over something; understanding of something. **3** [U] ability of something to move over a surface without slipping. **4** [C] part of something that has a special surface so that it can be held without the hands slipping. [IDM] **come/get to grips with something** begin to understand and deal with something difficult.
grisly /ˈgrɪzli/ *adj.* causing horror or terror.
gristle /ˈgrɪsl/ *n.* [U] tough tissue in meat.
grit /grɪt/ *n.* [U] **1** very small pieces of stone or sand. **2** courage and determination. ● **grit** *v* (**-tt-**) [T] spread grit on an icy road. [IDM] **grit your teeth 1** bite your teeth tightly together. **2** show courage and determination. ▶ **gritty** *adj.* (**-ier, -iest**)
groan /grəʊn/ *v.* [I] *n.* (make a) long, deep sound of pain or distress: *She ~ed with pain.*
grocer /ˈgrəʊsə(r)/ *n.* shopkeeper who sells food and goods for the home. ▶ **groceries** *n.* [pl.] food and other goods sold by a grocer or at a supermarket.
groggy /ˈgrɒgi/ *adj.* (**-ier, -iest**) (*infml.*) weak and unsteady after illness, etc.
groin /grɔɪn/ *n.* part of the body where the legs meet.
groom /gruːm/ *n.* **1** person who looks after horses. **2** bridegroom. ● **groom** *v.* [T] **1** clean and brush an animal. **2** prepare somebody for an important job or position. ▶ **groomed** *adj.* neat and tidy: *a well-~ed young man*
groove /gruːv/ *n.* long, narrow cut in a surface. [IDM] **be (stuck) in a groove** (*GB*) become set in a particular way of life that has become boring. ▶ **grooved** *adj.* having grooves.
grope /grəʊp/ *v.* **1** [I] try and find something that you cannot see, by feeling with your hands: ~ *for the door* **2** [T] (*infml., disapprov.*) touch somebody sexually, esp. when they do not want you to.
gross /grəʊs/ *adj.* **1** being the total amount before anything is taken away: ~ *income* (= before tax has been deducted) **2** (*fml.*) or (*law*) (of a crime, *etc.*) very obvious and unacceptable: ~ *injustice* **3** (spoken) very unpleasant. **4** very rude. **5** very fat and ugly. ● **gross** *v.* [U] earn something as a total amount before tax is deducted. ● **gross** *n.* (*pl.* **gross**) group of **144** things ▶ **grossly** *adv* (*disapprov*) very ▶ **grossness** *n.* [U]
grotesque /grəʊˈtesk/ *adj.* strange, ugly, and unnatural: *a ~ creature* ▶ **grotesquely** *adv.*
grotto /ˈgrɒtəʊ/ *n.* (*pl.* **-es** *or* **~s**) small cave.
ground[1] /graʊnd/ *n.* **1** (often **the ground**) [sing.] solid surface of the earth: *fall to the* ~ **2** [U] soil: *marshy* ~ **3** [U] area of open land: *piece of waste* ~ **4** [C] piece of land used for a particular purpose: *a football* ~ **5** (**grounds**) [pl.] land or gardens round a building: *the palace ~s* **6** [U] area of interest, knowledge, or ideas: *common* ~ *between the two sides* (= points on which they can agree) **7** [C, usu. pl.] reason: ~*s for separation* **8** (**grounds**)

[pl.] small solid bits at the bottom of a liquid: *coffee ~s* [IDM] **gain/make up ground (on somebody/something)** gradually get closer to somebody/something who is ahead of you: *gain ~ on the other cars* **get off the ground** (of a project) make a successful start. **give/lose ground (to somebody/something)** lose an advantage over somebody/something. **hold/stand your ground** not change your position, opinion, etc.: not yield. ■ ,**ground 'floor** (*US* ,**first 'floor**) *n.* [sing.] (*GB*) floor of a building at ground level. ▶ **groundless** *adj.* without good reason: *~less doubts* ■ '**groundsheet** *n.* large waterproof piece of material to spread on the ground in a tent, etc. ■ '**groundwork** *n.* [U] preparation for further study or work.

ground² /graʊnd/ *v.* **1** [I, T] (cause a ship to) touch the sea bottom and be unable to move. **2** [T] prevent an aircraft from taking off. **3** [U] punish a child by not allowing them to go out with their friends: *You're ~ed for a week!* [IDM] **(be) grounded in/on something** (be) based on something. ▶ **grounding** *n.* [sing.] teaching of the basic principles of a subject.

ground³ *pt, pp of* GRIND

group /gruːp/ *n.* [C, with sing. or pl. verb] **1** number of people or things together. **2** (*business*) number of companies owned by the same person or organization. ● **group** *v.* [I, T] (cause somebody/something to) form into a group.

grouse /graʊs/ *v.* [I] (*infml.*) complain about somebody/ something in a way that people find annoying. ● **grouse** *n.* **1** (*pl.* **grouse**) small fat bird, shot for sport and food. **2** (*infml.*) complaint.

grove /grəʊv/ *n.* group of trees.

grovel /'grɒvl/ *v.* (-ll- *US* -l-) [I] **1** (*disapprov.*) show humility and respect towards somebody, trying to gain his/her favour. **2** move along the ground on your hands and knees. ▶ **grovelling** *adj.: a ~ling piece of review*

grow /grəʊ/ *v.* (*pt* **grew** /gruː/ *pp* **~n** /grəʊn/) **1** [I] increase in size, number, strength, or quality. **2** [I, T] (cause something to) develop: *Some plants ~ better in shade.* ◊ *~ a beard* **3** (*usu.* used with an *adj.*) become: *~ angry* [PV] **grow on somebody** become more attractive to somebody: *The song will ~ on you.* **grow out of something 1** become too big to wear something. **2** stop doing something as you become older: *~ out of playing with soft toys* **grow up 1** (of a person) develop into an adult. **2** develop gradually: *A close friendship grew up between us.*

growl /graʊl/ *v.* [I] *n.* (make a) low, threatening sound: *The dog ~ed at the approaching figure.*

grown /grəʊn/ *adj.* mentally and physically an adult. ■ ,**grown-'up** *adj.* adult; mature. ■ '**grown-up** *n.* adult person.

growth /grəʊθ/ *n.* **1** [U] process of growing; development. **2** [U] increase in the size, amount, or degree of something. **3** [C] lump caused by a disease that forms in or on the body. **4** [U, C] something that has grown: *a new ~ of grass*

grub /grʌb/ *n.* **1** [C] young form of an insect. **2** [U] (*infml.*) food. ● **grub** *v.* (-bb-) [I] look for something, esp. by digging.

grubby /'grʌbi/ *adj.* (-ier, -iest) dirty.

grudge /grʌdʒ/ *v.* [T] do or give something unwillingly: *I ~ paying so much tuition fee.* ● **grudge** *n.* feeling of anger towards somebody because of something bad they have done to you in the past: *have a ~ against somebody* ▶ **grudging** *adj.* unwilling. ▶ **grudgingly** *adv.*

gruelling (*US* **grueling**) /'gruːəlɪŋ/ *adj.* very tiring.

gruesome /'gruːsəm/ *adj.* causing horror and disgust: *a ~ accident* ▶ **gruesomely** *adv.*

gruff /grʌf/ *adj.* rough and unfriendly. ▶ **gruffly** *adv.*

grumble /'grʌmbl/ *v.* [I] complain about somebody/ something in a bad-tempered way. ● **grumble** *n.* complaint.

grumpy /'grʌmpi/ *adj.* (-ier, -iest) (*infml.*) bad-tempered. ▶ **grumpily** *adv.*

grunt /grʌnt/ *v.* [I] **1** (*esp.* of pigs) make a low sound in the throat. **2** (of people) make a similar sound to show you are annoyed, bored, impatient, etc. ● **grunt** *n.* low sound made by a person or an animal.

guarantee /ˌgærən'tiː/ *n.* **1** firm promise that you will do something or that something will happen. **2** written promise given by a company that something you buy will be repaired without payment if it goes wrong: *The computer has a year's ~.* **3** promise to be responsible for the payment of a debt. ● **guarantee** *v.* [T] **1** promise something: *We cannot ~ that trains will not be delayed by bad weather.* **2** give a guarantee for something.

guarantor /ˌgærən'tɔː(r)/ *n.* (*fml.*) or (*law*) person who agrees to be responsible for somebody or for making sure that something happens.

guard /gɑːd/ *n.* **1** [C] person, e.g. a soldier or police officer, who watches over somebody or something: *a prison ~* **2** [C, with sing. or pl. verb] group of people, e.g. soldiers or police officers, who protect somebody/something: *a ~ of honour* **3** [U] act or duty of protecting somebody/something from attack or danger, or of preventing prisoners from escaping: *a soldier on* ~ **4** [C] (*esp.* in compounds) article designed to protect somebody/something: *fire* ~ **5** [C] (*GB*) official in charge of a train. ● **guard** *v.* **1** [T] protect somebody/something. **2** [T] prevent prisoners from escaping. [PV] **guard against something** take care to prevent something: ~ *against infection* ▶ **guarded** *adj.* not showing or saying too much.

guardian /'gɑːdɪən/ *n.* **1** person who protects something. **2** person legally responsible for the care of a child. ▶ **guardianship** *n.* [U] position of being responsible for somebody/something.

guerrilla (*also* **guerilla**) /gə'rɪlə/ *n.* fighter in an unofficial army that attacks in small groups.

guess /ges/ *v.* **1** [I, T] try and give an answer or form an opinion about something without being sure of all the facts. **2** [T] (*infml., esp. US*) suppose something to be true or likely. ● **guess** *n.* ~ **(at)** attempt to give an answer or opinion when you cannot be certain you are right. ■ **'guesswork** *n.* [U] process of guessing something.

guest /gest/ *n.* **1** person invited to your house or an event that you are paying for. **2** person staying at a hotel, etc. **3** famous person who takes part in a television show. [IDM] **be my guest** (*infml.*) used to give somebody permission to do something. ■ **'guest house** *n.* small hotel.

guffaw /gə'fɔː/ *v.* [I] *n.* (give a) noisy laugh.

guidance /'gaɪdns/ *n.* [U] help or advice.

guide /gaɪd/ *n.* **1** book, magazine, etc. that gives information about something: *a* ~ *to interior design* **2** (*also* **'guidebook**) book with information about a place for travellers. **3** person who shows other people the way to a place, esp. somebody employed to show tourists around: *a tour* ~ **4** something that gives you enough information to be able to form an opinion about something: *As a rough* ~, *allow 100 gm of meat per person.* **5** (**Guide**) (*GB old-fash.* ,**Girl 'Guide**) (*US* ,**Girl 'Scout**) member of an organization for girls that aims to develop practical skills. ● **guide** *v.* [T] act as a guide to somebody. ■ ,**guided 'missile** *n.* missile that can be guided in flight. ■ **'guideline** *n.* [C, usu. pl.] advice on how to do something.

guild /gɪld/ *n.* society of people with similar jobs or interests.

guile /gaɪl/ *n.* [U] (*fml.*) use of clever but dishonest behaviour to deceive people.

guillotine /'gɪləti:n/ *n.* **1** machine for cutting off the heads of criminals. **2** machine for cutting sheets of paper. **3** (*GB, pol.*) time limit for a discussion in Parliament. ● **guillotine** *v.* [T] use a guillotine on somebody/something.

guilt /gɪlt/ *n.* [U] **1** feeling of shame for having done wrong. **2** fact that somebody has done something illegal: *an admission of* ~ **3** blame or responsibility for wrongdoing. ▶ **guilty** *adj.* (**-ier, -iest**) **1** feeling shame for having done wrong. **2** having done something illegal; being responsible for something bad that has happened. ▶ **guiltily** *adv.*

•**guinea** /'gɪni/ *n.* old British gold coin worth 21 shillings (= £1.05).

guinea pig /'gɪni pɪg/ *n.* **1** small animal with short ears and no tail, often kept as a pet. **2** person used in an experiment.

guise /gaɪz/ *n.* (*fml.*) outward appearance.

guitar /gɪ'tɑː(r)/ *n.* musical instrument with six strings played with the fingers. ▶ **guitarist** *n.*

gulf /gʌlf/ *n.* **1** part of the sea almost surrounded by land: *the G~ of Mexico* **2** ~ **(between)** big difference in opinion, lifestyle, etc.

gull /gʌl/ *n.* large seabird with long wings.

gullet /'gʌlɪt/ *n.* food passage from the mouth to the stomach.

gullible /'gʌləbl/ *adj.* easily deceived.

gulp /gʌlp/ *v.* [I, T] **1** swallow food or drink quickly. **2** swallow because of a strong emotion, e.g. fear. **3** breathe deeply because you need air. ● **gulp** *n.* act of gulping.

gum /gʌm/ *n.* **1** [C, usu. pl.] either of the firm areas of pink flesh around the teeth. **2** [U] sticky substance produced by certain trees. **3** [U] type of glue. **4** [U] = CHEWING GUM (CHEW) **5** [C] fruit-flavoured sweet that you chew. ● **gum** *v.* (**-mm-**) [U] (*old-fash.*) spread glue on something; stick two things together with glue. ■ **'gumboot** *n.* (*old-fash.*) = WELLINGTON ▶ **gummy** *adj.* (**-ier, -iest**) sticky. ■ **'gum tree** *n.* eucalyptus tree.

gun /gʌn/ *n.* weapon that fires bullets or shells from a metal tube. ● **gun** *v.* (**-nn-**) [PV] **be gunning for somebody** (*infml.*) be looking for an opportunity to blame or attack somebody. **gun somebody down** (*infml.*) shoot somebody, esp. so as to kill them. ■ **'gunboat** *n.* small warship with heavy guns. ■ **'gunfire** *n.* [U] shooting of guns. ■ **'gunman** *n.* (*pl.* **-men**) man who uses a gun to rob or kill. ▶ **gunner** *n.* soldier who uses large guns. ■ **'gunpoint** *n.* [IDM] **at gunpoint** under the threat of being shot. ■ **'gunpowder** *n.* [U] explosive powder. ■ **'gunshot** *n.* **1** [C] shot fired from a gun. **2** [U] distance that a bullet from a gun can travel. ■ **'gunsmith** *n.* person who makes and repairs guns.

gurgle /'gɜːgl/ *v.* [I] *n.* (make the) bubbling sound of flowing water.

gush /gʌʃ/ v. [I] **1** flow out of something suddenly and in large amounts: *water ~ing from a hydrant* **2** (*disapprov.*) talk with too much enthusiasm. ● **gush** n. [sing.] sudden outburst. ▶ **gushing** adj.

gust /gʌst/ n. sudden rush of wind. ▶ **gusty** adj. (**-ier, -iest**)

gut /gʌt/ n. **1** [C] intestine. **2** (**guts**) [pl.] organs in and around the stomach. **3** (**guts**) [pl.] (*infml.*) courage and determination necessary to do something difficult. **4** (**guts**) [pl.] most important part of something: *the ~s of the new policy* **5** [U] = CATGUT ● **gut** v. (**-tt-**) [T] **1** destroy the inside of a building or room: *a house ~ted by fire* **2** take the guts out of a fish, etc. ● **gut** adj. based on feelings rather than thought: *a ~ decision*

gutter /'gʌtə(r)/ n. **1** [C] channel under the edge of a roof, or at the side of a road, to carry away rainwater. **2** (**the gutter**) [sing.] bad social conditions or lack of morals. ■ **the ,gutter 'press** n. [sing.] (*disapprov.*) newspapers that contain a lot of gossip and scandal.

guy /gaɪ/ n. **1** (*infml.*) man. **2** (in Britain) model of a man dressed in old clothes burned on a bonfire on 5 November, representing Guy Fawkes. **3** (*also* **'guy rope**) rope used to keep a tent or a pole firmly in place.

guzzle /'gʌzl/ v. [I, T] (*infml.*) eat or drink something greedily.

gym /dʒɪm/ n. (*infml.*) **1** (*also fml.* **gymnasium**) [C] room or hall with apparatus for physical exercise. **2** [U] physical exercises done in a gym, esp. at school. ■ **'gym shoe** n. (*GB*) = PLIMSOLL

gymkhana /dʒɪm'kɑːnə/ n. public competition of horse riding.

gymnasium /dʒɪm'neɪziəm/ n. (*pl.* **~s** or **gymnasia** /-zɪə/) (*fml.*) = GYM

gymnast /'dʒɪmnæst/ n. expert in gymnastics.

gymnastics /dʒɪm'næstɪks/ n. [pl.] physical exercises to train the body or show how agile it is. ▶ **gymnastic** adj.

gynaecology (*US* **gynec-**) /,gaɪnə'kɒlədʒi/ n. [U] study and treatment of disorders of the female reproductive system. ▶ **gynaecological** (*US* **gynec-**) /,gaɪnəkə'lɒdʒɪkl/ adj. ▶ **gynaecologist** (*US* **gynec-**) n. expert in gynaecology.

gypsy (*also* **gipsy**) /'dʒɪpsi/ n. (*pl.* **-ies**) (*sometimes offens.*) member of a race of people who travel around and traditionally live in caravans.

gyrate /dʒaɪ'reɪt/ v. [I, T] (cause something to) move around in circles. ▶ **gyration** /dʒaɪ'reɪʃn/ n. [C, U]

H h

H, h /eɪtʃ/ *n*. [C, U] (*pl*. **H's, h's** /'eɪtʃɪz/) the eighth letter of the English alphabet.

haberdasher /'hæbədæʃə(r)/ *n*. **1** (*GB, old-fash.*) shopkeeper who sells small articles for sewing, e.g. needles. **2** (*US*) shopkeeper who sells men's clothing. ▶ **haberdashery** *n*. [U] (*old-fash.*) goods sold by a haberdasher.

habit /'hæbɪt/ *n*. **1** [C, U] thing that you do often and almost without thinking: *Drinking is a bad ~.* ◊ *Don't make a ~ of eating too fast.* **2** [C] long garment worn by a monk or nun.

habitable /'hæbɪtəbl/ *adj*. fit to be lived in.

habitat /'hæbɪtæt/ *n*. natural home of an animal or plant.

habitation /ˌhæbɪ'teɪʃn/ *n*. [U] act of living in a place: *buildings unfit for human ~.*

habitual /hə'bɪtʃuəl/ *adj*. **1** usual or typical of somebody/something. **2** doing something by habit: *a ~ smoker.* ▶ **habitually** *adv*.

hack /hæk/ *v*. [I, T] **1** cut something roughly. **2** ~(into) (*computing*) secretly look at and/or change information on somebody else's computer system. ■ **'hacksaw** *n*. tool for cutting metal. ● **hack** *n*. (*disapprov*) writer, esp. of newspaper articles, who does a lot of low quality work for little money.

hacker /'hækə(r)/ *n*. person who looks at computer data without permission.

hackneyed /'hæknid/ *adj*. (of a phrase, *etc*.) meaningless because used too often.

had /həd/; əd; *strong form* hæd/ *pt., pp. of* HAVE.

haddock /'hædək/ *n*. [C, U] (*pl*. **haddock**) sea fish used for food.

hadn't /'hædnt/ *short for* HAD NOT.

haemophilia (*US* **hem-**) /ˌhiːmə'fɪliə/ *n*. [U] medical condition that causes a person to bleed badly from even a small injury. ▶ **haemophiliac** (*US* **hem-**) /-'fɪliæk/ *n* person with haemophilia.

haemorrhage (*US* **hem-**) /'hemərɪdʒ/ *n*. [C, U] great flow of blood.

haemorrhoids (*US* **hem-**) /'hemərɔɪdz/ *n*. [pl.] (*med*.) swollen veins inside the anus.

hag /hæg/ *n*. (*offens*) ugly old woman.

haggard /'hægəd/ *adj*. looking tired, esp. from worry.

haggis /'hægɪs/ *n*. [C, U] Scottish food made from parts of a sheep and cooked in a sheep's stomach.

haggle /'hægl/ *v*. [I] ~(**over/about**) argue about a price.

hail /heɪl/ *n*. **1** [U] small balls of ice that fall like rain. **2** [sing.] large number or amount of something that is aimed at somebody to harm them: *a ~ of bombs* ● **hail** *v*. **1** [T] describe somebody/something as being very good or special, esp. in newspapers, etc.: *They ~ed him as their captain.* **2** [T] signal to a taxi or a bus to stop. **3** [T] (*lit*.) call out to somebody, in order to attract attention. **4** [I] (used with *it*) (of small balls of ice) fall like rain [PV] **hail from** ... (*fml.*) come from a particular place. ■ **'hailstone** *n*. small ball of ice that falls like rain. ■ **'hailstorm** *n*. storm with hail.

hair /heə(r)/ *n*. [U, C] substance that looks like a mass of fine threads growing esp. on the head; one of these threads. [IDM] **(by) a hair's breadth** (by) a very small distance. **make somebody's hair stand on end** shock or frighten somebody. ■ **'haircut** *n*. act or style of cutting the hair. ■ **'hairdo** *n*. (*pl*. **-dos**) (*infml., old-fash.*) act or style of arranging a woman's hair. ■ **'hairdresser** *n*. person who cuts and styles hair. ■ **'hairgrip** *n*. clip for holding the hair in place. ■ **'hairline** *n*. **1** edge of the hair above the forehead. **2** (used as an adjective) very thin line: *a ~line crack/fracture.* ■ **'hairpin** *n*. bent pin used for keeping the hair in place. ■ ˌ**hairpin 'bend** *n*. very sharp bend in a road. ■ **'hair-raising** *adj*. very frightening. ■ **'hairstyle** *n*. way of arranging or cutting the hair. ▶ **hairy** *adj*. (**-ier, -iest**) **1** covered with hair. **2** (*infml.*) exciting but frightening. ▶ **hairiness** *n*. [U].

hale /heɪl/ *adj*. [IDM] **hale and hearty** strong and healthy.

half¹ /hɑːf/ *n*. (*pl*. **halves** /hɑːvz/) **1** one of two equal parts; 1/2 **2** either of two periods of time into which a sports match, concert, etc. is divided. **3** a ticket or drink that is half the usual price or size: *Two halves* (= children's fares) *to the bus-stop, please* [IDM] **go half and half | go halves (with somebody/something)** share the cost of something equally.

half² /hɑːf/ *det., pron*. **1** amount equal to half of something/somebody: *~ an hour ago.* **2** the largest part of something: *H~ the time, you don't know what to say.* [IDM] **half past one, two, etc.** (*US also*) **half after one, two, etc.** thirty minutes after any hour on the clock. ■ ˌ**half-and-'half** *adj*. being half one thing and half another. ■ ˌ**half 'board** *n*. [U] (*GB*) hotel accommodation with breakfast and evening meal included. ■ ˌ**half 'mast** *n*. [IDM] **at half mast** (of a flag) flown halfway up a mast, as a sign of respect for a dead person. ■ ˌ**half-'term** *n*. (*GB*) short holiday in the middle of a school term. ■ ˌ**half-'time** *n*. [U] interval between the two halves of a sports match. ■ ˌ**half'way** *adj., adv*. between and at an equal distance from two places. ■

'halfwit *n.* (*infml.*) stupid person. ▶ ,half-'witted *adj.*

half³ /hɑːf/ *adv.* 1 to the extent of half: ~ *full.* 2 partly: ~ *cooked.* [IDM] not half (*GB, infml.*) used to emphasize a statement or opinion: *It wasn't ~ good* (= it was very good). ■ ,half-'baked *adj.* (*infml.*) not well planned. ■ ,half'hearted *adj.* showing little enthusiasm.

hall /hɔːl/ *n.* 1 space or passage inside the entrance of a house. 2 building or large room for meetings, concerts, meals, etc. 3 building for university students to live in: *a ~ of residence.*

hallmark /'hɔːlmɑːk/ *n.* 1 feature that is typical of somebody/something. 2 mark stamped on gold or silver objects to show the quality of the metal. ● hallmark *v.* [T] put a hallmark on metal goods.

hallo (*GB*) = HELLO.

Halloween (*also* Hallowe'en) /ˌhæləʊˈiːn/ *n.* [U] 31 October, when children dress up as ghosts and witches.

hallucination /həˌluːsɪˈneɪʃn/ *n.* [C, U] seeing something that is not really there.

halo /'heɪləʊ/ *n.* (*pl.* ~es) 1 circle of light round the head of a holy person in a picture. 2 circle of light round the sun or moon.

halt /hɔːlt/ *v.* [I, T] (cause somebody/something to) stop ● halt *n.* [sing.] stop: *The bus came to a ~ at the bus stop.*

halter /'hɔːltə(r)/ *n.* rope or leather strap put round a horse's head, for leading the horse.

halting /'hɔːltɪŋ/ *adj.* slow and hesitating. ▶ haltingly *adv.*

halve /hɑːv/ *v.* 1 [T] divide something into two equal parts. 2 [I, T] (cause something to) reduce by a half: ~ *the food.*

halves *plural of* HALF¹

ham /hæm/ *n.* 1 [C, U] (meat from the) top part of a pig's leg, that has been salted or smoked to be eaten as food. 2 [C] (*infml.*) amateur radio operator 3 [C] (*infml.*) bad actor ● ham *v.* (-mm-) [PV] ham it up (*infml.*) (*esp.* of actors) to act in an exaggerated way. ■ ,ham-'fisted (*US* 'ham-handed) *adj.* (*infml.*) lacking skill when using your hands or dealing with people.

hamburger /'hæmbɜːgə(r)/ *n.* flat round cake of minced meat, usu. fried and eaten in a bread roll.

hamlet /'hæmlət/ *n.* small village.

hammer /'hæmə(r)/ *n.* 1 tool with a heavy metal head, used for hitting nails, etc. 2 (in a piano) part that hits the strings. ●

hammer *v.* 1 [I, T] hit something with a hammer. 2 [T] (*infml.*) defeat somebody completely. [PV] hammer away at something work hard at something hammer out something reach an agreement about something after a long discussion.

hammock /'hæmək/ *n.* bed made of cloth or rope net hung between two posts.

hamper /'hæmpə(r)/ *v.* [T] (*written*) prevent somebody from easily doing or achieving something. ● hamper *n.* large basket with a lid, used for carrying food.

hamster /'hæmstə(r)/ *n.* small animal like a mouse, kept as a pet.

hand¹ /hænd/ *n.* 1 [C] part of the human arm below the wrist. 2 (a hand) [sing.] (*infml.*) help in doing something: *Can you give her a ~ with the cooking?* 3 [sing.] ~in role or influence that somebody/something has in a particular situation: *She had a ~ in his promotion.* 4 [C] pointer on a clock, dial, etc.: *hour-~* 5 [C] worker: *a farm~* 6 [C] set of cards dealt to a player in a game. [IDM] (close/near) at hand close to you by hand 1 by a person, not a machine. 2 (of a letter) brought by a person, not sent by post. give somebody/get a big hand show your approval of somebody by clapping your hands; be applauded in this way. hand in hand 1 (of people) holding each other's hand. 2 (of things) closely connected have your hands full be very busy in hand. 1 available to be used. 2 in control: *The situation is somewhat in ~.* 3 that is being being dealt with: *the job in ~* in/out of somebody's hands in/no longer in somebody's control or care. off/on your hands no longer your responsibility on hand available on the one hand ... on the other (hand) ... used for showing two opposite points of view out of hand. 1 out of control. 2 without further thought: *All their ideas were dismissed out of ~.* (at) second, third, etc. hand being told about something by somebody else who has seen it, heard about it, etc. rather than experiencing it yourself ■ 'handbag (*US* purse) *n.* woman's bag for money, keys, etc. ■ 'handbook *n.* book giving facts and instructions. ■ 'handbrake *n.* brake in a car, van, etc. operated by the driver's hand. ■ 'handcuff *v.* [T] put handcuffs on somebody. ■ 'handcuffs *n.* [pl] metal rings joined by a chain, for fastening round a prisoner's wrists. ▶ handful *n.* 1 [C] as much as can be held in one hand. 2 [sing.] small number. 3 [sing.] (*infml.*) person or animal that is difficult to control. ■ ,hand-'held *adj.* small enough to be held in the hand while being used. ▶ 'hand-held *n.* ■ ,hand-'picked *adj.* carefully chosen. ■ **,hands-'free** *adj.* (*esp.* of a telephone) that can be operated without using your hands. ■ **'handshake** *n.* shaking of somebody's hand with your own, as a greeting, etc. ■ **'handstand** *n.* movement in which you balance yourself on your hands, with your feet in the air. ■ **'handwriting** *n.* [U] (style of) writing by hand.

hand² /hænd/ *v.* [T] pass or give something to somebody: *Please ~ her that pencil* [IDM] **hand something to somebody on a plate** → PLATE [PV] **hand something down (to somebody)** give or leave something to somebody who is younger than you. **hand something in (to somebody)** give something to a person in authority, esp. a piece of work: *~ in homework* **hand something on (to somebody)** give something to another person to use or deal with. **hand something out (to somebody) 1** give a number of things to members of a group **2** give advice, punishment, etc. **hand somebody/something over (to somebody)** give the responsibility for somebody/something to somebody: *~ a criminal over to the police.* ■ **'handout** *n.* **1** something, e.g. food or money, given freely **2** sheet of information given out, e.g. by a teacher.

handicap /'hændikæp/ *n.* **1** (*old-fash.*) disability in a person's body or mind. **2** condition that makes it difficult to do something. **3** disadvantage given to a skilled competitor in a sport .● **handicap** *v.* (-pp-) [T] make something more difficult for somebody to do. ▶ **handicapped** *adj.* (*old-fash.*) having a handicap(1).

handicraft /'hændikrɑːft/ *n.* work, e.g. pottery, that needs skill with the hands.

handiwork /'hændiwɜːk/ *n.* [U] **1** work done or something made using artistic skill. **2** thing done by a particular person, esp. something bad.

handkerchief /'hæŋkətʃɪf; -tʃiːf/ *n.* square piece of cloth used for blowing your nose

handle /'hændl/ *n.* part of a cup, door, tool, etc. by which it is held. ● **handle** *v.* **1** [T] deal with or control somebody/something. **2** [T] touch, hold or move something with your hands. **3** [I, T] (*esp.* of a vehicle) operate or control something in the way that is mentioned: *This vehicle ~s well.* ■ **'handlebars** *n.* [pl.] bar with a handle at each end for steering a bicycle or motorcycle. ▶ **handler** *n.* person who trains an animal, e.g. a police dog.

handsome /'hænsəm/ *adj.* **1** (*esp.* of men) good-looking. **2** (of gifts, *etc.*) generous. ▶ **handsomely** *adv.*

handy /'hændi/ *adj.* (-ier, -iest) **1** useful; easy to use or do. **2** easily reached; near **3** clever with your hands. [IDM] **come in handy** be useful. ▶ **handily** *adv.* ■ **'handyman** *n.* (*pl.* -men) person skilled at doing small repairs.

hang¹ /hæŋ/ *v.* (*pt, pp* **hung** /hʌŋ/; in sense 2 ~ed) **1** [I, T] attach something or be attached at the top so that the lower part is free or loose: *~ the washing out to dry.* **2** [T] kill somebody by tying a rope around their neck and allowing them to drop. **3** [T] stick wallpaper to a wall. [PV] **hang about/around** wait or stay near a place, not doing very much. **hang back (from something)** hesitate because you are nervous about doing something. **hang on 1** hold something tightly. **2** (*spoken*) wait for a short time **hang on to something 1** hold something tightly. **2** (*infml.*) keep something **hang up** put down a telephone receiver. **(be/get) hung up (on/about something/somebody)** (*infml.*) (feel) very worried about something/somebody; (be) thinking about something/somebody too much. ■ **'hang-gliding** *n.* [U] sport of flying while hanging from a frame like a large kite. ■ **'hang-glider** *n.* **1** frame used in hang-gliding. **2** person who goes hang-gliding. ▶ **hanging** *n.* **1** [U, C] death by hanging **2** [C, usu. pl.] large piece of material hung on a wall for decoration: *wall ~s* ■ **'hangman** *n.* (*pl.* -men) man whose job is to hang criminals ■ **'hang-up** *n.* (*infml.*) emotional problem about something.

hang² /hæŋ/ *n.* [IDM] **get the hang of something** (*infml.*) understand something or learn how to do something.

hangar /'hæŋə(r)/ *n.* building in which aircraft are kept.

hanger /'hæŋə(r)/ (*also* **'coat hanger, 'clothes hanger**) *n.* piece of wood, wire, etc. with a hook, used for hanging up clothes ▶ **,hanger-'on** *n.* (*pl.* ~s-on) (*disapprov.*) person who tries to be friendly, in the hope of personal gain.

hangover /'hæŋəʊvə(r)/ *n.* **1** unpleasant feeling after drinking too much alcohol on the previous night. **2** something left from an earlier time.

hanker /'hæŋkə(r)/ *v.* [I] ~**after/for** have a strong desire for something. ▶ **hankering** *n.*

hanky (*also* **hankie**) /'hæŋki/ *n.* (*pl.* -ies) (*infml.*) = HANDKERCHIEF.

haphazard /hæp'hæzəd/ *adj.* with no particular plan or order ▶ **haphazardly** *adv.*

happen /'hæpən/ *v.* [I] **1** (of an event) take

place, usu. by chance. **2** do or be something by chance: *I ~ed to be in the hospital when he called.* ▶ **happening** *n.* event.

happy /'hæpi/ *adj.* (**-ier, -iest**) **1** feeling, giving or expressing pleasure; pleased: *I'm very ~ for my friend.* ◇ *a ~ marriage* ◇ *a ~ smile* **2** used in greetings to express good wishes: *H~ birthday!* **3** satisfied that something is good or right; not anxious. **4** willing or pleased to do something [IDM] **a/the happy medium** a balance between two extremes. ▶ **happily** *adv.* ▶ **happiness** *n.* [U] ■ **,happy-go-'lucky** *adj.* not worrying about the future.

harangue /həˈræŋ/ *n.* long loud angry speech. ▶ **harangue** *v.* [T] speak loudly and angrily to somebody in a way that criticizes them.

harass /ˈhærəs/ *v.* [T] worry or annoy somebody by putting pressure on them. ▶ **harassment** *n.* [U]

harbour (*US* **-or**) /ˈhɑːbə(r)/ *n.* place of shelter for ships. ● **harbour** *v.* [T] **1** hide and protect somebody who is hiding from the police. **2** (*written*) keep feelings in your mind for a long time: *~ secret fears.*

hard[1] /hɑːd/ *adj.* **1** firm and solid; not easy to bend, cut, etc.: *as ~ as rock.* **2** difficult: *a ~ question* **3** needing or showing great effort: *~ work* ◇ *a ~ worker* **4** (of a person) showing no kindness; harsh **5** (*infml.*) (of people) ready to fight and showing no fear. **6** that can be proved to be definitely true: *~ evidence/facts* **7** (of the weather) very cold and severe: *a ~ winter night* [IDM] **hard and fast** (of rules, *etc.*) fixed **hard at it** working hard. **hard luck** (*GB*) used to tell somebody you feel sorry for them. **hard of hearing** rather deaf ■ **'hardback** *n.* book with a stiff cover. ■ **'hardboard** *n.* [U] thin board made of very small pieces of wood pressed together. ■ **,hard 'cash** (*US* **,cold 'cash**) *n.* [U] money in the form of coins and notes. ■ **,hard 'copy** *n.* [U] (*computing*) information from a computer that has been printed on paper. ■ **'hard core** *n.* [sing] central most involved members of a group. ■ **,hard 'currency** *n.* [U, C] money that is not likely to fall suddenly in value. ■ **,hard 'disk** *n.* disk inside a computer that stores data and programs. ■ **,hard 'drug** *n.* strong dangerous drug that is likely to lead to addiction. ■ **,hard-'headed** *adj.* determined; not influenced by your emotions. ■ **,hard-'hearted** *adj.* not kind or caring. ■ **,hard 'labour** (*US* **,hard 'labor**) *n.* [U] punishment in prison that involves hard physical work. ■ **,hard-'line** *adj.* fixed in your beliefs ■ **,hard 'shoulder** *n.* [sing.] hard surface at the side of a motorway, used in an emergency.

■ **'hardware** *n.* [U] **1** (*computing*) machinery and electronic parts of a computer system. **2** tools and equipment used in the house and garden. ■ **,hard 'water** *n.* [U] water that contains calcium and other minerals that make mixing with soap difficult. ■ **'hardwood** *n.* [U] hard heavy wood, e.g. oak or beech.

hard[2] /hɑːd/ *adv.* **1** with great effort; with difficulty: *try/work ~* ◇ *my ~-earned money* **2** carefully and thoroughly: *think/listen ~* **3** heavily; a lot: *raining ~* [IDM] **be/feel hard done by** be or feel unfairly treated **be hard pressed/pushed to do something** I **be hard put (to it) (to do something)** find it very difficult to do something **be hard to say** be difficult to estimate **be hard up for something** have too few or too little of something **take something hard** be very upset by something. ■ **,hard-'boiled** *adj.* (of eggs) boiled until the yellow part (**yolk**) is hard. ■ **,hard-'pressed** *adj.* in difficulties, because of lack of time or money. ■ **,hard 'up** *adj.* (*infml.*) having little money. ■ **,hard-'wearing** *adj.* (*GB*) (of cloth) tough and lasting for a long time.

harden /ˈhɑːdn/ *v.* [I, T] become or make something firm, solid, etc. **2** [T] **~(to)** make somebody less sensitive to something.

hardly /ˈhɑːdli/ *adv.* **1** almost no; almost not: *~ ever* **2** used to emphasize that it is difficult to do something: *I could ~ think of anything to say.*

hardship /ˈhɑːdʃɪp/ *n.* [U, C] (cause of) severe suffering.

hardy /ˈhɑːdi/ *adj.* (**-ier, -iest**) able to endure cold, difficult conditions, etc. ▶ **hardiness** *n.* [U]

hare /heə(r)/ *n.* animal like a large rabbit with strong back legs that can run very fast. ● **hare** *v.* [I] run fast. ■ **'hare-brained** *adj.* crazy and unlikely to succeed.

harem /ˈhɑːriːm/ *n.* (women living in the) separate women's part of a Muslim house.

hark /hɑːk/ *v.* [I] (*old-fash.*) listen [PV] **hark back (to something)** mention again an earlier subject or event.

harm /hɑːm/ *n.* [U] damage; injury [IDM] **out of harm's way** safe. ● **harm** *v.* [T] cause harm to somebody/ something. ▶ **harmful** *adj.* causing harm. ▶ **harmless** *adj.* **1** not dangerous **2** unlikely to upset or offend people: *~less fun.*

harmonica /hɑːˈmɒnɪkə/ *n.* = MOUTH ORGAN (MOUTH[1]).

harmonize (*also* **-ise**) /ˈhɑːmənaɪz/ *v* [I, T] **1**

(cause two or more things to) match and look attractive together: *colours that ~ well* **2** *(music)* sing or play in harmony.

harmony /'hɑːməni/ *n.* *(pl* **-ies)** **1** [U] state of peaceful existence and agreement: *stay together in perfect ~* **2** [U, C] *(music)* pleasing combination of musical notes. **3** [C, U] pleasing combination of related things: *the ~ of melody* ▶ **harmonious** /hɑːˈməʊniəs/ *adj.*

harness /'hɑːnɪs/ *n.* [C, U] **1** set of leather straps for fastening a horse to a cart, etc. **2** set of straps for fastening something to a person's body or to keep them from moving off or falling: *a safety ~* ● **harness** *v.* [T] **1** put a harness on a horse or other animal. **2** use the force or strength of something to produce power: *~ wind as a source of energy.*

harp /hɑːp/ *n.* large upright musical instrument with vertical strings played with the fingers. ● **harp** *v.* [PV] **harp on (about) something** keep talking about something in a boring way. ▶ **harpist** *n.* person who plays the harp.

harpoon /hɑːˈpuːn/ *n.* spear on a rope, used for catching whales. ● **harpoon** *v.* [T] hit something with a harpoon.

harpsichord /'hɑːpsɪkɔːd/ *n.* musical instrument like a piano, but with strings that are plucked mechanically.

harrowing /'hærəʊɪŋ/ *adj.* very shocking or frightening.

harsh /hɑːʃ/ *adj.* **1** unpleasantly rough or sharp. **2** cruel; severe: *a ~ punishment* ▶ **harshly** *adv.* ▶ **harshness** *n;* [U].

harvest /'hɑːvɪst/ *n.* **1** [C, U] (season for) cutting and gathering of crops on a farm, etc. **2** [C] crops, or amount of crops gathered: *a good yield ~* ● **harvest** *v.* [T] cut and gather a crop.

has /həz; əz/ → HAVE.

hash /hæʃ/ *n.* **1** [U] cooked chopped meat. **2** *(infml.)* = HASHISH **3** *(also* **'hash sign)** *(GB)* [C] symbol (#), esp. one on a telephone. [IDM] **make a hash of something** *(infml.)* do something badly.

hashish /'hæʃiːʃ; hæˈʃiːʃ/ *n.* [U] drug from the hemp plant.

hasn't /'hæznt/ has not → HAVE.

hassle /'hæsl/ *n.* [C, U] *(infml.)* difficulty; trouble. ● **hassle** *v.* [T] *(infml.)* annoy somebody by continually asking them to do something.

haste /heɪst/ *n.* [U] speed in doing something, esp. because there is not much time.

hasten /'heɪsn/ *v.* **1** [I] be quick to do or say something: *I ~ to add that the old man is safe.* **2** [T] *(written)* cause something to happen sooner.

hasty /'heɪsti/ *adj.* **1** made or done too quickly: *a ~ trip* **2** (of a person) acting too quickly. ▶

hastily *adv.*

hat /hæt/ *n.* covering for the head. [IDM] **I take my hat off to somebody. I hats off to somebody** *(esp. GB)* used to show admiration for somebody. ■ **hat-trick** *n.* three similar successes made one after the other by one person.

hatch /hætʃ/ *v.* **1** [I, T] **~(out)** (cause a young bird, fish, insect, *etc.* to) come out of an egg: *The chicks have ~ed (out).* **2** [T] prepare a plan, etc. esp. in secret. ● **hatch** *n.* (movable cover over an) opening in a floor, wall, etc.: *an escape ~.*

hatchback /'hætʃbæk/ *n.* car with a sloping door at the back that opens upwards.

hatchet /'hætʃɪt/ *n.* small axe.

hatchway /'hætʃweɪ/ *n.* = HATCH.

hate /heɪt/ *v.* [T] **1** have a great dislike for somebody/ something. **2** be sorry: *I ~ to disturb you.* [IDM] **hate somebody's guts** *(infml.)* dislike somebody very much. ● **hate** *n.* [U] great dislike. ▶ **hateful** *adj.* very unpleasant.

hatred /'heɪtrɪd/ *n.* [U] **~(for/of)** hate.

haughty /'hɔːti/ *adj.* (**-ier, -iest**) unfriendly and too proud; arrogant. ▶ **haughtily** *adv.* ▶ **haughtiness** *n.* [U].

haul /hɔːl/ *v.* [I, T] pull something/somebody with a lot of effort. ● **haul** *n.* **1** large amount of something stolen or illegal: *a ~ of gold* **2** distance covered in a particular journey: *a long~ flight* **3** quantity of fish caught at one time. ▶ **haulage** *n.* [U] *(GB)* business of transporting goods by road or railway.

haunch /hɔːntʃ/ *n.* [C, usu. pl.] part of the body between the waist and the thighs.

haunt /hɔːnt/ *v.* [T] **1** (of ghosts) appear in a place: *a ~ed bungalow* **2** (of something unpleasant) return repeatedly to your mind: *The nightmare still ~s me.* **3** continue to cause problems for something. ● **haunt** *n.* place visited often.

have¹ /həv; əv; *strong form* hæv/ (*third pers. sing. pres. tense* **has** *pt* **had** *pp* **had**) (*GB* **have got**) *v.* **1** (*also* **have got**) [T] own, hold or possess something: *She has/has got a house in Delhi.* ◇ *Has she (got)/Does she ~ green eyes?* **2** (*also* **have got**) [T] let a feeling or thought come into your mind: *I ~ no doubt* (= I am sure) *that she is going.* ◇ *H~ you (got) any idea where she went?* **3** (*also* **have got**) [T] suffer from an illness: *~ a stomachache* **4** [T] experience something: *~ a good weekend.* **5** [T] eat, drink or smoke something: *~ lunch/liquor.* **6** [T] perform a particular action: *~ a swim/walk/shower.* **7** [T] give birth to somebody/something: *to ~ a baby* **8** [T] produce a particular effect: *~ a* *good impression on somebody* **9** [T] receive something from somebody: *She had a letter from her uncle.* **10** [T] suffer the effects of what somebody does to you: *They had their bunglaw burgled.* **11** [T] cause something to be done for by somebody else: *she should ~ her hair cut.* **12** [T] allow something: *she won't ~ such behaviour there!* **13** [T] (*infml.*) trick or deceive somebody: *You've been had!* **14** [T] entertain somebody in your home: *We're having some guests to dinner.* [IDM] **have had it** (*infml.*) **1** be in very bad condition; be unable to be repaired. **2** be unable to accept a situation any longer: *I've had it (up to here) with his problems.* **have it in for somebody** (*infml.*) not like somebody and be unpleasant to them **have it (that)** claim that it is a fact that ... *Rumour has it that ...* [PV] **have somebody on** (*infml.*) play a trick on somebody. **have (got) something on** be wearing something. **have something on somebody** (*infml.*) have information to show that somebody has done something wrong. **have something out** cause something, esp. part of the body, to be removed: *~ a tooth out.* **have something out (with somebody)** settle a disagreement with somebody by arguing about it openly **have somebody up (for something)** (*infml.*) (*esp.* passive) cause somebody to appear in court for a crime: *He was had up for murder.*

have² /həv; əv; *strong form* hæv/ *aux v.* used for forming perfect tenses: *I ~/I've finished.* ◇ *She has/ he's gone.* ◇ (*fml.*) *Had she known that* (= if she had known that) *she would never have gone.*

haven /'heɪvn/ *n.* place of safety or rest.
haven't /'hævnt/ *short for* HAVE NOT.
have to /'hæv tə; 'hæf tə; *strong form and before vowels* 'hæv tuː; 'hæf tuː/ (*also* **have got to**) *modal v.* used for saying that somebody must do something or that something must happen: *I've got to go now for some work.* ◇ *She doesn't have to* (= it is not necessary to) *go out.*
havoc /'hævək/ *n.* [U] widespread damage.
hawk /hɔːk/ *n.* **1** large bird that catches and eats small birds and animals. **2** person, esp. a politician, who favours the use of military force.
hay /heɪ/ *n.* [U] grass cut and dried for use as animal food. ■ **'hay fever** *n.* [U] illness of the nose and throat, caused by pollen from plants. ■ **'haystack** *n.* large pile of hay firmly packed for storing. ■ **'haywire** *adj.* [IDM] **go haywire** (*infml.*) become disorganized or out of control.
hazard /'hæzəd/ *n.* **~(to)** danger; risk ● **hazard** *v.* [T] **1** suggest or guess at something that you know may be wrong. **2** (*fml.*) risk something or put it in danger ▶ **hazardous** *adj.* dangerous; risky.
haze /heɪz/ *n.* [U] **1** thin mist **2** confused mental state.
hazel /'heɪzl/ *n.* small tree that produces small edible nuts **(hazelnuts).** ● **hazel** *adj.* (of eyes) greenish-brown or reddish-brown in colour.
hazy /'heɪzi/ *adj.* (**-ier, -iest**) **1** misty **2** not clear; vague: *~ memories* ▶ **hazily** *adv.*
H-bomb /'eɪtʃ bɒm/ *n* = HYDROGEN BOMB (HYDROGEN).
he /hiː/ *pron.* (used as the subject of a v) **1** male person or animal mentioned earlier: *I spoke to John before he left.* **2** (*old-fash.*) (male or female) person: *Every child needs to know that he is loved.*

head¹ /hed/ *n.* **1** [C] part of the body that contains the eyes, nose, brain, etc. **2** [C] mind or brain: *The idea never entered my ~.* **3** **(heads)** [U] side of a coin with the head of a person on it. **4** [C, usu. sing.] wider end of a long narrow object: *the ~ of a pin/hammer* **5** [sing.] top: *at the ~ of the page* **6** [sing.] most important end: *at the ~ of the table* ◇ *the ~ of a bed* (= where your head rests) **7** [sing] front: *at the ~ of the line* **8** [C] person in charge of a group of people or an organization: *~s of government* **9** [sing.] pressure produced by steam [IDM] **a/per head** for each person: *lunch at £10 a ~* **be banging, etc. your head against a brick wall** keep trying to do something without any success. **bring something/come to a head** bring something to/reach the point at which action is essential. **go to your head 1** make you slightly drunk. **2** (of success) make you too confident. **have a head for something** be good at something: *to have a ~ for medicines* **have your head screwed on (the right way)** (*infml.*) be sensible. **head first 1** with your head before the rest of your body: *fall ~ first down the chair* **2** without thinking before acting **head over heels in love** loving somebody very much **keep/lose your head** stay calm/fail to stay calm in a crisis **laugh, scream, etc. your head off** (*infml.*) laugh, etc. a lot and very loudly **over somebody's head. 1** too difficult to understand. **2** to a higher position of authority than somebody **put our/your/their heads together** discuss a plan, etc. as a group. ■ **'headache** *n.* **1** pain in the head. **2** problem ▶ **header** *n.* **1** (in football) act of hitting the ball with your head. **2** line of text that is automatically added to the top of every page printed from a computer. ■ **'headland** *n.* high piece of land that sticks out into the sea. ■ **'headlight** (*also* **'headlamp**) *n.* bright light on the front of a vehicle. ■ **'headline** *n.* **1** [C] words printed in large letters above a newspaper story. **2 (the headlines)** [pl.] summary of the main points of the news on radio or television. ■ **,head'master** (*fem.* **,head-'mistress**) *n.* teacher who is in charge of a school. ■ **,head-'on** *adj., adv.* with the front parts hitting each other: *The bikes crashed ~-on.* ■ **'headphones** *n.* [pl.] receivers that fit over the ears, for listening to music, etc. ■ **,head'quarters** *n.* [U, with sing. or pl. verb] (*abbr.* **HQ**) place from which an organization is controlled. ■ **'headrest** *n.* part of a seat that supports a person's head, esp. in a car ■ **'headroom** *n.* [U] clear space above a vehicle. ■ **'headstone** *n.* stone that marks the head of a grave. ■ **'headway** *n.* [U] [IDM] **make headway** make progress.

head[2] /hed/ *v.* **1** [T, I] move in the direction that is mentioned: *~ north/for Delhi* **2** [T] (*also* **head something up**) lead or be in charge of something: *He'll ~ the football team.* **3** [T] be at the front of a line of people or top of a list of names: *~ a rally* **4** [T] hit a football with your head. [PV] **head somebody off** get in front of somebody and make them change direction **head something off** take action to prevent something from happening.

heading /'hedɪŋ/ *n.* words at the top of a page, as a title.

headlong /'hedlɒŋ/ *adv., adj.* **1** with the head first. **2** quickly and without thinking: *rush ~ into a decision.*

headstrong /'hedstrɒŋ/ *adj.* determined to do things your own way, refusing to listen to advice.

heady /'hedi/ *adj.* (**-ier, -iest**) having a strong effect on your senses, making you feel excited.

heal /hiːl/ *v.* [I, T] become or make something healthy again: *The wound has ~ed.*

health /helθ/ *n.* [U] **1** condition of a person's body or mind: *be in good/poor ~* **2** state of being physically and mentally healthy. **3** work of providing medical services: *the Department of ~* ■ **'health farm** (*US* **'health spa**) *n.* place where people can stay for short periods of time in order to improve their health by dieting, doing physical exercises, etc. ▶ **healthy** *adj.* (**-ier, -iest**) **1** having good health. **2** good for your health: *~y food* **3** showing that you are in good health: *a ~y appetite* **4** large and showing success: *~y gains* ▶ **healthily** *adv.*

heap /hiːp/ *n.* [C] **1** pile or mass of things or material: *a ~ of books/sand* **2 (heaps)** [pl.] (*infml.*) large quantity of something: *~s of money* ● **heap** *v.* [T] put something in a large pile: *~ of money in the bag.*

hear /hɪə(r)/ *v.* (*pt, pp* **~d** /hɜːd/) **1** [I, T] be aware of sounds with your ears. **2** [T] pay attention to somebody: *She's not to come, do you ~ me?* **3** [T] be told about something: *I ~ she's coming to our home.* **4** [T] listen and judge a case in a law court. [IDM] **hear! hear!** used for expressing agreement at a meeting. [PV] **hear from somebody** receive a letter, news, etc. from somebody **hear of somebody/something** know about: *I've never ~d of that man.* **not hear of something** refuse to allow something: *He wouldn't ~ of my going to the party alone.* **hear somebody out** listen to somebody until they finish speaking.

hearing /'hɪərɪŋ/ *n.* **1** [U] ability to hear. **2** [C] official meeting at which the facts of a crime, complaint, etc. are presented to a group of people and a course of action is decided. **3** [sing.] opportunity to defend your opinion, actions, etc.: *get a fair ~* [IDM] **in/within (somebody's) hearing** near enough to somebody so that they can hear what is said. ■ **'hearing aid** *n.* small device used for improving hearing.

hearsay /'hɪəseɪ/ *n.* [U] rumour.

hearse /hɜːs/ *n.* car used for carrying the coffin to a funeral.

heart /hɑːt/ *n.* [C] **1** organ that pumps blood around the body. **2** centre of a person's feelings, esp. love **3** centre or most important part of something. **4** something shaped like a heart. **5 (hearts)** [pl.] one of the four sets of playing cards (**suits**). with red heart symbols on them. [IDM] **break somebody's heart** make somebody feel very sad **by heart** from memory: *learn/know a story by ~* **from the (bottom of your) heart** sincerely. **not have the heart (to do something)** not be cruel enough to do something. **take/lose heart** become encouraged/discouraged. **take something to heart** be very upset by something that somebody says or does. ■ **'heartache** *n.* [U, C] great sadness. ■ **'heart attack** *n.* sudden serious illness in which the heart stops working. ■ **'heartbeat** *n.* movement or sound of the heart as it pumps blood. ■ **'heartbreaking** *adj.* causing deep sadness. ■ **'heartbroken** *adj.* feeling great sadness. ■ **'heartburn** *n.* [U] burning feeling in the chest, caused by indigestion. ■ **'heartfelt** *adj.* sincere. ▶ **heartless** *adj.* without pity. ▶ **heartlessly** *adv.* ■ **'heartrending** *adj.* causing deep sadness. ■ **'heart-to-'heart** *n.* open honest talk about personal matters.

hearten /'hɑːtn/ *v.* [T] make somebody feel en-

couraged and more hopeful.
hearth /hɑːθ/ n. (area in front of the) fireplace.
hearty /'hɑːti/ adj. (-ier, -iest) **1** friendly: a ~ welcome gift **2** loud and (too) cheerful. **3** (of a meal or appetite) big. **4** showing that you feel strongly about something: a ~ dislike of somebody. ▶ **heartily** adv. **1** in a hearty way **2** very: I'm heartily enjoying this weather.
heat¹ /hiːt/ n. **1** [U, sing.] quality of being hot. **2** [U, C, usu. sing.] level of temperature: increase/reduce the ~. **3** [U] hot weather **4** [U] great anger or excitement. **5** [C] early stage in a competition. [IDM] **be on heat** I (US) **be in heat** (of female dogs, etc.) be in a period of sexual excitement. ■ **'heatwave** n. period of unusually hot weather.
heat² /hiːt/ v. [I, T] become or make something hot ▶ **heated** adj. angry; excited: a ~ed debate ▶ **heater** n. machine used for heating a room or water. ▶ **heating** n. [U] system for heating a building.
heath /hiːθ/ n. area of open land covered with rough grass and heather.
heathen /'hiːðn/ n. (old-fash., offens.) person who does not believe in one of the world's main religions.
heather /'heðə(r)/ n. [U] low wild plant with small purple, pink or white flowers.
heave /hiːv/ v. **1** [I, T] lift, pull or throw something heavy with great effort. **2** [I] rise and fall regularly: His shoulders ~d with the weight of the luggage. **3** [T] make a sound slowly: ~ a sigh of relief **4** [I] get a tight feeling in your throat as though you are about to vomit. [PV] **heave to** (pt, pp **hove** /həʊv/) (of a ship) stop moving. ● **heave** n. act of heaving.
heaven /'hevn/ n. **1** (also **Heaven**) [U] place believed to be the home of God and of good people after death. **2** [U, C] (infml.) place or state of great happiness. **3** (**Heaven**) [U] (fml.) God **4** (**the heavens**) [pl.] (lit.) the sky [IDM] (**Good**) **Heavens!** (spoken) used for showing surprise. ▶ **heavenly** adj. **1** of or from heaven or the sky: ~ bodies (= the sun, moon, stars and planets). **2** (infml.) very pleasant.
heavy /'hevi/ adj. (-ier, -iest) **1** weighing a lot; difficult to lift or move. **2** of more than the usual amount, force, etc.: ~ rain ◊ a ~ drinker (= a person who drinks a lot) **3** busy: a very ~ day/schedule **4** (of work) hard; needing a lot of effort. **5** (of food) large in amount or very solid. **6** (of writing, music, etc.) difficult and serious. [IDM] **heavy going** difficult or boring **a heavy heart** feeling of great sadness **make heavy weather of something** make something more difficult than it really is. ▶ **heavily** adv.: drink/sleep heavily ▶ **heaviness** n. [U]

● **heavy** n. (pl. **-ies**) (infml.) big strong man employed as a bodyguard, etc. ■ ,**heavy-'duty** adj. strong enough for rough use, bad weather, etc. ■ ,**heavy 'industry** n. [U, C] industry that produces metal, large machines, etc. ■ **'heavyweight** n. **1** boxer weighing 79.5 kilograms or more. **2** important person.
heckle /'hekl/ v. [I, T] shout out rude remarks at a speaker in a meeting. ▶ **heckler** /'heklə(r)/ n.
hectare /'hekteə(r)/ n. (abbr. **ha**) metric measure of area; 10 000 square metres.
hectic /'hektɪk/ adj. very busy; full of activity: lead a ~ life.
he'd /hiːd/ = HE HAD; HE WOULD.
hedge /hedʒ/ n. **1** row of bushes between fields, gardens, etc. **2** ~ (**against**) defence: a ~ against corruption. ● **hedge** v. **1** [I] avoid giving a direct answer to a question. **2** [T] put a hedge around a field, etc. [IDM] **hedge your bets** protect yourself against loss by supporting more than one side in an argument, etc. ■ **'hedgerow** n. row of bushes, etc. planted along the edge of a road or field.
hedgehog /'hedʒhɒg/ n. small animal covered with spines.
heed /hiːd/ v. [T] (fml.) pay careful attention to somebody's advice or a warning. ● **heed** n. [U] [IDM] **give/ pay heed (to somebody/something)** I **take heed (of somebody/something)** (fml.) pay careful attention. to somebody/something. ▶ **heedless** adj. ~(**of**) (fml.) not paying attention to somebody/ something.
heel /hiːl/ n. **1** back part of the human foot. **2** part of a sock or shoe that covers this. **3** raised part of a shoe under the back of the foot. [IDM] **at/on somebody's heels** following closely behind somebody **come to heel. 1** agree to obey somebody. **2** (of a dog) come close behind its owner **down at heel** untidy and poorly dressed. ● **heel** v. **1** [T] repair the heel of a shoe. **2** [I] ~(**over**) (of a ship) lean over to one side.
hefty /'hefti/ adj. (-ier, -iest) (infml.) big; powerful.
heifer /'hefə(r)/ n. young female cow.
height /haɪt/ n. **1** [U, C] measurement of how tall a person or thing is. **2** [U] quality of being tall. **3** [C, U] particular distance above the ground: tall/short in ~ **4** [C, usu. pl.] high place or position. **5** [sing.] highest degree or main point of something: the ~ of embarrassment.
heighten /'haɪtn/ v. [I, T] become or make a feeling or effect greater or more intense.
heir /eə(r)/ n. ~(**to; of**) person with the legal

right to receive property, etc. when the owner dies. ▶ **heiress** /'eəres/ n. female heir. ▶ **heirloom** /'eəlu:m/ n. valuable object that has belonged to the same family for many years.

held pt, pp of HOLD¹

helicopter /'helɪkɒptə(r)/ n. aircraft with horizontal revolving blades (**rotors**) on the top.

helium /'hi:liəm/ n. [U] (symb. **He**) light colourless gas, used in balloons and airships.

hell /hel/ n. **1** (usu. **Hell**) [sing.] place believed to be the home of wicked people after death. **2** [U, sing.] very unpleasant situation or experience causing great suffering. **3** [U] (sl.) swear word used to show anger or for emphasis: *Where the ~ is he going?* [IDM] **(just) for the hell of it** (infml.) just for fun **give somebody hell.** (infml.) make life unpleasant for somebody **like hell. 1** (infml.) used for emphasis: *rode like ~* (= very fast) **2** (spoken) used when you are refusing permission or denying something. ▶ **hellish** adj. (infml., esp. GB) very unpleasant.

he'll /hi:l/ short for HE WILL.

hello (GB **hallo, hullo**) /hə'ləʊ/ n., exclam. (pl. **~s**) used as a greeting, to attract somebody's attention or to express surprise.

helm /helm/ n. handle or wheel for steering a boat or ship [IDM] **at the helm** in control.

helmet /'helmɪt/ n. protective covering for the head

help¹ /help/ v. **1** [I, T] do part of the work of somebody; be of use or service to somebody: *They need as much ~ as possible to weather this difficult time in their lives.* **2** [T] **~ yourself/somebody (to)** serve yourself/ somebody with food, drink, etc. [IDM] **can (not) help (doing) something | can not help but do something** can not prevent or avoid something: *She couldn't ~ but laugh at his antics.* [PV] **help (somebody) out** help somebody in a difficult situation. ▶ **helper** n. person who helps ▶ **helping** n. serving of food.

help² /help/ n. **1** [U] act of helping somebody to do something; fact of being useful **2** [U] advice, money, etc. given to somebody to solve their problems: *financial ~* ◇ *a ~ key/screen* (= function on a computer that gives information on how to use the computer) **3** [sing.] person or thing that helps somebody: *Everybody were a big ~ to us.* ■ **'help desk** n. service in a business company that gives people information and help, esp. if they are having problems with a computer. ▶ **helpful** adj. useful ▶ **helpfully** /-fəli/ adv. ▶ **helpfulness** n. [U] ▶ **helpless** adj. needing the help of others, powerless.

▶ **helplessly** adv. ▶ **helplessness** n. [U] ■ **'helpline** n. (GB) telephone service that provides advice and information about particular problems.

hem /hem/ n. edge of a piece of cloth, turned under and sewn, esp. on a piece of clothing. ● **hem** v. (-mm-) [T] make a hem on something. [PV] **hem somebody/ something in** surround somebody/something, so that they cannot move easily. ■ **'hemline** n. lower edge of a skirt or dress.

hemisphere /'hemɪsfɪə(r)/ n. **1** one half of the earth: *the southern ~* **2** (anat.) either half of the brain. **3** one half of a sphere.

hemo- → HAEMO-

hemp /hemp/ n. [U] plant used for making rope and cloth, and also to make the drug cannabis.

hen /hen/ n. **1** adult female chicken **2** female of any bird. ■ **'hen party** (also **'hen night**) (GB) n. party for women only which is held for a woman who will soon get married. ■ **'henpecked** adj. (infml.) (of a man) ruled by his wife.

hence /hens/ adv. **1** for this reason. **2** from now. ■ **,hence'forth** (also **-'forward**) adv. (fml.) from now on.

henchman /'hentʃmən/ n. (pl. **-men**) faithful supporter who always obeys his leader's orders.

henna /'henə/ n. [U] (plant producing a) reddish-brown dye, used esp. on the hair and skin.

her /hɜ:(r)/ pron. (used as the object of a v. or prep.) female person or animal mentioned earlier: *I love ~.* ◇ *Give it to ~.* ● **her** det. of or belonging to her: *That's ~ car, not yours.* ▶ **hers** /hɜ:z/ pron. of or belonging to her: *Is that ~?*

herald /'herəld/ n. **1** sign that something else is going to happen soon. **2** (in the past) person who carried messages from a ruler. ● **herald** v. [T] (written) be a sign that something is going to happen. ▶ **heraldry** /'herəldri/ n. [U] study of coats of arms.

herb /hɜ:b/ n. plant whose leaves or seeds are used in medicine or to add flavour to food. ▶ **herbal** adj. of herbs. ▶ **herbalist** n. person who grows or sells herbs for medical use.

herbaceous /hɜ:'beɪʃəs/ adj. (tech.) (of a plant) having a soft stem. ■ **her,baceous 'border** n. flower bed with plants that flower every year.

herd /hɜ:d/ n. group of animals, esp. cattle, together. ● **herd** v. [T] move somebody/something in a particular direction: *The horese were ~ed onto their trailers.* ▶ **herdsman** /'hɜ:dzmən/ n. (pl. **-men**) man who looks after a herd

here /hɪə(r)/ adv. **1** in, at or to this place: *I used to live ~.* ◊ *Why have you come ~.* **2** now; at this point: *H~ we stopped for lunch.* [IDM] **here and there** in various places **here's to somebody/something** used when drinking to the health or success of somebody/something **neither here nor there** not important or relevant. ■ **,herea'bouts** adv. (*fml.*) near this place. ■ **,here'in** adv. (*fml.*) or (*law*) in this place or document. ■ **,here'with** adv. (*written*) with this letter, book or document.

hereafter /,hɪər'ɑːftə(r)/ adv. (*fml.*) **1** (in legal documents, *etc.*) in the rest of this document. **2** from this time; in future. ▶ **the hereafter** n. [sing.] life after death.

hereditary /hə'redɪtri/ adj. (*esp.* of illness) passed on from parent to child.

heredity /hə'redəti/ n. [U] passing on of characteristics from parents to children.

heresy /'herəsi/ n. [U, C] (*pl.* **-ies**) (holding of a) belief that is completely different from what is generally accepted, esp. in a religion. ▶ **heretic** /'herətɪk/ n. person guilty of heresy. ▶ **heretical** /hə'retɪkl/ adj.

heritage /'herɪtɪdʒ/ n. [C, usu. sing.] all the things that have been passed on over many years in a country.

hermit /'hɜːmɪt/ n. person who lives a simple life alone for religious reasons.

hernia /'hɜːniə/ n. [C, U] medical condition in which the bowel pushes through the wall of the abdomen.

hero /'hɪərəʊ/ n. (*pl.* **~es**) **1** person admired for bravery or other good qualities. **2** main male character in a story, play; etc. ▶ **heroic** /hə'rəʊɪk/ adj. of heroes; very brave ▶ **heroically** /-kli/ adv. ▶ **heroics** n. [pl.] (*disapprov*) talk or behaviour that is too brave or dramatic. ▶ **heroine** /'herəʊɪn/ n. female hero. ▶ **heroism** /'herəʊɪzəm/ n. [U] very great courage.

heroin /'herəʊɪn/ n. [U] drug made from morphine.

herpes /'hɜːpiːz/ n. [U] infectious disease that causes painful spots on the skin.

herring /'herɪŋ/ n. sea fish used for food. ■ **'herringbone** n. [U] V-shaped pattern

hers → HER

herself /hɜː'self/ pron. **1** used as a reflexive when the female doer of an action is also affected by it: *She hurt ~ while cutting vegetables.* **2** used for emphasis: *She told me about it ~.* [IDM] **(all) by herself 1** alone **2** without help.

he's /hiːz/ *short for* HE IS; HE HAS

hesitant /'hezɪtənt/ adj. slow to speak or act because you are unsure. ▶ **hesitancy** n. [U]

hesitate /'hezɪteɪt/ v. [I] be slow to speak or act because you are uncertain or nervous. ▶ **hesitation** /,hezɪ'teɪʃn/ n. [U, C]

heterogeneous /,hetərə'dʒiːniəs/ adj (*fml.*) made up of different kinds.

heterosexual /,hetərə'sekʃuəl/ adj., n. (person who is) sexually attracted to people of the opposite sex.

het up /,het 'ʌp/ adj. (*infml., GB*) upset.

hexagon /'heksəgən/ n. (*geom.*) shape with six sides.

heyday /'heɪdeɪ/ n. [sing.] time of greatest success.

hi /haɪ/ exclam. (*infml.*) used as a greeting: *Hi!*

hiatus /haɪ'eɪtəs/ n [usu. sing] space or pause when nothing happens or where something is missing.

hibernate /'haɪbəneɪt/ v. [I] (of animals) sleep during the winter. ▶ **hibernation** /,haɪbə'neɪʃn/ n. [U]

hiccup (*also* **hiccough**) /'hɪkʌp/ n. **1** sudden repeated stopping of the breath with a sound that you cannot control. **2** (*infml.*) small problem ● **hiccup** v. [I] give a hiccup(1)

hide¹ /haɪd/ v. (*pt* **hid** /hɪd/; *pp* **hidden** /'hɪdn/) **1** [T] put or keep somebody/something out of sight. **2** [I] get out of sight. ■ **'hideaway** n. place where you can hide or be alone. ■ **'hideout** n. place where somebody goes when they do not want anyone to find them. ■ **'hiding place** n. place where somebody/something can be hidden.

hide² /haɪd/ n. animal's skin.

hideous /'hɪdiəs/ adj. very ugly; horrible. ▶ **hideously** adv.

hiding /'haɪdɪŋ/ n. **1** [U] state of being hidden. **2** [sing.] (*infml., esp. GB*) physical punishment of being beaten.

hierarchy /'haɪərɑːki/ n. (*pl.* **-ies**) organization with ranks of authority from lowest to highest.

hi-fi /'haɪ faɪ/ adv., n. [C, U] (of) equipment that reproduces recorded sound almost perfectly.

high¹ /haɪ/ adj. **1** measuring a long distance from the bottom to the top: *a ~ wall* **2** having the distance that is mentioned from the bottom to the top: *The pole is six feet ~.* **3** greater than normal in quantity, size or degree: *a ~ salary* ◊ *a ~ temperature* **4** important: *a ~ ranking officer* **5** morally good: *have ~ principles* **6** very favourable: *have ~ expectations of her* **7** (of a sound) not deep **8** middle or most attractive part of a period of time: *~ noon* **9** (of food) beginning to go bad and having a strong smell. **10** ~(on) (*infml.*) under the influence of drugs. [IDM] **be/get on your high horse** (*infml.*) act proudly, thinking that you know best **high and dry** without help or support. **it's high time** →

TIME¹ ■ 'highbrow adj. sometimes (disapprov) knowing a lot about or concerned with intellectual matters. ■ ,high-'class adj. of good quality. ■ ,High Com'missioner n. representative of one Commonwealth country in another. ■ ,High 'Court n. highest court of law for civil cases in England and Wales. ■ ,higher edu'cation n. [U] (abbr. HE) education at college and university, esp. to degree level. ■ ,high fi'delity adj., n. (old-fash.) = HI-FI ■ ,high-'flyer (also ,high-'flier) n. person with the ambition and ability to be very successful. ■ ,high-'grade adj. of high quality. ■ ,high-'handed adj. using power without consideration for others. ■ the 'high jump n. [sing.] sport of jumping over a high bar ■ 'highlands /'haɪləndz/ n. [pl.] mountainous part of a country. ■ ,high 'level adj. 1 (of meetings, etc.) involving senior people. 2 advanced ■ the 'high life n. [sing.] fashionable luxurious way of living. ■ ,high-'minded adj. having strong moral principles. ■ ,high-'powered adj. having great power and influence; full of energy. ■ ,high-'profile adj. receiving a lot of media attention. ■ 'high-rise adj. (of a building) very tall. ■ 'high school n. (esp. US) secondary school, for pupils aged about 14-18. ■ the ,high 'seas n. [pl.] (fml.) areas of the sea that do not belong to any particular country. ■ ,high 'season n. [U, sing.] (esp. GB) time of year when a hotel, resort, etc. has most visitors. ■ ,high-'spirited adj. lively; excited ■ 'high spot n. most enjoyable or important part of something. ■ 'high street n. main street of a town. ■ ,high 'tea n. (GB) early evening meal. ■ ,high-'tech (also ,hi-'tech) adj. (infml.) 1 using the most modern methods and machines, esp. electronic ones. 2 (of designs, objects, etc.) very modern in appearance. ■ ,high tech'nology n. [U] use of the most modern methods and machines, esp. electronic ones, in industry, etc. ■ ,high 'tension adj. carrying a powerful electrical current: ~-tension wire ■ 'highway n. 1 (esp. US) main road, usu. connecting large towns 2 (GB, fml.) public road. ■ 'highwayman n. (pl. -men) (in the past) man who robbed travellers on roads.

high² /haɪ/ n. 1 highest level or number: *The children were promoted to a ~er level.* 2 (infml.) feeling of intense pleasure: *He was on a real ~ after the party.* ● **high** adv. at or to a high position: *a dinner table piled ~ with food.*

highlight /'haɪlaɪt/ n. [C] 1 most interesting part of something. 2 [pl.] areas of the hair which are lighter than the rest, usu. because they have been dyed. 3 [pl.] (tech.) light part of a picture. ● **highlight** v. [T] give special attention to something.

highly /'haɪli/ adv. 1 very; to a great extent: *a ~ realistic film* 2 very favourably: *think ~ of somebody* ■ ,highly 'strung (US 'high-strung) adj. easily upset.

Highness /'haɪnəs/ n. title of a member of the royal family: *His/Her (Royal) ~.*

hijack /'haɪdʒæk/ v. [T] take control of a vehicle, esp. an aircraft, by force. ▶ **hijacker** n.

hike /haɪk/ n., v. [I] (go for a) long walk in the country. ▶ **hiker** n.

hilarious /hɪ'leərɪəs/ adj. very amusing. ▶ **hilariously** adv. ▶ **hilarity** /hɪ'lærəti/ n. [U] loud happy laughter.

hill /hɪl/ n. 1 area of high land, not as high as a mountain. 2 slope on a road, etc. ■ 'hillside n. side of a hill ■ 'hilltop n. top of a hill. ▶ **hilly** adj. having many hills.

hilt /hɪlt/ n. handle of a sword [IDM] (**up**) **to the hilt** as much as possible.

him /hɪm/ pron. (used as the object of a v or prep) male person or animal mentioned earlier: *I met ~ in a rock concert.*

himself /hɪm'self/ pron. 1 used as a reflexive when the male doer of an action is affected by it: *He cut ~.* 2 used for emphasis: *He told me the news ~.* [IDM] (**all**) **by himself**. 1 alone 2 without help

hind /haɪnd/ adj. at the back: *the ~ legs of a cow.* ■ ,hind'quarters n. [pl.] back parts of an animal with four legs. ● **hind** n. female deer.

hinder /'hɪndə(r)/ v. [T] make it difficult for somebody to do something or for something to happen: *~ somebody from studying* ▶ **hindrance** /'hɪndrəns/ n person or thing that hinders somebody/something.

hindsight /'haɪndsaɪt/ n. [U] understanding of an event after it has happened.

Hindu /,hɪn'duː/ n. person whose religion is Hinduism. ● **Hindu** adj. of the Hindus ▶ **Hinduism** /'hɪnduːɪzəm/ n. [U] Indian religion involving the worship of several gods and belief in reincarnation.

hinge /hɪndʒ/ n. piece of metal on which a door, gate, etc. swings ● **hinge** v. [T] attach something with a hinge. [PV] **hinge on/upon something** depend on something completely: *Everything ~s on his collecting enough data to prove his innocence.*

hint /hɪnt/ n. [C] 1 indirect suggestion: *Should I drop a ~* (= give a hint) *to her?* 2 slight trace of something: *a ~ of jealousy in his voice* 3 [usu. pl.] practical piece of advice: *practical ~s* ● **hint** v. [I, T] ~**at** suggest something indirectly.

hip /hɪp/ n. part on either side of the body above the legs and below the waist. ■ 'hip flask n.

small flat bottle used for carrying alcohol.
hippie (*also* **hippy**) /ˈhɪpi/ *n.* (*pl.* **-ies**) person who rejects usual social standards.
hippo /ˈhɪpəʊ/ *n.* (*pl.* **~s**) (*infml.*) *short for* HIPPOPOTAMUS
hippopotamus /ˌhɪpəˈpɒtəməs/ *n.* (*pl.* **-muses** *or* **-mi** /-maɪ/) large African river animal with thick skin.
hire /ˈhaɪə(r)/ *v.* [T] **1** obtain the use of something in return for payment: *~ a a costume for fancy dress competition in school.* **2** employ somebody to do a job. [PV] **hire something out** allow the use of something for a short time, in return for payment. ● **hire** *n.* [U] act of hiring something for a short time: *band for ~*. ■ **,hire ˈpurchase** *n.* [U] (*GB*) agreement to pay small regular amounts for something, having the use of it immediately.
his /hɪz/ *det.* of or belonging to him: *That's ~ bag, not yours,* ● **his** *pron.* of or belonging to him: *Is that ~?*
hiss /hɪs/ *v.* [I, T] make a sound like that of a long 's', esp. to show disapproval of somebody/something. ● **hiss** *n.* hissing sound
historian /hɪˈstɔːriən/ *n.* student of, or expert in, history.
historic /hɪˈstɒrɪk/ *adj.* important in history: *a ~ experiment*
historical /hɪˈstɒrɪkl/ *adj.* of or concerning history: *~ monument* ▶ **historically** /-kli/ *adv.*
history /ˈhɪstri/ *n.* (*pl.* **-ies**) **1** [U] study of past events. **2** [C] description of past events. **3** [sing.] past events or experiences of somebody/something: *his psychological ~* [IDM] **go down in/make history** be or do something so important that it will be remembered.
hit¹ /hɪt/ *v.* (**-tt-** *pt, pp* **hit**) [T] **1** bring something forcefully against somebody/something: *He ~ me with his full strength.* **2** come against somebody/something with force: *The plane ~ a building.* **3** have a bad effect on somebody/something: *The new law will ~ the middle class more:* **4** reach a place or level; find something: *~ the right path in life.* [IDM] **hit it off (with somebody)** (*infml.*) have a good relationship with somebody. **hit the hay/sack** (*infml.*) go to bed. **hit the nail on the head** say something that is exactly right. **hit the roof** (*infml.*) suddenly become very angry. [PV] **hit back (at somebody/something)** reply forcefully to an attack. **hit on/upon something** think of a plan, solution, etc. unexpectedly. **hit out (at somebody/something)** attack somebody/something forcefully esp. with words. ■ **,hit-and-ˈrun** *adj.* (of a road accident) caused by a driver who does not stop to help.

hit² /hɪt/ *n.* **1** act of hitting somebody/something. **2** person or thing that is very popular: *Her new album is a great ~.* **3** result of a search on a computer, esp. on the Internet ■ **ˈhit list** *n.* (*infml.*) list of people to be killed or against whom an action is planned. ■ **ˈhit man** *n.* (*infml.*) criminal who is paid to kill somebody.
hitch /hɪtʃ/ *v.* **1** [I, T] get free rides in other people's cars; travel around in this way: *~ round Europe* **2** [T] **~ (up)** pull up a piece of your clothing. **3** [T] fasten something to something with a loop or hook. ● **hitch** *n.* **1** small problem that causes a delay. **2** kind of knot. ■ **ˈhitch-hike** *v.* [I] travel around by obtaining free rides in other people's cars ■ **ˈhitch-hiker** *n.*
hitherto /ˌhɪðəˈtuː/ *adv.* (*fml.*) until now
HIV /ˌeɪtʃ aɪ ˈviː/ *abbr.* for human immunodeficiency virus that causes AIDS: *to be infected with ~.*
hive /haɪv/ *n.* **1** box for bees to live in. **2** place full of busy people: *a ~ of activity* ● **hive** *v.* [PV] **hive something off (to/into something)** separate one part of a group from the rest; sell part of a business.
HMS /ˌeɪtʃ em ˈes/ *abbr.* (used before the name of British warships) Her/His Majesty's Ship.
hoard /hɔːd/ *n.* often secret store of money, food, etc. ● **hoard** *v.* [T] save and store food, money, etc. esp. secretly.
hoarding /ˈhɔːdɪŋ/ *n.* (*GB*) large board on which advertisements are stuck.
hoarse /hɔːs/ *adj.* (**~r, ~st**) (of a voice) sounding rough. ▶ **hoarsely** *adv.* ▶ **hoarseness** *n.* [U]
hoax /həʊks/ *n.* trick played on somebody for a joke: *a bomb ~* ● **hoax** *v.* [T] deceive somebody with a hoax.
hob /hɒb/ *n.* (*GB*) flat heating surface on a cooker.
hobble /ˈhɒbl/ *v.* [I] walk awkwardly, e.g. because your feet hurt.
hobby /ˈhɒbi/ *n.* (*pl.* **-ies**) activity you do for pleasure in your free time.
hobnail boot /ˌhɒbneɪl ˈbuːt/ *n.* heavy boot with short nails in the sole.
hockey /ˈhɒki/ *n.* [U] **1** (*GB*) team game played on a field with curved sticks and a small hard ball. **2** (*US*) = ICE HOCKEY (ICE¹)
hod /hɒd/ *n.* box with a long handle, used for carrying bricks.
hoe /həʊ/ *n.* garden tool with a long handle, used for breaking up the soil. ● **hoe** *v.* [I, T] break up soil, remove plants, etc. with a hoe.
hog /hɒɡ/ *n.* castrated male pig, kept for its meat. ● **hog** *v.* (**-gg-**) [T] take more than

your fair share of something and stop others from having it.

Hogmanay /ˈhɒgməneɪ/ *n.* [U] (in Scotland) New Year's Eve (31 December)

hoist /hɔɪst/ *v.* [T] lift something up, esp. with ropes. ● **hoist** *n.* piece of equipment with ropes and pulleys for lifting heavy things.

hold¹ /həʊld/ *v.* (*pt, pp* **held** /held/) **1** [T] carry something; have somebody/something in your hands. **2** [T] keep somebody/something in a particular position: *H~ your head high!* **3** [T] support the weight of somebody/something: *You are too big to ~ this.* **4** [T] have enough room for somebody/something; contain somebody/something: *This barrel ~s 25 litres.* **5** [T] not allow somebody to leave: *Wait! ~ the thought until I come back.* **6** [T] defend something against attack. **7** [I] remain firm or unchanged: *How long will this peace ~?* **8** [T] keep somebody's attention or interest. **9** [T] own or have something: *~ shores* **10** [T] have a particular job or position: *~ the post of Prime Minister* **11** [T] have a belief, opinion, etc. **12** [T] (*fml.*) consider that something is true: *I ~ you responsible for all our woes.* **13** [T] cause a meeting, conversation, etc. to take place. **14** [T] (of a car, *etc.*) keep a grip on a road [IDM] **hold somebody/something at bay.** → BAY **hold your breath** stop breathing for a short time. **hold the fort** look after something while others are away. **hold good** be true **hold your ground** → GROUND¹ **hold it** (*spoken*) used for asking somebody to wait, or not to move. **hold the line** keep a telephone connection open **hold your own (against somebody)** not be defeated by somebody. **hold your tongue** not say anything. **there's no holding somebody** somebody cannot be prevented from doing something. [PV] **hold something against somebody** allow something bad to influence your opinion of somebody. **hold back** be unwilling to act. **hold somebody/something back 1** control somebody/something: *~ back the tears* **2** keep something secret. **hold somebody down** control the freedom of somebody. **hold something down 1** keep something at a low level: *~ down the dogs* **2** keep a job for some time. **hold forth (on something)** speak for a long time about something. **hold off** (of rain, *etc.*) be delayed. **hold somebody/something off** resist an attack. **hold off (doing) something** delay something. **hold on 1** (*spoken*) used to tell somebody to wait or stop. **2** survive, even in a difficult situation **hold something on** keep something in position **hold on to something** keep something. **hold out 1** last **2** resist an attack or survive in a dangerous situation. **hold something out** offer something. **hold out for something** refuse to accept an offer, and continue to demand something better. **hold something over** postpone something. **hold somebody to something** make somebody keep a promise. **hold somebody/something up 1** delay somebody/something: *Our flight was held up due to bad weather.* **2** use somebody / something as an example **hold up something** rob a bank, etc. by force. ■ **ˈhold-up** *n.* **1** delay, e.g. in traffic **2** robbery by armed robbers.

hold² /həʊld/ *n.* **1** [sing.] act of holding somebody/something. **2** [C] way of holding an opponent, e.g. in wrestling **3** [sing.] *~* **(on/over)** influence or power over somebody/something. **4** [C] place where you can put your hands or feet when climbing. **5** [C] part of a ship or plane where goods or luggage is stored. [IDM] **catch, grab, take, etc. (a) hold of somebody/ something** take somebody/something in your hands. **get hold of somebody/something** (*infml.*) **1** contact or find somebody. **2** find and use something.

holdall /ˈhəʊldɔːl/ *n.* (*GB*) large soft bag, used when travelling.

holder /ˈhəʊldə(r)/ *n.* **1** person who owns or possesses something.: *pass ~* **2** thing that supports or holds something: *an egg ~*

holding /ˈhəʊldɪŋ/ *n.* **1** *~***(in)** number of shares that somebody has in a company. **2** something, e.g. land, that is owned.

hole /həʊl/ *n.* **1** [C] hollow space or gap in something solid or in the surface of something: *a ~ in the ground* **2** [C] small animal's home. **3** [C] (*infml.*) unpleasant place to live or be in. **4** [sing.] (*infml.*) difficult situation: *be in a hell ~* **5** [C] place into which a ball must be hit in golf, etc. [IDM] **make a hole in something** (*infml.*) use up a large part of your money, etc. ● **hole** *v.* **1** [T] make a hole in something. **2** [I, T] *~***(out)** hit a golf ball into the hole. [PV] **hole up | be holed up** (*infml.*) hide in a place.

holiday /ˈhɒlədeɪ/ *n.* **1** day(s) of rest from work: *plan a ~* **2** period of time spent travelling away from home: *a fishing ~* ● **holiday** *v.* [I] spend a holiday somewhere. ■ **ˈholidaymaker** *n.* person visiting a place on holiday.

holiness /ˈhəʊlinəs/ *n.* **1** [U] quality of being holy. **2** [C] **(His/Your Holiness)** title of the Pope.

hollow /ˈhɒləʊ/ *adj.* **1** having a hole or empty space inside. **2** curving inwards; sunken: *~ looks* **3** (of sounds) echoing, as if coming from a hollow place. **4** not sincere; false: *~ principles* ● **hollow** *n.* area that is lower than the surface around it ● **hollow** *v.* [PV] **hollow something out** make a hole in something by removing part of it: *~ out a tree trunk*

holly /'hɒli/ *n.* [C, U] small evergreen tree with sharp-pointed leaves and red berries.

holocaust /'hɒləkɔːst/ *n.* large-scale destruction and the killing of many people, esp. because of a war.

holster /'həʊlstə(r)/ *n.* leather holder for a small gun.

holy /'həʊli/ *adj.* (-ier, -iest) **1** associated with God or religion. **2** pure and good: *~ man* ■ **the ,Holy 'Spirit** (*also* **the ,Holy 'Ghost**) *n.* [sing.] (in Christianity) God in the form of a spirit.

homage /'hɒmɪdʒ/ *n.* [U, C, usu. sing.] (*fml.*) *~(to)* something said or done to show respect for somebody.

home¹ /həʊm/ *n.* **1** [C, U] place where you live, esp. with your family. **2** [C] place for the care of old people or children. **3** [C] place where an animal or plant lives naturally. **4** [sing.] place in which something was first discovered, made or invented: *Greece is the ~ of democracy,* [IDM] **at home 1** in a person's own house, etc. **2** comfortable and relaxed: *Feel at ~!* ■ **the ,Home 'Counties** *n.* [pl.] the counties around London. ■ **,home eco'nomics** *n.* [U] cooking and other skills needed at home, taught as a school subject. ■ **,home-'grown** *adj.* (of food, *etc.*) produced in your own country, garden, etc. ■ **,home 'help** *n.* (*GB*) person whose job is to help old or sick people with cooking, cleaning, etc. ■ **'homeland** *n.* country where a person was born. ▶ **homeless** *adj.* having no home. ■ **,home-'made** *adj.* made at home. ■ **the 'Home Office** *n.* [sing.] British government department dealing with the police, immigration, etc. ■ **'home page** *n.* (*computing*) main page created by a company, an organization, etc. on the World Wide Web from which connections to other pages can be made. ■ **'homesick** *adj.* sad because you are away from home. ■ **'homesickness** *n.* [U] ■ **,home 'truth** *n.* [usu. pl.] true but unpleasant fact about somebody. ▶ **homeward** *adj.* going towards home ▶ **homewards** *adv.* towards home. ■ **'homework** *n.* [U] **1** work that a pupil does away from school. **2** (*infml.*) work somebody does to prepare for something.

home² /həʊm/ *adj.* **1** of or connected with the place where you live. **2** connected with your own country rather than foreign countries: *~ grown* **3** (*sport*) played on the team's own ground: *a ~ team* ● **home** *adv.* **1** to or at your home: *on her way ~* **2** into the correct position: *drive a point ~* [IDM] **be home and dry** have done something difficult successfully **bring something/come home to somebody** make something/ become fully understood. ■ **'home coming** *n.* [C, U] act of returning to your home after being away for a long time. ● **home** *v.* [PV] **home in on something** aim at something and move straight towards it.

homely /'həʊmli/ *adj.* (-ier, -iest) **1** (*approv, esp. GB*) comfortable; simple and good. **2** (*US, disapprov*) (of a person's appearance) unattractive.

homeopathy /ˌhəʊmi'ɒpəθi/ *n.* [U] treatment of disease by giving small doses of drugs which in larger amounts would cause the same disease. ▶ **homeopathic** /ˌhəʊmiə'pæθɪk/ *adj.*

homicide /'hɒmɪsaɪd/ *n.* [C, U] (*esp. US, law*) crime of killing somebody deliberately. ▶ **homicidal** /ˌhɒmɪ'saɪdl/ *adj.*

homing /'həʊmɪŋ/ *adj.* **1** (of a pigeon, *etc.*) having the ability to find its way home. **2** (of a missile, *etc.*) fitted with a device that guides it to the target.

homogeneous /ˌhɒmə'dʒiːniəs/ *adj.* (*fml.*) consisting of things or people that are the same or of the same type.

homogenized (*also* **-ised**) /hə'mɒdʒənaɪzd/ *adj.* (of milk) treated so that the cream is mixed in with the rest.

homonym /'hɒmənɪm/ *n.* word spelt and pronounced like another word but with a different meaning, e.g. *can* meaning 'be able' and *can* meaning 'container.'

homosexual /ˌhəʊmə'sekʃuəl; ˌhɒm-/ *n, adj.* (person who is) sexually attracted to people of their own sex. ▶ **homosexuality** /ˌhəʊməˌsekʃu'æləti; ˌhɒm-/ *n.* [U]

honest /'ɒnɪst/ *adj.* **1** (of a person) telling the truth; not cheating or stealing. **2** not hiding the truth about something: *an ~ outlook* ▶ **honestly** *adv.* **1** in an honest way **2** (used for emphasis) really ▶ **honesty** *n.* [U]

honey /'hʌni/ *n.* **1** [U] sweet sticky substance made by bees. **2** [C] (*spoken, esp. US*) way of addressing somebody that you like or love. ■ **'honeycomb** *n.* [C, U] wax structure made by bees for holding their honey and eggs ■ **'honeysuckle** *n.* [U] climbing plant with sweet-smelling flowers.

honeymoon /'hʌnimuːn/ *n.* **1** holiday taken by a couple who have just got married. **2** pleasant time at the start of a new job, etc.: *The ~ period for the government is now over.* ● **honeymoon** *v.* [I] spend your honeymoon somewhere.

honk /hɒŋk/ *v* [I] *n.* (make the) sound of a car

horn

honorary /'ɒnərəri/ adj. **1** (of a degree or rank) given as an honour. **2** (of a person or of an organization) unpaid: ~ *professor.*

honour (*US* **-or**) /'ɒnə(r)/ n. **1** [U] great respect and admiration for somebody: *the guest of ~* (= the most important one) **2** [sing.] (*fml.*) something you are pleased and proud to do because of people's respect for you: *a great ~ to be awarded* **3** [U] strong sense of right; reputation for good behaviour: *a man of ~* **4** [sing.] person or thing that brings respect: *You are an ~ to the country.* **5** (**honours**) [pl.] (*abbr.* **Hons**) university course of a higher level than a basic course; high mark obtained on such a course: *an ~s degree* **6** (**His/Her/Your Honour**) [C] title of respect to a judge or a US mayor. ● **honour** v. [T] **1** do something which shows great respect or praise for somebody. **2** do what you have agreed or promised to do.

honourable (*US* **-nor-**) /'ɒnərəbl/ adj. **1** deserving or showing honour. **2** (**the Honourable**) title given to certain high officials, etc. ▶ **honourably** adv.

hood /hʊd/ n. **1** covering for the head and neck, fastened to a coat. **2** folding cover of a car, pram, etc. **3** (US) = BONNET(1) ▶ **hooded** adj. having a hood

hoodwink /'hʊdwɪŋk/ v. [T] trick somebody.

hoof /huːf/ n. (*pl.* **~s** or **hooves** /huːvz/) hard bony part of the foot of a horse, etc.

hook /hʊk/ n. **1** curved piece of metal, plastic, etc. used for catching hold of something or for hanging something on. **2** (in boxing) short blow with the elbow bent [IDM] **off the hook 1** (of a telephone receiver) not resting on the main part of the telephone. **2** (*infml.*) no longer in a difficult situation: *let/get somebody off the ~* ● **hook** v. [T] **1** fasten or catch something with a hook. **2** make something into the form of a hook: *Fix the ~ on the wall to hang up clothes.* ▶ **hooked** adj. **1** curved; shaped like a hook **2** **~(on)** (*infml.*) dependent on something bad, esp. a drug. **3** enjoying something very much so that you want to do it, see it, etc. as much as possible.

hooligan /'huːlɪɡən/ n. noisy violent young person: *street ~s* ▶ **hooliganism** n. [U]

hoop /huːp/ n. circular band of wood or metal: *silver ~ earrings.*

hooray /hu'reɪ/ exclam used to show happiness or approval of something.

hoot /huːt/ n. [C] **1** short loud laugh or shout. **2** [sing] very funny situation or person. **3** sound of a car horn. **4** cry of an owl [IDM] **not care/give a hoot/two hoots** (*infml.*) not care at all ● **hoot** v. **1** [I] make a loud noise **2** [T] sound of a car horn.

Hoover™ /'huːvə(r)/ n. = VACUUM CLEANER ● **hoover** v. [I, T] (*GB*) clean something with a vacuum cleaner.

hooves *pl.* of HOOF

hop /hɒp/ v. (**-pp-**) [I] **1** (of a person) jump on one foot. **2** (of an animal or bird) jump with all or both feet together. **3** (*infml.*) move quickly or easily: *~ on a scooter* ● **hop** n. **1** short jump **2** (*infml.*) short journey, esp. by plane. **3** climbing plant used to flavour beer.

hope /həʊp/ n. **1** [C, U] desire and expectation that something good will happen. **2** [C, sing.] person or thing that will help you get what you want: *He is the team's last ~.* [IDM] **be beyond hope (of something)** have no chance of succeeding or recovering. ● **hope** v. [I, T] want something to happen and think that it is possible: *I ~ (that) for the best.* ▶ **hopeful** adj. having or giving hope. ▶ **hopefully** adv. **1** used for expressing hope that something will happen: *H~fully, we will win.* **2** in a hopeful way. ▶ **hopeless** adj. **1** giving no hope **2** **~(at)** (*infml.*) very bad at something; with no ability or skill: *~less in sports* ▶ **hopelessly** adv. ▶ **hopelessness** n. [U]

horde /hɔːd/ n. very large crowd.

horizon /hə'raɪzn/ n. **1** (**the horizon**) [sing.] the line at which the earth and sky seem to meet. **2** [C] limit of your knowledge, experience, etc.: *Education broadens your ~s.*

horizontal /ˌhɒrɪ'zɒntl/ adj. flat and level: *~ and vertical lines* ● **horizontal** n. [sing.] horizontal line or position ▶ **horizontally** /-təli/ adv.

hormone /'hɔːməʊn/ n. substance produced in the body that encourages growth, etc.

horn /hɔːn/ n. **1** [C] hard pointed usu. curved growth on the heads of cattle, deer, etc. **2** [U] hard substance of which animal horns are made. **3** [C] musical instrument with a trumpet-shaped end: *a French ~* **4** [C] device in a vehicle for making a warning sound. ▶ **horny** adj. (**-ier, -iest**) **1** (*infml.*) sexually excited or exciting. **2** made of or like horn

hornet /'hɔːnɪt/ n. large wasp.

horoscope /'hɒrəskəʊp/ n. statement about somebody's future based on the position of the stars and planets at the time of their birth.

horrendous /hɒ'rendəs/ adj. very unpleasant or shocking: *~ devastation.*

horrible /'hɒrəbl/ adj. **1** (*spoken*) very bad or unpleasant: *~ snowfall* **2** causing horror: *a ~ murder* ▶ **horribly** adv.

horrid /'hɒrɪd/ adj. (*old-fash.* or *infml.*) very unpleasant; nasty.

horrific /hə'rɪfɪk/ adj. extremely bad and shocking or frightening. ▶ **horrifically** adv.

horrify /'hɒrɪfaɪ/ v. (*pt, pp* **-ied**) [T] fill somebody with horror.

horror /ˈhɒrə(r)/ n. **1** [C, U] (something causing a) feeling of great shock, fear or disgust. **2** [U] type of book, film, etc. that is designed to frighten people: *a ~ story/film* **3** [C] (*infml.*) naughty child ■ **ˈhorrorstruck** (also **-stricken**) adj. very shocked.

hors d'oeuvre /ˌɔː ˈdɜːv/ n. [C, U] small amount of food served at the beginning of a meal.

horse /hɔːs/ n. large four-legged animal that people ride on or use for pulling carts, etc. [IDM] **(straight) from the horse's mouth** (*infml.*) (of information) directly from the person concerned. ● **horse** v. [PV] **horse about/around** (*infml.*) behave in a noisy playful way. ■ **ˈhorseplay** n. [U] rough noisy fun or play. ■ **ˈhorsepower** n. [U] unit for measuring the power of an engine ■ **ˈhorseshoe** n. U-shaped metal shoe for a horse.

horseback /ˈhɔːsbæk/ n. [IDM] **on horseback** sitting on a horse ▶ **horseback** adv., adj. (*US*): *~riding*.

horticulture /ˈhɔːtɪkʌltʃə(r)/ n. [U] science of growing flowers, fruit, and vegetables ▶ **horticultural** /ˌhɔːtɪˈkʌltʃərəl/ adj.

hose /həʊz/ (also **ˈhosepipe**) n. **1** [C, U] flexible tube used for directing water onto a garden or a fire. **2** [pl.] stockings, socks, etc. ● **hose** v. [T] **~(down)** wash something with a hose.

hosiery /ˈhəʊziəri/ n. [U] used esp. in shops as a word for tights, stockings and socks: *the ~ work of India is world famous.*

hospice /ˈhɒspɪs/ n. hospital for people who are dying.

hospitable /hɒˈspɪtəbl; ˈhɒspɪtəbl/ adj. **1** **~(to/towards)** giving a kind welcome to guests. **2** (of places) pleasant to be in ▶ **hospitably** adv.

hospital /ˈhɒspɪtl/ n. place where people are treated for illness or injuries. ▶ **hospitalize** (also **-ise**) v. [T] send somebody to hospital for treatment. *See pg 223 for picture.*

hospitality /ˌhɒspɪˈtæləti/ n. [U] **1** friendly and kind behaviour towards guests. **2** food, drink or services provided by an organization for guests, customers, etc.: *the ~ industry is on the take off.* (= hotels, restaurants, *etc.*)

host /həʊst/ n. **1** person who entertains guests in their house. **2** country, city or organization that holds a special event. **3** person who introduces guests on a radio or television programme. **4** **~ of** large number of people or things: *a ~ of ideas* ● **host** v. [T] act as a host at something or to somebody.

hostage /ˈhɒstɪdʒ/ n. prisoner kept by a person who threatens to hurt or kill them unless certain demands are obeyed.

hostel /ˈhɒstl/ n. **1** building providing cheap accommodation for students, travellers, etc. **2** building where homeless people can stay.

hostess /ˈhəʊstəs; -es/ n. **1** female host. **2** woman employed to welcome and entertain men at a nightclub.

hostile /ˈhɒstaɪl/ adj. **~(to/towards)** **1** unfriendly. **2** belonging to a military enemy: *~ territory* **3** (*business*) (of an offer to buy a company, etc.) not wanted by the company that is to be bought: *a ~ takeover bid.*

hostility /hɒˈstɪləti/ n. **1** [U] unfriendly behaviour **2** (**hostilities**) [pl.] (acts of) war.

hot /hɒt/ adj. (**~ter**, **~test**) **1** having a high temperature. **2** (of food) producing a burning taste: *~ and spicy food* **3** (*infml.*) new, exciting and very popular. **4** (of news) very recent and usu. exciting. **5** strong; fierce: *He has a ~ temperament* (= gets angry quickly), [IDM] **be in/get into hot water** (*infml.*) be in/get into trouble **hot air** (*infml.*) meaningless talk **(be) hot on somebody's/something's heels/tracks/trail** following somebody/something closely **not so hot.** (*infml.*) not good. ● **hot** v. (**-tt-**) [PV] **hot up** (*infml.*) become more exciting or intense. ■ ˌ**hot-ˈblooded** adj. easily angered; passionate. ■ ˌ**hot-ˈdesking** n. [U] practice in an office of giving desks to workers when they are required, rather than giving each worker their own desk. ■ **ˈhot dog** n. hot sausage served in a long bread roll. ■ **ˈhotfoot** adv. (*written*) quickly and eagerly. ■ **ˈhothead** n. person who acts too quickly, without thinking. ■ ˌ**hot-ˈheaded** adj. ■ **ˈhothouse** n. heated glass building, for growing plants. ■ **ˈhotline** n. **1** special telephone line that people can use to get information or to talk about something. **2** direct telephone connection between heads of government. ▶ **hotly** adv. **1** angrily or excitedly **2** closely: *~ly argumented issue* ■ **ˈhot spot** n. **1** place where fighting is common, esp. for political reasons. **2** place where there is a lot of activity or entertainment. **3** (*computing*) area on a computer screen that you click on to start an operation, e.g. to load a file. ■ ˌ**hot-ˈtempered** adj. easily angered.

hotel /həʊˈtel/ n. building where rooms and meals are provided for travellers. ▶ **hotelier** /həʊˈteliə(r); -lieɪ/ n. person who owns or manages a hotel.

hound /haʊnd/ n. hunting or racing dog. ● **hound** v. [T] keep following somebody and not leave them alone: *~ed by the paparazzi.*

hour /ˈaʊə(r)/ n. **1** [C] period of 60 minutes: *Home is only two ~s away* (= it takes two hours to get there). **2** [C, usu. sing.] period of about an hour: *a long sports ~* **3 (hours)** [pl.] fixed period of time for work, etc.: *Office ~s are from 9 a.m. to 5 p.m.* **4 (the hour)** [sing.] time when it is exactly 1 o'clock, 2 o'clock, etc.: *Trains leave every ~.* [IDM] **at the eleventh hour** at the last possible moment.

hourly /'aʊəli/ *adj.* **1** done or happening every hour: *an ~ metro service* **2** calculated by the hour: *an ~ rate* ● **hourly** *adv.* every hour.

house¹ /haʊs/ *n.* [C] (*pl. ~s* /'haʊzɪz/) **1** building made for people to live in, usu. for one family. **2** [usu. sing.] people living in a house: *The whole ~ was a mess after the party!* **3** building made for a purpose that is mentioned: *a coffee ~* ◊ *a pent~* **4** business firm: *a publishing ~* **5** (*usu.* **House**) (building used by) people who discuss or pass laws: *the H~s of Parliament* ◊ *the H~ of Representatives* **6** part of a theatre where the audience sits, for an audience at a particular performance: *a full ~* (= a large audience) **7** division of a school for competitions in sport, etc. **8** (*usu.* **the House of ...**) old and famous family. [IDM] **bring the house down** (*infml.*) make an audience laugh or clap loudly **on the house** paid for by the pub, firm, etc. ■ **'housebound** *adj.* not able to leave your house because of illness, etc. ■ **housebreaking** *n.* [U] (*esp. GB*) crime of entering a building by force. ■ **'housekeeper** *n.* person (*esp.* a woman) whose job is to manage a household. ■ **'housekeeping** *n.* [U] **1** work of managing a household. **2** money allowed for this. ■ **'housemaster** (fem **'housemistress**) *n.* (*esp. GB*) teacher in charge of a group of children (**a house**) in a school. ■ **the ˌHouse of 'Commons** (*also* **the Commons**) (*GB*) *n.* [sing., with sing. or pl. verb] (members of) the part of Parliament which is elected. ■ **the ˌHouse of 'Lords** (*also* **the Lords**) (*GB*) *n.* [sing., with sing. or pl. verb] (members of) the non-elected part of Parliament. ■ **'house music** (*also* **house**) *n.* [U] type of popular dance music with a fast beat, played on electronic instruments. ■ **'house-proud** *adj.* giving great attention to the appearance of your home. ■ **'housewife** *n.* (*pl.* **-wives** /-waɪvz/) woman who works at home looking after her family, cleaning, cooking, etc. ■ **'housework** *n.* [U] work done in a house, e.g. cleaning and cooking.

house² /haʊz/ *v.* [T] provide somebody with a place to live.

household /'haʊshəʊld/ *n.* all the people living in a house. [IDM] **a household name/word** name of somebody/something that is very well known.

housing /'haʊzɪŋ/ *n.* **1** [U] houses, flats, etc. considered as a group: *~ society* **2** [U] job of providing houses, flats, etc. for people to live in: *a ~ authority* **3** [C] cover that protects a machine.

hove → HEAVE

hovel /'hɒvl/ *n.* (*disapprov*) small dirty house or hut

hover /'hɒvə(r)/ *v.* [I] **1** (of birds, helicopters, *etc.*) stay in the air in one place. **2** (of a person) wait about, in an uncertain manner. ■ **'hovercraft** *n.* (*pl.* **hovercraft**) vehicle that moves over land or water supported by a cushion of air underneath it.

how /haʊ/ *adv.* **1** (used in questions) in what way or manner: *H~ do you deal with him?* **2** used to ask about somebody's health: *H~ is it going?* **3** used to ask whether something is successful or enjoyable: *H~ was your vacation?* **4** (used with an *adj.* or *adv.*) used to ask about the amount, degree, etc. of something or about somebody's age: *H~ much are those books?* ◊ *H~ old are you?* **5** used to express surprise, pleasure, etc.: *H~ kind of you to come!* ● **how** *conj.* the way in which: *He told me ~ to get in touch with you.*

however /haʊ'evə(r)/ *adv.* **1** to whatever degree: *He'll never dance, ~ hard you try.* **2** (used for adding a comment to what you have just said) although something is true: *Sales are poor h~, there may be an increase next month.* **3** (used in questions for showing surprise) in what way; how: *H~ did you manage without any guidance?* ● **however** *conj.* in any way: *H~ you look at it, it will always be a problem.*

howl /haʊl/ *v.* [I] *n.* (make a) long loud cry.

HQ /ˌeɪtʃ 'kjuː/ *abbr.* = HEADQUARTERS

hr *abbr.* (*pl.* **hrs**) = HOUR

HRH /ˌeɪtʃ ɑːr 'eɪtʃ/ *abbr.* His/Her Royal Highness

hub /hʌb/ *n.* **1** central point of an activity **2** central part of a wheel. ■ **'hubcap** *n.* round metal cover over the hub of a car wheel.

hubbub /'hʌbʌb/ *n.* [sing.] loud noise made by a lot of people talking at the same time.

huddle /'hʌdl/ *v.* [I, T] **1 ~(up)** crowd together, usu. because of cold or fear **2** hold your arms and legs close to your body: *I ~d in a corner.* ● **huddle** *n.* number of people or things close together.

hue /hjuː/ *n.* (*fml.*) (shade of) colour. [IDM] **hue and cry** loud angry public protest.

huff /hʌf/ *n.* [IDM] **in a huff** (*infml.*) in a bad mood, esp. because somebody has upset you.

hug /hʌɡ/ *v.* (**-gg-**) [T] **1** put your arms round somebody tightly, esp. to show love. **2** keep close to something: *The sea ~ged the sandy*

beach. . ● **hug** *n*. act of hugging somebody: *give somebody a ~*.
huge /hjuːdʒ/ *adj.* very large ▶ **hugely** *adv.* very much.
hulk /hʌlk/ *n.* **1** broken old ship **2** large awkward person or thing. ▶ **hulking** *adj.* large and awkward.
hull /hʌl/ *n.* body of a ship.
hullo = HELLO
hum /hʌm/ *v.* (**-mm-**) **1** [I, T] sing a tune with your lips closed: *~ a song* **2** [I] make a low continuous sound. **3** [I] (*infml.*) be full of activity ● **hum** *n.* humming sound.
human /ˈhjuːmən/ *adj.* **1** of people **2** showing the better qualities of people; kind ● **human** (*also* **‚human ‘being**) *n.* person ▶ **humanly** *adv.* within human ability: *Its not ~ly possible.* ■ **‚human ‘rights** *n.* [pl.] basic rights of freedom, equality, justice, etc.
humane /hjuːˈmeɪn/ *adj.* showing kindness towards people and animals by making sure they do not suffer more than is necessary: *the ~ side of things.* ▶ **humanely** *adv.*
humanity /hjuːˈmænəti/ *n.* **1** [U] people in general. **2** [U] quality of being kind to people and animals. **3** (**(the) humanities**) [pl.] subjects of study concerned with the way people think and behave, e.g. literature, philosophy, etc.
humble /ˈhʌmbl/ *adj.* (**~r, ~st**) **1** having a modest opinion of yourself. **2** low in rank; unimportant **3** (of things) not large or special in any way: *a ~ household* ● **humble** *v.* [T] make somebody feel humble ▶ **humbly** *adv.*
humdrum /ˈhʌmdrʌm/ *adj.* boring and always the same.
humid /ˈhjuːmɪd/ *adj.* (of the air) warm and damp ▶ **humidity** /hjuːˈmɪdəti/ *n.* [U] (amount of) water in the air.
humiliate /hjuːˈmɪlieɪt/ *v.* [T] make somebody feel ashamed or foolish. ▶ **humiliating** *adj.*: *a humiliating behaviour* ▶ **humiliation** /-ˈeɪʃn/ *n.* [C, U]
humility /hjuːˈmɪləti/ *n.* [U] quality of being humble(1)
humorist /ˈhjuːmərɪst/ *n.* person who writes or tells jokes.
humorous /ˈhjuːmərəs/ *adj.* funny; amusing ▶ **humorously** *adv.*
humour (*US* **-or**) /ˈhjuːmə(r)/ *n.* [U] (ability to cause or feel) amusement: *have a sense of ~* ● **humour** *v.* [T] keep somebody happy by doing what they want.
hump /hʌmp/ *n.* round lump, esp. on a camel's back ● **hump** *v.* [T] (*infml.*) carry something heavy.
hunch /hʌntʃ/ *n.* (*infml.*) feeling that something is true, though without evidence to prove it. ● **hunch** *v.* [T] bend your back and shoulders into a rounded shape. ■ **‘hunchback** *n.* (*offens.*) person with a hump on their back.
hundred /ˈhʌndrəd/ *number* **1** 100: *one, two, etc. ~* **2** (**a hundred** *or* **hundreds (of...)**) large amount: *~s of animals* ▶ **hundredth** /ˈhʌndrədθ;-ətθ/ *ordinal number* 100th, the fraction $1/100$; one of a hundred equal parts of something.
hundredweight /ˈhʌndrədweɪt/ *n.* (*pl.* **hundredweight**) measure of weight; one twentieth of one ton (50.8 kilograms).
hung *pt, pp of* HANG^1
hunger /ˈhʌŋɡə(r)/ *n.* **1** [U] need or desire for food. **2** [sing] **~for** (*fml.*) strong desire ● **hunger** *v.* [PV] **hunger for/after somebody/something** have a strong desire for somebody/something ■ **‘hunger strike** *n.* refusal to eat food as a protest.
hungry /ˈhʌŋɡri/ *adj.* (**-ier, -iest**) feeling of hunger ▶ **hungrily** *adv.*
hunk /hʌŋk/ *n.* thick piece cut off from something: *a ~ of cake.*
hunt /hʌnt/ *v.* [I, T] **1** chase wild animals to catch or kill them for food or sport. **2 ~(for)** try to find somebody/something [PV] **hunt somebody down** search for and find somebody ● **hunt** *n.* **1** [sing.] act of hunting. **2** [C] group of people who hunt foxes ▶ **hunter** *n.* person who hunts.
hurdle /ˈhɜːdl/ *n.* **1** frame to be jumped over in a race **2** difficulty to be overcome.
hurl /hɜːl/ *v.* [T] throw somebody/something violently in a particular direction: (*fig*) *~ insults at somebody in public is bad manners.*
hurly-burly /ˈhɜːli bɜːli/ *n.* [U] noisy busy activity
hurrah /həˈrɑː/ (*also* **hurray** /huˈreɪ/) *exclam* = HOORAY
hurricane /ˈhʌrɪkən/ *n.* violent storm with very strong winds.
hurry /ˈhʌri/ *v.* (*pt, pp* **-ied**) [I, T] (make somebody) move or do something (too) quickly [PV] **hurry (somebody) up** (make somebody) do something more quickly: *H~ up! We are getting late.* ● **hurried** *adj.* done (too) quickly ▶ **hurriedly** *adv.* ● **hurry** *n.* [U] need to do something quickly. [IDM] **in a hurry 1** very quickly **2** impatient to do something.
hurt /hɜːt/ *v.* (*pt, pp* **hurt**) **1** [I, T] cause injury or pain to somebody/yourself: *He ~ himself while playing basketball.* ◇ *I ~ my hand during the expedition.* **2** [I, T] cause pain to a person or their feelings: *My head ~.* ◇ *It ~ his self-esteem.* [IDM] **it won't/wouldn't hurt (somebody/something) (to do something)** used to say that somebody should do a particular thing: *It wouldn't ~*

(*you*) *to appologise.* ● **hurt** *n*. [U, sing.] unhappiness because somebody has been unkind to you. ▶ **hurtful** *adj*. ▶ **hurtfully** *adv*.
hurtle /'hɜːtl/ *v*. [I] move violently or quickly.
husband /'hʌzbənd/ *n*. man that a woman is married to.
hush /hʌʃ/ *v*. [I, T] become or make somebody/something quiet [PV] **hush something up** keep something secret ● **hush** *n*. [U, sing.] silence.
husk /hʌsk/ *n*. dry outer covering of seeds, esp. grain. ● **husk** *v*. [T] remove the husks from grain, seeds, etc.
husky /'hʌski/ *adj*. (-ier, -iest) (of a voice) dry and rough. ▶ **huskily** *adv*. ● **husky** *n*. (*pl.* -ies) dog used for pulling sledges across snow.
hustle /'hʌsl/ *v*. [T] **1** make somebody move by pushing them roughly. **2** ~(**into**) make somebody act quickly: *~ him along in taking a part in the competition* ● **hustle** *n*. [U] busy lively activity ▶ **hustler** /'hʌslə(r)/ *n*. (*US*) **1** (*infml., esp. US*) person who tries to trick somebody into giving them their money **2** (*sl.*) prostitute.
hut /hʌt/ *n*. small roughly-built house or shelter.
hutch /hʌtʃ/ *n*. cage for rabbits, etc.
hyacinth /'haɪəsɪnθ/ *n*. plant with sweet-smelling flowers, growing around a thick stem.
hyaena = HYENA
hybrid /'haɪbrɪd/ *n*. animal or plant produced from two different species.
hydrant /'haɪdrənt/ *n*. pipe connected to a water supply, esp. in a street.
hydraulic /haɪ'drɔːlɪk/ *adj*. worked by the pressure of a liquid, esp. water.
hydroelectric /,haɪdrəʊɪ'lektrɪk/ *adj*. using the power of water to produce electricity: *a ~ station*.
hydrofoil /'haɪdrəfɔɪl/ *n*. boat which rises above the surface of the water when travelling fast.
hydrogen /'haɪdrədʒən/ *n*. [U] (*symb.* H) light colourless gas that combines with oxygen to form water. ■ **'hydrogen bomb** (*also* **'H-bomb**) *n*. extremely powerful bomb that explodes when the central parts (**nuclei**) of hydrogen atoms join together.
hyena (*also* **hyaena**) /haɪ'iːnə/ *n*. wild animal with a laughing cry.
hygiene /'haɪdʒiːn/ *n*. [U] keeping yourself and your living area clean, in order to prevent disease. ▶ **hygienic** /haɪ'dʒiːnɪk/ *adj*. of hygiene; clean ▶ **hygienically** *adv*.
hymn /hɪm/ *n*. song of praise to God.
hyperactive /,haɪpər'æktɪv/ *adj*. (*esp.* of children) too active; unable to rest.
hyperlink /'haɪpəlɪŋk/ *n*. place in an electronic document on a computer that is linked to another electronic document: *Click on the ~*.
hypermarket /'haɪpəmɑːkɪt/ *n*. (*GB*) very large supermarket.
hyphen /'haɪfn/ *n*. mark (-) used for joining two words or parts of words. ▶ **hyphenate** /'haɪfəneɪt/ *v*. [T] join two words with a hyphen.
hypnosis /hɪp'nəʊsɪs/ *n*. [U] state like deep sleep in which a person's actions may be controlled by another person. ▶ **hypnotic** /hɪp'nɒtɪk/ *adj*. **1** making you feel sleepy. **2** of or produced by hypnosis. ▶ **hypnotism** /'hɪpnətɪzəm/ *n*. [U] practice of hypnotizing somebody. ▶ **hypnotist** /'hɪpnətɪst/ *n*. ▶ **hypnotize** (*also* **-ise**) /'hɪpnətaɪz/ *v*. [T] produce a state of hypnosis in somebody.
hypochondriac /,haɪpə'kɒndriæk/ *n*. person who worries too much about their health.
hypocrisy /hɪ'pɒkrəsi/ *n*. [U, C] (*pl.* -ies) (*disapprov*) making yourself appear more moral, etc. than you really are. ▶ **hypocrite** /'hɪpəkrɪt/ *n*. person who makes himself or herself appear better than they really are. ▶ **hypocritical** /,hɪpə'krɪtɪkl/ *adj*.
hypodermic /,haɪpə'dɜːmɪk/ *adj., n*. (of a) needle used for injecting a drug into a person: *a ~ needle*.
hypotenuse /haɪ'pɒtənjuːz/ *n*. longest side of a right-angled triangle.
hypothesis /haɪ'pɒθəsɪs/ *n*. (*pl.* **-theses** /-siːz/) idea that is suggested as a possible explanation of facts. ▶ **hypothetical** /,haɪpə'θetɪkl/ *adj*. based on ideas or situations which are possible but not real.
hysteria /hɪ'stɪəriə/ *n*. [U] **1** state of extreme excitement, fear or anger, which causes loss of control. **2** uncontrolled excitement ▶ **hysterical** /hɪ'sterɪkl/ *adj*. ▶ **hysterics** /hɪ'sterɪks/ *n*. [pl.] attack(s) of hysteria.

I i

I, i /aɪ/ n. [C, U] (pl. **I's, i's** /aɪz/) **1** the ninth letter of the English alphabet. **2** Roman numeral for 1

I /aɪ/ pron. (used as the subject of a v.) person who is the speaker or writer.

ice¹ /aɪs/ n. [U] **1** water that has frozen and become solid. **2** pieces of ice used to keep food and drinks cold. [IDM] **on ice 1** (of wine, etc.) kept cold by being surrounded with ice. **2** (of a plan, etc.) waiting to be dealt with at a later time. ■ **iceberg** /'aɪsbɜːg/ n. large mass of ice floating in the sea. ■ **'ice 'cream** (esp. US **'ice cream**) n. [U, C] (portion of) frozen flavoured creamy mixture. ■ **'ice cap** n. layer of ice permanently covering parts of the earth, esp. around the North and South Poles. ■ **'ice hockey** n. [U] team game played on ice with sticks and a hard rubber disc. ■ **,ice 'lolly** n. flavoured ice on a stick. ■ **'ice skate** n. boot with a thin metal blade on the bottom, for skating on ice. ■ **'ice-skate** v. [I] skate on ice.

ice² /aɪs/ v. [T] cover a cake with icing. [PV] **ice (something) over/up** cover something with ice; become covered with ice.

icicle /'aɪsɪkl/ n. pointed piece of ice, formed when water freezes as it drips from a ceiling, etc.

icing /'aɪsɪŋ/ n. mixture of powdered sugar, flavouring, etc. used for decorating cakes.

icy /'aɪsi/ adj. (**-ier, -iest**) **1** very cold. **2** covered with ice. **3** unfriendly: an ~ glance ▶ **icily** adv.

I'd /aɪd/ short for I HAD; I WOULD.

idea /aɪˈdɪə/ n. **1** [C] plan or thought: That's a wonderful ~! **2** [U, sing.] picture in the mind. **3** [C] opinion or belief. **4** [U, sing.] feeling that something is possible: I've an ~ it will snow. **5** (**the idea**) [sing.] the aim or purpose of doing something: You'll soon get the ~ (= understand). [IDM] **have no idea | not have the faintest, first, etc., idea** (spoken) used to emphasize that you do not know something: He has no ~ how to manage a house.

ideal /aɪˈdiːəl/ adj. **1** perfect: ~ temperature **2** existing only in the imagination, in an ~ world. ● **ideal** n. [C] **1** idea or standard that seems perfect. **2** [usu. sing.] person or thing considered perfect. ▶ **ideally** adv. **1** in an ideal way: ~ly suited to the job. **2** if conditions were perfect.

idealist /aɪˈdiːəlɪst/ n. person who has (often impractical) ideals(1) and who tries to achieve them. ▶ **idealism** n. [U] ▶ **idealistic** /ˌaɪdɪəˈlɪstɪk/ adj.

idealize (also **-ise**) /aɪˈdiːəlaɪz/ v. [T] think of somebody/ something as perfect. ▶ **idealization** (also **-isation**) /-ˈzeɪʃn/ n. [U, C]

identical /aɪˈdentɪkl/ adj. **1** the same **2** ~**(to/with)** exactly alike: ~ twins ▶ **identically** adv.

identify /aɪˈdentɪfaɪ/ v. (pt, pp **-ied**) [T] show or prove who or what somebody/something is: Can you ~ the culprit? [PV] **identify with somebody**; understand the feelings of somebody. **Identify yourself with somebody/something** support somebody/something; be closely connected with somebody/something. ▶ **identification** /aɪˌdentɪfɪˈkeɪʃn/ (abbr. **ID**) n. **1** [U, C] act of identifying somebody/something **2** [U] official papers that can prove who you are.

identity /aɪˈdentəti/ n. (pl. **-ies**) **1** [C, U] who or what somebody/something is: the ~ of the murderer **2** [U] state of being very similar to and able to understand somebody/something.

ideology /ˌaɪdiˈɒlədʒi/ n. [C, U] (pl. **-ies**) set of (political) beliefs. ▶ **ideological** /ˌaɪdɪəˈlɒdʒɪkl/ adj.

idiocy /'ɪdiəsi/ n. (pl. **-ies**) **1** [U] extreme stupidity. **2** [C] very stupid act, remark, etc.

idiom /'ɪdiəm/ n. group of words with a meaning that is different from the meaning of all the individual words: 'Pull your socks up' is an ~ meaning 'improve your behaviour'. ▶ **idiomatic** /ˌɪdiəˈmætɪk/ adj. (of language) natural and correct.

idiosyncrasy /ˌɪdiəˈsɪŋkrəsi/ n. (pl. **-ies**) way of behaving that is particular to a person. ▶ **idiosyncratic** /ˌɪdiəsɪŋˈkrætɪk/ adj.

idiot /'ɪdiət/ n. (infml.) very stupid person. ▶ **idiotic** /ˌɪdiˈɒtɪk/ adj.

idle /'aɪdl/ adj. (**~r, ~st**) **1** (of people) lazy; not working hard. **2** (of machines, etc.) not in use **3** (of people) unemployed **4** useless: ~ gossip/promises ● **idle** v. **1** [I, T] waste time: He ~d the days away, playing games. **2** [I] (of an engine) run slowly in neutral gear. ▶ **idleness** n. [U] ▶ **idly** adv.

idol /'aɪdl/ n. **1** person or thing that is greatly loved or admired. **2** statue that is worshipped as a god. ▶ **idolize** (also **-ise**) /'aɪdəlaɪz/ v. [T] admire or love somebody very much.

idyllic /ɪˈdɪlɪk/ adj. peaceful and beautiful; perfect

i.e. /ˌaɪˈiː/ abbr. that is: They arrived on the next day, i.e. Monday.

if /ɪf/ conj. **1** on condition that: She will help you if you request her. **2** whether: Do you know if he's working today? **3** when; whenever; every time: If you mix red and white, you get pink. **4** used after verbs or adjectives expressing feelings: I'm sorry if I'm disturb-

ing you. **5** used before an adjective to introduce a contrast: *The hotel was good value, if a little expensive.* [IDM] **if I were you** used to give somebody advice: *If I were you, I'd look for a new job.* **if only** used for expressing a strong wish: *If only I were tall!* ● **If** *n.* (*infml.*) uncertainty: *No more ifs and buts–you're going to the picnic.*

igloo /'ɪgluː/ *n.* (*pl.* **~s**) small round house made of blocks of snow by the Inuit people.

ignite /ɪg'naɪt/ *v.* [I, T] (*written*) (cause something to) start to burn. ▶ **ignition** /ɪg'nɪʃn/ *n.* **1** [C] electrical apparatus that starts the engine of a car, etc. **2** [U] (*tech.*) process of igniting something.

ignorant /'ɪgnərənt/ *adj.* lacking knowledge about something. ▶ **ignorance** /'ɪgnərəns/ *n.* [U] ▶ **ignorantly** *adv.*

ignore /ɪg'nɔː(r)/ *v.* [T] take no notice of somebody/ something.

ill /ɪl/ *adj.* **1** sick; suffering from an illness or disease: *She was taken ~ suddenly.* **2** bad: *~ health/luck* ◇ *~feeling* (= anger, jealousy, etc.) ● **ill** *n.* **1** [C, usu.pl.] (*fml.*) problem **2** [U] (*lit.*) harm; bad luck ● **ill** *adv.* **1** badly: *an ~ -written book* **2** only with difficulty: *We can ~ afford the error.* [IDM] **ill at ease** uncomfortable; embarrassed **speak/think ill of somebody** say or think bad things about somebody. ■ **,ill-ad'vised** *adj.* unwise ■ **,ill-'bred** *adj.* badly brought up. ■ **,ill-'treat** *v.* [T] treat somebody cruelly. ■ **,ill-'treatment** *n.* [U] ■ **,ill 'will** *n.* [U] unkind feelings towards somebody.

I'll /aɪl/ *short for* I WILL.

illegal /ɪ'liːgl/ *adj.* against the law; not legal ▶ **illegality** /ˌɪliː'gæləti/ *n.* [U, C] ▶ **illegally** /-gəli/ *adv.*

illegible /ɪ'ledʒəbl/ *adj.* difficult or impossible to read.

illegitimate /ˌɪlə'dʒɪtəmət/ *adj.* **1** born to parents not married to each other. **2** not allowed by the law. ▶ **illegitimately** *adv.*

illicit /ɪ'lɪsɪt/ *adj.* not allowed by the law ▶ **illicitly** *adv.*

illiterate /ɪ'lɪtərət/ *n. adj.* (person who is) unable to read or write. ▶ **illiteracy** /ɪ'lɪtərəsi/ *n.* [U]

illness /'ɪlnəs/ *n.* **1** [U] state of being ill. **2** [C] specific kind of illness.

illogical /ɪ'lɒdʒɪkl/ *adj.* not logical; not reasonable. ▶ **illogicality** /ɪˌlɒdʒɪ'kæləti/ *n.* [C, U] ▶ **illogically** *adv.*

illuminate /ɪ'luːmɪneɪt/ *v.* [T] **1** shine light on something. **2** (*fml.*) make something clearer or easier to understand. **3** decorate something with lights. ▶ **illuminated** *adj.* (of books, etc.) decorated with gold, silver and bright colours ▶ **illuminating** *adj.* explaining something clearly: *an illuminating experience.* ▶ **illumination** /ɪˌluːmɪ'neɪʃn/ *n.* **1** [U] lighting **2** (**illuminations**) [pl.] (*GB*) bright colourful lights to decorate a town.

illusion /ɪ'luːʒn/ *n.* **1** false idea or belief. **2** something that seems to exist but in fact does not: *an optical ~* ▶ **illusory** /ɪ'luːsəri/ *adj.* not real, though seeming to be.

illustrate /'ɪləstreɪt/ *v.* [T] **1** use pictures, diagrams, etc. in a book, etc.: *~ a comic book* **2** explain something by using examples, diagrams, etc. ▶ **illustration** /ˌɪlə'streɪʃn/ *n.* **1** [C] picture or drawing in a book, etc. **2** [C, U] example of something **3** [U] process of illustrating something ▶ **illustrative** /'ɪləstrətɪv/ *adj.* (*fml.*) helping to explain something ▶ **illustrator** *n.* person who draws pictures for books, etc.

illustrious /ɪ'lʌstriəs/ *adj.* (*fml.*) very famous and much admired.

I'm /aɪm/ *short for* I AM (BE).

image /'ɪmɪdʒ/ *n.* **1** [C, U] impression that a person, company, product, etc. gives to the public. **2** [C] mental picture of somebody/ something. **3** [C] copy of something, esp. in wood or stone. **4** [C] picture of somebody/ something seen in a mirror, through a camera, etc. [IDM] **be the (living/spitting) image of somebody** (*infml.*) look exactly like somebody. ▶ **imagery** *n.* [U] use of figurative language to produce pictures in the mind.

imaginary /ɪ'mædʒɪnəri/ *adj.* unreal.

imagine /ɪ'mædʒɪn/ *v.* [T] **1** form a picture of something in your mind: *Can you ~ life without water?* **2** suppose something: *I ~ he'll not come for the show.* ▶ **imaginable** *adj.* that can be imagined ▶ **imagination** /ɪˌmædʒɪ'neɪʃn/ *n.* **1** [U, C] ability to form pictures or ideas in the mind, esp. of interesting things. **2** [U] something experienced in the mind, not in real life. ▶ **imaginative** /ɪ'mædʒɪnətɪv/ *adj.* having or showing imagination(1).

imaging /'ɪmɪdʒɪŋ/ *n.* [U] (*computing*) process of capturing, storing and showing an image on a computer screen: *~ software.*

imbalance /ɪm'bæləns/ *n.* lack of equality or balance.

imbecile /'ɪmbəsiːl/ *n.* stupid person ▶ **imbecile** *adj.*

imbue /ɪm'bjuː/ *v.* [T] **~with** (*fml.*) fill somebody with a feeling, etc.

imitate /'ɪmɪteɪt/ *v.* [T] **1** copy somebody/ something **2** copy the way a person speaks or behaves. ▶ **imitative** /'ɪmɪtətɪv/ *adj.* (*fml.*) that copies somebody/something. ▶ **imita-**

tor *n.*
imitation /ˌɪmɪˈteɪʃn/ *n.* **1** [C] copy of something, esp. something expensive: ~ *fabric* **2** [C, U] act of copying somebody/something.
immaculate /ɪˈmækjələt/ *adj.* clean; perfect ▶ **immaculately** *adv.*
immaterial /ˌɪməˈtɪəriəl/ *adj.* ~(to) **1** not important **2** (*fml.*) not having a physical form.
immature /ˌɪməˈtjʊə(r)/ *adj.* **1** not sensible in behaviour. **2** not fully developed ▶ **immaturity** *n.* [U]
immeasurable /ɪˈmeʒərəbl/ *adj.* too large to be measured.
immediate /ɪˈmiːdiət/ *adj.* **1** happening or done at once: *take ~ action.* **2** nearest: *in the ~future*
immediately /ɪˈmiːdiətli/ *adv.* **1** at once; without delay. **2** being nearest; directly: *the years ~ after the Depression* ● **immediately** *conj.* (*esp. GB*) as soon as: *I saw her ~.*
immense /ɪˈmens/ *adj.* very large ▶ **immensely** *adv.* very much: *I enjoyed the performance ~ly.* ▶ **immensity** *n.* [U]
immerse /ɪˈmɜːs/ *v.* [T] **1** ~(in) put something under the surface of a liquid. **2** ~ yourself (in) involve yourself deeply in something: *~ yourself in your work* ▶ **immersion** /ɪˈmɜːʃn/ *n.* [U] ▶ **imˈmersion heater** *n.* (*GB*) electric heater in a water tank.
immigrant /ˈɪmɪɡrənt/ *n.* person who has come to live in a country that is not their own. ▶ **immigration** /ˌɪmɪˈɡreɪʃn/ *n.* [U] moving of people from one country to come to live in another country.
imminent /ˈɪmɪnənt/ *adj.* likely to happen very soon. ▶ **imminently** *adv.*
immobile /ɪˈməʊbaɪl/ *adj.* not moving; unable to move. ▶ **immobility** /ˌɪməˈbɪləti/ *n.* [U] ▶ **immobilize** (*also* **-ise**) /ɪˈməʊbəlaɪz/ *v.* [T] prevent somebody/something from moving or working properly.
immoral /ɪˈmɒrəl/ *adj.* **1** not moral; wrong. **2** against usual standards of sexual behaviour. ▶ **immorality** /ˌɪməˈræləti/ *n.* [U]
immortal /ɪˈmɔːtl/ *adj.* **1** living or lasting for ever. **2** famous and likely to be remembered for ever. ● **immortal** *n.* immortal being ▶ **immortality** /ˌɪmɔːˈtæləti/ *n.* [U] ▶ **immortalize** (*also* **-ise**) /ɪˈmɔːtəlaɪz/ *v.* [T] prevent somebody/something from being forgotten in the future: *-ized in a film.*
immune /ɪˈmjuːn/ *adj.* **1** ~(to/against) that cannot be harmed by a disease: *~ to smallpox.* **2** ~(to) not affected by something: *~ to criticism* **3** ~ (**from**) protected from something: *~ from tax* ▶ **immunity** *n.* [U] ▶ **immunize** (*also* **-ise**) /ˈɪmjunaɪz/ *v.* [T] ~ (**against**) make somebody immune to a disease, esp. by giving them an injection of a vaccine ▶ **immunization** (*also* **-isation**) /ˌɪmjunaɪˈzeɪʃn/ *n.* [U, C]

imp /ɪmp/ *n.* **1** (in stories) little devil **2** mischievous child.
impact /ˈɪmpækt/ *n.* **1** [C, usu. sing.] ~ (**on**) strong effect that something has on somebody/something: *the ~ of mobile phones on industry.* **2** [U] (force of the) hitting of one object against another: *The missile exploded on ~* (= when it hit something). ● **impact** /ɪmˈpækt/ *v.* **1** [T] have an effect on something **2** [I, T] hit something with great force.
impair /ɪmˈpeə(r)/ *v.* [T] damage something or make something worse: *Loud noise can ~ your hearing.*
impale /ɪmˈpeɪl/ *v.* [T] ~(**on**) push a sharp-pointed object through somebody/something.
impart /ɪmˈpɑːt/ *v.* [T] (*fml.*) pass information, etc. to other people.
impartial /ɪmˈpɑːʃl/ *adj.* just; fair: *A judge must be ~.* ▶ **impartiality** /ˌɪmˌpɑːʃiˈæləti/ *n.* [U]
impassable /ɪmˈpɑːsəbl/ *adj.* (of a road, *etc.*) impossible to travel on.
impassioned /ɪmˈpæʃnd/ *adj.* showing strong deep feeling: *an ~ appeal*
impassive /ɪmˈpæsɪv/ *adj.* showing no sign of feeling. ▶ **impassively** *adv.*
impatient /ɪmˈpeɪʃnt/ *adj.* **1** showing a lack of patience. **2** very eager: *~ to leave home.* ▶ **impatience** /ɪmˈpeɪʃns/ *n.* [U] ▶ **impatiently** *adv.*
impeccable /ɪmˈpekəbl/ *adj.* faultless ▶ **impeccably** *adv.*
impede /ɪmˈpiːd/ *v.* [T] delay or stop the progress of something
impediment /ɪmˈpedɪmənt/ *n.* **1** something that makes progress difficult. **2** physical defect, esp. in speech.
impending /ɪmˈpendɪŋ/ *adj.* about to happen: *~ doom.*
impenetrable /ɪmˈpenɪtrəbl/ *adj.* **1** that cannot be passed through. **2** impossible to understand.
imperative /ɪmˈperətɪv/ *adj.* very urgent or important. ● **imperative** *n.* (*gram*) verb form that expresses a command, e.g. *Go!*
imperfect /ɪmˈpɜːfɪkt/ *adj.* not perfect ● **imperfect** *n.* (**the imperfect**) [sing.] (*gram*) verb tense that shows incomplete action in the past, e.g. *was speaking* ▶ **imperfection** /ˌɪmpəˈfekʃn/ *n.* [C, U] fault or weakness in somebody/something ▶ **imperfectly** *adv.*
imperial /ɪmˈpɪəriəl/ *adj.* of an empire or its ruler ▶ **imperialism** *n.* [U] (belief in a) political system of gaining economic or political control over other countries. ▶ **imperialist** *n., adj.*
impersonal /ɪmˈpɜːsənl/ *adj.* **1** lacking friendly human feelings: *a large ~ organiza-*

tion **2** not referring to any particular person. ▶ **impersonally** /-nəli/ *adv.*

impersonate /ɪm'pɜːsəneɪt/ *v.* [T] pretend to be someone else. ▶ **impersonation** /-'neɪʃn/ *n.* [C, U]

impertinent /ɪm'pɜːtɪnənt/ *adj.* not showing proper respect. ▶ **impertinence** /-əns/ *n.* [U, sing.] ▶ **impertinently** *adv.*

impervious /ɪm'pɜːviəs/ *adj.* ~(to) **1** not influenced by something: ~ *to advice* **2** (*tech.*) not allowing a liquid or gas to pass through.

impetuous /ɪm'petʃuəs/ *adj.* acting quickly and without thinking.

impetus /'ɪmpɪtəs/ *n.* **1** [U, sing.] something that encourages a process to develop more quickly: *give a fresh ~ to business* **2** [U] (*tech.*) force with which something moves.

impinge /ɪm'pɪndʒ/ *v.* [I] ~(on) (*fml.*) have an effect on somebody/something, esp. a bad one.

implacable /ɪm'plækəbl/ *adj.* that cannot be changed or satisfied.

implant /ɪm'plɑːnt/ *v.* [T] ~(in/into) (*written*) **1** fix an idea, attitude, etc. firmly in subject's mind. **2** put something, usu. something artificial, into a part of the body for medical purposes ● **implant** /'ɪmplɑːnt/ *n.* something that is put into somebody's body during a medical operation.

implement¹ /'ɪmplɪment/ *v.* [T] carry out a plan, idea, etc. ▶ **implementation** /ˌɪmplɪmen'teɪʃn/ *n.* [U]

implement² /'ɪmplɪmənt/ *n.* tool or instrument.

implicate /'ɪmplɪkeɪt/ *v.* [T] ~(in) show or suggest that somebody is involved in a crime, etc.

implication /ˌɪmplɪ'keɪʃn/ *n.* **1** [C, usu. pl.] possible effect of an action or decision. **2** [C, U] something suggested or implied. **3** [U] act of implicating somebody, esp. in a crime.

implicit /ɪm'plɪsɪt/ *adj.* **1** implied, but not expressed directly. **2** unquestioning; complete: ~ *confidence.* ▶ **implicitly** *adv.*

implore /ɪm'plɔː(r)/ *v.* [T] ask or beg somebody strongly: *They ~d her to rest a while.*

imply /ɪm'plaɪ/ *v.* (*pt, pp* **-ied**) [T] **1** suggest that something is true without actually saying it: *Are you ~ing that I am responsible?* **2** suggest something as a necessary result.

impolite /ˌɪmpə'laɪt/ *adj.* not polite; rude.

import /ɪm'pɔːt/ *v.* [T] bring in goods, etc. from another country ● **import** /'ɪmpɔːt/ *n.* **1** [C, usu. pl.] product or service that is imported. **2** [U] (business of) importing goods. **3** [U] (*fml.*) importance ▶ **importation** /ˌɪmpɔː'teɪʃn/ *n.* [U, C] ▶ **importer** *n.* person, company, etc. that imports goods to sell.

important /ɪm'pɔːtnt/ *adj.* **1** having a great effect or value: *an ~ reason.* **2** (of a person) having great influence or authority. ▶ **importance** /ɪm'pɔːtns/ *n.* [U] ▶ **importantly** *adv.*

impose /ɪm'pəʊz/ *v.* **1** ~(on/upon) [T] put a tax, penalty, etc. on somebody/something. **2** [T] try to make somebody accept an opinion, etc. **3** expect somebody to do something for you when it may be inconvenient. ▶ **imposing** *adj.* large and impressive. ▶ **imposition** /ˌɪmpə'zɪʃn/ *n.* [U, C]

impossible /ɪm'pɒsəbl/ *adj.* **1** not possible. **2** very difficult to deal with: *an ~ position.* ▶ **impossibility** /ɪmˌpɒsə'bɪləti/ *n.* [U, C] ▶ **impossibly** *adv.*

impostor /ɪm'pɒstə(r)/ *n.* person who pretends to be somebody else, esp. to deceive others.

impotent /'ɪmpətənt/ *adj.* **1** powerless or helpless. **2** (of a man) unable to have sex. ▶ **impotence** /-əns/ *n.* [U]

impound /ɪm'paʊnd/ *v.* [T] take possession of something by law.

impoverish /ɪm'pɒvərɪʃ/ *v.* [T] make somebody/something poor.

impracticable /ɪm'præktɪkəbl/ *adj.* impossible to put into practice.

impractical /ɪm'præktɪkl/ *adj.* not sensible, useful or realistic.

imprecise /ˌɪmprɪ'saɪs/ *adj.* not exact or accurate.

impregnable /ɪm'pregnəbl/ *adj.* that cannot be entered by attack.

impregnate /'ɪmpregneɪt/ *v.* [T] **1** cause one substance to be filled in every part with another substance: *cloth ~d with sequines* **2** (*fml.*) make a woman or female animal pregnant.

impresario /ˌɪmprə'sɑːriəʊ/ *n.* (*pl.* ~s) manager of a theatre or music company.

impress /ɪm'pres/ *v.* [T] **1** cause somebody to feel admiration: *Her loyalty ~ed me.* **2** ~**on/upon** (*fml.*) fix something in somebody's mind: ~ *on him the necessity of obedience.*

impression /ɪm'preʃn/ *n.* **1** idea, feeling or opinion that you get about somebody/something: *My general ~ was that she was a caring girl.* **2** lasting effect on somebody's mind or feelings: *make a good ~* **3** funny imitation of somebody's behaviour or way of talking. **4** mark left when an object is pressed hard into a surface [IDM] **be under the impression that ...** have the (*usu.* wrong) idea that ... ▶ **impressionable** /ɪm'preʃənəbl/ *adj.* easily influenced. ▶ **Impressionism** /ɪm'preʃənɪzəm/ *n.* [U] style in painting that gives a general impression(1) of something by using the effects of colour and light

impressive /ɪmˈpresɪv/ adj. causing admiration: *an ~ speech.* ▶ **impressively** adv.

imprint /ɪmˈprɪnt/ v. [T] print or press a mark or design onto a surface: (*fig.*) *details ~ed on his memory.* ● **imprint** /ˈɪmprɪnt/ n. 1 mark made by pressing something onto a surface. 2 lasting effect.

imprison /ɪmˈprɪzn/ v. [T] put somebody in prison. ▶ **imprisonment** n. [U]

improbable /ɪmˈprɒbəbl/ adj. not likely to be true or to happen. ▶ **improbability** /ɪmˌprɒbəˈbɪləti/ n. [U, C] (pl. **-ies**) ▶ **improbably** adv.

impromptu /ɪmˈprɒmptjuː/ adj., adv. (done) without preparation: *an ~ lecture.*

improper /ɪmˈprɒpə(r)/ adj., 1 dishonest or morally wrong: *~ business practices* 2 (*fml.*) not suitable for the purpose, situation, etc.: *~ behaviour/dress* 3 wrong or incorrect: *~ use of the knowledge* ▶ **improperly** adv.

improve /ɪmˈpruːv/ v. [I, T] become or make something/somebody better. ▶ **improvement** n. 1 [C, U] process of becoming or making something better. 2 [C] change that improves something: *infrastructure ~ments.*

improvise /ˈɪmprəvaɪz/ v. [I, T] 1 make something from whatever is available, without preparation. 2 compose music or speak or act without preparation. ▶ **improvisation** /ˌɪmprəvaɪˈzeɪʃn/ n. [U, C]

impudent /ˈɪmpjədənt/ adj. very rude and disrespectful. ▶ **impudence** /-əns/ n. [U]

impulse /ˈɪmpʌls/ n. 1 [C, U] sudden desire to do something. 2 [C] (*tech.*) force or movement of energy: *a sudden ~* [IDM] **on impulse** suddenly and without thought.

impulsive /ɪmˈpʌlsɪv/ adj. acting suddenly without thinking carefully about the results of your actions. ▶ **impulsively** adv. ▶ **impulsiveness** n. [U]

impunity /ɪmˈpjuːnəti/ n. [IDM] **with impunity** (*fml., disapprov*) without being punished.

impure /ɪmˈpjʊə(r)/ adj. 1 mixed with something else; not clean. 2 (*old-fash.*) morally wrong. ▶ **impurity** n. [U, C] (pl. **-ies**).

in^1 /ɪn/ adv. 1 (to a position) within a particular area or space: *He opened the front door and went in.* 2 at home or at a place of work: *Nobody was in when we called.* 3 (of trains, buses, etc.) at the station. 4 (of letters) received: *All entries should be in by 31 May.* 5 (of the tide) at or towards its highest point on land. 6 elected: *Labour came in after the election.* 7 (*sport*) batting 8 (*sport*) (of a ball) inside the line. [IDM] **be in for something** (*infml.*) be about to experience something, esp. something unpleasant **be/get in on something** (*infml.*) be/become involved in something; share or know about something **be (well) in with somebody** (*infml.*) be (very) friendly with somebody **have it in for somebody** (*infml.*) not like somebody and be unpleasant to them. ● **in** adj. 1 (*infml.*) popular and fashionable: *Tattoos are the in thing.* 2 shared by a small group: *an in style*

in^2 /ɪn/ prep. 1 at a point within an area or a space; surrounded by something: *Rome is in Italy.* ◇ *play in the stadium* ◇ *sleeping in bed* ◇ *a pen in his pocket* 2 used to showing movement into something: *Throw it in the water.* 3 forming the whole or part of something/ somebody: *thirty days in a month.* 4 during a period of time: *in June.* 5 after a particular length of time: *Lunch will be ready in an hour.* 6 wearing something: *the woman in white.* 7 used to show physical surroundings: *go out in the heat.* 8 used to show a state or condition: *room in a mess* ◇ *in love* 9 used to show somebody's job or profession: *a career in journalism.* 10 used to show form or arrangement of something: *a story in three episodes.* 11 used to show the language, material, etc. used: *speak in French.* ◇ *write in ink.* 12 concerning something: *lacking in motivation.* ◇ *3 metres in length.* 13 used to show a rate or relative amount: *a slope of 1 in 5 (= 20%)* [IDM] **in that** (*written*) for the reason that, because: *The drug is dangerous in that it can kill.*

in^3 /ɪn/ n. [IDM] **the ins and outs (of something)** all the details, esp. the complicated ones.

inability /ˌɪnəˈbɪləti/ n. [U, sing.] **~(to)** fact of not being able to do something.

inaccessible /ˌɪnækˈsesəbl/ adj. impossible to reach.

inaccurate /ɪnˈækjərət/ adj. not correct ▶ **inaccuracy** /ɪnˈækjərəsi/ n. [U, C] (pl. **-ies**) ▶ **inaccurately** adv.

inadequate /ɪnˈædɪkwət/ adj. not (good) enough ▶ **inadequately** adv.

inadmissible /ˌɪnədˈmɪsəbl/ adj. that cannot be allowed in a court of law: *~ evidence.*

inadvertent /ˌɪnədˈvɜːtənt/ adj. done without thinking or accidentally. ▶ **inadvertently** adv.

inalienable /ɪnˈeɪliənəbl/ adj. (*fml.*) that cannot be taken away from you: *the ~ right to speak.*

inane /ɪˈneɪn/ adj. silly ▶ **inanely** adv.

inanimate /ɪnˈænɪmət/ adj. not living: *A rock is an ~ object.*

inapplicable /ˌɪnəˈplɪkəbl; ɪnˈæplɪkəbl/ adj. **~(to)** not applicable to something.

inappropriate /ˌɪnəˈprəʊpriət/ adj. **~ (to/for)** not suitable for something/somebody. ▶ **inappropriately** adv.

inarticulate /ˌɪnɑːˈtɪkjələt/ *adj.* **1** unable to express yourself clearly. **2** (of speech) not clear.

inasmuch as /ˌɪnəzˈmʌtʃəz/ *conj.* (*fml.*) to the extent that; since.

inaudible /ɪnˈɔːdəbl/ *adj.* not loud enough to be heard.

inaugural /ɪˈnɔːgjərəl/ *adj.* (of an official speech, meeting, *etc.*) first, and marking the beginning of something important: *the President's ~ speech.*

inaugurate /ɪˈnɔːgjəreɪt/ *v.* [T] **1** introduce a new official or leader at a special ceremony. **2** start or open an organization, exhibition, etc. with a special ceremony. **3** (*fml.*) introduce a new development or important change. ▶ **inauguration** /ɪˌnɔːgjəˈreɪʃn/ *n.* [U, C]

inborn /ˌɪnˈbɔːn/ *adj.* (of a quality) existing in a person from birth.

inbred /ˌɪnˈbred/ *adj.* **1** having ancestors closely related to one another. **2** = INBORN ▶ **inbreeding** /ˈɪnbriːdɪŋ/ *n.* [U] breeding among closely related people or animals.

inbuilt /ˈɪnbɪlt/ *adj.* (of a quality) existing as an essential part of something/somebody.

Inc. (*also* **inc**) /ɪŋk/ *abbr.* Incorporated (used after the name of a company in the US)

incalculable /ɪnˈkælkjələbl/ *adj.* too great to be calculated.

incapable /ɪnˈkeɪpəbl/ *adj.* **~ of** not able to do something: *~ of telling a joke.*

incapacitate /ˌɪnkəˈpæsɪteɪt/ *v.* [T] (*fml.*) make somebody unable to live or work normally. ▶ **incapacity** /ˌɪnkəˈpæsəti/ *n.* [U] inability.

incarcerate /ɪnˈkɑːsəreɪt/ *v.* [T] (*fml.*) put somebody in prison. ▶ **incarceration** /ɪnˌkɑːsəˈreɪʃn/ *n.* [U]

incarnation /ˌɪnkɑːˈneɪʃn/ *n.* **1** period of life in a particular form. **2** person who represents a particular quality in human form: *the ~ of the Devil.*

incendiary /ɪnˈsendiəri/ *adj.* **1** designed to cause fires: *an ~ device* **2** causing strong feeling: *an ~ speech* ▶ **incendiary** *n.* (*pl.* -**ies**) incendiary bomb

incense¹ /ˈɪnsens/ *n.* [U] substance that produces a pleasant smell when burnt.

incense² /ɪnˈsens/ *v.* [T] make somebody very angry.

incentive /ɪnˈsentɪv/ *n.* [C, U] **~(to)** something that encourages you to do something.

incessant /ɪnˈsesnt/ *adj.* not stopping; continual: *his ~ arguments* ▶ **incessantly** *adv.*

incest /ˈɪnsest/ *n.* [U] sexual activity between close relatives. ▶ **incestuous** /ɪnˈsestjuəs/ *adj.*

inch /ɪntʃ/ *n.* **1** measure of length; one twelfth of a foot.(2.54 cm) **2** small amount: *He escaped the bullet by an ~.* [IDM] **every inch** all; completely **within an inch of something** very close to something ● **inch** *v.* [I, T] move or make something move slowly and carefully in the direction mentioned: *He ~ed his way through the cave.*

incidence /ˈɪnsɪdəns/ *n.* [C, usu. sing.] number of times or way in which something happens: *a high ~ of crime.*

incident /ˈɪnsɪdənt/ *n.* **1** [C] event, esp. something unusual or unpleasant **2** [C, U] serious or violent event, e.g. a crime or an accident: *a shooting ~*

incidental /ˌɪnsɪˈdentl/ *adj.* happening in connection with something else, but not as important as it, or not intended: *~ expenses* ◇ *~ music for a film* ▶ **incidentally** /ˌɪnsɪˈdentli/ *adv.* used for introducing something extra that you have just thought of.

incinerate /ɪnˈsɪnəreɪt/ *v.* [T] burn something completely. ▶ **incineration** /ɪnˌsɪnəˈreɪʃn/ *n.* [U] ▶ **incinerator** *n.* furnace, etc. for burning rubbish.

incipient /ɪnˈsɪpiənt/ *adj.* (*fml.*) just beginning.

incision /ɪnˈsɪʒn/ *n.* [C, U] (act of making a) sharp cut in something, esp. during a medical operation.

incisive /ɪnˈsaɪsɪv/ *adj.* clear and direct: *~ arguments* ▶ **incisively** *adv.*

incisor /ɪnˈsaɪzə(r)/ *n.* any one of the front cutting teeth.

incite /ɪnˈsaɪt/ *v.* [T] encourage somebody to do something violent, illegal or unpleasant: *~ workers to strike* ▶ **incitement** *n.* [U, C]

inclination /ˌɪnklɪˈneɪʃn/ *n.* **1** [U, C] feeling that makes you want to do something: *I have no ~ to work.* **2** [C] tendency to do something. **3** [C, usu. sing., U] (*tech.*) angle of a slope.

incline¹ /ɪnˈklaɪn/ *v.* (*fml.*) **1** [I, T] **~ to/towards** (persuade somebody to) tend to think or behave in a particular way: *He ~s to laziness.* **2** [T] bend your head forward, esp. as a sign of agreement, etc. **3** [I, T] **~ (towards)** (cause something to) lean or slope in a particular direction. ▶ **inclined** *adj.* **~ (to) 1** wanting to do something. **2** tending to do something; likely to do something: *I'm ~d to let him go.*

incline² /ˈɪnklaɪn/ *n.* (*fml.*) slope.

include /ɪnˈkluːd/ *v.* [T] **1** have something as part of a whole: *Prices ~ home delivery.* **2** make something/ somebody part of a larger group: *~ Chris in the cricket team* ▶ **inclusion** /ɪnˈkluːʒn/ *n.* [U] ▶ **inclusive** /ɪnˈkluːsɪv/ *adj.* including everything.

incognito /ˌɪnkɒgˈniːtəʊ/ *adv.*, *adj.* in a way that prevents other people from finding out who you are: *travel* ~.

incoherent /ˌɪnkəʊˈhɪərənt/ *adj.* **1** not clear, not expressed clearly. **2** not logical. ▶ **incoherence** /-əns/ *n.* [U] ▶ **incoherently** *adv.*

income /ˈɪnkʌm; ˈɪnkəm/ *n.* [C, U] money received during a month, year, etc. esp. as payment for work. ■ **'income tax** *n.* [U] money that you pay to the government according to how much you earn.

incoming /ˈɪnkʌmɪŋ/ *adj.* **1** recently elected or appointed: *the ~ governor.* **2** arriving or being received: *~ festival.*

incomparable /ɪnˈkɒmprəbl/ *adj.* so good or impressive that nothing can be compared to it.

incompatible /ˌɪnkəmˈpætəbl/ *adj.* not able or suitable to exist together: *The hours of the job are ~ with family life.* ▶ **incompatibility** /ˌɪnkəmˌpætəˈbɪləti/ *n.* [U]

incompetent /ɪnˈkɒmpɪtənt/ *adj.* not skilful enough to do your job or a task as it should be done. ▶ **incompetence** /ɪnˈkɒmpɪtəns/ *n.* [U]

incomplete /ˌɪnkəmˈpliːt/ *adj.* not complete. ▶ **incompletely** *adv.*

incomprehensible /ɪnˌkɒmprɪˈhensəbl/ *adj.* impossible to understand. ▶ **incomprehension** /ɪnˌkɒmprɪˈhenʃn/ *n.* [U] failure to understand something.

inconceivable /ˌɪnkənˈsiːvəbl/ *adj.* impossible to imagine or believe.

inconclusive /ˌɪnkənˈkluːsɪv/ *adj.* not leading to a definite decision or result: *~ evidence.*

incongruous /ɪnˈkɒŋgruəs/ *adj.* out of place: *Modern buildings look ~ in an old village.* ▶ **incongruity** /ˌɪnkɒnˈgruːəti/ *n.* [U, C] (*pl.* -ies)

inconsiderate /ˌɪnkənˈsɪdərət/ *adj.* not caring about the feelings of other people. ▶ **inconsiderately** *adv.*

inconsistent /ˌɪnkənˈsɪstənt/ *adj.* ~(with) not in harmony with something; likely to change. ▶ **inconsistency** /-ənsi/ *n.* [U, C] (*pl.* -ies) ▶ **inconsistently** *adv.*

inconspicuous /ˌɪnkənˈspɪkjuəs/ *adj.* not attracting attention; not easy to notice. ▶ **inconspicuously** *adv.*

incontinent /-ənt/ *adj.* unable to control the bladder or bowels. ▶ **incontinence** /ɪnˈkɒntɪnəns/ *n.* [U]

incontrovertible /ˌɪnkɒntrəˈvɜːtəbl/ *adj.* (*fml.*) that is true and cannot be denied.

inconvenience /ˌɪnkənˈviːniəns/ *n.* [C, U] (cause of) trouble, difficulty or discomfort. ● **inconvenience** *v.* [T] cause trouble or difficulty for somebody. ▶ **inconvenient** /ˌɪnkənˈviːniənt/ *adj.* causing inconvenience ▶ **inconveniently** *adv.*

incorporate /ɪnˈkɔːpəreɪt/ *v.* [T] include something so that it forms part of something: *~ your plans in the new project* ▶ **incorporated** *adj.* (*business*) (*abbr.* Inc.) formed into a business company with legal status ▶ **incorporation** /ɪnˌkɔːpəˈreɪʃn/ *n.* [U]

incorrect /ˌɪnkəˈrekt/ *adj.* not correct; wrong ▶ **incorrectly** *adv.* ▶ **incorrectness** *n.* [U]

incorrigible /ɪnˈkɒrɪdʒəbl/ *adj.* (of a person or bad behaviour) that cannot be corrected or improved.

increase¹ /ɪnˈkriːs/ *v.* [I, T] become or make something greater in amount, number, value, etc. ▶ **increasingly** *adv.* more and more: *increasingly upset.*

increase² /ˈɪŋkriːs/ *n.* [C, U] ~(in) rise in the amount, number or value of something.

incredible /ɪnˈkredəbl/ *adj.* **1** impossible to believe. **2** (*infml.*) wonderful; amazing. ▶ **incredibly** *adv.*

incredulous /ɪnˈkredjələs/ *adj.* not believing something; showing disbelief ▶ **incredulity** /ˌɪnkrəˈdjuːləti/ *n.* [U] ▶ **incredulously** *adv.*

increment /ˈɪŋkrəmənt/ *n.* increase in money or value.

incriminate /ɪnˈkrɪmɪneɪt/ *v.* [T] make somebody appear to be guilty of doing something wrong or illegal.

incubate /ˈɪŋkjubeɪt/ *v.* [I, T] keep eggs warm until they hatch ▶ **incubation** /ˌɪŋkjuˈbeɪʃn/ *n.* **1** [U] hatching of eggs. **2** [C] (*med.*) (*also* **incu'bation period**) period between infection and the first appearance of a disease. ▶ **incubator** *n.* **1** piece of hospital equipment for keeping alive weak or premature babies. **2** machine for hatching eggs by artificial warmth.

incumbent /ɪnˈkʌmbənt/ *adj.* ~**on** (*fml.*) necessary as a part of somebody's duty ● **incumbent** *n.* person holding an official position.

incur /ɪnˈkɜː(r)/ *v.* (**-rr-**) [T] cause yourself to suffer something, esp. something bad: *~ large debts.*

incurable /ɪnˈkjʊərəbl/ *adj.* that cannot be cured. ▶ **incurably** /-əbli/ *adv.*

incursion /ɪnˈkɜːʃn/ *n.* (*fml.*) sudden attack; invasion.

indebted /ɪnˈdetɪd/ *adj.* very grateful: *~ to him forever.*

indecent /ɪnˈdiːsnt/ *adj.* **1** likely to shock people; obscene **2** unsuitable; not right ▶ **indecency** /-nsi/ *n.* [U] ▶ **indecently** *adv.*

indecision /ˌɪndɪˈsɪʒn/ *n.* [U] state of being unable to decide.

indecisive /ˌɪndɪˈsaɪsɪv/ *adj.* **1** unable to make decisions. **2** not giving a clear answer or result. ▶ **indecisively** *adv.*

indeed /ɪnˈdiːd/ *adv.* **1** used to emphasize a

positive statement or answer: *'Did he complain?' 'I~ he did.'* **2** used after *very* to emphasize a statement: *Thank you very much ~.* **3** used to show that you are surprised at something or that you find something ridiculous: *'She thinks she has done very well.' 'Does she ~!'*

indefensible /ˌɪndɪˈfensəbl/ *adj.* impossible to defend: *~ behaviour.*

indefinable /ˌɪndɪˈfaɪnəbl/ *adj.* impossible to define or put in words.

indefinite /ɪnˈdefɪnət/ *adj.* **1** lasting for a period of time with no fixed end: *an ~ period of time.* **2** not clearly defined. ■ **in,definite 'article** *n.* (*gram*) *a* or *an* ▶ **indefinitely** *adv.*: *The conference was postponed ~ly.*

indelible /ɪnˈdeləbl/ *adj.* impossible to forget or remove. ▶ **indelibly** *adv.*

indelicate /ɪnˈdelɪkət/ *adj.* (*fml.*) rude or embarrassing.

indemnify /ɪnˈdemnɪfaɪ/ *v.* (*pt, pp* **-ied**) [T] (promise to) pay somebody for loss, damage, etc.

indemnity /ɪnˈdemnəti/ *n.* (*pl.* **-ies**) (*fml.*) or (*law*) **1** [U] protection against damage or loss. **2** [C] payment for damage or loss.

indent /ɪnˈdent/ *v.* [T] start a line of writing further in from the margin than the other lines ● **indent** /ˈɪndent/ *n.* (*business*) official order for goods or equipment. ▶ **indentation** /ˌɪnˌdenˈteɪʃn/ *n.* **1** [C] cut or mark on the edge of something: *the -ations of the coastline.* **2** (also **indent**) [C, U] (act of) indenting something.

independent /ˌɪndɪˈpendənt/ *adj.* **1** (of countries) having their own government: *an ~ country.* **2** able to work alone; self-confident. **3** ~(**of**) not needing money, etc. from other people to live. ● **independent** *n.* politician who does not belong to a particular political party. ▶ **independence** /ˌɪndɪˈpendəns/ *n.* [U]: *a woman's financial and emotional independence.* ▶ **independently** *adv.*

indescribable /ˌɪndɪˈskraɪbəbl/ *adj.* impossible to describe. ▶ **indescribably** *adv.*

indestructible /ˌɪndɪˈstrʌktəbl/ *adj.* impossible to destroy.

index /ˈɪndeks/ *n.* (*pl.* **~es**; in sense 3 **~es** or **indices** /ˈɪndɪsiːz/) **1** list of names, subjects, etc. in alphabetical order at the end of a book. **2** (also **'card index**) (*GB*) box of cards with information on them, arranged in alphabetical order. **3** system that compares the level of prices, etc. with that of a former time: *the cost of living ~* ◊ *the Dow Jones ~* ● **index** *v.* [T] make an index of documents, the contents of a book, etc.; add something to an index. ■ **'index finger** *n.* finger next to the thumb.

indicate /ˈɪndɪkeɪt/ *v.* **1** [T] show something, esp. by pointing; be a sign of something. **2** [I, T] (*GB*) signal that your vehicle is about to change direction. ▶ **indication** /ˌɪndɪˈkeɪʃn/ *n.* [C, U] remark or sign that shows that something is happening or what somebody is thinking. ▶ **indicative** /ɪnˈdɪkətɪv/ *adj.* ~(**of**) (*fml.*) showing or suggesting something ▶ **indicator** *n.* **1** something that gives information, e.g. a pointer on a machine. **2** flashing light on a vehicle showing that it is about to change direction.

indict /ɪnˈdaɪt/ *v.* [T] ~(**for**) (*esp. US, law*) officially charge somebody with a crime: *~ed for theft.* ▶ **indictable** *adj.* (*esp. US, law*) for which you can be indicted: *an ~able charge.* ▶ **indictment** *n.* **1** [C, usu. sing.] sign that a system, a society, etc. is very bad or wrong. **2** [C, U] (*esp. US*) (act of making a) written statement accusing somebody of a crime.

indifferent /ɪnˈdɪfrənt/ *adj.* **1** ~(**to**) not interested in something. **2** not very good: *an ~ attitude* ▶ **indifference** /ɪnˈdɪfrəns/ *n.* [U] ▶ **indifferently** *adv.*

indigenous /ɪnˈdɪdʒənəs/ *adj.* ~(**to**) belonging naturally to a place; native: *Aborigines are ~ to Australia.*

indigestion /ˌɪndɪˈdʒestʃən/ *n.* [U] (pain from) difficulty in digesting food.

indignant /ɪnˈdɪɡnənt/ *adj.* angry esp. at injustice ▶ **indignantly** *adv.* ▶ **indignation** /ˌɪndɪɡˈneɪʃn/ *n.* [U]

indignity /ɪnˈdɪɡnəti/ *n.* [C, U] (*pl.* **-ies**) treatment causing shame or loss of respect.

indirect /ˌɪndəˈrekt; -daɪˈr-/ *adj.* **1** not immediate; secondary: *an ~ charge* **2** avoiding saying something in a clear way: *an ~ answer.* **3** not going in a straight line: *an ~ route.* ▶ **indirectly** *adv.* ■ **,indirect 'object** *n.* (*gram*) person or thing to whom or to which an action is done: *In 'Give him the book', 'him' is the ~ object.* ■ **,indirect 'speech** *n.* [U] (*gram*) reporting of what somebody has said, without using their actual words: *In ~ speech, 'I'll come later' becomes 'He said he'd come later'.* ■ **'indirect tax** *n.* [C, U] tax that is included in the price of certain goods.

indiscreet /ˌɪndɪˈskriːt/ *adj.* not careful about what you say and do. ▶ **indiscreetly** *adv.* ▶ **indiscretion** /ˌɪndɪˈskreʃn/ *n.* **1** [U] indiscreet behaviour. **2** [C] indiscreet remark or act.

indiscriminate /ˌɪndɪˈskrɪmɪnət/ *adj.* acting or done without careful thought. ▶ **indiscriminately** *adv.*

indispensable /ˌɪndɪˈspensəbl/ *adj.* absolutely necessary.

indisposed /ˌɪndɪˈspəʊzd/ *adj.* (*fml.*) **1** ill **2** unwilling to do something: *~ to come for the party.*

indisputable /ˌɪndɪˈspjuːtəbl/ *adj.* that is true

and cannot be denied. ▶ **indisputably** adv.
indistinguishable /ˌɪndɪˈstɪŋgwɪʃəbl/ adj. ~**(from)** impossible to identify as different: ~from her twin.
individual /ˌɪndɪˈvɪdʒuəl/ adj. **1** single; separate **2** of or for one person. ● **individual** n. any one human being. ▶ **individuality** /ˌɪndɪˌvɪdʒuˈæləti/ n. [U] all the characteristics that make a person different from others. ▶ **individually** adv.
indoctrinate /ɪnˈdɒktrɪneɪt/ v. [T] ~**(with)** (disapprov) fill somebody's mind with fixed beliefs or ideas. ▶ **indoctrination** /ɪnˌdɒktrɪˈneɪʃn/ n. [U]
indolent /ˈɪndələnt/ adj. (fml.) lazy ▶ **indolence** /-əns/ n. [U]
indoor /ˈɪndɔː(r)/ adj. done or situated inside a building: an ~ badminton court ▶ **indoors** /ˌɪnˈdɔːz/ adv. inside or into a building.
induce /ɪnˈdjuːs/ v. [T] **1** (fml.) persuade or influence somebody to do something. **2** (fml.) cause something. **3** (med.) cause a woman to begin childbirth by giving her drugs. ▶ **inducement** n. [C, U] something, e.g. money, that encourages somebody to do something: a pay rise as an ~ment to work harder.
induction /ɪnˈdʌkʃn/ n. **1** [U, C] act of introducing somebody to a new job. **2** [U] (tech.) method of reasoning in which general laws are produced from particular facts. **3** [U, C] inducing of a pregnant woman.
indulge /ɪnˈdʌldʒ/ v. **1** [I] ~**(in)** allow yourself to enjoy something. **2** [T] satisfy a desire. **3** [T] allow somebody to have whatever they like or want. ▶ **indulgence** n. **1** [C] something pleasant in which somebody indulges. **2** [U] indulging ▶ **indulgent** adj. tending to indulge(3) somebody.
industrial /ɪnˈdʌstriəl/ adj. of industry ■ **in,dustrial 'action** n. [U] refusing to work normally; striking. ▶ **industrialism** n. [U] system in which large industries have an important part. ▶ **industrialist** n. owner of a large industrial company. ▶ **industrialize** (also **-ise**) v. [I, T] develop a country by setting up many industries. ▶ **industrially** adv.
industrious /ɪnˈdʌstriəs/ adj. hardworking; busy.
industry /ˈɪndəstri/ n. (pl. **-ies**) **1** [C, U] (branch of) manufacture or production of goods from raw materials: the paper ~ **2** [U] (fml.) quality of being hard-working.
inebriated /ɪˈniːbrieɪtɪd/ adj. (fml. or hum.) drunk.
inedible /ɪnˈedəbl/ adj. (fml.) not suitable to be eaten.
ineffective /ˌɪnɪˈfektɪv/ adj. not producing the results that you want. ▶ **ineffectively** adv.

▶ **ineffectiveness** n. [U]
ineffectual /ˌɪnɪˈfektʃuəl/ adj. (written) without the ability to achieve much; weak: an ~ instructor ▶ **ineffectually** adv.
inefficient /ˌɪnɪˈfɪʃnt/ adj. not doing a job well and not making the best use of time, money, energy etc. ▶ **inefficiency** /-ənsi/ n. [U] ▶ **inefficiently** adv.
ineligible /ɪnˈelɪdʒəbl/ adj. ~**(for)** not having the suitable or necessary qualifications: ~ for the course.
inept /ɪˈnept/ adj. acting or done with no skill. ▶ **ineptitude** /ɪˈneptɪtjuːd/ n. [U]
inequality /ˌɪnɪˈkwɒləti/ n. (U, C] (pl. **-ies**) unfair difference between groups of people in society.
inert /ɪˈnɜːt/ adj. **1** (fml.) without power to move or act. **2** (tech.) without active chemical or other properties (= characteristics): ~gases.
inertia /ɪˈnɜːʃə/ n. [U] **1** lack of energy; lack of desire to move or change. **2** (physics) tendency of an object to remain still or to continue moving unless another force acts on it.
inescapable /ˌɪnɪˈskeɪpəbl/ adj. impossible to avoid or ignore.
inevitable /ɪnˈevɪtəbl/ adj. **1** that you cannot avoid or prevent. **2** (infml.) familiar and expected. ▶ **inevitability** /ɪnˌevɪtəˈbɪləti/ n. [U] ▶ **inevitably** adv.
inexact /ˌɪnɪgˈzækt/ adj. not exact or precise.
inexcusable /ˌɪnɪkˈskjuːzəbl/ adj. too bad to accept or forgive.
inexpensive /ˌɪnɪkˈspensɪv/ adj. not costing a lot of money.
inexperience /ˌɪnɪkˈspɪəriəns/ n. [U] lack of experience. ▶ **inexperienced** adj.
inexplicable /ˌɪnɪkˈsplɪkəbl/ adj. that cannot be explained. ▶ **inexplicably** adv.
inextricable /ˌɪnɪkˈstrɪkəbl; ɪnˈekstrɪkəbl/ adj. (fml.) too closely linked to be separated.
infallible /ɪnˈfæləbl/ adj. **1** never wrong: Nobody is ~. **2** that never fails: an ~ plan ▶ **infallibility** /ɪnˌfælə'bɪləti/ n. [U]
infamous /ˈɪnfəməs/ adj. well known for being bad or evil ▶ **infamy** /ˈɪnfəmi/ n. [C, U] (pl. **-ies**) (instance of) infamous conduct.
infancy /ˈɪnfənsi/ n. [U] **1** state or period of being a young child. **2** early stage of development: The project work is still in its ~.
infant /ˈɪnfənt/ n. baby or very young child.
infantile /ˈɪnfəntaɪl/ adj. of an infant; childish: ~ behavior.
infantry /ˈɪnfəntri/ n. [U, with sing. or pl. verb] soldiers who fight on foot.
infatuated /ɪnˈfætʃueɪtɪd/ adj. ~ **(with)** having a very strong feeling of love or attraction for somebody so that you cannot think clearly.

▶ **infatuation** /ɪnˌfætʃuˈeɪʃn/ n. [U, C]
infect /ɪnˈfekt/ v. [T] ~**(with) 1** make a disease or an illness spread to another person, animal or plant. **2** make somebody share a particular feeling. ▶ **infection** /ɪnˈfekʃn/ n. **1** [U] act or process of causing or getting a disease: *spread of ~ion* **2** [C] illness caused by bacteria or a virus: *an intestinal ~* ▶ **infectious** /ɪnˈfekʃəs/ adj. **1** (of a disease) caused by bacteria, etc. that are passed from one person to another: (*fig*) *~ious humour* **2** (of a person or an animal) having a disease that can be spread to others: *bird flu is ~*.
infer /ɪnˈfɜː(r)/ v. (-rr-) [T] ~**(from)** reach an opinion from facts: *What can be ~red from the test results?* ▶ **inference** /ˈɪnfərəns/ n. [C, U]
inferior /ɪnˈfɪəriə(r)/ adj. ~**(to)** not as good as somebody/something. else ● **inferior** n. inferior person. ▶ **inferiority** /ɪnˌfɪəriˈɒrəti/ n. [U] ■ **inferi'ority complex.** n. feeling that you are not as good, important, etc. as other people.
inferno /ɪnˈfɜːnəʊ/ n. (*pl.* ~**s**) large destructive fire.
infertile /ɪnˈfɜːtaɪl/ adj. **1** (of people, animals and plants) not able to have babies or produce young. **2** (of land) not able to produce good crops: *~ land*.
infest /ɪnˈfest/ v. [T] ~**(with)** (of rats, insects, *etc.*) live in large numbers in a particular place: *shark-~ed waters*.
infidelity /ˌɪnfɪˈdeləti/ n. [C, U] (*pl.* -ies) (*fml.*) (act of) being unfaithful to your wife, husband or partner by having sex with someone else.
infighting /ˈɪnfaɪtɪŋ/ n. [U] fierce competition between colleagues or rivals in an organization
infiltrate /ˈɪnfɪltreɪt/ v. [T] enter a place or an organization secretly to get information, etc. ▶ **infiltration** /ˌɪnfɪlˈtreɪʃn/ n. [U] ▶ **infiltrator** n.
infinite /ˈɪnfɪnət/ adj. without limits; endless. ▶ **infinitely** adv.
infinitive /ɪnˈfɪnətɪv/ n. (*gram*) basic form of a verb, without inflections, etc. (in English used with or without *to*, e.g.'let him *go*', 'allow him *to go*')
infinity /ɪnˈfɪnəti/ n. [U] endless distance, space or quantity.
infirm /ɪnˈfɜːm/ adj. weak, esp. from old age or illness. ▶ **infirmity** n. [U, C] (*pl.* -iet)
infirmary /ɪnˈfɜːməri/ n. (*pl.* -ies) hospital
inflame /ɪnˈfleɪm/ v. [T] make somebody/something very angry or overexcited ▶ **inflamed** adj. (of a part of the body) red, hot and sore.
inflammable /ɪnˈflæməbl/ adj. easily set on fire; that can burn easily.
inflammation /ˌɪnfləˈmeɪʃn/ n. [C, U] condition in which a part of the body is red, swollen and sore.
inflammatory /ɪnˈflæmətri/ adj. likely to make people angry or overexcited: *~ speech*.
inflate /ɪnˈfleɪt/ v. **1** [I, T] fill something or become filled with gas or air. **2** [T] make something appear to be more important than it really is. **3** [I, T] (cause something to) increase in price. ▶ **inflation** /ɪnˈfleɪʃn/ n. [U] **1** general rise in prices in a particular country, resulting in a fall in the value of money; rate at which this happens. **2** process of filling something with air or gas. ▶ **inflationary** /ɪnˈfleɪʃənri/ adj. of or causing inflation(1).
inflection (*also* **inflexion**) /ɪnˈflekʃn/ n. [C, U] **1** (*gram*) change in the form of a word to show a past tense, plural, etc. **2** rise and fall of the voice in speaking.
inflexible 1 refusing to change or be influenced. **2** (of a material) impossible to bend or turn. ▶ **inflexibility** /ɪnˌfleksəˈbɪləti/ n. [U] ▶ **inflexibly** adv.
inflict /ɪnˈflɪkt/ v. [T] ~**(on)** make somebody/something suffer something unpleasant: *~ a wounds on the captive* ▶ **infliction** /ɪnˈflɪkʃn/ n. [U]
in-flight adj. provided or happening during a journey on a plane: *an ~ magazine/movie*.
influence /ˈɪnfluəns/ n. **1** effect that somebody/something has on the way somebody thinks or behaves or on the way something develops. **2** [U] power to produce an effect on somebody/something. **3** [C] somebody or something that affects the way people behave or think: *Voilence on TV has a bad ~ on children*. [IDM] **under the influence** drunk ● **influence** v. [T] have an effect on somebody/something.
influential /ˌɪnfluˈenʃl/ adj. having a lot of influence on somebody/something.
influenza /ˌɪnfluˈenzə/ n [U] = FLU.
influx /ˈɪnflʌks/ n. arrival, esp. in large numbers or quantities.
inform /ɪnˈfɔːm/ v. [T] **1** tell somebody about something, esp. in an official way. **2** ~ **yourself (of/about)** find out information about something [PV] **inform on somebody** give information about somebody's illegal activities to the police. ▶ **informant** /ɪnˈfɔːmənt/ n. person who gives secret information about somebody/ something to the police or a newspaper. ▶ **informed** adj. having or showing knowledge. ▶ **informer** n. criminal who gives information to the police about other criminals.
informal /ɪnˈfɔːml/ adj. **1** not formal or serious: *~ clothes* (= those worn when you are

relaxing) **2** (of words) used when you can be friendly and relaxed. ▶ **informality** /ˌɪnfɔː'mæləti/ *n.* [U] ▶ **informally** *adv.*

information /ˌɪnfə'meɪʃn/ *n.* [U] ~ **(on/about)** facts or details about somebody/something.

informative /ɪn'fɔːmətɪv/ *adj.* giving a lot of information.

infrared /ˌɪnfrə'red/ *adj.* (*physics*) of the invisible, heat-giving rays below red in the spectrum.

infrastructure /'ɪnfrəstrʌktʃə(r)/ *n.* [C, U] basic systems and services necessary for a country or an organization, e.g. transport, power supplies, etc.

infrequent /ɪn'friːkwənt/ *adj.* not happening often; rare. ▶ **infrequently** *adv.*

infringe /ɪn'frɪndʒ/ *v.* **1** [T] break a law or a rule **2** [I, T] ~**(on)** limit somebody's legal rights: ~ *on the rights of other people* ▶ **infringement** *n.* [U, C]

infuriate /ɪn'fjʊərieɪt/ *v.* [T] make somebody very angry.

infuse /ɪn'fjuːz/ *v.* **1** [T] (*fml.*) fill somebody with a quality: ~ *the children with enthusiasm* ◇ ~ *energy into the workers* **2** [I, T] (of tea or herbs) soak in hot water to make a drink ▶ **infusion** /ɪn'fjuːʒn/ *n.* [C, U] (liquid made by) soaking herbs, etc. in hot water.

ingenious /ɪn'dʒiːniəs/ *adj.* **1** (of an object, plan, idea, *etc.*) original and well designed. **2** (of a person) having a lot of clever new ideas. ▶ **ingeniously** *adv.* ▶ **ingenuity** /ˌɪndʒə'njuːəti/ *n.* [U]

ingot /'ɪŋgət/ *n.* (*usu.* brick-shaped) piece of metal, esp. gold or silver.

ingrained /ɪn'greɪnd/ *adj.* (of habits, *etc.*) deeply fixed.

ingratiate /ɪn'greɪʃieɪt/ *v.* [T] (*fml., disapprov*) ~ **yourself (with)** try to make somebody like you, esp. somebody who will be useful to you. ▶ **ingratiating** *adj.*

ingratitude /ɪn'grætɪtjuːd/ *n.* [U] not feeling or showing that you are grateful for something.

ingredient /ɪn'griːdiənt/ *n.* one of the parts of a mixture: *the ~s of a pie.*

inhabit /ɪn'hæbɪt/ *v.* [T] live in a particular place. ▶ **inhabitant** /ɪn'hæbɪtənt/ *n.* person living in a place.

inhale /ɪn'heɪl/ *v.* [I, T] breathe in. ▶ **inhaler** *n.* device that produces a vapour to make breathing easier.

inherent /ɪn'hɪərənt/ *adj.* ~**(in)** that is a basic or permanent part of somebody/something: ~ *weaknesses in an infrastructure.*

inherit /ɪn'herɪt/ *v.* [T] **1** receive property, money, etc. from somebody when they die. **2** receive qualities, etc. from your parents, grandparents, etc. ▶ **inheritance** *n.* [C, usu. sing., U] money, etc. that you inherit; fact of inheriting something ▶ **inheritor** *n.* person who inherits something.

inhibit /ɪn'hɪbɪt/ *v.* [T] **1** prevent something from happening **2** ~**(from)** make somebody nervous or embarrassed so that they are unable to do something. ▶ **inhibited** *adj.* unable to relax and express your feelings naturally. ▶ **inhibition** /ˌɪnhɪ'bɪʃn/ *n.* [C, U] feeling of being unable to behave naturally.

inhospitable /ˌɪnhɒ'spɪtəbl/ *adj.* not hospitable: *an ~ climate.*

inhuman /ɪn'hjuːmən/ *adj.* without kindness, pity, etc. ▶ **inhumanity** /ˌɪnhjuː'mænəti/ *n.* [U]

inhumane /ˌɪnhjuː'meɪn/ *adj.* not caring about the suffering of other people; cruel. ▶ **inhumanely** *adv.*

inimitable /ɪ'nɪmɪtəbl/ *adj.* too good or individual for anyone else to copy.

initial /ɪ'nɪʃl/ *adj.* happening at the beginning; first ● **initial** *n.* [C, usu. pl.] first letter of a person's name ● **initial** *v.* (-ll- *US* -l-) [I, T] sign something with your initials. ▶ **initially** /ɪ'nɪʃəli/ *adv.* at the beginning.

initiate /ɪ'nɪʃieɪt/ *v.* [T] **1** (*fml.*) make something begin. **2** ~**(into)** introduce somebody into a club, group, etc. ● **initiate** /ɪ'nɪʃiət/ *n.* person who has just been initiated into a group. ▶ **initiation** /ɪˌnɪʃi'eɪʃn/ *n.* [U]

initiative /ɪ'nɪʃətɪv/ *n.* **1** [C] action taken to solve a difficulty. **2** [U] ability to act without help: *do something on your own ~* **3** (**the initiative**) [sing.] power or opportunity to take action: *It's up to you to take the ~.*

inject /ɪn'dʒekt/ *v.* [T] **1** put something into somebody with a syringe: ~ *a drug into somebody* ◇ ~ *somebody with a drug.* **2** ~**(into)** add a particular quality to something: ~ *new life into the team* ▶ **injection** /ɪn'dʒekʃn/ *n.* [C, U]

injunction /ɪn'dʒʌŋkʃn/ *n.* (*fml.*) ~ **(against)** official order from a court of law.

injure /'ɪndʒə(r)/ *v.* [T] hurt or damage somebody/something ▶ **injured** *adj.* physically hurt; offended. ▶ **the injured** *n.* [pl.] injured people.

injury /'ɪndʒəri/ *n.* (*pl.* **-ies**) ~**(to) 1** [C, U] harm done to a person's or an animal's body, e.g. in an accident. **2** [U] esp. (*law*) damage to a person's feelings.

injustice /ɪn'dʒʌstɪs/ *n.* **1** [U] fact of a situation being unfair. **2** [C] unfair act [IDM] **do yourself/somebody an injustice** judge yourself/somebody unfairly.

ink /ɪŋk/ *n.* [U, C] coloured liquid for writing, printing, etc. ▶ **inky** *adj.* black **inkling** /'ɪŋklɪŋ/ *n.* [usu. sing.] vague idea.

inland /'ɪnlənd/ adj. in or near the middle of a country: ~ *lakes* ▶ **inland** /ˌɪn'lænd/ adv. towards the middle of a country; away from the coast. ■ **the ˌInland 'Revenue** n. [sing.] (in Britain) government department that collects taxes.

in-laws /'ɪnlɔːz/ n. [pl.] (*infml.*) relatives by marriage.

inlet /'ɪnlet/ n. strip of water reaching into the land.

inmate /'ɪnmeɪt/ n. person living in a prison, mental hospital, etc.

inmost /'ɪnməʊst/ adj. = INNERMOST (INNER).

inn /ɪn/ n. (GB, *old-fash.*) small old hotel or pub, usu. in the country. ■ **'innkeeper** n. (*old-fash.*) person who manages an inn.

innards /'ɪnədz/ n. [pl.] **1** organs inside the body, esp. the stomach. **2** parts inside a machine.

innate /ɪ'neɪt/ adj. (of a quality, *etc.*) existing in a person from birth. ▶ **innately** adv.

inner /'ɪnə(r)/ adj. **1** inside; near to the middle. **2** (of feelings) private and secret. ▶ **innermost** /'ɪnəməʊst/ adj. **1** most private and secret: ~ *feelings* **2** furthest inside.

innings /'ɪnɪŋz/ n. (*pl.* **innings**) (in cricket) time during which a team or player is batting. [IDM] **somebody had a good innings** (GB, *infml.*) used about somebody who has died to say that they had a long happy life ▶ **inning** n. (in baseball) part of a game in which both teams bat.

innocuous /ɪ'nɒkjuəs/ adj. harmless: *an ~ comment.*

innovate /'ɪnəveɪt/ v. [I] introduce new things, ideas or ways of doing something. ▶ **innovation** /ˌɪnə'veɪʃn/ n. **1** [U] introduction of new things, ideas, etc. **2** [C] new idea, method, etc. ▶ **innovative** /'ɪnəveɪtɪv; *GB also*) 'ɪəvətɪv/ (*also* **innovatory** /ˌɪnə'veɪtəri/) adj. ▶ **innovator** n.

innuendo /ˌɪnju'endəʊ/ n. [C, U] (*pl.* **-es** or **-s**) indirect remark about somebody/something, usu. suggesting something bad or rude.

innumerable /ɪ'njuːmərəbl/ adj. too many to count.

inoculate /ɪ'nɒkjuleɪt/ v. [T] inject somebody with a vaccine in order to prevent a disease: ~ *somebody against cholera* ▶ **inoculation** /ɪˌnɒkju'leɪʃn/ n. [C, U]

inoffensive /ˌɪnə'fensɪv/ adj. not likely to offend or upset anyone.

inopportune /ɪn'ɒpətjuːn/ adj. (*fml.*) not suitable or convenient: *an ~ visit.*

inordinate /ɪn'ɔːdɪnət/ adj. (*fml.*) far more than is usual or expected. ▶ **inordinately** adv.

inorganic /ˌɪnɔː'gænɪk/ adj. not made of living substances: *Rocks and minerals are ~.*

input /'ɪnpʊt/ n. **1** [C, U] time, knowledge, etc. that you put into work, etc. to make it succeed; act of putting something in. **2** [C] (*computing*) act of putting information into a computer; the information that you put it: *data* ~ ● **input** v. (-**tt**- *pt, pp* **input** or ~**ted**) [T] put information into a computer.

inquest /'ɪŋkwest/ n. official investigation to find out the cause of somebody's death.

inquire, inquiry = ENQUIRE, ENQUIRY.

inquisition /ˌɪŋkwɪ'zɪʃn/ n. (*fml.*) severe and detailed investigation.

inquisitive /ɪn'kwɪzətɪv/ adj. (too) fond of asking questions about other people's affairs. ▶ **inquisitively** adv.

inroad /'ɪnrəʊd/ n. something that is achieved, esp. by reducing the power or success of something else [IDM] **make inroads into/on something** gradually use, eat, etc. more and more of something: *make ~ into the complex world of technology.*

insane /ɪn'seɪn/ adj. mad ▶ **insanely** adv. ▶ **insanity** /ɪn'sænəti/ n. [U]

insatiable /ɪn'seɪʃəbl/ adj. impossible to satisfy.

inscribe /ɪn'skraɪb/ v. [T] write or cut words onto something: ~ *words on a tombstone* ▶ **inscription** /ɪn'skrɪpʃn/ n. words written in the front of a book or cut in stone, etc.

inscrutable /ɪn'skruːtəbl/ adj. impossible to understand; mysterious.

insect /'ɪnsekt/ n. any small creature with six legs, e.g. an ant or a fly. ▶ **insecticide** /ɪn'sektɪsaɪd/ n. [C, U] chemical used for killing insects.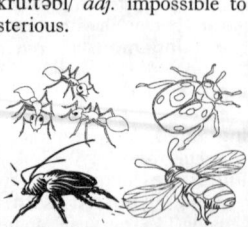

insecure /ˌɪnsɪ'kjʊə(r)/ adj. **1** lacking confidence. **2** not safe. ▶ **insecurely** adv. ▶ **insecurity** n. [U]

insensible /ɪn'sensəbl/ adj. (*fml.*) **1** ~(**to**) not able to feel something: ~ *to pain* **2** ~ (**of**) unaware of something **3** unconscious ▶ **insensibility** /ɪnˌsensə'bɪləti/ n. [U]

insensitive /ɪn'sensətɪv/ adj. not realizing or caring how people feel ▶ **insensitively** adv. ▶ **insensitivity** /ɪnˌsensə'tɪvəti/ n. [U]

inseparable /ɪn'seprəbl/ adj. impossible to separate: *~brothers.*

insert /ɪn'sɜːt/ v. [T] put or fit something into something: ~ *a key in a lock* ● **insert** /'ɪnsɜːt/ n. something put inside something else, e.g. an advertisement put between the pages of a newspaper ▶ **insertion** /ɪn'sɜːʃn/

n. [C, U]
inset /ˈɪnset/ *n.* small picture, map, etc. within a larger one
inshore /ˈɪnʃɔː(r)/ *adj.* /ˌɪnˈʃɔː(r)/ *adv.* (of something at sea) close to the land.
inside¹ /ɪnˈsaɪd/ *n.* **1** [C, usu. sing.] part or surface nearest to the center. **2** [sing.] (*also* **insides** [pl.]) (*infml.*) person's stomach and bowels. [IDM] **inside out 1** with the part that is usu. inside facing out. **2** thoroughly: *know something ~ out* **on the inside** in an organization so that you can find out secret information ● **inside** *adj.* **1** on or in the inside of something. **2** known or done by somebody who is in an organization: *The burglary was an ~ job.* ▶ **insider** *n.* member of an organization who can obtain special information. ▶ **in‚sider ˈdealing** (*also* **in‚sider ˈtrading**) *n.* [U] crime of buying or selling shares in a company with the help of information known only by people who work for the business.
inside² /ɪnˈsaɪd/ (*esp. US* **inside of**) *prep.* **1** on or to the inner side of somebody/something; *come ~ the building* **2** in less than the amount of time mentioned: *~ a week* ● **inside** *adv.* **1** on or to the inside: *go ~* (= into the house) **2** (*infml.*) in prison.
insidious /ɪnˈsɪdiəs/ *adj.* doing harm secretly. ▶ **insidiously** *adv.*
insight /ˈɪnsaɪt/ *n.* [C, U] (instance of) understanding: *~s into his character.*
insignia /ɪnˈsɪɡniə/ *n.* [U, with sing. or pl. verb] symbol, badge or sign that shows somebody's rank or membership of a group.
insignificant /ˌɪnsɪɡˈnɪfɪkənt/ *adj.* having little importance or value ▶ **insignificance** /-kəns/ *n.* [U] ▶ **insignificantly** *adv.*
insincere /ˌɪnsɪnˈsɪə(r)/ *adj.* saying or doing something that you do not really mean or believe. ▶ **insincerely** *adv.* ▶ **insincerity** /ˌɪnsɪnˈserəti/ *n.* [U]
insinuate /ɪnˈsɪnjueɪt/ *v.* [T] **1** suggest indirectly that something unpleasant is true. **2** *~ yourself into* (*fml.*) gain somebody's respect, affection, etc. so that you can use the situation to your own advantage. ▶ **insinuation** /ɪnˌsɪnjuˈeɪʃn/ *n.* [C, U]
insipid /ɪnˈsɪpɪd/ *adj.* (*disapprov*) **1** having almost no taste or flavour. **2** not interesting or exciting.
insist /ɪnˈsɪst/ *v.* [I, T] **~(on) 1** demand something strongly: *~ on going with somebody* ◊ *~ that she (should) stop* **2** declare something firmly: *He ~s that he is innocent.* ▶ **insistent** *adj.* strongly insisting ▶ **insistence** *n.* [U]
insofar as /ˌɪnsəˈfɑːr əz/ = IN SO FAR AS (FAR¹).
insolent /ˈɪnsələnt/ *adj.* **~(to)** very rude ▶ **insolence** /-əns/ *n.* [U]
insoluble /ɪnˈsɒljəbl/ *adj.* **1** (of problems, *etc.*) impossible to solve. **2** (of substances) impossible to dissolve.
insolvent /ɪnˈsɒlvənt/ *adj.* not having enough money to pay what you owe ▶ **insolvency** /-ənsi/ *n.* [U, C] (*pl.* **-ies**)
insomnia /ɪnˈsɒmniə/ *n.* [U] inability to sleep. ▶ **insomniac** /ɪnˈsɒmniæk/ *n.* person who cannot go to sleep easily.
inspect /ɪnˈspekt/ *v.* [T] examine somebody/something carefully. ▶ **inspection** /ɪnˈspekʃn/ *n.* [C, U] ▶ **inspector** *n.* **1** official who inspects something, e.g. schools. **2** (*GB*) police officer above a sergeant in rank.
inspire /ɪnˈspaɪə(r)/ *v.* [T] **1** fill somebody with the ability or desire to do something. **2** fill somebody with feelings: *~ somebody with confidence* ◊ *~ confidence in somebody* ▶ **inspiration** /ˌɪnspəˈreɪʃn/ *n.* **1** [U] influence producing creative ability; state of being inspired. **2** [C, usu. sing.] person or thing that is the reason why somebody creates or does something. **3** [C, U] (*infml.*) sudden good idea. ▶ **inspired** *adj.* filled with or showing inspiration(1). ▶ **inspiring** *adj.*
instability /ˌɪnstəˈbɪləti/ *n.* [U] lack of stability.
install /ɪnˈstɔːl/ *v.* [T] **1** fix machines, furniture, etc. into position. **2** (*fml.*) put somebody in a new position of authority. **3** (*fml.*) make somebody/yourself comfortable in a particular place. ▶ **installation** /ˌɪnstəˈleɪʃn/ *n.* [U, C]
instalment (*US* **-ll-**) /ɪnˈstɔːlmənt/ *n.* **1** one of a number of payments spread over a period of time until something has been paid for. **2** one part of a story that appears over a period of time.
instance /ˈɪnstəns/ *n.* particular example or case of something [IDM] **for instance** for example.
instant /ˈɪnstənt/ *n.* [C, usu. sing.] **1** moment; *I'll be there in an ~.* **2** particular point in time: *Come here this ~* (= immediately)*!* ● **instant** *adj.* **1** happening immediately: *an ~ success* **2** (of food) that can be made very quickly and easily: *~ coffee* ▶ **instantly** *adv.* immediately.
instantaneous /ˌɪnstənˈteɪniəs/ *adj.* happening or done immediately. ▶ **instantaneously** *adv.*
instead /ɪnˈsted/ *adv.* in the place of somebody/something: *Bill was ill so I went ~.* ■ **inˈstead of** *prep* in the place of somebody/something: *drink tea ~ of coffee.*
instep /ˈɪnstep/ *n.* top part of the foot.
instigate /ˈɪnstɪɡeɪt/ *v.* [T] make something start or happen: *~ a strike/riot* ▶ **instiga-**

tion /ˌɪnstɪˈgeɪʃn/ n. [U] ▶ **instigator** n.

instil (US **instill**) /ɪnˈstɪl/ v. (-ll-) [T] ~(**in/into**) put ideas, etc. into somebody's mind.

instinct /ˈɪnstɪŋkt/ n. [C, U] natural tendency to behave in a certain way. ▶ **instinctive** /ɪnˈstɪŋktɪv/ adj. based on instinct: *in ~ive awareness of danger* ▶ **instinctively** adv.

institute /ˈɪnstɪtjuːt/ n. (building used by an) organization with a particular purpose. ● **institute** v. [T] (fml.) introduce a system, policy, etc. or start a process.

institution /ˌɪnstɪˈtjuːʃn/ n. **1** [C] (building used by an) organization with a social purpose, e.g. a school or hospital. **2** [C] established custom or practice: *the ~ of marriage.* **3** [U] act of introducing a system, law, etc. ▶ **institutional** /-ʃənl/ adj. ▶ **institutionalize** (also **-ise**) /-ʃənəlaɪz/ v. [T] **1** send somebody who is not capable of living independently to live in an institution. **2** make something belong to an institution(2).

instruct /ɪnˈstrʌkt/ v. [T] (fml.) **1** tell somebody to do something: *~ the children not to talk to strangers.* **2** teach somebody something, esp. a practical skill. **3** (law) employ a lawyer to represent you in court. ▶ **instructive** adj. giving a lot of useful information. ▶ **instructor** n. teacher or trainer.

instruction /ɪnˈstrʌkʃn/ n. **1** (**instructions**) [pl.] information on how to do something: *Follow the ~s word by word.* **2** [C, usu. pl.] order **3** [U] act of teaching something to somebody.

instrument /ˈɪnstrəmənt/ n. **1** tool or device used for a particular task, esp. delicate or scientific work: *surgical ~s* **2** = MUSICAL INSTRUMENT (MUSIC). ▶ **instrumental** /ˌɪnstrəˈmentl/ adj. **1** ~**in** important in making something happen: *You were ~al in her election.* **2** made by or for musical instruments. ▶ **instrumentalist** /ˌɪnstrəˈmentəlɪst/ n. person who plays a musical instrument.

insubordinate /ˌɪnsəˈbɔːdɪnət/ adj. disobedient ▶ **insubordination** /ˌɪnsəˌbɔːdɪˈneɪʃn/ n. [U, C]

insufferable /ɪnˈsʌfrəbl/ adj. unbearable: *~ attitude.*

insufficient /ˌɪnsəˈfɪʃnt/ adj. not enough. ▶ **insufficiency** /-ʃnsi/ n. [U] ▶ **insufficiently** adv.

insular /ˈɪnsjələ(r)/ adj. (disapprov) only interested in your own country, ideas, etc. and not in those from outside ▶ **insularity** /-ˈlærəti/ n. [U]

insulate /ˈɪnsjuleɪt/ v. [T] **1** cover something to prevent heat, electricity, etc. from escaping: *~d wires* **2** (written) protect somebody/something from unpleasant experiences. ▶ **insulation** /ˌɪnsjuˈleɪʃn/ n. [U] (materials used in) insulating something.

insult /ɪnˈsʌlt/ v. [T] be rude to somebody. ● **insult** /ˈɪnsʌlt/ n. rude remark or action. ▶ **insulting** adj.

insurance /ɪnˈʃɔːrəns/ n. **1** [U, C] agreement by a company or the state to pay money because of loss, illness, death, etc. in return for regular payments. **2** [U] money paid by or to an insurance company. **3** [U, C] protection against loss, failure, etc.

insure /ɪnˈʃɔː(r)/ v. [T] **1** protect somebody/something by insurance: *~ a car against fire/theft* **2** (esp. US) = ENSURE.

insurgent /ɪnˈsɜːdʒənt/ adj. rebellious ▶ **insurgent** n. [usu. pl.] (fml.) rebel soldier.

insurmountable /ˌɪnsəˈmaʊntəbl/ adj. (fml.) (of problems or difficulties) impossible to solve or overcome.

insurrection /ˌɪnsəˈrekʃn/ n. [C, U] rebellion.

intact /ɪnˈtækt/ adj. undamaged; complete.

intake /ˈɪnteɪk/ n. **1** [U, C] amount of food, drink, etc. that you take into your body. **2** [C, U] number of people taken in: *last year's ~ of participants.* **3** [C] place where liquid, air, etc. enters a machine. **4** [C] act of taking something in, esp. breath.

intangible /ɪnˈtændʒəbl/ adj. **1** that exists but is difficult to describe or understand: *an ~ air of dread* **2** (business) that has no physical existence but is still valuable to a company: *~ assets/property.*

integer /ˈɪntɪdʒə(r)/ n. (maths) whole number, e.g. 1, 3, 11.

integral /ˈɪntɪɡrəl/ adj. necessary to make something complete: *an ~ part of the project* ▶ **integrally** adv.

integrate /ˈɪntɪɡreɪt/ v. **1** [T] ~(**into/with**) combine something so that it becomes fully a part of something else. **2** [I, T] (of people) mix or be together as one group. ▶ **integration** /ˌɪntɪˈɡreɪʃn/ n. [U]

integrity /ɪnˈteɡrəti/ n. [U] **1** honesty and goodness. **2** wholeness; unity.

intellect /ˈɪntəlekt/ n. [U] power of the mind to reason. ▶ **intellectual** /ˌɪntəˈlektʃuəl/ adj. **1** of the intellect. **2** of or interested in ideas, the arts, etc. rather than practical matters. ▶ **intellectual** n. intellectual person. ▶ **intellectually** adv.

intelligence /ɪnˈtelɪdʒəns/ n. [U] **1** ability to learn, understand and think. **2** secret information about a country's enemies; people who collect this information ▶ **intelligent** /ɪnˈtelɪdʒənt/ adj. clever ▶ **intelligently** adv.

intelligible /ɪnˈtelɪdʒəbl/ adj. that can be understood. ▶ **intelligibility** /-ˈbɪləti/ n. [U] ▶ **intelligibly** adv.

intend /ɪn'tend/ v. [T] have a plan, result or purpose in your mind when you do something; mean: *I ~ to wed soon.*

intense /ɪn'tens/ adj. **1** extreme; very strong: *~ heat/anger* **2** (of a person) serious and very emotional. ▶ **intensely** adv. ▶ **intensify** /-sɪfaɪ/ v. (*pt, pp* **-ied**) [I, T] become or make something greater or stronger ▶ **intensification** /ɪn,tensɪfɪ'keɪʃn/ n. [U] ▶ **intensity** n. [U] state of being intense; strength of feeling, etc.

intensive /ɪn'tensɪv/ adj. concentrating effort, work, etc. on one task; very thorough: *an ~ search* ▶ **intensively** adv.

intent[1] /ɪn'tent/ adj. **1** showing strong interest and attention: *an ~ look/gaze.* **2** ~**on** determined to do something: *~ on reaching the top.* ▶ **intently** adv.

intent[2] /ɪn'tent/ n. [U] (*law*) what you intend to do: *shoot with ~ to beat* [IDM] **to all intents and purposes** in the important details; almost completely.

intention /ɪn'tenʃn/ n. [C, U] aim; purpose ▶ **intentional** /-ʃənl/ adj. done on purpose ▶ **intentionally** adv.

inter /ɪn'tɜː(r)/ v. (**-rr-**) [T] (*fml.*) bury a dead person.

interact /,ɪntər'ækt/ v. [I] ~(**with**) **1** have an effect on each other. **2** (of people) communicate and work together. ▶ **interaction** /-'ækʃn/ n. [U, C] ▶ **interactive** adj. **1** involving people working together and influencing each other. **2** (*computing*) allowing a continuous exchange of information between a computer and a user.

intercept /,ɪntə'sept/ v. [T] stop somebody/ something that is moving between two places. ▶ **interception** /-'sepʃn/ n. [U]

interchange /,ɪntə'tʃeɪndʒ/ v. [I, T] (cause two people or things to) change places with each other. ● **interchange** n. **1** [C, U] act of sharing or exchanging something, esp. ideas or information. **2** [C] place where a main road joins a motorway. ▶ **interchangeable** adj.

intercity /,ɪntə'sɪti/ adj. (of transport) travelling between cities.

intercom /'ɪntəkɒm/ n. system of communication using a microphone and loudspeaker, used, e.g. in a building.

intercontinental /,ɪntə,kɒntɪ'nentl/ adj. between continents: *~flights.*

intercourse /'ɪntəkɔːs/ n. [U] (*fml.*) **1** = SEXUAL INTERCOURSE (SEXUAL) **2** (*old-fash.*) communication between people, nations, etc.

interest /'ɪntrəst/ n. **1** [sing., U] ~(**in**) desire to learn or know about somebody/something: *lose ~* ◊ *take an ~ in art.* **2** [U] quality that attracts attention or curiosity; *a proposal of ~ to us.* **3** [C] activity or subject which you enjoy doing or learning about: *His great ~ is basketball.* **4** [U] ~(**on**) money paid for the use of money: *borrow money at a high rate of ~* **5** [C, usu. pl.] advantage for somebody/something: *It is in your ~(s)* (= It is to your advantage) *to work hard.* **6** [C, usu. pl.] share in a business. **7** [C, usu. pl.] group of people in the same business, etc. [IDM] **in the interest(s) of something** in order to help or achieve something. ● **interest** v. [T] attract your attention and make you feel interested. ▶ **interested** adj. **1** ~(**in**) showing interest(1) in something: *be ~ed in history* **2** personally involved. ▶ **interesting** adj. holding your attention.

interface /'ɪntəfeɪs/ n. (*computing*) **1** way a computer program presents information to a user, esp. the layout of the screen and the menus: *the user ~* **2** electrical circuit, connection or program that joins one device or system to another.

interfere /,ɪntə'fɪə(r)/ v. [I] ~(**in**) get involved in a situation that does not concern you, in a way that annoys other people. [PV] **interfere with somebody** (*GB*) touch a child in a sexual way **interfere with something. 1** prevent something from succeeding or happening as planned. **2** touch, use or change something so that it is damaged or no longer works correctly. ▶ **interference** n. [U] **1** act of interfering. **2** interruption of a radio signal by another signal, causing unwanted extra noise.

interim /'ɪntərɪm/ adj. intended to last for only a short time: *~ arrangements* ▶ **interim** n. [IDM] **in the interim** in the time between two events.

interior /ɪn'tɪəriə(r)/ n. **1** [C] inside part of something **2** (**the interior**) [sing.] inland part of a country or continent **3** (**the interior**) [sing.] a country's own affairs rather than those involving other countries: *the Minister of the I~* ● **interior** adj. connected with the inside part of something.

interjection /,ɪntə'dʒekʃn/ n. (*gram.*) word or phrase, e.g. *Oh!* spoken suddenly to express an emotion.

interlock /,ɪntə'lɒk/ v. [I, T] lock or join together.

interlude /'ɪntəluːd/ n. short period of time between two parts of a play, etc. or two events.

intermarry /,ɪntə'mæri/ v. (*pt, pp* **-ied**) [I] marry somebody of a different race or from a different country or religious group. ▶ **intermarriage** /,ɪntə'mærɪdʒ/ n. [U]

intermediary /,ɪntə'miːdiəri/ n. (*pl* **-ies**) person who passes information between two

groups, esp. to get agreement
intermediate /ˌɪntəˈmiːdiət/ *adj.* **1** between two points or stages. **2** between elementary and advanced: *an ~ crossing*.
interminable /ɪnˈtɜːmɪnəbl/ *adj.* (*disapprov*) lasting too long and therefore boring. ▶ **interminably** *adv.*
intermission /ˌɪntəˈmɪʃn/ *n.* [C, U] (*esp. US*) interval in a play, etc.; pause.
intermittent /ˌɪntəˈmɪtənt/ *adj.* stopping and starting often over a period of time: *~ snowfall* ▶ **intermittently** *adv.*
intern¹ /ɪnˈtɜːn/ *v.* [T] put somebody in prison during a war or for political reasons. ▶ **internment** *n.* [U]
intern² (*also* **interne**) /ˈɪntɜːn/ *n.* (*US*) **1** junior doctor at a hospital. **2** student or graduate getting practical experience of a job. ▶ **internship** *n.*
internal /ɪnˈtɜːnl/ *adj.* **1** of or on the inside: *~ organs* (= inside the body) **2** not foreign; domestic: *~ turmoils* ▶ **internally** *adv.*
international /ˌɪntəˈnæʃnəl/ *adj.* of or existing between two or more countries. ● **international** *n.* **1** sports match with teams from two countries. **2** player who takes part in a match against another country. ▶ **internationally** *adv.*
Internet /ˈɪntənet/ *n.* [sing.] (*usu.* **the Internet**) (*also infml.* **the Net**) international computer network connecting other networks and computers from companies, universities, etc.
interplay /ˈɪntəpleɪ/ *n.* [U] way in which two or more things affect each other.
interpose /ˌɪntəˈpəʊz/ *v.* (*fml.*) **1** [I] add a question or remark into a conversation **2** [T] place something between two people or things.
interpret /ɪnˈtɜːprɪt/ *v.* **1** [T] explain the meaning of something. **2** [T] **~as** understand something in a particular way: *~ his silence as an expression of guilt.* **3** [I] translate one language into another as you hear it. ▶ **interpretation** /ɪnˌtɜːprɪˈteɪʃn/ *n.* [U, C] explanation or understanding of something ▶ **interpreter** *n.* person whose job is to translate what somebody is saying into another language.
interrogate /ɪnˈterəgeɪt/ *v.* [T] question somebody closely and for a long time. ▶ **interrogation** /ɪnˌterəˈgeɪʃn/ *n.* [C, U] ▶ **interrogator** *n.*
interrogative /ˌɪntəˈrɒgətɪv/ *adj.* (*gram*) used in questions: *~ pronoun* (= e.g. *who, why*) ● **interrogative** *n.* question word.
interrupt /ˌɪntəˈrʌpt/ *v.* **1** [I, T] say or do something that stops somebody speaking **2** [T] break the continuity of something: *~ a class*

▶ **interruption** /-ˈrʌpʃn/ *n.* [C, U]
intersect /ˌɪntəˈsekt/ *v.* **1** [I, T] (of lines, roads, etc.) meet or cross each other. **2** [T] (*usu.* passive) divide an area by crossing it. ▶ **intersection** /ˌɪntəˈsekʃn/ *n.* **1** [C] place where roads, lines, etc. meet or cross each other. **2** [U] act of intersecting something.
intersperse /ˌɪntəˈspɜːs/ *v.* [T] (*written*) put something between or among other things.
interval /ˈɪntəvl/ *n.* **1** time between two events. **2** (*GB*) short period of time between the parts of a play, etc. **3** short period during which something different happens: *There will be lunch after an ~ of thirty minutes.*
intervene /ˌɪntəˈviːn/ *v.* [I] (*fml.*) **1 ~(in)** become involved in a situation to improve or help it. **2** happen in a way that delays something. **3** (*fml.*) exist between two events or places. ▶ **intervention** /-ˈvenʃn/ *n.* [U, C]
interview /ˈɪntəvjuː/ *n.* **~(with)** meeting at which somebody, e.g. somebody applying for a job, is asked questions. ● **interview** *v.* [T] ask somebody questions in an interview. ▶ **interviewer** *n.* person who interviews somebody.
intestate /ɪnˈtesteɪt/ *adj.* (*law*) not having made a will: *die ~.*
intestine /ɪnˈtestɪn/ *n.* [C, usu. pl.] long tube from the stomach to the anus. ▶ **intestinal** *adj.*
intimacy /ˈɪntɪməsi/ *n.* **1** [U] state of having a close personal relationship with somebody. **2** [C, usu. pl.] thing a person says or does to somebody they know very well.
intimate¹ /ˈɪntɪmət/ *adj.* **1** having a very close relationship: *~ friends* **2** private and personal: *~ details of her life* **3** (of knowledge) very detailed and thorough ▶ **intimately** *adv.*
intimate² /ˈɪntɪmeɪt/ *v.* [T] (*fml.*) let somebody know what you mean in an indirect way. ▶ **intimation** /ˌɪntɪˈmeɪʃn/ *n.* [C, U]
intimidate /ɪnˈtɪmɪdeɪt/ *v.* [T] frighten or threaten somebody. ▶ **intimidation** /ɪnˌtɪmɪˈdeɪʃn/ *n.* [U]
into /ˈɪntə; *before vowels* ˈɪntuː/ *prep.* **1** to a position in or inside something: *Come ~ the house.* **2** to a point at which you hit somebody/something: *A lorry drove ~ a line of cars.* **3** to a point during a period of time: *work long ~ the night.* **4** used to show a change in state: *The fruit can be made ~ jam.* **5** used to show the result of an action: *frighten somebody ~ submission.* **6** used for expressing division in mathematics: *5 ~ 25 is 5* [IDM] **be into something** (*infml.*) be very interested in something.
intolerable /ɪnˈtɒlərəbl/ *adj.* too bad to be endured. ▶ **intolerably** *adv.*

intolerant /ɪnˈtɒlərənt/ *adj.* not willing to accept ideas, etc. that are different from your own. ▶ **intolerance** /-əns/ *n.* [U]

intonation /ˌɪntəˈneɪʃn/ *n.* [C, U] rise and fall of the voice in speaking.

intoxicated /ɪnˈtɒksɪkeɪtɪd/ *adj.* (*fml.*) **1** under the influence of alcohol or drugs. **2** very excited by something. ▶ **intoxication** /ɪnˌtɒksɪˈkeɪʃn/ *n.* [U]

Intranet /ˈɪntrənet/ *n.* (*computing*) computer network that is private to a company, university, etc. but is connected to and uses the same software as the Internet.

intransitive /ɪnˈtrænsətɪv/ *adj.* (*gram*) (of a verb) used without an object, e.g. *rise* in 'Smoke rises.'

in tray /ˈɪn treɪ/ *n.* container on your desk for holding letters, etc. that are waiting to be read or answered.

intrepid /ɪnˈtrepɪd/ *adj.* (*fml.*) brave: ~ *explorers*

intricate /ˈɪntrɪkət/ *adj.* with many small parts put together in a complicated way. ▶ **intricacy** /-kəsi/ *n.* (*pl.* **-ies**) **1** [pl.] complicated parts or details of something. **2** [U] fact of being intricate. ▶ **intricately** *adv.*

intrigue /ɪnˈtriːg/ *v.* **1** [T] make somebody interested or curious: ~ *somebody with a story*. **2** [I] (*fml.*) secretly plan with other people to harm somebody. ● **intrigue** /ˈɪntriːg/ *n.* **1** [U] activity of making of secret plans to do something bad. **2** [C] secret plan or relationship. ▶ **intriguing** *adj.* very interesting, esp. because unusual.

intrinsic /ɪnˈtrɪnsɪk; -zɪk/ *adj.* belonging to the real nature of somebody/something. ▶ **intrinsically** /-kli/ *adv.*

introduce /ˌɪntrəˈdjuːs/ *v.* [T] **1** ~(to) make somebody known to somebody else by giving each person's name to the other: *I ~d Mark to Emma.* **2** be the main speaker in a television or radio show, giving details about the show and the people in it. **3** make something available for use, discussion, etc. for the first time: ~ *computers into schools.*

introduction /ˌɪntrəˈdʌkʃn/ *n.* **1** [U] act of bringing something into use for the first time. **2** [C, U] act of introducing of one person to another. **3** [C] first part of a book or speech. **4** [C] text-book for people beginning to study a subject.

introductory /ˌɪntrəˈdʌktəri/ *adj.* written or said at the beginning of something as an introduction to what follows.

introspection /ˌɪntrəˈspekʃn/ *n.* [U] the careful examination of your own thoughts, feelings, etc. ▶ **introspective** /ˌɪntrəˈspektɪv/ *adj.*

introvert /ˈɪntrəvɜːt/ *n.* a quiet person who is more interested in their own thoughts than in spending time with other people. ▶ **introverted** *adj.*

intrude /ɪnˈtruːd/ *v.* [I] ~**on** go or be somewhere where you are not invited or wanted. ▶ **intruder** *n.* person who enters a building or an area illegally. ▶ **intrusion** /ɪnˈtruːʒn/ *n.* [U, C] ▶ **intrusive** /ɪnˈtruːsɪv/ *adj.* too noticeable, direct, etc. in a way that is annoying.

intuition /ˌɪntjuˈɪʃn/ *n.* **1** [U] ability to understand something with feelings and without conscious thought. **2** [C] idea that something is true although you cannot explain why. ▶ **intuitive** /ɪnˈtjuːɪtɪv/ *adj.* ▶ **intuitively** *adv.*

inundate /ˈɪnʌndeɪt/ *v.* [T] **1** give or send somebody so many things that they cannot deal with them all: ~*d with queries.* **2** (*fml.*) flood an area of land.

invade /ɪnˈveɪd/ *v.* [T] **1** enter a country with armed forces in order to attack or occupy it. **2** enter a place in large numbers: *Fans ~d the football pitch.* ▶ **invader** *n.* ▶ **invasion** /ɪnˈveɪʒn/ *n.* [C, U]

invalid[1] /ɪnˈvælɪd/ *adj.* **1** not legally or officially acceptable: *an ~ Identity card.* **2** not based on all the facts and therefore not correct: *an ~ comment.* **3** (*computing*) of a type that the computer cannot recognize: ~ *characters* ▶ **invalidate** *v.* [T] **1** prove that something is wrong. **2** make something officially invalid. ▶ **invalidation** /ɪnˌvælɪˈdeɪʃn/ *n.* [U]

invalid[2] /ˈɪnvəlɪd; -liːd/ *n.* person who is weak or disabled because of illness or injury. ● **invalid** *v.* [T] (*GB*) ~(**out**) force somebody to leave the armed forces because of illness or injury.

invaluable /ɪnˈvæljuəbl/ *adj.* having a value that is too high to be measured.

invariable /ɪnˈveəriəbl/ *adj.* never changing. ▶ **invariably** *adv.* always.

invasion → INVADE.

invective /ɪnˈvektɪv/ *n.* [U] (*fml.*) rude language somebody uses when they are very angry.

invent /ɪnˈvent/ *v.* [T] **1** make or design something that did not exist before: *Who ~ed the telephone?* **2** think of something untrue: ~ *an excuse* ▶ **invention** /ɪnˈvenʃn/ *n.* **1** [C] something invented. **2** [U] act of inventing something. ▶ **inventive** *adj.* having the ability to invent things. ▶ **inventor** *n.*

inventory /ˈɪnvəntri/ *n.* (*pl.* **-ies**) detailed list of all goods or furniture in a building.

inverse /ˌɪnˈvɜːs/ *adj.* opposite in amount or position to something else. ● **inverse** /ˈɪnvɜːs/ *n.* (**the inverse**) [sing.] (*tech.*) the direct opposite of something.

invert /ɪnˈvɜːt/ *v.* [T] turn something upside

down or arrange something in the opposite order. ▶ **inversion** /ɪn'vɜːʃn/ n. [U, C] ■ **in‚verted 'commas** n. [pl.] (GB) = QUOTATION MARKS (QUOTATION).

invest /ɪn'vest/ v. 1 [I, T] ~(in) use money to buy business shares, property, etc. in order to make more money: ~ (money) in shares. 2 [T] ~**in** give time, effort, etc. to something you think is good or useful: ~ your time in learning mathematics. 3 [T] ~(**with**) (fml.) give somebody power or authority. [PV] **invest in something** (infml.) buy something expensive but useful: ~ in a new house. ▶ **investment** n. 1 [U] act of investing money in something. 2 [C] money that you invest, or the thing that you invest in. ▶ **investor** n.

investigate /ɪn'vestɪgeɪt/ v. [I, T] examine the facts about something in order to discover the truth: ~ a theft. ▶ **investigation** /ɪn‚vestɪ'geɪʃn/ n. [C, U] ▶ **investigative** /-gətɪv/ adj. of or concerned with investigating. ▶ **investigator** n.

investiture /ɪn'vestɪtʃə(r)/ n. ceremony at which somebody receives an official title or special powers.

inveterate /ɪn'vetərət/ adj. (disapprov) firmly fixed in a bad habit: an ~ liar/smoker/thief.

invigilate /ɪn'vɪdʒɪleɪt/ v. [I, T] (GB) watch over students in an examination. ▶ **invigilation** /ɪn‚vɪdʒɪ'leɪʃn/ n. [U] ▶ **invigilator** n.

invigorate /ɪn'vɪgəreɪt/ v. [T] make somebody feel more lively and healthy. ▶ **invigorating** adj.

invincible /ɪn'vɪnsəbl/ adj. too strong to be defeated.

inviolable /ɪn'vaɪələbl/ adj. (fml.) that must be respected and not attacked or destroyed: ~ rights.

inviolate /ɪn'vaɪələt/ adj. (fml.) that has been, or must be, respected and cannot be attacked.

invisible /ɪn'vɪzəbl/ adj. ~(**to**) that cannot be seen. ▶ **invisibility** /ɪnvɪzə'bɪləti/ n. [U] ▶ **invisibly** adv.

invite /ɪn'vaɪt/ v. [T] 1 ~(**to/for**) ask somebody to go somewhere or to do something: ~ somebody to/for dinner. 2 make something, esp. something bad, likely to happen: ~ protest ▶ **invitation** /‚ɪnvɪ'teɪʃn/ n. 1 [C] ~(**to**) request to do something or go somewhere: an invitation to a dance party 2 [U] act of inviting somebody or being invited: Admission is by invitation only. ▶ **inviting** adj. attractive ▶ **invitingly** adv.

invoice /'ɪnvɔɪs/ n. list of goods sold, work done, etc. showing what you must pay ● **in-voice** v. [T] (business) write or send somebody a bill for work you have done or goods you have provided.

invoke /ɪn'vəʊk/ v. [T] (fml.) 1 mention or use a law, rule, etc. as a reason for doing something. 2 make a request (for help) to somebody, esp. a god. 3 make something appear by magic. ▶ **invocation** /‚ɪnvə'keɪʃn/ n. [C, U] prayer or appeal for help.

involuntary /ɪn'vɒləntri/ adj. done without intention: an ~ movement ▶ **involuntarily** /-trəli/ adv.

involve /ɪn'vɒlv/ v. [T] 1 make something a necessary condition or result: The job ~d my leaving London. 2 include or affect somebody. 3 ~**in** make somebody/ something take part in something. ▶ **involved** adj. 1 ~(**in**) taking part in something; being connected with something. 2 ~(**with**) having a close personal relationship with somebody. 3 complicated ▶ **involvement** n. [U, C]

invulnerable /ɪn'vʌlnərəbl/ adj. that cannot be hurt or damaged.

inward /'ɪnwəd/ adj. 1 inside your mind: ~ thoughts 2 towards the inside or centre of something. ● **inward** (also **inwards**) adv. 1 towards the inside or centre. 2 towards yourself and your interests. ▶ **inwardly** adv. in your mind; secretly.

iodine /'aɪədiːn/ n. [U] dark blue liquid used in medicine and photography.

ion /'aɪən/ n. electrically charged particle. ▶ **ionize** (also **-ise**) v. [I, T] (tech.) change something or be changed into ions.

iota /aɪ'əʊtə/ n. [sing.] very small amount.

IOU /‚aɪəʊ 'juː/ n. (infml.) 'I owe you'; written promise to pay somebody the money you owe them.

IQ /‚aɪ 'kjuː/ n. measure of somebody's intelligence: have a high/low IQ.

irate /aɪ'reɪt/ adj. (fml.) angry.

iridescent /‚ɪrɪ'desnt/ adj. (fml.) changing colour as light falls on it from different directions.

iris /'aɪrɪs/ n. 1 coloured part round the pupil of the eye. 2 tall plant with large bright flowers.

irk /ɜːk/ v. [T] (fml. or lit.) annoy somebody. ▶ **irksome** /'ɜːksəm/ adj. annoying.

iron¹ /'aɪən/ n. 1 [U] (symb. **Fe**) hard strong metal, used in manufacturing and building: an ~ bridge/gate ◊ (fig.) She had a will of ~ (= it was very strong). 2 [C] tool with a flat metal base that can be heated to smooth clothes: a steam ~ 3 (**irons**) [pl.] chains for a prisoner. [IDM] **have several irons in the fire** be involved in many different activities at the same time. ■ **ironmonger** /'aɪənmʌŋgə(r)/ n. (GB) shopkeeper who sells tools and household goods.

iron² /'aɪən/ v. [I, T] make clothes, etc. smooth by using an iron¹(2) [PV] **iron out something** remove any difficulties, etc. affecting something. ▶ **ironing** n. [U] **1** action of ironing clothes. **2** clothes that need to be ironed: *a pile of ~ing* ■ **'ironing board** n. long narrow board on which clothes are ironed.

ironic /aɪ'rɒnɪk/ (*also* **ironical** /-kl/) adj. using or expressing irony. ▶ **ironically** /-kli/ adv.

irony /'aɪrəni/ n. (pl. **-ies**) **1** [U, C] amusing or strange aspect of an unexpected event or situation. **2** [U] saying the opposite of what you really mean, often as joke.

irrational /ɪ'ræʃənl/ adj. not guided by reason: *an ~ fear of water.* ▶ **irrationally** /-nəli/ adv.

irreconcilable /ɪˌrekən'saɪləbl/ adj. (*fml.*) (of differences or disagreements) impossible to settle.

irregular /ɪ'regjələ(r)/ adj. **1** uneven: *~ teeth* **2** against the normal rules. **3** (*gram.*) not formed in the normal way: *~ verbs* ▶ **irregularity** /ɪˌregjə'lærəti/ n. [C, U] (pl. **-ies**) ▶ **irregularly** adv.

irrelevant /ɪ'reləvənt/ adj. not important to the situation. ▶ **irrelevance** /-əns/ n. [U]

irreparable /ɪ'repərəbl/ adj. (of damage, an injury, *etc.*) too bad to be put right.

irreplaceable /ˌɪrɪ'pleɪsəbl/ adj. impossible to replace if lost or damaged.

irrepressible /ˌɪrɪ'presəbl/ adj. impossible to hold back or control.

irreproachable /ˌɪrɪ'prəʊtʃəbl/ adj. (*fml.*) without fault or blame.

irresistible /ˌɪrɪ'zɪstəbl/ adj. too strong, attractive, etc. to be resisted ▶ **irresistibly** adv.

irrespective of /ˌɪrɪ'spektɪv əv/ prep. (*written*) without considering something: *Buy it now, ~ of the price.*

irresponsible /ˌɪrɪ'spɒnsəbl/ adj. (*disapprov*) (of a person) not thinking enough about the effects of what they do. ▶ **irresponsibility** /-'bɪləti/ n. [U] ▶ **irresponsibly** adv.

irreverent /ɪ'revərənt/ adj. not showing respect, esp. for holy things. ▶ **irreverence** /-əns/ n [U] ▶ **irreverently** adv.

irrevocable /ɪ'revəkəbl/ adj. (*fml.*) impossible to change; final: *an ~ result.*

irrigate /'ɪrɪgeɪt/ v. [T] supply land with water so that crops will grow. ▶ **irrigation** /ˌɪrɪ'geɪʃn/ n. [U]

irritable /'ɪrɪtəbl/ adj. easily annoyed ▶ **irritability** /ˌɪrɪtə'bɪləti/ n. [U] ▶ **irritably** adv.

irritate /'ɪrɪteɪt/ v. [T] **1** annoy somebody. **2** make part of the body sore. ▶ **irritation** /ˌɪrɪ'teɪʃn/ n. [U, C]

is /ɪz/ → BE.

Islam /ɪz'lɑːm/ n. **1** [U] Muslim religion, based on the teachings of the Prophet Muhammad. **2** [sing.] all Muslims ▶ **islamic** /ɪz'læmɪk/ adj.

island /'aɪlənd/ n. **1** piece of land surrounded by water. **2** = TRAFFIC ISLAND (TRAFFIC) ▶ **islander** n. person living on an island.

isle /aɪl/ n. (*esp.* in poetry and proper names) island.

isn't /'ɪznt/ is not → BE.

isolate /'aɪsəleɪt/ v. [T] separate somebody/ something from other people or things. ▶ **isolated** adj. far from others: *an ~d house* ▶ **isolation** /ˌaɪsə'leɪʃn/ n. [U]

ISP /ˌaɪ es 'piː/ abbr. Internet service provider; company that provides you with an Internet connection and services such as email, etc.

issue /'ɪʃuː; *GB also*/ 'ɪsjuː/ n. **1** [C] important topic for discussion. **2** [C] (*infml.*) problem or worry that somebody has with something **3** [C] one of a regular series of a magazine, etc. **4** [U] supply and distribution of something. **5** [U] (*law*) children of your own. ● **issue** v. [T] (*fml.*) **1** make something known formally: *~ a draft.* **2** give somebody to something, esp. officially: *~ a passport/visa* **3** produce something, e.g. a magazine.

it /ɪt/ pron. (used as the subject or object of a v. or after a prep.) **1** animal or thing mentioned earlier: *Where's my pen? Have you seen it?* **2** baby, esp. one whose sex is not known. **3** used to identify a person: '*Who's that?' 'It's the milkman.'* **4** used when the subject or object comes at the end of a sentence: *It's lovely to see you.* **5** used when you are talking about time, distance or weather: *It's 1 o'clock.* ◇ *It's snowing.* **6** used to emphasize any part of a sentence: *It was work that exhausted him.* [IDM] **that is it 1** this/that is the important point, reason, etc. **2** this/that is the end: *That's it, then —we've lost the match.* **this is it 1** the expected event is going to happen: *Well, this is it! Wish me luck.* **2** this is the main point. ▶ **its** /ɪts/ det. of or belonging to a thing, animal or baby: *its leg.*

italic /ɪ'tælɪk/ adj. (of printed letters) sloping forwards: *This is ~ type.* ▶ **italics** n. [pl.] italic letters.

itch /ɪtʃ/ n. **1** [C, usu. sing.] feeling of irritation on the skin, causing a desire to scratch. **2** [sing.] (*fml.*) strong desire to do something: *have an ~ to ride* ● **itch** v. **1** [I] have an itch(1) **2** [I] **~for/to** (*infml.*) want to do something very much: *students ~ing for the lesson to end.* ◇ *~ing to tell her the good news.* ▶ **itchy** adj. having or producing irritation on the skin: *an ~y shirt.* [IDM] **(get/have) itchy feet** (*infml.*) want to travel or move to a different place.

it'd /'ɪtəd/ short for IT HAD; IT WOULD.

item /'aɪtəm/ n. **1** single thing or unit in a list, etc. **2** single piece of news. ▶ **itemize** (also **-ise**) v. [T] produce a detailed list of something: *an ~d bill.*

itinerant /aɪ'tɪnərənt/ adj. (*fml.*) travelling from place to place: *~ workers.*

itinerary /aɪ'tɪnərəri/ n. (*pl.* **-ies**) plan for a journey.

it'll /'ɪtl/ *short for* IT WILL.

its → IT.

it's /ɪts/ *short for* IT IS; IT HAS

itself /ɪt'self/ pron. **1** used as a reflexive when the animal, thing, etc. causing the action is also affected by it: *My horse hurt ~.* **2** used to emphasize an animal, a thing, etc.: *The name ~ sounds funny.* [IDM] **(all) by itself 1** automatically **2** alone.

I've /aɪv/ *short for* I HAVE.

IVF /ˌaɪ viː 'ef/ n. [U] (*tech.*) in vitro fertilization; process which fertilizes a woman's egg outside her body.

ivory /'aɪvəri/ n. [U] **1** creamy-white bone-like substance forming the tusks (= long teeth) of elephants. **2** colour of ivory. [IDM] **an ivory tower** (*disapprov*) place where people stay away from the unpleasant realities of everyday life.

ivy /'aɪvi/ n. [U] climbing evergreen plant with dark shiny leaves.

J j

J, j /dʒeɪ/ n. [C, U] (pl. **J's, j's** /dʒeɪz/) the tenth letter of the English alphabet.

jab /dʒæb/ v. (**-bb-**) [I, T] push a pointed object into somebody/something with sudden force: *She ~bed him in the ribs with her finger.* ● **jab** n. **1** sudden strong hit with something pointed. **2** (*GB, infml.*) injection.

jabber /'dʒæbə(r)/ v. [I, T] (*disapprov*) talk or say something quickly and excitedly. ▶ **jabber** n. [U]

jack /dʒæk/ n. **1** device for lifting something heavy, esp. a car. **2** playing card between the ten and the queen. ● **jack** v. [PV] **jack something in** (*GB, infml.*) decide to stop doing something, esp. your job. **jack something up** lift something, esp. a vehicle, using a jack.

jacket /'dʒækɪt/ n. **1** short coat with sleeves. **2** loose paper cover for a book. **3** outer cover round a tank, pipe, etc. **4** (*GB*) skin of a baked potato.

jackknife /'dʒæknaɪf/ n. (*pl.* **-knives**) large knife with a folding blade ● **jackknife** v. [I] (*esp.* of an articulated lorry) bend sharply in the middle.

jackpot /'dʒækpɒt/ n. largest money prize to be won in a game of chance.

Jacuzzi™ /dʒə'ku:zi/ n. bath with fast underwater currents.

jade /dʒeɪd/ n. [U] hard, usu. green, stone from which ornaments, etc. are carved.

jaded /'dʒeɪdɪd/ adj. tired and lacking energy, usu. after too much of something.

jagged /'dʒægɪd/ adj. with rough, pointed, often sharp edges: *~ edges.*

jaguar /'dʒægjuə(r)/ n. large spotted animal of the cat family, found in central America.

jail /dʒeɪl/ n. [C, U] prison ● **jail** v. [T] put somebody in prison.

jam /dʒæm/ n. [C] **1** [U, C] sweet food made by boiling fruit with sugar, eaten on bread. **2** [C] number of people, things, etc. crowded together and preventing movement: *a traffic ~* [IDM] **be in a jam** (*infml.*) be in a difficult situation. ● **jam** v. (**-mm-**) **1** [T] push somebody/something somewhere with force or squeeze somebody/something into a small space: *~ clothes into a trunk* **2** [I, T] (cause something to) become unable to move or to work: *The machine has ~med.* **3** [T] (*tech.*) send out radio signals to prevent another radio broadcast from being heard [IDM] **jam on the brake(s) | jam the brake(s) on** operate the brakes on a vehicle suddenly and with force.

jangle /'dʒæŋgl/ v. [I, T] (cause something to) make a harsh sound like two pieces of metal hitting each another. ● **jangle** n. [sing.] hard noise like that of metal hitting metal.

janitor /'dʒænɪtə(r)/ n. (*US*) = CARETAKER.

January /'dʒænjuəri/ n. [U, C] the first month of the year. (See examples of use at *April.*)

jar¹ /dʒɑ:(r)/ n. **1** round glass container with a lid, used for storing food. **2** a jar and what it contains: *a ~ of coffee/jam/cream* ● **jar** v. (**-rr-**) **1** [I, T] give or receive a sudden sharp painful knock. **2** [I] **~(on)** have an unpleasant effect on somebody: *Her screaming really ~s on my nerves.* **3** [I] **~ (with)** be different from something in a strange or unpleasant way.

jargon /'dʒɑ:gən/ n. [U] technical words or expressions used by a particular profession or group of people: *medical/legal ~.*

jaundice /'dʒɔ:ndɪs/ n. [U] medical condition that makes the skin and whites of the eyes yellow. ▶ **jaundiced** adj. suspicious; bitter: *a ~d opinion/look.*

jaunt /dʒɔ:nt/ n. (*old-fash* or *hum*) short journey, made for pleasure ▶ **jaunty** adj. (**-ier, -iest**) cheerful and self-confident. ▶ **jauntily** adv.

jaw /dʒɔ:/ n. **1** [C] either of the bone structures containing the teeth: *the lower/upper ~* **2** [sing.] lower part of the face. **3** (**jaws**) [pl.] mouth with its bones and teeth. **4** (**jaws**) [pl.] part of a tool or machine that holds things tightly. [IDM] **the jaws of death, defeat, etc.** (*lit.*) used to describe an unpleasant situation that almost happens. ■ **'jawbone** n. bone that forms the lower jaw.

jazz /dʒæz/ n. [U] type of music with strong rhythms, created by African American musicians. ● **jazz** v. [PV] **jazz something up** (*infml.*) make something more lively, interesting or attractive. ▶ **jazzy** adj. (**-ier, -iest**) (*infml.*) **1** in the style of jazz. **2** brightly coloured or showy: *a ~y style.*

jealous /'dʒeləs/ adj. **1** feeling angry or unhappy because somebody you like or love is showing interest in somebody else: *a ~ lover* **2** **~(of)** feeling angry or unhappy that you wish you had what somebody else has. **3** determined to keep and protect what you have: *They're very ~ of their good fortune* (= they do not want to lose it). ▶ **jealously** adv. ▶ **jealousy** n. [U, C] (*pl.* **-ies**)

jeans /dʒi:nz/ n. [pl.] trousers made of strong cotton, esp. denim.

Jeep™ /dʒi:p/ n. motor vehicle for driving over rough ground.

jeer /dʒɪə(r)/ v. [I, T] **~(at)** laugh rudely at somebody; mock ● **jeer** n. jeering remark.

jelly /'dʒeli/ n. (*pl.* **-ies**) **1** [U, C] (*US* **jello**,

Jell-O™ [U]) clear sweet soft fruit-flavoured food. **2** [U] type of clear jam: *strawberry/blackcurrant ~*. ■ **'jellyfish** *n*. (*pl.* **jellyfish**) sea creature with a soft clear body which can sting.

jeopardize (*also* **-ise**) /'dʒepədaɪz/ *v*. [T] put somebody/something in danger. ▶ **jeopardy** /'dʒepədi/ *n*. [IDM] **in jeopardy** in a dangerous position and likely to be lost or harmed: *The success of our idea has been put in jeopardy.*

jerk /dʒɜːk/ *n*. **1** sudden quick sharp movement. **2** (*infml.*) stupid person. ● **jerk** *v*. [I, T] (cause something to) move with a jerk. ▶ **jerky** *adj*. **(-ier, -iest)** with sudden starts and stops.

jersey /'dʒɜːzi/ *n*. knitted woollen or cotton piece of clothing for the upper body, with long sleeves.

Jerusalem artichoke /dʒəˌruːsələm 'ɒːtɪtʃəʊk/ *n*. light brown root vegetable that looks like a potato.

jest /dʒest/ *n*. (*old-fash.* or *fml.*) something done or said to amuse people. [IDM] **in jest** as a joke. ● **jest** *v*. [I] (*fml.*) joke.

jet /dʒet/ *n*. **1** [C] aircraft powered by a jet engine. **2** [C] strong narrow stream of gas, liquid, etc. forced out of a small opening, which is also called a jet. **3** [U] black highly polished mineral, used in jewellery ■ **,jet-'black** *adj*. of a deep shiny black colour. ● **jet** *v*. **(-tt-)** [I] (*infml.*) fly somewhere in a plane. ■ **'jet engine** *n*. engine that drives an aircraft forward by pushing out a stream of gases behind it. ■ **'jet lag** *n*. [U] tiredness felt after a long flight to a place where the time is different. ■ **the 'jet set** *n*. [sing.] rich fashionable people who travel a lot.

jettison /'dʒetɪsn/ *v*. [T] throw away something unwanted.

jetty /'dʒeti/ *n*. (*pl.* **-ies**) wall or platform built out into the sea, a river, etc. as a landing place for boats.

Jew /dʒuː/ *n* person of the Hebrew people or religion. ▶ **Jewish** *adj*.

jewel /'dʒuːəl/ *n*. **1** precious stone, e.g. a diamond. **2** small precious stone used in a watch. **3** (*infml.*) person or thing that is greatly valued. ▶ **jeweller** (*US* **-l-**) *n*. person who sells, makes or repairs jewellery. ▶ **jewellery** (*also* **jewelry**) /'dʒuːəlri/ *n*. [U] ornaments, e.g. rings and necklaces, esp. made of gold, silver, etc.

jibe (*also* **gibe**) /dʒaɪb/ *v*. [I] ~(**at**) make fun of somebody/something. ● **jibe** *n*. comment that makes fun of somebody/something.

jiffy /'dʒɪfi/ *n*. [C, usu. sing.] (*infml.*) moment: *I'll join you in a ~.*

jig /dʒɪɡ/ *n*. (music for a) quick lively dance. ●

jig *v*. **(-gg-)** [I, T] (cause somebody/something to) move up and down with short quick movements.

jiggle /'dʒɪɡl/ *v*. [I, T] (*infml.*) (make something) move quickly from side to side or up and down: *He ~d coins in his hands.*

jigsaw /'dʒɪɡsɔː/ *n*. (*also* **'jigsaw puzzle**) picture on cardboard or wood cut into irregular shapes that has to be fitted together again.

jihad /dʒɪ'hɑːd/ *n*. holy war fought by Muslims in defence of Islam.

jilt /dʒɪlt/ *v*. [T] end a romantic relationship with somebody suddenly and unkindly.

jingle /'dʒɪŋɡl/ *n*. **1** [sing.] gentle ringing sound of small bells, keys, etc. **2** [C] short simple rhyme or song, esp. used in advertising. ● **jingle** *v*. [I, T] (cause something to) make a gentle ringing sound.

jinx /dʒɪŋks/ *n*. [C, sing.] ~(**on**) (person or thing thought to bring) bad luck.

jive /dʒaɪv/ *n*. [sing.] fast dance to music with a strong beat, esp. popular in the 1950s. ● **jive** *v*. [I] dance to jazz or rock and roll music.

job /dʒɒb/ *n*. [C] **1** work for which you receive regular payment. **2** particular task or piece of work: *Finding a flat to buy was quite a ~.* [usu. sing.] responsibility or duty: *It's not my ~ to do this.* **4** (*infml.*) criminal act, esp. theft **5** item of work processed by a computer as a single unit. [IDM] **just the job** (*infml.*) exactly what is wanted or needed **make a bad, good, etc. job of something.** do something badly, well, etc. ▶ **jobless** *adj*. unemployed ■ **'job-sharing** *n*. [U] arrangement by which two people are employed part-time to share a full-time job.

jockey /'dʒɒki/ *n*. professional rider in horse races. ● **jockey** *v*. [I] ~(**for**) try all possible ways to gain an advantage over other people: *~ for power.*

jog /dʒɒɡ/ *v*. **(-gg-) 1** [I] run slowly esp. for exercise. **2** [T] hit something lightly and accidentally. [IDM] **jog somebody's memory** help somebody to remember something. [PV] **jog along** (*GB, infml.*) continue as usual with little or no excitement. ● **jog** *n*. [sing.] **1** slow run, esp. for exercise. **2** light push or knock. ▶ **jogger** *n*. person who jogs regularly for exercise.

join /dʒɔɪn/ *v*. **1** [T] fix or connect two or more things together. **2** [I, T] (of two things or groups) come together to form one: *The two rods ~ here.* **3** [T] become a member of an organization, a company, a club, etc. **4** [T] take part in something that somebody else is doing: *Please ~ us for a coffee.* [IDM] **join forces (with somebody)** work together to achieve a shared aim. [PV] **join in (some-**

thing) take part in an activity ● **join** *n.* place where two things are fixed together.

joiner /'dʒɔɪnə(r)/ *n.* skilled worker who makes wooden window frames, doors, etc. of buildings ▶ **joinery** *n.* [U] work of a joiner.

joint /dʒɔɪnt/ *n.* **1** place where two bones are joined together. **2** place where two or more things are joined: *the ~s of a pipe.* **3** large piece of meat. **4** (*infml.*) place where people meet to eat, drink, dance, etc. **5** (*infml.*) cigarette containing marijuana. ● **joint** *adj.* shared or done by two or more people: *~ responsibility* ◇ *a ~ account* (= a bank account in the name of more than one person) ▶ **jointly** *adv.* ■ **,joint-'stock company** (*business*) company that is owned by all the people who have shares in it.

joist /dʒɔɪst/ *n.* wood or steel beam supporting a floor or ceiling.

joke /dʒəʊk/ *n.* something said or done to make people laugh. ● **joke** *v.* [I] tell funny stories. ▶ **joker** *n.* **1** person who likes making jokes. **2** extra playing card used in certain card games. ▶ **jokingly** *adv.* in a joking manner.

jolly /'dʒɒli/ *adj.* (**-ier, -iest**) happy and cheerful ● **jolly** *adv.* (*GB, old-fash, spoken*) very: *a ~ good trick.*

jolt /dʒəʊlt/ *v.* [I, T] (make something) move suddenly and roughly. ● **jolt** *n.* [C, usu. sing.] sudden rough movement.

jostle /'dʒɒsl/ *v.* [I, T] push roughly against somebody, usu. in a crowd.

jot /dʒɒt/ *v.* (**-tt-**) [PV] **jot something down** write something quickly ▶ **jotter** *n.* small notebook.

journal /'dʒɜːnl/ *n.* **1** magazine or newspaper that deals with a particular subject: *a medical/scientific ~* **2** daily written record of events. ▶ **journalism** /-nəlɪzəm/ *n.* [U] work of writing for newspapers, magazines, television or radio. ▶ **journalist** *n.* person whose profession is journalism.

journey /'dʒɜːni/ *n.* act of travelling from one place to another. ● **journey** *v.* [I] (*fml.*) travel.

jovial /'dʒəʊviəl/ *adj.* (*written*) cheerful and friendly.

joy /dʒɔɪ/ *n.* **1** [U] great happiness. **2** [C] person or thing that causes you to feel very happy. ▶ **joyful** *adj.* (*written*) very happy; causing people to be happy. ▶ **joyfully** *adv.* ▶ **joyous** *adj.* (*lit.*) very happy; causing people to be happy. ▶ **joyously** *adv.*

joypad /'dʒɔɪpæd/ *n.* device used with some computer games, with buttons for moving images on the screen.

JP /,dʒeɪ 'piː/ *abbr.* = JUSTICE OF THE PEACE (JUSTICE).

jubilant /'dʒuːbɪlənt/ *adj.* (*fml.*) very happy, esp. because of a success. ▶ **jubilation** /,dʒuːbɪ'leɪʃn/ *n.* [U] great happiness, esp. because of a success.

jubilee /'dʒuːbiliː/ *n.* (celebration of a) special anniversary.

Judaism /'dʒuːdeɪɪzəm/ *n.* [U] religion of the Jewish people; their culture.

judge /dʒʌdʒ/ *n.* **1** public officer with authority to decide cases in a law court. **2** person that decides who has won a competition. **3** person able to give an opinion on the value of something: *She's a good ~ of character.* ● **judge** *v.* [I, T] **1** form an opinion about somebody/ something. **2** act as a judge of something.

judgement (*also esp. law* **judgment**) /'dʒʌdʒmənt/ *n.* **1** [U] ability to make sensible decisions. **2** [C, U] opinion that you form after careful thought; act of making this opinion known to others: *make a fair ~ of his role.* **3** [C, U] decision of a law court or judge: *The court has yet to pass ~* (= give its decision).

judicial /dʒu'dɪʃl/ *adj.* of or by a law court; of a judge or judgement.

judiciary /dʒu'dɪʃəri/ *n.* [C, with sing. or pl. verb] (*pl.* **-ies**) all the judges of a country.

judicious /dʒu'dɪʃəs/ *adj.* (*fml.*) showing or having good sense. ▶ **judiciously** *adv.*

judo /'dʒuːdəʊ/ *n.* [U] sport in which two people fight and try to throw each other to the ground.

jug /dʒʌg/ *n.* (*GB*) **1** deep container for liquids, with a handle and a lip. **2** amount of liquid contained in a jug: *a ~ of juice.*

juggernaut /'dʒʌgənɔːt/ *n.* (*GB*) very large lorry.

juggle /'dʒʌgl/ *v.* [I, T] **1** keep objects, esp. balls, in the air by throwing and catching them. **2** organize information, figures, etc. in the most useful or effective way. ▶ **juggler** *n.*

juice /dʒuːs/ *n.* [U, C] liquid obtained from fruit, vegetables or meat. ▶ **juicy** *adj.* (**-ier, -iest**) **1** containing a lot of juice. **2** (*infml.*) interesting, esp. because scandalous.

jukebox /'dʒuːkbɒks/ *n.* machine in a pub, etc. that plays music when you put coins in it.

July /dʒu'laɪ/ *n.* [U, C] the seventh month of the year (See examples of use at *April*.)

jumble /'dʒʌmbl/ *v.* [T] **~(together/up)** mix things together in an untidy or confused way. ● **jumble** *n.* **1** [sing.] confused or untidy group of things. **2** [U] (*GB*) goods for a jumble sale. ■ **'jumble sale** *n.* (*GB*) sale of old unwanted goods to get money for a charity.

jumbo /'dʒʌmbəʊ/ *adj.* (*infml.*) very large. ●

jumbo *n.* (*pl.* **~s**) (*also* **,jumbo 'jet**) large plane that can carry several hundred passengers, esp. a Boeing 747.

jump¹ /dʒʌmp/ *v.* **1** [I] move quickly off the ground by pushing yourself with your legs and feet: *~ up on the rock* **2** [T] pass over something by jumping: *~ a fence* **3** [I] move quickly and suddenly: *The loud noise made me ~.* **4** [I] rise suddenly by a large amount: *Sensex ~ed by 60 points yesterday.* **5** [T] (*infml.*) attack somebody suddenly [IDM] **jump on the bandwagon → BAND jump the gun** do something too soon **jump the queue** (*US*) **jump the line** go to the front of a queue without waiting for your turn **jump to conclusions** come to a decision about something too quickly [PV] **jump at something** accept an opportunity, chance, etc. eagerly.

jump² /dʒʌmp/ *n.* **1** act of jumping. **2** thing to be jumped over. **3** **~(in)** sudden rise in amount: *a huge ~ in prices* ▶ **jumpy** *adj.* (**-ier, -iest**) (*infml.*) nervous; anxious.

jumper /'dʒʌmpə(r)/ *n.* **1** (*GB*) = JERSEY **2** person, an animal or an insect that jumps.

junction /'dʒʌŋkʃn/ *n.* place where roads or railway lines meet.

juncture /'dʒʌŋktʃə(r)/ *n.* (*fml.*) particular point in an activity or series of events.

June /dʒuːn/ *n.* [U, C] the sixth month of the year (See examples of use at *April.*)

jungle /'dʒʌŋgl/ *n.* [C, U] land in a tropical country, covered with thick forest.

junior /'dʒuːniə(r)/ *adj.* **1** ~(**to**) lower in rank than somebody **2** (**Junior**) (*esp. US*) used after the name of a man who has the same name as his father. **3** (*GB*) (of a school or part of a school) for children under the age of 11 or 13. ● **junior** *n.* **1** [C] person with a low-level job within an organization. **2** [sing.] person who is a certain number of years younger than somebody else: *He is three years her ~ in school.*

junk /dʒʌŋk/ *n.* [U] old or unwanted things, usu. of little value: *The furniture came from a ~ shop.* ■ **'junk bond** *n.* (*business*) type of bond that pays a high rate of interest because of the risk involved. ■ **'junk food** *n.* [U] (*infml., disapprov.*) food that is thought to be bad for your health.

jurisdiction /,dʒʊərɪs'dɪkʃn/ *n.* [U] (*fml.*) legal authority.

juror /'dʒʊərə(r)/ *n.* member of a jury.

jury /'dʒʊəri/ *n.* [C, with sing. or pl. verb] (*pl.* **-ies**) **1** group of people in a law court who decide whether the accused person is guilty or not guilty. **2** group of people who decide the winner of a competition.

just¹ /dʒʌst/ *adj.* according to what is right and proper; fair: *a ~ statement* ▶ **justly** *adv.*

just² /dʒʌst/ *adv.* **1** exactly: *This coat is ~ my size.* ◊ *You're ~ in time,* ◊ *Leave everything ~ as it is.* **2** **~as** at the same moment as: *He arrived ~ as I did.* **3** no less than; equally: *It's ~ as cheap to go by train.* **4** by a small amount: *I arrive ~ before nine.* **5** used to say that you did something very recently: *I've ~ had lunch.* **6** at this/that moment: *We're ~ coming.* **7** **~ about/going to do something** used to refer to the immediate future: *The milk's ~ about to spill.* **8** simply: *Why not ~ wait and watch?* **9** only: *There is ~ no way of saving him.* **10** used in orders to get somebody's attention: *J ~ listen to us!* [IDM] **just about** (*infml.*) almost **just now 1** at this moment: *I can do it ~ now.* **2** only a short time ago.

justice /'dʒʌstɪs/ *n.* **1** [U] quality of being right and fair. **2** [U] the law and its administration: *a house of ~* **3** [C] judge in a court of law: *the Lord Chief J~* ■ **,Justice of the 'Peace** *n.* judge in the lowest courts of law.

justify /'dʒʌstɪfaɪ/ *v.* (*pt, pp* **-ied**) [T] **1** show that somebody/something is right or reasonable. **2** be a good reason for something. ▶ **justifiable** /,dʒʌsɪ'faɪəbl/ *adj.* that can be justified. ▶ **justifiably** *adv.* ▶ **justification** /,dʒʌstɪfɪ'keɪʃn/ *n.* [U, C] ~ (**for**) acceptable reason.

jut /dʒʌt/ *v.* (**-tt-**) [I, T] ~(**out**) (cause something to) stick out further than the surrounding surface.

juvenile /'dʒuːvənaɪl/ *n.* (*fml.*) or (*law*) young person ● **juvenile** *adj.* **1** (*fml.*) or (*law*) of or suitable for young people. **2** (*disapprov*) silly and childish. ■ **,juvenile de'linquent** *n.* young person who is guilty of a crime, e.g. vandalism.

juxtapose /,dʒʌkstə'pəʊz/ *v.* [T] put people or things side by side, esp. to show a contrast or a new relation. ▶ **juxtaposition** /,dʒʌkstəpə'zɪʃn/ *n.* [U, C]

K k

K /keɪ/ *abbr.* (*pl.* **K**) **1** (*infml.*) one thousand **2** kilometre(s) **3** (*computing*) = KILOBYTE(S).

K, k /keɪ/ *n.* [C, U] (*pl.* **K's, k's** /keɪz/) the eleventh letter of the English alphabet.

kaleidoscope /kəˈlaɪdəskəʊp/ *n.* **1** [C] hollow tube containing mirrors and small pieces of coloured glass in different shapes, turned to produce changing patterns. **2** [sing] constantly and quickly changing pattern.

kangaroo /ˌkæŋɡəˈruː/ *n.* (*pl.* ~s) a large Australian marsupial with a long powerful tail and strongly developed hind limbs that enable it to travel by leaping. It carries its baby in a pouch.

karaoke /ˌkæriˈəʊki/ *n.* [U] a form of entertainment in which people sing popular songs over pre-recorded backing tracks.

karate /kəˈrɑːti/ *n.* [U] an oriental system of fighting, using the hands and feet, also a widely practiced sport.

kebab /kɪˈbæb/ *n.* small pieces of meat cooked/roasted on a metal stick.

keel /kiːl/ *n.* wood or steel structure along the bottom of a ship, supporting the framework of the whole. ● **keel** *v.* [I, T] (of a ship) fall over onto its side. [PV] **keel over** turn over sideways; capsize.

keen /kiːn/ *adj.* **1** ~**on** having a strong interest in something; enthusiastic or eager: *He's very ~ on football.* **2** ~ **on** fond of somebody **3** (of the senses, mind or feelings) strong; quick **4** (*lit.*) (of the wind) very cold ▶ **keenly** *adv.*

keep¹ /kiːp/ *v.* (*pt, pp* **kept** /kept/) **1** [I, T] (cause somebody/something to) remain in a state or position: *K~ (them) quiet!* ◇ *~ off the garden!* **2** [I] ~ (**on**) **doing** continue doing something; do something repeatedly: *He ~s (on) disturbing me.* **3** [T] delay somebody: *You're late, what kept you?* **4** [T] continue to have something: *Here's £5-you can ~ the balance.* **5** [T] put or store something in a particular place: *Where do you ~ the salt?* **6** [T] own or manage a shop **7** [I] (*spoken*) used to ask or talk about somebody's health: *How's he ~ing?* **8** [I] (of food) remain in good condition: *Milk doesn't ~ in hot weather.* **9** [T] not tell somebody a secret. **10** [T] do what you have promised to do; go where you have agreed to go: *~ a promise! an appointment.* **11** [T] write down something as a record: *~ a record.* **12** [T] support somebody financially. [IDM] **keep abreast of something** → ABREAST **keep somebody at arm's length** avoid having a close relationship with somebody. **keep the ball rolling** → BALL **keep somebody/something at bay** → BAY **keep somebody company** stay with somebody so that they are not alone. **keep count of something** → COUNT² **keep your distance (from somebody/something) 1** not go too near to somebody/something. **2** avoid getting too friendly or involved with somebody/something. **keep an eye on somebody/something** make sure that somebody/something is safe. **keep your fingers crossed** hope that somebody will be successful: *Good luck with your entrance exam we're ~ing our fingers crossed for you.* **keep your hair on** (*GB, spoken*) used to tell somebody not to be angry. **keep your head** → HEAD¹ **keep your head above water** deal with problems, esp. financial worries, and just manage to survive. **keep something in mind** → MIND¹ **keep your mouth shut** (*infml.*) not talk about something because it is a secret. **keep an open mind** → OPEN¹ **keep pace (with somebody/something)** move forward at the same speed as **somebody/something**. **keep quiet about something** I **keep something quiet** say nothing about something; keep something secret. **keep a straight face** → STRAIGHT² **keep a tight rein on somebody/something** control somebody/something firmly. **keep your wits about you** → WIT [PV] **keep at something** continue working at something. **keep away (from somebody/something)** avoid going near somebody/something. **keep somebody/something away (from somebody/something)** prevent somebody/something from going somewhere. **keep something back (from somebody)** refuse to tell somebody something. **keep somebody down** prevent a person, group, etc. from expressing themselves freely. **keep something down** not allow something to grow or increase. **keep somebody from something** prevent somebody from doing something: *~ him from eating.* **keep something from somebody** not tell somebody about something. **keep in with somebody** remain friendly with somebody. **keep on about something** → ON¹ **keep on (at somebody) (about somebody/something)** (*esp. GB*) speak to somebody often and in annoying way about somebody/something. **keep out (of something)** not enter a place. **keep out of something** avoid something. **keep to something 1** avoid leaving a path or road. **2** talk or write only about the subject that you are supposed to discuss: ~ *to the point.* **3** do what you have promised or agreed to do: ~ *to the promise.* **keep yourself to yourself** avoid meeting people socially. **keep something to yourself** not tell other people about something. **keep something up 1** make something stay at a high level: ~ *rates up* ◇ ~ *your spirits up.* **2** continue something at the same, usu. high level: ~ *up the excellent work/* ~ *it up!* **3** continue to use or practise something: *Do you still* ~ *up your German?* **4** maintain a house, garden, etc. in good condition. **keep up (with somebody/something)** move at the same speed as somebody/something.

keep² /kiːp/ *n.* [U] (cost of) food, clothes and all the other things a person needs to live: *earn your* ~ [IDM] **for keeps** (*infml.*) for ever.

keeper /'kiːpə(r)/ *n.* **1** (*esp.* in compounds) person whose job is to look after a building and its contents: *a shop~* **2** person whose job is to look after animals in a zoo: *a zookeeper.*

keeping /'kiːpɪŋ/ *n.* [IDM] **in somebody's keeping** in somebody's care: *The kids are in his* ~. **in/out of keeping (with something)** in/not in harmony with something.

keepsake /'kiːpseɪk/ *n.* small things that somebody gives you so that you will remember them.

kennel /'kenl/ *n.* [C] **1** small shelter for a dog. **2 (kennels)** [with sing. or pl. verb] place where dogs are bred, looked after in absence of the owner, etc.

kept *pt, pp* of KEEP¹

kerb (*US* **curb**) /kɜːb/ *n.* stone edge of a pavement or raised path.

kernel /'kɜːnl/ *n.* **1** inner part of a nut or seed. **2** the gist or core of an idea, a subject, etc.

kestrel /'kestrəl/ *n.* small bird of prey of the falcon family.

ketchup /'ketʃəp/ *n.* [U] thick cold sauce made from tomatoes.

kettle /'ketl/ *n.* container with a spout, used for boiling water.

key¹ /kiː/ *n.* [C] **1** piece of metal that locks or unlocks a door, etc. **2** [usu. sing.] ~(to) something that makes you able to understand something or achieve something: *Good food and exercise are the* ~ *to good health.* **3** any of the buttons that you press to operate a computer or typewriter. **4** any of the parts that you press to play a piano and some other musical instruments. **5** (*music*) set of related notes: *in the* ~ *of G* **6** set of answers to exercises. ● **key** *adj.* most important: essential: *a* ~ *position.*

■ **'keyboard** *n.* set of keys on a computer, typewriter, piano or other musical instrument. ▶ **'keyboard** *v.* [T] used to type information into a computer. ■ **'keyhole** *n.* hole in a lock where you put a key in. ■ **'keynote** *n.* central idea of a speech, book, etc. ■ **'key ring** *n.* small ring on which keys are kept. ■ **'keyword** *n.* **1** word that gives you the gist or subject of something. **2** word that is typed into a computer to search for information about a particular subject.

key² /kiː/ *v.* [T] ~(in) (*computing*) type information into a computer using a keyboard ■ ,**keyed 'up** *adj. tense,* excited or nervous esp. before an event.

kg *abbr.* kilogram(s).

khaki /'kɑːki/ *adj.* greenish or yellowish-brown colour.

kibbutz /kɪ'bʊts/ *n.* (*pl* ~**im**) /ˌkɪbʊt'siːm/ communal farm or settlement in Israel.

kick¹ /kɪk/ *v.* **1** [T] hit somebody/something with your foot. **2** [I] move your legs as if you were kicking something. **3** ~ **yourself** [T] (*infml.*) be annoyed with yourself on having done something stupid. [IDM] **kick the bucket** (*infml.*) die. **kick the habit** (*infml.*) stop smoking, drinking alcohol, etc. [PV] **kick against something** protest about or resist something. **kick off** start **kick somebody out (of something)** (*infml.*) make somebody leave a place. ■ **'kick-off** *n.* [C, U] beginning of a football match.

kick² /kɪk/ *n.* **1** [C] act of kicking somebody/something: *give somebody a* ~ **2** [C] (*infml.*) getting a strong feeling of pleasure. **3** [U, sing.] (*infml.*) strength of a drug or an alcoholic drink.

kid /kɪd/ *n.* **1** [C] (*infml.*) child or young person. **2** [C] young one of a goat. **3** [U] leather made from the skin of a young goat. ● **kid** *v.* (-dd-) [I, T] (*infml.*) **1** tell somebody something that is not true, esp. as a prank. **2** ~ **somebody/yourself** allow somebody/something to believe something that is not true.

kidnap /'kɪdnæp/ *v.* (-pp- *US also* -p-) [T] take somebody away illegally and keep them prisoner, esp. in order to demand money. ▶ **kidnapper** *n.*

kidney /'kɪdni/ *n.* **1** [C] organ that removes waste products from the blood and produces urine. **2** [U, C] kidney(s) of certain animals used as food.

kill /kɪl/ *v.* **1** [I, T] murder, make somebody/something die: (*infml.*) *She'll* ~ *me* (= be very angry with me) *if she doesn't find me here.* **2** [T] stop, destroy or spoil something: ~ *a rumour/story* **3** [T] (*infml.*) hurt: *My head is* ~*ing me.* [IDM] **kill two birds with one stone** achieve two aims with one action.

● **kill** n. **1** [C] act of killing, esp. when an animal is killed. **2** [usu. sing.] animal(s) killed ▶ **killer** n. ▶ **killing** n. act of killing somebody intentionally. [IDM] **make a killing** (infml.) make a quick profit. ■ **'killjoy** n. (disapprov.) a person who stops others from enjoying themselves.

kiln /kɪln/ n. a baking oven for pottery, bricks, etc.

kilo /'kiːləʊ/ n. (pl. ~s) kilogram.

kilobyte /'kɪləbaɪt/ n. (abbr. **K**) 1024 bytes of computer memory or information.

kilogram (GB also **-gramme**) /'kɪləgræm/ n. metric unit of weight; 1000 grams.

kilometre (US **-meter**) /'kɪləmiːtə(r); GB also kɪ'lɒmɪtə(r)/ n. metric unit of length; 1000 metres.

kilowatt /'kɪləwɒt/ n. unit of electrical power; 1000 watts.

kilt /kɪlt/ n. a knee-length skirt of pleated tartan cloth, traditionally worn by men as part of Scottish Highland dress.

kind¹ /kaɪnd/ n. group of people or things with similar characteristics; sort; type: *My brothers are two of a* ~ [IDM] **in kind 1** (of payment) in goods, not money. **2** (fml.) with the same thing **a kind of** (infml.) used to show that something you are saying is not exact.

kind² /kaɪnd/ adj. friendly and thoughtful to others. ■ **,kind'hearted** adj. kind and generous nature. ▶ **kindly** adj. (-ier, -iest) (infml.) kind ▶ **kindly** adv. **1** in a kind way. **2** (old-fash, fml.) used to ask or tell somebody to do something, esp. when you are annoyed. [IDM] **not take kindly to something/somebody** not like something/ somebody. ▶ **kindness** n. **1** [U] character or quality of being kind. **2** [C] a kind act.

kindergarten /'kɪndəgɑːtn/ n. school for very young children.

kindle /'kɪndl/ v. **1** [I, T] (cause a fire to) start burning **2** [T] arouse or stimulate an interest, emotion, etc.

kindred /'kɪndrəd/ adj. [IDM] **a kindred spirit** person whose interests, beliefs, etc. are similar to your own.

king /kɪŋ/ n. **1** male ruler of an independent state that has a royal family. **2** ~ (**of**) the most important member of a group. **3** (in chess) the most important piece. **4** playing card with the picture of a king on it. ■ **'king-size** (also **-sized**) adj. largest size usu. larger than normal: *a ~-size bed*.

kingdom /'kɪŋdəm/ n. **1** country, state or territory ruled by a king or queen. **2** one of the three traditional divisions of the natural world: *the animal, plant and mineral ~s*.

kink /kɪŋk/ n. **1** bend or twist in something that is usu. straight. **2** (infml., disapprov.) something strange or abnormal in somebody's character. ● **kink** v. [I, T] (cause something to) develop a bend or twist. ▶ **kinky** adj. (-ier, -iest) (infml.) strange or abnormal sexual behaviour.

kiosk /'kiːɒsk/ n. small open-fronted shop where newspapers, sweets, etc. are sold.

kipper /'kɪpə(r)/ n. salted herring (= a type of fish), dried or smoked.

kiss /kɪs/ v. [I, T] touch somebody with your lips to show affection or as a greeting. ● **kiss** n. touch given with the lips [IDM] **the kiss of life** (GB) mouth-to-mouth method of helping somebody to start breathing again.

kit /kɪt/ n. **1** [C] set of pieces to be put together to make something. **2** [C] set of tools or equipment: *a tool* ~ **3** [U] (GB) set of clothes and equipment that you use for a particular activity. ● **kit** v. (-tt-) [PV] **kit somebody out/up (in/with something)** provide somebody with the correct clothes and/or equipment for an activity.

kitchen /'kɪtʃɪn/ n. room or place in the house where meals are cooked. *See pg 224 for picture.*

kite /kaɪt/ n. a toy consisting of a light framework covered with paper, cloth, etc. which flies in the wind.

kitten /'kɪtn/ n. young of a cat.

kitty /'kɪti/ n. (pl. **-ies**) (infml.) money collected by several people for an agreed use; fund of money for communal use.

kiwi /'kiːwiː/ n. **1** (**Kiwi**) (infml.) person from New Zealand. **2** New Zealand bird that cannot fly. ■ **'kiwi fruit** n. (pl. **kiwi fruit**) (also **kiwi**) small fruit with thin hairy brown skin and soft green flesh with black seeds.

km abbr. (pl. **km** or ~**s**) kilometre(s).

knack /næk/ n. [sing.] skill at doing a task.

knackered /'nækəd/ adj. (GB, sl) very tired or exhausted.

knead /niːd/ v. [T] **1** press and stretch bread dough with your hands. **2** rub and press muscles.

knee /niː/ n. **1** joint in the middle of the leg. **2** part of a piece of clothing that covers the knee. [IDM] **bring somebody to their knees** force somebody to give in. ■ **'kneecap** n. small flat bone at the front of the knee. ■ **,knee-'deep** adj. up to your knees.

kneel /niːl/ v. (pt, pp **knelt** /nelt/ or *US also* ~**ed**) [I] ~(**down**) go down on your knees.

knew (pt)of KNOW.

knickers /'nɪkəz/ n. [pl.] (GB) women's underwear that covers the body from the waist to the top of the legs.

knick-knack /'nɪk næk/ n. [C, usu. pl.] small ornament.

knife /naɪf/ n. (pl. **knives**/ naɪvz/) sharp blade with a handle, used for cutting. ● **knife** v. [T] injure somebody with a knife. ■ **'knife-edge** n. [usu. sing.] the sharp edge of a knife. [IDM] **on a knife-edge** (of an important situation or result) very uncertain.

knight /naɪt/ n. **1** (in the Middle Ages) soldier of noble birth. **2** (in Britain) man to whom the title 'Sir' has been given. **3** chess piece. ● **knight** v. [T] give somebody the rank or title of a knight. ▶ **knighthood** /'naɪthʊd/ n. rank or title of a knight.

knit /nɪt/ v. (-tt- pt, pp ~ted; in sense 2, usu. **knit**) [I, T] **1** make clothes, etc. from wool or cotton thread using two long needles. **2** (cause people or things to) join closely together: a closely-~ friends circle. ▶ **knitting** n. [U] the act of knitting. ■ **'knitting needle** n. long, thin stick, used for knitting.

knives (pl.) KNIFE.

knob /nɒb/ n. **1** round control button on a machine such as a television. **2** round handle of a door, drawer, etc. **3** small lump of something, e.g. butter. ▶ **knobbly** /'nɒblɪ/ adj. (-ier, -iest) having small hard lumps: ~bly knees

knock¹ /nɒk/ v. **1** [I] hit a door, etc. firmly to attract attention: ~ on the door **2** [T] hit somebody/something, often accidentally, with a short, hard blow. **3** [T] (infml.) criticize somebody/something. [PV] **knock about with somebody** (infml.) spend a lot of time with somebody. **knock somebody/something about** hit somebody/something roughly. **knock something back** (infml.) drink something quickly. **knock somebody down/over** hit somebody and make them fall to the ground: She was ~ed down by a car. **knock something down** demolish a building. **knock somebody/something down (from something) (to something)** (infml.) persuade somebody to reduce the price of something. **knock off (something)** (infml.) stop work: What time do you ~ off? **knock something off. 1** reduce the price of something. **2** (sl) steal something. **knock somebody out. 1** make somebody fall asleep or become unconscious. **2** make somebody/yourself very tired. **knock somebody out (of something)** defeat somebody so that they cannot continue competing. **knock something up** make something quickly: ~ up a pasta ▶ **knocker** n. metal object on the outside of a door, used for knocking(1) ■ **,knock-'kneed** adj. having legs that turn inwards at the knees. ■ **,knock-'on effect** n. indirect result of an action. ■ **'knockout** n. **1** (in boxing) blow that makes a boxer unable to get up. **2** competition from which losers are eliminated. **3** (infml.) person or thing that is very impressive.

knock² /nɒk/ n. **1** sound of somebody knocking on a door, etc. **2** (infml.) unfortunate experience.

knot /nɒt/ n. **1** fastening made by tying together pieces of string, rope, etc. **2** twisted piece; tangle. **3** hard round spot in a piece of wood. **4** small group of people. **5** unit of speed used by ships; one nautical mile per hour. ● **knot** v. (-tt-) **1** [T] fasten something with a knot. **2** [I, T] make or form knots in something. ▶ **knotty** adj. (-ier, -iest) **1** difficult to solve: a ~ty question. **2** (of wood) full of knots.

know /nəʊ/ v. (pt **knew** /njuː/ pp ~n /nəʊn/) **1** [I, T] have information in your mind: Do you ~ his whereabouts? ◇ I ~ of many people who did the same thing. **2** [I, T] realize, understand or be aware of something. **3** [I, T] feel certain about something. **4** [T] be familiar with a person, place, thing, etc. **5** [T] be able to recognize somebody/something: I'll ~ her when I will meet her. **6** [T] understand and be able to use a language, skill, etc. **7** [T] have personal experience of something: a man who has ~n wealth [IDM] **be known as something** be called or regarded as somebody/something. **know somebody by sight** recognize somebody without knowing them personally. **know your own mind** know what you want. ■ **'know-how** n. [U] (infml.) practical knowledge or ability.

knowing /'nəʊɪŋ/ adj. showing that you have information which is secret: a ~ smile ▶ **knowingly** adv. **1** deliberately **2** in a knowing way.

knowledge /'nɒlɪdʒ/ n. **1** [U, sing] information, understanding and skills gained through education or experience. **2** [U] state of knowing about a particular fact or situation: done without anyone's ~. ▶ **knowledgeable** /-əbl/ adj. somebody with lots of knowledge.

known pp of KNOW.

knuckle /'nʌkl/ n. any of the joints in the fingers. ● **knuckle** v. [PV] **knuckle under (to somebody/ something)** (infml.) accept somebody else's authority.

koala /kəʊ'ɑːlə/ n. Australian tree-climbing animal like a small bear.

Koran /kə'rɑːn/ n. **(the Koran)** [sing.] the holy book of Muslims.

kosher /'kəʊʃə(r)/ adj. (of food) preparation according to the rules of Jewish law.

kowtow /,kaʊ'taʊ/ v. [I] ~(to) (infml., disapprov.) show somebody in authority too much respect and be too willing to obey them.

kph /,keɪ piː 'eɪtʃ/ abbr. kilometres per hour.

L l

L, l /el/ *n.* [C, U] (*pl.* **L's, l's** /elz/) **1** the twelfth letter of the English alphabet. **2** Roman numeral for 50.

L *abbr.* **1** (*esp.* on maps) Lake. **2** (*esp.* for sizes of clothes) large.

l *abbr.* **1** litre.(s) **2** line.

Lab *abbr.* (in British politics) Labour.

lab /læb/ *n.* (*infml.*) = LABORATORY.

label /'leɪbl/ *n.* **1** piece of paper, cloth, etc. fixed to something to describe what it is, who owns it, etc. **2** (*disapprov*) word(s) describing somebody/something in a way that is too general or unfair. ● **label** *v.* (-ll- *US* -l-) [T] **1** put a label on something. **2** describe somebody/something in a particular way, esp. unfairly: *They ~led her (as) a thief.*

labor (*US*) = LABOUR. ■ **'labor union** (*US*) = TRADE UNION (TRADE¹).

laboratory /ləˈbɒrətri/ *n.* (*pl.* -**ies**) room or building used for scientific experiments.

laborious /ləˈbɔːriəs/ *adj.* needing great effort. ▶ **laboriously** *adv.*

labour¹ (*US* -**or**) /ˈleɪbə(r)/ *n.* **1** [U] (*esp.* physical) work. **2** [C, usu. pl.] (*fml.*) task or period of work. **3** [U] workers as a group. **4** [U, C, usu. sing.] process of childbirth: *a woman in ~* **5** (**Labour**) [sing.] = THE LABOUR PARTY. ■ **the 'Labour Party** *n.* [sing. with sing. or pl. verb] (*GB, pol.*) major political party, representing esp. the interests of workers.

labour² (*US* -**or**) /ˈleɪbə(r)/ *v.* [I] **1** try hard to do something difficult. **2** do hard physical work. [IDM] **labour the point** continue to repeat or explain something already understood. [PV] **labour under something** (*fml.*) believe something that is not true. ▶ **labourer** (*US* -**bor-**) *n.* person who does heavy unskilled work.

labyrinth /ˈlæbərɪnθ/ *n.* complicated series of paths, which it is difficult to find your way through.

lace /leɪs/ *n.* **1** [U] delicate decorative cloth with an open-work design of threads. **2** [C] = SHOELACE (SHOE) ● **lace** *v.* [I, T] fasten something or be fastened with laces. **2** [T] ~(**with**) add a small amount of alcohol, a drug, etc. to a drink.

lacerate /ˈlæsəreɪt/ *v.* [T] (*fml.*) cut skin or flesh with something sharp. ▶ **laceration** /ˌlæsəˈreɪʃn/ *n.* [C, U]

lack /læk/ *v.* [T] have none or not enough of something. ▶ **lacking** *adj.* **1** ~(**in**) having none or not enough of something. **2** not present or not available. ● **lack** *n.* [U, sing.] ~(**of**) absence or shortage of something: *a ~ of basic infrastructure.*

lackadaisical /ˌlækəˈdeɪzɪkl/ *adj.* (*written*) not showing enough care or attention.

laconic /ləˈkɒnɪk/ *adj.* (*fml.*) using few words. **laconically** /-kli/ *adv.*

lacquer /ˈlækə(r)/ *n.* [U] liquid used on metal or wood to give it a hard shiny surface. ● **lacquer** *v.* [T] cover something with lacquer.

lacy /ˈleɪsi/ *adj.* (-**ier, -iest**) of or like lace(1).

lad /læd/ *n.* [C] **1** (*old-fash.*) boy; young man. **2** (**the lads**) [pl.] (*GB, spoken*) group of male friends: *The ~s have gone hunting.* **3** (*GB, infml.*) lively young man.

ladder /ˈlædə(r)/ *n.* **1** two lengths of wood or metal, joined together with steps or rungs, used for climbing. **2** series of stages of progress in a career or an organization: *climb up the political ~* **3** (*GB*) long thin hole in women's tights or stockings. ● **ladder** *v.* [I, T] (cause tights or stockings to) develop a ladder.

laden /ˈleɪdn/ *adj.* ~(**with**) heavily loaded with something.

ladle /ˈleɪdl/ *n.* large deep spoon for serving liquids. ● **ladle** *v.* [T] serve something with a ladle.

lady /ˈleɪdi/ *n.* [C] (*pl.* -**ies**) **1** (*esp.* in polite use) woman. **2** woman who has good manners. **3** (*old-fash.*) (in Britain) woman of good family and social position. **4** (**Lady**) (in Britain) title of a woman of noble rank. **5** (**a/the ladies**) [U, sing.] (*GB*) public toilet for women. ■ **'ladylike** *adj.* like or suitable for a lady; polite. ■ **'ladyship** *n.* (**Her/Your Ladyship**) title used when speaking to or about a Lady.

lag /læɡ/ *v.* (-**gg**-) **1** [I] ~(**behind**) move or develop slowly or more slowly than others. **2** [T] cover pipes, etc. with material to prevent heat from escaping.

lager /ˈlɑːɡə(r)/ *n.* [C, U] (glass or bottle of) light pale beer.

lagoon /ləˈɡuːn/ *n.* saltwater lake separated from the sea by sandbanks or coral reefs.

laid *pt, pp of* LAY.¹

lain *pp of* LIE.²

lair /leə(r)/ *n.* home of a wild animal.

laity /ˈleɪəti/ *n.* [sing. with sing. or pl. verb] (**the laity**) all the members of a Church who are not clergy.

lake /leɪk/ *n.* large area of water surrounded by land.

lamb /læm/ *n.* **1** [C] young sheep. **2** [U] meat from a young sheep.

lame /leɪm/ *adj.* **1** (of people or animals) unable to walk well because of injury to the leg or foot. **2** (of an excuse, *etc.*) weak and hard to believe. ■

,lame 'duck *n.* **1** person, organization, etc. that is in difficulties and needs help. **2** (*infml., esp. US*) elected official in his/her final period of office. ▶ **lameness** *n.* [U]

lament /lə'ment/ *v.* [I, T] express great sadness about somebody/something. ● **lament** *n.* song or poem expressing great sadness for somebody/something. ▶ **lamentable** /'læməntəbl/ *adj.* unsatisfactory; regrettable. ▶ **lamentably** *adv.*

laminated /'læmɪneɪtɪd/ *adj.* made by joining several thin layers together.

lamp /læmp/ *n.* device that uses electricity, oil or gas to produce light. ■ **'lamp post** *n.* (*esp. GB*) tall post in the street with a lamp at the top. ■ **'lampshade** *n.* cover placed round or over a lamp.

LAN /læn/ *n.* (*computing*) local area network; system that connects computers inside a single building or group of nearby buildings.

lance /lɑːns/ *n.* long weapon with a pointed metal end used by people fighting on horses in the past. ● **lance** *v.* [T] cut open an infected place on somebody's body with a knife in order to let out the liquid inside.

land[1] /lænd/ *n.* **1** [U] solid dry part of the earth's surface. **2** [U] area of ground used for farming, etc.: *work on the ~* **3** [U] property in the form of land. **4 (the land)** [U] used to refer to the countryside as opposed to cities: *His family has always lived on this ~* **5** [C] (*lit.*) country or nation [IDM] **see, etc. how the land lies** (*GB*) find out about a situation. ▶ **landed** *adj.* owning a lot of land. ■ **'landlocked** *adj.* almost or completely surrounded by land. ■ **'landmark** *n.* **1** object easily seen and recognized from a distance. **2 ~ (in)** important event, discovery, etc. ■ **'landowner** *n.* person who owns an area of land, esp. a large area. ■ **'landslide** *n.* **1** mass of earth, rock, etc. that falls down the side of a mountain or cliff. **2** victory by a very large majority in an election.

land[2] /lænd/ *v.* **1** [I] come down through the air onto the ground or another surface: *The parachute ~ed safely.* **2** [T] bring an aircraft down to the ground in a controlled way. **3** [T] put somebody/something on land from an aircraft, a boat, etc. **4** [T] (*infml.*) succeed in getting something: *~ a role in a film.* [IDM] **land on your feet** → FOOT [PV] **land somebody/yourself in something** (*infml.*) get somebody/yourself into difficulties. **land up in, at ...** (*infml.*) reach a final position or situation: *~ up in prison.* **land somebody/yourself with somebody/something** (*infml.*) give somebody/yourself something unpleasant to do.

landing /'lændɪŋ/ *n.* **1** [C] level area at the top of a set of stairs. **2** [C, U] act of bringing an aircraft to the ground after a journey: *The ~ aircraft developed a snag.* **3** [C] act of bringing soldiers to land in an area controlled by the enemy. ■ **'landing craft** *n.* flatbottomed boat that brings soldiers, vehicles, etc. to the shore. ■ **'landing gear** *n.* [U] = UNDERCARRIAGE. ■ **'landing stage** *n.* platform on which people and goods are landed from a boat.

landlady /'lændleɪdi/ *n.* (*pl.* **-ies**) **1** woman from whom you rent a room, house, etc. **2** (*GB*) woman who owns or manages a pub or guest house.

landlord /'lændlɔːd/ *n.* **1** man from whom you rent a room, house, etc. **2** (*GB*) man who owns or manages a pub or guest house.

landscape /'lændskeɪp/ *n.* **1** everything you see when you look across a large area of land. **2** painting of a view of the countryside. ● **landscape** *v.* [T] improve the appearance of an area of land by changing the design and planting trees, etc.: *~d terrace.* ● **landscape** *adj.* (*computing*) (of a document) printed so that the top of the page is one of the longer sides.

lane /leɪn/ *n.* **1** narrow country road. **2** (in place names) narrow street: *Station Lane.* **3** part of a road that is marked for a single line of traffic: *a four-~ drive.* **4** route regularly used by ships or aircraft. **5** marked part of track or water for each competitor in a race.

language /'læŋgwɪdʒ/ *n.* **1** [C] system of communication in speech and writing used by people of a particular country: *the French ~* **2** [U] the use by humans of a system of sounds and words to communicate. **3** [U] particular style of speaking or writing: *harsh ~* (= words that people may consider offensive). **4** [C, U] way of expressing ideas and feelings using movements, symbols and sounds: *body ~.* ◇ *sign ~.* **5** [C, U] system of symbols and rules used to operate a computer. ■ **'language laboratory** *n.* room where foreign languages are learned by listening to tapes, etc.

languid /'læŋgwɪd/ *adj.* (*written*) (of a person) having no energy. ▶ **languidly** *adv.*

languish /'læŋgwɪʃ/ *v.* [I] (*fml.*) **1 ~in** be forced to live and suffer in unpleasant conditions: *~ in jail.* **2** become weaker or fail to make progress.

lank /læŋk/ *adj.* (of hair) straight, dull and unattractive.

lanky /'læŋki/ *adj.* (**-ier, -iest**) unattractively tall and thin.

lantern /'læntən/ *n.* portable lamp with a transparent case for a candle or flame.

lap /læp/ *n.* **1** top part of your legs that forms a

flat surface when you sit down: *a baby on its father's ~*. **2** one complete journey round a track or racecourse. ● **lap** *v.* **(-pp-) 1** [I] (of water) make gentle splashing ahead. [PV] **lap something up** (*infml.*) receive praise, news, etc. eagerly.

lapel /lə'pel/ *n.* front part of the collar of a coat that is folded back.

lapse /læps/ *n.* **1** small error in behaviour, memory, etc. **2** passing of a period of time. ● **lapse** *v.* [I] **1** (of a contract, an agreement, etc.) be no longer valid because the period of time it lasts has come to an end. **2** gradually become weaker or come to an end: *His lease will soon ~*. **3 ~(from)** stop believing in or practising your religion: *a ~d Catholic*. [PV] **lapse into something** gradually pass into a worse or weaker state.

laptop /'læptɒp/ *n.* small computer that can work with a battery and be easily carried.

larch /lɑːtʃ/ *n.* tall deciduous tree of the pine family with small cones.

lard /lɑːd/ *n.* [U] fat of pigs, medium of cooking.

larder /'lɑːdə(r)/ *n.* cupboard or small room for storing food.

large /lɑːdʒ/ *adj.* (**~r, ~st**) more than average or usual in size; big [IDM] **at large 1** as a whole; in general: *the population at ~* **2** (of a dangerous person or animal) not captured; free. **by and large** (*infml.*) on the whole; generally. **(as) large as life** (*hum.*) used to show surprise at seeing somebody/something. ▶ **largely** *adv.* to a great extent; mainly. ■ **'large-scale** *adj.* **1** extensive: *a ~-scale project*. **2** drawn or made to a large scale.

lark /lɑːk/ *n.* [C] **1** small brown song-bird. **2** [usu. sing.] (*infml.*) thing that you do for fun or a joke.

larva /'lɑːvə/ *n.* (*pl.* **~ae** /-viː/) insect in the first stage of its life.

larynx /'lærɪŋks/ *n.* (*pl.* **larynges** /læ'rɪndʒiːz/) (*anat.*) area at the top of the throat that contains the vocal cords. ▶ **laryngitis** /,lærɪn'dʒaɪtɪs/ *n.* [U] infection of the larynx.

lascivious /lə'sɪvɪəs/ *adj.* (*fml., disapprov*) feeling or showing sexual desire.

laser /'leɪzə(r)/ *n.* device that makes a very strong beam of controlled light (= with rays that are parallel and of the same wavelength: *a ~ show*. ■ **'laser printer** *n.* printer that produces good quality printed material by means of a laser beam.

lash /læʃ/ *v.* **1** [I, T] hit somebody/something with great force. **2** [T] hit a person or an animal with a whip, rope, stick, etc. **3** [T] fasten something tightly to something else with ropes, etc. **4** [I, T] (cause something to) move violently from side to side: *The crocodile's tail was ~ing furiously from side to side*. [PV] **lash out (at somebody/something) 1** suddenly try to hit somebody. **2** criticize somebody/something in an angry way. ● **lash** *n.* **1** = EYELASH (EYE). **2** hit with a whip, given as a form of punishment.

lashings /'læʃɪŋz/ *n.* [pl.] (*GB, infml.*) large amount of something, esp. food and drink.

lass /læs/ *n.* girl; young woman.

lasso /læ'suː/ *n.* (*pl.* **~s** or **~es**) looped rope used for catching horses and cattle. ● **lasso** *v.* [T] catch an animal with a lasso.

last¹ /lɑːst/ *det.* **1** coming after all others: *~ day of school*. **2** most recent; latest: *~ meal*. **3** only remaining; final: *This is our ~ biscuit*. **4** least likely or suitable: *She was the ~ to be told*. [IDM] **be on your/its last legs** be very weak or in bad condition. **have the last laugh** be successful over your critics, rivals, etc. in the end. **have the last word (on something)** make the final remark that ends an argument. **in the/as a last resort** when there are no other possible courses of action. **last-ditch** final effort to be made to avoid defeat: *a ~- ditch attempt*. **the last straw →** STRAW **the last word (in something)** the most fashionable, modern, etc. thing: *This boat is the ~ word in luxury*. ● **last** *n.* (**the last**) (*pl.* **the last**) **1** person or thing that comes or happens after all others. **2 ~of** only remaining part or items of something: *the ~ of the Mohicans* [IDM] **at (long) last** after much delay, effort, etc. ▶ **lastly** *adv.* in the last place; finally.

last² /lɑːst/ *adv.* **1** after all others. **2** most recently.

last³ /lɑːst/ *v.* **1** [I] continue for a period of time. **2** [I, T] be enough for somebody to use over a period of time: *enough water to ~ two weeks*. ▶ **lasting** *adj.* continuing for a long time.

latch /lætʃ/ *n.* **1** small metal bar for fastening a door or gate. **2** type of lock on a door that can only be opened from the outside with a key. ● **latch** *v.* [T] fasten something with a latch. [PV] **latch on to somebody** (*infml.*) join somebody and refuse to leave them.

late /leɪt/ *adj.* (**~r, ~st**) **1** near the end of a period of time, a person's life, etc.: *The ~ evening sun*. ◇ *She's in her ~ fifties*. (= she is 58 or 59). **2** after the expected or usual time: *The bus is ~*. **3** near the end of the day: *It's getting ~*. **4** no longer alive: *her ~ father*. ● **late** *adv.* **1** after the expected or usual time: *got to office ~*. **2** near the end of a period of time: *as ~ as the 1990s.* ▶ **lately** *adv.* recently. ▶ **latest** *adj.* most recent or newest: *the ~ trends in designer wear.* ▶ **the latest** *n.* (*infml.*) the most recent or the newest thing or piece of news: *This is the ~ in robot technology.* [IDM] **at the latest** no later than the time mentioned.

latent /'leɪtnt/ *adj.* existing but not yet active or developed: *~ talent.*

lateral /'lætərəl/ *adj.* of or to the side of something.

lathe /leɪð/ *n.* machine that shapes pieces of wood, metal, etc. by turning them against a cutting tool.

lather /'lɑːðə(r)/ *n.* [U] white foam produced by soap mixed with water. ● **lather** *v.* **1** [T] cover something with lather. **2** [I] produce lather.

Latin /'lætɪn/ *adj., n.* [U] (of the) language of ancient Rome. ■ **,Latin A'merica** *n.* Mexico and parts of Central and South America in which Spanish or Portuguese is the official language. ▶ **,Latin A'merican** *n., adj.*

latitude /'lætɪtjuːd/ *n.* [U] **1** distance north or south of the equator, measured in degrees. **2** (*fml.*) freedom to choose what you do.

latter /'lætə(r)/ *adj.* near to the end of a period of time: *The ~ part of the film was boring.* ▶ **the latter** *n.* the second mentioned of two things, people or groups. ■ **'latter-day** *adj.* modern. ▶ **latterly** *adv.* most recently.

lattice /'lætɪs/ *n.* [C, U] framework of crossed wooden or metal strips.

laugh /lɑːf/ *v.* [I] make the sounds and movements of your face that show you are happy or think something is funny [IDM] **be no laughing matter** be something serious that you should not joke about. **laugh your head off** → HEAD[1] [PV] **laugh at somebody/ something** make somebody/something seem stupid by making jokes about them/it. ● **laugh** *n.* [C] **1** act or sound of laughing. **2 (a laugh)** [sing.] (*infml.*) amusing situation or person who is fun to be with. ▶ **laughable** *adj.* ridiculous. ▶ **laughably** *adv.* ■ **'laughing stock** *n.* [C, usu. sing.] person is made to appear foolish. ▶ **laughter** *n.* [U] act or sound of laughing.

launch /lɔːntʃ/ *v.* [T] **1** begin an activity, esp. an organized one: *~ a new music album.* **2** make a product available to the public for the first time. **3** put a ship or boat into the water, esp. one that has just been built. **4** send a rocket, weapon, etc. into space or through water. [PV] **launch out (into something)** do something new in your career. ● **launch** *n.* **1** action of launching something: event at which something is launched. **2** large motor boat. ■ **'launch pad** (*also* **'launching pad**) *n.* base from which spacecraft, etc. are launched.

launder /'lɔːndə(r)/ *v.* [T] **1** (*fml.*) wash and iron clothes. **2** move illegally-obtained money into foreign bank accounts or legal businesses.

launderette (*also* **laundrette**) /lɔːn'dret/ (*US* **Laundromat™** /'lɔːndrəmæt/) *n.* place where you can wash and dry your clothes in coin operated machines.

laundry /'lɔːndri/ *n.* (*pl.* **-ies**) **1** [U] clothes, etc. that need washing, or that are being washed: *a ~ room.* **2** [C] place where you send clothes, etc. to be washed.

laurel /'lɒrəl/ *n.* evergreen bush with dark smooth shiny leaves.

lava /'lɑːvə/ *n.* [U] hot liquid rock that comes out of a volcano.

lavatory /'lævətri/ *n.* (*pl.* **-ies**) (*fml., GB*) toilet.

lavender /'lævəndə(r)/ *n.* [U] **1** plant with sweet-smelling pale purple flowers. **2** pale purple colour.

lavish /'lævɪʃ/ *adj.* **1** large in amount, or impressive and expensive: *a ~ display.* **2** generous. ● **lavish** *v.* [PV] **lavish something on/upon somebody/something** give a lot of something to somebody/something. ▶ **lavishly** *adv.*

law /lɔː/ *n.* **1** (*also* **the law**) [U] whole system of rules that everyone in a country must obey: *parole granted by ~.* **2** [C] rule that deals with a particular crime, agreement, etc. **3 (the law)** [sing.] the police. **4** [C] basic rule of action, e.g. in science: *the ~s of physics.* [IDM] **be a law unto yourself** ignore the usual rules and conventions of behaviour. **law and order** respect for the law. ■ **'law-abiding** *adj.* obeying the law. ■ **'law court** *n.* (*GB*) place where legal cases are heard and judged. ▶ **lawful** *adj.* (*fml.*) allowed or recognized by law; legal. ▶ **lawfully** *adv.* ▶ **lawless** *adj.* not controlled by the law. ▶ **lawlessness** *n.* [U] ■ **'lawsuit** *n.* non-criminal case in a law court.

lawn /lɔːn/ *n.* area of short grass. ■ **'lawnmower** *n.* machine for cutting grass. ■ **,lawn 'tennis** (*fml.*) = TENNIS.

lawyer /'lɔːjə(r)/ *n.* person who is trained and qualified to advise people about the law.

lax /læks/ *adj.* not strict enough; careless ▶ **laxity** *n.* [U]

laxative /'læksətɪv/ *n., adj.* (medicine, food or drink) that helps somebody empty their bowels easily.

lay[1] /leɪ/ *v.* (*pt, pp* **laid** /leɪd/) **1** [T] put somebody/ something in a particular position: *The baby ~on the bed.* **2** [T] put something down,

esp. on the floor, ready to be used: ~ *phone lines*. **3** [I, T] (of birds, insects, *etc.*) produce eggs. **4** [T] (*GB*) arrange knives, forks, plates, etc. on a table ready for a meal: *to ~ the table*. **5** [T] (⚠, *sl.*) (*esp.* passive) have sex with somebody. [IDM] **lay something bare** (*written*) reveal something that was secret or hidden: *~ bare your soul*. **lay claim to something** state that you have a right to own something. **lay down the law** tell somebody what they should or should not do. **lay down your life (for somebody/something)** (*lit.*) die in order to save somebody/something. **lay a finger on somebody** harm somebody. **lay somebody low** make somebody ill or weak. [PV] **lay into somebody/something** (*infml.*) attack somebody/something with words or blows. **lay off something** (*infml.*) stop doing or using something harmful. **lay somebody off** stop employing somebody because there is not enough work for them to do. **lay something on** (*GB*, *infml.*) provide something for somebody, esp. food or entertainment: *~ on a feast*. **lay somebody out** knock somebody unconscious. **lay something out. 1** spread something out to be seen easily. **2** arrange something in a planned way: *a well laid out plan*. **lay somebody up** cause somebody to stay in bed: *be laid up with fever*. ■ **,laid-'back** *adj.* (*sl.*) happily relaxed and unworried. ■ **'lay-off** *n.* act of dismissing a worker from a job. ■ **'layout** *n.* way in which parts of something are arranged according to a plan. ■ **'layover** *n.* (*US*) = STOPOVER (STOP²)
lay² *pt of* LIE.²
lay³ /leɪ/ *adj.* **1** not having expert knowledge of a particular subject. **2** not in an official position in the Church: *a ~ preacher*. ■ **'layman** (*also* **'layperson**) *n.* person who does not have expert knowledge of a subject.
layabout /'leɪəbaʊt/ *n.* (*old-fash., GB, infml.*) lazy person.
lay-by /'leɪ baɪ/ *n.* (*GB*) area at the side of a road where vehicles may stop.
layer /'leɪə(r)/ *n.* thickness of some substance or material, often one of many, on a surface: *a ~ of soil*.
layman → LAY.³
laze /leɪz/ *v.* [I] *~(about/around)* relax and do very little.
lazy /'leɪzi/ *adj.* (*-ier, -iest*) **1** (*disapprov*) unwilling to work. **2** showing a lack of activity. ▶ **lazily** *adv.* ▶ **laziness** *n.* [U]
lb *abbr.* (*pl* **lb, lbs**) one pound in weight (454 grams).
lead¹ /liːd/ *v.* (*pt, pp* **led** /led/) **1** [I, T] go with or in front of a person or an animal to show the way: *The receptionist led the way to the boardroom*. **2** [I] *~from/to* connect one object or place to another: *the road ~ing to the park*. **3** [I, T] (of a road, *etc.*) go somewhere or in a particular direction. **4** [I] *~to* have something as its result: *an accident that led to his death*. **5** [T] *~(to)* be the reason why somebody does something or thinks something: *What led you on this path?* **6** [T] have a certain kind of life: *~ a miserable life*. **7** [I, T] be the best at something; be in first place. **8** [I, T] control or direct somebody/something: *~ a team of researchers*. [IDM] **lead somebody astray** encourage somebody to do wrong. [PV] **lead somebody on** persuade somebody to believe or do something by making false promises, etc. **lead up to something** prepare or introduce something. ▶ **leader** *n.* person who leads. ▶ **leadership** *n.* [U] position of being a leader; qualities of a leader. ▶ **leading** *adj.* most important. ■ **,leading 'article** (*also* **leader**) *n.* (*GB*) newspaper article giving the editor's opinion. ■ **,leading 'question** *n.* question that you ask in a particular way to get the answer you want.
lead² /liːd/ *n.* **1** (**the lead**) [sing.] first place or position in a race or competition: *took the ~ in the second lap*. **2** [sing.] distance by which somebody/something is in front of somebody/something else: *a ~ of ten metres*. **3** [sing.] example or action for people to copy: *follow somebody's ~*. **4** [C] piece of information that might solve a crime or other problem: *The police was investigating all the ~s*. **5** [C] (person playing the) main part in a play etc. **6** [C] strap or rope for holding and controlling a dog. **7** [C] (*GB*) wire that connects a piece of electrical equipment to a source of electricity.
lead³ /led/ *n.* **1** [U] heavy soft greyish metal, used for water pipes, in roofing, etc. **2** [C, U] thin black part of a pencil that marks paper. ▶ **leaden** *adj.* **1** dull, heavy or slow. **2** dull grey in colour.
leaf /liːf/ *n.* (*pl.* **leaves** /liːvz/) **1** [C] one of the usu. green and flat parts of a plant growing from a stem. **2** [C] sheet of paper. **3** [U] metal, esp. gold or silver, in the form of very thin sheets: *gold-~*. **4** [C] part of a table that can be lifted up to make the table bigger. [IDM] **take a leaf from/out of somebody's book** copy the way somebody does things, because they are successful. ● **leaf** *v.* [PV] **leaf through something** turn over the pages of a book, etc. quickly, without reading them closely. ▶ **leafy** *adj.* (*-ier, -iest*)
leaflet /'liːflət/ *n.* printed sheet of paper.
league /liːg/ *n.* **1** group of people or countries

who have combined for a particular purpose. **2** group of sports teams that play against each other. **3** (*infml.*) level of quality, ability, etc.: *They belong to the same ~.* [IDM] **in league (with somebody)** making secret plans with somebody.

leak /liːk/ *n.* **1** small hole or crack through which liquid or gas escapes. **2** liquid or gas that escapes through a hole in something. **3** deliberate act of giving secret information to the newspapers, etc.: *a top secret ~.* ● **leak** *v.* **1** [I] allow liquid or gas to pass through a small hole or track. **2** [I] (of liquid or gas) escape through a hole in something. **3** [T] make secret information publicly known. ▶ **leakage** /ˈliːkɪdʒ/ *n.* [C, U] process of leaking; amount that leaks. ▶ **leaky** *adj.* (-ier, -rest)

lean¹ /liːn/ *v.* (*pt, pp* ~ed) (*GB also* ~t /lent/) **1** [I] bend or move from an upright position. **2** [I, T] **~against/on** (cause something to) rest on or against something for support: *~ a ladder against the wall.* [PV] **lean on somebody/something 1** depend on for help and support. **2** try to influence somebody by threatening them. **lean to/toward/towards something** have a tendency to prefer something, esp. an opinion. ▶ **leaning** *n.* tendency, inclination: *spiritual ~ings.*

lean² /liːn/ *adj.* **1** (of a person or animal) thin and healthy. **2** (of meat) containing little fat. **3** (of a period of time) not productive: *~ years.* **4** (of organizations, *etc.*) strong and more efficient, because the number of employees has been reduced.

leap /liːp/ *v.* (*pt, pp* ~t /lept/ or ~ed) [I] **1** jump high or a long way. **2** move quickly in the direction that is mentioned: *~ into air.* [PV] **leap at something** accept something eagerly: *She ~t at the chance.* ● **leap** *n.* **1** long or high jump. **2** sudden large increase or change. [IDM] **by/in leaps and bounds** very quickly, in large amounts. ■ **ˈleapfrog** *n.* [U] game in which players jump over others' bent backs. ■ **ˈleapfrog** *v.* (-gg-) [I, T] jump over somebody in this way. ■ **ˈleap year** *n.* one year in every four years, with an extra day (29 February).

learn /lɜːn/ *v.* (*pt, pp* ~t /lɜːnt/ or ~ed) **1** [I, T] gain knowledge or skill in a subject or activity: *~ a skill.* ◇ *~ (how) to fly.* **2** [I, T] **~(of/about)** become aware of something by hearing about it from somebody else: *~ of his misfortune.* **3** [T] study and repeat something in order to be able to remember it: *~ a poem.* ▶ **learned** /ˈlɜːnɪd/ *adj.* having a lot of knowledge. ▶ **learner** *n.* ▶ **learning** *n.* [U] knowledge gained by study.

lease /liːs/ *n.* contract for the use of land, a building, etc. in return for rent. ● **lease** *v.* [T] give or obtain the use of something in this way. ■ **ˈleasehold** *n.* [U] *adj.* (land, *etc.*) held on a lease.

leash /liːʃ/ *n.* (*esp. US*) = LEAD.² (6)

least /liːst/ *det., pron.* (*usu.* **the least**) smallest in size, amount, degree, etc.: *She gave (the) ~ thought to it.* [IDM] **not in the least** not at all: *I'm not in the ~ bothered.* ● **least** *adv.* to the smallest degree: *the ~ impressive thought.* [IDM] **at least 1** not less than: *at ~ four days.* **2** even if nothing else is true: *at ~ she's reliable.* **not least** especially.

leather /ˈleðə(r)/ *n.* [U] material from animal skins, used for making shoes, etc. ▶ **leathery** *adj.* as tough as leather.

leave¹ /liːv/ *v.* (*pt, pp* **left** /left/) **1** [I, T] go away from a person or place. **2** [T] cause or allow somebody/something to remain in a certain condition: *~ the bed covered.* **3** [T] cause something to happen or remain as a result: *Sherry ~ s a stain.* **4** (**be left**) [T] remain to be used, sold, etc.: *Is there any tea left?* **5** [T] forget or fail to take or bring somebody/something with you: *I left my bag at the market.* **6** [T] (*maths.*) have a certain amount remaining: *7 from 10 ~s 3.* **7** [T] give something to somebody when you die. **8** [T] allow somebody to take care of something: *We left him on the train.* [IDM] **leave/let somebody/something alone** not interfere with or disturb somebody/something. **leave go (of something)** (*GB, infml.*) stop holding on to something. **leave it at that** (*infml.*) say or do nothing more about something. **leave somebody in the lurch** (*infml.*) fail to help somebody when they are relying on you to do so. [PV] **leave somebody/something behind. 1** (*usu.* passive) make much better progress than somebody. **2** leave a person, place or state permanently. **leave off** (*infml.*) stop doing something: *Start anew from where you left off.* **leave somebody/something out (of something)** not include somebody/something in something.

leave² /liːv/ *n.* [U] **1** time when you are allowed to be away from work for a holiday or a special reason: *medical ~.* **2** (*fml.*) official permission to do something.

leaves *pl. of* LEAF.

lecherous /ˈletʃərəs/ *adj.* (*disapprov*) having or showing strong sexual desire.

lectern /ˈlektən/ *n.* stand for holding a book, notes, etc. when you are giving a talk, etc.

lecture /ˈlektʃə(r)/ *n.* **1** talk given for the purposes of teaching. **2** long angry talk given to somebody because they have done wrong. ● **lecture** *v.* **1** [I] give a lecture on a particular subject. 2 [T] criticize somebody, or tell them how you think they should behave. ▶ **lecturer** *n.* 1 person who gives a lecture 2 (*esp. GB*) person who teaches at a college or university. ▶ **lectureship** *n.* position as a lecturer.

led *pt, pp of* LEAD.¹

ledge /ledʒ/ *n.* narrow shelf coming out from a wall, cliff, etc.

ledger /'ledʒə(r)/ *n.* book in which a company's accounts are kept.

lee /liː/ *n.* [sing.] (*fml.*) part of something providing shelter against the wind.

leech /liːtʃ/ *n.* 1 small blood-sucking worm. 2 (*disapprov*) person who depends on somebody else for money.

leek /liːk/ *n.* vegetable with a white stem and long green leaves.

leer /lɪə(r)/ *n.* unpleasant look that suggests sexual desire. ● **leer** *v.* [I] ~(**at**) look at somebody with a leer.

left¹ *pt, pp of* LEAVE¹ ■ **,left-'luggage office** *n.* (*GB*) place at a railway station, etc. where you can pay to leave bags or suitcases for a short time. ■ **'leftovers** *n.* [pl.] food that has not been eaten at the end of a meal.

left² /left/ *adj., adv.* on or towards the side of your body that is towards the west when you are facing north ● **left** *n.* 1 (**the/somebody's left**) [sing.] left side or direction. 2 (**the left, the Left**) [sing. with sing. or pl. verb] political groups who support the ideas and beliefs of socialism. ■ **'left-hand** *adj.* of or on the left side of somebody/something. ■ **,left-'handed** *adj.* (of a person) using the left hand more easily or usually than the right. ▶ **leftist** *n. adj.* (supporter) of socialism. ■ **the ,left 'wing** *n.* [sing. with sing. or pl. verb] supporters of a more extreme form of socialism than others in their party. ▶ **left-wing** *adj.*: ~ *-wing party*.

leg /leg/ *n.* 1 one of the long parts that connect the feet to the rest of the body. 2 the leg of an animal, cooked and eaten. 3 part of a pair of trousers that covers the leg: *a trouser* ~. 4 support of a chair, table, etc. 5 one section of a journey or race [IDM] **not have a leg to stand on** (*infml.*) have no evidence or reason for your opinion or behaviour.

legacy /'legəsi/ *n.* (*pl.* **-ies**) 1 money or property given to you by somebody when they die. 2 situation that exists now as a result of something that happened in the past.

legal /'liːgl/ *adj.* 1 of or based on the law: *the* ~ *documents.* 2 allowed or required by law. ▶ **legality** /liː'gæləti/ *n.* [U] fact of being legal. ▶ **legally** /'liːgəli/ *adv.*

legalistic /ˌliːgə'lɪstɪk/ *adj.* (*disapprov*) obeying the law very strictly.

legalize (*also* **-ise**) /'liːgəlaɪz/ *v.* [T] make something legal.

legend /'ledʒənd/ *n.* 1 [C, U] (type of) story from ancient times that may or may not be true: *the* ~ *of Robin Hood.* 2 [C] famous person, esp. in a particular field, who is admired by other people: *He is a living* ~. 3 [C] (*tech.*) explanation of a map or diagram in a book. ▶ **legendary** /'ledʒəndri/ *adj.* famous, known only in legends.

legible /'ledʒəbl/ *adj.* clear enough to be read easily ▶ **legibly** *adv.*

legion /'liːdʒən/ *n.* 1 division of an army, esp. of the ancient Roman army. 2 large number of people. ● **legion** *adj.* (*fml.*) very many. ▶ **legionary** /'liːdʒənəri/ *n.* (*pl.* **-ies**) *adj.* soldier who is part of a legion.

legislate /'ledʒɪsleɪt/ *v.*[I] (*fml.*) make a law affecting something. ▶ **legislation** /ˌledʒɪs'leɪʃn/ *n.* [U] 1 law or set of laws passed by a parliament. 2 process of making laws. ▶ **legislator** *n.* (*fml.*)

legislative /'ledʒɪslətɪv/ *adj.* connected with the act of making and passing laws: *a* ~ *assembly.*

legislature /'ledʒɪsleɪtʃə(r)/ *n.* (*fml.*) group of people with the power to make and change laws.

legitimate /lɪ'dʒɪtɪmət/ *adj.* 1 reasonable: *a* ~ *idea.* 2 allowed by law. 3 (of a child) born of parents married to each other. ▶ **legitimacy** /-məsi/ *n.* [U]

legless /'legləs/ *adj.* (*infml., GB*) very drunk.

leisure /'leʒə(r)/ *n.* [U] free time. [IDM] **at your leisure** when you are free and not in a hurry. ■ **'leisure centre** *n.* (*GB*) public building where people can go to do sports, etc. in their free time. ▶ **leisured** *adj.* not having to work and therefore having a lot of free time. ▶ **leisurely** *adj., adv.* without hurrying: *a ~ly outlook.*

lemon /'lemən/ *n.* 1 [C, U] yellow citrus fruit with a sour juice: *a* ~ *juice.* 2 [U] pale yellow colour.

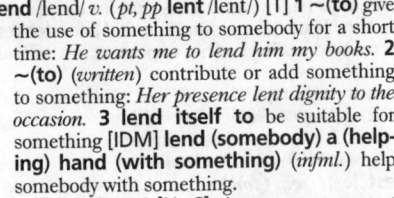

lemonade /ˌlemə'neɪd/ *n.* [C, U] sweet fizzy drink with a lemon flavour.

lend /lend/ *v.* (*pt, pp* **lent** /lent/) [T] 1 ~(**to**) give the use of something to somebody for a short time: *He wants me to lend him my books.* 2 ~(**to**) (*written*) contribute or add something to something: *Her presence lent dignity to the occasion.* 3 **lend itself to** be suitable for something [IDM] **lend (somebody) a (helping) hand (with something)** (*infml.*) help somebody with something.

length /leŋθ/ *n.* 1 [U, C] size or measurement of something from one end to the other. 2 [U,

C] amount of time that something lasts. **3** [C] extent of something used as a measurement: *ran two ~s of the stadium.* **4** [C] long thin piece of something: *a ~ of wire.* [IDM] **at length 1** for a long time and in great detail. **2** (*lit.*) eventually **go to any, some, great, etc. lengths (to do something)** put a lot of effort into something, esp. when this seems extreme. ▶ **lengthen** *v.* [I, T] (cause something to) become longer. ▶ **'lengthways** (*also* **'lengthwise**) *adv.* along the length of something: *Cut the banana in half ~ways.* ▶ **lengthy** *adj.* (**-ier, -iest**) very long.

lenient /'li:niənt/ *adj.* not strict when punishing people. ▶ **leniency** /-ənsi/ *n.* [U] ▶ **leniently** *adv.*

lens /lenz/ *n.* **1** curved piece of glass or plastic that makes things look larger, smaller or clearer when you look through it: *a pair of glasses with tinted ~es.* **2** = CONTACT LENS (CONTACT) **3** (*anat.*) transparent part of the eye used for focusing light.

lent *pt, pp of* LEND.

lentil /'lentl/ *n.* small green, orange or brown seed that is usu. dried and eaten as food.

leopard /'lepəd/ *n.* large animal of the cat family with yellow fur and dark spots.

leotard /'li:ətɑ:d/ *n.* close-fitting piece of clothing worn by acrobats, dancers, etc.

leper /'lepə(r)/ *n.* **1** person suffering from leprosy. **2** person who is rejected and avoided by other people.

leprosy /'leprəsi/ *n.* [U] infectious disease that causes loss of feeling and which can lead to the loss of fingers, toes, etc.

lesbian /'lezbiən/ *n.* woman who is sexually attracted to other women. ▶ **lesbian** *adj.*

less /les/ *det., pron.* a smaller amount of: *~ to work upon.* ● **less** *adv.* to a smaller degree; not so much: *Its ~ cold here.* [IDM] **even/much/still less** and certainly not less and less smaller and smaller amounts. **no less than ...** used to emphasize a large amount ● **less** *prep.* used before a particular amount that must be taken away from the amount just mentioned: *£1000 a month ~ tax.*

lessen /'lesn/ *v.* [I, T] (cause something to) become smaller, weaker, less important, etc.

lesser /'lesə(r)/ *adj.* smaller [IDM] **the lesser of two evils** the less important of two bad choices.

lesson /'lesn/ *n.* **1** period of time in which somebody is taught something: *swimming ~s.* **2** experience that somebody can learn from: *I'll teach a ~ to you!*

lest /lest/ *conj.* (*fml.*) in order to prevent something from happening.

let /let/ *v.* (**-tt-** *pt, pp* **let**) [T] **1** allow somebody to do something or something to happen: *We ~ him escape.* **2** allow somebody/something to go somewhere: *The bird was ~ out of the cage.* **3** used for making suggestions or offers: *L ~'s go!* ◇ *Here, ~ me tell you.* **4** allow somebody to use a house, room, etc. in return for regular payments. [IDM] **let alone** and certainly not: *We barely scratched the surface, ~ alone make a discovery.* **let somebody/something alone** → LEAVE.[1] **let the cat out of the bag** tell a secret carelessly or by mistake. **let something drop** do or say nothing more about something. **let fly (at somebody/something) (with something)** attack somebody/something physically or with words. **let somebody/something go** | **let go (of somebody/something)** stop holding somebody/something. **let yourself go 1** no longer hold back your feelings. **2** stop being careful about how you look, dress, etc. **let your hair down** (*infml.*) relax and enjoy yourself. **let somebody have it** (*spoken, infml.*) attack somebody physically or with words. **let somebody know** tell somebody about something. **let off steam** (*infml.*) release energy or anger and become less excited. **let the side down** fail to give your friends, family, etc. the help, support, etc. they expect. **let sleeping dogs lie** leave something alone. **let slip something** accidentally reveal secret information. **let something slip (through your fingers)** miss or fail to use an opportunity. **let us say** used when giving an example. [PV] **let somebody down** disappoint somebody. **let something down 1** to lower something. **2** make clothes longer. **3** (*GB*) allow air to escape from something deliberately. **let somebody/yourself in for something** involve somebody/yourself in something that is likely to be unpleasant or difficult. **let somebody in on something** | **let somebody into something** (*infml.*) allow somebody to share a secret. **let somebody off (with something)** not punish somebody severely for something they have done wrong. **let somebody off something** allow somebody not to do an unpleasant task. **let something off** fire a gun or make a bomb, etc. explode. **let on (to somebody)** (*infml.*) tell a secret: *Don't ~ on that you are carrying.* **let something out 1** give a cry, etc. **2** make a piece of clothing looser or larger. **let up** become less strong; stop: *The storm began to ~ up.* ■ **'let-down** *n.* disappointment. ■ **'let-up** *n.* [C, U] reduction in strength, intensity, etc.

lethal /'li:θl/ *adj.* causing death.

lethargy /'leθədʒi/ *n.* [U] lack of energy or interest. ▶ **lethargic** /lə'θɑ:dʒɪk/ *adj.*

let's *short for* LET US.

letter /'letə(r)/ *n.* **1** written message sent to somebody. **2** written or printed sign representing a sound. ■ **'letter bomb** *n.* small bomb sent to somebody in an envelope. ■ **'letter box** *n.* **1** (*GB*) hole in a door for letters. **2** box in the street or at a post office into which letters are posted. ▶ **lettering** *n.* [U] letters or words, esp. with reference to their style and size.

lettuce /'letɪs/ *n.* [C, U] plant with green leaves, eaten in salads.

leukaemia (*US* **-kem-**) /luːˈkiːmiə/ *n.* [U] serious disease in which there are too many white blood cells.

level¹ /'levl/ *adj.* **1** having a flat surface that does not slope. **2** ~**(with)** at the same height, position, etc. as another; equal: *Wales drew ~* (= made the score equal) *early in the game.* [IDM] **do/try your level best (to do something)** do all that you can to achieve something. ■ **,level 'crossing** *n.* place where a road crosses a railway. ■ **,level'headed** *adj.* sensible; calm.

level² /'levl/ *n.* **1** [C] amount of something that exists in a particular situation at one time: *a high ~ of education.* **2** [C, U] particular standard or quality: *He attained the highest ~ of knowledge.* **3** [U, C] position or rank in a scale of size or importance: *talks at management ~.* **4** [C, U] height of something in relation to the ground or to what it used to be: *below sea ~.*

level³ /'levl/ *v.* (**-ll-** *US* **-l-**) [T] **1** make something flat or smooth. **2** demolish a building. **3** ~ **(at)** aim a weapon or criticism at somebody. [PV] **level off/out 1** stop rising and falling and become horizontal. **2** stay at a steady level of development after a period of sharp rises and falls: *Profits ~led off.* **level with somebody** (*infml.*) speak honestly to somebody.

lever /'liːvə(r)/ *n.* **1** handle used to operate a vehicle or a machine. **2** bar that turns on a fixed point used to lift things. **3** action used to put pressure on somebody to do something. ● **lever** *v.* [T] move something with a lever: *L~ it into position.* ▶ **leverage** /'liːvərɪdʒ/ *n.* [U] **1** (*fml.*) power to influence what people do. **2** (*tech.*) force of a lever.

levity /'levəti/ *n.* [U] (*written*) lack of respect for something serious.

levy /'levi/ *v.* (*pt, pp* **-ied**) [T] demand and collect a payment, tax, etc. by authority: *~ a tax.* ● **levy** *n.* (*pl.* **-ies**) sum of money that has to be paid, esp. as a tax to the government.

lewd /ljuːd/ *adj.* referring to sex in a rude way: *~comments.*

liability /ˌlaɪəˈbɪləti/ *n.* (*pl.*-**ies**) **1** [U] state of being legally responsible for somebody/something. **2** [C, usu. sing.] (*infml.*) person or thing that causes you difficulties or problems: *The house has become a ~.* **3** [C, usu. pl.] debt that must be paid.

liable /'laɪəbl/ *adj.* **1** ~**(for)** legally responsible for paying the cost of something: *~ for debts.* **2** ~**to** likely to do something: *~ to make mistakes.* **3** ~**to** likely to be affected by something: *be ~ to injury.*

liaise /liˈeɪz/ *v.* [I] work together with somebody and exchange information.

liaison /liˈeɪzn/ *n.* **1** [U] working association between different groups. **2** [C] secret sexual relationship.

liar /'laɪə(r)/ *n.* person who tells lies.

libel /'laɪbl/ *n.* [U, C] act of printing a statement about somebody that is not true and damages their reputation. ● **libel** *v.* (**-ll-** *US* **-l-**) [T] publish a written statement about somebody that is not true. ▶ **libellous** (*US* **libelous**) /-bələs/ *adj.*

liberal /'lɪbərəl/ *adj.* **1** tolerant of the beliefs or behaviour of others. **2** giving or given generously: *a ~ gift.* **3** (of education) giving a wide general knowledge. ■ **the ,Liberal 'Democrats** (*abbr.* **Lib Dems**) *n.* [pl.] one of the main British political parties, in favour of some political and social change but not extreme. ▶ **liberalism** *n.* [U] liberal opinions, esp. in politics. ▶ **liberalize** (*also* **-ise**) /'lɪbrəlaɪz/ *v.* [T] (*fml.*) make a law or a political or religious system less strict. ▶ **liberally** *adv.*

liberate /'lɪbəreɪt/ *v.* [T] (*fml.*) set somebody/something free. ▶ **liberated** *adj.* free in social and sexual matters. ▶ **liberation** /ˌlɪbəˈreɪʃn/ *n.* [U]

liberty /'lɪbəti/ *n.* (*pl.* **-ies**) **1** [C, U] (*fml.*) right or freedom to do as you choose. **2** [U] (*fml.*) state of not being a prisoner or a slave. [IDM] **at liberty** free **take the liberty of doing something** do something without permission.

library /'laɪbrəri; 'laɪbri/ *n.* (*pl.* **-ies**) (room or building for a) collection of books, records, etc. ▶ **librarian** /laɪˈbreəriən/ *n.* person in charge of a library.

lice *pl. of* LOUSE.

licence (*US* **license**) /'laɪsns/ *n.* [C, U] (official paper giving) permission to do, own, etc. something: *a gaming/casino ~.*

license /'laɪsns/ *v.* [T] give somebody official permission to do, own, etc. something ▶ **licensee** /ˌlaɪsənˈsiː/ *n.* person who has a licence, esp. to sell alcohol. ■ **'license number** *n.* (*US*) = REGISTRATION NUMBER (REG-

ISTRATION).

lick /lɪk/ v. [T] **1** move your tongue over the surface of something in order to eat it, make it wet or clean it: *The dog ~ed his wounds.* **2** (of flames) touch something lightly. **3** (*infml.*) easily defeat somebody [IDM] **lick your lips** → LIP ● **lick** n. **1** [C] act of licking something. **2** [sing.] small amount of paint, etc.

licorice (*esp. US*) = LIQUORICE.

lid /lɪd/ n. **1** cover over a container that can be removed: *a dustbin ~.* **2** = EYELID (EYE).

lie¹ /laɪ/ v. (*pt, pp* ~d *pres. pt* **lying**) [I] say or write something that you know is not true. ● **lie** n. statement that you know to be untrue: *to tell a ~.*

lie² /laɪ/ v. (*pt* **lay** /leɪ/ *pp* **lain** /leɪn/ *pres. pt* **lying**) [I] **1** (of a person or an animal) be or put yourself in a flat or horizontal position so that you are not standing or sitting. **2** (of a thing) be or remain in a flat position on a surface: *Dust lay all over the floor.* **3** be or remain in a particular state: *machines lying idle.* **4** be situated: *The house ~s on the coast.* **5** be spread out in a particular place. **6** (of abstract things) be found: *It does not ~ within my jurisdiction.* [IDM] **lie in wait (for somebody)** be hidden, waiting to surprise somebody. **lie low** (*infml.*) keep quiet or hidden **take something lying down** accept an insult, unfair treatment, etc. without protesting. [PV] **lie behind something** be the real reason for something. **lie down** be or get into a horizontal position, esp. on a bed, in order to sleep or rest. **lie with somebody (to do something)** (*fml.*) be somebody's duty or responsibility: *The final choice ~s with you.* ● **lie** n. [IDM] **the lie of the land 1** natural features of an area. **2** the way a situation is now and how it is likely to develop. ■ **'lie-down** n. [sing.] (*GB, infml.*) short rest. ■ **'lie-in** n. (*GB, infml.*) stay in bed later than your usual time in the morning: *have a~ -in.*

lieutenant /lefˈtenənt/ (*abbr.* **Lieut.,** Lt) n. officer of middle rank in the army, navy or air force.

life /laɪf/ n. (*pl.* **lives** /laɪvz/) **1** [U] ability to breathe, grow, reproduce, etc. which makes people, animals and plants different from objects. **2** [U, C] state of being alive as a human being; an individual person's existence: *He excelled in ~.* ◇ *Many lives were saved.* **3** [U] living things: *Is there ~ on any other planet other than earth?* **4** [C] period between birth and death: *She spent her whole ~ in misery.* **5** [C] period during which something continues to exist or function: *a battery with a ~ of three years.* **6** [U] punishment of being sent to prison for life: *He was sent to ~ imprisonment.* **7** [U] experience and activities that are typical of all people's existences: *Modern amenities make ~ easier for us.* **8** [U] particular way of living: *city/country ~.* **9** [U] quality of being lively and exciting: *full of ~.* **10** [U] living model, used as the subject in art: *a picture depicting ~.* **11** [C] story of somebody's life: *The ~ and times of Dante.* [IDM] **come to life** become lively or active **for the life of you** (*infml.*) however hard you try **the life and soul of the party, etc.** (*GB, infml*) the most lively and amusing person at a party, etc. **not on your life** (*spoken*) certainly not **take somebody's life** kill somebody **take your life in your hands** risk being killed. ■ **'lifebelt** (*also* **'lifebuoy**) n. floating ring for somebody who has fallen into the water to hold onto. ■ **'lifeboat** n. boat built to save people in danger at sea. ■ **'life cycle** n. (*biol.*) series of forms into which a living thing changes as it develops: *the ~ cycle of a butterfly.* ■ **'lifeguard** n. expert swimmer employed to rescue other swimmers in danger. ■ **'life jacket** n. jacket worn to keep a person afloat in water. ▶ **lifeless** *adj.* **1** dead. **2** not lively; dull. ■ **lifelike** *adj.* exactly like a real person or thing: *a ~like sculpture.* ■ **'lifeline** n. **1** rope used for rescuing somebody who has fallen into the water. **2** something that is very important for somebody and that they depend on. ■ **'lifelong** *adj.* lasting all through your life. ■ **'life-size(d)** *adj.* the same size as the person or thing really is. ■ **'lifespan** n. length of time that something is likely to live, continue, or function. ■ **'lifestyle** n. way a person or group of people lives and works. ■ **'lifetime** n. length of time that somebody is alive.

lift /lɪft/ v. **1** [I, T] raise somebody/something or be raised to a higher level or position. **2** [T] remove or end restrictions: *~ the ban on alcohol.* **3** [T] make somebody more cheerful: *The news ~ed her spirits.* **4** [I] (of clouds, fog, etc.) rise and disappear. **5** [T] (*infml.*) steal something [IDM] **not lift a finger** (*infml.*) do nothing to help somebody [PV] **lift off** (of a spacecraft) leave the ground and rise up into the air. ● **lift** n. **1** [C] (*GB*) machine that carries people or goods from one floor of a building to another. **2** [C] (*GB*) free ride in a vehicle: *a ~to school.* **3** [sing.] feeling of being happier than before. **4** [sing.] act of lifting something. ■ **'lift-off** n. [C, U] act of launching a spacecraft into the air.

ligament /ˈlɪgəmənt/ n. band of strong tissue that holds bones together.

light¹ /laɪt/ n. **1** [U] energy from the sun, a lamp, etc. that makes it possible to see things: *colourful ~s.* **2** [C] something, esp. an electric lamp, that produces light: *turn the*

~s on. **3** [sing.] match or device with which you can light a cigarette: *(GB) Do you have a ~?* **4** [sing.] expression in somebody's eyes which shows what they are thinking. **5** [sing.] way in which somebody/something is thought about: see *things in a good ~.* (= favourably) [IDM] **bring something/come to light** make something/become known to people **cast/shed/throw light on something** make something clearer **in the light of something** considering something: *in the ~ of this latest development.* **light at the end of the tunnel** something that shows you are nearly at the end of a long and difficult time. ■ **'light bulb** = BULB(1) ■ **'lighthouse** *n.* tower containing a powerful light to warn and guide ships. ■ **'light year** *n.* **1** [C] distance that light travels in one year. **2 (light years)** [pl.] *(infml.)* a very long time.

light² /laɪt/ *adj.* **1** full of light; having the natural light of day: *a room full of natural ~.* **2** pale in colour: *~-grey eyes.* **3** easy to lift or move; not heavy. **4** of less than the usual weight, amount, force, etc.: *~ snowfall.* **5** gentle: *a ~ caress.* **6** easy to do; not tiring: *~ workout.* **7** entertaining rather than serious or difficult: *~ read.* **8** not serious or severe: *a ~ sentence.* **9** (of a meal) small in quantity and easy to digest: *a ~ meal.* **10** (of drinks) low in alcohol. **11** (of sleep) not deep. [IDM] **make light of something** treat something as unimportant. ■ **,light-'fingered** *adj.* *(infml.)* likely to steal things. ■ **,light-'headed** *adj.* feeling slightly faint. ■ **,light-'hearted** *adj.* **1** intended to be amusing rather than serious. **2** cheerful. ■ **,light 'industry** *n.* industry that produces small consumer goods or parts. ▶ **lightly** *adv.* **1** gently; with little force or effort. **2** to a small degree; not much. **3** not seriously. [IDM] **get off/be let off lightly** *(infml.)* manage to avoid severe punishment. ▶ **lightness** *n.* [U] ■ **lightweight** *n.* **1** boxer weighing between 57 and 61 kilograms. **2** *(infml.)* person of little importance or influence.

light³ /laɪt/ *v.* (*pt, pp* **lit.** /lɪt/ or **lighted**) **1** [I, T] (cause somebody to) start to burn. **2** [T] give light to something or to a place: *a room lit/lighted with chandeliers.* ◇ *well/ badly lit. house.* [PV] **light on/upon something.** *(lit.)* see or find something by chance **light (something) up. 1** *(infml.)* begin to smoke a cigarette. **2** cause light to shine on something: *The torch lit up the whole cave.* **3** (cause somebody's to) show happiness and excitement. ▶ **lighting** *n.* [U] arrangement or type of light in a place.

lighten /'laɪtn/ *v.* **1** [T] reduce the amount of work, debt, worry, etc. that somebody has: *domestic help to ~ the load of household work.* **2** [I, T] (cause something to) become brighter or lighter in colour. **3 ~(up)** [I, T] (cause somebody to) feel less sad, worried or serious. **4** [T] make something lighter in weight.

lighter /'laɪtə(r)/ *n.* device for lighting cigarettes, etc.

lightning /'laɪtnɪŋ/ *n.* [U] flash of bright light in the sky, produced by electricity. ● **lightning** *adj.* very quick, brief or sudden: *a ~ thought.* ■ **'lightning conductor** (*US* **'lightning rod**) *n.* metal wire that goes from the top of a building to the ground, to prevent damage by lightning.

like¹ /laɪk/ *v.* [T] **1** find somebody/something pleasant, attractive or satisfactory; enjoy something. **2** want: *Do you ~ it?* **3** used in negative sentences to mean 'be unwilling to do something': *I didn't ~ the thought of him talking to you.* **4** used with *should* or *would* to express a wish or choice politely: *Would you ~ a cup of tea?* ◇ *I'd ~ to order a taxi.* [IDM] **if you like** *(spoken)* used to politely agree to something or to suggest something. **not like the look/sound of somebody/something** have a bad impression based on what you have seen/heard of somebody/something. ● **like** *n.* **1 (likes)** [pl.] the things that you like: *Our likes and dislikes do not match.* **2** [sing.] person or thing that is similar to another: *The ~s of him are not welcome.* ▶ **likeable** *(also* **likable***) adj.* pleasant.

like² /laɪk/ *prep.* **1** similar to somebody/something: *a house ~ yours.* **2** used to ask somebody's opinion of somebody/something: *What's his new boss ~?* **3** typical of somebody/something: *It's just ~ him to disappear.* **4** in the same way as somebody/something: *behave ~ adults/animals.* ◇ *swim ~ a fish.* **5** for example: *animals ~ tiger, lion, panther, etc. are wild.* [IDM] **like anything** *(GB, infml.)* very much. ● **like** *conj.* *(infml.)* **1** in the same way as. **2** as if: *She acts ~ she belongs here.*

like³ /laɪk/ *adj.* *(fml.)* similar to another person or thing. ■ **,like-'minded** *adj.* having similar ideas and interests.

likelihood /'laɪklihʊd/ *n.* [U, sing.] probability.

likely /'laɪkli/ *adj.* (**-ier, -iest**) probable or expected: *~ to snow.* [IDM] **a likely story** *(spoken)* used to show that you do not believe what somebody has said. ● **likely** *adv.* [IDM] **as likely as not | most/very likely** very probably **not likely!** *(spoken, esp. GB)* used to disagree strongly with a statement or suggestion.

liken /'laɪkən/ *v.* [PV] **liken somebody/**

something to somebody /something (*fml.*) compare one thing or person to another and say they are similar.
likeness /'laıknəs/ *n.* [C, U] (instance of) being similar in appearance: *a family ~*.
likewise /'laıkwaız/ *adv.* (*fml.*) similarly; also
liking /'laıkıŋ/ *n.* [sing.] **~(for)** feeling that you like somebody/something: *He has a ~ for race horses.* ◇ *The dog took a real ~ to him.* [IDM] **to somebody's liking** (*fml.*) satisfactory.
lilac /'laılək/ *n.* **1** [C] bush with sweet-smelling pale purple or white flowers. **2** [U] pale purple colour.
lilt /lılt/ *n.* [sing.] pleasant rise and fall of the voice ▶ **lilting** *adj.*
lily /'lıli/ *n.* (*pl.* **-ies**) plant that grows from a bulb and has large usu. white flowers.
limb /lım/ *n.* **1** leg, arm or wing. **2** large branch of a tree. [IDM] **out on a limb** (*infml.*) not supported by other people.
limber /'lımbə(r)/ *v.* [PV] **limber up** exercise your muscles before a race, etc.
limbo /'lımbəʊ/ *n.* [IDM] **in limbo** in an uncertain state.
lime /laım/ *n.* **1** [U] white substance used in making cement. **2** [C, U] (juice of a) small green fruit like a lemon but more acid. **3** (*also* **'lime tree**) [C] tree with sweet-smelling yellow flowers. ■ **'limestone** *n.* [U] type of white stone that contains calcium, used in building
limelight /'laımlaıt/ *n.* (**the limelight**) [U] centre of public attention.
limerick /'lımərık/ *n.* humorous poem with five lines.
limit /'lımıt/ *n.* **1** point or line that may not or cannot be passed. **2** greatest or smallest amount allowed or possible. [IDM] **be the limit** (*old-fash., spoken*) be extremely annoying. **off limits** (*esp. US*) = OUT OF BOUNDS (BOUNDS) **within limits** to some extent; with some restrictions: *I'm willing to take all the risk, but within ~s.* ● **limit** *v.* [T] keep somebody/something within a limit. ▶ **limitation** /ˌlımı'teıʃn/ *n.* **1** [U] act of limiting or controlling somebody/something. **2** [C] rule, fact or condition that limits somebody/something; weakness. ▶ **limited** *adj.* restricted; few or small. ■ **ˌlimited 'company** *n.* (in Britain) company whose owners only have to pay a limited amount of its debts. ▶ **limitless** *adj.* without limits.
limousine /'lıməzi:n/ *n.* large luxurious car with the driver's seat separated from the passengers in the back.

limp¹ /lımp/ *v.* [I] walk with difficulty because one leg is injured. ● **limp** *n.* [sing.] limping walk: *His injury has given him a ~*.
limp² /lımp/ *adj.* not stiff or firm. ▶ **limply** *adv.*
linchpin /'lıntʃpın/ *n.* person or thing that is essential to an organization, plan, etc.
line¹ /laın/ *n.* **1** [C] long thin mark on a surface. **2** [C] long thin mark on the ground to show the limit or border of something: *~s marking a badminton court.* **3** [C] mark like a line on somebody's skin that people get as they get older: *the marked ~s on his face show his age.* **4** [C] an imaginary limit or border between one thing and another: *There's a fine ~ between showing interest and interfering.* **5** [C] overall shape; outline. **6** [C] row of people or things: *children standing in (a) ~.* **7** [C usu. sing.] series of people, things or events that follow one another in time: *She came from a long ~ of historians.* **8** [C] row of words on a page. **9** [C] words spoken by an actor. **10** [C] length or thread, rope or wire: *a fishing ~.* **11** [C] telephone connection: *phone ~.* **12** [C] railway track or section of a railway system. **13** [C, usu. sing.] direction or course: *he is in the ~ of fire.* (= the direction somebody is shooting in). **14** [C] course of action, behaviour or thought: *a new ~ of thought.* **15** [sing.] type or area of business, activity or interest: *My ~ of work takes a lot of hard labour.* **16** [C] type of product: *a new ~ in fashion.* **17** [C] company that provides transport for people or goods: *a shipping ~.* **18** [C] series of military defences where the soldiers are fighting during a war: *He was sent to fight in the front ~.* [IDM] **be on line 1** be working or functioning. **2** using a computer; communicating with other people by computer **drop somebody a line** → DROP.¹ **in line for something** likely to get something. **in line with something** similar to something; in accordance with something. **(put something) on the line** (*infml.*) (put something) at risk **on the right lines** following a way that is likely to succeed. **out of line (with somebody/something). 1** not forming a straight line. **2** unacceptably different from others. **3** (*US*) = OUT OF ORDER (3) ORDER¹ ■ **'line drawing** *n.* drawing done with a pen, pencil, etc. ■ **'line printer** *n.* machine that prints very quickly, producing a complete line of text at a time.
line² /laın/ *v.* [T] **1** cover the inside surface of something with another material: *fur-~d coat.* **2** form a layer on the inside of something. **3** form lines or rows along something: *a street ~d with trees.* **4** mark something with lines: *~d paper.* [IDM] **line your/some-**

body's (own) pocket(s) make yourself or somebody richer, esp. by being dishonest. [PV] **line (somebody) up** (cause people to) form a line. **line something up** (infml.) arrange or organize something. ■ **'line-up** n. **1** line of people formed for inspection, etc. **2** set of people or things arranged for a purpose.

linear /'lɪnɪə(r)/ adj. **1** of or in lines. **2** of length: ~ measurement.

linen /'lɪnɪn/ n. [U] (cloth for making) sheets, tablecloths, etc.

liner /'laɪnə(r)/ n. **1** large passenger ship. **2** (in compounds) something put inside something to protect it: garbage bin-~s.

linesman /'laɪnzmən/ n. (pl. **-men**) (sport) official who says whether a ball has gone outside the limits during a game.

linger /'lɪŋɡə(r)/ v. [I] stay somewhere for a long time; be slow to leave or disappear. ▶ **lingering** adj. slow to end or disappear: a ~ thought.

lingerie /'lænʒəri/ n. [U] women's underwear.

linguist /'lɪŋɡwɪst/ n. **1** person who knows several foreign languages well. **2** person who studies language or linguistics. ▶ **linguistic** /lɪŋ'ɡwɪstɪk/ adj. of language or linguistics. ▶ **linguistics** n. [U] study of language.

liniment /'lɪnəmənt/ n. [C, U] liquid for rubbing on parts of the body which ache.

lining /'laɪnɪŋ/ n. [C, U] layer of material used to cover the inside surface of something: a woollen ~.

link /lɪŋk/ n. **1** connection or relationship between two or more people or things. **2** each ring of a chain. ● **link** v. [T] make a connection between two or more people or things. [PV] **link up (with somebody/something)** join or become joined with somebody/something.

linoleum /lɪ'nəʊlɪəm/ (GB also infml. **lino** /'laɪnəʊ/) n. [U] type of strong material with a hard shiny surface, used for covering floors.

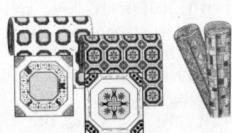

lint /lɪnt/ n. [U] soft cotton material, used for covering wounds.

lion /'laɪən/ n. large powerful animal of the cat family. [IDM] **the lion's share (of something)** (GB) the largest or best part of something. ▶ **lioness** n. female lion.

lip /lɪp/ n. **1** [C] either of the two soft edges of the mouth. **2** [C] edge of a jug, cup, etc. **3** [U] (infml.) rude disrespectful talk. [IDM] **lick/smack your lips** (infml.) show that you are looking forward eagerly to something enjoyable. **my lips are sealed** used to say that you will not reveal somebody's secret to other people. ■ **'lip-read** v. (pt, pp **'lip-read** /-red/) [I, T] understand somebody's speech by watching the movements of their lips. ▶ **'lip-reading** n. [U] ■ **'lip service** n. [IDM] **pay lip service to something** say that you support something while not doing so in reality. ■ **'lipstick** n. [C, U] (stick of) colouring used by women for their lips.

liqueur /lɪ'kjʊə(r)/ n. [U, C] strong sweet alcoholic drink.

liquid /'lɪkwɪd/ n. [C, U] substance, e.g. water or oil, that flows freely but which is not a gas. ● **liquid** adj. **1** in the form of a liquid. **2** easily changed into cash: ~ cash **3** (lit.) clear and looking wet: ~ blue eyes. **4** (lit.) (of sounds) clear and flowing.

liquidate /'lɪkwɪdeɪt/ v. [T] **1** to close down an unsuccessful business company. **2** sell something in order to get money, esp. to pay a debt. **3** destroy or remove somebody/something that causes problems. ▶ **liquidation** /ˌlɪkwɪ'deɪʃn/ n. [U]

liquidize (also **-ise**) /'lɪkwɪdaɪz/ v. [T] crush fruit, vegetables, etc. into liquid form. ▶ **liquidizer** (also **-iser**) n. electric machine used for liquidizing food.

liquor /'lɪkə(r)/ n. [U] (esp. US) strong alcoholic drink ■ **'liquor store** n. (US) = OFF-LICENCE.

liquorice /'lɪkərɪʃ; -rɪs/ n. [U] black substance with a strong flavour, used as a sweet or in medicine.

lisp /lɪsp/ n. [sing] speech fault in which the sound 's' is pronounced 'th' ● **lisp** v. [I, T] to speak with a lisp.

list /lɪst/ n. **1** [C] set of names, things, etc. written down in order. **2** [sing.] fact of a ship leaning to one side. ■ **'list price** n. [usu. sing.] (business) price at which goods are advertised for sale, e.g. in a catalogue. ● **list** v. **1** [T] write a list of things in a particular order. **2** [T] to mention or include something in a list. **3** [I] (of a ship) lean over to one side.

listless /'lɪstləs/ adj. to be too tired to show interest. ▶ **listlessly** adv. ▶ **listlessness** n. [U]

lit pt, pp of LIGHT³

liter (US) = LITRE.

literacy /'lɪtərəsi/ n. [U] ability to read and write.

literal /'lɪtərəl/ adj. **1** being the basic or usual meaning of a word. **2** that which follows the original words exactly: the ~ meaning. ▶ **literally** adv. **1** in a literal way; exactly: The word 'kilt' ~ly means 'tuck up around the body'. **2** (infml.) used to emphasize the truth of something that may seem surprising:/was

~ly bored to tears.
literary /ˈlɪtərəri/ adj. of literature or authors.
literate /ˈlɪtərət/ adj. **1** able to read and write. **2** well educated; cultured.
literature /ˈlɪtrətʃə(r)/ n. [U] **1** writings valued as works of art, esp. novels, plays and poems. **2** ~(on) the pieces of writing on a particular subject.
lithe /laɪð/ adj. (fml.) (of a person or their body) able to bend easily.
litigation /ˌlɪtɪˈgeɪʃn/ n. [U] (law) process of making or defending a claim in a law court.
litre /ˈliːtə(r)/ n. (abbr. l) metric unit of capacity used for measuring liquids.
litter /ˈlɪtə(r)/ n. **1** [U] bits of paper, bottles, etc. that people have left lying in a public place. **2** [C] all the young born to an animal at one time. ● **litter** v. [T] make a place untidy with litter. ■ **'litter bin** n. container for rubbish.
little¹ /ˈlɪtl/ adj. **1** small: ~ plates **2** young: a ~ girl **3** (of distance or time) short: wait for a ~ while **4** not important: a ~ mistake
little² /ˈlɪtl/ det., pron. **1** used with uncountable nouns to mean 'not much': There was ~ sugar in my bag. **2** (a little) used with uncountable nouns to mean 'a small amount' or 'some': a ~ tea ● **little** adv. (**less, least**) **1** not much; only slightly: I ate very ~ last night. ◇ (written) L~ does he care (= He doesn't care) what trouble he's in. **2** (a little (bit))** to a small degree: She seemed a ~ (bit) afraid of going inside. [IDM] **little by little** gradually **little wonder (that ...)** → WONDER
live¹ /lɪv/ v. **1** [I] have your home: ~ in London **2** [I] remain alive: Doctors say he has many months to ~. **3** [I] be alive. **4** [I, T] spend your life in a particular way: ~ to the full. **5** [I] enjoy life fully [IDM] **live (from) hand to mouth** spend all the money you earn on basic needs such as food, without being able to save any money. **live it up** (infml.) enjoy yourself in an exciting way. [PV] **live something down** be able to make people forget about something embarrassing you have done. **live for somebody/something** think that somebody/something is the main purpose of or the most important thing in your life. **live in/out** (of a worker or student) **live at/away** from the place where you work or study. **live off somebody/something** receive the money you need to live from somebody/something because you do not have any yourself. **live on** continue to live or exist. **live on something 1** have something as your main food. **2** have enough money for the basic things you need to live. **live through something** experience something and survive: ~ through the Depression **live together** (also **live with somebody**) live with somebody as if you are married. **live up to something** do as well as or be as good as other people expect you to be: John ~d up to all my expectations **live with something** accept something unpleasant.

live² /laɪv/ adj. **1** living; not dead. **2** (of a broadcast) sent out while the event is actually happening, not recorded first and broadcast later. **3** (of a performance) given or made when people are watching, not recorded: ~ telecast **4** (of a wire) carrying electricity. **5** still able to explode or light; ready for use: ~ bomb **6** burning or glowing: ~ embers **7** (of a question or subject) of great interest at the present time.
liveable /ˈlɪvəbl/ adj. fit to live in; tolerable.
livelihood /ˈlaɪvlihʊd/ n. [C, usu. sing.] means of earning money in order to live.
lively /ˈlaɪvli/ adj. (**-ier, -iest**) **1** full of life and energy. **2** (of colours) bright. ▶ **liveliness** n. [U]
liven /ˈlaɪvn/ v. [PV] **liven (somebody/something) up** (cause somebody/something to) become more interesting and exciting.
liver /ˈlɪvə(r)/ n. **1** [C] large organ in the body that cleans the blood **2** [U] animal's liver as food.
lives pl. of LIFE.
livestock /ˈlaɪvstɒk/ n. [U] farm animals.
livid /ˈlɪvɪd/ adj. **1** (infml.) extremely angry. **2** dark bluish-grey in colour.
living /ˈlɪvɪŋ/ adj. **1** alive now. **2** used or practised now: a ~ language [IDM] **be the living image of somebody** → IMAGE **within/in living memory** at a time remembered by people still alive. ● **living** n. **1** [sing.] money to buy the things you need in life: How do you earn your ~? **2** [U] way or style of life: a high standard of ~ **3** (the living) [pl] people who are alive now. ■ **'living room** n. room in a house where people sit together, watch TV, etc.
lizard /ˈlɪzəd/ n. small four-legged reptile with a long tail.
load /ləʊd/ n. **1** [C] thing that is carried by a person, vehicle, etc. **2** [C] (esp. in compounds) quantity that can be carried: bus ~s of tourists **3** [sing.] (GB also **loads (of something)** [pl.]) (infml.) a large number or amount of somebody/something; plenty; ~s of diamonds **4** [C] amount of work that a person or a machine has to do. **5** [C] feeling of responsibility or worry: Hearing they had left took a ~ off my mind. ● **load** v. **1** [I, T] put a load onto or into something; receive a load: ~ cartons onto a lorry. **2** [T] give somebody a lot of things to carry. **3** [T] put some-

thing into a weapon, a camera or other piece of equipment so that it can be used. **4** [I, T] put data or a program into the memory of a computer: *Wait for the program to ~.* ▶ **loaded** *adj.* **1** ~**(with)** carrying a load; full and heavy. **2** (*infml.*) very rich. **3** acting either as an advantage or a disadvantage to somebody in a way which is unfair. **4** having more meaning than you realize at first and intended to trap you: *It was a ~ed question.* **5** containing bullets, camera film, etc.

loaf /ləʊf/ *n.* (*pl.* **loaves** /ləʊvz/) mass of shaped and baked bread ● **loaf** *v.* [I] ~**(about/around)** (*infml.*) spend your time not doing anything.

loan /ləʊn/ *n.* **1** [C] money that an organization such as a bank lends and somebody borrows. **2** [sing.] act of lending something, state of being lent: *This car is on loan.* ● **loan** *v.* [T] (*esp. US*) lend something to somebody, esp. money.

loath (*also* **loth**) /ləʊθ/ *adj.* ~**to** (*fml.*) unwilling to do something.

loathe /ləʊð/ *v.* [T] dislike somebody/something very much. ▶ **loathing** *n.* [U] disgust ▶ **loathsome** /'ləʊðsəm/ *adj.* disgusting.

loaves *pl. of* LOAF.

lob /lɒb/ *v.* (**-bb-**) [I, T] throw or hit a ball, etc. in a high curve. ▶ **lob** *n.*

lobby /'lɒbi/ *n.* (*pl.* **-ies**) **1** [C] entrance hall of a hotel, theatre, etc. **2** [C, with sing or pl verb] group of people who try to influence politicians. ● **lobby** *v.* (*pt, pp* **-ied**) [I, T] try to persuade a politician to support or oppose a proposed law, etc.

lobe /ləʊb/ *n.* **1** = EAR LOBE (EAR) **2** part of an organ in the body, esp. the lungs or brain.

lobster /'lɒbstə(r)/ *n.* **1** [C] shellfish with eight legs and two claws. **2** [U] meat from a lobster, eaten as food.

local /'ləʊkl/ *adj.* **1** of a particular place: ~ *channel* **2** affecting only a part, not the whole, of the body: *a ~ pain* ■ **,local ,area 'network** *n.* = LAN ● **local** *n.* [C] **1** [usu. pl.] person who lives in a particular place. **2** (*GB, infml.*) pub near where you live. ▶ **locally** *adv.*

locality /ləʊ'kæləti/ *n.* (*pl.* **-ies**) district; place.

localize (*also* **-ise**) /'ləʊkəlaɪz/ *v.* [T] limit something to a particular area: ~ *an epidemic*

locate /ləʊ'keɪt/ *v.* [T] **1** find out the exact position of somebody/something. **2** put or build something in a particular place. *Our offices are ~d in London.* ▶ **location** /ləʊ'keɪʃn/ *n.* place or position. [IDM] **on location** (of a film) photographed in natural surroundings, not in a studio.

loch /lɒk/ *n.* (in Scotland) lake: *L~ Ness.*

lock¹ /lɒk/ *v.* [I, T] **1** fasten something or be fastened with a lock. **2** (cause something to) become fixed in one position and unable to move. [PV] **lock somebody away/up** (*infml.*) put somebody in prison. **lock something away/up** put something safely in a locked place. **lock somebody/yourself in/out** prevent somebody/yourself from entering or leaving a place by locking the door. **lock (something) up** make a house, etc. safe by locking the doors.

lock² /lɒk/ *n.* **1** a device for fastening a door, etc. **2** enclosed section of a canal, in which the water level can be raised or lowered. **3** a portion of hair that naturally hangs together. [IDM] **lock, stock and barrel** including everything. ■ **'locksmith** *n.* a person who makes and mends locks.

locker /'lɒkə(r)/ *n.* small cupboard that can be locked, used for storing clothes, luggage, etc.

locket /'lɒkɪt/ *n.* piece of jewellery, worn on a chain around the neck, in which you can keep a picture, piece of hair, etc.

locomotive /,ləʊkə'məʊtɪv/ *n.* (*fml.*) railway engine.

locust /'ləʊkəst/ *n.* winged insect that flies in large groups and destroys crops.

lodge¹ /lɒdʒ/ *n.* **1** country house or cabin: *a country ~* **2** small house, esp. at the entrance to the grounds of a large house.

lodge² /lɒdʒ/ *v.* **1** [T] make a formal statement about something to a public organization: ~ *a complaint at the station.* **2** [I] (*old-fash*) pay to live in a room in somebody's house. **3** [T] provide somebody with a place to sleep or live. **4** [I, T] ~**in** (cause something to) enter and become fixed in something: *The knife was ~d in his leg.* ▶ **lodger** *n.* (*esp. GB*) person who pays rent to live in somebody's house.

lodging /'lɒdʒɪŋ/ *n.* **1** [U] temporary accommodation. **2** [C, usu. pl.] (*old-fash*) room or rooms in somebody else's house that you rent to live in.

loft /lɒft/ *n.* room or space under the roof of a house, used for storing things.

lofty /'lɒfti/ *adj.* (**-ier, -iest**) (*fml.*) **1** very high. **2** (of thoughts, *etc.*) noble **3** (*disapprov*) proud.

log /lɒg/ *n.* **1** thick piece of wood that is cut from or has fallen from a tree. **2** (*also* **logbook**) official records of events over a period of time, esp. a journey on a ship or plane. ● **log** *v.* (**-gg-**) [T] **1** put information in an official record or write a record of events. **2** travel a particular distance or for a particular length of time. [IDM] **log in/on** (*computing*) perform the actions that allow you to start using a computer system. **log off/out** (*computing*) perform the actions that allow you to finish using a computer system.

loggerheads /'lɒgəhedz/ n. [IDM] **at loggerheads (with somebody) (over something)** in strong disagreement.

logic /'lɒdʒɪk/ n. [U] **1** science or method of organized reasoning. **2** sensible reasoning: *There's a lot of ~ in what he says.* ▶ **logical** /'lɒdʒɪkl/ adj. In accordance with logic. ▶ **logically** /-kli/ adv.

logo /'ləʊgəʊ/ n. (pl. ~s) printed design or symbol that a company, organization, etc. uses as its special sign.

loin /lɔɪn/ n. **1** [U, C] piece of meat from the back or sides of an animal: *~ of lamb* **2 (loins)** [pl.] (lit.) person's sex organs.

loiter /'lɔɪtə(r)/ v. [I] stand or wait somewhere, esp. with no obvious reason.

loll /lɒl/ v. [I] **1** lie, stand or sit in a lazy or relaxed way. **2** (of the head or tongue) hang loosely.

lollipop /'lɒlipɒp/ (GB also infml **lolly** /'lɒli/) (pl. **-ies**) n. large boiled sweet or piece of frozen fruit juice on a stick.

lone /ləʊn/ adj. **to be** without any other people or things.

lonely /'ləʊnli/ adj. (**-ier, -iest**) **1** sad because you have no friends or people to talk to. **2** (of places) not often visited ▶ **loneliness** n. [U]

lonesome /'ləʊnsəm/n. (esp. US) = LONELY.

long¹ /lɒŋ/ adj. (**~er** /'lɒŋgə(r)/ **~est** /'lɒŋgɪst/) having a great or a given extent in space or time: *a ~ road* ◇ *100 metres ~* [IDM] **go a long way** → FAR¹ **in the long run** eventually; ultimately. **the long and (the) short of it** all that need be said about it. **long in the tooth** (hum) (of a person) old **not by a long chalk/shot** not nearly; not at all. ■ **,long-'distance** adj., adv. travelling or operating between distant places. ■ **,long 'drink** n. cold drink, served in a tall glass. ■ **'long-range** adj. of or for a long period of time or distance: *a ~-range weather forecast.* ■ **,long-'sighted** adj. not being able to see things that are close to you clearly. ■ **,long-'term** adj. of or for a long period of time. ■ **'long wave** n. [U] (abbr. **LW**) radio wave with a length of more than 1000 metres. ■ **,long-'winded** adj. (disapprov) (of talking or writing) too long and therefore boring.

long² /lɒŋ/ adv. (**~er** /-ŋgə(r)/ **~est** /-ŋgɪst/) **1** for a long time: *where were you for so ~?* ◇ *I won't be ~* (= I will come soon). **2** at a distant time: *~ ago.* **3** (of duration) throughout: *all day ~* [IDM] **as/so long as** on condition that; provided that **no/any longer** used to say that something, which was possible or true before, is not now: *I can't stay any ~er.* ■ **,long-'standing** adj. that has existed for a long time: *a ~-standing agreement.* ■ **,long-'suffering** adj. patiently bearing problems and difficulties.

long³ /lɒŋ/ v. [I] **~for;** to want something very much: *~ for Christmas.* ▶ **longing** adj., n. [C, U] (having a) strong feeling of wanting something/somebody. ▶ **longingly** adv.

longitude /'lɒndʒɪtjuːd/ n. [U] distance of a place east or west of Greenwich in Britain, measured in degrees.

loo /luː/ n. (pl ~s) (GB, infml) toilet.

look¹ /lʊk/ v. **1** [I] **~(at)** turn your eyes in a particular direction. **2** [I] **~(for)** try to find somebody/something. **3** [I, T] pay attention to something: *~at that fire!* **4** *linking verb* seem; appear: *~ sad/pale.* **5** [I] **~as if/as though; like** seem likely: *She ~ed as if she was dead.* ◇ *It ~s like snow.* **6** [I] face a particular direction: *The house ~s out over the beach.* [IDM] **look daggers at somebody** look very angrily at somebody. **look down your nose at somebody/something** (infml, esp. GB) behave in a way that suggests that you think you are better than somebody or that something is not good enough for you **look sharp.** (GB) hurry up **(not) look yourself** (not) have your usual healthy appearance. **never/not look back** (infml.) become more and more successful. **not much to look at** (infml.) not attractive. [PV] **look after yourself/somebody/something** (esp. GB) be responsible for or take care of somebody/something. **look ahead (to something)** think about what is going to happen in the future. **look around/round (something)** visit a place or building, walking around it to see what is there, **look at something** examine or consider something: *I'll ~ at your paper tomorrow.* **Look back (on something)** think about something in your past. **look down on somebody/something** (infml.) think that you are better than somebody/something. **look for something** hope for something; expect something. **look forward to** something think with pleasure about something that is going to happen in the future. **look in (on somebody)** (GB) make a short visit to a place, esp. somebody's house. **look into something** examine something. **look on** watch something without becoming involved in it yourself. **look on somebody/something as somebody/something** consider somebody/something to be somebody/something. **look out** be careful **look out for somebody/something. 1** try to avoid something bad happening or doing something bad: *You* should ~ out for thieves. **2** keep trying to find something or meet somebody **look something over** examine something to see how good, big, etc. it is. **look through something** examine or read something quickly. **look to somebody for something/to do something** rely on somebody to provide or do something. **look up** (*infml.*) (of business, somebody's situation, *etc.*) become better. **look somebody up** (*infml.*) visit somebody, esp. when you have not seen them for a long time. **look something up** look for information in a dictionary or reference book. **look up to somebody** admire or respect somebody. ● **look** *exclam* used to interrupt somebody or make them listen to something you are saying ■ **'look-in** *n.* [IDM] **(not) get a look-in** (*infml.*) (not) get a chance to take part or succeed in something. ■ **'lookout** *n.* **1** place for watching from, esp. for danger. **2** person who watches for danger [IDM] **be your (own) lookout** (*GB, infml*) used to say that you do not think somebody's actions are sensible, but that it is their own responsibility: *If you want to waste your good fortune, that's your ~out.*

look² /lʊk/ *n.* **1** [C, usu. sing.] act of looking at somebody/something: *Take a ~ at them.* **2** [C, usu. sing] ~(**for**) act of trying to find somebody/something. **3** [C] expression or appearance: *I don't like the ~ of his friend.* **4** (**looks**) [pl] person's (attractive) appearance: *She's got her mother's good ~s.*

loom /luːm/ *v.* [I] appear in an unclear, often threatening, way. [IDM] **loom large** be worrying or frightening and seem hard to avoid. ● **loom** *n.* machine for weaving cloth.

loop /luːp/ *n.* **1** shape like a circle made by a line curving right round and crossing itself. **2** piece of rope, wire, etc. in the shape of a curve or circle. ● **loop** *v.* **1** [T] bend something into a loop. **2** [I] move in a way that makes the shape of a loop.

loophole /'luːphəʊl/ *n.* way of escape from a legal restriction: *a legal/tax ~*

loose /luːs/ *adj.* (~**r**, ~**st**) **1** not firmly fixed where it should be; able to become separated from something: *a ~ button/tooth* **2** not tied or fastened together: *~ packet of pencil.* **3** freed from control; not tied up or shut in somewhere: *The horse is too dangerous to be set ~.* **4** (of clothes) not tight. **5** not exact: *a ~ interpretation.* **6** (*old - fash*) immoral [IDM] **at a loose end** (*US also*) at loose ends having nothing to do. ▶ **loosely** *adv.* ▶ **loosen** /'luːsn/ *v.* [I, T] become or make something loose or less tight.

loot /luːt/ *n.* [U] money and valuable objects taken from an enemy in war or stolen by thieves. ● **loot** *v.* [I, T] steal things from shops or buildings after a riot, fire, etc.

lop /lɒp/ *v.* (**-pp-**) [T] cut branches, etc. off a tree.

lop-sided /ˌlɒp'saɪdɪd/ *adj.* with one side lower, smaller, etc. than the other.

lord /lɔːd/ *n.* [C] **1** (in Britain) nobleman **2** (**Lord**) [sing] (in Britain) title used by some high ranks of noblemen (= men of high social class). **3** (**Lord**) [sing] (in Britain) title of certain high officials: *L~ Mayor* **4** ((**the Lord**) [sing] God; Jesus **5** (**the Lords**) [sing, with sing. or pl. verb] = THE HOUSE OF LORDS (HOUSE¹) [IDM] (**good**) **Lord!** | **Oh Lord!** used to show that you are surprised, annoyed or worried about something. ▶ **lordly** *adj.* too proud; arrogant. ▶ **lordship** *n.* (**His/Your Lordship**) title of respect used when speaking to a judge, bishop or a lord.

lorry /'lɒri/ *n.* (*pl.* **-ies**) large motor vehicle for carrying heavy loads by road.

lose /luːz/ *v.* (*pt, pp* **lost** /lɒst/) **1** [T] become unable to find somebody/something: *~ your money.* **2** [T] have something taken away from you by accident, death, etc: *~ your wits.* **3** [T] have less and less of something: *~ control of something.* ◇ *~ weight.* **4** [T] (*infml.*) be no longer understood by somebody: *I'm afraid you've lost me.* **5** [I, T] fail to win something: *~ a game of cards.* **6** [T] waste time or an opportunity. **7** [I, T] (of a clock or watch) go too slowly or become a particular amount of time behind the correct time. [IDM] **lose your bearings** become lost or confused. **lose count of something** → COUNT² **lose face** be less respected or look stupid because of something you have done. **lose ground (to somebody/something)** → GROUND¹ **lose your head** → HEAD¹ **lose heart** → HEART **lose your heart (to somebody/something)** (*written*) fall in love with somebody/something. **lose sight of somebody/something 1** no longer be able to see somebody/something. **2** fail to consider or remember something. **lose touch (with somebody/something)** no longer have any contact with somebody/something. **lose your way** become lost. [PV] **lose out (on something)** (*infml.*) not get something you wanted or feel you should have. **lose yourself in something** become so interested in something that it takes all your attention. ▶ **loser** *n.*

loss /lɒs/ *n.* **1** [U, C] state of no longer having something or as much of something; the process that leads to this: *~ of blood/self-control.* **2** [C] money lost in business **3** [C, U] death of a person: *heavy ~ of life.* [IDM] **at a loss** not knowing what to say or do.

lost¹ *pt, pp of* LOSE.

lost² /lɒst/ *adj.* **1** unable to find your way; not knowing where you are. **2** that cannot be found or brought back. [IDM] **a lost cause** something that has failed or that cannot succeed.

lot¹ /lɒt/ *pron.* **(a lot)** (*also infml.* **lots**) large number or amount. ● **a lot of** (*also infml* **lots of**) *det.* a large number or amount of somebody/something: *a ~ of animals.*

lot² /lɒt/ *adv.* (*infml.*) **1** (used with an *adj.* and *adv.*) much: *I feel a ~ better than yesterday.* **2** (used with a *v.*) a great amount.

lot³ /lɒt/ *n.* **1 (the lot, the whole lot)** [sing., with sing. or pl. verb] (*infml.*) the whole number or amount of people or things. **2** [C, with sing. or pl. verb] (*esp. GB*) group or set of people or things: *the next ~ of children.* **3** [C] object or a number of objects to be sold, esp. at an auction. **4** [C] area of land used for a particular purpose: *a camping ~* **5** [sing.] person's luck or situation in life. [IDM] **cast/draw lots (for somebody/to do something)** choose somebody to do something by asking each person to take a piece of paper, etc. from a container and the person whose paper has a special mark is chosen.

loth = LOATH.

lotion /ˈləʊʃn/ *n.* [C, U] liquid used for cleaning, protecting or treating the skin.

lottery /ˈlɒtəri/ *n.* (*pl.* **-ies**) way of giving prizes to the buyers of numbered tickets chosen by chance.

loud /laʊd/ *adj.* **1** making a lot of noise. **2** (of colours) too bright and lacking in good taste. ● **loud** *adv.* in a way that makes a lot of noise or can be easily heard. [IDM] **loud and clear** in a way that is easy to understand. ▶ **loudly** *adv.* ▶ **loudness** *n.* [U] ■ **,loud' speaker** *n.* part of a radio, etc. that changes electrical signals into sound.

lounge /laʊndʒ/ *v.* [I] sit, stand or lie in a lazy way. ● **lounge** *n.* **1** room for waiting in at an airport, etc. **2** (*GB*) room in a private house for sitting and relaxing. ■ **'lounge bar** *n.* (*GB*) bar in a pub or hotel that is smarter and more expensive than other bars.

louse /laʊs/ *n.* (*pl.* **lice** /laɪs/) small insect that lives on the bodies of animals and human beings.

lousy /ˈlaʊzi/ *adj.* (**-ier, -iest**) (*infml.*) very bad: *~ food.*

lout /laʊt/ *n.* (*GB*) rude and aggressive man or boy. ▶ **loutish** *adj.*

lovable /ˈlʌvəbl/ *adj.* somebody easy to love; deserving love.

love /lʌv/ *n.* **1** [U]. strong feeling of deep affection for somebody/something. **2** [U] strong feeling of affection and sexual attraction for somebody: *John has fallen in ~ with Mary.* **3** [U, sing.] strong feeling of enjoyment that something gives you: *a ~ of painting.* **4** [C] person or thing that you like very much. **5** [U] (in tennis) score of zero points or games. [IDM] **give/ send my love to somebody** (*infml.*) used to send friendly greetings to somebody. **make love (to somebody)** have sex. **there's little/ no love lost between A and B** they do not like each other. ● **love** *v.* [T] **1** have very strong feelings of affection for somebody: *~ your husband.* **2** like or enjoy something a lot: *I ~ chocolates.* ■ **'love affair** *n.* a romantic and/or sexual relationship between two people.

lovely /ˈlʌvli/ *adj.* (**-ier, -iest**) **1** beautiful; attractive: *a ~ lady.* **2** very enjoyable and pleasant: *a ~ beach.* ▶ **loveliness** *n.* [U].

lover /ˈlʌvə(r)/ *n.* **1** partner in a sexual relationship outside marriage. **2** person who likes or enjoys a particular thing: *a ~ of music.*

loving /ˈlʌvɪŋ/ *adj.* feeling or showing love for somebody/something. ▶ **lovingly** *adv.*

low¹ /ləʊ/ *adj.* **1** not high or tall: *a ~ window.* **2** below the usual level, value or amount: *~ rates* **3** (of a sound) not high; not loud. **4** below others in importance or quality. **5** weak or depressed: *feel ~* **6** not very good: *I have a ~ opinion of him.* **7** (of a person) dishonest **8** (of a gear) allowing a slower speed. [IDM] **at a low ebb** in a poor or bad state. ■ **'lowdown** *adj.* (*infml.*) not fair or honest. ■ **'low-down** *n.* [sing.] **(the low-down)~on** (*infml.*) the full facts about somebody/something: *She gave me the ~-down on the guest speaker at the seminar.* ■ **,low-'key** *adj.* not intended to attract a lot of attention. ■ **'lowland** *adj., n.* [C, usu. pl.] (of a) fairly flat area of land that is not very high above sea level. ■ **,low-'profile** *adj.* receiving or involving very little attention: *a~ -profile wedding.*

low² /ləʊ/ *adv.* at or to a low level: *aim/shoot ~* ● **low** *n.* low or lowest level or point: *Shares crashed to a new~ yesterday.*

lower /ˈləʊə(r)/ *adj.* at or being the bottom part of something: *the ~ half of the pole was rusty.* ● **lower** *v.* **1** [T] let or make somebody/something go down: *~ a flag.* **2** [I, T] (cause something to) become less in value, quality, etc. *~ the rate.* [PV] **lower yourself (by doing something)** behave in a way that makes people respect you less. ■ **the ,lower 'class** *n.* social class below middle class. ▶ **,lower 'class** *adj.*

lowly /ˈləʊli/ *adj.* (**-ier, -iest**) low in status or importance.

loyal /ˈlɔɪəl/ *adj.* **~ (to)** faithful to somebody/something: *~ friends.* ▶ **loyally** *adv.* ▶ **loyalty** *n.* (*pl.* **-ies**) **1** [U] quality of being faithful to somebody/something. **2** [C, usu. pl.] strong feeling that you want to be loyal to somebody/something.

lozenge /'lɒzɪndʒ/ n. diamond-shaped sometimes small sweet, sometimes containing medicine.

LP /ˌel 'piː/ abbr. long-playing record; a record that plays for about 25 minutes each side and turns 33 times per minute.

Ltd abbr Limited = LIMITED COMPANY (LIMIT).

lubricate /'luːbrɪkeɪt/ v. [T] put oil, etc. on something such as the parts of a machine, to help them move smoothly. ▶ **lubrication** /ˌluːbrɪ'keɪʃn/ n. [U]

lucid /'luːsɪd/ adj. (fml.) **1** easy to understand; clear. **2** able to think and speak clearly. ▶ **lucidity** /luː'sɪdəti/ n. [U] ▶ **lucidly** adv.

luck /lʌk/ n. [U] **1** good things that happen to you by chance. **2** chance; the force that causes good or bad things to happen to people. [IDM] **be down on your luck** (infml.) have no money because of a period of bad luck. **be in/out of luck** be fortunate/unfortunate. ▶ **lucky** adj. (-ier, -iest) having, bringing or resulting from good luck. ▶ **luckily** adv.

lucrative /'luːkrətɪv/ adj. producing a large amount of money; making a large profit.

ludicrous /'luːdɪkrəs/ adj. ridiculous and unreasonable. ▶ **ludicrously** adv.

lug /lʌɡ/ v. (-gg-) [T] carry or drag something heavy with great effort.

luggage /'lʌɡɪdʒ/ n. [U] bags, suitcases, etc. taken on a journey.

lukewarm /ˌluːk'wɔːm/ adj. **1** slightly warm. **2** not enthusiastic.

lull /lʌl/ n. [C, usu. sing] quiet period between times of activity. ● **lull** v. [T] make somebody relaxed and calm: ~before the storm.

lullaby /'lʌləbaɪ/ n. (pl. -ies) song sung to make a child go to sleep.

lumbago /lʌm'beɪɡəʊ/ n. [U] pain in the lower back.

lumber /'lʌmbə(r)/ n. [U] **1** (esp. US) = TIMBER(1) **2** (GB) unwanted old furniture. ● **lumber** v. **1** [I] move in a slow, heavy and awkward way. **2** [T] ~(with) (infml.) give somebody/something unwanted to somebody: They've ~ed me with the cleaning-up again. ■ **'lumberjack** n. a person whose job is to cut down trees or produce timber.

luminous /'luːmɪnəs/ adj. giving out light; that can be seen in the dark.

lump /lʌmp/ n. **1** piece of something hard or solid, usu. shapeless: a ~ of sugar. **2** swelling under the skin. [IDM] **have, etc. a lump in your throat** feel pressure in your throat because you are very angry or emotional. ● **lump** v. [T] ~ **(together)** put or consider different things together in the same group. [IDM] **lump it** (infml.) accept something unpleasant because there is no other choice. ■ ˌ**lump 'sum** n. amount of money paid at one time and not on separate occasions. ▶ **lumpy** adj. (-ier, -iest)

lunacy /'luːnəsi/ n. [U] behaviour that is stupid or crazy.

lunar /'luːnə(r)/ adj. of the moon.

lunatic /'luːnətɪk/ n. **1** person who does crazy things that are often dangerous. **2** (old-fash.) person who is mad. ● **lunatic** adj. crazy, ridiculous or extremely stupid.

lunch /lʌntʃ/ n. [U, C] meal eaten in the middle of the day ● **lunch** v. [I] (fml.) have lunch, esp. at a restaurant.

luncheon /'lʌntʃən/ n. [C, U] (fml.) = LUNCH

lung /lʌŋ/ n. either of the two breathing organs in the chest.

lunge /lʌndʒ/ n., v. [I] (make a) sudden forward movement.

lurch /lɜːtʃ/ n. [C, usu. sing.] sudden unsteady movement. ● **lurch** v. [I] move along with a lurch.

lure /lʊə(r)/ n. [C, usu. sing.] attractive qualities of something: the ~ of gold. ● **lure** v. [T] persuade or trick somebody to go somewhere or do something by promising them a reward: ~ somebody into a trap.

lurid /'lʊərɪd/ adj. (disapprov) **1** having unpleasantly bright colours. **2** (of a story or piece of writing) shocking and violent: ~ notes.

lurk /lɜːk/ v. [I] wait somewhere secretly, esp. when you are going to do something bad or illegal.

luscious /'lʌʃəs/ adj. having a very sweet delicious taste.

lush /lʌʃ/ adj. **1** (of plants, trees, etc.) thick and strong growth. **2** beautiful and making you feel pleasure; seeming expensive.

lust /lʌst/ n. [U, C] ~**(for) 1** strong sexual desire. **2** strong desire for or enjoyment of something: his ~ for money. ● **lust** v. [PV] **lust after/for somebody/ something** feel an extremely strong, esp. sexual, desire for somebody/something. ▶ **lustful** adj.

lustre (US **luster**) /'lʌstə(r)/ n. [U] **1** shining quality of a surface. **2** quality of being special in a way that is exciting.

lusty /'lʌsti/ adj. healthy and strong.

luxuriant /lʌɡ'ʒʊəriənt/ adj. (of plants or hair) thick and strong growth. ▶ **luxuriance** /-əns/ n. [U] ▶ **luxuriantly** adv.

luxurious /lʌɡ'ʒʊəriəs/ adj. very comfortable and expensive. ▶ **luxuriously** adv.

luxury /'lʌkʃəri/ n. (pl. -ies) **1** [U] great com-

fort, esp. in expensive surroundings: *in the lap of* ~ **2** [C] thing that is expensive and enjoyable, but not essential; over indulgence.
LW *abbr.* (*esp. GB*) = LONG WAVE (LONG¹).

lying *pres part* LIE¹
lynch /lɪntʃ/ *v.* [T] cruelly kill somebody, usu. by hanging, without giving them a lawful trial.
lyric /'lɪrɪk/ *adj.* **1** (of poetry) expressing direct personal feelings. **2** of or for singing. ● **lyric** *n.* **1** lyric poem. **2 (lyrics)** [pl] words of a song. ▶ **lyrical** /-kl/ *adj.* expressing strong emotion in an imaginative way. ▶ **lyrically** /-kli/ *adv.*

M m

M, m /em/ n. [C, U] (pl. **M's, m's** /emz/) **1** the thirteenth letter of the English alphabet. **2** Roman numeral for 1000. **3** used with a number to show the name of a British motorway: *M1*.

m (also **m.**) abbr. **1** married **2** metre(s) **3** million(s).

MA /ˌem ˈeɪ/ n. Master of Arts; a second university degree in an Arts subject, or, in Scotland, a first degree.

ma /mɑː/ n. (infml.) mother.

ma'am /mæm; mɑːm/ n. [sing.] **1** (US) used as a polite way of addressing a woman. **2** (GB) = MADAM.

mac (also **mack**) /mæk/ n. (GB, infml.) short for MACKINTOSH.

macabre /məˈkɑːbrə/ adj. unpleasant and strange because connected with death.

macaroni /ˌmækəˈrəʊni/ n. [U] pasta in the form of hollow tubes.

mace /meɪs/ n. **1** [C] ornamental stick carried by an official as a sign of authority. **2** [U] dried outer covering of nutmegs, used in cooking as a spice.

Mach /mɑːk; mæk/ n. [U] measurement of speed, used esp. for aircraft: *M~ 2* (= twice the speed of sound)

machete /məˈʃeti/ n. broad heavy knife.

machine /məˈʃiːn/ n. **1** piece of equipment with moving parts that uses power to perform a particular task. **2** group of people that control an organization: *the party ~* ● **machine** v. [T] (tech.) make something with a machine. ■ **ma'chine-gun** n. gun that automatically fires many bullets one after the other very quickly. ■ **ma,chine-ˈreadable** adj. (of data) in a form that a computer can understand. ▶ **machinery** n. [U] **1** machines as a group. **2** moving parts of a machine. **3** system of methods or organization of something: *the ~ of organization* ■ **ma'chine tool** n. tool for cutting or shaping metal, wood, etc., driven by a machine. ▶ **machinist** n. a person who operates a machine.

macho /ˈmætʃəʊ/ adj. (usu. disapprov.) male in an aggressive way.

mackerel /ˈmækrəl/ n. (pl. **mackerel**) striped sea fish, eaten as food.

mackintosh /ˈmækɪntɒʃ/ n. (GB) coat made of rainproof material.

mad /mæd/ adj. (**~der, ~dest**) **1** mentally ill. **2** (infml.) very stupid; crazy. **3** **~(at)** (infml., esp. US) angry with somebody: *She is driving me ~!* **4** **~(about/on)** liking something/somebody very much: *He's ~ about basketball.* **5** wild and excited: *in a ~ race* [IDM] **like crazy/mad** (infml.) very fast, hard, much, etc. **mad keen (on something/somebody)** (infml.) very enthusiastic about something/somebody ■ **mad 'cow disease** n. [U] (infml.) = BSE ▶ **madly** adv. **1** in a way that shows a lack of control: *run about ~ly* **2** (infml.) extremely: *~ly in love* ■ **ˈmadman | ˈmadwoman** n. person who is mentally ill ▶ **madness** n. [U]

madam /ˈmædəm/ n. [sing.] (fml.) used when speaking or writing to a woman in a formal or business situation.

madden /ˈmædn/ v. [T] make somebody very angry.

made pt, pp of MAKE.[1]

madonna /məˈdɒnə/ n. **1 (the Madonna)** [sing.] the Virgin Mary, mother of Jesus Christ. **2 (madonna)** [C] picture or statue of the Virgin Mary.

madrigal /ˈmædrɪɡl/ n. song for several singers, usu. without musical instruments, popular in the 16th century.

maestro /ˈmaɪstrəʊ/ n. (pl. **~s**) great performer, esp. a musician.

magazine /ˌmæɡəˈziːn/ n. **1** weekly or monthly paper-covered publication with articles, stories, etc. **2** part of a gun that holds the bullets.

magenta /məˈdʒentə/ adj. reddish-purple in colour ▶ **magenta** n. [U]

maggot /ˈmæɡət/ n. creature like a short worm that is the young form of a fly.

magic /ˈmædʒɪk/ n. [U] **1** secret power of appearing to make impossible things happen by saying special words, etc. **2** art of doing tricks that seem impossible in order to entertain people. **3** special quality that something/somebody has, that seems too wonderful to be real: *the ~ of the music* ● **magic** adj. **1** used in or using magic. **2** (infml.) wonderful. ▶ **magical** /-kl/ adj. containing or using magic; wonderful. ▶ **magically** /-kli/ adv. ▶ **magician** /məˈdʒɪʃn/ n. person who can do magic tricks.

magistrate /ˈmædʒɪstreɪt/ n. official who acts as a judge in the lowest courts of law.

magnanimous /mæɡˈnænɪməs/ adj. (fml.) generous ▶ **magnanimity** /ˌmæɡnəˈnɪməti/ n. [U] ▶ **magnanimously** adv.

magnate /ˈmæɡneɪt/ n wealthy and powerful person, esp. in business

magnesium /mæɡˈniːziəm/ n. [U] (symb. **Mg**) silver-white metal.

magnet /ˈmæɡnət/ n. [C] **1** piece of iron that attracts other metal objects towards it. **2** [usu. sing.] person, place or thing that some-

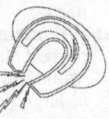

thing/somebody is attracted to. ▶ **magnetic** /mægˈnetɪk/ adj. **1** having the qualities of a magnet. **2** that people find very powerful and attractive. ▶ **magnetically** /-kli/ adv. ■ **magˌnetic ˈnorth** n. [U] direction to which the needle on a compass points. ■ **magˌnetic ˈtape** n. [U] plastic tape on which sound, pictures or computer data can be recorded. ▶ **magnetism** /ˈmægnətɪzəm/ n. **1** physical property (= characteristic) of some metals, e.g. iron, that causes forces between objects, either pulling them together or pushing them apart. **2** great personal attraction. ▶ **magnetize** (also **-ise**) v. [T] make something magnetic.

magnificent /mægˈnɪfɪsnt/ adj. extremely attractive and impressive. ▶ **magnificence** /-sns/ n. [U] ▶ **magnificently** adv.

magnify /ˈmægnɪfaɪ/ v. (pt, pp **-ied**) [T] **1** make something look bigger than it really is. **2** exaggerate something: ~ the risk. ▶ **magnification** /ˌmægnɪfɪˈkeɪʃn/ n. [U] power or act of making something look larger. ■ **ˈmagnifying glass** and lens for making objects look bigger than they really are.

magnitude /ˈmægnɪtjuːd/ n. [U] (fml.) **1** great size of something. **2** (degree of) importance of something.

magpie /ˈmægpaɪ/ n. noisy black-and-white bird that likes to collect bright objects.

mahogany /məˈhɒɡəni/ n. [U] dark brown wood used for making furniture.

maid /meɪd/ n. female servant in a house or hotel.

maiden /ˈmeɪdn/ n. (lit.) a young unmarried woman. ● **maiden** adj. being the first of its kind: a pilot's ~ voyage ■ **ˈmaiden name** n. woman's family name before marriage.

mail /meɪl/ n. [U] **1** official system used for sending and delivering letters, packages, etc. **2** letters, packages, etc. that are sent and delivered by post. ● **mail** v. [T] (esp. US) send something to somebody by post. ■ **ˈmailbox** n. **1** (US) = LETTER BOX(2) (LETTER) **2** (US) = POSTBOX (POST¹) **3** area of a computer's memory where electronic mail messages are stored. ■ **ˈmailman** n. (US) = POSTMAN (POST¹) ■ **ˌmail ˈorder** n. [U] system of buying and selling goods through the mail. ■ **ˌmailshot** n. advertising that is sent to a large number of people at the same time by mail.

maim /meɪm/ v. [T] injure somebody so seriously that some part of the body cannot be used.

main¹ /meɪn/ adj. being the largest or most important of its kind: the ~ aim of the meeting ■ **ˈmainframe** (also **ˌmainframe comˈputer**) n. large powerful computer, usu. the centre of a network and shared by many users ■ **ˈmainland** n. [sing.] (**the mainland**) main area of land of a country, not including any islands near to it. ▶ **mainly** adv. chiefly ■ **ˈmainspring** n. **1** (written) most important part of something or influence on something. **2** most important spring in a clock or watch ■ **ˈmainstay** n. chief support; foundation. ■ **ˈmainstream** n. [sing.] group of commonly accepted ideas and opinions about a subject.

main² /meɪn/ n. **1** [C] large pipe supplying water or gas, or large wire supplying electricity, to a building. **2** (**the mains**) [pl.] (GB) source of supply of water, gas or electricity to a building. [IDM] **in the main** generally.

maintain /meɪnˈteɪn/ v. [T] **1** make something continue at the same level, standard, etc.: ~ healthy relations. **2** keep a building, machine, etc. in good condition: ~ a motorbike. **3** keep stating that something is true: ~ your figure. **4** support somebody/something with money. ▶ **maintenance** /ˈmeɪntənəns/ n. [U] **1** act of keeping something in good condition. **2** act of making a state or situation continue. **3** (GB, law) money that you are legally required to pay to support somebody.

maisonette /ˌmeɪzəˈnet/ n. (GB) flat on two floors that is part of a larger building.

maize /meɪz/ n. [U] tall plant grown for its large yellow grains that are used for making flour or eaten as a vegetable.

majesty /ˈmædʒəsti/ n. (pl. **-ies**) **1** [U] (written) impressive and attractive quality that something has. **2** (**His/Her/ Your Majesty**) [C] title of respect used when speaking to or about a king or queen. ▶ **majestic** /məˈdʒestɪk/ adj. ▶ **majestically** /-kli/ adv.

major /ˈmeɪdʒə(r)/ adj. very large or important: a ~ highway ● **major** n. (abbr. **Maj.**) officer of fairly high rank in the army or the US air force. ● **major** v. [PV] **major in something** (US) study something as your main subject at college or university.

majority /məˈdʒɒrəti/ n. (pl. **-ies**) **1** [sing., with sing. or pl. verb] ~(**of**) largest part of a group of people or things. **2** [C] number by which votes for one side are more than those for the other side: win by a ~ of 19 votes **3** [U] (law) age at which you are legally considered to be an adult.

make¹ /meɪk/ v. (pt, pp **made** /meɪd/) **1** [T] construct, produce or prepare something; bring something into existence: ~ bread **2** [T] cause something to exist, happen or be done: ~ a lot of money ◊ ~ merry **3** [T] cause somebody/something to be or become something: The news made her happy. **4** [T] cause somebody/something to do something: He

~s me cry. ◊ ~somebody jump with joy. **5** [T] force somebody to do something: *Her parents ~ her study hard.* **6** [T] elect or choose somebody as something: *They made me the manager.* **7** linking verb become or develop into something: *She will ~ a brilliant engineer.* **8** linking verb add up to or equal something: *Two and four ~eight.* **9** [T] earn or gain money: *~ a healthy profit* **10** [T] think or calculate something to be something: *How do you ~ the time?* **11** [T] manage to reach or go to a place or position: *We didn't ~ it to London by 12 o'clock.* [IDM] **make as if to do something** (*written*) make a movement that makes it seem that you are going to do something: *She made as if to slap him.* **make do (with something)** manage with something which is not really adequate **make it** (*infml.*) **1** be successful in your career. **2** succeed in reaching a place in time, esp. when this is difficult. **3** be able to be present at a place: *Thanks for inviting us, I will try to ~ it on Saturday.* **4** survive after an illness, accident or difficult situation: *The doctors don't think he's going to ~ it.* **make up ground (on somebody/something)** → GROUND¹ [PV] **make for something 1** move towards something. **2** help to make something possible: *Does eating fruits ~ for good health?* **make somebody/something into somebody/something** change somebody/something into somebody/something: *~ the attic into a bedroom.* **make something of somebody/something** understand somebody/something: *What do you ~ of this book?* **make off** hurry away, esp. to escape. **make off with something** steal something and escape with it **make out** (*infml.*). **1** manage: *How are you ~ing out in your new house?* **2** (*US*) kiss and touch somebody in a sexual way; **make somebody/something out 1** manage to see somebody/something or read or hear something: *I can't ~ out his philosophy.* **2** understand somebody/ something: *I just can't ~ him out.* **make something out 1** say that something is true when it may not be: *He ~s himself out to be smarter than he is.* **2** write out or complete a form or document: *~ out a draft* **make (somebody/yourself) up** put cosmetics on your/ somebody's face **make something up 1** form something: *Girls ~ up 56% of the student numbers.* **2** put something together from several different things. **3** invent a story, esp. in order to deceive: *She made up an excuse.* **4** complete a number or an amount required: *We need £5 to ~ up the full amount.* **5** prepare a bed for use. **make up (to somebody) (for something)** compensate for something **make up to somebody** (*GB, infml., disapprov*) be pleasant to somebody in order to get something. **make up (with somebody)** (*GB also* **make it up**) end a quarrel with somebody and become friends again. ■ **'make-believe** *n.* [U] (*disapprov*) imagining or pretending: *a world of ~-believe* ■ **'make-up** *n.* **1** [U] cosmetics **2** [sing.] different qualities that combine to form a person's character. **3** [sing.] different things, people, etc. that combine to form something: *the ~-up of the new government.*

make² /meɪk/ *n.* **~(of)** named kind of product: *What ~ of bike does he drive?* [IDM] **on the make** (*infml., disapprov*) trying to gain money or an advantage for yourself.

maker /'meɪkə(r)/ *n.* **1** [C] person, company, etc. that makes or produces something: *a decision/law ~* **2 (the, his, your, etc. Maker)** [sing.] God.

makeshift /'meɪkʃɪft/ *adj.* used for a time because there is nothing better.

making /'meɪkɪŋ/ *n.* [U] act or process of making or producing something. [IDM] **be the making of somebody** cause somebody to succeed or develop well. **have the makings of something** have the qualities needed to become something.

maladjusted /ˌmæləˈdʒʌstɪd/ *adj.* having mental and emotional problems that lead to unacceptable behaviour ▶ **maladjustment** /-mənt/ *n.* [U]

malaria /məˈleəriə/ *n.* [U] serious fever caught from mosquito bites.

male /meɪl/ *adj.* **1** belonging to the sex that does not give birth. **2** (*biol.*) (of a plant) having flowers with parts that produce pollen. **3** (*tech.*) (of electrical plugs, parts of tools, *etc.*) having a part that sticks out, and is designed to fit into a hole, socket, etc. ● **male** *n.* male person or animal. ■ ˌ**male ˈchauvinism** *n.* [U] (*disapprov*) belief held by some men that men are superior to women. ■ ˌ**male ˈchauvinist** *n.* (*disapprov*) man who believes men are superior to women.

malevolent /məˈlevələnt/ *adj.* (*fml.*) wishing to do evil or cause harm to others. ▶ **malevolence** /-əns/ *n.* [U] ▶ **malevolently** *adv.*

malformation /ˌmælfɔːˈmeɪʃn/ *n.* [U, C] (state of having a) part of the body that is not formed correctly. ▶ **malformed** /ˌmælˈfɔːmd/ *adj.*

malfunction /ˌmælˈfʌŋkʃn/ *v.* [I] (*fml.*) (of a machine) fail to work correctly ▶ **malfunction** *n.* [C, U]

malice /'mælɪs/ *n.* [U] desire to harm other people.

▶ **malicious** /məˈlɪʃəs/ *adj.* ▶ **maliciously** *adv.*

malignant /məˈlɪgnənt/ *adj.* **1** (of a tumour or disease) serious and likely to cause death. **2**

(*fml.*) having a great desire to harm others.
mall /mɔːl; *GB also* mæl/ *n.* (*esp. US*) = SHOPPING MALL (SHOP).
malleable /'mæliəbl/ *adj.* **1** (*tech.*) (of metals) that can be beaten or pressed into new shapes. **2** (of people, ideas, *etc.*) easily influenced or changed.
mallet /'mælɪt/ *n.* hammer with a wooden head.
malnourished /ˌmælˈnʌrɪʃt/ *adj.* in bad health because of a lack of (the right kind of) food.
malnutrition /ˌmælnjuːˈtrɪʃn/ *n.* [U] condition caused by a lack of (the right kind of) food.
malt /mɔːlt/ *n.* [U] grain, esp. barley, used for making beer, whisky, etc.
maltreat /ˌmælˈtriːt/ *v.* [T] (*written*) be very cruel to a person or animal. ▶ **maltreatment** *n.* [U]
mama (*also* **mamma**) /'mæmə/ *n.* (*US*) mother.
mamba /'mæmbə/ *n.* black or green poisonous snake.
mammal /'mæml/ *n.* any animal that gives birth to live babies, not eggs, and feeds its young on milk.
mammoth /'mæməθ/ *n.* large hairy kind of elephant, now extinct. ● **mammoth** *adj* (*infml.*) extremely large
man¹ /mæn/ *n.* (*pl.* **men** /men/) **1** [C] adult male human being. **2** [U] human beings as a group: *the origins of ~* **3** [C] (*lit., old-fash.*) person, either male or female: *All men must live.* **4** [C] man who comes from the place mentioned or whose job or interest is connected with the thing mentioned: *an English ~* ◇ *a milk~* **5** [C, usu. pl.] soldier or male worker under the authority of somebody of higher rank: *officers and men* **6** [sing.] (*infml. spoken, esp. US*) used for addressing a male person. **7** [C] husband or sexual partner: *What's her old ~ like?* **8** [C] male person with the qualities of strength, courage, etc. associated with men: *Don't give up – be like a ~!* **9** [C] piece used in a game such as chess. [IDM] **be your own man/woman** act or think independently, not following others, the **man (and/or woman) in the street,** the average person. **man to man** between two men who are treating each other honestly and equally **to a man | to the last man** (*written*) all, without exception. ■ **'manhole** *n.* hole in the street that is covered with a lid, through which somebody enters an underground drain, etc. ▶ **manhood** *n.* [U] state or qualities of being a man. ■ ˌ**man-ˈmade** *adj.* made by people; artificial. ■ **'manpower** *n.* [U] number of people needed or available to do a job. ■ **'manslaughter** *n.* [U] (*law*) crime of killing somebody unintentionally.
man² /mæn/ *v.* (**-nn-**) [T] work at a place or in charge of a place or machine; supply people to work somewhere: *Soldiers ~ trenches around the city.*
manacle /'mænəkl/ *n.* [C, usu. pl.] one of a pair of chains for tying a prisoner's hands or feet ● **manacle** *v.* [T] tie up somebody with manacles.
manage /'mænɪdʒ/ *v.* **1** [I, T] succeed in doing something, esp. something difficult: *How did the prisoners ~ to flee?* **2** [I] be able to solve your problems, deal with a difficult situation, etc. **3** [I] be able to live without having much money: *I can only just ~ on my earnings.* **4** [T] use money, time, information, etc. in a sensible way. **5** [T] control or be in charge of something. ▶ **manageable** *adj.* that can be dealt with. ■ ˌ**managing diˈrector** *n.* (*abbr.* MD) (*esp. GB*) person who is in charge of a business.
management /'mænɪdʒmənt/ *n.* **1** [U] act of running and controlling a business, etc: *problems caused by poor ~* **2** [C, with sing. or pl. verb] people who manage a business, etc: *labourers and ~* **3** [U] (*fml.*) act or skill of dealing with people or situations successfully.
manager /'mænɪdʒə(r)/ *n.* person who organizes a business, sports team, etc. ▶ **manageress** /ˌmænɪdʒəˈres/ *n.* woman who is in charge of a business, etc. ▶ **managerial** /ˌmænəˈdʒɪəriəl/ *adj.* of managers
mandate /'mændeɪt/ *n.* [C, usu. sing.] authority given to a government, trade union, etc. by the people who support it. ▶ **mandatory** /'mændətəri; mænˈdeɪtəri/ *adj.* (*fml.*) required by law.
mandolin /'mændəlɪn; ˌmændəˈlɪn/ *n.* musical instrument with eight metal strings.
mane /meɪn/ *n.* long hair on the neck of a horse or lion.
maneuver (*US*) = MANOEUVRE.
manfully /'mænfəli/ *adj.* using a lot of effort in a brave and determined way.
manger /'meɪndʒə(r)/ *n.* long open box that horses or cattle can eat from.
mangle /'mæŋgl/ *v.* [T] (*usu.* passive) cut or twist something so that it is badly damaged.
mango /'mæŋgəʊ/ *n.* [C, U] (*pl.* **~es**) tropical fruit with soft orange flesh and a large stone inside.
mangy /'meɪndʒi/ *adj.* (**-ier, -iest**) with patches of hair, fur, etc. missing; shabby.
manhandle /'mænhændl/ *v.* [T] **1** push, pull or handle somebody roughly. **2** move a heavy object using a lot of effort.

mania /ˈmeɪniə/ n. 1 [C, usu. sing., U] ~(for) extremely strong desire or enthusiasm for something. 2 [U] mental illness. ▶ **maniac** /-niæk/ n. 1 (infml.) mad person. 2 person with an extremely strong desire or enthusiasm for something. ▶ **maniacal** /məˈnaɪəkl/ adj. wild or violent.

manicure /ˈmænɪkjʊə(r)/ n. [C, U] care and treatment of a person's hands and nails. ● **manicure** v. [T] care for and treat your hands and nails ▶ **manicurist** n.

manifest /ˈmænɪfest/ adj. (fml.) clear and obvious. ● **manifest** v. [T] (fml.) show something clearly: *The epidemic ~ed itself.* ▶ **manifestation** /ˌmænɪfeˈsteɪʃn/ n. [C, U] ▶ **manifestly** adv.

manifesto /ˌmænɪˈfestəʊ/ n. (pl. ~s) written statement of a groups beliefs and plans, esp. of a political party.

manifold /ˈmænɪfəʊld/ adj. (fml.) many; of many different types. ● **manifold** n. (tech.) pipe or enclosed space with several openings for taking gases in and out of a car engine.

manipulate /məˈnɪpjuleɪt/ v. [T] 1 control or influence somebody/something., esp. in a dishonest way. 2 control or use something in a skilful way. ▶ **manipulation** /məˌnɪpjuˈleɪʃn/ n. [C, U] ▶ **manipulative** /-lətɪv/ adj.

mankind /mænˈkaɪnd/ n. [U] the human race.

manly /ˈmænli/ adj. (-ier, -iest) (approv) (of a man) having the qualities or appearance expected of a man. ▶ **manliness** n. [U]

manner /ˈmænə(r)/ n. 1 [sing.] (fml.) way in which something is done or happens: *in a friendly ~* 2 [sing.] person's way of behaving towards others: *I don't care for your ~.* 3 (manners) [pl.] polite social behaviour: *to have good ~s* [IDM] **all manner of somebody / something** (fml.) many different types of people or things **in a manner of speaking** to some extent; if considered in a certain way. ▶ **-mannered** (in compound adjectives) having manners of the kind stated: *well ~ed.*

mannerism /ˈmænərɪzəm/ n. particular way of speaking or behaving that somebody has.

manoeuvre (US **maneuver**) /məˈnuːvə(r)/ n. 1 [C] movement performed with skill. 2 [C, U] clever plan, action or movement, used to give somebody an advantage. 3 (**manoeuvres**) [pl.] military exercises involving a large number of soldiers, ships, etc. ● **manoeuvre** (US **maneuver**) v. 1 [I, T] (cause something to) move or turn skillfully. 2 [T] control or influence a situation in a skilful but sometimes dishonest way. ▶ **manoeuvrable** (US **maneuverable**) adj. that can easily be moved into different positions.

manor /ˈmænə(r)/ (also **'manor house**) n. large country house surrounded by land that belongs to it.

mansion /ˈmænʃn/ n. large grand house.

mantelpiece /ˈmæntlpiːs/ n. shelf above a fireplace.

mantle /ˈmæntl/ n. 1 [sing.] ~of (lit.) the responsibilities of an important job: *take on the ~ of supreme power.* 2 [C] (lit.) layer *a ~ of snow.* 3 [C] loose piece of clothing without sleeves, worn over other clothes, esp. in the past

manual /ˈmænjuəl/ adj. of, done with or controlled by the hands. ● **manual** n. book giving practical information or instructions. ▶ **manually** adv.

manufacture /ˌmænjuˈfæktʃə(r)/ v. [T] make or produce goods in large quantities, using machinery. ● **manufacture** n. [U] process of producing goods in large quantities. ▶ **manufacturer** n.

manure /məˈnjʊə(r)/ n. [U] animal waste matter spread over the soil to help plants to grow.

manuscript /ˈmænjuskrɪpt/ n. 1 copy of a book, piece of music, etc. before it has been printed. 2 old handwritten book.

many /ˈmeni/ det., pron. 1 a large number of people or things: *~ animals* ◊ *not ~ of the girls* ◊ *I've known him for a great ~* (= very many) *years..* 2 (**many a**) (used with a singular noun and verb) a large number of: *~ a mother* (= many mothers) [IDM] **have had one too many** (infml.) be slightly drunk.

map /mæp/ n. drawing or plan of (part of) the earth's surface, showing countries, towns, rivers, etc. [IDM] **put somebody/something on the map** make somebody/something famous or important. ● **map** v. (-pp-) [T] make a map of an area.

mar /mɑː(r)/ v (-rr-) [T] (fml.) damage or spoil something good: *a mistake that ~red his life.*

marathon /ˈmærəθən/ n. long running race of about 42 kilometres or 26 miles ● **marathon** adj. very long and needing a lot of effort: *a ~ competition.*

marauding /məˈrɔːdɪŋ/ adj. (written) (of people or animals) going about searching for things to steal or people to attack. ▶ **marauder**

marble /ˈmɑːbl/ n. 1 [U] kind of hard stone, used, when cut and polished, for building and sculpture. 2 [C] small ball of coloured glass that children roll along the ground in a game. 3 (**marbles**) [U] game played with marbles.

March /mɑːtʃ/ n. [U, C] the third month of the year (See examples of use at *April.*)

march /mɑːtʃ/ v. 1 [I] walk as soldiers do, with

regular steps. **2** [T] force somebody to walk somewhere with you: *They ~ed the prisoners of war away.* ● **march** *n.* **1** [C] organized walk by many people from one place to another, esp. as a protest. **2** [C] act of marching; journey made by marching. **3** [sing.] **~of** the steady progress of something: *the ~ of time.* **4** [C] piece of music for marching to: *a funeral ~.*

marchioness /ˌmɑːʃəˈnes/ *n.* **1** woman with the same rank as a marquess. **2** wife of a marquess.

mare /meə(r)/ *n.* female horse or donkey.

margarine /ˌmɑːdʒəˈriːn/ *n.* [U] food like butter, made from animal or vegetable fats.

margin /ˈmɑːdʒɪn/ *n.* **1** [C] empty space at the side or a written or printed page. **2** [C, usu. sing.] amount of votes, time, etc. by which somebody wins something: *He won by a narrow ~.* **3** [C] (*business*) = PROFIT MARGIN (PROFIT): *a gross ~ of 45%* **4** [C] amount of space, time, etc. allowed for success or safety. ▶ **marginal** /-nl/ *adj.* small and not important: *a ~al increase* ▶ **marginally** /-nəli/ *adv.*

marijuana /ˌmærəˈwɑːnə/ *n.* [U] a drug (illegal in many countries) made from the dried leaves and flowers of the hemp plant, which is usu. smoked.

marina /məˈriːnə/ *n.* small harbour for yachts and small boats

marinade /ˌmærɪˈneɪd/ *n.* [C, U] mixture of oil, wine, herbs, etc. in which meat or fish is soaked before being cooked.

marinate /ˈmærɪneɪt/ (*also* **marinade**) *v.* [I, T] (leave food to) soak in a mixture of oil, wine, herbs, etc. before cooking it.

marine /məˈriːn/ *adj.* **1** of the sea and the creatures and plants that live in it: *~ life* **2** of ships or trade at sea. ● **marine** *n.* soldier trained to fight on land or at sea.

marionette /ˌmæriəˈnet/ *n.* puppet moved by strings.

marital /ˈmærɪtl/ *adj.* of marriage.

maritime /ˈmærɪtaɪm/ *adj.* **1** of the sea or ships. **2** (*fml.*) near the sea.

mark¹ /mɑːk/ *n.* **1** stain, spot, etc. esp. that spoils the appearance of something: *red ~s on my new shirt.* **2** spot or area on the body of a person or animal which helps you to recognize them: *a birth~* **3** written or printed symbol: *punctuation ~s.* **4** sign that a quality or feeling exists: *a ~ of respect.* **5** (*esp. GB*) number or letter given to show the standard of somebody's work or performance: *get top ~s.* **6** (**Mark**) model or type of a machine, etc: *a M~ II engine.* [IDM] **make your/a mark (on something)** become famous and successful in something. **quick/slow off the mark** fast/slow in reacting to a situation. **up to the mark** as good as it/they should be.

mark² /mɑːk/ *v.* **1** [T] write or draw a symbol, line, etc. on something to give information about it: *documents ~ed 'secret'* **2** [I, T] (cause something to) become spoilt or damaged: *You've ~ed the table.* ◊ *The carpet ~s easily.* **3** [T] show the position of something or be a sign of something: *This cross ~s the place where she died.* ◊ *His death ~ed the end of an era.* **4** [T] (*esp. GB*) give marks to students' work. **5** [T] give somebody/something a particular quality or character. **6** [T] (*sport*) stay close to an opposing player to prevent them from getting the ball. [IDM] **mark time** pass the time while you wait for something more interesting. [PV] **mark something down/up** reduce/increase the price of something. **mark something off** separate something by drawing a line between it and something else. **mark something out** draw lines to show the edges of something. **mark somebody out** as/for something make people recognize somebody as special in some way. ▶ **marked** *adj.* easy to see; noticeable: *a ~ed improvement* ▶ **markedly** /ˈmɑːkɪdli/ *adv.* ▶ **marker** *n.* **1** object or sign that shows the position of something or that something exists. **2** pen with a thick felt tip. **3** (*GB*) person who marks examination, etc. papers. ▶ **marking** *n.* **1** [usu. pl.] pattern of colours or marks on animals, birds or wood. **2** [usu. pl.] lines, colours or shapes painted on roads, vehicles, etc. **3** [U] activity of correcting students' exams or written work. ■ **'mark-up** *n.* [C, usu. sing.] amount that a seller adds to a price.

market /ˈmɑːkɪt/ *n.* **1** [C] (public place for a) meeting of people in order to buy and sell goods. **2** [sing.] business or trade, or the amount of trade in a particular type of goods: *The tea ~ was steady.* **3** [C] particular area or country in which goods might be sold: *the global/domestic ~* **4** [sing.] **~(for)** demand: *a good ~ for cars.* **5** (**the market**) [sing.] people who buy and sell goods in competition with each other. [IDM] **in the market for something** interested in buying something **on the market** available for people to buy: *a product not yet on the ~* ● **market** *v.* [T] advertise and offer a product for sale. ▶ **marketable** *adj.* easy to sell; attractive to customers or employers. ■ ˌ**market ˈgarden** *n.* (*GB*) type of farm where vegetables are grown for sale. ▶ **marketing** *n.* [U] part of business concerned with the advertising, selling of a company's products. ■ ˈ**marketplace** *n.* **1** (**the marketplace**) [sing.] activity of buying and selling goods, services, etc.

2 [C] open area in a town where a market is held. ■ **,market re'search** *n.* [U] study of what people buy and why. ■ **,market 'share** *n.* [U, sing.] (*business*) amount that a company sells of its products or services compared with the competition.

marksman /'mɑːksmən/ *n.* (*pl.* **-men** /-mən/) person skilled in shooting accurately.

marmalade /'mɑːməleɪd/ *n.* [U] kind of jam made from oranges.

maroon /mə'ruːn/ *adj., n.* (of a) dark brownish-red colour ● **maroon** *v.* [T] leave somebody in a place that they cannot escape from.

marquee /mɑː'kiː/ *n.* very large tent.

marquess (*also* **marquis**) /'mɑːkwɪs/ *n.* (in Britain) nobleman of high rank.

marriage /'mærɪdʒ/ *n.* [U, C] legal union of a man and woman as husband and wife.

marrow /'mærəʊ/ *n.* **1** [U] = BONE MARROW (BONE) **2** [C, U] (*GB*) very large oval vegetable with white flesh and stripy green skin.

marry /'mæri/ *v.* (*pt, pp* **-ied**) **1** [I, T] become the husband or wife of somebody; get married to somebody. **2** [T] perform a ceremony in which a man and woman become husband and wife: *Which priest is going to ~ them?* **3** [T] find a husband or wife for somebody, esp. your son or daughter. ▶ **married** *adj.* **1** (*abbr.* **m**) **~(to)** having a husband or wife. **2** of marriage: *married life*.

marsh /mɑːʃ/ *n.* [C, U] area of low land that is soft and wet. ▶ **marshy** *adj.* (-ier, -iest)

marshal /'mɑːʃl/ *n.* **1** officer of the highest rank in the British air force or army. **2** official who organizes a public event, esp. a sports event. **3** (*US*) officer whose job is to carry out court orders. ● **marshal** *v.* (-II- *US* -I-) [T] **1** gather together and organize the people or things that you need for a particular purpose. **2** control or organize a large group of people.

marsupial /mɑː'suːpiəl/ *adj., n.* (of an) Australian animal, e.g. a kangaroo, the female of which has a pouch on its body to hold its young.

martial /'mɑːʃl/ *adj.* (*fml.*) of fighting or war. ■ **,martial 'art** *n.* [usu. pl.] fighting sport such as judo and karate. ■ **,martial 'law** *n.* [U] situation where the army of a country controls an area rather than the police.

martyr /'mɑːtə(r)/ *n.* person who dies or suffers for their religious or political beliefs. ● **martyr** *v.* [T] kill somebody because of their religious or political beliefs. ▶ **martyrdom** /'mɑːtədəm/ *n.* [U, C] suffering or death of a martyr.

marvel /'mɑːvl/ *n.* wonderful thing: *the ~s of modern science* ● **marvel** *v.* (-II- *US* -I-) [T] **~at** (*fml.*) be very surprised at something ▶ **marvellous** (*US* **-velous**) /'mɑːvələs/ *adj.* excellent; wonderful ▶ **marvellously** (*US* **-velously**) *adv.*

Marxism /'mɑːksɪzəm/ *n.* [U] political and economic theories of Karl Marx, on which Communism is based. ▶ **Marxist** /-sɪst/ *n., adj.*

marzipan /'mɑːzɪpæn/ *n.* [U] thick paste of crushed almonds, sugar, etc.

mascara /mæ'skɑːrə/ *n.* [U] colour for darkening the eyelashes.

mascot /'mæskət; -skɒt/ *n.* thing, animal or person thought to bring good luck.

masculine /'mæskjəlɪn/ *adj.* **1** of or like men. **2** (*gram*) belonging to a particular class of nouns, pronouns, etc. ▶ **masculinity** /,mæskju'lɪnəti/ *n.* [U] quality of being masculine.

mash /mæʃ/ *v.* [T] **~(up)** crush food into a soft mass: *M~ the banana with a spoon.* ● **mash** *n.* [U] (*GB*) mashed potatoes.

mask /mɑːsk/ *n.* covering for part or all of the face worn to hide or protect it: (*fig*) *His behaviour is really a ~for his shyness.* ● **mask** *v.* [T] hide a feeling, smell, fact, etc. so that it cannot be easily seen or noticed. ▶ **masked** *adj.* wearing a mask.

masochism /'mæsəkɪzəm/ *n.* [U] practice of getting esp. sexual pleasure from being physically hurt. ▶ **masochist** /-kɪst/ *n.* ▶ **masochistic** /,mæsə'kɪstɪk/ *adj.*

mason /'meɪsn/ *n.* person who builds in or works with stone. ▶ **masonry** /-sənri/ *n.* [U] the parts of a building that are made of stone.

masquerade /,mɑːskə'reɪd/ *v.* [I] **~as** pretend to be something that you are not: *~ as a police officer* ● **masquerade** *n.* (*fml.*) false show.

Mass (*also* **mass**) /mæs/ *n.* [U, C] (esp. in the Roman Catholic Church) service held in memory of the last meal of Jesus Christ.

mass /mæs/ *n.* **1** [C] large amount of a substance that does not have a definite shape: *a ~ of earth.* **2** [sing.] large number: *a ~ of tourists.* **3** (**masses**) [pl.] **~(of)** (*infml.*) large number or amount of something. **4** (**the masses**) [pl.] ordinary working people. **5** [U] (*physics*) amount of matter in an object. ● **mass** *v.* [I, T] come together or gather somebody/something together in large numbers: *The general ~ed his soldiers.* ■ **the ,mass 'media** *n.* [pl.] television, newspapers, etc. ■ **,mass-pro'duce** *v.* [T] produce goods in very large quantities ■ **,mass pro'duction** *n.* [U]

massacre /'mæsəkə(r)/ *n.* cruel killing of a large number of people. ● **massacre** *v.* [T] kill a large number of people cruelly.

massage /'mæsɑːʒ/ *n.* [C, U] (act of) rubbing

and pressing somebody's body, esp. to reduce pain in the muscles or joints. ● **massage** v. [T] give a massage to somebody.

masseur /mæˈsɜː(r)/ n. (fem **masseuse** /mæˈsɜːz/) person whose job is to give people massage.

massive /ˈmæsɪv/ adj. extremely large. ▶ **massively** adv.

mast /mɑːst/ n. 1 tall pole on a boat or ship that supports the sails. 2 tall metal tower with an aerial that sends and receives radio or television signals.

master¹ /ˈmɑːstə(r)/ n. 1 (old-fash.) man who has people working for him, esp. as servants in his home. 2 ~ of (written) person who is able to control something. 3 ~of (fml.) person who is very skilled at something. 4 male owner of a dog, horse, etc. 5 (GB, old-fash.) male schoolteacher. 6 **(master's)** second university degree, or, in Scotland, a first degree, such as an MA 7 **(Master)** person who has a master's degree: a M~ of Arts/Sciences. 8 captain of a ship 9 great artist 10 film, tape, etc. from which copies can be made: the ~ copy. ● **master** adj. 1 very skilled at the job mentioned: a ~ artist 2 largest and/or most important: the ~ bedroom ■ ˈ**mastermind** v. [T] plan and direct a complicated project. ■ ˈ**mastermind** n. intelligent person who plans and directs a complicated project. ■ ˌ**master of ˈceremonies** (abbr. **MC**) n. person who introduces guests or entertainers at a formal occasion. ■ ˈ**masterpiece** n. work of art, e.g. a painting, that is the best example of the artist's work.

master² /ˈmɑːstə(r)/ v. [T] 1 learn or understand something completely: ~ a foreign language 2 gain control of something

masterful /ˈmɑːstfl/ adj. able to control people or situations confidently. ▶ **masterfully** /-fəli/ adv.

masterly /ˈmɑːstəli/ adj. very skilful.

mastery /ˈmɑːstəri/ n. [U] 1 great skill or knowledge. 2 control or power.

masturbate /ˈmæstəbeɪt/ v. [I] give yourself sexual pleasure by rubbing your sexual organs. ▶ **masturbation** /ˌmæstəˈbeɪʃn/ n. [U]

mat /mæt/ n. 1 piece of thick material or carpet used to cover part of a floor: Wipe your feet on the ~. 2 small piece of material put under a vase, hot dish, etc. to protect a table. ● **mat** adj. (US) = MATT.

matador /ˈmætədɔː(r)/ n. bullfighter whose task is to kill the bull.

match /mætʃ/ n. 1 [C] short piece of wood or cardboard used for lighting a fire, cigarette, etc. 2 [C] (esp. GB) sports event where people or teams compete against each other: a cricket ~ 3 [sing.] person who is equal to somebody else in skill, strength, etc.: He's no ~ for her at tennis. 4 [sing.] person or thing that combines well with somebody/something else: The cushions and curtains are a good ~. ● **match** v. 1 [I, T] combine well with something: The door was painted yellow to ~ the walls. 2 [T] be equal to somebody/something. 3 [T] find somebody/something to go together with another person or thing. ■ ˈ**matchbox** n. box for holding matches. ▶ ˈ**matchless** adj. (fml.) without an equal. ■ ˈ**matchmaker** n. person who likes trying to arrange marriages or relationships for others.

mate /meɪt/ n. 1 friend, companion or person you work or share accommodation with: He's gone out with his ~s. ◊ a class~ 2 (GB, infml.) used as a friendly way of addressing somebody, esp. between men. 3 either of a pair of birds or animals. 4 (GB) person whose job is to help a skilled worker: a captain's ~ 5 officer in a commercial ship below the rank of captain. ● **mate** v. [I, T] ~(with) (put birds or animals together to) have sex in order to produce young.

material /məˈtɪəriəl/ n. 1 [U, C] cloth used for making clothes, etc. 2 [C, U] substance that things can be made from: dress ~s (= bricks, sand, etc.) 3 [U] information or ideas for a book, etc.: ~for a seminar presentation ● **material** adj. 1 connected with money, possessions, etc. rather than the needs of the mind or spirit: ~ possessions 2 of the physical world rather than the mind or spirit: the ~ life 3 ~(to) (law) important: ~ evidence.

materialism /məˈtɪəriəlɪzəm/ n. [U] (disapprov) belief that only money, possessions, etc. are important ▶ **materialist** /-lɪst/ n. ▶ **materialistic** /məˌtɪəriəˈlɪstɪk/ adj.

materialize (also **-ise**) /məˈtɪəriəlaɪz/ v. [I] 1 take place or start to exist as expected or planned. 2 appear suddenly and/or in a way that cannot be explained: My friend failed to ~ (= it did not come).

maternal /məˈtɜːnl/ adj. 1 of or like a mother. 2 related through the mother's side of the family: a ~ grandfather.

maternity /məˈtɜːnəti/ n. [U] state of being or becoming a mother: a ~ ward/hospital (= one where women go to give birth). ■ maˈternity leave n. [U] period of time when a woman temporarily leaves her job to have a baby

mathematics /ˌmæθəˈmætɪks/ (GB also infml. **maths** /mæθs/) (US also infml. **math** /mæθ/) n. [U] science of numbers and shapes. ▶ **mathematical** /-ɪkl/ adj. ▶ **mathematically** /-kli/ adv. ▶ **mathematician**

/ˌmæθəməˈtɪʃn/ n. student of or expert in mathematics.

matinee (also **matinée**) /ˈmætɪneɪ/ n. afternoon performance of a play or film.

matriarch /ˈmeɪtrɪɑːk/ n. woman who is the head of a family or social group. ▶ **matriarchal** /-ˈɑːkl/ adj.

matriculate /məˈtrɪkjuleɪt/ v. [I] (fml.) officially become a student at a university. ▶ **matriculation** /məˌtrɪkjuˈleɪʃn/ n. [U]

matrimony /ˈmætrɪməni/ n. [U] (fml.) state of being married ▶ **matrimonial** /ˌmætrɪˈməʊniəl/ adj.

matrix /ˈmeɪtrɪks/ n. (pl. **matrices** /ˈmeɪtrɪsiːz/) **1** (maths) arrangement of numbers, symbols, etc. in rows and columns, treated as a single quantity. **2** (fml.) formal social, political, etc. situation from which a society or person grows or develops. **3** (tech.) mould in which something is shaped. **4** (computing) group of electronic circuit elements arranged in rows and columns like a grid. **5** (geol.) mass of rock in which minerals, etc. are found in the ground.

matron /ˈmeɪtrən/ n. **1** (GB) woman who works as a nurse in a school. **2** (GB) (in the past) senior female nurse in charge of other nurses in a hospital. **3** (old-fash.) older married woman. ▶ **matronly** adj. (disapprov) (of a woman) no longer young, and rather fat.

matt (US **mat** also **matte**) /mæt/ adj. (of surfaces) not shiny.

matted /ˈmætɪd/ adj. (of hair, etc.) forming a thick mass, esp. because it is wet and dirty.

matter¹ /ˈmætə(r)/ n. **1** [C] affair or subject: *an important financial* ~ **2 (matters)** [pl.] the present situation: *To make* ~s *worse, I couldn't find my car.* **3 (the matter)** [sing.] ~**(with)** used (to ask) if somebody is upset, etc. or if there is a problem: *What's the* ~ *with your friend?* ◇ *Does anything* ~? **4** [sing.] situation that involves something or depends on something: *It's simply a* ~ *of letting John know in time.* ◇ *Well, that's a* ~ *of opinion* (= others may think differently). **5** [U] (tech.) physical substance that everything in the world is made of. **6** [U] substance or material of the kind that is mentioned: *reading* ~ (= books, newspapers, etc.) [IDM] **as a matter of fact** (spoken) (used for emphasis) in reality **for that matter** (spoken) used to have to add a comment on something you have just said **(as) a matter of course** the usual and correct thing that is done **a matter of hours, minutes, etc.** only a few hours, minutes, etc. **no matter who, what, where, etc.** used to say that something is always true, whatever the situation is: *They don't last no* ~ *how careful you are.*

■ ˌ**matter-of-ˈfact** adj. said or done without showing any emotion.

matter² /ˈmætə(r)/ v. [I] be important or have an important effect on somebody/something: *It never* ~s.

matting /ˈmætɪŋ/ n. [U] rough woven material used as a floor covering.

mattress /ˈmætrəs/ n. soft part of a bed, that you lie on.

mature /məˈtjʊə(r)/ adj. **1** (of a child or young person) behaving in a sensible way, like an adult. **2** (of a person, a tree, a bird or an animal) fully grown and developed. **3** (of wine or cheese) having reached its full flavour. **4** (business) (of an insurance policy) ready to be paid. ● **mature** v. [I, T] become or make something mature ▶ **maturity** n. [U]

maul /mɔːl/ v. [T] hurt somebody by rough or cruel handling: *be* ~*ed by a tiger.*

mausoleum /ˌmɔːsəˈliːəm/ n. special building made to hold the dead body of an important person or a family.

mauve /məʊv/ adj., n. [U] (of a) pale purple colour.

maxim /ˈmæksɪm/ n. saying that expresses a general truth or rule of behaviour.

maximize (also **-ise**) /ˈmæksɪmaɪz/ v. [T] **1** increase something as much as possible. **2** make the best use of something.

maximum /ˈmæksɪməm/ n. [C, usu. sing.] greatest possible amount: *the* ~ *load a van can carry* ● **maximum** adj. as large, fast, etc. as is possible or the most that is possible or allowed.

May /meɪ/ n. [U, C] the fifth month of the year. (See examples of use at *April*.)

may /meɪ/ modal v. (neg. **may not**) (pt **might** /maɪt/ neg **might not** short form **mightn't** /ˈmaɪtnt/) **1** used to say that something is possible: *This coat* ~ *be Sarah's.* ◇ *He* ~ *have* (= Perhaps he has) *forgotten the matter.* **2** (fml.) used to ask for or give permission: ~ *I sit down?* **3** (fml.) used to express wishes and hopes: ~ *you both be very happy!*

maybe /ˈmeɪbi/ adv. perhaps.

mayonnaise /ˌmeɪəˈneɪz/ n. [U] thick creamy sauce made from eggs, oil and vinegar, and eaten with salads.

mayor /meə(r)/ n. head, usu. elected yearly, of a city or town council. ▶ **mayoress** /meəˈres/ n. **1** woman who has been elected mayor. **2** wife of a mayor.

maze /meɪz/ n. system of paths in a park or garden that is designed so that it is difficult to find your way through.

MB (also **Mb**) abbr. = MEGABYTE.

MC /ˌem ˈsiː/ abbr. **1** = MASTER OF CEREMONIES. (MASTER¹) **2 (M.C.)** (US) Member of Congress.

MD /ˌem ˈdiː/ abbr. **1** Doctor of Medicine **2** =

MANAGING DIRECTOR (MANAGE).

me /miː/ *pron.* (used as the object of a v. or prep.) person who is the speaker or writer: *Don't hit me.* ◊ *Give it to me.*

meadow /'medəʊ/ *n.* [C, U] field of grass.

meagre (*US* **meager**) /'miːgə(r)/ *adj.* small in quantity and poor in quality: *a ~ salary.*

meal /miːl/ *n.* **1** [C] occasion when food is eaten. **2** [C] food that is eaten at a meal. **3** [U] roughly crushed grain: *oat~*

mean¹ /miːn/ *v.* (*pt, pp* ~**t** /ment/) [T] **1** (of words, sentences, *etc.*) have something as an explanation: *What does this word ~?* ◊ *A green light ~s 'go'.* **2** have something as a purpose; intend: *What do you ~ by coming* (= Why did you come) *so late?* ◊ *Sorry, I ~t to tell you earlier,* ◊ *Don't laugh! I ~ it* (= I am serious)*!* ◊ *You're ~t to* (= You are supposed to) *pay before you come in.* **3** have something as a result or a likely result: *This will ~ more work.* **4** ~**to** be of value or importance to somebody: *Your friendship ~s a lot to me.* [IDM] **mean business** (*infml.*) be serious in your intentions. **mean well** have good intentions, although their effect may not be good ▶ **meaning** *n.* **1** [U, C] thing or idea that a word, sentence, etc. represents. **2** [U, C] things or ideas that somebody wishes to communicate to you. **3** [U] purpose, value or importance: *My life has lost all ~ing.* ▶ **meaningful** *adj.* serious and important; full of meaning. ▶ **meaningless** *adj.* without meaning.

mean² /miːn/ *adj.* **1** not willing to give or share things, esp. money. **2** unkind. **3** (*esp. US*) likely to become angry or violent. **4** (*tech.*) average: *the ~ temperature.* [IDM] **be no mean ...** (*approv*) used to say that somebody is very good at something. ● **mean** *n.* (*maths*) quantity between two extremes; average.

meander /mi'ændə(r)/ *v.* [I] **1** (of a river, road, *etc.*) curve a lot. **2** wander about.

means /miːnz/ *n.* (*pl.* **means**) **1** [C] method: *find a ~ of improving the standard of education.* **2** [pl.] money that a person has: *a man of ~* (= a rich man) ◊ *Are the repayments within your ~* (= Can you afford them)? ◊ *Try not to live beyond your ~* (= spend more money than you earn). [IDM] **by all means** (*spoken*) yes, of course. **by means of something** (*fml.*) with the help of something. **by no means** (*fml.*) not at all ■ **'means test** *n.* official check of somebody's wealth or income to decide if they are poor enough to receive money from the government.

meant *pt, pp* of MEAN.¹

meantime /'miːntaɪm/ *n.* [IDM] **in the meantime** meanwhile ▶ **meantime** *adv.* meanwhile.

meanwhile /'miːnwaɪl/ *adv.* **1** while something else is happening. **2** in the time between two events.

measles /'miːzlz/ *n.* [U] infectious disease, esp. of children, that causes small red spots on the skin.

measure¹ /'meʒə(r)/ *v.* **1** [T] find the size, length, degree, etc. of something in standard units: *~ a piece of wood.* **2** linking verb be a particular size, length, etc: *The room ~s.* **5** *metres across.* [PV] **measure something out** take the amount of something you need from a larger amount. **measure up (to somebody/something)** be as good, successful, etc. as expected or needed. ▶ **measured** *adj.* careful. ▶ **measurement** *n.* **1** [U] act of measuring something **2** [C, usu. pl.] length, width, etc. that is measured: *take somebody's waist ~ment.*

measure² /'meʒə(r)/ *n.* **1** [C] official action done to achieve a particular purpose: *safety/security ~s.* **2** [sing.] degree of something; some: *a ~ of success.* **3** [sing.] sign of the size or strength of something: *a ~ of his anger* **4** [C, U] unit used for stating the size, quantity or degree of something; system or a scale of these units: *weights and ~s.* **5** [C] instrument, *e.g.* a ruler, marked with standard units: *a tape ~* [IDM] **get/take/ have the measure of somebody** (*fml.*) form an opinion about somebody's character or abilities. **made-to-measure** (*GB*) specially made for one person according to particular measurements.

meat /miːt/ *n.* **1** [U, C] flesh of animals, used as food. **2** [U] important or interesting part of something. ▶ **meaty** *adj.* (**-ier, -iest**)

mechanic /mə'kænɪk/ *n.* worker skilled in using or repairing machines, esp. car engines. ▶ **mechanical** *adj.* **1** of, connected with or produced by machines. **2** (*disapprov*) done without thought; automatic. ▶ **mechanically** /-kli/ *adv.*

mechanics /mə'kænɪks/ *n.* **1** [U] science of movement and force; science of machinery. **2** [U] practical study of machinery. **3** (**the mechanics**) [pl.] way something works or is done.

mechanism /'mekənɪzəm/ *n.* **1** set of moving parts in a machine. **2** way of getting something done.

mechanize (*also* **-ise**) /'mekənaɪz/ *v.* [T] change a process, so that the work is done by machines rather than people. ▶ **mechanization** (*also* **-isation**) /ˌmekənaɪ'zeɪʃn/ *n.* [U]

medal /'medl/ *n.* small round flat piece of metal, given as an honour for bravery or as a prize. ▶ **medallist** (US **medalist**) /'medəlɪst/ n. person who has won a medal, esp. in sport.

medallion /mə'dæliən/ n. piece of jewellery in the shape of a large flat coin worn on a chain around the neck.

meddle /'medl/ v. [I] (disapprov) become involved in something that does not concern you. ▶ **meddler** n.

media /'miːdiə/ n. (the media) [sing., with sing. or pl. verb] television, radio, newspapers, etc.

mediaeval ■ MEDIEVAL.

mediate /'miːdieɪt/ v. [I] ~(between) take action to end a disagreement between two or more people or groups. ▶ **mediation** /ˌmiːdi'eɪʃn/ n. [U] ▶ **mediator** n.

medic /'medɪk/ n. (infml.) medical student or doctor.

medical /'medɪkl/ adj. **1** of illness and injury and their treatment: her ~ records. **2** of ways of treating illness that do not involve cutting the body. ● **medical** n. thorough examination of your body done by a doctor, e.g. before you start a new job. ▶ **medically** /-kli/ adv.

Medicare /'medɪkeə(r)/ n. [U] US government scheme providing free medical care for old people.

medication /ˌmedɪ'keɪʃn/ n. [C, U] drug or medicine used to prevent or treat a disease.

medicinal /mə'dɪsɪnl/ adj. (used for) healing.

medicine /'medsn/ n. **1** [U] study and treatment of diseases and injuries. **2** [U, C] substance, esp. a liquid that is taken to cure an illness. [IDM] **a dose/taste of your own medicine** the same bad treatment that you have given to others. ● **'medicine man** n. = WITCH DOCTOR (WITCH).

medieval (also **mediaeval**) /ˌmedi'iːvl/ adj. of the Middle Ages (about AD 1000–1450).

mediocre /ˌmiːdi'əʊkə(r)/ adj. (disapprov) not very good. ▶ **mediocrity** /-'ɒkrəti/ n. [U, C] (pl -ies)

meditate /'medɪteɪt/ v. [I] ~(on) think deeply, usu. in silence, esp. for religious reasons. ▶ **meditation** /ˌmedɪ'teɪʃn/ n. [U, C]

medium /'miːdiəm/ n. (pl. **media** /'miːdiə/ or ~s) **1** way of communicating information, etc. to people: an effective advertising ~ **2** something that is used for a particular person: Video is a good ~ for practising listening comprehension. **3** substance or surroundings in which something exists. **4** (pl. ~s) person who claims to communicate with dead people. ● **medium** adj. in the middle between two sizes, amounts, etc.: a man of ~ height/build. ■ **'medium wave** (abbr. **MW**) n. [U] band of radio waves with a length of between 100 and 1000 metres.

meek /miːk/ adj. quiet, gentle and always willing to do what others want. ▶ **meekly** adv. ▶ **meekness** n. [U]

meet¹ /miːt/ v. (pt, pp **met** /met/) **1** [I, T] come together with somebody: Let's ~ again soon. **2** [T] go to a place and wait there for a particular person to arrive. **3** [I, T] see and know somebody for the first time; be introduced to somebody: Pleased to ~ you. **4** [T] experience something, esp. something unpleasant: ~ your death **5** [I, T] touch something; join: Their hands met. **6** [T] do or satisfy what is needed or what somebody asks for: ~ somebody's wishes. **7** [T] pay something: ~ all expenditures. [IDM] **meet somebody halfway** make a compromise with somebody. **there is more to somebody/something than meets the eye** somebody/something is more complicated, interesting, etc. than you might think at first. [PV] **meet with somebody** (esp. US) meet somebody, esp. for discussions **meet with something** (written). **1** be received or treated by somebody in a particular way: to ~ with success/failure. **2** experience something unpleasant: ~ with an accident.

meet² /miːt/ n. (esp. US) sports competition. (GB) event at which horse riders and dogs hunt foxes.

meeting /'miːtɪŋ/ n. occasion when people come together, esp. to discuss or decide something.

megabyte /'megəbaɪt/ n. (abbr. **MB**) unit of computer memory, equal to 2^{20} (or about 1 million) bytes.

megaphone /'megəfəʊn/ n. device shaped like a cone, used to make your voice sound louder.

melancholy /'melənkəli; -kɒli/ n. [U] (fml.) deep sadness that lasts for a long time. ● **melancholy** adj. sad. ▶ **melancholic** /ˌmelən'kɒlɪk/ adj.

mellow /'meləʊ/ adj. **1** (of colour or sound) soft, rich and pleasant. **2** (of a taste or flavour) smooth and pleasant. **3** (of people) calm, wise and gentle because of age or experience. ● **mellow** v. [I, T] (cause somebody/ something to) become mellow.

melodrama /'melədrɑːmə/ n. [U, C] **1** story play, etc. that is exciting and in which the characters and emotions seem too exaggerated to be real. **2** events, behaviour, etc. that are exaggerated or extreme. ▶ **melodramatic** /ˌmelədrə'mætɪk/ adj. ▶ **melodramatically** /-kli/ adv.

melody /'melədi/ n. (pl. **-ies**) tune or song. ▶ **melodic** /mə'lɒdɪk/ adj. of melody ▶ **melodious** /mə'ləʊdiəs/ adj. having a pleasant

melon /'melən/ *n.* large round juicy fruit with a hard skin.

melt /melt/ *v.* [I, T] **1** (cause something (to) become liquid as a result of heating: *The heat ~ed the ice.* **2** (cause a feeling, an emotion, *etc.* to) become gentler and less strong. [PV] **melt (something) away** (cause something to) disappear gradually. **melt something down** melt a metal object in order to use the metal again. ■ **'meltdown** *n.* [U, C] melting of the overheated centre of a nuclear reactor, causing the escape of radioactivity. ■ **'melting pot** *n.* [usu. sing.] place where large numbers of people from different countries live together. [IDM] **in the melting pot** likely to change; in the process of changing.

member /'membə(r)/ *n.* **1** person belonging to a group, club, etc. **2** (*fml.*) part of the body; limb. ■ **,Member of 'Parliament** *n.* (*abbr.* **MP**) elected representative in the House of Commons. ▶ **membership** *n.* **1** [U] state of being a member of a group, club, etc. **2** [C, with sing. or pl. verb] (number of) members of a group, club, etc.

membrane /'membreɪn/ *n.* [C, U] layer of soft thin skin-like tissue.

memento /mə'mentəʊ/ *n.* (*pl.* ~es or ~s) thing that you keep to remind you of a person or place.

memo /'meməʊ/ *n.* (*pl.* ~s) (*also fml.* **memorandum**) official note from one person to another in the same organization.

memoir /'memwɑː(r)/ *n.* (**memoirs**) [pl.] person's written account of their own life.

memorable /'memərəbl/ *adj.* deserving to be remembered; remarkable. ▶ **memorably** *adv.*

memorandum /ˌmemə'rændəm/ *n.* (*pl.* **-da** /-də/) (*fml.*) = MEMO.

memorial /mə'mɔːriəl/ *n.* statue, stone, etc. that is built to remind people of a past event or a famous person: *a war ~*

memorize (*also* **-ise**) /'meməraɪz/ *v.* [T] learn something well enough to remember it exactly.

memory /'meməri/ *n.* (*pl.* **-ies**) **1** [C, U] your ability to remember things: *He's got a good ~.* **2** [U] period of time that somebody is able to remember events. **3** [C] thought of something that you remember from the past: *memories of childhood.* **4** [U] what is remembered about somebody after their death. **5** [C, U] part of a computer where information is stored; amount of space in a computer for storing information. [IDM] **in memory of somebody** in order that people will remember somebody who has died.

men *pl. of* MAN.[1]

menace /'menəs/ *n.* **1** [C, usu. sing.] person or thing that will probably cause serious harm or danger. **2** [U] atmosphere that makes you feel threatened. **3** [C, usu. sing.] (*infml.*) annoying person or thing. ● **menace** *v.* [T] threaten somebody/something. ▶ **menacingly** *adv.*

menagerie /mə'nædʒəri/ *n.* collection of wild animals; zoo.

mend /mend/ *v.* **1** [T] repair something damaged or broken so that it can be used again. **2** [I] return to good health. [IDM] **mend your ways** stop behaving badly. ● **mend** *n.* [IDM] **on the mend** (*infml., esp. GB*) recovering from an illness or injury.

menial /'miːniəl/ *adj.* (*disapprov*) (of work) not skilled or important and often boring.

meningitis /ˌmenɪn'dʒaɪtɪs/ *n.* [U] serious illness causing inflammation of the outer part of the brain and spinal cord.

menopause /'menəpɔːz/ *n.* (**the menopause**) [sing.] gradual stopping of a woman's menstruation usu. at around the age of 50.

menstruate /'menstrueɪt/ *v.* [I] (*fml.*) (of a woman). have a flow of blood from her uterus every month. ▶ **menstrual** /-struəl/ *adj.* ▶ **menstruation** /ˌmenstru'eɪʃn/ *n.* [U]

mental /'mentl/ *adj.* **1** of or in the mind: *a ~ illness* ◊ *keep a ~ note of something* (= try to remember it). **2** of or concerned with illnesses of the mind: *a ~ patient/hospital.* **3** (*GB, sl.*) crazy. ▶ **mentally** /-təli/ *adv.* of or in the mind: *~ly unhinged.*

mentality /men'tæləti/ *n.* [usu. sing.] (*pl.* **-ies**) particular attitude or way of thinking of a person or group.

menthol /'menθɒl/ *n.* [U] substance that tastes and smells of mint, used in some medicines and as a flavouring.

mention /'menʃn/ *v.* [T] speak or write about somebody/something briefly. [IDM] **don't mention it** (*spoken*) used as a polite answer when somebody has thanked you for something **not to mention** used to introduce extra information and to emphasize what you are saying. ● **mention** *n.* [C, U] brief reference to somebody/something.

menu /'menjuː/ *n.* **1** list of food that can be ordered in a restaurant. **2** (*computing*) list of possible choices that are shown on a computer screen: *a pull-down ~*

meow (*esp. US*) = MIAOW.

MEP /ˌemiː'piː/ *abbr.* Member of the European Parliament.

mercantile /'mɜːkəntaɪl/ *adj.* (*fml.*) of trade and commercial affairs.

mercenary /'mɜːsənəri/ *adj.* (*disapprov*) interested only in making money. ● **merce-**

nary *n.* (*pl.* **-ies**) soldier who will fight for any country or group that offers payment.

merchandise /'mɜːtʃəndaɪz/ *n.* [U] (*fml.*) goods bought and sold; goods for sale in a shop.

merchant /'mɜːtʃənt/ *n.* person who buys and sells products in large quantities. ● **merchant** *adj.* concerned with the transport of goods by sea: ~ *navy* ■ **,merchant 'bank** *n.* bank that deals with large businesses ■ **,merchant 'navy** (*US* **,merchant ma'rine**) *n.* [C, with sing. or pl. verb] country's commercial ships and the people who work on them.

mercury /'mɜːkjəri/ *n.* [U] (*symb.* **Hg**) heavy silver-coloured metal, usu. in liquid form, ▶ **mercurial** /mɜːˈkjʊəriəl/ *adj.* (*lit.*) (of a person or their moods) lively and often changing.

mercy /'mɜːsi/ *n.* (*pl.* **-ies**) **1** [U] kindness or forgiveness shown to somebody you have the power to punish. **2** [C] event or situation to be grateful for, [IDM] **at the mercy of somebody/something** powerless to prevent somebody/something from harming you, ▶ **merciful** *adj.* ready to forgive people, ▶ **mercifully** /-fəli/ *adv.* ▶ **merciless** *adj.* showing no kindness or pity, ▶ **mercilessly** *adv.*

mere /mɪə(r)/ *adj.* nothing more than; only: *It's a ~ child.* ▶ **merely** *adv.* only; simply.

merge /mɜːdʒ/ *v.* **1** [I, T] (cause two or more things to) combine to make one thing: *The two business empires ~d.* **2** [I] ~(**into**) fade or change gradually into something: *River ~d into ocean.* ▶ **merger** *n.* joining together of two or more organizations or business.

meridian /məˈrɪdiən/ *n.* one of the lines drawn from the North to the South Pole on a map of the world.

meringue /məˈræŋ/ *n.* [U, C] (small cake made from baked mixture of the whites of egg and sugar.

merit /'merɪt/ *n.* **1** [U] (*fml.*) quality of being good and deserving praise. **2** [C, usu. pl.] food feature that deserves praise or reward. ● **merit** *v.* [T] (*fml.*) deserve praise, attention, etc.

mermaid /'mɜːmeɪd/ *n.* (in stories) woman with a fish's tail instead of legs.

merry /'meri/ *adj.* (**-ier, -iest**) **1** happy and cheerful. **2** (*infml., esp. GB*) slightly drunk. ▶ **merrily** *adv.* ▶ **merriment** *n.* [U] ■ **'merry-go-round** *n.* revolving circular platform with wooden horses, etc. on which children ride at a fairground.

mesh /meʃ/ *n.* [U, C] material made of threads of plastic rope or wire woven together like a net. ● **mesh** *v.* [I] (*written*) fit together or match in a satisfactory way: *Their ideals don't really ~.*

mesmerize (*also* **-ise**) /'mezməraɪz/ *v.* [T] hold the attention of somebody completely.

mess /mes/ *n.* **1** [C, usu. sing.] dirty or untidy state. **2** [C, usu. sing.] difficult or confused situation: *My house is in a ~.* **3** [C] (*esp. US* **'mess hall**) room or building in which members of the armed forces eat their meals. ● **mess** *v.* [T] (*infml.*) make something untidy or dirty. [PV] **mess about/around 1** behave in a silly and annoying way. **2** spend time doing something for pleasure in a relaxed way. **mess somebody about/around** treat somebody in an annoying and unfair way **mess (something) up** spoil something or do it badly. ▶ **messy** *adj.* (**-ier, -iest**)

message /'mesɪdʒ/ *n.* **1** [C] written or spoken piece of information sent to somebody or left for somebody. **2** [sing.] central idea that a book, speech, etc. tries to communicate. [IDM] **get the message** (*infml.*) understand what somebody has been trying to tell you. ▶ **messenger** /'mesɪndʒə(r)/ *n.* person who takes a message to somebody.

Messiah /mɪˈsaɪə/ *n.* **1** (**the Messiah**) [sing.] (in Christianity) Jesus Christ **2** (**the Messiah**) [sing.] (in Judaism) king sent by God who will save the Jewish people. **3** [C] (messiah) leader who people believe will solve the problems of the world.

met *pt, pp of* MEET.¹

metabolism /məˈtæbəlɪzəm/ *n.* [U, sing.] (*biol.*) process in the body by which food is used to supply energy. ▶ **metabolic** /ˌmetəˈbɒlɪk/ *adj.*

metal /'metl/ *n.* [C, U] any of a kind of mineral substance such as tin, iron or gold. ▶ **metallic** /məˈtælɪk/ *adj.*

metaphor /'metəfə(r)/ *n.* [C, U] (example of the) use of words to show something different from the literal meaning, as in 'She has a heart of *gold'*. ▶ **metaphorical** /ˌmetəˈfɒrɪkl/ *adj.* ▶ **metaphorically** /-kli/ *adv.*

mete /miːt/ *v.* [PV] **mete something out (to somebody)** (*fml.*) give somebody a punishment.

meteor /'miːtiə(r); -ɔː(r)/ *n.* piece of rock that moves through space into the earth's atmosphere, becoming bright as it burns. ▶ **meteoric** /ˌmiːtiˈɒrɪk/ *adj.* **1** achieving success very quickly: *a ~ic rise to fame and fortune.* **2** of meteors ▶ **meteorite** /'miːtiəraɪt/ *n.* meteor that has fallen to earth.

meteorology /ˌmiːtiəˈrɒlədʒi/ *n.* [U] study of the weather and the earth's atmosphere. ▶ **meteorological** /ˌmiːtiərəˈlɒdʒɪkl/ *adj.* **meteorologist** *n.*expert in meteorology.

meter /'miːtə(r)/ n. **1** device that measures something: *a gas* ~ **2** (*US*) = METRE

method /'meθəd/ n. **1** [C] way of doing something. **2** [U] quality of being well planned and organized. ▶ **methodical** /mə'θɒdɪkl/ adj. using an organized system; careful. ▶ **methodically** /-kli/ adv.

methodology /ˌmeθə'dɒlədʒi/ n. [C, U] (pl -ies) (*fml.*) set of methods and principles used to perform a particular activity.

meticulous /mə'tɪkjələs/ adj. showing great care and attention to detail. ▶ **meticulously** adv.

metre (*US* **meter**) /'miːtə(r)/ n. **1** (*abbr.* m) [C] metric unit of length. **2** [U, C] pattern of stressed and unstressed syllables in poetry. ▶ **metric** /'metrɪk/ adj. of the metric system. ■ **the 'metric system** n. [sing.] system of measurement that uses the metre, kilogram and litre as basic units.

metropolis /mə'trɒpəlɪs/ n. main or capital city of a region or country. ▶ **metropolitan** /ˌmetrə'pɒlɪtən/ adj.

mettle /'metl/ n. [U] ability and determination to do something successfully. [IDM] **on your mettle** prepared to do your best, because you are being tested.

mews /mjuːz/ n. (pl **mews**) street of stables, converted into houses or flats.

miaow (*US, GB also* **meow**) /mi'aʊ/ n. sound made by a cat. ▶ **miaow** v. [I]

mice pl. of MOUSE.

mickey /'mɪki/ n. [IDM] **take the mickey (out of somebody)** (*GB, infml.*) tease somebody.

microbe /'maɪkrəʊb/ n. tiny living thing, esp. one that causes disease.

microchip /'maɪkrəʊtʃɪp/ n. very small piece of material that has a complicated electronic circuit on it.

microcosm /'maɪkrəʊkɒzəm/ n. thing, place or group that has all the qualities and features of something much larger.

microfiche /'maɪkrəʊfiːʃ/ n. [U, C] film on which written information is stored in very small print and which can only be read with a special machine.

microfilm /'maɪkrəʊfɪlm/ n. [U, C] film on which written information is stored in print of very small size.

microlight /'maɪkrəʊlaɪt/ n. very small light aircraft for one or two people.

microphone /'maɪkrəfəʊn/ n. device for recording sounds or for making your voice louder when you are speaking to an audience.

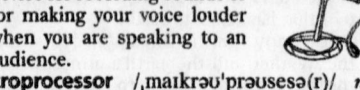

microprocessor /ˌmaɪkrəʊ'prəʊsesə(r)/ n. (*computing*) small unit of a computer that contains all the functions of the central processing unit.

microscope /'maɪkrəkəʊp/ n. instrument that makes very small objects appear larger. ▶ **microscopic** /ˌmaɪkrə'skɒpɪk/ adj. **1** very small. **2** using a microscope.

microwave /'maɪkrəweɪv/ (also fml. ˌmicrowave 'oven) n. type of oven that cooks or heats food very quickly using electromagnetic waves rather than heat.

mid- /mɪd/ prefix in the middle of: ~-*morning* ◊ ~-*air* (= in the sky).

midday /ˌmɪd'deɪ/ n. [U] 12 o'clock in the middle of the day.

middle /'mɪdl/ n. (**the middle**) [sing.] position at an equal distance from all the edges or between the beginning and the end of something. ● **middle** adj. position in the middle of an object, group or objects, people, etc. between the beginning and the end of something. ■ ˌ**middle 'age** n. [U] period of your life between the ages of about 45 and 60. ▶ ˌ**middle-'aged** adj. ■ **the ˌMiddle 'Ages** n. [pl.] in European history, the period from about AD 1000 to 1450 ■ ˌ**middle 'class** n. [C, with sing. or pl. verb] social class whose members are neither very rich nor very poor and that includes professional and business people. ▶ ˌ**middle-'class** adj. ■ **the ˌMiddle 'East** n. [sing.] area that covers SW Asia and NE Africa. ■ ˌ**middleman** n. (pl. -**men** /-men/) trader who buys goods from the company that makes them and sells them to somebody else. ■ ˌ**middle-of-the- 'road** adj. (of people, policies, *etc.*) not extreme; moderate.

middling /'mɪdlɪŋ/ adj. of average size, quality, etc.

midge /mɪdʒ/ n. small flying insect that bites humans and animals.

midget /'mɪdʒɪt/ n. (*offens*) very small person. ● **midget** adj. very small.

Midlands /'mɪdləndz/ n. (**the Midlands**) [sing. with sing. or pl. verb] central counties of England.

midnight /'mɪdnaɪt/ n. [U] 12 o'clock in the middle of the night.

midriff /'mɪdrɪf/ n. middle part of the body, between the waist and the chest.

midst /mɪdst/ n. [IDM] **in the midst of (doing) something** in the middle of something.

midway /ˌmɪd'weɪ/ adj., adv. half-way: ~ *between Paris and Rome.*

midwife /'mɪdwaɪf/ n. (pl. -**wives** /-waɪvz/) person, esp. a woman, trained to help women in childbirth. ▶ **midwifery** /ˌmɪd'wɪfəri/ n. [U] profession and work of a midwife.

might¹ /maɪt/ modal v. (*neg.* **might not** short form **mightn't** /'maɪtnt/) **1** used as the past tense of *may* when reporting what somebody has said. **2** used when showing that something is or was possible: *I guess, he ~ be at home.* **3** used to make a polite suggestion: *You ~ try calling the helpdesk.* **4** (*GB*) used to ask permission politely. **5** used to show that you are annoyed about something that somebody could do or could have done: *You ~ at least offer to help!*

might² /maɪt/ *n.* [U] (*fml.* or *lit.*) great strength or power. ▶ **mighty** *adj.* (**-ier, -iest**) (*esp. lit.*) **1** powerful. **2** large and impressive. ● **mighty** *adv.* (*infml., esp. US*) very

migraine /ˈmiːgreɪn; ˈmaɪg-/ *n.* [U, C] very painful headache.

migrate /maɪˈgreɪt/ *v.* [I] ~(**from, to**) **1** (of birds, *etc.*) go from one part of the world to another regularly each year. **2** (of a lot of people) move from one place to go to live in another. ▶ **migrant** /ˈmaɪgrənt/ *n.* person or bird, etc. that migrates. ▶ **migration** /maɪˈgreɪʃn/. *n.* [U, C] ▶ **migratory** /ˈmaɪgrətri; maɪˈgreɪtəri/ *adj.*

mike /maɪk/ *n.* (*infml.*) = MICROPHONE.

mild /maɪld/ *adj.* **1** gentle; not severe: *a ~ wind.* **2** not sharp or strong in flavour *~ gravy.* ▶ **mildly** *adv.* ▶ **mildness** *n.* [U]

mildew /ˈmɪldjuː/ *n.* [U] small white fungus that grows on walls, plants, food, etc. in warm wet conditions.

mile /maɪl/ *n.* unit of distance; 1760 yards (1609 metres). ▶ **mileage** /-ɪdʒ/ *n.* **1** [C, U] distance travelled, measured in miles. **2** [U] (*infml.*) amount of advantage or use that you can get from an event or a situation: *The paparazzi can't get any more ~ out of that story.* ■ **ˈmilestone** (*US* **ˈmilepost**) *n.* **1** important stage or event in the development of something. **2** stone or post at the side of a road showing the distance to a place. ■ **milometer** (*also* **mileometer**) /maɪˈlɒmɪtə(r)/ *n.* instrument in a vehicle that records the number of miles travelled.

militant /ˈmɪlɪtənt/ *n., adj.* (person) supporting the use of strong methods, esp. force, to achieve your aims. ▶ **militancy** /-ənsi/ *n.* [U]

military /ˈmɪlətri/ *adj.* of or for soldiers or war. ▶ **the military** *n.* [sing., with sing. or pl. verb] soldiers; the armed forces.

militate /ˈmɪlɪteɪt/ *v.* [PV] **militate against something** (*fml.*) prevent something; make it difficult for something to happen or exist.

militia /məˈlɪʃə/ *n.* [sing., with sing. or pl. verb] group of people trained to act as soldiers in an emergency.

milk /mɪlk/ *n.* [U] **1** white liquid produced by female mammals as food for their young. **2** white juice of some trees and plants: *coconut ~* ● **milk** *v.* **1** [I, T] take milk from a cow, goat, etc. **2** [T] obtain as much money, advantage, etc. for yourself as you can from a situation, esp. dishonestly. ■ **ˈmilkman** *n.* (*esp.* in Britain) person whose job is to deliver milk to customers each morning. ■ **ˈmilkshake** *n.* drink made of milk and sometimes ice cream, with flavouring added to it. ▶ **milky** *adj.* (**-ier, -iest**) **1** of or like milk **2** made with a lot of milk: *-y coffee* ■ **the ˌMilky ˈWay** *n.* [sing.] = THE GALAXY(2).

mill¹ /mɪl/ *n.* **1** building with machinery for grinding grain into flour. **2** factory that produces a particular type of material: *a cotton/paper ~* **3** small machine for crushing something: *a pepper ~* [IDM] **put somebody/go through the mill** (cause somebody to) have a difficult time. ▶ **miller** *n.* person who owns or runs a mill. ■ **ˈmillstone** *n.* either of a pair of flat circular stones used, esp. in the past, to crush grain [IDM] **a millstone around/round your neck** difficult problem or responsibility that seems impossible to solve or get rid of.

mill² /mɪl/ *v.* [T] crush or grind something in a mill. [PV] **mill about/around** move around aimlessly in a disorganized group.

millennium /mɪˈleniəm/ *n.* (*pl.* **-nia** /-niə/ or **~s**) **1** [C] period of 1000 years. **2** (**the millennium**) [sing.] time when one period of 1000 years end and another begins: *How did you celebrate the ~?*

millet /ˈmɪlɪt/ *n.* [U] type of cereal plant producing very small grain.

milli- /ˈmɪli/ *prefix* (in the metric system) one thousandth: *~metre.*

milliner /ˈmɪlɪnə(r)/ *n.* maker and/or seller of women's hats. ▶ **millinery** *n.* [U] (business of making or selling) women's hats.

million /ˈmɪljən/ *number* **1** (*abbr.* **m**) 1,000,000 **2** (**a million** or **millions (of ...)**) (*infml.*) a very large amount: *I have a ~ things to do.* ▶ **millionaire** /ˌmɪljəˈneə(r)/ *n.* (*fem.* **millionairess** /-ˈneərəs/) person who has a million pounds, dollars, etc.; very rich person. ▶ **millionth** *ordinal number, n.* 1,000,000th; one of a million equal parts of something.

millipede /ˈmɪlɪpiːd/ *n.* small creature like an insect with many legs.

milometer → MILE.

mime /maɪm/ *n.* [U, C] (performance involving the) use of hand or body movements and facial expressions to act something without speaking. ● **mime** *v.* [I, T] act something using mime.

mimic /ˈmɪmɪk/ *v.* (*pt, pp* **~ked**) [T] **1** copy the way somebody speaks, etc. in an amusing way. **2** look or behave like something else. ● **mimic** *n.* person or an animal that can copy the voice, movements, etc. of others. ▶ **mimicry** *n.* [U] action or skill of mimicking somebody.

minaret /ˌmɪnəˈret/ *n.* tall thin tower of a mosque, from which people are called to prayer.

mince /mɪns/ *v.* **1** [T] cut food, esp. meat into very small pieces using a special machine **(a mincer). 2** [I] walk with quick short steps, in a way that is not natural [IDM] **not mince (your) words** say something in a direct way, even though it may offend people. ● **mince** *n.* [U] minced meat. ■ **'mincemeat** *n.* [U] (*esp. GB*) mixture of dried fruit, used esp. for making pies. [IDM] **make mincemeat of somebody** (*infml.*) defeat somebody completely in a fight or argument.

mind¹ /maɪnd/ *n.* **1** [C, U] part of a person's brain where your thoughts are: *The idea never entered my ~.* ◇ *She has an excellent ~* (= She is very clever). **2** [C] very intelligent person: *one of the greatest ~s of her times.* **3** [U] your ability to remember things: *My ~ has gone absolutely blank!* [IDM] **be in two minds about (doing) something** (*US*) **be of two minds about (doing) something** feel doubtful about something **be/go out of your mind** (*infml.*) be/go mad **bear/keep somebody/somethng in mind** remember somebody/something **bring/call somebody/somethng to mind** (*fml.*). **1** remember somebody/something. **2** remind you of somebody/something **have a good mind to do something I have half a mind to do something** have a strong desire to do something **make up your mind** reach a decision. **on your mind** making you worry about something **put / set / turn your mind to something** give your attention to something **take your mind off something** help you not to think about something. **to my mind** in my opinion. **your mind's eye** your imagination.

mind² /maɪnd/ *v.* **1** [I, T] be upset, annoyed or worried by something: *I don't ~ the heat.* **2** [I, T] used to ask permission or request something politely: *Do you ~ if I open the door?* **3** [I, T] used to tell somebody to be careful or warn somebody of danger: *M ~ you, don't trip!* **4** [T] take care of somebody/something: *~ the baby.* [IDM] **mind your own business** not interfere in other people's affairs. **mind your step** → STEP¹ **mind you** (*spoken*) used to add something to what you have just said, esp. something that makes it less strong: *They're separated now. ~ you, I'm not surprised—they were always arguing.* **never mind 1** used to tell somebody not to worry or be upset. **2** used to suggest that something is not important [PV] **mind out (for somebody/something)** (*GB, spoken*) be careful. ▶ **minder** *n.* person whose job is to look after and protect somebody: *a child~er*

mindful /ˈmaɪndfl/ *adj.* **~of** (*fml.*) conscious of somebody/something when you do something.

mindless /ˈmaɪndləs/ *adj.* **1** (*disapprov*) done or acting without thought and for no particular reason: *~ argument.* **2** not needing thought.

mine¹ /maɪn/ *pron.* of or belonging to me: *Is this camera yours or ~?* ● **mine** *n.* **1** deep hole or holes under the ground where minerals such as coal, etc. are dug. **2** bomb that is hidden under the ground or in the sea. [IDM] **a mine of information (about/on somebody/something)** rich source of knowledge.

mine² /maɪn/ *v.* **1** [I, T] **~(for)** dig coal, etc. from holes in the ground. **2** [T] place mines below the surface of land or water. ■ **'minefield** *n.* **1** area of land or sea where mines(2) have been hidden. **2** situation that contains hidden dangers. ▶ **miner** *n.* person who works in a mine taking out coal, etc. ■ **'minesweeper** *n.* ship used for finding and clearing away mines(2).

mineral /ˈmɪnərəl/ *n.* [C, U] natural substance (*e.g.* coal or gold) taken from the earth. ■ **'mineral water** *n.* **1** [U, C] water from a spring in the ground that contains mineral salts or gases. **2** [C] glass or bottle of mineral water.

mineralogy /ˌmɪnəˈrælədʒi/ *n.* [U] scientific study of minerals. ▶ **mineralogist** *n.* student of or expert in mineralogy.

mingle /ˈmɪŋgl/ *v.* **1** [I, T] **~with** (*written*) (cause something to) combine and mix with something else. **2** [I] move among people and talk to them.

mini- /ˈmɪni/ *prefix* small: *a ~bus.*

miniature /ˈmɪnətʃə(r)/ *adj.* very small; much smaller than usual: *~ plants.* ● **miniature** *n.* very small detailed painting, esp. of a person. ▶ **miniaturize** (*also* -ise) *v.* [T] make a much smaller version of something.

minimal /ˈmɪnɪməl/ *adj.* smallest in amount or degree.

minimize (*also* -ise) /ˈmɪnɪmaɪz/ *v.* [T] reduce to the smallest possible amount, size or level.

minimum /ˈmɪnɪməm/ *n.* [C, usu. sing.] smallest possible amount, degree, etc. ● **minimum** *adj.* as small as possible: *the ~ amount.*

mining /ˈmaɪnɪŋ/ *n.* [U] process of getting coal, metals, etc. from the earth.

minion /ˈmɪniən/ *n.* (*disapprov*) unimportant

person in an organization who has to obey orders.
minister /ˈmɪnɪstə(r)/ n. **1** (often **Minister**) (GB) person at the head of a government department. **2** Christian clergyman. ● **minister** v. [PV] **minister to somebody** (fml). care for somebody, esp. somebody who is sick or old. ▶ **ministerial** /ˌmɪnɪˈstɪərɪəl/ adj.
ministry /ˈmɪnɪstri/ n. (pl. **-ies**) **1** [C] (GB) government department. **2** (**the Ministry**) [sing., with sing. or pl. verb] (esp. Protestant) ministers of religion, considered as a group: enter the ~ (= become a clergyman). **3** [C] work of a minister(2).
mink /mɪŋk/ n. **1** [C] small fierce animal. **2** [U] valuable shiny brown fur of the mink.
minor /ˈmaɪnə(r)/ adj. not very large, important or serious: ~ faults. ◇ a ~ track. ● **minor** n. (law) person below the age of full legal responsibility.
minority /maɪˈnɒrəti/ n. (pl. **-ies**) **1** [sing., with sing. or pl. verb] smaller part of a group; less than half of the people or things in a large group. **2** [C] small group of people of a different race, religion, etc. from the rest. **3** [U] (law) state or time of being a minor.
minster /ˈmɪnstə(r)/ n. large or important church.
minstrel /ˈmɪnstrəl/ n. (in the Middle Ages) travelling singer.
mint /mɪnt/ n. **1** [U] plant whose leaves are used for flavouring. **2** [U, C] short for PEPPERMINT **3** [C] place where money is made. **4** (**a mint**) [sing.] (infml.) very large amount of money. [IDM] **in mint condition** (as if) new. ● **mint** v. [T] make a coin from metal.
minuet /ˌmɪnjuˈet/ n. (music for a) slow graceful dance.
minus /ˈmaɪnəs/ prep. **1** less: 20−6 equals 14. **2** below zero: ~ 3 degrees Celsius. **3** (infml.) without. ● **minus** (also **'minus sign**) n. mathematical symbol (−). ● **minus** adj. negative.
minute¹ /ˈmɪnɪt/ n. **1** (abbr. **min.**) [C] each of the 60 parts of an hour, equal to 60 seconds. **2** [sing.] (spoken) very short time: I'll see you in a ~. **3** [C] each of the 60 parts of a degree, used in measuring angles. **4** (usu. **the minutes**) [pl.] record of what is said and decided at a meeting: Who is going to take (= write) the ~s? [IDM] **the minute/moment (that ...)** as soon as ... ● **minute** v. [T] write something down in the minutes(4).
minute² /maɪˈnjuːt/ adj. (**-r, -st**) **1** extremely small. **2** very detailed and thorough. ▶ **minutely** adv.
minutiae /maɪˈnjuːʃiː/ n. [pl.] very small details.
miracle /ˈmɪrəkl/ n. **1** [C] act or event that does not follow the laws of nature and is believed to be caused by God. **2** [sing.] (infml.) lucky thing that happens that you did not expect or think possible: It's a ~ we weren't attacked. **3** [C] ~**of** wonderful example of something: a religious ~. ▶ **miraculous** /mɪˈrækjələs/ adj.
mirage /ˈmɪrɑːʒ; mɪˈrɑːʒ/ n. something seen that does not really exist, esp. water in the desert.
mire /ˈmaɪə(r)/ n. [U] soft muddy ground.
mirror /ˈmɪrə(r)/ n. piece of glass that you can look in and see yourself. ● **mirror** v. [T] show somebody/something exactly as in a mirror.
misadventure /ˌmɪsədˈventʃə(r)/ n. **1** [U] (GB, law) death caused by accident, rather than as a result of a crime. **2** [C, U] (fml.) bad luck.
misappropriate /ˌmɪsəˈprəʊprieɪt/ v. [T] (fml.) take somebody else's money or property for yourself.
misbehave /ˌmɪsbɪˈheɪv/ v. [I] behave badly. ▶ **misbehaviour** (US **-ior**) n. [U]
miscalculate /ˌmɪsˈkælkjuleɪt/ v. [I, T] estimate amounts, etc. wrongly. ▶ **miscalculation** /-ˈleɪʃn/ n. [C, U]
miscarriage /ˈmɪskærɪdʒ; ˌmɪsˈk-/ n. [C, U] process of giving birth to a baby before it has developed enough to stay alive. ■ **mis,carriage of 'justice** n. [U, C] (law) incorrect legal decision.
miscarry /ˌmɪsˈkæri/ v. (pt, pp **-ied**) [I] **1** give birth to a baby before it has developed enough to stay alive **2** (of a plan) fail.
miscellaneous /ˌmɪsəˈleɪniəs/ adj. of various kinds.
miscellany /mɪˈseləni/ n. (pl. **-ies**) collection of things of various kinds.
mischance /ˌmɪsˈtʃɑːns/ n. [U, C] (fml.) bad luck.
mischief /ˈmɪstʃɪf/ n. [U] behaviour (esp. of children) that is bad, but not serious. [IDM] **do yourself a mischief** (GB, infml.) hurt yourself physically. ▶ **mischievous** /-tʃɪvəs/ adj. **1** enjoying playing tricks and annoying people. **2** causing trouble. ▶ **mischievously** adv.
misconceived /ˌmɪskənˈsiːvd/ adj. badly planned or judged.
misconception /ˌmɪskənˈsepʃn/ n. [C, U] ~(**about**) belief or idea that is not based on correct information.
misconduct /ˌmɪsˈkɒndʌkt/ n. [U] (fml.) unacceptable behaviour, esp. by a professional person.
misdeed /ˌmɪsˈdiːd/ n. [C, usu. pl.] (fml.) bad

or evil act.

miser /'maɪzə(r)/ n. (disapprov) person who loves money and hates spending it. ▶ **miserly** adj.

miserable /'mɪzrəbl/ adj. **1** very unhappy. **2** causing unhappiness: ~ *weather* **3** poor in quality: *earn a ~ wage* ▶ **miserably** adv.

misery /'mɪzəri/ n. (pl. -ies) **1** [U, C] great suffering or unhappiness. **2** [C] (GB, infml.) person who is always complaining.

misfire /ˌmɪs'faɪə(r)/ v. [I] **1** (infml.) (of a plan or joke) fail to have the intended effect. **2** (of a gun, etc.) fail to work properly.

misfit /'mɪsfɪt/ n. person who is not accepted by a group of people: *a ~ in society*.

misfortune /ˌmɪs'fɔːtʃuːn/ n. [C, U] (written) (instance of) bad luck.

misgiving /ˌmɪs'gɪvɪŋ/ n. [U, C, usu. pl.] feelings of doubt or anxiety.

misguided /ˌmɪs'gaɪdɪd/ adj. wrong, because you have understood or judged a, situation badly.

mishap /'mɪshæp/ n. [C, U] small accident or piece of bad luck.

misjudge /ˌmɪs'dʒʌdʒ/ v. [T] **1** form a wrong opinion about a person or situation. **2** estimate something, e.g. time or distance, wrongly.

mislay /ˌmɪs'leɪ/ v. (pt, pp **mislaid** /-'leɪd/) [T] put something down and forget where it is.

mislead /ˌmɪs'liːd/ v. (pt, pp **misled** /-'led/) [T] cause somebody to have a wrong idea or impression about something.

mismanage /ˌmɪs'mænɪdʒ/ v. [T] deal with or manage something badly. ▶ **mismanagement** n. [U]

misprint /'mɪsprɪnt/ n. mistake in printing.

misrepresent /ˌmɪsˌreprɪ'zent/ v. [T] give false information about somebody/something. ▶ **misrepresentation** /-zen'teɪʃn/ n. [C, U]

miss /mɪs/ v. **1** [I, T] fail to hit, catch or reach, etc. something: *~ the flight*. **2** [T] fail to see, hear or notice something. **3** [T] feel sad because of the absence of somebody/ something: *I am sure to ~ you when you go*. [PV] **miss somebody/something out** (GB) not include somebody/something **miss out (on something)** fail to benefit from something useful or enjoyable by not taking part in it. ● **miss** n. **1** (**Miss**) used before the family name when speaking to or of an unmarried woman: *M~ Thomas* **2** failure to hit, catch or reach something. [IDM] **give something a miss** (infml., esp. GB) decide not to do something, eat something, etc. ▶ **missing** adj. that cannot be found; lost.

missile /'mɪsaɪl/ n. **1** explosive weapon sent through the air: *nuclear ~s* **2** object or weapon thrown or fired.

mission /'mɪʃn/ n. **1** [C] important official job that a person or group of people is given to do, esp. abroad: *a trade ~ to India*. **2** [C, U] work of teaching people about Christianity, esp. in a foreign country; group of people who do this work. **3** [C] special work you feel it is your duty to do: *her life ~* ▶ **missionary** /'mɪʃənri/ n. (pl. -ies) person sent to a foreign country to teach people about Christianity. ■ **'mission statement** n. official statement of the aims of a company or organization.

misspell /ˌmɪs'spel/ v. (pt, pp **~t** /-'spelt/ or esp. US **~ed**) [T] spell a word wrongly. ▶ **misspelling** n. [C, U]

misspend /ˌmɪs'spend/ adj. (usu. passive) spend time or money carelessly: *his ~ youth*.

mist /mɪst/ n. [U, C] cloud of very small drops of water in the air, making it difficult to see: *River covered in ~* ◊ (fig) *She gazed at him through a ~ of tears*, ● **mist** v. [I, T] **~(over/up)** (cause something to) become covered with small drops of water: *His car wind shield ~ed over*. ▶ **misty** adj. (-ier, -iest) **1** with a lot of mist: *a ~y morning* **2** not clear or bright: *~y memories*.

mistake /mɪ'steɪk/ n. wrong action, idea or opinion. [IDM] **by mistake** accidentally ● **mistake** v. (pt **mistook** /mɪ'stʊk/ pp **~n** /mɪs'teɪkən/) [T] not understand or judge somebody/something correctly. [PV] **mistake somebody/something for somebody/something** think wrongly that somebody/something is somebody/something else: *People often ~ me for my cousin sister*. ▶ **mistaken** adj. wrong; not correct: *~n ideals* ▶ **mistakenly** adv.

mistletoe /'mɪsltəʊ/ n. [U] evergreen plant with white berries, used as a Christmas decoration.

mistress /'mɪstrəs/ n. **1** woman that a married man is having a regular sexual relationship with and who is not his wife. **2** (GB) female schoolteacher. **3** woman in a position of authority. **4** female owner of a dog, horse, etc.

mistrust /ˌmɪs'trʌst/ v. [T] have no confidence in somebody/something. ● **mistrust** n. [U] lack of confidence; suspicion. ▶ **mistrustful** adj.

misty → MIST.

misunderstand /ˌmɪsʌndə'stænd/ v. (pt, pp **-stood** /-'stʊd/) [T] fail to understand somebody/something correctly: *Please don't ~ me*. ▶ **misunderstanding** n. [C, U] failure to understand somebody/something correctly, esp. when this causes argument.

misuse /ˌmɪs'juːz/ v. [T] **1** use something in the wrong way or for the wrong purpose: *~ your beauty*. **2** treat somebody badly. ● **misuse** /ˌmɪs'juːs/ n. [U, C]: *~ of money*.

mitigate /ˈmɪtɪgeɪt/ v. [T] (fml.) make something less harmful, serious, etc. ▶ **mitigating** adj. (~circumstances/factors) (fml., law) circumstances or factors that explain somebody's actions after a crime and make them easier to understand. ▶ **mitigation** /-ˈgeɪʃn/ n.

mitre (US **miter**) /ˈmaɪtə(r)/ n. tall pointed hat worn by bishops.

mitten /ˈmɪtn/ (also **mitt** /mɪt/) n. kind of glove that covers the four fingers together and the thumb separately.

mix /mɪks/ v. 1 [I, T] (cause two or more substances to) combine, usu. in a way that means they cannot easily be separated: ~ flour and water to make dough◇. Oil and water don't ~. 2 [I] meet and talk to different people, esp. at social events: He finds it hard to ~ with artists. 3 [T] (tech., music) combine different recordings of voices and/or instruments to produce a single piece of music. [IDM] **be/get mixed up in something** (infml.) be/become involved in something bad. [PV] **mix somebody/something up (with somebody/something)** confuse somebody/something with somebody/something else: I got her ~ed up with her twin sister. ● **mix** n. [C, U] set of different substances to be mixed together: a cake ~ ▶ **mixed** adj. 1 of different kinds. 2 of or for people of both sexes: a ~ed school ▶ **mixer** n. machine used for mixing things. ■ **'mix-up** n. (infml.) confused situation.

mixture /ˈmɪkstʃə(r)/ n. combination of different things: a ~ of excitement and sadness.

mm abbr. millimetre(s).

moan /məʊn/ v. [I] 1 make a long low sound of pain. 2 ~(about) (infml.) complain: He's always ~ing about having no power. ▶ **moan** n.

moat /məʊt/ n. deep wide channel filled with water that was dug around a castle.

mob /mɒb/ n. [C, sing., with sing. or pl. verb] 1 noisy disorganized crowd. 2 (infml.) group of criminals. ● **mob** v. (-bb-) [T] gather round somebody in great numbers to in order to see them and get their attention: a rock star ~bed by his fans.

mobile /ˈməʊbaɪl/ adj. that can move or be moved easily from place to place. ■ **,mobile 'phone** n. telephone that does not have wires and works by radio, that you can carry around with you and use anywhere. ● **mobile** n. 1 ornamental hanging structure with parts that move freely in currents of air. 2 (GB) = MOBILE PHONE ▶ **mobility** /məʊˈbɪləti/ n. [U]

mobilize (also **-ise**) /ˈməʊbəlaɪz/ v. [I, T] (cause somebody/something to) become organized or ready for service, e.g. in war.

moccasin /ˈmɒkəsɪn/ n. soft leather shoe.

mock¹ /mɒk/ v. [I, T] laugh at somebody/something unkindly, esp. by copying what they say or do: a ~ing laugh. ▶ **mockery** n. 1 [U] comments or actions intended to make somebody/something seem ridiculous. 2 [sing.] (disapprov) decision, etc. that is a failure and not as it should be: a ~ of a trial. [IDM] **make a mockery of something** make something seem ridiculous.

mock² /mɒk/ adj. 1 not sincere: ~ horror. 2 not real: a ~ interview.

modal /ˈməʊdl/ (also **modal 'verb, modal au'xiliary**) n. (gram) verb that is used with another verb, e.g. can, may or should to express possibility, permission, etc.

mode /məʊd/ n. (fml.) way in which something is done.

model¹ /ˈmɒdl/ n. 1 a small copy of something: a ~ of the new building. 2 design or kind of product: This bike is our latest ~. 3 person or thing of the best kind: a ~ parent. 4 person who poses for an artist or photographer. 5 person who wears and shows new clothes to possible buyers: a fashion ~.

model² /ˈmɒdl/ v. (-ll- US -l-) 1 [I, T] show clothes, etc. to possible buyers by wearing them. 2 [T] create a copy of an activity, etc. so that you can study it before dealing with the real thing: The program can ~ a typical home page for you. 3 [I, T] shape clay, etc. in order to make something. [PV] **model yourself on somebody** copy the behaviour of somebody you like and respect in order to be like them.

modem /ˈməʊdem/ n. device that connects one computer system to another using a telephone line so that data can be sent.

moderate¹ /ˈmɒdərət/ adj. not extreme; limited. ● **moderate** n. person who has moderate opinions, esp. in politics. ▶ **moderately** adv. not very: only ~ly happy.

moderate² /ˈmɒdəreɪt/ v. [I] (cause something to) become less extreme or severe.

moderation /ˌmɒdəˈreɪʃn/ n. [U] quality of being reasonable and not extreme: Alcohol should only be taken in ~ (= in small quantities).

modern /ˈmɒdn/ adj. 1 of the present or recent times 2 new; up-to-date ▶ **modernize** (also -**ise**) /ˈmɒdənaɪz/ v. [I, T] bring something up to date ▶ **modernization** (also **-isation**) /ˌmɒdənaɪˈzeɪʃn/ n. [U]

modest /ˈmɒdɪst/ adj. 1 not very large, expensive, important, etc.: a ~ earning 2 (approv) not talking much about your own abilities or possessions. 3 (of people, esp. women) shy about showing much of the body; not intended to attract attention, esp. in a sexual way: ~ *attitude* ▶ **modestly** *adv.* ▶ **modesty** *n.* [U]

modify /'mɒdɪfaɪ/ *v.* (*pt, pp* **-ied**) [T] **1** change something slightly. **2** make something less extreme: ~ *your attitude.* **3** (*gram*) (*esp.* of an *adj.* or *adv.*) describe a word or restrict its meaning in some way: *In the phrase 'walk slowly', 'slowly' modifies 'walk'.* ▶ **modification** /ˌmɒdɪfɪ'keɪʃn/ *n.* [C, U]

module /'mɒdjuːl/ *n.* **1** independent unit in a course of study: *the history ~ in the social science course.* **2** (*computing*) unit of a computer system or program that has a particular function. **3** one of a set of parts or units that can be joined together to make a machine, a building, etc. **4** independent unit of a spacecraft. ▶ **modular** /-jələ(r)/ *adj.*

mohair /'məʊheə(r)/ *n.* [U] soft wool made from the fine hair of the angora goat.

moist /mɔɪst/ *adj.* slightly wet. ▶ **moisten** /'mɔɪsn/ *v.* [I, T] become or make something moist. ▶ **moisture** /'mɔɪstʃə(r)/ *n.* [U] tiny drops of water on a surface, etc.

molar /'məʊlə(r)/ *n.* large back tooth, used for grinding and chewing food.

mold, molder, moldy (*US*) = MOULD, MOULDER, MOULDY.

mole /məʊl/ *n.* **1** small grey furry animal that lives in tunnels. **2** small dark brown spot on the skin. **3** employee who secretly gives information to another organization, etc. ■ **'molehill** *n.* small pile of earth thrown up by a mole.

molecule /'mɒlɪkjuːl/ *n.* smallest group of atoms that a particular substance can consist of. ▶ **molecular** /mə'lekjələ(r)/ *adj.*

molest /mə'lest/ *v.* [T] attack somebody, esp. a child, sexually.

mollusc (*US* **mollusk**) /'mɒləsk/ *n.* any of a class of animals, e.g. oysters and snails, that have a soft body and usu. a hard shell.

molt (*US*) = MOULT.

molten /'məʊltən/ *adj.* (of metal, rock or glass) heated to a very high temperature so that it becomes liquid.

mom /mɒm/ *n.* (*US, infml.*) = MUM.

moment /'məʊmənt/ *n.* **1** [C] very short period of time. **2** [sing.] exact point in time. **3** [C] particular time for doing something: *I'm waiting for the right ~ to tell him.* [IDM] **the moment (that)** → MINUTE¹ ▶ **momentary** /-məntri/ *adj.* lasting for a very short time ▶ **momentarily** /-trəli/ *adv.* **1** for a very short time. **2** (*US, spoken*) very soon.

momentous /mə'mentəs/ *adj.* very important or serious.

momentum /mə'mentəm/ *n.* [U] **1** ability to keep increasing or developing: *They lost ~ in the second half.* **2** force that is gained by movement. **3** (*tech.*) quantity of movement of a moving object.

mommy /'mɒmi/ *n.* (*US*) = MUMMY.

monarch /'mɒnək/ *n.* king, queen, emperor or empress. ▶ **monarchy** *n.* (*pl.* **-ies**) **1** (**the monarchy**) [U] system of rule by a monarch. **2** [C] country ruled by a monarch.

monastery /'mɒnəstri/ *n.* (*pl.* **-ies**) building in which monks live.

monastic /mə'næstɪk/ *adj.* of monks or monasteries.

Monday /'mʌndeɪ; -di/ *n.* [C, U] the day of the week after Sunday and before Tuesday: *They're coming on next ~.* ◇ *last/next ~* ◇ *The zoo is closed on ~s* (= every Monday).

monetary /'mʌnɪtri/ *adj.* of money.

money /'mʌni/ *n.* [U] **1** what you earn by working or selling things, and use to buy things. **2** coins and printed paper accepted when buying and selling. [IDM] **get your money's worth** get full value for the money you have spent. ■ **'money box** *n.* box used for saving coins.

mongrel /'mʌŋgrəl/ *n.* dog of mixed breed.

monitor /'mɒnɪtə(r)/ *n.* **1** television screen used to show particular kinds of information. **2** screen that shows information from a computer: *a TV with a 17 inch colour ~* **3** piece of equipment used to check or record something: *a heart ~* **4** pupil with certain duties in a school. **5** person whose job is to check that something is done fairly and honestly. ● **monitor** *v.* [T] watch and check something over time to see how it develops.

monk /mʌŋk/ *n.* member of a male religious community living in a monastery.

monkey /'mʌŋki/ *n.* **1** small long-tailed tree-climbing animal. **2** (*infml.*) lively mischievous child.

mono /'mɒnəʊ/ *adj., n.* [U] (system of) recording or producing sound which comes from only one direction.

monochrome /'mɒnəkrəʊm/ *adj.* having only one colour or black and white.

monocle /'mɒnəkl/ *n.* single glass lens for one eye, used in the past.

monogamy /mə'nɒgəmi/ *n.* [U] fact or custom of being married to only one person at a time. ▶ **monogamous** /-məs/ *adj.*

monogram /'mɒnəgræm/ *n.* two or more letters (*esp.* a person's initials) combined in one design.

monologue (*US also* **monolog**) /'mɒnəlɒg/ *n.* long speech by one person, e.g. in a play.

monopoly /mə'nɒpəli/ *n.* (*pl.* **-ies**) **1** (*business*) complete control of trade in particular

goods or a service; type of goods or a service controlled in this way. **2** complete control, possession or use of something: *A good education should not be the ~ of the rich.* ▶
monopolize (*also* **-ise**) *v.* [T] have or take complete control of the largest part of something so that other people cannot share it.
monorail /'mɒnəʊreɪl/ *n.* [U] railway system using a single rail.
monosyllable /'mɒnəsɪləbl/ *n.* word with only one syllable. ▶ **monosyllabic** /ˌmɒnəsɪ'læbɪk/ *adj.*
monotonous /mə'nɒtənəs/ *adj.* never changing and therefore boring: *a ~ song.* ▶ **monotonously** *adv.* ▶ **monotony** /- təni / *n.* [U]
monsoon /ˌmɒn'suːn/ *n.* wind which blows in S. Asia, bringing heavy rains in the summer.
monster /'mɒnstə(r)/ *n.* **1** large ugly frightening (*esp.* imaginary) creature. **2** cruel or evil person. **3** animal or thing that is large and ugly.
monstrous /'mɒnstrəs/ *adj.* **1** very shocking and morally wrong. **2** very large, ugly and frightening. ▶ **monstrosity** /mɒn'strɒsəti/ *n.* (*pl.* **-ies**) something that is very large and ugly, esp. a building. ▶ **monstrously** *adv.*
month /mʌnθ/ *n.* one of the twelve divisions of the year; period of about four weeks. ▶ **monthly** *adj., adv.* **1** done or happening once a month. **2** paid, valid or calculated for one month. ▶ **monthly** *n.* (*pl.* **-ies**) magazine published once a month.
monument /'mɒnjumənt/ *n.* **1** building, statue, etc. to remind people of a person or event. **2** very old interesting building. ▶ **monumental** /ˌmɒnju'mentl/ *adj.* **1** very important and influential. **2** very large, good, bad, stupid, etc.; *a ~ faux paux* **3** of a monument.
moo /muː/ *n.* long deep sound made by a cow. ▶ **moo** *v.* [I]
mood /muːd/ *n.* **1** way you are feeling at a particular time: *She's in a foul ~* (= unhappy) *today.* **2** period of being angry or impatient. **3** (*gram*) any of the sets of verb forms which show that something is certain, possible, doubtful, etc.: *the indicative/subjunctive ~.* ▶ **moody** *adj.* (**-ier, -iest**) having moods that often change; bad- tempered. ▶ **moodily** *adv.*
moon[1] /muːn/ *n.* **1 (the moon)** [sing.] the round object that moves round the earth and shines at night. **2** [C] natural satellite that moves round a planet other than the earth. [IDM] **over the moon** (*infml., esp. GB*) extremely happy. ■ **'moonbeam** *n.* ray of light from the moon. ■ **'moonlight** *n.* [U] light of the moon. ■ **'moonlight** *v.* (*pt, pp* **-lighted**) [I] (*infml.*) have a second job, esp. at night, in addition to your main job.
moon[2] /muːn/ *v.* [PV] **moon about/around** (*GB, infml.*) spend time doing nothing or walking about with no particular purpose.
moor[1] /mɔː(r)/ *n.* [C, usu. pl.] open uncultivated high land, esp. covered with heather: *stroll on the ~s* ■ **'moorland** *n.* [U, C] land consisting of moor.
moor[2] /mɔː(r); mʊə(r)/ *v.* [I, T] fasten a boat, etc. to the land or a fixed object with ropes, etc. ▶ **mooring** *n.* **1 (moorings)** [pl.] ropes, anchors, etc., used to moor a boat **2** [C] place where a boat is moored.
moose /muːs/ *n.* (*pl.* **moose**) (*US*) kind of very large deer.
mop /mɒp/ *n.* **1** tool for washing floors that has a long handle and a bunch of thick strings or cloth at the end. **2** mass of thick untidy hair. ● **mop** *v.* (**-pp-**) [T] **1** clean something with a mop. **2** wipe liquid from the surface of something using a cloth. [PV] **mop something up** remove the liquid from something using something that absorbs it.
mope /məʊp/ *v.* [I] spend your time doing nothing and feeling sorry for yourself.
moped /'məʊped/ *n.* kind of motorcycle with a small engine.
moral /'mɒrəl/ *adj.* **1** concerning principles of right and wrong: *~ rights.* **2** following the standards of behaviour considered acceptable and right by most people. ▶ **morally** *adv.* ■ **ˌmoral sup'port** *n.* [U] encouragement or sympathy. ● **moral** *n.* **1 (morals)** [pl.] principles or standards of good behaviour. **2** [C] practical lesson that a story or experience teaches you.
morale /mə'rɑːl/ *n.* [U] amount of confidence, enthusiasm, etc. that a person or group has.
morality /mə'ræləti/ *n.* (*pl.* **-ies**) **1** [U] principles of good or right behaviour. **2** [C] system of moral principles followed by a group of people.
moralize (*also* **-ise**) /'mɒrəlaɪz/ *v.* [I] *~*(**about/on**) (*esp. disapprov*) tell other people what is right or wrong.
morbid /'mɔːbɪd/ *adj.* having an unhealthy interest in death ▶ **morbidly** *adv.*
more /mɔː(r)/ *det., pron.* (used as the comparative of 'much', 'a lot of', 'many') a large number or amount of: *I need ~ money.* ◇ *~ animals* ◇ *Please show me ~.* ● **more** *adv.* **1** used to form comparatives of adjectives and adverbs: *~ costly* ◇ *talk ~ quietly.* **2** to a greater extent than something else; to a greater degree than usual: *You need to drink ~.* ◇ *I'll visit there once ~* (= one more time). [IDM] **more and more** increasingly. **more or less 1** almost. **2** approximately: *£60, ~ or less.*

moreover /mɔːrˈəʊvə(r)/ adv. (fml.) in addition; besides.

morgue /mɔːg/ n. (esp. GB) building in which dead bodies are kept before a funeral.

morning /ˈmɔːnɪŋ/ n. [C, U] early part of the day from the time when people wake up until midday or before lunch. [IDM] **in the morning** during the morning of the next day: see him ~. ■ **'morning dress** n. [U] clothes worn by a man on very formal occasions, e.g. weddings

moron /ˈmɔːrɒn/ n. (infml.) stupid person. ▶ **moronic** /məˈrɒnɪk/ adj.

morose /məˈrəʊs/ adj. sad, bad-tempered and silent. ▶ **morosely** adv.

morphine /ˈmɔːfiːn/ n. [U] powerful drug made from opium, used to reduce pain.

Morse code /ˌmɔːs ˈkəʊd/ n. [U] system of sending messages using short and long sounds, etc. to represent letters.

morsel /ˈmɔːsl/ n. ~(of) small piece, esp. of food.

mortal /ˈmɔːtl/ adj. **1** that must die. **2** (lit.) causing death: a ~ attack. **3** extreme: in ~ grip. ● **mortal** n. human being. ▶ **mortality** /mɔːˈtæləti/ n. [U] **1** state of being human and not living for ever. **2** number of deaths in a particular situation or period: the infant ~ rate (= the number of babies that die at or just after birth). ▶ **mortally** /ˈmɔːtəli/ adv. (lit.) **1** resulting in death: ~ly wounded. **2** extremely: ~ly deprived.

mortar /ˈmɔːtə(r)/ n. **1** [U] mixture of lime, sand and water, used to hold bricks, etc. together in building. **2** [C] heavy gun that fires bombs and shells high into the air. **3** [C] strong bowl in which substances, e.g. seeds and grains, can be crushed with a special tool (**pestle**).

mortgage /ˈmɔːgɪdʒ/ n. **1** legal agreement by which a bank lends you money to buy a house, etc. **2** sum of money borrowed. ● **mortgage** v. [T] give a bank, etc. the right to own your house in return for money lent.

mortify /ˈmɔːtɪfaɪ/ v. (pt, pp **-ied**) [T] (usu. passive) make somebody feel very ashamed or embarrassed. ▶ **mortification** /ˌmɔːtɪfɪˈkeɪʃn/ n. [U]

mortuary /ˈmɔːtʃəri/ n. (pl. **-ies**) **1** building or room in which dead bodies are kept before a funeral. **2** (US) = FUNERAL PARLOUR (FUNERAL).

mosaic /məʊˈzeɪɪk/ n. [C, U] picture or pattern made by placing together small pieces of coloured glass or stone.

Moslem = MUSLIM

mosque /mɒsk/ n. building in which Muslims worship.

mosquito /məsˈkiːtəʊ/ n. (pl. **~es**) small flying insect that sucks blood.

moss /mɒs/ n. [U] (thick mass of a) small green or yellow plant that grows on damp surfaces. ▶ **mossy** adj. (**-ier, -iest**)

most /məʊst/ det., pron. (used as the superlative of 'much', 'a lot of', 'many') **1** the largest in number or amount: Who will get the ~ gifts? ◇ He talked the ~. **2** more than half of somebody/something; almost all of somebody/something: ~ people will pay the income tax. [IDM] **at (the) most** not more than. ● **most** adv. **1** used to form superlatives of adjectives and adverbs: the ~ expensive diamond. **2** to the greatest degree: Old people sleep ~ lightly. **3** (fml.) very: a ~ interesting seminar. [IDM] **most likely** → LIKELY ▶ **mostly** adv. mainly; generally.

motel /məʊˈtel/ n. hotel for people travelling by car.

moth /mɒθ/ n. winged insect, similar to the butterfly that flies mainly at night. ■ **'mothball** n. small ball of a strong-smelling substance, for keeping moths out of clothes. ■ **'moth-eaten** adj. **1** (of clothes) damaged by moths. **2** (disapprov) old and in bad condition.

mother /ˈmʌðə(r)/ n. **1** female parent. **2** head of a female religious community. ● **mother** v. [T] care for somebody/something because you are their mother or as if you were their mother. ■ **'mother country** n. country where you were born. ▶ **motherhood** n. [U] ■ **'mother-in-law** n. (pl. **~s-in-law**) mother of your wife or husband. ▶ **motherly** adv. of or like a mother. ■ **'mother tongue** n. language that you first learn to speak as a child.

motif /məʊˈtiːf/ n. theme or pattern in music or art.

motion /ˈməʊʃn/ n. **1** [U] act or process of moving or the way something moves. **2** [C] particular movement: wave with a ~ of the hand. **3** [C] formal proposal to be discussed and voted on at a meeting. [IDM] **go through the motions (of doing something)** (infml.) do something because you have to, not because you want to. **set/put something in motion** start something moving. ● **motion** v. [I, T] ~**to** signal to somebody by making a movement of the hand or head. ▶ **motionless** adj. not moving.

motivate /ˈməʊtɪveɪt/ v. [T] **1** be the reason why somebody does something. **2** make somebody want to do something. ▶ **motivation** /ˌməʊtɪˈveɪʃn/ n. [C, U]

motive /'məʊtɪv/ n. reason for doing something: *I'm suspicious of his motives.*
motor /'məʊtə(r)/ n. **1** device that changes power into movement: *an electronic ~* **2** (*GB, old-fash.*) car ● **motor** *adj.* **1** having an engine, using the power of an engine: *~ cycles.* **2** of vehicles that have engines:*~ racing.* ● **motor** *v.* [I] (*old-fash., GB*) travel by car ■ **'motorbike** *n.* = MOTORCYCLE ■ **motorcade** /'məʊtəkeɪd/ *n.* procession of motor cars. ■ **'motor car** *n.* (*GB, fml.*) = CAR ■ **'motorcycle** *n.* road vehicle with two wheels, driven by an engine. ▶ **motorcycling** *n.* [U] sport of riding motorcycles. ▶ **motorist** *n.* person who drives a car. ▶ **motorized** (*also* **-ised**) *adj.* having an engine: *a ~ wheelchair.* ■ **'motor racing** *n.* [U] sport of racing fast cars on a special track. ■ **'motor scooter** *n.* (*esp. US*) = SCOOTER(1) ■ **'motorway** *n.* [C, U] (in Britain) wide road with at least two lanes in each direction, for fast traffic.
motto /'mɒtəʊ/ *n.* (*pl.* ~es or ~s) short sentence that expresses the aims and beliefs of a person, a group, etc. and is used as a rule of behaviour.
mould /məʊld/ *n.* **1** [C] shaped container, into which a soft or liquid substance is poured so that it sets in that shape. **2** [U] fine soft grey or green substance like fur that grows on old food, etc. ● **mould** *v.* [T] **1** shape something in a mould. **2** strongly influence the way somebody's character, etc. develops. ▶ **mouldy** *adj.* (-ier, -iest) covered with or containing mould: *~y rock surface.*
moulder /'məʊldə(r)/ *v.* [I] decay slowly and steadily.
moult /məʊlt/ *v.* [I] **1** (of a bird) lose feathers. **2** (of a dog or cat) lose hair.
mound /maʊnd/ *n.* **1** small hill. **2** pile or heap.
mount /maʊnt/ *v.* **1** [T] organize and begin something: *~ an expedition.* **2** [I] increase gradually: *~ing prices.* **3** [T] go up something or up on to something raised: *slowly ~ the hill.* **4** [I, T] get on a bicycle, horse, etc. in order to ride it. **5** [T] fix something in position: *a diamond ~ed in platinum.* ● **mount** *n.* **1** (**Mount**) (*abbr.* **Mt.**) (used in place names) mountain. **2** (*lit.*) horse that you ride on.
mountain /'maʊntən/ *n.* **1** [C] very high hill, often with rocks near the top. **2** [usu. pl.] (*infml.*) very large amount or number of something: *We ate ~s of sandwiches.* [IDM] **make a mountain out of a molehill** make an unimportant matter seem important. ▶ **mountaineer** /ˌmaʊntə'nɪə(r)/ *n.* person who is skilled at climbing mountains. ▶ **mountaineering** *n.* [U] ▶ **mountainous** *adj.* **1** having many mountains. **2** huge: *~ous waves.*

mourn /mɔːn/ *v.* [I, T] ~(for) feel or show sadness for somebody/something, esp. somebody's death. ▶ **mourner** *n.* ▶ **mournful** *adj.* sad ▶ **mourning** *n.* [U] **1** sadness that you show and feel because somebody has died. **2** black clothes, worn to show sadness at somebody's death.
mouse /maʊs/ *n.* (*pl.* **mice** /maɪs/) **1** small furry animal with a long tail. **2** (*pl.* also **~s**) (*computing*) small device moved by hand across a surface to control the movement of the cursor on a computer screen. ▶ **mousy** (*also* **mousey**) /'maʊsi/ *adj.* (-ier, -iest) (*disapprov*) **1** (of hair) of a dull brown colour. **2** (of people) shy and quiet.
mousse /muːs/ *n.* [U, C] cold sweet dish made from cream and eggs, flavoured with fruit or chocolate.
moustache /mə'stɑːʃ/ (*US* **mustache** /'mʌstæʃ/) *n.* hair allowed to grow on the upper lip.
mouth¹ /maʊθ/ *n.* (*pl.* ~s /maʊðz/) **1** opening in the face used for speaking, eating, etc. **2** entrance or opening of something: *the ~ of the cave* ▶ **mouthful** *n.* **1** [C] amount of food, etc. put into the mouth at one time. **2** [sing.] (*infml.*) word or phrase that is too long or difficult to say. ■ **'mouth organ** *n.* musical instrument played by passing it along the lips while blowing or sucking air. ■ **'mouthpiece** *n.* **1** part of a musical instrument, telephone, etc. that is placed in or near the mouth. **2** person, newspaper, etc. that expresses the opinions of others. ■ **'mouthwatering** *adj.* (*approv*) (of food) looking or smelling delicious.
mouth² /maʊð/ *v.* [I, T] say something by moving your lips but not making any sound.
movable /'muːvəbl/ *adj.* that can be moved from one place to another.
move¹ /muːv/ *v.* **1** [I, T] (cause somebody/something to) change place or position: *Don't ~ while I'm making the picture.* **2** [I] make progress: *The company has to ~ ahead of the competition.* **3** [I] ~(**from, to**) change the place where you live, have your work, etc.: *They are -ing (house) soon to a new town.* **4** [T] cause somebody to have strong feelings, esp. pity: *~d by a sad story* **5** [T] (*fml.*) suggest something formally so that it can be discussed and decided. [PV] **move in/out** take possession of a new/leave your old house. **move off** (*esp.* of a vehicle) start moving and leave.
move² /muːv/ *n* **1** action done to achieve a purpose: *~s to end the hunger strike.* **2** change of place or position, esp. in a board game: *It's your ~!* [IDM] **be on the move 1** be travel-

...ling between one place or another. **2** be moving **get a move on** (*spoken*) hurry up **make a move** (*GB, infml.*) begin a journey or task.
movement /'muːvmənt/ *n.* **1** [C, U] (act of) moving the body or part of the body. **2** [C, with sing. or pl. verb] group of people with a shared set of aims or principles: *the social ~* **3** [C] one of the main sections of a piece of music.
movie /'muːvi/ *n.* (*esp. US*) **1** [C] cinema/film. **2 (the movies)** [pl.] the cinema.
mow /məʊ/ *v.* (*pt ~ed pp ~n* /məʊn/ *or ~ed*) [T] cut grass, etc., esp. with a lawnmower. [PV] **mow somebody down** kill people in large numbers, using a vehicle or a gun. ▶ **mower** *n.* = LAWN-MOWER (LAWN).
MP /ˌem 'piː/ *abbr., n.* (*esp. GB*) Member of Parliament.
mpg /ˌem piː 'dʒiː/ *abbr.* miles per gallon.
mph /ˌem piː 'eɪtʃ/ *abbr.* miles per hour.
MPV /ˌem piː 'viː/ *n.* multi-purpose vehicle; large car like a van.
Mr /'mɪstə(r)/ *abbr.* title for a man.
Mrs /'mɪsɪz/ *abbr.* title for a married woman.
Ms /mɪz; məz/ *abbr.* title for a married or unmarried woman.
Mt *abbr.* = MOUNT: *Mt Everest*
much /mʌtʃ/ *det., pron.* a large amount or quantity of something: *I haven't got ~ time.* ◊ *too ~ sugar* ◊ *How ~ does it cost?* (= What does it cost)? [IDM] **not much of a** ... not a good ...: *He's not ~ of a shooter.* ● **much** *adj.* to a great degree: *work ~ slower.* ◊ *He isn't in the house ~* (= often). ◊ *My new job is ~ the same as the old one.* [IDM] **much as** although: *M~ as I want to leave, I must stay.*
muck /mʌk/ *n.* [U] **1** waste matter from farm animals; manure. **2** (*infml.*) dirt or mud. ● **muck** *v.* [PV] **muck about/around** (*GB, infml.*) behave in a silly way. **muck in** (*GB, infml.*) work with other people to complete a task: *If we all ~ in we'll soon get the job done,* **muck something up** (*infml., esp. GB*) **1** do something badly; spoil something **2** make something dirty ▶ **mucky** *adj.* (**-ier, -iest**)
mucous /'mjuːkəs/ *adj.* of or covered with mucus. ■ **ˌmucous 'membrane** *n.* (*anat.*) moist skin that lines parts of the body such as the nose and mouth.
mucus /'mjuːkəs/ *n.* [U] sticky liquid produced by the mucous membrane e.g. in the nose.
mud /mʌd/ *n.* [U] soft wet earth. ▶ **muddy** *adj.* (**-ier, -iest**) ■ **'mudguard** *n.* curved cover over a wheel of a bicycle.
muddle /'mʌdl/ *n.* [C, usu. sing.] state of confusion or untidiness. ● **muddle** *v.* [T] **1** put things in the wrong order or mix them up. **2** confuse somebody [PV] **muddle along** (*esp. GB*) continue doing something with no clear plan or purpose. **muddle through** achieve your aims, even though you do not really know how to do things.
muesli /'mjuːzli/ *n.* [U] breakfast food of grain, nuts, dried fruit, etc.
muffle /'mʌfl/ *v.* [T] **1** make sound quieter and less easily heard. **2** wrap or cover somebody/something for warmth. ▶ **muffler** *n.* **1** (*old-fash.*) scarf worn round the neck for warmth. **2** (*US*) = SILENCER (SILENCE).
mug /mʌɡ/ *n.* **1** tall cup for drinking from, usu. with straight sides and a handle. **2** mug and what it contains. **3** (*sl.*) person's face. **4** (*infml.*) person who is stupid and easy to trick. ● **mug** *v.* (**-gg-**) [T] attack somebody violently in order to steal their money. ▶ **mugger** *n.* ▶ **mugging** *n.* [C, U]
muggy /'mʌɡi/ *adj.* (**-ier, -iest**) (of weather) unpleasantly warm and damp.
Muhammad (*also* **Mohammed**) /məˈhæmɪd/ *n.* Arab prophet and founder of Islam.
mulberry /'mʌlbəri/ *n.* (*pl.* **-ies**) (purple or white fruit of a) tree with broad dark green leaves.
mule /mjuːl/ *n.* animal that is half donkey and half horse, used for carrying heavy loads.
mull /mʌl/ *v.* [PV] **mull something over** think about something carefully: *Give me time to ~ it over before deciding where to go.*
mulled /mʌld/ *adj.* (of wine) mixed with sugar and spices and heated.
multi- /mʌlti/ *prefix* (in nouns and adjectives) more than one; many: *~ -ethnic group.*
multilateral /ˌmʌltiˈlætərəl/ *adj.* in which three or more countries, groups, etc. take part.
multimedia /ˌmʌltiˈmiːdiə/ *adj.* (in computing) using sound, pictures and film in addition to text on a screen: *the ~ industry* (= producing CD-ROMs, *etc.*)
multinational /ˌmʌltiˈnæʃnəl/ *adj.* involving many countries ▶ **multinational** *n.* very large powerful company that operates in many countries.
multiple /'mʌltɪpl/ *adj.* many in number; involving many different people or things. ● **multiple** *n.* (*maths.*) quantity that contains another quantity an exact number of times: *28 is a ~ of 7.* ■ **ˌmultipleˈchoice** *adj.* (of exam questions) with several possible answers shown from which you must choose the correct one. ■ **ˌmultiple scleˈrosis** /-skləˈrəʊsɪs/ *n.* [U] (*abbr.* **MS**) serious disease of the nervous system that causes loss of control of movement and speech.
multiply /'mʌltɪplaɪ/ *v.* (*pt, pp* **-ied**) [I, T] **1**

add a number to itself the number of times that is mentioned: *6 multiplied by 5 is 30.* **2** (cause something to) increase in number or amount. **3** (*biol.*) (cause something to) reproduce in large numbers: *Rabbits ~ quickly.* ▶ **multiplication** /-'keɪʃn/ *n.* [U, C]

multi-purpose /ˌmʌlti'pɜːpəs/ *adj.* able to be used for several different purposes.

multi-skilling /ˌmʌlti'skɪlɪŋ/ *n.* [U] (*business*) fact of a person being trained in several different jobs requiring different skills.

multitasking /ˌmʌlti'tɑːskɪŋ/ *n.* [U] **1** (*computing*) ability of a computer to operate several programs at the same time. **2** activity of doing several things at the same time.

multitude /'mʌltɪtjuːd/ *n.* (*fml.*) large number of people or things.

mum /mʌm/ (*US* **mom**) *n.* (*infml.*) mother. ● **mum** *adj.* [IDM] **keep mum** (*infml.*) say nothing about something; keep silent **mum's the word!** (*infml.*) used to tell somebody to keep something secret.

mumble /'mʌmbl/ *v.* [I, T] speak or say something unclearly.

mummify /'mʌmɪfaɪ/ *v.* (*pt, pp* **-ied**) [T] preserve a dead body by treating it with oils and wrapping it in cloth.

mummy /'mʌmi/ *n.* (*pl.* **-ies**) **1** (*US* **mommy**) (*infml.*) child's word for a mother. **2** dead body that has been mummified: *an Egyptian ~*

mumps /mʌmps/ *n.* [U] disease, esp. of children, that causes painful swellings in the neck.

munch /mʌntʃ/ *v.* [I, T] eat something steadily and often noisily.

mundane /mʌn'deɪn/ *adj.* not interesting or exciting.

municipal /mjuː'nɪsɪpl/ *adj.* of a town or city with its own local government. ▶ **municipality** /mjuːˌnɪsɪ'pæləti/ *n.* (*pl.* **-ies**) town or city with its own local government.

munitions /mjuː'nɪʃnz/ *n.* [pl.] military supplies, esp. bombs and guns.

mural /'mjʊərəl/ *n.* picture painted on a wall.

murder /'mɜːdə(r)/ *n.* **1** [U, C] crime of killing somebody deliberately. **2** [U] (*spoken*) used to describe something difficult or unpleasant: *Climbing that mountain was ~.* ● **murder** *v.* [T] kill somebody deliberately and illegally. ▶ **murderer** *n.* person guilty of murder. ▶ **murderous** *adj.* intending or likely to murder: *a ~ous wound.*

murky /'mɜːki/ *adj.* (**-ier, -iest**) unpleasantly dark: *~ waters of the swamp.*

murmur /'mɜːmə(r)/ *v.* [T] say something in a low voice: [I] make a quiet continuous sound. ● **murmur** *n.* **1** quietly spoken word(s). **2** quiet expression of feeling: *He paid the extra cost without a ~* (= without complaining at all). **3** low continuous sound in the background.

muscle /'mʌsl/ *n.* **1** [C, U] (one of the pieces of) elastic tissue in the body that you tighten to produce movement. **2** [U] physical strength. ● **muscle** *v.* [PV] **muscle in (on somebody/something)** (*infml., disapprov*) join in something when you have no right to do so, for your own advantage.

muscular /'mʌskjələ(r)/ *adj.* **1** of the muscles. **2** having large strong muscles.

museum /mju'ziːəm/ *n.* building in which objects of art, history or science are shown.

mushroom /'mʌʃrʊm/ *n.* fungus of which some kinds can be eaten. ● **mushroom** *v.* [I] spread or grow in number quickly.

music /'mjuːzɪk/ *n.* [U] **1** sounds arranged in a way that is pleasant or exciting to listen to: *create ~* **2** art of writing or playing music. **3** written or printed signs representing the sounds to be played or sung in a piece of music. ▶ **musical** /-kl/ *adj.* **1** of music. **2** fond of or skilled in music. ▶ **musical** *n.* play or film with songs and usu. dancing. ■ ˌmusical 'instrument *n. See pg 301 for picture.* object used for producing musical sounds, e.g. a piano or a drum. ▶ **musically** /-kli/ *adv.*

musician /mju'zɪʃn/ *n.* person skilled in playing music; writer of music.

Muslim /'mʊzlɪm/ *n.* person whose religion is Islam. ● **Muslim** *adj.* of Muslims or Islam.

muslin /'mʌzlɪn/ *n.* [U] thin fine cotton cloth.

mussel /'mʌsl/ *n.* kind of edible shellfish with a black shell.

must /məst; *strong form* mʌst/ *modal v.* (*neg.* **must not** *short form* **mustn't** /'mʌsnt/) **1** used to say that something is necessary or very important (often involving a rule or law): *You ~ eat your food before you go.* ◇ *Visitors ~ not tease the birds.* **2** used to say something is likely or logical: *You ~ be* (= *I* am sure that you are) *relaxed after your retirement.* ● **must** *n.* (*infml.*) thing that must be done, seen, etc.: *Her new music is a ~.*

mustache (*US*) = MOUSTACHE.

mustard /'mʌstəd/ *n.* [U] yellow substance made from the seeds of a plant, used to flavour food.

muster /'mʌstə(r)/ *v.* **1** [T] find as much support, courage, etc. as you can: *She left the room with all the dignity she could ~.* **2** [I, T] (cause people to) gather together.

musty /'mʌsti/ *adj.* (**-ier, -iest**) smelling damp and unpleasant because of a lack of fresh air.

mutation /mjuː'teɪʃn/ *n.* [C, U] (*biol.*) (instance of) change in a living thing that causes a new kind of thing to develop: *genetic* ~s.

mute /mjuːt/ *adj.* (*written*) not speaking ● **mute** *n.* **1** (*music*) device used to lessen the sound of a musical instrument. **2** (*old-fash.*) person who is unable to speak. ▶ **muted** *adj.* quiet; gentle; not bright: ~*d colours*.

mutilate /ˈmjuːtɪleɪt/ *v.* [T] damage somebody's body severely, esp. by cutting or tearing off part of it. ▶ **mutilation** /ˌmjuːtɪˈleɪʃn/ *n.* [U, C]

mutiny /ˈmjuːtəni/ *n.* [U, C] (*pl.* **-ies**) rebellion against authority, esp. by sailors. ▶ **mutineer** /ˌmjuːtəˈnɪə(r)/ *n.* person who takes part in a mutiny. ▶ **mutinous** /-nəs/ *adj.* **1** refusing to obey somebody in authority. **2** taking part in a mutiny. ● **mutiny** *v.* (*pt, pp* **-ied**) [I] (*esp.* of soldiers and sailors) refuse to obey somebody in authority.

mutter /ˈmʌtə(r)/ *v.* [I, T] speak or say something in a low quiet voice, esp. because you are annoyed about something. ● **mutter** *n.* [C, usu. sing.] quiet sound or words that are difficult to hear.

mutton /ˈmʌtn/ *n.* [U] meat from a sheep.

mutual /ˈmjuːtʃuəl/ *adj.* **1** felt or done by each towards the other: ~ *affection* /*respect*/*faith*. **2** shared by two or more people: *a* ~ *acquaintance*. ▶ **mutually** /-uəli/ *adv.*

muzzle /ˈmʌzl/ *n.* **1** nose and mouth of an animal. **2** guard placed over the nose and mouth of an animal to prevent it from biting people. **3** open end of a gun, where the bullets come out. ● **muzzle** *v.* [T] **1** put a muzzle over a dog's head. **2** prevent somebody from expressing their opinions freely.

MW *abbr.* = MEDIUM WAVE (MEDIUM).

my /maɪ/ *det.* **1** of or belonging to me: *Where's my cap?* **2** used in exclamations to express surprise, etc.: *My goodness!* **3** used when addressing somebody to show affection: *my dear*.

myopia /maɪˈəʊpiə/ *n.* [U] (*anat.*) inability to see clearly objects that are far away. ▶ **myopic** /-ˈɒpɪk/ *adj.*

myriad /ˈmɪriəd/ *n.* (*lit.*) extremely large number: *a* ~ *of stars*.

myrrh /mɜː(r)/ *n.* [U] sticky sweet-smelling substance that comes from trees, used for making incense and perfume.

myself /maɪˈself/ *pron.* **1** (the reflexive form of *I*) used when the speaker or writer is also the person affected by the action: *I've cut* ~. **2** used to emphasize that the speaker is doing something: *I'll see her* ~. ■ [IDM] (all) by myself **1** alone; without anyone else. **2** without help.

mysterious /mɪˈstɪəriəs/ *adj.* **1** hard to understand or explain: *her* ~ *reappearance*. **2** keeping things secret: *He's been very* ~ *and not shared his plans*. ▶ **mysteriously** *adv.*

mystery /ˈmɪstri/ *n.* (*pl.* **-ies**) **1** [C] something that cannot be understood or explained: *Her success is a real* ~. **2** [U] quality of being difficult to understand or explain.

mystic /ˈmɪstɪk/ (*also* **mystical** /ˈmɪstɪkl/) *adj.* having hidden meaning or spiritual powers. ● **mystic** *n.* person who practises mysticism. ▶ **mysticism** /ˈmɪstɪsɪzəm/ *n.* [U] belief that knowledge of God and real truth can be found through prayer and meditation.

mystify /ˈmɪstɪfaɪ/ *v.* (*pt, pp* **-ied**) [T] make somebody confused because they do not understand something.

mystique /mɪˈstiːk/ *n.* [U, sing.] quality of mystery associated with a person or thing: *The* ~ *surrounding the monarchy will live for ever*.

myth /mɪθ/ *n.* [C, U] **1** (type of) story from ancient times: *ancient Greek* ~ *s*. **2** something that many people believe but that does not exist or is false. ▶ **mythical** /-ɪkl/ *adj.* **1** existing only in myths. **2** that does not exist or is not true.

mythology /mɪˈθɒlədʒi/ *n.* [U, C] **1** group of ancient myths: *Greek* ~ **2** ideas or facts that many people believe but that are not true. ▶ **mythological** /ˌmɪθəˈlɒdʒɪkl/ *adj.* of ancient myths: *mythological stories*.

N n

N *abbr.* north(ern): *N Yorkshire*.
N, n /en/ *n.* [C, U] (*pl.* **N's, n's** /enz/) the fourteenth letter of the English alphabet.
nab /næb/ *v.* (**-bb-**) [T] (*infml.*) **1** catch somebody doing wrong. **2** take or get something: *Who ~ bed her tea?*
nag /næg/ *v.* (**-gg-**) [I, T] **~(at) 1** keep criticizing somebody or asking them to do something. **2** worry or irritate you continuously.
nail /neɪl/ *n.* **1** thin hard layer covering the outer tip of the fingers or toes. **2** small thin pointed piece of metal, hit with a hammer, e.g. to hold pieces of wood together. ● **nail** *v.* [T] **1** fasten something to something with a nail or nails. **2** (*infml.*) catch somebody and prove they are guilty of a crime. [PV] **nail somebody down (to something)** force somebody to say clearly what they plan to do.
naive (*also* **naïve**) /naɪˈiːv/ *adj.* **1** (*disapprov.*) lacking experience of life and willing to believe that people always tell you the truth. **2** (of people and their behaviour) innocent and simple. ▶ **naively** *adv.* ▶ **naivety** *n.* [U].
naked /ˈneɪkɪd/ *adj.* **1** not wearing any clothes. **2** without the usual covering: *a ~ light* [IDM] **the naked eye** normal power of the eye without the help of an instrument. ▶ **nakedly** *adv.* ▶ **nakedness** *n.* [U]
name /neɪm/ *n.* **1** [C] word(s) by which a person or thing is known: *My ~ is Tim.* **2** [usu. sing.] general opinion that people have of somebody/something; reputation: *She made her ~ as a singer* **3** [C] famous person: *the big ~s in media.* [IDM] **in the name of somebody/something. 1** on behalf of somebody/something. **2** by the authority of something: *The police arrested him in the ~ of the law.* **make a name for yourself** become well known. ● **name** *v.* [T] **1** ~(after) (*US*) ~(for) give a name to somebody/something: *The two children were ~d after their father.* **2** say the name(s) of somebody/something: *The infant has been ~d.* **3** state something exactly; choose somebody/something: *~ the day for the meeting.* ■ **'name-dropping** *n.* [U] (*disapprov.*) mentioning the names of famous people that you know in order to impress others. ▶ **nameless** *adj.* **1** having no name. **2** not to be mentioned or described: *~less horrors* ▶ **'namesake** *n.* person or thing with the same name as somebody/something else.
namely /ˈneɪmli/ *adv.* that is to say: *Only one child was missing, ~ Peter.*
nanny /ˈnæni/ *n.* (*pl.* **-ies**) woman employed to look after children.
nanny goat /ˈnæni ɡəʊt/ *n.* female goat.
nap /næp/ *n.* **1** [C] short sleep, esp. during the day. **2** [sing.] surface of cloth, etc. made of soft hairs usu. brushed in one direction. ● **nap** *v.* (**-pp-**) [I] sleep for a short time, esp. during the day.
napalm /ˈneɪpɑːm/ *n.* [U] petroleum jelly used in bombs.
nape /neɪp/ *n.* [C, sing] back of the neck.
napkin /ˈnæpkɪn/ *n.* piece of cloth or paper used at meals for protecting your clothes and wiping your hands and lips.
nappy /ˈnæpi/ *n.* (*pl.* **-ies**) piece of cloth or padding folded round a baby's bottom to absorb waste matter.
narcissus /nɑːˈsɪsəs/ *n.* (*pl.* **narcissi** /nɑːˈsɪsaɪ/) one of several kinds of spring flower, e.g. daffodil.
narcotic /nɑːˈkɒtɪk/ *n. adj.* (kind of drug) producing sleep.
narrate /nəˈreɪt/ *v.* [T] (*fml.*) tell a story. ▶ **narration** /nəˈreɪʃn/ *n.* [C, U] ▶ **narrator** *n.* person who narrates.
narrative /ˈnærətɪv/ *n.* **1** [C] description of events, esp. in a novel. **2** [U] act, process or skill of telling a story.
narrow /ˈnærəʊ/ *adj.* **1** small in width: *a ~ path* **2** only just achieved or avoided: *a ~ escape.* **3** limited in a way that ignores important issues or the opinions of others: *a ~ view of the city.* **4** limited in variety or numbers: *a ~ circle of boys.* ● **narrow** *v.* [I, T] become or make something narrower. ▶ **narrowly** *adv.* only by a small amount: *~ly escape* ■ **,narrow'minded** *adj.* (*disapprov.*) not willing to consider new ideas or the opinions of others. ▶ **narrowness** *n.* [U].
nasal /ˈneɪzl/ *adj.* of or in the nose.
nasturtium /nəˈstɜːʃəm/ *n.* garden plant with red, orange or yellow flowers.
nasty /ˈnɑːsti/ *adj.* (**-ier, -iest**) **1** very bad or unpleasant: *a ~ taste.* **2** unkind; unpleasant: *make ~ remarks about somebody.* **3** dangerous or serious: *a ~ accident* ▶ **nastily** *adv.* ▶ **nastiness** *n.* [U].
nation /ˈneɪʃn/ *n.* large community of people living in a particular country under one government. ■ **,nation'wide** *adj., adv.* over the whole of a nation.
national /ˈnæʃnəl/ *adj.* **1** of a particular nation; shared by a whole nation: *local and ~ news.* **2** owned, controlled or supported by the federal government: *a ~ ship.* ● **national** *n.* (*tech.*) citizen of a particular country. ■ **,national 'anthem** *n.* official song of a nation. ■ **,National 'Health Service** *n.* [sing.] (*abbr.* **NHS**) (in Britain) public service that provides medical care, paid for by taxes. ■ **,National In'surance** *n.* [U] (*abbr.* **NI**) (in

Britain) system of compulsory payments made by workers to provide help the sick, elderly or the unemployed. ▶ **nationalism** *n.* [U] **1** feeling that your country should be politically independent. **2** love of and support for your own country. ▶ **nationalist** *adj., n.* ▶ **nationally** *adv.* ■ ,**national 'service** *n.* [U] period of compulsory service in the armed forces.

nationality /ˌnæʃəˈnæləti/ *n.* [U, C] (*pl.* **-ies**) legal right of belonging to a particular nation: *a person with French ~.*

nationalize (*also* **-ise**) /ˈnæʃnəlaɪz/ *v.* [T] transfer a company from private to government ownership. ▶ **nationalization** (*also* -**isation**) /ˌnæʃnəlaɪˈzeɪʃn/ *n.* [U]

native /ˈneɪtɪv/ *n.* **1** person born in a place or country. **2** person who lives in a place, esp. somebody who has lived there a long time. **3** animal or plant which occurs naturally in a place ● **native** *adj.* **1** of the place of your birth: *my ~ country*. **2** (of an animal or plant) found naturally in a certain area. ■ ,**Native A'merican** *n., adj.* (of a) member of any of the races of people who were the original people living in America.

nativity /nəˈtɪvəti/ *n.* **(the Nativity)** [sing.] birth of Jesus Christ.

NATO /ˈneɪtəʊ/ *n.* [sing.] North Atlantic Treaty Organization; military association of several countries.

natural /ˈnætʃrəl/ *adj.* **1** existing in nature; not made or caused by humans: *the earth's ~ resources* (= its coal, oil, *etc.*) **2** normal; as you would expect: *to suffer of ~ causes* (= of old age.) **3** of the basic character of a living thing: *It's ~ for a tiger to eat meat.* **4** born with a certain skill: *a ~ singer.* **5** relaxed and not pretending to be something/somebody different. ● **natural** *n.* person who is very good at something without having to learn how to do it: *That singer is a ~.* ■ ,**natural 'history** *n.* [U] study of plants and animals.

naturalist /ˈnætʃrəlɪst/ *n.* person who studies plants and animals.

naturalize (*also* **-ise**) /ˈnætʃrəlaɪz/ *v.* [T] make somebody from another country a citizen of a country. ▶ **naturalization** (*also* -**isation**) /-ˈzeɪʃn/ *n.* [U].

naturally /ˈnætʃrəli/ *adv.* **1** in a way that you would expect; of course: *N ~, she'll help you.* **2** without artificial help. **3** as a skill from birth: *You're ~ musical.* **4** in a relaxed and normal way: *behave ~.*

nature /ˈneɪtʃə(r)/ *n.* **1** (often **Nature**) [U] all the plants, animals and things that exist in the universe and are not made by people: *the beauties of ~*. **2** (often **Nature**) [U] way that things happen in the physical world when it is not controlled by people: *the forces/laws of ~* **3** [C, U] typical qualities of somebody/something: *It's his ~ to be cunning.* **4** [sing.] type or kind of something: *changes of that ~* [IDM] **(get, go,** *etc.***) back to nature** return to a simple life in the country, away from civilization. ■ **'nature reserve** *n.* area of land where the animals and plants are protected.

naught /nɔːt/ *n* = NOUGHT.

naughty /ˈnɔːti/ *adj.* **(-ier, -iest) 1** (*esp.* of a child) disobedient; bad. **2** (*infml.*) slightly rude; connected with sex. ▶ **naughtily** *adv.* ▶ **naughtiness** *n.* [U].

nausea /ˈnɔːziə; -siə/ *n.* [U] feeling of wanting to vomit. ▶ **nauseate** /ˈnɔːzieɪt; ˈnɔːsieɪt/ *v.* [T] make somebody feel that they want to vomit. ▶ **nauseous** *adj.*

nautical /ˈnɔːtɪkl/ *adj.* of ships, sailors or sailing. ■ ,**nautical 'mile** *n.* measure of distance at sea; 1852 metres.

naval /ˈneɪvl/ *adj.* of a navy.

nave /neɪv/ *n.* long central part of a church.

navel /ˈneɪvl/ *n.* small hollow in the middle of the stomach.

navigable /ˈnævɪɡəbl/ *adj.* (of a river, *etc.*) wide and deep enough for ships to travel on.

navigate /ˈnævɪɡeɪt/ *v.* [I, T] find your position or the position of your ship, plane, car, etc. e.g. by using a map. ▶ **navigation** /ˌnævɪˈɡeɪʃn/ *n.* [U] ▶ **navigator** *n.*

navy /ˈneɪvi/ *n.* [C, with sing. or pl. verb] part of a country's armed forces that fights at sea, and the ships that it uses. ■ ,**navy 'blue** (*also* **navy**) *adj.* dark blue.

NB /ˌen ˈbiː/ *abbr.* used in writing to make somebody take notice of an important piece of information.

near¹ /nɪə(r)/ *adj.* **1** a short distance away in space or time: *Where's the ~est market?* **2** used to describe a close family connection: *~ relations.* [IDM] **a near thing** a situation in which failure or disaster is only just avoided. ● **near** *v.* [I, T] (*fml.*) come closer to something: *The plane is ~ing the airport.* ▶ **nearness** *n.* [U] ■ **'nearside** *adj., n.* [sing.] (*GB*) (for a driver) (on the) side nearest the edge of the road. ■ ,**near'sighted** (*esp. US*) = SHORT-SIGHTED (SHORT¹).

near² /nɪə(r)/ *prep.* **1** at a short distance away from somebody/something: *Do you live ~ our house?* **2** short period of time from something ● **near** *adv.* at a short distance away. [IDM] **nowhere near** far from ■ ,**near'by** *adv.* a short distance from somebody/something: *We live ~ by.* ■ ,**near'by** *adj.* not far away. ▶ **nearly** *adv.* almost; not quite; not completely [IDM] **not nearly** much less than; not at all: *not ~ly as good as the previous one.*

neat /niːt/ *adj.* **1** tidy and in order; carefully

done or arranged: *a ~ painting on the wall*. **2** (of people) liking to keep things tidy and in order. **3** simple but clever: *a ~ idea* **4** (*esp.* of an alcoholic drink) not mixed with water or anything else. ▶ **neatly** *adv.* ▶ **neatness** *n.* [U].

necessary /'nesəsəri/ *adj.* that is needed for a purpose or reason: *Has she made the ~ arrangements for the trip?* ▶ **necessarily** /ˌnesə'serəli; 'nesəsərəli/ *adv.* used to say that something cannot be avoided [IDM] **not necessarily** used to say that something is possibly true but not always.

necessitate /nə'sesɪteɪt/ *v.* [T] (*fml.*) make something necessary.

necessity /nə'sesəti/ *n.* (*pl.* **-ies**) **1** [U] fact that something must happen or be done; need for something. **2** [C] thing that you must have and cannot manage without: *Water is a ~ of life.*

neck /nek/ *n.* **1** part of the body that joins the head to the shoulders. **2** part of a piece of clothing that fits around the neck **3** long narrow part of something: *the ~ of a flask.* [IDM] **be up to your neck in something** be very deeply involved in something. **neck and neck (with somebody/something)** level with somebody in a race or competition. **risk/save your neck** risk/save your life. ● **neck** *v.* [I] (*infml.*) (of couples) hug and kiss each other. ■ **necklace** /'nekləs/ *n.* decorative string of beads, jewels, etc. worn round the neck. ■ **'necktie** *n.* (*old-fash.*) or *US*) = TIE² (1).

nectar /'nektə(r)/ *n.* [U] sweet liquid collected by bees from flowers.

née /neɪ/ *adj.* used after the name of a woman to give her family name before she married. *Mrs. Rose Smith, ~ Winslet.*

need¹ /niːd/ *modal v.* (*pres. tense, all persons* **need** *neg.* **need not** *short form* **needn't** /'niːdnt/) used to show what is/was necessary: *She ~n't finish her assignment today.* ● **need** *v.* [T] **1** require something/somebody: *That child ~s some food .* **2** used to show what you should or have to do.

need² /niːd/ *n.* **1** [sing., U] situation when something is necessary or must be done: *There's a ~ for more workers.* ◇ *There's no ~ to go there yet.* **2** [C, usu. pl.] things that somebody requires in order to live comfortably: *financial/physical ~s* **3** [U] state of not having enough food, money or support: *poor people in ~* [IDM] **if need be** if necessary. ▶ **needless** *adj.* unnecessary [IDM] **needless to say** used to emphasize that the information you are giving is obvious. ▶ **needlessly** *adv.* ▶ **needy** *adj.* (**-ier**, **-iest**) very poor.

needle /'niːdl/ *n.* **1** small pointed piece of steel, with a hole at the top for thread, used in sewing. **2** = KNITTING NEEDLE (KNIT) **3** the thin pointed piece of steel on the end of a syringe used for giving injections: *a hypodermic ~* **4** small pointed piece of metal that touches a record that is being played. ● **needle** *v.* [T] (*infml.*) deliberately annoy somebody ■ **'needlework** *n.* [U] sewing; embroidery.

negation /nɪ'geɪʃn/ *n.* [U] (*fml.*) act of denying or refusing something.

negative /'negətɪv/ *adj.* **1** bad or harmful: *have a ~ effect on somebody* **2** lacking enthusiasm or hope. **3** (of words, answers, *etc.*) showing or meaning 'no' or 'not'. **4** (*tech.*) of the kind of electric charge carried by electrons: *a ~ charge/current*. **5** less than zero. ● **negative** *n.* word or statement that means 'no' or 'not': *She answered in the ~* (= said 'no'). **2** photographic film with light and dark areas reversed. ▶ **negatively** *adv.*

neglect /nɪ'glekt/ *v.* [T] **1** fail to take care of somebody/something: *She denied ~ing her children.* **2** not give enough attention to something: *~ your work.* **3** fail or forget to do something. ● **neglect** *n.* [U] fact of neglecting somebody/something or of being neglected. ▶ **neglectful** *adj.* (*fml.*) not giving enough care or attention to somebody/something.

negligee (*also* **negligée**) /'neglɪʒeɪ/ *n.* woman's thin light dressing gown.

negligent /'neglɪdʒənt/ *adj.* (*fml.*) or (*law*) failing to give somebody/something enough care or attention. ▶ **negligence** /-dʒəns/ *n.* [U] ▶ **negligently** *adv.*

negligible /'neglɪdʒəbl/ *adj.* of very little importance or size.

negotiable /nɪ'gəʊʃiəbl/ *adj.* **1** that can be discussed or changed before an agreement is reached. **2** (*business*) that can be exchanged for money or given to somebody else in exchange for money.

negotiate /nɪ'gəʊʃieɪt/ *v.* **1** [I, T] try to reach an agreement by formal discussion. **2** [T] successfully get past or over an obstacle. ▶ **negotiation** /nɪˌgəʊʃi'eɪʃn/ *n.* [C, U] ▶ **negotiator** *n.* person who negotiates.

neigh /neɪ/ *v.* [I] *n.* (make the) long high sound of a horse.

neighbour (*US* **-or**) /'neɪbə(r)/ *n.* **1** person who lives in a house, etc. near another. **2** person, thing or country that is next to or near another. ▶ **neighbourhood** *n.* district; nearby area. [IDM] **in the neighbourhood of** approximately ▶ **neighbouring** *adj.* near to something: *~ing villages* ▶ **neighbourliness** *n.* [U] friendliness ▶ **neighbourly** *adj.* friendly.

neither /'naɪðə(r); 'niːðə(r)/ *det., pron.* not one nor the other of two things or people: *N~ answer is correct.* ● **neither** *adv.* **1** used to show that a negative statement is also true of somebody/something else: *He doesn't like John and ~ does she.* ◊ *I've never been to London and ~ has he.* **2 (neither ... nor ...)** used to show that a negative statement is true of two things: *N~ his sister nor his brother was invited.*

neon /'niːɒn/ *n.* [U] (*symb.* **Ne**) colourless gas used in electric lights.

nephew /'nefjuː; 'nevjuː/ *n.* son of your brother(-in-law) or sister (-in-law).

nepotism /'nepətɪzəm/ *n.* [U] (*disapprov.*) giving unfair advantages to your own family if you are in a position of power.

nerve /nɜːv/ *n.* **1** [C] any of the long thin threads that carry messages between the brain and parts of the body, enabling you to move, feel pain, etc. **2 (nerves)** [pl.] feelings of worry or anxiety: *She needs something to calm her ~s.* **3** [U] courage to do something difficult or dangerous: *lose your ~* **4** [sing., U] (*infml.*) way of behaving that people think is rude or not appropriate: *He's got a ~ asking us for helping him!* [IDM] **get on somebody's nerves** (*infml.*) annoy somebody ■ **'nerve-racking** *adj.* causing great worry.

nervous /'nɜːvəs/ *adj.* **1 ~about/of** anxious about something or afraid of something. **2** easily worried or frightened: *a thin, ~ girl.* **3** of the body's nerves: *a ~ disorder.* ■ **,nervous 'breakdown** *n.* mental illness that causes depression, tiredness and weakness. ▶ **nervously** *adv.* ▶ **nervousness** *n.* [U] ■ **'nervous system** *n.* system of all the nerves in the body.

nervy /'nɜːvi/ *adj.* (*infml.*) **1** (*GB*) anxious and nervous. **2** (*US*) rude and disrespectful.

nest /nest/ *n.* **1** place made by a bird for its eggs. **2** group of similar things (*esp.* tables) made to fit inside each other. ● **nest** *v.* [I] make and use a nest. ■ **'nest egg** *n.* sum of money saved for future use.

nestle /'nesl/ *v* **1** [I] sit or lie down in a warm or soft place: *~ (down) among the cushioned bed* **2** [T] put or hold somebody/something in a comfortable position in a warm or soft place.

nestling /'nestlɪŋ/ *n.* bird that is too young to leave its nest.

net /net/ *n.* **1** [C, U] (piece of) loose open material made of knotted string, wire, etc.: *~ cushion covers* ◊ *fishing ~s.* **2 (the Net)** [sing.] (*infml.*) = THE INTERNET ● **net** (*GB also* **nett**) /net/ *adj.* remaining when nothing more is to be taken away: *~ income* (= after tax has been paid) ● **net** *v.* (-tt-) [T] **1** earn an amount of money as a profit after you have paid tax on it. **2** catch something (as if) with a net. ■ **'netball** *n.* [U] team game in which a ball is thrown through a net on the top of a post.

netting /'netɪŋ/ *n.* [U] material made of string, wire, etc. that is woven or tied together.

nettle /'netl/ *n.* common wild plant with leaves that sting if you touch them.

network /'netwɜːk/ *n.* **1** complex system of roads, lines, nerves, etc. crossing each other. **2** closely linked group of people, companies, etc. **3** (*computing*) number of computers, etc. linked together so that equipment and information can be shared. **4** group of radio or television stations.

neurology /njʊəˈrɒlədʒi/ *n.* [U] study of nerves and their diseases. ▶ **neurologist** *n.* doctor who studies and treats diseases of the nerves.

neurosis /njʊəˈrəʊsɪs/ *n.* [C, U] (*pl.* **-oses** /-əʊsiːz/) (*med.*) mental illness causing strong feelings of fear or worry.

neurotic /njʊəˈrɒtɪk/ *adj.* abnormally sensitive and anxious ● **neurotic** *n.* neurotic person.

neuter /'njuːtə(r)/ *adj.* (*gram.*) neither masculine nor feminine in gender. ● **neuter** *v.* [T] remove the sex organs of an animal so that it cannot produce young.

neutral /'njuːtrəl/ *adj.* **1** not supporting either side in an argument, war, etc. **2** having no clear or strong qualities: *a dull ~ speech.* **3** (*chem.*) neither acid nor alkaline ● **neutral** *n.* **1** [U] position of the gears of a vehicle in which no power is carried from the engine to the wheels: *leave the bus in ~.* **2** [C] neutral person or country. ▶ **neutrality** /njuːˈtræləti/ *n.* [U] state of not supporting either side in an argument, etc. ▶ **neutralize** (*also* **-ise**) *v.* [T] **1** stop something from having any effect. **2** (*chem.*) make a substance neutral(3).

neutron /'njuːtrɒn/ *n.* (*physics*) tiny particle of matter inside an atom, with no electric charge.

never /'nevə(r)/ *adv.* not at any time; not on any occasion: *I ~ drink liquor.*

nevertheless /ˌnevəðəˈles/ *adv.* (*fml.*) in spite of something you have just mentioned: *Their defeat was expected but it was disappointing ~.*

new /njuː/ *adj.* **1** not existing before; recently made, introduced, etc.: *a ~ painting.* **2** different from the previous one: *get a ~ bicycle.* **3** already existing, but not seen, experienced, etc. before: *learn ~ words* **4 ~(to)** not yet familiar with something; *She's ~ to this city.* **5** used in compounds to describe something that has recently happened: *enjoying her ~*

found freedom. **6** just beginning or beginning again: *She went to London to start a ~ life.* [IDM] **new blood** → BLOOD ■ **'newcomer** *n.* person who has recently arrived in a place. ▶ **newly** *adv.* recently: *a ~ly married couple.* ■ **'newly-wed** *n.* [usu. pl.] person who has recently got married. ■ **,new 'moon** *n.* the moon appearing as a thin crescent. ▶ **newness** *n.* [U] ■ **,new 'year** (*also* **,New 'Year**) *n.* [U, sing.] the beginning of the year: *Happy N~ Year!*

news /njuːz/ *n.* **1** [U] new information about something that has happened recently: *Here's some bad ~!* **2** [U] reports of recent events in newspapers or on television or radio: *She's always in the ~.* **3** (**the news**) [sing.] regular television or radio broadcast of the latest news. ■ **'newsagent** (*US* **'newsdealer**) *n.* shopkeeper who sells newspapers, etc. ■ **'newsflash** *n.* short piece of important news on television or radio. ■ **'newspaper** *n.* printed publication, issued daily or weekly, with news, advertisements, etc.

newt /njuːt/ *n.* small lizard-like animal that can live in water or on land.

next /nekst/ *adj.* **1** coming straight after somebody/ something in order, space or time: *the ~ person in the queue.* **2** the one immediately following: *~ Friday* ● **next** *adv.* after something else; then; afterwards; *What is she going to do ~ ?* ■ **,next 'door** *adv., adj.* in or into the next house. ■ **,next of 'kin** *n.* [C, U] your closest living relatives. ■ **'next to** *prep.* **1** in or into a position right beside somebody/something: *Go and sit ~ to her.* **2** almost: *in ~ to no time.*

NHS /ˌen eɪtʃ 'es/ *abbr.* = NATIONAL HEALTH SERVICE (NATIONAL).

nib /nɪb/ *n.* metal point of a pen.

nibble /'nɪbl/ *v.* [I, T] take small bites of something. ● **nibble** *n.* a small bite of something.

nice /naɪs/ *adj.* (**~r, ~st**) **1** pleasant, enjoyable or attractive: *a ~ weekend.* **2** used before adjectives or adverbs to emphasize how pleasant something is: *I had a ~ hot coffee.* **3** kind; friendly: *~ friends* **4** bad or unpleasant: *She's got us into a ~ mess!* **5** (*fml.*) involving a small detail or distinction. ▶ **nicely** *adv.* in a nice way [IDM] **do nicely 1** (*usu.* **be doing nicely**) be making good progress. **2** be satisfactory: *Sunday at five will do ~ ly.* ▶ **niceness** *n.* [U].

nicety /'naɪsəti/ *n.* [C, usu. pl.] (*pl.* **-ies**) (*written*) small distinction: *niceties of meaning.*

niche /niːʃ/; nɪtʃ/ *n.* **1** comfortable or suitable role, job, etc. **2** (*business*) opportunity to sell a product to a particular group of people: *She spotted a ~ in the market.* **3** small hollow place in a wall, e.g. for a statue.

nick /nɪk/ *n.* **1** (**the nick**) [sing.] (*GB, sl.*) prison or police station. **2** [C] small cut in the edge or surface of something. [IDM] **in good, etc. nick** (*GB, infml.*) in good, etc. condition or health **in the nick of time** (*infml.*) at the very last moment. ● **nick** *v.* [T] **1** make a small cut in something: *He ~ed himself while cutting onions.* **2** (*GB, infml.*) steal something **3** (*GB, infml.*) arrest somebody.

nickel /'nɪkl/ *n* **1** [U] (*symb.* **Ni**) hard silver-white metal. **2** [C] coin of the US or Canada worth 5 cents.

nickname /'nɪkneɪm/ *n.* informal name used instead of somebody's real name. ● **nickname** *v.* [T] give a nickname to somebody/ something.

nicotine /'nɪkətiːn/ *n.* [U] poisonous substance found in tobacco.

niece /niːs/ *n.* daughter of your brother (-in-law) or sister (-in-law).

night /naɪt/ *n.* [C, U] time of darkness between one day and the next: *The stars can only be seen at ~.* [IDM] **have a good/bad night** sleep well/badly **night and day** I **day and night** all the time; continuously. ■ **'nightclub** *n.* place that is open until late in the evening where people can go to dance, drink, etc. ■ **'nightdress** (*also infml.* **nightie** /'naɪti/) *n.* long loose piece of clothing, worn by a woman or girl in bed. ■ **'nightfall** *n.* [U] (*fml. or lit.*) time in the evening when it gets dark. ■ **'nightlife** *n.* [U] entertainment that is available at night. ▶ **nightly** *adj., adv.* happening every night ■ **'nightmare** *n.* **1** frightening dream **2** (*infml.*) very frightening or unpleasant experience. ■ **night'watchman** *n.* (*pl.* **-men**) man employed to guard a building at night.

nightingale /'naɪtɪŋgeɪl/ *n.* small bird that sings sweetly.

nil /nɪl/ *n.* [U] **1** (*esp. GB*) the number 0, esp. as the score in some games **2** nothing.

nimble /'nɪmbl/ *adj.* (**~r, ~st**) **1** able to move quickly and easily. **2** (of the mind) able to think and understand quickly. ▶ **nimbly** *adv.* /-bli/.

nine /naɪn/ *number* 9 ▶ **ninth** /naɪnθ/ *ordinal number, n* 9th; each of nine equal parts of something.

nineteen /ˌnaɪn'tiːn/ *number* 19 [IDM] **talk, etc. nineteen to the dozen** (*GB, infml.*) talk, etc. without stopping. ▶ **nineteenth** /-'tiːnθ/ *ordinal number* 19th.

ninety /'naɪnti/ *number* **1** 90 **2** (**the nineties**) *n.* [pl.], numbers, years or temperatures from 90 to 99. ▶ **ninetieth** *ordinal number* 90th.

nip /nɪp/ v. (**-pp-**) **1** [T] give somebody a quick painful bite or pinch. **2** [I] (*GB, infml.*) go somewhere quickly and/ or for only a short time: *She'll just ~ out to the market.* [IDM] **nip something in the bud** stop something in its early development. ● **nip** n. [C] **1** [usu. sing.] sharp pinch or bite. **2** (*infml.*) a feeling of cold: *There was a ~ in the air.* **3** (*infml.*) small drink of strong alcohol.

nipple /'nɪpl/ n. **1** round point of the breast. **2** something like a nipple, e.g. on a baby's bottle.

nippy /'nɪpi/ adj. (**-ier, -iest**) (*infml.*) **1** quick: *a ~ little bike* **2** (of the weather) cold.

nit /nɪt/ n. **1** egg of a parasitic insect that lives in human hair. **2** (*GB, infml.*) stupid person.

nitrogen /'naɪtrədʒən/ n. [U] (*symb.* **N**) colourless gas that is found in large quantities in the earth's atmosphere.

nitroglycerine (*esp. US* **-glycerin**) /ˌnaɪtrəʊˈglɪsəriːn; -rɪn/ n. [U] powerful liquid explosive.

nitwit /'nɪtwɪt/ n. (*infml.*) stupid person

No. (*also* **no.**) abbr. (*pl.* **~s**) number

no /nəʊ/ det **1** not one; not any: *No employee is to leave the office.* ◊ *He had no shoes.* **2** used, e.g. on notices, to say that something is not allowed: *No smoking.* **3** used to express the opposite: *She's no fool* (= She's intelligent). ● **no** exclam. **1** used to give a negative reply or statement: *'Would you like to smoke?' 'No thanks'.* **2** used to express shock or surprise at what somebody has said: *'She's leaving.' 'No!'* ● **no** adv. used before adjectives and adverbs to mean 'not': *She's feeling no better.* ● **no** n. [C] (*pl.* **~es**) **1** word or answer of 'no' **2** (**the noes**) [pl.] total number of people voting 'no' in a formal debate. ■ **,no-'claims bonus** n. reduction in the cost of your insurance because you made no claims in the previous year. ■ **,no'go area** n. (*esp. GB*) place, esp. in a city, which it is dangerous for people to enter. ■ **'no-man's-land** n. [U, sing.] (in war) ground between two opposing armies ■ **'no one** n. = NOBODY.

nobility /nəʊˈbɪləti/ n. **1** (**the nobility**) [sing., with sing. or pl. verb] people of high social position with titles such as that of duke or duchess. **2** [U] (*fml.*) quality of being noble in character.

noble /'nəʊbl/ adj. (**~r, ~st**) **1** having personal qualities admired by others, e.g. courage and honesty: *a ~ king* **2** impressive in appearance, size, etc. **3** belonging to a family of high social rank. ● **noble** n. person of noble rank or birth. ■ **'nobleman** (*fem.* **'noblewoman**) n. person of noble birth or rank. ▶ **nobly** /-bli/ adv.

nobody /'nəʊbədi/ (*also* **no one** /'nəʊwʌn/) pron. not anybody; no person: *N~ came to visit her.* ● **nobody** n. (*pl.* **-ies**) unimportant person.

nocturnal /nɒkˈtɜːnl/ adj. **1** (of animals) active at night. **2** (*written*) happening during the night: *a ~ visit.*

nod /nɒd/ v. (**-do-**) [I, T] move your head up and down to show agreement or as a greeting. [PV] **nod off** (*infml.*) fall asleep ● **nod** n. movement of the head down and up again.

noise /nɔɪz/ n. [C, U] sound, esp. when loud or unpleasant. ▶ **noisy** adj. (**-ier, -iest**) making a lot of noise. ▶ **noisily** adv.

nomad /'nəʊmæd/ n. member of a tribe that moves from place to place. ▶ **nomadic** /nəʊˈmædɪk/ adj.

nominal /'nɒmɪnl/ adj. **1** being something in name only; not in reality: *the ~ president of the country.* **2** (of a sum of money) very small: *a ~ cost* **3** (*gram*) of a noun ▶ **nominally** /-nəli/ adv.

nominate /'nɒmɪneɪt/ v. [T] suggest officially that somebody should be chosen for a role, prize, position, etc. ▶ **nomination** /ˌnɒmɪˈneɪʃn/ n. [U, C].

nominee /ˌnɒmɪˈniː/ n. **1** person who has been formally suggested for a job, prize, etc. **2** (*business*) person in whose name money is invested in a company, etc.

non- /nɒn/ *prefix* not ■ **,non-com'missioned** adj. not having a high rank in the armed forces. ■ **,noncommittal** adj. not expressing an opinion or decision clearly. ■ **,non-ex'ecutive** adj. (*GB, business*) (of a company director) able to give advice at a high level but not having the power to make decisions about the company. ■ **,noncon'formist** n., adj. (person) who does not think or behave like other people. ■ **,non-'fiction** n. [U] writing that describes real facts, people and events. ■ **,non-'stick** adj. (of pans) covered with a material that prevents food from sticking during cooking. ■ **,non-'stop** adj., adv. without any stops: *a ~-stop bus.*

nonchalant /'nɒnʃələnt/ adj. behaving in a calm and relaxed way without showing any anxiety. ▶ **nonchalance** /-ləns/ n. [U] ▶ **non-chalantly** adv.

nondescript /'nɒndɪskrɪpt/ adj. ordinary; uninteresting.

none /nʌn/ pron. not one; not any: *N~ of them has/have reached there yet.* [IDM] **none the less** = NONETHELESS ● **none** adv. **1** (**none the**) not at all: *She seemed ~ the worse for the experience.* **2** (**none too**) not at all; not very: *He looked ~ too sad.*

nonentity /nɒˈnentəti/ n. (*pl.* **-ies**) unimportant person.

nonetheless (*also* **,none the 'less**)

/ˌnʌndəˈles/ *adv.* (*written*) in spite of this fact: *He may be ill but he got the job done ~ the less.*

nonplussed /ˌnɒnˈplʌst/ *adj.* very surprised and puzzled.

nonsense /ˈnɒnsns/ *n.* **1** [U, C, sing.] foolish talk, ideas, etc. **2** [U] meaningless words. ▶ **nonsensical** /nɒnˈsensɪkl/ *adj.* ridiculous; meaningless.

noodle /ˈnuːdl/ *n.* [C, usu. pl] long thin strip of pasta, used esp. in Chinese and Italian cooking.

nook /nʊk/ *n.* sheltered quiet place [IDM] **every nook and cranny** (*infml.*) every part of a place.

noon /nuːn/ *n.* [U] 12 o'clock in the middle of the day.

no one = NOBODY.

noose /nuːs/ *n.* loop of a rope that becomes tighter when the rope is pulled.

nor /nɔː(r)/ *conj., adv.* **1** (**neither ... nor ... not ... nor ...**) and not: *Neither John ~ his brother wanted to go to the market.* ◇ *She can't see, ~ can she hear.* **2** used before a positive verb to agree with something negative that has just been said: *'She's not coming.' 'N ~ am I.'*

norm /nɔːm/ *n.* usual or expected way of behaving.

normal /ˈnɔːml/ *adj.* typical, usual or ordinary. ● **normal** *n.* [U] usual state or level. ▶ **normality** /nɔːˈmæləti/ (*esp. US* **normalcy** /ˈnɔːmlsi/) *n.* [U] situation where everything is normal or as you would expect. ▶ **normally** /-məli/ *adv.*

north /nɔːθ/ *n.* [U, sing.] (*abbr.* **N**) **1** (**the north**) point of the compass, to the left of a person watching the sun rise. **2** (**the north, the North**) northern part of a country, a region or the world. ● **north** *adj.* (*abbr.* **N**) **1** in or towards the north. **2** (of winds) blowing from the north. ● **north** *adv.* towards the north ■ **ˌnorth-ˈeast** *n.* [sing] *adj., adv.* (*abbr.* **NE**) (direction or region) halfway between north and east. ▶ **ˌnorth-ˈeastern** *adj.* ▶ **northerly** /ˈnɔːðəli/ *adj., adv.* **1** in or towards the north **2** (of winds) blowing from the north. ▶ **northern** (*also* **Northern**) /ˈnɔːðən/ *adj.* (*abbr.* **N**) of the north part of the world or a particular country. ▶ **northerner** *n.* person born or living in the northern part of a country. ▶ **northwards** /ˈnɔːθwədz/ (*also* **northward**) *adv., adj.* towards the north. ■ **ˌnorth-ˈwest** *n.* [sing] *adj., adv.* (*abbr.* **NW**) (direction or region) halfway between north and west. ▶ **ˌnorth-ˈwestern** *adj.*

nose¹ /nəʊz/ *n.* **1** [C] part of the face above the mouth for breathing and smelling. **2** [C] front part of an aircraft, spacecraft, etc. **3** **~for** [sing.] special ability for finding or recognizing something: *a ~ for a good poem.* **4** [sing.] sense of smell [IDM] **get up somebody's nose** (*GB, infml.*) annoy somebody **poke/stick your nose into something** (*infml.*) interfere in something that does not concern you **under somebody's nose** (*infml.*) directly in front of somebody. ■ **ˈnosebleed** *n.* flow of blood from the nose. ■ **ˈnosedive** *n., v.* [I] **1** (of prices, costs, *etc.*) (make a) sudden steep fall or drop: *Oil prices took a ~dive during the crisis.* **2** (make a) sharp vertical drop in an aircraft.

nose² /nəʊz/ *v.* [I, T] (cause something to) move forward slowly and carefully [PV] **nose about/around (for something)** look for somebody, esp. information about somebody: *She's been nosing around in my cupboard.*

nosey = NOSY.

nostalgia /nɒˈstældʒə/ *n.* [U] feeling of sadness and pleasure when you think of happy times in the past. ▶ **nostalgic** /-dʒɪk/ *adj.*

nostril /ˈnɒstrəl/ *n.* either of the two openings into the nose.

nosy (*also* **nosey**) /ˈnəʊzi/ *adj.* (**-ier, -iest**) (*infml., disapprov.*) too interested in other people's private lives. ■ **ˌnosy ˈparker** *n.* (*GB, infml.*) nosy person.

not /nɒt/ *adv.* used to form the negative of the verbs *be, do,* etc. and often shortened to *n't*: *He did ~ play with her.* ◇ *She warned him ~ to be late.* ◇ *Don't be too late!* [IDM] **not only ... (but) also** used to emphasize that something else is also true: *He's ~ only my father but also my best friend.* **not that** used to state that you are not suggesting something: *He hasn't written — ~ that he said he would.*

notable /ˈnəʊtəbl/ *adj.* deserving to be noticed or to receive attention. ● **notable** *n.* important person ▶ **notably** /-bli/ *adv.* especially.

notary /ˈnəʊtəri/ *n.* (*pl.* **-ies**) (*also tech.* **ˌnotary ˈpublic**) official, esp. a lawyer, with authority to witness documents.

notation /nəʊˈteɪʃn/ *n.* [C, U] system of signs or symbols representing numbers, musical notes, etc.

notch /nɒtʃ/ *n.* **1** level on a scale, marking quality, etc. **2** V-shaped cut in a surface ● **notch** *v.* [T] **1** ~ **(up)** achieve something such as a win or high score: *~ up a victory.* **2** make a V-shaped cut in something.

note /nəʊt/ *n.* **1** [C] short piece of writing to help you remember something: *take ~s in the class* **2** [C] short informal letter: *Leave a ~ about it on her bookshelf.* **3** [C] short comment on a word, etc. in a book. **4** [C] piece of paper money: *a £5 ~* **5** [C] (written sign representing a) single musical sound **6** [sing.] quality or tone, esp. of somebody's voice: *a ~ of kindness in her voice* **7** [C] official document: *a sick ~ from her doctor* [IDM] **of note of** importance or interest **take note (of something)** pay attention to something. ● **note** *v.* [T] notice or pay attention to something [PV] **note something down** write down something important so that you will not forget it. ■ **'notebook** *n.* **1** small book for writing notes in. **2** (*also* **,notebook com'puter**) small computer that you can carry with you and use anywhere. ▶ **noted** *adj.* well known ■ **'notepaper** *n.* paper for writing letters on. ■ **'noteworthy** *adj.* deserving to be noticed; remarkable.

nothing /'nʌθɪŋ/ *pron.* not anything; no single thing: *I've had ~ to do since morning.* ◇ *'You've hurt your leg'. 'It's ~'* (= It is not important, serious, *etc.*). [IDM] **be/have nothing to do with somebody/something** have no connection with something/somebody **for nothing 1** without payment: *She did the job for ~.* **2** with no reward or result: *All that effort I had put in was for ~!* **nothing but** only; no more/less than: *~ but the best* **nothing like** (*infml.*) **1** not at all like: *He's ~ like her brother.* **2** not nearly. *That was ~ like the original,* **there is/was nothing (else) for it (but to do something)** there is no other action to take except the one mentioned: *There's ~ for it but to work tomorrow morning also.*

notice /'nəʊtɪs/ *n.* **1** [U] fact of somebody paying attention to somebody/something or knowing about something: *Take no ~ of what she says.* ◇ *It was she who brought the scene to my ~* (= told me about it). **2** [C] (written or printed) news or information **3** [U] warning: *give him a month's ~ to leave.* [IDM] **at short notice | at a moment's notice** not long in advance; without warning. ● **notice** *v.* [I, T] see or hear somebody/something; pay attention to somebody/something ▶ **noticeable** *adj.* easily noticed ▶ **noticeably** *adv.*

notify /'nəʊtɪfaɪ/ *v.* (*pt, pp* **-ied**) [T] **~ (of)** formally tell somebody about something: *~ the police of the accident.* ▶ **notification** /,nəʊtɪfɪ'keɪʃn/ *n.* [U, C].

notion /'nəʊʃn/ *n.* idea; opinion.

notorious /nəʊ'tɔːriəs/ *adj.* well known for something bad: *a ~ thief* ▶ **notoriety** /,nəʊtə'raɪəti/ *n.* [U] fame for being bad in some way. ▶ **notoriously** *adv.*

nougat /'nuːgɑː/ *n.* [U] hard sweet made of sugar, nuts, etc.

nought /nɔːt/ *n.* **1** [C, U] (*esp. US* **zero**) the figure 0 **2** (*also* **naught**) [U] (*lit.*) nothing: *All their efforts have come to ~* (= have failed).

noun /naʊn/ *n.* (*gram.*) word that refers to a person, a place or a thing, a quality or an activity.

nourish /'nʌrɪʃ/ *v.* [T] **1** keep somebody/something alive and healthy with food. **2** (*fml.*) allow a feeling, etc. to grow stronger ▶ **nourishment** *n.* [U] (*fml.* or *tech.*) food.

novel /'nɒvl/ *adj.* new and unusual: *a ~ story* ● **novel** *n.* long written story ▶ **novelist** /'nɒvəlɪst/ *n.* writer of novels.

novelty /'nɒvlti/ *n.* (*pl.* **-ies**) **1** [U] quality of being new, different and interesting. **2** [C] thing, person or situation that is unusual or new. **3** [C] small cheap toy or decorative piece.

November /nəʊ'vembə(r)/ *n.* [U, C] the 11th month of the year (See examples of use at *April.*)

novice /'nɒvɪs/ *n.* **1** person who is new and inexperienced in a job, activity, etc. **2** person training to become a monk or nun.

now /naʊ/ *adv.* **1** (at) the present time: *Where is she living ~?* ◇ *From ~ on, she'll be more careful.* **2** at or from this moment, but not before: *Start singing ~.* **3** (*spoken*) used to attract attention, etc.: *N~, listen to me!* [IDM] **(every) now and again/then** occasionally: *He visits his aunt every ~ and then.* ● **now** *conj.* **~ (that)** because the thing mentioned is happening or has happened: *N~ (that) she's come, let's begin.*

nowadays /'naʊədeɪz/ *adv.* at the present time: *She doesn't go out much ~.*

nowhere /'nəʊweə(r)/ *adv.* not in or to any place: *There was ~ interesting to visit in that city.* [IDM] **get (somebody) nowhere** → GET.

noxious /'nɒkʃəs/ *adj.* (*fml.*) poisonous or harmful.

nozzle /'nɒzl/ *n.* shaped end of a hose through which liquid is directed.

nuance /'njuːɑːns/ *n.* small difference in meaning, opinion, colour, etc.

nuclear /'njuːkliə(r)/ *adj.* **1** using, producing or resulting from nuclear energy. **2** (*physics*) of the nucleus of an atom. ■ **,nuclear 'energy** (*also* **,nuclear 'power**) *n.* [U] powerful form of energy produced by splitting the nuclei of atoms and used to produce electricity. ■ **,nuclear re'actor** *n.* large structure used for the controlled production of nuclear energy.

nucleus /'njuːkliəs/ *n.* (*pl.* **nuclei** /-kliaɪ/) **1** (*physics*) central part of an atom. **2** (*biol.*) central part of a cell **3** central part, around which other parts are grouped: *These students form the ~ of the school football team.*

nude /njuːd/ *adj.* not wearing any clothes. ●

nude *n.* work of art consisting of a naked human figure [IDM] **in the nude** not wearing any clothes. ▶ **nudist** *n.* person who does not wear any clothes because they believe this is more natural: *a nudist beach* ▶ **nudity** *n.* [U].

nudge /nʌdʒ/ *v.* [T] push somebody gently, esp. with your elbow. ● **nudge** *n.* gentle push.

nugget /'nʌgɪt/ *n.* **1** lump of metal, esp. gold. **2** interesting piece of information.

nuisance /'nju:sns/ *n.* [C, usu. sing.] annoying person, situation, etc.

null /nʌl/ *adj.* [IDM] **null and void** (*law*) (of an election, *etc.*) having no legal force. ▶ **nullify** /'nʌlɪfaɪ/ *v.* (*pt, pp* -**ied**) [T] make something, e.g. a legal agreement or order, have no effect.

numb /nʌm/ *adj.* unable to feel anything: ~ *with cold/shock* ● **numb** *v.* [T] make somebody or a part of somebody's body numb. ▶ **numbness** *n.* [U].

number /'nʌmbə(r)/ *n.* **1** symbol or word representing a quantity: *5, 11 and 31 are odd ~s.* **2** quantity or amount: *a large ~ of students.* ◊ *A ~ of* (= some) *children are missing.* **3** (*GB*) issue of a magazine **4** song or dance ● **number** *v.* [T] **1** give a number to something as part of a series or list: ~ *the pages* **2** amount to something: *The students ~ed over 200* **3** **~among** (*fml.*) include somebody/ something in a group.

numeracy /'nju:mərəsi/ *n.* [U] good basic knowledge of mathematics: *standards of literacy and ~* ▶ **numerate** *adj.* able to understand and work with numbers.

numeral /'nju:mərəl/ *n.* sign or symbol representing a number.

numerical /nju:'merɪkl/ *adj.* of or expressed in numbers. ▶ **numerically** /-kli/ *adv.*

numerous /'nju:mərəs/ *adj.* (*fml.*) existing in large numbers: *in ~ parties.*

nun /nʌn/ *n.* member of a female religious community, living in a convent.

nurse /nɜ:s/ *n.* person whose job is to take care of ill or injured people, usu. in a hospital. ● **nurse** *v.* [T] **1** take care of people who are ill, etc. **2** feed a baby with milk from the breast **3** have a strong feeling in your mind for a long time: ~ *feelings of kindness* **4** give special care to somebody/something: ~ *young children* ▶ **nursing** *n.* [U] job or skill of caring for the sick ■ **'nursing home** *n.* small private hospital, esp. for old people.

nursery /'nɜ:səri/ *n.* (*pl.* -**ies**) **1** place where young children are cared for while their parents are at work. **2** place where young plants are grown. ■ **'nursery rhyme** *n.* poem or song for young children ■ **'nursery school** *n.* school for children from 2 to 5 years old.

nurture /'nɜ:tʃə(r)/ *v.* [T] (*fml.*) **1** care for and protect a child. **2** encourage the development of somebody/something.

nut /nʌt/ *n.* **1** small hard fruit with a hard shell that grows on some trees. **2** small piece of metal with a hole through the centre for screwing onto a bolt. **3** (*GB, infml.*) (*also* **nutter**) crazy person [IDM] **off your nut** (*GB, spoken*) crazy ■ **'nutcase** *n.* (*infml.*) crazy person ■ **'nutcracker** *n.* (*GB also* **nutcrackers**) [pl.] tool for cracking open the shells of nuts. ■ **'nutshell** *n.* [IDM] (**put something**) **in a nutshell** (say something) in a very clear way, using few words. ▶ **nutty** *adj.* (**-ier, -iest**) **1** tasting of or containing nuts. **2** (*infml.*) crazy.

nutmeg /'nʌtmeg/ *n.* [U, C] hard seed of a SE Asian tree used in cooking as a spice, esp. to flavour cakes and sauces.

nutrient /'nju:triənt/ *n.* (*tech.*) substance needed to keep a living thing alive and help it to grow.

nutrition /nju'trɪʃn/ *n.* [U] process by which living things receive the food necessary for them to be healthy. ▶ **nutritional** /-ʃnl/ *adj.* ▶ **nutritious** /-ʃəs/ *adj.* (of food) good for you.

nuts /nʌts/ *adj.* (*infml.*) crazy; mad.

nuzzle /'nʌzl/ *v.* [I, T] touch or rub somebody/something gently with the nose, esp. to show affection.

nylon /'naɪlɒn/ *n.* [U] very strong artificial material, used in clothes, rope, etc.

nymph /nɪmf/ *n.* (in ancient Greek and Roman stories) spirit of nature living in rivers, trees, etc.

O o

O, o /əʊ/ *n.* [C, U] (*pl.* **O's, o's** /əʊz/) **1** the fifteenth letter of the English alphabet **2** (*spoken*) used to mean 'zero' when saying telephone numbers, etc.

oaf /əʊf/ *n.* awkward or stupid person.

oak /əʊk/ (*also* **'oak tree**) *n.* **1** [C] large tree that produces small nuts (**acorns**), often eaten by animals. **2** [U] hard wood of the oak tree.

OAP /ˌəʊ eɪ 'piː/ *abbr.* (*GB*) old-age pensioner.

oar /ɔː(r)/ *n.* long pole with a flat blade, used for rowing a boat [IDM] **put/stick your oar in** (*GB*, *infml.*) give your opinion, advice, etc. when it is not asked for.

oasis /əʊ'eɪsɪs/ *n.* (*pl.* **oases** /-siːz/) area in a desert with water and plants.

oath /əʊθ/ *n.* (*pl.* ~s /əʊðz/) **1** formal promise or statement **2** (*old-fash.*) swear word [IDM] **on/under oath** (*law*) having made a formal promise to tell the truth in a court of law.

oats /əʊts/ *n.* [pl.] (grain from a) cereal plant grown as food. ■ **'oatmeal** *n.* [U] crushed oats.

obedient /ə'biːdiənt/ *adj.* doing what you are told to do ▶ **obedience** /-əns/ *n.* [U] ▶ **obediently** *adv.*

obelisk /'ɒbəlɪsk/ *n.* tall pointed stone column.

obese /əʊ'biːs/ *adj.* (*fml.*) (of people) very fat ▶ **obesity** *n.* [U].

obey /ə'beɪ/ *v.* [I, T] do what you are told or expected to do.

obituary /ə'bɪtʃuəri/ *n.* (*pl* **-ies**) article about somebody's life, printed in a newspaper soon after they have died.

object[1] /'ɒbdʒɪkt/ *n.* **1** thing that can be seen or touched but is not alive. **2** ~**of** person or thing to which an action, feeling, etc. is directed: *an ~ of hospitality.* **3** aim or purpose: *Our ~ is to finish the work.* **4** (*gram.*) noun, phrase, etc. towards which the action of a verb is directed, for example *him* and *the money* in: *Give him the money.* [IDM] **expense, money, etc. is no object** used to say that you are willing to spend a lot of money.

Object[2] /əb'dʒekt/ *v.* [I] ~(**to**) say that you disagree with or oppose something.

objection /əb'dʒekʃn/ *n.* ~(**to**) (statement giving the) reason why you dislike or are opposed to something. ▶ **objectionable** /-ʃənəbl/ *adj.* (*fml.*) unpleasant or offensive.

objective /əb'dʒektɪv/ *adj.* **1** not influenced by personal feelings: *an ~ report.* **2** (*phil.*) having existence outside the mind; real. ● **objective** *n.* something that you are trying to achieve. ▶ **objectively** *adv.* ▶ **objectivity** /ˌɒbdʒek'tɪvəti/ *n.* [U].

obligation /ˌɒblɪ'geɪʃn/ *n.* [C, U] something that ought to be done; duty [IDM] **be under no obligation to do something** not have to do something.

obligatory /ə'blɪgətri/ *adj.* (*fml.*) that is required by law or custom.

oblige /ə'blaɪdʒ/ *v.* **1** [T] ~**to** (*usu.* passive) force somebody to do something, by law, because it is a duty, etc.: *Parents are ~d to give their children good education.* **2** [I, T] help somebody by doing what they ask or what they want: *If she needs any help in the work, I'd be happy to ~.* ▶ **obliged** *adj.* (*fml.*) used to show that you are grateful to somebody: *She's much ~d to you for helping her.* ▶ **obliging** *adj.* willing to help ▶ **obligingly** *adv.*

oblique /ə'bliːk/ *adj.* **1** indirect: *an ~ reference* **2** (of a line) sloping ● **oblique** *n.* (*GB*) = SLASH(3) ▶ **obliquely** *adv.*

obliterate /ə'blɪtəreɪt/ *v.* [T] remove all signs of something; destroy something. ▶ **obliteration** /əˌblɪtə'reɪʃn/ *n.* [U].

oblivion /ə'blɪviən/ *n.* [U] state of being unaware of something or of being forgotten.

oblivious /ə'blɪviəs/ *adj.* ~**of/to** not aware of something: *~ of the incident.*

oblong /'ɒblɒŋ/ *n., adj.* (figure) with four straight sides and angles of 90°, longer than it is wide.

obnoxious /əb'nɒkʃəs/ *adj.* very unpleasant.

oboe /'əʊbəʊ/ *n.* wooden musical instrument that you blow into to make sound. ▶ **oboist** *n.* oboe player.

obscene /əb'siːn/ *adj.* shocking and offensive, esp. sexually. ▶ **obscenely** *adv.* ▶ **obscenity** *n.* [C, U] (*pl.* **-ies**) (instance of) obscene language or behaviour.

obscure /əb'skjʊə(r)/ *adj.* **1** not well known: *an ~ writer.* **2** difficult to understand. ● **obscure** *v.* [T] make it difficult to see, hear or understand something: *a valley ~d by fog.* ▶ **obscurely** *adv.* ▶ **obscurity** *n.* [U] state of being obscure.

observance /əb'zɜːvəns/ *n.* **1** [U, sing.] keeping of a law, custom, festival, etc. **2** [C, usu. pl.] part of a religious ceremony.

observant /əb'zɜːvənt/ *adj.* quick at noticing things.

observation /ˌɒbzə'veɪʃn/ *n.* **1** [U, C] act of watching somebody/something carefully for a period of time: *The criminal is under ~* (= watched closely by the police). ◇ *She has keen powers of ~* (= the ability to notice things around her). **2** [C] comment.

observatory /əb'zɜːvətri/ *n.* (*pl.* **-ies**) building in which scientists watch and study the stars, etc.

observe /əb'zɜːv/ *v.* [T] **1** see or notice somebody/something. **2** watch somebody/something carefully. **3** (*fml.*) make a remark. **4** (*fml.*) obey a rule, law, etc. **5** (*fml.*) celebrate a festival, birthday, etc. ▶ **observer** *n.* **1** person who observes somebody/something. **2** person who attends a meeting to listen and watch but not to take part.

obsess /əb'ses/ *v.* [T] (*usu.* passive) completely fill your mind, so that you cannot think about anything else: *be ~ed by the fear of being caught.* ▶ **obsession** /əb'seʃn/ *n.* **1** [U] state of being obsessed. **2** [C] person or thing that somebody thinks about too much. ▶ **obsessive** *adj.* thinking too much about one person or thing.

obsolescent /,ɒbsə'lesnt/ *adj.* becoming out of date ▶ **obsolescence** /,ɒbsə'lesns/ *n.* [U].

obsolete /'ɒbsəliːt/ *adj.* no longer used; out of date.

obstacle /'ɒbstəkl/ *n.* something that stops progress or makes it difficult: *an ~ to promotion.*

obstetrics /əb'stetrɪks/ *n.* [U] branch of medicine concerned with childbirth. ▶ **obstetrician** /,ɒbstə'trɪʃn/ *n.* doctor trained in obstetrics.

obstinate /'ɒbstɪnət/ *adj.* **1** refusing to change your opinions, way of behaving, etc. **2** difficult to get rid of or deal with: *~ stains.* ▶ **obstinacy** /-nəsi/ *n.* [U] ▶ **obstinately** *adv.*

obstreperous /əb'strepərəs/ *adj.* (*fml.*) noisy and difficult to control: *a class full of ~ students.*

obstruct /əb'strʌkt/ *v.* [T] **1** block a road, entrance, etc. **2** prevent somebody/something from doing something or progressing: *~ justice* ▶ **obstruction** /əb'strʌkʃn/ *n.* **1** [U, C] fact of obstructing somebody/something. **2** [C] something that blocks something. ▶ **obstructive** *adj.* intending to obstruct somebody/something.

obtain /əb'teɪn/ *v.* [T] (*fml.*) get something: *I finally managed to ~ some proof of the murderer.* ▶ **obtainable** *adj.*

obtrusive /əb'truːsɪv/ *adj.* very noticeable in an unpleasant way: *a huge restaurant which is ~ in an old village.* ▶ **obtrusively** *adv.*

obtuse /əb'tjuːs/ *adj.* (*fml., disapprov.*) slow or unwilling to understand something ■ **ob,tuse 'angle** *n.* angle between 90° and 180°. ▶ **obtuseness** *n.* [U].

obverse /'ɒbvɜːs/ *n.* [sing.] **1** (*fml.*) opposite of something. **2** (*tech.*) side of a coin that has the head or main design on it.

obvious /'ɒbviəs/ *adj.* easy to see or understand; clear ▶ **obviously** *adv.*

occasion /ə'keɪʒn/ *n.* **1** [C] particular time when something happens. **2** [C] special event or celebration. **3** [U, sing.] (*fml.*) time that provides a reason for something to happen: *She had no ~ to visit him recently.* [IDM] **on occasion(s)** sometimes but not often. ● **occasion** *v.* [T] (*fml.*) cause something.

occasional /ə'keɪʒənl/ *adj.* happening sometimes, but not often: *an ~ drink.* ▶ **occasionally** /-nəli/ *adv.*

Occident /'ɒksɪdənt/ *n.* **(the Occident)** [sing.] (*fml.*) the western part of the world, esp. Europe and America. ▶ **occidental** /,ɒksɪ'dentl/ *adj.*

occult /ə'kʌlt; 'ɒkʌlt/ *n.* **(the occult)** [sing.] supernatural or magical powers, practices, etc. ▶ **occult** *adj.*

occupant /'ɒkjəpənt/ *n.* person who lives or works in a house or room. ▶ **occupancy** /-pənsi/ *n.* [U] (*fml.*) act of living in or using a building, room, etc.

occupation /,ɒkju'peɪʃn/ *n.* **1** [C] job or profession. **2** [C] activity that fills your time. **3** [U] act of taking possession of a country. ▶ **occupational** /-ʃənl/ *adj.* of or connected with somebody's job.

occupy /'ɒkjupaɪ/ *v.* (*pt, pp* **-ied**) [T] **1** fill or use a space, an area or an amount of time. **2** (*fml.*) live or work in a room, house or building. **3** take control of a country, town, etc. esp. by military force. **4 ~ yourself** keep yourself busy. **5** have an official job or position. ▶ **occupier** *n.* person who lives in a house or room.

occur /ə'kɜː(r)/ *v.* (**-rr-**) [I] **1** (*fml.*) happen: *The accident ~red in the morning.* **2** be found somewhere; exist [PV] **occur to somebody** (of an idea or thought) come into your mind: *It never ~red to me that she might have felt bad.* ▶ **occurrence** /ə'kʌrəns/ *n.* **1** [C] event **2** [U] fact of something happening.

ocean /'əʊʃn/ *n.* **(Ocean)** one of the very large areas of sea on the earth's surface: *the Pacific O~* ▶ **oceanic** /,əʊʃi'ænɪk/ *adj.* (*tech.*).

o'clock /ə'klɒk/ *adv.* used with the numbers 1 to 12 when telling the time, to mean an exact hour: *It's 7 ~.*

octagon /'ɒktəgən/ *n.* (*geom.*) flat shape with eight sides and eight angles. ▶ **octagonal** /ɒk'tægənl/ *adj.*

octane /'ɒkteɪn/ *n.* [U] substance found in petrol used as a measure of its quality.

octave /'ɒktɪv/ *n.* (*music*) space between the first and the last notes in a series of eight notes on a scale.

October /ɒk'təʊbə(r)/ *n.* [U, C] the tenth month of the year. (See examples of use at *April.*)

octopus /'ɒktəpəs/ *n.* sea creature with a soft body and eight arms **(tentacles)**.

odd /ɒd/ *adj.* **1** strange; unusual **2** missing its pair or set: *an ~ sock/shoe.* **3** (of numbers) that cannot be divided by 2: *11, and 15 are ~ numbers.* **4** a little more than the number mentioned: *30- ~ years.* [IDM] **the odd man/ one out** person or thing that is different from the others in a group. ▶ **oddity** *n.* (*pl.* **-ies**) **1** [C] strange or unusual thing or person. **2** [U] quality of being strange. ■ **,odd 'jobs** *n.* [pl.] small jobs of various types. ■ **,odd'job man** *n.* (*esp. GB*) person paid to do odd jobs. ▶ **oddly** *adv.* strangely.

oddments /'ɒdmənts/ *n.* [pl.] small pieces of fabric, wood, etc. that are left after a larger piece has been used.

odds /ɒdz/ *n.* [pl.] probability or chance that something will or will not happen: *The ~ are* (= It is probable that) *he'll lose.* [IDM] **be at odds (with somebody/ something)** disagree with somebody; be different from something **it makes no odds** (*spoken*) it is not important. ■ **,odds and 'ends** *n.* [pl.] (*GB*, *infml.*) small items of various types.

ode /əʊd/ *n.* poem that speaks to a person or thing or celebrates an event.

odious /'əʊdiəs/ *adj.* (*fml.*) extremely unpleasant.

odour (*US* **odor**) /'əʊdə(r)/ *n.* [C, U] (*fml.*) smell.

oesophagus /i'sɒfəgəs/ *n.* (*anat.*) tube through which food passes from the mouth to the stomach.

of /əv; *strong form* ɒv/ *prep.* **1** belonging to somebody; relating to somebody: *a student of mine.* ◊ *the works of Shakespeare.* ◊ *the support of the people.* **2** belonging to something; being part of something; relating to something: *the lid of the pen.* ◊ *a member of the football team.* **3** coming from or living in a place: *the people of London.* **4** concerning or showing somebody/something: *a picture of her child.* **5** used to say what somebody/something is, consists of or contains: *the city of Turkey.* ◊ *a crowd of people.* ◊ *a bottle of soft-drink.* **6** used with measurements and expressions of time, age, etc.: *2 litres of milk* ◊ *a boyl of 15* ◊ *the first of July* **7** used to show the position of something/somebody in space or time: *just south of London* **8** used after nouns formed from verbs: *the arrival of the doctor.* ◊ *fear of the dark.* **9** used after some verbs before mentioning somebody/something involved in the action: *rob somebody of something.* ◊ *She was cleared of all blame.* **10** used to give your opinion of somebody's behaviour: *It was kind of her to offer.*

off¹ /ɒf/ *adv.* **1** away from a place; at a distance in space or time: *I must be off* (= I must leave). ◊ *The town is still 20 miles ~.* ◊ *He's ~ to Italy today.* **2** used to say that something has been removed: *take his hat ~* ◊ *He shaved his beard off.* **3** starting a race: *They're off* (= the race has begun). **4** (*infml.*) cancelled: *The wedding is ~.* **5** not connected or functioning: *The light is ~.* ◊ *Make sure the radio is off.* **6** (*esp. GB*) (of an item on a menu) no longer available: *The soup is ~.* **7** away from work: *take two days ~* [IDM] **off and on/on and off** from time to time: *The electricity went off and on all day.*

off² /ɒf/ *adj.* **1** (of food) no longer fresh: *The fish is ~.* **2** ~(**with**) (*infml., esp. GB*) impolite or unfriendly: *She can be a bit ~ sometimes.* **3** (*infml.*) not acceptable: *It's a bit off expecting him to work on a Saturday.* [IDM] **do something on the off chance** do something even though there is only a slight possibility of success: *I went to her shop on the ~ chance (that she'd be at the shop).* ■ **'off day** *n.* (*infml.*) day when you do not do things as well as usual. ■ **'off season** *n.* time of year that is less busy in business or travel.

off³ /ɒf/ *prep.* **1** down or away from a place or at a distance in space or time: *fall ~ a chair.* ◊ *take a packet of biscuits ~ the shelf.* ◊ *They're getting ~ the subject.* **2** leading away from something: *a lane ~ the main road* ◊ *away from work: He's had fifteen days off* **4** (*infml.*) not wanting or liking something that you usually eat or use: *She's ~ his food.* ◊ *She's ~ drugs now* (= she no longer takes them).

offal /'ɒfl/ *n.* [U] inside parts of an animal used as food.

offence (*US* **-ense**) /ə'fens/ *n.* **1** [C] ~ (**against**) illegal act. **2** [U] act of upsetting or insulting somebody: *I didn't mean to give ~* (= to upset you). ◊ *She's quick to take ~* (= She is easily upset).

offend /ə'fend/ *v.* **1** [T] upset or insult somebody. **2** [T] seem unpleasant to somebody: *ugly dresses that ~ the eye* **3** [I] commit a crime. **4** [I] ~**against** (*fml.*) be against what people believe is morally right. ▶ **offender** *n.* person who breaks the law. ▶ **offending** *adj.* causing a problem or difficulty.

offensive /ə'fensɪv/ *adj.* **1** very unpleasant; insulting: *~ language* **2** (*fml.*) used for attacking: *~ weapons.* ● **offensive** *n.* strong military attack. [IDM] **go on (to) the offensive I take the offensive** start attacking somebody/something. ▶ **offensively** *adv.* ▶ **offensiveness** *n.* [U].

offer /'ɒfə(r)/ *v.* **1** [I, T] say that you are willing to do something for somebody or give something to somebody: *She ~ed to go last.* ◊ *They ~ed her the job.* **2** [T] make something available or provide the opportunity for something: *The job ~s good money.* ● **offer** *n.* **1** act of offering to do something or give something to somebody. **2** something offered. ▶ **offering** *n.* something offered, esp. to God.

offhand /ˌɒfˈhænd/ *adj.* (*disapprov.*) not showing much interest in somebody/something. ● **offhand** *adv.* without being able to check something or think about it: *She can't give you an answer ~.*

office /ˈɒfɪs/ *n.* **1** [C] room or building where people work, usu. sitting at desks. **2** [C] room or building used for a particular purpose: *a tourist ~* **3** (**Office**) [C] used in the names of some British government departments: *The Foreign O~* **4** [U, C] (work of an) important position of authority: *the ~ of vice-president.*

officer /ˈɒfɪsə(r)/ *n.* **1** person in command in the armed forces: *an ~ in the army.* **2** person with authority: *a customs ~* **3** policeman or policewoman.

official /əˈfɪʃl/ *adj.* **1** of a position of authority or trust. **2** said, done, etc. publicly and with authority: *an ~ record* ● **official** *n.* person in a position of authority in a large organization. ▶ **officialdom** /-dəm/ *n.* [U] (*disapprov.*) people in positions of authority when they seem more interested in following rules than in being helpful. ▶ **officially** /-ʃəli/ *adv.* publicly; formally.

officiate /əˈfɪʃieɪt/ *v.* [I] **~(at)** perform official duties at a ceremony.

officious /əˈfɪʃəs/ *adj.* (*disapprov.*) too eager to give orders. ▶ **officiously** *adv.* ▶ **officiousness** *n.* [U].

offing /ˈɒfɪŋ/ *n.* [IDM] **in the offing** (*infml.*) likely to appear or happen soon.

off-licence /ˈɒflaɪsns/ *n.* (*GB*) shop where alcoholic drinks are sold to be taken away.

offline /ˌɒf ˈlaɪn/ *adj.* (*computing*) not directly controlled by or connected to a computer or the Internet.

off-peak /ˌɒfˈpiːk/ *adj.* in or used at a time that is less busy: *~ travel.*

off-putting /ˈɒf pʊtɪŋ/ *adj.* (*esp. GB, infml.*) causing dislike; unpleasant: *Her manner is very ~.*

offset /ˈɒfset/ *v.* (**-tt-** *pt, pp* **offset**) [T] use one cost, payment or situation to cancel or reduce the effect of another: *increase prices to ~ higher costs.*

offshoot /ˈɒfʃuːt/ *n.* **1** thing that develops from something, esp. a small organization that develops from a larger one **2** (*tech.*) new stem that grows on a plant.

offshore /ˌɒfˈʃɔː(r)/ *adj., adv.* **1** at a distance out to sea: *an ~ oil rig.* **2** away from the land towards the sea: *~ breezes.* **3** (*business*) (of money, companies, *etc.*) kept or situated in a country that has more generous tax laws than other places.

offside /ˌɒfˈsaɪd/ *adj., n.* [U] **1** (*sport*) (fact of a player being) in a position in front of the ball, which is against the rules. **2** (*GB*) (on the) side of a vehicle that is furthest from the edge of the road.

offspring /ˈɒfsprɪŋ/ *n.* (*pl.* **offspring**) (*fml.*) a person's child or children; young of animals.

off-white /ˌɒf ˈwaɪt/ *adj.* very pale yellowish-white in colour.

often /ˈɒfn; *also* ˈɒftən/ *adv.* **1** many times; frequently: *We ~ come here.* **2** in many cases: *Our home is ~ damp.* [IDM] **as often as not | more often than not** usually; typically **every so often** sometimes.

ogle /ˈəʊgl/ *v.* [I, T] **~(at)** look at somebody with great sexual interest.

ogre /ˈəʊgə(r)/ *n.* **1** (in stories) cruel frightening giant who eats people. **2** very frightening person.

oh /əʊ/ *exclam.* used to show surprise, fear, etc.: *Oh dear!*

oil /ɔɪl/ *n.* **1** [U] any of several thick slippery liquids that burn easily, used for fuel, food, etc. **2** (**oils**) [pl.] coloured paint containing oil used by artists. ● **oil** *v.* [T] put oil on or into something: *She ~ed the cycle and pumped up the tyres.* ■ **ˈoilfield** *n.* area where oil is found in the ground or under the sea. ■ **ˈoil paint** (*also* **ˈoil colour**) *n.* [C, U] type of paint that contains oil. ■ **ˈoil painting** *n.* picture painted in oil paint. ■ **ˈoil rig** (*esp. US* **ˈoil platform**) *n.* large structure with equipment for getting oil from under the ground. ■ **ˈoilskin** *n.* [C, U] (coat, *etc.* made of) cloth treated with oil to make it waterproof. ■ **ˈoil slick** *n.* area of oil floating on the sea. ■ **ˈoil well** *n.* hole made in the ground to obtain oil. ▶ **oily** *adj.* (**-ier, -iest**) **1** of or like oil; covered with oil. **2** (*disapprov.*) trying to be too polite: *an ~y smile.*

ointment /ˈɔɪntmənt/ *n.* [C, U] smooth substance rubbed on the skin to heal a wound.

OK (*also* **okay**) /ˌəʊˈkeɪ/ *adj., adv.* (*spoken*) **1** safe and well; in a calm or happy state: *Is she OK?* **2** all right; satisfactory: *Is it OK for him to go now?* ● **OK** *exclam.* (*infml.*) used for showing agreement: *OK, she'll do it.* ● **OK** *v.* [T] (*infml.*) officially agree to something: *He filled in the claim and his manager OK'd it.* ● **OK** *n.* [sing.] (*infml.*) permission: *wait for the OK.*

old /əʊld/ *adj.* **1** of a particular age: *She's 20 years ~.* ◇ *How ~ is she?* **2** having lived for a long time: *an ~ man.* **3** having existed or been used for a long time: *~ clothes.* **4** belonging to past times or a past time in your life: *Things used to be different in the ~ days.* ◇ *my ~ school* **5** known for a long time: *an ~ friend.* [IDM] **(be) an old hand (at (doing) something)** be very experienced and skilled in something **old hat** old-fashioned and no longer interesting **an old wives' tale** (*disapprov.*) old belief that has been proved not to be scientific. ▶ **the old** *n.* [pl] old people. ■ **,old-age 'pension** *n.* (*GB*) money paid regularly by the state to people above a certain age. ■ **,old-age 'pensioner** (*abbr.* **OAP**) *n.* person who receives an old-age pension. ■ **,old-'fashioned** *adj.* **1** not modern; out of date. **2** believing in old ways, etc. ■ **,old 'master** *n.* (picture by an) important painter, esp. of the 13th–17th centuries.

olive /'ɒlɪv/ *n.* **1** [C] (tree of S Europe with a) small green or black fruit, eaten raw or used for its oil. **2** [U] yellowish-green colour. ■ **'olive branch** *n.* symbol of a wish for peace.

ombudsman /'ɒmbʊdzmən; -mæn/ *n.* (*pl.* -**men** /-mən/) government official whose job is to consider complaints about public organizations.

omelette /'ɒmlət/ *n.* eggs beaten together and fried.

omen /'əʊmen/ *n.* sign of what is going to happen in the future.

ominous /'ɒmɪnəs/ *adj.* suggesting that something bad will happen. ▶ **ominously** *adv.*

omission /ə'mɪʃn/ *n.* **1** [U] act of omitting somebody/something **2** [C] thing that has not been included or done.

omit /ə'mɪt/ *v.* (**-tt-**) [T] (*fml.*) **1** not include somebody/something either deliberately or by accident. **2** **~to** fail to do something: *She ~ted to mention his age.*

omnibus /'ɒmnɪbəs/ *n.* **1** (*GB*) radio or television programme that combines several recent programmes in a series. **2** large book containing a number of books, esp. by the same writer.

omnipotent /ɒm'nɪpətənt/ *adj.* (*fml.*) having unlimited power. ▶ **omnipotence** /-təns/ *n.* [U].

omniscient /ɒm'nɪsiənt/ *adj.* (*fml.*) knowing everything. ▶ **omniscience** /-siəns/ *n.* [U].

omnivorous /ɒm'nɪvərəs/ *adj.* (*tech.*) (of animals) eating both meat and plants.

on^1 /ɒn/ *adv.* **1** used to show that something continues: *She wanted the band to play on.* **2** used to show that something moves or is sent forward: *walk on to the bus stop* ◇ *from that day on* (= from then until now) **3** on somebody's body; being worn: *Put his coat on.* ◇ *She had nothing on.* **4** covering, touching or forming part of something: *Make sure the lid is on.* **5** connected or being used: *The fan isn't on.* ◇ *The television is on.* **6** happening: *There was a war on at the time* ◇ *What's on in the city?* **7** planned to take place in the future: *Has she got anything on* (= any plans for) *this weekend?* **8** on duty; working: *She's on now until 8 in the morning.* **9** in or into a large vehicle: *get on the bus.* [IDM] **be/go/keep on about something** (*infml.*) talk in a boring way about something **it isn't on** (*infml.*) used to say that something is unacceptable **on and off** → OFF^1 **on and on** without stopping.

on^2 /ɒn/ *prep.* **1** in or into a position covering, touching or forming part of a surface: *a picture on the wall.* **2** supported by somebody/something: *He was standing on one foot.* ◇ *Hang his shirt on the hook.* **3** used to show a means of transport: *He came on the train.* **4** used to show a day or a date: *on Sunday* ◇ *on 1 May.* **5** immediately after something: *On arriving home she discovered they had gone.* **6** about somebody/something: *a lecture on Bach* **7** being carried by somebody; in the possession of somebody: *Have you got any money on you?* **8** used to show membership of a group: *be on the staff.* **9** eating, drinking or taking something regularly: *He lives on a diet of healthy food.* ◇ *She's on antibiotics.* **10** used to show direction: *On the left/right* **11** at or near a place: *a town on the coast* **12** used to show the reason for something: *On his advice she applied for the job.* **13** supported financially by somebody: *live on a student grant* **14** by means of something; using something: *Most vehicles run on petrol.* ◇ *speak on the phone* **15** used to say who or what is affected by something: *a tax on beer.* ◇ *She's hard on her kids.* **16** used to describe an activity or state: *be on business/holiday.* ◇ *be on fire* (= burning).

once /wʌns/ *adv.* **1** on one occasion only; one time: *She's only been there ~.* **2** at some time in the past: *He ~ lived in London.* [IDM] **at once 1** immediately; without delay. **2** at the same time: *Don't all speak at ~!* **once again | once more** one more time; another time. **once and for all** now and for the last time. **once in a blue moon** (*infml.*) very rarely (every) **once in a while** occasionally **once upon a time** used at the beginning of stories to mean 'a long time ago'. ● **once** *conj.* as soon as; when: *It's easy ~ she knows how.*

oncoming /'ɒnkʌmɪŋ/ *adj.* coming towards you: *~ traffic.*

one^1 /wʌn/ *number, det.* **1** the number 1 **2** a certain: *~ day* **3** used for emphasis to mean 'the only one' or 'the most important one': *He is the ~ person I can trust.* **4** the same:

They all went off in ~ direction. [IDM] **(be) at one (with somebody/something)** (*fml.*) be in complete agreement with somebody/something **for one** used to emphasize that somebody does something and that you believe other people do too: *She for ~ doesn't like it.* **one or two** a few **one up (on somebody)** (*infml.*) having an advantage over somebody. ■ **,one-'off** *n., adj.* (thing) made or happening only once. ■ **,one-'sided** *adj.* **1** (of an argument, *etc.*) not balanced. **2** (*esp.* in sport) with opposing players of unequal abilities. ■ **,one-parent 'family** *n.* family in which the children live with one parent rather than two. ■ **'one-time** *adj.* former: *her ~-time best friend, Carl.* ■ **,one-to-'one** (*US* **,one-on-'one**) *adj., adv.* between two people only: *a ~-to-~ relationship.* ■ **,one-'way** *adj., adv.* (allowing movement) in one direction only: *a ~-way traffic.*

one² /wʌn/ *pron.* **1** used to avoid repeating a noun: *She forgot to bring a pen. Can you lend her ~?* ◊ *The small bus is just as fast as the big ~.* **2** used when you are identifying the person or thing you are talking about: *Her house is the ~ with the blue door.* **3** *~of* person or thing belonging to a particular group: *He is not ~ of his customers.* **4** person of the type mentioned: *She wanted to be at home with her loved ~s.* **5** (*fml.*) used to mean 'people in general' or 'I' when the speaker is referring to him/herself: *O~ should never criticize if ~ is not sure of the truth.* ■ **,one a'nother** *pron.* each other: *They don't like ~ another.*

onerous /ˈəʊnərəs/ *adj.* (*fml.*) needing effort; difficult.

oneself /wʌnˈself/ *pron.* (*fml.*) **1** used as a reflexive when people in general cause and are also affected by an action: *wash ~.* **2** used to emphasize *one*: *One could arrange it all ~.* [IDM] **(all) by oneself 1** alone **2** without help.

ongoing /ˈɒngəʊɪŋ/ *adj.* continuing: *~ research.*

onion /ˈʌnjən/ *n.* [C, U] round vegetable with a strong smell and flavour, used in cooking.

online /ˌɒnˈlaɪn/ *adj.* controlled by or connected to a computer or to the Internet: *an ~ ticket booking system* ▶ **online** *adv.*

onlooker /ˈɒnlʊkə(r)/ *n.* person who watches something happening.

only /ˈəʊnli/ *adj.* **1** with no other(s) of the same group: *Charlie was the ~ person able to do the work.* **2** best: *She's the ~ person for the job.* ● **only** *adv.* **1** nobody or nothing except: *I ~ saw Mary.* **2** in no other situation, place, *etc.*: *Children are admitted ~ if accompanied by an adults.* [IDM] **only just 1** not long ago/before: *They've ~ just arrived.* **2** almost not: *We ~ just caught the bus.* **only too ...** very: *only ~ pleased to help.* ● **only** *conj.* (*infml.*) except that; but: *I'd love to come, ~ I have to work.*

onrush /ˈɒnrʌʃ/ *n.* [sing.] (*written*) strong movement forward.

onset /ˈɒnset/ *n.* [sing.] beginning, esp. of something unpleasant.

onshore /ˈɒnʃɔː(r)/ *adj., adv.* towards the shore: *~ winds.*

onslaught /ˈɒnslɔːt/ *n.* ~(against/on) (*written*) strong or violent attack on somebody/something.

onto (*also* **on to**) /ˈɒntə; *before vowels* ˈɒntu/ *prep.* to a position on: *climb ~ a mountain.* [IDM] **be onto somebody 1** (*infml.*) know about what somebody has done wrong. **2** be talking to somebody, usu. in order to ask or tell them something. **be onto something** have information that could lead to discovering something important.

onus /ˈəʊnəs/ *n.* [sing.] (*fml.*) responsibility: *The ~ is on her.*

onward /ˈɒnwəd/ *adj.* (*fml.*) continuing or moving forward: *an ~ flight* ▶ **onwards** (*US* **onward**) *adv.*: *The shop is open from 7am ~s.*

ooze /uːz/ *v.* **1** [I] (of thick liquids) come or flow out slowly. **2** [I, T] show a particular characteristic strongly: *She ~d charm.* ● **ooze** *n.* [U] soft liquid mud.

opacity /əʊˈpæsəti/ *n.* [U] (*tech.*) fact of being difficult to see through or opaque.

opal /ˈəʊpl/ *n.* white or almost clear precious stone.

opaque /əʊˈpeɪk/ *adj.* **1** (of glass, liquid, *etc.*) not clear enough to see through. **2** (of speech or writing) difficult to understand; not clear.

open¹ /ˈəʊpən/ *adj.* **1** not closed: *leave the window ~* **2** spread out; with the edges apart: *The flowers were all ~.* **3** not fastened: *an ~ shirt* **4** not enclosed: *~ fields.* **5** with no cover or roof: *villagers working in the ~ air* (= not in a building) **6** ready for business: *Is the market ~ yet?* **7** public; free to all: *an ~ championship.* **8** *~to* likely to suffer something such as criticism, injury, *etc.*: *She has laid herself wide ~ to political attack.* **9** honest; not keeping your feelings hidden. **10** *~to* (of a person) willing to listen and think about new ideas. **11** known to everyone: *an ~ secret* **12** not yet finally decided: *leave the matter ~* [IDM] **have/keep an open mind (about/on something)** be willing to consider new ideas **with open arms** with great affection or enthusiasm. ● **the open** *n.* [sing.] **1** outdoors; in the countryside. **2** not hidden or secret: *bring the matter out into the ~* ◊ *a problem which is out in the ~*

■ **,open-'air** *adj.* taking place outside. ■ **,open-and-shut 'case** *adj.* legal case that is easy to decide or solve. ■ **,open-'ended** *adj.* without any limits or dates set in advance. ■ **,open-'handed** *adj.* generous ▶ **openly** *adv.* not secretly ■ **,open-'minded** *adj.* willing to consider new ideas. ▶ **openness** *n.* [U] honesty ■ **,open-'plan** *adj.* with no dividing walls.

open² /'əʊpən/ *v.* **1** [I, T] (cause something to) move so that it is no longer closed: *The window ~ed. ◇ Please ~ your mouth.* **2** [T] remove the lid, undo the fastening, etc. of a container to see what is inside. **3** [I, T] (cause something to) spread out or unfold: *The parachute didn't ~. ◇ ~ a page.* **4** [T] make it possible for people, cars, etc. to pass through a place: *~ a new road through the forest.* **5** [I, T] (cause something to) be ready for business: *When does the shop ~?* **6** [T] start something: *~ a bank account.* [IDM] **open your/somebody's eyes (to somebody)** make you/somebody realize the truth about something [PV] **open up** talk freely about your feelings **open (something) up** (cause something to) be available for development, business, etc.: *~ up possibilities.*

opener /'əʊpnə(r)/ *n.* (*usu.* in compounds) tool that is used to open things: *a tin- ~er.*

opening /'əʊpnɪŋ/ *n.* [C] **1** space or hole that somebody/something can pass through. **2** [usu. sing.] beginning **3** [sing.] process of becoming or making something open: *the ~ of the new bank* **4** job that is available. ● **opening** *adj.* first: *her ~ words.*

opera /'ɒprə/ *n.* musical play in which most of the words are sung. ▶ **operatic** /,ɒpə'rætɪk/ *adj.*

operate /'ɒpəreɪt/ *v.* **1** [I] work in a particular way. **2** [I, T] use or control a machine or make it work: *~ machinery.* **3** [I, T] do business; direct something: *She plans to ~ out of a new office in Leeds.* **4** [I] perform a surgical operation on somebody's body. ▶ **operable** /'ɒpərəbl/ *adj.* (of a medical condition) that can be treated by an operation. ■ **'operating theatre** *n.* room in a hospital used for medical operations.

operation /,ɒpə'reɪʃn/ *n.* **1** [C] (*med.*) process of cutting open a part of the body to remove a diseased or injured part. **2** [C] organized activity: *a rescue ~* **3** [C] business or company. **4** [C, U] act performed by a machine, esp. a computer. **5** [U] working of parts of a machine or system: *the ~ of the controls.* **6** [C, usu. pl.] military activity [IDM] **in operation** working or being used: *Permanent traffic controls are in ~.* **come into operation** start working or having an effect. ▶ **operational**

/-ʃənl/ *adj.* (*fml.*) **1** connected with the way a business, machine, etc. works. **2** ready for use.

operative /'ɒpərətɪv/ *adj.* ready to be used; in use: *The law becomes ~ immediately.* ● **operative** *n.* (*tech.*) worker.

operator /'ɒpəreɪtə(r)/ *n.* person who works something, esp. a telephone switchboard.

operetta /,ɒpə'retə/ *n.* short light musical comedy.

opinion /ə'pɪnjən/ *n.* **1** [C] your feelings or thought about somebody/something: *In my ~, the price is too low. ◇ his ~ of the new manager.* **2** [U] beliefs or views of a group of people: *public ~* **3** [C] professional advice: *a doctor's ~* ▶ **opinionated** /-eɪtɪd/ *adj.* having opinions that you are not willing to change.

opium /'əʊpiəm/ *n.* [U] drug made from poppy seeds.

opponent /ə'pəʊnənt/ *n.* person who is against another in a fight, argument or game.

opportune /'ɒpətjuːn/ *adj.* (*fml.*) **1** (of time) suitable for a purpose. **2** (of an action) coming at the right time.

opportunism /,ɒpə'tjuːnɪzəm/ *n.* [U] (*disapprov.*) practice of using situations unfairly to gain advantage for yourself. ▶ **opportunist** *n.*

opportunity /,ɒpə'tjuːnəti/ *n.* [C, U] (*pl.* **-ies**) favourable time or chance to do something.

oppose /ə'pəʊz/ *v.* [T] disagree strongly with somebody's plan, policy, etc. ▶ **opposed** *adj.* **~to** disagreeing strongly with something: *She is ~ed to our plans.* [IDM] **as opposed to** (*written*) in contrast to.

opposite /'ɒpəzɪt/ *adj.* **1** facing the speaker: *the house ~ (to) his.* **2** as different as possible from something: *in the ~ direction.* ● **opposite** *prep., adv.* on the other side of an area from somebody/something and usu. facing them: *~ the station ◇ the person sitting ~* ● **opposite** *n.* person or thing that is as different as possible from somebody/something else. ■ **your ,opposite 'number** *n.* person who does the same job as you in an organization.

opposition /,ɒpə'zɪʃn/ *n.* **1** [U] **~(to)** act of strongly disagreeing with somebody/something: *strong ~ to the new law.* **2** (**the opposition**) [sing., with sing. or pl. verb] people you are competing against in business, a competition, etc. **3** [sing., with sing. or pl. verb] (**the Opposition**) main political party that is opposed to the government: *the leader of the O~.*

oppress /ə'pres/ *v.* [T] **1** treat somebody in a cruel and unfair way, esp. by not giving them the same freedom, rights, etc. as others. **2** make somebody only able to think about sad or worrying things: ~*ed by the gloomy atmosphere.* ▶ **oppression** /ə'preʃn/ *n.* [U] ▶ **oppressive** *adj.* **1** treating people in a cruel and unfair way. **2** hard to bear; uncomfortable: *~ive heat.* ▶ **oppressor** *n.* cruel or unjust leader or ruler.

opt /ɒpt/ *v.* [T] **~for/against** choose to take or not to take a particular course of action: *She ~ed for a career in art.* [PV] **opt out (of something)** choose not to take part in something.

optic /'ɒptɪk/ *adj.* (*tech.*) of the eye: *the ~ nerve* (= from the eye to the brain) ▶ **optical** /-kl/ *adj.* of the sense of sight. ■ **,optical il'lusion** *n.* something that tricks your eyes and makes you think you see something that is not there. ▶ **optician** /ɒp'tɪʃn/ *n.* person who makes or sells glasses and contact lenses.

optimism /'ɒptɪmɪzəm/ *n.* [U] belief that good things will happen. ▶ **optimist** /-mɪst/ *n.* ▶ **optimistic** /-'mɪstɪk/ *adj.*

optimize (*also* **-ise**) /'ɒptɪmaɪz/ *v.* [T] make something as good as it can be; use something in the best possible way.

optimum /'ɒptɪməm/ *adj.* most favourable; best: *the ~ price.*

option /'ɒpʃn/ *n.* **1** [U] freedom to choose what you do. **2** [C] something that you can choose to have or do. **3** right to buy or sell something at some time in the future: *share ~s* (= right to buy shares in a company) **4** (*computing*) one of the choices you can make when using a computer program. ▶ **optional** /-ʃənl/ *adj.* that you can choose to do or have if you want to.

opulent /'ɒpjələnt/ *adj.* (*fml.*) showing signs of great wealth. ▶ **opulence** /-ləns/ *n.* [U].

or /ɔː(r)/ *conj.* **1** used to introduce an alternative: *Was it red or blue?* ◊ *Does she want tea, coffee or milk?* **2** (*also* **or else**) if not; otherwise: *Turn the heat down or it'll burn.* **3** in other words: *It weighs one pound, or about 450 grams.* [IDM] **or so** about: *They stayed there for an hour or so.*

oral /'ɔːrəl/ *adj.* **1** spoken, not written: *an ~ test* **2** of, by or for the mouth: *~ medicine.* ● **oral** *n.* a spoken exam, esp. in a foreign language. ▶ **orally** *adv.*

orange /'ɒrɪndʒ/ *n.* [C, U] round thick-skinned juicy reddish-yellow fruit. ● **orange** *adj.* bright reddish-yellow in colour.

orang-utan /ɔː,ræŋuː'tæn; ə'ræŋuːtæn/ *n.* large ape with long arms and reddish hair.

oration /ɔː'reɪʃn/ *n.* (*fml.*) formal public speech.

orator /'ɒrətə(r)/ *n.* (*fml.*) person who makes formal public speeches. ▶ **oratory** /'ɒrətri/ *n.* [U] art of skilful public speaking.

orbit /'ɔːbɪt/ *n.* **1** curved path of a planet or satellite round the earth, sun, etc. **2** area of influence. ● **orbit** *v.* [I, T] move in an orbit round something: *The earth takes a year to ~ the sun.* ▶ **orbital** /-tl/ *adj.*

orchard /'ɔːtʃəd/ *n.* piece of land on which fruit trees are grown.

orchestra /'ɔːkɪstrə/ *n.* [C, with sing. or pl. verb] group of people playing different musical instruments together. ▶ **orchestral** /ɔː'kestrəl/ *adj.* ▶ **orchestrate** /-streɪt/ *v.* [T] **1** arrange a piece of music to be played by an orchestra. **2** organize a complicated plan very carefully or secretly. ▶ **orchestration** /,ɔːkɪ'streɪʃn/ *n.* [C, U].

orchid /'ɔːkɪd/ *n.* plant with flowers of brilliant colours and unusual shapes.

ordain /ɔː'deɪn/ *v.* [T] **1** make somebody a member of the clergy. **2** (*fml.*) (of God, the law, *etc.*) order or command something.

ordeal /ɔː'diːl; 'ɔːdiːl/ *n.* difficult or unpleasant experience.

order¹ /'ɔːdə(r)/ *n.* **1** [U] way in which people or things are arranged in relation to one another: *names in alphabetical ~* ◊ *arranged in ~ of size* **2** [U] state of being carefully arranged: *It was time he put his life in ~.* **3** [U] state that exists when people obey laws, rules or authority: *The airforce was sent in to restore ~.* ◊ *The chairman called them to ~* (= ordered them to obey the rules of the meeting). **4** [C] command given by somebody in authority. **5** [C, U] request to supply goods: *Send the shop your ~ for books.* **6** [C] goods supplied in response to a particular order: *Your ~ will arrive tomorrow.* **7** [C] formal written instruction for somebody to be paid money. **8** [C] (badge, *etc.* worn by) group of people who are specially honoured: *~s and medals* [IDM] **in order** as it should be; valid: *Your passport is in ~.* **in order that** (*fml.*) so that something can happen **in order to do something** with the purpose of doing something **of/in the order of** (*fml.*) about: *It will cost in the ~ of £80.* **of the highest/first order** of the highest quality or degree **on order** asked for, but not yet supplied: *The machines are still on ~.* **out of order 1** (of a machine, *etc.*) not working properly. **2** not arranged correctly or neatly: *The reports are all out of ~.* **3** (*infml.*) behaving in a way that is not acceptable or right: *They were well out of ~ taking it without asking.* **4** (*fml.*) not allowed by the rules of a formal meeting: *His objection was ruled out of ~.* **be in/take (holy) orders** be/become a priest.

order² /'ɔːdə(r)/ *v.* **1** [T] tell somebody to do

something: *The captain ~ed the soldiers to attack.* **2** [I, T] ask for goods or services to be supplied: *to ~ a dessert.* **3** [T] (*fml.*) organize or arrange something [PV] **order somebody about/around** keep telling somebody what to do in an unkind way.

orderly /'ɔːdəli/ *adj.* **1** carefully arranged; tidy **2** well behaved; peaceful ▶ **orderliness** *n.* [U] ▶ **orderly** *n.* (*pl.* **-ies**) hospital worker.

ordinal /'ɔːdɪnl/ (*also* ,**ordinal 'number**) *n.* number, e.g. *first, second* and *third*, showing order in a series.

ordinary /'ɔːdnri/ *adj.* normal; usual [IDM] **out of the ordinary** unusual. ▶ **ordinarily** /-rəli/ *adv.* usually.

ordination /,ɔːdɪ'neɪʃn/ *n.* [C, U] ceremony of making a person a member of the clergy.

ore /ɔː(r)/ *n.* [U, C] rock or earth from which metal can be obtained.

organ /'ɔːgən/ *n.* **1** part of the body that has a particular purpose: *the sense ~s* (= the eyes, ears, *etc.*) **2** large musical instrument from which sounds are produced by air forced through pipes. **3** (*fml.*) official organization which has a special purpose: *the ~s of government.* **4** (*fml.*) newspaper, etc. that supplies information about a particular group or organization. ▶ **organist** *n.* person who plays the organ.

organic /ɔː'gænɪk/ *adj.* **1** (of food, farming methods, *etc.*) produced without using chemicals. **2** produced by or from living things. **3** (*fml.*) consisting of related parts. ▶ **organically** /-kli/ *adv.*

organism /'ɔːgənɪzəm/ *n.* **1** (*usu.* very small) living thing. **2** (*fml.*) system with parts dependent on each other.

organization (*also* **-isation**) /,ɔːgənaɪ'zeɪʃn/ *n.* **1** [C] group of people who form a business, club, etc. to achieve a particular aim. **2** [U] act of making arrangements or preparations for something.

organize (*also* **-ise**) /'ɔːgənaɪz/ *v.* [T] **1** make preparations for something: *~ a party.* **2** arrange something into a particular structure or order: *~ your time.*

orgasm /'ɔːgæzəm/ *n.* point of feeling greatest sexual pleasure.

orgy /'ɔːdʒi/ *n.* (*pl.* **-ies**) wild party with a lot of drinking and sexual activity.

Orient /'ɔːrient/ *n.* [sing.] (*lit.*) (**the Orient**) the eastern part of the world, esp. China and Japan. ▶ **oriental** /,ɔːri'entl/ *adj.* of or from the eastern part of the world.

orient /'ɔːrient/ (*GB also* **orientate** /'ɔːrienteɪt/) *v.* [T] **1** ~ (**to/towards**) (*usu.* passive) direct somebody/something towards a particular purpose: *Our company is ~d towards exports.* **2** ~ **yourself** find your position in relation to your surroundings. ▶ **orientation** /,ɔːriən'teɪʃn/ *n.* [U, C].

orifice /'ɒrɪfɪs/ *n.* (*fml.*) hole or opening, esp. in the body.

origin /'ɒrɪdʒɪn/ *n.* [C, U] (*also* **origins** [*pl.*]) **1** starting point or cause of something. **2** person's social and family background: *people of Polish ~.*

original /ə'rɪdʒənl/ *adj.* **1** existing at the beginning of a period, process or activity: *Go back to your ~ plan.* **2** newly created; fresh: *~ designs.* **3** able to produce new and interesting ideas: *an ~ composer.* **4** painted, written, etc. by the artist rather than copied. ● **original** *n.* the earliest form of something, from which copies can be made. ▶ **originality** /ə,rɪdʒə'næləti/ *n.* [U] quality of being new and interesting. ▶ **originally** /-nəli/ *adv.* used to describe the situation that existed at the beginning of a period or activity, esp. before something was changed: *His jeans were ~ly white.*

originate /ə'rɪdʒɪneɪt/ *v.* (*fml.*) **1** [I] begin **2** [T] create something new ▶ **originator** *n.*

ornament /'ɔːnəmənt/ *n.* (*fml.*) **1** [C] object that is beautiful rather than useful. **2** [U] use of objects, designs, etc. as decoration. ● **ornament** /ment/ *v.* [T] (*fml.*) add decoration to something ▶ **ornamental** /,ɔːnə'mentl/ *adj.*

ornate /ɔː'neɪt/ *adj.* having a lot of decoration. ▶ **ornately** *adv.*

ornithology /,ɔːnɪ'θɒlədʒi/ *n.* [U] study of birds ▶ **ornithologist** *n.*

orphan /'ɔːfn/ *n.* child whose parents are dead. ● **orphan** *v.* [T] (*usu.* passive) make a child an orphan. ▶ **orphanage** /'ɔːfənɪdʒ/ *n.* home for children whose parents are dead.

orthodox /'ɔːθədɒks/ *adj.* (having opinions that are) generally accepted or approved. ▶ **orthodoxy** *n.* [U, C] (*pl.* **-ies**).

orthography /ɔː'θɒgrəfi/ *n.* [U] (*fml.*) system of spelling in a language.

orthopaedics (*US* **-pedics**) /,ɔːθə'piːdɪks/ *n.* [U] branch of medicine that deals with problems and diseases of bones. ▶ **orthopaedic** (*US* **-pedic**) *adj.*

oscillate /'ɒsɪleɪt/ *v.* [I] (*fml.*) **1** ~ (**between A and B**) keep changing between extremes of feeling or opinion: *His mood ~d between elation and depression.* **2** (*physics*) keep moving from one position to another and back again. ▶ **oscillation** /,ɒsɪ'leɪʃn/ *n.* [U, C] (*fml.*).

ostensible /ɒ'stensəbl/ *adj.* given as a reason, etc. though perhaps not the real one. ▶ **ostensibly** /-əbli/ *adv.*

ostentation /,ɒsten'teɪʃn/ *n.* [U] (*disapprov.*) show of wealth, importance, etc. in order to impress people. ▶ **ostentatious** /,ɒsten'teɪʃəs/ *adj.*

ostracize (also **-ise**) /ˈɒstrəsaɪz/ v. [T] (fml.) exclude somebody from a social group; refuse to meet or talk to somebody.

ostrich /ˈɒstrɪtʃ/ n. very large African bird with a long neck and long legs, that cannot fly.

other /ˈʌðə(r)/ adj., pron. **1** used to refer to a person or thing additional to that already mentioned: *Cathie, Jones and two ~ students were in the class.* **2 (the, my, your, etc. other)** used to refer to the second of two people or things: *Pull the cork out with your ~ hand.* **3** used to refer to the remaining people or things in a group: *She went jogging while the ~s played tennis.* ◊ *The ~ teachers are from London.* **4 (the other)** used to refer to a place, direction, etc. that is the opposite to where you are, are going, etc.: *She works on the ~ side of town.* [IDM] **other than** except: *They're away in June, but ~ than that they'll be around all summer.*

otherwise /ˈʌðəwaɪz/ adv. **1** used to state what the result would be if the situation were different: *Shut the window, ~ it'll get too dirty in here.* **2** apart from that: *The rent is high, but ~ the room is satisfactory.* **3** in a different way to the way mentioned; differently.

otter /ˈɒtə(r)/ n. fur-covered animal that lives in rivers and eats fish.

ouch /aʊtʃ/ exclam. used to express sudden pain: *Ouch! That hurt!*

ought to /ˈɔːt tə; before vowels and finally ˈɔːt tu/ modal v. (neg. **ought not to** or **oughtn't to**) **1** used to say what is the right thing to do: *She ~ to apologise.* **2** used to say what you advise or recommend: *She ~ to see a doctor about that cough.* **3** used to say what has probably happened or is probably true: *He started late, so she ~ to be here by evening.*

ounce /aʊns/ n. **1** (abbr. **oz**) [C] unit of weight; one sixteenth of a pound, equal to 28.35 grams. **2** [sing.] **~(of)** (infml.) very small amount of something.

our /ɑː(r); ˈaʊə(r)/ det. of or belonging to us: *~ house* ▶ **ours** /ɑːz; ˈaʊəz/ pron. the one(s) that belong to us: *She's a friend of ~s.*

ourselves /ɑːˈselvz; aʊəˈselvz/ pron. **1** (the reflexive form of *we*) used when you and others cause and are affected by an action: *We dried ~.* **2** used to emphasize *we* or *us*: *We saw the crash ~.* [IDM] **(all) by ourselves 1** alone **2** without help.

oust /aʊst/ v. [T] **~(from)** (written) force somebody to leave a job, etc.

out /aʊt/ adv., prep. **1 ~(of)** away from the inside of a place or thing: *go ~ for some fresh air.* ◊ *walk ~ of the house.* ◊ *She opened the lid of the box and ~ jumped a frog.* **2 ~(of)** (of people) not at home or at a place of work: *I phoned him but he was ~.* ◊ *She's ~ of the city this morning.* **3 ~(of)** away from the edge of a place: *Do not lean ~ of the window.* **4 ~(of)** a long or particular distance away from a place or from land: *The ships were all ~ at sea.* ◊ *a mile ~ of Hull* **5 ~(of)** used to show that something/somebody is removed from a place, job, etc.: *This detergent is not good for getting stains ~.* **6 ~of** used to show that something comes from or is obtained from something/somebody: *made ~ of glass* ◊ *Drink ~ of the bottle.* **7 ~of** without: *He's been ~ of work for years.* **8 ~of** not or no longer in the state or condition mentioned: *Stay ~ of trouble.* **9 ~(of)** no longer involved in something: *The thief will be ~* (= of prison) *on bail in no time.* **10 ~of** used to show the reason why something is done: *I asked ~ of curiosity.* **11 ~of** from a particular number or set: *in nine cases ~ of ten* **12** (of the tide) away from the shore. **13** available to everyone; known by everyone: *The secret is ~.* **14** clearly and loudly: *shout ~* **15** (*sport*) (in cricket, baseball, etc.) no longer batting **16** (*sport*) (of a ball) outside the line **17** not correct or exact; wrong: *I'm ~ in my spellings.* **18** not fashionable: *Short skirts are ~.* **19** (of fire, lights, etc.) no longer burning **20** (*GB, infml.*) on strike **21** to the end; completely: *We will fight it ~.* [IDM] **be out for something/to do something** be trying to get or do something: *I'm not ~ to change the world!* ■ **,out-and-ˈout** adj. complete.

outboard /ˈaʊtbɔːd/ adj. (*tech.*) on, towards or near the outside of a ship or aircraft. ■ **,outboard ˈmotor** n. engine that you can fix to the back of a small boat.

outbreak /ˈaʊtbreɪk/ n. sudden start of something unpleasant: *the ~ of war.*

outbuilding /ˈaʊtbɪldɪŋ/ n. building separate from the main building.

outburst /ˈaʊtbɜːst/ n. sudden strong expression, esp. of anger.

outcast /ˈaʊtkɑːst/ n. person sent away from home or society.

outcome /ˈaʊtkʌm/ n. effect or result.

outcrop /ˈaʊtkrɒp/ n. (*geol.*) large mass of rock that sticks out of the ground.

outcry /ˈaʊtkraɪ/ n. (*pl.* **-ies**) strong public protest.

outdated /ˌaʊtˈdeɪtɪd/ adj. no longer useful because of being old-fashioned.

outdo /ˌaʊtˈduː/ v. (*third pers. sing. pres. tense* **-does** /-ˈdʌz/ *pt* **-did** /-ˈdɪd/ *pp* **-done** /-ˈdʌn/) [T] (*written*) do more or better than somebody else: *Not to be outdone, he tried again.*

outdoor /ˈaʊtdɔː(r)/ adj. done or situated out-

side rather than in a building. ▶ **outdoors** /ˌaʊtˈdɔːz/ adv. outside, rather than in a building.
outer /ˈaʊtə(r)/ adj. **1** on the outside of something: ~ *walls*. **2** furthest from the inside or centre of something: *the ~ suburbs*. ▶ **outermost** adj. furthest from the inside or centre ■ **,outer 'space** = SPACE(4).
outfit /ˈaʊtfɪt/ n. [C] **1** clothing or equipment needed for a particular occasion or purpose. **2** [with sing. or pl. verb] (*infml.*) organization or group of people.
outflank /ˌaʊtˈflæŋk/ v. [T] go round the side of an enemy in order to attack them.
outgoing /ˈaʊtɡəʊɪŋ/ adj. **1** friendly **2** leaving: *the ~ president* ▶ **outgoings** n. [pl.] (*GB*) amount of money that a person or business has to spend regularly, e.g. every month.
outgrow /ˌaʊtˈɡrəʊ/ v. (*pt* **-grew** /-ˈɡruː/ *pp* **-grown** /-ˈɡrəʊn/) [T] **1** grow too big for to be able to wear or fit into something. **2** stop doing something or lose interest in something as you grow older.
outhouse /ˈaʊthaʊs/ n. small building next to the main building.
outing /ˈaʊtɪŋ/ n. trip made for pleasure.
outlandish /aʊtˈlændɪʃ/ adj. (*usu. disapprov.*) strange or extremely unusual: ~ *clothes* ▶ **outlandishly** adv.
outlaw /ˈaʊtlɔː/ v. [T] make something no longer legal: ~ *the sale of guns* ● **outlaw** n. (*esp.* in the past) person who has broken the law and is hiding to avoid being caught.
outlay /ˈaʊtleɪ/ n. amount of money spent in order to start a new project, etc.
outlet /ˈaʊtlɛt/ n. **1** way of expressing or making good use of strong feelings or energy: *sport is a good ~ for aggression*. **2** (*business*) shop that sells goods made by a particular company or of a particular type: *The business has 328 retail ~s*. **3** (*esp. US*) shop that sells goods of a particular make at reduced prices. **4** pipe or hole through which liquid or gas can flow out.
outline /ˈaʊtlaɪn/ n. **1** description of the main facts involved in something: *an ~ of the strategy*. **2** line that goes round the edge of something, showing its main shape. ● **outline** v. [T] **1** give a short general description of something **2** show or mark the outer edge of something.
outlive /ˌaʊtˈlɪv/ v. [T] live longer than somebody ~ *your children*.
outlook /ˈaʊtlʊk/ n. **1** person's attitude to life and the world. **2** what seems likely to happen.
outlying /ˈaʊtlaɪɪŋ/ adj. far from a centre or city:
~ *towns*.
outmoded /ˌaʊtˈməʊdɪd/ adj. (*disapprov.*) no longer fashionable.

outnumber /ˌaʊtˈnʌmbə(r)/ v. [T] be greater in number than somebody/something.
out of date → DATE¹.
outpatient /ˈaʊtpeɪʃnt/ n. person who goes to a hospital for treatment, but does not stay there.
outpost /ˈaʊtpəʊst/ n. **1** small military observation post far from the main army. **2** small town in a lonely part of a country.
output /ˈaʊtpʊt/ n. [sing.] **1** quantity of goods, etc. produced. **2** (*computing*) information, results, etc. produced by a computer. **3** power, energy, etc. produced by a piece of equipment.
outrage /ˈaʊtreɪdʒ/ n. **1** [U] strong feeling or shock and anger. **2** [C] act or event of great violence and cruelty that shocks people and makes them angry. ● **outrage** v. [T] make somebody very shocked and angry. ▶ **outrageous** /aʊtˈreɪdʒəs/ adj. **1** very shocking and unacceptable. **2** very unusual. ▶ **outrageously** adv.
outright /ˈaʊtraɪt/ adv. **1** openly and honestly: *He told her ~ what he thought*. **2** clearly and completely: *She won ~*. **3** not gradually; immediately: *be killed ~* ● **outright** adj. complete and total: *an ~ ban/rejection*.
outset /ˈaʊtsɛt/ n. [IDM] **at/from the outset (of something)** at/from the beginning of something.
outshine /ˌaʊtˈʃaɪn/ v. (*pt, pp* **outshone** /-ˈʃɒn/) [T] (*written*) be much better than somebody/something: *He ~s all his friends at games*.
outside /ˌaʊtˈsaɪd/ n. [C, usu. sing.] outer side or surface of something: *the ~ of the house*. ● **outside** /ˈaʊtsaɪd/ adj. **1** of, on or facing the outer side. **2** not included in or connected with your group, organization, etc.: ~ *help* **3** used to say that something is very unlikely: *an ~ chance*. ● **outside** /ˌaʊtˈsaɪd/ (*esp. US* **outside of**) *prep.* **1** on or to a place on the outside of something: ~ *the bank*. **2** away from or not in a particular place: *We live in a village just ~ Bath*. **3** not part of something: ~ *his areas of responsibility*. **4** (**outside of**) apart from: *no interests ~ of her work* ● **outside** /ˌaʊtˈsaɪd/ adv. on or to the outside of something; in the open air: *Please wait ~*.
outsider /ˌaʊtˈsaɪdə(r)/ n. **1** person who is not a member of or not accepted by a group of people. **2** horse, team, etc. that is not expected to win a competition.
outsize /ˈaʊtsaɪz/ adj. (*esp.* of clothing) larger than the standard sizes.
outskirts /ˈaʊtskɜːts/ n. [pl.] outer areas of a city or town.
outsmart /ˌaʊtˈsmɑːt/ v. [T] gain an advantage

over somebody by being cleverer than them.

outsource /ˈaʊtsɔːs/ v. [I, T] (business) arrange for somebody outside a company to do work or provide goods for that company. ▶ **outsourcing** n. [U].

outspoken /aʊtˈspəʊkən/ adj. saying exactly what you think, even if this shocks people.

outstanding /aʊtˈstændɪŋ/ adj. **1** extremely good; excellent. **2** very obvious or important **3** (of payment, work, problems, etc.) not yet paid, done or solved. ▶ **outstandingly** adv. **1** used to emphasize the good quality of something. **2** extremely well.

outstay /ˌaʊtˈsteɪ/ v. [IDM] **outstay your welcome** stay somewhere as a guest longer than you are wanted.

outstrip /ˌaʊtˈstrɪp/ v. (-pp-) [T] be or become better, larger, more important, etc. than somebody/something: *Demand is ~ping production.*

outward /ˈaʊtwəd/ adj. **1** of or on the outside: *an ~ appearance.* **2** going away from a particular place: *the ~ journey.* ▶ **outwardly** adv. on the surface; in appearance. ▶ **outwards** (also **outward**) adv. towards the outside; away from the centre or a particular point.

outweigh /ˌaʊtˈweɪ/ v. [T] be greater or more important than something.

outwit /ˌaʊtˈwɪt/ v. (-tt-) [T] defeat or gain an advantage over somebody by doing something clever.

outwork /ˈaʊtwɜːk/ n. [U] (GB, business) work that is done by people at home. ▶ **outworker** n.

oval /ˈəʊvl/ n., adj. (shape) like an egg.

ovary /ˈəʊvəri/ n. (pl. **-ies**) either of the two organs in women and female animals that produce eggs.

ovation /əʊˈveɪʃn/ n. enthusiastic clapping by an audience as a sign of their approval.

oven /ˈʌvn/ n. enclosed box-like space in which food is cooked.

over¹ /ˈəʊvə(r)/ prep. **1** resting on the surface of and partly or completely covering somebody/something: *She put a blanket ~ her child.* **2** in or to a position higher than but not touching somebody/something: *He held an umbrella ~ her.* **3** from one side of something to the other: *a bridge ~ the river* **4** on the far or opposite side of something: *She lives ~ the road.* **5** so as to cross something and be on the other side: *jump ~ the wall* **6** in or on all or most parts of something: *travel all ~ the country* ◊ *books all ~ the floor.* **7** more than a particular time, amount, etc.: *wait for ~ an hour* **8** used to show that somebody has control or authority: *rule ~ an empire.* **9** during something: *discuss it ~ breakfast.* **10** because of something: *an argument ~ property.* **11** using something; by means of something: *She wouldn't tell me ~ the phone.* [IDM] **over and above** in addition to something **over somebody's head** → HEAD¹.

over² /ˈəʊvə(r)/ adv. **1** outwards and downwards from an upright position: *knock a vase ~* **2** from one side to another side: *He turned ~ onto his front.* **3** across a road, open space, etc.: *I went ~* (= across the room) *and asked his name.* **4** so as to cover somebody/something completely: *paint something ~* **5** above; more: *children of 10 and ~* **6** remaining; not used or needed: *the food left ~* **7** again: (*esp. US*) *do it ~* **8** ended: *The meeting is ~.* [IDM] **(all) over again** once more from the beginning **over and over (again)** many times.

over³ /ˈəʊvə(r)/ n. (in cricket) series of six balls bowled in succession by the same bowler.

over- prefix **1** more than usual; too much: *~eat* ◊ *~ work.* **2** across; above: *~cast* ◊ *~hang.*

overall /ˌəʊvərˈɔːl/ adj., adv. including or considering everything: *the ~ expense.* ● **overall** /ˈəʊvərɔːl/ n. **1** [C] (GB) loose coat worn over other clothes to protect them from dirt, etc. **2** (**overalls**) [pl.] (GB) one-piece garment covering the body and legs, worn over other clothing by workers doing dirty work.

overawe /ˌəʊvərˈɔː/ v. [T] (usu. passive) impress somebody so much that they feel nervous or frightened.

overbalance /ˌəʊvəˈbæləns/ v. [I] fall over.

overbearing /ˌəʊvəˈbeərɪŋ/ adj. (disapprov.) forcing others to do what you want.

overboard /ˈəʊvəbɔːd/ adv. over the side of a ship into the water.

overcast /ˌəʊvəˈkɑːst/ adj. (of the sky) covered with cloud.

overcharge /ˌəʊvəˈtʃɑːdʒ/ v. [I, T] charge somebody too high a price for something.

overcoat /ˈəʊvəkəʊt/ n. thick warm coat.

overcome /ˌəʊvəˈkʌm/ v. (pt **-came** /-ˈkeɪm/ pp **-come**) [T] **1** succeed in dealing with a problem that has prevented you from achieving something: *He overcame injury to win the race.* **2** (written) defeat somebody **3** be strongly affected by something: *be ~ with grief.*

overcrowded /ˌəʊvəˈkraʊdɪd/ adj. with too many people in a place ▶ **overcrowding** /-dɪŋ/ n. [U].

overdo /ˌəʊvəˈduː/ v. (third pers. sing. pres. tense **-does** /-ˈdʌz/; pt **-did** /-ˈdɪd/; pp **-done** /-ˈdʌn/) [T] do something too much; exagger-

ate something [IDM] **overdo it/things** work, etc. too hard or for too long.
overdose /'əʊvədəʊs/ n. [C, usu. sing.] too much of a drug taken at one time.
overdraft /'əʊvədrɑːft/ n. amount of money by which a bank account is overdrawn.
overdrawn /ˌəʊvə'drɔːn/ adj. **1** (of a person) having taken more money out of your bank account than you have in it. **2** (of an account) with more money taken out than was paid in or left in.
overdrive /'əʊvədraɪv/ n. [C, U] extra high gear in a vehicle, used when driving at high speeds.
overdue /ˌəʊvə'djuː/ adj. not paid, arrived, returned, etc. by the right or expected time.
overflow /ˌəʊvə'fləʊ/ v. [I, T] **1** flow over the edges of something: *The river has ~ed it banks.* **2** spread beyond the limits of a room, etc. ● **overflow** [U, sing.] **1** number of people or things that do not fit into the space available. **2** action of liquid flowing out of a container that is already full; liquid that flows out.
overgrown /ˌəʊvə'grəʊn/ adj. covered with plants that are growing thickly in an uncontrolled way.
overhang /ˌəʊvə'hæŋ/ v. (pt, pp **-hung** /-'hʌŋ/) [I, T] stick out over and above something else ● **overhang** /'əʊvəhæŋ/ n. [C, usu. sing.] part of something that overhangs.
overhaul /ˌəʊvə'hɔːl/ v. [T] examine a machine, system, etc. thoroughly and repair any faults: *~ the engine* ● **overhaul** /'əʊvəhɔːl/ n. thorough examination of a machine or system.
overhead /'əʊvəhed/ adj. above your head; raised above the ground: *~ wires.* ● **overhead** /ˌəʊvə'hed/ adv. above your head; in the sky: *aircraft flying ~.*
overheads /'əʊvəhedz/ n. [pl.] regular business expenses, e.g. rent, salaries and insurance.
overhear /ˌəʊvə'hɪə(r)/ v. (pt, pp **-heard** /-'hɜːd/) [T] hear what somebody is saying without them knowing.
overjoyed /ˌəʊvə'dʒɔɪd/ adj. extremely happy.
overland /'əʊvəlænd/ adj., adv. across the land; by land, not by sea or air.
overlap /ˌəʊvə'læp/ v. (**-pp-**) [I, T] partly cover something by going over its edge: (*fig.*) *These two theories ~.* ● **overlap** /'əʊvəlæp/ n. [C, U] part that overlaps.
overleaf /ˌəʊvə'liːf/ adv. (*written*) on the other side of the page.
overload /ˌəʊvə'ləʊd/ v. [T] **1** put too great a weight on something. **2** put too great a demand on a computer, an electrical system, etc. causing it to fail.

overlook /ˌəʊvə'lʊk/ v. [T] **1** fail to see or notice something. **2** see something wrong or bad but decide to ignore it: *~ a fault.* **3** have a view of a place from above.
overmanned /ˌəʊvə'mænd/ adj. (of a company, office, etc.) having more workers than are needed ▶ **overmanning** n. [U].
overnight /ˌəʊvə'naɪt/ adv. **1** during or for the night: *stay ~* **2** (*infml.*) suddenly or quickly: *become a leader ~* ● **overnight** /'əʊvənaɪt/ adj.: *an ~ bag.*
overpass /'əʊvəpɑːs/ n. (*US*) = FLYOVER.
overpower /ˌəʊvə'paʊə(r)/ v. [T] defeat somebody by using greater strength. ▶ **overpowering** adj. very strong or powerful: *an ~ing smell.*
overrate /ˌəʊvə'reɪt/ v. [T] have too high an opinion of somebody/something.
overreach /ˌəʊvə'riːtʃ/ v. *~ yourself* fail by trying to achieve more than is possible.
overreact /ˌəʊvəri'ækt/ v. [I] react too strongly, esp. to something unpleasant.
override /ˌəʊvə'raɪd/ v. (pt **-rode** /-'rəʊd/ pp **-ridden** /-'rɪdn/) [T] **1** use your authority to reject somebody's decision, order, etc. **2** be more important than something. ▶ **overriding** adj. more important than anything else.
overrule /ˌəʊvə'ruːl/ v. [T] decide against something already decided by using your higher authority.
overrun /ˌəʊvə'rʌn/ v. (pt **-ran** /-'ræn/ pp **-run**) **1** [T] spread over and occupy an area quickly: *a house ~ by insects.* **2** [I, T] take more time or money than was intended: *The cost might ~.*
overseas /ˌəʊvə'siːz/ adj., adv. to, of or in foreign countries, esp. those separated from your country by the sea.
oversee /ˌəʊvə'siː/ v. (pt **-saw** /-'sɔː/ pp **-seen** /-'siːn/) [T] watch over somebody's work to see that it is done properly. ▶ **overseer** /'əʊvəsɪə(r)/ n.
overshadow /ˌəʊvə'ʃædəʊ/ v. [T] **1** make somebody/something seem less important or successful **2** throw a shadow over something.
overshoot /ˌəʊvə'ʃuːt/ v. (pt, pp **-shot** /-'ʃɒt/) [T] go further than place where you intended to stop or turn.
oversight /'əʊvəsaɪt/ n. [C, U] careless failure to notice something.
oversleep /ˌəʊvə'sliːp/ v. (pt, pp **-slept** /-'slept/) [I] sleep longer than you intended.
overspill /'əʊvəspɪl/ n. [U, sing.] (*GB*) people who move out of a crowded city to an area where there is more space.
overstep /ˌəʊvə'step/ v. (**-pp-**) [T] go beyond the normal accepted limit.
overt /'əʊvɜːt/ adj. (*fml.*) done or shown

openly ▶ **overtly** *adv.*
overtake /ˌəʊvəˈteɪk/ *v.* (*pt* **-took** /-ˈtʊk/ *pp* **-taken** /-ˈteɪkən/) **1** [I, T] go past a moving vehicle or person ahead of you. **2** [T] (of unpleasant events) affect somebody suddenly and unexpectedly.
overthrow /ˌəʊvəˈθrəʊ/ *v.* (*pt* **-threw** /-ˈθruː/ *pp* **-thrown** /-ˈθrəʊn/) [T] remove a government, ruler, etc. from power ▶ **overthrow** /ˈəʊvəθrəʊ/ *n.* [C, usu. sing.].
overtime /ˈəʊvətaɪm/ *n.* [U] time spent at work in addition to your usual working hours.
overtone /ˈəʊvətəʊn/ *n.* [C, usu. pl.] something suggested but not expressed openly.
overture /ˈəʊvətjʊə(r)/ *n.* musical introduction to an opera or ballet [IDM] **make overtures (to somebody)** try to begin a friendly or business relationship with somebody.
overturn /ˌəʊvəˈtɜːn/ *v.* **1** [I, T] (cause something to) turn upside down or on its side. **2** [T] officially decide that a legal decision, etc. is not correct, and make it no longer valid.
overview /ˈəʊvəvjuː/ *n.* general description of something.
overweight /ˌəʊvəˈweɪt/ *adj.* (of people) too heavy or fat.
overwhelm /ˌəʊvəˈwelm/ *v.* [T] **1** (*usu.* passive) have such a strong emotional effect on somebody that it is difficult for them to resist: *~ed by the beauty of the landscape.* **2** defeat somebody completely.
overwork /ˌəʊvəˈwɜːk/ *v.* [I, T] (cause somebody to) work too hard ▶ **overwork** *n.* [U].
overwrite /ˌəʊvəˈraɪt/ *v.* (*pt* **-wrote** /-ˈrəʊt/ *pp* **-written** /-ˈrɪtn/) [T] (*computing*) replace information on the screen or in a file by putting new information over it.
overwrought /ˌəʊvəˈrɔːt/ *adj.* nervous, anxious and upset.
ovulate /ˈɒvjuleɪt/ *v.* [I] (of a woman or female animal) produce an egg (**ovum**) from an ovary. ▶ **ovulation** /ˌɒvjuˈleɪʃn/ *n.* [U].
ovum /ˈəʊvəm/ *n.* (*pl.* **ova** /ˈəʊvə/) (*biol.*) female cell that can develop into a new individual.
ow /aʊ/ *exclam.* used to express sudden pain: *Ow! That hurts!*
owe /əʊ/ *v.* [T] **1** have to return money that you have borrowed or pay for something you have already received: *I ~ him £15.* **2 ~to** feel that you ought to do something for somebody or give them something, esp. because you are grateful to them: *She ~ a debt of gratitude to all her family.*
owing /ˈəʊɪŋ/ *adj.* still to be paid. ■ **owing to** *prep.* because of.
owl /aʊl/ *n.* bird of prey with large round eyes, that hunts at night.
own¹ /əʊn/ *adj., pron.* belonging to the person mentioned: *her ~ room ◇ a room of his ~* [IDM] **get your own back (on somebody)** (*infml.*) harm somebody because they have harmed you **(all) on your own 1** alone **2** without help.
own² /əʊn/ *v.* [T] possess something: *~ a house* [PV] **own up (to something/to doing something)** (*infml.*) admit that you are to blame for something. ▶ **owner** *n.* ▶ **ownership** *n.* [U].
ox /ɒks/ *n.* (*pl.* **~en** /ˈɒksn/) fully grown castrated bull.
oxygen /ˈɒksɪdʒən/ *n.* [U] gas without colour, taste or smell, present in the air and necessary for life.
oyster /ˈɔɪstə(r)/ *n.* large flat shellfish.
oz *abbr.* ounce(s).
ozone /ˈəʊzəʊn/ *n.* [U] **1** (*chem.*) poisonous form of oxygen. **2** (*GB, infml.*) fresh air at the seaside.
■ ˌ**ozone'friendly** *adj.* not containing substances that will damage the ozone layer. ■ '**ozone layer** *n.* [sing.] layer of ozone high above the earth's surface that helps to protect the earth from the sun's harmful rays.

P p

P, p /piː/ n. [C, U] (pl. **P's, p's** /piːz/) the sixteenth letter of the English alphabet.

p abbr **1** (infml.) penny; pence. **2** (pl. **pp**) page.

PA /ˌpiː ˈeɪ/ n. (esp. GB) personal assistant; person who works as a secretary for just one person.

p.a. abbr. per year (from Latin 'per annum')

pace /peɪs/ n. **1** [sing., U] speed at which somebody/something walks, runs or moves. **2** [C] (length of a) single step in walking or running. **3** [U] rate of progress. ● **pace** v. **1** [I, T] walk up and down a small area several times. **2** [T] set the speed at which something happens or develops. [PV] **pace something off/out** measure something by taking regular steps across it. ■ **'pacemaker** n. electronic device placed inside a person's body to help their heart beat regularly.

pacifism /ˈpæsɪfɪzəm/ n. [U] belief that all war is wrong. ▶ **pacifist** /-ɪst/ n.

pacify /ˈpæsɪfaɪ/ v (pt, pp **-ied**) [T] make somebody who is angry calm. ▶ **pacification** /ˌpæsɪfɪˈkeɪʃn/ n. [U] ▶ **pacifier** n. (US) = DUMMY(2).

pack¹ /pæk/ v. **1** [I, T] put clothes, etc. into a bag for a trip away from home: ~ a bag. **2** [T] put something into a container so that it can be transported, sold, etc.: I carefully ~ed the gifts. **3** [T] cover or protect something with material, to prevent damage: glass crockery ~ed in newspaper. **4** [I, T] ~(into) fill a space with a lot of people or things: Crowds ~ed (into) the movie hall. [PV] **pack something in** (infml.) stop doing something. **pack somebody off (to …)** (infml.) send somebody away. **pack up** (infml., esp. GB) (of a machine) stop working properly. **pack (something) up 1** put your possessions into a bag, etc. and leave. **2** (GB, infml.) stop doing something, esp. a job. ▶ **packed** adj. full of people.

pack² /pæk/ n. **1** (esp. US) container that holds a number of things or an amount of something, ready to be sold: a ~ of gum/cigarettes. **2** number of things wrapped or tied together, esp. for carrying. **3** group of wild animals: a ~ of wolves. **4** group of people or things: a ~ of fools/lies. **5** complete set of playing cards.

package /ˈpækɪdʒ/ n. **1** (esp. US) = PARCEL **2** (US) (contents of a) box, bag, etc. in which things are wrapped or packed. **3** (also **'package deal**) set of items or ideas that must be bought or accepted together: a benefits ~ **4** (also **'software package**) (computing) set of related programs, sold and used as a single unit: The system came with a database software ~. ● **package** v. [T] put something into a box, bag, etc. to be sold or transported. ■ **'package holiday/tour** n. holiday arranged by a company at a fixed price which includes the cost of travel, hotels, etc.

packet /ˈpækɪt/ n. [C] **1** (GB) small container in which goods are packed for selling: a ~ of cigarettes/crisps. **2** [sing.] (infml.) large amount of money. **3** (computing) piece of information that forms part of a message sent through a computer network.

packing /ˈpækɪŋ/ n. [U] **1** process of packing goods. **2** material used for packing delicate objects, to protect them.

pact /pækt/ n. agreement.

pad¹ /pæd/ n. **1** thick piece of soft material, used, e.g. for absorbing liquid, protecting or cleaning something: shin/shoulder ~s. **2** number of sheets of paper fastened together: a drawing ~ **3** soft fleshy part under the foot of a dog, fox, etc. **4** flat surface from which spacecraft are launched or helicopters take off.

pad² /pæd/ v. (-dd-) **1** [T] put a layer of soft material in or on something to protect it or change its shape: a ~ded coat. **2** [I] walk with quiet steps. [PV] **pad something out** make something, e.g. an article longer by adding unnecessary parts. ▶ **padding** n. [U] **1** soft material used to pad something. **2** unnecessary material in a book, speech, etc.

paddle /ˈpædl/ n. **1** [C] short pole with a wide flat part at one or both ends, used to move a small boat through water. **2 (a paddle)** [sing.] act of walking in shallow water with bare feet: Let's go for a ~. ● **paddle** v. **1** [I, T] move a boat with a paddle. **2** [I] walk with bare feet in shallow water.

paddock /ˈpædək/ n. small field where horses are kept.

paddy /ˈpædi/ n. (pl. **-ies**) (also **'paddy field**) field in which rice is grown.

padlock /ˈpædlɒk/ n. lock with a curved bar that forms a loop when closed. ● **padlock** v. [T] fasten a gate, bicycle, etc. with a padlock.

paediatrics /ˌpiːdiˈætrɪks/ n. [U] branch of medicine concerned with children and their diseases. ▶ **paediatrician** /ˌpiːdiəˈtrɪʃn/ n. doctor who specializes in paediatrics.

pagan /ˈpeɪɡən/ n. person who holds religious beliefs that are not part of any of the world's main religions. ▶ **pagan** adj.: ~ festivals ▶ **paganism** n. [U]

page /peɪdʒ/ n. **1** (abbr. **p**) one side or both sides of a sheet of paper in a book, etc. **2** section of data or information that can be shown on a computer screen at any one time. **3** (GB) = PAGEBOY **4** (in the Middle Ages) boy who worked for a knight while training to be a knight himself.

pageant /'pædʒənt/ n. **1** public entertainment in which historical events are acted. **2** (US) competition for young women in which their beauty, personal qualities, etc. are judged: *a beauty ~*. ▶ **pageantry** n. [U] impressive and colourful events and ceremonies.

pageboy /'peɪdʒbɔɪ/ n. (GB) small boy who helps or follows a bride during a marriage ceremony.

pagoda /pə'gəʊdə/ n. religious building in India or E. Asia, in the form of a tower with several levels.

paid pt, pp of PAY¹

pail /peɪl/ n. (US) = BUCKET.

pain /peɪn/ n. **1** [U, C] feelings of suffering that you have in your body when you are hurt or ill: *a ~ in her stomach.* ◇ *He was in a lot of ~.* **2** [U, C] mental or emotional suffering: *the ~ of separation.* **3** [C] (infml.) very annoying person or thing [IDM] **a pain in the neck** (infml.) very annoying person or thing. ● **pain** v. [T] (fml.) cause somebody pain. ▶ **pained** adj. unhappy and upset: *a ~ed look* ▶ **painful** adj. causing pain. ▶ **painless** adj. not causing pain.

pains /peɪnz/ n. [pl.] [IDM] **take (great) be at pains to do something** make a great effort to do something. ■ **'painstaking** adj. very careful; thorough.

paint /peɪnt/ n. **1** [U] coloured liquid that is put on a surface. **2** (**paints**) [pl.] set of tubes of paint: *oil ~s.* ● **paint** v. **1** [T] cover a surface or an object with paint: *~ the house.* **2** [I, T] make a picture or design using paints: *~ flowers.* **3** [T] give a particular impression of somebody/something: *The article ~s them as criminals.* [IDM] **paint the town red** (infml.) go out and enjoy yourself. ▶ **painting** n. **1** [C] picture that has been painted. **2** [U] action or skill of painting. ■ **'paintwork** n. [U] painted surface.

painter /'peɪntə(r)/ n. **1** person whose job is painting walls, buildings, etc.: *He's a ~ and decorator.* **2** artist who paints pictures.

pair /peə(r)/ n. **1** [C] two things of the same kind: *a ~ of gloves.* **2** [C] object made of two parts joined together: *a ~ of trousers/scissors.* **3** [C, with sing. or pl. verb] two people closely connected, e.g. a married couple. ● **pair** v. [I, T] ~(**off**) (cause people or things to) form groups of two.

pajamas (US) = PYJAMAS.

pal /pæl/ n. (infml.) friend.

palace /'pæləs/ n. large splendid house, esp. the official home of a king, queen or president.

palaeontology (esp. US **paleo**-) /ˌpælɪɒn'tɒlədʒi ˌpeɪl-/ n. [U] study of fossils. ▶ **palaeontologist** (esp. US **paleo-**) /-dʒɪst/ n.

palatable /'pælətəbl/ adj. **1** having a pleasant taste. **2** ~(**to**) pleasant or acceptable to somebody: *Her cooking is not always very ~.*

palate /'pælət/ n. [C] **1** top part of the inside of the mouth. **2** [usu. sing.] sense of taste.

palatial /pə'leɪʃl/ adj. like a palace; very large and impressive: *a ~ house.*

palaver /pə'lɑːvə(r)/ n. [U, sing.] (infml.) unnecessary trouble; fuss.

pale /peɪl/ adj. (~**r**, ~**st**) **1** (of a person or their face) having little colour; whiter than usual because of illness, shock, etc. **2** light in colour; not bright: *~ blue eyes.* ● **pale** v. [I] **1** become pale. **2** seem less important when compared with something else: *Compared to your problems mine ~ into insignificance.* ● **pale** n. [IDM] **beyond the pale** considered unacceptable. ▶ **paleness** n. [U]

paleo- (esp. US) = PALAEO-

palette /'pælət/ n. board on which an artist mixes colours.

paling /'peɪlɪŋ/ n. fence made of pointed pieces of wood.

pall /pɔːl/ v. [I] ~(**on**) become less interesting to somebody over time because they have done or seen it too much. ● **pall** n. [C] **1** [usu. sing.] thick dark cloud of something: *a ~ of gloom.* **2** cloth spread over a coffin. ■ **'pall-bearer** n. person who walks beside or helps to carry the coffin at a funeral.

pallet /'pælət/ n. large flat frame for carrying heavy goods, lifted by a fork-lift truck.

pallid /'pælɪd/ adj. pale; looking ill. ▶ **pallor** /'pælə(r)/ n. [U]

palm /pɑːm/ n. **1** inner surface of the hand. **2** (also **'palm tree**) tree growing in warm climates, with no branches and a mass of large leaves at the top. ● **palm** v. [PV] **palm something off (on/onto somebody)** (infml.) get rid of something unwanted by persuading somebody to accept it: *She's always ~ing off the worst jobs on me.*

palmist /'pɑːmɪst/ n. person who claims to be able to tell somebody's future by looking at the palm of their hand. ▶ **palmistry** n. [U] skill of a palmist.

palmtop /'pɑːmtɒp/ n. small computer that can be held in the palm of one hand.

palpable /'pælpəbl/ adj. (fml.) clear to the mind; obvious. ▶ **palpably** /-əbli/ adv.

palpitate /'pælpɪteɪt/ v. [I] (of the heart) beat very fast and/or irregularly, esp. because of fear or excitement. ▶ **palpitations** /ˌpælpɪ'teɪʃnz/ n. [pl.] physical condition in which your heart beats rapidly and irregularly.

paltry /'pɔːltri/ adj. (-**ier**, -**iest**) very small;

worthless.
pamper /'pæmpə(r)/ v. [T] take care of somebody very well.
pamphlet /'pæmflət/ n. thin book with a paper cover.
pan /pæn/ n. **1** metal container with a handle, used for cooking: *a cooking ~* **2** amount contained in a pan: *a ~ of boiling water.* **3** (GB) the bowl of a toilet. ● **pan** v.
(-nn-) [T] (*infml.*) strongly criticize something, e.g. a play or a film. **2** [I, T] turn a television or video camera to follow a moving object or to film a wide area. **3** [I] ~(**for**) wash small stones in a dish in order to find gold. [PV] **pan out** (*infml.*) (of events) develop in a particular way: *How did things ~ out?*
panacea /,pænə'si:ə/ n. something that will solve all the problems of a situation.
panache /pæ'næʃ/ n. [U] confident stylish manner.
pancake /'pænkeɪk/ n. thin flat round cake of batter fried on both sides.
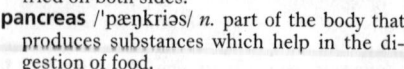
pancreas /'pæŋkriəs/ n. part of the body that produces substances which help in the digestion of food.
panda /'pændə/ n. large bear-like black and white animal from China.
pandemonium /,pændə'məʊniəm/ n. [U] wild and noisy disorder.
pander /'pændə(r)/ v. [PV] **pander to somebody/ something** (*disapprov*) try to satisfy a weak or bad desire, or somebody who has one: *~ to somebody's desires.*
pane /peɪn/ n. sheet of glass in a window.
panel /'pænl/ n. **1** square or rectangular piece of wood, glass or metal that forms part of a door or wall. **2** group of speakers who discuss topics of interest, esp. on a radio or television programme. **3** flat board in a vehicle or piece of machinery for controls and instruments: *a control/display ~* ● **panel** v. (-ll- US -l-) [T] cover or decorate a surface with panels: *The walls were ~led in oak.* ▶ **panelling** (US -l-) n. [U] series of panels on a wall, etc.
pang /pæŋ/ n. sudden strong feeling of pain, guilt, etc.
panic /'pænɪk/ n. [U, C] sudden uncontrollable feeling of great fear. ● **panic** v. (-ck-) [I, T] (cause somebody to) feel panic. ▶ **panicky** adj. (*infml.*) feeling or showing panic. ■ **'panic stricken** adj. filled with panic.
pannier /'pæniə(r)/ n. one of a pair of bags on either side of the back wheel of a bicycle or motorcycle.
panorama /,pænə'rɑːmə/ n. view of a wide area ▶ **panoramic** /-'ræmɪk/ adj.

pansy /'pænzi/ n. (*pl.* **-ies**) small garden plant with bright flowers.
pant /pænt/ v. [I] breathe with short quick breaths. ● **pant** n. [C, usu. pl.] short quick breath.
panther /'pænθə(r)/ n. **1** black leopard. **2** (US) = PUMA.
panties /'pæntiz/ n. (*esp. US*) = KNICKERS.
pantomime /'pæntəmaɪm/ n. [C, U] funny play for children, based on a fairy tale, with music and dancing, esp. at Christmas.
pantry /'pæntri/ n. (*pl.* **-ies**) cupboard or small room in a house where food is kept.
pants /pænts/ n. [pl.] **1** (GB) men's underpants; women's knickers. **2** (*esp. US*) trousers.
papacy /'peɪpəsi/ n. (**the papacy**) [sing.] position or authority of the Pope. ▶ **papal** /'peɪpl/ adj. of the Pope.
paper /'peɪpə(r)/ n. **1** [U] substance in thin sheets used for writing, printing or drawing on or wrapping things in. **2** [C] newspaper. **3** (**papers**) [pl.] official documents. **4** [C] (GB) set of exam questions. **5** [C] academic article. **6** [C] (US) piece of written work done by a student. ● **paper** v. [T] cover the walls of a room with wallpaper. ■ **'paperback** n. [C, U] book with a thick paper cover ■ **'paper boy**, **'paper girl** n. boy or girl who delivers newspapers to people's houses. ■ **'paper clip** n. piece of bent wire, used to hold sheets of paper together. ■ **'paperweight** n. small heavy object put on top of loose papers to keep them in place. ■ **'paperwork** n. [U] writing letters and reports, filling in forms, etc.
paprika /'pæprɪkə/ n. [U] red powder of a sweet pepper, used in cooking.
par /pɑː(r)/ n. [U, C] **1** (in golf) average number of hits necessary to hit the ball into a hole or complete the course. **2** (*also* **'par value**) (*business*) value that a share in a company had originally. [IDM] **below/ under par** (*infml.*) less well, good, etc. than usual. **on a par with somebody/something** equal in quality, importance, etc. to somebody/something.
parable /'pærəbl/ n. (*esp.* in the Bible) simple story that teaches a moral lesson.
parachute /'pærəʃuːt/ n. umbrella-shaped device by which somebody may fall slowly and safely to the ground from an aircraft. ● **parachute** v. [I, T] jump or drop something from an aircraft using a parachute. ▶ **parachutist** n. person who jumps from a plane using a parachute.
parade /pə'reɪd/ n. **1** procession. **2** formal gathering of soldiers in order to march in front of people. ● **parade** v. **1** [I] walk somewhere in a formal group of people, to cele-

brate or protest about something. **2** [I] walk around in a way that makes people notice you. **3** [I, T] show somebody/something in public so that people can see them/it: ~ *your wealth*. **4** [I, T] (cause soldiers to) gather together to march in front of people.

paradise /'pærədaɪs/ *n*. **1** (often **Paradise**) [U] heaven. **2** [U, C] place or state of perfect happiness.

paradox /'pærədɒks/ *n*. statement which seems to contain two opposite facts but is or may be true. ▶ **paradoxical** /ˌpærə'dɒksɪkl/ *adj*. ▶ **paradoxically** /-kli/ *adv*.

paraffin /'pærəfɪn/ *n*. [U] oil obtained from petroleum, used as a fuel.

paragliding /'pærəglaɪdɪŋ/ *n*. [U] sport in which you jump from a high place, wearing something like a parachute, and are carried along by the wind.

paragon /'pærəgən/ *n*. ~(**of**) person who is a perfect example of a quality: *She is a ~ of virtue*.

paragraph /'pærəgrɑːf/ *n*. division of a piece of writing, started on a new line.

parakeet /'pærəkiːt/ *n*. small long-tailed parrot.

parallel /'pærəlel/ *adj*. **1** (of lines) always at the same distance from each other. **2** very similar. ● **parallel** *n*. **1** [C, U] person or thing that is exactly similar to another. **2** [C, usu. pl.] comparison or similarity: *draw a ~ between A and B*. ● **parallel** *v*. [T] be equal or similar to something.

parallelogram /ˌpærə'leləgræm/ *n*. (*geom*.) a four-sided figure with opposite sides parallel to each other.

paralyse (*US* **-lyze**) /'pærəlaɪz/ *v*. [T] **1** make somebody unable to fall or move all or part of their body. **2** prevent something from functioning normally: *The city was ~d by the bus strike*.

paralysis /pə'ræləsɪs/ *n*. [U] **1** loss of feeling in or control of part of the body. **2** total inability to move, act or function, etc. ▶ **paralytic** /ˌpærə'lɪtɪk/ *adj*. **1** (*GB*, *infml*.) very drunk. **2** (*fml*.) suffering from paralysis.

parameter /pə'ræmɪtə(r)/ *n*. [C, usu. pl.] something that decides or limits how something can be done.

paramilitary /ˌpærə'mɪlətri/ *adj*. (of a military force) organized like but not part of an official army

paramount /'pærəmaʊnt/ *adj*. (*fml*.) more important than anything else.

paranoia /ˌpærə'nɔɪə/ *n*. [U] mental illness in which somebody believes that other people want to harm them. ▶ **paranoid** /'pærənɔɪd/ *n., adj*. (person) suffering from paranoia.

parapet /'pærəpɪt; -pet/ *n*. low protective wall at the edge of a roof, bridge, etc.

paraphernalia /ˌpærəfə'neɪliə/ *n*. [U] many small articles of different kinds.

paraphrase /'pærəfreɪz/ *v*. [T] express what somebody has said or written using different words. ▶ **paraphrase** *n*.

parascending /'pærəsendɪŋ/ *n*. [U] sport in which you wear a parachute and are pulled along behind a boat so that you rise up into the air.

parasite /'pærəsaɪt/ *n*. **1** animal or plant that lives on and gets food from another. **2** person supported by others, giving nothing in return. ▶ **parasitic** /ˌpærə'sɪtɪk/ *adj*.

parasol /'pærəsɒl/ *n*. umbrella used for giving shade from the sun.

paratroops /'pærətruːps/ *n*. [pl.] soldiers trained to drop from an aircraft using parachutes. ▶ **paratrooper** /-pə(r)/ *n*.

parcel /'pɑːsl/ *n*. (*esp. GB*) something wrapped up for carrying and sending by post ● **parcel** *v*. (-ll- *US* -l-) [T] ~(**up**) wrap something up and make it into a parcel. [PV] **parcel something out** divide something into parts.

parched /pɑːtʃt/ *adj*. **1** very dry, because of a lack of water. **2** (*infml*.) very thirsty.

parchment /'pɑːtʃmənt/ *n*. [U] **1** material made from animal skin for writing on. **2** thick yellowish type of paper.

pardon /'pɑːdn/ *n*. **1** [C] official decision not to punish somebody for a crime. **2** [U] (*fml*.) ~(**for**) act of forgiving somebody for something: *He asked her ~ for lying to her*. ● **pardon** *v*. [T] **1** officially allow somebody to leave prison and/or avoid punishment. **2** forgive somebody for something. ● **pardon** *exclam*. (*esp. US* ˌ**pardon 'me**) used to ask somebody to repeat something because you did not hear or understand it. ▶ **pardonable** *adj*. that can be forgiven.

pare /peə(r)/ *v*. [T] **1** ~(**off/away**) cut away the outer part, edge or skin of something. **2** ~(**back/down**) gradually reduce the size or amount of something.

parent /'peərənt/ *n*. father or mother. ▶ **parental** /pə'rentl/ *adj*.

parenthesis /pə'renθəsɪs/ *n*. [C] (*pl*. **-eses** /-əsiːz/) **1** additional sentence or phrase within another sentence, separated off using brackets, commas or dashes. **2** [usu. pl.] (*US or fml*.) = BRACKET.

parish /'pærɪʃ/ *n*. area that has its own church and priest. ▶ **parishioner** /pə'rɪʃənə(r)/ *n*. person living in a parish, esp. one who goes to church regularly.

parity /'pærəti/ *n*. [U] (*fml*.) state of being equal.

park /pɑːk/ *n*. public garden or area of ground for public use. ● **park** *v*. [I, T] stop and leave a vehicle in a place for a time. ■ **'parking meter** *n.* machine beside the road that you put money into when you park your car near it. ■ **'parkland** *n.* [U] open area of grass and trees.

parliament /'pɑːləmənt/ *n.* [C, with sing. or pl. verb] group of people that make the laws of a country ▶ **parliamentary** /ˌpɑːləˈmen↓tri/ *adj.*

parlour (*US* **-lor**) /'pɑːlə(r)/ *n.* **1** (*old-fash.*) sitting room **2** (in compounds) (*esp. US*) shop: *a beauty/an ice-cream ~.*

parochial /pəˈrəʊkiəl/ *adj.* **1** (*fml.*) of a church parish **2** (*disapprov*) only concerned with small issues that happen in your local area.

parody /'pærədi/ *n.* (*pl.* **-ies**) **1** [C, U] piece of writing intended to amuse by imitating the style of somebody else. **2** [C] (*disapprov*) something that is such a bad example of something that it seems ridiculous: *The trial was a ~ of justice.* ● **parody** *v.* (*pt, pp* **-ied**) [T] copy the style of somebody/something in order to make people laugh.

parole /pəˈrəʊl/ *n.* [U] permission given to a prisoner to leave prison before the end of their sentence on condition that they behave well: *Jack was released on~.* ▶ **parole** *v.* [T]

paroxysm /'pærəksɪzəm/ *n.* (*written*) sudden attack or burst of anger, pain, etc.

parquet /'pɑːkeɪ/ *n.* [U] floor covering made of flat pieces of wood fixed together.

parrot /'pærət/ *n.* tropical bird with a curved beak and bright feathers. ● **parrot** *v.* [T] (*disapprov*) repeat what somebody else has said without thinking about what it means.

parry /'pæri/ *v.* (*pt, pp* **-ied**) [T] turn aside or avoid a blow, question, etc. ▶ **parry** *n.*

parsimonious /ˌpɑːsɪˈməʊniəs/ *adj.* (*fml., disapprov*) extremely unwilling to spend money.

parsley /'pɑːsli/ *n.* [U] small plant with curly leaves used for flavouring and decorating food.

parsnip /'pɑːsnɪp/ *n.* [C, U] long pale yellow root vegetable.

parson /'pɑːsn/ *n.* parish priest. ▶ **parsonage** /-ɪdʒ/ *n.* parson's house.

part¹ /pɑːt/ *n.* **1** **~(of)** some but not all of thing: *We spent (a) ~ of our vacation in Paris.* **2** piece of a machine: *spare ~s.* **3** area of a country, town, etc. **4** section of a book, television series, etc.: *The final ~ will be shown next week.* **5** person's share in an activity; actor's role in a play, film, etc. **6** (*music*) melody for a particular voice or instrument. **7** (*US*) = PARTING [IDM] **for the most part** mostly; usually **for my, his, their, etc. part** speaking for myself, etc. **in part** to some extent **on somebody's part**

made or done by somebody **take part (in something)** be involved in something **take somebody's part** (*GB*) support somebody, e.g. in an argument ● **part** *adv.* (often in compounds) consisting of two things; partly: *She's ~ French, ~ English.* ▶ **partly** *adv.* to some extent; not completely ■ **ˌpart of 'speech** *n.* (*gram*) one of the classes of words, e.g. noun or verb. ■ **ˌpart-'time** *adj., adv.* working only a part of the day or week.

part² /pɑːt/ *v.* **1** [I, T] (*fml.*) separate; leave somebody: *The curtains ~ed.* ◇ *He has ~ed from his girlfriend.* **2** [T] prevent somebody from being with somebody else: *I hate being ~ed from my children.* **3** [T] divide your hair into two sections with a comb, creating a line on the top of your head [IDM] **part company (with/from somebody) 1** leave somebody; end a relationship with somebody. **2** disagree with somebody about something. [PV] **part with something** give something to somebody, esp. something you would prefer to keep: *Read the contract before ~ing with any money.* ▶ **parting** *n.* **1** [U, C] act of leaving a person or place **2** [C] (*US* **part**) line where the hair is parted: *a side ~*

partake /pɑːˈteɪk/ *v.* (*pt* **-took** /-ˈtʊk/ *pp* **-taken** /-ˈteɪkən/) [I] (*fml.*) **~of** eat or drink something.

partial /'pɑːʃl/ *adj.* **1** not complete or whole: *only a ~ success.* **2** **~to** (*old-fash.*) liking something very much. **3** **~(towards)** (*disapprov.*) unfairly showing favour to one person or side. ▶ **partiality** /ˌpɑːʃiˈæləti/ *n.* **1** [U] (*disapprov.*) unfair support of one person or side. **2** [C, usu. sing.] fondness for something. ▶ **partially** /'pɑːʃəli/ *adv.* not completely; partly.

participate /pɑːˈtɪsɪpeɪt/ *v.* [I] **~(in)** take part or become involved in an activity. ▶ **participant** /-pənt/ *n.* person who participates in something. ▶ **participation** /pɑːˌtɪsɪˈpeɪʃn/ *n.* [U].

participle /'pɑːtɪsɪpl/ *n.* (*gram*) form of a verb: *'Ringing' and 'rung' are the present and past ~s of 'ring'.*

particle /'pɑːtɪkl/ *n.* **1** very small piece of something: *dust ~s.* **2** (*gram*) adverb or preposition that can combine with a verb to make a phrasal verb.

particular /pəˈtɪkjələ(r)/ *adj.* **1** relating to one individual person or thing and not others; *in this ~ case.* **2** greater than usual; special: *of ~ interest.* **3** **~(about)** very definite about what you like and careful about what you choose. [IDM] **in particular** especially: *I like these trees in ~.* ● **particular** *n.* [C, usu. pl.] (*fml.*) fact or detail, esp. one that is written down: *The nurse asked me for my ~s.* (= my

name, address, *etc.*). ▶ **particularly** *adv.* especially.
partisan /ˌpɑːtɪˈzæn/ *n.* **1** strong supporter of a particular leader, group, etc. **2** member of an unofficial armed force in a country occupied by enemy soldiers. ● **partisan** *adj.* showing too much support for one person, cause, etc.
partition /pɑːˈtɪʃn/ *n.* **1** [C] thin wall that separates one part of a room from another. **2** [U] division of a country into two or more countries: *the ~ of Germany after the war.* ● **partition** *v.* [T] divide something into two parts. [PV] **partition something off** separate something with a partition.
partner /ˈpɑːtnə(r)/ *n.* **1** person you are married to or have a sexual relationship with. **2** one of the people who owns a business and shares the profits, etc. **3** person you are doing an activity with, e.g. dancing or playing a game. ● **partner** *v.* [T] be somebody's partner in a dance, game, etc. ▶ **partnership** *n.* **1** [U] state of being a partner in business: *be in/go into ~ship* **2** [C, U] (state of having a) relationship between two people, organizations, etc.
partook *pt of* PARTAKE.
partridge /ˈpɑːtrɪdʒ/ *n.* bird with brown feathers, a round body and a short tail that is hunted for food or sport.
party /ˈpɑːti/ *n.* [C] (*pl.* **-ies**) **1** (also **Party**) [with sing. of pl. verb] group of people with the same political aims: *the Labour P~* **2** social occasion, often in somebody's home: *a birthday ~* **3** [with sing. or pl. verb] group of people doing something together, e.g. travelling: *a ~ of tourists.* **4** (*fml.*) one of the people or groups involved in a legal agreement or dispute: *the innocent ~* [IDM] **be (a) party to something** (*fml.*) be involved in or support something. ■ **'party 'line** *n.* [sing.] official opinions of a political party.
pass¹ /pɑːs/ *v.* **1** [I, T] move past or to the other side of somebody/something: *~the house.* **2** [I, T] (cause somebody/something to) go or move in the direction mentioned: *He ~ed through many forests on his way to his village.* **3** [T] give something to somebody: *Please ~ her the cheese.* **4** [I, T] (*sport*) kick, hit, etc. the ball, etc. to a player on your own side. **5** [I] **~from; to/into** change from one state or condition to another. **6** [I] (of time) go by **7** [T] spend time **8** [I] come to an end: *wait for the storm to ~* **9** [I, T] reach the required standard in an exam. **10** [T] test somebody and decide they have reached the required standard. **11** [T] accept a proposal, law, etc. by voting. **12** [I] be allowed: *She doesn't like it but she'll let it ~.* **13** [T] say or state something, esp. officially: *~ sentence on a prisoner.* [IDM] **pass the time of day (with somebody)** greet somebody and have a short conversation with them **pass water** (*fml.*) urinate. [PV] **pass away** die **pass by (somebody/ something)** go past **pass somebody/something by** happen without affecting somebody/something **pass for/as somebody/something** be accepted as somebody/something: *He could ~ for a Frenchman.* **pass off** (*GB*) (of an event) take place and be completed **pass somebody/ yourself/something off as somebody/ something** pretend that somebody/something is something they are not **pass on** = PASS AWAY **pass something on (to somebody)** give something to somebody else **pass out** faint **pass somebody over** not choose somebody for a job **pass over something** ignore or avoid something **pass something up** (*infml.*) not take advantage of something ■ ˌpasser-'by *n.* (*pl.* **passers-by**) person who is going past somebody/ something by chance.
pass² /pɑːs/ *n.* **1** (*esp. GB*) successful result in an exam. **2** official document or ticket showing that you have the right to enter a building, travel on a train, etc. **3** (*sport*) act of kicking, hitting, etc. the ball to a player on your own side. **4** road or way over or through mountains. [IDM] **make a pass at somebody** (*infml.*) try to start a sexual relationship with somebody. ■ **'password** *n.* secret word or phrase that you need to know to be allowed to enter a place, use a computer, etc.
passable /ˈpɑːsəbl/ *adj.* **1** fairly good, but not excellent. **2** (of a road, *etc.*) open to traffic ▶ **passably** /-əbli/ *adv.*
passage /ˈpæsɪdʒ/ *n.* **1** [C] (also **passageway** /ˈpæsɪdʒweɪ/) narrow way through something; corridor: *underground ~s.* **2** [C] short section from a book, piece of music, etc. **3** [sing.] (*lit.*) process of time passing: *the ~ of time.* **4** [C] journey by ship **5** [C, usu. sing.] way through something: *clear a ~ through the crowd.*
passenger /ˈpæsɪndʒə(r)/ *n.* person travelling in a bus, train, plane, etc. other than the crew.
passing /ˈpɑːsɪŋ/ *adj.* lasting only for a short time and then disappearing: *a ~ thought.* ● **passing** *n.* [U] **1** process of time going by. **2** (*fml.*) fact of something ending or of somebody dying. **3** **~of** act of making something law. [IDM] **in passing** done or said while giving your attention to something else.
passion /ˈpæʃn/ *n.* **1** [C, U] strong feeling of love, hate, anger, etc. **2** [U] **~(for)** very strong sexual love. **3** [sing] **~for** strong liking for something: *a ~for music.* ▶ **passion-**

ate /'pæʃənət/ *adj.* showing passion. ▶ **passionately** *adv.*

passive /'pæsɪv/ *adj.* **1** accepting what happens or what people do without trying to change anything or oppose them. **2** (*gram*) of the verb form used when the subject is affected by the action of the verb, as in 'He was *bitten* by a dog' ● **passive** (*also* **,passive 'voice**) *n.* [sing.] (*gram*) form of a verb used when the subject is affected by the action of the verb. ▶ **passively** *adv.* ▶ **passiveness** *n.* [U].

Passover /'pɑːsəʊvə(r)/ *n.* [U] Jewish religious festival.

passport /'pɑːspɔːt/ *n.* **1** official document to be carried by a traveller abroad. **2** ~**to** thing that makes something possible: *a ~to success.*

past¹ /pɑːst/ *adj.* **1** gone by in time; of the time before the present: *in ~ years.* **2** (*gram*) (of a verb form) showing a state or action in the past: *a ~ participle.* ● **past** *n.* **1** (**the past**) [sing.] (things that happened in) the time before the present. **2** [C] person's past life or career. **3** (**the past**) (*also* **the ,past 'tense**) [sing.] (*gram*) form of a verb used to describe actions in the past: *The ~ (tense) of 'talk' is 'talked'.* ■ **the ,past 'perfect** (*also* **the ,past ,perfect 'tense**) *n.* [sing.] (*gram*) verb form which expresses an action completed before a particular time in the past, formed in English with *had* and a past participle.

past² /pɑːst/ *prep.* **1** later than something; after: *~ midnight.* **2** on or to the other side of somebody/something: *He walked ~ the hut.* **3** above or further than a particular point or stage: *I'm ~ caring* (= I no longer care) *what happens.* [IDM] **past it** (*GB, infml.*) too old to do what you used to be able to do. ● **past** *adv.* **1** from one side of something to the other. **2** used to describe time passing: *A month went ~ and nothing happened.*

pasta /'pæstə/ *n.* [U] Italian food made from flour, eggs and water and cut into various shapes.

paste /peɪst/ *n.* **1** [sing.] soft wet mixture, usu. made of powder and a liquid: *Mix the flour and water to a smooth ~.* **2** [C] (*esp.* in compounds) mixture of meat or fish for spreading on bread: *fish ~* **3** [U] type of glue used for sticking paper to things: *wallpaper ~* ● **paste** *v.* **1** [T] stick something to something else using glue or paste. **2** [I, T] (*computing*) copy or move text into a document from another place: *It's better to cut and ~ than to retype it.*

pastel /'pæstl/ *n.* **1** [U] soft coloured chalk, used for drawing pictures. **2** (**pastels**) [pl.] small sticks of chalk. **3** [C] picture drawn with pastels **4** [C] pale delicate colour.

pasteurize (*also* **-ise**) /'pɑːstʃəraɪz/ *v.* [T] heat a liquid, esp. milk, in order to remove bacteria: *~d milk.*

pastille /'pæstəl/ *n.* small sweet that you suck, esp. one containing medicine for a sore throat.

pastime /'pɑːstaɪm/ *n.* something that you enjoy doing when you are not working.

pastor /'pɑːstə(r)/ *n.* Christian clergyman in charge of a church.

pastoral /'pɑːstərəl/ *adj.* **1** of the work of a priest or teacher, giving advice on personal matters. **2** of country life or the countryside.

pastry /'peɪstri/ *n.* (*pl.* **-ies**) **1** [U] mixture of flour, fat and water baked in an oven and used for pies, etc. **2** [C] small cake made using pastry.

pasture /'pɑːstʃə(r)/ *n.* [C, U] (area of) land covered with grass for cattle.

pasty¹ /'peɪsti/ *adj.* (**-ier, -iest**) pale; looking unhealthy: *a ~ white skin.*

pasty² /'pæsti/ *n.* (*pl.* **-ies**) small pie containing meat and vegetables.

pat /pæt/ *v.* (**-tt-**) [T] touch somebody/something gently several times with your open hand, esp. to show affection. ● **pat** *n.* **1** gentle tap with your open hand. **2** small soft, lump of butter. ● **pat** *adj.* (*disapprov.*) too quick, easy or simple: *a ~ answer.*

patch /pætʃ/ *n.* **1** small area of something that is different from the area around it: *a brown ~ on head of his hands.* **2** small piece of material put over a hole or damaged place. **3** piece of material worn to protect an injured eye. **4** area of land, esp. one used for growing vegetables or fruit: *a vegetable ~* [IDM] **be not a patch on somebody/something** (*infml.*) be much less good, attractive, etc. than somebody/something else. ● **patch** *v.* [T] cover a hole, esp. in clothes, with a piece of material [PV] **patch something/somebody up 1** repair something quickly **2** treat somebody's injuries, esp. quickly **3** settle a quarrel. ■ **'patchwork** *n.* **1** [U] material in which different small pieces of cloth are sewn together. **2** [sing.] thing that is made up of many different pieces or parts. ▶ **patchy** *adj.* (**-ier, -iest**) uneven in quality.

pâté /'pæteɪ/ *n.* [U] soft paste of meat or fish.

patent /'peɪtnt; 'pætnt/ *n.* [C, U] official right to be the only person to make or sell a new invention. ● **patent** *adj.* /'peɪtnt/ **1** connected with a patent: *~ laws.* **2** (of a product) made or sold by a particular company: *~ medicines.* **3** (*fml.*) used to emphasize

that something bad is very dear and obvious. ● **patent** v. /'peɪtnt; 'pætnt/ [T] obtain a patent for an invention. ■ **,patent 'leather** n. [U] leather with a hard shiny surface. ▶ **patently** adv. (fml.) without doubt; clearly.
paternal /pə'tɜ:nl/ adj. **1** of or like a father. **2** related through the father's side of the family: *my ~ grandmother*. ▶ **paternally** adv.
paternity /pə'tɜ:nəti/ n. [U] (*written*) fact of being the father of a child.
path /pɑ:θ/ n. **1** (*also* **'pathway**) way or track made for or by people walking. **2** line along which something moves.
pathetic /pə'θetɪk/ adj. **1** making you feel pity or sadness: *a ~ sight*. **2** (*infml., disapprov.*) weak, useless and unsuccessful: *a ~ attempt*. ▶ **pathetically** /-kli/ adv.
pathology /pə'θɒlədʒi/ n. [U] study of diseases. ▶ **pathological** /,pæθə'lɒdʒɪkl/ adj. **1** not reasonable or sensible; impossible to control: *~ical fear*. **2** of or caused by disease or illness. **3** (*tech.*) of pathology ▶ **pathologist** n. expert in pathology.
pathos /'peɪθɒs/ n. [U] (in writing, speech and plays) power to produce feelings of pity or sadness.
patience /'peɪʃns/ n. [U] **1** ~(**with**) ability to stay calm and accept delay or annoyance without complaining. **2** ability to spend a lot of time doing something difficult that needs lot of attention. **3** (*GB*) card game for one player.
patient /'peɪʃnt/ n. person receiving medical treatment ● **patient** adj. having or showing patience. ▶ **patiently** adv.
patio /'pætiəʊ/ n. (*pl.* ~**s**) paved area next to a house where people can sit, eat, etc. outdoors.
patriarch /'peɪtriɑ:k/ n. **1** male head of a family or tribe. **2** (**Patriarch**) title of a most senior priest in the Orthodox or Roman Catholic Church. ▶ **patriarchal** /,peɪtri'ɑ:kl/ adj.
patriot /'peɪtriət; 'pæt-/ n. person who loves their country and is ready to defend it ▶ **patriotic** /,peɪtri'ɒtɪk; ,pæt-/ aaj. ▶ **patriotism** n. [U] love of your country and willingness to defend it.
patrol /pə'trəʊl/ v. (-**ll**-) [I, T] go round an area or building at regular times to protect or guard it. ● **patrol** n. **1** [U] act of patrolling a place: *police on ~* **2** [C] group of soldiers, vehicles, etc. that patrol an area.
patron /'peɪtrən/ n. **1** person who gives money and support to an artist, a writer or an organization: *a wealthy ~ of the arts*. **2** (*fml.*) regular customer at a shop, restaurant, etc. ▶ **patronage** /'pætrənɪdʒ/ n. [U] **1** support, esp. financial, given by a patron: *her ~ age of the arts* **2** system by which somebody gives help or a job to somebody in return for their support. ■ **,patron 'saint** n. Christian saint believed to protect a particular group of people or place.
patronize (*also* -**ise**) /'pætrənaɪz/ v. [T] **1** (*disapprov.*) treat somebody in a way that shows you think somebody is not very intelligent, experienced, etc. **2** (*fml.*) be a regular customer of a shop, restaurant, etc. ▶ **patronizing** (*also* -**ising**) adj.
patter /'pætə(r)/ n. **1** [sing.] sound made by something repeatedly hitting a surface quickly and lightly: *the ~ of rain on the roof*. **2** [U, sing.] fast talk, e.g. of entertainers or salespeople. ● **patter** v. [I] make quick light sounds.
pattern /'pætn/ n. **1** regular way in which something happens or is done: *the usual ~ of events*. **2** regular arrangement of lines, shapes, etc. as a decorative design. **3** design or instructions from which something is to be made: *a knitting ~*. ● **pattern**. v. [PV] **pattern something on something** (*US* **pattern something after something**) (*usu.* passive) use something as a model for something; copy something: *a new approach ~ed on Japanese ideas*. ▶ **patterned** adj. ~(**with**) decorated with a pattern.
paucity /'pɔ:səti/ n. [sing.] (*fml.*) small amount; lack of something.
paunch /pɔ:ntʃ/ n. fat stomach.
pause /pɔ:z/ n. short stop or interval in action or speech: *a ~ in the game*. ● **pause** v. [I] stop talking or doing something for a short time.
pave /peɪv/ v. [T] cover a path, etc. with flat stones or bricks. [IDM] **pave the way (for something/somebody)** create a situation in which somebody will be able to do something or something can happen. ■ **'paving stone** n. flat piece of stone used for making pavements.
pavement /'peɪvmənt/ n. paved path at the side of a road for people to walk on.
pavilion /pə'vɪliən/ n. **1** temporary building used at public events and exhibitions. **2** (*GB*) building next to a sports ground, used by players and spectators.
paw /pɔ:/ n. animal's foot with claws. ● **paw** v. ~(**at**) **1** [I, T] (of an animal) touch or scratch something repeatedly with a paw. **2** [T] touch somebody in a rough sexual way.
pawn /pɔ:n/ n. **1** least valuable chess piece. **2** person whose actions are controlled by more powerful people. ● **pawn** v. [T] leave an object with a pawnbroker in exchange for money lent. ■ **'pawnbroker** n. person who lends money in exchange for articles left with them, which they can sell if you do not

pay the money back.

pay[1] /peɪ/ v. (pt, pp **paid** /peɪd/) **1** [I, T] give money to somebody for goods, services, etc.: ~ him for the clothes. **2** [T] give somebody money that you owe them: ~ the rent. **3** [I, T] produce some advantage or profit for somebody: It's hard to make farming ~. ◊ It ~s to be honest. **4** [I] suffer or be punished for your beliefs or actions: You'll ~ for that remark! **5** [T] used with some nouns to show that you are giving or doing the thing mentioned: ~ attention to something ◊ ~ a visit [IDM] **pay lip service to something** → LIP **pay through the nose (for something)** (infml.) pay too much money for something **pay your respects (to somebody)** (fml.) visit somebody or send greetings as a sign of respect for them: Many came to ~ their last respects (= by attending somebody's funeral). **pay your way** pay for everything yourself without having to rely on anyone else's money **put paid to something** destroy or ruin something. [PV] **pay somebody back (something)** return money to somebody that you have borrowed from them. **pay somebody back (for something)** punish somebody for making you or somebody else suffer. **pay off** (infml.) be successful **pay somebody off 1** pay somebody what they have earned and tell them to leave their job. **2** (infml.) give money to somebody to prevent them from doing something. **pay something off** finish paying money owed for something. **pay something out 1** pay a large sum of money for something. **2** pass a length of rope through your hands **pay up** pay in full the money that is owed. ■ **,paid-'up** adj. having paid all the money necessary to be a member of a club or an organization. ▶ **payable** adj. that must or can be paid. ▶ **payee** /ˌpeɪˈiː/ n. (tech.) person that money or a cheque is paid to ▶ **payer** n. person who pays or has to pay for something. ▶ **payment** n. **1** [U] act of paying somebody/ something or being paid. **2** [C] amount of money (to be) paid. ■ **'pay-off** n. (infml.) **1** payment of money to somebody so that they will not cause you any trouble. **2** advantage or reward from something you have done.

pay[2] /peɪ/ n. [U] money paid for regular work. ■ **'payload** n. (tech.) amount carried in an aircraft or other vehicle. ■ **'pay packet** n. envelope containing your wages; amount that somebody earns. ■ **'payphone** n. coin-operated public telephone ■ **'payroll** n. list of people employed and paid by a company.

PC /ˌpiːˈsiː/ abbr. **1** personal computer; a small computer designed for one person to use at work or home: software for ~s. **2** (GB) Police Constable; police officer of the lowest rank. **3** = POLITICALLY CORRECT (POLITICAL).

PDA /ˌpiː diː ˈeɪ/ abbr. personal digital assistant; hand-held computer for storing information and accessing the Internet.

PE /ˌpiː ˈiː/ n. [U] physical education; sport and exercise taught in schools.

pea /piː/ n. round green seed eaten as a vegetable.

peace /piːs/ n. **1** [U, sing.] situation or a period of time in which there is no war or violence in a country: ~ talks ◊ Army has been sent in to keep the ~ (= prevent people from fighting). **2** [U] state of being calm or quiet: She just wants to be left in ~. ◊ She needs some ~ and quiet. **3** [U] state of living in friendship with somebody without arguing. [IDM] **make (your) peace with somebody** end an argument with somebody, esp. by apologizing. ▶ **peaceable** adj. not involving or causing argument or violence. ▶ **peaceful** adj. **1** not involving war, violence or argument. **2** quiet and calm. ▶ **peacefully** adv. ▶ **peacefulness** n. [U] ■ **'peacetime** n. [U] time when a country is not at war.

peach /piːtʃ/ n. round juicy fruit with soft yellowish red skin and a rough stone inside ● **peach** adj. pinkish-orange in colour.

peacock /ˈpiːkɒk/ n. large male bird with blue and green tail feathers.

peahen /ˈpiːhen/ n. female of a peacock.

peak /piːk/ n. **1** point when somebody/something is best, most successful, strongest, etc.: Traffic reaches a ~ between 8 and 9 in the morning. **2** pointed top of a mountain **3** pointed front part of a cap. ● **peak** v. [I] reach the highest point or value ● **peak** adj. at its highest level; busiest: the ~ summer season ▶ **peaked** adj. having a peak.

peal /piːl/ n. **1** loud sound or series of sounds: ~s of laughter/thunder. **2** loud ringing of bells ● **peal** v. [I] (of bells) ring loudly.

peanut /ˈpiːnʌt/ n. **1** [C] nut that grows underground in a thin shell. **2** (**peanuts**) [pl.] (infml.) very small amount of money.

pear /peə(r)/ n. yellow or green fruit that is narrow at the top and wide at the bottom. ■ **'pear-shaped** adj. shaped like a pear [IDM] **go pearshaped** (GB, infml.) go wrong.

pearl /pɜːl/ n. small hard shiny white jewel that grows inside an oyster.

peasant /ˈpeznt/ n. **1** (esp. in the past) person who works on the land. **2** (infml., disapprov.) person who is rude or uneducated. ▶ **peasantry** n. [sing., with sing. or pl. verb] all the peasants of a country.

peat /piːt/ n. [U] partly decayed plant material, used in gardening or as a fuel. ▶ **peaty** adj.

pebble /'pebl/ n. small stone made smooth and round by water ▶ **pebbly** adj.

peck /pek/ v. **1** [I, T] (of a bird) hit something with the beak. **2** [T] (infml.) kiss somebody lightly and quickly: *The child ~ed her on the cheek.* ● **peck** n. **1** (infml.) light quick kiss. **2** act or pecking somebody/something.

peckish /'pekɪʃ/ adj. (GB, infml.) slightly hungry.

peculiar /pɪ'kjuːliə(r)/ adj. **1** strange or unusual, esp. in a way that is unpleasant or worrying. **2** ~**(to)** belonging only to a particular person, time, place, etc.: *an accent ~ to the West of the country.* **3** (GB, infml.) unwell ▶ **peculiarity** /pɪˌkjuːli'ærəti/ n. (pl. **-ies**) **1** [C] strange or unusual feature or habit. **2** [C] feature belonging to a particular person, thing, place, etc. **3** [U] quality of being strange. ▶ **peculiarly** adv. **1** very; more than usually **2** oddly.

pedagogue /'pedəgɒg/ n. (old-fash. or fml.) teacher ▶ **pedagogy** /'pedəgɒdʒi/ n [U] (tech.) study of teaching methods ▶ **pedagogic** /ˌpedə'gɒdʒɪk/ (also **pedagogical** /-ɪkl/) adj. ▶ **pedagogically** /-kli/ adv.

pedal /'pedl/ n. flat bar that drives or controls a machine (e.g. a bicycle) when pressed down by the foot. ● **pedal** v. (-**ll**- US also -**l**-) [I, T] ride a bicycle somewhere; turn or press the pedals on a bicycle, etc.

pedant /'pednt/ n. (disapprov.) person who is too concerned with small details and rules. ▶ **pedantic** /pɪ'dæntɪk/ adj. ▶ **pedantically** /-kli/ adv.

peddle /'pedl/ v. [I, T] go from house to house trying to sell goods. ▶ **peddler** n. **1** (US) = PEDLAR **2** person who sells illegal drugs.

pedestal /'pedɪstl/ n. base of a pillar, for a statue [IDM] **put/place somebody on a pedestal** admire somebody so much that you do not notice their faults.

pedestrian /pə'destriən/ n. person who is walking in the street and not travelling in a vehicle. ● **pedestrian** adj. **1** of or for pedestrians. **2** not interesting; dull. ■ **pe,destrian 'crossing** n. part of a road where vehicles must stop to allow people to cross.

pediatrician (US) = PAEDIATRICIAN.

pediatrics (US) = PAEDIATRICS.

pedigree /'pedɪgriː/ n. **1** [C] official record of the animals from which an animal has been bred. **2** [C, U] person's (esp. impressive) family history or background. ● **pedigree** (US **pedigreed**) adj. (of an animal) descended from a known line of ancestors of the same breed.

pedlar /'pedlə(r)/ n. (in the past) person who went from house to house trying to sell small objects.

pee /piː/ v. [I] (infml.) pass waste liquid from your body. ● **pee** n. (infml.) **1** [sing] act of urinating. **2** [U] urine.

peek /piːk/ v. [I] n. ~**(at)** (take a) quick look at something secretly.

peel /piːl/ v. **1** [T] take the skin off fruit or vegetables: *~ the potatoes.* **2** [I, T] (cause something to) come off in layers: *The paint is ~ing.* ◇ *Carefully ~ away upper skin.* ● **peel** n. [U] skin of fruit, etc.: *lemon ~.*

peep /piːp/ v. [I] ~**(at)** look quickly and secretly at something, esp. through a small opening. ● **peep** n. **1** [C, usu. sing.] quick or secret look at something. **2** [sing.] (infml.) sound made by somebody, esp. something said: *They didn't hear a ~ out of him all night.* **3** [C] short high sound.

peer /pɪə(r)/ n. [C] **1** [usu. pl.] person of the same age or social status as you. **2** (in Britain) member of the nobility. ● **peer** v. [I] ~**(at)** look closely or carefully at something, esp. when you cannot see it clearly. ▶ **peerage** /'pɪərɪdʒ/ n. **1** [sing] all the peers(2) as a group. **2** [C] rank of a peer(2) or peeress. ▶ **peeress** /'pɪəres/ n. female peer(2). ■ **'peer group** n. group of people of the same age or social status.

peeved /piːvd/ adj. (infml.) annoyed. ▶ **peevish** /'piːvɪʃ/ adj. easily annoyed; bad-tempered. ▶ **peevishly** adv.

peg /peg/ n. **1** short thin piece of wood, metal or plastic, used to hang things on or for fastening something. **2** = CLOTHES PEG (CLOTHES) ● **peg** v. (**-gg-**) **1** [T] fasten something with pegs. **2** [T] (usu. passive) fix or keep prices, wages, etc. at a particular level. [PV] **peg out** (GB, infml.) die.

pejorative /pɪ'dʒɒrətɪv/ adj. (fml.) expressing criticism.

Pekinese /ˌpiːkɪ'niːz/ n. small dog with short legs and long silky hair.

pelican /'pelɪkən/ n. large water-bird with a long bag of skin underneath its beak for storing fish to eat. ■ **,pelican 'crossing** n. (in Britain) place on a road where you can stop the traffic and cross by operating a set of traffic lights.

pellet /'pelɪt/ n. **1** small hard ball made from soft material. **2** small metal ball, fired from a gun.

pelmet /'pelmɪt/ n. strip of wood or fabric above a window to hide the curtain rail.

pelt /pelt/ v. **1** [T] ~**(with)** attack somebody by throwing things at them. **2** [I] ~**(down)** (of rain) fall very heavily. **3** [I] (infml.) run somewhere very fast ● **pelt** n. animal's skin with the fur on it [IDM] **(at) full pelt** as fast as possible.

pelvis /'pelvɪs/ n. (anat) wide curved set of

bones at the bottom of the body that the legs and spine are connected to. ▶ **pelvic** /-vɪk/ *adj.*

pen /pen/ *n.* **1** instrument for writing with ink. **2** small enclosed piece of land for keeping farm animals in. ● **pen** *v.* (**-nn-**) [T] **1** (*fml.*) write something. **2** ~(**in/up**) shut an animal or a person in a small space. ■ **'penfriend** (*also* **'penpal**) *n.* person that you make friends with by writing letters, often somebody you have never met. ■ **'penknife** *n.* (*pl.* **-knives**) small knife with folding blades ■ **'pen-name** *n.* name used by a writer instead of their real name.

penal /'pi:nl/ *adj.* of the punishment of criminals: *reform of the ~ system.*

penalize (*also* **-ise**) /'pi:nəlaɪz/ *v.* [T] (*usu.* passive) **1** ~(**for**) punish somebody for breaking a rule or law. **2** cause somebody to suffer a disadvantage.

penalty /'penəlti/ *n.* (*pl.* **-ies**) **1** ~(**for**) punishment for breaking a law, rule or contract: *the death ~.* **2** ~(**of**) disadvantage suffered as a result of something. **3** (*sport*) advantage given to a player or team when the other side breaks a rule. **4** (in football) free kick at the goal by the attackers.

penance /'penəns/ *n.* [C, U] ~(**for**) act that you give yourself to do to show that you are sorry for something you have done wrong.

pence *plural of* PENNY.

penchant /'pɒ̃ʃɒ̃/ *n.* [sing.] ~**for** (*written*) liking for something.

pencil /'pensl/ *n.* [C, U] narrow piece of wood, containing a black or coloured substance, used for writing or drawing. ● **pencil** *v.* (**-ll-** *US* **-l-**) [T] write or draw something with a pencil. [PV] **pencil something/ somebody in** write down details of an arrangement with somebody that you know may have to be changed later.

pendant /'pendənt/ *n.* piece of jewellery that hangs from a chain worn round the neck.

pending /'pendɪŋ/ *adj.* (*fml.*) **1** waiting to be decided **2** going to happen soon. ● **pending** *prep.* (*fml.*) until something happens.

pendulum /'pendjələm/ *n.* weight hung so that it can swing freely, esp. in a clock.

penetrate /'penɪtreɪt/ *v.* **1** [I, T] go into or through something: *The water ~d the holes in his shoes.* **2** [T] see into or through something: *~ the darkness.* ▶ **penetrating** *adj.* **1** (of somebody's eyes or the way they look at you) making you feel uncomfortable. **2** (of a sound) loud and hard. **3** showing that you have understood something quickly. ▶ **penetration** /,penɪ'treɪʃn/ *n.* [U].

penguin /'peŋgwɪn/ *n.* black and white Antarctic seabird that uses its wings for swimming.

penicillin /,penɪ'sɪlɪn/ *n.* [U] antibiotic medicine.

peninsula /pə'nɪnsjələ/ *n.* area of land almost surrounded by water ▶ **peninsular** *adj.*

penis /'pi:nɪs/ *n.* sex organ of a man or male animal.

penitent /'penɪtənt/ *adj.* feeling or showing that you are sorry for having done wrong. ▶ **penitence** /-təns/ *n.* [U].

penitentiary /,penɪ'tenʃəri/ *n.* (*pl.* **-ies**) (*US*) prison.

pennant /'penənt/ *n.* long narrow pointed flag, used on a ship for signalling, etc.

penniless /'peniləs/ *adj.* having no money.

penny /'peni/ *n.* (*pl.* **pennies** or **pence** /pens/) **1** (*abbr.* **p**) small British coin and unit of money. There are 100 pence in one pound (£1). **2** (before 1971) British coin worth one twelfth of a shilling [IDM] **the penny drops** (*esp. GB, infml.*) used to say that somebody has finally realized or understood something.

pension¹ /'penʃn/ *n.* [C, U] money paid regularly by a government or company to somebody who is too old or ill to work. ● **pension** *v.* [PV] **pension somebody off** allow or force somebody to retire and pay them a pension. ▶ **pensionable** *adj.* giving somebody the right to receive a pension. ▶ **pensioner** *n.* person receiving a pension, esp. because they have retired from work.

pension² /'pɒ̃sjɒ̃/ *n.* small, usu. cheap, hotel in some European countries, esp. France.

pensive /'pensɪv/ *adj.* thinking deeply about something ▶ **pensively** *adv.*

pentagon /'pentəgən/ *n.* **1** [C] (*geom.*) flat shape with five sides and five angles. **2** (**the Pentagon**) [sing.] the headquarters of the US Defense Department. ▶ **pentagonal** /pen'tægənl/ *adj.*

pentathlon /pen'tæθlən/ *n.* sports contest in which each competitor takes part in five events.

penthouse /'penthaʊs/ *n.* expensive and comfortable flat or set of rooms at the top of a tall building.

pent up /,pent 'ʌp/ *adj.* (of feelings) that cannot be expressed: *~ anger.*

penultimate /pen'ʌltɪmət/ *adj.* (*written*) just before the last one; last but one.

penury /'penjəri/ *n.* [U] (*fml.*) state of being extremely poor. ▶ **penurious** /pə'njʊəriəs/ *adj.*

people /'pi:pl/ *n.* **1** [pl] persons in general: *How many ~ were at the shop?* **2** [C] nation; race: *the ~s of Asia.* **3** [pl.] persons who live in a particular place: *the ~ of India* **4**

(the people) [pl.] ordinary persons without special rank or position. ● **people** v. [T] (*written*) live in a place or fill it with people.

pep /pep/ n. [U] energy and enthusiasm ● **pep** v. (-pp-) [PV] **pep somebody/something up** (*infml.*) make somebody/something more interesting or full of energy. ■ **'pep pill** n. (*infml.*) pill taken to make you feel happier or livelier. ■ **'pep talk** n. (*infml.*) short speech intended to encourage you to work harder, try to win, etc.

pepper /'pepə(r)/ n. **1** [U] grey powder made from dried berries (**peppercorns**), used for giving a hot flavour to food. **2** [C] hollow fruit, usu. red, green or yellow, eaten as a vegetable either raw or cooked: *green* ~s. ● **pepper** v. [T] put pepper on food [PV] **pepper somebody/something with something** (*usu.* passive) hit somebody/something with a series of small objects, esp. bullets. ■ **,peppercorn 'rent** n. (*GB*) very low rent.

peppermint /'pepəmɪnt/ n. **1** [U] type of mint grown for its strong tasting oil. **2** [C] sweet flavoured with peppermint oil.

per /pə(r); *strong form* pɜː(r)/ *prep.* for each: *£60* ~ *person* ~ *day.* ■ **per annum** /ˌpər 'ænəm/ (*abbr.* **p.a.**) *adv.* for each year: *She earns over $70000* ~ *annum.* ■ **,per 'cent** *adv.* for or in each hundred: *a five* ~ *cent wage increase.* ■ **per se** /ˌpɜː 'seɪ/ *adv.* by itself.

perceive /pə'siːv/ v. [T] (*written*) notice or become aware of something; think of something in a particular way.

percentage /pə'sentɪdʒ/ n. **1** [C, with sing or pl. verb] rate, number or amount of something, expressed as if it is part of a total which is 100; part or share of a whole: *pay a* ~ *of your earnings in tax.* **2** [usu. sing.] share of the profits of something.

perceptible /pə'septəbl/ *adj.* (*fml.*) great enough to be noticed: *a* ~ *change in attitude.* ▶ **perceptibly** *adv.*

perception /pə'sepʃn/ n. (*fml.*) **1** [U] ability to perceive something. **2** [C] way of seeing or understanding something.

perceptive /pə'septɪv/ *adj.* (*fml.*) quick to notice or understand things. ▶ **perceptively** *adv.*

perch /pɜːtʃ/ v. **1** [I] ~(**on**) (of a bird) land and stay on a branch, etc. **2** [I, T] ~(**on**) (cause somebody to) sit on something, esp. on the edge of it: *I* ~*ed myself on a high stool at the bar.* **3** [I] be placed on the top or edge of something. ● **perch** n. **1** place, e.g. a branch, where a bird rests. **2** (*infml.*) high seat or position. **3** (*pl.* **perch**) freshwater fish, sometimes eaten as food.

percolate /'pɜːkəleɪt/ v. **1** [I] (of a liquid, gas, etc.) move gradually through a surface that has very small holes in it. **2** [I] gradually become known or spread through a group or society. ▶ **percolator** n. coffee pot in which boiling water percolates through crushed coffee beans.

percussion /pə'kʌʃn/ n. [U] musical instruments, e.g. drums, that you play by hitting them.

peremptory /pə'remptəri/ *adj.* (*fml., disapprov.*) showing that you expect to be obeyed immediately. ▶ **peremptorily** /-trəli/ *adv.*

perennial /pə'reniəl/ *adj.* **1** continuing for a long time; happening again and again: *a* ~ *problem.* **2** (of a plant) living for more than two years. ● **perennial** n. perennial plant. ▶ **perennially** *adv.*

perfect[1] /'pɜːfɪkt/ *adj.* **1** having everything necessary; complete and without faults: *in* ~ *condition.* **2** completely correct; exact: *The trousers are a* ~ *fit.* **3** the best of its kind **4** excellent; very good: ~ *weather* **5** total: *a* ~ *stranger* **6** (*gram*) of a tense formed with *have* and a past participle, e.g. *She has eaten.* ▶ **perfectly** *adv.* in a perfect way; completely.

perfect[2] /pə'fekt/ v. [T] make something perfect or as good as you can.

perfection /pə'fekʃn/ n. [U, sing.] **1** state of being perfect: *The food was cooked to* ~. **2** act of making something perfect. ▶ **perfectionist** /-ʃənɪst/ n. person who is not satisfied with anything less than perfection.

perfidious /pə'fɪdiəs/ *adj.* (*lit.*) that cannot be trusted.

perforate /'pɜːfəreɪt/ v. [T] make a hole or holes through something. ▶ **perforation** /ˌpɜːfə'reɪʃn/ n. [C, U] small hole in a surface, often one of a series of small holes.

perform /pə'fɔːm/ v. **1** [T] do something, e.g. a piece of work: ~ *a task.* **2** [I, T] entertain an audience by playing music, acting in a play etc. **3** [I] work or function in the way that is mentioned: *This new vehicle* ~*s well.* ▶ **performance** n. **1** [C] act of performing a concert, etc. **2** [U] way of performing something. **3** how well or badly you do something or something works. ▶ **performer** n. person who sings, acts, etc. in front of an audience.

perfume /'pɜːfjuːm/ n. [C, U] liquid, often made from flowers, that you put on your skin to make yourself smell nice. ● **perfume** v. [T] (*lit.*) give a sweet smell to something.

perfunctory /pə'fʌŋktəri/ *adj.* (*fml.*) done as a duty or habit, without real care or interest. ▶ **perfunctorily** /-trəli/ *adv.*

perhaps /pə'hæps; præps/ *adv.* possibly; it may be (that): *P*~ *the weather will improve today.*

peril /'perəl/ n. (fml. or lit.) **1** [U] serious danger. **2** [C, usu. pl.] fact of something being dangerous or harmful; *warning about the ~s of drug abuse.* ▶ **perilous** adj. ▶ **perilously** adv.

perimeter /pə'rɪmɪtə(r)/ n. **1** outside edge of an enclosed area of land. **2** *(maths)* total length of the outside edge of a shape.

period /'pɪəriəd/ n. **1** particular length of time. **2** (time allowed for a) lesson at school, college, etc. **3** monthly flow of blood from a woman's body. **4** *(US)* = FULL STOP (FULL) ▶ **periodic** /ˌpɪəri'ɒdɪk/ adj. happening fairly often and regularly. ▶ **periodical** /-kl/ n. magazine that is published at regular intervals. ▶ **periodically** /-kli/ adv. fairly often.

peripatetic /ˌperɪpə'tetɪk/ adj. (fml.) going from place to place, esp. to work: *a ~ tourist.*

periphery /pə'rɪfəri/ n. [usu. sing.] (pl. -ies) (fml.) outer edge of a particular area. ▶ **peripheral** /-rəl/ adj. **1** (fml.) not as important as the main aim, part, etc. of something: *~ information.* **2** (tech) of the outer edge of an area: *~ vision* **3** (computing) (of equipment) connected to a computer.

periscope /'perɪskəʊp/ n. instrument with mirrors, for seeing things at a higher level, used esp. in submarines.

perish /'perɪʃ/ v. [I] **1** (fml. or lit.) die; be destroyed. **2** (of material such as rubber) rot. ▶ **perishable** adj. (of food) likely to go bad quickly. ▶ **perishables** n. [pl.] (tech.) types of food that go bad quickly. ▶ **perishing** adj. (GB, infml.) extremely cold.

perjure /'pɜːdʒə(r)/ v. *~yourself* (law) tell a lie in a court of law. ▶ **perjury** n. [U].

perk /pɜːk/ n. [C, usu. pl.] something you receive as well as your wages for doing a particular job: *Free accommodation and a car are the ~s of the job.* ● **perk** v. [PV] **perk (somebody/something) up** become or make somebody/something more cheerful or lively. ▶ **perky** adj. (-ier, -iest) (infml.) cheerful and full of energy.

perm /pɜːm/ n. putting of artificial curls into the hair ● **perm** v. [T] give somebody's hair a perm.

permanent /'pɜːmənənt/ adj. lasting for a long time or for ever. ▶ **permanence** /-nəns/ n. [U] ▶ **permanently** adv.

permeate /'pɜːmieɪt/ v. [I, T] (fml.) enter and spread to every part of something. ▶ **permeable** /'pɜːmiəbl/ adj. (tech.) *~(to)* allowing a liquid or gas to pass through.

permissible /pə'mɪsəbl/ adj. (fml.) that is allowed.

permission /pə'mɪʃn/ n. [U] act of allowing somebody to do something.

permissive /pə'mɪsɪv/ adj. allowing great freedom of behaviour, esp. in sexual matters: *the ~ society.* ▶ **permissiveness** n. [U].

permit /pə'mɪt/ v. (-tt-) [T] (fml.) allow somebody to do something or allow something to happen. ● **permit** /'pɜːmɪt/ n. official written paper that allows somebody to do something: *a work ~.*

permutation /ˌpɜːmju'teɪʃn/ n. [C, usu. pl.] any of the different ways in which a set of things can be ordered.

pernicious /pə'nɪʃəs/ adj. (fml.) very harmful.

pernickety /pə'nɪkəti/ adj. (infml., disapprov.) worrying too much about small unimportant details.

perpendicular /ˌpɜːpən'dɪkjələ(r)/ adj. *~(to)* at an angle of 90° to another line or surface; upright ● **perpendicular** n. [sing.] **(the perpendicular)** line, position or direction that is exactly perpendicular.

perpetrate /'pɜːpətreɪt/ v. [T] (fml.) commit a crime or do something wrong or evil ▶ **perpetrator** n.

perpetual /pə'petʃuəl/ adj. **1** continuous. **2** frequently repeated, in a way which is annoying: *their ~ shouting.* ▶ **perpetually** /-tʃuəli/ adv.

perpetuate /pə'petʃueɪt/ v. [T] (fml.) make something bad continue for a long time. ▶ **perpetuation** /pəˌpetʃu'eɪʃn/ n. [U].

perplex /pə'pleks/ v. [T] (usu. passive) make somebody feel puzzled or confused, because they do not understand something: *They were ~ed by his response.* ▶ **perplexity** /-əti/ n. [U] state of feeling perplexed.

per se → PER.

persecute /'pɜːsɪkjuːt/ v. [T] treat somebody cruelly or unfairly, esp. because of their race, religion or political beliefs. ▶ **persecution** /ˌpɜːsɪ'kjuːʃn/ n. [U, C] ▶ **persecutor** n.

persevere /ˌpɜːsɪ'vɪə(r)/ v. [I] (approv.) *~(in/with)* continue doing something in spite of difficulties: *Teachers have to ~ with difficult students.* ▶ **perseverance** n. [U].

persist /pə'sɪst/ n. [I] **1** *~(in/with)* continue to do something in spite of opposition, in a way that can seem unreasonable: *She will ~ in thinking I don't like her.* **2** continue to exist: *If the symptoms ~, see a doctor.* ▶ **persistence** n. [U] ▶ **persistent** adj. **1** determined to do something, esp. when others are against you. **2** continuing; repeated: *a ~ent cough.* ▶ **persistently** adv.

person /'pɜːsn/ n. (pl. **people** /'piːpl/ or, esp. in formal use **persons**) **1** human being: *She's just the ~ we need.* **2** (gram.) any of the three classes of personal pronouns: *the first ~* (= I, we) ◊ *the second ~* (= you) ◊ *the third ~* (= he, she, it, they) [IDM] **in person** actually present; yourself: *The prime minister will be*

there in ~.
personable /'pɜːsənəbl/ *adj.* having a pleasant appearance or manner: *a ~ young woman.*
personage /'pɜːsənɪdʒ/ *n.* (*fml.*) important or famous person.
personal /'pɜːsənl/ *adj.* **1** your own; not of or belonging to anyone else: *belongings.* **2** not of your professional life; private: *receive a ~ phone call at home.* **3** critical of a person: *~ remarks.* **4** of the body: *~ cleanliness.* ▶ **personally** /'pɜːsənəli/ *adv.* **1** used to show that you are giving your own opinion: *P~ly, I think she's crazy!* **2** doing something yourself. **3** privately ■ **,personal as'sistant** *n.* = PA ■ **,personal com'puter** *n.* = PC(1) ■ **,personal 'pronoun** *n.* (*gram*) pronoun *I, she, you, etc.*
personality /ˌpɜːsə'næləti/ *n.* (*pl.* -**ies**) **1** [C, U] person's character: *a dynamic ~* **2** [C] famous person, esp. from entertainment, sport, etc.
personify /pə'sɒnɪfaɪ/ *v.* (*pt, pp* -**ied**) [T] **1** be a good example of a quality: *She ~ kindness.* **2** show or think of an object, quality, etc. as a person. ▶ **personification** /pəˌsɒnɪfɪ'keɪʃn/ *n.* [U, C].
personnel /ˌpɜːsə'nel/ *n.* **1** [pl.] all the people who work for an organization. **2** [U, with sing or pl. verb] department in a company, etc. that deals with employees and their problems: *a ~ manager.*
perspective /pə'spektɪv/ *n.* **1** [C] way of thinking about something. **2** [U] ability to think about problems, etc. in a reasonable way without exaggerating their importance: *Try and keep these issues in ~.* **3** [U] art of drawing things so as to give the impression of depth and distance.
Perspex™ /'pɜːspeks/ *n.* [U] strong plastic often used instead of glass.
perspire /pə'spaɪə(r)/ *v.* [I] (*fml.*) sweat ▶ **perspiration** /ˌpɜːspə'reɪʃn/ *n.* [U].
persuade /pə'sweɪd/ *v.* [T] **1** make somebody do something by giving them good reasons for doing it: *They ~d her to try again.* **2** make somebody believe something that is true.
persuasion /pə'sweɪʒn/ *n.* **1** [U] act of persuading somebody to do something or believe something **2** [C, U] set of beliefs.
persuasive /pə'sweɪsɪv/ *adj.* able to persuade somebody to do something: *He can be very ~ when he wants.* ▶ **persuasively** *adv.*
pert /pɜːt/ *adj.* cheeky; disrespectful: *a ~ reply.* ▶ **pertly** *adv.*
pertain /pə'teɪn/ *v.* [I] (*fml.*) ~**to** be connected with or belong to something.
pertinent /'pɜːtɪnənt/ *adj.* (*fml.*) relevant.
perturb /pə'tɜːb/ *v.* [T] (*fml.*) make somebody very worried.
peruse /pə'ruːz/ *v.* [T] (*fml.*) read something, esp. carefully ▶ **perusal** *n.* [U, sing.].
pervade /pə'veɪd/ *v.* [T] (*fml.*) spread through every part of something.
pervasive /pə'veɪsɪv/ *adj.* present or felt everywhere.
perverse /pə'vɜːs/ *adj.* showing deliberate determination to behave in a way others think is unreasonable. ▶ **perversely** *adv.* ▶ **perversity** *n.* [U].
perversion /pə'vɜːʃn/ *n.* **1** [U, C] behaviour, esp. sexual behaviour, that people think is not normal or acceptable. **2** [U] act of changing something good into something bad: *the ~ of justice.*
pervert /pə'vɜːt/ *v.* [T] **1** change a system, etc. in a bad way so that it is not what it should be: *~ the course of justice.* **2** affect somebody in a way that makes them behave in an immoral way. ● **pervert** /'pɜːvɜːt/ *n.* person whose sexual behaviour is considered to be unnatural.
pessimism /'pesɪmɪzəm/ *n.* [U] belief that bad things will happen. ▶ **pessimist** /-mɪst/ *n.* ▶ **pessimistic** /ˌpesɪ'mɪstɪk/ *adj.*
pest /pest/ *n.* **1** insect or animal that destroys plants, food, etc. **2** (*infml.*) annoying person.
pester /'pestə(r)/ *v.* [T] annoy or bother somebody constantly.
pesticide /'pestɪsaɪd/ *n.* [C, U] chemical substance used for killing pests, esp. insects.
pestle /'pesl/ *n.* stick with a thick end used for crushing things in a bowl (**mortar**).
pet /pet/ *n.* **1** animal, e.g. a cat or dog, that you keep at home as a companion. **2** person treated as a favourite: *He's the teacher's ~.* ● **pet** *v.* (-**tt**-) **1** [T] (*esp. US*) treat a child or an animal lovingly, esp. by stroking them. **2** [I] (*infml.*) (of two people) kiss and touch each other in a sexual way. ■ **'pet name** *n.* name you use for somebody instead of their real name, as a sign of affection.
petal /'petl/ *n.* delicate coloured part of a flower.
peter /'piːtə(r)/ *v.* [P, V] **peter out** gradually come to an end.
petition /pə'tɪʃn/ *n.* **1** ~(**against/for**) written request to somebody in authority that is signed by many people. **2** (*law*) official document asking a court of law to take legal action. ● **petition** *v.* [I, T] (*fml.*) make a formal request to somebody in authority.
petrify /'petrɪfaɪ/ *v.* (*pt, pp* -**ied**) **1** [T] (*usu.* passive) frighten somebody very much. **2** [I, T] (cause something to) change into stone.
petrol /'petrəl/ *n.* [U] (*GB*) liquid obtained from petroleum, used as fuel in car engines, etc. ■ **'petrol station** *n.* (*GB*) place at the side of a road where you take your car to buy petrol, oil, etc.

petroleum /pəˈtrəʊliəm/ n. [U] mineral oil that forms underground.

petticoat /ˈpetɪkəʊt/ n. (old-fash.) piece of women's underwear, worn under a dress or skirt.

petty /ˈpeti/ adj. (-ier, -iest) (disapprov.) 1 small and unimportant: ~ squabbles ◇ ~ crime (= that is not very serious) 2 concerned with unimportant matters; unkind ▶ **pettiness** n. [U] ■ ,**petty ˈcash** n. [U] money kept in an office for small payments. ■ ,**petty ˈofficer** n. sailor of middle rank in the navy.

petulant /ˈpetjʊlənt/ adj. Bad tempered in a childish way. ▶ **petulance** /-əns/ n. [U] ▶ **petulantly** adv.

pew /pjuː/ n. long wooden seat in a church.

pewter /ˈpjuːtə(r)/ n. [U] grey metal made by mixing tin with lead.

phallus /ˈfæləs/ n. image of the penis. ▶ **phallic** /ˈfælɪk/ adj.

phantom /ˈfæntəm/ n. 1 ghost. 2 unreal or imagined thing.

pharaoh /ˈfeərəʊ/ n. king of ancient Egypt.

pharmaceutical /ˌfɑːməˈsjuːtɪkl/ adj. of the making of drugs and medicines.

pharmacist /ˈfɑːməsɪst/ n. person trained to prepare and sell medicines in a shop.

pharmacy /ˈfɑːməsi/ n (pl. -ies) 1 [C] (part of a) shop where medicines are sold. 2 [U] study of the preparation of drugs and medicines.

phase /feɪz/ n. 1 stage of development. 2 shape that the moon appears to have at a particular time. ● **phase** v. [T] arrange to do something in stages over a period of time. [PV] **phase something in/out** begin/stop using something gradually.

PhD /ˌpiː eɪtʃ ˈdiː/ abbr. Doctor of Philosophy; university degree of a very high level.

pheasant /ˈfeznt/ n. [C, U] large bird. with a long tail, often shot for food; meat from this bird.

phenomenal /fəˈnɒmɪnl/ adj. very great or impressive: ~ success ▶ **phenomenally** /-nəli/ adv.: ~ly successful.

phenomenon /fəˈnɒmɪnən/ n. (pl. -mena /-mɪnə/) 1 fact or event in nature or society, esp. one that is not fully understood. 2 person or thing that is very successful or impressive.

philanthropy /fɪˈlænθrəpi/ n. [U] giving of money and other help to people in need. ▶ **philanthropic** /ˌfɪlənˈθrɒpɪk/ adj. ▶ **philanthropist** /fɪˈlænθrəpɪst/ n.

philately /fɪˈlætəli/ n. [U] (tech.) collection and study of postage stamps.

Philistine /ˈfɪlɪstaɪn/ n. (disapprov.) person who does not like or understand art, literature, music, etc.

philosopher /fəˈlɒsəfə(r)/ n. 1 person who studies or writes about philosophy. 2 person who thinks deeply about things.

philosophy /fəˈlɒsəfi/ n. (pl. -ies) 1 [U] study of nature and the meaning of existence, how people should live, etc. 2 [C] set or system of beliefs. ▶ **philosophical** /ˌfɪləˈsɒfɪkl/ adj. 1 of philosophy. 2 (approv.) ~(**about**) having a calm attitude towards failure, disappointment, etc. ▶ **philosophically** /-kli/ adv. ▶ **philosophize** (also **-ise**) /-faɪz/ v. [I] talk about something in a serious way, esp. when others find it boring.

phlegm /flem/ n. [U] 1 thick yellowish-green substance that forms in the nose and throat, esp. when you have a cold. 2 (written) ability to remain calm in a difficult situation. ▶ **phlegmatic** /flegˈmætɪk/ adj. not easily made angry or upset.

phobia /ˈfəʊbiə/ n. strong unreasonable fear or hatred of something.

phone /fəʊn/ n. 1 [U, C] (also **telephone**) (machine used in a) system for talking to somebody else over long distances using wires or radio: make a ~ call. 2 [C] the part of the telephone that you hold in your hand and speak into: He put the ~ down. [IDM] **be on the phone** be using the telephone. ● **phone** v. [I, T] (GB also **phone up**) make a telephone call to somebody. ■ **ˈphone book** n. = TELEPHONE DIRECTORY (TELEPHONE) ■ **ˈphone booth** n. partly-enclosed place, containing a telephone, in a hotel, restaurant, etc. ■ **ˈphone box** n. small enclosed unit, containing a public telephone, in the street, at a station, etc. ■ **ˈphone-in** n. radio or television programme in which telephoned questions and answers from the public are broadcast. ■ **ˈphone number** = TELEPHONE NUMBER (TELEPHONE).

phonetic /fəˈnetɪk/ adj. 1 using special symbols to represent each different speech sound: the International P~ Alphabet. 2 (of a spelling system) that closely matches the sounds represented. 3 of the sounds of human speech. ▶ **phonetically** /-kli/ adv. ▶ **phonetician** /ˌfəʊnəˈtɪʃn; ˌfɒn-/ n. expert in phonetics ▶ **phonetics** n. [U] study of speech sounds.

phoney (esp. US phony) /ˈfəʊni/ adj. (-ier, -iest) (infml., disapprov.) false, and trying to deceive people. ● **phoney** (also **phony**) n. phoney person or thing.

phonology /fəˈnɒlədʒi/ n. [U] (ling.) (study of the) speech sounds of a particular language:

English ~ ▶ **phonological** /ˌfəʊnəˈlɒdʒɪkl/ *adj.*

phosphorescent /ˌfɒsfəˈresnt/ *adj.* (*tech.*) producing a faint light without heat, esp. in the dark. ▶ **phosphorescence** /-sns/ *n.* [U].

phosphorus /ˈfɒsfərəs/ *n.* [U] (*symb.* **P**) poisonous, pale yellow substance that shines in the dark.

photo /ˈfəʊtəʊ/ *n.* (*pl.* **~s**) = PHOTOGRAPH ■ ˌphoto ˈfinish *n.* end of a race in which the leading competitors are so close together that a photograph is needed to show the winner.

photocopy /ˈfəʊtəʊkɒpi/ *n.* (*pl.* **-ies**) photographic copy of a document, etc. ● **photocopy** *v.* (*pt, pp* **-ied**) make a photocopy of something. ▶ **photocopier** /-piə(r)/ *n.* machine for photocopying documents, etc.

photogenic /ˌfəʊtəʊˈdʒenɪk/ *adj.* looking attractive in photographs.

photograph /ˈfəʊtəɡrɑːf/ *n.* picture made by using a camera that has film sensitive to light inside it. ● **photograph** *v.* [T] take a photograph of somebody/something. ▶ **photographer** /fəˈtɒɡrəfə(r)/ *n.* person who takes photographs, esp. as a job. ▶ **photographic** /ˌfəʊtəˈɡræfɪk/ *adj.* ▶ **photography** /fəˈtɒɡrəfi/ *n.* [U] art or process of taking photographs.

phrasal /ˈfreɪzl/ *adj.* of or connected with a phrase. ■ ˌphrasal ˈverb *n.* (*gram*) verb combined with an adverb and/or preposition, to give a new meaning: *'Close up' and 'look forward to' are* ~ *verbs.*

phrase /freɪz/ *n.* **1** (*gram*) group of words without a finite verb, esp. one that forms part of a sentence. **2** group of words which have a particular meaning when used together. ● **phrase** *v.* [T] say or write something in a particular way: *a badly* ~*d example* ■ ˈphrase book *n.* book containing common expressions translated into another language, esp. for people visiting a foreign country.

phraseology /ˌfreɪziˈɒlədʒi/ *n.* [U] (*fml.*) choice or style of words.

physical /ˈfɪzɪkl/ *adj.* **1** of the body: ~ *exercise/fitness.* **2** of things that can be touched or seen: *the* ~ *world.* **3** of the laws of nature: *a* ~ *impossibility.* ■ ˌphysical eduˈcation *n.* = PE ■ ˌphysical geˈography *n.* [U] study of the natural features on the surface of the earth. ▶ **physically** /-kli/ *adv.*

physician /fɪˈzɪʃn/ *n.* (*fml., esp. US*) doctor, esp. one specializing in general medicine.

physicist /ˈfɪzɪsɪst/ *n.* scientist who studies physics.

physics /ˈfɪzɪks/ *n.* [U] scientific study of matter and energy.

physiology /ˌfɪziˈɒlədʒi/ *n.* [U] scientific study of the normal functions of living things. ▶ **physiological** /ˌfɪziəˈlɒdʒɪkl/ *adj.* ▶ **physiologist** *n.* [U] scientist who studies physiology.

physiotherapy /ˌfɪziəʊˈθerəpi/ *n.* [U] treatment of disease, etc. in the joints or muscles by exercises, massage and the use of light and heat. ▶ **physiotherapist** *n.*

physique /fɪˈziːk/ *n.* general appearance and size of a person's body

piano /piˈænəʊ/ *n.* (*pl.* **~s**) large musical instrument in which metal strings are struck by hammers operated by pressing black and white keys. ▶ **pianist** /ˈpɪənɪst/ *n.* person who plays the piano.

piccolo /ˈpɪkələʊ/ *n.* (*pl.* **~s**) musical instrument like a small flute.

pick¹ /pɪk/ *v.* [T] **1** choose somebody/something from a group of people or things: *P~ a number between 10 and 20.* **2** take flowers, fruit, etc. from the plant or tree where they are growing: ~ *strawberries.* **3** pull or remove something or small pieces of something from something else, esp. with your fingers: ~ *your teeth.* [IDM] **pick and choose** choose only the things that you like or want very much. **pick somebody's brains** (*infml.*) ask somebody a lot of questions because they know more about the subject than you do. **pick a fight/quarrel (with somebody)** deliberately start a fight or argument with somebody. **pick holes in something** find faults in something such as a plan, suggestion, etc. **pick a lock** open a lock without a key. **pick somebody's pocket** steal money, etc. from somebody's pocket [PV] **pick at something 1** eat food in very small amounts. **2** pull or touch something several times: *She tried to undo the knot by* ~*ing at it with his fingers.* **pick on somebody** treat somebody unfairly by criticizing or punishing them: *She's always* ~*ing on me.* **pick somebody/something out 1** choose somebody/something carefully from a group of people or things. **2** recognize somebody/something clearly in a large group. **pick up 1** get better, stronger, etc.; improve **2** start again; continue: *Let's* ~ *up where they left off yesterday.* **pick somebody up 1** go somewhere in your car to collect somebody. **2** allow somebody to get into your vehicle and take them somewhere. **3** take hold of somebody and lift them up. **4** (*infml., disapprov.*) talk to somebody you do not know, to try to start a sexual relationship. **5** (*infml.*) (of the police) arrest somebody. **pick something up 1** learn a skill, foreign language, etc. by chance rather than by making a deliberate effort. **2**

take hold of something and lift it up. **3** get or obtain something. **4** receive a radio signal. ▶ **picker** *n.* person or machine that picks fruit, etc. ▶ **pickings** *n.* [pl.] money or profits that can be easily or dishonestly obtained. ■ **'pickpocket** *n.* person who steals from people's pockets. ■ **,pickup** *n.* **1** (*also* **'pickup truck**) small van or truck with low sides and no roof at the back. **2** (*disapprov.*) person who meets somebody for the first time. **3** part of a record player that holds the needle.

pick² /pɪk/ *n.* **1** [sing.] act of choosing something: *take your ~* **2** [sing.] (**the pick of something**) the best thing(s) in a group. **3** [C] = PICKAXE.

pickaxe (*US* **pickax** /'pɪkæks/) *n.* large tool with a curved metal bar that has two sharp ends, used for breaking up roads, rocks, etc.

picket /'pɪkɪt/ *n.* worker or group of workers standing outside a place of work esp. during a strike to try to persuade others not to enter. ● **picket** *v.* [I, T] stand outside a place to protest about something or to persuade people to join a strike: *~ a factory*.

pickle /'pɪkl/ *n.* **1** [C, usu. pl.] vegetable that has been preserved in vinegar or salt water. **2** [U] (*GB*) cold thick spicy sauce, often sold in jars, served with meat, cheese, etc. [IDM] **in a pickle** (*infml.*) in a difficult or unpleasant situation. ● **pickle** *v.* [T] preserve food in vinegar or salt water.

picnic /'pɪknɪk/ *n.* informal meal eaten outdoors. ● **picnic** *v.* (**-ck-**) [I] have a picnic ▶ **picnicker** *n.*

pictorial /pɪk'tɔːriəl/ *adj.* of or using pictures.

picture /'pɪktʃə(r)/ *n.* **1** [C] painting, drawing, etc. that shows a scene, a person or thing. **2** photograph **3** image on a television screen. **4** description that gives you an idea in your mind of what something is like. **5** mental image or memory of something. **6** [sing.] (**the picture**) the general situation concerning somebody/ something. **7** [C] film or movie: *The movie won nine awards, including Best P~.* **8** (**the pictures**) (*GB, old-fash.*) [pl.] cinema: go to *the ~s* [IDM] **be the picture of health, etc.** look very healthy, etc. **get the picture** (*spoken*) understand a situation. **put/keep somebody in the picture** (*infml.*) give somebody the information they need to be able to understand a situation. ● **picture** *v.* [T] **1** imagine somebody/something: *She ~d herself as a rich woman.* **2** show somebody/something in a photograph or picture.

picturesque /,pɪktʃə'resk/ *adj.* **1** attractive to look at: *a ~ fishing village* **2** (of language) very descriptive.

pidgin /'pɪdʒɪn/ *n.* simple form of a language, used together with words from a local language.

pie /paɪ/ *n.* [C, U] meat or fruit covered with pastry and baked in a dish.

piebald /'paɪbɔːld/ *adj.* (of a horse) having black and white patches of irregular shape.

piece¹ /piːs/ *n.* **1** [C] **~(of)** amount of something that has been cut or separated from the rest: *a ~ of cake/paper*. **2** [C, usu. pl.] one of the bits or parts that something breaks into or is made of: *There were tiny ~s of stones on the floor.* ◊ *She broke the clock to ~s.* **3** [C] single item or example of something: *a ~ of furniture* ◊ *a ~ of news/advice.* **4** [C] single item of writing, art, music, etc. **5** [C] coin: *a ten-pence ~* **6** [C] small object used in a board game: *a chess ~* [IDM] **give somebody a piece of your mind** (*infml.*) tell somebody that you disapprove of their behaviour or are angry with them. **go to pieces** (*infml.*) be so upset or afraid that you lose control of yourself. (**all**) **in one piece** (*infml.*) safe and unharmed, e.g. after a dangerous experience **a piece of cake** (*infml.*) thing that is very easy to do. ■ **'piecework** *n.* [U] work paid for by the amount done and not by the hours worked.

piece² /piːs/ *v.* [PV] **piece something together** put the parts of something together to make it complete.

piecemeal /'piːsmiːl/ *adj.* (*often disapprov.*) done or happening gradually at different times rather than carefully planned. ▶ **piecemeal** *adv.*

pier /pɪə(r)/ *n.* **1** long structure built out into the sea, esp. with places of entertainment on it. **2** (*tech.*) pillar supporting a bridge, etc.

pierce /pɪəs/ *v.* **1** [I, T] make a small hole in something or go through something, with a sharp object. **2** [T] **~(through)** (*lit.*) (of light or sound) be suddenly seen or heard. ▶ **piercing** *adj.* **1** (of eyes) searching **2** (of sound) sharp and unpleasant. **3** (of the wind) cold and very strong. ▶ **piercingly** *adv.*

piety /'paɪəti/ *n.* [U] strong religious beliefs and behaviour.

pig /pɪg/ *n.* **1** fat short-legged animal with pink, black or brown skin, kept on farms for its meat. **2** (*infml., disapprov.*) greedy, dirty or rude person. ▶ **piggy** *n.* (*pl.* **-ies**) (*infml.*) child's word for a pig. ▶ **'piggy bank** *n.* small container, esp. one shaped like a pig, used by children for saving money in. ■ **,pig-'headed** *adj.* refusing to change your opinion or actions; stubborn. ■ **'pigsty** *n.* (*pl.* **-ies**) **1** [C] small building for pigs. **2** [sing.] (*infml.*) very dirty or untidy room or house. ■ **'pigtail** *n.* length of plaited hair that hangs down from the back of the head.

pigeon /'pɪdʒɪn/ n. fat grey bird of the dove family. ■ **'pigeonhole** n. one of a series of small open box-like sections for letters or messages. ■ **'pigeonhole** v. [T] **1** decide that something belongs to a particular class or group. **2** decide to deal with something later or to forget it. ■ **'pigeon-toed** adj. having toes that turn inwards.

piglet /'pɪglət/ n. young pig.

pigment /'pɪgmənt/ n. [U, C] **1** substance existing naturally in people, animals and plants that gives their skin, leaves, etc. a particular colour. **2** coloured powder that is mixed with a liquid to make paint, etc. ▶ **pigmentation** /ˌpɪgmen'teɪʃn/ n. [U] natural colouring.

pigmy = PYGMY.

pike /paɪk/ n. **1** (pl. **pike**) large fresh-water fish. **2** long wooden spear, used by soldiers in the past.

pilchard /'pɪltʃəd/ n. small sea fish eaten as food.

pile /paɪl/ n. **1** [C] number of things lying one upon another: a ~ of papers. **2** [C, usu. pl.] (infml.) a lot of something: ~s of work to do. **3** [U, sing.] soft surface of threads or loops on a carpet or some fabrics. **4** [C] large wooden, metal or stone post that is fixed into the ground to support a building, etc. [IDM] **make a/your pile** (infml.) earn a lot of money. ● **pile** v. **1** [T] put things one on top of the other; form a pile: the books on the table. **2** [T] load something with something: The table was ~d high with magazines. **3** [I] (infml.) (of a number of people) go somewhere quickly without order or control: When the bus finally arrived, we all ~d on. [PV] **pile up** increase in quantity or amount: The work is ~ing up. ■ **'pileup** n. road crash involving several vehicles crashing into each other.

piles /paɪlz/ n. [pl.] = HAEMORRHOIDS.

pilfer /'pɪlfə(r)/ v. [I, T] steal things of little value.

pilgrim /'pɪlgrɪm/ n. person who makes a journey to a holy place. ▶ **pilgrimage** /-ɪdʒ/ n. [C, U] journey made by a pilgrim.

pill /pɪl/ n. **1** [C] small round piece of medicine that you swallow. **2** (**the pill**) [sing] pill taken regularly as a form of birth control.

pillage /'pɪlɪdʒ/ v. [I, T] (fml.) steal things from a place, esp. in a war, using violence.

pillar /'pɪlə(r)/ n. **1** tall upright post of stone, etc. as a support for part of a building. **2** strong supporter of something; important member of something.

pillion /'pɪliən/ n. seat for a passenger behind the driver of a motor cycle.

pillory /'pɪləri/ v. (pt, pp **-ied**) [T] (written) criticize somebody strongly in public.

pillow /'pɪləʊ/ n. soft cushion used for supporting the head in bed. ● **pillow** v. [T] (lit.) rest something, esp. your head, on an object. ■ **'pillowcase** (also **'pillowslip**) n. fabric cover for a pillow.

pilot /'paɪlət/ n. **1** person who operates the controls of an aircraft, esp. as a job. **2** person who guides a ship into or out of a harbour. ● **pilot** v. [T] **1** act as a pilot of something; guide somebody/something somewhere. **2** test a new product, idea, etc. ● **pilot** adj. used for testing something: a ~ scheme. ■ **'pilot light** n. small flame that burns all the time on a gas cooker, etc. and lights a larger flame.

pimp /pɪmp/ n. man who controls prostitutes, finds customers for them and makes a profit from them.

pimple /'pɪmpl/ n. small sore spot on the skin. ▶ **pimply** adj.

PIN /pɪn/ (also **'PIN number**) n. personal identification number; number given to you by a bank so that you can use a plastic card to take out money from a cash machine.

pin[1] /pɪn/ n. short thin pointed piece of metal with a round head, used for fastening things together ■ **'pincushion** n. small cushion used for sticking pins in when they are not being used ■ **'pinpoint** v. [T] discover or describe something exactly. ■ **,pins and 'needles** n. [pl.] uncomfortable feeling in a part of your body, esp. when you have been sitting or lying in an awkward position. ■ **'pinstripe** adj. (of fabric) with very narrow stripes.

pin[2] /pɪn/ v. (**-nn-**) [T] **1** fasten something with a pin. **2** make somebody unable to move by holding them or pressing them against something: She ~ned him against a wall. [IDM] **pin (all) your hopes on somebody/something** rely on somebody/something completely for success or help [PV] **pin somebody down (to doing) something** make somebody make a decision or state their intentions clearly. **pin something down** explain or understand something exactly: The cause of the pain is difficult to ~ down. ■ **'pin-up** n. picture of famous person, e.g. a cricket star, for pinning on a wall.

pinafore /'pɪnəfɔː(r)/ n. loose sleeveless garment worn over a dress to keep it clean.

pincer /'pɪnsə(r)/ n. **1** (**pincers**) [pl.] tool used for holding things tightly and pulling out nails. **2** [C] curved claw of a shellfish.

pinch /pɪntʃ/ v. **1** [T] press something tightly between your thumb and finger or two surfaces. **2** [I] be too tight: These shoes ~. **3** [T] (infml.) steal something. ● **pinch** n. **1** act of squeezing a part of somebody's skin between your thumb and finger. **2** amount that you can hold between your thumb and finger: *a ~ of salt*. [IDM] **at a pinch** (*US*) **in a pinch** if necessary. **feel the pinch** (*infml.*) not have enough money. **take something with a pinch of salt** be careful about believing that something is completely true.

pine /paɪn/ *n*. **1** (*also* **'pine tree**) [C, U] tall evergreen tree with leaves like needles. **2** (*also* **'pinewood**) [U] pale soft wood of the pine tree. ● **pine** *v*. [I] be very unhappy because somebody has gone away or has died. [PV] **pine for somebody/something** want or miss somebody/something very much.

pineapple /'paɪnæpl/ *n*. [C, U] large juicy tropical fruit with sweet yellow flesh.

ping /pɪŋ/ *v*. [I] *n*. (make a) short high ringing noise.

ping-pong /'pɪŋpɒŋ/ *n*. [U] = TABLE TENNIS (TABLE).

pinion /'pɪnjən/ *v*. [T] hold or tie somebody, esp. by their arms, so that they cannot move.

pink /pɪŋk/ *adj*. of a pale red colour. ● **pink** *n*. [U, C] pale red colour.

pinnacle /'pɪnəkl/ *n*. [C] **1** [usu. sing.] ~(of) most important or successful part of something: *the ~ of her career.* **2** pointed stone decoration on a roof. **3** high pointed piece of rock.

pinpoint → PIN¹

pinstripe → PIN¹

pint /paɪnt/ *n*. **1** measure for liquids; one eighth of a gallon (0.568 litre in the UK and 0.473 litre in the US) **2** (*GB*) pint of beer, esp. in a pub.

pioneer /ˌpaɪə'nɪə(r)/ *n*. **1** ~**in/of** person who is the first to study a new area of knowledge. **2** one of the first people to go into a new land or area. ● **pioneer** *v*. [T] be one of the first people to do, discover or use something new.

pious /'paɪəs/ *adj*. having or showing a deep respect for God and religion. ▶ **piously** *adv*.

pip /pɪp/ *n*. small seed, e.g. of an apple, orange or grape. ● **pip** *v*. (**-pp-**) [T] (*GB, infml.*) beat somebody in a race, etc. by only a small amount: *She was ~ped at/to the post for the first prize.*

pipe¹ /paɪp/ *n*. **1** [C] tube through which liquids or gases can flow. **2** [C] narrow tube with a bowl at one end, used for smoking tobacco. **3** [C] musical instrument consisting of a tube with holes. **4** (**pipes**) [pl.] = BAGPIPES ■ **'pipedream** *n*. impossible idea or plan ■ **'pipeline** *n*. system of connected pipes, usu. underground, for carrying oil or gas [IDM] **in the pipeline** being prepared; about to happen.

pipe² /paɪp/ *v*. **1** [T] carry water, gas, etc. in pipes. **2** [I, T] play music on a pipe or the bagpipes. **3** speak or sing in a high voice. [PV] **pipe down** (*infml., spoken*) be less noisy; stop talking **pipe up (with something)** (*infml.*) begin to speak. ■ **,piped 'music** *n*. [U] recorded music played continuously in large shops, stations, etc.

piper /'paɪpə(r)/ *n*. person who plays music on a pipe or the bagpipes.

piping /'paɪpɪŋ/ *n*. [U] pipe or system of pipes. ● **piping** *adj*. (of a person's voice) high. ■ **,piping 'hot** *adj*. (of liquids or food) very hot.

piquant /'piːkənt/ *adj*. (*written*) **1** having a pleasantly strong or spicy taste. **2** exciting and interesting. ▶ **piquancy** /-ənsi/ *n*. [U] (*written*).

pique *n*. /piːk/ [U] annoyance and bitterness because your pride has been hurt ● **pique** *v*. [T] (*fml.*) make somebody annoyed and upset.

piracy /'paɪərəsi/ *n*. [U] **1** crime of attacking ships and stealing from them. **2** act of making illegal copies of video tapes, CDs, etc.

piranha /pɪ'rɑːnə/ *n*. small S. American freshwater fish that eats live animals.

pirate /'paɪərət/ *n*. **1** (*esp*. in the past) person who robs other ships at sea. **2** person who makes illegal copies of video tapes, computer programs, etc. ● **pirate** *v*. [T] copy and sell somebody's work or a product without permission.

pirouette /ˌpɪru'et/ *n*. ballet dancer's fast turn or spin on one foot. ● **pirouette** *v*. [I] *She ~d across the stage.*

piss /pɪs/ *v*. (△, *sl.*) [I] urinate. [PV] **piss off** (*esp. GB*) go away. ● **piss** *n*. (△, *sl.*) urine [IDM] **take the piss (out of somebody/something)** make fun of somebody. ▶ **pissed** *adj*. **1** (*GB*, △, *sl.*) drunk. **2** (*US, sl.*) very angry or annoyed.

pistol /'pɪstl/ *n*. small gun held in one hand.

piston /'pɪstən/ *n*. round plate or short cylinder that moves up and down inside a tube, used in engines, pumps, etc.

pit /pɪt/ *n*. **1** [C] large deep hole in the ground. **2** [C] large hole in the ground from which minerals are dug out: *a gravel ~* **3** [C] = COAL MINE (COAL) **4** [C] hollow mark left on the skin by some diseases, e.g. chickenpox. **5** [C] (*esp. US*) = STONE(4) **6** (**the pits**) [pl.] (*US* **the pit** [C]) (in motor racing) place near a race track where cars stop for fuel, etc. during a race. **7** [C] space in front of the stage for the orchestra. [IDM] **be the pits** (*infml.*) be very bad or the worst example of something. **the pit of your/the stomach** the bottom of the stomach where fear is thought to be felt. ● **pit** *v*. (**-tt-**) [T] (*usu*. passive) make marks or holes on the surface of something. [PV] **pit somebody/something against somebody/something** test somebody or their strength, intelligence, etc. in a contest against somebody/something else.

pitch¹ /pɪtʃ/ *n.* **1** [C] area of ground with lines marked for playing football, cricket, etc. **2** [sing., U] degree or strength of a feeling or activity; the highest point of something: *a frenetic ~ of activity.* **3** [sing., U] how high or low a sound is, esp. a musical note. **4** [C, usu. sing.] talk or arguments used by a person trying to sell things or persuade people to do something: *an aggressive sales ~* **5** [C] (in baseball) act of throwing the ball; way in which it is thrown. **6** [U] black substance that is sticky when hot and hard when cold, used for making roofs, etc. waterproof. **7** [C] (*GB*) place where a street trader does business. ■ **,pitch 'black** *adj.* completely black or dark.

pitch² /pɪtʃ/ *v.* **1** [T] throw somebody/something in the direction or way that is mentioned. **2** [I] fall heavily in a particular direction. **3** [I] (of a ship or aircraft) move up and down on the water or in the air. **4** [T] set something at a particular level. **5** [I, T] try to persuade somebody to buy something, give you something or make a business deal with you. **6** [T] produce a sound or piece of music at a particular level. **7** [T] set up a tent. [PV] **pitch in (with somebody/something)** (*infml.*) join in and help with an activity, by doing some of the work or by giving money, etc. **pitch into somebody** (*infml.*) attack or criticize somebody. ■ **,pitched 'battle** *n.* intense violent fight. ■ **'pitchfork** *n.* farm tool in the shape of a fork with a long handle, for lifting hay, etc.

pitcher /'pɪtʃə(r)/ *n.* **1** (*US*) = JUG **2** (*GB*) large clay container with two handles, used esp. in the past for holding liquids. **3** (in baseball) player who throws the ball to the batter.

piteous /'pɪtiəs/ *adj.* (*lit.*) deserving or causing pity: *a ~ cry.* ▶ **piteously** *adv.*

pitfall /'pɪtfɔːl/ *n.* hidden or unexpected difficulty or danger.

pith /pɪθ/ *n.* [U] soft white substance under the skin of oranges, etc. and in the stems of some plants. ▶ **pithy** *adj.* (**-ier, -iest**) (*approv.*) short, but full of meaning: *~ remarks.* ▶ **pithily** *adv.*

pitiable /'pɪtiəbl/ *adj.* **1** deserving or causing you to feel pity. **2** not deserving respect. ▶ **pitiably** *adv.*

pitiful /'pɪtɪfl/ *adj.* **1** deserving or causing you to feel pity. **2** not deserving respect: *a ~ excuse.* ▶ **pitifully** *adv.*

pitiless /'pɪtiləs/ *adj.* showing no pity or mercy; cruel ▶ **pitilessly** *adv.*

pittance /'pɪtns/ *n.* [usu. sing.] very small amount of money.

pity /'pɪti/ *n.* **1** [U] feeling of sympathy and sadness for the sufferings or troubles of others: *She took ~ on him and lent him the money.* **2** [sing.] something that is sad and unfortunate: *It's a ~ (that) she didn't agree.* [IDM] **more's the pity** (*infml.*) unfortunately. ● **pity** *v.* (*pt, pp* **-ied**) [T] feel pity for somebody.

pivot /'pɪvət/ *n.* **1** central pin or point on something turns or balances. **2** central or most important person or thing. ● **pivot** *v.* [I] (cause something to) turn or balance on a central pivot. ▶ **pivotal** *adj.* (*written*) of great importance because other things depend on it.

pixel /'pɪksl/ *n.* (*computing*) any of the small individual areas on a computer screen, which together form the whole display.

pixie /'pɪksi/ *n.* (in stories) small creature with pointed ears that has magic powers.

pizza /'piːtsə/ *n.* [C, U] flat round piece of dough covered with tomatoes, cheese, etc. and baked in an oven.

placard /'plækɑːd/ *n.* large notice that is shown publicly.

placate /plə'keɪt/ *v.* [T] make somebody feel less angry about something.

place¹ /pleɪs/ *n.* **1** [C] particular position, point or area: *Is this the ~ where the accident happened?* **2** [C] particular city, town, building, etc.: *New York is a big ~.* **3** [C] building or area used for a particular purpose: *a meeting ~* **4** [C] seat or position kept for or occupied by somebody: *He has saved you a ~ next to him.* ◇ *She laid a ~ for them at the table.* **5** [sing.] *~(in)* role or importance of somebody/something in a particular situation. **6** [C] opportunity to take part in something, esp. to study at a school, etc.: *get a ~ at university.* **7** [C] natural or correct position for something: *Put everything away in the right ~.* **8** [sing] house or flat; a person's home: *What about her at her ~?* **9** [C, usu. sing.] position among the winners in a race or competition. **10** (**Place**) [sing.] used as part of the name of a short street or square. [IDM] **all over the place** (*GB also*) **all over the shop** (*US also*) **all over the lot** (*infml.*) **1** everywhere **2** untidy; not well organized. **in/out of place 1** in/not in the correct position. **2** suitable/unsuitable: *Her remarks were out of ~.* **in place of somebody/something** instead of somebody/something **in the first, second, etc. place** used to introduce the different points you are making in an argument. **put somebody in their**

place make somebody feel stupid or embarrassed for being too confident **take place** happen. **take the place of somebody/something** replace somebody/something.

place² /pleɪs/ v. [T] **1** put something in a certain place. **2** put somebody/yourself in a particular situation: *to ~ somebody under arrest*. **3** recognize somebody/something and be able to identify them/it: *I know his face, but I can't ~ him*. **4** give instructions about something or make a request for something to happen: *to ~ a bet/an order* ▶ **placement** n. [U] **1** act of finding somebody a job or place to live. **2** act of placing something/somebody somewhere.

placenta /pləˈsentə/ n. (anat) material inside the womb during pregnancy, through which the baby is fed.

placid /ˈplæsɪd/ adj. calm; not easily angered. ▶ **placidly** adv.

plagiarize (also **-ise**) /ˈpleɪdʒəraɪz/ v. [T] (disapprov.) copy another person's work, words, ideas, etc. and pass it off as your own. ▶ **plagiarism** /-rɪzəm/ n. [U, C].

plague /pleɪɡ/ n. **1** [C, U] infectious disease that kills a lot of people. **2** [C] large numbers of an animal or insect that come into an area and cause great damage: *a ~ of locusts* ● **plague** v. [T] **~(with) 1** cause pain or trouble to somebody/something over a period of time: *to be ~d by doubts*. **2** annoy somebody continually with something.

plaice /pleɪs/ n. [C, U] (pl. **plaice**) flat sea fish eaten as food.

plaid /plæd/ n. [C, U] (long piece of) woollen cloth with a pattern of coloured stripes or squares.

plain¹ /pleɪn/ adj. **1** easy to see or understand: *She made it ~ that he should leave*. **2** not trying to trick anyone; honest and direct: *She has a reputation for ~ speaking*. **3** not decorated or complicated: *~ food ◇ available in ~ or printed cloth*. **4** not beautiful or attractive: *a ~ girl*. [IDM] **be plain sailing** be simple and free from trouble. ● **plain** adv. (infml.) used to emphasize how bad, stupid, etc. something is: *~ stupid/wrong*. ■ **,plain-ˈclothes** adj. (of a police officer) wearing ordinary clothes when on duty, not a uniform. ▶ **plainly** adv. ▶ **plainness** n. [U].

plain² /pleɪn/ n. large area of flat land.

plaintiff /ˈpleɪntɪf/ n. (law) person who brings a legal action against somebody.

plaintive /ˈpleɪntɪv/ adj. (written) sounding sad. ▶ **plaintively** adv.

plait /plæt/ v. [T] twist three or more pieces of hair, rope, etc. together to make one long piece. ● **plait** n. length of something, esp. hair, that has been plaited.

plan /plæn/ n. **1** arrangement for doing something, considered in advance; intention: *make ~s for the trip*. **2** detailed map of a building, town, etc.: *a street ~* **3** (tech.) detailed drawing of a machine, building, etc. **4** diagram showing how something will be arranged: *a seating ~* ● **plan** v. (**-nn-**) [I, T] make a plan of or for something. ▶ **planner** n. person who plans something, esp. how land is to be used in a town: *a town ~ner*.

plane /pleɪn/ n. **1** flying vehicle with wings and one or more engines. **2** (geom.) flat or level surface. **3** level of thought, existence or development. **4** tool with a blade set in a flat surface, used for making wood smooth. **5** (also **usuˈ-plane tree**) tree with broad leaves and thin bark. ● **plane** adj. (tech.) completely flat; level. ● **plane** v. [T] make a piece of wood smoother or flatter with a plane.

planet /ˈplænɪt/ n. large round object in space that moves around a star (e.g. the sun) and receives light from it. ▶ **planetary** /-tri/ adj.

plank /plæŋk/ n. long flat piece of wood. ▶ **planking** n. [U] planks used to make a floor, etc.

plankton /ˈplæŋktən/ n. [U] very small plants and animals that live near the surface of the sea.

plant¹ /plɑːnt/ n. **1** [C] living thing that grows in the earth, with a stem, leaves and roots. **2** [C] factory **3** [U] machinery used in an industrial process.

plant² /plɑːnt/ v. [T] **1** put plants, seeds, etc. in the ground to grow. **2** place something or yourself firmly in position. **3** ~(on) (infml.) hide something, esp. something illegal, in somebody's possessions to make that person seem guilty of a crime. **4** send somebody to join a group secretly, as a spy. ▶ **planter** n. **1** attractive container to grow a plant in. **2** person who owns or manages a plantation.

plantation /plɑːnˈteɪʃn/ n. large area of land, esp. in a hot country, planted with trees or crops, e.g. sugar, coffee or rubber.

plaque /plæk; GB also plɑːk/ n. **1** [C] flat piece of stone, metal, etc. fixed on a wall in memory of somebody/ something. **2** [U] harmful substance that forms on the teeth.

plasma /ˈplæzmə/ n. [U] (med.) clear liquid part of blood, in which the blood cells, etc. float.

plaster /ˈplɑːstə(r)/ n. **1** [U] mixture of lime, sand and water that is put on walls and ceilings to give them a smooth surface. **2** [U] (also **,plaster of ˈParis**) white powder mixed with water that becomes very hard when dry, used for holding broken bones in place: *His leg is still in ~*. **3** [C, U] (GB also **ˈsticking plaster**) (small strip of) fabric that can be stuck to the skin to protect a small wound or cut. ● **plaster** v. [T] **1** cover a wall, etc. with plaster. **2** cover somebody/something with a wet or sticky substance: *hair ~ed with oil.* ■ **'plaster cast** n. **1** case made of plaster of Paris, used to hold a broken bone in place. **2** copy of something that is made from plaster of Paris. ▶ **plastered** *adj.* (*infml.*) drunk. ▶ **plasterer** n. person whose job is to put plaster on walls and ceilings.

plastic /'plæstɪk/ n. [U, C] light, chemically produced material that can be formed in shapes and is used to make different objects and fabrics. ● **plastic** *adj.* **1** made of plastic: *a - bag/cup* **2** (of materials) easily termed into different shapes ▶ **plasticity** /plæ'stɪsəti/ n. [U] ■ **,plastic 'surgery** n. [U] medical operations to repair injury to a person's skin, or to improve their appearance.

Plasticine™ /'plæstəsiːn/ n. [U] (*GB*) soft coloured substance like clay, used by children for making models.

plate /pleɪt/ n. **1** [C] flat, usu. round, dish that you put food on. **2** |C| amount of food that you can put on a plate. **3** [C] flat thin sheet of metal. **4** [usu. pl.] pieces of metal or plastic at the front and back of a vehicle with numbers and letters on them. **5** [U] gold or silver articles, e.g. spoons and dishes. **6** [C] photograph used as a picture in a book, esp. one that is printed separately. **7** [C] sheet of metal from which the pages of a book are printed. [IDM] **hand something to somebody on a plate** (*infml.*) give something to somebody without the person concerned making any effort **have enough/a lot/too much on your plate** (*infml.*) have a lot of work or problems, etc. to deal with. ● **plate** v. [T] cover another metal with a thin layer of gold, silver, etc. ■ **,plate 'glass** n. [U] clear glass made in large thick sheets.

plateau /'plætəʊ/ n. (*pl.* -eaux or ~s /-təʊz/) **1** large area of high level ground. **2** time of little. or no change after a period of growth: *Condition has reached a ~.*

platform /'plætfɔːm/ n. **1** raised surface beside the track at a railway station. **2** flat raised surface for speakers or performers. **3** main aims and plans of a political party esp. as stated before an election. **4** type of computer system or the software that is used: *a multimedia ~.*

plating /'pleɪtɪŋ/ n. [U] (*esp.* thin) covering of gold, silver, etc.

platinum /'plætɪnəm/ n. [U] very valuable greyish white metal, used for jewellery, etc.

platitude /'plætɪtjuːd/ n. (*fml.*) statement that is obviously true but not at all new or interesting.

platonic /plə'tɒnɪk/ *adj.* (of love or friendship between two people) close and deep, but not sexual.

platoon /plə'tuːn/ n. small group of soldiers, commanded by a lieutenant.

platter /'plætə(r)/ n. large plate that is used for serving food.

platypus /'plætɪpəs/ n. (,**duck-billed 'platypus**) furry Australian animal with a beak like a duck, which lays eggs and feeds its young on milk.

plausible /'plɔːzəbl/ *adj.* reasonable; likely to be true ▶ **plausibly** *adv.*

play¹ /pleɪ/ v. **1** [I, T] do things for pleasure, as children do; enjoy yourself, rather than work. **2** [I, T] ~(at) pretend to be or do something for amusement. **3** [I, T] take part in a game or sport: compete against somebody in a game. **4** [T] make contact with the ball and hit or kick it in the way mentioned. **5** [T] move a piece in chess. **6** [I, T] (in card games) put a card face upwards on the table. **7** [I, T] perform on a musical instrument: *to ~ the piano.* **8** [T] make a tape, CD, etc. produce sound. **9** [T] act in a play, film, etc.; act the role of somebody, **10** [T] pretend to be something you are not: *She decided it was safer to ~ dead.* **11** [T] (~ a part/role) (in) have an effect on something, **12** [I] move quickly and lightly: *sunlight ~ing on the lake.* [IDM] **play ball (with somebody)** (*infml.*) be willing to work with other people in a helpful way. **play it by ear** (*fml.*) decide how to deal with a situation as it develops rather than by making plans in advance: *We'll ~ it by ear depending on the weather.* **play your cards right** act in the most effective way to get something that you want. **play it cool** (*infml.*) deal with a situation calmly, without getting excited. **play for time** try to gain time by delaying. **play the game** behave fairly and honestly. **play gooseberry** (*GB*) be the unwanted third person when two lovers want to be alone together. **play (merry) hell with something** (*GB, infml.*) affect something badly. **play into somebody's hands** do something that gives your opponent an advantage. **play a part (in something)** be involved in something. **play second fiddle (to somebody/something)** be treated as less important than somebody/something; have a less important position than somebody/something else. **What is somebody playing at?** used to ask angrily about what somebody is doing. [PV] **play along (with somebody/something)** pretend to agree with somebody/something **play at (doing) something** (*disapprov.*) do something with little seriousness or interest. **play something back (to somebody)** allow the material recorded on a tape, video, etc. to be heard or seen. **play something down** try to make something seem less important than it is. **play A off against B** put two people in competition with each other, esp. to get an advantage for yourself. **play on/upon something** take advantage of somebody's feelings, etc.: *The advert ~s on people's fears.* **play (somebody) up** (*infml., esp. GB*) cause somebody pain or problems. **play something up** try to make something seem more important than it is. ■ **'playback** *n.* [U] act of playing music, showing a film or listening to a telephone message that has been recorded before. ■ **'playing card** *n.* any of a set of 52 cards with numbers and pictures printed on one side, used for various games. ■ **'playing field** *n.* large area of grass on which people play sports. ■ **'play-off** *n.* game or a series of games between two players who are level, to decide the winner.

play² /pleɪ/ *n.* **1** [U] things that people, esp. children, do for pleasure. **2** [C] story written to be performed by actors in a theatre, on television or on the radio: *a Shakespeare ~* **3** [U] playing of a game or sport: *Rain stopped ~.* **4** [U] possibility of free and easy movement: *a lot of ~ in the rope.* **5** [U] activity or operation of something: *The incident has brought new factors into ~.* **6** [U] (*lit.*) light quick movement: *the ~ of sunlight on water.* [IDM] **a play on words** = PUN ■ **'play-acting** *n.* [U] behaviour that seems sincere when in fact the person is pretending. ■ **'playboy** *n.* rich man who spends his time enjoying himself. ■ **'playground** *n.* outdoor area where children can play esp. at a school. ■ **'playgroup** *n.* [C, U] place where children below school age go regularly to play together and to learn through playing. ● **'playhouse** *n.* used in names of theatres. ■ **'playmate** *n.* friend with whom a child plays. ■ **'playpen** *n.* small portable enclosure in which a baby can play. ■ **'plaything** *n.* **1** person or thing that you treat like a toy, without really caring about them/it. **2** (*old-fash.*) toy. ■ **'playwright** /'pleɪraɪt/ *n.* person who writes plays.

player /'pleɪə(r)/ *n.* **1** person who plays a game. **2** company or person involved in a particular area of business or politics. **3** machine for reproducing sound or pictures that have been recorded on cassettes, discs, etc.: *a CD/DVD ~* **4** person who plays a musical instrument: *a trumpet ~.*

playful /'pleɪfl/ *adj.* **1** full of fun; wanting to play. **2** not serious. ▶ **playfully** *adv.* ▶ **playfulness** *n.* [U].

plaza /'plɑːzə/ *n.* (*esp. US*) small shopping centre, sometimes also with offices.

plc (*also* **PLC**) /ˌpiː el 'siː/ *abbr.* (*GB*) public limited company; (used after the name of a company or business).

plea /pliː/ *n.* **1** (*fml.*) ~**(for)** urgent emotional request: *~s for mercy.* **2** (*law*) statement made by somebody or for somebody who is accused of a crime: *a ~ of not guilty.*

plead /pliːd/ *v.* (*pt, pp* **~ed** *US* **pled**/pled/) **1** [I] ~**(with)** make repeated serious requests to somebody. **2** [T] (*law*) state officially in court that you are guilty or not guilty of a crime. **3** [T] (*law*) present a case in a court of law. **4** [T] ~**(for)** offer something as an excuse for something.

pleasant /'pleznt/ *adj.* **1** enjoyable, pleasing or attractive. **2** friendly. ▶ **pleasantly** *adv.* ▶ **pleasantness** *n.* [U].

pleasantry /'plezntri/ *n.* (*pl.* **-ies**) (*fml.*) polite friendly remark.

please /pliːz/ *exclam.* used as a polite way of asking for something or telling somebody to do something: *Come in, ~.* ● **please** *v.* **1** [I, T] make somebody happy. **2** [I] choose or want to do something: *She does as she ~s* ▶ **pleased** *adj.* happy or satisfied: *She was very ~ with her grades in her class.* ▶ **pleasing** *adj.* ~**(to)** giving pleasure or satisfaction.

pleasure /'pleʒə(r)/ *n.* **1** [U] feeling of happiness or enjoyment. **2** [C] thing that makes you happy or satisfied: *It's a ~ helping her.* ▶ **pleasurable** /-ərəbl/ *adj.* (*fml.*) giving enjoyment. ▶ **pleasurably** *adv.* ■ **'pleasure boat** *n.* boat used for short pleasure trips.

pleat /pliːt/ *n.* permanent fold in a piece of fabric, made by sewing the top or side of the fold. ▶ **pleated** *adj.* having pleats: *a ~ed skirt.*

plebeian /pləˈbiːən/ *n., adj.* (*disapprov.*) (member) of the lower social classes.

plectrum /'plektrəm/ *n.* (*pl.* **~s** or **-tra** /-trə/) small piece of plastic, metal, etc. for plucking the strings of a guitar, etc.

pled (*US*) *pt, pp* of PLEAD.

pledge /pledʒ/ *n.* **1** serious promise. **2** sum of money or something valuable that you leave with somebody to prove that you will do something or pay back money owed. ● **pledge** *v.* [T] **1** (make somebody or yourself) formally promise to give or do something: *The government has ~d itself to fight poverty.* **2** leave something with somebody as a pledge(2).

plenary /'pliːnəri/ *adj.* (of a meeting) attended

by all who have the right to attend: a ~ session.
plentiful /'plentıfl/ adj. available or existing in large quantities: a ~ supply ▶ **plentifully** adv.
plenty /'plenti/ pron., adv. ~(of) as much as or more than is needed; a lot: There's ~ of time to go.
pleurisy /'pluǝrǝsi/ n. [U] serious illness that affects the inner covering of the chest and lungs.
pliable /'plaıǝbl/ adj. 1 easy to bend without breaking. 2 (of people) easy to influence and control.
pliant /'plaıǝnt/ adj. (written) 1 (of a person or their body) soft and giving way to somebody. 2 easy to influence and control.
pliers /'plaıǝz/ n. [pl.] tool used for holding small things or for bending or cutting wire.
plight /plaıt/ n. [sing.] serious and difficult situation.
plimsoll /'plımsǝl/ n. (GB) light rubber-soled canvas sports shoe.
plinth /plınθ/ n. square base on which a column or statue stands.
plod /plɒd/ v. (-dd-) walk slowly with heavy steps, esp. because you are tired. ▶ **plodder** n. person who works steadily and slowly but with no imagination.
plonk /plɒŋk/ (US **plunk**) v. [T] ~(down) (infml.) 1 put something down on something, esp. noisily or carelessly: P~ it (down) on the chair. 2 ~yourself sit or lie down heavily or in relaxed way ● **plonk** n. [U] (infml., esp. GB) cheap wine of poor quality.
plop /plɒp/ n. short sound like that of a small object dropping into water. ● **plop** v. (-pp-) [I] fall or drop something, making a plop.
plot /plɒt/ n. 1 [C, U] series of events which form the story of a film, novel, etc. 2 [C] secret plan made by several people, to do something wrong or illegal. 3 [C] small piece of land. ● **plot** v. (-tt-) 1 [I, T] make a secret plan to harm somebody, esp. a government or its leader. 2 [T] mark something on a map, e.g. the position or course of something. 3 [T] make a line by joining points on a graph. ▶ **plotter** n.
plough (US **plow**) /plaʊ/ n. large farming tool for breaking and turning over soil. ● **plough** (US **plow**) v. [I, T] dig and turn over a field, etc. with a plough [PV] **plough something back (in/into something)** put money made as profit back into a business in order to improve it. **plough into somebody/something** crash violently into somebody/something. **plough (your way) through something** make slow and difficult progress through something.

ploy /plɔɪ/ n. something said or done to gain an advantage over somebody else.
pluck /plʌk/ v. [T] 1 pull out hairs with your fingers or with tweezers: ~d eyebrows 2 pull the feathers off a dead bird, e.g. a chicken. 3 play a musical instrument, esp. the guitar, by pulling the strings with your fingers. 4 (lit.) remove somebody from a dangerous place or situation: Villagers were ~ed to safety by a helicopter. [IDM] **pluck up courage (to do something)** make yourself do something even though you are afraid. [PV] **pluck at something** hold something with the fingers and pull it gently. ● **pluck** n. [U] (old-fash., infml.) courage. ▶ **plucky** adj. (-ier, -iest) having a lot of courage and determination.
plug /plʌɡ/ n. 1 device with metal pins for connecting a piece of equipment to the electricity supply. 2 piece of rubber or plastic that fits tightly into a hole in a bath or sink. 3 (infml.) piece of favourable publicity for a product on radio or television. ● **plug** v. (-gg-) [T] 1 fill a hole with something 2 (infml.) give praise or attention to a new book, film, etc. to encourage people to read it, see it, etc. [PV] **plug away (at something)** continue working hard at something. **plug something in** connect something to the electricity supply. ■ **'plughole** n. hole in a bath, sink, etc. into which a plug fits.
plum /plʌm/ n. round sweet smooth-skinned fruit with a stone in the middle. ● **plum** adj. (GB) considered good and desirable: a ~ job.
plumage /'pluːmɪdʒ/ n. [U] feathers on a bird's body.
plumb /plʌm/ v. [T] (lit.) try to understand something completely. [IDM] **plumb the depths of something** be or experience an extreme example of something unpleasant. ● **plumb** adv. exactly: ~ in the middle. ■ **'plumb line** n. piece of string with a weight tied to one end, used esp. for testing whether a wall is vertical.
plumber /'plʌmǝ(r)/ n. person whose job is to fit and repair water pipes.
plumbing /'plʌmɪŋ/ n. [U] 1 system of water pipes, tanks, etc. in a building. 2 work of a plumber.
plume /pluːm/ n. 1 cloud of something that rises into the air. 2 large feather.
plummet /'plʌmɪt/ v. [I] fall suddenly and quickly from a high level: Gold prices have ~ed.
plump /plʌmp/ adj. having a soft, round body; slightly fat. ● **plump** v. [T] ~(up) make something larger, softer and rounder: ~ up the pillows. [PV] **plump for somebody/something** (infml.) choose somebody/something.

▶ **plumpness** *n.* [U].
plunder /'plʌndə(r)/ *v.* [I, T] steal things from a place, esp. during a war. ● **plunder** *n.* [U] **1** act of plundering. **2** things that have been stolen, esp. during a war.
plunge /plʌndʒ/ *v.* [I, T] (cause somebody/something to) move suddenly forwards and/or downwards: *The car ~d into the river.* ◇ *He ~d his hands into the box.* ● **plunge** *n.* [C, usu. sing.] sudden movement downwards or away from something; decrease. [IDM] **take the plunge** (*infml.*) finally decide to do something important or difficult. ▶ **plunger** *n.* part of a piece of equipment that can be pushed down.
pluperfect /ˌpluːˈpɜːfɪkt/ *n.* (*gram*) = THE PAST PERFECT (PAST¹).
plural /'plʊərəl/ *n.* [usu. sing.] *adj.* (*gram*) (form of a word) used for referring to more than one: *The ~ of 'woman' is 'women'.*
plus /plʌs/ *prep.* **1** used when the two numbers or amounts mentioned are being added together: *One ~ two is three.* **2** as well as something/somebody; and also. ● **plus** *n.* **1** (*infml.*) advantage; good thing **2** (*also* **'plus sign**) mathematical symbol (+). ● **plus** *adj.* above zero; positive.
plush /plʌʃ/ *adj.* (*infml.*) smart, expensive and comfortable.
plutonium /pluːˈtəʊniəm/ *n.* [U] (*chem.*) (*symb.* **Pu**) radioactive element used in nuclear reactors and weapons.
ply /plaɪ/ *v.* (*pt, pp* **plied**) [I, T] (*lit.*) (of ships, *etc.*) go regularly along a route: *ferries that ~ between the islands.* [IDM] **ply your trade** (*written*) do your work or business [PV] **ply somebody with something.** **1** keep giving somebody large amounts of food and drink. **2** keep asking somebody questions. ● **ply** *n.* [U] (*esp.* in compounds) measurement of wool, rope, wood, *etc.* that tells you how thick it is. ■ **'plywood** *n.* [U] board made by sticking thin layers of wood on top of each other.
PM /ˌpiː 'em/ *abbr.* (*infml., esp. GB*) Prime Minister.
p.m. /ˌpiː 'em/ *abbr.* after 12 o'clock noon.
pneumatic /njuːˈmætɪk/ *adj.* **1** filled with air: *a ~ tyre.* **2** worked by air under pressure: *a ~ drill.*
pneumonia /njuːˈməʊniə/ *n.* [U] serious illness affecting the lungs.
PO /ˌpiː 'əʊ/ *abbr.* **1** = POST OFFICE (POST¹) **2** = POSTAL ORDER (POSTAL) ■ **ˌP'O box** (*also* **'post office box**) *n.* used as a kind of address, so that mail can be sent to a post office where it is kept until it is collected.
poach /pəʊtʃ/ *v.* **1** [T] cook fish or an egg without its shell in water that is boiling gently. **2** [I, T] illegally hunt animals, birds or fish on somebody else's property **3** [T] take from somebody/something dishonestly; steal something ▶ **poacher** *n.* person who illegally hunts animals, birds or fish on somebody else's property.
pocket /'pɒkɪt/ *n.* [C] **1** small bag sewn into a piece of clothing so that you can carry things in it. **2** small bag or container fastened to something so that you can put things in it, e.g. in a car door or handbag. **3** [usu. sing.] amount of money that you have to spend: *She had no intention of paying out of his own ~.* **4** small separate group or area. [IDM] **in/out of pocket** (*esp. GB*) having gained/lost money as a result of something. ● **pocket** *v.* [T] **1** put something into your pocket. **2** keep or take something, esp. money, that does not belong to you. ■ **'pocketbook** *n.* **1** (*US*) used to refer to the financial situation of a person or country. **2** (*esp. GB*) small notebook. ● **'pocket money** *n.* [U] small amount of money that parents give their children, usu. every week.
pockmark /'pɒkmɑːk/ *n.* hollow mark on the skin, often caused by disease or infection ■ **'pockmarked** *adj.* covered with hollow marks or holes: *a ~-marked face.*
pod /pɒd/ *n.* long thin case filled with seeds that develops from the flowers of some plants, esp. peas and beans.
podgy /'pɒdʒi/ *adj.* (**-ier, -iest**) (of a person) short and fat.
poem /'pəʊɪm/ *n.* piece of writing arranged in lines, usu. with a regular rhythm and often with a pattern of rhymes.
poet /'pəʊɪt/ *n.* writer of poems. ■ **Poet Laureate** /ˌpəʊɪt 'lɒriət/ *n.* (*esp.* in Britain) poet officially chosen to write poems for the country's special occasions, paid by the government or the king or queen.
poetic /pəʊˈetɪk/ (*also* **poetical** /-ɪkl/) *adj.* **1** of poetry. **2** like poetry esp. because it shows imagination and deep feeling. ▶ **poetically** /-kli/ *adv.*
poetry /'pəʊətri/ *n.* [U] **1** collection of poems; poems in general. **2** graceful quality: *the ~ of dance.*
poignant /'pɔɪnjənt/ *adj.* causing deep sadness: *~ memories.* ▶ **poignancy** /-jənsi/ *n.* [U] ▶ **poignantly** *adv.*
point¹ /pɔɪnt/ *n.* **1** [C] thing that somebody says or writes giving their opinion or stating a fact: *OK, you've made your ~!* ◇ *I take her ~* (= understand and accept what you are saying). **2** (*usu.* **the point**) [sing.] main idea: *come to /get to the ~* ◇ *see/miss the ~ of a joke* ◇ *That's beside the ~* (= not relevant). **3** [U, sing.] purpose or aim of something: *There's*

no ~ *in going now*. **4** [C] particular quality or feature that somebody/something has: *Tidiness is not his strong* ~. **5** [C] particular time or stage of development: *We were on the ~ of giving up*. **6** [C] particular place or area: *No parking beyond this* ~. **7** [C] one of the marks of direction around a compass. **8** [C] individual unit that adds to a score in a game or sports competition: *They won by six* ~*s*. **9** [C] mark or unit on a scale of measurement: *boiling* ~ **10** [C] dot in writing or printing; full stop or marker of decimals. **11** [C] sharp end of something: *the ~ of a pin/pencil*. **12** [C] narrow piece of land that extends into the sea. **13** [C] (*GB*) electrical socket in a wall, etc. **14** (**points**) [pl.] (*GB*) movable rails by which a train can move from one track to another. [IDM] **make a point of doing something** make a special effort to do something. **point of view** opinion that somebody has about something **to the point** expressed in a simple, clear way.

point² /pɔɪnt/ *v.* **1** [I, T] ~(**at/to/towards**) stretch out your finger or something held in your hand to show somebody where a person or thing is. **2** [T] ~**at** aim something at somebody/something: ~ *a gun at somebody*. **3** [T] put cement between the bricks of a wall. [PV] **point something out (to somebody)** draw somebody's attention to something. ▶ **pointed** *adj.* **1** having a sharp end. **2** directed in a clear, often critical way, against a particular person: ~ *remarks* ▶ **pointedly** *adv.*

point-blank /ˌpɔɪnt 'blæŋk/ *adj., adv.* **1** (of a shot) fired with the gun (almost) touching the person or thing it is aimed. **2** directly and rather rudely: *He refused* ~.

pointer /'pɔɪntə(r)/ *n.* **1** (*infml.*) piece of advice. **2** thin piece of metal, plastic, etc. that points to numbers on a dial or scale. **3** stick used to point to things on a map or a picture on a wall. **4** short-haired hunting dog.

pointless /'pɔɪntləs/ *adj.* having no purpose; not worth doing. ▶ **pointlessly** *adv.*

poise /pɔɪz/ *n.* [U] **1** calm and confident manner and self-control. **2** balanced control of movement. ● **poise** *v.* [I, T] be or hold something steady in a particular position. ▶ **poised** *adj.* **1** in a position that is completely still but ready to move at any moment. **2** ~ (**for/to**) ready for something or to do something.

poison /'pɔɪzn/ *n.* [C, U] substance causing death or harm if absorbed by a living thing. ● **poison** *v.* [T] **1** give poison to somebody; put poison on something. **2** (*written*) have a bad effect on something. ▶ **poisonous** *adj.*

poke /pəʊk/ *v.* [I, T] **1** quickly push your fingers or another object into somebody/something. **2** put or move something somewhere with a small quick movement: *Don't ~ your head out of the window*. [IDM] **poke fun at somebody/something** make somebody appear foolish **poke your nose into something** → NOSE¹ ● **poke** *n.* action of poking something into somebody/something.

poker /'pəʊkə(r)/ *n.* **1** [U] card game played for money. **2** [C] metal stick used for moving coal in a fire.

poky /'pəʊki/ *adj.* (**-ier, -iest**) (*infml.*) **1** (of a room or building) too small. **2** (*also* **pokey**) (*US*) very slow and annoying.

polar /'pəʊlə(r)/ *adj.* **1** of or near the North or South Pole. **2** (*fml.*) directly opposite. ■ **'polar bear** *n.* white bear that lives near the North Pole. ▶ **polarity** /pə'lærəti/ *n.* [U] (*fml.*) state of having two opposite qualities or tendencies.

polarize (*also* **-ise**) /'pəʊləraɪz/ *v.* [I, T] (cause people to) separate into two groups with completely opposite opinions: *an issue that ~d public opinion*. ▶ **polarization** (*also* -**isation**) /ˌpəʊləraɪ'zeɪʃn/ *n.* [U].

pole /pəʊl/ *n.* **1** long thin piece of wood or metal, used as a support. **2** either of the two ends of the Earth's axis: *the North/South P* ~ **3** (*physics*). either of the ends of a magnet or the positive or negative points of an electric battery. [IDM] **be poles apart** be widely separated; have no shared interests. ■ **the 'pole vault** *n.* [sing.] sporting event in which people try to jump over a high bar using a long pole to support them. ▶'**polevaulter** *n.* ▶ '**pole-vaulting** *n.* [U].

polecat /'pəʊlkæt/ *n.* **1** small European wild animal with an unpleasant smell **2** (*US*) = SKUNK.

police /pə'liːs/ *n.* (**the police**) [pl.] (members of an) official organization whose job is to keep public order, prevent and solve crime, etc. ● **police** *v.* [T] keep order in a place ■ **poˌlice 'constable** (*abbr.* **PC**) *n.* (in Britain and some other countries) a police officer of the lowest rank. ■ **poˈlice force** *n.* police organization of a country or region. ■ **poˈliceman | poˈlice officer | poˈlicewoman** *n.* member of a police force. ■ **poˈlice station** *n.* office of a local police force.

policy /'pɒləsi/ *n.* [C, U] (*pl.* **-ies**) **1** plan of action agreed or chosen by a political party, a business, etc.: *the Government's foreign* ~ **2** written insurance contract.

polio /'pəʊliəʊ/ *n.* [U] serious infectious disease affecting the central nervous system, often causing paralysis.

polish /'pɒlɪʃ/ v. [T] **1** make something smooth and shiny by rubbing it. **2** ~(**up**) improve something [PV] **polish something off** (*infml.*) finish something, esp. food, quickly ● **polish** n. **1** [U] substance used when rubbing a surface to make it smooth and shiny. **2** [sing.] act of polishing something. **3** [U] high quality of performance achieved with great skill. ▶ **polished** *adj.* **1** shiny as a result of polishing **2** elegant, confident and/or highly skilled.

polite /pə'laɪt/ *adj.* having or showing good manners. ▶ **politely** *adv.* ▶ **politeness** *n.* [U].

politic /'pɒlətɪk/ *adj.* (*fml.*) (of actions) sensible; wise.

political /pə'lɪtɪkl/ *adj.* **1** of the state, government or public affairs: ~ *prisoners.* **2** of politics; of political parties. **3** (of people) interested in politics ▶ **politically** /-kli/ *adv.* ■ **po,litically cor'rect** *adj.* (*abbr.* **PC**) used to describe language that deliberately tries to avoid offending particular groups of people.

politician /ˌpɒlə'tɪʃn/ *n.* person whose job is connected with politics.

politics /'pɒlətɪks/ *n.* **1** [U, with sing. or pl. verb] activities of government; political affairs. **2** [pl.] person's political views. **3** [U] study of government

polka /'pɒlkə/ *n.* (music for a) fast dance, popular in the 19th century.

poll /pəʊl/ *n.* **1** [C] survey of public opinion. **2** [C] (*also* **the polls** [pl.]) election. **3** [sing.] number of votes given in an election. ● **poll** *v.* [T] **1** receive a certain number of votes in an election. **2** ask a large number of members of the public what they think about something. ■ **'polling booth** *n.* small, partly enclosed space in a polling station where people vote by marking a card, etc. ■ **'polling station** *n.* building where people go to vote in an election.

pollen /'pɒlən/ *n.* [U] fine usu. yellow powder formed on flowers that fertilizes other flowers.

pollinate /'pɒləneɪt/ *v.* [T] put pollen into a flower or plant so that it produces seeds. ▶ **pollination** /ˌpɒlə'neɪʃn/ *n.* [U]

pollute /pə'luːt/ *v.* [T] add dirty or harmful substances to land, air, water, etc.: *a river ~d with toxic waste.* ▶ **pollution** /pə'luːʃn/ *n.* [U].

polo /'pəʊləʊ/ *n.* [U] ball game played on horseback with long-handled hammers. ■ **'polo neck** *n.* (piece of clothing with a) high round collar that is folded over.

polyester /ˌpɒli'estə(r)/ *n.* [U, C] artificial fabric used for making clothes.

polygamy /pə'lɪɡəmi/ *n.* [U] (*tech.*) custom of having more than one wife at the same time.

polygon /'pɒlɪɡən/ *n.* (*geom*) figure with five or more straight sides.

polystyrene /ˌpɒli'staɪriːn/ *n.* [U] very light soft plastic, used for making containers, etc.: ~ *dishes.*

polythene /'pɒlɪθiːn/ (*US* **polyethylene**) *n.* [U] strong thin plastic, used esp. for making bags or wrapping things.

polyunsaturated /ˌpɒliʌn'sætʃəreɪtɪd/ *adj.* (*esp.* of vegetable fats) having a chemical structure that does not help cholesterol to form in the blood.

pomegranate /'pɒmɪɡrænɪt/ *n.* thick-skinned round fruit with a reddish centre full of seeds.

pomp /pɒmp/ *n.* [U] impressive clothes, decorations, music, etc. at an official ceremony.

pompous /'pɒmpəs/ *adj.* (*disapprov.*) full of self-importance. ▶ **pomposity** /pɒm'pɒsəti/ *n.* [U] ▶ **pompously** *adv.*

poncho /'pɒntʃəʊ/ *n.* (*pl.* ~**s**) piece of cloth with a hole for the head, worn as a cloak.

pond /pɒnd/ *n.* small area of water: *a fish* ~.

ponder /'pɒndə(r)/ *v.* [I, T] (*written*) think about something carefully.

ponderous /'pɒndərəs/ *adj.* (*written*) **1** (*disapprov.*) (of speech or writing) too slow; serious and dull. **2** moving slowly and heavily. ▶ **ponderously** *adv.*

pong /pɒŋ/ *v.* [I] *n.* (*GB, infml.*) (make a) strong unpleasant smell.

pontoon /pɒn'tuːn/ *n.* **1** [C] boat or structure, esp. supporting a bridge. **2** [U] (*GB*) kind of card game.

pony /'pəʊni/ *n.* (*pl.* -**ies**) small horse. ■ **'ponytail** *n.* hair tied at the back of the head so that it hangs down.

poodle /'puːdl/ *n.* small dog with thick curly hair.

pool /puːl/ *n.* **1** [C] = SWIMMING POOL (SWIM) **2** [C] small area of water. **3** [C] small amount of liquid or light lying on a surface: *a ~ of beer* **4** [C] common supply of goods, services or people, shared among many: *a ~ of cars used by the firm's sales staff.* **5** [U] game for two people played with 16 coloured balls on a table, often in pubs and bars. **6** (**the pools**) [pl.] = FOOTBALL POOLS (FOOT) ● **pool** *v.* [T] collect money, information, etc. from different people so that it can be shared.

poor /pɔː(r)/ *adj.* **1** having very little money. **2** deserving pity and sympathy: *P ~ Lisa is ill.* **3** low in quality: *be in ~ state.* **4** having very small amounts of something: *soil ~ in nutrients.*

poorly /'pʊəli; 'pɔːli/ *adj.* (*GB, infml.*) ill. ● **poorly** *adv.* in a way that is not satisfactory.

pop¹ /pɒp/ *n.* **1** [U] (*also* **'pop music**) modern popular music with a strong rhythm: *rock, ~ and soul.* **2** [sing.] (*infml., esp. US*) used as a word for 'father'. **3** [C] short sharp explosive sound. ● **pop** *adj.* of or in the style of modern popular music.

pop² /pɒp/ *v.* (**-pp-**) **1** [I, T] (cause something to) make a short explosive sound. **2** [I] (*GB, infml.*) go somewhere quickly, suddenly or for a short time: *He's just ~ ped out to the shops.* **3** [I] suddenly appear, esp. when not expected: *The menu ~s up when you double-click on the icon.* ■ **'popcorn** *n.* [U] type of food made from grains of maize, heated until they burst open. ■ **'pop-eyed** *adj.* (*infml.*) with eyes wide open with surprise. ■ **'pop-up** *adj.* (*computing*) that can be brought to the screen quickly, while you are working on another document: *a ~-up menu/window.*

pope /pəʊp/ *n.* (**the Pope**) head of the Roman Catholic Church.

poplar /'pɒplə(r)/ *n.* tall straight thin tree.

poppy /'pɒpi/ *n.* (*pl.* **-ies**) plant with large red flowers.

populace /'pɒpjələs/ *n.* (**the populace**) [sing.] (*fml.*) all the ordinary people in a country.

popular /'pɒpjələ(r)/ *adj.* **1** ~(**with**) liked or enjoyed by many people. **2** of or for ordinary people: *~ cultural fiction.* **3** (of beliefs, *etc.*) shared by many people. ▶ **popularity** /ˌpɒpjuˈlærəti/ *n.* [U] ▶ **popularize** (*also -* **ise**) *v.* [T] (*written*) make a lot of people know about something and enjoy it. ▶ **popularly** *adv.*

populate /'pɒpjuleɪt/ *v.* [T] (*usu.* passive) live in an area and form its population.

population /ˌpɒpjuˈleɪʃn/ *n.* (number of) people living in a particular country, city, etc.

porcelain /'pɔːsəlɪn/ *n.* [U] (articles made of) fine china.

porch /pɔːtʃ/ *n.* covered entrance to a building.

porcupine /'pɔːkjupaɪn/ *n.* animal with long pointed spikes on its back.

pore /pɔː(r)/ *n.* tiny hole in your skin, that sweat can pass through. ● **pore** *v.* [PV] **pore over something** look at or read something carefully.

pork /pɔːk/ *n.* [U] meat from a pig.

pornography /pɔːˈnɒɡrəfi/ (*also infml.* **porn**) *n.* [U] (*disapprov.*) books, films, etc. that show sexual activity in order to cause sexual excitement. ▶ **pornographic** /ˌpɔːnəˈɡræfɪk/ (*also infml.* **porno**) *adj.*

porous /'pɔːrəs/ *adj.* allowing liquid or air to pass through.

porpoise /'pɔːpəs/ *n.* sea animal like a small dolphin.

porridge /'pɒrɪdʒ/ *n.* [U] soft food made by heating crushed oats in water or milk.

port /pɔːt/ *n.* **1** [C] town or city with a harbour. **2** [C, U] place where ships load and unload goods or shelter from storms. **3** [U] strong sweet dark red wine made in Portugal. **4** [U] left side of a ship or aircraft when it is facing forward.

portable /'pɔːtəbl/ *adj.* that is easy to carry or move.

portal /'pɔːtl/ *n.* website used as a point of entry to the Internet, where information has been collected that will be useful to a person interested in particular kinds of things : *a business ~.*

porter /'pɔːtə(r)/ *n.* **1** person whose job is to carry luggage, etc. at a railway station. **2** person whose job is to be on duty at the entrance of a hotel, etc.

portfolio /pɔːtˈfəʊliəʊ/ *n.* (*pl.* **~s**) **1** flat case for carrying documents, drawings, etc. **2** (*business*) set of shares owned by a person or an organization. **3** position and duties of a government minister.

porthole /'pɔːthəʊl/ *n.* round window in the side of a ship or aircraft.

portion /'pɔːʃn/ *n.* **1** part or share of something larger. **2** amount of food for one person.

portly /'pɔːtli/ *adj.* (**-ier, -iest**) (*esp.* of an older man) rather fat.

portrait /'pɔːtreɪt; -trət/ *n.* **1** painting, drawing or photograph of a person. **2** detailed description of somebody/something. ● **portrait** *adj.* (*computing*) (of a document) printed so that the top of the page is one of the shorter sides.

portray /pɔːˈtreɪ/ *v.* [T] **1** make somebody/ something in a picture; describe somebody/something in a piece of writing. **2** describe or show somebody/something in a particular way. **3** act a particular role in a film or play. ▶ **portrayal** *n.* [C, U].

pose /pəʊz/ *v.* **1** [T] create a threat, problem, etc. that has to be dealt with. **2** [T] (*fml.*) ask a question. **3** [I] ~(**for**) sit or stand in a particular position, to be photographed, drawn, etc. **4** [I] ~**as** pretend to be somebody. ● **pose** *n.* **1** position in which somebody stands, sits, etc. esp. when being photographed, drawn, etc. **2** (*disapprov.*) way of behaving that is intended to impress and is not sincere. ▶ **poser** *n.* **1** (*infml.*) difficult question. **2** (*disapprov*) person who behaves in a way that is intended to impress people.

posh /pɒʃ/ *adj.* (*infml.*) elegant and expensive.

position /pəˈzɪʃn/ *n.* **1** [C, U] place where somebody/something is. **2** [U] place where somebody/something is meant to be; the correct place: *Is everybody in ~?* **3** [C, U] way in which somebody is sitting or standing or in which something is arranged: *lie in a comfortable ~* **4** [C, usu. sing.] situation or condition that somebody is in: *I am not in a ~ to help you.* **5** [C] opinion or attitude. **6** [C, U] person or an organization's level of importance in relation to others. **7** [C] (*fml.*) job. ● **position** *v.* [T] put somebody/something in a particular position.

positive /'pɒzətɪv/ *adj.* **1** thinking about what is good in a situation: *a ~ attitude* **2** useful; good. **3** (of a person) certain and confident: *I'm ~ he's here.* **4** (*infml.*) complete; real: *a ~ pleasure* **5** clear and definite: *~ proof.* **6** (*maths*) (of a number) greater than zero. **7** (*tech.*) of the kind of electric charge carried by protons. ▶ **positively** *adv.* definitely; really.

possess /pə'zes/ *v.* [T] **1** (*fml.*) have or own something **2** (*usu.* passive) (*lit.*) (of a feeling, *etc.*) control somebody's mind: *-ed by jealousy.* ▶ **possessor** *n.* (*fml.*) owner.

possession /pə'zeʃn/ *n.* **1** [U] (*fml.*) state of having or owning something. **2** [C, usu. pl.] thing that you own or have with you at one time.

possessive /pə'zesɪv/ *adj.* **1** unwilling to share what you own with others. **2** (*gram*) of or showing possession: *'Yours' is a ~ pronoun.* ▶ **possessively** *adv.* ▶ **possessiveness** *n.* [U].

possibility /ˌpɒsə'bɪləti/ *n.* (*pl.* **-ies**) **1** [U] state of being possible. **2** [C] something that may happen.

possible /'pɒsəbl/ *adj.* **1** that can be done; that can exist. **2** reasonable; acceptable. ● **possible** *n.* person or thing that might be chosen for something. ▶ **possibly** *adv.* **1** perhaps **2** reasonably: *I'll come as soon as I ~ can.*

post¹ /pəʊst/ *n.* **1** [U] official system used for sending and delivering letters, parcels, etc. **2** [C, U] (one collection or delivery of) letters, parcels, etc. **3** [C] job. **4** [C] place where somebody, esp. a soldier, is on duty. **5** [C] upright piece of wood, metal, etc. supporting or marking something. **6** (**the post**) /[sing.] place where a race finishes. ■ **'postbox** *n.* (*GB*) public box in the street that you put letters in when you send them ■ **'postcard** *n.* card for sending messages by post without an envelope. ■ **'postcode** *n.* (*GB*) group of letters and numbers used as part of an address, to make delivery easier. ■ **,post-'haste** *adv.* (*lit.*) very quickly. ■ **'postman** | **'postwoman** *n.* person whose job is to collect and deliver letters, etc. ■ **'postmark** *n.* official mark on a letter, etc. giving the place and date of posting. ■ **'post office** *n.* building where postal business takes place. ■ **'post office box** = PO BOX (PO).

post² /pəʊst/ *v.* [T] **1** send a letter, etc. to somebody by post. **2** (*usu.* passive) send somebody to a place for a period of time as part of their job. **3** put a soldier, etc. in a particular place to guard a building or an area. **4** put a notice, etc. in a public place so that people can see it. **5** announce something publicly or officially: *The ship and its crew were ~ed missing.* ■ **'Post-it™** (also **Post-it note**) *n.* small piece of coloured sticky paper that you use for writing a note on.

postage /'pəʊstɪdʒ/ *n.* [U] amount charged for the sending of a letter, etc. by post ■ **'postage stamp** *n.* (*fml.*) = STAMP¹(1).

postal /'pəʊstl/ *adj.* of the post, by post: *~ services.* ■ **'postal order** *n.* written form for money, to be cashed at a post office.

post-date /ˌpəʊst 'deɪt/ *v.* [T] write a date on a cheque that is later than the actual date so that the cheque cannot be cashed until then.

poster /'pəʊstə(r)/ *n.* large printed notice or picture.

posterior /pɒ'stɪəriə(r)/ *adj.* (*tech.*) situated behind or at the back of the something.

posterity /pɒ'sterəti/ *n.* [U] (*fml.*) future generations.

postgraduate /ˌpəʊst'grædʒuət/ *n.* person already holding a first degree and who is doing advanced study or research.

posthumous /'pɒstjuməs/ *adj.* happening after a person has died. ▶ **posthumously** *adv.*

post-mortem /ˌpəʊst'mɔːtəm/ *n.* **1** medical examination of a body to find the cause of death. **2** review of an event after it has happened.

postpone /pə'spəʊn/ *v.* [T] arrange for something to happen at a later time than originally planned: *The exam was ~d because of the rain.* ▶ **postponement** *n.* [C, U].

postscript /'pəʊstskrɪpt/ *n.* (*abbr.* **PS**) extra message written at the end of a letter.

posture /'pɒstʃə(r)/ *n.* **1** [U] position in which you hold your body when standing, sitting, etc. **2** [C] attitude of mind.

posy /'pəʊzi/ *n.* (*pl.* **-ies**) small bunch of flowers.

pot¹ /pɒt/ *n.* **1** [C] round container, esp. one used for cooking things in: *~s and pans.* **2** [C] container of various kinds, made for a particular purpose: *a coffee / plant ~* **3** [C] amount contained in a pot. **4** [U] (*infml.*) = MARIJUANA [IDM] **go to pot** (*infml.*) be spoilt or ruined. **pots of money** (*GB, infml.*) very large amount of money. **take pot luck** accept whatever is available, without any choice. ■ **,pot-'bellied** *adj.* having a fat stomach. ■ **'pothole** *n.* **1** large hole in a road made by rain and traffic. **2** deep hole worn in rock by water. ■ **'pot-holing** *n.* [U] = CAVING ■ **'potshot** *n.* (*infml.*) carelessly aimed shot.

pot² /pɒt/ *v.* (**-tt-**) [T] put a plant into a flowerpot filled with soil. ▶ **potted** *adj.* **1** planted in a pot. **2** (of a book, *etc.*) in a short simple form: *a ~ted history* **3** (of cooked meat or fish) preserved in a small container.

potassium /pəˈtæsiəm/ *n.* [U] (*symb.* **K**) soft silver-white metal.

potato /pəˈteɪtəʊ/ *n.* [C, U] (*pl.* **~es**) round vegetable, with a brown or red skin, that grows underground.

potent /ˈpəʊtnt/ *adj.* powerful: *~ arguments/drugs.* ▶ **potency** /-tnsi/ *n.* [U] ▶ **potently** *adv.*

potential /pəˈtenʃl/ *adj.* that can develop into something or be developed in the future. ● **potential** *n.* [U] **1** possibility of something happening or being developed or used. **2** qualities that exist and can be developed. ▶ **potentiality** /pə,tenʃiˈæləti/ *n.* (*pl.* **-ies**) (*fml.*) power or quality that can be developed. ▶ **potentially** /-ʃəli/ *adv.*

potion /ˈpəʊʃn/ *n.* (*lit.*) drink of medicine, poison, or magical liquid.

potter /ˈpɒtə(r)/ *v.* [I] move around in an unhurried relaxed way, doing small unimportant tasks: *He spent the day ~ing around the garden.* ● **potter** *n.* person who makes clay pots by hand. ▶ **pottery** *n.* (*pl.* **-ies**) **1** [U] (pots, dishes, *etc.* made of) baked clay. **2** [C] place where clay pots and dishes are made.

potty /ˈpɒti/ *adj.* (**-ier, -iest**) (*GB, infml.*) crazy. ● **potty** *n.* (*pl.* **-ies**) (*infml.*) bowl that young children use as a toilet.

pouch /paʊtʃ/ *n.* **1** small usu. leather bag carried in a pocket or on a belt. **2** pocket of skin on the stomach of some female animals, e.g. kangaroos.

poultry /ˈpəʊltri/ *n.* **1** [pl] chickens, ducks, etc. **2** [U] meat from chickens, ducks, etc.

pounce /paʊns/ *v.* [I] **~(on)** make a sudden forward attack on somebody/something: *The lion crouched ready to ~.* [PV] **pounce on/upon something** quickly notice something that somebody has said or done, esp. in order to criticize it.

pound¹ /paʊnd/ *n.* **1** (*symb.* £) unit of money in Britain; 100 pence **2** unit of money of several other countries. **3** (*abbr.* **lb**) measure of weight; 16 ounces (0.454 kilogram). **4** place where lost dogs are kept until claimed by their owners. ■ **'pound sign** *n.* **1** symbol (£) that represents a pound in British money. **2** (*US*) = HASH(3).

pound² /paʊnd/ *v.* **1** [I, T] hit something /somebody hard many times. **2** [I] (of somebody's heart) beat quickly and loudly. **3** [T] hit something many times to break it into pieces: *The seeds were ~ed to a fine powder.*

pour /pɔː(r)/ *v.* **1** [I, T] (cause a liquid to) flow in a continuous stream: *P~ the sauce over the pasta.* **2** [I] (of rain) fall heavily. **3** [I] come or go somewhere continuously in large numbers: *In summer tourists ~ into Switzerland.* [IDM] **pour cold water on something →** COLD¹ [PV] **pour something out** express your feelings fully, esp. after keeping them hidden: *~ out your troubles.*

pout /paʊt/ *v.* [I] push your lips forward, esp. to show you are annoyed. ▶ **pout** *n.*

poverty /ˈpɒvəti/ *n.* [U] state of being poor ■ **'poverty-stricken** *adj.* extremely poor.

powder /ˈpaʊdə(r)/ *n.* [U, C] dry mass of fine particles ● **powder** *v.* [T] put powder on something: *Rita ~ed her face and combed her hair.* ▶ **powdered** *adj.* in the form of a powder. ■ **'powder room** *n.* polite word for a women's toilet in a hotel, etc. ▶ **powdery** *adj.* of or like powder.

power /ˈpaʊə(r)/ *n.* **1** [U] ability to control people or things. **2** [U] political control of a country: *seize/lose ~* **3** [U] (in people) ability or opportunity to do something. **4** [U] (also **powers**) [pl.] particular ability of the body or mind: *the ~ of speech.* **5** (**powers**) [pl.] all the abilities of the body or mind. **6** [U, C, usu. pl.] right or authority to do something. **7** [C] country, etc. with great influence in world affairs: *a world ~* **8** [U] energy or force that can be used to do work: *nuclear ~* ● **power** *v.* [T] supply a machine or vehicle with the energy that makes it work: *~ed by electricity* ■ **'power station** *n.* building where electricity is produced. ■ **'power steering** (*GB also* ˌpower-assisted ˈsteering) *n.* [U] (in a vehicle) system that uses power from the engine to help the driver change direction.

powerful /ˈpaʊəfl/ *adj.* having great power, influence or strength. ▶ **powerfully** *adv.*

powerless /ˈpaʊələs/ *adj.* without power to control something; unable to do something: *~ to act.* ▶ **powerlessness** *n.* [U].

pp *abbr.* **1** pages **2** (*esp. GB*) used in front of a person's name when somebody signs a business letter on his/her behalf: *pp Mike Holland.*

PR /ˌpiː ˈɑː(r)/ *abbr.* public relations.

practicable /ˈpræktɪkəbl/ *adj.* (*fml.*) able to be done; likely to succeed. ▶ **practicability** /-ˈbɪləti/ *n.* [U].

practical /ˈpræktɪkl/ *adj.* **1** concerned with real situations rather than ideas or theories. **2** sensible, useful or suitable. **3** (of a person) sensible and realistic. **4** (of a person) good at making or repairing things. ▶ **practicality** /ˌpræktɪˈkæləti/ n. [C, U] (pl. **-ies**) ■ ˌ**practical ˈjoke** n. trick played on somebody ▶ **practically**. /-kli/ adv. **1** almost: ~ *no time left* **2** in a realistic or sensible way.

practice /ˈpræktɪs/ n. **1** [U] action rather than ideas: *put a plan into* ~ **2** [U, C] usual way of doing something; procedure or custom: *standard* ~ **3** [U, C] (time spent) doing an activity regularly or training regularly to improve your skill: *football* ~ **4** [U,C] (place of) work or the business of some professional people, e.g. doctors and lawyers. [IDM] **in practice** in reality. **be/get out of practice** be or get less good at something because you have not spent time doing it recently.

practise (US **-ice**) /ˈpræktɪs/ v. **1** [I, T] do something repeatedly or regularly to improve your skill: ~ *your English* **2** [T] do something regularly as part of your normal behaviour: *a practising Catholic.* **3** [I, T] **~(as)** work as a doctor, lawyer, etc. [IDM] **practise what you preach** do what you advise others to do. ▶ **practised** adj. experienced; skilled.

practitioner /prækˈtɪʃənə(r)/ n. **1** (*tech.*) person who works in a profession, esp. medicine. **2** (*fml.*) person who regularly does an activity, esp. one requiring skill.

pragmatic /prægˈmætɪk/ n. solving problems in a sensible and practical way.

prairie /ˈpreəri/ n. [C, U] large flat area of grass-covered land in North America.

praise /preɪz/ v. [T] **1** express your approval or admiration for somebody/something. **2** worship God. ● **praise** n. [U] expression of praise. ■ ˈ**praiseworthy** adj. deserving praise.

pram /præm/ n. small vehicle on four wheels for a baby to go out in, pushed by hand.

prance /prɑːns/ v. [I] **1** move quickly with exaggerated steps. **2** (of a horse) move with high steps.

prank /præŋk/ n. trick that is played on somebody as a joke.

prattle /ˈprætl/ v. [I] talk a lot about unimportant things. ▶ **prattle** n. [U].

prawn /prɔːn/ n. edible shellfish that turns pink when cooked.

pray /preɪ/ v. [I] **1** speak to God, to give thanks or to ask for help. **2** hope very much that something will happen: *Let's just* ~ *for rain.*

prayer /preə(r)/ n. **1** [C] words which you say to God. **2** [C] fixed form of words that you can say when you speak to God. **3** [U] act or habit of praying.

preach /priːtʃ/ v. **1** [I, T] give a religious talk in a church service. **2** [T] try to persuade people to accept a particular religion, way of life, etc. **3** [I] give somebody unwanted advice on morals, behaviour, etc. ▶ **preacher** n. Christian who preaches at a church service or religious meeting.

preamble /priˈæmbl; ˈpriːæmbl/ n. [C, U] introduction, esp. to a formal document.

precarious /prɪˈkeəriəs/ adj. not safe or certain; dangerous. ▶ **precariously** adv.

precaution /prɪˈkɔːʃn/ n. action taken in advance to avoid danger or trouble: *take* ~s *against diseases.* ▶ **precautionary** adj.

precede /prɪˈsiːd/ v. [T] come or go before something/ somebody in time, place or order: *She* ~d *me in the job.*

precedence /ˈpresɪdəns/ n. [U] right to come before somebody/something in importance: *take* ~ *over all others.*

precedent /ˈpresɪdənt/ n. [C, U] earlier decision or action that is taken as a rule for the future: *set a* ~.

precinct /ˈpriːsɪŋkt/ n. **1** [C] (*GB*) commercial area of a town where cars cannot go: *a shopping* ~ **2** [C] (*US*) division of a city, county, etc. **3** [usu. pl.] area around a place or a building, often enclosed by a wall.

precious /ˈpreʃəs/ adj. **1** of great value. **2** (*disapprov*) (of people and their behaviour) formal, exaggerated and unnatural. ● **precious** adv. (*infml.*) very: ~ *little time.*

precipice /ˈpresəpɪs/ n. very steep cliff.

precipitate /prɪˈsɪpɪteɪt/ v. [T] **1** (*fml.*) make something, esp. something bad, happen sooner than it should: *Illness* ~d *her death.* **2** ~**into** force somebody/something into a particular state. ● **precipitate** n. [C, U] (*chem.*) solid substance that has been separated from a liquid in a chemical process. ● **precipitate** /prɪˈsɪpɪtət/ adj. (*fml.*) (of an action or a decision) too hurried. ▶ **precipitation** /prɪˌsɪpɪˈteɪʃn/ n. **1** [U] fall of rain, snow, etc. **2** [U, C] (*chem.*) chemical process in which solid matter is separated from a liquid.

precipitous /prɪˈsɪpɪtəs/ adj. (*fml.*) dangerously high or steep.

precis /ˈpreɪsiː/ n. (*pl.* **precis** /-siːz/) short version of a speech or piece of writing that gives the main points or ideas.

precise /prɪˈsaɪs/ adj. **1** clear and accurate. **2** exact. **3** showing care about small details. ▶ **precisely** adv. **1** exactly. **2** (*spoken*) used to emphasize that you agree with a statement.

precision /prɪˈsɪʒn/ n. [U] exactness and accuracy.

preclude /prɪˈkluːd/ v. [T] (*fml.*) ~**(from)** prevent something from happening or somebody from doing something.

precocious /prɪˈkəʊʃəs/ adj. (of a child) having developed particular abilities at a younger age than usual. ▶ **precociously** adv. ▶ **pre-**

cociousness *n.* [U].
preconceived /ˌpriːkənˈsiːvd/ *adj.* (of an opinion) formed in advance, before gaining enough knowledge. ▶ **preconception** /-ˈsepʃn/ *n.* preconceived idea.
precursor /priːˈkɜːsə(r)/ *n.* (*fml.*) ~(of/to) something that comes before and leads to something more important.
predatory /ˈpredətri/ *adj.* **1** (*tech.*) (of animals) living by killing and eating other animals. **2** (*written*) (of people) using weaker people for their own advantage. ▶ **predator** /ˈpredətə(r)/ *n.* predatory animal or person.
predecessor /ˈpriːdɪsesə(r)/ *n.* person who did a job before somebody else.
predestined /ˌpriːˈdestɪnd/ *adj.* already decided by God or by fate.
predicament /prɪˈdɪkəmənt/ *n.* difficult or unpleasant situation.
predicate /ˈpredɪkət/ *n.* (*gram*) part of a statement that says something about the subject, e.g. 'is short' in 'Life is short.'
predicative /prɪˈdɪkətɪv/ *adj.* (*gram*) (of an adjective) coming after a verb.
predict /prɪˈdɪkt/ *v.* [T] say that something will happen in the future. ▶ **predictable** *adj.* that can be predicted. ▶ **prediction** /-ˈdɪkʃn/ *n.* [C, U] (act of making a) statement saying what you think will happen.
predispose /ˌpriːdɪˈspəʊz/ *v.* [T] (*fml.*) influence somebody so they are likely to think or behave in a particular way. ▶ **predisposition** /-dɪspəˈzɪʃn/ *n.*
predominant /prɪˈdɒmɪnənt/ *adj.* **1** most obvious or noticeable. **2** having more power or influence than others. ▶ **predominance** /-nəns/ *n.* [sing., U] ▶ **predominantly** *adv.* mostly; mainly.
predominate /prɪˈdɒmɪneɪt/ *v.* [I] **1** be greater in amount or number than something/somebody else. **2** have the most influence or importance.
pre-eminent /priˈemɪnənt/ *adj.* (*fml.*) more important, more successful or of a higher standard than others. ▶ **pre-eminence** /-nəns/ *n.* [U] ▶ **pre-eminently** *adv.* to a very great degree; especially.
pre-empt /priˈempt/ *v.* [T] prevent something from happening by taking action to stop it. ▶ **pre-emption** *n.* [U] (*business*) opportunity given to one person or group to buy goods, shares, etc. ▶ **pre-emptive** *adj.* done to stop somebody taking action: *a ~ive attack/strike.*
preen /priːn/ *v.* **1** ~ **yourself** spend a lot of time making yourself look attractive and then admiring your appearance. **2** [I, T] (of a bird) clean and smooth its feathers with its beak.
prefabricated /ˌpriːˈfæbrɪkeɪtɪd/ *adj.* (*esp.* of a building) made in sections that can be put together later.
preface /ˈprefəs/ *n.* introduction to a book. ● **preface** *v.* [T] ~(**with**) begin by saying or doing something.
prefect /ˈpriːfekt/ *n.* **1** (in some British schools) older pupil who has authority over younger pupils. **2** (in France) chief administrative officer of an area.
prefer /prɪˈfɜː(r)/ *v.* (**-rr-**) [T] choose one thing rather than something else because you like it better: *She ~ milk to tea or coffee.* [IDM] **prefer charges against somebody** → CHARGE[2] ▶ **preferable** /ˈprefrəbl/ *adj.* more attractive or suitable. ▶ **preferably** *adv.*
preference /ˈprefrəns/ *n.* **1** [U, sing.] ~(**for**) liking for somebody/something more than somebody/something else. **2** [C] thing that is liked better or best. [IDM] **give (a) preference to somebody/something** treat somebody/something in a way that gives them an advantage over others: *P ~ will be given to people with experience.*
preferential /ˌprefəˈrenʃl/ *adj.* giving an advantage to a particular person or group: *get ~ treatment.*
prefix /ˈpriːfɪks/ *n.* (*gram*) letter or group of letters, e.g. *pre-* or *un-*, placed in front of a word to change its meaning ● **prefix** *v.* [T] add letters or numbers to the beginning of a word or number.
pregnant /ˈpregnənt/ *adj.* **1** (of a woman or female animal) having a baby or young animal in the womb. **2** (*fml.*) full of a quality or feeling. ▶ **pregnancy** /-nənsi/ *n.* [U, C] (*pl.* -**ies**).
prehistoric /ˌpriːhɪˈstɒrɪk/ *adj.* of the time before recorded history. ▶ **prehistory** /ˌpriːˈhɪstri/ *n.* [U].
prejudge /ˌpriːˈdʒʌdʒ/ *v.* [T] (*fml.*) make a judgement about something before knowing all the facts.
prejudice /ˈpredʒudɪs/ *n.* [U, C] unfair dislike of somebody/something. [IDM] **without prejudice (to something)** (*law*) without affecting any other legal matter. ● **prejudice** *v.* [T] **1** influence somebody so that they have an unfair opinion of somebody/something. **2** (*fml.*) have a harmful effect on something. ▶ **prejudicial** /ˌpredʒuˈdɪʃl/ *adj.*
prelate /ˈprelət/ *n.* (*fml.*) priest of high rank.
preliminary /prɪˈlɪmɪnəri/ *adj.* coming first: *a ~ study/report.* ● **preliminary** *n.* (*pl.* -**ies**) action or event done in preparation for something.
prelude /ˈpreljuːd/ *n.* **1** short, esp. introductory piece of music. **2** (*written*) action, event, etc. that acts as an introduction to another.
premarital /ˌpriːˈmærɪtl/ *adj.* before marriage: *~ sex*
premature /ˈpremətʃə(r)/ *adj.* happening be-

fore the normal or expected time ▶ **prematurely** adv.

premeditated /ˌpriːˈmedɪteɪtɪd/ adj. (of a crime or bad action) planned in advance: ~ murder.

premier /ˈpremɪə(r)/ adj. most important, famous or successful. ● **premier** n. used esp. in newspapers, etc. to mean 'prime minister'. ▶ **premiership** n. [sing.].

premiere /ˈpremɪeə(r)/ n. first public performance of a play or film.

premise /ˈpremɪs/ n. (fml.) statement on which reasoning is based.

premises /ˈpremɪsɪz/ n. [pl.] building and land near to it that a business owns or uses: They are looking for more spacious ~.

premium /ˈpriːmiəm/ n. 1 money paid for an insurance policy. 2 extra payment added to the basic rate.

premonition /ˌpriːməˈnɪʃn; ˌprem-/ n. feeling that something unpleasant is going to happen.

preoccupation /priˌɒkjuˈpeɪʃn/ n. 1 [U] state of thinking about something continuously. 2 [C] something that a person thinks about all the time.

preoccupy /priˈɒkjupaɪ/ v. (pt, pp -ied) [T] take all the attention of somebody.

preparation /ˌprepəˈreɪʃn/ n. 1 [U] ~(for) act of getting ready for something or making something ready: work done without ~ 2 [C, usu. pl.] things you do to get ready for something or to make something ready. 3 [C] mixture that has been prepared for use as medicine, food, etc.

preparatory /prɪˈpærətri/ adj. (fml.) done in order to prepare for something. ■ **preˈparatory school** (also **ˈprep school**) n. 1 (in Britain) private school for children aged between 7 and 13. 2 (in the US) (usu. private) school that prepares students for college.

prepare /prɪˈpeə(r)/ v. [I, T] get or make something/ somebody ready to be used to do something. ▶ **prepared** adj. 1 ~(for) ready and able to deal with something. 2 willing to do something: Is she ~ to pay such a huge amount for the dress?

preposition /ˌprepəˈzɪʃn/ n. (gram) word, e.g. in, from or to, used before a noun or pronoun to show place, position, time or method. ▶ **prepositional** /-ʃənl/ adj.

preposterous /prɪˈpɒstərəs/ adj. completely unreasonable; ridiculous. ▶ **preposterously** adv.

prerogative /prɪˈrɒɡətɪv/ n. (fml.) right or privilege of a particular person or group.

Presbyterian /ˌprezbɪˈtɪəriən/ n. adj. (member of a) Church governed by officials of equal rank.

prescribe /prɪˈskraɪb/ v. [T] 1 (of a doctor) tell somebody to take medicine or to have treatment: He ~d her a daily diet chart. 2 state with authority what should be done.

prescription /prɪˈskrɪpʃn/ n. 1 [C] doctor's written instruction for a medicine. 2 [C] medicine that your doctor ordered for you. 3 [U] act of prescribing medicine.

prescriptive /prɪˈskrɪptɪv/ adj. (fml.) telling people what should be done.

presence /ˈprezns/ n. [U] 1 fact of being present in a place. 2 (approv) person's appearance and manner.

present[1] /ˈpreznt/ adj. 1 existing or happening now: the ~ government. 2 being in a particular place: Was she ~ at the seminar? ● **present** n. 1 [C] thing that you give to somebody as a gift. 2 (usu. **the present**) [sing.] the time now: I'm sorry, she's out at ~ (= now). 3 (**the present**) (also **the ˌpresent ˈtense**) [usu. sing.] (gram.) verb form that expresses an action happening now or at the time of speaking. ■ **the ˌpresent ˈperfect** n. [sing.] (gram) verb form which expresses an action done in a time period up to the present, formed in English with have/has and a past participle.

present[2] /prɪˈzent/ v. [T] 1 ~(with, to) give something to somebody, esp. formally: ~ her with a watch. ◇ ~ the book to her. 2 show or offer something for people to consider: ~ a report. 3 show or describe somebody/ something from a particular point of view or in a certain way. 4 ~with cause something to happen or be experienced: Her behaviour shouldn't ~ them with any problems. 5 (of an opportunity, etc.) suddenly happen. 6 introduce the different sections of a radio or television programme. 7 produce a show, play etc. for the public. 8 ~(to) (fml.) introduce somebody to somebody, esp. of higher rank. 9 ~yourself officially appear somewhere. ▶ **presenter** n. person who introduces the different sections of a radio or television programme.

presentable /prɪˈzentəbl/ adj. fit to appear or be shown in public.

presentation /ˌpreznˈteɪʃn/ n. 1 [U] act of showing something or giving something to somebody. 2 [U] way in which something is presented; appearance. 3 [C] meeting at which something is presented.

presently /ˈprezntli/ adv. 1 (esp. US) now. 2 (written) soon: I'll see you ~.

preservative /prɪˈzɜːvətɪv/ n. [C, U] substance used to prevent food and wood from decaying. ▶ **preservative** adj.

preserve /prɪˈzɜːv/ v. [T] 1 keep something in an unchanged condition. 2 prevent food, etc.

from decaying, esp. by treating it in some way. **3** keep somebody/something alive, or safe from harm or danger. ● **preserve** n. [C, usu. pl., U] preserved fruit; jam. ▶ **preservation** /ˌprezə'veɪʃn/ n. [U].

preside /prɪ'zaɪd/ v. [I] ~**(over/at)** be in charge of a formal meeting.

presidency /'prezɪdənsi/ n. (pl. **-ies**) [usu. sing.] **1** job of being president of a country or organization. **2** period of time that somebody is president.

president /'prezɪdənt/ n. **1** (also **President**) leader of a republic, esp. the US. **2** person in charge of some organizations, clubs, etc. ▶ **presidential** /ˌprezɪ'denʃl/ adj.

press¹ /pres/ v. **1** [T] push something closely and firmly against something. **2** [I, T] push or squeeze part of a device, etc. to make it work: ~ a button/key/switch. **3** [I] (of a crowd) move in the direction that is mentioned by pushing: The students ~ed forward. **4** try repeatedly to persuade or force somebody to do something. **5** [T] make something flat and smooth by using a hot iron. **6** [T] squeeze the juice out of fruit or vegetables by using force or weight. [IDM] **press charges against somebody** → CHARGE² [PV] **press ahead/on (with something)** continue doing something in a determined way; hurry forward **press for something** keep asking for something. ▶ **pressed** adj. ~**(for)** have barely enough of something, esp. time or money. ▶ **pressing** adj. urgent: ~ing business.

press² /pres/ n. **1 (the press, the Press)** [sing., with sing. or pl. verb] (writers for) newspapers and magazines. **2** [sing., U] type or amount of reports that newspapers write about somebody/something: The minister has had a bad ~. **3** [C, U] machine for printing books, newspapers, etc.; process of printing them: Prices are printed at the time of going to ~. **4** [C] business that publishes and prints books: New Dawn P~ **5** [C] machine for pressing something: a trouser ~ **6** [C, usu. sing.] act of pushing something with your hand or with a tool. ■ **'press conference** n. meeting at which a politician, etc. answers reporters' questions.

pressure /'preʃə(r)/ n. **1** [U] force or weight with which something presses against something else: the ~ of the pile of books on the weak table. **2** [U, C] (amount of) force produced by a gas or liquid in an enclosed space: air ~ **3** [U] force or strong persuasion. **4** [U] worry caused by the need to achieve or behave in a certain way: The ~ of work is making his health deteriorate day by day. ■ **'pressure cooker** n. airtight pot in which food is cooked quickly by steam. ■ **'pressure group** n. organized group of people who try to persuade the government, etc. to act in a certain way.

pressurize (also **-ise**) /'preʃəraɪz/ v. [T] **1** ~**(into)** use forceful influence to persuade somebody do something. **2** keep a cabin in an aircraft, etc. at a constant air pressure.

prestige /pre'stiːʒ/ n. [U] respect or admiration caused by somebody's success, status, etc. ▶ **prestigious** /-'stɪdʒəs/ adj. respected and admired as very important.

presumably /prɪ'zjuːməbli/ adv. used to say that you think something is probably true.

presume /prɪ'zjuːm/ v. **1** [T] suppose that something is true. **2** [I] (fml.) behave in a way that shows a lack or respect: I wouldn't ~ to advise you.

presumption /prɪ'zʌmpʃn/ n. **1** [C] something thought to be true or probable. **2** [U] (fml.) disrespectful behaviour.

presumptuous /prɪ'zʌmptʃuəs/ adj. too confident, in a way that shows a lack of respect.

presuppose /ˌpriːsə'pəʊz/ v. [T] (fml.) **1** accept something as true and act on that basis. **2** depend on something in order to exist or be true. ▶ **presupposition** /-sʌpə'zɪʃn/ n. [C, U] (fml.).

pretence (US **-tense**) /prɪ'tens/ n. [C, U] act of pretending something.

pretend /prɪ'tend/ v. [I, T] behave in a way that is intended to make people believe that something is true when in reality it is not.

pretension /prɪ'tenʃn/ n. [C, usu. pl., U] act of trying to appear more important, intelligent, etc. than you really are.

pretentious /prɪ'tenʃəs/ adj. (disapprov) trying to appear more important, intelligent, etc. than you really are. ▶ **pretentiously** adv. ▶ **pretentiousness** n. [U].

pretext /'priːtekst/ n. reason that is not true.

pretty /'prɪti/ adv. fairly; very: I'm ~ sure she will pass her exam. [IDM] **pretty much/well** (spoken) almost; almost completely. ● **pretty** adj. (**-ier, -iest**) pleasing and attractive: a ~ girl ▶ **prettily** adv. ▶ **prettiness** n. [U].

prevail /prɪ'veɪl/ v. [I] (fml.) **1** exist or happen generally. **2** win [PV] **prevail on/upon somebody to do something** (fml.) persuade somebody to do something. ▶ **prevailing** adj. **1** (written) most common. **2** (of winds) most frequent.

prevalent /'prevələnt/ adj. existing generally; common. ▶ **prevalence** /-əns/ n. [U].

prevent /prɪ'vent/ v. [T] stop somebody from doing something; stop something from happening. ▶ **prevention** /-'venʃn/ n. [U] ▶ **preventive** (also **preventative** /-'ventətɪv/) adj. intended to prevent some-

thing from happening: ~*ive medicine*.
preview /'pri:vju:/ *n*. showing of a film, play, etc. in private before it is shown to the public. ● **preview** *v*. [T] see a film, play, etc. before the public and write an account of it for a newspaper, etc.
previous /'pri:viəs/ *adj*. happening or existing before something else: *the ~ day* ▶ **previously** *adv*.
prey /preɪ/ *n*. [U] animal, bird, etc. killed by another for food. ● **prey** *v*. [IDM] **prey on somebody's mind** worry somebody greatly. **prey on/upon somebody/something** hunt and catch an animal, etc. as prey.
price /praɪs/ *n*. 1 [C] amount of money that you have to pay for something. 2 [sing.] what must be done or experienced to obtain something: *a small ~ to win the game*. ● **price** *v*. [T] fix the price of something. ▶ **priceless** *adj*. 1 extremely valuable. 2 (*infml*.) very funny.
prick¹ /prɪk/ *v*. 1 [T] make a very small hole in something with a sharp point. 2 [I, T] (cause somebody to) feel a sharp pain in the skin. [IDM] **prick (up) your ears 1** (of an animal) raise its ears. 2 (of a person) listen carefully.
prick² /prɪk/ *n*. 1 (⚠, *sl*.) penis. 2 (⚠, *sl*) offensive word for an unpleasant man. 3 act of pricking something. 4 pain caused by a sharp point.
prickle /'prɪkl/ *n*. 1 small sharp point growing on a plant or on the skin of an animal. 2 slight stinging feeling on the skin. ● **prickle** *v*. [I, T] give somebody an unpleasant feeling on their skin. ▶ **prickly** *adj*. (-ier, -iest) 1 covered with prickles. 2 (*infml*.) (of a person) easily annoyed.
pride /praɪd/ *n*. 1 [U] feeling of satisfaction that you get from doing something well. 2 [U, sing.] person or thing that gives you a feeling of satisfaction or pleasure: *Their children were their ~ and joy*. 3 [U] self-respect. 4 [U] (*disapprov*.) too high an opinion of yourself. 5 [C] group of lions. ● **pride** *v*. [PV] **pride yourself on (doing) something** be proud of something.
priest /pri:st/ *n*. clergyman of the Christian Church. ▶ **the priesthood** *n*. [sing.] job or position of being a priest.
prig /prɪg/ *n*. (*disapprov*.) very moral person who disapproves of others' behaviour. ▶ **priggish** *adj*.
prim /prɪm/ *adj*. (~mer, ~mest) easily shocked by anything rude: *~ and proper*.
primary /'praɪməri/ *adj*. 1 main: most important; basic. 2 developing or happening first. ▶ **primarily** /praɪ'merəli; 'praɪmərəli/ *adv*. Mainly. ● **primary** *n*. (*pl*. **-ies**) (in the US) election in which voters choose candidates for a future election ■ **,primary 'colour** (*US* **,primary 'color**) *n*. red, yellow or blue. ■ **'primary school** *n*. (in Britain) school for children aged between 5 and 11.
primate /'praɪmeɪt/ *n*. 1 any animal that belongs to the group of mammals that includes humans, apes and monkeys. 2 archbishop.
prime /praɪm/ *adj*. 1 main; most important; basic. 2 of the best quality. ■ **,prime 'minister** *n*. chief minister in a government. ● **prime** *n*. [sing.] time in your life when you are strongest or most successful: *in the ~ of life*. ● **prime** *v*. [T] 1 supply somebody with information in advance. 2 cover wood with primer.
primer /'praɪmə(r)/ *n*. special paint put on wood, metal, etc. before the main layer.
primeval (also **primaeval**) /praɪ'mi:vl/ *adj*. very ancient
primitive /'prɪmətɪv/ *adj*. 1 belonging to a simple society with no industry, etc.: *~ tribes*. 2 of an early stage of the development of humans or animals: *~ man* 3 simple and old-fashioned.
primrose /'prɪmrəʊz/ *n*. wild plant with pale yellow flowers in spring.
prince /prɪns/ *n*. 1 male member of a royal family, esp. the son of a king or queen. 2 male royal ruler of a small country. ▶ **princely** *adj*. 1 generous. 2 of or for a prince.
princess /ˌprɪn'ses/ *n*. 1 female member of a royal family, esp. the daughter of a king or queen. 2 wife of a prince.
principal /'prɪnsəpl/ *adj*. most important; main. ● **principal** *n*. [C] 1 head of a college or school. 2 [usu. sing.] money lent to somebody, on which interest is paid. ▶ **principally** /-pli/ *adv*. mainly.
principality /ˌprɪnsɪ'pæləti/ *n*. (*pl*. **-ies**) country ruled by a prince.
principle /'prɪnsəpl/ *n*. 1 [C, usu. pl., U] moral rule or strong belief that influences your actions: *Telling lies is against my ~s*. ◇ *I wouldn't wear fur on ~*. 2 [C] basic general truth: *the ~ of justice*. [IDM] **in principle** concerning the basic idea, but perhaps not the details.
print¹ /prɪnt/ *v*. 1 [T] produce letters, etc. on paper using a machine that puts ink on the surface. 2 [T] produce books, etc. by printing them in large quantities. 3 [T] produce a photograph from photographic film. 4 [I, T] write without joining the letters together. [PV] **print something off/out** produce a document or information from a computer in printed

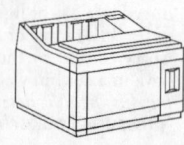

form. ▶ **printer** *n.* **1** machine for printing text on paper, esp. one attached to a computer. **2** person or company that prints books, etc. ■ **'printout** *n.* [C, U] printed paper produced from a computer.

print² /prɪnt/ *n.* **1** [U] letters, words, etc. in printed form **2** [C, usu. pl.] mark left on a surface: *finger~s* **3** [C] picture made by printing from an inkcovered surface **4** [C] photograph printed from a negative [IDM] **in/out of print** (of a book) available/no longer available.

prior /'praɪə(r)/ *adj* earlier in time, order or importance: *a ~ meeting* ■ **'prior to** *prep.* (*fml.*) before something.

priority /praɪ'ɒrəti/ *n.* (*pl.* **-ies**) **1** [C] something that you think is more important than other things. **2** [U] right of being more important.

prise (*esp. US* **prize**) /praɪz/ *v.* [T] use force to separate something from something else.

prism /'prɪzəm/ *n.* transparent block of glass that separates light into the colours of the rainbow.

prison /'prɪzn/ *n.* [C, U] building in which criminals are kept as a punishment. ▶ **prisoner** *n.* person kept in prison ■ **,prisoner of 'war** *n.* soldier caught by the enemy in war.

privacy /'prɪvəsi/ *n.* [U] state of being alone and undisturbed.

private /'praɪvət/ *adj.* **1** of or for the use of one person or group, not the public. **2** that you do not want other people to know about; secret. **3** not organized or managed by the government; independent: *a ~ school.* **4** not connected with your work; personal: *your ~ life.* **5** where you are not likely to be disturbed; quiet. ● **private** *n.* soldier of the lowest rank in the army. [IDM] **in private** with no one else present. ▶ **privately** *adv.*

privatize (*also* **-ise**) /'praɪvətaɪz/ *v.* [T] transfer a company from state to private ownership. ▶ **privatization** (*also* **-isation**) /ˌpraɪvətaɪ'zeɪʃn/ *n.* [U].

privet /'prɪvɪt/ *n.* [U] evergreen bush often used for garden hedges.

privilege /'prɪvəlɪdʒ/ *n.* **1** [C, U] special right or advantage that a particular person or group has. **2** [sing.] opportunity that gives you great pleasure: *a ~ to see him dance.* ▶ **privileged** *adj.* having special rights and advantages.

prize /praɪz/ *n.* award given for winning a competition, doing good work, etc. ● **prize** *adj.* good enough to win a prize: *~ cattle.* ● **prize** *v.* [T] **1** value something highly. **2** (*US*) = PRISE.

pro /prəʊ/ *n.* (*pl.* **~s**) (*infml.*) person who works as a professional, esp. in a sport. [IDM] **the pros and cons** advantages and disadvantages of something.

pro- /prəʊ-; prə-/ *prefix* in favour of; supporting: *pro-democracy.*

probability /ˌprɒbə'bɪləti/ *n.* (*pl.* **-ies**) **1** [U, C] how likely something is to happen: *There is no ~ that we will be able to go to London this year.* **2** [C] thing that is likely to happen. [IDM] **in all probability** (*written*) it is very likely that.

probable /'prɒbəbl/ *adj.* likely to happen or be true. ▶ **probably** *adv.*

probation /prə'beɪʃn/ *n.* [U] (*law*) **1** system that allows a person who has committed a crime not to go to prison if they behave well and if they see an official (**a probation officer**) regularly over a period of time: *He was put on ~.* **2** time of training when you start a new job to see if you are suitable.

probe /prəʊb/ *v.* [I, T] **1** ask questions in order to find out secret information. **2** examine something, esp. with a long thin instrument. ● **probe** *n.* **1** ~(**into**) careful investigation of something. **2** spacecraft used for obtaining information. **3** long thin metal tool used by doctors for examining the body.

problem /'prɒbləm/ *n.* thing that is difficult to deal with or understand. ▶ **problematic** /ˌprɒblə'mætɪk/ *adj.* full of problems.

procedure /prə'siːdʒə(r)/ *n.* [C, U] usual or proper way of doing something. ▶ **procedural** *adj.*

proceed /prə'siːd/ *v.* [I] **1** ~(**with/to**) continue; go on. **2** (*fml.*) move or go in the direction that is mentioned.

proceedings /prə'siːdɪŋz/ *n.* [pl.] (*fml.*) **1** legal action against somebody: *divorce ~* **2** written report of a meeting, etc.

proceeds /'prəʊsiːdz/ *n.* [pl] money obtained from something; profits.

process /'prəʊses/ *n.* **1** series of things that are done in order to achieve something: *They're in the ~ of constructing their house here.* **2** method of doing or making something, esp. one used in industry. ● **process** *v.* [T] **1** treat raw material, food, etc. in order to change it, preserve it. *~ed food.* **2** deal officially with a document, request, etc.: *~ an application.* **3** perform a series of operations on data in a computer. ▶ **processor** *n.* **1** machine or person that processes things. **2** (*computing*) part of a computer that controls all the other parts of a system.

procession /prə'seʃn/ *n.* line of people, vehicles, etc. moving along, esp. as part of a ceremony.

proclaim /prə'kleɪm/ *v.* [T] (*fml.*) publicly and officially tell people about something important. ▶ **proclamation** /ˌprɒkləˈmeɪʃn/ n. [C, U] (act of making an) official public statement about something important.

procure /prəˈkjʊə(r)/ v. [T] (fml.) obtain something, esp. with difficulty.

prod /prɒd/ v. (-dd-) 1 [I, T] push somebody/something with your finger or a pointed object. 2 [T] try to make somebody do something, esp. when they are unwilling. ▶ **prod** n.

prodigal /ˈprɒdɪɡl/ adj. (fml., disapprov.) spending money/time wastefully.

prodigious /prəˈdɪdʒəs/ adj. (fml.) very large or powerful and causing surprise or admiration. ▶ **prodigiously** adv.

prodigy /ˈprɒdədʒi/ n. (pl. -ies) young person who is unusually intelligent or skilful for their age.

produce /prəˈdjuːs/ v. [T] 1 make things to be sold; manufacture. 2 grow or make something as part of a natural process. 3 cause a particular result or effect. 4 show something or make something appear from somewhere. 5 be in charge of a play, film, etc. for the public to see. ● **produce** /ˈprɒdjuːs/ n. [U] things that have been made or grown, esp. by farming.

producer /prəˈdjuːsə(r)/ n. 1 person, company or country that grows or makes food, goods or materials. 2 person who is in charge of making a play, film, etc.

product /ˈprɒdʌkt/ n. [C] 1 thing that is grown or produced, usu. for sale. 2 result of a process. 3 (maths) quantity obtained by multiplying one number by another.

production /prəˈdʌkʃn/ n. 1 [U] process of growing or making food, goods or materials. 2 [U] quantity of goods produced. 3 [C, U] (act of preparing a) play, film, etc. for the public.

productive /prəˈdʌktɪv/ adj. 1 making goods or growing crops, esp. in large quantities. 2 doing or achieving a lot: a ~ meeting. ▶ **productively** adv.

productivity /ˌprɒdʌkˈtɪvəti/ n. [U] rate of producing goods: P~ has increased suddenly.

profane /prəˈfeɪn/ adj. 1 (fml.) showing disrespect for God or holy things: ~ language. 2 (tech.) not connected with religion; secular. ▶ **profanity** /prəˈfænəti/ n. [C, U] (pl. -ies) (instance of) profane behaviour or language.

profess /prəˈfes/ v. [T] (fml.) 1 claim something, often falsely: I don't ~ that I have always achieved highest marks in school. 2 state openly that you have a particular belief, etc. 3 belong to a particular religion. ▶ **professed** adj. (fml.) 1 (falsely) claimed. 2 self declared.

profession /prəˈfeʃn/ n. 1 type of job that needs special knowledge, e.g. medicine or law. 2 statement about what you believe, feel or think about something.

professional /prəˈfeʃənl/ adj. 1 of a profession(1) 2 showing that somebody is well trained and highly skilled. 3 doing something as a paid job rather than as a hobby: a ~ cricketer. ● **professional** n. professional person. ▶ **professionalism** n. [U] skill or qualities of a professional. ▶ **professionally** /-ʃənəli/ adv.

professor /prəˈfesə(r)/ n. university teacher of the highest rank. ▶ **professorial** /ˌprɒfəˈsɔːriəl/ adj. ▶ **professorship** n. position of a professor.

proffer /ˈprɒfə(r)/ v. [T] (fml.) offer something to somebody.

proficient /prəˈfɪʃnt/ adj. (written) able to do something well because of training and practice. ▶ **proficiency** /-nsi/ n. [U].

profile /ˈprəʊfaɪl/ n. 1 side view of the human face. 2 description of somebody/something that gives useful information.

profit /ˈprɒfɪt/ n. 1 [C, U] money that you make in business, etc. or by selling things. 2 [U] (fml.) advantage that you get from doing something. ■ **'profit margin** n. difference between the cost of buying or producing something and the price that it is sold for. ● **profit** v. [I] ~ by/from gain an advantage or benefit from something. ▶ **profitable** adj. 1 that makes or is likely to make money. 2 that gives somebody a useful result: a ~ discussion. ▶ **profitably** /-əbli/ adv.

profound /prəˈfaʊnd/ adj. 1 deep; very great: a ~ relief. 2 showing or needing great knowledge or thought. ▶ **profoundly** adv. deeply.

profuse /prəˈfjuːs/ adj. (fml.) produced in large amounts. ▶ **profusely** adv. ▶ **profusion** /-ˈfjuːʒn/ n. [sing., with sing. or pl. verb, U] (fml.) very large quantity of something: a ~ of plants. ◇ flowers growing in ~.

program /ˈprəʊɡræm/ n. 1 (computing) set of instructions for a computer. 2 (US) = PROGRAMME ● **program** v. (-mm-, -m-) [T] 1 (computing) to give a set of instructions to a computer to make it perform a particular task. 2 = PROGRAMME.

programme /ˈprəʊɡræm/ n. 1 plan of what is to be done: a ~ of education. 2 television or radio broadcast. 3 list of items in e.g. a concert or course of study. ● **programme** v. [T] 1 plan for something to happen. 2 give a machine instructions to do a particular task: ~ the computer. ▶ **programmer** n. person whose job is writing programs for a computer.

progress /ˈprəʊɡres/ n. [U] 1 process of improving or developing or nearing the achievement of something. **2** forward movement. [IDM] **in progress** (*fml.*) happening at this time. ● **progress** /prəˈgres/ *v.* [I] make progress.

progression /prəˈgreʃn/ *n.* **1** [U] process of progressing. **2** [C] number of things that come in a series.

progressive /prəˈgresɪv/ *adj.* **1** favouring new, modern ideas: ~ *techniques.* **2** happening or developing steadily. ● **progressive** *n.* person in favour of new, modern ideas. ▶ **progressively** *adv.*

prohibit /prəˈhɪbɪt/ *v.* [T] (*fml.*) **1** stop something from being done or used, esp. by law **2** make something impossible to do.

prohibition /ˌprəʊɪˈbɪʃn/ *n.* **1** [U] act of prohibiting something. **2** [C] law or rule that forbids something.

prohibitive /prəˈhɪbətɪv/ *adj.* **1** (of prices) so high that people cannot afford to buy or do it. **2** preventing people from doing something. ▶ **prohibitively** *adv.*

project¹ /ˈprɒdʒekt/ *n.* planned piece of work designed to find information about something or to produce something new.

project² /prəˈdʒekt/ *v.* **1** [T] plan something for a time in the future. **2** [T] estimate something, based on known facts: ~ *the profits earned by the company.* **3** [T] ~**on(to)** cause light, a film, etc. to appear on a screen or surface. **4** [I] stick out beyond a surface **5** [T] present somebody/something/yourself to others in a way that gives a good impression.

projectile /prəˈdʒektaɪl/ *n.* (*fml.*) object fired from a gun or thrown as a weapon.

projection /prəˈdʒekʃn/ *n.* **1** [C] estimate that is based on known facts. **2** [U] act of projecting an image of something onto a surface. **3** [C] something that sticks out from a surface.

projector /prəˈdʒektə(r)/ *n.* apparatus for projecting pictures onto a screen.

proliferate /prəˈlɪfəreɪt/ *v.* [I] (*written*) increase rapidly in number or amount ▶ **proliferation** /prəˌlɪfəˈreɪʃn/ *n.* [U].

prolific /prəˈlɪfɪk/ *adj.* (of a writer, artist, *etc.*) producing many works.

prologue (*US also* -**log**) /ˈprəʊlɒg/ *n.* introductory speech, etc. at the beginning of a play, book or film.

prolong /prəˈlɒŋ/ *v.* [T] make something last longer. ▶ **prolonged** *adj.* continuing for a long time.

promenade /ˌprɒməˈnɑːd/ *n.* paved area for walking next to the beach at a seaside town.

prominent /ˈprɒmɪnənt/ *adj.* **1** important or well known. **2** noticeable. **3** sticking out from something. ▶ **prominence** *n.* [U, sing.] state of being important, well known or noticeable. ▶ **prominently** *adv.*

promiscuous /prəˈmɪskjuəs/ *adj.* (*disapprov.*) having many sexual partners. ▶ **promiscuity** /ˌprɒmɪsˈkjuːəti/ *n.* [U] ▶ **promiscuously** *adv.*

promise /ˈprɒmɪs/ *n.* **1** [C] statement telling somebody that you will definitely do or not do something. **2** [U] sign that somebody/something will be successful: *Her attitude towards her work shows great* ~. ● **promise** *v.* **1** [I, T] tell somebody that you definitely do or not do something. **2** [T] make something seem likely to happen: *The weather today* ~ *to be very hot.* ▶ **promising** *adj.* likely to succeed.

promontory /ˈprɒməntri/ *n.* (*pl.* -**ies**) long narrow area of high land that goes out into the sea.

promote /prəˈməʊt/ *v.* [T] **1** help something to happen or develop. **2** advertise a product or service. **3** move somebody to a higher rank or more senior job. ▶ **promoter** *n.* person who organizes or supports something.

promotion /prəˈməʊʃn/ *n.* [C, U] **1** (instance of) promoting somebody/something. **2** advertising or other activity to increase the sales of something.

prompt¹ /prɒmpt/ *adj.* done or acting without delay: *a* ~ *answer.* ▶ **promptly** *adv.* ▶ **promptness** *n.* [U].

prompt² /prɒmpt/ *v.* **1** [T] cause somebody to decide to do something; cause something to happen. **2** [I, T] remind an actor of the words if they forget during a performance of a play. ● **prompt** *n.* **1** word(s) said to an actor to remind them what to say next. **2** (*computing*) sign on a screen that shows that the computer has finished doing something and is ready for more instructions. ▶ **prompter** *n.* person who prompts actors.

prone /prəʊn/ *adj.* **1** ~ **to** likely to suffer from something or do something bad: ~ *to dust allergy.* ◇ *accident-*~ **2** (*fml.*) lying flat, face downwards.

prong /prɒŋ/ *n.* thin pointed part of a fork.

pronoun /ˈprəʊnaʊn/ *n.* (*gram*) word, e.g. *hers* or *it* used instead of a noun.

pronounce /prəˈnaʊns/ *v.* [T] **1** make the sound of a word or letter. **2** state something officially ▶ **pronounced** *adj.* very noticeable ▶ **pronouncement** *n.* formal official statement.

pronunciation /prəˌnʌnsiˈeɪʃn/ *n.* [U, C] way in which a language or a particular word or sound is spoken.

proof /pruːf/ *n.* **1** [U, C] information, documents, etc. that show that something is true. **2** [U] process of testing whether something is true. **3**

[C, usu. pl.] copy of printed material which is produced so that mistakes can be corrected. 4 [U] standard to measure strength of an alcoholic drink.

-proof /pruːf/ *adj.* (in compounds) that can resist something or protect against the thing mentioned: *bullet ~ jacket*.

prop /prɒp/ *n.* [C] 1 piece of wood, metal, etc. used to support something. 2 person or thing that helps or supports somebody/something. 3 [usu. pl.] small object used by actors during a performance ● **prop** *v.* (-pp-) [T] **~(up)** support or keep something in position.

propaganda /ˌprɒpəˈɡændə/ *n.* [U] (*disapprov.*) information spread in order to gain support for a political leader, party, etc.

propagate /ˈprɒpəɡeɪt/ *v.* 1 [T] (*fml.*) spread an idea, a belief, etc. among many people: *~ ideas*. 2 [I, T] (*tech*) produce new plants from a parent plant ▶ **propagation** /-ˈɡeɪʃn/ *n.* [U].

propel /prəˈpel/ *v.* (-ll-) [T] move, drive or push somebody/something forward or in a particular direction. ▶ **propeller** *n.* blades that turn, to move a ship, helicopter, etc.

propensity /prəˈpensəti/ *n.* (*pl.* **-ies**) **~(for/to)** (*fml.*) natural tendency to do something.

proper /ˈprɒpə(r)/ *adj.* 1 (*esp. GB*) right, appropriate or correct 2 (*GB, spoken*) real; satisfactory: *The children have not had a ~ trip since the last six months*. 3 socially and morally acceptable. 4 according to the exact meaning of the word. ▶ **properly** *adv.* correctly ■ **'proper noun** (*also* **'proper name**) *n.* (*gram*) name of a particular person, place, etc. written with a capital letter.

property /ˈprɒpəti/ *n.* (*pl.* **-ies**) 1 [U] thing(s) owned by somebody; possession(s). 2 [C, U] area of land and buildings. 3 [C, usu. pl.] (*fml.*) quality or characteristic that something has: *the destructive properties of the chemical*.

prophecy /ˈprɒfəsi/ *n.* (*pl.* **-ies**) 1 [C] statement that something will happen in the future. 2 [U] power of saying what will happen in the future.

prophesy /ˈprɒfəsaɪ/ *v.* (*pt, pp* **-ied**) [I, T] say what will happen in the future (done in the past using religious or magic powers).

prophet /ˈprɒfɪt/ *n.* 1 person sent by God to teach people and give them messages. 2 person who claims to know what will happen in the future. ▶ **prophetic** /prəˈfetɪk/ *adj.*

propitious /prəˈpɪʃəs/ *adj.* (*fml.*) favourable.

proportion /prəˈpɔːʃn/ *n.* 1 [C, with sing. or pl. verb] part or share of a whole. 2 [U] relationship of one thing to another in quantity, size, etc.: *Her weight is too much in ~ to* (= relative to) *her height*. 3 [U, C] the correct relationship in size, etc. between one thing and another. 4 (**proportions**) [pl.] measurements or size of something: *a room of generous ~s*. ▶ **proportional** *adj.* of an appropriate size, etc. in comparison with something.

proposal /prəˈpəʊzl/ *n.* 1 formal suggestion or plan. 2 offer of marriage.

propose /prəˈpəʊz/ *v.* 1 [T] (*fml.*) suggest a plan, idea, etc. 2 [T] intend to do something. 3 [I, T] **~(to)** ask somebody to marry you.

proposition /ˌprɒpəˈzɪʃn/ *n.* 1 idea or plan that is suggested, esp. in business. 2 thing that you intend to do; task to be dealt with. 3 (*fml.*) statement that expresses an opinion. ● **proposition** *v.* [T] say to somebody in a direct way that you would like to have sex with them.

proprietary /prəˈpraɪətri/ *adj.* made by a particular company and sold under a trade name.

proprietor /prəˈpraɪətə(r)/ *n.* (*fml.*) owner of a business, hotel, etc.

propriety /prəˈpraɪəti/ *n.* [U] (*fml.*) correct social and moral behaviour.

propulsion /prəˈpʌlʃn/ *n.* [U] (*tech.*) force that drives something forward.

pro rata /ˌprəʊ ˈrɑːtə/ *adv., adj.* (*fml.*) calculated according to how much of something has been used, the amount of work done, etc.

prosaic /prəˈzeɪɪk/ *adj.* (*written*) uninteresting; dull.

proscribe /prəˈskraɪb/ *v.* [T] (*fml.*) forbid something by law.

prose /prəʊz/ *n.* [U] writing that is not poetry.

prosecute /ˈprɒsɪkjuːt/ *v.* [I, T] officially charge somebody with a crime in a court of law. ▶ **prosecution** /ˌprɒsɪˈkjuːʃn/ *n.* 1 [U, C] process of trying to prove in a court of law that somebody is guilty of a crime; process of being charged with a crime. 2 (**the prosecution**) [sing., with sing. or pl. verb] lawyer(s) that prosecute somebody in a court of law. ▶ **prosecutor** *n.*

prospect¹ /ˈprɒspekt/ *n.* 1 [U, sing.] **~(of)** possibility that something will happen. 2 [sing.] idea of what might or will happen in the future. 3 (**prospects**) [pl.] chances of success.

prospect² /prəˈspekt/ *v.* [I] **~(for)** search an area for oil, gold, etc. ▶ **prospector** *n.*

prospective /prəˈspektɪv/ *adj.* wanting or likely to be or do something.

prospectus /prəˈspektəs/ *n.* 1 printed leaflet advertising a school, college, etc. 2 (*business*) document giving information about a company's shares before they are offered for sale.

prosper /ˈprɒspə(r)/ *v.* [I] succeed, esp. financially. ▶ **prosperity** /prɒˈsperəti/ *n.* [U] success or wealth. ▶ **prosperous** /ˈprɒspərəs/ *adj.* successful; rich.

prostitute /ˈprɒstɪtjuːt/ *n.* person who has sex for money. ● **prostitute** *v.* [T] ~**something/yourself** use your skills or abilities to earn money doing something that others feel is unworthy of you. ▶ **prostitution** /ˌprɒstɪˈtjuːʃn/ *n.* [U].

prostrate /ˈprɒstreɪt/ *adj.* lying on the ground, face downwards. ● **prostrate** /prɒˈstreɪt/ *v.* ~ **yourself** lie on the ground, face downwards.

protagonist /prəˈtægənɪst/ *n.* (*fml.*) **1** main person in a play or real event. **2** active supporter of a movement, idea, etc.

protect /prəˈtekt/ *v.* [T] keep somebody/something safe from harm, injury, etc. ▶ **protection** /prəˈtekʃn/ *n.* **1** [U] act of protecting somebody/something; state of being protected. **2** [C] thing that protects somebody/something against something. ▶ **protective** *adj.* **1** providing or intended to provide protection: ~ *jackets.* **2** ~**(of/towards)** wishing to protect somebody/something. ▶ **protector** *n.* person or thing that protects.

protectorate /prəˈtektərət/ *n.* country that is controlled and protected by a more powerful country.

protégé /ˈprɒtəʒeɪ/ *n.* person helped and guided by somebody important and influential.

protein /ˈprəʊtiːn/ *n.* [C, U] natural substance found in meat, eggs, fish, etc. which is essential to good health.

protest¹ /ˈprəʊtest/ *n.* [C, U] statement or action that shows strong disapproval or disagreement.

protest² /prəˈtest/ *v.* **1** [I, T] ~**(about/against/at)** show your strong disapproval or disagreement of somebody/something. **2** [T] say firmly that something is true, esp. against opposition: *He ~ed his friend's innocence.* ▶ **protester** *n.* person who makes a public protest.

Protestant /ˈprɒtɪstənt/ *n. adj.* (member) of any of the Christian groups that separated from the Roman Catholic Church in the 16th century.

protocol /ˈprəʊtəkɒl/ *n.* **1** [U] system of fixed rules and formal behaviour used at official meetings. **2** [C] (*computing*) set of rules that control the way data is sent between computers.

proton /ˈprəʊtɒn/ *n.* (*physics*) tiny particle of matter inside an atom, with a positive electric charge.

prototype /ˈprəʊtətaɪp/ *n.* first design of something, e.g. of an aircraft, from which others are developed.

protracted /prəˈtræktɪd/ *adj.* lasting for a long time.

protractor /prəˈtræktə(r)/ *n.* instrument for measuring and drawing angles.

protrude /prəˈtruːd/ *v.* [I, T] (cause something to) stick out. ▶ **protrusion** /-ˈtruːʒn/ *n.* [C, U].

protuberance /prəˈtjuːbərəns/ *n.* (*fml.*) round part that sticks out of a surface.

proud /praʊd/ *adj.* **1** having a feeling of satisfaction from doing something well or owning something. **2** (*disapprov.*) having too high an opinion of yourself. **3** having self-respect ▶ **proudly** *adv.*

prove /pruːv/ *v.* (*pp* ~**d** *US* ~**n** /ˈpruːvn/) **1** [T] use evidence to show something to be true. **2** *linking verb* be seen or found to be something: *The competitors ~d too intelligent for her.*

proverb /ˈprɒvɜːb/ *n.* well-known phrase or sentence that states the truth or gives advice, e.g. *Live and let live.* ▶ **proverbial** /prəˈvɜːbiəl/ *adj.* **1** of or expressed in a proverb **2** well known.

provide /prəˈvaɪd/ *v.* [T] ~**(for)** give something to somebody or make it available for them to use. [PV] **provide for somebody** supply somebody with the things that they need to live, e.g. food and clothing. **provide for something** (*fml.*) make preparations to deal with something that might happen.

provided /prəˈvaɪdɪd/ (*also* **providing**) *conj.* ~**(that)** if; on condition that.

providence /ˈprɒvɪdəns/ *n.* [U] the care and kindness of God or fate. ▶ **providential** /ˌprɒvɪˈdenʃl/ *adj.* (*fml.*) fortunate.

province /ˈprɒvɪns/ *n.* **1** [C] main administrative division of a country. **2 (the provinces)** [pl.] (*GB*) all the parts of a country outside the capital city. **3** [sing.] (*fml.*) person's particular area of knowledge or responsibility. ▶ **provincial** *adj.* **1** of a province(1) or the provinces(2) **2** (*disapprov.*) unwilling to consider new ideas or things. ▶ **provincial** *n.* (*disapprov.*) person from the provinces(2).

provision /prəˈvɪʒn/ *n.* **1** [U] act of providing somebody with what they want or need. **2** [U] ~**(for)** preparation for future needs. **3 (provisions)** [pl.] food supplies **4** [C] conditions in a legal document.

provisional /prəˈvɪʒənl/ *adj.* for the present time only and likely to be changed in the future. ▶ **provisionally** /-nəli/ *adv.*

provocation /ˌprɒvəˈkeɪʃn/ *n.* **1** [U] act of doing or saying something deliberately in order to make somebody angry. **2** [C] something said or done in order to provoke somebody.

provocative /prə'vɒkətɪv/ adj. **1** intended to cause anger, argument, etc. **2** intended to cause sexual desire. ▶ **provocatively** adv.

provoke /prə'vəʊk/ v. [T] **1** cause a particular feeling or reaction. **2** deliberately do something to annoy somebody.

prow /praʊ/ n. (lit.) pointed front part of a ship.

prowess /'praʊəs/ n. [U] (fml.) great skill at doing something.

prowl /praʊl/ v. [I] ~(about/around) move about an area quietly, looking for food, something to steal, etc. ● **prowl** n. [IDM] **(be/go) on the prowl** (of an animal or a person) moving quietly, hunting or looking for something.

proximity /prɒk'sɪməti/ n. [U] (fml.) nearness.

proxy /'prɒksi/ n. (pl. **-ies**) **1** [U] authority to act for another person, esp. to vote. **2** [C] person given this authority.

prude /pru:d/ n. (disapprov.) person easily shocked by sexual matters. ▶ **prudish** adj.

prudent /'pru:dnt/ adj. careful and sensible ▶ **prudence** /-dns/ n. [U] ▶ **prudently** adv.

prune /pru:n/ n. dried plum ● **prune** v. [T] **1** cut off some of the branches of a tree or bush to encourage further growth. **2** cut out unnecessary parts from something.

pry /praɪ/ v. (pt, pp **pried** /praɪd/) [I] ~(into) try to find out about somebody's private life.

PS /ˌpi: 'es/ abbr. postscript; something written at the end of a letter to add something you have forgotten to say.

psalm /sɑ:m/ n. religious song or poem, esp. one of those in the Bible.

pseudonym /'sju:dənɪm/ n. name that somebody, esp. a writer, uses, instead of their real name.

psyche /'saɪki/ n. (fml.) the mind; your deepest feelings.

psychedelic /ˌsaɪkə'delɪk/ adj. **1** (of drugs) causing somebody to see something that isn't there. **2** having very bright colours and strange patterns.

psychiatry /saɪ'kaɪətri/ n. [U] study and treatment of mental illness. ▶ **psychiatric** /ˌsaɪki'ætrɪk/ adj. ▶ **psychiatrist** /saɪ'kaɪətrɪst/ n. doctor trained in psychiatry.

psychic /'saɪkɪk/ adj. **1** (also **psychical** /'saɪkɪkl/) connected with or having strange powers of the mind that are not able to be explained by natural laws. **2** of the mind rather than the body.

psychoanalysis /ˌsaɪkəʊə'næləsɪs/ n. [U] method of treating some mental illnesses by looking at and discussing the effects of events in the patient's life as possible causes. ▶ **psychoanalyse** /ˌsaɪkəʊ'ænəlaɪz/ v. [T] treat somebody using psychoanalysis. ▶ **psychoanalyst** /-'ænəlɪst/ n. person who treats patients using psychoanalysis.

psychology /saɪ'kɒlədʒi/ n. [U] scientific study of the mind and how it influences behaviour. ▶ **psychological** /ˌsaɪkə'lɒdʒɪkl/ adj. ▶ **psychologist** n. student of or expert in psychology.

psychopath /'saɪkəpæθ/ n. person suffering from a severe mental illness that causes them to behave violently. ▶ **psychopathic** /-'pæθɪk/ adj.

pt abbr. **1** part **2** pint **3** point **4** (**Pt**) (esp. on a map) port.

PTO /ˌpi: ti: 'əʊ/ abbr. (GB) (written at the bottom of a page to show that there is more on the other side) please turn over.

pub /pʌb/ n. (GB) building where alcoholic drinks are sold and drunk.

puberty /'pju:bəti/ n. [U] stage at which a person becomes physically able to have children.

pubic /'pju:bɪk/ adj. of or near the sexual organs.

public /'pʌblɪk/ adj. **1** of or for people in general. **2** of or provided by the government: ~ accommodation ◊ a ~ school **3** known to many people; not secret. [IDM] **in the public eye** often seen on television and mentioned in newspapers, etc. ● **public** n. [sing., with sing. or pl. verb] **1** (**the public**) ordinary people in society in general **2** group of people who share an interest or are involved in the same activity: the debating ~ [IDM] **in public** when other people, esp. strangers, are present. ■ ˌpublic 'bar n. (GB) bar in a pub with simple and less comfortable furniture than the other bars. ■ ˌpublic 'company (ˌpublic 'limited company) (US ˌpublic corpo'ration) (abbr. **plc**, **PLC**) n. business company that sells shares in itself to the public. ■ ˌpublic con'venience n. (GB) toilet which the public may use. ■ ˌpublic 'house n. (fml.) = PUB ▶ **publicly** adv. ■ ˌpublic re'lations n. **1** [U] (abbr. **PR**) business of obtaining good public opinion of an organization. **2** [pl.] relationship between an organization and the public. ■ ˌpublic 'school n. (in Britain) private secondary school for fee-paying pupils.

publication /ˌpʌblɪ'keɪʃn/ n. **1** [U] act of publishing something **2** [C] book, magazine, etc.

publicity /pʌb'lɪsəti/ n. [U] **1** attention that is given to somebody/something by newspapers, television, etc. **2** information that attracts public attention to something; advertising.

publicize (also **-ise**) /'pʌblɪsaɪz/ v. [T] make something known to the public; advertise something.

publish /'pʌblɪʃ/ v. [T] **1** print and offer a book,

etc. for sale to the public. 2 (*fml.*) make something known to the public ▶ **publisher** *n.* person or company that publishes books, etc.

pucker /'pʌkə(r)/ *v.* [I, T] (cause something to) form small folds or lines.

pudding /'pʊdɪŋ/ *n.* [C, U] (*GB*) 1 sweet dish eaten at the end of a meal. 2 sweet or savoury food made with flour and baked, boiled or steamed.

puddle /'pʌdl/ *n.* small pool of water, esp. rain.

puff¹ /pʌf/ *v.* 1 [I, T] smoke a pipe, cigarette, etc. 2 [I, T] (cause smoke, steam, *etc.* to) blow out in clouds. 3 (I) (*infml.*) breathe loudly and quickly. [PV] **puff (something) out/up** (cause something to) swell ▶ **puffed** *adj.* (*GB, infml.*) breathing with difficulty.

puff² /pʌf/ *n.* 1 act of breathing in smoke from a cigarette, etc. 2 small amount of air, smoke, etc. that is blown from somewhere. ■ ,**puff 'pastry** *n.* [U] light pastry that forms many layers when baked. ▶ **puffy** *adj.* (-ier, -iest) (of eyes, faces, *etc.*) looking swollen.

puffin /'pʌfɪn/ *n.* N Atlantic seabird with a large brightly coloured beak.

pull¹ /pʊl/ *v.* 1 [I, T] hold something firmly and use force in order to move it towards yourself or in a particular direction: ◊ *I told her to ~ the door with all her strength.* 2 [T] remove something from a place by pulling: *~(out) a tooth.* 3 [T] damage a muscle, etc. by using too much force. [IDM] **pull faces/a face (at somebody)** → FACE **pull a fast one (on somebody)** (*sl.*) trick somebody. **pull your finger out** → FINGER **pull somebody's leg** (*infml.*) play a joke on somebody by making them believe something untrue. **pull your socks up** (*GB, infml.*) try to improve your work or behaviour. **pull something to pieces** criticize something strongly. **pull your weight** do your fair share of the work. [PV] **pull away (from somebody)** (of a vehicle) start moving. **pull something down** destroy a building completely. **pull in (to something)** 1 (of a train) enter a station 2 (*GB*) (of a vehicle) move to the side of the road and stop **pull something off** (*infml.*) succeed in doing something difficult. **pull out** (of a vehicle) move away from the side of the road. **pull (somebody/something) out (of something)** (cause somebody/something to) withdraw from something: *~ out of the competition.* **pull over** (of a vehicle) move to the side of the road and stop. **pull (somebody) through** (help somebody to) get better after a serious illness, operation, etc. **pull together** act, work, etc. together with other people in an organized way and without fighting. **pull yourself together** take control of your feelings and behave calmly. **pull up** (of a vehicle) stop **pull somebody up** (*GB, infml.*) criticize somebody for something they have done wrong. ■ ,**pulldown 'menu** *n.* (*computing*) list of possible choices that appears on a computer screen when you select its title.

pull² /pʊl/ *n.* 1 [C] act of pulling something. 2 [sing.] force or attraction: *the ~ of the magnet.* 3 [U] (*infml.*) power and influence over other people. 4 [C, usu. sing.] difficult walk up a steep hill.

pullet /'pʊlɪt/ *n.* young hen.

pulley /'pʊli/ *n.* device with a wheel and rope, used for lifting things.

pullover /'pʊləʊvə(r)/ *n.* (*esp. GB*) knitted piece of clothing for the upper body, pulled on over the head.

pulp /pʌlp/ *n.* [U] 1 soft wet substance that is made by crushing something, esp. wood fibre used for making paper. 2 soft part inside some fruit and vegetables. ● **pulp** *v.* [T] crush or beat something so that it becomes soft and wet.

pulpit /'pʊlpɪt/ *n.* raised enclosed platform in a church, from which a priest speaks.

pulsate /pʌl'seɪt/ *v.* [I] move or shake with a strong regular action. ▶ **pulsation** /-'seɪʃn/ *n.* [C, U].

pulse /pʌls/ *n.* 1 [C, usu. sing.] regular beating of the arteries as the blood is pumped through them. 2 [sing.] regular beat in music. ● **pulse** *v.* [I] move, beat or flow with strong regular movements or sounds.

pulverize (*also* **-ise**) /'pʌlvəraɪz/ *v.* [T] 1 (*fml.*) crush something to a fine powder. 2 (*infml.*) defeat or destroy somebody/something completely.

puma /'pju:mə/ *n.* large American wild animal of the cat family.

pump /pʌmp/ *n.* 1 machine for forcing liquid, gas or air into, out of or through something. 2 (*GB*) light soft shoe worn for dancing or exercise. ● **pump** *v.* 1 [T] force air, gas or liquid to flow in a particular direction: *I pumped air in the tyre of my bicycle on Saturday.* 2 [I] work like a pump; beat 3 [I, T] (cause something to) move quickly up and down or in and out. 4 [T] (*infml.*) try to get information from somebody by asking them a lot of questions.

pumpkin /'pʌmpkɪn/ *n.* [C, U] large round vegetable with thick orange skin.

pun /pʌn/ *n.* humorous use of words that sound the same or have two meanings, e.g. 'The soldier laid down his *arms*' ● **pun** *v.* (-nn-)

[I] make a pun.
punch /pʌntʃ/ v. [T] **1** hit somebody/something hard with your fist **2** make a hole in something with a punch(3) or some other sharp object. ● **punch** n. **1** [C] hard hit made with the fist. **2** [U] power to interest people. **3** [C] tool or machine for cutting holes in paper, etc.: *a hole* ~ **4** [U] drink made of wine or spirits mixed with sugar, lemon, spice, etc. ■ **'punch-up** n. (*GB, infml.*) physical fight.

punctual /'pʌŋktʃuəl/ adj. happening or doing something at the arranged or correct time; not late. ▶ **punctuality** /-tʃu'æləti/ n. [U] ▶ **punctually** adv.

punctuate /'pʌŋktʃueɪt/ v. **1** [T] ~(with/by) (*usu.* passive) interrupt something at intervals **2** [I, T] divide writing into sentences and phrases by using full stops, question marks, etc. ▶ **punctuation** /ˌpʌŋktʃu'eɪʃn/ n. [U] (practice of putting) marks such as full stops and commas in a piece of writing.

puncture /'pʌŋktʃə(r)/ n. small hole in a tyre made by a sharp point. ● **puncture** v. [I, T] get or make a small hole in something.

pundit /'pʌndɪt/ n. person who knows a lot about a subject and often talks about it in public, expert: *religious* ~s.

pungent /'pʌndʒənt/ adj. having a strong taste or smell.

punish /'pʌnɪʃ/ v. [T] make somebody suffer because they have broken the law or done something wrong. ▶ **punishing** adj. long and difficult and making you work so hard you become tired. ▶ **punishment** n. **1** [U, C] act or way of punishing somebody. **2** [U] rough treatment

punitive /'pju:nətɪv/ adj. (*fml.*) intended as punishment; harsh or severe.

punk /pʌŋk/ n. **1** [U] (*also* ˌpunk **'rocker**) loud and aggressive rock music popular in the late 1970s and early 1980s. **2** [C] (*also* ˌpunk **'rocker**) person who likes punk rock and wears leather clothes, metal chains and has brightly coloured hair. **3** [C] (*US, infml., disapprov.*) rude or violent young man or boy.

punnet /'pʌnɪt/ n. small square basket used as a container for fruit.

punt /pʌnt/ n. long shallow flat-bottomed boat moved along by a long pole. ● **punt** v. [I] travel in a punt, esp. for pleasure.

punter /'pʌntə(r)/ n. (*GB, infml.*) **1** customer **2** person who bets money on horse races.

puny /'pju:ni/ adj. (**-ier, -iest**) (*disapprov.*) small and weak.

pup /pʌp/ n. **1** = PUPPY **2** young of various animals, e.g. seals.

pupil /'pju:pl/ n. **1** person being taught, esp. a child in a school. **2** small round black area at the centre of the eye.

puppet /'pʌpɪt/ n. **1** doll that can be made to move, e.g. by pulling strings attached to parts of its body or by putting your hand inside it. **2** (*disapprov.*) person or group whose actions are controlled by another.

puppy /'pʌpi/ n. (*pl.* **-ies**) young dog.

purchase /'pɜːtʃəs/ v. [T] (*fml.*) buy something ● **purchase** n. (*fml.*) **1** [U] act or process of buying something. **2** [C] something bought. ▶ **purchaser** n. (*fml.*) person who buys something.

pure /pjʊə(r)/ adj. (~**r,** ~**st**) **1** not mixed with any other substance; with nothing added. **2** not containing harmful substances; clean. **3** complete; total: *I saw him by* ~ *chance.* **4** without evil thoughts or actions; morally good. **5** (of colour, sound or light) very clear; perfect. **6** concerned with theory only; not practical: ~ *science.* ▶ **purely** adv. only; completely.

purée /'pjʊəreɪ/ n. [U, C] smooth thick liquid made by crushing cooked vegetables, fruit, etc. in a little water.

purgatory /'pɜːgətri/ n. [U] **1** (in Roman Catholic teaching) place after death in which the soul has to be purified by suffering. **2** (*spoken, hum*) any place or state of suffering.

purge /pɜːdʒ/ v. [T] **1** ~(of/from) remove unwanted people from a political party, etc.: ~ *a party of corrupt politicians* ◇ ~ *corrupt politicians from the party.* **2** ~(of/from) (*written*) make yourself/somebody/something pure by getting rid of bad thoughts. ● **purge** n. act of purging(1).

purify /'pjʊərɪfaɪ/ v. (*pt, pp* **-ied**) [T] make somebody/something pure. ▶ **purification** /ˌpjʊərɪfɪ'keɪʃn/ n. [U].

purist /'pjʊərɪst/ n. person who has strong opinions about what is correct in language, art, etc.

puritan /'pjʊərɪtən/ adj., n. **1** (*disapprov.*) (of a) person who is very strict in morals. **2** (**Puritan**) (of a) member of a Protestant group in the 16th and 17th centuries who wanted simpler forms of church ceremony. ▶ **puritanical** /ˌpjʊərɪ'tænɪkl/ adj. (*disapprov.*).

purity /'pjʊərəti/ n. [U] state of being pure.

purl /pɜːl/ n. [U] stitch used in knitting. ▶ **purl** v. [I, T].

purple /'pɜːpl/ adj. having the colour of red and blue mixed together.

purpose /'pɜːpəs/ n. **1** [C] reason for which something is done or made. **2** [U] ability to form plans and carry them out. [IDM] **on purpose** deliberately ▶ **purposeful** adj. showing purpose(2).

purr /pɜː(r)/ [I] (of a cat) make a low vibrating sound expressing pleasure. ▶ **purr** n. [sing.].

purse /pɜːs/ n. 1 (esp. GB) small bag for carrying money, cards, etc. used esp. by women. 2 (US) = HANDBAG (HAND¹) 3 (sport) sum of money given as a prize in a boxing match. ● **purse** v. [T] (~**your lips**) form your lips into a tight round shape, e.g. to show disapproval.
purser /ˈpɜːsə(r)/ n. officer on a ship responsible for taking care of the passengers, and for the ship's accounts.
pursue /pəˈsjuː/ v. [T] (fml.) 1 do something to try to achieve something over a period of time: ~ a goal/an objective. 2 continue to discuss or be involved in something: ~ further studies 3 follow or chase somebody/something in order to catch them ▶ **pursuer** n. (written).
pursuit /pəˈsjuːt/ n. (fml.) 1 [U] act of pursuing somebody/something 2 [C, usu. pl.] hobby; leisure activity.
purvey /pəˈveɪ/ v. [T] (fml.) supply something, esp. food ▶ **purveyor** n.
pus /pʌs/ n. [U] thick yellowish liquid formed in an infected wound.
push¹ /pʊʃ/ v. 1 [I, T] use force on something in order to move it forward, away or to a different position: ~ the car in the garage ◇ ~ the cycle through the traffic. 2 [T] try to persuade somebody to do something that they may not want to do. 3 [T] (infml.) sell illegal drugs [PV] **push somebody about/around** (infml.) give orders to somebody in a rude or unpleasant way. **push (somebody) for something** repeatedly ask for something or try to make something happen: People are constantly ~ing for a ban on artificial liquids. **push off** (GB, spoken) go away ■ **'push-button** adj. operated by pressing buttons with your fingers. ■ **'pushchair** n. small folding seat on wheels for a small child. ▶ **pushed** adj. 1 ~**to** having difficulty doing something: be hard ~ed to complete the work before deadline. 2 ~ (**for**) not having enough of something: be ~ed for time. ▶ **pusher** n. (infml.) person who sells illegal drugs.
push² /pʊʃ/ n. [C, usu. sing.] 1 act of pushing something/somebody. 2 great effort or attack [IDM] **give somebody/get the push** (GB, infml.) dismiss somebody/be dismissed from your job.
pussy /ˈpʊsi/ n. (pl. **-ies**) (also **'pussy cat**) child's word for a cat.
put /pʊt/ v. (pt, pp **put** pres. pt ~**ting**) [T] 1 move something/somebody into a particular place or position: She ~ her clothes in the cupboard. ◇ She put her little child in an orphanage. 2 write something or make a mark on something: P~ the name of the chapter on the top of the page. 3 bring somebody/something into the state or condition mentioned: Don't ~ her life at risk. 4 express something in a particular way: The teacher ~ it very politely for the children. [IDM] **put your cards on the table** → CARD **put the clock back** → CLOCK **put it to somebody that ...** suggest something to somebody to see if they can argue against it **put your oar in** → OAR **put something right** → RIGHT¹ **put somebody/something to rights** → RIGHT³ [PV] **put something about** (GB, infml.) cause rumours, etc. to pass from one person to another. **put yourself/something across/over (to somebody)** communicate your ideas, feelings, etc. well to somebody. **put something aside 1** ignore or forget something, usu. a feeling or difference of opinion: ~ aside your opinions and concentrate on the work. **2** save money for a particular purpose **put something at something** calculate somebody/something to be a particular age, amount, etc.: She ~ the cost at £800. **put something away** put something in its usual place: ~ the dishes away in the kitchen. **put something back 1** return something to its usual place: ~ the chair back in the room. **2** move something to a later time or date: ~ the concert back by twenty minutes. **3** move the hands of a clock to show the correct earlier time **put something by** = PUT SOMETHING ASIDE(2) **put somebody down** (infml.) make somebody look or seem stupid, esp. in front of other people. **put something down 1** stop holding something and place it on a table, etc. **2** write something **3** pay part of the cost of something: ~ down a 5% interest. **4** stop something by force: ~ down a rebellion. **5** kill a sick animal **put something down to something** consider that something is caused by something: She ~ her success down to her hard work. **put something forward 1** move something to an earlier time or date. **2** move the hands of a clock to show the correct later time. **3** suggest something for discussion: ~ forward a new plan **put something in 1** install equipment or furniture: ~ an air conditioner in the room. **2** spend a lot of time or make a lot of effort doing something: ~ in five hours' work **put yourself/somebody/something in for something** enter yourself/somebody/something for a competition **put somebody off 1** cancel a meeting, etc. you have made with somebody. **2** make somebody dislike somebody/something or not trust them/it. **3** distract somebody from something: Don't ~ me off when I'm trying to concentrate. **put somebody off something** make somebody lose enthusiasm for or interest in something/somebody. **put something off** change

something to a later time or date. **put something on 1** dress yourself in something: ~ *a coat on*. **2** apply something to your skin, face, etc. **3** switch on a piece of equipment: ~ *on the television* ◇ ~ *on some music*. **4** become heavier or fatter: ~ *on a stone (in weight)*. **5** provide something specially: ~ *on extra trains*. **6** produce or present a play, show, etc.: ~ *on a play*. **put somebody out 1** cause inconvenience to somebody: *I hope my visit won't ~ you out*. **2 (be put out)** be upset or offended **put something out. 1** take something outside your house and leave it, e.g. for somebody to collect **2** stop something from burning or shining: ~ *out the lights* **3** publish or broadcast something: ~ *out a warning* **put yourself/something over (to somebody)** = PUT YOURSELF/SOMETHING ACROSS (TO SOMEBODY) **put somebody/something through (to somebody)** connect somebody by telephone. **put something to somebody 1** offer a suggestion to somebody so that they can accept or reject it **2** ask somebody a question. **put up something** show a level of skill, determination, etc, in a fight or contest: ~ *up a fight*. **put somebody up** let somebody stay at your home **put something up 1** raise something: ~ *your hand up*. **2** build something or place something somewhere: ~ *a tent up*. **3** increase something: ~ *up the rent* **4** provide or lend money. **put up (at ...)** (*esp. GB*) stay somewhere for the night. **put somebody up to something** (*infml.*) encourage somebody to do something wrong. **put up with somebody/something** accept somebody/something annoying, unpleasant, etc. without complaining: ~ *up with bad behaviour*. ∎
'putdown *n* remark intended to make somebody look or feel stupid
putrefy /'pju:trɪfaɪ/ *v*. (*pt, pp* **-ied**) [I] (*fml.*) decay and smell very bad. ▶ **putrefaction** /ˌpju:trɪ'fækʃn/ *n*. [U]
putrid /'pju:trɪd/ *adj* rotten and bad-smelling
putt /pʌt/ *v*. [I, T] (in golf) hit the ball gently along the ground.
putter /'pʌtə(r)/ *v*. [I] (*US*) = POTTER
putty /'pʌti/ *n*. [U] soft paste used for fixing glass in window frames.
puzzle /'pʌzl/ *n* **1** game, etc. that you have to think about carefully in order to answer it or do it: *a crossword ~*. **2** something difficult to understand or explain. ● **puzzle** *v*. [T] make somebody feel confused because they do not understand something: *What ~s me is why he didn't return my call*. [PV] **puzzle something out** find the answer to something by thinking hard **puzzle over/about something** think hard about something in order to understand it.
PVC /ˌpi: vi: 'si:/ *n*. [U] strong plastic material.
pygmy (*also* **pigmy**) /'pɪgmi/ *n*. (*pl.* **-ies**) **1** (**Pigmy**) member of a race of very short people living in parts of Africa and SE Asia. **2** (*disapprov.*) very small person or animal.
pyjamas /pə'dʒɑ:məz/ *n*. [pl.] loose jacket and trousers worn in bed.
pylon /'paɪlən/ *n*. tall steel structure for carrying electric cables.
pyramid /'pɪrəmɪd/ *n*. **1** structure with a square base and sloping sides meeting at a point, esp. one built in ancient Egypt. **2** pile of objects in the shape of a pyramid.
pyre /'paɪə(r)/ *n*. high pile of wood for burning a dead body on.
python /'paɪθən/ *n*. large tropical snake that kills animals by twisting its body tightly round them.

Q q

Q, q /kjuː/ n. [C, U] (pl. **Q's, q's** /kjuːz/) the seventeenth letter of the English alphabet.

quack /kwæk/ n. **1** sound that a duck makes. **2** (infml., disapprov.) person who dishonestly claims to have medical knowledge. ● **quack** v. [I] make the sound of a duck.

quad /kwɒd/ n. **1** short for QUADRANGLE **2** short for QUADRUPLET.

quad bike /ˈkwɒd baɪk/ n. motorcycle with four large tyres, used for riding over rough ground. ▶ **'quad biking** n. [U] activity or sport of riding a quad bike.

quadrangle /ˈkwɒdræŋgl/ n. open square area with buildings round it, esp. in a school or college.

quadruped /ˈkwɒdruped/ n. (tech) any creature with four feet.

quadruple /kwɒˈdruːpl/ v. [I, T] become or make something four times bigger. ● **quadruple** /ˈkwɒdrʊpl/ adj., det. **1** consisting of four parts, people or groups. **2** being four times as much or as many.

quadruplet /ˈkwɒdruplət; kwɒˈdruːplət/ n. one of four babies born to the same mother at one time.

quagmire /ˈkwægmaɪə(r); GB also ˈkwɒg-/ n. **1** area of soft wet ground. **2** difficult or dangerous situation.

quail /kweɪl/ n. [C, U] (meat of a) small brown bird, whose meat and eggs are used for food. ● **quail** v. [I] (lit.) feel or show that you feel very afraid.

quaint /kweɪnt/ adj. attractive in an unusual or old-fashioned way ▶ **quaintly** adv.

quake /kweɪk/ v. [I] shake; tremble.

qualification /ˌkwɒlɪfɪˈkeɪʃn/ n. **1** [C, usu. pl.] exam that you have passed or course of study that you have completed successfully. **2** skill or type of experience needed for a particular job. **3** [C, U] information added to a statement that modifies or limits it: *The officer asked her ~s.* **4** [U] fact of passing an exam, etc.

qualify /ˈkwɒlɪfaɪ/ v. (pt, pp **-led**) **1** [I, T] have or give somebody the qualities, training, etc. that are necessary or suitable for something: *The team will hopefully ~ the first round.* **2** [T] add something to a previous statement to make it less general or extreme. ▶ **qualified** adj. **1** have the necessary qualifications. **2** limited in some way: *qualified approval.*

qualitative /ˈkwɒlɪtətɪv/ adj. concerned with how good something is, rather than how much of it there is.

quality /ˈkwɒləti/ n. (pl. **-ies**) **1** [U, C] (high) standard; how good or bad something is. **2** [C] typical part of somebody/something's character.

qualm /kwɑːm/ n. feeling of doubt about whether what you are doing is right.

quandary /ˈkwɒndəri/ n. (pl. **-ies**) state of not being able to decide what to do.

quantitative /ˈkwɒntɪtətɪv/ adj. concerned with the amount or number of something rather than how good it is.

quantity /ˈkwɒntəti/ n. [C, U] (pl. **-ies**) (esp. large) amount or number of something.

quarantine /ˈkwɒrəntiːn/ n. [U] period when a person or animal is separated from others to prevent the spread of a disease. ● **quarantine** v. [T] put an animal or person in quarantine.

quarrel /ˈkwɒrəl/ n. **1** [C] angry argument **2** [U] reason to disagree with somebody/something ● **quarrel** v. (-ll- US -l-) [I] ~(with) have an angry argument or disagreement. ▶ **quarrelsome** /-səm/ adj. (of a person) liking to argue with others.

quarry /ˈkwɒri/ n. (pl. **-ies**) **1** [C] place where stone, slate, etc. is dug out of the ground. **2** [sing.] animal or person that is being hunted or followed. ● **quarry** v. (pt, pp **-ied**) [T] dig stone, etc. from a quarry.

quart /kwɔːt/ n. measure for liquids, equal to. 2 pints (1.14 litres) in the UK and 0.94 of a litre in the US.

quarter /ˈkwɔːtə(r)/ n. **1** [C] one of four equal parts of something; $1/4$ **2** [C] 15 minutes: *a ~ to four ◊ (US) a ~ of six ◊ a ~ past nine ◊ (US) a ~ after eight* **3** [C] period of three months. **4** [C] part of a town or city: *the historic ~* **5** [C] person or group from which help or information may come. **6** [C] coin of the US and Canada worth 25 cents. **7** (**quarters**) [pl.] accommodation, esp. for soldiers: *big and spacious ~s.* ● **quarter** v. [T] **1** divide something into four parts. **2** (fml.) provide somebody with a place to eat and sleep. ■ **,quarter-'final** n. one of four matches in a competition, whose winners play in the semifinals. ■ **'quartermaster** n. army officer in charge of stores and accommodation.

quarterly /ˈkwɔːtəli/ adj., adv. (happening or produced) every three months: *I go for my classes ~.* ● **quarterly** n. (pl. **-ies**) magazine, etc. published four times a year.

quartet /kwɔːˈtet/ n. (music for) four players or singers.

quartz /kwɔːts/ n. [U] hard mineral used in making very accurate clocks.

quash /kwɒʃ/ v. [T] **1** (law) officially say that a legal decision is no longer valid or correct: *~ a case* **2** (written) stop something from continuing.

quaver /ˈkweɪvə(r)/ v. [I, T] (of somebody's

voice) shake because the person is afraid. ● **quaver** *n.* [C, usu. sing.] shaking sound in somebody's voice.

quay /kiː/ *n.* platform in a harbour where boats come to load, etc.

queasy /ˈkwiːzi/ *adj.* (**-ier, -iest**) feeling sick; wanting to vomit.

queen /kwiːn/ *n.* **1** female ruler of an independent state that has a royal family. **2** wife of a king. **3** woman thought to be the best in a particular group or area. **4** (in chess) the most powerful piece. **5** playing card with a picture of a queen on it. **6** egg-producing female of bees, ants, etc. ■ ˌ**queen ˈmother** *n.* mother of a ruling king or queen.

queer /kwɪə(r)/ *adj.* **1** (*old-fash.*) strange or unusual **2** (△, *sl.*) homosexual ● **queer** *n.* (△, *sl.*) homosexual.

quell /kwel/ *v.* [T] put an end to something.

quench /kwentʃ/ *v.* [T] **1** satisfy your thirst by drinking **2** (*written*) put out a fire.

query /ˈkwɪəri/ *n.* (*pl.* **-ies**) question ● **query** *v.* (*pt, pp* **-ied**) [T] **1** express doubt about whether something is correct or not. **2** (*written*) ask a question.

quest /kwest/ *n.* (*fml.*) long search.

question¹ /ˈkwestʃən/ *n.* **1** [C] sentence, phrase, etc. that asks for information. **2** [C] matter that needs to be discussed or dealt with. **3** [U] doubt: *His obsessiveness for her is beyond ~.* [IDM] **in question 1** that is being discussed. **2** in doubt; uncertain **out of the question** impossible. ■ ˈ**question mark** *n.* mark (?) written at the end of a question.

question² /ˈkwestʃən/ *v.* [T] **1** ask somebody questions about something, esp. officially **2** express your doubts about something. ▶ **questionable** *adj.* that can be doubted.

questionnaire /ˌkwestʃəˈneə(r)/ *n.* ~(**on/about**) list of questions to be answered to get information.

queue /kjuː/ *n.* line of people, cars, etc. waiting for something or to do something. ● **queue** *v.* [I] wait in a queue.

quibble /ˈkwɪbl/ *v.* [I] argue about small unimportant details. ● **quibble** *n.* argument about a small matter.

quiche /kiːʃ/ *n.* [C, U] open pie with a filling of eggs, cheese, etc.

quick /kwɪk/ *adj.* **1** done with speed; taking or lasting a short time. **2** moving or doing something fast: *a ~ answer.* [IDM] **be quick on the uptake →** UPTAKE **have a quick temper** become angry easily **quick off the mark →** MARK¹ ● **quick** *adv.* quickly; fast ● **quick** *n.* (**the quick**) [sing.] soft sensitive flesh below the fingernails. ▶ **quickly** *adv.* ▶ **quickness** *n.* [U] ■ ˌ**quick-ˈwitted** *adj.* able to think quickly; clever.

quicken /ˈkwɪkən/ *v.* [I, T] (*written*) become or make something quicker.

quicksand /ˈkwɪksænd/ *n.* [U, C] loose wet deep sand that you sink into if you walk on it.

quid /kwɪd/ *n.* (*pl.* **quid**) (*GB, infml.*) one pound in money.

quiet /ˈkwaɪət/ *adj.* **1** making little noise. **2** without many people or much noise or activity: *a ~ area.* **3** (of a person) not talking very much. ● **quiet** *n.* [U] state of being calm without much noise. [IDM] **on the quiet** secretly. ▶ **quieten** /-tn/ *v.* [I, T] (*GB*) ~(**down**) become or make somebody/something calmer or less noisy. ▶ **quietly** *adv.* ▶ **quietness** *n.* [U].

quill /kwɪl/ *n.* **1** large feather **2** (*also* ˌ**quill ˈpen**) pen made from a quill feather. **3** one of the long sharp spines on a porcupine.

quilt /kwɪlt/ *n.* **1** decorative padded cover for a bed: *a colourful ~* **2** (*GB*) = DUVET ▶ **quilted** *adj.* having two layers of cloth filled with soft material.

quin /kwɪn/ (*US* **quint** /kwɪnt/) *n.* (*infml.*) = QUINTUPLET.

quinine /kwɪˈniːn/ *n.* [U] drug from the bark of a S American tree, used in the past to treat malaria.

quintet /kwɪnˈtet/ *n.* (music for) five players or singers.

quintuplet /ˈkwɪntjʊplət; kwɪnˈtjuːplət/ *n.* one of five babies born to the same mother at one time.

quip /kwɪp/ *n.* quick and clever remark ● **quip** *v.* (**-pp-**) [I] make a quip.

quirk /kwɜːk/ *n.* **1** strange aspect of somebody's personality. **2** strange thing that happens, esp. accidentally.

quit /kwɪt/ *v.* (**-tt-** *pt, pp* **quit** *GB also* **~ted**) [I, T] (*infml.*)̸ **1** leave your job, school, etc. **2** (*esp. US*) stop doing something.

quite /kwaɪt/ *adv.* **1** to some degree; fairly: *~ a good weather.* **2** to the greatest possible degree; completely: *~ humorous.* **3** (*also fml.* **quite so**) (*GB*) used to show you agree with somebody [IDM] **quite a / the something** used to show that a person or thing is unusual in some way: *He's ~ mysterious these days.*

quiver /ˈkwɪvə(r)/ *v.* [I] shake slightly. ● **quiver** *n.* **1** slight movement in part of your body. **2** case for carrying arrows.

quiz /kwɪz/ *n.* (*pl.* **~zes**) game in which people are asked questions to test their knowledge ● **quiz** *v.* (**-zz-**) [T] ask somebody a lot of questions in order to get information.

quizzical /ˈkwɪzɪkl/ *adj.* (of an expression)

showing that you are surprised or amused. ▶ **quizzically** /-kli/ *adv.*

quoit /kɔɪt/ *n.* **1** [C] ring thrown onto a small post in the game of quoits. **2 (quoits)** [U] game in which rings are thrown onto a small post.

quota /ˈkwəʊtə/ *n.* limited number or share that is officially allowed.

quotation /kwəʊˈteɪʃn/ *n.* **1** [C] group of words taken from a play, speech, etc. **2** [U] act of repeating something that another person has said **3** [C] statement of how much money a piece of work will cost. ■ **quo'tation marks** *n.* [pl.] punctuation marks (' ' or " ") used at the beginning and end of a quotation(1).

quote /kwəʊt/ *v.* **1** [I, T] repeat the exact words that another person has said or written. **2** [T] mention an example of something to support a statement. **3** [T] tell a customer how much you will charge for a job or service. ● **quote** *n.* (*infml.*) **1** [C] = QUOTATION(1) **2** [C] = QUOTATION(3) **3 (quotes)** [pl] = QUOTATION MARKS (QUOTATION).

quotient /ˈkwəʊʃnt/ *n.* (*maths*) number obtained by dividing one number by another.

R r

R, r /ɑː(r)/ *n.* [C, U] (*pl.* **R's, r's** /ɑːz/) the eighteenth letter of the English alphabet.

R & B /ˌɑːr ən 'biː/ *abbr.* = RHYTHM AND BLUES.

rabbi /'ræbaɪ/ *n.* Jewish spiritual leader; teacher of Jewish law.

rabbit /'ræbɪt/ *n.* small animal with long ears that lives in a hole in the ground. ● **rabbit** *v.* [PV] **rabbit on (about something/somebody)** (*GB, infml.*) talk continuously about unimportant or uninteresting things.

rabble /'ræbl/ *n.* large noisy crowd of people. ∎ **'rabble-rouser** *n.* person who makes speeches to crowds of people intending to make them angry or excited.

rabid /'ræbɪd/ *adj.* **1** (*disapprov*) having violent or extreme feelings or opinions. **2** suffering from rabies.

rabies /'reɪbiːz/ *n.* [U] disease of dogs and other animals causing madness and death.

race[1] /reɪs/ *n.* **1** [C] competition of speed, e.g. in running. **2** [sing.] situation in which a number of people, groups, etc. are competing, esp. for political power: *the Olympic ~* **3** (**the races**) [pl.] series of horse races that happen at one place. **4** [C, U] one of the main groups that humans can be divided into according to their physical differences, e.g. colour of skin. **5** [C] group of people with the same history, language, etc. **6** [C] breed or type of animal or plant ∎ **,race re'lations** *n.* [pl.] relationships between people of different races in the same community.

race[2] /reɪs/ *v.* **1** [I, T] **~(against)** compete against something/somebody in a race or races. **2** [T] make an animal or a vehicle compete in a race. **3** [I, T] (cause something/somebody to) move very fast. ∎ **'racecourse** *n.* track where horses race. ∎ **'racehorse** *n.* horse that is trained to run in races. ∎ **'racetrack** *n.* **1** track for races between runners, cars, bicycles, etc. **2** (*US*) = RACECOURSE

racial /'reɪʃl/ *adj.* **1** happening or existing between people of different races: *~ disparity* **2** of race[1](4) ▶ **racially** *adv.*

racism /'reɪsɪzəm/ *n.* [U] (*disapprov*) unfair treatment of other races; belief that some races of people are better than others. ▶ **racist** *adj., n.*

rack /ræk/ *n.* **1** framework, usu. of metal or wooden bars, for holding things or hanging things on. **2** shelf over the seats in a train, aeroplane, etc. for light luggage: *a book ~* [IDM] **go to rack and ruin** get into a bad condition. ● **rack** *v.* (often passive) cause somebody to suffer great pain. [IDM] **rack your brains** try very hard to think of something

racket /'rækɪt/ *n.* [C] **1** [sing.] (*infml.*) loud noise. **2** [C] (*infml.*) dishonest way of getting money. **3** (*also* **racquet**) piece of sports equipment used for hitting the ball in tennis, squash, etc. **4** (**rackets**) (*also* **racquets**) [U] game played with a ball in a court with four walls. ▶ **racketeer** /ˌrækə'tɪə(r)/ *n.* person involved in a racket(2)

racy /'reɪsi/ *adj.* (**-ier, -iest**) lively, amusing and perhaps about sex.

radar /'reɪdɑː(r)/ *n.* [U] equipment or system for showing the position of solid objects on a screen by using radio waves.

radiant /'reɪdiənt/ *adj.* **1** showing great happiness, love or health: *~ skin.* **2** sending out rays of light or heat. ▶ **radiance** /-əns/ *n.* [U] ▶ **radiantly** *adv.*

radiate /'reɪdieɪt/ *v.* [I, T] **1** (of a person) send out a particular quality or emotion. *She ~s sincerity.* **2** send out rays of light or heat.

radiation /ˌreɪdi'eɪʃn/ *n.* **1** [U, C] powerful and dangerous rays sent out from a radioactive substance. **2** [U] heat, energy, etc. sent out in the form of rays.

radiator /'reɪdieɪtə(r)/ *n.* **1** apparatus, esp. a set of pipes, used for heating a room. **2** device for cooling the engine of a vehicle.

radical /'rædɪkl/ *adj.* **1** basic; thorough and complete. **2** new, different and likely to gave a great effect. **3** favouring thorough political or social change. ● **radical** *n.* person with radical(3) opinions ▶ **radically** /-kli/ *adv.*

radii *pl. of* RADIUS.

radio /'reɪdiəʊ/ *n.* (*pl. ~s*) **1** [U, sing.] (activity of broadcasting) programmes for people to listen to. **2** [C] piece of equipment for listening to radio broadcasts. **3** [U] process of sending and receiving messages through the air using electromagnetic waves. ● **radio** *v.* [I, T] send a message to somebody by radio.

radioactive /ˌreɪdiəʊ'æktɪv/ *adj.* sending out energy in the form of rays that can be harmful. ▶ **radioactivity** /-æk'tɪvəti/ *n.* [U]

radiography /ˌreɪdi'ɒɡrəfi/ *n.* [U] process or job of taking X-ray photographs. ▶ **radiographer** /-fə(r)/ *n.* person working in a hospital whose job is to take X-ray photographs

radiology /ˌreɪdi'ɒlədʒi/ *n.* [U] study and use of different types of radiation in medicine. ▶ **radiologist** *n.*

radish /'rædɪʃ/ *n.* small crisp red or white root vegetable with a strong taste, eaten raw in salads.

radium /'reɪdiəm/ *n.* [U] (*symb.* **Ra**) radioactive chemical element used in the treatment of some diseases.

radius /'reɪdiəs/ *n.* (*pl.* **radii** /-diaɪ/) **1** (length

raffia /'ræfiə/ n. [U] soft fibre from the leaves of a type of palm tree, used for making mats, etc.

of a) straight line from the centre of a circle to the side. **2** circular area measured from a central point: *within a two-mile ~ of the fort.*

raffle /'ræfl/ n. way of getting money (*esp.* for charity) by selling numbered tickets that may win prizes. ● **raffle** v. [T] offer something as a prize in a raffle.

raft /rɑːft/ n. **1** flat floating structure of logs fastened together, used as a boat. **2** small inflatable boat. ▶ **rafting** n. [U] sport or activity of travelling down a river on a raft: *Whitewater ~ing is an adventure sport.*

rafter /'rɑːftə(r)/ n. large sloping piece of wood that supports a roof.

rag /ræg/ n. **1** [C, U] piece of old torn cloth. **2** [C] (*infml., disapprov*) newspaper. **3** [U, C] (*GB*) amusing public event held by students to collect money for charity. [IDM] **in rags** wearing very old torn clothes.

rage /reɪdʒ/ n. [U, C] feeling of violent anger that is difficult to control. [IDM] **be all the rage** (*infml.*) be very popular and fashionable. ● **rage** v. [I] **1** show that you are very angry about something or with somebody, esp. by shouting. **2** (*e.g.* of storms) continue in a violent way.

ragged /'rægɪd/ adj. **1** (of clothes) old and torn. **2** (of people) wearing old or torn clothes. **3** rough; uneven ▶ **raggedly** adv.

ragtime /'rægtaɪm/ n. [U] popular 1920s jazz music.

raid /reɪd/ n. **1** short surprise attack on an enemy position. **2** surprise visit by the police looking for criminals or illegal goods. **3** attack on a building, etc. in order to commit a crime: *an income tax ~*. ● **raid** v. [T] make a raid on something/somebody ▶ **raider** n. person who makes a raid(3) on a place.

rail /reɪl/ n. **1** [C] wooden or metal bar put round something as a barrier or for support. **2** [C] bar fixed to the wall for hanging things on: *a ~ along the staircase.* **3** [C, usu. pl.] steel bar on which trains run. **4** [U] railways as a means of transport: *travel by ~* ● **rail** v. [PV] **rail something in/off** surround/separate something with rails. ▶ **railing** n. [C, usu. pl.] fence made of upright metal bars ■ **'railroad** n. (*US*) = RAILWAY ■ **'railway** n. **1** track on which trains run. **2** system of such tracks, with the trains, etc.

rain /reɪn/ n. [U, sing.] water that falls in drops from the clouds. ● **rain** v. **1** [I] (used with *it*) fall as rain: *In rainforests, it ~s all the time.* **2** [I, T] ~(**down/on**) (cause something to) fall on something/somebody in large quantities. [PV] **be rained off** (*US* **be rained out**) (of an event) be cancelled or have to stop because of rain. ■ **rainbow** /'reɪnbəʊ/ n. curve of many colours seen in the sky when the sun shines through rain. ■ **'raincoat** n. light waterproof coat. ■ **'rainfall** n. [U] amount of rain that falls in a certain area during a particular time. ■ **'rainforest** n. thick forest in tropical areas with heavy rainfall.

rainy /'reɪni/ adj. (**-ier, -iest**) having or bringing a lot of rain. [IDM] **save, keep, etc. something for a rainy day** save something, esp. money, for a time when you will really need it.

raise /reɪz/ v. [T] **1** lift or move something to a higher level. **2** increase the amount or level of something: *~ somebody's hopes* (= make somebody more hopeful) ◇ *~ your hand*) **3** bring or collect money or people together: *~ money for charity fund.* ◇ *~ an army.* **4** bring something up for attention or discussion: *~ a new point.* **5** cause or produce something; make something appear: *~ doubts.* **6** (*esp. US*) look after a child or young animal until it is able to take care of itself. **7** breed farm animals: grow crops [IDM] **raise hell** (*infml.*) protest angrily about something. **raise the roof** (cause somebody to) make a lot of noise in a building, e.g. by cheering. ● **raise** n. (*US*) = RISE²(3)

raisin /'reɪzn/ n. dried sweet grape.

rake /reɪk/ n. garden tool with a long handle and a row of metal points at the end. ● **rake** v. [I, T] pull a rake over a surface in order to level it or to remove something: *He ~d the rubbish into a pile.* [PV] **rake something in** (*infml.*) earn a lot of money: *Her business has really started raking in profits.* **rake something up** (*infml., disapprov*) remind people of something unpleasant that happened in the past. ■ **'rake-off** n. (*infml.*) (*usu.* dishonest) share of profits.

rally /'ræli/ n. (*pl.* **~ies**) **1** large public meeting, esp. one held to support a particular idea or political party. **2** (*GB*) race for motor vehicles on public roads. **3** long series of hits of the ball in tennis, etc. ● **rally** v. (*pt, pp* **-ied**) **1** [I, T] (cause people to) come together to help or support something/somebody. **2** [I] become healthier, stronger, etc. after a period of illness, weakness, etc. [PV] **rally round/around (somebody)** (of a group of people) work together to help somebody in a time of need.

RAM /ræm/ n. [U] random-access memory; computer memory in which data can be changed and which can be looked at in any order.

ram /ræm/ n. **1** male sheep **2** = BATTERING RAM (BATTER) ● **ram** (**-mm-**) v. [T] **1** (of a vehicle) drive into or hit another vehicle with force, esp. deliberately. **2** push something somewhere with force.

ramble /'ræmbl/ *n.* long walk for pleasure. ● **ramble** *v.* [I] **1** walk for pleasure, esp. in the countryside. **2** talk about something/somebody in a confused way, esp. for a long time. **3** (of a plant) grow wildly ▶ **rambler** *n.* ▶ **rambling** *adj.* **1** (*esp.* of buildings) extending in many directions irregularly. **2** (of speech or writing) long and confused.

ramification /,ræmɪfɪ'keɪʃn/ *n.* [C, usu. pl.] one of the large number of complicated and unexpected results of an action or decision.

ramp /ræmp/ *n.* **1** slope that joins two parts of a road, building, etc. when one is higher than the other. **2** (*US*) = SLIP ROAD (SLIP¹).

rampage /ræm'peɪdʒ/ *v.* [I] move through a place wildly, usu. causing damage. ● **rampage** *n.* [usu. sing.] sudden period of wild or violent behaviour, often causing damage: *Seeing the lion, the wilder beasts went into a ~.*

rampant /'ræmpənt/ *adj.* **1** (of something bad) spreading uncontrollably. **2** (of plants) growing very fast.

rampart /'ræmpɑːt/ *n.* wide bank of earth built to defend a fort, etc.

ramshackle /'ræmʃækl/ *adj.* (of a house or vehicle) almost collapsing.

ran *pt of* RUN.¹

ranch /rɑːntʃ/ *n.* large farm, esp. in the US, where cattle are bred. ▶ **rancher** *n.* person who owns or manages a ranch.

rancid /'rænsɪd/ *adj.* (of fatty foods) tasting or smelling bad because no longer fresh.

rancour (*US* **-cor**) /'ræŋkə(r)/ *n.* [U] (*fml.*) feelings of hatred because you think somebody has done something unfair to you. ▶ **rancorous** /-kərəs/ *adj.*

random /'rændəm/ *adj.* done, chosen, etc. without a definite plan or pattern. ● **random** *n.* [IDM] **at random** without thinking or deciding in advance what is going to happen. ■ **,random 'access** *n.* [U] (*computing*) ability in a computer to go straight to data items without having to read through items stored previously. ■ **,random-,access 'memory** *n.* [U] (*computing*) = RAM ▶ **randomly** *adv.*

randy /'rændi/ *adj.* (**-ier, -iest**) (*infml., GB*) sexually excited

rang *pt of* RING.¹

range¹ /reɪndʒ/ *n.* **1** [C, usu. sing.] group or set of similar things; variety: *His shop has a wide ~ of products for daily use.* **2** [C, usu. sing.] limits between which something varies. **3** [C, U] distance over which something can be seen or heard. **4** [C, U] distance over which a gun or other weapon can hit things: *hit him at close ~* **5** [C] line or group of mountains or hills. **6** [C] area of land where people can practice shooting.

range² /reɪndʒ/ *v.* **1** [I] vary between limits: *Price ~ is very high in this shop.* **2** [T] (*fml.*) arrange people or things in a particular position or order. [PV] **range over something** include a variety of different subjects.

ranger /'reɪndʒə(r)/ *n.* person whose job is to take care of a forest or large park.

rank¹ /ræŋk/ *n.* **1** [U, C] position somebody has in an organization or in society. **2** [C, U] position somebody has in the army, navy, etc. **3** (**the ranks**) [pl.] ordinary soldiers, not officers. **4** [C] line or row of people or things: *a taxi ~* ● **rank** *v.* [I, T] be or put something/somebody in a certain position or class: *He ~s at the top in his profession.* ■ **the ,rank and 'file** *n.* [sing. with sing. or pl. verb] ordinary members of an organization, not its leaders.

rank² /ræŋk/ *adj.* **1** smelling bad. **2** (of something bad) complete. **3** (of plants) growing too thickly.

rankle /'ræŋkl/ *v.* [I] cause lasting bitterness or anger.

ransack /'rænsæk/ *v.* [T] search a place thoroughly leaving it very untidy.

ransom /'rænsəm/ *n.* money paid to set a prisoner free. ● **ransom** *v.* [T] get the freedom of somebody by paying a ransom.

rant /rænt/ *v.* [I] speak or complain about something loudly and angrily.

rap /ræp/ *n.* **1** [C] quick sharp hit or knock. **2** [U] type of modern music with a fast rhythm and words which are spoken fast. [IDM] **take the rap (for something/ somebody)** (*infml.*) be punished, esp. for something you have not done. ● **rap** *v.* (**-pp-**) [I, T] hit something lightly and quickly.

rape /reɪp/ *v.* [T] force somebody to have sex without consent by threatening or using violence ● **rape** *n.* [C, U] **1** crime of forcing somebody to have sex esp. using violence. **2** (*lit.*) act of spoiling or destroying an area ▶ **rapist** *n.*

rapid /'ræpɪd/ *adj.* done or happening very quickly ▶ **rapidity** /rə'pɪdəti/ *n.* [U] ▶ **rapidly** *adv.* ▶ **rapids** *n.* [pl.] part of a river where the water flows very fast, usu. over rocks.

rappel /ræ'pel/ (*US*) *v.* = ABSEIL

rapport /ræ'pɔː(r)/ *n.* [sing., U] friendly relationship and understanding.

rapt /ræpt/ *adj.* (*written*) so deep in thought that you are not aware of other things.

rapture /'ræptʃə(r)/ *n.* [U] (*fml.*) great happiness [IDM] **be in, go into, etc. raptures (about/over something/ somebody)** feel

great pleasure or enthusiasm for somebody/something. ▶ **rapturous** *adj.*: *rapturous welcome*.
rare /reə(r)/ *adj.* (~r, ~st) **1** not common. **2** (of meat) slightly cooked. ▶ **rarely** *adv.* not often.
rarefied /'reərɪfaɪd/ *adj.* **1** understood by only a small group of people who share a particular area of knowledge. **2** (of air) containing less oxygen than usual
raring /'reərɪŋ/ *adj.* ~**to** (*infml.*) very keen to do something.
rarity /'reərəti/ *n.* (*pl.* **-ies**) **1** [C] unusual, and therefore interesting, person or thing. **2** [U] quality of being rare.
rascal /'rɑːskl/ *n.* **1** naughty child. **2** (*old-fash.*) dishonest man.
rash /ræʃ/ *n.* **1** [C] area of red spots on a person's skin, caused by illness or a reaction to something. **2** [sing.] series of unpleasant things that happen over a short period of time: *a ~ of communal riots*. ● **rash** *adj.* acting or done without careful thought ▶ **rashly** *adv.* ▶ **rashness** *n.* [U]
rasher /'ræʃə(r)/ *n.* thin slice of bacon.
rasp /rɑːsp/ *n.* **1** [sing.] unpleasant harsh sound. **2** [C] metal tool used for making rough surfaces smooth. ● **rasp** *v.* [I, T] say something in an unpleasant harsh voice.
raspberry /'rɑːzbəri/ *n.* (*pl.* **-ies**) **1** small dark red berry that grows on bushes. **2** (*infml.*) rude noise made by sticking out the tongue and blowing.
rat /ræt/ *n.* **1** animal like, but larger than, a mouse. **2** (*infml.*) unpleasant or disloyal person. [IDM] **the rat race** (*disapprov*) endless competition for success. ● **rat** *v.* (-tt-) [PV] **rat on somebody** (*infml.*) tell somebody in authority about something wrong that somebody else has done. ▶ **ratty** *adj.* (**-ier**, **-iest**) (*GB, infml.*) irritable.
rate¹ /reɪt/ *n.* [C] **1** measure of the speed at which something happens: *he ran at the rate of ~ of 3 miles per hour*. **2** measure of the number of times something happens or exists in a period of time: *the mortality ~* **3** fixed price that is charged or paid for something: *postage ~s* **4** (**rates**) [pl.] (in Britain) local tax paid by businesses for land and buildings that they use. [IDM] **at any rate** (*spoken*) whatever happens **at this/that rate** (*spoken*) if this/that continues.
rate² /reɪt/ *v.* [T] **1** consider something/somebody in the way that is mentioned: *He is generally ~d as one of the best players*. **2** place something/somebody in a position on a scale in relation to other similar people or things. **3** deserve to be treated in a particular way: *The film didn't rate a mention in the newspaper*.
rather /'rɑːðə(r)/ *adv.* **1** fairly; to some degree: *They were ~ taken aback*. **2** used to correct something you have said or to clarify something: *last night or ~ early this morning*. [IDM] **would rather ... (than)** would prefer to: *I'd ~ walk than go with you*.
ratify /'rætɪfaɪ/ *v.* (*pt, pp* **-ied**) [T] make an agreement officially valid by voting for or signing it. ▶ **ratification** /,rætɪfɪ'keɪʃn/ *n.* [U]
rating /'reɪtɪŋ/ *n.* **1** [C, U] grade or position of quality. **2** [pl.] figures showing the popularity of television programmes. **3** [C] (*GB*) sailor in the navy who is not an officer.
ratio /'reɪʃiəʊ/ *n.* (*pl.* ~**s**) relationship between two amounts: *The ~ of cats to dogs is 3 to 1*.
ration /'ræʃn/ *n.* **1** [C] fixed amount of food, fuel, etc. allowed to one person, e.g. during a war. **2** (**rations**) [pl.] fixed amount of food given regularly to soldiers. ● **ration** *v.* [T] limit the amount of something that somebody is allowed to have.
rational /'ræʃnəl/ *adj.* **1** based on reason rather than emotions. **2** (of a person) able to think clearly. ▶ **rationally** /-ʃnəli/ *adv.*
rationale /,ræʃə'nɑːl/ *n.* (*fml.*) reasons which explain a decision, course of action, belief, etc.
rationalize (*also* **-ise**) /'ræʃnəlaɪz/ *v.* **1** [I, T] think and offer reasons for something that seems unreasonable. **2** [T] make changes to a system, business, etc. to make it more efficient, esp. by spending less money. ▶ **rationalization** (*also* **-isation**) /,ræʃnəlaɪ'zeɪʃn/ *n.* [C, U]
rattle /'rætl/ *v.* **1** [I, T] (cause something to) make a series of short loud sounds. **2** [T] (*infml.*) make somebody nervous. [PV] **rattle something off** repeat something from memory without having to think too hard. ● **rattle** *n.* **1** rattling sound. **2** baby's toy that produces a rattling sound. ■ **'rattlesnake** *n.* poisonous American snake that makes a rattling noise with its tail.
ratty → RAT
raucous /'rɔːkəs/ *adj.* sounding loud and harsh. ▶ **raucously** *adv.*
ravage /'rævɪdʒ/ *v.* [T] badly damage something. ▶ **ravages (the ravages of something)** *n.* [pl.] the destruction caused by something.
rave /reɪv/ *v.* [I] **1** ~**about** (*infml.*) talk with great enthusiasm about something **2** shout loudly or angrily at somebody ■ ,**rave re'view** *n.* newspaper or magazine article that praises a new film, book, etc. ▶ **raving**

adv., adj. completely (mad).
raven /'reɪvn/ *n.* large black bird like a crow. ● **raven** *adj.* (*lit.*) (of hair) shiny and black.
ravenous /'rævənəs/ *adj.* very hungry ▶ **ravenously** *adv.*
ravine /rə'viːn/ *n.* deep narrow steep-sided valley.
ravish /'rævɪʃ/ *v.* [T] (*lit.*) **1** (of a man) force a woman to have sex. **2** (*esp.* passive) give somebody great pleasure. ▶ **ravishing** *adj.* very beautiful.
raw /rɔː/ *adj.* **1** not cooked **2** in the natural state: ~ *vegetables.* **3** (of people) not experienced **4** (of skin) sore and painful. **5** (of the weather) very cold
ray /reɪ/ *n.* **1** narrow line of light, heat, etc. **2** ~(of) small amount of something good: *a ~ of light.*
rayon /'reɪɒn/ *n.* [U] smooth fabric used for making clothes.
raze /reɪz/ *v.* [T] (*usu.* passive) destroy a building, town, etc. completely.
razor /'reɪzə(r)/ *n.* instrument used for shaving: *a cut-throat/disposable ~.*
Rd *abbr.* (in written addresses) Road.
re /riː/ *prep.* (*written*) used at the beginning of an email, letter, etc. to introduce the subject that it is about.
re- /riː/ *prefix* again: *reread.*
reach /riːtʃ/ *v.* **1** [T] arrive at a place; achieve an aim: ~ *Delhi* ◇ ~ *an agreement.* **2** [I, T] stretch out your hand or arm to touch or take something: *He ~ed for his knife.* ◇ *Can you ~ the book on the top shelf?* **3** [I, T] go as far as something: *The mountain ~es (down to) the river.* **4** [T] communicate with somebody, esp. by telephone. ● **reach** *n.* **1** [sing., U] distance that can be reached: *Dangerous objects should be kept out of ~ of children.* **2** [C, usu. pl.] part of a river.
react /ri'ækt/ *v.* [I] **1** ~(to) behave differently as a result of something. **2** ~(with) (*chem.*) have an effect on another substance. [PV] **react against something/ somebody** behave in a certain way in opposition to something.
reaction /ri'ækʃn/ *n.* **1** [C, U] what you do, say or think as a result of something that has happened. **2** [U] opposition to political or social change. **3** [C] (*chem.*) change caused in a substance by the effect of another. ▶ **reactionary** /-ʃənri/ *n., adj.* (*pl.* **-ies**) (person) opposed to political or social change.
reactor /ri'æktə(r)/ *n.* = NUCLEAR REACTOR (NUCLEAR)
read /riːd/ *v.* (*pt, pp* **read** /red/) **1** [I, T] look at and understand something written or printed: *Can you ~ braille?* **2** [I, T] go through written words, etc. in silence or aloud to others: ~ *a novel* **3** [T] understand something: ~ *somebody's face.* **4** [I] (of a piece of writing) have something written on it; give a particular impression when read: *The sign ~s 'No Smoking'.* ◇ *Her paper is always a good ~.* **5** [T] (of measuring instruments) show a certain weight, pressure, etc. **6** [T] study a subject at university **7** [T] (of a computer or the user) take information from a disk. [IDM] **read between the lines** find a meaning that is not openly stated. ▶ **readable** *adj.* that is easy or pleasant to read ■ **,read-only 'memory** *n.* [U] (*computing*) = ROM ■ **'read-out** *n.* (*computing*) display of information on a computer screen.
reader /'riːdə(r)/ *n.* **1** person who reads. **2** book that gives students practice in reading. **3** (*usu.* **Reader**) (in Britain) senior university teacher. ▶ **readership** *n.* [sing.] number or type of people who read a particular newspaper, etc.
reading /'riːdɪŋ/ *n.* **1** [U] act of reading something **2** [U] books, articles, etc. that are intended to be read: *heavy* (= serious)~ **3** [C] way in which something is understood: *My ~ of the situation is...* **4** [C] amount, etc. shown on a measuring instrument. **5** [C] (*GB*) (in Parliament) one of three stages of debate before a bill(2) becomes law.
ready /'redi/ *adj.* (**-ier, -iest**) **1** ~ **for/to** prepared and fit for action or use: ~ *for attack.* ◇ ~ *to act* **2** easily available: *a ~ source of petroleum.* **3** willing **4** ~**to** likely to do something: *She looked ~ to cry.* **5** quick and clever: *a ~ comment.* ▶ **readily** *adv.* **1** quickly and easily. **2** without hesitation. ▶ **readiness** *n.* [U] ● **ready** *adv.* already done: ~ *-cooked meals* ● **ready** *n.* [IDM] **at the ready** available to be used immediately. ■ **,ready-'made** *adj.* ready to use or wear immediately.
real /rɪəl/ *adj.* **1** existing as a fact. **2** true or actual. **3** genuine and not false or artificial. ● **real** *adv.* (*US, infml.*) very ■ **'real estate** *n.* [U] (*esp. US*) **1** property in the form of land and buildings **2** business of selling houses or land ■ **'real estate agent** *n.* = ESTATE AGENT (ESTATE).
realism /'rɪəlɪzəm/ *n.* [U] **1** acceptance of the facts of a situation. **2** (in art and literature) showing of things as they are in real life. ▶ **realist** *n.* ▶ **realistic** /ˌrɪə'lɪstɪk/ *adj.*
reality /ri'æləti/ *n.* (*pl.* **-ies**) **1** [U] true situation and the problems that actually exist in life. **2** [C] something actually seen or experienced: *the realities of tsunami-hit place* [IDM] **in reality** in actual fact.
realize (*also* **-ise**) /'riːəlaɪz; *GB also*, 'rɪəl-/ *v.* [T] **1** understand or become aware of something **2** make something, e.g. plans or fears,

happen 3 (*fml.*) be sold for a particular amount of money. ▶ **realization** (*also* **-isation**) /ˌriːəlaɪˈzeɪʃn; ˌrɪəl-/ *n.* [U]
really /ˈriːəli; ˈrɪəli/ *adv.* 1 in reality; truly 2 used to emphasize an adjective or adverb: *I'm ~ happy.* 3 (*spoken*) used to show interest, surprise, etc. at what somebody is saying.
realm /relm/ *n.* 1 area of interest or knowledge. 2 (*fml.*) kingdom.
Realtor™ /ˈriːəltə(r)/ *n.* (*US*) = ESTATE AGENT (ESTATE)
reap /riːp/ *v.* 1 [T] obtain something good, esp. as a result of hard work. 2 [I, T] cut and collect a crop, esp. corn.
rear[1] /rɪə(r)/ *n.* (*usu.* **the rear**) [sing.] back part of something [IDM] **bring up the rear** be or come last. ● **rear** *adj.* at or near the back of something ■ **the 'rearguard** *n.* soldiers protecting the back part of an army.
rear[2] /rɪə(r)/ *v.* 1 [T] look after young children or animals until they are fully grown. 2 [T] breed or keep animals, e.g. on a farm. 3 [I] **~(up)** (of a horse) raise itself on its back legs.
reason[1] /ˈriːzn/ *n.* 1 [C] cause or an explanation for something that has happened or that somebody has done. 2 [U] fact that makes it right or fair to do something. 3 [U] power of the mind to think logically, etc.: *lose your ~* (= go mad) 4 [U] what is possible practical or right: *He needs a job and is willing to do anything within ~.*
reason[2] /ˈriːzn/ *v.* 1 [T] form a judgement about something after careful thought. 2 [I] use your power to think and understand. [PV] **reason with somebody** talk to somebody in order to persuade them to be more sensible. ▶ **reasoning** *n.* [U] opinions and ideas based on logical thinking.
reasonable /ˈriːznəbl/ *adj.* 1 fair; sensible 2 not too expensive. ▶ **reasonably** *adv.* 1 quite 2 in a reasonable way.
reassure /ˌriːəˈʃɔː(r)/ *v.* [T] remove somebody's worries ▶ **reassurance** *n.* [U, C]
rebate /ˈriːbeɪt/ *n.* part of tax, rent, etc. paid back to you.
rebel /ˈrebl/ *n.* 1 person who fights against the government. 2 person who opposes authority. ● **rebel** /rɪˈbel/ *v.* (-ll-) [I] **~(against)** fight against or refuse to obey an authority, e.g. a government. ▶ **rebellion** /rɪˈbeljən/ *n.* [C, U] (act of) rebelling. ▶ **rebellious** *adj.*
reboot /ˌriːˈbuːt/ *v.* [I, T] (*computing*) (cause a computer to) switch off and then start again immediately.
rebound /rɪˈbaʊnd/ *v.* [I] 1 bounce back after hitting something. 2 **~(on)** (*fml.*) have unpleasant effects on the doer. 3 (*business*) (of prices, shares, *etc.*) rise again after falling. ●

rebound /ˈriːbaʊnd/ *n.* [IDM] **on the rebound** while you are sad and confused, esp. after a relationship has ended.
rebuff /rɪˈbʌf/ *n.* (*fml.*) unkind refusal or answer. ▶ **rebuff** *v.* [T]
rebuke /rɪˈbjuːk/ *v.* [T] (*fml.*) speak severely to somebody for doing something wrong. ▶ **rebuke** *n.* [C, U]
recall /rɪˈkɔːl/ *v.* [T] 1 (*fml.*) remember something; remind somebody of something 2 order something/ somebody to return or be returned. ● **recall** /rɪˈkɔːl; *also* ˈriːkɔːl/ *n.* [U] ability to remember something 2 [sing.] official order for something/somebody to return or be given back.
recap /ˈriːkæp/ *v.* (-pp-) [I, T] *short for* RECAPITULATE
recapitulate /ˌriːkəˈpɪtʃuleɪt/ *v.* [I, T] (*fml.*) repeat the main points of what has been said, decided, etc. ▶ **recapitulation** /ˌriːkəpɪtʃuˈleɪʃn/ *n.* [C, U]
recede /rɪˈsiːd/ *v.* [I] 1 move gradually away or back. 2 slope backwards.
receipt /rɪˈsiːt/ *n.* 1 [C] piece of paper showing that goods or services have been paid for. 2 [U] (*fml.*) act of receiving something. 3 (**receipts**) [pl.] money received by a business, bank or government.
receivable /rɪˈsiːvəbl/ *adj.* (*business*) (of bills, accounts, *etc.*) for which money has not yet been received.
receive /rɪˈsiːv/ *v.* [T] 1 get or accept something sent or given. 2 experience or be given a particular type of treatment or injury: *I ~d a card for my birthday.* 3 accept somebody as a member or visitor. 4 change broadcast signals into sounds or pictures. ▶ **receiver** *n.* 1 part of a telephone that is held to the ear. 2 piece of radio or television equipment that changes broadcast signals into sounds or pictures. 3 (*law*) official chosen to take charge of a company that is bankrupt. 4 person who buys or accepts stolen goods.
recent /ˈriːsnt/ *adj.* that happened, began, etc. a short time ago. ▶ **recently** *adv.* not long ago.
receptacle /rɪˈseptəkl/ *n.* (*fml.*) container.
reception /rɪˈsepʃn/ *n.* 1 [U] part of a hotel, office building, etc. where visitors are received. 2 [C] formal social occasion: *a wedding ~* 3 [sing.] type of welcome that is given to somebody: *be given a wonderful ~* 4 [U] quality of radio or television signals received. ▶ **receptionist** /-ʃənɪst/ *n.* person whose job is to deal with visitors to a hotel, office building, etc.
receptive /rɪˈseptɪv/ *adj.* willing to consider new ideas.
recess /rɪˈses/ *n.* 1 [C, U] period of time when

work is stopped. **2** [C] area of a room where part of a wall is set back. **3** [C, usu. pl.] secret or hidden part of a place

recession /rɪˈseʃn/ n. **1** [C, U] difficult time for the economy of a country: *The civil war has put the economy in deep ~.* **2** [U] (*fml.*) backward movement of something.

recipe /ˈresəpi/ n. **1** set of instructions for preparing a food dish. **2** way of achieving something: *a ~ for adventure.*

recipient /rɪˈsɪpiənt/ n. (*fml.*) person who receives something.

reciprocal /rɪˈsɪprəkl/ adj. given and received in return: *~ trade treaties.* ▶ **reciprocally** /-kli/ adv.

reciprocate /rɪˈsɪprəkeɪt/ v. [I, T] (*fml.*) behave or feel towards somebody in the same way as they behave or feel towards you.

recital /rɪˈsaɪtl/ n. performance of music or poetry by one person or a small group.

recite /rɪˈsaɪt/ v. [T] **1** say a poem, etc. aloud from memory. **2** say aloud a list or series of things. ▶ **recitation** /ˌresɪˈteɪʃn/ n. [C, U]

reckless /ˈrekləs/ adj. not caring about danger or the effects of something. ▶ **recklessly** adv. ▶ **recklessness** n. [U]

reckon /ˈrekən/ v. [T] **1** (*infml.*) think something: *I ~ we are not very welcome.* **2** calculate an amount, a number, etc. [PV] **reckon on something** rely on something happening **reckon with something/somebody 1** consider or treat something/somebody as important: *a power to be ~ed with* (= that cannot be ignored) **2** consider something as a possible problem: *I didn't ~ getting stuck up with you.* ▶ **reckoning** n. [U, C] **1** calculation **2** time when somebody's actions will be judged and they may be punished: *the day of ~ing.*

reclaim /rɪˈkleɪm/ v. [T] **1** ask for something to be given back. **2** make land suitable for use. ▶ **reclamation** /ˌrekləˈmeɪʃn/ n. [U]

recline /rɪˈklaɪn/ v. [I] (*fml.*) lie back or down.

recluse /rɪˈkluːs/ n. person who lives alone and avoids other people.

recognize (*also* **-ise**) /ˈrekəgnaɪz/ v. [T] **1** know again something/somebody that you have seen, heard, etc. before **2** admit that something exists or is true: *They ~d the need of the hour.* **3** accept and approve of something/somebody officially: *refuse to ~ a new government.* **4** give somebody official thanks for something they have done. ▶ **recognition** /ˌrekəgˈnɪʃn/ n. [U] ▶ **recognizable** adj.

recoil /rɪˈkɔɪl/ v. [I] **1** (*written*) move back suddenly in fear, dislike, etc. **2** (of a gun) move back quickly when fired. ▶ **recoil** /ˈriːkɔɪl/ n. [U, sing.]

recollect /ˌrekəˈlekt/ v. [I, T] remember something ▶ **recollection** /ˌrekəˈlekʃn/ n. **1** [U] ability to remember something; act of remembering. **2** [C] thing that you remember from the past.

recommend /ˌrekəˈmend/ v. [T] **1** praise something/ somebody as suitable for a job/purpose: *Can you ~ a good restaurant?* **2** advise something; advise somebody to do something: *I ~ that you apply for a new position.* ▶ **recommendation** /-menˈdeɪʃn/ n. [C, U]

recompense /ˈrekəmpens/ v. [T] (*fml.*) reward somebody for work; repay somebody for losses or harm. ● **recompense** n. [sing., U] (*fml.*) reward or repayment.

reconcile /ˈrekənsaɪl/ v. [T] **1** find a way of dealing with two or more ideas, etc. that seem to be opposed to each other. **2** make people become friends again after an argument. **3** *~ somebody/yourself (to)* make somebody/yourself accept an unpleasant situation. ▶ **reconciliation** /ˌrekənsɪliˈeɪʃn/ n. [U, C]

reconnaissance /rɪˈkɒnɪsns/ n. [C, U] act of getting information about an area for military purposes.

reconnoitre (*US* **-ter**) /ˌrekəˈnɔɪtə(r)/ v. [I, T] get information about an area for military purposes, by using soldiers, planes, etc.

record¹ /ˈrekɔːd/ n. **1** [C] written account of facts, events, etc. **2** [C] round flat piece of plastic on which sound has been recorded. **3** [C] the best result or level ever achieved: *make a new ~* ◇ *~ business.* **4** [sing] known facts about somebody's character or past. [IDM] **off the record** unofficial and not for publication **on record** officially noted. ■ **ˈrecord player** n. machine for producing sound from records(2)

record² /rɪˈkɔːd/ v. **1** [T] keep a permanent account of facts or events by writing them down, filming them, etc. **2** [I, T] make a copy of music, a film, etc. by storing it on tape or a disc to listen to or watch again. **3** [T] (of a measuring instrument) show a particular measurement or amount.

recorder /rɪˈkɔːdə(r)/ n. **1** machine for recording sounds or pictures or both. **2** musical instrument played by blowing into one end. **3** (*GB*) judge in certain law courts in Britain and the US.

recording /rɪˈkɔːdɪŋ/ n. sounds or pictures recorded on a tape or disc.

recount¹ /rɪˈkaʊnt/ v. [T] (*fml.*) tell somebody about something, esp. something you have experienced.

recount² /ˌriːˈkaʊnt/ v. [T] count something again, esp. votes. ▶ **recount** /ˈriːkaʊnt/ n.

recoup /rɪˈkuːp/ v. [T] get back money that you

have spent or lost.
recourse /rɪˈkɔːs/ *n.* [U] fact of having to, or being able to, use something that can provide help in a difficult situation: *He had no ~ but to leave the country.*
recover /rɪˈkʌvə(r)/ *v.* **1** [I] **~(from)** get well again after an illness, etc. **2** [T] get back something lost or stolen. **3** [T] get control of yourself, your senses, etc. again: *to ~ memory.* ▶ **recovery** *n.* [U, C, usu. sing.]
recreation /ˌrekriˈeɪʃn/ *n.* [C, U] (form of) play or amusement or way of spending your free time.
recrimination /rɪˌkrɪmɪˈneɪʃn/ *n.* [C, usu. pl., U] (act of) accusing and blaming each other.
recruit /rɪˈkruːt/ *n.* **1** new member of the armed forces or the police. **2** person who joins an organization, company, etc. ● **recruit** *v.* [I, T] find somebody to join a company, the armed forces, etc. ▶ **recruitment** *n.* [U]
rectangle /ˈrektæŋgl/ *n.* flat four-sided shape with four angles of 90° ▶ **rectangular** /rekˈtæŋgjələ(r)/ *adj.*
rectify /ˈrektɪfaɪ/ *v.* (*pt, pp* -**ied**) [T] put something right: *~ the mistake.*
rector /ˈrektə(r)/ *n.* Anglican priest in charge of a parish. ▶ **rectory** /ˈrektəri/ *n.* (*pl.* -**ies**) rector's house.
rectum /ˈrektəm/ *n.* (*anat.*) lower end of the large intestine.
recuperate /rɪˈkuːpəreɪt/ *v.* [I] **~(from)** (*fml.*) become strong again after an illness, etc. ▶ **recuperation** /rɪˌkuːpəˈreɪʃn/ *n.* [U]
recur /rɪˈkɜː(r)/ *v.* (-**rr**-) [I] happen again. ▶ **recurrence** /rɪˈkʌrəns/ *n.* [C, U] repetition ▶ **recurrent** /rɪˈkʌrənt/ *adj.*
recycle /ˌriːˈsaɪkl/ *v.* [T] treat something already used so that it can be used again.
red /red/ *adj.* (**~der, ~dest**) **1** of the colour of blood **2** (of the face) bright red or pink, because of embarrassment or anger. **3** (of hair) reddish-brown **4** (*infml., pol.*) having very left-wing political opinions. ■ **,red ˈherring** *n.* unimportant fact, event, etc. that takes people's attention away from the main point. ■ **,red ˈtape** *n.* [U] unnecessary official rules that cause delay. ● **red** *n.* **1** [C, U] the colour of blood: *coloured in ~* **2** [C, U] **red wine** **3** [C] (*infml., pol.*) person with very left-wing political opinions. [IDM] **be in the red** (*infml.*) owe money to the bank. ■ **ˈredhead** *n.* person who has red hair. ■ **,red-ˈhot** *adj.* so hot that it glows red.
redden /ˈredn/ *v.* [I, T] become or make something red.
redeem /rɪˈdiːm/ *v.* [T] **1** make something/somebody seem less bad: *a film with no ~ing features.* **2** buy something back by payment.

▶ **redemption** /rɪˈdempʃn/ *n.* [U]
redouble /ˌriːˈdʌbl/ *v.* [T] increase or strengthen something: *~ your profits.*
redress /rɪˈdres/ *v.* [T] (*fml.*) correct something that is wrong or unfair. [IDM] **redress the balance** make a situation equal or fair again. ● **redress** *n.* [U] (*fml.*) payment, etc. to compensate for something wrong that has happened to somebody.
reduce /rɪˈdjuːs/ *v.* [T] make something less or smaller in size, price, etc. [PV] **reduce something/somebody (from something) to (doing) something** force something/somebody into a certain state or condition: *He laughed so much that he was ~d to tears.* ▶ **reduction** /rɪˈdʌkʃn/ *n.* **1** [C, U] (instance of) reducing something: *~s in profits.* **2** [C] small copy of a picture, map, etc.
redundant /rɪˈdʌndənt/ *adj.* **1** (*GB*) (of a person) dismissed from a job because no longer needed. **2** not needed or useful. ▶ **redundancy** /-dənsi/ *n.* [C, U] (*pl.* -**ies**)
reed /riːd/ *n.* **1** tall plant like grass that grows near water. **2** (in some wind instruments) piece of cane or metal that vibrates to produce sound.
reef /riːf/ *n.* line of rocks, sand, etc. just below or above the surface of the sea.
reek /riːk/ *n.* [sing.] strong unpleasant smell. ● **reek** *v.* [I] **~(of)** smell unpleasantly of something.
reel /riːl/ *n.* **1** cylinder on which thread, wire, film, etc. is wound. **2** length of thread, film, etc. on one reel. **3** (music for a) fast Scottish, Irish or American dance. ● **reel** *v.* [I] **1** move unsteadily e.g. because you are drunk. **2** feel very shocked or upset about something. [PV] **reel something in/out** wind something on/off a reel: *I slowly ~ed the fish in.* **reel something off** say something quickly without having to think about it.
refectory /rɪˈfektri/ *n.* (*pl.* -**ies**) large dining room, e.g. in a college.
refer /rɪˈfɜː(r)/ *v.* (-**rr**-) [PV] **refer to something/somebody (as something.)** mention or speak about something/somebody **refer to something/somebody. 1** describe or be connected to something/somebody. **2** look at something or ask a person for information: *You may ~ to my name if you want.* **refer something/somebody to something/somebody** send something/somebody to something/somebody for help, advice or a decision: *My family doctor ~red me to another doctor.*
referee /ˌrefəˈriː/ *n.* **1** (*sport*) official who controls the game in some sports. **2** (*GB*) person

who agrees to write a reference(3) for you.
reference /ˈrefrəns/ n. **1** [C, U] (act of) referring to something/somebody. **2** [C] number, word or symbol telling you where information may be found. **3** [C] letter giving information about somebody's character and abilities, esp. for a new employer. [IDM] **in/with reference to** (written) used to say what you are writing or talking about. ■ **'reference book** n. book, e.g. a dictionary or an encyclopedia, looked at for finding information.
referendum /ˌrefəˈrendəm/ (pl. **-dums** or **-da**) n. [C, U] direct vote by all the people on a political question.
refine /rɪˈfaɪn/ v. [T] **1** make a substance pure. **2** improve something by making small changes to it. ▶ **refined** adj. **1** (of a substance) made pure: ~d oil **2** (of a person) well educated and polite. ▶ **refinement** n. **1** [C] small change or addition to something that improves it. **2** [U] process of refining something. **3** [U] quality of being well educated and polite. ▶ **refinery** n. (pl. **-ies**) factory where oil, sugar, etc. is refined.
reflate /ˌriːˈfleɪt/ v. [I, T] to increase the amount of money in an economy. ▶ **reflation** /ˌriːˈfleɪʃn/ n. [U]
reflect /rɪˈflekt/ v. **1** [T] throw back an image, heat, sound, etc. from a surface **2** [T] show the nature of something or somebody's attitude: *The project faithfully ~s his ideas.* **3** [I] ~**(on)** think deeply about something. [PV] **reflect well, badly, etc. on something/somebody** make something/somebody appear to be good, bad, etc. to other people. ▶ **reflector** n. surface that reflects light.
reflection /rɪˈflekʃn/ n. **1** [C] reflected image, e.g. in a mirror **2** [U] reflecting of light, heat, etc. **3** [C, U] deep thought: *on ~* (= after thinking very carefully)
reflex /ˈriːfleks/ n. (also **'reflex action**) sudden unintended movement, e.g. sneezing, made in response to something.
reflexive /rɪˈfleksɪv/ n., adj. (gram.) (word) showing that the action of the verb is performed on the subject: *a ~ verb* ◇ *In 'I cut myself', 'myself' is a ~ pronoun.*
re-form /ˌriːˈfɔːm/ v. [I, T] (cause something to) form again
reform /rɪˈfɔːm/ v. [I, T] **1** improve a system, organization, etc. by making changes to it. **2** (cause somebody to) behave better than before. ● **reform** n. [U, C] change or improvement made to a social system, organization, etc. ▶ **reformer** n. person who works to achieve social and political change.
reformation /ˌrefəˈmeɪʃn/ n. **1** [U] (fml.) act of improving or changing something/somebody. **2 (the Reformation)** [sing.] 16th century religious movement that led to the forming of the Protestant Churches.
refract /rɪˈfrækt/ v. [T] (physics) make a ray of light bend where it enters water, glass, etc. ▶ **refraction** /-kʃn/ n. [U]
refrain /rɪˈfreɪn/ v. [I] ~**(from)** (fml.) not do something ● **refrain** n. lines of a song that are repeated.
refresh /rɪˈfreʃ/ v. [T] make somebody feel less tired or hot. [IDM] **refresh your/somebody's memory** remind yourself/somebody of something by referring to notes, etc. ■ **reˈfresher course** n. course providing training on new ideas and developments in your job. ▶ **refreshing** adj. **1** pleasantly new or different. **2** making you feel less tired or hot. ▶ **refreshment** n. **1 (refreshments)** [pl.] food and drink. **2** (fml.) fact of making somebody feel stronger.
refrigerate /rɪˈfrɪdʒəreɪt/ v. [T] make food, etc. cold in order to keep it fresh or preserve it. ▶ **refrigeration** /rɪˌfrɪdʒəˈreɪʃn/ n. [U] ▶ **refrigerator** n. (fml.) = FRIDGE
refuel /ˌriːˈfjuːəl/ v. (-ll- US -l-) [I, T] fill something or be filled with fuel: *The plane landed to* ~.
refuge /ˈrefjuːdʒ/ n. [C, U] (place giving) protection from danger, trouble, etc.
refugee /ˌrefjuˈdʒiː/ n. person forced to leave their country esp. because of political or religious beliefs.
refund /ˈriːfʌnd/ n. repayment. ● **refund** /rɪˈfʌnd/ v. [T] pay back money to somebody.
refusal /rɪˈfjuːzl/ n. [C, U] (instance of) refusing to do, give or accept something.
refuse[1] /rɪˈfjuːz/ v. [I, T] not give, accept or do something: *~ to accept.*
refuse[2] /ˈrefjuːs/ n. [U] waste; rubbish.
regain /rɪˈɡeɪn/ v. [T] get something back; recover something: *~ your health.*
regal /ˈriːɡl/ adj. typical of a king or queen.
regalia /rɪˈɡeɪliə/ n. [U] special clothes worn or objects carried at official ceremonies.
regard[1] /rɪˈɡɑːd/ v. [T] ~**as** think about something/ somebody in a particular way: *She is highly ~ed by her colleagues.* [IDM] **as regards something/ somebody** (fml.) concerning something/somebody. ▶ **regarding** prep. concerning something/somebody; about something/somebody.
regard[2] /rɪˈɡɑːd/ n. **1** [U] attention to or concern for something/somebody: *with no ~ for others.* **2** [U] (fml.) respect for somebody: *have a high ~ for somebody* **3 (regards)** [pl.] kind wishes [IDM] **in/with regard to something/somebody** concerning something/ somebody; about something/somebody. ▶ **regardless of** prep. paying no attention to something/somebody.

regatta /rɪˈgætə/ n. meeting for boat races.
regency /ˈriːdʒənsi/ n. (pl. -ies) 1 [C] (period of) government by a regent. (= person who rules a country in place of the king or queen) 2 (Regency) [sing] period 1811–20 in Britain.
regenerate /rɪˈdʒenəreɪt/ v. [I, T] give new strength or life to something/somebody. ▶ **regeneration** /rɪˌdʒenəˈreɪʃn/ n. [U]
regent /ˈriːdʒənt/ n. person who rules instead of a king or queen who is too young, ill, etc.
reggae /ˈreɡeɪ/ n. [U] West Indian popular music and dance.
regime /reɪˈʒiːm/ n. (system of) government.
regiment /ˈredʒɪmənt/ n. large group of soldiers commanded by a colonel. ▶ **regimental** /ˌredʒɪˈmentl/ adj. ▶ **regimented** adj. (disapprov) involving strict discipline and/or organization.
region /ˈriːdʒən/ n. 1 large area of land. 2 division of a country. [IDM] **in the region of** about; approximately. ▶ **regional** adj.
register /ˈredʒɪstə(r)/ n. 1 [C] (book containing an) official list of names, etc. 2 [C] range of the voice or a musical instrument. 3 [C, U] (ling.) level of language (formal or informal) used in a piece of writing or speech. ● **register** v. 1 [I, T] record your/something's/somebody's name on an official list. 2 (fml.) [T] make your opinion know officially or publicly. 3 [I, T] (of measuring instruments) show an amount. 4 [I, T] (fml.) show or express a feeling. 5 [T] send something by post, paying extra to protect it against loss.
registrar /ˌredʒɪˈstrɑː(r)/ n. keeper of official records.
registration /ˌredʒɪˈstreɪʃn/ n. [U, C] act of making an official record of something/somebody. ■ **regiˈstration number** (also **registration**) (GB) n. numbers and letters on a vehicle used to identify it.
registry office /ˈredʒɪstri ɒfɪs/ n. place where civil marriages take place and where births, marriages and deaths are officially recorded.
regret¹ /rɪˈɡret/ v. (-tt-) [T] be sorry or sad about something.: *I never ~ted my decision to leave.* ▶ **regrettable** adj. that is or should be regretted. ▶ **regrettably** adv.
regret² /rɪˈɡret/ n. [U, C] feeling of sadness at the loss of something or because of something you have done. ▶ **regretful** adj. sad; sorry.
regular /ˈreɡjələ(r)/ adj. 1 happening, coming, etc. repeatedly at times or places that are the same distance apart: *~ exercising*. 2 usual or normal. 3 evenly shaped: *a ~ figure* 4 (gram.) (esp. of verbs, nouns) changing their form in the same way as other verbs, nouns. 5 belonging to the permanent armed forces: *a ~ soldier*. ● **regular** n. 1 customer who often goes to a shop, pub, restaurant, etc.: *He's our ~.* 2 professional soldiers. ▶ **regularity** /ˌreɡjuˈlærəti/ n. [U] ▶ **regularly** adv. at regular times or intervals
regulate /ˈreɡjuleɪt/ v. [T] 1 control something by means of rules. 2 control the speed, pressure, etc. in a machine.
regulation /ˌreɡjuˈleɪʃn/ n. 1 [C, usu. pl.] official rule or order. 2 [U] controlling something by means of rules. ● **regulation** adj. as required by rules: *in ~ uniform.*
rehabilitate /ˌriːəˈbɪlɪteɪt/ v. [T] help somebody who has been imprisoned or ill live a normal life again. ▶ **rehabilitation** /ˌriːəˌbɪlɪˈteɪʃn/ n. [U]
rehearse /rɪˈhɜːs/ v. [I, T] practise a play, music, etc. for public performance. ▶ **rehearsal** n. [C, U]
reign /reɪn/ n. (period of) rule of a king or queen. ● **reign** v. [T] 1 be king or queen 2 (lit.) (of a feeling, an idea or atmosphere) be the most obvious feature: *Peace ~ed.*
reimburse /ˌriːɪmˈbɜːs/ v. [T] (fml.) pay back money to somebody that they have spent or lost. ▶ **reimbursement** n. [U]
rein /reɪn/ n. [C, usu. pl.] long narrow strap for controlling a horse.
reincarnate /ˌriːɪnˈkɑːneɪt/ v. [T] (usu. passive) bring somebody back in another body after death. ▶ **reincarnation** /ˌriːɪnkɑːˈneɪʃn/ n. [U, C]
reindeer /ˈreɪndɪə(r)/ n. (pl. **reindeer**) large deer with antlers, living in cold northern regions.
reinforce /ˌriːɪnˈfɔːs/ v. [T] make something stronger. ▶ **reinforcement** n. 1 (**reinforcements**) [pl.] extra soldiers or police officers sent to a place when needed. 2 [U, sing.] act of making something stronger.
reinstate /ˌriːɪnˈsteɪt/ v. [T] give back a job or position that had been taken away from somebody. ▶ **reinstatement** n. [U]
reiterate /riˈɪtəreɪt/ v. [T] (fml.) repeat something several times. ▶ **reiteration** /riˌɪtəˈreɪʃn/ n. [sing.]
reject /rɪˈdʒekt/ v. [T] 1 refuse to accept something/ somebody. 2 send something back or throw something away as not good enough. ● **reject** /ˈriːdʒekt/ n. person or thing that has been rejected ▶ **rejection** /rɪˈdʒekʃn/ n. [U, C]
rejoice /rɪˈdʒɔɪs/ v. [I] (fml.) express great happiness about something. ▶ **rejoicing** n. [U] happiness; joy.
rejuvenate /rɪˈdʒuːvəneɪt/ v. [T] make something/ somebody look or feel younger and more lively. ▶ **rejuvenation** /rɪˌdʒuːvəˈneɪʃn/ n. [U]

relapse /rɪˈlæps/ v. [I] go back into a previous or worse state after making an improvement. ▶ **relapse** n.

relate /rɪˈleɪt/ v. [T] **1** ~(to) show or make a connection between two people or things. **2** ~(to) give a spoken or written report of something; tell a story. [PV] **relate to something/somebody 1** be connected with something/somebody. **2** be able to understand and sympathize with something/somebody. ▶ **related** adj. of the same family or group; connected.

relation /rɪˈleɪʃn/ n. **1 (relations)** [pl.] way in which two people, countries, etc. behave towards or deal with each other. **2** [U, C] way in which two or more things are connected: *The salary bears no ~ to the amount of work involved.* **3** [C] member of your family. ▶ **relationship** n. **1** [C] way in which two people, countries, etc. behave towards or deal with each other. **2** [C] loving and/or sexual friendship between two people. **3** [C, U] connection between two or more things.

relative /ˈrelətɪv/ adj. **1** considered in relation to something else. **2** ~**to** (*fml.*) with reference to something. **3** (*gram.*) referring to an earlier noun, sentence, or part of a sentence: *a ~ clause/pronoun.* ● **relative** n. member of your family. ▶ **relatively** adv. to a fairly large degree; quite: *~ cheaper accommodation.*

relax /rɪˈlæks/ v. **1** [I] rest while you are doing something enjoyable, esp. after work. **2** [I, T] become or make somebody calmer and less worried. **3** [T] allow rules, etc. to become less strict. ▶ **relaxation** /ˌriːlækˈseɪʃn/ n. **1** [U] ways of resting and enjoying yourself. **2** [C] something pleasant you do in order to rest, esp. after work. ▶ **relaxed** adj. calm and not worried.

relay /ˈriːleɪ/ n. **1** (*also* **'relay race**) race in which each member of a team runs, swims, etc. one section of the race. **2** fresh set of people or animals that replace others that are tired or have finished a period of work. **3** electrical device that receives radio and television signals and sends them on again. ● **relay** /ˈriːleɪ; *also* rɪˈleɪ/ v. [T] receive and send on a message or broadcast.

release /rɪˈliːs/ v. [T] **1** set something/somebody free. **2** allow news, etc. to be made known; make something available. **3** move something from a fixed position: *~ the boulder.* ● **release** n. **1** [U, sing.] act of releasing something/somebody. **2** [C] thing that is made available to the public, esp. a new CD or film.

relegate /ˈrelɪɡeɪt/ v. [T] give somebody a lower or less important position, rank, etc. than before. ▶ **relegation** /ˌrelɪˈɡeɪʃn/ n. [U]

relent /rɪˈlent/ v. [I] become less strict or harsh. ▶ **relentless** adj. constant; harsh.

relevant /ˈreləvənt/ adj. connected with what is being discussed. ▶ **relevance** /-əns/ n. [U] ▶ **relevantly** adv.

reliable /rɪˈlaɪəbl/ adj. that can be trusted to do something well. ▶ **reliability** /rɪˌlaɪəˈbɪləti/ n. [U] ▶ **reliably** adv.

reliant /rɪˈlaɪənt/ adj. ~**on** dependent on something/somebody. ▶ **reliance** /rɪˈlaɪəns/ n. [U] dependence.

relic /ˈrelɪk/ n. **1** something remaining from an earlier time. **2** part of the body or something that belonged to a holy person and is deeply respected.

relief /rɪˈliːf/ n. **1** [U, sing.] lessening or ending of suffering, worry etc.: *flood ~* **2** [U] food, money medicine, etc. given to people in need. **3** [C] person that replaces another when they have finished working for the day. **4** [U, C] (way of) carving, etc. in which the design stands out from a flat surface. ■ **re'lief map** n. map showing the height of hills, etc. by shading or colour.

relieve /rɪˈliːv/ v. [T] **1** reduce or remove an unpleasant feeling or pain. **2** make something less boring, by introducing something different. **3** replace somebody who is on duty. [PV] **relieve somebody of something** (*fml.*) take a responsibility or job away from somebody: *He was ~d from office.* ▶ **relieved** adj. no longer anxious.

religion /rɪˈlɪdʒən/ n **.1** [U] belief in and worship of God or gods. **2** [C] particular system of faith and worship based on such belief.

religious /rɪˈlɪdʒəs/ adj. **1** of religion **2** (of a person) believing in and practising a religion. ▶ **religiously** adv. regularly.

relinquish /rɪˈlɪŋkwɪʃ/ v. [T] (*fml.*) stop having something, esp. unwillingly: *~ power.*

relish /ˈrelɪʃ/ v. [T] get pleasure from something: *I don't ~ the thought of sailing.* ● **relish** n. **1** [U] (*written*) great enjoyment. **2** [U, C] sauce, etc. added to food to give it more flavour.

reluctant /rɪˈlʌktənt/ adj. unwilling ▶ **reluctance** /-əns/ n. [U] ▶ **reluctantly** adv.

rely /rɪˈlaɪ/ v. (*pt, pp* **-ied**) [I] ~**on** need or depend on something/somebody; trust something/somebody.

remain /rɪˈmeɪn/ v. (*fml.*) **1** *linking verb* continue to be something: *~ quiet.* **2** [I] still be present after other people/things have gone or been dealt with: *Not much ~ed after the flood.* ◇ *She ~ed in the house after her father left.* **3** [I] still need to be done or dealt with: *There are only a couple of positions ~ing now.* ▶ **remainder** n. [sing., with sing. or pl.

verb] *(written)* people, things or time that is left. ▶ **remains** *n.* [pl.] **1** ~(**of**) parts that are left after others have been eaten, removed, etc. **2** *(fml.)* dead body.

remand /rɪˈmɑːnd/ *v.* [T] send an accused person away from a law court to wait for their trial at a later date. ● **remand** *n.* [U] *(GB)* process of keeping somebody in prison while they are waiting for trial: *He is currently being held on* ~.

remark /rɪˈmɑːk/ *v.* [I, T] ~(**on**) say or write a comment about something/somebody: *They all* ~*ed on his intelligence.* ● **remark** *n.* something said or written which expresses an opinion, thought, etc. ▶ **remarkable** *adj.* unusual or surprising ▶ **remarkably** *adv.*

remedial /rɪˈmiːdiəl/ *adj.* aimed at solving a problem, esp. by correcting something that has been done wrong.

remedy /ˈremədi/ *n.* [C, U] *(pl.* **-ies)** **1** way of putting something right. **2** cure ● **remedy** *v.* *(pt, pp* **-ied)** [T] correct or improve something.

remember /rɪˈmembə(r)/ *v.* **1** [I, T] have or keep an image in your memory; bring back to your mind a fact, etc. that you knew. **2** [T] give money, a present, etc. to somebody: *She always* ~*s my anniversary.* [PV] **remember me to somebody** used to ask somebody to give your greetings to somebody else. ▶ **remembrance** /-brəns/ *n.* *(fml.)* **1** [U] act of remembering a past event or a person who is dead. **2** [C] *(fml.)* object that causes you to remember something/somebody.

remind /rɪˈmaɪnd/ *v.* [T] help somebody to remember something important that they must do: *R*~ *me to buy a gift for my son.* [PV] **remind somebody of something/somebody** cause somebody to think about something/somebody similar: *You* ~ *me of your father when you do that.* ▶ **reminder** *n.* something, e.g. a letter, that causes a person to remember something.

reminisce /ˌremɪˈnɪs/ *v.* [I] ~(**about**) talk about a happy time in your past. ▶ **reminiscence** *n.* [C, pl.] remembered experiences. ▶ **reminiscent** *adj.* ~**of** reminding you of something/somebody.

remission /rɪˈmɪʃn/ *n.* [U, C] **1** period during which a serious illness improves for a time: *The patient is in* ~. **2** *(GB)* shortening of the time somebody spends in prison, because of good behaviour. **3** *(fml.)* act of reducing or cancelling the amount of money somebody has to pay.

remit /ˈriːmɪt; rɪˈmɪt/ *n.* [usu. sing.] *(GB)* area of activity over which a person or group has authority, control or influence. ● **remit** /rɪˈmɪt/ *v.* **(-tt-)** [T] *(fml.)* **1** send money to a person or place. **2** cancel or free somebody from a debt or punishment. ▶ **remittance** *n.* sum of money remitted.

remnant /ˈremnənt/ *n.* small part of something that is left.

remonstrate /ˈremənstreɪt/ *v.* [I] ~(**with**) *(fml.)* protest or complain about something/somebody.

remorse /rɪˈmɔːs/ *n.* [U] ~(**for**) feeling of being extremely sorry for something wrong that you have done. ▶ **remorseful** *adj.* ▶ **remorseless** *adj.* *(written)* **1** unpleasant and not stopping. **2** cruel and without pity.

remote /rɪˈməʊt/ *adj.* (~**r**, ~**st**) **1** ~(**from**) far away from places where people live. **2** far away in time. **3** (of a computer, *etc.*) that you can connect to from far away, using an electronic link. **4** ~(**from**) very different from something **5** (of a person) unfriendly; not interested in others. **6** very small: *a* ~ *island.* ■ **re,mote conˈtrol** *n.* **1** [U] ability to control an apparatus from a distance using radio or electrical signals. **2** [C] device that allows you to operate a television, etc. from a distance. ▶ **remotely** *adv.* to a very small degree. ▶ **remoteness** *n.* [U]

remove /rɪˈmuːv/ *v.* [T] **1** take something/somebody away or off. **2** get rid of something: ~ *sadness* **3** dismiss somebody from a job. [IDM] **be far, further, furthest removed from something** be very different from something. ▶ **removal** *n.* **1** [U] act of removing something/somebody. **2** [C] *(GB)* act of moving furniture, etc. to a different home ▶ **remover** *n.* [C, U]: *a stain* ~*er*

remunerate /rɪˈmjuːnəreɪt/ *v.* [T] *(fml.)* pay somebody for work done. ▶ **remuneration** /rɪˌmjuːnəˈreɪʃn/ *n.* [C, U] ▶ **remunerative** /-ərətɪv/ *adj.* profitable

renaissance /rɪˈneɪsns/ *n.* [sing.] **1** (**the Renaissance**) renewed interest in art and literature in Europe in the 14th–16th centuries. **2** any similar renewed interest in something.

renal /ˈriːnl/ *adj.* *(anat.)* of the kidneys.

render /ˈrendə(r)/ *v.* [T] *(fml.)* **1** cause somebody/something to be in a particular state or condition: *The accident* ~*ed him paralysed.* **2** give somebody something: *Services* ~*ed were not up to the mark.* **3** perform something **4** translate something ▶ **rendering** *n.* performance.

rendezvous /ˈrɒndɪvuː; -deɪ-/ *n.* *(pl.* **rendezvous** /-vuːz/) **1** (place chosen for) a meeting **2** place where people often meet. ● **rendezvous** *v.* [I] meet at an arranged time and place.

rendition /renˈdɪʃn/ *n.* *(fml.)* performance.

renegade /ˈrenɪɡeɪd/ *n.* *(fml., disapprov)* person who leaves one political or religious

group to join another.
renew /rɪˈnjuː/ v. [T] **1** begin something again: ~ *hope in their hearts*. **2** make something valid for a further period of time: *~ a driver's license*. **3** emphasize something by stating or saying it again. **4** replace something old or damaged with something new of the same kind. ▶ **renewable** *adj.* (of energy and natural resources) that is replaced naturally and can be used without the risk of finishing it all: *sunlight is a ~able sources of energy.* ▶ **renewal** *n.* [C, U]
renounce /rɪˈnaʊns/ v.[T] (*fml.*) **1** formally give up a title, position, etc. **2** state publicly that you will no longer have anything to do with somebody/something: *~ your family.*
renovate /ˈrenəveɪt/ v. [T] repair and paint an old building, etc. so that it is in good condition again. ▶ **renovation** /ˌrenəˈveɪʃn/ n. [U, C]
renown /rɪˈnaʊn/ n. [U] (*fml.*) fame ▶ **renowned** *adj.* famous
rent /rent/ n. **1** [U, C] money paid regularly for the use of a house, etc. **2** [C] torn place in a piece of material or clothing. ● **rent** v. **1** [I, T] pay money for the use of a house, etc. **2** [T] ~(**out**) allow something to be used in return for payment of rent. ▶ **rental** *n.* amount of rent paid.
renunciation /rɪˌnʌnsiˈeɪʃn/ n. [U] (*fml.*) act of renouncing something.
reorganize (*also* **-ise**) /riˈɔːɡənaɪz/ v. [I, T] change the way in which something is organized. ▶ **reorganization** (*also* **-isation**) /riˌɔːɡənaɪˈzeɪʃn/ n. [U, C]
Rep. *abbr.* (*US*) Republican.
rep /rep/ n. (*infml.*) **1** [C] = REPRESENTATIVE(2) **2** [U] = REPERTORY
repair /rɪˈpeə(r)/ v. [T] mend something broken, damaged or torn. ● **repair** *n.* [C, U] act of repairing something: *The window and the door are in need of ~.* [IDM] **in good, bad, etc. repair** (*fml.*) in a good, bad, etc. condition.
reparation /ˌrepəˈreɪʃn/ n. (*fml.*) money given or something done to compensate for loss or damage.
repatriate /ˌriːˈpætrieɪt/ v. [T] **1** send or bring somebody back to their own country. **2** (*business*) send money or profits back to your own country. ▶ **repatriation** /ˌriːˌpætriˈeɪʃn/ n. [U]
repay /rɪˈpeɪ/ v. (*pt, pp* **repaid** /rɪˈpeɪd/) [T] **1** pay back money borrowed. **2** give something to somebody or do something in return for something they have done for you. ▶ **repayment** *n.* [C, U]
repeal /rɪˈpiːl/ v. [T] end a law officially. ▶ **repeal** *n.* [U]

repeat /rɪˈpiːt/ v. **1** ~ **something/yourself** say or write something again or more than once. **2** [T] do or produce something again or more than once. ● **repeat** *n.* something that is repeated. ▶ **repeated** *adj.* done again and again. ▶ **repeatedly** *adv.*
repel /rɪˈpel/ v. (**-ll-**) [T] **1** drive, push or keep somebody/something away. **2** make somebody feel horror and disgust. ▶ **repellent** *adj.* causing great dislike. ▶ **repellent** *n.* [U, C] substance that repels insects.
repent /rɪˈpent/ v. [I, T] ~(**of**) (*fml.*) feel and show you are sorry about something wrong you have done. ▶ **repentance** *n.* [U] ▶ **repentant** *adj.*
repercussion /ˌriːpəˈkʌʃn/ n. [C, usu. pl.] indirect and usu. bad result of an action or event.
repertoire /ˈrepətwɑː(r)/ n. all the plays, songs, etc. that an actor or musician can perform.
repertory /ˈrepətri/ n. [U] performance of several plays for a short time using the same actors: *a ~ competion.*
repetition /ˌrepəˈtɪʃn/ n. [C, U] (act of) repeating something. ▶ **repetitive** /rɪˈpetətɪv/ *adj.* saying or doing the same thing many times, so that it becomes boring.
rephrase /ˌriːˈfreɪz/ v. [T] say something again, using different words.
replace /rɪˈpleɪs/ v. [T] **1** be used instead of somebody/ something else; do something instead of somebody/ something else. **2** put a new thing in the place of an old, broken, etc. one. **3** put something back in its place. ▶ **replacement** *n.* **1** [U] act of replacing one thing with another. **2** [C] person or thing that replaces another.
replay /ˌriːˈpleɪ/ v. [T] **1** (*GB, sport*) play a sports match again because the previous game was a draw. **2** play part of a film, tape, etc. again. ● **replay** /ˈriːpleɪ/ *n.* replayed sports match, part of a tape, etc.
replenish /rɪˈplenɪʃ/ v. [T] (*fml.*) make something full again.
replica /ˈreplɪkə/ n. exact copy.
reply /rɪˈplaɪ/ v. (*pt, pp* **-ied**) [I, T] give something as an answer to somebody/ something. ● **reply** *n.* (*pl.* **-ies**) act of replying to somebody/something.
report[1] /rɪˈpɔːt/ v. **1** [I, T] give an account of something heard, seen, done, etc. esp. for a newspaper. **2** [T] ~(**to**) tell somebody in authority about a crime, an accident, etc. or about something bad that has happened. **3** [I] ~**to/for** tell somebody that you have arrived, e.g. for work or for a meeting with somebody.
■ **re,ported ˈspeech** *n.* [U] = INDIRECT SPEECH (INDIRECT) ▶ **reporter** *n.* person

who reports news for a newspaper or on radio or television.

report² /rɪˈpɔːt/ *n.* **1** written or spoken account of something heard, seen, done, etc. **2** (*GB*) written statement about a pupil's work and behaviour. **3** story or piece of information that may or may not be true. **4** (*written*) sound of a gun being fired.

repose /rɪˈpəʊz/ *v.* [I] (*lit.*) lie or rest in a particular place. ● **repose** *n.* [U] (*lit.*) state of rest.

reprehensible /ˌreprɪˈhensəbl/ *adj.* (*fml.*) morally wrong; deserving criticism.

represent /ˌreprɪˈzent/ *v.* [T] **1** act or speak officially on behalf of somebody: ~ *the Government.* **2** linking verb be something: *This figure ~s the increasing rise in inflation.* **3** show somebody/something, esp. in a picture. **4** be a sign or example of something. **5** describe somebody/something in a particular way. ▶ **representation** /ˌreprɪzenˈteɪʃn/ *n.* [U, C]

representative /ˌreprɪˈzentətɪv/ *n.* **1** person chosen to speak or act for somebody else or on behalf of a group of people. **2** (*also infml.* **rep**) person who works for a company and travels around selling its products. ▶ **representative** *adj.* **1** typical of a particular group of people. **2** of a system of government in which a small number of people make decisions for a larger group.

repress /rɪˈpres/ *v.* [T] **1** try not to have or show an emotion, etc. **2** use political force to control a group of people and restrict their freedom. ▶ **repression** /rɪˈpreʃn/ *n.* [U] ▶ **repressive** *adj.* harsh or cruel.

reprieve /rɪˈpriːv/ *v.* [T] delay or cancel punishment, esp. execution. ● **reprieve** *n.* **1** order for the delay or cancelling of punishment, esp. execution. **2** delay before something bad happens.

reprimand /ˈreprɪmɑːnd/ *v.* [T] (*fml.*) express strong official disapproval of somebody or their actions. ▶ **reprimand** *n.*

reprisal /rɪˈpraɪzl/ *n.* [C, U] (*written*) violent act towards somebody because of something bad they have done towards you.

reproach /rɪˈprəʊtʃ/ *v.* [T] ~(**for**) blame or criticize somebody for a wrong action: *The head office is above/beyond ~* (= cannot be criticized). ● **reproach** *n.* **1** [U] blame or criticism for something. **2** [C] word or remark expressing blame or criticism.

reproduce /ˌriːprəˈdjuːs/ *v.* **1** [T] make a copy of a picture, piece of text, etc. **2** [I, T] produce babies or young. ▶ **reproduction** /-ˈdʌkʃn/ *n.* [C, U] ▶ **reproductive** /-ˈdʌktɪv/ *adj.* of or for reproduction of young.

reproof /rɪˈpruːf/ *n.* [C, U] (*fml.*) (remark expressing) blame or disapproval.

reprove /rɪˈpruːv/ *v.* [T] (*fml.*) tell somebody that you do not approve of something they have done.

reptile /ˈreptaɪl/ *n.* cold-blooded egg-laying animal, e.g. a lizard or snake. ▶ **reptilian** /repˈtɪliən/ *adj.*

republic /rɪˈpʌblɪk/ *n.* country governed by a president and politicians elected by the people and where there is no king or queen. ▶ **republican** *adj.* of or supporting the principles of a republic. ▶ **republican** *n.* **1** person favouring republican government. **2** (**Republican**) (*US*) member of the Republican party.

repudiate /rɪˈpjuːdieɪt/ *v.* [T] (*fml.*) refuse to accept something. ▶ **repudiation** /rɪˌpjuːdiˈeɪʃn/ *n.* [U]

repugnant /rɪˈpʌɡnənt/ *adj.* (*fml.*) causing a feeling of strong dislike or disgust. ▶ **repugnance** /-nəns/ *n.* [U]

repulse /rɪˈpʌls/ *v.* [T] (*fml.*) **1** make somebody feel disgust or strong dislike. **2** drive back an enemy. **3** refuse to accept somebody's help, etc. ▶ **repulsion** /rɪˈpʌlʃn/ *n.* [U] **1** strong feeling of dislike or disgust. **2** (*physics*) tendency of objects to push each other away. ▶ **repulsive** *adj.* very unpleasant.

reputable /ˈrepjətəbl/ *adj.* having a good reputation.

reputation /ˌrepjuˈteɪʃn/ *n.* [C, U] opinion people have of somebody/something, based on what has happened in the past.

repute /rɪˈpjuːt/ *n.* [U] (*fml.*) opinion people have of somebody/something. ▶ **reputed** *adj.* generally thought to be something, although this is not certain: *He is ~d to be the best.* ▶ **reputedly** *adv.*

request /rɪˈkwest/ *n.* **1** [C, U] act of politely asking for something: *make a ~ for more time.* **2** [C] thing that you formally ask for. ● **request** *v.* [T] (*fml.*) ask for something politely.

require /rɪˈkwaɪə(r)/ *v.* [T] (*fml.*) **1** need something; depend on something: *Children ~ lots of attention.* **2** (*usu.* passive) make somebody do something, esp. because it is necessary according to a law or set of rules: *You are ~d to fill all the forms.* ▶ **requirement** *n.* something needed

requisite /ˈrekwɪzɪt/ *n., adj.* (*fml.*) (something) necessary for a particular purpose.

rescue /ˈreskjuː/ *v.* [T] save somebody/something away from a dangerous or harmful situation. ● **rescue** *n.* [C, U] (instance of) saving somebody/something from danger.

research /rɪˈsɜːtʃ/ *n.* [U, C] ~(**into/on**) detailed study of a subject to discover new facts about it. ● **research** /rɪˈsɜːtʃ/ *v.* [I, T] study something carefully to find out new facts

about it. ▶ **researcher** *n*.
resemble /rɪ'zembl/ *v.* [T] look like or be similar to another person or thing. ▶ **resemblance** *n.* [C, U] fact of being or looking like somebody/something.
resent /rɪ'zent/ *v.* [T] feel bitter and angry about something: ~ *his good fortune.* ▶ **resentful** *adj.* ▶ **resentment** *n.* [U, C]
reservation /ˌrezə'veɪʃn/ *n.* **1** [C] arrangement to keep something for somebody, e.g. a seat in a train, a room in a hotel, etc. **2** [C, U] feeling of doubt about a plan or idea: *I have a lot of ~s regarding the new project.* **3** (*also* **reserve**) [C] area of land in the US that is kept separate for Native Americans to live in.
reserve /rɪ'zɜːv/ *v.* [T] **1** ask for a seat, table, room, etc. to be available for you or somebody else at a future time: *make a railway ~.* **2** keep something for somebody/ something, so that it cannot be used by any other person. ●
reserve *n.* **1** [C] supply of something kept for use when needed. **2** [C] piece of land kept for a particular purpose: *a wildlife ~* **3** [U] quality somebody has when they do not talk easily about their feelings, etc. **4** [C] extra player in a team who plays if another player cannot. **5** (**the reserve**) [sing.] (*also* **the reserves** [pl.]) extra military force kept back for use when needed. [IDM] **in reserve** available for use if needed. ▶ **reserved** *adj.* slow to show your feelings or opinions; shy
reservoir /'rezəvwɑː(r)/ *n.* artificial lake where water is stored.
reside /rɪ'zaɪd/ *v.* [I] (*fml.*) live in a particular place [PV] **reside in somebody/something** be in somebody/ something; be caused by something.
residence /'rezɪdəns/ *n.* (*fml.*) **1** [C] (*esp.* large or impressive) house. **2** [U] state of living in a particular place; *The Queen is in ~.*
resident /'rezɪdənt/ *n., adj.* (person) living in a place. ▶ **residential** /ˌrezɪ'denʃl/ *adj.* **1** (of an area of a town) having houses, not offices or factories. **2** (of a job, course, *etc.*) offering accommodation.
residue /'rezɪdjuː/ *n.* (*tech.*) small amount of something that remains after most has been taken or used. ▶ **residual** /rɪ'zɪdjuəl/ *adj.* remaining at the end of a process.
resign /rɪ'zaɪn/ *v.* [I, T] give up your job, position, etc. [PV] **resign yourself to something** accept something unpleasant without complaining. ▶ **resigned** *adj.* accepting something unpleasant without complaining.
resignation /ˌrezɪg'neɪʃn/ *n.* **1** [C, U] (act or formal written statement of) resigning from your job. **2** [U] state of being resigned to an unpleasant situation.
resilient /rɪ'zɪliənt/ *adj.* **1** able to recover quickly after something unpleasant, e.g. shock, injury, etc. **2** (of a substance) able to return quickly to its original shape after being bent, etc. ▶ **resilience** /-əns/ *n.* [U]
resin /'rezɪn/ *n.* [C, U] **1** sticky substance that is produced by some trees. **2** similar man-made plastic substance.
resist /rɪ'zɪst/ *v.* [T] **1** refuse to accept something and try to stop it from happening: ~ *dominance.* **2** fight back when attacked; use force to stop something from happening. **3** not be damaged or harmed by something. ▶ **resistance** *n.* **1** [U, sing.] (action of) resisting somebody/something **2** [U, sing.] opposing force: *armed ~ance.* **3** (**the Resistance**) [sing., with sing. or pl. verb] secret organization that opposes the enemy in a country controlled by the enemy. ▶ **resistant** *adj.* not affected by something; able to resist something.
resistor /rɪ'zɪstə(r)/ *n.* device that reduces the power in an electric circuit.
resolute /'rezəluːt/ *adj.* (*fml.*) determined; firm ▶ **resolutely** *adv.*
resolution /ˌrezə'luːʃn/ *n.* **1** [C] formal decision at a meeting. **2** [U] act of solving or settling a problem or dispute. **3** [U] quality of being resolute. **4** [C] firm decision to do or not do something.: *A ~ was passed with thumping majority.* **5** [U, sing.] power of a computer screen, printer, etc. to give a clear image: *high- ~ camera.*
resolve /rɪ'zɒlv/ *v.* [T] (*fml.*) **1** find a satisfactory solution to a problem, etc. **2** make a firm decision to do something. ● **resolve** *n.* [C, U] (*fml.*) strong determination.
resonant /'rezənənt/ *adj.* (*fml.*) (of sound) deep, clear and lasting a long time. ▶ **resonance** /-nəns/ *n.* [U]
resort /rɪ'zɔːt/ *v.* [PV] **resort to something** make use of something as a means of achieving something, when nothing else is available; *We had to ~ raw fruits in absence of cooking gas.* ● **resort** *n.* popular holiday centre: *a mountain ~.*
resound /rɪ'zaʊnd/ *v.* [I] **1** (of a sound, voice, etc.) fill a place with sound. **2** ~(**with**) (of a place) be filled with sound. ▶ **resounding** *adj.* **1** very great: *a ~ing applause.* **2** loud and clear: *~ing majority*
resource /rɪ'sɔːs; -'zɔːs/ *n.* [C, usu. pl.] **1** supply of raw materials, etc. that a country can use to bring wealth. **2** thing that can be used for help when needed. ▶ **resourceful** *adj.* (*approv*) good at finding ways of solving difficulties. ▶ **resourcefully** *adv.*
respect /rɪ'spekt/ *n.* **1** [U, sing.] ~(**for**) admiration for somebody/something. **2** [U, sing.] ~(**for**) consideration for somebody/some-

thing: *show ~ for her talents.* **3** [C] particular aspect or detail of something: *In some ~s, I may follow your directions.* [IDM] **pay your respects (to somebody)** → PAY¹ **with respect to something** (*fml.*) concerning something. ● **respect** *v.* [T] admire somebody/something; treat somebody/something with consideration.

respectable /rɪˈspektəbl/ *adj.* **1** socially acceptable. **2** fairly good: *a ~ demure.* ▶ **respectability** /rɪˌspektəˈbɪləti/ *n.* [U] ▶ **respectably** *adv.*

respectful /rɪˈspektfl/ *adj.* showing respects **respectfully** *adv.*

respective /rɪˈspektɪv/ *adj.* of, for or belonging to each one separately. ▶ **respectively** *adv.* in the order mentioned.

respiration /ˌrespəˈreɪʃn/ *n.* [U] (*fml.*) act of breathing. ▶ **respiratory** /rəˈspɪrətri; ˈrespərətri/ *adj.* connected with breathing.

respite /ˈrespaɪt/ *n.* [U, sing.] short rest from something difficult or unpleasant.

resplendent /rɪˈsplendənt/ *adj.* (*fml.*) very bright; splendid

respond /rɪˈspɒnd/ *v.* [I] **~(to) 1** answer somebody/ something. **2** act in answer to somebody/something. **3** react favourably to something: *~ to nature's call.*

response /rɪˈspɒns/ *n.* [C, U] **1** answer **2** action done in answer to something.

responsibility /rɪˌspɒnsəˈbɪləti/ *n.* (*pl.* **-ies**) **1** [U, C] duty to deal with or take care of somebody/something. **2** [U] blame for something bad that has happened.

responsible /rɪˈspɒnsəbl/ *adj.* **1 ~(for)** having to look after somebody/something or do something as a duty: *~ for taking care of your pet.* **2 ~(for)** being the cause of something bad: *Who's ~ for this accident?* **3 ~(to)** having to report to somebody in authority and explain your actions to them. **4** trustworthy **5** (of a job) having important duties ▶ **responsibly** *adv.*

responsive /rɪˈspɒnsɪv/ *adj.* reacting quickly and positively to something.

rest¹ /rest/ *n.* **1 (the rest (of something))** [sing.] the remaining part of something. **2 (the rest (of something))** [pl.] the others. **3** [C, U] period of relaxing or sleeping. **4** [C] object used to support something: *a leg ~* **5** [C, U] (*music*) (sign showing) a pause between notes. [IDM] **at rest 1** (*tech.*) not moving. **2** dead and therefore free from worry. ▶ **restful** *adj.* relaxing and peaceful. ▶ **restless** *adj.* unable to stay still or be happy where you are. ▶ **restlessly** *adv.*

rest² /rest/ *v.* **1** [I, T] relax, sleep or do nothing; not use a part of your body for some time. **2** [I, T] **~on/against** lean something on something [IDM] **rest assured (that ...)** (*fml.*) used to emphasize that what you are saying will definitely happen. **rest on your laurels** (*disapprov*) be so satisfied with your success that you do nothing more. [PV] **rest on/ upon somebody/something 1** depend on something. **2** look at somebody/ something. **rest with somebody (to do something)** (*fml.*) be the responsibility of somebody.

restaurant /ˈrestrɒnt/ *n.* place where meals can be bought and eaten.

restitution /ˌrestɪˈtjuːʃn/ *n.* [U] (*fml.*) giving back something stolen, etc. to its owner or paying money for damage.

restive /ˈrestɪv/ *adj.* (*fml.*) unable to be still; unwilling to be controlled.

restoration /ˌrestəˈreɪʃn/ *n.* **1** [U, C] act of restoring something. **2 (the Restoration)** [sing.] period just after 1660 in Britain.

restorative /rɪˈstɔːrətɪv/ *adj.* bringing back health and strength.

restore /rɪˈstɔː(r)/ *v.* [T] **1** bring back a situation or feeling that existed before. **2** bring somebody/something back to a former state or position. **3** repair an old building, picture, etc. so that looks as good as it did originally. **4** (*fml.*) give something that was lost or stolen back to somebody. ▶ **restorer** *n.* person who restores old buildings, etc.

restrain /rɪˈstreɪn/ *v.* [T] stop somebody/something from doing something, esp. by using physical force. ▶ **restrained** *adj.* controlled; calm. ▶ **restraint** /rɪˈstreɪnt/ *n.* **1** [C] rule, fact, etc. that limits or controls what people can do. **2** [U] act of controlling or limiting something. **3** [U] quality of behaving calmly and with control.

restrict /rɪˈstrɪkt/ *v.* [T] limit something; stop somebody/something from moving freely. ▶ **restriction** /rɪˈstrɪkʃn/ *n.* [C, U] ▶ **restrictive** *adj.*

result /rɪˈzʌlt/ *n.* **1** [C, U] something that happens as a result of an action or event. **2** [C] final score in a game; marks in an examination. **3** [C] answer to a mathematical calculation. ● **result** *v.* [I] **~(from)** happen because of something else that happened first. [PV] **result in something** make something happen. ▶ **resultant** *adj.* (*fml.*) caused by the thing just mentioned.

resume /rɪˈzjuːm/ *v.* **1** [I, T] begin something again after stopping. **2 (~ your seat/ place/position)** [T] go back to the seat or place that you had before.

résumé /ˈrezjumeɪ/ *n.* **1** summary **2** (*US*) = CURRICULUM VITAE

resumption /rɪˈzʌmpʃn/ n. [U, sing.] (fml.) act of beginning something again after stopping

resurrect /ˌrezəˈrekt/ v. [T] bring something back into use. ▶ **resurrection** /ˌrezəˈrekʃn/ n. **1 (the Resurrection)** [sing.] (in Christianity) coming back to life of Jesus after his death; time when all dead people will become alive again. **2** [U, sing.] new beginning for something which is old or has disappeared.

resuscitate /rɪˈsʌsɪteɪt/ v. [T] (fml.) bring somebody back to consciousness. ▶ **resuscitation** /rɪˌsʌsɪˈteɪʃn/ n. [U]

retail /ˈriːteɪl/ n. [U] selling of goods to the public, usu. through shops. ▶ **retail** adv. ● **retail** v. **1** [T] sell goods to the public. **2** [I] ~**at/for** (business) be sold at a particular price. ▶ **retailer** n. person or business that sells goods to the public.

retain /rɪˈteɪn/ v. [T] (fml.) **1** keep something; continue to hold or contain something. **2** obtain the services of a lawyer by payment. ▶ **retainer** n. **1** fee paid to somebody to make sure they will be available to do work when they are needed. **2** (GB) reduced rent paid to reserve a flat, etc. when you are not there. **3** (old-fash.) servant.

retaliate /rɪˈtælieɪt/ v. [I] repay an injury, insult, etc. with a similar one. ▶ **retaliation** /rɪˌtæliˈeɪʃn/ n. [U]

retard /rɪˈtɑːd/ v. [T] (fml.) make the development of something slower.

retch /retʃ/ v. [I] try to vomit but without bringing up anything.

retention /rɪˈtenʃn/ n. [U] (fml.) action of retaining something.

retentive /rɪˈtentɪv/ adj. (of the memory) able to remember things well.

reticent /ˈretɪsnt/ adj. saying little; not saying all that is known. ▶ **reticence** /-sns/ n. [U]

retina /ˈretɪnə/ n. (pl. ~**s** or **-ae** /-niː/) part of the eye at the back of the eyeball, sensitive to light.

retinue /ˈretɪnjuː/ n. [C, with sing. or pl. verb] group of people travelling with an important person.

retire /rɪˈtaɪə(r)/ v. **1** [I] ~**(from)** stop doing your job, esp. because you have reached a particular age or you are ill. **2** [T] tell somebody they must stop doing their job. **3** [I] (fml.) leave a place, esp. to go somewhere quiet. **4** [I] (lit.) go to bed ▶ **retired** adj. having retired from work. ▶ **retirement** n. [U] ▶ **retiring** adj. preferring not to spend time with other people.

retort /rɪˈtɔːt/ v. [T] reply to a comment quickly or angrily ● **retort** n. [C, U] quick or angry reply.

retrace /rɪˈtreɪs/ v. [T] go back along the route you have taken: *They tried to ~ their steps but, they were hopelessly lost in the woods.*

retract /rɪˈtrækt/ v. [I, T] **1** take back a statement, offer, etc. **2** draw something in or back: *A cat can ~ its claws.* ▶ **retractable** adj. ▶ **retraction** n. [C, U]

retread /ˈriːtred/ n. tyre made by putting a new rubber surface on an old tyre.

retreat /rɪˈtriːt/ v. [I] (esp. of an army) go back. ● **retreat** n. [C, U] **1** act of retreating **2** (place for) a period of quiet and rest.

retribution /ˌretrɪˈbjuːʃn/ n. [U] (fml.) severe punishment for something seriously wrong that somebody has done.

retrieve /rɪˈtriːv/ v. [T] (fml.) **1** bring or get something back. **2** (computing) find and get back data that has been stored in a computer's memory. **3** make a bad situation better. ▶ **retrieval** n. [U] act of retrieving something. ▶ **retriever** n. dog trained to find and bring back shot birds, etc.

retrograde /ˈretrəgreɪd/ adj. (fml., disapprov) going back to an earlier worse condition.

retrogressive /ˌretrəˈgresɪv/ adj. (fml., disapprov) returning to old-fashioned ideas or methods instead of making progress.

retrospect /ˈretrəspekt/ n. [IDM] **in retrospect** looking back on a past event. ▶ **retrospective** adj. **1** looking back on the past. **2** (of a new law or decision) intended to take effect from a particular date in the past.

return¹ /rɪˈtɜːn/ v. **1** [I] come or go back: ~ *back.* **2** [T] give, send or put something back: ~ *unwanted gift items.* ◇ *He didn't ~ my summons.* **3** [I] go back to an activity you were doing earlier or a previous state. **4** [T] give a decision about something in a court of law: *The jury ~ed a verdict of not guilty.* **5** [T] (GB) elect somebody to a political position. **6** [T] (business) give a particular amount of money as a profit or loss: *to ~ a high rate of interest.*

return² /rɪˈtɜːn/ n. **1** [sing.] act of returning to a place. **2** [U, sing] action of giving, putting or sending somebody/something back. **3** [U, C] amount of profit that you get from something. **4** [C] official report or statement: *file in a tax ~* **5** [C] (also **re,turn 'ticket**) (GB) ticket for a journey to a place and back again [IDM] **in return (for something)** in exchange or as a payment for something.

reunion /riːˈjuːniən/ n. **1** [C] meeting of former friends, colleagues, etc. who have not seen one another for a long time. **2** [C, U] coming together again after a separation

Rev. (GB also **Revd**) abbr. Reverend.

rev /rev/ v. (-vv-) [I, T] ~**(up)** increase the speed of an engine: ~ *the bike (up).*

reveal /rɪˈviːl/ v. [T] **1** make something known to somebody: ~ *a secret.* **2** allow something

to be seen.
revel /ˈrevl/ v. (-ll- US -l-) [PV] **revel in something** enjoy something very much.
revelation /ˌrevəˈleɪʃn/ n. **1** [U] making known of something secret. **2** [C] something (esp. surprising) that is revealed.
revenge /rɪˈvendʒ/ n. [U] punishment or injury done to somebody because they have made you suffer. ● **revenge** v. [PV] **revenge yourself on somebody** punish or hurt somebody because they have made you suffer.
revenue /ˈrevənjuː/ n. [U, C] income, especially as received from the government.
reverberate /rɪˈvɜːbəreɪt/ v. [I] (of sound) echo again and again. ▶ **reverberation** /rɪˌvɜːbəˈreɪʃn/ n. **1** [C, U] loud noise that echoes. **2 (reverberations)** [pl.] (usu. unpleasant) effects of something that happens that spread among a large number of people.
revere /rɪˈvɪə(r)/ v. [T] (fml.) have great respect for somebody/something.
reverence /ˈrevərəns/ n. [U] great respect
reverend /ˈrevərənd/ n. (abbr. **Rev.**) (title of a) member of the clergy.
reverent /ˈrevərənt/ adj. feeling or showing great respect for somebody/something. ▶ **reverently** adv.
reversal /rɪˈvɜːsl/ n. [C, U] complete change of something so that it is the opposite of what it was.
reverse /rɪˈvɜːs/ v. **1** [T] make something the opposite of what it was: ~ *a policy.* **2** [T] turn something the other way round. **3** [I, T] (cause a vehicle to) move backwards. [IDM] **reverse (the) charges** (GB) make a telephone call that will be paid for by the person receiving the call. ● **reverse** n. **1 (the reverse)** [sing.] the opposite **2** [C] the back of a coin, etc. **3** (also re,verse'gear) [U] mechanism used to make a vehicle move backwards: *R~ the car using the ~ gear.* ● **reverse** adj. opposite in position or order.
revert /rɪˈvɜːt/ v. [I] ~**to** go back to a former state, owner or kind of behaviour.
review /rɪˈvjuː/ v. **1** [T] consider or examine something again: ~ *the seminar paper* **2** [I, T] write a report of a book, film, etc. giving your opinion of it. **3** [T] officially inspect a group of soldiers, etc. ● **review** n. **1** [U, C] examination of something, with the intention of changing it if necessary. **2** [C, U] article in a newspaper, etc. that gives an opinion of a new book, film, etc. **3** [C] inspection of military forces. ▶ **reviewer** n. person who writes reviews(2).
revise /rɪˈvaɪz/ v. **1** [T] change your opinions or plans, e.g. because of something you have learned. **2** [T] examine something again and correct or improve it. **3** [I, T] ~**(for)** (GB) go over work already done to prepare for an examination. ▶ **revision** /rɪˈvɪʒn/ n. **1** [C, U] (act of) revising something. **2** [C] corrected version.
revitalize (also **-ise**) /ˌriːˈvaɪtəlaɪz/ v. [T] put new life or strength into something.
revive /rɪˈvaɪv/ v. **1** [I, T] become, or make somebody/something become, conscious or healthy and strong again. **2** [T] bring something into use again: ~ *old habits/way of life.* ▶ **revival** n. [C, U]
revoke /rɪˈvəʊk/ v. [T] (fml.) officially cancel something so that it is no longer valid.
revolt /rɪˈvəʊlt/ v. **1** [I] ~**(against)** take violent action against people in power. **2** [T] cause somebody to feel horror or disgust. ▶ **revolt** n. [C, U] protest against those in authority ▶ **revolting** adj. extremely unpleasant.
revolution /ˌrevəˈluːʃn/ n. **1** [C, U] complete change in the system of government, esp. by force. **2** [C] complete change in conditions or ways of doing things: *the French* ~ **3** [C, U] one complete circular movement around a point. ▶ **revolutionary** adj. **1** of a political revolution. **2** involving a great or complete change: *a ~ary leader.* ▶ **revolutionary** n. (pl. **-ies**) person who begins or supports a revolution, esp. a political one. ▶ **revolutionize** (also **-ise**) /-ʃənaɪz/ v. [T] completely change the way something is done.
revolve /rɪˈvɒlv/ v. [I] ~**(around)** go round something in a circle [PV] **revolve around/round somebody/something** have somebody/something as the main interest or subject: *The movie ~s around the hero and the heroine.*
revolver /rɪˈvɒlvə(r)/ n. small gun with a revolving container for bullets.
revue /rɪˈvjuː/ n. show in a theatre, with dances, songs and jokes.
revulsion /rɪˈvʌlʃn/ n. [U, sing.] feeling of disgust or horror.
reward /rɪˈwɔːd/ n. [C, U] something given in return for work or services or for bringing back stolen property. ● **reward** v. [T] give something to somebody because they have done something good, worked hard, etc. ▶ **rewarding** adj. (of an activity, etc.) worth doing: satisfying
rewind /ˌriːˈwaɪnd/ v. (pt, pp **rewound** /-ˈwaʊnd/) [I, T] cause a tape, film, etc. to go back to the beginning.
rhapsody /ˈræpsədi/ n. (pl. **-ies**) **1** piece of music in irregular form. **2** (written) expression of great delight.
rhetoric /ˈretərɪk/ n. [U] **1** (disapprov) speech or writing intended to influence people, but that is insincere. **2** (fml.) art of using words impressively in speech and writing.

▶ **rhetorical** /rɪ'tɒrɪkl/ adj. 1 (of a question) asked only for effect, not to get an answer. 2 intended to influence people, but not completely honest.

rheumatism /'ru:mətɪzəm/ n. [U] disease causing pain and stiffness in the muscles and joints. ▶ **rheumatic** /ru'mætɪk/ adj., n.

rhino /'raɪnəʊ/ n. (pl. ~s) (infml.) = RHINOCEROS

rhinoceros /raɪ'nɒsərəs/ n. large heavy thick-skinned animal with one or two horns on its nose.

rhododendron /ˌrəʊdə'dendrən/ n. bush with large red, purple, pink or white flowers.

rhubarb /'ru:bɑ:b/ n. [U] (garden plant with) thick reddish stems that are cooked and eaten like fruit.

rhyme /raɪm/ v. [I] (of words or lines of a poem) end with the same sound: *'Fed' ~s with 'wed'*. ● **rhyme** n. 1 [U] (use of) rhyming words at the end of lines in poetry. 2 [C] word that rhymes with another word. 3 [C] short rhyming poem.

rhythm /'rɪðəm/ n. 1 [C, U] regular pattern of beats or movements. 2 [C] regular pattern of changes or events: *the ~ of the waves*. ▶ **rhythmic(al)** /'rɪðmɪk(l)/ adj. ■ **,rhythm and 'blues** n. [U] (abbr. **R&B**) type of music that is a mixture of blues and jazz and has a strong rhythm.

rib /rɪb/ n. 1 [C] one of the curved bones that go from the backbone to the chest. 2 [U, C] way of knitting that produces raised lines. ▶ **ribbed** adj. (of fabric) having raised lines.

ribbon /'rɪbən/ n. [C, U] narrow strip of material used to tie things or for decoration.

rice /raɪs/ n. [U] white or brown grain that is cooked and eaten.

rich /rɪtʃ/ adj. 1 having a lot of money or property. 2 ~**in** containing or providing a large supply of something: *mines ~ in diamonds*. 3 (of food) containing a lot of fat, oil, eggs, etc. 4 (of colours, sounds, smells and tastes) strong or deep; very beautiful or pleasing. 5 (lit.) expensive and beautiful: *~dress material*. ● **rich** n. [pl.] 1 (**the rich**) rich people 2 (**riches**) wealth. ▶ **richly** adv. ▶ **richness** n. [U]

rickety /'rɪkəti/ adj. likely to break or collapse.

rickshaw /'rɪkʃɔː/ n. small light vehicle with two wheels that is pulled by somebody walking or riding a bicycle.

ricochet /'rɪkəʃeɪ/ v. (pt, pp **-t-** or **-tt-**) [I] (of a moving object) hit a surface and bounce away from it at an angle ▶**ricochet** n. [C, U]

rid /rɪd/ v. (**-dd-** pt, pp **rid**) [IDM] **get rid of somebody/something** make yourself free of somebody/ something that you do not want; throw something away. [PV] **rid somebody/ something of somebody/something** (written) remove somebody/ something that is causing a problem from a place, group, etc.

riddance /'rɪdns/ n. [U] [IDM] **good riddance (to somebody/something)** unkind way of saying that you are pleased somebody/something has gone: *He's gone and good ~ to him!*

ridden pp of RIDE¹

riddle /'rɪdl/ n. 1 difficult or amusing question. 2 mysterious event or situation that you cannot explain. ● **riddle** v. [T] **~with** (usu. passive) make a lot of holes in somebody/something: *The minister was ~d with bullets*.

ride¹ /raɪd/ v. (pt **rode** /rəʊd/ pp **ridden** /'rɪdn/) 1 [I, T] sit on a horse, bicycle, etc. and control it as it moves. 2 [I] travel in a vehicle, esp. as a passenger. 3 [I, T] float on water or air: *bikers riding in the countryside*. [PV] **ride up** (of clothing) gradually move upwards, out of position. ▶ **rider** n. 1 person who rides a horse, bicycle, etc. 2 additional remark following a statement.

ride² /raɪd/ n. short journey on a horse or bicycle or in a car, etc. [IDM] **take somebody for a ride** (infml.) cheat or trick somebody.

ridge /rɪdʒ/ n. 1 long narrow piece of high land. 2 raised line where two sloping surfaces meet.

ridicule /'rɪdɪkjuːl/ n. [U] unkind comments that make fun of somebody. ● **ridicule** v. [T] make somebody/ something look silly.

ridiculous /rɪ'dɪkjələs/ adj. very silly or unreasonable: *What a ~ dress!* ▶ **ridiculously** adv.

rife /raɪf/ adj. (of something bad) widespread; common.

rifle /'raɪfl/ n. gun with a long barrel, fired from the shoulder. ● **rifle** v. [T] **~(through)** search quickly through something in order to find or steal something.

rift /rɪft/ n. 1 serious disagreement between people. 2 large crack in the ground, rocks or cloud.

rig /rɪɡ/ v. (**-gg-**) [T] 1 arrange or influence something dishonestly for your own advantage: *~ competition*. 2 fit a ship with ropes, sails, etc. [PV] **rig something up** make or build something quickly using whatever materials are available. ● **rig** n. 1 large piece of equipment for taking oil or gas out of the land or sea: *an oil ~* 2 way that a ship's masts, sails, etc. are arranged. ▶ **rigging** n. [U] ropes, etc. that support a ship's masts and sails.

right¹ /raɪt/ adj. 1 morally good or acceptable: *I want to follow the ~ path in life*. 2 true or correct: *the ~ option*. 3 most suitable: *the ~*

man for the job. **4** in a normal or satisfactory condition: *That food doesn't look ~* **5** of, on or towards the side of the body that is towards the east when a person faces north: *my ~ hand.* [IDM] **(not) in your right mind** (not) mentally normal **on the right track** → TRACK **put/set something right** correct something or deal with a problem. ■ **'right angle** *n.* angle of 90° ▶ **right-angled** *adj.* ▶ **rightly** *adv.* for a good reason; correctly. ▶ **rightness** *n.* [U]

right² /raɪt/ *adv.* **1** exactly; directly: *Stand ~ in the centre of the circle.* **2** all the way; completely: *Go ~ to the end of the road.* **3** (*infml.*) immediately: *I'll be ~ back!* (= I am coming very soon). **4** correctly **5** on or to the right side: *go to the ~* [IDM] **right away/off** immediately; without delay **right now** at this moment; immediately.

right³ /raɪt/ *n.* **1** [U, C] what is morally good or correct: *Children should be taught the difference between right and wrong.* **2** [C, U] moral or legal claim to get something or to behave in a particular way: *You have no ~ to go there.* ◇ *human ~s campaigners.* ◇ *By ~s* (= if justice were done) *I should inherit an equal amount.* **3 (rights)** [pl.] the authority to perform, publish, film, etc. a particular work: *He sold the ~s for his album for a huge amount.* **4 (the/somebody's right)** [sing.] right side or direction. **5 (the Right, the Right)** [sing., with sing. or pl. verb] political groups that most strongly support the capitalist system. [IDM] **in your own right** because of your personal qualifications or efforts. **put/set somebody/something to rights** correct somebody/something; put things in order. ■ **'right-hand** *adj.* on the right side of something. ■ **,right-'handed** *adj.* (of a person) using the right hand for writing, using tools, etc. ■ **'right-hand 'man** *n.* [sing.] main helper and supporter. ■ **,right of 'way** *n.* **1** [C] (legal permission to use a) path that goes across private land. **2** [U] (in road traffic) the right to go first. ■ **the ,right 'wing** *n.* [sing., with sing. or pl. verb] part of a political party whose members are least in favour of social change. ▶ **,right-'wing** *adj.*

right⁴ /raɪt/ *v.* [T] return somebody/something/yourself to the normal, upright position: *The boat ~ed itself.* [IDM] **right a wrong** do something to correct an unfair situation or something bad that you have done.

righteous /'raɪtʃəs/ *adj.* (*fml.*) morally right and good. ▶ **righteously** *adv.* ▶ **righteousness** *n.* [U]

rightful /'raɪtfl/ *adj.* (*fml.*) that is correct, right or legal: *the ~ inheritor* ▶ **rightfully** *adv.*

rigid /'rɪdʒɪd/ *adj.* **1** strict; unwilling or difficult to change. **2** stiff and difficult to bend. ▶ **rigidity** /rɪ'dʒɪdəti/ *n.* [U] **rigidly** *adv.*

rigorous /'rɪgərəs/ *adj.* **1** careful and detailed. **2** strict; severe. ▶ **rigorously** *adv.*

rigour (*US* **-or**) /'rɪgə(r)/ *n.* **1** [U] fact of paying great attention to detail. **2** [U] (*fml.*) strictness; severity. **3 (the rigours of something)** [pl.] the difficulties and unpleasant conditions of something.

rim /rɪm/ *n.* edge of something circular: *the glass ~.* ● **rim** *v.* (**-mm-**) [T] (*fml.*) form an edge round something.

rind /raɪnd/ *n.* [U, C] hard outer covering of certain fruits, cheese or bacon.

ring¹ /rɪŋ/ *v.* (*pt* **rang** /ræŋ/ *pp* **rung** /rʌŋ/) **1** [I, T] **~(up)** telephone somebody/something: *I'll give you a ~ (up) later.* **2** [I, T] (cause a bell to) produce a sound: *~ the doorbell* ◇ *R ~ the bell in case of an emergency.* **3** [I] **~(with)** (*lit.*) be full of a sound. [IDM] **ring a bell** (*infml.*) remind one of something. **ring true/hollow/false** give the impression of being sincere/true or not sincere/true. [PV] **ring off** (*GB*) end a telephone conversation. **ring out** be heard loudly and clearly. ● **ring** *n.* **1** [C] sound of a bell. **2** [sing.] particular quality that word's, sounds, etc. have: *a devious ~.* [IDM] **give somebody a ring** (*GB, infml.*) make a telephone call to somebody.

ring² /rɪŋ/ *n.* **1** circular metal band worn on a finger. **2** circular band of any kind of material: *a key ~* **3** circle: *The children were playing and standing in a ~.* **4** group of people working together, esp. illegally: *a burglar ~* **5** enclosed area in which animals or people perform or compete, with seats around it for an audience: *a circus ~* ● **ring** *v.* (*pt, pp* **~ed**) [T] **1** surround somebody/something. **2** draw a circle around something. ■ **'ringleader** *n.* (*esp. lit.*) person who leads others in doing something wrong. ■ **'ring road** *n.* road built around a town.

ringlet /'rɪŋlət/ *n.* [C, usu. pl.] long hanging curl of hair.

rink /rɪŋk/ *n.* specially prepared area of ice for skating: *ice/skating ~.*

rinse /rɪns/ *v.* [T] wash something in clean water: *R~ the clothes in fresh water.* ● **rinse** *n.* **1** [C] act of rinsing something. **2** [C, U] liquid for colouring the hair.

riot /'raɪət/ *n.* **1** [C] noisy violent behaviour by a crowd. **2** [sing.] **~of** collection of a lot of different types of the same thing: *communal ~* [IDM] **run riot** → RUN¹ ● **riot** *v.* [I] behave in a violent way in a public place, often as a protest. ▶ **rioter** n. ▶ **riotous** adj. disorderly; wild.

rip /rɪp/ v. (-pp-) [I, T] tear something or become torn, often suddenly or violently. [PV] **rip somebody off** (infml.) cheat somebody, by charging them too much money, etc. ● **rip** n. long tear in fabric, paper, etc. ■ **'ripcord** n. string that you pull to open a parachute. ■ **'rip-off** n. (infml.) something that is not worth what you pay for it.

ripe /raɪp/ adj. (~r, ~st) **1** (fully grown and) ready to be eaten: ~ fruits. **2** ~**for** ready or suitable for something to happen. ▶ **ripeness** n. [U]

ripen /'raɪpən/ v. [I, T] become or make something ripe

ripple /'rɪpl/ n. **1** very small wave or movement on the surface of water. **2** short sound of quiet laughter, etc. ● **ripple** v. [I, T] (cause something to) move in ripples.

rise¹ /raɪz/ v. (pt **rose** /rəʊz/ pt ~n /'rɪzn/) [I] **1** come or go upwards. **2** (written) get up from a lying, sitting or kneeling position: He always rises (= got out of bed) early. **3** (of the sun, moon, etc.) appear above the horizon. **4** increase in amount or number: inflation is still ~ing. **5** become more successful, important, powerful, etc. **6** get stronger: The sea level is rising. **7** (fml.) rebel against somebody/something **8** slope upwards: rising ground. **9** (of a river) start [PV] **rise to something 1** show that you are able to deal with an unexpected situation, problem, etc.: He always ~es to the occasion. **2** react when somebody is deliberately trying to make you angry. ▶ **rising** n. armed rebellion.

rise² /raɪz/ n. **1** [C] increase in a number, amount or level. **2** [C] (GB) increase in wages. **3** [sing.] upward movement or progress: his ~ to power and fame. **4** [C] small hill [IDM] **give rise to something** (fml.) cause something to happen or exist.

risk /rɪsk/ n. **1** [C, U] possibility of danger or of something bad happening in the future. **2** [C] ~(to) person or thing that is likely to cause problems or danger in the future. [IDM] **at risk (from/of something)** in danger of something unpleasant happening. **do something at your own risk** do something dangerous and agree to take responsibility for anything bad that happens. **run the risk (of doing something)** **take a risk** do something even though you know that something bad could happen to you. ● **risk** v. [T] **1** put something in danger **2** take the chance of something bad happening to you: ~ getting hurt. [IDM] **risk your neck** → NECK ▶ **risky** adj. (-ier, -iest) dangerous.

risotto /rɪ'zɒtəʊ/ n. [C, U] (pl. ~**s**) Italian dish of rice cooked with vegetables, etc.

rissole /'rɪsəʊl/ n. small flat mass of minced meat, etc. that is fried.

rite /raɪt/ n. traditional, esp. religious, ceremony. [IDM] **rite of passage** ceremony or event that marks an important stage in somebody's life.

ritual /'rɪtʃuəl/ n. [C, U] **1** series of actions regularly followed, esp. as part of a religious ceremony. **2** something done regularly and always in the same way. ● **ritual** adj. of or done as a ritual.

rival /'raɪvl/ n. person, company or thing that competes with another in sport, business, etc. ● **rival** v. (-**ll**- US also -**l**-) [T] be as good, impressive, etc. as somebody/ something ▶ **rivalry** n. [C, U] (pl. -**ies**) competition between two people, companies, etc.

river /'rɪvə(r)/ n. large natural stream of water flowing to the sea.

rivet /'rɪvɪt/ n. metal pin used to fasten pieces of metal, leather, etc. together. ● **rivet** v. [T] **1** hold somebody's attention completely. **2** fasten something with rivets. ▶ **riveting** adj. (approv) so interesting that it holds your attention completely.

road /rəʊd/ n. **1** hard surface built for vehicles to travel on. **2** the way to achieving something: be on the ~ to recovery. ■ **'roadblock** n. barrier placed across the road by the police or army. ■ **'road hog** n. (infml.) careless driver. ■ **'roadworks** n. [pl.] (GB) (area where there are) repairs being done to the road. ■ **'roadworthy** adj. (of a vehicle) fit to be driven on roads.

roam /rəʊm/ v. [I, T] walk or travel about with no clear purpose.

roar /rɔː(r)/ n. deep loud sound (like that) made by a lion. ● **roar** v. **1** [I] make a deep loud sound. **2** [I, T] shout something very loudly. **3** [I] laugh very loudly. ▶ **roaring** adj. (infml.) **1** noisy **2** (of a fire) burning with a lot of flames and heat. [IDM] **do a roaring trade (in something)** (infml.) sell a lot of something very quickly. **roaring drunk** extremely drunk and noisy.

roast /rəʊst/ v. [I, T] cook food, esp. meat, in an oven or over a fire; be cooked in this way. ● **roast** adj. cooked in an oven or over a fire: ~ meat ● **roast** n. **1** large piece of roasted meat: the Sunday ~ **2** (US) party held in somebody's garden at which food is cooked over an open fire.

rob /rɒb/ v. (-**bb**-) [T] steal money or property from a person or place. ▶ **robber** n. person who robs somebody/ something. ▶ **robbery** n. [C, U] (pl. -**ies**) crime of stealing money or goods from a bank, shop, etc. esp. using violence.

robe /rəʊb/ n. long loose garment.

robin /ˈrɒbɪn/ n. small brown bird with a red breast.

robot /ˈrəʊbɒt/ n. machine that can do certain human tasks automatically.

robust /rəʊˈbʌst/ adj. strong; healthy. ▶ **robustly** adv. ▶ **robustness** n. [U]

rock¹ /rɒk/ n. **1** [U, C] hard solid material that forms part of the earth's surface. **2** [C] mass of rock standing above the earth's surface or in the sea. **3** [C] large stone. **4** [U] (also **'rock music**) type of loud modern music with a strong beat, played on electric guitars, etc. **5** [U] (GB) hard stick-shaped sweet. [IDM] **on the rocks 1** (of a relationship or a business) likely to fail soon **2** (of a drink) served with ice but no water ■ **,rock and 'roll** (also **,rock'n' 'roll**) n. [U] type of music popular in the 1950s ■ **,rock-'bottom** n. [U] lowest point. ▶ **rockery** n. (pl. **-ies**) part of a garden with small rocks and plants.

rock² /rɒk/ v. **1** [I, T] move gently backwards and forwards or from side to side. **2** [T] (written) shock somebody/ something very much. [IDM] **rock the boat** (infml.) spoil a calm situation. ▶ **rocker** n. **1** one of the two curved pieces of wood on the bottom of a rocking chair. **2** [C] = ROCKING CHAIR [IDM] **be off your rocker** (spoken) be crazy. ■ **'rocking chair** n. chair fitted with rockers that make it move backwards and forwards.

rocket /ˈrɒkɪt/ n. **1** [C] tube-shaped device filled with fast-burning fuel that is used to launch a missile or spacecraft. **2** [C] firework that shoots high into the air. **3** [U] (GB) plant with long green leaves that have a strong flavour and are eaten raw in salads. ● **rocket** v. [I] increase quickly and suddenly; move very fast: *Prices are sky ~ing.*

rocky /ˈrɒki/ (**-ier, -iest**) adj. **1** of rock; full of rocks. **2** difficult and not certain to continue: *a ~ relationship.*

rod /rɒd/ n. long thin straight piece of wood, metal, etc.: *a fishing ~.*

rode pt of RIDE¹

rodent /ˈrəʊdnt/ n. small animal, e.g. a rat, with strong sharp front teeth.

rodeo /rəʊˈdeɪəʊ/ n. (pl. **~s**) (esp. in the US) contest of skill in catching cattle with a rope, riding wild horses, etc.

roe /rəʊ/ n. **1** [U] mass of fish eggs, eaten as food. **2** [C] = ROE DEER ■ **'roe deer** n. (pl. **roe deer**) small European and Asian deer.

rogue /rəʊɡ/ n. (hum.) person who behaves badly but in a harmless way. ▶ **roguish** adj. (of a person) pleasant and amusing but looking as if they might do something wrong.

role /rəʊl/ n. **1** function or importance of somebody/ something. **2** actor's part in a play. ■ **'role model** n. person that you admire and try to copy. ■ **'role-play** n. learning activity in which you behave as somebody else would behave in certain situations. ▶ **role-play** v. [I, T]

roll¹ /rəʊl/ v. **1** [I, T] (make a round object) move along by turning over and over. **2** [I, T] (cause something to) turn over and over while remaining in the same place: *an elephant ~ing in the mud.* **3** [I, T] (cause something to) move smoothly (on wheels or as if on wheels): *The tanks ~ed away.* ◊ *The cycle began to ~ back down the hill.* **4** [I, T] **~(up)** make something/yourself into the shape of a ball or tube: *~ up a carpet* ◊ *The hedgehog ~ed up into a ball.* **5** [T] make something flat, by pushing something heavy over it: *~ bread.* **6** [I] make a long continuous sound: *The crackers ~ed in the distance.* [IDM] **be rolling in money/it** (infml.) have a lot of money. [PV] **roll in** (infml.) arrive in large quantities. **roll up** (infml.) arrive.

roll² /rəʊl/ n. **1** something made into a tube: *a ~ing pin.* **2** (also **,bread 'roll**) small rounded portion of bread for one person. **3** rolling movement. **4** official list of names: *the electoral ~* **5** long deep sound: *the ~ of drums.*

roller /ˈrəʊlə(r)/ n. tube-shaped object for pressing something, smoothing something, etc. ■ **'Rollerblade™** (US **Roller Blade™**) n. boot with a line of small wheels attached to the bottom. ▶ **Rollerblade** v. [I] ■ **'roller skate** n. boot with two pairs of small wheels attached to the bottom. ■ **'roller skate** v. [I] move over a hard surface wearing roller skates.

rolling /ˈrəʊlɪŋ/ adj. rising and falling gently: *~ scenery.* ■ **'rolling pin** n. wooden or glass tube-shaped kitchen utensil for flattening pastry.

ROM /rɒm/ n. [U] (computing) read-only memory; computer memory that contains data that cannot be changed or removed.

Roman /ˈrəʊmən/ n., adj. (citizen) of Rome, esp. ancient Rome. ■ **,Roman 'Catholic** n., adj. (member) of the Christian Church that has the Pope as its leader. ■ **,Roman Ca'tholicism** n. [U] ■ **,Roman 'numeral** n. letter, e.g. V, L or M, or group of letters, e.g. IV, used to represent a number.

romance /rəʊˈmæns/ n. **1** [C] love affair **2** [U] love or the feeling of being in love. **3** [U] feeling of excitement and adventure. **4** [C] story of love, adventure, etc.

romantic /rəʊˈmæntɪk/ adj. **1** of or having feelings of love. **2** of or suggesting love, adventure and excitement: *a ~ affair.* **3** not practical; very imaginative and emotional. ● **romantic** n. imaginative person whose hopes and ideas may not be realistic. ▶ **romantically** /-kli/ adv. ▶ **romanticism** /rəʊˈmæntɪsɪzəm/ n. [U] romantic feelings, attitudes, etc. ▶ **romanticize** (also **-ise**) /rəʊˈmæntɪsaɪz/ v. [I, T] make something seem more attractive or interesting than it really is.

romp /rɒmp/ v. [I] play happily and noisily. ▶ **romp** n.

roof /ruːf/ n. **1** top covering of a building, car, etc. **2** upper part: *the ~ of the house was leaking*. ▶ **roof** v. [T] cover something with a roof. ▶ **roofing** n. [U] material for making roofs. ■ **'roof rack** n. metal frame fixed on top of a car, used for carrying large objects.

rook /rʊk/ n. **1** large black bird like a crow. **2** = CASTLE (2)

room /ruːm; rʊm/ n. **1** [C] part of a building with its own walls, ceiling and door. **2** [U] empty space that can be used for a particular purpose: *Is there ~ for me in your heart?* **3** [U] possibility of something happening; opportunity to do something: *~ for improvement*. ▶ **roomy** adj. (**-ier**, **-iest**) having plenty of space.

roost /ruːst/ n. place where birds sleep. ● **roost** v. [I] (of a bird) rest or go to sleep somewhere.

rooster /ˈruːstə(r)/ n. (*esp. US*) = COCK¹(1)

root¹ /ruːt/ n. **1** [C] part of a plant that is in the soil and takes in water and food from the soil. **2** [C] base of a hair, tooth, etc. **3** [C, usu. sing.] main cause or origin of something: *Power, money and women are the ~ of all evil?* **4** (**roots**) [pl.] feelings or connections you have with the place in which you grew up. **5** [C] (*ling.*) form of a word on which other forms are based. [IDM] **take root** become established.

root² /ruːt/ v. **1** [I, T] (cause a plant to) grow roots. **2** [I] search for something by turning things over. [PV] **root somebody/something out** find the person or thing that is causing a problem and remove or get rid of them. ▶ **rooted** adj. **1** ~**in** developing from or being strongly influenced by something: *The problems are deeply rooted.* **2** firmly fixed in one place. [IDM] **rooted to the spot** so frightened or shocked that you cannot move.

rope /rəʊp/ n. [C, U] (piece of) very thick strong string. [IDM] **show somebody/know/learn the ropes** (*infml.*) show somebody/know/learn how a particular job should be done. ● **rope** v. [T] tie somebody/something with a rope [PV] **rope somebody in** | **rope somebody into something** persuade somebody to join in an activity or to help to do something **rope something off** separate one area from another with ropes. ▶ **ropy** (also **ropey**) adj. (**-ier**, **-iest**) (*GB, infml.*) poor in quality, health, etc.

rosary /ˈrəʊzəri/ n. (*pl.* ~**ies**) **1** [C] string of beads used by some Roman Catholics for counting prayers. **2** (**the Rosary**) [sing.] set of prayers said while counting the rosary beads.

rosé /ˈrəʊzeɪ/ n. [U] pink wine.

rose¹ *pt of* RISE¹

rose² /rəʊz/ n. **1** [C] (bush with thorns producing a) flower with a sweet smell. **2** [U] pink colour.

rosette /rəʊˈzet/ n. circular decoration made of ribbon, worn by supporters of a political party, etc.

roster /ˈrɒstə(r)/ n. list of people's names and their duties.

rostrum /ˈrɒstrəm/ n. (*pl.* ~**s** or ~**tra** /-trə/) raised platform for a public speaker.

rosy /ˈrəʊzi/ adj. (**-ier**, **-iest**) **1** pink and pleasant in appearance: ~ *looks* **2** likely to be good or successful: *a ~outlook*.

rot /rɒt/ v. (**-tt-**) [I, T] (cause something to) decay naturally and gradually. ● **rot** n. [U] **1** process of decaying. **2** (**the rot**) used to describe the fact that a situation is getting worse.

rota /ˈrəʊtə/ n. (*GB*) list of jobs to be done and the people who will do them in turn.

rotary /ˈrəʊtəri/ adj. moving round a central point.

rotate /rəʊˈteɪt/ v. [I, T] **1** (cause something to) move or turn around a central point. **2** (cause somebody/something to) regularly change around: ▶ **rotation** /-ˈteɪʃn/ n. **1** [U] action of rotating: *the rotation of the Earth*. **2** [C] one complete turn

rotor /ˈrəʊtə(r)/ n. rotating part of a machine, esp. on a helicopter.

rotten /ˈrɒtn/ adj. **1** decayed **2** (*infml.*) very bad; terrible.

rough¹ /rʌf/ adj. **1** (of a surface) not level or smooth. **2** not exact; not in detail: *a ~ idea* **3** not gentle or careful; violent **4** (of the sea) having large waves. ● **rough** n. **1** (**the rough**) [sing.] part of a golf course where the grass is long. **2** [C] (*tech.*) first version of a drawing or design, done without much detail. [IDM] **in rough** (*esp. GB*) not complete; unfinished. ▶ **rough-and-ready** adj. not carefully made but good enough for particular situation. ▶ **roughly** adv. **1** approximately: *I can tell you ~ly*. **2** using force. ▶ **roughness** n. [U]

rough² /rʌf/ v. [IDM] **rough it** (*infml.*) live without the normal comforts. [PV] **rough somebody up** (*infml.*) hurt somebody by hitting them. ● **rough** adv. using force or vi-

olence [IDM] **live/sleep rough** live or sleep outdoors, usu. because you have no home.
roughen /'rʌfn/ v. [I, T] become or make something rough.
roulette /ruː'let/ n. [U] gambling game played with a small ball on a revolving wheel.
round¹ /raʊnd/ adj. **1** shaped like a circle or a ball; curved **2** (of a number) expressed to the nearest 10,100, etc.▶ **roundly** adv. Forcefully. ▶ **roundness** n. [U] (written) ■ ,**round 'trip** n. [C, U] journey to a place and back again. ■ ,**round-'shouldered** adj. with shoulders that are bent forward.
round² /raʊnd/ adv. **1** moving in a circle; on all sides of somebody/something: take a ~ ◇ The hands of a clock go ~. ◇ A crowd gathered ~ the accident. **2** in a circle or curve to face the opposite way: Turn your seat ~. **3** at various places in an area: People stood ~ waiting for the celebrity to arrive. **4** to the other side of something: We ran ~ the park. **5** from one place, person, etc. to another: Show ~ the photos. **6** (infml.) to or at somebody's house: I'll be ~ the corner.
round³ /raʊnd/ n. **1** set of events forming part of a process: the next ~ of meetings. **2** stage in a sports competition. **3** stage in a boxing or wrestling game. **4** complete game of golf. **5** regular route taken by somebody delivering or collecting something: a milkman's ~ **6** number of drinks bought by one person for all the others in a group. **7** (GB) whole slice of bread; sandwich made from two whole slices of bread. **8** bullet.
round⁴ /raʊnd/ prep. **1** in a circle: The earth moves ~ the sun. **2** on, to or from the other side of something: walk ~ the corner. **3** surrounding somebody/something: a garden ~ the house. **4** in or to many parts of something: look ~ the market. [IDM] **round here** near where you are now or where you live.
round⁵ /raʊnd/ v. [T] **1** go round a corner, bend, etc. **2** make something into a round shape. [PV] **round something off (with something)** complete something satisfactorily. **round somebody/something up 1** find and bring people, animals or things together: ~ up the animals. **2** increase something to the nearest whole number.
roundabout /'raʊndəbaʊt/ n. (GB) **1** road junction where vehicles must go round a circle. **2** = MERRY-GO-ROUND (MERRY) ● **roundabout** adj. indirect: go via the ~.
rounders /'raʊndəz/ n. [U] (GB) team game played with a bat and a ball.
rouse /raʊz/ v. [T] **1** (fml.) wake somebody up. **2** cause somebody to be more active, interested, etc.: a rousing story.
rout /raʊt/ v. [T] defeat somebody easily and completely. ● **rout** n. [sing.] complete defeat.
route /ruːt/ n. way from one place to another. ● **route** v. [T] send somebody/something by a particular route.
routine /ruː'tiːn/ n. [C, U] regular way of doing things. ● **routine** adj. **1** regular or normal. **2** (disapprov) ordinary and boring.
row¹ /raʊ/ n. **1** line of people or things: We took up the whole ~. **2** journey in a rowing boat: We went for a ~ on the lake, [IDM] **in a row** happening one after another without interruption: this is my fourth prize in a ~. ● **row** v. [I, T] move a boat through the water using oars. ■ **'rowing boat** (US **rowboat**) n. small open boat that you row with oars.
row² /raʊ/ n. **1** [C] serious disagreement; noisy argument. **2** [sing.] loud unpleasant noise. ● **row** v. [I] (GB) have a noisy argument.
rowdy /'raʊdi/ adj. (-ier, -iest) (of people) noisy and rough.
royal /'rɔɪəl/ adj. of or belonging to a king or queen. ● **royal** n. [C, usu. pl.] (infml.) member of a royal family. ■ ,**royal 'blue** adj. deep bright blue. ▶ **royalist** n. person who supports rule by a king or queen.
royalty /'rɔɪəlti/ n. (pl. -ies) **1** [U] royal person or people. **2** [C] payment to an author, etc. for every copy of a book, etc. that is sold.
RSI /ˌɑːr es'aɪ/ n. [U] repetitive strain injury; pain and swelling, esp. in the arms and hands, caused by performing the same movement many times in a job or an activity.
RSVP /ˌɑːr es viː 'piː/ abbr. (on an invitation) please reply.
rub /rʌb/ v. (-bb-) **1** [I, T] move your hand, a cloth, etc. backwards and forwards over a surface. **2** [I] (of a surface) move backwards and forwards many times against something, esp. causing pain: Elephants like to ~ themselves on trees. **3** [I] spread a liquid or other substance over a surface while pressing firmly: she rubs the cream on her face, [IDM] **rub somebody up the wrong way** (infml.) annoy somebody. [PV] **rub somebody/yourself/something down** rub the skin of a person, horse, etc. hard with something to make it dry and clean. **rub something down** make something smooth by rubbing it with a special material **rub it/something in** (infml.) remind somebody of something unpleasant. **rub (something) off (something)** remove something or be removed by rubbing: R~ the dirt off your trousers. **rub something out** remove pencil marks, etc. by using a rubber. ● **rub** n. [C, usu. sing.] act of rubbing a surface.
rubber /'rʌbə(r)/ n.**1** [U] strong elastic substance used for making tyres, etc. **2** (GB) [C]

piece of rubber for removing pencil marks from paper, etc. **3** [C] (in some card games or sports) competition consisting of a series of games between the same players. ■ **,rubber 'band** *n.* thin circular strip of rubber, used for keeping papers, etc. together.
rubbish /'rʌbɪʃ/ *n.* [U] **1** (*esp. GB*) things that you throw away. **2** nonsense ▶ **rubbishy** *adj.* (*GB, infml.*) of very poor quality.
rubble /'rʌbl/ *n.* [U] bits of broken stone, rocks or bricks.
ruby /'ruːbi/ *n.* (*pl.* **-ies**) dark red precious stone.
rucksack /'rʌksæk/ *n.* large bag carried on the back by walkers and climbers.
rudder /'rʌdə(r)/ *n.* flat hinged piece at the back of a boat or aircraft, used for steering.
ruddy /'rʌdi/ *adj.* (**-ier, -iest**) **1** (of somebody's face) looking red and healthy. **2** (*lit.*) red in colour. ● **ruddy** *adj., adv.* (*GB, infml.*) mild swear word used to show annoyance: *You're a ~fool!*
rude /ruːd/ *adj.* (**~r, ~st**) **1** not polite **2** connected with sex or the body in a way people find offensive. **3** (*written*) sudden and unexpected: *a ~ attitude.* ▶ **rudely** *adv.* ▶ **rudeness** *n.* [U]
rudiments /'ruːdɪmənts/ *n.* [pl.] (*fml.*) most basic facts of a subject. ▶ **rudimentary** /ˌruːdɪ'mentri/ *adj.* (*fml.*) **1** simple; basic. **2** undeveloped.
ruffle /'rʌfl/ *v.* [T] **1** disturb the smooth surface of something: *Her ~d hair made her look even more beautiful.* **2** upset or annoy somebody.
rug /rʌg/ *n.* **1** thick piece of material, like a small carpet, for covering part of a floor. **2** small blanket.
rugby /'rʌgbi/ *n.* [U] kind of football played with an oval ball that may be kicked or carried.
rugged /'rʌgɪd/ *adj.* **1** (of the landscape) uneven; rocky. **2** (of a man's face) having strong, attractive features.
rugger /'rʌgə(r)/ *n.* [U] (*infml. esp. GB*) = RUGBY
ruin /'ruːɪn/ *v.* [T] **1** destroy or spoil something **2** cause somebody/something to lose all their money. ● **ruin** *n.* **1** [U] destruction **2** [U] fact of having no money of having lost your job, etc.: *Gambling led to his ~.* **3** [C, usu. pl.] parts of a building that remain after it has been destroyed: *the ~s of an old castle* [IDM] **in ruins** destroyed or severely damaged: *The affair ~ed her prospects for marriage.* ▶ **ruined** *adj.* partly destroyed. ▶ **ruinous** *adj.* causing ruin
rule /ruːl/ *n.* **1** [C] statement of what may, must or must not be done. **2** [C] habit; usual way

something happens: *I lead a disciplined life as a rule.* **3** [U] government: *Under new ~* [IDM] **a rule of thumb** rough practical way of doing or measuring something. ● **rule** *v.* **1** [I, T] have authority over a country, group of people, etc. **2** [I, T] give an official decision about something: *The panel ~d in her favour.* **3** [T] draw a line with a ruler [IDM] **rule the roost** (*infml.*) be the most powerful member of a group. [PV] **rule somebody/ something out** state that something is not possible or that somebody/something is not suitable. ▶ **ruler** *n.* **1** person who rules or governs. **2** straight piece of wood, plastic, etc. used for drawing straight lines or for measuring. ▶ **ruling** *n.* official decision.
rum /rʌm/ *n.* [U] alcoholic drink made from sugar cane.
rumble /'rʌmbl/ *v.* [T] *n.* [U, C] (make a) deep heavy continuous sound.
rummage /'rʌmɪdʒ/ *v.* [I] turn things over carelessly while looking for something.
rumour (*US* **-or**) /'ruːmə(r)/ *n.* [C, U] (piece of) information spread by being talked about but not certainly true. ▶ **rumoured** (*US* **-ored**) *adj.* reported as a rumour.
rump /rʌmp/ *n.* **1** [C] area of flesh at the top of the back legs of a four-legged animal. **2** (,**rump 'steak**) [C, U] (piece of) good quality beef cut from the rump of a cow.
rumple /'rʌmpl/ *v.* [T] make something creased or untidy.
rumpus /'rʌmpəs/ *n.* [usu. sing.] (*infml.*) noisy quarrel or disturbance.
run[1] /rʌn/ *v.* (**-nn-** *pt* **ran** /ræn/ *pp* **run**) **1** [I] move using your legs, going faster than when you walk. **2** [T] cover a certain distance by running. **3** [I] practise running as a sport: *I ~ in the park every morning.* **4** [I, T] take part in a race: *to ~ the marathon.* **5** [T] control or manage a business, etc.: *~ a business empire.* **6** [I, T] (cause something to) operate or function: *I can't ~ a car any more.* ◊ *The cooker ~s on gas.* **7** [I] (of buses, *etc.*) travel on a particular route. **8** [T] (*infml.*) drive somebody to a place in a car *I'll ~ you to the door.* **9** [I] move, esp. quickly, in a particular direction: *The car ran off the road into a ditch.* **10** [T] move something in a particular direction: *~ a comb through your hair.* **11** [I, T] (cause something to) lead or stretch from one place to another; *The road ~s beside the river.* **12** [I] continue for a time without stopping: *The movie ran for 4 hours.* **13** [T] bring something into a country illegally and secretly: *~ drugs.* **14** [I, T] (cause liquid to) flow: *a river that ~s into the sea* ◊ *I'll ~ you a bath.* **15** [I] (of colour) spread. **16** (*usu.* used with *adj.*) become different in a partic-

ular (*esp.* bad) way: *Food was ~ning low.* ◇ *We're ~ning short of milk.* **17** [T] publish an item or a story in a newspaper, etc. **18** [I] **~for** (*esp. US*) be a candidate in an election for a political position: *~ for president.* [IDM] **run amok** suddenly become angry or excited and start behaving violently. **run in the family** → FAMILY **run its course** → COURSE. **run for it** run in order to escape from somebody/something. **run high** (of feelings) be strong and angry or excited. **run riot/wild** behave in a very free and uncontrolled way. **run the risk (of doing something)** → RISK **run to seed** → SEED. [PV] **run across somebody/something** meet somebody or find something by chance **run after somebody/something. 1** chase somebody/ something **2** (*infml.*) try to have a romantic relationship with somebody **run along** (*old-fash.*) go away **run away (from somebody/ something)** leave a place suddenly; escape from somebody/something. **run away with you** (of a feeling) control you completely. **run away/off with somebody** leave your home, husband, wife, etc. to have a relationship with somebody else. **run (something) down 1** (cause something to) lose power or stop working. **2** (cause something to) stop functioning gradually or become smaller in size: *The company is being ~ down.* **run somebody/something down 1** hit and injure somebody/something with a vehicle. **2** criticize somebody/something in an unkind way. **run into somebody** meet somebody by chance. **run into something** experience difficulties unexpectedly. **run something off** copy something on a machine. **run out** become no longer valid. **run out (of something)** use up or finish a supply of something. **run somebody/something over** (of a vehicle or its driver) knock down and drive over somebody/something. **run through something 1** (*written*) pass quickly through something. **2** discuss, read or examine something quickly. **3** perform, act or practice something **run to something 1** be of a particular size or amount. **2** (of money) be enough for something: *Our savings won't ~ to a trip this year.* **run something up 1** allow a bill, debt, etc. to reach a large total: *~ up big profits.* **2** make a piece of clothing quickly. **3** raise something, esp. a flag **run up against something** experience a difficulty. ■ **'runaway** *adj.* **1** (of a person) having left without telling anyone. **2** out of control. ■ **'runaway** *n.* child who has left home without telling anyone. ■ **,run-'down** *adj.* **1** (of a building, *etc.*) in bad condition. **2** (of a person) tired, esp. from working too hard. ■ **'run-up** *n.* [sing.] period of time leading up to an event.

run² /rʌn/ *n.* **1** [C] act of running on foot. **2** [C] journey in a car, train, etc. **3** [C] period of something good or bad happening: *a ~ of good fortune.* **4** [C] series of performances of a play or film. **5** [sing.] sudden great demand for something. **6** [C] enclosed space for domestic animals. **7** [C] point scored in cricket or baseball. [IDM] **on the run** trying to escape. ■ **,run-of-the-'mill** *adj.* ordinary, with no interesting features.

rung¹ *pp of* RING¹
rung² /rʌŋ/ *n.* step on a ladder.
runner /'rʌnə(r)/ *n.* **1** person or animal that runs, esp. in a race. **2** smuggler: *a sling ~* **3** thin strip on which something slides or moves: *the ~s of a sledge.* ■ **,runner 'bean** *n.* climbing plant with a long flat green bean container, eaten as a vegetable. ■ **,runner-'up** (*pl.* **,runners-'up**) *n.* person who finishes second in a race.
running /'rʌnɪŋ/ *n.* [U] **1** action or sport of running. **2** activity of managing or operating something. [IDM] **make the running** (*GB, infml.*) set the pace or standard. ● **running** *adj.* **1** in succession: *win the trophy three years ~* **2** (of water) flowing; supplied to a building. **3** continuous: *a ~ struggle.*
runny /'rʌni/ *adj.* (**-ier, -iest**) (*infml.*) **1** (of the eyes or nose) producing liquid. **2** more liquid than usual.
runway /'rʌnweɪ/ *n.* surface along which aircraft take off and land.
rupture /'rʌptʃə(r)/ *n.* **1** (*med.*) breaking or bursting of something inside the body; hernia: *the ~ of a blood vessel.* **2** (*fml.*) ending of friendly relations between people, countries, etc. ● **rupture** *v.* **1** [I, T] (*med.*) (cause something to) burst or break apart inside the body. **2** [T] (*written*) end good relations with somebody.
rural /'rʊərəl/ *adj.* in or of the countryside.
ruse /ruːz/ *n.* trick.
rush /rʌʃ/ *v.* **1** [I, T] move or do something with great speed, often too fast. **2** [I, T] do something or force somebody to do something too quickly. **3** [T] try to attack or capture somebody/something suddenly. [IDM] **be rushed off your feet** be extremely busy. ● **rush** *n.* **1** [sing.] sudden movement forward made by a lot of people or things. **2** [sing., U] situation in which you are in a hurry and need to do things quickly: *I can't stop—I'm in a ~.* **3** [sing., U] (period of) great activity: *the festival ~* **4** [sing.] sudden demand for goods, etc. **5** [C, usu. pl.] tall plant like grass that

grows near water. ■ **'rush hour** *n.* busy period when many people are travelling to or from work.

rusk /rʌsk/ *n.* hard crisp biscuit for babies to eat.

rust /rʌst/ *n.* [U] reddish-brown substance formed on metal by the action of water and air. ● **rust** *v.* [I, T] (cause something to) become covered in rust. ▶ **rusty** *adj.* (-ier, -iest) **1** covered with rust. **2** (*infml.*) showing lack of recent practice: *My game is a bit ~y these days.*

rustle /'rʌsl/ *v.* **1** [I, T] (cause something dry and light to) make a sound like paper, leaves, etc. moving or rubbing together. **2** [T] steal farm animals [PV] **rustle something up (for somebody)** (*infml.*) make or find something quickly for somebody: *~ up a feast in an hour.* ● **rustle** *n.* [sing.] light dry sound.

rut /rʌt/ *n.* **1** deep track made by a wheel in soft ground. **2** fixed and boring way of life: *live in a ~* ▶ **rutted** *adj.* (of a road or path) having deep tracks made by wheels.

ruthless /'ruːθləs/ *adj.* (*disapprov*) without pity; cruel ▶ **ruthlessly** *adv.*

rye /raɪ/ *n.* [U] (grain of a) cereal plant used for making flour and whisky.

S s

S *abbr.* south (ern): *S. Yorkshire.*

S, s /es/ *n.* [C, U] (*pl.* **S's**, **s's** /'esɪz/) the nineteenth letter of the English alphabet.

sabbath /'sæbəθ/ (**the Sabbath**) *n.* [sing.] the day of rest, Sunday for Christians, Saturday for Jews.

sabotage /'sæbətɒːʒ/ *n.* [U] deliberate damaging of an enemy's or rival's equipment, plans, etc. ● **sabotage** *v.* [T] secretly damage or spoil a machine, a car, somebody's plans, etc. ▶ **saboteur** /ˌsæbə'tɜː(r)/ *n.* person who commits sabotage.

sabre (*US* **saber**) /'seɪbə(r)/ *n.* heavy sword with a curved blade.

saccharin /'sækərɪn/ *n.* [U] very sweet substance used in place of sugar.

sachet /'sæʃeɪ/ *n.* small paper or plastic packet for holding sugar, shampoo, etc.

sack¹ /sæk/ *n.* (contents of a) large bag of strong material for carrying coal, potatoes, etc. [IDM] **get the sack | give somebody the sack** be dismissed/dismiss somebody from a job. ■ **'sackcloth** (*also* **sacking**) *n.* [U] rough material for making sacks. ▶ **'sackful** *n.* amount held by a sack.

sack² /sæk/ *v.* [T] **1** (*infml., esp. GB*) dismiss somebody from a job. **2** (of an army, *esp.* in the past) steal or destroy property in a captured city, etc.

sacrament /'sækrəmənt/ *n.* Christian ceremony, e.g. baptism or confirmation ▶ **sacramental** /ˌsækrə'mentl/ *adj.*

sacred /'seɪkrɪd/ *adj.* **1** connected with religion or with God: *a ~ shrine.* **2** very important and treated with great respect.

sacrifice /'sækrɪfaɪs/ *n.* **1** [U] fact of giving up something valuable to you for a good purpose. **2** [C] valuable thing that you give up for a good purpose: *make ~s.* **3** [C, U] *~(to)* act of offering something valuable to a god. ● **sacrifice** *v.* *~(to)* **1** [T] give up something that is valuable to you for a good purpose: *~ a career to have a family.* **2** [I, T] kill an animal or a person in order to please a god. ▶ **sacrificial** /ˌsækrɪ'fɪʃl/ *adj.*

sacrilege /'sækrəlɪdʒ/ *n.* [U, sing.] disrespectful treatment of a holy thing or place. ▶ **sacrilegious** /ˌsækrə'lɪdʒəs/ *adj.*

sad /sæd/ *adj.* (*~der*, *~dest*) unhappy or causing sorrow: *a ~ person/song* ▶ **sadden** *v.* [T] (*fml.*) (often passive) make somebody sad: *~dened by his death.* ▶ **sadly** *adv.* **1** unfortunately: *S~ly, we have no more money.* **2** in a sad way: *smile ~ly* ▶ **sadness** *n.* [U, sing.]

saddle /'sædl/ *n.* leather seat for a rider on a horse, bicycle, etc. [IDM] **in the saddle 1** in a position of authority and control. **2** riding a horse. ● **saddle** *v.* [T] put a saddle on a horse. [PV] **saddle somebody with something** give somebody an unpleasant task, etc.: *I was ~d with cleaning the car.* ■ **'saddlebag** *n.* bag attached to a saddle.

sadism /'seɪdɪzəm/ *n.* [U] (getting sexual pleasure from) cruelty to other people. ▶ **'sadist** *n.* person who gets pleasure from hurting others. ▶ **sadistic** /sə'dɪstɪk/ *adj.*

sae /ˌes eɪ 'iː/ *abbr.* stamped addressed envelope, usually sent to somebody when you want a reply.

safari /sə'fɑːri/ *n.* [C, U] journey to hunt or watch wild animals, esp. in Africa: *on ~ in Kenya.*

safe¹ /seɪf/ *adj.* (*~r*, *~st*) **1** *~(from)* protected from danger and harm: *~ from attack.* **2** not likely to lead to physical harm or danger: *a ~ speed.* **3** not hurt, damaged, lost, etc.: *They turned up ~ and sound.* **4** (of a place, *etc.*) giving protection from danger, harm, etc. **5** careful: *a ~ driver* [IDM] **(as) safe as houses** very safe **play (it) safe** be careful; avoid risks ■ **,safe 'keeping** *n.* [U] fact of something being in a safe place: *Put it in your pocket for ~ keeping.* **2** fact of somebody/something being taken care of by a trusted person. ▶ **safely** *adv.*

safe² /seɪf/ *n.* very strong box with a lock, for keeping valuable objects in.

safeguard /'seɪfgɑːd/ *n.* *~(against)* something that prevents harm, damage, etc. ● **safeguard** *v.* [T] *~(against)* protect something from loss, harm or damage; keep something safe.

safety /'seɪfti/ *n.* [U] state of being safe; freedom from danger. ■ **'safety belt** *n.* = SEAT BELT (SEAT) ■ **'safety pin** *n.* pin with a point bent backwards towards the head, that is covered when closed so it cannot hurt you. ■ **'safety valve** *n.* **1** device which lets gas, liquid, etc. escape if the pressure gets too high. **2** harmless way of letting out anger, etc.

sag /sæg/ *v.* (*-gg-*) [I] **1** sink or curve down under weight or pressure. **2** hang unevenly.

saga /'sɑːɡə/ *n.* **1** long story full of adventures about people who lived a long time ago. **2** long story about events over a period of many years.

sage /seɪdʒ/ *n.* **1** [U] herb used for flavouring food. **2** [C] (*fml.*) very wise person. ● **sage** *adj.* (*lit.*) wise.

said *pt, pp of* SAY.

sail¹ /seɪl/ *n.* **1** [C, U] strong cloth used for catching the wind and moving a boat along. **2** [sing.] trip on a boat: *go for a ~* **3** [C] arm of a windmill. [IDM] **set sail (from/for ...)** begin a trip by sea.

sail² /seɪl/ v. **1** [I] travel on water in a ship, yacht, etc. **2** [I, T] control a boat or ship: *Can you ~ (a yacht)?* **3** [I] begin a journey on water. **4** [T] move quickly and smoothly in a particular direction. [PV] **sail through (something)** pass an exam, etc. easily ▶ **sailing** n. [U] sport of travelling in a boat with sails: *go ~ing.* ▶ **'sailing boat** (US **'sailboat**) (also **'sailing ship**) n. boat or ship that uses sails. ▶ **sailor** n. member of a ship's crew; person who sails a boat.

saint /seɪnt; *or before names* snt/ n. (*abbr.* **St.**) person recognized as holy by the Christian Church because of the way they have lived or died. ▶ **saintly** adj. (-ier, -iest) of or like a saint; very holy and good.

sake /seɪk/ n. [IDM] **for God's, goodness', heaven's, etc. sake** used before or after an order or request to express anger, etc.: *For goodness' ~ grow up!* **for the sake of somebody/something | for somebody/something's sake** in order to help somebody/something or because you like somebody/something: *Please do it for my ~.*

salad /'sæləd/ n. [C, U] **1** mixture of raw vegetables, e.g. lettuce, cucumber and tomato. **2** food served with salad: *a Russian ~* ■ **'salad dressing** n. [U, C] sauce of oil, vinegar, etc. put on salads.

salami /sə'lɑːmi/ n. [U] large spicy sausage served cold in slices.

salary /'sæləri/ n. (*pl.* **-ies**) (*usu.* monthly) payment for a job. ▶ **salaried** adj. receiving a salary.

sale /seɪl/ n. **1** [U, C] act of selling something or being sold. **2** [C] period when goods are sold at a lower price than usual: *buy a dress in the ~s.* [IDM] **for sale** available to be bought. *They've put their car up for ~.* **on sale 1** (of goods in shops, *etc.*) available to be bought. **2** (*esp.* US) being offered at a reduced price. ■ **'salesman** n. (*pl.* **-men**) (**'salesperson**) (*pl.* **-people**) (**'saleswoman**) (*pl.* **-women**) person who sells goods ■ **'salesmanship** n. [U] skill in persuading people to buy things.

saline /'seɪlaɪn/ adj. containing salt.

saliva /sə'laɪvə/ n. [U] liquid produced in your mouth to help you to swallow food.

sallow /'sæləʊ/ adj. (of somebody's skin or face) having an unhealthy yellow colour.

salmon /'sæmən/ n. (*pl.* **salmon**) [C, U] large fish with silver skin and pink flesh that is used for food. ■ **,salmon 'pink** adj. orange-pink in colour, like the flesh of a salmon.

salmonella /,sælmə'nelə/ n. [U] type of bacteria that causes food poisoning.

salon /'sælɒn/ n. shop that gives customers hair or beauty treatment.

saloon /sə'luːn/ n. **1** (also **sa'loon** car) (GB) car with four doors and a boot which is separated from the rest of the interior. **2** (also **sa'loon bar**) (GB) = LOUNGE BAR (LOUNGE) **3** bar where alcoholic drinks were sold in the western US in the past. **4** large comfortable room on a ship, used by the passengers to sit in.

salt /sɔːlt/ n. **1** [U] white substance obtained from mines and sea water, used to flavour food. **2** [C] chemical compound of a metal and an acid. [IDM] **the salt of the earth** good and honest person **take something with a pinch of salt** → PINCH ● **salt** v. [T] put salt in or on food. ■ **'salt cellar** (US **'salt shaker**) n. small container for salt. ▶ **salty** adj. (-ier, -iest)

salute /sə'luːt/ n. action of raising your right hand to the side of your head as a sign of respect, esp. in the armed forces. ● **salute** v. **1** [I, T] give somebody a salute. **2** [T] (*fml.*) express admiration for somebody/something.

salvage /'sælvɪdʒ/ n. [U] **1** act of saving things that have been or might be lost or damaged, esp. in an accident. **2** things that are saved from a disaster or an accident. ● **salvage** v. [T] save something from loss, wreckage, etc.

salvation /sæl'veɪʃn/ n. [U] **1** (in Christianity) state of being saved from evil. **2** way of protecting somebody from danger, disaster, etc.

same /seɪm/ adj. **1** exactly the one(s) referred to; not different: *We've lived in the ~ locality for ten years.* **2** exactly like the one(s) mentioned: *The ~ thing happened to me last year.* ● **same** pron. (**the same**) **1** the same thing(s): *I would do the ~.* **2** having the same number, colour, size, etc.: *I'd like one the ~ as yours,* [IDM] **all/just the same** in spite of this: *She's quite old but very lively all the ~,* **be all the same to somebody** → ALL **same here** (*spoken*) used to say that something is also true of you: *'I'm hungry.' 'S~ here.'* ● **same** adv. (*usu.* **the same**) in the same way: *Babies all look the ~ to me.* ▶ **sameness** n. [U] being the same; lack of variety.

samosa /sə'məʊsə/ n. spicy Indian food consisting of a triangle of pastry filled with meat or vegetables.

sample /'sɑːmpl/ n. one of a number of people or things, or part of a whole, used for showing what the rest is like: *wallpaper ~s.* ● **sample** v. [T] test a small amount of something to see what it is like: *~ our new drink.*

sanatorium /,sænə'tɔːriəm/ n. (*pl.* **~s** or **-ria** /-riə/) place like a hospital for treating people who are or have been ill.

sanctimonious /,sæŋktɪ'məʊniəs/ adj. (*disapprov*) showing that you feel morally better than others ▶ **sanctimoniously** adv.

sanction /ˈsæŋkʃn/ n. 1 [C, usu. pl.] official order that limits trade, etc. with a country in order to make it obey a law: *economic ~s*. 2 [U] (*fml.*) official permission or approval for something. ● **sanction** v. [T] give permission for something to happen.

sanctity /ˈsæŋktəti/ n. [U] holiness.

sanctuary /ˈsæŋktʃuəri/ n. (*pl.* **-ies**) 1 [C] area where wild birds or animals are protected and encouraged to breed 2 [C, U] (place offering) safety and protection from arrest, attack, etc.: *be offered ~* 3 [C] holy building or part of it that is considered the most holy.

sand /sænd/ n. 1 [U] substance consisting of fine grains of rock, found on beaches, in deserts, etc. 2 [U, C, usu. pl.] large area of sand on a beach. ● **sand** v. [T] **~(down)** smooth something by rubbing it with sandpaper: *~ (down) the wood* ■ **'sandbag** n. bag filled with sand, used for stopping bullets, water, etc. ■ **'sandcastle** n. pile of sand made to look like a castle, usu. by a child on a beach. ■ **'sand dune** = DUNE ■ **'sandpaper** n. [U] strong paper with sand glued to it used for rubbing surfaces smooth. ■ **'sandstone** n. [U] type of stone formed from sand, used in building. ▶ **sandy** adj. (**-ier, -iest**) 1 covered with or containing sand. 2 (of hair) yellowish-red.

sandal /ˈsændl/ n. type of open shoe attached to the foot by straps.

sandwich /ˈsænwɪdʒ/ n. two slices of bread with meat, salad, etc. between them: *a cheese ~* ● **sandwich** v. [T] put somebody/something between two other people or things.

sane /seɪn/ adj. (**~r, ~st**) 1 having a healthy mind. 2 sensible and reasonable: *a ~ policy*.

sang pt of SING.

sanitary /ˈsænətri/ adj. 1 free from dirt that might cause disease: *poor ~ conditions*. 2 clean; not likely to cause health problems. ■ **'sanitary towel** (*US* **'sanitary napkin**) n. pad of cotton wool, used by a woman during her period(3).

sanitation /ˌsænɪˈteɪʃn/ n. [U] systems that keep places clean, esp. by removing human waste.

sanity /ˈsænəti/ n. [U] the quality of having a normal healthy mind.

sank pt of SINK.

sap /sæp/ v. (**-pp-**) [T] make somebody/something weaker; destroy something gradually. ● **sap** n. [U] liquid in a plant or tree that carries food to all its parts. ▶ **'sapling** n. young tree.

sapphire /ˈsæfaɪə(r)/ n. 1 bright blue precious stone. ● **sapphire** adj. bright blue in colour.

sarcasm /ˈsɑːkæzəm/ n. [U] (use of) ironic remarks, intended to hurt somebody's feelings. ▶ **sarcastic** /sɑːˈkæstɪk/ adj. ▶ **sarcastically** /-kli/ adv.

sardine /ˌsɑːˈdiːn/ n. small young sea fish that is either eaten fresh or preserved in tins. [IDM] (**packed, crammed, etc.**) **like sardines** (*infml.*) pressed tightly together.

sari /ˈsɑːri/ n. dress worn esp. by Indian women made of a long piece of cloth wrapped round the body.

sarong /səˈrɒŋ/ n. long piece of fabric wrapped around the body from the waist, worn in Indonesia and Malaysia.

sash /sæʃ/ n. 1 long piece of cloth worn round the waist or over the shoulder. 2 either of a pair of windows that slide up and down inside the main frame. ■ **,sash 'window** n. window with two frames that slide up and down.

sat pt, pp of SIT.

Satan /ˈseɪtn/ n. the Devil. ▶ **satanic** (*also* **Satanic**) /səˈtænɪk/ adj.

satchel /ˈsætʃəl/ n. bag with a long strap for carrying school books.

satellite /ˈsætəlaɪt/ n. 1 electronic device that is sent into space and moves around the earth or another planet. It is used for communicating by radio, television, etc. and for providing information: *~ television/TV* 2 natural object that moves around a larger natural object in space. 3 town, country or organization that depends on another larger or more powerful one: *~ states*. ■ **'satellite dish** n. piece of equipment that receives signals from a satellite.

satin /ˈsætɪn/ n. [U] silk material that is shiny on one side.

satire /ˈsætaɪə(r)/ n. 1 [U] way of criticizing a person, idea or institution, using humour to show their faults: *political ~* 2 [C] piece of writing that uses this type of criticism. ▶ **satirical** /səˈtɪrɪkl/ adj. ▶ **satirize** (*also* **-ise**) /ˈsætəraɪz/ v. [T] make fun of somebody/something using satire.

satisfaction /ˌsætɪsˈfækʃn/ n. 1 [U] feeling of being contented: *get ~ from your work*. 2 [C] something that makes somebody contented. 3 [U] (*fml.*) acceptable way of dealing with a complaint, etc.

satisfactory /ˌsætɪsˈfæktəri/ adj. good enough for a particular purpose; acceptable: *~ progress*. ▶ **satisfactorily** /-tərəli/ adv.

satisfy /ˈsætɪsfaɪ/ v. (*pt, pp* **-ied**) [T] 1 give somebody what they want or need; make somebody pleased. 2 provide what is wanted, needed or asked for: *~ somebody's hunger/curiosity*. 3 give somebody proof that something is true. ▶ **satisfied** adj. contented.

saturate /ˈsætʃəreɪt/ v. [T] 1 make something completely wet. 2 (*usu.* pass) fill somebody/something completely so that it is impossible to add any more. ▶ **saturated** adj. 1 completely wet. 2 (*chem.*) (of butter, oils, *etc.*) containing fats that are not easily processed by the body when eaten. ▶ **saturation** /-'reɪʃn/ *n.* [U]

Saturday /'sætədeɪ; -di/ *n.* [U, C] the seventh day of the week, next after Friday (See examples of use at *Monday*.)

sauce /sɔːs/ *n.* [C, U] thick liquid that is served with food to give it flavour. ▶ **saucy** *adj.* (-ier, -iest) rude ▶ **saucily** *adv.*

saucepan /'sɔːspən/ *n.* deep metal cooking pot with a lid and a handle.

saucer /'sɔːsə(r)/ *n.* small shallow dish on which a cup stands.

sauna /'sɔːnə; *also* 'saʊnə/ *n.* (period of sitting in a) very hot room filled with steam.

saunter /'sɔːntə(r)/ *v.* [I] walk in a slow relaxed way. ▶ **saunter** *n.* [sing.]

sausage /'sɒsɪdʒ/ *n.* [C, U] mixture of chopped meat, flavouring, etc. inside a tube of thin skin.

savage /'sævɪdʒ/ *adj.* **1** fierce and violent: *a ~ animal.* **2** involving very strong criticism: *a ~ attack on the education system.* ● **savage** *v.* [T] **1** (of an animal) attack somebody violently: *~d by a dog.* **2** (*written*) criticize somebody/something severely. ▶ **savagely** *adv.* ▶ **savagery** *n.* [U] cruel and violent behaviour.

save /seɪv/ *v.* **1** [T] ~**(from)** keep somebody/ something safe from harm, loss, etc.: *~ somebody's life.* **2** [I, T] ~**(up; for)** keep something, esp. money for future use: *~ (up) for a new car* ◇ *S~ some cake for me!* **3** [T] make something unnecessary: *That will ~ you a lot of trouble.* **4** [T] (in football, *etc.*) stop the ball going into the net. [IDM] **save (somebody's) face** (help somebody to) avoid embarrassment. **save your neck** → NECK ● **save** *n.* (in football, *etc.*) act of stopping a goal being scored. ▶ **saving** *n.* **1** [C] amount saved: *a saving of £5.* **2** (**savings**) [pl.] money saved. ■ **'savings account** *n.* bank account in which interest is paid on money saved.

saviour (*US* **-or**) /'seɪvjə(r)/ *n.* **1** person who saves somebody/something from danger. **2** (**the Saviour**) Jesus Christ.

savour (*US* **-or**) /'seɪvə(r)/ *v.* [T] **1** enjoy the full taste of something: *~ the wine.* **2** enjoy a feeling or an experience thoroughly: *~ your freedom.* ● **savour** *n.* [usu. sing.] (*lit.*) taste or smell.

savoury (*US* **-ory**) /'seɪvəri/ *adj.* having a taste that is salty not sweet. ● **savoury** *n.* [usu. pl.] (*pl.* **-ies**) savoury dish.

saw[1] *pt of* SEE[1]

saw[2] /sɔː/ *n.* tool which has a long blade with sharp teeth, for cutting wood, metal, etc. ●

saw *v.* (*pt* ~**ed** *pp* ~**n** /sɔːn/, *US also* ~**ed**) [I, T] use a saw to cut something. [PV] **saw something up (into something)** cut something into pieces with a saw. ■ **'sawdust** *n.* [U] tiny pieces of wood that fall from wood as it is sawn. ■ **'sawmill** *n.* factory where wood is cut into boards.

saxophone /'sæksəfəʊn/ *n.* curved metal musical instrument, often used for jazz.

say /seɪ/ *v.* (*pt, pp* **said** /sed/) [T] **1** speak or tell something to somebody, using words. **2** give an opinion on something. **3** suggest or give something as an example or a possibility: *You could learn the basics in, let's ~, two months.* **4** make something clear by words, gestures, etc.: *His angry glance said it all.* **5** (of something written or that can be seen) give particular information: *The book doesn't ~ where he was born.* [IDM] **go without saying** be very obvious. **that is to say** in other words. **you can say that again** (*spoken*) I agree with you completely. ● **say** *n.* [sing., U] right to influence something by giving your opinion before a decision is made: *have no ~ in what happens.* [IDM] **have your say** express your opinion. ▶ **saying** *n.* well-known phrase or statement.

scab /skæb/ *n.* **1** dry crust that forms over a wound. **2** (*infml., disapprov.*) worker who refuses to join a strike.

scaffold /'skæfəʊld/ *n.* **1** platform on which criminals are executed. **2** framework of poles and boards round a building for workers to stand on. ▶ **scaffolding** *n.* [U] framework of poles and boards round a building for workers to stand on.

scald /skɔːld/ *v.* [T] burn yourself with hot liquid or steam. ● **scald** *n.* injury to the skin from hot liquid or steam. ▶ **scalding** *adj.* very hot.

scale[1] /skeɪl/ *n.* **1** [sing., U] relative size, extent, etc. of something: *riots on a large ~* **2** [C] range or levels or numbers used for measuring something: *a salary ~*  **3** [C] regular series of marks on an instrument used for measuring. **4** (**scales**) (*US also* **scale**) [pl.] instrument for weighing people or things: *bathroom ~s.* **5** [C] relation between the actual size of something and its size on a map, diagram, etc. that represents it. **6** [C] (*music*) series of notes arranged in order of pitch. **7** [C] one of the thin pieces of hard material that cover fish, snakes, etc. **8** [U] (*GB*) chalky substance left inside kettles, water pipes, etc. ▶ **scaly** *adj.* (-ier, -iest)

scale[2] /skeɪl/ *v.* **1** [T] (*written*) climb to the top of something high. **2** [T] remove the scales

from a fish. [PV] **scale something up/down** increase/decrease the size or number of something.
scallop /'skɒləp/ n. shellfish with two fan-shaped shells.
scalp /skælp/ n. skin and hair on top of the head. ● **scalp** v. [T] cut the scalp off somebody.
scalpel /'skælpəl/ n. small light knife used by surgeons.
scamper /'skæmpə(r)/ v. [I] run quickly like a child or small animal.
scampi /'skæmpi/ n. [U, with sing. or pl. verb] (GB) large prawns.
scan /skæn/ v. (-nn-) **1** [T] examine something closely: ~ *the horizon*. **2** [T] look at a document, etc. quickly but not thoroughly: ~ *the newspapers*. **3** [T] get an image of an object, part of somebody's body, etc. on a computer by passing X-rays, etc. over it in a special machine. **4** [I] (of poetry) have a regular rhythm. [PV] **scan something into something | scan something in** (*computing*) pass an electronic beam over something in order to put it into the computer's memory. ● **scan** n. medical test in which a machine produces a picture of the inside of the body: *do/have a brain ~* ▶ **scanner** n. **1** device for examining or recording something using beams of light sound or X-rays. **2** machine which uses X-rays, etc. to produce a picture of the inside of the body.
scandal /'skændl/ n. **1** [C, U] action or behaviour that offends or shocks people. **2** [U] talk which damages a person's reputation. ▶ **scandalize** (*also* **-ise**) /-dəlaɪz/ v. [T] do something that people find very shocking. ▶ **scandalous** adj.
scant /skænt/ adj. (*fml.*) hardly any; not enough. ▶ **scantily** adv. ▶ **scanty** adj. (**-ier, -iest**) very small in size or amount.
scapegoat /'skeɪpgəʊt/ n. person blamed for the wrong acts of another.
scar /skɑː(r)/ n. **1** mark left on the skin by a wound that has healed. **2** permanent mental suffering after a bad experience. ● **scar** v. (**-rr-**) [T] leave a scar on somebody.
scarce /skeəs/ adj. (**~r, ~st**) less than is needed; hard to find. ▶ **scarcely** adv. almost not; barely: ~ *enough food*. ▶ **scarcity** n. [U, C] (*pl*. **-ies**) lack of something.
scare /skeə(r)/ v. **1** [T] frighten somebody. **2** [I] become frightened: *He ~s easily.* ● **scare** n. feeling or state of fear: *a bomb/health ~* ■ **'scarecrow** n. figure dressed in old clothes, to scare birds away from crops. ▶ **scary** /'skeəri/ adj. (**-ier, -iest**) (*infml.*) frightening.
scarf /skɑːf/ n. (*pl*. **scarves** /skɑːvz/ or **~s**) piece of material worn round the neck or over the hair.
scarlet /'skɑːlət/ adj. bright red in colour ■ **,scarlet 'fever** n. serious infectious disease that causes red marks on the skin.
scathing /'skeɪðɪŋ/ adj. criticizing somebody/something very severely. ▶ **scathingly** adv.
scatter /'skætə(r)/ v. **1** [T] throw or drop things in different directions: ~ *seed*. **2** [I, T] (cause people or animals to) move quickly in various directions. ■ **'scatterbrain** n. (*infml.*) person who cannot concentrate for long or forgets things quickly. ▶ **scatterbrained** adj. ▶ **scattered** adj. spread over a wide area.
scavenge /'skævɪndʒ/ v. [I, T] **1** search through rubbish for things that can be used or eaten. **2** (of animals or birds) eat dead animals that have been killed by a car, etc. ▶ **scavenger** n. animal, bird or person that scavenges.
scenario /sə'nɑːriəʊ/ n. (*pl*. **~s**) **1** imagined series of future events: *a nightmare ~* **2** written outline of a play, film, etc.
scene /siːn/ n. [C] **1** place where something happens: *the ~ of action.* **2** incident in real life: *~s of fear during the movie.* **3** place represented on the stage in a theatre, etc. **4** division of play or opera. **5 (the scene)** particular area of activity or way of life: *the fashion ~* **6** view that you see. **7** [usu. sing.] loud embarrassing argument: *make a ~* [IDM] **behind the scenes 1** behind the stage of a theatre. **2** in secret. ▶ **scenery** n. [U] **1** natural features of an area, e.g. mountains. **2** painted background used on a theatre stage. ▶ **scenic** /'siːnɪk/ adj. having beautiful natural scenery.
scent /sent/ n. **1** [U, C] pleasant smell. **2** [U, C, usu. sing.] smell left behind by a person or animal and that other animals can follow. **3** [U] (*esp. GB*) perfume. [IDM] **on the scent (of something)** close to discovering something. ● **scent** v. [T] **1** find something by using the sense of smell. **2** (*written*) suspect the presence of something: ~ *danger.* **3** give something a particular, pleasant smell: *~ed paper.*
sceptic (*US* **sk-**) /'skeptɪk/ n. person who usu. doubts that a statement, claim, etc. is true. ▶ **sceptical** adj. ▶ **scepticism** /'skeptɪsɪzəm/ n. [U, sing.] attitude of doubting that claims or statements are true.
sceptre (*US* **-er**) /'septə(r)/ n. decorated rod carried by a king or queen as a symbol of power.
schedule /'ʃedjuːl/ n. **1** [C, U] plan that lists all the work that you have to do and when you must do each thing: *production ~s* ◇ *on/be-*

hind ~ (= on time/not on time) **2** [C] (*US*) = TIMETABLE (TIME¹) ● **schedule** *v.* [T] arrange for something to happen at a particular time.

scheme /ski:m/ *n.* **1** plan or system for doing or organizing something: *a ~ for doing business.* **2** ordered arrangement: *a colour ~* **3** secret or dishonest plan. ● **scheme** *v.* [T] make secret plans to do something. ▶ **schemer** *n.* (*disapprov.*) person who plans secretly to do something for their own advantage.

schizophrenia /ˌskɪtsəˈfriːniə/ *n.* [U] illness in which the mind becomes separated from actions ▶ **schizophrenic** /-ˈfrenɪk/ *adj., n.* (person) with schizophrenia.

scholar /ˈskɒlə(r)/ *n.* **1** person who knows a lot about an academic subject. **2** student who has been given a scholarship to attend school or university. ▶ **scholarly** *adj.* ▶ **scholarship** *n.* **1** [C] payment given to somebody by an organization to help pay for their education. **2** [U] serious study of an academic subject.

school /skuːl/ *n.* **1** [C] place where children go to be educated or where people go to learn a particular skill: *All children should go to (= attend) ~,* ◇ *primary/secondary ~* ◇ *a driving/riding ~* **2** [U] process of learning in a school; time during your life when you go to a school: *Has she left ~?* **3** [U] time during the day when children are working in a school: *S~ ends at 2 p.m.* **4** (**the school**) [sing.] all the children and staff in a school. **5** [C, U] (*US, infml.*) (time spent at a) college or university. **6** [C] department of a university: *medical ~* **7** [C] group of artists, writers, etc.: *the ~ of art and architecture.* **8** [C] large number of fish swimming together. ● **school** *v.* [T] (*fml.*) ~(**in**) train somebody/yourself/an animal to do something. ▶ **schooling** *n.* [U] education ■ ˌ**school-ˈleaver** *n.* (*GB*) person who has just left school ■ ˈ**schoolmaster** (ˈ**schoolmistress**) *n.* teacher in a school, esp. a private school.

schooner /ˈskuːnə(r)/ *n.* **1** sailing ship with two or more masts. **2** tall glass for sherry or beer.

science /ˈsaɪəns/ *n.* **1** [U] knowledge about the structure and behaviour of the natural and physical world, based on facts that you can prove, e.g. by experiments. **2** [U, C] particular branch of knowledge, e.g. physics. ■ ˌ**science ˈfiction** *n.* [U] fiction dealing with future scientific discoveries, imaginary worlds, etc. ▶ **scientific** /ˌsaɪənˈtɪfɪk/ *adj.* ▶ **scientifically** /-kli/ *adv.* ▶ **scientist** /ˈsaɪəntɪst/ *n.* expert in one or more of the sciences.

scintillating /ˈsɪntɪleɪtɪŋ/ *adj.* very clever, amusing and interesting.

scissors /ˈsɪzəz/ *n.* [pl.] instrument with two blades, used for cutting paper, cloth, etc.: *a pair of ~*

scoff /skɒf/ *v.* [I] ~(**at**) talk about somebody/something in a way that shows you think they are stupid or ridiculous.

scold /skəʊld/ *v.* [I, T] (*fml.*) speak angrily to somebody, esp. a child.

scone /skɒn/ *n.* small cake made with fat and flour and eaten with butter.

scoop /skuːp/ *n.* **1** tool like a large spoon, used for picking up flour, grain, etc. or for serving ice cream. **2** piece of exciting news obtained by one newspaper, etc. before its rivals. ● **scoop** *v.* [T] **1** ~(**up**) move or lift something with a scoop or something like a scoop. **2** ~(**up**) move or lift somebody/something with a quick continuous movement.

scooter /ˈskuːtə(r)/ *n.* **1** (*also* ˈ**motor scooter**) light motorcycle with a small engine and a cover to protect the rider's legs. **2** child's vehicle with two wheels, moved by pushing one foot against the ground.

scope /skəʊp/ *n.* [U] **1** opportunity to achieve something: *~ for improvement.* **2** range of things that a subject, an organization, etc. deals with.

scorch /skɔːtʃ/ *v.* **1** [T] burn the surface of something by making it too hot. **2** [I, T] (cause something to) become dry and brown, esp. from the heat of the sun or from chemicals: *~ed grass.* ■ ˈ**scorch mark** *n.* brown mark made on a surface by burning.

score¹ /skɔː(r)/ *n.* **1** [C] (record of) points, goals, etc. in a game. **2** [C] copy of written music. **3** [C] set or group of twenty. **4** (**scores**) [pl.] (*infml.*) very many. **5** [C] cut in a surface, made with a sharp tool. [IDM] **on that/this score** as far as that/this is concerned. **settle an old score** have your revenge.

score² /skɔː(r)/ *v.* **1** [I, T] win points, goals, etc. in a game. **2** [I, T] keep a record of the points, goals, etc. won in a game. **3** [I, T] gain marks in a test or an exam; succeed. **4** [T] write music: *~d for the piano.* **5** [T] make a cut or mark on a surface. ▶ **scorer** *n.* **1** (in sports) player who scores points, goals, etc. **2** person who keeps a record of the points, etc. scored.

scorn /skɔːn/ *n.* [U] strong feeling that somebody/something is stupid or not good enough. ● **scorn** *v.* [T] **1** feel or show that you do not respect somebody/something. **2** refuse something proudly: *~ somebody's advice.* ▶ **scornful** *adj.* ▶ **scornfully** *adv.*

scorpion /ˈskɔːpiən/ *n.* small animal with claws and a poisonous sting in its tail.

Scotch /skɒtʃ/ *n.* [C, U] (type or glass of) Scottish whisky. ■ **'Scotch tape™** *n.* (*US*) = SELLOTAPE™

scot-free /ˌskɒt 'friː/ *adj.* (*infml.*) unpunished: *escape ~*

scoundrel /'skaʊndrəl/ *n.* (*old-fash.*) person without moral principles.

scour /'skaʊə(r)/ *v.* [T] **1** search a place thoroughly: *~ the area for the thief.* **2** clean a surface by rubbing it hard with rough material. ▶ **scourer** (*also* **'scouring pad**) *n.* small ball of wire or stiff plastic used for cleaning pans.

scourge /skɜːdʒ/ *n.* (*written*) cause of great suffering: *the ~ of war.*

scout /skaʊt/ *n.* **1** (**the Scouts**) [pl.] organization originally for boys, that trains young people in practical skills **2** [C] member of the Scouts. **3** person, aircraft, etc. sent ahead to get information about the enemy. ● **scout** *v.* [I, T] **~(around/for)** search an area in order to find something.

scowl /skaʊl/ *n.* angry look or expression. ● **scowl** *v.* [I] **~(at)** look at somebody/something angrily.

scrabble /'skræbl/ *v.* [I] **~(around/about/for)** try to do something in a hurry, often by moving your hands or feet about quickly: *She ~d around in her bag for her glasses.*

scraggy /'skrægi/ *adj.* (**-ier, -iest**) (*disapprov.*) thin and not looking healthy.

scram /skræm/ *v.* (**-mm-**) [I] (*old-fash., sl.*) go away quickly.

scramble /'skræmbl/ *v.* **1** [I] move quickly, often with difficulty, using your hands to help you. **2** [I] **~(for)** push, fight or compete with others for something: *~ for the best seats.* **3** [T] beat and cook eggs. **4** [T] mix up a telephone or radio message so that only people with special equipment can understand it. ● **scramble** *n.* **1** [sing.] difficult walk or climb over rough ground. **2** [sing.] **~(for)** rough struggle: *a ~ for seats.* **3** [C] motorbike race over rough ground.

scrap /skræp/ *n.* **1** [C] small piece of something, esp. paper, fabric, etc.: *a ~ of paper.* ◇ (*fig.*) *~s of news.* **2** [U] unwanted things: *~ metal.* **3** [C] (*infml.*) short fight or quarrel. ● **scrap** *v.* (**-pp-**) **1** [T] cancel or get rid of something useless. **2** [I] (*infml.*) fight with somebody. ■ **'scrapbook** *n.* book of blank pages on which newspaper articles, etc. are pasted. ■ **'scrap heap** *n.* pile of unwanted things, esp. metal [IDM] **on the scrap heap** (*infml.*) no longer wanted or useful. ▶ **scrappy** *adj.* (**-ier, -iest**) not well organized

scrape /skreɪp/ *v.* **1** [T] remove something from a surface by moving something sharp like a knife across it: *She ~d the mud off her boots.* **2** [T] rub something accidentally so that it gets damaged or hurt: *~ your arm on the wall.* **3** [I, T] (cause something to) make an unpleasant sound by rubbing against something: *Don't ~ your chairs on the floor.* **4** [T] **~(out)** make a hole in the ground. [IDM] **scrape (the bottom of) the barrel** (*disapprov.*) have to use whatever people or things you can get because nothing better is available. [PV] **scrape something together/up** obtain or collect something together, but with difficulty. ● **scrape** *n.* **1** [sing.] action or sound of one thing scraping against another. **2** injury or mark made by scraping something against something rough. **3** (*old-fash.*) difficult situation.

scratch¹ /skrætʃ/ *v.* **1** [I, T] rub your skin with your nails, to stop it itching. **2** [I, T] cut or damage your skin or the surface of something with something sharp. **3** [T] remove something by rubbing it with something sharp: *They ~ed lines in the dirt to mark out a pitch.* [IDM] **scratch the surface (of something)** deal with, understand, or find out only a small part of a subject or problem.

scratch² /skrætʃ/ *n.* **1** [C] mark, cut or sound made by scratching. **2** [sing.] act of scratching a part of your body when it itches. [IDM] **from scratch** at the beginning. **up to scratch** good enough. ▶ **scratchy** *adj.* **1** making the skin itch. **2** (of a record) sounding bad because of scratches.

scrawl /skrɔːl/ *v.* [I, T] write something quickly or carelessly. ● **scrawl** *n.* [C, sing.] (piece of) untidy handwriting.

scream /skriːm/ *v.* **1** [I] give a long sharp cry of fear, pain, anger, etc. **2** [T] shout something in a loud, high voice because of fear, pain, etc. ● **scream** *n.* loud sharp cry made by somebody who is frightened, excited, etc.

screech /skriːtʃ/ *v.* **1** [I, T] make a loud high, unpleasant sound; say something using this sound. **2** [I] (of a vehicle) make a loud high unpleasant noise as it moves. ● **screech** *n.* [sing.] screeching cry or sound: *a ~ of brakes.*

screen /skriːn/ *n.* **1** [C] flat surface on a television, computer, etc. on which you see pictures or information. **2** [C] large flat surface that films or pictures are shown on. **3** [sing., U] films or television in general. **4** [C] upright piece of furniture that can be moved to divide a room or to keep one area separate. **5** [C] something that hides or protects somebody/something: *a ~ of trees around the house.* **6** [C] (*esp. US*) frame with wire netting fastened on a window or a door. ● **screen** *v.* [T] **1** hide or protect something/somebody with a screen. **2** examine something/somebody for defects, diseases, etc. **3** show a film etc. on a screen. ■ **'screenplay**

n. script for a film.
screw /skruː/ *n.* **1** [C] metal pin with a spiral groove cut round its length, used to fasten things together. **2** [C] act of turning a screw. **3** [sing.] (⚠, *sl.*) act of having sex. **4** [C] propeller of a ship. [IDM] **have a screw loose** be slightly strange in your behaviour. ● **screw** *v.* **1** [T] fasten one thing to another with a screw. **2** [T] twist something round in order to fasten it in place: *~ the lid on.* **3** [I] be attached by screwing: *The lid simply ~s on.* **4** [I, T] (⚠, *sl.*) have sex with somebody [PV] **screw (something) up** (*sl.*) do something badly or spoil something. **screw your eyes/face up** tighten the muscles of your eyes/face because of bright light, pain, etc. ■ **'screwdriver** *n.* tool for turning a screw. ■ **,screwed-'up** *adj.* (*infml.*) upset and confused.
scribble /'skrɪbl/ *v.* [I, T] **1** write something quickly and carelessly: *~ (a note) on paper.* **2** draw meaningless marks on paper, etc. ● **scribble** *n.* **1** [U, sing.] careless and untidy writing. **2** [C] something scribbled.
scribe /skraɪb/ *n.* person who made copies in writing before printing was developed.
scrip /skrɪp/ *n.* (*business*) extra share in a business, given out instead of a dividend.
script /skrɪpt/ *n.* **1** [C] written text of a play, speech, film, etc. **2** [U] handwriting. **3** [U, C] system of writing. ● **script** *v.* [T] write the script for a film, etc. ■ **'scriptwriter** *n.* person who writes scripts for radio, films, etc.
scripture /'skrɪptʃə(r)/ *n.* **1 (Scripture)** [U] (also **the Scriptures**) [pl.] the Bible **2 (scriptures)** [pl.] holy books of a particular religion. ▶ **scriptural** *adj.*
scroll /skrəʊl/ *n.* **1** long roll of paper for writing on. **2** design like a scroll, cut in stone. ● **scroll** *v.* [I, T] (*computing*) move text on a computer screen up or down so that you can read different parts of it: *~ down the page.* ■ **'scroll bar** *n.* (*computing*) strip at the edge of a computer screen that you use to scroll through a file with, using a mouse.
scrounge /skraʊndʒ/ *v.* [I, T] (*infml., disapprov.*) get something from somebody by asking them for it rather than by paying for it: *~ (£10) off a friend.* ▶ **scrounger** *n.*
scrub /skrʌb/ *v.* (-bb-) **1** [I, T] clean something by rubbing it hard, usu. with a brush and soap and water. **2** [T] (*infml.*) cancel something. ● **scrub** *n.* **1** [sing.] act of scrubbing something. **2** [U] (land covered with) low trees and bushes. ■ **'scrubbing brush** (*US* **'scrub brush**) *n.* stiff brush for scrubbing floors, etc.
scruff /skrʌf/ *n.* (*esp. GB, infml.*) a dirty or untidy person. [IDM] **by the scruff of the/some-**

body's neck roughly holding the back of an animal's or a person's neck. ▶ **scruffy** *adj.* (-ier, -iest) (*infml.*) dirty and untidy.
scruple /'skruːpl/ *n.* [C, U] feeling that prevents you from doing something that you think may be morally wrong: *have no ~s about doing something.*
scrupulous /'skruːpjələs/ *adj.* **1** paying great attention to small details. **2** very honest. ▶ **scrupulously** *adv.*
scrutinize (*also* **-ise**) /'skruːtənaɪz/ *v.* [T] (*written*) look at or examine somebody/something carefully.
scrutiny /'skruːtəni/ *n.* (*pl.* **-ies**) [C, U] (*fml.*) careful and thorough examination.
scuba-diving /'skuːbə daɪvɪŋ/ *n.* [U] sport or activity of swimming underwater using special breathing equipment. This consists of a container of air which you carry on your back and a tube through which you breathe the air.
scuff /skʌf/ *v.* **1** [T] mark a smooth surface when you rub it against something rough: *~ your shoes.* **2** [I, T] drag your feet along the ground when walking.
scuffle /'skʌfl/ *v.* [I] **~(with)** (of two or more people) fight or struggle with each other ▶ **scuffle** *n.*
sculpt = SCULPTURE
sculptor /'skʌlptə(r)/ (*fem.* **sculptress**) *n.* person who makes sculptures.
sculpture /'skʌlptʃə(r)/ *n.* **1** [C, U] work of art that is a solid figure or object made by carving or shaping wood, stone, etc. **2** [U] art of making sculptures. ● **sculpture** (*also* **sculpt**/skʌlpt/) *v.* [I, T] make a sculpture.
scum /skʌm/ *n.* **1** [U] layer of bubbles or dirt that forms on the surface of a liquid. **2** [pl.] (*infml.*) insulting word for people that you strongly disapprove of.
scurry /'skʌri/ *v.* (*pt, pp* **-ied**) [I] run with short quick steps: *Ants scurried around the crumbs of food.* ▶ **scurry** *n.* [sing.]
scythe /saɪð/ *n.* [U] tool with a long handle and a curved blade, used for cutting grass, etc. ● **scythe** *v.* [I, T] cut grass, corn, etc. with a scythe.
sea /siː/ *n.* **1 (the sea)** [U] (*esp. GB*) salt water that covers most of the earth's surface: *to travel by ~* **2** [C] (in proper names) particular area of the sea, sometimes surrounded by land. **3** [C] (*also* **seas** [pl.]) movement of the waves of the sea: *a rough/calm ~* **4** [sing.] **~of** large amount of something covering a large area: *a ~ of corn.* [IDM] **at sea 1** on a ship, etc. on the sea **2** confused and not knowing what to do. **go to sea** become a sailor. **put (out) to sea** leave a port on a ship, boat, etc. ■ **'seaboard** *n.* part of a country that is along its coast. ■ **'seafaring**

/-fəərɪŋ/ adj., n. [U] (of) work or travel on the sea. ■ **'seafood** n. [U] fish, shellfish, etc. from the sea used as food ■ **'sea front** n. [sing.] part of a town facing the sea. ■ **'seagoing** adj. (of ships) built for crossing the sea. ■ **'seagull** n. = GULL ■ **'sea horse** n. small fish with a head like a horse. ■ **'sea legs** n. [pl.] ability to travel on a ship without being seasick. ■ **'sea level** n. [U] level of the sea used as a basis for measuring the height of land: *50 metres above ~ level.* ■ **'sealion** n. large seal. ■ **'seaman** n. sailor ■ **'seamanship** n. [U] skill in sailing a boat or ship. ■ **'seashore** n. [usu. sing.] land close along the edge of the sea. ■ **'seasick** adj. feeling sick from the motion of a ship ■ **'seaside** n. [sing.] (*esp. GB*) place by the sea, esp. a holiday resort. ▶ **'seaward** adj, adv towards the sea. ■ **'seaweed** n. [U] plant growing in the sea, esp. on rocks at its edge. ■ **'seaworthy** adj. (of a ship) in a suitable condition to sail.

seal /siːl/ n. **1** [C] sea animal that eats fish and lives around coasts. **2** [C] official design or mark, stamped on a document to show that it is genuine. **3** [sing.] thing that makes something definite: *The project has been given the President's ~ of approval* (= official approval). **4** [C] substance that prevents gas, liquid, etc. escaping through a crack. **5** [C] piece of wax, etc. that is placed across a letter or box and which has to be broken before the letter or box can be opened. ● **seal** v. [T] **1** close an envelope by sticking the edges of the opening together. **2** close a container tightly or fill a crack, etc. **3** (*written*) make something definite, so that it cannot be changed: *~ a bargain* ◊ *~ somebody's fate.* [PV] **seal something off** (of the police, army) prevent people from entering an area: *Police ~ed off the building.*

seam /siːm/ n. **1** line where two edges of cloth, etc. are joined together. **2** layer of coal, etc. in a mine.

seance /'seɪɒs/ n. meeting where people try to talk to the spirits of the dead.

search /sɜːtʃ/ v. **1** [I, T] look carefully for somebody/ something; examine a particular place when looking for somebody/something: *~ (her pockets) for money.* **2** [T] examine somebody's clothes, etc. in order to find something they may be hiding: *The youths were arrested and ~ed.* ● **search** n. **1** attempt to find something: *She went out in ~ of her fortune.* (= looking for) **2** (*computing*) act of looking for information in a computer database or network: *do a ~ on the Internet.* ▶ **search-**ing adj. (of a book, a question, etc.) trying to find out the truth about something. ■ **'searchlight** n. powerful light that can be turned in any direction. ■ **'search party** n. group of people formed to search for somebody/something. ■ **'search warrant** n. official document allowing a building, etc. to be searched by police, etc.

season /'siːzn/ n. **1** any of the four main periods of the year: spring, summer, autumn and winter. **2** period when something typically happens: *the winter ~* [IDM] **in/out of season** (of fruit, etc.) available/not available ● **season** v. [T] *~(with)* flavour food with salt, pepper, etc. ▶ **seasonable** /-əbl/ adj. usual or suitable for the time of year ▶ **seasonal** adj. happening or needed during a particular season: *~ rains* ▶ **seasonally** adv. ▶ **seasoned** adj. **1** (of a person) having a lot of experience of something. **2** (of food) flavoured with salt, pepper, etc. **3** (of wood) made suitable for use by being left outside. ▶ **seasoning** n. [U] herb, spice, etc. used to season food. ■ **'season ticket** n. ticket that can be used many times within a stated period of time. *See pg 411 for picture.*

seat /siːt/ n. **1** place where you can sit, e.g. a chair: *Please take a ~* (= sit down). **2** the part of a chair, etc. on which you actually sit. **3** place where you pay to sit in a plane, train, theatre, etc.: *There are no ~s left in the aircraft.* **4** official position as a member of a council, parliament, etc. **5** (*fml.*) *~of* place where an activity goes on: *the ~ of government.* **6** the part of the body on which a person sits. ● **seat** v. [T] **1** (*fml.*) give somebody a place to sit: *Please be ~ed* (= sit down). **2** have enough seats for a particular number of people: *The cinema ~s 400.* ■ **'seat belt** n. strap fastened across a passenger in a car or aircraft ▶ **seating** n. [U] seats.

secateurs /ˌsekəˈtɜːz/ n. [pl.] strong scissors used in the garden for cutting small branches, etc.

secede /sɪˈsiːd/ v. [I] (*fml.*) *~(from)* (of a state, country, etc.) officially leave an organization and become independent ▶ **secession** /sɪˈseʃn/ n. [C, U] fact of an area or group becoming independent.

secluded /sɪˈkluːdɪd/ adj. not visited by many people; isolated. ▶ **seclusion** /sɪˈkluːʒn/ n. [U] being secluded; privacy.

second¹ /'sekənd/ det., ordinal number **1** next after the first in a series; 2nd: *the ~ person to come.* ◊ *He was the ~ to arrive.* **2** next in order of importance, size, etc.: *As a dancer, he is ~ to none* (= nobody is a better dancer than he is). **3** another; additional: *a ~ home.* ● **second** adv. after one other person or thing in order of importance: *come ~ in a race*. ■ ,**second 'best** *n.*[U] *adj.* next after the best. ■ ,**second-'class** *adj.*, *adv.* of or by a class not as good as the best. ■ ,**second-'hand** *adj.*, *adv.* **1** not new; previously owned by somebody else. **2** (of news, *etc.*) obtained from a source other than the origin. ▶ **secondly** *adv.* used to introduce the second of a list of points you want to make. ■ ,**second 'nature** *n.* [U] habit that has become instinctive. ■ ,**second-'rate** *adj.* not of the best quality.

second² /'sekənd/ *n.* **1** [C] sixtieth part of a minute. **2** (*also infml.* **sec**) very short time: *Wait a ~!* **3** [C] (*symb.*') sixtieth part of a degree(1) **4** (**seconds**) [pl.] (*spoken*) second helping of food. **5** [C, usu. pl.] item sold at a lower price than usual because it is imperfect. **6** [C] (*GB*) level of university degree at British universities. ■ **'second hand** *n.* hand on a watch or clock recording seconds.

second³ /'sekənd/ *v.* [T] (in a meeting) officially state that you support a proposal. ▶ **seconder** *n.* person who seconds a proposal at a meeting.

second⁴ /sɪ'kɒnd/ *v.* [T] (*esp. GB*) **~(from; to)** send an employee to another department, office, etc. to do a different job for a short period of time. ▶ **secondment** *n.* [U, C]

secondary /'sekəndri/ *adj.* **1** less important than something else: *of~ interest.* **2** developing from something else: *a ~ infection*. **3** connected with teaching children of 11–18 years.

secrecy /'siːkrəsi/ *n.* [U] keeping secrets; state of being secret.

secret /'siːkrət/ *adj.* **1** (to be) kept from the knowledge or view of others: *~ information*. **2** not declared or admitted: *a ~ writer.* **3** (of places) quiet and unknown; secluded. ● **secret** *n.* **1** [C] something that is known about by only a few people. **2** (*usu.* **the secret**) [sing.] best way or the only way to achieve something: *the ~ of her success.* **3** [usu. pl.] thing that is not fully understood: *the ~s of the universe* [IDM] **in secret** without other people knowing about it. ■ ,**secret 'agent** *n.* member of a secret service; spy. ▶ **secretly** *adv.* ■ ,**secret 'service** *n.* [usu. sing.] government department concerned with spying.

secretariat /,sekrə'teəriət; -iæt/ *n.* administrative department of a large political or international organization.

secretary /'sekrətri/ *n.* **1** employee who types letters, makes arrangements and appointments, etc. **2** official of a society, club, etc. in charge of writing letters, keeping records, etc. ▶ **secretarial** /,sekrə'teəriəl/ *adj.* ■

,**Secretary of 'State** *n.* **1** (*GB*) head of an important government department. **2** (*US*) head of the department that deals with foreign affairs.

secrete /sɪ'kriːt/ *v.* [T] **1** (of the body) produce a liquid, e.g. saliva. **2** (*fml.*) hide something: *~ money in a drawer.* ▶ **secretion** /sɪ'kriːʃn/ *n.* (*tech.*) **1** [U] process of secreting liquids. **2** [C] liquid produced in the body.

secretive /'siːkrətɪv/ *adj.* liking to hide your thoughts, feelings, etc. from other people. ▶ **secretively** *adv.*

sect /sekt/ *n.* small group of people sharing the same religious beliefs. ▶ **sectarian** /sek'teəriən/*adj.* of a sect

section /'sekʃn/ *n.* **1** any of the parts into which something is divided. **2** department in an organization, institution, etc. **3** drawing or diagram of something seen as if cut through from top to bottom. ▶ **sectional** *adj.* **1** of one particular group within a community or an organization. **2** made of separate sections.

sector /'sektə(r)/ *n.* **1** part of an area of activity, esp. of a country's economy: *the private/public ~* **2** division of an area, esp. for control of military operations

secular /'sekjələ(r)/ *adj.* not religious or spiritual: *~ outlook.*

secure /sɪ'kjʊə(r)/ *adj.* **1** free from worry, doubt, etc. **2** likely to continue or be successful for a long time: *a ~ job.* **3 ~ (against/from)** safe. **4** unlikely to move, fall down, etc.: *a ~ foothold.* ● **secure** *v.* [T] **1** (*fml.*) obtain or achieve something: *~ a job.* **2** close something tightly: *~ all the doors.* **3** **~(against)** protect something so that it is safe. ▶ **securely** *adv.*

security /sɪ'kjʊərəti/ *n.* (*pl.* -**ies**) **1** [U] measures to protect a country, building or person against attack, danger, etc.: *tight ~ at the airport.* **2** [U] protection against something bad that might happen in the future. **3** [U, C] valuable item, e.g. a house, used as a guarantee that a loan will be repaid. **4** (**securities**) [pl.] documents showing ownership or property.

sedan /sɪ'dæn/ *n.* (*US*) = SALOON(1).

sedate /sɪ'deɪt/ *adj.* calm and dignified ▶ **sedately** *adv.*

sedation /sɪ'deɪʃn/ *n.* [U] treatment using sedatives.

sedative /'sedətɪv/ *n., adj.* (drug) used to calm the nerves or make somebody sleep.

sedentary /'sedntri/ *adj.* **1** (of work) done sitting down. **2** (of people) spending much of their time seated.

sediment /'sedɪmənt/ *n.* [U] solid material that settles at the bottom of a liquid. ▶ **sedimentary** /-'mentri/ *adj.*

seduce /sɪ'djuːs/ v. [T] **1** persuade somebody to have sex with you. **2** persuade somebody to do something they would not usu. agree to do. ▶ **seduction** /sɪ'dʌkʃn/ n. [C, U] ▶ **seductive** /sɪ'dʌktɪv/ adj. very attractive.

see¹ /siː/ v. (pt **saw** /sɔː/ pp ~n /siːn/) **1** [T] (often with *can, could*) become aware of somebody/something by using the eyes: *He couldn't ~ her.* **2** [I] (often with *can, could*) have or use the power of sight: *It was dark so I couldn't ~ much.* **3** [T] watch a film, TV programme, etc.: *Did you ~ the film on TV last night?* **4** [T] (used in orders) look at something to find information: *S~ page 4.* **5** [T] meet somebody by chance: *Guess who I saw last night?* **6** [T] visit somebody; consult somebody: *Come and ~ us again soon.* ◇ *You should ~ a doctor about that cough.* **7** [T] understand something: *He didn't ~ the humour.* **8** [T] find something out by looking, asking or waiting: *I'll go and ~ if she's there.* **9** [I] find out or decide something by thinking or considering: *'Can I go to the party?' 'We'll ~* (= I'll decide later).' **10** [T] make sure of something: *~ that the windows are shut.* **11** [T] go with somebody to help or protect them: *I'll ~ you to the car.* [IDM] **you see** (*spoken*) used when you are explaining something. **(not) see eye to eye with somebody** (not) agree with somebody **see for yourself** check something yourself in order to be convinced **see how the land lies** → LAND¹ **seeing is believing** (*spoken*) you need to actually see something to believe it exists or happens **see the light. 1** finally understand and accept something. **2** begin to believe in a religion. **see red** (*infml.*) become very angry. **see sense** become reasonable. **seeing things** (*infml.*) think you can see something that is not really there. [PV] **see about something** deal with something. **see something in somebody/something** find somebody/something interesting or attractive. **see somebody off** go to a station, etc. to say goodbye to somebody who is leaving. **see through somebody/something** realize the truth about somebody/something so that you are not deceived. **see something through** continue something until it is finished. **see to something** deal with something.

see² /siː/ n. (*fml.*) district or office of a bishop.

seed /siːd/ n. **1** [C, U] small hard part of a plant from which a new plant can grow. **2** [C] (*US*) = PIP **3** [C, usu. pl.] origin of a development, etc.: *the ~s of doubt.* **4** [C] (*esp.* in tennis) one of the best players in a competition, given a position in a list. [IDM] **go/run to seed 1** (of a plant) stop flowering as seed is produced. **2** (of a person) begin to look untidy, old, etc. ● **seed** v. **1** [I] (of a plant) produce seed. **2** [T] plant seeds in an area of ground. **3** [T] (*esp.* in tennis) make somebody a seed in a competition. ▶ **seedless** adj. (of fruit) having no seeds. ▶ **seedling** n. young plant grown from a seed.

seedy /'siːdi/ adj. (**-ier, -iest**) (*disapprov.*) dirty and unpleasant, possibly connected with immoral activities. ▶ **seediness** n. [U]

seek /siːk/ v. (pt, pp **sought** /sɔːt/) (*fml.*) **1** [I, T] look for somebody/something. **2** [T] try to obtain or achieve something: *~ to end the conflict.* **3** [T] ask somebody for something: *~ advice.* ▶ **seeker** n. (used in compounds) person trying to find or get the thing mentioned: *~s job.*

seem /siːm/ v. [I] give the appearance of being or doing something: *This movie ~s interesting.* ▶ **seeming** adj. (*fml.*) appearing to be something that may not be true: *a ~ing contradiction.* ▶ **seemingly** adv.

seen pp of SEE¹

seep /siːp/ v. [I] (of liquids) come slowly through something: *water ~ing through the cracks.* ▶ **seepage** /-ɪdʒ/ n. [U] process of seeping through something.

see-saw /'siː sɔː/ n. **1** [C] long plank supported in the middle, with a person sitting at each end, rising and falling in turn. **2** [sing.] situation in which things keep changing from one state to another and back again. ● **see-saw** v. [I] keep changing from one state, emotion, etc. to another and back again.

seethe /siːð/ v. [I] **1** be angry about something but try not to show it: *~ing (with rage) at his behaviour.* **2** (*written*) (of a place) be full of a lot of people or animals moving around.

segment /'segmənt/ n. **1** part of something, esp. of a circle, marked off or cut off. **2** section of an orange, lemon, etc.

segregate /'segrɪgeɪt/ v. [T] put people of a different race, etc. apart from the rest of the community. ▶ **segregation** /ˌsegrɪ'geɪʃn/ n. [U]

seismic /'saɪzmɪk/ adj. of earthquakes.

seize /siːz/ v. [T] **1** take hold of somebody/something suddenly and with force. **2** be quick to make use of a chance, an opportunity, etc.: *~d the chance to get revenge.* [PV] **seize up** (of machinery) become stuck and stop working.

seizure /'siːʒə(r)/ n. **1** [C, U] (act of) using force to take something from somebody. **2** [C] (*old-fash.*) sudden attack of illness.

seldom /'seldəm/ adv. not often; rarely.

select /sɪ'lekt/ v. [T] choose somebody/something carefully from a group of people or things. ● **select** adj. **1** carefully chosen as the best of a larger group. **2** (of a society, club, etc.) used by people with a lot of money or a high social position. ▶ **selection** /-kʃn/ n. **1** [U] process of choosing somebody/something. **2** [C] group of selected things; number of things from which to select. ▶ **selective** adj. **1** affecting only a small number of people or things from a larger group. **2** tending to choose carefully.

self /self/ (pl. **selves** /selvz/) n. [C, U] your own nature; your personality.

self- /self/ prefix of, to or by yourself or itself ■ **,self-as'sured** adj. confident. ■ **,self-'catering** adj. (of holiday accommodation) with no meals provided, so you must cook for yourself. ■ **,self-'centred** adj. thinking too much about yourself and not about the needs of others. ■ **,self-'confident** adj. confident in your own ability. ▶ **,self-confidence** n. [U] ■ **,self-'conscious** adj. nervous or embarrassed because you are aware of being watched by others. ▶ **self-consciousness** n. [U] ■ **,self-con'tained** adj. **1** not needing or depending on others. **2** (GB) (of a flat) having its own kitchen, bathroom and entrance. ■ **,self-con'trol** n. [U] ability to remain calm and not show your emotions. ■ **,self-de'fence** (US **-defense**) n. [U] something you do to protect yourself when being attacked, criticized, etc. ■ **,self-em'ployed** adj. working for yourself and not employed by a company, etc. ■ **,self-es'teem** n. [U] feeling of being happy with your own character and abilities. ■ **,self-'evident** adj. obvious; without need for proof. ■ **,self-'help** n. [U] relying on your own efforts and abilities to achieve things, without the help of others. ■ **,self-im'portant** adj. (disapprov.) having too high an opinion of yourself. ▶ **,self-im'portance** n. [U] (disapprov.) ■ **,self-in'dulgent** adj. (disapprov.) allowing yourself to have or do things that you like, esp. when you do this too often. ▶ **,self-in'dulgence** n. [U] ■ **,self-'interest** n. (disapprov.) fact of somebody only considering their own interests and of not caring about things that would help others. ■ **,self-'pity** n. [U] (disapprov.) feeling of pity for yourself. ■ **,self-re'liant** adj. not depending on others. ▶ **,self-re'liance** n. [U] ■ **,self-re'spect** n. [U] feeling of pride in yourself that you say, do, etc. is right and good. ■ **,self-'righteous** adj. (disapprov.) convinced that what you say and do is always morally right, and that other people are wrong. ■ **,self-'sacrifice** n. [U] (approv.) giving up things you have or want in order to help others. ■ **'selfsame** adj. (written) identical. ■ **,self-'satisfied** adj. (disapprov.) too pleased with yourself and your achievements. ■ **,self-'service** n. [U] system in which buyers collect goods themselves and pay at a special desk. ■ **,self-suf'ficient** adj. able to do or produce everything you need. ■ **,self-'willed** adj. (disapprov.) determined to do what you want without caring about others.

selfish /'selfɪʃ/ adj. (disapprov.) thinking mainly of yourself and your own needs, not of others. ▶ **selfishly** adv. ▶ **selfishness** n. [U]

sell /sel/ v. (pt, pp **sold** /səʊld/) **1** [I, T] give something to somebody in exchange for money. **2** [T] offer something for people to buy: Do you ~ books? **3** [I] be bought in the numbers mentioned; be offered at the price mentioned: Does this magazine ~ well? **4** [T] make people want to buy something: Scandals ~ newspapers. **5** [T] persuade somebody to accept something as good, useful, true, etc.: ~ somebody an idea **6** [T] ~**yourself** present yourself, your ideas, etc. in a way which is attractive to others **7** [T] ~**yourself** (disapprov.) accept money, etc. for doing something bad [IDM] **sell somebody/yourself short** not value somebody/yourself highly enough. **sell your soul (to the devil)** do something dishonourable for money. [PV] **sell something off** sell things cheaply because you want to get rid of them. **sell out 1** sell all of something, e.g. tickets. **2** be disloyal to somebody/something **sell (something) up** sell your house, business, etc. usu. when retiring.

Sellotape™ /'seləteɪp/ n. [U] (GB) thin, clear, sticky plastic tape used for joining, mending, etc. things.

selves pl. of SELF

semantics /sɪ'mæntɪks/ n. [U] (ling.) study of the meanings of words.

semaphore /'seməfɔː(r)/ n. [U] system of sending signals by holding two flags in various positions. ● **semaphore** v. [I, T] send a message by semaphore.

semblance /'sembləns/ n. [sing., U] ~ **of** (written) appearance: restore some ~ of order.

semen /'siːmen/ n. [U] whitish liquid containing sperm, produced by the sex organs of men and male animals.

semi- /'semi/ prefix half; partly: ~ -literate. ■ **'semicircle** n. (geom.) half a circle. ■ **'semicolon** n. the punctuation mark (;). ■ **,semicon'ductor** n. solid substance that conducts electricity in certain conditions. ■ **,semide'tached** adj. (GB) (of a house) joined to another on one side by a shared wall. ■

,semi-'final *n.* either of two matches before the final. ■ **,semi-'skimmed** *adj.* (*GB*) (of milk) that has had half the fat removed.

seminar /'semɪnɑː(r)/ *n.* small group of students meeting for study.

senate /'senət/ *n.* (usu. **the Senate**) **1** [sing.] upper house of the law-making assembly in the US, France, etc. **2** [C, usu. sing., U] governing council of some universities. ▶ **senator** (often **Senator**) *n.* member of a senate.

send /send/ *v.* (*pt, pp* **sent**) [T] **1** cause something to go or be taken to a place, esp. by post, radio, etc.: ~ *a letter/an email.* **2** tell somebody something by sending them a message: *My parents* ~ *their love.* **3** tell somebody to go somewhere or to do something: ~ *the kids to bed.* **4** cause somebody/something to move quickly: *The punch sent him flying.* **5** make somebody react in a particular way: ~ *somebody to sleep.* [PV] **send away (to somebody) (for something)** = SEND OFF (FOR SOMETHING) **send for somebody/ something** ask or order that somebody should come, or something be brought to you: ~ *for a doctor.* **send off (for something)** write and ask for something to be sent to you by post. **send something out 1** send something to a lot of different people or places: ~ *out party invitations.* **2** produce something, e.g. light, a signal, etc.: *The sun* ~*s out light.* **send somebody/ something up** (*GB, infml.*) copy somebody/something in a way that makes them/it seem funny. ■ **'send-off** *n.* (*infml.*) occasion when people gather to say goodbye to somebody.

senile /'siːnaɪl/ *adj.* weak in body or mind as a result of old age. ▶ **senility** /sə'nɪləti/ *n.* [U]

senior /'siːniə(r)/ *adj.* **1** ~(**to**) higher in rank or status than others. **2** (**Senior**) used after the name of a man who has the same name as his son, to avoid confusion. ● **senior** *n.* **1** [sing.] person who is older than somebody else: *He is three years her* ~. **2** [C, usu. pl.] older school pupil. ■ **,senior 'citizen** *n.* older person, esp. somebody who has retired from work. ▶ **seniority** /,siːni'ɒrəti/ *n.* [U] fact of being older or of higher rank than others.

sensation /sen'seɪʃn/ *n.* **1** [C, U] feeling; the ability to feel. **2** [C, U] (cause of) great excitement, surprise, etc. ▶ **sensational** *adj.* **1** causing great excitement or interest **2** (*infml.*) wonderful; very good.

sense /sens/ *n.* **1** [C] one of the five powers (sight, hearing, smell, taste and touch) by which a person is conscious of things. **2** [C] feeling about something important: *a* ~ *of dread.* **3** [sing.] understanding of the nature or value of something: *a* ~ *of humour.* **4** [U] good practical judgement: *There's no* ~ *in doing that.* **5 (senses)** [pl.] normal state of mind; ability to think clearly: *take leave of your* ~*s* (= go mad) **6** [C] meaning of a word; way of understanding something. [IDM] **make sense 1** have a meaning that can be understood. **2** be a sensible thing to do. **3** be easy to understand or explain. **make sense of something** understand something difficult. ● **sense** *v.* [T] become aware of something even though you cannot see it, hear it, etc.: ~ *danger.*

senseless /'sensləs/ *adj.* **1** (*disapprov.*) foolish. **2** unconscious. ▶ **senselessly** *adv.*

sensibility /,sensə'bɪləti/ *n.* **1** [U, C] ability to experience and understand deep feelings, esp. in the arts. **2** (**sensibilities**) [pl.] person's feelings.

sensible /'sensəbl/ *adj.* **1** having or showing good sense.(4); practical: *a* ~ *person/idea* **2** (*lit.*) aware of something. ▶ **sensibly** *adv.*

sensitive /'sensətɪv/ *adj.* **1** ~(**to**) aware of and able to understand other people's feelings: *a* ~ *friend.* **2** easily offended or upset: ~ *about his baldness.* **3** requiring great care: *a politically* ~ *issue.* **4** ~(**to**) reacting quickly or more than usual to something: ~ *skin* ◇ ~ *to light.* **5** (of instruments) able to measure very small changes. ▶ **sensitivity** /,sensə'tɪvəti/ *n.* [U] quality or degree of being sensitive.

sensitize (also **-ise**) /'sensətaɪz/ *v.* [T] ~(**to**) make somebody/something more aware of something, esp. a problem or something bad.

sensual /'senʃuəl/ *adj.* **1** enjoying physical, esp. sexual, pleasures. **2** suggesting an interest in physical, esp. sexual, pleasure. ▶ **sensuality** /-'æləti/ *n.* [U] enjoyment of sensual pleasures.

sensuous /'senʃuəs/ *adj.* giving pleasure to the senses ▶ **sensuously** *adv.* ▶ **sensuousness** *n.* [U]

sent *pt, pp of* SEND

sentence /'sentəns/ *n.* **1** [C] (*gram*) group of words that express a statement, question, etc. **2** [C, U] punishment given by a court of law: *a jail/prison* ~ ● **sentence** *v.* [T] state that somebody is to have a certain punishment: ~ *somebody to death.*

sentiment /'sentɪmənt/ *n.* **1** [C, U] (*fml.*) attitude or opinion, esp. one based on emotions. **2** [U] (*disapprov.*) feelings of pity, romantic love, etc. which may be too strong.

sentimental /,sentɪ'mentl/ *adj.* **1** of the emotions, rather than reason. **2** (*disapprov.*) producing too much emotion. ▶ **sentimentality** /-'tæləti/ *n.* [U] (*disapprov.*) the quality of being too sentimental. ▶ **sentimentally** *adv.*

sentry /'sentri/ *n.* (*pl.* **-ies**) soldier whose job is to guard something.

separate¹ /ˈseprət/ adj. **1** ~**(from)** forming a unit by itself; not joined to something else: *~ rooms*. **2** different: *on three ~ occasions*. ▶ **separately** adv.

separate² /ˈsepəreɪt/ v. **1** [I, T] (cause people or things to) move apart; divide into different parts or groups. **2** [I] stop living together as a couple with your husband, wife or partner. ▶ **separation** /-ˈreɪʃn/ n. **1** [U, sing.] act of separating somebody/something; state of being separated. **2** [C] period of living apart from somebody. **3** [C] legal agreement by a married couple to live apart.

September /sepˈtembə(r)/ n. [U, C] ninth month of the year (See examples of use at *April*.)

septic /ˈseptɪk/ adj. infected with harmful bacteria: *a ~ wound*.

sepulchre (US **sepulcher**) /ˈseplkə(r)/ n. (old-fash.) tomb, esp. one cut in rock.

sequel /ˈsiːkwəl/ n. ~**(to) 1** [C] book, film, etc. continuing the story of an earlier one. **2** [usu. sing.] thing that happens after or as a result of an earlier event.

sequence /ˈsiːkwəns/ n. [C, U] set of events, actions, etc. which have a particular order.

sequin /ˈsiːkwɪn/ n. small shiny disc sewn onto clothing as decoration.

serene /səˈriːn/ adj. calm and peaceful. ▶ **serenely** adv. ▶ **serenity** /səˈrenəti/ n. [U]

sergeant /ˈsɑːdʒənt/ n. **1** member of one of the middle ranks in the army and the air force, below an officer. **2** (in Britain) police officer below an inspector in rank. **3** (in the US) police officer just below a lieutenant or captain.

serial /ˈsɪəriəl/ n. story, etc. broadcast or published in parts. ● **serial** adj. of or forming a series. ▶ **serialize** (also **-ise**) /-aɪz/ v. [T] produce a story, etc. in parts for the television, a magazine, etc. ■ **ˈserial number** n. number put on a product, e.g. a camera or television, to identify it.

series /ˈsɪəriːz/ n. (pl. **series**) group of related things, events, etc. occurring one after the other.

serious /ˈsɪəriəs/ adj. **1** bad or dangerous: *a ~ illness*. **2** needing careful thought; important. **3** not silly; thoughtful: *a ~ face*. **4** ~**(about)** sincere about something: *Are you ~ about this plan?* ▶ **seriously** adv. ▶ **seriousness** n. [U]

sermon /ˈsɜːmən/ n. speech on religious or moral matters, esp. one given in a church.

serpent /ˈsɜːpənt/ n. (lit.) snake.

serrated /səˈreɪtɪd/ adj. having a series of sharp points on the edge like a saw.

serum /ˈsɪərəm/ (pl. **sera** /-rə/ or **~s**) n. [C, U] (med.) (injection of) liquid which fights disease or poison: *snakebite ~*.

servant /ˈsɜːvənt/ n. person who works in somebody's house and cooks, cleans, etc. for them.

serve /sɜːv/ v. **1** [I, T] give food or drink to somebody at a meal. **2** [I, T] attend to customers in a shop. **3** [T] be useful to somebody in achieving something. **4** [T] provide an area or group of people with something needed: *This bus ~s our area*. **5** [I] ~**(as)** be suitable for a particular purpose: *This room ~s as a study*. **6** [I, T] work or perform duties for somebody/something: *~on a committee*. **7** [T] spend a period of time in prison: *~ a life sentence*. **8** [T] (law) deliver an official document to somebody, esp. one ordering them to appear in court. **9** [I, T] (in tennis, *etc*.) start playing by throwing the ball in the air and hitting it. [IDM] **it serves somebody right (for doing something)** (of bad luck, *etc*.) be deserved by somebody ● **serve** n. (in tennis, *etc*.) action of serving the ball to your opponent. ▶ **server** n. **1** (*computing*) computer or program that manages information or devices shared by several computers connected in a network. **2** (*sport*) person who is serving, e.g. in tennis ▶ **serving** n. amount of food for one person.

service /ˈsɜːvɪs/ n. **1** [C] system or business that meets public needs: *a bus ~* **2** (also **Service**) [C] organization or a company that provides something for the public or does something for the government. **3** [U] serving of customers in hotels, restaurants and shops. **4** [U] work that somebody does for an organization, etc.: *ten years'~ in the army*. **5** [U] work done by a vehicle: *This car has given good ~*. (= has been reliable) **6** [C, U] maintenance or repair of a vehicle to keep it operating well. **7** [C, usu. pl.] particular skills or help that a person is able to offer. **8** [C, usu. pl., U] (work done by people in) the army, the navy and the air force. **9** [C] religious ceremony. **10 (services)** [sing., with sing. or pl. verb] (*GB*) place beside a motorway where you can stop for petrol, food, etc. **11** [C] (in tennis, etc.) act or way of serving the ball. **12** [C] complete matching set of plates, dishes, etc. [IDM] **at somebody's service** ready to help somebody. **be of service (to somebody)** (*fml.*) be useful or helpful. ● **service** v. [T] maintain and repair a car, machine, etc. to keep it operating well. ▶ **serviceable** adj. suitable to be used. ■ **ˈservice charge** n. additional charge on a bill for service in a restaurant, etc. ■ **ˈserviceman** n. (*pl.* **-men** *fem.* **ˈservicewoman** *pl.* **-women**) person serving in the armed forces. ■ **ˈservice station** n. = PETROL STATION.

serviette /ˌsɜːviˈet/ n. piece of cloth or paper used at meals for protecting your clothes and wiping your hands and lips.

session /ˈseʃn/ n. **1** period spent in one activity: *a recording ~* **2** meeting or series of meetings of a parliament, law court, etc. **3** (in Scotland) school or university year.

set^1 /set/ n. **1** [C] group of similar things of the same kind that belong together. **2** [C, with sing. or pl. verb] group of people who spend a lot of time together and have similar interests. **3** [C] television or radio receiver. **4** [C] scenery for a play, film, etc. **5** [C] division of a match in tennis, volleyball, etc. **6** [C] act of styling hair.

set^2 /set/ v. (pt, pp **set**, **-tt-**) **1** [T] put somebody/something in a particular place or position: *~ a tray down on the table.* **2** [T] cause somebody/something to be in a particular state; start something happening: *~ a prisoner free.* ◊ *~ somebody thinking.* **3** [T] (usu. passive) place the action of a play, film or novel in a particular place, time, etc.: *The film is ~ in London in the 1960s.* **4** [T] prepare something so that it is ready for use or in position: *~ the temperature at 250 degrees.* **5** [T] arrange plates, knives, forks, etc. on a table ready for a meal. **6** [T] put a precious stone into a piece of jewellery. **7** [T] arrange or fix something: *~ a date for the wedding.* **8** [T] fix something so that others copy it or try to achieve it: *~ a new fashion/record* ◊ *~ a good example.* **9** [T] give somebody a piece of work, a task, etc.: *~ an examination.* **10** [I] become firm or hard: *The cement has ~.* **11** [T] put a broken bone into the right position to mend. **12** [T] **~(to)** write music to go with words. **13** [I] (of the sun or moon) go down. [IDM] **set eyes on somebody/something** see somebody/something. **set foot in/on something** enter or visit a place. **set light/fire to something | set something on fire** cause something to start burning. **set your heart on something | have your heart set on something** want something very much. **set your mind to something** → MIND^1 **set something right** → RIGHT^1 **set somebody/something to rights** → RIGHT^3 **set sail** (from/for ...) begin a journey by sea. **set the scene (for something)** create a situation in which something can happen or develop. **set somebody's teeth on edge** (of a sound or taste) make somebody feel physically uncomfortable. [PV] **set about something** start doing something. **set somebody back something** (infml.) cost somebody a particular amount of money. **set somebody/something back** delay the progress of somebody/something by a particular time. **set something back (from something)** place something, esp. a building, at a distance from something. **set in** start and seem likely to continue **set off** begin a journey, etc. **set something off 1** cause a bomb, etc. to explode. **2** start a process or series of events. **3** make something look attractive: *This colour ~s off her eyes.* **set on/upon somebody** attack somebody. **set out 1** begin a journey, etc. **2** begin a job, task, etc. with a particular goal. **set something out 1** arrange or display things. **2** present ideas, facts, etc. in an orderly way: *~ out your ideas in an essay.* **set something up 1** build something or put something somewhere: *The police ~ up roadblocks.* **2** arrange for something to happen. **3** create something or start it: *~ up a business.* **set (yourself) up (as somebody)** start running a business. ■ **'setback** n. something that delays progress or development. ■ **'set-up** n. (infml.) **1** way of organizing something; system. **2** situation in which somebody makes it seem that you have done wrong.

set^3 /set/ adj. **1** in a particular position. **2** planned; fixed and unlikely to change: *We always follow a ~ pattern.* ◊ *have ~ ideas about something* ◊ *As people get older, they get more ~ in their ways.* **3** (of a restaurant meal) having a fixed price and limited choice of dishes: *a ~ menu/lunch.* **4** (infml.) ready or likely to do something: *~ to go.* [IDM] **be set on (doing) something** be determined to do something: *She's ~on winning.* ■ **,set 'book** n. (GB) book that students must study for an exam.

set square /ˈset skweə(r)/ n. triangular instrument used for drawing lines at certain angles.

settee /seˈtiː/ n. (GB) = SOFA

setter /ˈsetə(r)/ n. breed of long-haired dog

setting /ˈsetɪŋ/ n. **1** surroundings: *a rural ~* **2** place and time at which the action of film, play or book takes place. **3** height, speed, etc. at which a machine, etc. is or can be set.

settle /ˈsetl/ v. **1** [T] put an end to an argument or disagreement: *~ an argument.* **2** [T] decide or arrange something finally. **3** [I, T] make a place your permanent home. **4** [I, T] make somebody/yourself comfortable: *~d (back) in the chair.* **5** [I, T] (cause somebody/something to) become calm: *~ somebody's nerves.* **6** [I] **~(on/over)** fall from above and come to rest on something: *The bird ~d on a branch.* **7** [I, T] (cause something to) sink slowly down: *dust settling on the floor* ◊ *The rain ~d the dust.* **8** [I, T] **~(up)** pay a debt [PV] **settle down 1** get into a comfortable position, either sitting or lying **2** start to have a quieter way of life, living in one place **settle (down) to something** begin to give your attention to something **settle for something** accept something that is not quite what you want **settle in** move into a new house, job, etc. and start to feel comfortable there **settle on something** decide to have something. ▶ **settled** *adj.* not likely to change or move: *~d weather.* ▶ **settler** *n.* person who goes to live in a new country or region.

settlement /'setlmənt/ *n.* **1** [C, U] (action of reaching an) official agreement that ends an argument. **2** [C] (*law*) (document stating the) conditions on which money or property is given to somebody: *a divorce ~* **3** [U, C] process of people settling in a place; place where they settle.

seven /'sevn/ *number* 7 ▶ **seventh** /'sevnθ/ *ordinal number, n.* 7th; the fraction ¹/₇; one of seven equal parts of something.

seventeen /ˌsevn'tiːn/ *number* 17. ▶ **seventeenth** /ˌsevn'tiːnθ/ *ordinal number* 17th

seventy /'sevnti/ **1** *number* 70. **2 (the seventies)** *n.* [pl.] numbers, years or temperatures from 70 to 79 ▶ **seventieth** /'sevntiəθ/ *ordinal number* 70th.

sever /'sevə(r)/ *v.* **1** [T] cut a part of something from the rest: *~ a limb from the body.* **2** [T] end something: *~ relations with somebody.*

several /'sevrəl/ *det., pron.* more than two but not very many.

severe /sɪ'vɪə(r)/ *adj.* **1** very bad, difficult, intense, etc.: *a ~ storm* **2** stern; strict: *~ punishment* ▶ **severely** *adv.* ▶ **severity** /sɪ'verəti/ *n.* [U]

sew /səʊ/ *v.* (*pt* ~ed *pp* ~n /səʊn/) [I, T] make stitches with a needle and thread; fasten cloth, etc. with stitches [PV] **sew something up 1** join or mend something by sewing. **2** (*infml.*) arrange something satisfactorily: *They have the election ~n up* (= they will win).

sewage /'suːɪdʒ/ *n.* [U] used water and human waste carried away from houses and factories by sewers.

sewer /'suːə(r)/ *n.* underground pipe that carries sewage away from houses and factories.

sewn *pt of* SEW.

sex /seks/ *n.* **1** [U, C] state of being male or female. **2** [C] group of all male or all female people: *a member of the opposite ~* **3** [U] (sexual activity leading to and including) sexual intercourse. ▶ **sexy** *adj.* (**-ier, -iest**) sexually attractive. ▶ **sexily** *adv.* ▶ **sexiness** *n.* [U]

sexism /'seksɪzəm/ *n.* [U] unfair treatment of people (*esp.* women) because of their sex. ▶ **sexist** *adj., n.*

sextant /'sekstənt/ *n.* instrument for measuring the altitude of the sun, etc.

sexton /'sekstən/ *n.* person who takes care of a church, churchyard, etc.

sexual /'sekʃuəl/ *adj.* of sex or the sexes. ■ **ˌsexual 'harassment** *n.* [U] comments about sex, physical contact, etc. in the workplace, that a person finds annoying and offensive. ■ **ˌsexual 'intercourse** *n.* [U] physical union of two people often leading to the production of children. ▶ **sexuality** /-ˈæləti/ *n.* [U] feelings and activities connected with a person's sexual desires. ▶ **sexually** *adv.*

shabby /'ʃæbi/ *adj.* (**-ier, -iest**) **1** in poor condition; poorly dressed. **2** (of behaviour) unfair; mean. ▶ **shabbily** *adv.*

shack /ʃæk/ *n.* small, crudely built shed or house.

shackle /'ʃækl/ *n.* [C, usu. pl.] **1** one of a pair of metal rings linked by a chain, for fastening a prisoner's wrists or ankles **2** ~(**of**) (*fml.*) anything that prevents freedom of action. ● **shackle** *v.* [T] **1** put shackles on somebody. **2** prevent somebody from acting freely.

shade /ʃeɪd/ *n.* **1** [U] area that is dark and cool because the sun's light does not get to it: *sit in the ~* **2** [C] thing that reduces light: *a lamp ~* **3** [C] ~(**of**) (depth of) colour: *four ~s of blue.* **4** [C, usu. pl.] different kind or level of opinion, feeling, etc.: *~s of meaning.* **5** (**a shade**) [sing.] (*written*) a little; slightly: *a ~ warmer.* **6** (**shades**) [pl.] (*infml.*) = SUNGLASSES ● **shade** *v.* [T] **1** prevent direct light from reaching something: *~ your eyes.* **2** cover a light to reduce brightness. **3** darken parts of a drawing, etc. [PV] **shade into something** change gradually into something else: *green shading into blue.*

shadow /'ʃædəʊ/ *n.* **1** [C, U] dark shape that somebody/something's form makes on a surface when they are between the light and the surface: *The ship's sail cast a ~ on the water.* **2** [U] (*also* **shadows** [pl.]) darkness in a place or on something **3** [sing.] a very small amount of something: *not a ~ of doubt.* **4** [sing.] strong (*usu.* bad) influence of somebody/something **5** (**shadows**) [pl.] dark areas under somebody's eyes, because they are tired, etc. ● **shadow** *v.* [T] follow somebody and watch somebody closely and often secretly. ▶ **shadowy** *adj.* **1** dark and full of shadows. **2** not clear; mysterious.

shady /'ʃeɪdi/ *adj.* (**-ier, -iest**) **1** giving shade from sunlight; situated in the shade **2** (*infml.*) not entirely honest: *a ~ character.*

shaft /ʃɑːft/ *n.* **1** long, narrow, usu. vertical passage in a building or underground, e.g.

for entering a mine: *a lift* ~ **2** long narrow part of an arrow, hammer, golf club, etc. **3** metal bar joining parts of a machine or engine together. **4** either of two poles between which a horse is fastened to a cart, etc. **5** (*lit.*) narrow beam of light, etc.

shaggy /'ʃægi/ *adj.* (**-ier, -iest**) **1** (of hair, fur, etc.) long and untidy. **2** having long untidy hair, fur, etc.

shake¹ /ʃeɪk/ *v.* (*pt* **shook** /ʃʊk/ *pp* **~n** /'ʃeɪkən/) **1** [I, T] (cause somebody/something to) move quickly from side to side or up and down. **2** [I] **~(with)** make short quick movements that you cannot control, e.g. because you are afraid. **3** [I] (of somebody's voice) sound unsteady, usu. because you are afraid, etc. **4** [T] shock or upset somebody very much: *We were ~n by his death.* [IDM] **shake hands (with somebody) | shake somebody's hand** take somebody's hand and move it up and down as a greeting. **shake your head** move your head from side to side to indicate 'no' or to show doubt, etc. [PV] **shake somebody/something off** free yourself of somebody/something **shake something up** make important changes in an organization, etc. to make it more efficient. ■ **'shake-up** *n.* major reorganization of a company, etc. ▶ **shakily** /- ɪli/ *adv.* ▶ **shaky** *adj.* (**-ier, -iest**) **1** (of a person) shaking and weak because of illness, etc. **2** not firm or safe; not certain.

shake² /ʃeɪk/ *n.* [C, usu. sing.] act of shaking somebody/something.

shale /ʃeɪl/ *n.* [U] soft stone that splits easily.

shall /ʃəl; *strong form* ʃæl/ *modal v.* (*neg.* **shall not** *short form* **shan't** /ʃɑːnt/ *pt* **should** /ʃʊd/ *neg.* **should not** *short form* **shouldn't** /'ʃʊdnt/) **1** (*old-fash.*) used with *I* and *we* to talk about the future: *I shan't be gone long.* **2** used in questions with *I* and *we* for making offers or suggestions or asking for advice: *S~ I open the window?* ◇ *What ~ we do tonight?*

shallot /ʃə'lɒt/ *n.* kind of small onion.

shallow /'ʃæləʊ/ *adj.* **1** not deep: *a ~ river.* **2** (*disapprov.*) not serious: *a ~ thinker.* ▶ **shallowness** *n.* [U] ▶ **shallows** *n.* [pl.] shallow place in a river, etc.

sham /ʃæm/ *n.* (*disapprov.*) **1** [sing.] situation, feeling, system, etc. that is not as good or true as it seems to be. **2** [C] person who pretends to be something they are not. **3** [U] pretence. ● **sham** *adj.* not genuine but intended to seem real: *a ~ marriage.* ● **sham** *v.* (**-mm-**) [I, T] pretend something: *~ illness.*

shamble /'ʃæmbl/ *v.* [I] walk without lifting your feet properly.

shambles /'ʃæmblz/ *n.* [sing.] (*infml.*) (**a shambles**) situation or scene of disorder or confusion.

shame /ʃeɪm/ *n.* **1** [U] feelings of guilt, sadness, etc. that you have when you know you have done wrong: *feel ~ at having told a lie.* **2** [U] (*fml.*) ability to feel shame at something you have done: *He has no ~.* **3** (**a shame**) [sing.] used to say that something is a cause for feeling sad or disappointed: *It's/ What a ~ you can't come.* **4** [U] loss of respect caused when you do something wrong: *bring ~ on your family* [IDM] **put somebody/ something to shame** be much better than somebody/ something ● **shame** *v.* [T] **1** (*written*) make somebody feel ashamed. **2** (*fml.*) make somebody feel they have lost honour or respect. [PV] **shame somebody into doing something** cause somebody to do something by making them feel ashamed not to do it. ▶ **shamefaced** /ˌʃeɪm'feɪst/ *adj.* looking ashamed. ▶ **shameful** *adj.* that should make you feel ashamed. ▶ **shamefully** /-fəli/ *adv.* ▶ **shameless** *adj.* (*disapprov.*) not feeling ashamed of something you have done.

shampoo /ʃæm'puː/ *n.* **1** [C, U] liquid soap used for washing the hair; a similar liquid used for cleaning carpets, etc. **2** [U] act of washing your hair using shampoo. ● **shampoo** *v.* [T] wash hair or carpets with shampoo.

shamrock /'ʃæmrɒk/ *n.* [C, U] small plant with three leaves on each stem, the national emblem of Ireland.

shandy /'ʃændi/ *n.* [C, U] drink of beer mixed with lemonade.

shan't shall not → SHALL.

shanty town /'ʃænti taʊn/ *n.* town or part of a town where poor people live.

shape /ʃeɪp/ *n.* **1** [C, U] outer form or outline of something: *a round ~* **2** [U] physical condition of somebody/something: *she's in good ~.* [IDM] **get/knock/ lick something into shape** make something more acceptable, organized or successful **take shape** develop and become more complete. ● **shape** *v.* [T] **1** make something into a particular shape: *S~ the dough into a ball.* **2** have an influence on the way that somebody/ something develops. [PV] **shape up** develop satisfactorily: *Our plans are shaping up well.* ▶ **shapeless** *adj.* having no definite shape. ▶ **shapely** *adj.* (**-ier, -iest**) (*esp.* of a woman's body) having an attractive curved shape.

share /ʃeə(r)/ *n.* [C, usu. sing.] part of something divided between two or more people. **2** [sing.] **~(of)** part that somebody has in an activity that involves several people: *your ~ of the blame.* **3** [C] **~(in)** one of the equal parts into which the capital of a company is divided and which people buy as a way of investing money. ● **share** v. **1** [I, T] ~**(with)** have or use something at the same time as somebody else: ~ *a house with somebody*. **2** [T] ~**(out)** divide something between two or more people. **3** [I, T] have the same feelings, experiences, etc. as somebody else: *a view that is widely ~d*. ▶ **'shareholder** n. owner of shares in a company. ▶ **'share-out** n. [usu. sing.] act of dividing something between two or more people.

shark /ʃɑːk/ n. **1** large and sometimes dangerous fish. **2** (*infml., disapprov.*) person who is dishonest in business.

sharp /ʃɑːp/ adj. **1** having a fine cutting edge or point: *a ~ knife*. **2** sudden: *a ~ rise/fall*. **3** well defined; clear: *a ~ outline*. **4** (of people or their mind, eyes, *etc.*) quick to notice things. **5** critical or harsh: ~ *words*. **6** (of sounds) loud and high **7** causing a cutting or piercing feeling: *a ~ wind/ pain*. **8** (of bends, *etc.*) changing direction suddenly. **9** (of tastes) strong and slightly bitter. **10** (of clothes or the way somebody dresses) fashionable and new. **11** (*music*) half a tone higher than the note before it. **12** (*music*) above the correct pitch. ● **sharp** n. (*music*) (*symb*. #) note played half a tone higher than the note named. ● **sharp** adv. **1** exactly: *at seven o'clock* ~ **2** suddenly: *turn ~ left*. **3** (*music*) above the correct pitch. ▶ **sharpen** v. [I, T] (cause something to) become sharp. ▶ **sharpener** n. tool or machine that makes things sharp. ▶ **sharply** adv.

shatter /'ʃætə(r)/ v. **1** [I, T] (cause something to) suddenly break into small pieces. **2** [I, T] (cause somebody's feelings, hopes or beliefs to) be completely destroyed: *All my illusions were ~ed*. ▶ **shattered** adj. **1** shocked and upset **2** (*GB, infml.*) very tired.

shave /ʃeɪv/ v. **1** [I, T] cut hair off the face, etc. with a razor. **2** [T] cut a small amount off a price, etc. [PV] **shave something off something** remove a thin layer from a surface. ● **shave** n. act of shaving the face. ▶ **shaven** /'ʃeɪvn/ adj. with all the hair shaved off. ▶ **shaver** n. electric razor. ▶ **shavings** n. [pl.] thin pieces of wood which have been shaved off.

shawl /ʃɔːl/ n. large piece of material worn over a woman's shoulders or head or wrapped round a baby.

she /ʃiː/ pron. (used as the subject of a v) female person or animal mentioned earlier: *My sister says ~ is going*.

sheaf /ʃiːf/ n. (*pl.* **sheaves** /ʃiːvz/) **1** corn, etc. tied into a bundle after it has been cut. **2** bundle of papers, etc. tied together.

shear /ʃɪə(r)/ v. (*pt* ~**ed** *pp* **shorn** /ʃɔːn/ or ~**ed**) [T] cut the wool off a sheep. ▶ **shears** n. [pl.] garden tool like a large pair of scissors: *a pair of ~*.

sheath /ʃiːθ/ n. (*pl.* ~**s** /ʃiːðz/) cover for the blade of a knife, etc.

sheathe /ʃiːð/ v. [T] (*lit.*) put something into a sheath

sheaves *pl. of* SHEAF

she'd /ʃiːd/ *short for* SHE HAD; SHE WOULD

shed /ʃed/ n. small building, usually of wood, used for storing things, etc. ● **shed** v. (*pt, pp* **shed** *pres. pt* -**dd**-) [T] **1** get rid of something no longer wanted. **2** let something fall; drop something: *Flowers ~ their petals*. ◇ *The lorry ~ its load*. **3** send light over something. **4** (*fml.*) allow liquid to pour out: ~ *tears*. (= cry)

sheep /ʃiːp/ n. (*pl.* **sheep**) grass-eating animal kept for food and for its wool. ■ **'sheepdog** n. dog trained to look after sheep ■ **'sheepskin** n. [U, C] the skin of a sheep with the wool still on it. ▶ **sheepish** adj. looking or feeling embarrassed because you have done something silly.

sheer /ʃɪə(r)/ adj. **1** used to emphasize the size, degree or amount of something **2** complete: ~ *nonsense*. **3** very steep: *a ~ drop*. **4** (of cloth, *etc.*) very thin and light ● **sheer** adv. straight up or down.

sheet /ʃiːt/ n. **1** piece of thin fabric used on a bed to lie on or under. **2** flat thin piece of a material: *a ~ of glass/paper*. **3** wide flat area of water, ice, etc. ■ **'sheet music** n. [U] music printed on single sheets.

sheikh (*also* **sheik**) /ʃeɪk; ʃiːk/ n. Arab prince or ruler.

shelf /ʃelf/ n. (*pl.* **shelves** /ʃelvz/) **1** flat piece of wood, etc. attached to a wall, etc. for things to stand on. **2** (*geol.*) piece of rock like a shelf on a cliff face or underwater.

she'll /ʃiːl/ *short for* SHE WILL

shell /ʃel/ n. **1** hard outer covering of eggs, nuts and some animals, e.g. snails. **2** metal case filled with explosives, to be fired from a large gun. **3** walls or outer structure of something, e.g. an empty or ruined building. [IDM] **come out of your shell** become less shy, quiet, etc. ● **shell** v. **1** [I, T] fire shells at something. **2** [T] remove the shell from nuts, peas, etc. [PV] **shell (something) out (for something)** (*infml.*) pay a lot of money for something ■ **'shellfish** n. (*pl.* **shellfish**) creature with a shell that lives in water, esp. one of the types that can be eaten, e.g. a crab.

shelter /'ʃeltə(r)/ n. **1** [U] fact of having a place to live or stay. **2** [U] protection from rain, danger or attack. **3** [C] building, etc. that gives people shelter. ● **shelter** v. **1** [T] give

shelve somebody/something a place where they are protected from the weather or danger. **2** [I] find a place that gives you shelter: *~ from the rain under a tree.*

shelve /ʃelv/ *v.* [T] **1** delay dealing with a problem, project, etc. **2** put books, etc. on a shelf. **3** [I] (of land) slope downwards.

shelves *pl* SHELF

shepherd /ˈʃepəd/ (*fem.* **shepherdess** /ˌʃepəˈdes/ *old-fash.*) *n.* person who takes care of sheep. ● **shepherd** *v.* [T] guide somebody or a group of people somewhere. ■ ,**shepherd's 'pie** *n.* [C, U] (*GB*) dish of finely chopped meat with mashed potato on top.

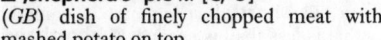

sheriff /ˈʃerɪf/ *n.* (*US*) chief law officer in a county.

sherry /ˈʃeri/ *n.* [U] strong yellow or brown wine, originally from southern Spain.

shied *pt, pp of* SHY²

shield /ʃiːld/ *n.* **1** piece of metal, etc. carried by soldiers in the past to protect the body when fighting. **2** person or thing used to protect somebody/something, esp. by forming a barrier. **3** drawing or model of a shield showing a coat of arms. ● **shield** *v.* [T] protect somebody/something from danger, harm or something unpleasant.

shift /ʃɪft/ *n.* **1** [C] ~(in) change in position or direction. **2** [C] (period worked by a) group of workers which starts work as another group finishes: *be on the day/night ~* **3** [U] mechanism on a computer keyboard that allows capital letters, etc. to be typed: *a ~ key.* ● **shift** *v.* **1** [I, T] (cause something to) change position or direction. **2** [T] (*infml.*) remove something: *~ a stain.*

shifty /ˈʃɪfti/ *adj.* (**-ier, -iest**) not to be trusted.

shimmer /ˈʃɪmə(r)/ *v.* [I] shine with a soft light.

shin /ʃɪn/ *n.* front part of the leg below the knee. ● **shin** *v.* (**-nn-**) (*US* **shinny**) [PV] **shin up/down something** climb up or down something quickly.

shine /ʃaɪn/ *v.* (*pt, pp* **shone** /ʃɒn/ or, in sense 3 ~d) **1** [I] give out or reflect light. **2** [T] shine the light from a lamp, etc. in a particular direction. **3** [T] (*infml.*) polish something: *~ shoes.* **4** [I] very good at something. ● **shine** *n.* [sing.] brightness that something has when light is reflected on it. ▶ **shiny** *adj.* (**-ier, -iest**) smooth and bright.

shingle /ˈʃɪŋɡl/ *n.* [U] area of small stones on a beach.

ship¹ /ʃɪp/ *n.* large boat that carries people or goods by sea. ■ ˈ**shipmate** *n.* sailor belonging to the same crew. ■ ˈ**shipshape** *adj.* clean and tidy ■ ˈ**shipwreck** *n.* [U, C] loss or destruction of a ship at sea because of a storm, etc. ■ ˈ**shipwreck** *v.* [T] (**be shipwrecked**) be left somewhere after your ship has been lost or destroyed. ■ ˈ**shipyard** *n.* place where ships are built.

ship² /ʃɪp/ *v.* (**-pp-**) [T] transport or send somebody/ something, esp. by ship. ▶ **shipment** *n.* **1** [U] process of sending goods from one place to another **2** [C] load of goods shipped. ▶ **shipper** *n.* person or company that arranges for goods to be shipped. ▶ **shipping** *n.* [U] all the ships of a country, port, etc.

shirk /ʃɜːk/ *v.* [I, T] try to avoid work, duty, etc. esp. through laziness. ▶ **shirker** *n.*

shirt /ʃɜːt/ *n.* piece of clothing worn esp. by men, for the upper part of the body, with sleeves and buttons.

shirty /ˈʃɜːti/ *adj.* (**-ier, -iest**) (*GB, infml.*) annoyed; angry.

shit /ʃɪt/ *n.* (△, *sl.*) **1** [U] solid waste matter passed from the bowels. **2** [sing.] act of emptying the bowels. **3** [C] (*disapprov.*) unpleasant person [IDM] **not give a shit (about somebody/something)** not care at all about somebody/something. ● **shit** *v.* (**-tt-** *pt, pp* **shat** /ʃæt/ or **shitted**) (△, *sl.*) pass solid waste matter from the bowels. ● **shit** *exclam.* (△, *sl.*) swear word used to show that you are angry. ▶ **shitty** *adj.* (**-ier, -iest**) (△, *sl.*) unpleasant; very bad.

shiver /ˈʃɪvə(r)/ *v.* [I] ~(**with**) shake slightly, esp. with cold or fear. ● **shiver** *n.* act of shivering. ▶ **shivery** *adj.*

shoal /ʃəʊl/ *n.* great number of fish swimming together.

shock /ʃɒk/ *n.* **1** [U, C] (medical condition or unpleasant feeling caused by a) sudden surprise, fear, worry, etc. **2** [C] violent shaking movement, caused by an earthquake, explosion, etc. **3** [C] effect caused by an electric current passing through the body. ● **shock** *v.* [T] **1** surprise and upset somebody. **2** offend and disgust somebody. ▶ **shocking** *adj.* **1** that offends or upsets people: *~ing behaviour.* **2** (*infml.*) very bad.

shod *pt, pp of* SHOE

shoddy /ˈʃɒdi/ *adj.* (**-ier, -iest**) of poor quality: *~ work.*

shoe /ʃuː/ *n.* outer covering of leather, etc. for the foot, which does not reach above the ankle. [IDM] **be in somebody's shoes | put yourself in somebody's shoes** be in, or imagine yourself to be in, another person's situation. ● **shoe** *v.* (*pt, pp* **shod** /ʃɒd/) fit a horse with horseshoes. ■ ˈ**shoelace** *n.* material like string for fastening a shoe. ■ ˈ**shoestring** *n.* [IDM] **on a shoestring** (*infml.*) with a very small amount of money. *See pg*

412 for pictures
shone pt, pp of SHINE
shoo /ʃuː/ exclam. used to tell an animal or a child to go away. ● **shoo** v. [T] make animals, etc. go away by saying 'shoo.'
shook pt of SHAKE¹
shoot¹ /ʃuːt/ v. (pt, pp **shot** /ʃɒt/) **1** [I, T] aim and fire with (something from) a gun or other weapon. **2** [T] kill or wound a person or an animal in this way. **3** [I, T] (cause somebody/something to) move suddenly or quickly: *Pain shot up his arm.* ◊ *He shot out his hand.* **4** [I, T] make a film or photograph of something. **5** [I] (in football, *etc.*) try to score a goal [IDM] **shoot your mouth off (about something)** (*infml.*) talk indiscreetly about something. ■ **,shooting 'star** n. small meteor.
shoot² /ʃuːt/ n. **1** young growth on a plant. **2** occasion when somebody takes professional photographs: *a fashion ~* **3** group of people shooting animals or birds for sport.
shop /ʃɒp/ n. **1** (*esp. GB*) (part of a) building where goods are sold. **2** place where things are repaired or made, esp. part of a factory. [IDM] **talk shop** talk about your work. ● **shop** v. (-pp-) **1** [I] go to the shops to buy things: *~ for presents.* **2** [T] (*GB, infml.*) give information about somebody, esp. to the police. [PV] **shop around (for something)** search carefully for goods giving the best value. ■ **'shop assistant** n. person serving in a shop. ■ **,shop 'floor** n. [sing.] area in a factory where goods are made. ■ **'shopkeeper** n. owner of a (small) shop. ■ **'shoplifter** n. person who steals things from shops. ▶ **'shoplifting** n. [U] ▶ **shopper** n. ▶ **shoppings** [U] **1** act of shopping: *go ~ping.* **2** goods bought from shops. ■ **'shopping mall** (*esp. US*) large group of shops built together under one roof and closed to traffic. ■ **,shop 'steward** n. official of a branch of a trade union elected by the workers.
shore /ʃɔː(r)/ n. land along the edge of the sea or a lake. ● **shore** v.[PV] **shore something up** support part of a building, etc. with large pieces of wood or metal.
shorn pp of SHEAR
short¹ /ʃɔːt/ adj. **1** measuring or covering a small length or distance: *He had ~ hair.* **2** (of a person) small in height. **3** lasting or taking a small amount of time: *the ~est day of the year.* **4** ~(of) not having enough of something; lacking something: *~ of money.* **5** ~on (*infml.*) lacking in a certain quality: *~ on tact.* **6** ~(of) less than the number, amount or distance mentioned: *five miles ~ of our destination* **7** ~ (with) (of a person) rude to somebody: *I was a little ~ with her.* [IDM] **for short** as an abbreviation **in short** briefly **in the short term** → TERM **little/nothing short of something** almost something. ■ **'shortbread** n. [U] crumbly biscuit made with a lot of butter. ■ **,short-'change** v. [T] cheat somebody, esp. by giving them too little change. ■ **,short 'circuit** n. electrical fault causing current to flow the wrong way. ■ **,short-'circuit** v. [I, T] (cause something to) have a short circuit. ■ **'shortcoming** n. (*usu. pl.*) fault in somebody's character, a plan, system, etc. ■ **,short 'cut** (*also* **'short cut**) **1** route taken to shorten a journey, etc. **2** way of doing something more quickly, efficiently, etc. ■ **'shortfall** n. amount of something that is less than is needed. ■ **'shorthand** n. [U] system of writing quickly using special symbols. ■ **,short-'handed** adj. not having enough workers, helpers, etc. ■ **'shortlist** n. [usu. sing.] list of candidates, e.g. for a job, selected from a larger group, from which the final choice is to be made. ▶ **shortlist** v. [T] ■ **,short-'lived** adj. lasting only for a short time. ▶ **shortness** n. [U] ■ **,short 'sight** n. [U] inability to see distant objects clearly. ■ **,short-'sighted** adj. **1** unable to see distant objects clearly. **2** not thinking about the possible future effects of something. ■ **,short-'tempered** adj. easily annoyed. ■ **,short-'term** adj. of or for a short period of time. ■ **,short 'wave** n. [U] (*abbr.* SW) radio wave with a wavelength of less than 100 metres.
short² /ʃɔːt/ adv. before the agreed or natural time: *a career tragically cut ~ by illness.* [IDM] **go short (of)** not have enough of something. **short of (doing) something** without (doing) something; unless something happens: *do anything ~ of murder.*
short³ /ʃɔːt/ n. **1** small strong alcoholic drink. **2** short film **3** = SHORT CIRCUIT (SHORT¹)
shortage /'ʃɔːtɪdʒ/ n. [C, U] lack of something; state of not having enough of something.
shorten /'ʃɔːtn/ v. [I, T] (cause something to) become shorter: *~ a dress.*
shortly /'ʃɔːtli/ adv. **1** soon: *We'll leave ~.* **2** in an angry impatient way: *speak ~ to somebody.*
shot /ʃɒt/ n. **1** ~(at) act of firing a gun, etc.; sound of this. **2** person who shoots a gun well, badly, etc.: *a good/bad ~* **3** remark, etc. aimed against somebody/something that you are arguing or competing with. **4** (*infml.*) attempt; try: *have a ~ at solving the problem.* **5** throw, kick, stroke, etc. of the ball in certain sports: *a good ~* **6** photograph; scene in a film. **7** (*infml.*) small injection of a drug, etc.: *a ~ of morphine.* [IDM] **like a shot** very quickly.

not by a long shot (LONG¹ **a shot in the arm** something that gives fresh energy to somebody/something. **a shot in the dark** answer, etc. that is risked in the hope that it may be right. ■ **'shotgun** *n.* long gun used esp. for shooting birds and animals. ■ **the 'shot-put** (*also* **'shot-putting**) *n.* [sing.] contest in which athletes throw a heavy metal ball as far as possible.

should¹ /ʃəd; *strong form* ʃʊd/ *modal v.* (*neg* **should not** *short form* **shouldn't** /'ʃʊdnt/) **1** used to show what is right, appropriate, etc. esp. when criticizing somebody: *You ~ have been more careful.* **2** used to give or ask for advice: *S~ I apologize to him?* **3** used to say you expect something is true or will happen: *We ~ arrive before dark.* **4** used to say that something expected has not happened: *He ~ be here by now.* **5** (*GB, fml.*) used after *I* or *we* instead of *would* to say what you would do if something else happened first. **6** (*fml.*) used to refer to a possible event or situation: *If she ~ come back, please tell me.* **7** used in a *that* clause after certain *adjs*: *I'm anxious that we ~ allow plenty of time.* **8** (*GB*) used to make polite requests: *I ~ like to make a phone call, please.* **9** used with question words to express lack of interest, disbelief, etc.: *How ~ I know?*

should² *pt of* SHALL.

shoulder /'ʃəʊldə(r)/ *n.* **1** either of the two parts of the body between the top of each arm and the neck. **2** part of a piece of clothing which covers the shoulder. **3** part of something, e.g. a bottle or mountain, shaped like a shoulder. [IDM] **shoulder to shoulder (with somebody) 1** side by side **2** working, fighting, etc. together. ● **shoulder** *v.* [T] **1** accept the responsibility for something: *~ the responsibility/blame for somebody/something.* **2** push somebody/something out of your way with your shoulder: *~ somebody aside.* **3** carry something on the shoulder. ■ **'shoulder blade** *n.* either of the flat bones of the upper back.

shouldn't *short for* SHOULD NOT.

shout /ʃaʊt/ *n.* loud cry of anger, fear, etc. ● **shout** *v.* [I, T] say something in a loud voice; speak angrily to somebody: *Don't ~ at me!* ◊ *~ (out) orders* [PV] **shout somebody down** shout in order to prevent somebody being heard. ▶ **shouting** *n.* [U] shouts.

shove /ʃʌv/ *v.* [I, T] push somebody/something roughly. [PV] **shove up** (*GB, spoken*) move in order to make a space for somebody to sit down: *S~ up so I can sit down.* ● **shove** *n.* [usu. sing.] strong push.

shovel /'ʃʌvl/ *n.* tool like a spade, used for moving earth, stones, coal, etc. ● **shovel** *v.*

(-ll-, *US* -l-) [T] lift or move something with a shovel.

show¹ /ʃəʊ/ *v.* (*pt* **~ed**; *pp* **~n** /ʃəʊn/) **1** [T] make something clear; prove something: *The figures ~ that her claims are false.* **2** [T] let somebody see something: *~ your ticket at the gate.* **3** [T] help somebody to do something by letting them watch you or by explaining it: *She ~ed me how to do it.* **4** [T] point to something: *S~ me which one you want.* **5** [T] lead or guide somebody to a place: *S~ her in.* **6** [T] make it clear that you have a particular quality: *She ~ed great courage.* **7** [T] behave in a particular way towards somebody: *He ~ed me great kindness.* **8** [I, T] be visible; allow something to be seen: *Black doesn't ~ the dirt.* [IDM] **it goes to show** used to say that something proves something. **show your face** appear among friends or in public. **show your hand/cards** reveal your intentions. [PV] **show off** (*infml., disapprov*) try to impress people with your wealth, ability, etc. **show up** (*infml.*) arrive: *All the guests ~ed up.* **show (something) up** (cause something to) become visible: *The lines ~ed up in the light.* ▶ **showing** *n.* **1** [C] act of showing a film. **2** [usu. sing.] performance: *the company's poor ~ing.* ■ **'show-off** *n.* (*infml., disapprov*) person who tries to impress people with his/her wealth, ability, etc.

show² /ʃəʊ/ *n.* **1** [C] theatre performance, esp. one containing singing and dancing. **2** [C] programme on television or the radio. **3** [C, U] collection of things for public display: *a fashion ~* ◊ *The latest computers will be on ~ at the exhibition.* **4** [C] action or behaviour that shows how you feel: *a ~ of emotion* **5** [U, sing.] insincere act: *Her grief is all ~.* ◊ *She does it for ~.* **6** [U] colourful or pleasing sight: *all the ~ of the circus.* **7** [C, usu. sing.] (*infml.*) effort: *put up a good ~* [IDM] **a show of hands** raising of hands to vote for or against something. ■ **'show business** *n.* [U] business of entertaining the public. ■ **'show-down** *n.* argument, fight, etc. that will settle a disagreement. ■ **'show-jumping** *n.* [U] sport of riding a horse and jumping over fences as quickly as possible. ■ **'showroom** *n.* large shop where goods, esp. cars or electrical goods, are put on display. ▶ **showy** *adj.* (-**ier, -iest**) intended to attract attention.

shower /'ʃaʊə(r)/ *n.* **1** (room or part of a room containing a) device which sprays water from above for people to wash under. **2** act of washing yourself with a shower: (*esp. GB*) *have a ~* ◊ (*esp. US*) *take a ~* **3** short period of rain. **4** fall of a large number of things: *a ~ of stones.* ● **shower** *v.* **1** [I] wash yourself under a shower. **2** [I, T] ~(**with, down, on**) (cause something to) fall onto somebody/something, esp. in a lot of small pieces. **3** [T] ~(**with, on**) give a lot of something to somebody: *~somebody with presents.* ► **showery** *adj.* (of the weather) with frequent showers of rain.

shown *pt, pp of* SHOW¹
shrank *pt of* SHRINK
shrapnel /ˈʃræpnəl/ *n.* [U] pieces of metal from an exploding bomb
shred /ʃred/ *n.* [C] **1** [usu. pl.] small thin piece torn or cut from something. **2** [usu. sing.] ~**of** very small amount of something: *not one ~ of proof.* ● **shred** *v.* (**-dd-**) [T] cut or tear something into small pieces. ■ **'shredder** *n.* machine that tears paper into pieces so that nobody can read what was printed on it.
shrewd /ʃruːd/ *adj.* having or showing sound judgement and common sense: *a ~ guess.* ► **shrewdly** *adv.*
shriek /ʃriːk/ *v.* **1** [I] give a loud high shout, e.g. because you are excited. **2** [T] say something in a loud high voice. ● **shriek** *n.* loud high shout: *a ~ of pain/delight.*
shrill /ʃrɪl/ *adj.* (of sounds or voices) unpleasantly high and loud. ► **shrillness** *n.* [U]
shrimp /ʃrɪmp/ *n.* **1** small shellfish, pink when boiled. **2** (*US*) = PRAWN.
shrine /ʃraɪn/ *n.* **1** place where people come to worship because it is connected with a holy person or an event. **2** any place associated with a deeply respected person, activity, etc.
shrink /ʃrɪŋk/ *v.* (*pt* **shrank** /ʃræŋk/ or **shrunk** /ʃrʌŋk/; *pp* **shrunk**) **1** [I, T] (cause something to) become smaller: *My shorts shrank in the wash.* **2** [I] move back or away from something out of fear or disgust [PV] **shrink from something** be unwilling to do something. ► **shrinkage** /-ɪdʒ/ *n.* [U] process or amount of shrinking. ► **shrunken** /ˈʃrʌŋkən/ *adj.* that has become smaller (and less attractive).
shrivel /ˈʃrɪvl/ *v.* (**-ll-**, *US* **-l-**) [I, T] ~(**up**) (cause something to) become dry and wrinkled from heat, cold or old age.
shroud /ʃraʊd/ *n.* **1** cloth wrapped round a dead body. **2** thing that covers and hides something: *a ~ of mist.* ● **shroud** *v.* [T] (*usu.* passive) cover or hide something: *be ~ed in mystery.*
shrub /ʃrʌb/ *n.* plant with a woody stem, lower than a tree. ► **shrubbery** *n.* [C, U] (*pl.* **-ies**) area planted with shrubs.
shrug /ʃrʌg/ *v.* (**-gg-**) [I, T] lift your shoulders slightly to express doubt, etc. [PV] **shrug something ,off** treat something as unimportant. ► **shrug** *n.* [usu., sing.]

shrunk *pt, pp of* SHRINK.
shrunken → SHRINK.
shudder /ˈʃʌdə(r)/ *v.* [I] shake with fear, disgust, etc. ● **shudder** *n.* [usu. sing.] strong shaking movement.
shuffle /ˈʃʌfl/ *v.* **1** [I] walk without lifting your feet properly. **2** [I, T] move from one foot to another because of embarrassment, etc. **3** [T] mix up playing cards to change their order. ● **shuffle** *n.* [usu. sing.] **1** slow shuffling walk **2** act of mixing playing cards before a game.
shun /ʃʌn/ *v.* [T] (**-nn-**) (*written*) avoid somebody/ something
shunt /ʃʌnt/ *v.* **1** [I, T] move trains, etc. from one track to another. **2** [T] (*disapprov*) move somebody/something to a different place.
shush /ʃʊʃ/ *exclam.* used to tell somebody to be quiet.
shut /ʃʌt/ *v.* (**-tt-**, *pt, pp* **shut**) [I, T] **1** (cause something to) become closed: *~ a book.* ◇ *The window won't ~.* **2** (*GB*) (cause a shop, etc. to) stop being open for business: *What time does the baker's ~ ?* [IDM] **shut your eyes to something** deliberately ignore something. **shut up shop** close a business; stop trading, etc. [PV] **shut (something) down** (cause a factory, etc. to) stop working **shut something off** stop the supply of gas, water, etc. **shut somebody/something off from something** separate somebody/ something from something. **shut (somebody) up** (*infml.*) (cause somebody to) stop talking. **shut something up** close a room, house, etc. ■ **'shutdown** *n.* act of closing a factory, business or switching off a large machine.
shutter /ˈʃʌtə(r)/ *n.* **1** wooden or metal cover for a window. **2** part of a camera that opens to let light pass through the lens. ► **shuttered** *adj.* with shutters closed.
shuttle /ˈʃʌtl/ *n.* **1** aircraft, bus, etc. that travels regularly between two places. **2** device for carrying thread in a sewing machine, etc. ● **shuttle** *v.* **1** [I] travel between two places frequently. **2** [T] carry people between two places, making regular journeys backwards and forwards. ■ **'shuttlecock** *n.* cork with feathers in it, used in badminton.
shy¹ /ʃaɪ/ *adj.* **1** (of people) nervous or embarrassed about meeting others. **2** (of animals) easily frightened. ► **shyly** *adv.* ► **shyness** *n.* [U]
shy² /ʃaɪ/ *v.* (*pt, pp* **shied** /ʃaɪd/) [I] (*esp.* of a horse) turn away suddenly in fear. [PV] **shy away (from something)** avoid doing something because you are frightened.
Siamese twin /ˌsaɪəmiːz ˈtwɪn/ *n.* one of two people born with their bodies joined together.

sibilant /'sɪbɪlənt/ *adj.* (*lit.*) making an 's' or a 'sh' sound.

sibling /'sɪblɪŋ/ *n.* (*fml.*) brother or sister.

sick /sɪk/ *adj.* **1** ill: *care for ~ people in hospital.* **2** likely to vomit: *feel ~* **3 ~of** (*infml.*) bored with or annoyed about something that has been happening for a long time: *I'm ~ and tired of his lies.* **4** (*infml.*) (*esp.* of humour) cruel or offensive: *~ jokes.* [IDM] **be worried sick | be sick with worry** be very worried. ● **sick** *n.* **1** [U] (*GB*) vomit. **2 (the sick)** [pl.] people who are ill. ■ **'sick leave** *n.* [U] permission to be absent from work, etc. because of illness.

sicken /'sɪkən/ *v.* **1** [T] make somebody feel disgusted: *Violence ~s him.* **2** [I] **~(for)** begin to be ill. ▶ **sickening** *adj.* disgusting.

sickle /'sɪkl/ *n.* short tool with a curved blade for cutting grass.

sickly /'sɪkli/ *adj.* (**-ier, -iest**) **1** often ill. **2** looking ill: *a ~ complexion.* **3** making you feel sick: *a ~ sweet smell.*

sickness /'sɪknəs/ *n.* **1** [C, U] (type of) illness or disease. **2** [U] feeling that you are going to vomit; the fact of vomiting.

side¹ /saɪd/ *n.* **1** either of the two halves of a surface, an object or an area: *the left-hand ~ of the road.* **2** any flat surface that is not the top, bottom, front or back. **3** part of something near the edge and away from the middle: *parked at the ~ of the road.* **4** left or right part of a body: *a pain in your ~* **5** either surface of a piece of paper, etc. **6** either of two opposing groups of people in games, war, etc. **7** one of the opinions held by somebody in an argument, a business arrangement, etc. **8** aspect of something: *study all ~s of a question.* [IDM] **get on the right/wrong side of somebody** please/ displease somebody. **on/from all sides** in/from all directions **on the big, small, etc. side** slightly too big, small, etc. **on/to one side 1** out of your way. **2** to be dealt with later **side by side** close together **take sides** support somebody in a dispute. ■ **'sideboard** *n.* cupboard with drawers for holding plates, etc. ■ **'sideboards | 'sideburns** *n.* [pl.] hair that grows down the sides of a man's face in front of the ears. ■ **'side effect** *n.* indirect, usu. bad effect of a drug. ■ **'sidelight** *n.* either of a pair of two small lights at the front of a car. ■ **'sideline** *n.* **1** job that is not your main occupation. **2** (**sidelines**) [pl.] lines forming the edge of a sports field. ■ **'sidelong** *adj.* to or from the side: *a ~ glance.* ■ **'side road** *n.* minor road. ■ **'sidestep** *v.* (**-pp-**) **1** [T] avoid answering a question. **2** [I, T] avoid a blow, etc. by stepping to one side. ■ **'sidetrack** *v.* [T] turn somebody's attention away from more important matters. ■ **'sidewalk** *n.* (*US*) = PAVEMENT ■ **'sideways** *adv.* to, towards or from the side.

side² /saɪd/ *v.* [PV] **side with somebody (against somebody/something)** support one person or group in an argument against somebody else.

siding /'saɪdɪŋ/ *n.* short railway track off the main lines.

siege /siːdʒ/ *n.* [C, U] (act of) surrounding a city, etc. with armed forces to capture it [IDM] **lay siege to something** begin a siege of a town, building, etc.

sieve /sɪv/ *n.* frame with wire netting through which flour, etc. is passed to separate coarse grains from fine grains. ● **sieve** *v.* [T] put something through a sieve.

sift /sɪft/ *v.* **1** [T] put flour or some other fine substance through a sieve. **2** [I, T] examine something very carefully: *~ (through) the evidence.*

sigh /saɪ/ *v.* **1** [I] take a deep breath, expressing sadness, tiredness, relief, etc. **2** [T] say something with a sigh ● **sigh** *n.* act or sound of sighing.

sight /saɪt/ *n.* **1** [U] ability to see. **2** [U] act of seeing somebody/something.: *I faint at the ~ of blood.* ◇ *The soldiers have orders to shoot on ~* (= as soon as they see somebody). **3** [U] range within which somebody/ something can be seen: *The end is in ~* (= will happen soon). ◇ *Keep out of ~.* **4** [C] thing seen or worth seeing. **5** (**sights**) [pl.] famous buildings, etc. of a place: *the ~s of London.* **6** [C] device that helps you aim a gun, etc. **7** (**a sight**) [sing.] (*infml.*) person or thing that looks ridiculous, dirty, etc. [IDM] **a sight for sore eyes** (*spoken*) something very pleasing to see. ● **sight** *v.* [T] (*written*) suddenly see something, esp. something you have been looking for. ▶ **sighted** *adj.* able to see; not blind. ▶ **sighting** *n.* instance of somebody/ something being seen. ■ **'sightseeing** *n.* [U] activity of visiting interesting buildings, etc. as a tourist.

sign /saɪn/ *n.* **1** thing that shows that somebody/something exists or is present: *Headaches may be a ~ of stress.* **2** notice, board, etc. that gives a warning, directions, advertises a business, etc.: *a road ~* **3** movement of the hand, head, etc. to tell somebody/something. **4** mark or symbol used to represent something. [IDM] **a sign of the times** event, etc. typical of its period. ● **sign** *v.* [I, T] **1** write your name on a document, letter, etc. **2** use sign language to communicate with somebody. [PV] **sign some-**

thing away give away property, etc. by signing a document **sign off 1** end a letter. **2** end a broadcast **sign on** (*GB*) officially register as unemployed. **sign (somebody) on/up** (cause somebody to) sign an agreement to work for somebody. ■ **'sign language** *n.* [U, C] system of communicating with people who cannot hear, using the hands. ■ **'signpost** *n.* sign at the side of a road giving information about the direction of places.

signal /'sɪgnəl/ *n.* **1** movement or sound that gives somebody information, instructions, a warning, etc.: *A red light is a danger ~.* **2** event, action, etc. that shows that something exists or is likely to happen: *Chest pains can be a warning ~ of heart problems.* **3** device which gives information to train drivers **4** message sent or received by radio waves. ● **signal** *v.* (-**ll**-, *US* -**l**-) **1** [I, T] make a movement or sound to give somebody a message, an order, etc. **2** [T] be a sign that something exists or is likely to happen. ■ **'signal box** *n.* building beside a railway, from which rail signals are operated.

signatory /'sɪgnətri/ *n.* (*pl.* -**ies**) person, country, etc. that has signed an agreement.

signature /'sɪgnətʃə(r)/ *n.* person's name as they usually write it, e.g. at the end of a letter. ■ **'signature tune** *n.* short tune that introduces a broadcast or performer.

significance /sɪg'nɪfɪkəns/ *n.* [U] meaning; importance ▶ **significant** *adj.* **1** having a special meaning: important. **2** full of meaning: *a ~ look.* ▶ **significantly** *adv.*

signify /'sɪgnɪfaɪ/ *v.* (*pt, pp* -**ied**) **1** [T] be a sign of something; mean something. **2** [T] make your intentions, views, etc. known. **3** [I] (*fml.*) be of importance; matter.

silence /'saɪləns/ *n.* [U, C] **1** complete lack of noise or sound **2** period of not speaking or answering questions: *They finished their meal in total ~.* ● **silence** *v.* [T] make somebody/something silent ▶ **silencer** *n.* device for reducing the noise that a vehicle or gun makes.

silent /'saɪlənt/ *adj.* **1** (of a person) saying little or nothing. **2** making little or no sound; where there is little or no sound. **3** (of a letter in a word) written but not pronounced. ▶ **silently** *adv.*

silhouette /ˌsɪlu'et/ *n.* dark outline of somebody/something against a lighter background. ● **silhouette** *v.* [T] (*usu.* passive) make something appear as a silhouette: *trees ~d against the sky.*

silicon /'sɪlɪkən/ *n.* (*symb.* **Si**) chemical element found in rocks and sand, used in making glass and transistors. ■ **ˌsilicon 'chip** *n.* very small piece of silicon used to carry a complicated electronic circuit.

silk /sɪlk/ *n.* [U] (material made from) fine, soft thread produced by silkworms. ▶ **silken** *adj.* soft, smooth and shiny like silk. ■ **'silkworm** *n.* caterpillar (= creature like a worm) that produces silk thread. ▶ **silky** *adj.* (-**ier**, -**iest**) soft, shiny and smooth like silk.

sill /sɪl/ *n.* flat shelf at the base of a window.

silly /'sɪli/ *adj.* (-**ier**, -**iest**) showing a lack of thought or good sense; foolish. ▶ **silliness** *n.* [U]

silt /sɪlt/ *n.* [U] sand, mud, etc. left behind by moving water. ● **silt** *v.* [PV] **silt (something) up** (cause something to) become blocked with silt.

silver /'sɪlvə(r)/ *n.* [U] **1** (*symb.* **Ag**) shiny white precious metal. **2** articles, coins, etc. of silver. **3** the colour of silver. ● **silver** *adj.* made of or looking like silver. ■ **ˌsilver 'jubilee** *n.* 25th anniversary of an important event. ■ **ˌsilver 'medal** *n.* medal given to the person who wins the second place in a competition. ■ **ˌsilver-plated** *adj.* (of spoons, dishes, etc.) covered with a thin layer of silver. ■ **'silversmith** *n.* person who makes or sells silver articles. ■ **ˌsilver 'wedding** *n.* 25th anniversary of a wedding ▶ **silvery** *adj.* like silver.

similar /'sɪmələ(r)/ *adj.* ~**(to)** like somebody/something but not exactly the same ▶ **similarly** *adv.*

similarity /ˌsɪmə'lærəti/ *n.* (*pl.* -**ies**) **1** [U, sing.] state of being like somebody/something but not exactly the same. **2** [C] similar feature, characteristic, etc.

simile /'sɪməli/ *n.* [C, U] (*tech.*) word or phrase that compares something to something else, e.g. *as white as snow.*

simmer /'sɪmə(r)/ *v.* **1** [I, T] (cause something to) boil gently. **2** [I] ~**with** be almost unable to control an emotion: *~ing with anger.* [PV] **simmer down** become calm after being angry.

simple /'sɪmpl/ *adj.* **1** easily understood; not difficult: *a ~ problem.* **2** plain: *~ food.* **3** consisting of only a few parts; not complicated in structure: *~ forms of life.* **4** (of a person) ordinary; not special: *a ~ country girl.* **5** (of a person) not very intelligent; not mentally normal. **6** (*gram.*) used to describe the present or past tense of a verb that is formed without an auxiliary verb, e.g. *I love him.* ▶ **simply** *adv.* **1** used to emphasize how easy or basic something is: *Simply add hot water and stir.* **2** absolutely. **3** in a way that is natural and plain.

simplicity /sɪm'plɪsəti/ *n.* [U] quality of being easy to understand or use. [IDM] **be simplicity itself** be very easy.

simplify /'sɪmplɪfaɪ/ v. (pt, pp **-ied**) [T] make something easier to do or understand. ▶ **simplification** /-fɪ'keɪʃn/ n. [C, U]

simulate /'sɪmjuleɪt/ v. [T] **1** pretend to have a particular feeling: ~ *interest*. **2** create particular conditions that exist in real life for training or study purposes. ▶ **simulation** n. [C, U]

simultaneous /ˌsɪml'teɪniəs/ adj. happening or done at the same time. ▶**simultaneously** adv.

sin /sɪn/ n. **1** [C] offence against God's laws. **2** [U] act of breaking a religious or moral law. ● **sin** v. (**-nn-**) [I] commit a sin; do wrong. ▶ **sinful** /-fl/ adj. morally wrong or wicked. ▶ **sinfulness** n. [U] ▶ **sinner** n.

since /sɪns/ prep. (with perfect tenses) from a stated time in the past until a later past time, or until now: *I haven't seen him ~ Tuesday.* ● **since** conj. **1** from the time when: *It's twenty years ~ I've seen her.* **2** because; as: *S~ I have no money, I can't buy it.* ● **since** adv. (with perfect tenses) from a stated time in the past onwards: *I met her last summer and haven't seen her ~.*

sincere /sɪn'sɪə(r)/ adj. **1** (of feelings, etc.) genuine: ~ *friendship*. **2** (of people) not deceiving others; honest. ▶ **sincerely** adv. ▶ **sincerity** /sɪn'serəti/ n. [U]

sinew /'sɪnjuː/ n. [C, U] strong band of tissue that joins a muscle to a bone. ▶ **sinewy** adj. muscular; tough.

sing /sɪŋ/ v.(pt **sang** /sæŋ/; pp **sung** /sʌŋ/) **1** [I, T] make musical sounds with your voice in the form of a song or tune. **2** [I] make a high ringing sound. ▶ **singer** n. ▶ **singing** n. [U]

singe /sɪndʒ/ v [I, T] (cause the surface of something to) be blackened by burning

single /'sɪŋgl/ adj. **1** only one: *a ~ apple*. **2** (of a person) not married. **3** for the use of one person: *a ~ bed*. **4** (*GB*) (of a ticket) for a journey to a place but not back again. [IDM] **(in) single file** (in) one line, one behind the other. ● **single** n. **1** [C] (*GB*) ticket allowing travel to a place but not back again. **2** [C] tape, CD, etc. with only one song on each side. **3** (**singles**) [U] (esp. in tennis) game with one person on each side. ● **single** v. [PV] **single somebody/something out (for something/as somebody/something)** choose somebody/ something from a group for special attention. ■ ˌ**single-ˈhanded** adj., adv. (done) by one person without help. ■ ˌ**single-ˈminded** adj. giving all your attention, energy, etc. to one aim. ■ ˌ**single ˈparent** n. parent caring for a child on their own. ▶ **singly** /'sɪŋgli/ adv. one at a time.

singsong /'sɪŋsɒŋ/ n. **1** [C] informal occasion at which people sing songs together. **2** [sing.] way of speaking with a rising and falling rhythm.

singular /'sɪŋgjələ(r)/ adj. **1** (gram.) referring to one person: *a ~ verb*. **2** (fml.) very great or obvious **3** (lit.) unusual; strange. ● **singular** n. (gram.) form of a noun or verb that refers to one person or thing. ▶ **singularly** adv. (fml.) very; in an unusual way.

sinister /'sɪnɪstə(r)/ adj. suggesting evil or danger: *a ~ place*.

sink /sɪŋk/ v.(pt **sank** /sæŋk/, pp **sunk** /sʌŋk/) **1** [I] go down below the surface or towards the bottom of a liquid or something soft. **2** [T] damage a boat or ship so that it goes below the surface of the sea, etc. **3** [I] move slowly downwards: *She sank to the ground.* ◇ *The ship is ~ing.* **4** [I] decrease in value, strength, etc. **5** [T] make a deep hole in the ground: ~ *a well*. [PV] **sink in/into something 1** (of words, etc.) be fully understood **2** (of liquids) go down into another substance **sink something into something** invest a lot of money in something. ● **sink** n. large open container in a kitchen with taps, used for washing the dishes in.

sinuous /'sɪnjuəs/ adj. curving; twisting.

sinus /'saɪnəs/ n. hollow space in the bones of the head behind the nose.

sip /sɪp/ v. (**-pp-**) [I, T] drink something, taking a very small amount each time. ● **sip** n. very small amount of a drink that you take into your mouth.

siphon (also **syphon**) /'saɪfn/ n. tube used for moving liquid from one container to another, using pressure from the atmosphere. ● **siphon** v. [T] **1** move a liquid from one container to another using a siphon. **2** (infml.) remove money from one place to another, esp. illegally.

sir /sɜː(r)/ n. **1** (fml.) used as a polite way of addressing a man: *Can I help you, ~?* **2** (**Dear Sir/Sirs**) used at the beginning of a formal business letter. **3** (**Sir**) used before the name of a knight or baronet.

sire /'saɪə(r)/ n. (tech.) male parent of an animal, esp. a horse. ● **sire** v. [T] be the male parent of an animal, esp. a horse.

siren /'saɪrən/ n. device for producing a loud noise as a signal or warning: *an ambulance ~*

sirloin /'sɜːlɔɪn/ (also ˌ**sirloin ˈsteak**) n. [C, U] good quality beef that is cut from a cow's back.

sister /'sɪstə(r)/ n. **1** girl or woman who has the same mother and father as another person. **2** (**Sister**) (*GB*) senior hospital nurse. **3** (**Sister**) female member of a religious group, esp. a nun. **4** fellow woman. ▶ **sisterhood** n. **1** [U] close relationship between women with shared ideas and aims. **2** [C, with sing. or pl. **verb**] group of women living together in a religious community. ▶ **sisterly** *adj.* of or like a sister.

sit /sɪt/ *v.* (**-tt-** *pt, pp* **sat** /sæt/) **1** [I] rest your weight on your bottom with your back upright. **2** [T] put somebody in a sitting position: *She sat the child on the chair.* **3** [I] (of objects) be in a particular place: *The box sat unopened on a shelf.* **4** [I] have an official position as something or as a member of something: *She ~s on several committees.* **5** [I] (of a parliament, law court, *etc.*) meet in order to do official business. **6** [I, T] **~ (for)** (*GB*) do an exam. [IDM] **sit on the fence** avoid becoming involved in deciding or influencing something. **sit tight 1** stay where you are. **2** refuse to take action, etc. [PV] **sit about/around** spend time doing nothing very useful. **sit back** relax and do nothing: *~ back and watch the game.* **sit for somebody/something** be a model for an artist or a photographer **sit in on something** attend a class, discussion, etc. as an observer. **sit on something** (*infml.*) have received a letter, report, etc. from somebody and then not replied or taken any action concerning it **sit up** not go to bed until later than usual. **sit (somebody) up** (cause somebody to) take a sitting position ■ **'sit-in** *n.* act of occupying a building etc. as a protest.

sitcom /'sɪtkɒm/ *n.* [C, U] regular programme on television that shows the same characters in different amusing situations.

site /saɪt/ *n.* **1** place where a building, etc. is or will be situated. **2** place where something happened or that is used for something: *a caravan ~* **3** (*computing*) place on the Internet where a company, an organization, etc. puts information. ● **site** *v.* [T] build or position something in a particular place.

sitting /'sɪtɪŋ/ *n.* **1** time during which a parliament or law court meets. **2** time when a meal is served in a hotel, etc. to a group of people at the same time. **3** act of posing for a portrait or photograph. [IDM] **sitting duck** person or thing that is easy to attack. ■ **'sitting room** *n.* (*GB*) room in a house where people sit together, watch TV, etc.

situate /'sɪtʃueɪt/ *v.* [T] (*fml.*) build something in a particular position. ▶ **situated** *adj.* **1** in a particular place or position: *The hotel is beautifully ~d in a quiet spot near the river.* **2** (*fml.*) (of a person, an organization, etc.) in the stated circumstances.

situation /ˌsɪtʃu'eɪʃn/ *n.* **1** all the circumstances and things happening at a certain time and in a certain place. **2** (*written*) position of a town, building, etc. **3** (*old-fash.*) job. ■ **,situation**

'comedy *n.* [C, U] (*fml.*) = SITCOM

six /sɪks/ *number* 6. [IDM] **at sixes and sevens** (*infml.*) in confusion ▶ **sixth** /sɪksθ/ *ordinal number, n.* 6th; the fraction 1/6; each of six equal parts of something

sixteen /ˌsɪks'ti:n/ *number* 16. ▶ **sixteenth** /ˌsɪks'ti:nθ/ *ordinal number.*

sixty /'sɪksti/ **1** *number* 60. **2** (**the sixties**) *n.* [pl.] numbers, years or temperatures from 60 to 69. ▶ **sixtieth** /'sɪkstiəθ/ *ordinal number.*

size /saɪz/ *n.* **1** [U, C] how large a person or thing is. **2** [C] standard measurement of clothes, shoes, etc.: *~ five shoes.* ● **size** *v.* [T] mark the size of something [PV] **size somebody/something up** (*infml.*) form a judgement of somebody/something. ▶ **sizeable** /-əbl/ *adj.* fairly large.

sizzle /'sɪzl/ *v.* [I], *n.* (make) hissing sound of something cooking in fat.

skate /skeɪt/ *n.* **1** = ICE SKATE (ICE[1]) **2** = ROLLER SKATE (ROLLER) [IDM] **get/put your skates on** (*infml.*) hurry up. ● **skate** *v.* [I] move on skates. [IDM] **be skating on thin ice** be taking a risk. [PV] **skate over/round something** avoid talking about something directly. ■ **'skateboard** *n.* short, narrow board with small wheels at each end, for standing and riding on for fun. ▶ **skater** *n.*

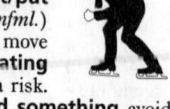

skeleton /'skelɪtn/ *n.* **1** structure of bones that supports the body. **2** main structure that supports a building, etc. **3** basic outline of a plan, etc. **4** smallest number of people needed to provide a service, etc.: *a ~ staff.* [IDM] **a skeleton in the cupboard** secret which you are ashamed of. ■ **'skeleton key** *n.* key that opens several different locks.

skeptic, skeptical, skepticism (*US*) = SCEPTIC, SCEPTICAL, SCEPTICISM.

sketch /sketʃ/ *n.* **1** simple drawing that is done quickly and without detail. **2** short funny scene on television, in the theatre, etc. **3** short description of something. ● **sketch** *v.* **1** [I, T] make a quick drawing of somebody/something. **2** give a general description of something. ▶ **sketchy** *adj* (**-ier, -iest**) not done thoroughly; lacking detail.

skewer /'skju:ə(r)/ *n.* pointed wood or metal pin for holding meat, vegetables, etc. together during cooking. ● **skewer** *v.* [T] push a skewer into something.

ski /ski:/ *n.* long narrow strip of wood, etc. attached to special boots for moving over snow. ● **ski** *v.* (*pt, pp* **skied**; *pres. pt* **~ing**) [I] move over snow on skis, esp. as a sport: *go ~ing.* ▶ **skier** *n.*

skid /skɪd/ n. uncontrollable sideways sliding movement of a vehicle on ice. ● **skid** v. (-dd-) [I] (usu. of a vehicle) move sideways or forwards in an uncontrollable way.

skies pl. of SKY.

skilful (US **skillful**) /'skɪlfl/ adj. good at something, esp. something that requires special ability: a ~ player. ▶ **skilfully** adv.

skill /skɪl/ n. [C, U] ability to do something well. ▶ **skilled** adj. ~(in/at) 1 having enough ability, experience, etc. to be able to do something well. 2 (of a job) needing special abilities or training: ~ed work.

skim /skɪm/ v. (-mm-) 1 [T] remove fat, cream, etc. from the surface of a liquid. 2 [I, T] move lightly over a surface, barely touching it. 3 [I, T] ~(through) read something quickly.

skin /skɪn/ n. 1 [U, C] layer of tissue that covers the body. 2 [C, U] skin of a dead animal, used for making leather, etc. 3 [C, U] outer layer of some fruit and vegetables. 4 [C, U] thin layer that forms on the surface of some liquids, e.g. boiled milk. [IDM] **by the skin of your teeth** by a narrow margin. **get under somebody's skin** (infml.) annoy somebody **it's no skin off my, your, his, etc. nose** (infml.) it does not matter to me, you, him, etc. **make your skin crawl** make you feel afraid or disgusted. **(nothing but/all/only) skin and bone** (infml.) extremely thin. ● **skin** v. [T] (-nn-) take the skin off an animal, a fruit or a vegetable. ■ **,skin'deep** adj. (of a feeling, etc.) not deep or lasting. ■ **'skinflint** n. (disapprov) person who does not like spending money. ■ **'skinhead** n. young person with very short hair, esp. one who is violent. ■ **,skin'tight** adj. (of clothing) fitting very closely to the body. ▶ **skinny** adj. (-ier, -iest) (disapprov) very thin.

skint /skɪnt/ adj. (GB, infml.) having no money.

skip /skɪp/ v. (-pp-) 1 [I] move forwards lightly and quickly making a little jump with each step. 2 [I] jump over a rope swung under your feet as you jump. 3 [T] not do something that you usually do or should do: to ~ lunch/ a class. 4 [T] leave out something that would normally be the next thing you would do, read, etc.: ~ part of the book. 5 [I] move from one place to another quickly. 6 [I, T] leave a place quickly or secretly: ~ the country. ● **skip** n. 1 skipping movement. 2 large metal container for rubbish, etc.

skipper /'skɪpə(r)/ n. captain of a small ship or a sports team. ● **skipper** v. [I, T] be the captain of a ship or team.

skirt /skɜːt/ n. piece of women's clothing that hangs from the waist. ● **skirt** v. [T] 1 be or go round the edge of something: a wood ~ing the field. 2 avoid talking about a subject, esp. because it is embarrassing. ■ **'skirting board** n. [U] narrow piece of wood fixed along the bottom of the walls in a house.

skittle /'skɪtl/ n. 1 [C] wooden or plastic object used in the game of skittles. 2 (**skittles**) [U] game in which players try to knock over as many skittles as possible by rolling a ball at them.

skulk /skʌlk/ v. [I] hide or move around, trying not to be seen when you are planning something bad.

skull /skʌl/ n. bone structure that forms the head.

skunk /skʌŋk/ n. small N. American animal that sends out a strong smell when attacked.

sky /skaɪ/ n. [C, U] (pl. **skies** /skaɪz/) the space above the earth, where we see clouds, the sun, moon and stars. ■ **'skydiving** n. [U] sport in which you jump from a plane and fall for as long as you safely can before opening your parachute ■ **,sky-'high** adj. very high; too high. ■ **'skylark** n. small bird that sings as it flies high in the sky. ■ **'skylight** n. window in a sloping roof. ■ **'skyline** n. [C, usu. sing.] outline of buildings, hills, etc. against the sky. ■ **'skyscraper** n. very tall building.

slab /slæb/ n. thick flat piece of stone, etc.

slack /slæk/ adj. 1 not stretched tight: a ~ rope. 2 (of business) not having many customers or sales; not busy: Trade is ~. 3 (disapprov) giving little care, attention or energy to a task. ● **slack** v. [I] work less hard than you should do or than you usu. do [PV] **slack off (on something)** do something more slowly or with less energy than before. ● **slack (the slack)** n. [U] part of a rope that is hanging loosely. [IDM] **take up the slack** 1 improve the way money or people are used in an organization. 2 tighten a rope. ▶ **slacker** n. (infml., disapprov) person who is lazy and avoids work. ▶ **slackness** n. [U]

slacken /'slækən/ v. [I, T] 1 ~(off/up) (cause something to) gradually become slower, less active, etc. 2 (cause something to) become less tight.

slag /slæg/ n. 1 [U] waste matter remaining when metal has been removed from rock. 2 [C] (GB, sl.) offensive word for a woman, used to suggest that she has a lot of sexual partners ● **slag** v. (-gg-) [PV] **slag somebody off** (GB, sl.) say cruel or critical things about somebody. ■ **'slag heap** n. large pile of slag(1) from a mine.

slam /slæm/ v. (-mm-) 1 [I, T] (cause something to) shut with great force. 2 [T] throw or knock something somewhere with great force: ~ a book against the wall. 3 [T] (infml.) criticize somebody/something very strongly. ● **slam** n. noise of something being slammed.

slander /'slɑːndə(r)/ n. [U, C] (offence of) saying something false about somebody that damages their reputation. ● **slander** v. [T] say something false about somebody. ▶ **slanderous** adj.

slang /slæŋ/ n. [U] very informal words and expressions used in spoken conversation, esp. by a particular group of people.

slant /slɑːnt/ v. 1 [I, T] (cause something to) slope in a certain direction. 2 [T] (often disapprov) present information from a particular point of view, esp. unfairly. ● **slant** n. 1 sloping position. 2 point of view.

slap /slæp/ v. (-pp-) [T] 1 hit somebody/something with the palm of the hand. 2 put something on a surface carelessly, esp. because you are angry: ~ paint onto the wall ● **slap** n. action of hitting somebody/something with the palm of the hand. [IDM] **a slap in the face** action seemingly intended as a deliberate insult to somebody. ● **slap** adv. (also ,**slap 'bang**) (infml.) straight: Peter ran ~ into Paul.

slapdash /'slæpdæʃ/ adj. done or doing things too carelessly and quickly.

slapstick /'slæpstɪk/ n. [U] comedy in which people fall over, knock each other down, etc.

slap-up /'slæp ʌp/ adj. (GB, infml.) (of a meal) large and very good.

slash /slæʃ/ v. [T] 1 make a long cut with a sharp object, esp. in a violent way. 2 reduce something by a large amount ~ prices. ● **slash** n. 1 sharp movement made with a knife, etc. in order to cut somebody/something. 2 long narrow wound or cut. 3 symbol (/) used to show alternatives, as in 'lunch and/or dinner.'

slat /slæt/ n. thin, narrow piece of wood, metal, etc.

slate /sleɪt/ n. 1 [U] dark grey stone that splits easily into thin, flat layers. 2 [C] small thin piece of slate used for covering roofs. ● **slate** v. [T] (written) criticize somebody/something severely, esp. in a newspaper.

slaughter /'slɔːtə(r)/ n. [U] 1 killing of animals for their meat. 2 cruel killing of many people at once. ● **slaughter** v. [T] 1 kill an animal, usu. for its meat. 2 kill a large number of people or animals violently. 3 (infml.) defeat somebody/something completely in a game, competition, etc. ■ **'slaughterhouse** n. place where animals are killed for food.

slave /sleɪv/ n. 1 person who is legally owned by and forced to work for another. 2 ~(of/to) person controlled by a habit, etc.: a ~ to alcohol. ● **slave** v. [I] work very hard: ~ away over a hot stove. ▶ **slavery** n. [U] 1 state of being a slave. 2 system of using slaves.

slaver /'slævə(r)/ v. [I] (usu. of an animal) let saliva run out of the mouth, esp. because of hunger or excitement.

slavish /'sleɪvɪʃ/ adj. (disapprov) lacking originality or independence: a ~ copy. ▶ **slavishly** adv.

slay /sleɪ/ v. (pt **slew** /sluː/, pp **slain** /sleɪn/) [T] (lit. or US) kill somebody/something violently.

sledge /sledʒ/ (also **sled** /sled/) n. vehicle for travelling over snow, with long strips of wood or metal instead of wheels.

sledgehammer /'sledʒhæmə(r)/ n. heavy hammer with a long handle.

sleek /sliːk/ adj. 1 smooth and shiny: ~ hair. 2 (often disapprov) looking well dressed and rich.

sleep¹ /sliːp/ v. (pt, pp **slept** /slept/) 1 [I] rest with your eyes closed and your mind and body not active. 2 [T] have enough beds for a particular number of people: a flat that ~s eight. [IDM] **sleep like a log/baby** (infml.) sleep well. **sleep tight** (spoken) used to wish somebody a good night's sleep. [PV] **sleep around** (infml., disapprov) have sex with a lot of people. **sleep in** sleep until after the time you usu. get up in the morning. **sleep something off** recover from drunkenness, etc. by sleeping. **sleep on something** leave a problem, etc. to the next day. **sleep through something** not be woken by a noise. **sleep together | sleep with somebody** (infml.) have sex with somebody. ▶ **sleeper** n. 1 person who sleeps. 2 (bed in a) sleeping car. 3 beam of wood supporting the rails of a railway track. ■ **'sleeping bag** n. thick warm bag for sleeping in, e.g. when camping. ■ **'sleeping car** n. railway carriage fitted with beds. ■ **'sleeping pill** (also **'sleeping tablet**) n. pill containing a drug that helps somebody to sleep. ▶ **sleepy** adj. (-ier, -iest) 1 needing or ready for sleep. 2 (of places, etc.) without much activity: a ~ little town. ▶ **sleepily** adv.

sleep² /sliːp/ n. 1 [U] condition when the body is at rest with the eyes closed, mostly at night: It's late—go to ~. 2 [sing.] period of sleep. [IDM] **put somebody to sleep** (infml.) make somebody unconscious before an operation by using an anaesthetic. **put something to sleep** kill a sick or injured animal by giving it drugs so that it dies without pain. ▶ **sleepless** adj. without sleep.

sleet /sliːt/ n. [U] falling snow mixed with rain ● **sleet** v. (used with it) fall as sleet: It's ~ing outside.

sleeve /sliːv/ n. 1 part of a piece of clothing that covers the arm. 2 stiff envelope for a record. [IDM] **have/ keep something. up**

your sleeve keep a plan, idea, etc. secret until you need it.

sleigh /sleɪ/ *n.* sledge (= vehicle that slides over snow), esp. one pulled by horses.

sleight /slaɪt/ *n.* [IDM] **sleight of hand** skilful movements of your hand that others cannot see.

slender /ˈslendə(r)/ *adj.* **1** (*approv*) (of people) slim. **2** thin or narrow. **3** small in amount or size: *to win by a ~ margin.* ▶ **slenderness** *n.* [U]

slept *pt, pp of* SLEEP¹

slice /slaɪs/ *n.* **1** thin flat piece cut off from something, esp. bread or meat. **2** (*infml.*) part or share of something: *a ~ of the credit.* **3** utensil for serving or lifting something, e.g. fish slice. [IDM] **a slice of life** film, play or book that gives a realistic view of ordinary life. ● **slice** *v.* **1** [T] **~(up)** cut something into pieces. **2** [I] cut something easily (as if) with a sharp blade: *a knife slicing through butter.*

slick /slɪk/ *adj.* **1** done (too) smoothly and efficiently. **2** (*disapprov*) (of people) speaking easily and smoothly but in a way that seems insincere. **3** smooth and slippery.

slide¹ /slaɪd/ *v.* (*pt, pp* **slid** /slɪd/) **1** [I, T] (cause something to) move smoothly over a smooth or wet surface **2** [I, T] (cause something to) move quickly and quietly so as not to be noticed. **3** [I] move gradually into a worse situation: *He began to let things ~* (= neglect things). ■ **ˈslide rule** *n.* instrument like a ruler with a part that slides, used for calculating numbers.

slide² /slaɪd/ *n.* **1** [C, sing.] change to a lower or worse situation. **2** [C] structure with a steep slope for children to play on. **3** [C] picture on photographic film projected onto a screen. **4** [C] glass plate on which something is examined under a microscope.

slight¹ /slaɪt/ *adj.* **1** not serious or important: *a ~ headache.* **2** small and thin in size. [IDM] **not in the slightest** not at all. ▶ **slightly** *adv.* **1** a little: *feel ~ly better.* **2** slenderly: *a ~ly built boy.* ▶ **slightness** *n.* [U]

slight² /slaɪt/ *v.* [T] treat somebody rudely and without respect; insult somebody ● **slight** *n.* critical or offensive remark.

slim /slɪm/ *adj.* (**-mer, -mest**) **1** (*approv*) not fat or thick; slender. **2** small: *a ~ chance of success.* ● **slim** *v.* (**-mm-**) [I] eat less, etc. to reduce your weight. ▶ **slimmer** *n.* person who is slimming. ▶ **slimness** *n.* [U]

slime /slaɪm/ *n.* [U] any unpleasant thick liquid substance. ▶ **slimy** *adj.* (**-ier, -iest**) **1** like or covered with slime. **2** (*infml., disapprov*) polite, friendly, etc. in a way that is not sincere or honest.

sling /slɪŋ/ *n.* band of material looped round an object, e.g. a broken arm, to support or lift it. ● **sling** *v.* (*pt, pp* **slung** /slʌŋ/) [T] (*infml.*) throw somebody/something carelessly or with force.

slink /slɪŋk/ *v.* (*pt, pp* **slunk** /slʌŋk/) [I] move as if you do not want to be seen or are ashamed.

slip¹ /slɪp/ *v.* (**-pp-**) **1** [I] slide accidentally and (almost) fall: *He ~ped (over) in the mud.* **2** [I] slide out of position or out of your hand: *The crockery pile ~ped from her hand.* **3** [I, T] (cause something to) move quietly and quickly, without being seen: *He ~ped the coin into his pocket.* **4** [I] fall to a lower level; become worse. **5** [I, T] put clothes on or take them off easily and quickly: *~ on a coat.* [IDM] **let slip something** accidentally reveal secret information. **let something slip (through your fingers)** miss or fail to use an opportunity. **slip your mind** (of somebody's name, etc.) be forgotten. [PV] **slip up** (*infml.*) make a careless mistake. ■ **ˈslip road** *n.* (*GB*) road for joining or leaving a motorway. ■ **ˈslipstream** *n.* [sing.] stream of air behind a fast-moving vehicle. ■ **ˈslip-up** *n.* (*infml.*) careless mistake.

slip² /slɪp/ *n.* **1** small mistake. **2** small piece of paper. **3** act of slipping. **4** piece of women's underwear, worn under a dress or a skirt. [IDM] **give somebody the slip** (*infml.*) escape from somebody.

slipper /ˈslɪpə(r)/ *n.* loose soft shoe worn in the house.

slippery /ˈslɪpəri/ *adj.* (**-ier, -iest**) **1** (also *infml.* **slippy**) difficult to hold, stand or move on, because it is smooth, wet or polished. **2** (*infml.*) (of people) that you cannot trust. **3** (*infml.*) (of problems, etc.) difficult to deal with [IDM] **the/a slippery slope** (*infml.*) course of action that can easily lead to serious problems or disaster.

slipshod /ˈslɪpʃɒd/ *adj.* done or doing things without care.

slit /slɪt/ *n.* long narrow cut, tear or opening. ● **slit** *v.* (**-tt-**, *pt, pp* **slit**) [T] make a slit in something

slither /ˈslɪðə(r)/ *v.* [I] move somewhere smoothly, often close to the ground.

sliver /ˈslɪvə(r)/ *n.* long thin piece of something: *a ~ of glass.*

slob /slɒb/ *n.* (*infml., disapprov*) dirty, untidy, lazy person.

slog /slɒg/ *v.* (**-gg-**) [I] (*infml.*) **1** work hard and steadily at something boring or difficult: *~ (away) at something.* **2** walk somewhere with difficulty: *~ up the hill.* ● **slog** *n.* [U, C, usu. sing.] period of hard work or effort.

slogan /ˈsləʊgən/ *n.* easily remembered phrase

used in advertising.

slop /slɒp/ v. (**-pp-**) **1** [I] (of a liquid) move around in a container, often so that some liquid spills over the edge. **2** [T] cause something to spill: *Don't ~ the juice on the carpet!* ● **slop** n. [U] (*also* **slops** [pl.]) **1** waste food, sometimes fed to animals. **2** dirty waste water.

slope /sləʊp/ n. **1** [C] area of rising or falling ground **2** [C, usu. pl.] area of land that is part of a mountain or hill: *ski ~s* **3** [sing., U] amount by which something slopes ● **slope** v. [I] be at an angle; have a slope [PV] **slope off** (*GB, infml.*) go somewhere quietly, esp. to avoid somebody/something.

sloppy /ˈslɒpi/ adj. (**-ier, -iest**) **1** that shows a lack of care, thought or effort: *~ work*. **2** (of clothes) loose and shapeless. **3** (*infml.*) romantic in a silly way: *a ~ love story* **4** containing too much liquid. ▶ **sloppily** adv. ▶ **sloppiness** n. [U]

slosh /slɒʃ/ v. **1** [I, T] (cause liquid to) move about noisily or spill over the edge of something: *~ water all over the floor*. **2** [I] walk noisily in water or mud. ▶ **sloshed** adj. (*sl.*) drunk.

slot /slɒt/ n. **1** long narrow opening: *put a coin in the ~* **2** position, time or opportunity for somebody/something in a plan, schedule, etc.: *~s for advertisements on television*. ● **slot** v. (**-tt-**) [T] make a slot for something; place something in a slot [PV] **slot somebody/something in** manage to find a position, time or opportunity for somebody/something.

sloth /sləʊθ/ n. **1** [C] S. American animal that lives in trees and moves very slowly. **2** [U] (*fml.*) laziness. ▶ **slothful** adj.

slouch /slaʊtʃ/ v. [I] stand, sit or move in a lazy way. ● **slouch** n. [sing.] slouching posture, walk, etc. [IDM] **be no slouch** (*infml.*) be very good at something.

slovenly /ˈslʌvnli/ adj. untidy; dirty. ▶ **slovenliness** n. [U]

slow¹ /sləʊ/ adj. **1** taking a long time; not fast: *a ~ traffic*. **2** not acting immediately. **3** not quick to learn: *a ~ child*. **4** not very busy; containing little action: *Sales are ~ this month*. **5** (of a watch or clock) showing a time earlier than the correct time [IDM] **be slow on the uptake** → UPTAKE **slow off the mark** → MARK¹ ● **slow** adv. **at a slow speed**: *~~ moving traffic* [IDM] **go slow (on something)** show less enthusiasm for achieving something ■ ˈslowcoach (*US* ˈslowpoke) n. (*infml.*) person who moves, works, etc. too slowly. ▶ **slowly** adv. ▶ **slowness** n. [U]

slow² /sləʊ/ v. [I, T] **~(down/up)** (cause somebody/something to) go at a slower speed or be less active. ■ ˈslowdown n. **1** reduction of speed or activity. **2** (*US*) = GO-SLOW (GO¹).

sludge /slʌdʒ/ n. [U] (anything resembling) thick soft wet mud.

slug /slʌɡ/ n. **1** small soft creature like a snail but without a shell. **2** (*infml.*) small amount of a strong alcoholic drink. **3** (*infml., esp. US*) bullet ● **slug** v. (**-gg-**) [T] (*infml.*) hit somebody/something hard

sluggish /ˈslʌɡɪʃ/ adj. moving, reacting or working more slowly than normal ▶ **sluggishly** adv.

sluice /sluːs/ n. (*also* ˈsluice gate) sliding gate for controlling the flow of water in a canal, etc. ● **sluice** v. [T] wash something with a stream of water.

slum /slʌm/ n. very poor area of a city where the houses are dirty and in bad condition. ● **slum** v. (**-mm-**) [I] (*infml.*) spend time in places that are much worse than you are used to. [IDM] **slum it** accept conditions that are worse than those you are used to.

slumber /ˈslʌmbə(r)/ v. [I] (*lit.*) sleep ● **slumber** n. [U, C, usu. pl.] (*lit*) sleep.

slump /slʌmp/ v. [I] **1** fall in price, value, number, etc. suddenly and steeply. **2** sit or fall down heavily ● **slump** n. sudden fall in prices, trade, etc.

slung pt, pp of SLING

slur /slɜː(r)/ v. (**-rr-**) [T] **1** pronounce words in a way that is not clear, usu. because you are drunk or tired. **2** damage somebody's reputation by making false statements about them ● **slur** n. damaging remark: *a ~ on her name*.

slush /slʌʃ/ n. [U] **1** melting, dirty snow **2** (*infml., disapprov*) silly sentimental stories, films, etc. ■ ˈslush fund n. (*disapprov*) money kept for illegal purposes, esp. in politics. ▶ **slushy** adj. (**-ier, -iest**)

slut /slʌt/ n. (*disapprov, offens*) **1** woman who has many sexual partners. **2** lazy or untidy woman. ▶ **sluttish** adj.

sly /slaɪ/ adj. (*disapprov*) acting or done in a secret and dishonest way ● **sly** n. [IDM] **on the sly** secretly ▶ **slyly** adv. ▶ **slyness** n. [U]

smack /smæk/ n. **1** [C] (sound of a) sharp hit given with your open hand. **2** [C] (*infml.*) loud kiss. **3** [U] (*infml.*) the drug heroin. ● **smack** adv. suddenly and forcefully: *run ~ into a wall*. ● **smack** v. **1** [T] hit somebody with your open hand. **2** [I, T] (cause something to) hit something with a lot of force and a loud noise. [IDM] **smack your lips** → LIP [PV] **smack of something** seem to contain or involve an unpleasant quality.

small /smɔːl/ adj. **1** not large in size, degree, amount, etc.: a ~ hotel. **2** young: ~ children. **3** unimportant; slight: a ~ problem **4** not doing business on a large scale: ~ businesses. [IDM] **look/feel small** look/feel stupid, weak, ashamed, etc. **the small hours** period of time very early in the morning, soon after midnight. **small wonder (that ...)** → WONDER ■ **,small 'fortune** n. [usu. sing.] a lot of money. ● **small** n. [sing.] **(the ~ of the/somebody's back)** the lower part of the back where it curves in. ■ **'small arms** n. [pl.] light weapons carried in the hand. ■ **'smallholding** n. (GB) small piece of land used for farming. ■ **,small-'minded** adj. (disapprov) mean and selfish. ▶ **smallness** n. [U] ■ **'smallpox** n. [U] serious infectious disease that leaves permanent scars on the skin. ■ **'small talk** n. [U] polite conversation about everyday social matters.

smart¹ /smɑːt/ adj. **1** clean and neat; well dressed: a ~ appearance/person. **2** (esp. US) intelligent: a ~ reply. **3** connected with fashionable rich people: a ~ restaurant. **4** quick or hard: We set off at a ~ pace. ▶ **smarten** /'smɑːtn/ v. [PV] **smarten (yourself/somebody/ something) up** make yourself/somebody/something look neater and more attractive. ▶ **smartly** adv. ▶ **smartness** n. [U]

smart² /smɑːt/ v. [I] feel a sharp stinging pain: The smoke made my eyes ~.

smash /smæʃ/ v. **1** [I, T] (cause something to) break violently into small pieces: ~ a glass against the wall. **2** [I, T] (cause something to) move with great force against something solid: The car ~ed into the divider. **3** [T] hit somebody/something very hard **4** [T] defeat or destroy somebody/something ● **smash** n. **1** [sing] sound or act of breaking something noisily into pieces **2** (GB) [C] accident in which one vehicle hits another: a car ~ **3** [C] (in tennis) hard, downward stroke. **4** (also **,smash 'hit**) [C] play, song, etc. that is suddenly very successful. ▶ **smashing** adj. (old-fash., GB, infml.) very good.

smattering /'smætərɪŋ/ n. [sing.] **~of** small amount of something, esp. knowledge of a language: a ~ of Spanish.

smear /smɪə(r)/ v. [T] **1** cover a surface with an oily or soft substance: Her face was ~ed with cream. **2** damage somebody's reputation by saying untrue things about them. ● **smear** n. **1** oily or dirty mark. **2** untrue remark about somebody that is intended to damage their reputation, esp. in politics: a ~ campaign. **3** small amount of a substance taken from the body, to be tested for disease.

smell¹ /smel/ v. (pt, pp **smelt**/smelt/ or **smelled**) **1** [I] ~ **(of)** have a particular smell: ~ good/of perfume. **2** [T] (often with can, could) notice or recognize a particular smell: Can you ~ gas? **3** [T] put your nose near something to test its smell: ~ the powers **4** [I] have a bad smell: Your feet ~. **5** [I] have the sense of smell: Can birds ~? [IDM] **smell a rat** (infml.) suspect that something is wrong.

smell² /smel/ n. **1** [C, U] quality of something that people and animals sense through their noses. **2** [sing] unpleasant smell: What a ~! **3** [U] ability to sense things with the nose. **4** [C] act of smelling something: Have a ~ of this. ▶ **smelly** adj. (-ier, -iest) (infml.) having an unpleasant smell.

smile /smaɪl/ n. expression of the face with the corners of the mouth turned up, showing amusement, happiness, etc. ● **smile** v. [I] make a smile appear on your face. ▶ **smilingly** adv.

smirk /smɜːk/ v. [I], n. (give a) silly self-satisfied smile.

smithereens /,smɪðə'riːnz/ n. [pl.] [IDM] **smash, blow, etc. something to smithereens** destroy something completely by breaking it into pieces.

smitten /'smɪtn/ adj. ~**(with/by) 1** suddenly feeling that you are in love with somebody: I'm rather ~ with her. **2** severely affected by a feeling, disease, etc.

smock /smɒk/ n. loose comfortable piece of clothing like a long shirt.

smog /smɒg/ n. [U, C] mixture of fog and smoke.

smoke¹ /sməʊk/ n. **1** [U] usu. white, grey or black vapour produced by something burning. **2** [C] act of smoking a cigarette, etc. [IDM] **go up in smoke 1** be completely burned. **2** result in failure. ■ **'smokescreen** n. **1** something you do or say in order to hide your real intentions. **2** cloud of smoke used to hide soldiers, ships, etc. during a battle. ▶ **smoky** adj. (-ier, -iest)

smoke² /sməʊk/ v. **1** [I, T] breathe smoke from a cigarette, etc.; use cigarettes, etc. as a habit. **2** [I] produce smoke. **3** [T] preserve meat or fish with smoke. [PV] **smoke somebody/something out** fill a place with smoke to force somebody/something out. ▶ **smoker** n. person who smokes tobacco regularly. ▶ **smoking** n. [U] activity of smoking cigarettes, etc.

smooth /smuːð/ adj. **1** (of a surface) completely flat and even, without any lumps, holes, etc.: ~ skin. **2** (of a liquid) free from lumps. **3** happening or continuing without any problems. **4** (of movement) even and regular: a ~ journey. **5** (disapprov) (of a person, esp. a man) polite and pleasant, but seeming insincere. **6** (of sounds or tastes) pleasant and not bitter or harsh. ● **smooth** *v.* [T] make something smooth. [PV] **smooth something over** make problems, etc. seem less important. ▶ **smoothly** *adv.* ▶ **smoothness** *n.* [U]

smother /'smʌðə(r)/ *v.* [T] **1** kill somebody by covering their face so that they cannot breathe. **2** ~(with/in) cover somebody/something thickly or with too much of something *a cake ~ed in cream.* ◇ *She ~ed him with kisses.* **3** prevent something from developing or being expressed: *~ a yawn.* **4** put out a fire by covering it with something.

smoulder (*US* **smol-**) /'sməʊldə(r)/ *v.* [I] burn slowly without flame: *~ing ashes.* ◇ (*fig*) *Hate ~ed within her.*

smudge /smʌdʒ/ *n.* dirty mark ● **smudge** *v.* **1** [T] touch or rub something, esp. wet ink or paint, so that it is no longer clear. **2** [I] (of wet ink, etc.) become blurred: *The writing on the paper had ~d.*

smug /smʌg/ *adj.* (**-ger, -gest**) (*disapprov*) too pleased with yourself. ▶ **smugly** *adv.* ▶ **smugness** *n.* [U]

smuggle /'smʌgl/ *v.* [T] take goods, people, etc. illegally or secretly into or out of a place or country: *~ drugs into the country.* ◇ *a letter into prison.* ▶ **smuggler** *n.* ▶ **smuggling** *n.* [U]

smut /smʌt/ *n.* **1** [U] (*infml.*) vulgar stories, pictures, etc. about sex. **2** [C] (black mark made by a) bit of dirt, soot, etc. ▶ **smutty** *adj.* (**-ier, -iest**).

snack /snæk/ *n.* small quick meal, usu. eaten instead of or between main meals.

snag /snæg/ *n.* **1** hidden or unexpected difficulty **2** sharp or rough piece of an object that sticks out. ● **snag** *v.* (**-gg-**) [T] (cause something to) catch or tear on something rough or sharp.

snail /sneɪl/ *n.* small soft animal that moves very slowly and has a shell on its back.

snake /sneɪk/ *n.* reptile with a very long thin body and no legs. [IDM] **a snake (in the grass)** (*disapprov*) person who pretends to be a friend but who cannot be trusted. ● **snake** *v.* [I] follow a twisting path.

snap /snæp/ *v.* (**-pp-**) **1** [I, T] (cause something to) break suddenly with a sharp noise. **2** [I, T] (cause something to) open or close with a sudden sharp noise: *His eyes ~ped open.* **3** [I, T] ~(at) say something in an impatient, usu. angry voice. **4** [I] ~(at) (of dogs, etc.) try to bite somebody/something: *The dog ~ped at her ankles.* **5** [I, T] (*infml.*) take a photograph. **6** [I] suddenly be unable to control your feelings any longer: *My patience fi-*

nally ~ped. [IDM] **snap your fingers** make a clicking noise with your fingers to attract attention, etc. **snap out of it/something** (*infml.*) get out of a bad, unhappy, etc. mood [PV] **snap something up** buy something quickly and eagerly. ● **snap** *n.* **1** sudden sharp noise, esp. made by something breaking. **2** (*also* **'snapshot**) photograph, usu. one taken quickly. **3** sudden short period of cold weather. ● **snap** *adj.* done quickly, without careful thought: *a ~ decision.* ▶ **snappy** *adj.* (**-ier, -iest**) **1** (of a remark, title, etc.) clever, amusing and short. **2** (*infml.*) attractive and fashionable. **3** speaking to people bad-temperedly.

snare /sneə(r)/ *n.* **1** trap for catching small animals and birds **2** situation which traps somebody ● **snare** *v.* [T] catch something, esp. an animal, in a snare.

snarl /snɑːl/ *v.* **1** [I] (of dogs, etc.) show the teeth and growl **2** [I, T] speak or say something in an angry voice [PV] **snarl (something) up** (*infml.*) (cause something to) become confused or tangled ■ **'snarl-up** *n.* (*GB, infml.*) situation in which traffic is unable to move. ● **snarl** *n.* act or sound of snarling.

snatch /snætʃ/ *v.* **1** [I, T] (try to) take somebody/something suddenly or steal something: *~ the child from her mother* **2** [T] take or get something quickly, usu. because there is not much time: *~ some rest.* ● **snatch** *n.* **1** short part of a conversation or some music that you hear: *~es of conversation.* **2** act of moving your hand quickly to take or steal something: *a bag ~*

sneak /sniːk/ *v.* **1** [I] go somewhere quietly and secretly: *~ past somebody.* **2** [T] do something or take somebody/something somewhere secretly: *~ money from the box* **3** [I] (*old-fash.*) tell an adult that another child has done something wrong ● **sneak** *n.* (*old-fash.*) person who sneaks(3) ▶ **sneaker** *n.* = TRAINER(1) (TRAIN²) ▶ **sneaking** *adj.* secret: *a ~ing respect for somebody.* ◇ *a ~ing suspicion.* ▶ **sneaky** *adj.* (**-ier, -iest**) (*infml.*) done or acting in a secret and sometimes dishonest way.

sneer /snɪə(r)/ *v.* [I] ~(at) show that you have no respect for somebody/something by your expression or words. ● **sneer** *n.* sneering look, smile, etc.

sneeze /sniːz/ *v.* [I] have air come noisily and uncontrollably out through your nose and mouth, e.g. because you have a cold. [IDM] **not to be sneezed at** (*infml.*) good enough to be accepted. ● **sneeze** *n.* act of sneezing or the noise you make when sneezing.

sniff /snɪf/ *v.* **1** [I] draw air in through the nose, producing a sound. **2** [I, T] **~(at)** breathe air in through the nose in order to smell something: *~ (at) the roses*. [IDM] **not to be sniffed at** good enough to be accepted. [PV] **sniff somebody/something out** discover or find somebody/something by looking. ● **sniff** *n.* act or sound of sniffing.

snigger /'snɪgə(r)/ *n.* quiet unpleasant laugh. ● **snigger** *v.* [I] **~(at)** laugh in a quiet unpleasant way.

snip /snɪp/ *v.* **(-pp-)** [I, T] cut something with scissors using short quick strokes. ● **snip** *n.* **1** [C] act or sound of cutting something with scissors. **2 (a snip)** [sing.] (*GB, infml.*) thing that is cheap and good value: *It's a ~ at only £10.*

snipe /snaɪp/ *v* [I] **1** shoot at somebody from a hiding place. **2** criticize somebody unpleasantly. ▶ **sniper** *n.* person who shoots at somebody from a hidden position.

snippet /'snɪpɪt/ *n.* small item of news, information, etc.: *~s of gossip.*

snivel /'snɪvl/ *v* (-**ll**- *US* -**l**-) [I] cry or complain in a miserable way.

snob /snɒb/ *n.* (*disapprov*) person who respects social position or wealth too much. ▶ **snobbery** *n.* [U] behaviour of a snob. ▶ **snobbish** *adj.*

snog /snɒg/ *v.* (-**gg**-) [I, T] (*GB, infml.*) (of two people) kiss each other, esp. for a long time.

snooker /'snu:kə(r)/ *n.* [U] game played with 15 red balls and 7 of other colours on a long table. ● **snooker** *v.* [T] place somebody in a difficult position.

snoop /snu:p/ *v.* [I] **~(around/round)** find out private things about somebody, esp. by looking secretly around a place.

snooze /snu:z/ *v.* [I] *n.* (*infml.*) (take a) short sleep, esp. during the day.

snore /snɔ:(r)/ *v.* [I] breathe noisily while sleeping. ● **snore** *n.* sound of snoring.

snorkel /'snɔ:kl/ *n.* tube that allows a swimmer to breathe air while under water. ● **snorkel** *v.* (-**ll**-, *US* -**l**-) [I] swim with a snorkel.

snort /snɔ:t/ *v.* **1** [I] force air out loudly through the nose, esp. to show that you are angry or amused. **2** [T] (*sl.*) take drugs by breathing them in through the nose. ● **snort** *n.* act or sound of snorting.

snout /snaʊt/ *n.* nose of an animal, esp. a pig.

snow[1] /snəʊ/ *n.* [U] frozen water falling from the sky in soft, white flakes, or a mass of this on the ground, etc. ■ **'snowball** *n.* ball of snow for throwing in play. ■ **'snowball** *v.* [I] grow quickly in size, importance, etc. ■ **'snowboarding** *n.* [U] sport of moving over snow on a long wide board called a **snowboard**. ■ **'snowdrift** *n.* deep pile of snow that has been blown together by the wind. ■ **'snowdrop** *n.* type of small white spring flower. ■ **'snowman** *n.* figure of a man made from snow. ■ **'snowplough** (*US* **-plow**) *n.* vehicle or machine for pushing snow off roads, etc. ■ **'snowstorm** *n.* heavy fall of snow, esp. with a strong wind.

snow[2] /snəʊ/ *v.* [I] (used with *it*) fall as snow: *It ~ed all day.* [PV] **be snowed in/up** be unable to leave a place because of heavy snow. **be snowed under (with something)** have more things, esp. work, than you feel able to deal with: *He is ~ed under with work.* ▶ **snowy** *adj.* (-**ier**, -**iest**).

snub /snʌb/ *v.* (-**bb**-) [T] insult somebody, esp. by ignoring them when you meet. ● **snub** *n.* deliberately rude action or comment. ● **snub** *adj.* (of a nose) short, flat and turned up at the end. ▶ **,snub-'nosed** *adj.*

snuff /snʌf/ *n.* [U] powdered tobacco that is sniffed into the nose. ● **snuff** *v.* [T] **~(out)** put out a candle by pinching the flame with your fingers or by covering it with something. [IDM] **snuff it** (*GB, hum, sl.*) die [PV] **snuff something out** (*written*) put an end to something.

snug /snʌg/ *adj.* **1** warm and comfortable. **2** tight-fitting: *a ~ pair of jeans.* ▶ **snugly** *adv.*

snuggle /'snʌgl/ *v.* [I] **~(up/down)** lie or get close to somebody for warmth or affection.

so[1] /səʊ/ *adv.* **1** to such a great degree: *not so big as I thought.* **2** very: *I'm so glad to see you.* **3** used to refer back to something already mentioned: *'Is he coming?' 'I hope so'.* **4** also: *You are young and so am I.* **5** (*spoken*) used to agree that something is true: *'It's Friday today, not Thursday'. 'So it is'.* **6** (*spoken*) used to show somebody how to do something or how something happened: *Stand with your arms out, so.* [IDM] **and so on (and so forth)** used at the end of a list to show that it continues in the same way **so as to do something** with the intention of doing something: *He drove fast so as not to be late.* **so much for something** nothing further needs to be said or done about something **so much so that** to such an extent that. ■ **'so-and-so** *n.* (*infml.*) **1** some person or other **2** annoying and unpleasant person: *That so-and-so lied to me.* ■ **,so-'called** *adj.* used to show that you do not think the word being used is appropriate: *Her so-called friends refused to help her.*

so[2] /səʊ/ *conj.* **1** used to show the reason for something: *He was hurt so I helped him.* **2** used to show the result of something: *Nothing more was heard from her so people thought she was dead.* **3** **~(that)** ... used to show the purpose of something: *I gave you a* *map so (that) you wouldn't get lost.* **4** used to introduce the next part of a story: *So she went and told the police.* [IDM] **so what?** (*spoken*) and what does it matter?: *'She lied to me.' 'So what?'*

soak /səʊk/ *v.* **1** [T] put something in liquid for a time so that it becomes completely wet: *~ the beans overnight* **2** [I] become completely wet by being put in liquid for a time: *I'm going to ~ in a hot bath.* **3** [T] make somebody/something completely wet: *The rain ~ed the spectators.* [PV] **soak something up** take in or absorb liquid: *Paper ~s up water.* ● **soak** *n.* act of soaking something/somebody ▶ **soaked, soaking** *adj.* completely wet.

soap /səʊp/ *n.* **1** [U, C] substance used with water for washing your body **2** [C] (*infml.*) = SOAP OPERA ● **soap** *v.* [T] rub yourself/somebody/something with soap ■ **'soap opera** *n.* [C, U] story about the lives and problems of a group of people which is broadcast several times a week on the radio or TV ▶ **soapy** *adj.*

soar /sɔː(r)/ *v.* [I] **1** rise very quickly: *~ing prices* **2** (of birds, etc.) fly or go high up in the air.

sob /sɒb/ *v.* (-bb-) [I] cry noisily, taking sudden sharp breaths [PV] **sob your heart out** cry noisily for a long time ● **sob** *n.* act or sound of sobbing ■ **'sob story** *n.* (*disapprov*) story that somebody tells you just to make you feel sorry for them.

sober /'səʊbə(r)/ *adj.* **1** not drunk **2** serious and responsible: *a ~ person* ● **sober** *v.* [I, T] (cause somebody to) behave or think in a more serious and sensible way [PV] **sober (somebody) up** (cause somebody to) become no longer drunk ▶ **soberly** *adv.*

soccer /'sɒkə(r)/ *n.* [U] = FOOTBALL (1)

sociable /'səʊʃəbl/ *adj.* liking company or friendly

social /'səʊʃl/ *adj.* **1** of society and the way it is organized: *~ reforms* **2** of your position in society: *~ class* **3** of activities in which people meet each other for pleasure: *a busy ~ life* **4** (of animals, *etc.*) living in groups **5** = SOCIABLE ■ **,social 'science** *n.* [C, U] subjects concerning people within society, e.g. sociology, economics ■ **,social se'curity** *n.* [U] government payments to help the unemployed, disabled, etc. ■ **'social worker** *n.* person employed to provide help and advice on health, housing, social security, etc. ▶ **socially** *adv.*

socialism /'səʊʃəlɪzəm/ *n.* [U] political and economic theory that land, industries, etc. should be owned by the state. ▶ **socialist** *adj., n.*

socialize (*also* **-ise**) /'səʊʃəlaɪz/ *v.* [I] mix socially with others.

society /sə'saɪəti/ *n.* (*pl.* **-ies**) **1** [U] people in general, living together in communities. **2** [C, U] particular community of people. **3** [C] organization of people with a common interest: *a drama ~* **4** [U] the group of people in a country who are rich, fashionable and powerful: *a ~ wedding.* **5** [U] (*fml.*) state of being with other people.

sociology /,səʊsi'ɒlədʒi/ *n.* [U] study of the nature and growth of society and social behaviour. ▶ **sociologist** *n.* expert in sociology. ▶ **sociological** /-'lɒdʒɪkl/ *adj.*

sock /sɒk/ *n.* **1** piece of clothing worn over the foot and ankle, esp. inside a shoe. **2** (*infml.*) hard blow, esp. with the fist. ● **sock** *v.* [T] (*infml.*) hit somebody hard.

socket /'sɒkɪt/ *n.* **1** device in a wall that you put a plug into in order to connect electrical equipment to the power supply. **2** curved hollow space in which something fits or turns.

sod /sɒd/ *n.* (*GB*, ⚠, *sl.*) **1** used to refer to a person you are annoyed with. **2** thing that causes problems.

soda /'səʊdə/ *n.* **1** [U, C] = SODA WATER (*US*) [U, C] sweet fizzy drink made with soda water flavoured with fruit. **3** [U] chemical substance used for making soap, glass, etc. ■ **'soda water** *n.* [U, C] (glass of) water containing a gas to make it bubble

sodden /'sɒdn/ *adj.* very wet.

sodium /'səʊdiəm/ *n.* [U] (*symb.* **Na**) soft silver-white metal found naturally only in compounds, e.g. salt.

sofa /'səʊfə/ *n.* long comfortable seat with raised ends and back for two or more people.

soft /sɒft/ *adj.* **1** not hard or stiff: *a ~ bed.* **2** (of surfaces) smooth and pleasant to touch: *~ skin.* **3** (of light or colours) not too bright or strong. **4** (of sounds) not loud. **5** (of outlines) not having sharp angles or hard edges. **6** ~**(on)** (too) kind and gentle: *Don't be too ~ on the new recruits.* **7** (*disapprov*) too easy: *a ~ job* **8** (*infml., disapprov*) weak and lacking in courage **9** (*infml., disapprov*) stupid or crazy. [IDM] **have a soft spot for somebody/something** (*infml.*) like somebody/something. ■ **,soft-'boiled** *adj.* (of eggs) boiled for a short time so that the yellow part (**yolk**) stays soft. ■ **,soft 'drink** *n.* cold drink that does not contain alcohol. ■ **,soft 'drug** *n.* illegal drug (*e.g.* cannabis) not likely to cause addiction. ■ **,soft-'hearted** *adj.* kind, sympathetic and emotional. ▶ **softly** *adv.* ▶ **softness** *n.* [U] ■ **,soft-'pedal** *v.* (-II-, *US* -

l-) [I, T] (*infml.*) treat something as less important than it really is. ■ ,**soft-'soap** *v.* [T] (*infml.*) persuade somebody to do something by saying nice things to them. ■ **'software** *n.* [U] programs, etc. used to operate a computer.

soften /'sɒfn/ *v.* **1** [I, T] (cause something to) become softer. **2** [T] make somebody easier to accept: *try to ~ the shock.* [PV] **soften somebody up** (*infml.*) try to persuade somebody to do something for you by being very nice first.

soggy /'sɒgi/ *adj.* (**-ier, -iest**) very wet or heavy with water.

soil /sɔɪl/ *n.* [C, U] upper layer of earth in which plants grow. ● **soil** *v.* [I, T] (*fml.*) (cause something to) become dirty.

sojourn /'sɒdʒən/ *n.* (*lit.*) temporary stay in a place.

solace /'sɒləs/ *n.* [C, U] (*fml.*) (thing that gives) comfort or relief from sadness, etc.

solar /'səʊlə(r)/ *adj.* of the sun: *~ energy.* ■ **the 'solar system** *n.* [sing.] the sun and its planets.

sold *pt, pp* of SELL

solder /'səʊldə(r)/ *n.* [U] type of metal which melts easily used for joining together harder metals, etc. ● **solder** *v.* [T] join pieces of metal with solder ■ **'soldering iron** *n.* tool that is heated and used for joining metals together.

soldier /'səʊldʒə(r)/ *n.* member of an army. ● **soldier** *v.* [PV] **soldier on** continue with what you are doing in spite of difficulties.

sole¹ /səʊl/ *adj.* **1** only; single: *the ~ owner.* **2** not shared: *have ~ responsibility* ▶ **solely** *adv.* only; not involving somebody/something else.

sole² /səʊl/ *n.* **1** [C] bottom surface of the foot or a shoe. **2** [U, C] (*pl.* **sole**) flat sea fish used for food. ● **sole** *v.* [T] repair a shoe by replacing the sole.

solemn /'sɒləm/ *adj.* **1** not happy or smiling. **2** done in a serious, formal way: *a ~ promise.* ▶ **solemnly** *adv.*

solemnity /sə'lemnəti/ *n.* (*pl.* **-ies**) (*fml.*) **1** [U] quality of being solemn. **2** (**solemnities**) [pl.] (*fml.*) formal things people do at a serious event.

solicit /sə'lɪsɪt/ *v.* **1** [I, T] **~(for)** (*fml.*) ask for something, e.g. support, money, etc. **2** [I, T] (of a prostitute) offer sex to somebody for money.

solicitor /sə'lɪsɪtə(r)/ *n.* (*GB*) lawyer who prepares legal documents, advises clients, etc.

solid /'sɒlɪd/ *adj.* **1** not in the form of a liquid or gas: *Water becomes ~ when it freezes.* **2** having no holes or spaces inside. **3** strong and well made. **4** that you can rely on: *~ arguments.* **5** of the same substance throughout: *~ gold.* **6** (*infml.*) without a pause; continuous: *sleep ten hours ~* **7** (*geom.*) (of a shape) having length, width and height; not flat. **8** in complete agreement: *The workers were ~ on this issue.* ● **solid** *n.* **1** substance or object that is solid, not a liquid or gas **2** (*geom.*) shape with length, width and heights. ▶ **solidly** *adv* ▶ **solidity** /sə'lɪdəti/ *n.* [U]

solidarity /,sɒlɪ'dærəti/ *n.* [U] **~(with)** support by one person or group for another because they share the same feelings, opinions, aims, etc.

solidify /sə'lɪdɪfaɪ/ *v.* (*pt, pp* **-ied**) [I, T] (cause something to) become solid or firm.

solitaire /,sɒlɪ'teə(r)/ *n.* **1** [U] (*US*) = PATIENCE(3) **2** [C] (piece of jewellery with a) single jewel: *a ~ ring.*

solitary /'sɒlətri/ *adj.* **1** done alone, without other people. **2** remote. **3** only one; single: *a ~ visitor.*

solitude /'sɒlɪtjuːd/ *n.* [U] state of being alone.

solo /'səʊləʊ/ *n.* (*pl.* **~s**) piece of music, dance, etc. (to be) performed by one person: *a clarinet ~* ● **solo** *adj., adv.* **1** done by one person alone, without any help: *a ~ flight.* **2** of or performed as a musical solo: *music for ~ flute.* ▶ **soloist** *n.* person who performs alone.

solstice /'sɒlstɪs/ *n.* time at which the sun is furthest north or south of the equator.

soluble /'sɒljəbl/ *adj.* **1** that can be dissolved in liquid. **2** (*fml.*) (of a problem) that can be solved. ▶ **solubility** /-'bɪləti/ *n.* [U]

solution /sə'luːʃn/ *n.* **1** [C] **~(to)** way of dealing with a problem or difficult situation. **2** [C] **~(to)** answer to a puzzle. **3** [C, U] liquid in which something is dissolved. **4** [U] process of dissolving a solid or gas in a liquid.

solve /sɒlv/ *v.* [T] find the answer to a problem, etc. ▶ **solvable** *adj.*

solvent /'sɒlvənt/ *adj.* having enough money to pay your debts. ● **solvent** *n.* [U, C] liquid able to dissolve another substance. ▶ **solvency** /-ənsi/ *n.* [U] (*written*) state of not being in debt.

sombre (*US* **somber**) /'sɒmbə(r)/ *adj.* **1** dark coloured or dull: *~ colours.* **2** serious and sad: *a ~ mood* ▶ **sombrely** *adv* ▶ **sombreness** *n.* [U]

some¹ /sʌm; *weak form* səm/ *det.* **1** an unspecified number or amount of: *Have ~ milk.* ◇ *~ children.* **2** unknown or not named: *He belongs to ~ place in the Midlands.* **3** approximately: *~ twenty years ago.* **4** large amount of: *for ~ time.*

some² /sʌm/ *pron.* **1** an unspecified number or amount: *S~ of these books are quite useful.* **2** part of an amount or number: *S~ of the*

guests didn't stay for long, but most did.
somebody /'sʌmbədi/ (also **someone** /'sʌmwʌn/) pron. **1** an unknown or unnamed person: *There's ~ at the door.* **2** an important person: *She really thinks she's ~.*
somehow /'sʌmhaʊ/ adv. **1** in some way; by some means: *We'll get there ~.* **2** for some reason: *S~ I just don't think she'll come back.*
someone = SOMEBODY
somersault /'sʌməsɔːlt/ n. movement in which somebody turns over completely, with their feet over their heads ● **somersault** v. [I] turn over completely in the air.
something /'sʌmθɪŋ/ pron. **1** an unknown or unnamed thing: *I want ~ to eat.* ◊ *The car hit a tree or ~.* **2** (infml.) a significant thing: *I'm sure she knows ~ about this.* **3** (infml.) used to show that a description or an amount, etc. is not exact: *a new comedy aimed at thirty - ~s* (= people between 30 and 40 years old). ◊ *It looks ~ like a melon.*
sometime /'sʌmtaɪm/ adv. at an unspecified point in time: *~ in May.*
sometimes /'sʌmtaɪmz/ adv. occasionally: *I ~ receive letters from him.*
somewhat /'sʌmwɒt/ adv. quite; rather: *I was ~ surprised.*
somewhere /'sʌmweə(r)/ (US **someplace**) adv. in, at or to an unknown or unnamed place: *It's ~ near here.* [IDM] **get somewhere** → GET
son /sʌn/ n. **1** male child of a parent. **2** used as a form of address by an older man to a younger man or boy: *What's your name, ~?* ■ **'son-in-law** n. (pl. **'sons-in-law**) husband of your daughter.
sonata /sə'nɑːtə/ n. music for one or two instruments, usu. with three or four parts.
song /sɒŋ/ n. **1** [C] short piece of music with words that you sing. **2** [U] songs in general; music for singing. [IDM] **for a song** (infml.) at a very low price. **a song and dance (about something)** unnecessary fuss.
sonic /'sɒnɪk/ adj. (tech.) relating to sound or the speed of sound.
sonnet /'sɒnɪt/ n. poem containing 14 lines with 10 syllables each.
soon /suːn/ adv. **1** a short time from now; a short time after something else has happened: *We will ~ be home.* **2** early; quickly: *How ~ can you be ready?* ◊ *Please send it as ~ as possible,* [IDM] **no sooner ... than ...** (written) used to say that something happens immediately after something else: *No ~er had she arrived than she had to leave again.* **the sooner the better** as quickly as possible I, **etc. would sooner do something (than something else)** prefer to do something (than do something else): *I would ~er die than marry you.*
soot /sʊt/ n. [U] black powder produced when wood, coal, etc. is burnt. ▶ **sooty** adj. (**-ier, -iest**) covered with or black with soot.
soothe /suːð/ v. [T] **1** make somebody who is upset, etc. feel calmer. **2** make a painful part of your body feel more comfortable. ▶ **soothing** adj.
sop /sɒp/ n. something offered to please somebody who is angry, disappointed, etc.
sophisticated /sə'fɪstɪkeɪtɪd/ adj. **1** having or showing experience of the world and culture. **2** (of a machine, system, etc.) complicated and refined: *~ weapons.* ▶ **sophistication** /sə,fɪstɪ'keɪʃn/ n. [U]
soppy /'sɒpi/ adj. (**-ier, -iest**) (infml.) silly and sentimental.
soprano /sə'prɑːnəʊ/ n. (pl. ~**s**) adj. (music for, or singer with the) highest singing voice of women.
sorcerer /'sɔːsərə(r)/ (fem **sorceress** /-əs/) n. (in stories) person with magic powers, helped by evil spirits. ▶ **sorcery** n. [U] magic that uses evil spirits.
sordid /'sɔːdɪd/ adj. **1** immoral or dishonest. **2** very dirty and unpleasant.
sore /sɔː(r)/ adj. **1** (of a part of the body) painful, and often red, esp. because of infection. **2** (esp. US, infml.) upset and angry: *feel ~* [IDM] **a sore point** subject that makes you feel angry or upset when it is mentioned. **stand/stick out like a sore thumb** be very noticeable in an unpleasant way. ● **sore** n. painful infected area on the skin. ▶ **sorely** adv. greatly: *~ly needed.* ▶ **soreness** n. [U]
sorrow /'sɒrəʊ/ n. [C, U] feeling of great sadness because something very bad has happened. ● **sorrow** v. [I] (lit.) ~(**at/over**) feel or express great sadness. ▶ **sorrowful** adj.
sorry /'sɒri/ adj. (**-ier, -iest**) **1** feeling sad and sympathetic: *I'm ~ to hear that your father's ill.* **2** feeling sad and ashamed about something that has been done: *She was ~ for her past crimes.* **3** feeling disappointment and regret: *I was genuinely ~ to leave.* **4** poor and causing pity: *in a ~ state.* [IDM] **be/feel sorry for somebody** feel pity or sympathy for somebody. **I'm sorry** (spoken) **1** used when you are apologizing for something. **2** used for disagreeing with somebody. **3** used for introducing bad news: *I'm ~ to tell you that you've failed.* ● **sorry** exclam. **1** used for apologizing for something: *S~ I'm late.* **2** (GB) used for asking somebody to repeat something that you have not heard.
sort¹ /sɔːt/ n. group of people or things that are alike in some way [IDM] **out of sorts** feeling ill or upset **sort of** (infml.) to some extent: *~ of pleased that it happened.*

sort² /sɔːt/ v. [T] ~(out) arrange things in groups or in a particular order: ~ (out) the good and bad apples. [PV] **sort something out** (infml.) **1** put something in good order. **2** deal with a problem.

SOS /ˌes əʊ 'es/ n. [sing.] 'save our souls'; urgent message for help sent by radio, etc.

so-so /ˌsəʊ 'səʊ/ adj., adv. (infml.) average; neither very well nor very badly: 'How are you feeling?' 'So-so.'

soufflé /'suːfleɪ/ n. [C, U] dish of eggs, milk, cheese, etc. beaten together and baked until it rises.

soul /səʊl/ n. **1** [C] spiritual part of a person, believed to exist after death. **2** [C, U] emotional and intellectual energy: put ~ into your work. **3** [sing.] perfect example of a good quality: She's the ~ of discretion. **4** [C] person: not a ~ to be seen. **5** [U] = SOUL MUSIC ■ **'soul-destroying** adj. (of work) very dull and boring. ▶ **soulful** adj. showing deep feeling. ▶ **soulfully** adv. ▶ **soulless** adv. (of a person) feeling no emotion. ■ **'soul music** n. [U] type of music that expresses strong emotions, made popular by African American musicians. ■ **'soul-searching** n. [U] careful examination of your thoughts and feelings.

sound¹ /saʊnd/ n. **1** [C, U] something you can hear: the ~ of drums. **2** [sing.] idea or impression that you get of somebody/something from what somebody says or what you read: I don't like the ~ of him. ■ **'sound barrier** n. point at which an aircraft's speed equals that of sound. ■ **'sound effect** n. [usu. pl.] sound other than speech or music used in a film, play, etc. ■ **'soundproof** adj. made so that sound cannot pass through it or into it. ■ **'soundproof** v. [T] make a room, etc. soundproof. ■ **'soundtrack** n. music, etc. used in a film.

sound² /saʊnd/ adj. **1** sensible; that can be relied on: a man of ~ judgement. **2** good and thorough: She has a ~ grasp of the issues. **3** in good condition; not hurt or damaged: I arrived home safe and ~. **4** deep: be a ~ sleeper. ● **sound** adv. deeply: ~ asleep. ▶ **soundly** adv. deeply or well ▶ **soundness** n. [U]

sound³ /saʊnd/ v. **1** [I] give a certain impression: His story ~s genuine. **2** [I, T] (cause something to) produce a sound. **3** [T] give a signal by making a sound: ~ the alarm. **4** [T] (tech.) pronounce something: Don't ~ the 'b' in 'dumb'. **5** [I, T] (tech.) measure the depth of the sea or a lake with a weighted line. [PV] **sound off (about something)** (infml.) express your opinions loudly or aggressively **sound somebody out (about/ on something)** try to find what somebody thinks about something.

soup /suːp/ n. [U] liquid food made by cooking meat, vegetables, etc. together in water.

sour /'saʊə(r)/ adj. **1** having a sharp bitter taste. **2** not fresh: ~ milk. **3** not cheerful; bad-tempered. [IDM] **go/turn sour** stop being pleasant or satisfactory. ● **sour** v. [I, T] (cause something to) become sour. ▶ **sourly** adv. ▶ **sourness** n. [U]

source /sɔːs/ n. place, person or thing that you get something from or where something starts: renewable energy ~s ◇ the ~ of a river. ● **source** v. [T] (business) ~(from) get something from a particular place.

south /saʊθ/ n. [U, sing.] (abbr. **S**) **1 (the south)** point of the compass, to the right of a person facing the sunrise. **2 (the south, the South)** southern part of a country, region or the world. ● **south** adj. (abbr. **S**) **1** in or towards the south. **2** (of winds) from the south. ● **south** adv. towards the south. ■ ˌsouth-'east n. [sing.], adj., adv. (abbr. **SE**) (direction or region) halfway between south and east. ▶ ˌsouth-'eastern adj. ▶ **southerly** /'sʌðəli/ adj., adv. **1** in or towards the south. **2** (of winds) from the south. ▶ **southern** (also **Southern**) /'sʌðən/ adj. of or in the south part of the world or a region. ▶ **southerner** n. person born or living in the southern part of a country. ▶ **southward** /'saʊθwəd/ adj. towards the south. ▶ **southward(s)** adv. ■ ˌsouth-'west n. [sing.], adj., adv. (abbr. **SW**) (direction or region) halfway between south and west ▶ ˌsouth-'western adj.

souvenir /ˌsuːvə'nɪə(r)/ n. thing kept as a reminder of a person, a place or an event.

sovereign /'sɒvrɪn/ n. (fml.) king or queen. ● **sovereign** adj. **1** (of a country or state) free to govern itself; independent. **2** having complete power. ▶ **sovereignty** /'sɒvrənti/ n. [U] complete power to govern a country.

sow¹ /saʊ/ n. adult female pig.

sow² /səʊ/ v. (pt ~ed; pp ~n /səʊn/ or ~ed) **1** [I, T] plant or spread seeds in or on the ground. **2** [T] introduce or spread feelings, etc.: ~ discontent.

soya bean /'sɔɪə biːn/ n. type of bean grown as food and for its oil.

spa /spɑː/ n. (place with a) spring of mineral water.

space /speɪs/ n. **1** [U] amount of an area or a place that is empty and available for use: There's not enough ~ here. **2** [C] area or place that is empty: a parking ~ **3** [C, U] large area of land that has no buildings on it. **4** (also ˌouter 'space) [U] the universe outside the earth's atmosphere. **5** [C, usu. sing.] period of time: *within the ~ of a day.* **6** [U] whole area in which all things exist and move. [IDM] **look/stare/gaze (into space)** look straight ahead of you without looking at a particular thing, usu. because you are thinking about something. ● **space** *v.* [T] **~(out)** arrange things so that they have regular spaces between them. ■ **'space-age** *adj. (infml.)* very modern. ■ **'spacecraft | 'spaceship** *n.* vehicle for travelling in space. ■ **'space shuttle** *n.* spacecraft designed to be used, e.g. for travelling between the earth and a space station. ■ **'space station** *n.* large structure that is sent into space and remains there as a base for people working in space.

spacial *adj.* = SPATIAL.

spacious /'speɪʃəs/ *adj.* having a lot of space. ▶ **spaciousness** *n.* [U]

spade /speɪd/ *n.* **1** long-handled tool with a flat blade and sharp edge for digging. **2** playing card with black figures shaped like leaves. ■ **'spadework** *n.* [U] hard work done as preparation for something else.

spaghetti /spə'geti/ *n.* |U] long thin pieces of pasta that look like string.

spam /spæm/ *n.* [U] *(infml.)* advertising material sent by email to people who have not asked for it. ▶ **spamming** *n.* [U] practice of sending mail, esp. advertisements, through the Internet to a large number of people.

span /spæn/ *n.* **1** time that something lasts or is able to continue: *the ~ of a person's life.* **2** range or variety of something. **3** distance or part between the supports of a bridge or an arch. ● **span** *v.* **(-nn-)** [T] **1** last all through a period of time; cover something: *a life ~ning fifty years.* **2** stretch right across something.

spaniel /'spænjəl/ *n.* breed of dog with long ears that hang down.

spank /spæŋk/ *v.* [T] hit somebody, esp. a child, several times on their bottom as a punishment. ▶ **spank** *n.*

spanner /'spænə(r)/ *(US* **wrench)** *n.* tool for holding and turning nuts onto bolts, etc.

spar /spɑː(r)/ *v.* **(-rr-)** [I] **~(with)** **1** practise boxing **2** argue, usu. in a friendly way.

spare¹ /speə(r)/ *adj.* **1** additional to what is needed: *two ~ chairs.* **2** kept in case you need to replace the one you usually use; extra: *a ~ key/tyre.* **3** (of time) free from work. **4** *(written)* (of people) thin. ● **spare** *(also* **,spare 'part)** *n.* [usu. pl.] new part for a car machine, etc. used to replace an old or broken part. ■ **,spare 'tyre** *(US* **~tire)** *n.* extra wheel for a car

spare² /speə(r)/ *v.* [T] **1** be able to give money, time, etc. for a purpose: *Can you ~ me a few minutes?* ◇ *You should ~ a thought for (=* think about) *those who clean up after you.* **2** **~somebody/yourself (from)** save somebody/yourself from having to go through an unpleasant experience. **3** *(lit.)* allow somebody/something to escape harm, damage or death: *~ a prisoner's life.* **4** do something well without limiting the time, money or effort involved: *No expense was ~d* (= a lot of money was spent). ▶ **sparing** *adj.* careful to give or use only a little of something ▶ **sparingly** *adv.*

spark /spɑːk/ *n.* [C] **1** tiny flash of light produced by something burning or an electric current being broken. **2** [usu. sing.] small amount of a quality or feeling: *not a ~ of decency in him.* ● **spark** *v.* **1** [T] **~(off)** cause something to start or develop, esp. suddenly. **2** [I] produce sparks ■ **'spark plug** *(also* **'sparking plug)** *n.* device for lighting the fuel in an engine.

sparkle /'spɑːkl/ *v.* [I] shine brightly; with flashes of light: *(fig) Her conversation ~d.* ● **sparkle** *n.* [C, U] act of sparkling; *(fig.) a performance lacking in ~* ▶ **sparkling** /'spɑːklɪŋ/ *adj.*

sparrow /'spærəʊ/ *n.* common small brown and grey bird.

sparse /spɑːs/ *adj.* not crowded or thick: *a ~ population.* ▶ **sparsely** *adv.* ▶ **sparseness** *n.* [U]

spasm /'spæzəm/ *n.* **1** [C, U] sudden uncontrollable tightening of a muscle. **2** [C] sudden strong feeling or reaction. ▶ **spasmodic** /-'mɒdɪk/ *adj.* **1** done or happening at irregular intervals. **2** *(tech.)* caused or affected by spasms. ▶ **spasmodically** *adv.*

spat *pt, pp of* SPIT²

spate /speɪt/ *n.* [sing.] large number of usu. unpleasant things coming all at once: *a ~ of robberies.*

spatial /'speɪʃl/ *adj. (fml.* or *tech.)* of or concerning space. ▶ **spatially** *adv.*

spatter /'spætə(r)/ *v.* **1** [I, T] cover somebody/something with drops of liquid, dirt, etc. **2** [I] fall on a surface in drops. ● **spatter** *n.* [sing] shower of drops of liquid.

spatula /'spætʃələ/ *n.* tool with a flat flexible blade used for mixing and spreading things.

spawn /spɔːn/ *n.* [U] eggs of fish and frogs. ● **spawn** *v.* **1** [I, T] (of fish or frogs) lay eggs. **2** [T] cause something to develop or be produced.

speak /spiːk/ *v.* (*pt* **spoke** /spəʊk/; *pp* **spoken** /'spəʊkən/) **1** [I] talk to somebody about something; use your voice to say something: *I was ~ing to her about my plans.* ◇ *Please ~ more slowly.* **2** [T] be able to use a language: *~ French.* **3** [I] make a speech to an audience. **4** [T] say or state something: ~ *the truth*. [IDM] **be on speaking terms (with somebody)** be willing to be friendly towards somebody, esp. after an argument **speak your mind** express your opinion openly [PV] **speak for somebody** state the views or wishes of a person or group. **speak out (against something)** state your opinions publicly, esp. in opposition to something. **speak up 1** speak more loudly. **2** say what you think, esp. to support or defend somebody/something. ▶ **speaker** *n*. **1** person who makes a speech. **2** person who speaks a particular language; *a French ~er*. **3** part of a radio or piece of musical or computing equipment that the sound comes out of.

spear /spɪə(r)/ *n*. weapon with a metal point on a long shaft. ● **spear** *v*. [T] push or throw a spear through somebody/something ■ **'spearhead** *n*. person or group that begins an activity or leads an attack. ■ **'spearhead** *v*. [T] begin an activity or lead an attack.

spearmint /'spɪəmɪnt/ *n*. [U] kind of mint used esp. in making sweets.

special /'speʃl/ *adj*. **1** of a particular kind; not common. **2** of or for a certain person or purpose. **3** exceptional in amount, degree, etc.: *~ treatment*. ● **special** *n*. **1** thing that is not usually available but is provided on one occasion: *a television ~ about the elections*. **2** (*US, infml.*) reduced price in a shop. ▶ **specialist** *n*. person who is an expert in a particular subject, profession, etc. ▶ **specially** *adv*. particularly.

speciality /ˌspeʃiˈæləti/ (*esp. US* **specialty**) *n*. (*pl*. **-ies**) **1** type of food or product that a restaurant or place is famous for. **2** somebody's special interest, skill, subject, etc.

specialize (*also* **-ise**) /'speʃəlaɪz/ *v*. [I] ~(**in**) become an expert in a particular area of work, study or business: *~ in modern history*. ▶ **specialization** (*also* **-isation**) /ˌspeʃəlaɪˈzeɪʃn/ [U]

species /'spiːʃiːz/ *n*. (*pl*. **species**) group into which animals, plants, etc. that are able to breed with each other are divided.

specific /spəˈsɪfɪk/ *adj*. **1** detailed and precise: *~ instructions*. **2** relating to one particular thing, etc.: *for a ~ purpose*. ▶ **specifically** /-kli/ *adv*.

specification /ˌspesɪfɪˈkeɪʃn/ *n*. [C, U] detailed description of how something is, or should be, designed or made.

specify /'spesɪfaɪ/ *v*. (*pt, pp* **-ied**) [T] state details, materials, etc. clearly and precisely.

specimen /'spesɪmən/ *n*. **1** small amount of something that shows what the rest is like: *a ~ of her work*. **2** small quantity of blood, etc. taken from somebody to be tested for disease.

speck /spek/ *n*. small spot; tiny piece of dirt, etc.

speckle /'spekl/ *n*. [usu. pl.] small spot, esp. one of many, on feathers, etc. ▶ **speckled** *adj*.

spectacle /'spektəkl/ *n*. **1** (**spectacles**) [pl.] (*fml.*) = GLASSES **2** [C, U] impressive and exciting performance or event. **3** [C] impressive sight or view.

spectacular /spekˈtækjələ(r)/ *adj*. very impressive ▶ **spectacularly** *adv*.

spectator /spekˈteɪtə(r)/ *n*. person watching a show or sports event.

spectrum /'spektrəm/ *n*. [usu. sing.] (*pl*. **-tra** /-trə/) **1** image of a band of colours as seen in a rainbow. **2** (*written*) wide range of related qualities, ideas, etc.: *a ~ of opinions*.

speculate /'spekjuleɪt/ *v*. **1** [I, T] form opinions without having complete knowledge. **2** [I] buy and sell goods, shares, etc. hoping to make a profit but risking loss. ▶ **speculation** /-ˈleɪʃn/ *n*. [C, U] ▶ **speculative** *adj*.

sped *pt, pp of* SPEED

speech /spiːtʃ/ *n*. **1** [C] formal talk given to an audience: *make a ~* **2** [U] power, act or way of speaking ▶ **speechless** *adj*. unable to speak, e.g. because of deep feeling.

speed /spiːd/ *n*. **1** [C, U] rate at which somebody/something moves: *a ~ of 10 kilometres an hour*. ◇ *travelling at full ~* **2** [U] quickness of movement: *move with great ~* ● **speed** *v*. (*pt, pp* **sped** /sped/ *or* **~ed**) **1** [I] (*written*) go quickly. **2** drive faster than the speed allowed by law. [PV] **speed (something) up** (cause something to) go faster: *~ up production*. ■ **speedometer** /spiːˈdɒmɪtə(r)/ *n*. instrument showing the speed of a vehicle, etc. ■ **'speedway** *n*. [C, U] (track used for) racing motorbikes. ▶ **speedy** *adj*. (**-ier, -iest**) quick.

spell¹ /spel/ *n*. **1** short period of time during which something lasts: *a ~ of warm weather*. **2** period spent doing a certain activity: *a ~ at the wheel* (= driving). **3** (condition produced by) words supposed to have magic power: (*fig*.) *under the ~ of a fascinating man*. ■ **'spellbound** *adj*. with the attention held (as if) by a magic spell.

spell² /spel/ *v*. (*pt, pp* **spelt** /spelt/ *or* **~ed**) **1** [I, T] say or write the letters of a word in the correct order. **2** [T] (of letters) form words when in a particular order: *C-A-T ~s cat*. **3** [T] have something, usu. something bad, as a result: *The crop failure spelt disaster for farmers*. [PV] **spell something out** make something easy to understand. ■ **'spell check** (*also* **'spellchecker**) *n*. computer program that checks your writing to see if your

spelling is correct. ▶ **spell check** v. [T] ▶
spelling n. **1** [U] act of forming words correctly from individual letters; ability to do this. **2** [C] way in which a word is spelt.
spelunking /spɪˈlʌŋkɪŋ/ n. [U] (US) = CAVING
spend /spend/ v. (pt, pp **spent** /spent/) **1** [I, T] ~(**on**) pay out money for goods, services, etc. **2** [T] use time for a purpose; pass time: ~ *a month in the city*. **3** [T] use energy, effort, etc. until it has all been used: ~ *your energy in studying*. ■ **'spendthrift** n. (disapprov.) person who wastes money. ▶ **spent** adj. used up.
sperm /spɜːm/ n. [U] male sex cell which fertilizes a female egg.
spew /spjuː/ v. [I, T] (cause something to) come out in a stream.
sphere /sfɪə(r)/ n. **1** completely round solid shape. **2** range of interests, activities, influence, etc. ▶ **spherical** /ˈsferɪkl/ adj round.
spice /spaɪs/ n. **1** [C, U] one of various types of powder or seed that come from plants and are used in cooking. **2** [U] extra interest or excitement: *add ~ to a story*. ● **spice** v. [T] add spice to something. ▶ **spicy** adj. (-ier, -iest) **1** containing spice. **2** exciting and slightly shocking.
spick /spɪk/ adj. [IDM] **spick and span** clean and tidy.
spider /ˈspaɪdə(r)/ n. small creature with eight legs, esp. one that spins a web to trap insects. ▶ **spidery** adj. long and thin, like the legs of a spider: *~y structure*.
spied pt, pp of SPY.
spike /spaɪk/ n. [C] **1** thin object with a sharp point. **2** [usu. pl.] metal point attached to the sole of a running shoe, etc. **3** long pointed group of flowers that grow together on a single stem. ● **spike** v. [T] **1** push a sharp piece of metal, wood etc. into somebody/something. **2** add alcohol, poison or a drug to somebody's drink or food without them knowing. ▶ **spiky** adj. (-ier, -iest).
spill /spɪl/ v. (pt, pp **spilt** /spɪlt/ or **~ed**) [I, T] (cause liquid or powder to) run over the side of the container. [IDM] **spill the beans** (infml.) reveal a secret.
spin /spɪn/ v. (-nn-, pt, pp **spun** /spʌn/) **1** [I, T] (cause something to) turn round and round quickly. **2** [I, T] make thread from wool, cotton, etc. by twisting it. **3** [T] (of a spider or silkworm) produce thread from its body to make a web or cocoon: *Spiders ~ webs*. **4** [T] (infml.) compose a story. [PV] **spin something out** make something last as long as possible. ● **spin** n. **1** [C, U] very fast turning movement. **2** [sing., U] (infml.) way of presenting information, esp. in a way that makes you or your ideas seem good. **3** [C] short ride in a car for pleasure. [IDM] **in a (flat) spin** very confused, worried or excited. ■ **'spin doctor** n. (infml.) person whose job is to present information to the public about a politician, etc. in the most positive way possible. ■ **,spin 'dryer** (also **~ drier**) n. (GB) machine that spins clothes to dry them. ■ **'spin-off** n. product, etc. resulting indirectly from another activity.
spinach /ˈspɪnɪdʒ/ n. [U] plant with large green leaves, cooked and eaten as a vegetable.
spinal /ˈspaɪnl/ adj. (anat) of the spine(1).
spindle /ˈspɪndl/ n. **1** thin rod for winding thread by hand in spinning. **2** bar on which part of a machine turns. ▶ **spindly** /ˈspɪndli/ adj. (-ier, -iest) long and thin.
spine /spaɪn/ n. **1** row of small bones that are connected together down the middle of the back. **2** sharp point on some animals and plants, e.g. the cactus. **3** part of the cover of a book where the pages are joined together. ■ **'spine-chilling** adj. very frightening. ▶ **spineless** adj. (disapprov.) cowardly ▶ **spiny** adj. (-ier, -iest) (of animals or plants) having sharp points.
spinster /ˈspɪnstə(r)/ n. (old-fash., often disapprov.) unmarried woman.
spiral /ˈspaɪrəl/ n. **1** curve winding round a central point: *The house was constructed in such a way that it looked ~*. **2** continuous harmful increase or decrease in something. ● **spiral** adj. moving in a continuous curve winding round a central point: *a ~ staircase*. ● **spiral** v. (-ll-, US -l-) [I] **1** move in a spiral. **2** increase rapidly.
spire /ˈspaɪə(r)/ n. pointed tower, esp. of a church.
spirit /ˈspɪrɪt/ n. **1** [U, C] person's thoughts and feelings or soul. **2** (**spirits**) [pl.] state of mind: *in high ~s* (= cheerful) **3** [C] person: *That girl had a very cheerful ~!* **4** [U] courage or energy: *act with ~* **5** [sing.] mental attitude; state of mind: *The work became successful as it was with high spirit*. **6** [U] real meaning or purpose of something. **7** [C] soul without a body; ghost. **8** [C, usu. pl.] strong alcoholic drink, e.g. whisky [IDM] **in spirit** in your thoughts. ● **spirit** v. [T] take something/somebody away quickly or mysteriously. ▶ **spirited** adj. **1** lively, brave, etc. **2** having the mood stated: *high-/low- ~ed*.
spiritual /ˈspɪrɪtʃuəl/ adj. **1** connected with the human spirit rather than the body. **2** religious. ● **spiritual** n religious song as originally sung by black slaves in the US. ▶ **spiritually** adv.
spit¹ /spɪt/ n. **1** [U] saliva **2** [C] narrow point of land jutting out into the sea, etc. **3** [C] metal spike which holds meat, etc. for roasting.

spit² /spɪt/ v. (-tt-, pt, pp **spat** /spæt/) **1** [T] force liquid, food, etc. from the mouth. **2** [I] force saliva out of your mouth, often as a sign of lack of respect. **3** [T] say something angrily: *She was ~ting abuse at a woman in the market.* **4** [I] (used with it) rain lightly. [IDM] **be the spitting image of sb →** IMAGE.

spite /spaɪt/ n. [U] feeling of wanting to hurt or upset somebody: *do something out of ~* [IDM] **in spite of something** without being prevented by the conditions mentioned: *The children went to school ~ of heavy rain.* ● **spite** v. [T] deliberately annoy or upset somebody. ▶ **spiteful** adj. unkind.

splash /splæʃ/ v. **1** [I] (of liquid) fall noisily onto a surface. **2** [T] make somebody/something wet by throwing liquid: *~ water on the people.* **3** [I] move through water making drops fly everywhere: *Children were ~ing around in the river.* [PV] **splash something across/over something** put a photograph, news story, etc. in a place where it will be easily noticed. **splash out (on something)** (*infml.*) spend a lot of money on something. ● **splash** n. sound or act of, or mark made by, splashing.

spleen /spli:n/ n. organ that controls the quality of the blood in the body.

splendid /'splendɪd/ adj. **1** very impressive; *a ~ view.* **2** (*old-fash*) excellent. ▶ **splendidly** adv.

splendour (*US* **-dor**) /'splendə(r)/ n. [U] grand and impressive beauty.

splice /splaɪs/ v. [T] join two pieces of a rope, film, tape, etc. together.

splint /splɪnt/ n. piece of wood or metal tied to a broken arm or leg to keep it still and in position.

splinter /'splɪntə(r)/ n. sharp piece of wood, glass, etc. broken from a larger piece. ● **splinter** v. [I, T] (cause something to) break into splinters. ■ **'splinter group** n. (*esp.* in politics) group that has separated from a larger one.

split /splɪt/ v. (-tt-, pt, pp **split**) **1** [I, T] (cause a group of people to) divide into separate or opposing parts: *The difference in the opinions of the group ~ it.* **2** [T] divide something into parts and share it with others: *~ the money.* **3** [I, T] (cause something to) tear along a straight line: *The book had ~ (from the middle).* **4** [T] cut somebody's skin and make it bleed **5** [I] **~(from/with)** leave somebody and stop having a relationship with them: *They both split last year.* [IDM] **split hairs** pay too much attention to small differences in an argument. **split your sides (laughing/with laughter)** laugh very much. [PV] **split up (with somebody)** stop having a relationship with somebody. ● **split** n. **1** [C] separation or division. **2** [C] crack or tear made by splitting. **3 (the splits)** [pl.] act of sitting with the legs stretched in opposite directions: *a gymnast doing the ~s.* ■ **,split 'second** n. very short moment.

splutter /'splʌtə(r)/ v. **1** [I, T] speak quickly and with difficulty, because you are angry or embarrassed. **2** [I] make a series of short explosive sounds: *The bombs ~ed.* ● **splutter** n. short explosive sound.

spoil /spɔɪl/ v. (pt, pp **~t** or **~ed**) **1** [T] ruin the value or pleasure of something: *Rain ~ed the trip.* **2** [T] harm the character of a child by lack of discipline. **3 spoil somebody/yourself** [T] make somebody/yourself happy by doing something special. **4** [I] (of food, etc.) become bad. ● **the spoils** n. [pl.] (*fml.*) stolen goods, profit, etc. ■ **'spoilsport** n. person who ruins others' enjoyment.

spoke¹ /spəʊk/ n. rod connecting the centre of a wheel to the edge.

spoke² pt of SPEAK.

spoken pp of SPEAK.

spokesman /'spəʊksmən/ (*pl.* **-men**) (also **spokesperson**) (*pl.* **-people**) (*fem* **spokeswoman**) (*pl.* **-women**) n. person speaking as the representative of a group, etc.

sponge /spʌndʒ/ n. **1** [C, U] (piece of a) soft light substance that is full of holes and can hold water easily. **2** [C] simple sea animal with a body full of holes from which natural sponge is obtained. **3** [C, U] (*GB*) = SPONGE CAKE ● **sponge** v. **1** [T] wipe somebody/yourself/something with a sponge. **2** [T] remove something using a wet cloth or sponge. **3** [I] (*infml., disapprov.*) get money, food, etc. from people without offering anything in return: *~ money from him.* ■ **'sponge cake** n. [C, U] (*GB*) soft light cake. ▶ **spongy** adj. (**-ier, -iest**).

sponsor /'spɒnsə(r)/ n. **1** person, company, etc. that pays for an event. **2** person or company that supports somebody by paying for their training or education. ● **sponsor** v. [T] **1** pay for an event, a programme, etc. as a way of advertising. **2** pay somebody money if they do something for charity. ▶ **sponsorship** n. [U].

spontaneous /spɒn'teɪniəs/ adj. done, happening, etc. naturally and not planned: *a ~ offer of job* ▶ **spontaneity** /,spɒntə'neɪəti/ n. [U] ▶ **spontaneously** adv.

spoof /spu:f/ n. (*infml.*) humorous copy of a film, TV programme, etc.

spooky /'spu:ki/ adj. (**-ier, -iest**) (*infml.*) frightening.

spool /spu:l/ n. reel for thread, film, tape, etc.

spoon /spu:n/ n. utensil with a shallow bowl on

a handle, used for putting food, e.g. soup, into the mouth. ● **spoon** v. [T] lift and move food with a spoon. ■ **'spoon-feed** v. [T] (disapprov.) teach people something in a way that does not make them think for themselves.

sporadic /spəˈrædɪk/ adj. occurring only occasionally. ▶ **sporadically** /-kli/ adv.

spore /spɔː(r)/ n. (biol.) small cells produced by some plants which grow into a new plant, e.g. ferns.

sport /spɔːt/ n. 1 [U] activity done for pleasure or exercise, usu. according to rules. 2 [C] particular form of sport: water ~s. [IDM] **be a (good) sport** (infml.) be generous, cheerful and pleasant. ● **sport** v. [T] have or wear something proudly: ~ a new haircut. ▶ **sporting** adj. 1 of sport 2 fair and generous in your treatment of others. [IDM] **a sporting chance** a reasonable chance of success. ■ **'sports car** n. low fast car often with a roof that can be folded back. ■ **'sportsman** (pl. -men) | **'sportswoman** (pl. -women) n. person who takes part in sport. ■ **'sportsmanship** n. [U] quality of being fair and generous, esp. in sport. ▶ **sporty** adj. (-ier, -iest) good at or liking sport. Pic on pg 186

spot /spɒt/ n. 1 small esp. round mark of a different colour from the surface it is on. 2 small dirty mark on something. 3 small red infected mark on the skin. 4 place: a busy ~ 5 (infml.) ~**of** small amount: a ~ of coffee. [IDM] **in a (tight) spot** (infml.) in a difficult situation **on the spot**. 1 immediately: an on-the-~ debate. 2 actual place where something is happening. ● **spot** v. (-tt-) [T] see or notice somebody/ something. [IDM] **be spotted with something** be covered with small round marks of something. ▶ **spotless** adj. completely clean. ▶ **spotted** adj. marked with spots. ▶ **spotty** adj. (-ier, -iest) (of a person) having a lot of spots on the skin.

spotlight /ˈspɒtlaɪt/ n. (lamp used for sending a) strong light directed at a particular place. ● **spotlight** v. [T] (pt, pp **spotlit** /-lɪt/ or, in sense. 2 **~ed**) 1 shine a spotlight on somebody/something: a spotlit stage. 2 direct attention at a problem, situation, etc.

spouse /spaʊs/ n. (fml. or law) husband or wife.

spout /spaʊt/ n. pipe through which liquid pours: a ~ on a jug. [IDM] **be/go up the spout** (GB, sl.) be/go wrong; be spoilt. ● **spout** v. 1 [I, T] (cause liquid to) come out of something with great force. 2 [T] (infml., disapprov.) speak a lot about something; repeat something in a boring or annoying way.

sprain /spreɪn/ v. [T] injure a joint in your body by suddenly twisting it: ~ the neck. ▶ **sprain** n.

sprang pt of SPRING²

sprawl v. /sprɔːl/ [I] 1 sit or lie with your arms and legs spread out in a relaxed or awkward way. 2 spread untidily over a large area. ● **sprawl** n. [C, usu. sing., U] large area covered with buildings that spreads into the countryside in an ugly way: urban ~

spray /spreɪ/ n. 1 [U, C] liquid sent through the air in tiny drops. 2 [U, C] substance that is forced out of a container, e.g. an aerosol, in the form of tiny drops: hair~ 3 [C] device or container that turns liquid into tiny drops. 4 [C] small branch of a tree or plant, esp. for decoration. ● **spray** v. [I, T] cover somebody/something with very small drops of liquid.

spread /spred/ v. (pt, pp **spread**) 1 [T] extend the surface of something by unfolding it: Spread the sheet on the bed. 2 [T] put a substance on a surface: ~ jam on the toast. 3 [I, T] (cause something to) become more widely known, felt, etc.: ~ influence. 4 [I] extend over an area or period of time. ● **spread** n. 1 [U] growth or increase of something: the rapid ~of the epidemic. 2 [U, C] soft food that you put on bread. 3 [usu. sing.] extent or width of something. 4 [C] (infml.) a lot of food on a table. ■ **ˌspreadˈeagled** adj. in a position with your arms and legs spread out. ■ **'spreadsheet** n. computer program for displaying and changing rows of figures.

sprightly /ˈspraɪtli/ adj. (-ier, -iest) lively and active ▶ **sprightliness** n. [U].

spring¹ /sprɪŋ/ n. 1 [U, C] season of the year between winter and summer, when plants begin to grow. 2 [C] length of coiled wire which returns to its shape after being pulled or pressed: bed ~s. 3 [U] ability of a spring to return to its original position. 4 [C] place where water comes naturally to the surface from under the ground. 5 [C] quick sudden jump. ■ ˌ**spring ˈclean** v. [T] clean a house, etc. thoroughly, including the parts where you do not usu. clean. ▶ ˌ**spring ˈclean** n. [sing.] ▶ **springy** adj. (-ier, -iest) returning quickly to the original shape when pushed, pulled, etc.

spring² /sprɪŋ/ v. (pt **sprang** /spræŋ/; pp **sprung** /sprʌŋ/) 1 [I] jump or move suddenly: ~ (up) from the swing. ◊ The window sprang open. 2 [T] ~(**on**) do something, ask something or say something that somebody is not expecting: I sprang the news of going to London on her. [IDM] **spring a leak** (of a boat, etc.) begin to leak. [PV] **spring from something** have something as a source or an origin **spring up** appear or develop quickly.

sprinkle /ˈsprɪŋkl/ v. [T] throw small pieces of

something or drops of liquid on something. ▶
sprinkler /-klə(r)/ *n.* device for sprinkling water in drops on grass, plants, etc.
sprint /sprɪnt/ *v.* [I] run at full speed. ● **sprint** *n.* fast run. ▶ **sprinter** *n.*
sprout /spraʊt/ *v.* [I, T] produce leaves, etc. or begin to grow: (*fig*) *population continuously ~ing* (*up*) *in this part of the world.* ● **sprout** *n.* **1** = BRUSSELS SPROUT **2** new part of a plant.
sprung *pp of* SPRING²
spun *pp of* SPIN.
spur /spɜː(r)/ *n.* **1** sharp pointed object worn on the heel of a rider's boot, used to make the horse go faster. **2** thing that encourages somebody to try or work harder. [IDM] **on the spur of the moment** suddenly and without planning in advance. ● **spur** *v.* (**-rr-**) [T] ~(**on**) encourage somebody to do something or try harder to achieve something.
spurn /spɜːn/ *v.* [T] reject or refuse somebody, an offer, etc.
spurt /spɜːt/ *v.* **1** [I, T] (cause liquids, etc. to) come out in a sudden burst. **2** [I] make a sudden effort in a race, contest, etc. ● **spurt** *n.* **1** sudden burst of energy, speed, etc. **2** sudden rush of liquid, etc.
sputter /ˈspʌtə(r)/ *v.* [I] make a series of spitting sounds.
spy /spaɪ/ *n.* (*pl.* **-ies**) person who tries to get secret information about another country, organization, or person. ● **spy** *v.* (*pt, pp* **-ied**) **1** [I, I] ~(**on**) collect secret information about somebody/something. **2** [T] (*lit.* or *fml.*) suddenly see or notice somebody/something.
squabble /ˈskwɒbl/ *v.* [I], *n.* (have a) quarrel, usu. about something unimportant.
squad /skwɒd/ *n.* [C, with sing. or pl. verb] small group of people working as a team: *a cricket ~.*
squadron /ˈskwɒdrən/ *n.* [C, with sing. or pl. verb] group of military aircraft or ships.
squalid /ˈskwɒlɪd/ *adj.* (*disapprov.*) **1** dirty and unpleasant. **2** morally bad.
squall /skwɔːl/ *n.* **1** sudden violent wind. **2** loud cry, esp. from a baby ● **squall** *v.* [I] cry noisily.
squalor /ˈskwɒlə(r)/ *n.* [U] dirty and unpleasant conditions.
squander /ˈskwɒndə(r)/ *v.* [T] ~(**on**) waste time, money, etc. in a stupid or careless way.
square¹ /skweə(r)/ *adj.* **1** having four straight equal sides and four angles of 90°. **2** forming an angle of 90°: *~ corners.* **3** equal to a square with sides of a stated length: *six metres ~* **4** (*infml.*) having paid all the money owed to somebody: *I gave you the money that I borrowed from you – now we're ~.* **5** (*sport*) (of two teams) having the same number of points. **6** honest; fair: *~ competition.* [IDM] **a square meal** a satisfying meal. ● **square** *adv.* directly; not at an angle. ▶ **squarely** *adv.* **1** directly; not at an angle or to one side: *She stared at me ~ly in the eye.* **2** directly or exactly; without any uncertainty. ■ **,square 'root** *n.* (*maths*) number which when multiplied by itself gives a particular number: *The ~ root of 4 is 2.*
square² /skweə(r)/ *n.* **1** shape or area with four equal sides and four angles of 90°. **2** four-sided open area in a town. **3** result when a number is multiplied by itself. [IDM] **back to square one** a return to the situation you were in at the beginning of a project, task, etc.
square³ /skweə(r)/ *v.* **1** [T] ~(**off**) make something have straight edges and corners. **2** [T] multiply a number by itself. **3** [T] make something straight or level. **4** [T] (*infml.*) bribe somebody. [PV] **square** (**something**) **with something** make two ideas, facts or situations agree or be consistent with each other: *~ your suggestions with the proof.* **square up** (**with somebody**) pay money that you owe.
squash /skwɒʃ/ *v.* **1** (T) press something so that it becomes soft, damaged or flat. **2** [I, T] push somebody/something or yourself into a space that is too small: *~ all the students in just one room.* **3** [T] stop something from continuing; destroy something because it is a problem for you. ● **squash** *n.* **1** [U] game for two players, played with rackets and a rubber ball in a walled court. **2** [U, C] (*GB*) drink made from fruit juice. **3** [C, U] (*pl.* **squash** or **~es**) type of vegetable that grows on the ground, e.g. a pumpkin or marrow. **4** [sing.] (*infml.*) crowd of people squashed together.
squat /skwɒt/ *v.* (**-tt-**) [I] **1** sit with your legs bent under your body. **2** occupy empty buildings, land, etc. without permission. ● **squat** *adj.* short and wide or fat. ● **squat** *n.* building occupied by squatters. ▶ **squatter** *n.* person who lives in a building, etc. without permission and without paying rent.
squawk /skwɔːk/ *v.* [I] **1** (of birds) make a loud harsh sound. **2** speak in a loud sharp voice because you are angry, surprised, etc. ▶ **squawk** *n.*
squeak /skwiːk/ *v.* [I, T] *n.* (make a) short high sound that is not very loud. ▶ **squeaky** *adj.* (**-ier, -iest**).
squeal /skwiːl/ *n.* long high cry or sound. ● **squeal** *v.* [I] **1** make a long high sound. **2** (*infml., disapprov.*) give information, esp. to the police about something somebody has done.

squeamish /'skwi:mɪʃ/ adj. **1** easily made sick by unpleasant sights or situations, esp. the sight of blood. **2** easily shocked, offended, etc.

squeeze /skwi:z/ v. **1** [T] press something firmly, esp. with your fingers: ~ *the water out of the wet clothes*. **2** [T] ~**(from/out of)** get liquid out of something by pressing or twisting it hard. **3** [I, T] force somebody/ something/yourself into or through a small space: *Both of you ~ into the back seat of the car*. [PV] **squeeze something out of/from somebody** get something by putting pressure on somebody, using threats, etc. ● **squeeze** n. **1** [C, usu. sing.] act of pressing something. **2** [sing.] condition of being squeezed. **3** [C, usu. sing.] (difficulty caused by a) reduction in the amount of money, jobs, etc. available.

squelch /skweltʃ/ v. [I] make a sucking sound as when feet are lifted from mud ● **squelch** n. squelching sound.

squid /skwɪd/ n. [C, U] sea creature with ten long arms around its mouth.

squint /skwɪnt/ v. [I] **1** look at something with your eyes partly shut. **2** (*GB*) (of an eye) look in a different direction from the other eye. ● **squint** n. [C, usu. sing.] disorder of the eye muscles which causes each eye to look in a different direction.

squirm /skwɜ:m/ v. [I] **1** move by twisting the body about. **2** feel embarrassment or shame.

squirrel /'skwɪrəl/ n. small bushy-tailed animal with red or grey fur.

squirt /skwɜ:t/ v. **1** [I, T] force liquid, gas, etc. out in a thin fast stream through a narrow opening; be forced out in this way. **2** [T] hit somebody/something with a stream of water, gas, etc. ● **squirt** n. thin fast stream of a liquid.

St abbr. **1** (used in addresses) Street **2** Saint.

stab /stæb/ v. (**-bb-**) [I, T] **1** push a pointed weapon into somebody, killing or injuring them. **2** make a short, forceful movement with a finger, etc. [IDM] **stab somebody in the back** betray somebody. ● **stab** n. **1** act of stabbing somebody/something. **2** sudden sharp pain. **3** attempt to do something: *have a ~ at something*. ▶ **stabbing** adj. (of pain) very sharp and sudden.

stable¹ /'steɪbl/ adj. **1** firmly fixed; not likely to move, change or fail. **2** (of a person) calm and reasonable; balanced. ▶ **stability** /stə'bɪləti/ n. [U] ▶ **stabilize** (*also* **-ise**) /'steɪbəlaɪz/ v. [I, T] (cause something to) become firm, steady and unlikely to change. ▶ **stabilizer** (*also* **-iser**) n. device that keeps something steady.

stable² /'steɪbl/ n. building in which horses are kept. ● **stable** v. [T] put or keep a horse in a stable.

stack /stæk/ n. [C] **1** (*usu*. neat) pile: *a ~ of newspapers*. **2** pile of hay, straw, etc. stored in the open. **3** tall chimney or group of chimneys. **4** (**stacks**) [pl.] (*infml*.) ~**(of)** large number of something. ● **stack** v. [T] **1** arrange things in a pile. **2** fill something with piles of things.

stadium /'steɪdiəm/ (pl. ~**s** or **-dia** /-diə/) n. large sports ground, with seats for spectators.

staff /stɑ:f/ n. **1** [C, usu. sing.] all the workers employed in an organization considered as a group. **2** (*US*) people who work at a school or university, but who do not teach students. **3** [C, with sing. or pl. verb] group of senior army officers. **4** [C] strong stick used as a support when walking. ● **staff** v. [T] (provide people to) work in an institution, company, etc.

stag /stæg/ n. male deer.

stage /steɪdʒ/ n. **1** [C] period or step in development, growth, etc.: *at an early ~ in his career* **2** [C] separate part that a process, etc. is divided into. **3** [C] raised platform on which actors perform plays. **4** (often **the stage**)  [sing.] acting as a profession: *go on the ~* (= be an actor) **5** [sing.] place where important things happen, esp. in politics. ● **stage** v. [T] produce a performance of a play, etc. ■ **'stagecoach** n. vehicle pulled by horses, which was used in the past to carry passengers. ■ **,stage 'manager** n. person in charge of a theatre stage.

stagger /'stægə(r)/ v. **1** [I] walk unsteadily. **2** [T] shock or surprise somebody very much. **3** [T] arrange events, etc. so that they do not happen together. ▶ **stagger** n.

stagnant /'stægnənt/ adj. **1** (of air or water) not moving and therefore smelling bad. **2** not developing, growing or changing.

stagnate /stæg'neɪt/ v. [I] **1** stop developing or making progress. **2** be or become stagnant. ▶ **stagnation** /-ʃn/ n [U].

staid /steɪd/ adj. (of appearance, behaviour, etc.) dull, quiet and serious.

stain /steɪn/ v. **1** [T] leave marks on something that are difficult to remove. **2** [I] become marked. **3** [T] colour wood, fabric, etc. ● **stain** n. **1** [C] dirty mark that is difficult to remove. **2** [U] liquid used for colouring wood, etc. **3** [C] thing that harms somebody's reputation, etc. ■ **,stained 'glass** n. [U] pieces of coloured glass, often used to make patterns in windows. ■ **,stainless 'steel** adj.

type of steel that does not rust.

stair /steə(r)/ n. **1 (stairs)** [pl.] set of steps built between two floors inside a building: *a flight of ~s*. **2** [C] one of a series of steps: *standing on the bottom ~*. ■ **'staircase | 'stairway** n. set of stairs inside a building.

stake /steɪk/ n. **1** [C] strong pointed wooden or metal post pushed into the ground to support something, etc. **2** [C] money that somebody invests in a company: *She has a ~ in the company's shares*. **3** [C, usu. pl.] sum of money risked or gambled [IDM] **at stake** that can be won or lost, depending on the success of a particular action. ● **stake** v. [T] **1** risk money or something important on the result of something. **2** support something with a stake (1) [IDM] **stake (out) a/your claim (to/for/on something)** say or show publicly that you think something should be yours. [PV] **stake something out** (*infml.*) watch a place secretly, esp. for signs of illegal activity.

stale /steɪl/ adj. **1** (of food, etc.) not fresh. **2** no longer interesting because too well known. **3** no longer able to do something well because you have been doing the same thing for too long. ▶ **staleness** n. [U].

stalemate /'steɪlmeɪt/ n. [C, U] **1** position in chess in which no further move can be made. **2** stage in an argument, etc. in which no further discussion seems possible.

stalk /stɔːk/ n. thin stem that supports a flower, leaf or fruit and joins it to another part of the plant. ● **stalk** v. **1** [I, T] move slowly and quietly towards an animal or a person, in order to kill, catch or harm it or them: *He ~ed the lady while she was going to the market*. **2** [T] illegally follow and watch somebody over a long period of time. **3** [I] walk in an angry or proud way. ▶ **stalker** n. **1** person who follows and watches another person over a long period of time. **2** person who follows an animal in order to kill it.

stall /stɔːl/ n. [C] **1** compartment for one animal in a stable. **2** table or small open shop, etc. from which things are sold in the street. **3 (the stalls)** [pl.] seats in a theatre nearest to the stage. ● **stall** v. **1** [I, T] (cause a vehicle or an engine to) stop suddenly because of lack of power or speed. **2** [I] delay something so that you have more time. **3** [T] make somebody wait so that you have more time to do something.

stallion /'stælɪən/ n. male horse, esp. one used for breeding.

stamina /'stæmɪnə/ n. [U] energy and strength to work hard, run long distances, etc.

stammer /'stæmə(r)/ v. [I, T] speak with difficulty, repeating sounds or words before saying things correctly. ● **stammer** n. [sing.] tendency to stammer while speaking.

stamp¹ /stæmp/ n. **1** (*also fml.* **'postage stamp**) small piece of printed paper stuck on envelopes, parcels, etc. to show that postage has been paid: *a ~ album*. **2** tool for printing the date or a mark on a surface. **3** words, design, etc. made by stamping something on a surface. **4** small piece of paper stuck on a document to show that an amount of money has been paid. **5** act of stamping with the foot.

stamp² /stæmp/ v. **1** [I, T] put your foot down with force on the ground, etc. **2** [T] **~A on B; ~ B with A** print a design, the date, etc. onto something using a special tool. **3** [T] make a feeling show clearly on somebody's face, in their actions etc.: *The guilt ~ed all over her face*. **4** [T] stick a stamp on a letter or parcel. [PV] **stamp something out** get rid of something bad, unpleasant or dangerous, esp. by using force.

stampede /stæm'piːd/ n. sudden rush of people or animals, e.g. through fear. ● **stampede** v. [I, T] (cause animals or people to) run in a stampede.

stance /stæns/ n. **1** way of standing, esp. when striking the ball in golf, cricket, etc. **2** attitude, opinion: *her ~ on the company's policy*.

stand¹ /stænd/ n. **1** [usu. sing.] attitude or opinion. **2** [C] strong effort to defend yourself or your opinion: *make a ~ on the decision*. **3** [C] table or upright structure where things are sold or displayed. **4** [C] piece of furniture for holding a particular type of thing: *a music ~*. **5** [C] building where people stand or sit to watch sports contests, etc. **6** [usu. sing.] = WITNESS BOX (WITNESS) ■ **'standpoint** n. [usu. sing.] point of view.

stand² /stænd/ v. (*pt, pp* **stood** /stʊd/) **1** [I] be on your feet; be upright **2** [I] get up onto your feet from another position. **3** [T] put something/somebody in an upright position: *~ against the wall*. **4** [I] be in a certain place, condition or situation: *the shop ~s on the corner of the street*. **5** [I] be a particular height: *She ~s five foot six*. **6** [I] **~at** be at a particular level, amount, height, etc. **7** [I] (of an offer, decision, etc.) be still valid: *My decision ~s*. **8** [T] (used *esp.* with *can't, couldn't*) strongly dislike somebody/something: *I can't ~ that lady*. **9** [T] be able to survive or tolerate something without being harmed or damaged: *His body won't ~ the extreme pain*. **10** [T] buy a drink or meal for somebody: *~ somebody a meal*. **11** [I] **~(for/as)** be a candidate in an election: *~ for parliament*. [IDM] **it stands to reason** (*infml.*) it must be obvious to any sensible person who thinks about it. **stand a chance (of doing something)** have the possibility of succeeding or achieving something. **stand fast/firm** refuse to move back; refuse to change your opinions. **stand your ground** → GROUND¹ **stand on your own (two) feet** be independent **stand out like a sore thumb** → SORE. [PV] **stand by 1** be present while something bad happens without doing anything. **2** be ready for action. **stand by somebody** help or support somebody, esp. in a difficult situation. **stand by something** still believe something you said, decided or agreed earlier **stand down** resign from a job, etc.; withdraw **stand for something 1** be an abbreviation or symbol for something: *US ~s for United States*. **2 (not stand for something)** not tolerate something: *She won't ~ for dishonesty*. **stand in (for somebody)** take the place of somebody. **stand out (as something)** be much better or more important than somebody/something. **stand out (from/against something)** be easily seen; be noticeable. **stand somebody up** (*infml.*) deliberately not meet somebody you have arranged to meet. **stand up for somebody/something** support or defend somebody/something. **stand up to somebody** resist somebody. **stand up to something** remain in good condition in spite of hard use, etc. ■ **'standby** *n.* person or thing to be used as a substitute, esp. in case of emergency. [IDM] **on standby** ready to do something immediately if needed or asked. ■ **'stand-in** *n.* person who does somebody's job for them for a short time. ■ **standoffish** /-'ɒfɪʃ/ *adj.* (*infml.*) (of people) unfriendly.

standard /'stændəd/ *n.* **1** thing used as a measure. **2** (normal or expected) level of quality: *the ~ of living*. **3** special flag. ● **standard** *adj.* of the normal or usual kind: *~ height.* ▶ **standardize** (*also* **-ise**) *v.* [T] make something conform to a fixed standard of size, shape, quality, etc. ■ **'standard lamp** *n.* tall lamp with a base on the floor. ■ **,standard of 'living** *n.* level of comfort, wealth, etc. enjoyed by a particular group of people.

standing /'stændɪŋ/ *n.* [U] **1** position or reputation of somebody within a group of people or an organization. **2** period of time something has existed: *debts of long ~* ▶ **standing** *adj.* permanent and established: *a ~ charge*.

stank *pt of* STINK.

stanza /'stænzə/ *n.* group of lines in a poem.

staple *n.* **1** small piece of bent wire for holding sheets of paper together. **2** main article or product. ● **staple** *v.* [T] fasten or secure something with a staple(1) ● **staple** *adj.* forming the main part of something: *Their ~ food is cereals.* ▶ **stapler** *n.* device for putting staples into paper, etc.

star /stɑː(r)/ *n.* **1** large ball of burning gas seen as a point of light in the sky at night. **2** figure with five or more points resembling a star, often used to show quality. **3** famous singer, actor, etc. **4** planet or force believed to influence a person's life: *born under a lucky ~* ● **star** *v.* (**-rr-**) **1** [I] be the main actor in a film, etc. **2** [T] (of a film, etc.) have somebody as the main actor. ▶ **'stardom** *n.* [U] status of being a star(3) ■ **'starfish** *n.* sea animal shaped like a star ▶ **starry** *adj.*

starboard /'stɑːbəd/ *n.* [U] right side of a ship or an aircraft when it is facing forward.

starch /stɑːtʃ/ *n.* [U] **1** white, tasteless food substance found in potatoes, rice, etc. **2** starch in powdered form or as a spray, used for making clothes, etc. stiff. ● **starch** *v.* [T] make clothes, sheets, etc. stiff using starch. ▶ **starchy** *adj.* (**-ier, -iest**).

stare /steə(r)/ *v.* [I] ~(**at**) look at somebody/ something for a long time. ● **stare** *n.* staring, often unfriendly, look.

stark /stɑːk/ *adj.* **1** looking severe, without colour or decoration. **2** unpleasant and impossible to avoid: *the ~ living conditions in a desert.* **3** clearly very different to something: *in ~ contrast.* ● **stark** *adv.* completely: *~ black.*

starling /'stɑːlɪŋ/ *n.* common small bird with dark shiny feathers.

starry → STAR.

start¹ /stɑːt/ *n.* **1** [C, usu. sing.] point at which something begins; act of beginning something. **2 (the start)** [sing.] place where a race begins. **3** [U, C] amount of time or distance that somebody has as an advantage over others in a race. **4** [C, usu. sing.] sudden movement of the body because of surprise, fear, etc.

start² /stɑːt/ *v.* **1** [I, T] begin doing something. **2** [I, T] (cause something to) start happening: *What time does the play ~? ◇ ~ a game.* **3** [I, T] (cause a machine or vehicle to) begin running: *The engine won't ~.* **4** [I, T] ~(**up**) (cause something to) begin to exist: *~ a business.* **5** [I] ~(**out**) begin a journey [IDM] **start the ball rolling** → BALL. [PV] **start off** begin to move. **start somebody off (on something)** cause somebody to begin doing something. **start out** begin to do something, esp. in business or work. ▶ **starter** *n.* **1** (*esp. GB*) first course of a meal. **2** person, horse, car, etc. that starts a race. **3** device to start an engine [IDM] **for starters** (*spoken*) first of all.

startle /'stɑːtl/ *v.* shock or surprise somebody.

starve /stɑːv/ v. [I, T] (cause somebody to) suffer or die from hunger. [IDM] **be starving (for something) ǀ be starved** (*infml.*) feel very hungry. [PV] **starve somebody/ something of something** not give something that is needed: *The children starved for food for ten days.* ▶ **starvation** /-'veɪʃn/ n. [U].

state[1] /steɪt/ n. **1** [C] condition of a person or thing: *a poor ~ of the jug.* **2** (also **State**) [C] country **3** (also **State**) [C] organized political community forming part of a larger country: *Texas is a state in America* **4** (also **the State**) [U, sing] government of a country. **5** [U] very formal ceremony: *buried in ~* ● **state** (*also* **State**) *adj.* **1** of the state. (4) **2** connected with the leader of a country attending an official ceremony. **3** of a particular state. (3), esp. in the US: *~ police.* ▶ **stately** *adj.* (**-ier, -iest**) impressive in size, appearance or manner. ■ **,stately 'home** n. (*GB*) large, impressive house of historical interest.

state[2] /steɪt/ v. [T] formally write or say something, esp. clearly and fully. ▶ **statement** n. **1** formal account of events, views, etc. **2** financial report: *a bank ~ment.*

statesman /'steɪtsmən/ n. (*pl.* **-men**) wise, experienced and respected political leader. ▶ **'statesmanship** n. [U] skill in managing state affairs.

static /'stætɪk/ *adj.* not moving. ● **static** n. [U] **1** atmospheric disturbance affecting radio broadcasts **2** (also **,static elec'tricity**) electricity which collects on the surface of objects.

station /'steɪʃn/ n. **1** place where trains stop so that people can get on and off. **2** building, etc. where a service is organized: *a railway ~* **3** radio or TV company. ● **station** v. [T] send somebody, esp. from one of the armed forces, to work in a certain place. ■ **'station wagon** n. (*US*) = ESTATE CAR (ESTATE).

stationary /'steɪʃənri/ *adj.* not moving: *~ traffic.*

stationer /'steɪʃənə(r)/ n. person who owns or manages a shop selling paper, envelopes, etc. for writing. ▶ **stationery** /-ʃənri/ n. [U] materials for writing and for using in an office.

statistics /stə'tɪstɪks/ n. **1** [pl] information shown as numbers. **2** [U] the science of collecting and explaining statistics. ▶ **statistical** /-kl/ *adj.* ▶ **statistically** /-kli/ *adv.* ▶ **statistician** /,stætɪ'stɪʃn/ n. expert in statistics.

statue /'stætʃuː/ n. figure of a person, an animal, etc. in wood, stone, bronze, etc. ▶ **statuette** /,stætʃu'et/ n. small statue.

stature /'stætʃə(r)/ n. [U] (*written*) **1** importance gained from achievement or ability. **2** (person's) size or height.

status /'steɪtəs/ n. [U] person's legal, social or professional position. ■ **'status symbol** n. item showing somebody's importance, wealth, etc.

status quo /,steɪtəs 'kwəʊ/ n. [sing] the situation as it is now.

statute /'stætʃuːt/ n. law passed by a parliament, council, etc. ▶ **statutory** /-tri/ *adj.* fixed or required by law.

staunch /stɔːntʃ/ *adj* (of a supporter, etc.) loyal ▶ **staunchly** *adv.*

stave /steɪv/ v. (*pt, pp* **~d** or **stove** /stəʊv/) [PV] **stave something in** break or damage something by making part of it fall inwards. **stave something off** (*pt, pp* **~d**) delay danger, etc.

stay /steɪ/ v. [I] **1** be or remain in the same place or condition: *~ in the school.* ◇ *~ innocent* **2** live in a place temporarily as a guest or visitor: *~ at a hotel.* [IDM] **stay clear (of somebody/something)** → CLEAR[1] **stay put** (*infml.*) remain where you are or where somebody/ something is. [PV] **stay up** not go to bed. ● **stay** n. **1** period of staying; visit: *a week long ~ in the city.* **2** rope or wire supporting a ship's mast, a pole, etc. [IDM] **a stay of execution** (*law*) delay in carrying out the order of a court. ■ **'staying power** n. [U] = STAMINA.

steadfast /'stedfɑːst/ *adj.* firm and unchanging. ▶ **steadfastly** *adv.*

steady /'stedi/ *adj.* (**-ier, -iest**) **1** even and regular: *a ~ voice.* **2** not changing and not interrupted: *a ~ show.* **3** firmly fixed or supported; not moving: *hold the brush ~* **4** (of a person) reliable: *a ~ employee.* ● **steady** *adv.* steadily ● **steady** v. (**-ied**) [I, T] (cause somebody/ something/yourself to) stop moving, shaking or falling. ▶ **steadily** *adv.* in a regular way.

steak /steɪk/ n. [C, U] (thick slice of) meat or fish.

steal /stiːl/ v. (*pt* **stole** /stəʊl/, *pp* **stolen** /'stəʊlən/) **1** [I, T] **~(from)** take somebody's property without permission. **2** [I] move secretly and quietly. **3** [T] obtain something suddenly or secretly: *~ her heart* [IDM] **steal the show** attract the most attention.

stealth /stelθ/ n. [U] fact of doing something in a quiet or secret way. ▶ **stealthy** *adj.* (**-ier, -iest**)

steam /stiːm/ n. [U] **1** hot gas that water changes into when it boils. **2** power produced from steam under pressure, used to operate engines, etc.: *a ~ train/ engine.* [IDM] **run out of steam** (*infml.*) lose energy and enthusiasm and stop doing something. ●

steam v. **1** [I] send out steam. **2** [I] move, work, etc. by steam power. **3** [T] place food over boiling water so that it cooks in the steam. [PV] **steam (something) up** (cause something to) become covered with steam. ▶ **steamer** n. **1** boat or ship driven by steam. **2** vessel in which food is steamed. ■ **'steamroller** n. slow heavy vehicle used for flattening new roads. ▶ **steamy** adj.

steel /stiːl/ n. [U] hard metal made from iron and carbon, used for knives, machinery, etc. ● **steel** v. [T] ~ **yourself (for/against something)** prepare yourself to deal with something unpleasant: *She ~ed herself for the news that she was going to hear.*

steep¹ /stiːp/ adj. **1** (of a slope) rising or falling sharply. **2** (infml.) (of a price or demand) too much; unreasonable. ▶ **steeply** adv. ▶ **steepness** n. [U].

steep² /stiːp/ v. [IDM] **be steeped in something** (written) have a lot of a particular quality: *a city ~ed in history*. [PV] **steep something in something** leave food in a liquid for a long time in order to flavour it. **steep yourself in something** (written) spend time thinking or learning about something.

steeple /'stiːpl/ n. tall pointed tower of the roof of a church. ■ **'steeplechase** n. race for horses or athletes with obstacles such as fences and water to jump over. ■ **'steeplejack** n. person who repairs steeples, tall chimneys, etc.

steer /stɪə(r)/ v. [I, T] direct the course of a boat, car, etc. [IDM] **steer clear (of somebody/something)** → CLEAR¹ ■ **'steering wheel** n. wheel used for controlling the direction that a vehicle goes in.

stem /stem/ n. **1** main long thin part of a plant above the ground. **2** long thin part like a stem, e.g. of a wine glass. ● **stem** v. [T] (-mm-) stop something that is flowing from spreading or increasing [PV] **stem from something** be the result of something.

stench /stentʃ/ n. strong, very unpleasant smell.

stencil /'stensl/ n. **1** thin sheet of metal, etc. with letters or designs cut in it. **2** letters, etc. made by putting ink, etc. through holes on a stencil. ● **stencil** v. (-ll-, *US* -l-) [I, T] produce letters, etc. with a stencil.

step¹ /step/ n. [C] **1** act of lifting your foot and putting it down in order to walk; sound this makes. **2** way that somebody walks: *I heard her ~ down from the bed.* **3** distance covered when you take a step. **4** one of a series of actions done to achieve something or that form part of process: *take ~s to help the poor people.* ◊ *Do the calculations ~ by ~.* **5** flat place for the foot when going from one level to another: *The ~s led up to her room.* **6 (steps)** [pl.] = STEPLADDER [IDM] **in/out of step (with somebody/something) 1** putting/ not putting your feet down at the same time as others. **2** agreeing/not agreeing with others' ideas. **mind/ watch your step 1** walk carefully. **2** behave carefully. ■ **'stepladder** n. folding ladder with steps.

step² /step/ v. (-pp-) [I] **1** lift your foot and move it in a particular direction or put it on or in something. **2** move a short distance [IDM] **step on it** (spoken) go faster or hurry. **step out of line** behave badly or break the rules. [PV] **step aside/down** resign from a position or job, esp. so somebody else can have it. **step in** help somebody in a dispute or difficult situation. **step something up** increase something. ■ **'stepping stone** n. **1** one of a line of flat stones used to cross a stream, etc. **2** stage towards achieving something.

step- /step-/ prefix related as a result of one parent marrying again: *~father.*

stereo /'steriəʊ/ n. **1** [C] machine that plays CDs, cassettes, the radio, etc. that has two separate speakers. **2** [U] system for playing recorded music, in which the sound is directed through two channels: *broadcast in ~* ● **stereo** adj.: *~ sound.*

stereotype /'steriətaɪp/ n. fixed idea of what somebody/something is like.

sterile /'steraɪl/ adj **1** not able to produce children or young. **2** clean and free from bacteria. **3** having no result: *a ~ debate.* **4** (of land) not able to produce crops. ▶ **sterility** /stə'rɪləti/ n. [U] ▶ **sterilize** (*also* -ise) /'sterəlaɪz/ v. [T] **1** kill the bacteria in something. **2** make a person or animal unable to have babies or young.

sterling /'stɜːlɪŋ/ n. [U] money system of Britain. ● **sterling** adj. (fml.) of excellent quality.

stern /stɜːn/ adj. severe, strict or serious. ▶ **sternly** adv. ● **stern** n. back end of a ship.

steroid /'steroɪd; 'stɪər-/ n. powerful chemical produced in the body or taken as a drug.

stethoscope /'steθəskəʊp/ n. instrument for listening to the beating of the heart, etc.

stew /stjuː/ v. [T] cook something slowly in liquid in a closed dish. ● **stew** n. [C, U] dish of stewed meat, etc. [IDM] **get (yourself)/be in a stew (about/over something)** (infml.) become/feel very nervous or upset about something.

steward /'stjuːəd/ n. **1** (fem. **stewardess**

/ˌstjuːəˈdəs/) person who takes care of passengers on a ship, an aircraft or a train. **2** person who helps to organize a large public event, e.g. a race.

stick¹ /stɪk/ *n.* **1** [C] small thin piece of wood that has fallen from a tree. **2** [C] = WALKING STICK (WALK¹) **3** [C] long thin piece of something: *a ~ of candle* **4** [U] (*GB*, *infml.*) criticism or harsh words: *The student got a lot of ~ for scoring such low marks.*

stick² /stɪk/ *v.* (*pt, pp* **stuck** /stʌk/) **1** [I, T] (cause something, *usu.* a sharp object to) be pushed into something: *~ the needle into the cloth.* **2** [I, T] (cause something to) be fixed to something else, esp. with glue. **3** [T] (*infml.*) put something somewhere, esp. quickly or carelessly: *S~ it on the chair.* **4** [I] become fixed in one position and impossible to move: *The paper stuck on the wall.* **5** [T] (*GB*, *infml.*) tolerate somebody/something unpleasant: *I can't ~ in this city any more.* [IDM] **stick your neck out** (*infml.*) take risks. **stick your nose into something →** NOSE¹ **stick your oar in →** OAR. **stick out like a sore thumb →** SORE. **stick to your guns** (*infml.*) refuse to change your mind about something. [PV] **stick around** (*infml.*) not go away. **stick at something** keep on with something. **stick by somebody** continue to support somebody. **stick (something) out** (cause something to) be further out than something else or come through a hole: *~ your hand out of your pocket.* **stick it/something out** (*infml.*) continue to the very end. **stick to something** continue doing or using something and not want to change it. **stick up** point upwards or be above a surface. **stick up for somebody/yourself/something** defend or somebody/yourself/something. ▶ **sticker** *n.* sticky label. ■ **'sticking plaster** *n.* [C, U] = PLASTER(3) ■ **'stick-in-the-mud** *n.* (*infml.*, *disapprov.*) person who refuses to try anything new. ▶ **sticky** *adj.* (-ier, -iest) **1** like or covered with glue. **2** (*infml.*) difficult: *a ~ decision.*

stiff /stɪf/ *adj.* **1** not easily bent, folded, etc.: *~ folding chair.* **2** hard to stir, move, etc.: *a ~ mixture.* **3** more difficult or severe than usual: *a ~ drive.* ◇ *a ~ breeze* **4** (of a person) not friendly or relaxed. [IDM] **(keep) a stiff upper lip** keep calm and hide your feelings in spite of pain or difficulty, ● **stiff** *adv.* (*infml.*) very much: *bored ~* ▶ **stiffly** *adv.* ▶ **stiffness** *n.* [U].

stiffen /ˈstɪfn/ *v.* [I, T] become or make something difficult to bend, move, etc.

stifle /ˈstaɪfl/ *v.* **1** [T] prevent something from happening: *~ a sneeze,* **2** [I, T] (cause somebody to) have difficulty breathing.

stigma /ˈstɪɡmə/ *n.* [U, C, usu. sing.] mark of shame.

stile /staɪl/ *n.* step used to climb over a fence, etc.

stiletto /stɪˈletəʊ/ *n.* (*pl.* **~os** or **~oes**) woman's shoe with a very high narrow heel; heel on such a shoe.

still¹ /stɪl/ *adv.* **1** up to now or the time mentioned and not finishing: *The manager is ~ busy.* **2** in spite of what has just been said: *It's raining. S~, there are a lot of people roaming about in the market.* **3** even: *I find him ~ better than his sister.*

still² /stɪl/ *adj.* **1** not moving; calm and quiet: *Keep ~ while I cut your hair.* **2** (*GB*) (of a drink) not containing bubbles of gas. ● **still** *v.* [I, T] (*lit.*) become or make something calm or quiet. ● **still** *n.* **1** photograph of a scene from a film. **2** equipment for making strong alcoholic drinks. ■ **'stillborn** *adj.* **1** born dead. **2** not successful; not developing.

stilt /stɪlt/ *n.* one of two poles with a support for the foot, used for walking raised above the ground.

stilted /ˈstɪltɪd/ *adj.* (of speech, behaviour, *etc.*) stiff and unnatural.

stimulant /ˈstɪmjələnt/ *n.* drink, drug, etc. that increases bodily or mental activity.

stimulate /ˈstɪmjuleɪt/ *v.* [T] **1** make something develop; encourage something: *~ a fight.* **2** make somebody interested and excited about something. ▶ **stimulating** *adj.* ▶ **stimulation** /ˌstɪmjuˈleɪʃn/ *n.* [U].

stimulus /ˈstɪmjələs/ *n.* (*pl.* **-li** /-laɪ/) something that stimulates somebody/something: *a ~ to success.*

sting /stɪŋ/ *v.* (*pt, pp* **stung** /stʌŋ/) **1** [I, T] (of an insect or a plant) touch your skin or make a small hole in it so that you feel a sharp pain. **2** [I, T] (cause somebody to) feel a sharp pain: *The smell of the onions makes my eyes ~.* **3** [T] make somebody feel angry or upset. ● **sting** *n.* **1** sharp, often poisonous organ of some insects, e.g. bees **2** wound made when an insect stings you. **3** any sharp pain.

stingy /ˈstɪndʒi/ *adj.* (-ier, -iest) (*infml.*) unwilling to spend or give money, etc. ▶ **stinginess** *n.* [U].

stink /stɪŋk/ *v.* (*pt* **stank** /stæŋk/ or **stunk** /stʌŋk/; *pp* **stunk**) [I] **1** have a strong unpleasant smell. **2** seem very bad or dishonest. [PV] **stink something out** fill a place with a bad smell. ● **stink** *n.* (*infml.*) **1** [C] very unpleasant smell **2** [sing.] lot of trouble and anger about something: *kick up a ~* (= complain a lot and cause trouble).

stint /stɪnt/ *v.* [I, T] **~(on)** give somebody only a small amount of something. ● **stint** *n.* fixed amount of work, etc.

stipulate /'stɪpjuleɪt/ v. [T] state something as a necessary condition. ▶ **stipulation** /-'leɪʃn/ n. [U].

stir /stɜː(r)/ v (**-rr-**) **1** [T] mix a liquid by moving a spoon, etc. round and round in it. **2** [I, T] (cause somebody/ something to) move. **3** [T] excite somebody or make them feel something strongly: *a dream that ~s my spirit.* **4** [I, T] (*GB, infml.*) try to cause trouble. [PV] **stir somebody up** encourage somebody to do something. ● **stir** n. [sing.] excitement or shock. ▶ **stirring** *adj.* exciting.

stirrup /'stɪrəp/ n. one of two metal rings attached to a horse's saddle which support the rider's feet.

stitch /stɪtʃ/ n. **1** [C] single passing of a needle and thread through cloth, etc. to join or decorate something, or through skin to close a wound. **2** [C] one turn of the wool round the needle in knitting. **3** [C, U] style of sewing or knitting that you use to get the pattern you want. **4** [C, usu. sing.] pain in the side caused by running. [IDM] **in stitches** (*infml.*) laughing a lot. **not have a stitch on** I **not be wearing a stitch** be naked. ● **stitch** v. [T] sew something.

stoat /stəʊt/ n. small brown furry animal, larger than a rat.

stock¹ /stɒk/ n. **1** [C, U] supply of goods available for sale in a shop. **2** [C, U] ~(**of**) supply of something available for use. **3** [C, usu. pl., U] share in a company, issued in fixed amounts, bought as a way of investing money. **4** [U] = LIVESTOCK **5** [U] liquid in which bones, etc. have been cooked, used for soup, etc. [IDM] **in/out of stock** available/not available to buy. **take stock (of something)** review a situation. ● **stock** *adj.* not interesting because it has been used too often: *a ~ story.* ■ **'stockbroker** n. person who buys and sells stocks(3) and shares for other people. ■ **'stock exchange** n. place where stocks(3) are bought and sold. ■ **'stock market** n. business of buying and selling shares in companies and the place where this is done. ■ **'stockpile** v. [T] buy large quantities of something and keep it for use in the future. ▶ **'stockpile** n. ■ ,**stock-'still** *adv.* without moving at all. ■ **'stocktaking** n. [U] process of making a list of all the goods in a shop or business.

stock² /stɒk/ v. [T] **1** (of a shop) keep a supply of a particular type of goods to sell. **2** fill something with food, books, etc. [PV] **stock up (on/with something)** buy a lot of something to use later.

stockade /stɒ'keɪd/ n. tall strong fence, built for defence.

stocking /'stɒkɪŋ/ n. either of a pair of thin coverings for a woman's feet and legs.

stocky /'stɒki/ *adj.* (**-ier, -iest**) (of a person) short, with a strong, solid body. ▶ **stockily** *adv.*

stodge /stɒdʒ/ n. [U] (*sl.*) heavy solid food. ▶ **stodgy** *adj* (**-ier, -iest**) **1** heavy and solid **2** dull.

stoic /'stəʊɪk/ n. person who suffers without complaint. ▶ **stoical** *adj.* ▶ **stoically** /-kli/ *adv.* ▶ **stoicism** /'stəʊɪsɪzəm/ n. [U] patient suffering, etc.

stoke /stəʊk/ v. [T] ~(**up; with**) add fuel to a fire, etc. ▶ **stoker** n. person whose job is to add fuel to a fire, etc. esp. on a ship or steam train.

stole¹ /stəʊl/ n. wide band of fabric, etc. worn around the shoulders.

stole² *pt of* STEAL.

stolen *pp of* STEAL.

stomach /'stʌmək/ n. **1** organ in the body where food is digested. **2** front part of the body below the chest. [IDM] **have no stomach for something 1** not want to eat some thing. **2** not have the desire or courage to do something: *have no ~ for doing work.* ● **stomach** v. [T] approve of and be able to enjoy something.

stone /stəʊn/ n. **1** [U] solid mineral substance found in the ground, used for building. **2** [C] piece of rock. **3** [C] jewel **4** [C] hard seed of some fruits, e.g. the cherry. **5** [C] (*pl.* **stone**) unit of weight, 14 pounds (6.35 kilograms) **6** [C] piece of hard material that can form in a body organ: *kidney ~s.* [IDM] **a stone's throw** a short distance away. ● **stone** v. [T] **1** throw stones at somebody/something. **2** take the stone out of fruit. ■ **the 'Stone Age** n. [sing.] early period in human history when tools, etc. were made of stone. ▶ **stoned** *adj.* (*sl.*) under the influence of drugs or alcohol. ■ ,**stone 'deaf** *adj.* completely unable to hear.

stony /'stəʊni/ *adj.* (**-ier, -iest**) **1** having a lot of stones. **2** hard and unsympathetic ▶ **stonily** /-ɪli/ *adv.*

stood *pt, pp of* STAND².

stool /stuːl/ n. small seat without a back.

stoop /stuːp/ v. [I] bend your body forwards and downwards. [PV] **stoop to something** lower your standards to do something wrong. ● **stoop** n. [sing.] stooping position.

stop¹ /stɒp/ n. **1** act of stopping or stopping something: *The train has come to a ~.* ◇ *He should ~ imitating others.* **2** place at which buses, etc. stop regularly **3** (*GB*) = FULL STOP (FULL).

stop² /stɒp/ v. (**-pp-**) **1** [I, T] (cause somebody/something to) no longer move or function: *They decided to ~ for one more day.* ◇ *The vehicle ~ped.* ◇ *She was ~ped by the police.* **2** [I, T] (make somebody/something) no longer continue to do something: (*spoken*) *S~ shouting! Will you?* ◇ *The woman never ~s talking.* **3** [I, T] (cause something to) end or finish. **4** [T] prevent somebody from doing something or something from happening: *~ him (from) going to London.* **5** [I] (*GB, infml.*) stay somewhere for a short time. **6** [T] prevent money from being paid: *~ a cheque.* [PV] **stop off (at/in ...)** make a short visit somewhere during a trip. **stop over (at/in ...)** stay somewhere for a short time during a journey. ■ **'stopcock** *n.* tap that controls the flow of liquid or gas through a pipe. ■ **'stopgap** *n.* temporary substitute. ■ **'stopover** *n.* short stay somewhere between two parts of a journey. ▶ **stoppage** /-pɪdʒ/ *n.* period when work is stopped. ▶ **stopper** *n.* object that fits into the top of a bottle to close it. ■ **,stop 'press** *n.* [U] late news added to a newspaper.

storage /'stɔːrɪdʒ/ *n.* [U] **1** (space used for) keeping something in a place until it is needed. **2** (*computing*) process of keeping information, etc. on a computer; way in which it is kept.

store /stɔː(r)/ *n.* **1** large shop selling many different types of goods. **2** (*US*) any shop, large or small. **3** quantity of something kept for use as needed. **4** place where goods are kept. [IDM] **in store (for somebody)** waiting to happen to somebody: *Let's see what's in ~ for us today?* **set/put (great, etc.) store by something** consider something to be important. ● **store** *v.* [T] **1** ~**(away/up)** put something somewhere and keep it for future use. **2** keep information or facts in a computer or your brain.

storey /'stɔːri/ *n.* floor or level of a building.

stork /stɔːk/ *n.* large, long-legged wading bird.

storm /stɔːm/ *n.* **1** period of very strong winds, rain, etc. **2** violent show of feeling: *a ~ of emotions.* [IDM] **take something/somebody by storm 1** be extremely successful very quickly. **2** capture a building by violent attack. ● **storm** *v.* **1** [T] suddenly attack a place. **2** [I] speak, move, etc. angrily. ▶ **stormy** *adj.* (**-ier, -iest**).

story /'stɔːri/ *n.* (*pl.* **-ies**) **1** description of past or imaginary events. **2** news report. **3** (*infml.*) lie **4** (*US*) =STOREY.

stout /staʊt/ *adj.* **1** (of a person) rather fat. **2** strong and thick. **3** (*fml.*) determined and brave. ● **stout** *n.* [U, C] strong dark beer. ▶ **stoutly** *adv.*

stove /stəʊv/ *n.* closed apparatus burning wood, coal, etc. used for cooking, etc.

stow /stəʊ/ *v.* [T] ~**(away)** put something in a safe place. ■ **'stowaway** *n.* person who hides on a ship or an aircraft to avoid paying.

straddle /'strædl/ *v.* [T] sit or stand with one of your legs on either side of somebody/something.

straight¹ /streɪt/ *adv.* **1** not in a curve or at an angle; in a straight line: *walk ~* **2** by a direct route; immediately: *Go ~ to school.* **3** in or into a level or upright position: *Stand ~.* **4** honestly, directly: *Ask her ~ about her opinion on the issue.* [IDM] **go straight** (*infml.*) stop being a criminal and live an honest life. ■ **,straight a'way** *adv.* immediately.

straight² /streɪt/ *adj.* **1** not bent or curved: *a ~ line.* **2** level, upright or parallel to something. **3** clean and neat. **4** honest and direct. **5** (*US*) (of alcoholic drinks) not mixed with water or anything else. **6** (*infml.*) = HETEROSEXUAL [IDM] **keep a straight face** stop yourself from smiling or laughing. ● **straight** *n.* straight part of a racetrack or road. ▶ **straightness** *n.* [U].

straighten /'streɪtn/ *v.* [I, T] make something or become level, tidy, etc.

straightforward /,streɪt'fɔːwəd/ *adj.* **1** easy to understand or do. **2** honest ▶ **straightforwardly** *adv.*

strain¹ /streɪn/ *n.* **1** [U, C] pressure on somebody/something because they have too much to do or deal with; the problems and anxiety that this produces: *a situation that is under great ~* **2** [U, C] pressure put on something when a physical force stretches or pushes it: *put ~ on the table so that it shifts a bit.* **3** [C, U] injury caused by stretching a muscle too much. **4** [C] type of a virus, an insect, etc.

strain² /streɪn/ *v.* **1** [T] injure a muscle, etc. by stretching it too much. **2** [I, T] make the greatest possible effort to do something: *She ~ed her ears* (= listened very hard) *to hear what he was saying.* **3** [T] force or push something beyond a normal or acceptable limit. **4** [T] pass food, etc. through a sieve, cloth, etc. to separate the solid part from the liquid. ▶ **strained** *adj.* forced and unnatural. ▶ **strainer** *n.* kitchen utensil with a lot of small holes in it for straining tea, etc.

strait /streɪt/ *n.* [C] **1** (*also* **straits** [pl.]) narrow stretch of water connecting two seas. **2** (**straits**) [pl.] difficulty, esp. because of lack of money: *The family is in bad ~s.*

straitjacket /'streɪtdʒækɪt/ *n.* jacket with long sleeves tied round a violent person to prevent movement.

strait-laced (*also* **straight-laced**) /,streɪt 'leɪst/ *adj.* (*disapprov.*) morally strict or serious.

strand /strænd/ *n.* **1** single piece of thread, wire, hair, etc. **2** one of the different parts of an idea, plan, story, etc. **stranded** /'strændɪd/ v. to leave somebody in a place from which they have no way of leaving.

strange /streɪndʒ/ adj. **1** not familiar, unknown. **2** unusual; odd: *She has very ~ plans for the trip.* ▶ **strangely** adv. ▶ **strangeness** n. [U] ▶ **stranger** n. **1** person you do not know. **2** person in a place they have not been in before.

strangle /'stræŋgl/ v. [T] kill somebody by squeezing their throat. ■ **'stranglehold** n. [sing.] strong hold on somebody/something: *His father has got a ~ hold on his mother.* ▶ **strangler** n.

strap /stræp/ n. strip of leather, plastic, etc. used for fastening or support. ● **strap** v. (-**pp-**) [T] fasten, carry or hold something in place with a strap. ▶ **strapping** adj. (of people) big and strong.

strata *plural of* STRATUM.

strategic /strə'tiːdʒɪk/ adj. **1** done as part of a plan meant to achieve a purpose or gain an advantage. **2** connected with getting an advantage in a war. ▶ **strategically** /-kli/ adv.

strategy /'strætədʒi/ n. **1** [C] plan intended to achieve a particular purpose. **2** [U] (skill in) planning something, esp. the movement of armies in war. ▶ **strategist** n. person skilled in strategy.

stratosphere /'strætəsfɪə(r)/ n. [sing.] layer of the atmosphere between about 10 and 50 km above the earth.

stratum /'strɑːtəm/ n. (pl. -**ta** /-tə/) **1** (*geol*) horizontal layer of rock, etc. in the earth. **2** (*written*) class in a society.

straw /strɔː/ n. **1** [U] dry cut stems of wheat, barley etc. **2** [C] single stem or piece of straw. **3** [C] thin tube of plastic, etc. that you suck a drink through. [IDM] **the last/final straw** last in a series of bad events that finally makes a situation intolerable.

strawberry /'strɔːbəri/ n. (pl. -**ies**) (plant with) small juicy red fruit with tiny seeds on its surface.

stray /streɪ/ v. [I] move away from the right path, etc. ● **stray** adj. **1** (of animals) lost from home: *a ~ dog.* **2** separated from other things or people of the same kind. ● **stray** n. animal or person that has got lost or separated from others.

streak /striːk/ n. **1** long thin line that is a different colour from the rest. **2** bad quality in somebody's character: *a ~ of cunningness.* **3** brief period: *a ~ of happiness in his life.* ● **streak** v. **1** [T] mark something with streaks. **2** [I] move very fast. ▶ **streaky** adj. (-**ier**, -**iest**) marked with streaks.

stream /striːm/ n. **1** small narrow river. **2** steady flow of people, liquid, things, etc.: *a ~ of cartoonists.* **3** (*esp. GB*) group of pupils with the same level of ability. ● **stream** v. [I] **1** flow as a stream. **2** move freely, esp. in the wind or water: *with her long hair ~ing.* ▶ **streamer** n. long narrow ribbon of paper. ■ **'streamline** v. [T] **1** give something a smooth even shape so that it moves easily through air and water. **2** make a system, etc. more efficient, esp. in a way that saves money.

street /striːt/ n. road with houses and buildings on one or both sides. [IDM] **streets ahead (of somebody/ something)** (*infml.*) much better or more advanced than somebody/ something else **(right) up your street** (*infml.*) in your area of interest, etc. ■ **'streetcar** n. (*US*) = TRAM.

strength /streŋθ/ n. **1** [U] quality or degree of being strong **2** [C] way in which somebody/ something is strong, effective, etc.: *Her most prominent ~ is her beauty.* **3** [U] number of people available: *The population of employees in the company is below ~.* [IDM] **on the strength of something** because somebody has been influenced by something: *sing the song on the ~ of his advice.*

strenuous /'strenjuəs/ adj. needing great effort. ▶ **strenuously** adv.

stress /stres/ n. **1** [U, C] pressure or worry caused by the problems in somebody's life. **2** [U, C] pressure put on something that can damage it or make it lose shape. **3** [U] emphasis: *Great ~ should be put on quality work.* **4** [U, C] (*ling.*) extra force used when speaking a particular word or syllable. ● **stress** v. [T] **1** emphasize a fact, an idea, etc. **2** (*ling.*) give extra force to a word or syllable when saying it.

stretch /stretʃ/ v. **1** [T] make something wider, longer or looser by pulling it. **2** [I] (be able to) be stretched. **3** [I, T] put your arms or legs out straight and tighten your muscles. **4** [I] extend over an area: *Gardens and playgrounds for children ~ing for miles.* **5** [T] make use of all somebody's skills, intelligence, etc. [IDM] **stretch your legs** (*infml.*) go for a short walk after sitting for some time. [PV] **stretch (yourself) out** lie at full length. ● **stretch** n. **1** [C] area of land or water. **2** [C] continuous period of time: *for a month at a ~* **3** [C, U] act of stretching a part of your body. **4** [U] ability to stretch, e.g. of a rope ▶ **stretchy** adj. (-**ier**, -**iest**) that can be made longer or wider without breaking or tearing.

stretcher /'stretʃə(r)/ n. frame covered with canvas or carrying somebody who is sick or injured.

stricken /'strɪkən/ adj. ~(**by/with**) affected or

overcome by something bad: ~ *with terror*.
strict /strɪkt/ *adj.* **1** that must be obeyed exactly: *a ~ food habit*. **2** demanding that rules, esp. rules of behaviour, should be obeyed: *a ~ parent*. **3** exactly defined: *the ~ sense of a word*. ▶ **strictly** *adv.* ▶ **strictness** *n.* [U].

stride /straɪd/ *v.* (*pt* **strode** /strəʊd/) (not used in the perfect tenses) [I] walk with long steps: *They strode across the garden all day*. ● **stride** *n.* long step. [IDM] **take something in your stride** accept and deal with something difficult without letting it worry you too much.

strident /'straɪdnt/ *adj.* (*esp.* of a voice) loud and insistent: *~ protests*.

strife /straɪf/ *n.* [U] (*fml.* or *lit.*) state of conflict.

strike¹ /straɪk/ *v.* (*pt, pp* **struck** /strʌk/) **1** [T] hit somebody/something hard. **2** [T] attack somebody/something, esp. suddenly. **3** [T] (of a thought or an idea) come into somebody's mind suddenly: *A great idea struck him*. **4** [T] give somebody a certain impression: *She ~s me as a very obedient and diligent student*. **5** [T] put somebody suddenly into a particular state: *struck dumb*. **6** [I] (of workers) refuse to work as a protest. **7** [T] produce a flame by rubbing something against a surface: *~ a match*. **8** [I, T] show the time by making a ringing noise, etc.: *The clock struck ten*. **9** [T] discover gold, etc. by digging or drilling. [IDM] **strike a bargain/deal** make an agreement with somebody in which both sides have an advantage. **strike a chord (with somebody)** say or do something that makes people feel sympathy or enthusiasm. **strike it rich** become suddenly rich. [PV] **strike somebody/something off (something)** remove somebody/something's name from something, e.g. *a list* **strike out**. **1** start being independent. **2** (*US, infml.*) fail or be unsuccessful. **strike up something (with somebody)** begin a friendship, conversation, etc.

strike² /straɪk/ *n.* **1** act of stopping work for a period of time as a protest: *The bank employees came out on ~ for an indefinite period*. **2** military attack. **3** sudden discovery of something valuable, esp. oil.

striking /'straɪkɪŋ/ *adj.* attracting attention, beautiful.

string¹ /strɪŋ/ *n.* **1** [C, U] (length of) fine cord for tying things, etc. **2** [C] series of things threaded on a string: *a ~ of beads*. **3** [C] series of things or people coming one after another: *a ~ of political changes*. **4** (*computing*) [C] series of characters (= letters, numbers, etc.) **5** [C] stretched piece of wire on a musical instrument. **6** (**the strings**) [pl.] the players of string instruments in an orchestra. [IDM] **(with) no strings (attached)** with no special conditions or restrictions. ▶ **stringy** *adj.* (**-ier, -iest**) (*disapprov.*) like string.

string² /strɪŋ/ *v.* (*pt, pp* **strung** /strʌŋ/) [T] **1** tie or hang something in place, esp. as a decoration. **2** put a series of small objects on string, etc. **3** put a string or strings on a violin, tennis racket, etc. [PV] **string along (with somebody)** go somewhere with somebody for a while. **string somebody along** (*infml.*) allow somebody to believe something that is not true. **string something out** make something last longer than expected or necessary. ■ **,strung 'up** *adj.* (*GB, infml.*) (of a person) tense and nervous

stringent /'strɪndʒənt/ *adj.* (of rules, *etc.*) very strict ▶ **stringently** *adv.*

strip /strɪp/ *v.* (**-pp-**) **1** [I, T] take off clothes, coverings, parts, etc. **2** [T] ~(**down**) separate a machine, etc. into parts to be cleaned or repaired. **3** [T] ~**of** take something from somebody as a punishment: *~ somebody of his liberty*. ● **strip** *n.* long narrow piece of material, land, etc. ■ **'strip cartoon** = COMIC STRIP (COMIC) ▶ **stripper** *n.* person who performs a striptease. ■ **'striptease** *n.* [C, U] entertainment in which a person takes their clothes off in front of an audience.

stripe /straɪp/ *n.* **1** long narrow band on a surface that is different in colour, material, etc. **2** (often a V-shaped) badge worn on a uniform, showing rank. ▶ **striped** (*also* **stripy, stripey**) *adj.* having stripes.

strive /straɪv/ *v.* (*pt* **strove** /strəʊv/; *pp* **striven** /'strɪvn/) [I] (*fml.*) try very hard to achieve something: *~ to get through the exams*.

strode *pt* of STRIDE.

stroke¹ /strəʊk/ *n.* [C] **1** act of hitting a ball, e.g. in tennis, cricket. **2** single movement of the arm when hitting somebody/something. **3** any of a series of repeated movements in swimming or rowing. **4** [usu. sing.] act of moving your hand gently over a surface. **5** mark made by moving a pen or brush across a surface. **6** ~(**of**) single successful action or event. **7** sound made by a bell. **8** sudden serious illness when a blood vessel in the brain bursts. [IDM] **at a (single) stroke | at one stroke** with a single immediate action.

stroke² /strəʊk/ *v.* [T] move your hand gently over a surface, somebody's hair, etc.

stroll /strəʊl/ *n.* slow relaxed walk. ● **stroll** *v.* [I] walk somewhere in a slow relaxed way. ▶ **stroller** *n.* **1** person enjoying a relaxed walk. **2** (*US*) = PUSHCHAIR (PUSH¹).

strong /strɒŋ/ *adj.* (**~er** /-ŋgə(r)/ **~est** /-

ŋgɪst/) **1** having great power. **2** having a powerful effect on the mind or body: *a ~ stroke*. **3** able to resist attack or influence: *a ~ will*. **4** not easily hurt, broken, changed, etc. **5** having the stated number: *an army 5000 ~* **6** having a lot of flavour: *~ chocolate*. **7** (of a drink) containing a lot of a substance: *~ coffee*. [IDM] **be strong on something 1** be good at something. **2** have a lot of something **going strong** (*infml.*) continuing to be healthy, active or successful. ■ **'stronghold** *n.* **1** place where a cause has strong support. **2** castle ▶ **strongly** *adv.*

strove *pt* of STRIVE.

struck *pt, pp* of STRIKE¹

structural /'strʌktʃərəl/ *adj.* of the way something is built or organized. ▶ **structurally** *adv.*

structure /'strʌktʃə(r)/ *n.* **1** [C, U] way in which the parts of something are put together, etc. **2** [C] thing built of parts, esp. a building. ● **structure** *v.* [T] arrange or organize something.

struggle /'strʌgl/ *v.* [I] **1** try hard to do something or move somewhere when it is difficult: *~ to get a good job*. **2** fight against somebody/something. **3** fight somebody or try to get away from them: *Ultimately the child managed to ~ free from the kidnappers*. ● **struggle** *n.* **1** [C] hard fight. **2** [sing.] something that is difficult for you to do or achieve.

strum /strʌm/ *v.* [I, T] **~(on)** play a guitar, etc. by moving your fingers across the strings.

strung *pt, pp* of STRING²

strut /strʌt/ *v.* (**-tt-**) [I] walk in a proud, angry etc. way. ● **strut** *n.* piece of wood or metal to strengthen a framework.

stub /stʌb/ *n.* **1** short remaining end of a pencil, cigarette, etc. **2** piece of a cheque left in the book. ● **stub** *v.* (**-bb-**) [T] accidentally hit your toe against something. [PV] **stub something out** put out a cigarette, etc. by pressing it against something hard.

stubble /'stʌbl/ *n.* [U] **1** lower stems of corn, etc. left in the ground after harvest. **2** short growth of beard. ▶ **stubbly** /-bli/ *adj.*

stubborn /'stʌbən/ *adj.* **1** having a strong will; too determined. **2** difficult to move, remove, cure, etc.: *a ~ patch* ▶ **stubbornly** *adv.* ▶ **stubbornness** *n.* [U].

stubby /'stʌbi/ *adj.* (**-ier, -iest**) short and thick.

stuck¹ *pt, pp* of STICK²

stuck² /stʌk/ *adj.* **1** unable to move or continue. **2** **~with** (*infml.*) unable to get rid of somebody/something that you do not want: *She was ~ with her neighbour all day*. [IDM] **get stuck in (to something)** (*infml.*) begin to do something enthusiastically.

stud /stʌd/ *n.* **1** [C] small piece of jewellery pushed through a hole in your ear, nose, etc. **2** [C] small round piece of metal attached to something, esp. for decoration. **3** [C, usu. pl.] one of several metal or plastic objects on the sole of a football boot, etc. **4** [C, U] animal, esp. a horse, kept for breeding; place where such animals are kept. **5** [C] (*infml.*) man regarded as a good sexual partner. ▶ **studded** *adj.* decorated with small raised pieces of metal.

student /'stju:dnt/ *n.* **1** (*GB*) person who is studying at a college or university. **2** (*US*) person studying at secondary school. **3** any person interested in a particular subject.

studio /'stju:diəʊ/ *n.* (*pl.* ~s) **1** workroom of a painter, photographer, etc. **2** room(s) where films, or radio or television programmes are made.

studious /'stju:diəs/ *adj.* spending a lot of time studying or reading. ▶ **studiously** *adv.*

study¹ /'stʌdi/ *n.* (*pl.* **-ies**) **1** [U] (*also* **studies** [pl.]) process of learning something. **2** [C] piece of research that examines a subject in detail: *a ~ of the weather conditions throughout the country* **3** [C] room used for reading, writing, etc. **4** [C] drawing or painting of something, esp. one done for practice. **5** [C] piece of music played as an exercise.

study² /'stʌdi/ *v.* (*pt, pp* **-ied**) [I, T] **1** give time and attention to learning something. **2** [T] watch or look at somebody/something carefully to find out something.

stuff¹ /stʌf/ *n.* [U] (*infml.*) **1** used to refer to a substance, material, group of objects, etc. when you do not know the name; *There was some very dirty stuff kept on the chair.* ◇ *I have kept all my ~ in the shelf* (= possessions) **2** used to refer generally to things people do, say think, etc.: *She's got a lot of ~ to do this month.* [IDM] **do your stuff** (*infml.*) show what you can do.

stuff² /stʌf/ *v.* [T] **1** fill something tightly with something. **2** fill a vegetable, chicken, etc. with another type of food. **3** (*infml.*) fill yourself/somebody with food. **4** fill the body of a dead animal with material to give it the original shape. [IDM] **get stuffed** (*GB, spoken*) used to tell somebody rudely to go away or that you do not want something. ▶ **stuffing** *n.* [U] **1** mixture of food used to stuff (2) a chicken, etc. **2** soft material used to fill cushions, toys, etc.

stuffy /'stʌfi/ *adj.* (**-ier, -iest**) **1** (of a room) not having enough fresh air. **2** (*infml.*) (of people) formal and dull. ▶ **stuffiness** *n.* [U].

stumble /'stʌmbl/ *v.* [I] **1** hit your foot against something and almost fall. **2** make a mistake or mistakes as you speak. [PV] **stumble**

across/on/upon something/ somebody discover something/somebody unexpectedly. ■ **'stumbling block** n. something that prevents progress.

stump /stʌmp/ n. **1** part of a tree left in the ground after the rest has been cut down, etc. **2** anything left after the main part has been cut or broken off. **3** (in cricket) one of the three upright pieces of wood at which the ball is aimed. ● **stump** v. **1** [T] (infml.) ask somebody a question that is too difficult for them to answer. **2** [I] walk in a noisy heavy way. ▶ **stumpy** adj. (-ier, -iest) short and thick.

stun /stʌn/ v. (-nn-) [T] **1** make somebody unconscious by hitting them on the head. **2** shock somebody so much that they cannot think or speak. **3** impress somebody very much. ▶ **stunning** adj. very attractive.

stung pt, pp of STING

stunk pp of STINK.

stunt /stʌnt/ n. **1** dangerous thing done as entertainment, esp. as part of a film. **2** thing done to attract attention. ● **stunt** v. [T] stop or slow the growth or development of somebody/something. ■ **'stuntman | 'stuntwoman** n. person employed to do dangerous scenes in place of an actor in a film, etc.

stupendous /stjuː'pendəs/ adj. amazingly large, good, etc. ▶ **stupendously** adv.

stupid /'stjuːpɪd/ adj. showing a lack of intelligence or good sense. ▶ **stupidity** /-'pɪdəti/ n. [C, U] ▶ **stupidly** adv.

stupor /'stjuːpə(r)/ n. [C, U] condition of being almost unconscious from shock, drink, etc.

sturdy /'stɜːdi/ adj. (-ier, -iest) strong and solid. ▶ **sturdily** /-ɪli/ adv.

stutter /'stʌtə(r)/ v. [I, T], n. = STAMMER.

sty /staɪ/ n. **1** (pl **sties**) = PIGSTY (PIG) **2** (also **stye**) (pl. **sties** or **styes**) inflamed swelling of the eyelid.

style /staɪl/ n. **1** [C, U] particular way in which something is done. **2** [C] design of something, esp. clothes. **3** [U] quality of being fashionable and elegant. **4** [C, U] features of a book, painting, building, etc. that make it typical of an author, period, etc.: *This extract is just Shakespeare ~.* [IDM] **be more somebody's style** be what somebody prefers or what suits somebody: *Short hair is more my ~.* ● **style** v. [T] design, make or shape something in a particular way. ▶ **stylish** adj. (approv.) fashionable ▶ **stylist** n. person who styles people's hair. ▶ **stylistic** /-'lɪstɪk/ adj. of the style an artist uses in a particular piece of art, writing or music. ▶ **stylized** (also **-ised**) adj. drawn, written, etc. in a way that is not natural or realistic.

stylus /'staɪləs/ n. **1** needle used for reproducing sound from records. **2** (computing) pointing device shaped like a pen for use with palmtops, etc.

suave /swɑːv/ adj. confident, elegant and polite, sometimes in a way that seems insincere.

sub /sʌb/ n. (infml.) **1** short for SUBMARINE **2** substitute, esp. in cricket or football.

subconscious /ˌsʌb'kɒnʃəs/ adj. of feelings that influence your behaviour, even though you are not aware of them. ● **subconscious** n. [sing.] (**the/your~**) part of your mind containing feelings you are not aware of. ▶ **subconsciously** adv.

subcontinent /ˌsʌb'kɒntɪnənt/ n. large land mass forming part of a continent.

subdivide /ˌsʌbdɪ'vaɪd/ v. [I, T] divide something again into smaller parts. ▶ **subdivision** /-dɪ'vɪʒn; 'sʌbdɪvɪʒn/ n. [C, U].

subdue /səb'djuː/ v. [T] **1** bring somebody/ something under control, esp. by using force **2** calm or control your feelings.

subject[1] /'sʌbdʒɪkt; -dʒekt/ n. **1** thing or person being discussed, described or dealt with: *the ~ of the matter.* **2** area of knowledge studied in a school, etc. **3** (gram.) noun or phrase which comes before a verb and which performs the action of that verb or is described by it, e.g. *the book* in *The book is green.* **4** person who has the right to belong to a country.

subject[2] /səb'dʒekt/ v. [T] (fml.) to bring a nation or group under your control, esp. by using force. [PV] **subject somebody/ something to something** (written) to make somebody/something experience, suffer something unpleasant: *The city was ~ ed to heavy bombing.* ▶ **subjection** /-ʃn/ n. [U].

subject[3] /'sʌbdʒekt; -dʒɪkt/ adj. **~to 1** likely to be affected by something, esp. something bad: *~ to dust allergy.* **2** depending on something to be completed or agreed: *~ to signing the deal.* **3** under the authority of something/somebody: *~ to the company policies.*

subjective /səb'dʒektɪv/ adj. **1** influenced by personal feelings. **2** (phil.) having no existence outside the mind; imaginary. ▶ **subjectively** adv. ▶ **subjectivity** /-'tɪvəti/ n. [U].

sublet /ˌsʌb'let/ v. (-tt-, pt, pp **sublet**) [I, T] (of a tenant) rent a house, flat, etc. to somebody else.

sublime /sə'blaɪm/ adj. of the greatest and highest kind. ▶ **sublimely** adv.

submarine /ˌsʌbmə'riːn/ n. ship that can travel under water.

submerge /səb'mɜːdʒ/ v. **1** [I, T] (cause something to) go under water. **2** [T] (written) hide ideas, feelings, etc. completely. ▶ **submersion** /səb'mɜːʃn/ n. [U].

submission /səbˈmɪʃn/ n. **1** [U] acceptance of somebody's power over you. **2** [U, C] act of presenting somebody in authority with a document, proposal, etc. for consideration.

submissive /səbˈmɪsɪv/ adj. always willing to obey others. ▶ **submissively** adv. ▶ **submissiveness** n. [U].

submit /səbˈmɪt/ v. (-tt-) ~(to) **1** [T] give a document, proposal, etc. to somebody in authority so they can study or consider it. **2** [I] accept the power of somebody/something over you.

subordinate /səˈbɔːdɪnət/ adj. **1** lower in rank. **2** of less importance. ● **subordinate** n. person who is lower in rank or position than somebody else. ● **subordinate** /səˈbɔːdɪneɪt/ v. [T] ~(to) treat somebody/something as less important than somebody/something else.

subscribe /səbˈskraɪb/ v. [I] ~(to) **1** pay money once a year to receive regular copies of a newspaper, etc. **2** agree to pay a sum of money regularly to be a member of an organization, charity, etc. [PV] **subscribe to something** (fml.) agree with an opinion, theory, etc. ▶ **subscriber** n. ▶ **subscription** /səbˈskrɪpʃn/ n. [C, U] money paid to a charity, to receive a magazine regularly, to belong to a club, etc.

subsequent /ˈsʌbsɪkwənt/ adj. ~(to) following. ▶ **subsequently** adv. afterwards.

subservient /səbˈsɜːviənt/ adv. (disapprov.) too willing to obey others. ▶ **subservience** /-əns/ n. [U].

subside /səbˈsaɪd/ v. [I] **1** (of water, etc.) return to the normal level. **2** (of land or a building) sink lower. **3** become less strong, active, loud, etc. ▶ **subsidence** /-ns; ˈsʌbsɪdns/ n. [C, U] (instance of) subsiding(2).

subsidiary /səbˈsɪdiəri/ adj. connected with something but less important than it: a ~ group. ● **subsidiary** n. (pl. -ies) company controlled by another larger company.

subsidy /ˈsʌbsədi/ n. (pl -ies) money granted, esp. by a government, to help an industry, a theatre, etc. ▶ **subsidize** (also **-ise**) /ˈsʌbsɪdaɪz/ v. [T] give a subsidy to somebody or an organization to help pay for something.

subsist /səbˈsɪst/ v. [I] manage to stay alive, esp. with little food and money. ▶ **subsistence** n. [U] state of having just enough money to stay alive.

substance /ˈsʌbstəns/ n. **1** [C, U] type of solid, liquid or gas that has particular qualities. **2** [U] (written) quality of being based on facts or the truth: a novel with little ~ **3** [U] most important or main part of something.

substantial /səbˈstænʃl/ adj. **1** large: a ~ amount of energy. **2** solidly built. ▶ **substantially** adv. **1** very much. **2** mainly.

substantiate /səbˈstænʃieɪt/ v. [T] prove a claim, etc. by giving facts.

substitute /ˈsʌbstɪtjuːt/ n. person or thing taking the place of another. ● **substitute** v. [I, T] ~(for) serve or use something/somebody instead of somebody/something else. ▶ **substitution** /ˌsʌbstɪˈtjuːʃn/ n. [U, C].

subsume /səbˈsjuːm/ v. [T] (fml.) include something in a group and not consider it separately.

subterfuge /ˈsʌbtəfjuːdʒ/ n. [U, C] (fml.) secret, usu. dishonest, way of behaving or doing something.

subterranean /ˌsʌbtəˈreɪniən/ adj. (fml.) under the ground.

subtitle /ˈsʌbtaɪtl/ n. [C] **1** [usu. pl.] words printed on a film, translating the dialogue, giving the dialogue for deaf viewers, etc. **2** secondary title of a book, etc.

subtle /ˈsʌtl/ adj. **1** not very noticeable or obvious: a ~ change. **2** clever: a ~ way. **3** good at noticing and understanding things. ▶ **subtlety** n. [U, C] (pl. -ies) ▶ **subtly** /ˈsʌtli/ adv.

subtract /səbˈtrækt/ v. [T] ~(from) take a number or amount away from another number or amount. ▶ **subtraction** /-ʃn/ n. [U, C].

suburb /ˈsʌbɜːb/ n. residential area of a town away from the centre. ▶ **suburban** /səˈbɜːbən/ adj. ▶ **suburbia** /səˈbɜːbiə/ n. [U] (life lived by people in) suburbs.

subvert /səbˈvɜːt/ v. [T] (fml.) try to destroy the authority of a political, religious, etc. system. ▶ **subversion** /-ʃn/ n. [U] ▶ **subversive** adj. trying to subvert something.

subway /ˈsʌbweɪ/ n. **1** pedestrian tunnel beneath a road, etc. **2** (US) underground railway system in a city.

succeed /səkˈsiːd/ v. **1** [I] ~(in) achieve what you are trying to achieve or do well in your job, etc.: ~ in finishing the work in time. **2** [T] come next after somebody/something and take their/its place or position: ~ him as the owner of the property. **3** [I] ~(to) gain the right to something when somebody dies.

success /səkˈses/ n. **1** [U] achievement of your aims, fame, wealth, etc. **2** [C] person or thing that succeeds. ▶ **successful** adj. ▶ **successfully** adv.

succession /səkˈseʃn/ n. **1** [C, usu. sing.] series of people or things that follow each other in time or order: The city had four accidents in quick ~ the same day. **2** [U] regular pattern of one thing happening after another. ▶ **successive** adj. coming one after the other. ▶ **successor** n. person or thing that follows

another.
succinct /səkˈsɪŋkt/ adj. expressed briefly and clearly. ▶ **succinctly** adv. ▶ **succinctness** n. [U].
succulent /ˈsʌkjələnt/ adj. **1** (of fruit and meat) juicy and delicious. **2** (of plants) thick and fleshy.
succumb /səˈkʌm/ v. [I] ~(**to**) (fml.) stop resisting temptation, illness, etc.
such /sʌtʃ/ det., pron. **1** of the type already mentioned: ~ flowers as those. ◇ She gave ~ reason for not going to the market. **2** of the type that you are just going to mention: I have not heard of any ~ thing. **3** used to emphasize the degree of something: Why was he in ~ a situation? [IDM] **as such** the word is usually understood; in the exact sense of the word ■ **such as** for example ■ **'such-and-such** pron., det. used for referring to something without saying exactly what it is. ■ **'suchlike** pron., det. (things) of the same kind.
suck /sʌk/ v. **1** [I, T] take liquid, air, etc. into your mouth using the lips. **2** [T] hold a sweet, etc. in the mouth and lick it with your tongue. **3** [T] (of a pump, etc.) take liquid, air, etc. out of something **4** [T] pull somebody/something with great force in one direction: The swamp ~ed the people under the mud. ● **suck** n. [usu. sing.] act of sucking. ▶ **sucker** n. **1** (infml.) person easily tricked or persuaded to do something. **2** ~**for** (infml.) person who likes somebody/something very much: a ~er for books. **3** organ on the body of some animals that enables them to stick to a surface. **4** rubber disc that sticks to a surface when you press against it.
suckle /ˈsʌkl/ v. [T] feed a baby or young animal with milk from the breast.
suction /ˈsʌkʃn/ n. [U] process of causing a vacuum, esp. so that two surfaces stick together.
sudden /ˈsʌdn/ adj. happening unexpectedly and quickly. ▶ **suddenly** adv. ▶ **suddenness** n. [U].
suds /sʌdz/ n. [pl] mass of bubbles that forms on soapy water.
sue /suː; sjuː/ v. [I, T] make a legal claim against somebody in a court of law.
suede /sweɪd/ n. [U] soft leather with one rough side.
suet /ˈsuːɪt; ˈsjuːɪt/ n. [U] hard animal fat used in cooking.
suffer /ˈsʌfə(r)/ v. **1** [I] ~(**from**) be badly affected by a disease, pain, sadness, etc. **2** [T] experience something unpleasant, e.g. injury, defeat or loss. **3** [I] become worse: They ~ huge losses because of the fire that broke in their factory. [IDM] **not suffer fools gladly** have little patience with people you think are stupid. ▶ **suffering** n. [U] (also **sufferings**) [pl.] physical or mental pain.
suffice /səˈfaɪs/ v. [I] (fml.) be enough for somebody/ something.
sufficient /səˈfɪʃnt/ adj. enough. ▶ **sufficiency** /-nsi/ n. [sing.] (fml.) sufficient quantity. ▶ **sufficiently** adv.
suffix /ˈsʌfɪks/ n. (gram.) letter or group of letters added to the end of a word to change its meaning.
suffocate /ˈsʌfəkeɪt/ v. **1** [I, T] (cause somebody to) die from not being able to breathe air. **2** (**be suffocating**) [I] be very hot with very little fresh air: I felt suffocated sitting in that closed room. ▶ **suffocation** /ˌsʌfəˈkeɪʃn/ n. [U].
sugar /ˈʃʊɡə(r)/ n. [U] sweet substance obtained from various plants. ● **sugar** v. [T] add sugar to something. ■ **'sugar cane** n. [U] tall tropical grass from which sugar is made. ▶ **sugary** adj. **1** containing sugar; sweet. **2** (disapprov) too sentimental.
suggest /səˈdʒest/ v. [T] **1** put forward an idea or plan for consideration. **2** put an idea into somebody's mind. ▶ **suggestion** /-tʃən/ n. **1** [C] idea, plan, etc. that you mention for somebody to think about. **2** [U, C, usu. sing.] reason to think that something, esp. something bad, is true. ▶ **suggestive** adj. making somebody think about something, esp. about sex. ▶ **suggestively** adv.
suicide /ˈsuːɪsaɪd; ˈsjuː-/ n. **1** [C, U] act of killing yourself deliberately: commit ~ **2** [U] action likely to ruin your career, position in society, etc. **3** [C] (fml.) person who commits suicide. ▶ **suicidal** /-ˈsaɪdl/ adj. **1** wanting to kill yourself. **2** likely to lead to death or disaster.
suit¹ /suːt; sjuːt/ n. **1** jacket and trousers (or skirt) of the same material. **2** set of clothing worn for a particular activity. **3** any of the four sets of playing cards (spades, hearts, diamonds, clubs). ▶ **'suitcase** n. case for carrying clothes, etc. when travelling.
suit² /suːt; sjuːt/ v. **1** [I, T] be convenient or useful for somebody/something. **2** [T] (esp. of clothes, colours, etc.) make you look attractive: That haircut ~s her. [IDM] **suit yourself** (infml.) do as you want. ▶ **suitable** /ˈsuːtəbl; ˈsjuː-/ adj. right or appropriate for a purpose. ▶ **suitably** adv. ▶ **suitability** /-ˈbɪləti/ n. [U] ▶ **suited** adj. right or appropriate for somebody/something.
suite /swiːt/ n. **1** set of matching pieces of furniture. **2** set of rooms, e.g. in a hotel. **3** piece of music in three or more parts.
sulk /sʌlk/ v. [I] (disapprov.) refuse to speak because you are annoyed with somebody. ▶

sulky adj. (-ier, -iest).
sullen /'sʌlən/ adj. (disapprov.) silent and bad-tempered. ▶ **sullenly** adv. ▶ **sullenness** n. [U].
sulphur (US **sulfur**) /'sʌlfə(r)/ n. [U] (symb. S) yellow element that burns with a bright flame. ■ **sulphuric acid** (US **sulfuric ~**) /sʌlˌfjʊərɪk 'æsɪd/ n. (chem.) (symb. H_2SO_4) strong colourless acid.
sultan /'sʌltən/ n. ruler of certain Muslim countries.
sultana /sʌl'tɑːnə/ n. small dried grape without seeds, used in cakes, etc.
sultry /'sʌltri/ adj. (-ier, -iest) 1 (of the weather) hot and uncomfortable. 2 (written) (of a woman) sexually attractive.
sum /sʌm/ n. 1 amount of money. 2 total obtained by adding together numbers or amounts. 3 simple problem that involves calculating numbers. ● **sum** v. (-mm-) [PV] **sum (something) up** give a summary of something. **sum somebody/something up** form or express an opinion of somebody/something.
summary /'sʌməri/ n. (pl. -ies) short statement giving only the main points of something. ● **summary** adj. 1 (fml.) giving the main points only; brief. 2 done without delay: a ~ execution. ▶ **summarize** (also **-ise**) /-raɪz/ v. [T] give a summary of something.
summer /'sʌmə(r)/ n. [C, U] warmest season of the year. ▶ **summery** adj. like or suitable for summer.
summit /'sʌmɪt/ n. 1 highest point of something, esp. a mountain. 2 meeting of two or more heads of government.
summon /'sʌmən/ v. [T] 1 (fml.) order somebody to appear in a court of law. 2 (fml.) order somebody to come to you. 3 **~(up)** make an effort to find a quality within yourself ~ (up) all your courage.
summons /'sʌmənz/ n. (pl. **~es** /-zɪz/) order to appear in a court of law. ● **summons** v. [T] order somebody to appear in a court of law.
sun /sʌn/ n. 1 (**the sun, the Sun**) [sing.] star round which the earth moves and which gives it heat and light. 2 (usu. **the sun**) [sing., U] light and heat from the sun. 3 [C] any star around which planets move. [IDM] **under the sun** used to emphasize that you are talking about a large number of things. ● **sun** v. (-nn-) [T] **~ yourself** lie in the sun. ■ **'sunbathe** v. [I] sit or lie in the sun. ■ **'sunbeam** n. ray of sunlight. ■ **'sunburn** n. [U] painful red skin caused by too much time spent in the sun. ■ **'sunburnt** adj. suffering from sunburn. ■ **'sunglasses** n. [pl.] glasses with dark lenses to protect the eyes from the sun. ■ **'sunlight** n. [U] light from the sun. ▶ **sunny** adj. (-ier, -iest) 1 bright with sunlight. 2 cheerful. ■ **'sunrise** n. [U] dawn. ■ **'sunshade** n. object like an umbrella to keep off the sun. ■ **'sunshine** n. [U] light and heat of the sun. ■ **'sunstroke** n. [U] illness caused by spending too much time in the sun. ■ **'suntan** n. browning of the skin caused by exposure to sunlight.
Sunday /'sʌndeɪ; -di/ n. [U, C] the first day of the week, next after Saturday. (See examples of use at Monday.).
sundry /'sʌndri/ adj. (fml.) various. ▶ **sundries** n. [pl.] (written) various small items.
sung pp of SING.
sunk pt, pp of SINK.
sunken /'sʌŋkən/ adj. 1 that has fallen to the bottom of the sea. 2 (of eyes or cheeks) hollow. 3 lower than the surrounding area.
super /'suːpə(r); 'sjuː-/ adj. (infml.) excellent.
superb /suː'pɜːb; sjuː-/ adj. excellent. ▶ **superbly** adv.
supercomputer /'suːpəkəmpjuːtə(r); 'sjuː-/ n. powerful computer with a large amount of memory and a very fast central processing unit.
superficial /ˌsuːpə'fɪʃl; ˌsjuː-/ adj. 1 of or on the surface only. 2 not thorough or deep: a ~ feeling. ▶ **superficiality** /ˌsuːpəˌfɪʃi'æləti/ n. [U] ▶ **superficially** adv.
superfluous /suː'pɜːfluəs; sjuː-/ adj. more than you need or want. ▶ **superfluously** adv.
superhighway /'suːpəhaɪweɪ; 'sjuː-/ n. way of quickly sending information such as video, sound and pictures. through a computer network, esp. the Internet: the information ~.
superhuman /ˌsuːpə'hjuːmən; ˌsjuː-/ adj. having much greater power, knowledge, etc. than is normal.
superimpose /ˌsuːpərɪm'pəʊz; ˌsjuː-/ v. [T] **~(on)** put one image on top of another.
superintend /ˌsuːpərɪn'tend; ˌsjuː-/ v. [I, T] (fml.) be in charge of something and make sure everything is working, being done, etc. as it should be. ▶ **superintendent** n. 1 person who superintends somebody/something. 2 senior police officer.
superior /suː'pɪəriə(r); sjuː-/ adj. 1 higher in rank, importance, quality etc. 2 (disapprov) showing that you think you are better than others. ● **superior** n. person of higher rank, status or position. ▶ **superiority** /suːˌpɪəri'ɒrəti/ n. [U].
superlative /suː'pɜːlətɪv; sjuː-/ adj. 1 excellent. 2 (gram.) of adjectives or adverbs, expressing the highest degree, e.g. best, worst, most.

- **superlative** n. superlative form of an adjective or adverb.
- **supermarket** /suːpəmɑːkɪt; ˈsjuː-/ n. large shop selling food, household goods, etc.
- **supernatural** /ˌsuːpəˈnætʃrəl; ˌsjuː-/ adj. seeming magical, etc. because it cannot be explained by the laws of science.
- **superpower** /ˈsuːpəpaʊə(r); ˈsjuː-/ n. one of the most powerful nations in the world.
- **supersede** /ˌsuːpəˈsiːd/ v. [T] take the place of something/somebody.
- **supersonic** /ˌsuːpəˈsɒnɪk; ˌsjuː-/ adj. faster than the speed of sound.
- **superstar** /ˈsuːpəstɑː(r)/ n. very famous performer.
- **superstition** /ˌsuːpəˈstɪʃn; ˌsjuː-/ n. [U, C] (idea, practice, etc. based on) the belief that particular events bring good or bad luck. ▶ **superstitious** adj.
- **supervise** /ˈsuːpəvaɪz; ˈsjuː-/ v. [I, T] be in charge of somebody/something and make sure everything is done correctly. ▶ **supervision** /ˌsuːpəˈvɪʒn/ n. [U] ▶ **supervisor** n. person who supervises somebody/something.
- **supper** /ˈsʌpə(r)/ n. [C, U] last meal of the day.
- **supple** /ˈsʌpl/ adj. easily bent; not stiff ▶ **suppleness** n. [U].
- **supplement** /ˈsʌplɪmənt/ n. 1 thing added to something else to improve or complete it. 2 additional section of a book, newspaper, etc. ● **supplement** /ˈsʌplɪment/ v. [T] ~(with) add something to something else. ▶ **supplementary** /-ˈmentri/ (US **supplemental** /-mentl/) adj. additional.
- **supply** /səˈplaɪ/ v. (pt, pp -ied) [T] provide somebody/ something with something that they need or want, esp. in large quantities: ~ water to the city. ◇ ~ somebody with more clothing. ● **supply** n. (pl. -ies) 1 [C] amount of something that is provided or available to use. 2 [pl.] things such as food, medicines, fuel, etc. needed by a group of people, e.g. an army: water supply. 3 [U] act of supplying something. ▶ **supplier** n. person or company that supplies goods, etc.
- **support** /səˈpɔːt/ v. [T] 1 help or encourage somebody/ something by showing that you agree with them/it, by giving money, etc.: ~ a cause. 2 provide somebody with what is necessary to live, esp. money: ~ a family. 3 hold somebody/something in position; prevent somebody/something from falling. 4 help to show that something is true. 5 (GB) like a particular sports team, watch their games, etc. ● **support** n. 1 [U] encouragement and help you give to somebody/something. 2 [U] sympathy and help that you give to somebody in a difficult situation. 3 [C] thing that supports something. ▶ **supporter** n. ▶ **supportive** adj. giving encouragement, help, etc.
- **suppose** /səˈpəʊz/ v. [T] 1 think or believe that something is true or possible: I ~ she has gone back to London. 2 pretend something is true; imagine what would happen if something were true: Let's ~, for example, that I am not in the city for some time. [IDM] **be supposed to do/be something** be expected or required to do/be something according to a rule, an arrangement, etc.: She's ~d to sing in the party. **not be supposed to do something** not be allowed to do something. ▶ **supposedly** /-ɪdli/ adv. according to what is generally thought or believed. ▶ **supposing** conj. used to ask somebody to imagine that something is true.
- **supposition** /ˌsʌpəˈzɪʃn/ n. 1 [C] idea that you think is true but cannot prove. 2 [U] act of believing or claiming something to be true.
- **suppress** /səˈpres/ v. [T] 1 put an end to something, often by force: ~ a fight. 2 prevent something from being known: ~ the truth. ▶ **suppression** /-ʃn/ n. [U].
- **supreme** /suːˈpriːm;sjuː-/ adj. 1 highest in rank or position. 2 greatest in degree. ▶ **supremacy** /suːˈpreməsi; sjuː-/ n. [U] ▶ **supremely** adv.
- **surcharge** /ˈsɜːtʃɑːdʒ/ n. payment additional to the usual charge.
- **sure** /ʃɔː(r)/ adj. 1 confident that you know something or that you are right: I am sure that I don't want to go to the party. 2 ~ of certain that you will receive something or that something will happen. 3 ~ to certain to do something or to happen; She's ~ to enter the finals this year. 4 reliable: a ~ solution for all the problems. [IDM] **be sure to do something** used to tell somebody to do something **make sure (of something/that ...)** 1 do something in order to be certain that something else happens. 2 check that something is true or has been done. ● **sure** adv. (infml., esp. US) 1 used to say 'yes' to somebody. 2 used to emphasize what you are saying: It ~ is a better place to live! [IDM] **sure enough** as was expected: We all thought that he had left for London and ~ enough, he did. ▶ **surely** adv. 1 used to expressing hope, certainty, etc.: S~ly not! 2 (fml.) certainly.
- **surety** /ˈʃʊərəti; ˈʃɔːr-/ n. (pl. -ies) [C, U] (law) 1 money given as a promise that you will pay a debt, appear in court, etc. 2 person responsible for the conduct or debt(s) of another.
- **surf** /sɜːf/ n. [U] large waves in the sea, and the white foam that they produce as they fall on the shore. ● **surf** v. 1 [I, T] take part in the

sport of riding on waves on a surfboard. **2** [T] **~the net/Internet** use the Internet. ■ **'surfboard** *n.* long narrow board used for surfing. ▶ **surfing** *n.* [U] **1** sport of riding on top of the waves using a board. **2** activity of looking at different things on the Internet.

surface /'sɜːfɪs/ *n.* **1** [C] outside or top layer of something. **2** [C, usu. sing.] top layer of an area of water. **3** [sing.] outward appearance of somebody/something. ● **surface** *v.* **1** [I] come up to the surface of water. **2** [I] suddenly appear or become obvious. **3** [I] (*infml.*) wake up or get up. **4** [T] put a surface on a path, road, etc. ■ **'surface mail** *n.* [U] letters, etc. sent by land or sea, not by air.

surfeit /'sɜːfɪt/ *n.* [usu. sing.] ~(**of**) (*fml.*) too much of something.

surge /sɜːdʒ/ *v.* [I] **1** move forward or upward like waves. **2** fill somebody with a strong feeling. ● **surge** *n.* **1** sudden increase. **2** sudden forward or upward movement.

surgeon /'sɜːdʒən/ *n.* doctor who performs surgical operations.

surgery /'sɜːdʒəri/ *n.* (*pl.* **-ies**) **1** [U] medical treatment of injuries and diseases by cutting open the body. **2** [C] place where a doctor, dentist, etc. sees their patients.

surgical /'sɜːdʒɪkl/ *adj.* of, by or for surgery. ▶ **surgically** /-kli/ *adv.*

surly /'sɜːli/ *adj.* (**-ier, -iest**) bad-tempered and rude. ▶ **surliness** *n.* [U] |.

surmount /sə'maʊnt/ *v.* [T] (*fml.*) **1** deal successfully with a difficulty etc. **2** (*usu.* passive) be placed on top of something: *a chimney ~ed on a house.*

surname /'sɜːneɪm/ *n.* name shared by all the members of a family.

surpass /sə'pɑːs/ *v.* [T] (*fml.*) do or be better than somebody/something.

surplus /'sɜːpləs/ *n.* amount of money etc. beyond what is needed.

surprise /sə'praɪz/ *n.* [U, C] (*usu.* pleasant feeling caused by) something sudden or unexpected. [IDM] **take somebody by surprise** surprise somebody by happening unexpectedly. ● **surprise** *v.* [T] **1** cause somebody to feel surprised. **2** attack, discover, etc. somebody suddenly and unexpectedly: *~ a student.* ▶ **surprised** *adj.* feeling or showing surprise. ▶ **surprising** *adj.* ▶ **surprisingly** *adv.*

surrender /sə'rendə(r)/ *v.* **1** [I, I] ~(**yourself**) (**to**) stop fighting against an enemy, etc. and allow yourself to be caught, etc. **2** [T] give up something/somebody when you are forced to [PV] **surrender (yourself) to something** (*fml.*) allow a feeling, habit, etc. to control your actions. ▶ **surrender** *n.* [U, sing.] act of surrendering.

surround /sə'raʊnd/ *v.* [T] be or move all around somebody/something. ● **surround** *n.* (*usu.* decorative) edge or border. ▶ **surrounding** *adj.* that is near or around something. ▶ **surroundings** *n.* [pl.] everything around somebody/something.

surveillance /sɜː'veɪləns/ *n.* [U] close watch kept on somebody suspected of doing wrong, etc.: *under ~.*

survey /sə'veɪ/ *v.* [T] **1** look at or study the whole of something. **2** measure and make a map of an area of land, etc. **3** (*GB*) examine a building to make sure it is in good condition. ● **survey** /'sɜːveɪ/ *n.* **1** investigation of the opinions, behaviour, etc. of a group of people. **2** act of examining and measuring an area of land to make a map of it. **3** (*GB*) examination of the condition of a building. **4** general view or study of something. ▶ **surveyor** /sə'veɪə(r)/ *n.* person whose job is to examine buildings and record the details of areas of land.

survival /sə'vaɪvl/ *n.* **1** [U] state of continuing to live or exist, despite danger. **2** [C] thing that has survived from an earlier time.

survive /sə'vaɪv/ *v.* [I, T] continue to live or exist (longer than somebody/something): *~ a heart attack.* ◇ *She ~d her sister.* ▶ **survivor** *n.* person who continues to live, despite almost being killed.

susceptible /sə'septəbl/ *adj.* **1 ~to** likely to be affected by somebody/something: *~ to allergies.* **2** easily influenced ▶ **susceptibility** /sə,septə'bɪləti/ *n.* [U].

suspect /sə'spekt/ *v.* [T] **1** think that something is possible: *I ~ him to be working in his old company.* **2** feel doubt about somebody/something: *~ her of the committing the crime.* **3 ~(of)** feel that somebody is guilty of something: *~ somebody of murdering his brother.* ● **suspect** /'sʌspekt/ *n.* person suspected of doing wrong, etc. ● **suspect** /'sʌspekt/ *adj.* not to be relied on or trusted.

suspend /sə'spend/ *v.* [T] **1 ~(from)** hang something from something else: *~ two fans from the ceiling.* **2** delay something: *~ the game.* **3 ~(from)** officially prevent somebody from doing their job, going to school, etc. for a time: *They ~ed the employee from the company.*

suspenders /sə'spendəz/ *n.* [pl] **1** (*GB*) short elastic straps for holding up stockings or socks. **2** (*US*) = BRACES (BRACE(3))

suspense /sə'spens/ *n.* [U] uncertainty or worry about what may happen.

suspension /sə'spenʃn/ *n.* [U, C] **1** act of suspending somebody from their job, etc. or of delaying something. **2** springs, etc. that support a car so the driver cannot feel bumps in the road. ■ **su'spension bridge** *n.* bridge hanging on steel cables attached to towers.

suspicion /sə'spɪʃn/ *n.* **1** [U, C] feeling that something is wrong, somebody has done wrong, etc.: *arrested on ~ of theft.* **2** [C] feeling that something is true, though you have no proof. **3** [sing.] small amount of something: *a ~ of happiness.* ▶ **suspicious** *adj.* having or causing suspicion. ▶ **suspiciously** *adv.*

sustain /sə'steɪn/ *v.* [T] **1** keep somebody/something alive or in existence. **2** (*fml.*) suffer: *~ an a heart attack.* **3** (*fml.*) support a weight.

sustenance /'sʌstənəns/ *n.* [U] (*fml.*) (nourishing quality of) food or drink.

SW *abbr* = SHORT WAVE (SHORT¹).

swab /swɒb/ *n.* piece of cotton wool, etc. used for cleaning wounds, taking a sample for testing, etc. ● **swab** *v.* (-bb-) [T] clean a wound, etc. with a swab.

swagger /'swægə(r)/ *v.* [I] (*disapprov.*) walk or behave in a proud and confident way. ● **swagger** *n.* [sing.] (*disapprov*) way of walking that seems too confident.

swallow /'swɒləʊ/ *v.* **1** [I, T] cause food, etc. to go down your throat. **2** [T] **~(up)** use up something completely: *earnings ~ed up by bills.* **3** [T] accept that something is true; believe something : *She was not ~ing his story!* **4** [T] hide your feelings. **5** [T] accept an insult, etc. without complaining. ● **swallow** *n.* **1** small bird with a forked tail. **2** act of swallowing or amount swallowed.

swam *pt of* SWIM.

swamp /swɒmp/ *n.* [C, U] (area of) soft wet land. ● **swamp** *v.* [T] **1** make somebody have more of something than they can deal with: *~ed with business deals.* **2** fill or cover something with water. ▶ **swampy** *adj.* (-ier, -iest) having swamps.

swan /swɒn/ *n.* large white water bird with a long thin neck. ● **swan** *v.* (-nn-) [I] (*GB, infml., disapprov.*) go around enjoying yourself in a way that annoys others or makes them jealous. ■ **'swansong** *n.* [sing.] last performance or last work of a musician, poet, etc.

swanky /'swæŋki/ *adj.* (-ier, -iest) (*infml., disapprov.*) fashionable and expensive.

swap (*also* **swop**) /swɒp/ *v.* (-pp-) [I, T] **~(with)** give something to somebody in exchange for something else: *~ work with somebody.* ● **swap** *n.* act of swapping or something swapped.

swarm /swɔːm/ *n.* large group of insects, esp. bees. ● **swarm** *v.* [I] move in large numbers [PV] **swarm with somebody/something** be full of people or things: *markets ~ing with people.*

swat /swɒt/ *v.* (-tt-) [T] hit something, esp. an insect, with a flat object.

sway /sweɪ/ *v.* **1** [I, T] (cause something to) move from side to side. **2** [T] persuade somebody to believe something or do something. ● **sway** *n.* [U] **1** movement from side to side. **2** (*lit.*) power or influence over something.

swear /sweə(r)/ *v.* (*pt* **swore** /swɔː(r)/; *pp* **sworn** /swɔːn/) **1** [I] **~(at)** use offensive or rude words, usu. because you are angry. **2** [T] make a serious promise to do something: *He said that he could ~ not to tell anyone about the theft.* **3** [I, T] say or promise something solemnly, esp. in a court of law. [PV] **swear by something** be certain that something is good or useful. **swear somebody in** making somebody promise to do a job correctly, be loyal to a country, etc. ■ **'swear word** *n.* rude or offensive word.

sweat /swet/ *n.* **1** [U] liquid which comes through the skin when you are hot, nervous etc. **2** [usu. sing.] state of being covered with sweat. **3** [U] hard work or effort. ● **sweat** *v.* [I] **1** produce sweat. **2** (*infml.*) be worried or nervous. [IDM] **sweat blood** (*infml.*) work very hard ■ **'sweatshirt** *n.* long-sleeved cotton sweater. ▶ **sweaty** *adj.* (-ier, -iest) (causing somebody to be) hot and covered with sweat.

sweater /'swetə(r)/ *n.* knitted woollen or cotton piece of clothing for the upper body.

swede /swiːd/ *n.* [C, U] large round yellow root vegetable.

sweep¹ /swiːp/ *v.* (*pt, pp* **swept** /swept/) **1** [I, T] clear dust, dirt, etc. using a brush, broom, etc. **2** [T] carry or move somebody/something quickly: *The tide swept the child along.* **3** [I, T] (of weather, fire, *etc.*) pass quickly over an area: *A huge fire that broke out last night swept (over) the whole area.* **4** [I] move in a proud way. **5** [I] form a long smooth curve: *The coast ~s northwards.* [IDM] **sweep somebody off their feet** make somebody suddenly fall in love with you. **sweep something under the carpet** hide something embarrassing or scandalous. ▶ **sweeper** *n.* person or thing that sweeps. ▶ **sweeping** *adj.* **1** having a wide effect: *~ing emotions.* **2** too general: *a ~ing statement.*

sweep² /swiːp/ *n.* **1** [C] act of cleaning a room, etc. with a broom. **2** [C] smooth curving movement. **3** [U] range of an idea, piece of writing, etc.: *the broad ~ of a speech* **4** [C] movement over an area, e.g. to search for something. **5** [C] = CHIMNEY SWEEP (CHIMNEY).

sweet /swiːt/ *adj.* **1** tasting like sugar. **2**

smelling pleasant: *It smells so pleasant here!* **3** pleasant or attractive: *a ~ woman* **4** fresh and pure: *the ~ smell of the morning air.* **5** lovable: *a ~ little kid.* [IDM] **have a sweet tooth** (*infml.*) like food that contains a lot of sugar. ● **sweet** *n.* **1** small piece of something sweet, e.g. boiled sugar, chocolate, etc. **2** dish of sweet food. ■ **'sweetcorn** *n.* [U] type of maize with sweet yellow seeds. ▶ **sweeten** *v.* [I, T] become or make something sweet. ▶ **sweetener** *n.* substance used to make food taste sweeter. ■ **'sweetheart** *n.* [sing.] used to address somebody in a way that shows affection. ▶ **sweetly** *adv.* ▶ **sweetness** *n.* [U] ■ **'sweet-talk** *v.* [T] ~(**into**) try to persuade somebody to do something by saying nice things to them.

swell /swel/ *v.* (*pt* **swelled** /sweld/; *pp* **swollen** /'swəʊlən/ or **swelled**) [I, T] **1** (cause something to) become greater in size, thickness, quantity, etc.: *a swollen foot* **2** (cause something to) curve outwards. ● **swell** *n.* [U, sing.] slow rise and fall of the sea's surface. ▶ **swelling** *n.* swollen place on the body.

swelter /'sweltə(r)/ *v.* [I] be uncomfortably hot.

swept *pt, pp of* SWEEP¹

swerve /swɜːv/ *v.* [I] change direction suddenly: *The bus ~ to avoid an accident .* ▶ **swerve** *n.*

swift¹ /swɪft/ *adj.* quick, prompt: *a ~ answer* ▶ **swiftly** *adv.* ▶ **swiftness** *n.* [U].

swift² /swɪft/ *n.* small bird similar to a swallow.

swig /swɪg/ *v* (**-gg-**) [T] (*infml.*) drink something in large amounts.

swill /swɪl/ *v.* [T] **1** clean something by pouring large amounts of water in, on or through it. **2** (*infml.*) drink something in large amounts: *~ tea* ● **swill** *n.* [U] waste food that is given to pigs to eat.

swim /swɪm/ *v.* (**-mm-** *pt* **swam** /swæm/; *pp* **swum** /swʌm/) **1** [I, T] (of a person) move through water using the arms and legs: *to ~ the river.* **2** [I] spend time swimming for pleasure: *She went ~ming all summer.* **3** [I] (of a fish, etc.) move through or across water. **4** [I] ~ (**in/with**) be covered with liquid. **5** [I] seem to be moving around: *Her head swam.* ● **swim** *n.* [sing.] period of time during which you swim: *She asked him to go for a ~* [IDM] **in the swim (of things)** (*infml.*) involved in things that are happening. ▶ **swimmer** *n.* person who swims. ■ **'swimming costume** l **'swimsuit** *n.* piece of clothing worn by women and girls for swimming. ■ **'swimming pool** *n.* area of water that has been created for people to swim in. ■ **'swimming trunks** *n.* [pl.] shorts worn by boys and men for swimming.

swindle /'swɪndl/ *v.* [T] get money, etc. from somebody by cheating. ● **swindle** *n.* [usu. sing.] situation in which somebody uses illegal methods to get money from somebody/ something. ▶ **swindler** *n.* person who gets money, etc. by swindling.

swing /swɪŋ/ *v.* (*pt, pp* **swung** /swʌŋ/) [I, T] **1** (cause something to) move backwards and forwards while hanging from a fixed point: *~ your body* **2** (cause something to) turn or change direction quickly: *The ball is ~ ing greatly.* **3** (cause somebody/something to) change from one opinion, mood, etc. to another: *a book that ~s the mood of anybody.* [IDM] **swing into action** start doing something quickly. ● **swing** *n.* **1** [C] swinging movement or rhythm. **2** [C] change from one opinion or situation to another. **3** [C] seat hanging from a bar, etc. for swinging on. **4** [U] type of jazz with a smooth rhythm, played esp. in the 1930s. [IDM] **go with a swing** be lively and enjoyable **swings and roundabouts** (*GB, infml.*) situation in which there are gains and losses.

swingeing /'swɪndʒɪŋ/ *adj.* (*GB, written*) large in amount, etc.; severe.

swipe /swaɪp/ *v.* **1** [I, T] hit somebody/something with your hand, etc. by swinging your arm. **2** [T] (*infml.*) steal something. **3** [T] pass a credit card, etc. through a special machine that is able to read the information stored on it. ● **swipe** *n.* swinging blow. ■ **'swipe card** *n.* plastic card with information recorded on it which can only be read by an electronic device: *Access to the building is by ~ card.*

swirl /swɜːl/ *v.* [I, T] (cause air, water, *etc.* to) move or flow with twists and turns. ● **swirl** *n.* swirling movement or pattern.

swish /swɪʃ/ *v.* [I, T] (cause something to) move through the air with a hissing sound. ● **swish** *n.* [sing.] movement or sound made by something moving quickly. ● **swish** *adj.* (*infml.*) fashionable or expensive.

switch /swɪtʃ/ *n.* **1** device for making and breaking an electrical circuit: *a light ~* **2** change from one thing to another: *a ~ from a village to a town.* ● **switch** *v.* **1** [I, T] (cause something to) change from one thing to another: *~ to using diesel engines from steam engines.* **2** [T] exchange one thing for another: *~ the dress for shoes.* [PV] **switch something off/on** turn a light, machine, etc. off/on by pressing a button or switch. ■ **'switchboard** *n.* central part of a telephone system used by a company, etc. where calls are answered and put through to the appropriate person, etc.

swivel /'swɪvl/ v. (-ll-, US -l-) [I, T] (cause something to) turn (as if) on a central point: ~ (round) in your chair.

swollen pp of SWELL.

swoop /swuːp/ v. [I] (of a bird or plane) fly downwards suddenly, esp. in order to attack somebody/something: (fig.) The eagle swooped on the mouse that was moving on the ground. ● **swoop** n. **1** swooping movement. **2** sudden attack.

swop = SWAP.

sword /sɔːd/ n. weapon with a long steel blade fixed in a handle. ■ **'swordfish** n. large sea fish with a long thin pointed upper jaw.

swore pt of SWEAR.

sworn[1] pp of SWEAR.

sworn[2] /swɔːn/ adj. **1** made after you have promised to tell the truth: a ~ statement. **2** (~enemies) people, countries, etc. that hate each other.

swum pp of SWIM.

swung pt, pp of SWING

syllable /'sɪləbl/ n. unit into which a word can be divided, usu. containing a vowel: 'Technique' has two ~s. ▶ **syllabic** /sɪ'læbɪk/ adj.

syllabus /'sɪləbəs/ n. list of subjects, etc. in a course of study.

syllogism /'sɪlədʒɪzəm/ n. logical argument in which a conclusion is drawn from two statements.

symbol /'sɪmbl/ n. sign, mark, object, etc. that represents something: Rose is a ~ for purity. ▶ **symbolic** /sɪm'bɒlɪk/ adj. of or used as a symbol. ▶ **symbolically** adv. ▶ **symbolism** /'sɪmbəlɪzəm/ n. [U] (use of) symbols ▶ **symbolize** (also -ise) /'sɪmbəlaɪz/ v. [T] be a symbol of something.

symmetry /'sɪmətri/ n. [U] **1** exact match in size and shape of the two halves of something. **2** quality of being very similar or equal. ▶ **symmetric** /sɪ'metrɪk/ (also **symmetrical** /-ɪkl/) adj.

sympathetic /ˌsɪmpə'θetɪk/ adj. **1** kind to somebody who is hurt or sad; showing understanding and care: ~ expressions. **2** showing that you approve of somebody/something or that you share their views. **3** (of a person) easy to like: a ~ woman in the lane. ▶ **sympathetically** /-kli/ adv.

sympathize (also -ise) /'sɪmpəθaɪz/ v. [I] ~(with) **1** feel sorry for somebody; show that you understand their problems. **2** support somebody/something. ▶ **sympathizer** (also -**iser**) n. person who supports a cause, party, etc.

sympathy /'sɪmpəθi/ n. (pl. **-ies**) [U, C, usu. pl.] **1** (capacity for) sharing or understanding the feelings of others. **2** act of showing support for or approval of an idea, cause, etc.

symphony /'sɪmfəni/ n. (pl. **-ies**) long musical composition, usu. in three or four parts, for an orchestra.

symptom /'sɪmptəm/ n. **1** change in the body that is a sign of illness. **2** sign, usu. of something bad: ~s of unhappiness. ▶ **symptomatic** /-'mætɪk/ adj. being a sign of an illness or problem.

synagogue /'sɪnəgɒg/ n. building used by Jews for religious worship and teaching.

synchronize (also -**ise**) /'sɪŋkrənaɪz/ v. [I, T] (cause something to) happen at the same time or move at the same speed as something else: ~ the traffic.

syndicate /'sɪndɪkət/ n. group of people or companies that join together for business. ● **syndicate** /'sɪndɪkeɪt/ v. [T] (usu. passive) sell an article, a photograph, etc. to several different newspapers, etc.

syndrome /'sɪndrəʊm/ n. (med.) set of symptoms which are a sign of an illness, etc.

synonym /'sɪnənɪm/ n. word with the same meaning as another. ▶ **synonymous** /sɪ'nɒnɪməs/ adj.

synopsis /sɪ'nɒpsɪs/ n. (pl. **-opses** /-siːz/) summary or outline of a book, play, etc.

syntax /'sɪntæks/ n. [U] (ling.) (rules for) making sentences out of words and phrases. ▶ **syntactic** /sɪn'tæktɪk/ adj. of syntax.

synthesis /'sɪnθəsɪs/ n. [U, C] (pl. **-theses** /-siːz/) combining of separate parts to make a single whole. ▶ **synthetic** /sɪn'θetɪk/ adj. artificial, not natural: ~ smile. ▶ **synthesize** (also -**ise**) /'sɪnθəsaɪz/ v. [T] make something by combining separate things. ▶ **synthetically** /sɪn'θetɪkli/ adv.

syphilis /'sɪfɪlɪs/ n. [U] serious venereal disease.

syphon = SIPHON.

syringe /sɪ'rɪndʒ/ n. device with a needle for injecting liquids into the body, etc. ● **syringe** v. [T] clean something with a syringe.

syrup /'sɪrəp/ n. [U] thick sweet liquid.

system /'sɪstəm/ n. **1** [C] organized set of ideas, etc.: a ~ of government. **2** [C] group of parts that are connected or work together. **3** [sing.] human or animal body, when considered as the organs and processes that make it function. ▶ **systematic** /'mætɪk/ adj. based on order, following a fixed plan. ▶ **systematically** /-kli/ adv.

T t

T, t /tiː/ n. [C, U] (pl. **T's, t's** /tiːz/) the twentieth letter of the English alphabet. ■ **'T-shirt** n. informal shirt with short sleeves and no buttons and collar.

ta /tɑː/ exclam. (GB, sl.) thank you.

tab /tæb/ n. small piece of cloth, paper, etc. that sticks out from the edge of something, used to give information about it, or to hold it, pull it, etc.

tabby /'tæbi/ n. (pl. **-ies**) (also **'tabby cat**) cat with grey or brown fur and dark stripes.

table /'teɪbl/ n. **1** piece of furniture with a flat top on legs. **2** list of facts or figures arranged in columns or rows. ● **table** v. [T] present something formally for discussion. ■ **'tablecloth** n. cloth for covering a table, esp. during meals. ■ **'tablespoon** n. large spoon for serving food. ■ **'tablespoonful** n. amount contained in a tablespoon. ■ **'table tennis** n. [U] indoor game in which a small light ball is hit over a low net on a table.

tablet /'tæblət/ n. **1** small hard piece of medicine. **2** small bar of soap. **3** flat piece of stone, etc. with words cut into it.

tabloid /'tæblɔɪd/ n. newspaper with small pages, short news articles and many pictures of famous people.

taboo /tə'buː/ n. (pl. **~s**) something that is forbidden because of a strong religious or social custom. ▶ **taboo** adj.: in the days when sex was a ~ subject. ■ **ta'boo words** n. [pl.] words that many people consider offensive or shocking.

tabulate /'tæbjuleɪt/ v. [T] arrange facts, figures, etc. in a table.(2) ▶ **tabulation** /-'leɪʃn/ n. [U]

tacit /'tæsɪt/ adj. understood without being said: ~ agreement ▶ **tacitly** adv.

tack /tæk/ n. **1** [U, sing.] course of action: change ~ **2** [C] small nail with a flat head. **3** [C] long loose stitch. ● **tack** v. [T] sew something together with loose stitches.

tackle /'tækl/ v. **1** [T] deal with a problem, piece of work, etc. **2** [T] speak to somebody frankly about something. **3** [I, T] (in football, etc.) try to take the ball away from somebody. **4** [T] deal with somebody violent or threatening, e.g. a thief. ● **tackle** n. **1** [C] act of tackling somebody in football, etc. **2** [U] equipment needed for a certain sport, esp. fishing.

tacky /'tæki/ adj. (**-ier, -iest**) (infml.) cheap and in bad taste: ~ jewellery.

tact /tækt/ n. [U] skill of not offending people by saying or doing the right thing. ▶ **tactful** adj. having or showing tact. ▶ **tactfully** adv. ▶ **tactless** adj. ▶ **tactlessly** adv.

tactic /'tæktɪk/ n. **1** [C, usu. pl.] method used to achieve something. **2** (**tactics**) [pl.] art of arranging and moving armies in a battle. ▶ **tactical** adj. of tactics: a ~al move. ▶ **tactician** /tæk'tɪʃn/ n. expert in tactics.

tadpole /'tædpəʊl/ n. small creature that grows into a frog or toad.

tag /tæg/ n. **1** [C] small piece of paper, fabric, etc. attached to something to show its cost, owner, etc. **2** [U] (GB) game in which one child chases and tries to touch another. ● **tag** v. (**-gg-**) [T] fasten a tag to something. [PV] **tag along (behind/with somebody)** go somewhere with somebody, esp. uninvited.

tail /teɪl/ n. **1** [C] long movable part at the end of the body of an animal, bird, etc. **2** [C] part of something that sticks out at the back like a tail: the ~ of an aircraft. **3** (**tails**) [U] side of a coin without a person's head on it. **4** [C] (infml.) person employed to follow somebody. ● **tail** v. [T] follow somebody closely to watch what they do. [PV] **tail away/off** become gradually less or quieter. ■ **'tailback** n. long line of traffic reaching back along a road. ■ **'tail light** n. red light at the back of a car, bus, etc. ■ **'tailpipe** n. (esp. US) = EXHAUST(2). ■ **'tail wind** n. wind blowing from behind a moving vehicle, etc.

tailor /'teɪlə(r)/ n. maker of men's clothes, e.g. coats and jackets. ● **tailor** v. [T] **1** make or adapt something for a particular purpose, person, etc. **2** cut out and sew something: a well-~ed suit. ■ **,tailor-'made** adj. **1** perfectly suitable: a ~-made role in a play. **2** (of clothes) made by a tailor for a particular person.

taint /teɪnt/ v. [T] spoil something by adding a bad quality. ● **taint** n. [sing.] trace of a bad quality.

take[1] /teɪk/ v. (pt **took** /tʊk/; pp **~n** /'teɪkən/) **1** [T] carry something/somebody or cause somebody to go from one place to another: T~ an umbrella with you. ◊ She took a friend home. **2** [T] get hold of or reach something/somebody: ~ her hand. ◊ She took him in her arms. **3** [T] remove and use something, esp. without permission or by mistake; steal something: Who has ~n my car? **4** [T] get something from a certain source: This line is ~n from a poem by Keats. **5** [T] capture a place or person; get control of something: He was ~n prisoner. **6** [T] (fml.) buy a newspaper or magazine regularly: He ~s The Times. **7** [T] eat or drink, etc. something: Do you ~ sugar in your tea? **8** [T] find out and record something; write something down: ~ notes. ◊ ~ the names of the volunteers. **9** [T] photograph something/somebody.

10 [T] test or measure something: ~ *somebody's pulse/temperature*. **11** [T] accept or receive something: ~ *advice*. ◇ ~ *the blame*. ◇ *Will you ~ £450 for the car?* **12** [T] be able to bear something: *He can't ~ being criticized*. **13** [T] react to something/somebody in the way stated: *I wish you'd ~ me seriously*. **14** [T] consider something/somebody to be something/somebody: *What do you ~ me for?* **15** [T] have a particular feeling, opinion, etc.: ~ *pleasure in being cruel*. **16** [T] used with nouns to show that a specific action is being performed: ~ *a bath/walk/holiday*. **17** [T] need or require a particular amount of time: *The work took four hours*. **18** [T] wear a particular size in clothes or shoes: *What size shoes do you ~?* **19** [T] have enough space for something/somebody; be able to hold a certain quantity: *The car ~s five people*. **20** [T] do an exam or a test: ~ *a driving test*. **21** [T] be the teacher in a class: *She ~s us for French*. **22** [T] study a subject at school, college, etc. **23** [T] use a means of transport, a road, etc.: ~ *a bus into town*. ◇ ~ (= turn into) *the first road on the left*. **24** [I] be successful; work: *The smallpox injection failed to ~*. [IDM] **take heart** → HEART **take it on/upon yourself to do something** decide to do something without asking permission or advice. **take it/a lot out of somebody** make somebody very tired. **take its course** → COURSE [PV] **take somebody aback** shock and surprise somebody. **take after somebody** be like your mother or father in appearance or character. **take something apart** separate the parts of a machine, etc. **take something away 1** subtract one amount from another: *T ~ 5 from 10, and that leaves 5.* **2** buy a meal at a restaurant and take it somewhere else to eat. **3** cause something to disappear: *a pill to ~ the pain away*. **take something/somebody away** remove something/ somebody from a place. **take something/somebody back 1** admit that something you have said is wrong. **2** agree to receive something/somebody back: *This shop only ~s goods back if you have your receipt*. **take somebody back (to ...)** cause somebody to remember something. **take something down 1** remove a structure by separating it into pieces. **2** make a written record of something **take somebody in** deceive somebody: *Don't be ~n in by him*. **take something in 1** absorb something into the body, e.g. by breathing. **2** make a piece of clothing narrower or tighter. **3** include or cover something; *The trip took in several cities*. **4** take notice of something with your eyes. **5** understand and remember something: *I couldn't ~ in everything she said*. **take off 1** (of an aircraft) leave the ground. **2** (of a project, *etc.*) become successful quickly. **take somebody off** (*infml.*) imitate somebody. **take something off (something) 1** remove clothes, etc.: ~ *off your coat*. **2** take time as a break from work: ~ *a week off to go on holiday*. **3** stop a public service, TV programme, etc. **4** deduct an amount from the total: ~ *50p off (the price)*. **take on something** begin to have a quality, appearance, etc. **take something on** decide to do work, etc. **take somebody on 1** accept somebody as an opponent. **2** employ somebody. **take something/somebody on** (of a vehicle, aircraft, etc.) allow passengers, fuel, cargo, etc. to be loaded. **take somebody out** go to a restaurant, etc. with somebody you have invited: ~ *her out to dinner*. **take something out 1** remove or extract a part of the body: ~ *out a tooth*. **2** obtain an official document for payment: ~ *out a licence*. **take it/something out on somebody** (*infml*.) show your anger, etc. by being unkind to somebody, although it is not their fault. **take over (from somebody)** begin to have control of somebody else's duties, responsibilities, etc. **take something over** gain control of a business, company, etc. esp. by buying shares. **take to something 1** go away to a place, esp. to escape from danger: ~ *to the woods to avoid capture*. **2** begin to do something as a habit; develop an ability for something: *I took to cycling ten miles a day*. **take to something/somebody** begin to like something/ somebody. **take something up 1** shorten a piece of clothing. **2** learn or start to do something, esp. for pleasure: ~ *up cycling/chess*. **3** continue something unfinished. **4** occupy time or space: *This table ~s up half the room*. **5** accept an offer. **take up with somebody** (*infml*.) begin to be friendly with somebody, esp. somebody with a bad reputation. **take something up with somebody** speak or write to somebody about something. **be taken with something/somebody** find something/somebody interesting or attractive. ■ **'takeaway** (*US* **'takeout**) *n*. **1** restaurant from which food is taken to be eaten somewhere else. **2** meal bought at this type of restaurant: *have a ~away*. ■ **'take-off** *n*. **1** start of a flight, when an aircraft leaves the ground. **2** imitation of somebody. ■ **'takeover** *n*. act of taking over a business, etc.

take² /teɪk/ *n*. period of filming without stopping.

taker /'teɪkə(r)/ *n*. person who accepts an offer.

takings /'teɪkɪŋz/ n. [pl.] amount of money that a shop, theatre, etc. receives.

talcum powder /'tælkəm paʊdə(r)/ n. [U] perfumed powder for the skin.

tale /teɪl/ n. **1** story: ~s *of adventure*. **2** report or account of something. **3** lie: *Don't tell ~s*.

talent /'tælənt/ n. [C, U] natural ability to do something well: *have a ~ for writing*. ▶ **talented** adj. having talent; skilled.

talk¹ /tɔːk/ v. **1** [I] say things; speak to give information: *He was ~ing to a friend*. **2** [I, T] discuss something: *This is serious. We need to ~*. ◇ *We ~ed politics all evening*, **3** [I] say words in a language: *Can the baby ~ yet?* **4** [I] gossip. **5** [I] give information to somebody, esp. unwillingly: *Has the prisoner ~ed yet?* [PV] **talk down to somebody** speak to somebody as if they were less important or intelligent than you. **talk somebody into/out of something** persuade somebody to do/not to do something. **talk something over (with somebody)** discuss something thoroughly. ▶ **talkative** /'tɔːkətɪv/ adj. liking to talk a lot. ▶ **talker** n. ■ **'talking point** n. subject for discussion. ■ **'talking-to** n. [sing.] (*infml*.) serious talk with somebody who has done something wrong.

talk² /tɔːk/ n. **1** [C, U] conversation or discussion **2** (**talks**) [pl.] formal discussions between governments, etc.: *peace ~s*. **3** [C] speech or lecture on a particular subject. **4** [U] (*infml*.) words that are spoken but without facts, etc. to support them: *Don't pay any attention to him. He's all ~*.

tall /tɔːl/ adj. **1** of more than average height **2** of the height that is mentioned: *Tim is six feet ~*. [IDM] **be a tall order** (*infml*.) be very difficult to do **a tall story** story that is difficult to believe.

tally /'tæli/ n. (*pl*. **-ies**) record of money spent, points scored in a game, etc. ● **tally** v. (*pt, pp* **-ied**) [I] ~ (**with**) be the same as or match another person's account, another set of figures, etc.

talon /'tælən/ n. curved claw of a bird, e.g. an eagle.

tambourine /ˌtæmbə'riːn/ n. small shallow drum with metal discs round the edge, shaken or hit with the hand.

tame /teɪm/ adj. (**~r, ~st**) **1** (of animals) trained to live with people; not wild or fierce: *a ~ monkey*. **2** (*infml*.) not interesting or exciting: *The film has a rather ~ ending*. **3** (*infml*.) (of a person) easily controlled. ● **tame** v. [T] make something tame or easy to control: *~ a tiger*. ▶ **tamely** adv. ▶ **tameness** n. [U] ▶ **tamer** n. person who tames animals: *a lion ~r*.

tamper /'tæmpə(r)/ v. [I] ~**with** interfere with or change something without authority.

tampon /'tæmpɒn/ n. piece of cotton material that a woman puts inside her vagina to absorb blood during her period(3).

tan /tæn/ n. **1** [C] brown colour of the skin from sunlight. **2** [U] yellowish brown colour. ● **tan** v. (**-nn-**) **1** [T] make animal skins into leather. **2** [I, T] (cause skin to) go brown from sunlight. [IDM] **tan somebody's hide** (*infml*.) beat somebody hard.

tandem /'tændəm/ n. bicycle for two riders. [IDM] **in tandem (with something/somebody)** working closely together with something/somebody.

tandoori /tæn'dʊəri/ n. [C, U] (dish of meat, etc. in the) style of Indian cooking using a clay oven.

tang /tæŋ/ n. [C, usu. sing.] strong sharp taste or smell.

tangent /'tændʒənt/ n. straight line that touches a curve but does not cross it. [IDM] **fly/go off at a tangent** change suddenly from one line of thought, action, etc. to another.

tangerine /ˌtændʒə'riːn/ n. kind of small sweet orange.

tangible /'tændʒəbl/ adj. **1** that can clearly be seen to exist: *~ proof* . **2** that you can touch and feel. ▶ **tangibly** adv.

tangle /'tæŋgl/ n. **1** [C] confused mass of string, hair, etc. **2** [sing.] confused state: *in a ~* ● **tangle** v. [I, T] (cause something to) become twisted into a confused mass: *~d hair*. [PV] **tangle with something/somebody** become involved in a fight or argument with somebody.

tango /'tæŋgəʊ/ n. (*pl*. **~s**) (music for a) South American dance.

tank /tæŋk/ n. **1** large container for liquid or gas. **2** armoured fighting vehicle with guns.

tankard /'tæŋkəd/ n. large metal mug for beer.

tanker /'tæŋkə(r)/ n. ship, lorry etc. that carries large quantities of liquid or gas.

tantalize (*also* **-ise**) /'tæntəlaɪz/ v. [T] tease somebody by offering something that they want and then not allowing them to have it.

tantamount /'tæntəmaʊnt/ adj. ~**to** having the same effect as something.

tantrum /'tæntrəm/ n. outburst of bad temper, esp. by a child.

tap /tæp/ n. **1** device for controlling the flow of liquid or gas from a pipe or container. **2** light hit with your hand or fingers. [IDM] **on tap** available to be used at any time. ● **tap** v. (**-pp-**) **1** [I, T] hit something/somebody quickly and lightly: *~ somebody on the back*. **2** [T] make use of a source of energy knowledge, etc. that already exists: ~ *a country's resources*. **3** [T] fit a device to a telephone so that somebody's calls can be listened to secretly. **4** [T] draw liquid from something. ■ **'tap-dance** *n*. [U, C] style of dancing in which you make tapping steps on the floor with special shoes.

tape /teɪp/ *n*. **1** [U] long narrow strip of magnetic material used for recording sounds, pictures, etc. **2** [C] cassette that contains sounds (and pictures) that have been recorded: *a blank ~* **3** [C, U] (piece of a) narrow strip of material: *sticky ~* **4** [C] piece of tape stretched across the place where a race will finish. ● **tape** *v*. [T] **1** record sound, etc. on magnetic tape. **2** fasten something by sticking or tying it with tape. [IDM] **have (got) something/somebody taped** (*GB, infml.*) understand something/somebody fully. ■ **'tape measure** *n*. strip of cloth or thin metal, marked for measuring things. ■ **'tape recorder** *n*. apparatus for recording and playing sound on magnetic tape.

taper /'teɪpə(r)/ *v*. [I, T] (cause something to) become gradually narrower. [PV] **taper off** gradually become less in number. ● **taper** *n*. long thin candle.

tapestry /'tæpəstri/ *n*. [C, U] (*pl*. **-ies**) (piece of) heavy cloth with a picture or pattern woven into it, used for covering walls.

tar /tɑː(r)/ *n*. [U] thick black sticky substance, hard when cold, used for making roads, preserving wood, etc. ● **tar** *v*. (**-rr-**) [T] cover something with tar. [IDM] **be tarred with the same brush (as somebody)** be thought to have the same fault, etc. as somebody else.

tarantula /tə'ræntʃələ/ *n*. large hairy poisonous spider.

target /'tɑːgɪt/ *n*. **1** [C, U] result that you try to achieve: *achieve a sales ~* **2** [C] object or person aimed at when attacking. **3** [C] object that people practise shooting at. ● **target** *v*. [T] aim something at something/ somebody.

tariff /'tærɪf/ *n*. **1** tax on goods coming into a country. **2** list of prices for rooms, meals, etc. in a hotel.

Tarmac™ /'tɑːmæk/ *n*. [U] **1** mixture of tar and broken stones for making road surfaces. **2** (**the tarmac**) area covered with Tarmac, esp. at an airport.

tarnish /'tɑːnɪʃ/ *v*. **1** [I, T] (esp. of metal surfaces) (cause something to) lose brightness: *Brass ~es easily*. **2** [T] lessen the quality of somebody's reputation.

tarpaulin /tɑː'pɔːlɪn/ *n*. [C, U] (sheet of) heavy waterproof cloth.

tart /tɑːt/ *n*. **1** open pie containing jam or fruit. **2** (*GB, infml., disapprov*) sexually immoral girl or woman. ● **tart** *v*. [PV] **tart yourself up** (*GB, infml.*) make yourself more attractive by putting on nice clothes, etc. **tart something up** (*GB, infml.*) decorate or improve the appearance of something. ● **tart** *adj*. **1** having an unpleasant sour taste. **2** (of remarks, *etc.*) quick and unkind: *a ~ reply*. ▶ **tartly** *adv*. ▶ **tartness** *n*. [U]

tartan /'tɑːtn/ *n*. [U, C] (woollen cloth with a) pattern of coloured stripes crossing each other, esp. of a Scottish clan.

tartar /'tɑːtə(r)/ *n*. [U] hard substance that forms on the teeth.

task /tɑːsk/ *n*. piece of (*esp*. hard or unpleasant) work that has to be done. [IDM] **take somebody to task (for/over something)** criticize somebody strongly for something they have done. ■ **'task force** *n*. group of people organized for a special (*esp*. military) purpose. ■ **'taskmaster** *n*. person who gives others work to do, often work that is difficult.

tassel /'tæsl/ *n*. bunch of threads tied at one end, hanging as decoration from something.

taste¹ /teɪst/ *n*. **1** [C, U] quality that different foods and drinks have that allows you to recognize them when you put them in your mouth: *a sweet/sour ~* **2** [U] sense that allows you to recognize a food or drink in your mouth. **3** [C, usu. sing.] small quantity of food or drink. **4** [U] person's ability to choose things that others recognize as being of good quality or appropriate: *Your choice of colours shows good ~.* **5** [C, U] personal liking. [IDM] **be in good/bad, etc. taste** be suitable/ offensive, etc. **a taste of your own medicine** → MEDICINE ▶ **tasteful** *adj*. showing good taste(4) ▶ **tastefully** *adv*. ▶ **tasteless** *adj*. **1** (of food) having no flavour. **2** showing bad taste(4) ▶ **tastelessly** *adv*. ▶ **tasty** *adj*. (**-ier, -iest**) having a pleasant flavour.

taste² /teɪst/ *v*. **1** linking verb **~(of)** have a particular flavour: *~ bitter/sweet*. **2** [T] be able to recognize flavours in food and drink. **3** [T] test the flavour of something: *She ~d the soup*. **4** [T] have a short experience of something: *~ freedom*.

tatters /'tætəz/ *n*. [pl.] [IDM] **in tatters 1** torn in many places. **2** ruined ▶ **tattered** *adj*. old and torn; in bad condition.

tattoo /tə'tuː/ *n*. (*pl*. **~s**) **1** picture or design marked permanently on somebody's skin by making holes with a needle and filling them with coloured ink. **2** outdoor show by members of the armed forces, with music, marching, etc. ● **tattoo** *v*. [T] mark somebody's skin with a tattoo.

taught *pt, pp of* TEACH

taunt /tɔːnt/ *v*.[T] say unkind or insulting

words to somebody in order to upset them. ● **taunt** n. taunting remark.

taut /tɔːt/ adj. tightly stretched. ▶ **tautly** adv. ▶ **tautness** n. [U]

tautology /tɔːˈtɒlədʒi/ n. [C, U] (pl. -ies) unnecessary repeating of the same thing in different ways. ▶ **tautological** /-ˈlɒdʒɪkl/ adj.

tavern /ˈtævən/ n. (lit.) pub; inn.

tawny /ˈtɔːni/ adj. brownish-yellow.

tax /tæks/ n. [C, U] money that has to be paid to a government for public services. ● **tax** v. [T] **1** put a tax on something/somebody. **2** require somebody to pay a tax. **3** need a lot of physical or mental effort: ~ somebody's patience. ▶ **taxable** adj. (of money) that you have to pay tax on: ~able income. ▶ **taxation** /-ˈseɪʃn/ n. [U] (system of) raising money by taxes. ■ **,tax-ˈfree** adj. on which tax need not be paid. ■ **ˈtaxpayer** n. person who pays taxes, esp. income tax.

taxi /ˈtæksi/ n. (also **ˈtaxicab**) car with a driver which may be hired. ● **taxi** v. [I] (of an aircraft) move along the ground before or after flying. ■ **ˈtaxi rank** n. place where taxis wait to be hired.

tea /tiː/ n. **1** [U] dried leaves of a bush grown in China, India, etc. **2** [U, C] hot drink made by pouring boiling water onto tea leaves. **3** [U, C] hot drink made by pouring boiling water onto the leaves of other plants: mint ~ **4** [C, U] light early evening meal. ■ **ˈtea bag** n. small paper bag containing tea leaves. ■ **ˈtea caddy** /-kædi/ (pl. -dies) n. small tin in which tea is kept. ■ **ˈtea chest** n. (GB) large light wooden box in which tea is packed. ■ **ˈtea cosy** n. (pl. -ies) cover to keep a teapot warm. ■ **ˈteacup** n. cup from which tea is drunk. ■ **ˈteapot** n. container in which tea is made and served. ■ **ˈtea set** (also **ˈtea service**) n. set of cups, plates, etc. for serving tea. ■ **ˈteaspoon** n. small spoon for stirring tea. ■ **ˈteaspoonful** n. amount contained in a teaspoon. ■ **teatime** n. [U] (GB) time at which tea is served. ■ **ˈtea towel** (also **ˈtea cloth**) n. cloth used for drying washed dishes and cutlery.

teach /tiːtʃ/ v. (pt, pp **taught** /tɔːt/) [I, T] give lessons to somebody; give somebody knowledge, skill, etc.: He taught them art. ◇ ~ a child (how) to swim. ▶ **teacher** n. person who teaches, esp. in a school. ▶ **teaching** n. **1** [U] work of a teacher: earn a living by ~ing. **2** [C, usu. pl., U] ideas of a particular person or group: the ~ings of Lenin.

teak /tiːk/ n. strong hard wood of a tall Asian tree.

team /tiːm/ n. [C, with sing. or pl. verb] **1** group of people playing on the same side in a game: a cricket ~ **2** group of people working together: a ~ of engineers. ● **team** v. [I] ~**up (with)** work together with another person or group. ■ **,team ˈspirit** n. [U] (approv) desire and willingness of people to work together as a team. ■ **ˈteamwork** n. [U] organized cooperation.

tear¹ /teə(r)/ v. (pt **tore** /tɔː(r)/, pp **torn** /tɔːn/) **1** [T] damage something by pulling it apart or into pieces or by cutting it on something sharp: ~ a sheet of paper. **2** [I] become torn: This cloth ~s easily. **3** [T] remove something from something else by pulling it forcefully: ~ a page out of a book **4** [I] move somewhere very quickly: We tore home. **5** [T] badly affect or damage something: a country torn by civil war. [IDM] **be torn between A and B** be unable to choose between two things or people. [PV] **tear something down** pull or knock down a building, wall, etc. **tear something up** pull a piece of paper into small bits. ● **tear** n. hole made in something by tearing ■ **ˈtearaway** n. (infml.) young person who is difficult to control.

tear² /tɪə(r)/ n. [C, usu. pl.] drop of liquid that comes from your eye when you cry: She left the room in ~s (= crying). ■ **ˈteardrop** n. single tear. ▶ **tearful** adj. crying or likely to cry. ▶ **tearfully** adv. ■ **ˈtear gas** n. [U] gas that stings the eyes, used by the army etc. ■ **ˈtear jerker** n. (infml.) story, film, etc. likely to make people cry.

tease /tiːz/ v. [I, T] laugh at somebody and make fun of them playfully or unkindly. ● **tease** n. person who likes teasing people. ▶ **teaser** n. (infml.) difficult problem or question.

teat /tiːt/ n. **1** rubber end on a baby's feeding bottle **2** animal's nipple.

tech /tek/ n. (infml.) short for TECHNICAL COLLEGE (TECHNICAL).

technical /ˈteknɪkl/ adj. **1** concerned with the practical use of machinery methods, etc. in science or industry. **2** concerned with the skills needed for a particular job, sport, etc. **3** of a particular subject: the ~ terms of physics. **4** in a strict legal sense. ■ **ˈtechnical college** n. college that teaches practical subjects. ▶**technicality** /-kæləti/ n. (pl. -ies) technical point or small detail, esp. one that seems unfair. ▶ **technically** /-kli/ adv.

technician /tekˈnɪʃn/ n. person with a practical, mechanical or industrial skill.

technique /tekˈniːk/ n. **1** [C] way of doing something, esp. one that needs special skills. **2** [U, sing.] skill with which somebody is able to do something practical.

technocrat /ˈteknəkræt/ n. expert in science, engineering, etc. who has a lot of power in politics and/or industry.

technology /tek'nɒlədʒi/ n. [U] study and use of science for practical tasks in industry, business, etc. ▶ **technological** /-'lɒdʒɪkl/ adj. ▶ **technologist** n. expert in technology.

teddy bear /'tedi beə(r)/ n. soft furry toy bear.

tedious /'ti:diəs/ adj. long and boring: *a ~ lecture*. ◊ *~ work*. ▶ **tediously** adv.

tee /ti:/ n. **1** (in golf) flat area from which a player starts at each hole. **2** piece of wood, plastic, etc. on which you put a golf ball before you hit it. ● **tee** v. [PV] **tee off** hit a golf ball from a tee. **tee (something) up** prepare to hit a golf ball by placing it on a tee.

teem /ti:m/ v. [I] (used with *it*) (of rain) fall very heavily. [PV] **teem with something** be full of animals, people, etc. moving around.

teenage /'ti:neɪdʒ/ adj. (for people who are) between 13 and 19 years old: *~ fashions*.

teenager /'ti:neɪdʒə(r)/ n. person who is between 13 and 19 years old.

teens /ti:nz/ n. [pl.] years of a person's life when they are between 13 and 19 years old: *Both girls are in their ~*.

teeter /'ti:tə(r)/ v. [I] stand or move unsteadily.

teeth pl. of TOOTH

teethe /ti:ð/ v. [I] (of a baby) grow its first teeth. ■ **'teething troubles** n. [pl.] problems that occur when first using a new system.

teetotal /ˌti:ˈtəʊtl/ adj. never drinking alcohol. ▶ **teetotaller** n.

telecommunications /ˌtelɪkəˌmju:nɪˈkeɪʃnz/ n. [pl.] technology of sending signals, images and messages over long distances by radio, television, satellite, etc.

telegram /'telɪɡræm/ n. message sent by telegraph and then printed.

telegraph /'telɪɡrɑ:f/ n. [U] method of sending messages over long distances, using wires that carry electrical signals. ● **telegraph** v. [I, T] send a message by telegraph. ▶ **telegraphic** /-'ɡræfɪk/ adj.

telemarketing /'telimɑ:kɪtɪŋ/ n. [U] = TELESALES

telepathy /təˈlepəθi/ n. [U] direct communication of thoughts from one person to another without using speech, writing, etc. ▶ **telepathic** /ˌtelɪˈpæθɪk/ adj.

telephone /'telɪfəʊn/ n. [C, U] (machine used in a) system for talking to somebody over long distances using wires or radio. ● **telephone** v. [I, T] (*fml., esp. GB*) speak to somebody by telephone. ● **'telephone booth** n. = PHONE BOOTH (PHONE) ■ **'telephone box** n. = PHONE BOX (PHONE) ■ **'telephone directory** n. book that lists the names, addresses and telephone numbers of people in a particular area. ■ **'telephone exchange** n. place where telephone calls are connected. ■ **'telephone number** n. number of a particular telephone, that you use when you make a call to it.

telephonist /təˈlefənɪst/ n. person whose job is to make telephone connections in an office or at a telephone exchange.

telephoto lens /ˌtelɪfəʊtəʊ 'lenz/ n. special lens that produces a large clear picture of a distant object being photographed.

telesales /'teliseɪlz/ n. [U] method of selling things and taking orders for sales by telephone.

telescope /'telɪskəʊp/ n. long tube-shaped instrument with lenses, for making distant objects appear nearer and larger. ● **telescope** v. [I, T] become or make something shorter by sliding sections inside one another. ▶ **telescopic** /-'skɒpɪk/ adj.

teletext /'telitekst/ n. [U] computerized service providing information on television screens.

television /'telɪvɪʒn/ n. (*abbr.* **TV**) **1** [C] (*also* **'television set**) piece of electrical equipment with a screen on which you can watch moving pictures and sounds. **2** [U] programmes broadcast on television. **3** [U] system, process or business of broadcasting television programmes. ▶ **televise** /'telɪvaɪz/ v. [T] broadcast something on television.

telex /'teleks/ n. **1** [U] system of sending typed messages round the world by telephone lines. **2** [C] message sent by telex. ● **telex** v. [T] send a message by telex.

tell /tel/ v. (*pt, pp* **told** /təʊld/) **1** [T] make something known to somebody in words: *I told her my name*. **2** [T] give information about something. **3** [I] (*infml.*) reveal a secret: *You promised not to ~*. **4** [T] order or advise somebody to do something: *I told them to go*. **5** [I, T] know, see or judge something correctly: *I think he's happy, it's hard to ~*. **6** [I] *~(on)* have an effect on something/somebody, esp. a bad one: *All this hard work is ~ing on him*. [IDM] **all told** with all the people or things counted. **I told you (so)** (*infml.*) I warned you that this would happen. **tell tales (about something/on somebody)** tell somebody about something that another person has done wrong. **tell the time** read the time from a clock, etc. [PV] **tell A and B apart** be able to see the difference between A and B. **tell somebody off (for (doing) something)** (*infml.*) speak angrily to somebody for doing something wrong **tell on somebody** (*infml.*) inform against somebody: *John told on his sister*. ▶ **teller** n. **1** person who receives and pays out money in a bank. **2** person who counts votes, esp. in a parliament. ▶ **telling** adj. effective: *a ~ing argument*.

telltale /ˈtelteɪl/ n. (disapprov) child who tells an adult what another child has done wrong. ● **telltale** adj. showing that something exists or has happened: a ~ blush.

telly /ˈteli/ n. [C, U] (pl. **-ies**) (infml.) short for TELEVISION

temerity /təˈmerəti/ n. [U] (fml.) extremely confident and rude behaviour: He had the ~ to speak in a loud voice.

temp /temp/ n. (infml.) person, esp. a secretary, employed for a short time.

temper /ˈtempə(r)/ n. **1** [C, usu. sing., U] fact of becoming angry very easily: He's got a quick ~. **2** [C, usu. sing.] short period of feeling very angry: fly into a ~ **3** [C] state of the mind: be in a foul ~ [IDM] **keep/lose your temper (with somebody)** manage/fail to control your anger. ● **temper** v. [T] make something less extreme: justice ~ed with mercy. ▶ **-tempered** (used to form compound adjectives) having a certain temper: a bad-~ed man.

temperament /ˈtemprəmənt/ n. [U, C] person's character shown in the way they behave or react to something/ somebody. ▶ **temperamental** /-ˈmentl/ adj. **1** having a tendency to become angry, etc. easily. Children are often ~al. **2** connected with somebody's personality. ▶ **temperamentally** /-təli/ adv.

temperate /ˈtempərət/ adj. **1** (tech.) (of climate) free from extremes of heat and cold. **2** (fml.) behaving in a calm controlled way.

temperature /ˈtemprətʃə(r)/ n. [C, U] **1** measurement in degrees of how hot or cold something is. **2** measurement of how hot somebody's body is: Did he have a ~ (= is it higher than normal because of illness)?

tempest /ˈtempɪst/ n. (fml.) violent storm. ▶ **tempestuous** /-ˈpestʃuəs/ adj. stormy, violent: (fig.) a ~uous love affair.

temple /ˈtempl/ n. **1** building used in the worship of a god or gods, esp. in the Hindu and Buddhist religions. **2** flat part on each side of the forehead.

tempo /ˈtempəʊ/ n. (pl. ~s; or, in sense 1 **tempi** /ˈtempiː/) **1** (tech.) speed or rhythm of a piece of music. **2** speed of any movement or activity: the ~ of city life.

temporal /ˈtempərəl/ adj. (fml.) **1** of the real physical world, not spiritual matters. **2** of or limited by time.

temporary /ˈtemprəri/ adj. lasting for only a short time. ▶ **temporarily** /ˈtemprərəli; ˌtempəˈrerəli/ adv.

tempt /tempt/ v. [T] **1** attract somebody or make somebody want to do or have something. **2** (try to) persuade somebody to do something, esp. something wrong or unwise: Nothing would ~ me to leave my job. ▶

temptation /tempˈteɪʃn/ n. **1** [C, U] desire to do or have something that you know is bad or wrong **2** [C] thing that tempts you. ▶ **tempting** adj. attractive: a ~ing offer.

ten /ten/ number 10. ▶ **tenth** ordinal number, n. 10th; the fraction /10; each of ten equal parts of something.

tenable /ˈtenəbl/ adj. **1** (of an opinion) that can be reasonably defended. **2** (of a job or position) that can be held for the stated time.

tenacious /təˈneɪʃəs/ adj. very determined to get or keep something. ▶ **tenacity** /təˈnæsəti/ n. [U]

tenant /ˈtenənt/ n. person who pays rent for the use of a building, land, etc. ▶ **tenancy** /-ənsi/ n. (pl. **-ies**) **1** [C] period of time that you rent a house, land, etc. for. **2** [C, U] right to live or work in a house, etc. that you rent.

tend /tend/ v. **1** [I] **~to** be likely to do something: He ~s to make too many mistakes. **2** [T] care for something/ somebody: shepherds ~ing their flock.

tendency /ˈtendənsi/ n. (pl. **-ies**) **1** way a person or thing is likely to behave or act: a ~ to overreact. **2** new custom that is starting to develop: an increasing ~ for parents to be worried about their children.

tender[1] /ˈtendə(r)/ adj. **1** gentle, kind and loving. **2** (of food) easy to bite through or cut. **3** (of part of the body) painful to touch **4** easily hurt or damaged. ▶ **tenderly** adv. ▶ **tenderness** n. [U]

tender[2] /ˈtendə(r)/ v. **1** [I] **~(for)** make a formal offer to do work at a stated price: ~ for the construction of the new motorway. **2** [T] (fml.) offer or give something to somebody: He ~ed his resignation. ● **tender** n. formal offer to do work at a stated price.

tendon /ˈtendən/ n. strong band of tissue that joins a muscle to a bone.

tenement /ˈtenəmənt/ n. large building, esp. in a poor part of a city, divided into flats.

tenet /ˈtenɪt/ n. (fml.) principle; belief.

tenner /ˈtenə(r)/ n. (GB, infml.) £10 (note).

tennis /ˈtenɪs/ n. [U] game for two or four players who hit a ball across a net with a racket. ■ **'tennis court** n. marked area on which tennis is played.

tenor /ˈtenə(r)/ n. **1** [C] (man with a) singing voice with a range just below the lowest woman's voice. **2** [sing.] musical part written for a tenor voice. **3** [sing.] (fml.) **(the tenor of something)** general meaning of something. ● **tenor** adj. (of a musical instrument) with a range of notes similar to that of a tenor voice: a ~ saxophone.

tenpin bowling /ˌtenpɪn ˈbəʊlɪŋ/ n. [U] game in which a ball is rolled towards ten bottle-shaped objects, in order to knock them down.

tense¹ /tens/ adj. (~r, ~st) **1** nervous and worried. **2** stretched tightly. ● **tense** v. [I, T] make your muscles tight and stiff, esp. because you are not relaxed: *He ~d his muscles.* ▶ **tensely** adv.

tense² /tens/ n. (gram.) verb form that shows the time of the action or state: *the present/past/future ~.*

tension /'tenʃn/ n. **1** [U, C, usu. pl.] situation in which people do not trust each other or feel unfriendly towards each other: *political ~(s).* **2** [U] mental, emotional or nervous strain. **3** [U] state or degree of being stretched: *the ~ of the rope.*

tent /tent/ n. shelter made of nylon, etc. that is supported by poles and ropes and is used esp. for camping.

tentacle /'tentəkl/ n. long thin part of certain creatures (*e.g.* an octopus) used for feeling, holding, etc.

tentative /'tentətɪv/ adj. made or done to test something; not definite: *make a ~ offer.* ▶ **tentatively** adv.

tenterhooks /'tentəhʊks/ n. [pl.] [IDM] **(be) on tenterhooks** (be) in a state of anxious waiting.

tenth → TEN

tenuous /'tenjuəs/ adj. so weak or uncertain that it hardly exists.

tepid /'tepɪd/ adj. slightly warm.

term /tɜːm/ n. **1** [C] word or phrase used as the name of something: *technical ~s.* **2** [C, U] (*esp. GB*) division of the school or university year: *summer/spring ~* **3** [C] fixed period of time: *the president's ~ of office.* [IDM] **in the long/short/medium term** used to describe what will happen a long, short, etc. time in the future ● **term** v. [T] (*fml.*) use a particular name or word to describe something/somebody.

terminal /'tɜːmɪnl/ n. **1** building(s) for passengers or goods, esp. at an airport or port **2** (*computing*) piece of equipment that joins the user to a central computer system. **3** (*tech.*) point at which connections can be made in an electric circuit. ● **terminal** adj. (of an illness) that will cause death and cannot be cured. ▶ **terminally** /-nəli/ adv.

terminate /'tɜːmɪneɪt/ v. [I, T] come or bring something to an end. ▶ **termination** /ˌtɜːmɪ'neɪʃn/ n. [U, C] (*fml.*) ending of something: *the termination of a contract.*

terminology /ˌtɜːmɪ'nɒlədʒi/ n. [U, C] (*pl. -ies*) special words and expressions used in a particular subject.

terminus /'tɜːmɪnəs/ n. (*pl.* **-ni** /-naɪ/ *or* **~es**) last station or stop at the end of a railway line or bus route.

termite /'tɜːmaɪt/ n. insect that eats wood.

terms /tɜːmz/ n. [pl.] **1** conditions of an agreement or a contract. **2** conditions of sale or payment. **3** way of expression: *I'll explain this in general ~first.* [IDM] **be on good, friendly, bad, etc. terms (with somebody)** have a good, friendly bad etc. relationship with somebody. **come to terms with something** learn to accept something unpleasant or difficult. **in terms of something** concerning something.

terrace /'terəs/ n. **1** [C] (*GB*) long row of houses joined together in one block. **2** [C] flat area outside a house, restaurant, etc. **3** (**terraces**) [pl.] (*GB*) wide steps where spectators can stand at a football ground, etc. **4** [C] one of a series of flat areas of ground that are cut into a hillside like steps. ▶ **terraced** adj. formed into terraces: *~d houses.* ◇ *a ~d hillside.*

terrain /tə'reɪn/ n. [C, U] (*written*) area of land: *rocky ~.*

terrestrial /tə'restriəl/ adj. **1** (*tech.*) of or living on the land. **2** of the planet Earth. **3** (of television and broadcasting systems) operating on earth rather than from a satellite.

terrible /'terəbl/ adj. **1** causing great fear, harm or unhappiness: *a ~ war/accident.* **2** unhappy or ill. **3** (*infml.*) very bad: *What ~ food!* ▶ **terribly** adv. (*infml.*) extremely: *terribly busy.*

terrier /'teriə(r)/ n. kind of small lively dog.

terrific /tə'rɪfɪk/ adj. **1** (*infml.*) excellent; wonderful. **2** very large; very great: *a ~ amount of work.* ▶ **terrifically** /-kli/ adv. extremely.

terrify /'terɪfaɪ/ v. (*pt, pp* **~ied**) [T] make somebody feel very frightened: *I'm terrified of dogs.*

territorial /ˌterə'tɔːriəl/ adj. of land or territory.

territory /'terətri/ n. [C, U] (*pl.* **~ies**) **1** area of land under the control of a ruler, country, etc.: *Spanish ~* **2** area of land claimed and defended by one person or animal. **3** area for which somebody is responsible.

terror /'terə(r)/ n. **1** [U] feeling of extreme fear. **2** [C] person, thing or situation that makes you very afraid. ▶ **terrorism** /-rɪzəm/ n. [U] use of violence for political purposes. ▶ **terrorist** adj., n. ▶ **terrorize** (*also* **-ise**) v. [T] use threats or violence to make people do as they are told.

terse /tɜːs/ adj. using few, often unfriendly, words. ▶ **tersely** adv. ▶ **terseness** n. [U]

test /test/ n. **1** examination of a person's knowledge or ability: *an intelligence ~* ◇ *a driving ~* **2** medical examination to discover what is wrong with you, etc.: *a blood ~* **3** experiment to discover whether something works, etc.: *a nuclear ~* ● **test** v. [T] check how well something works or examine somebody's health or mental abilities. ■ **'test match** *n.* international cricket or rugby match. ■ **'test tube** *n.* small glass tube, closed at one end, used in chemical experiments.

testament /'testəmənt/ *n.* (*fml.*) **1** [C, usu. sing., U] **~(to)** thing that clearly shows or proves something. **2** [C] (**Testament**) either of the two main divisions of the Bible: *the New T~* **3** [C] = WILL³(5).

testicle /'testɪkl/ *n.* either of the two glands of the male sex organ that produce sperm.

testify /'testɪfaɪ/ *v.* (*pt, pp* **-ied**) [I, T] make a statement that something happened or that something is true, esp. in a law court.

testimonial /,testɪ'məʊniəl/ *n.* **1** formal written statement, often by a former employer, about somebody's character, abilities, etc. **2** thing given to somebody to show honour or thanks.

testimony /'testɪməni/ *n.* [U, C] (*pl.* **-ies**) formal statement of truth, esp. in a law court.

tetanus /'tetənəs/ *n.* [U] serious disease, caused by infection of a cut, causing muscles to become stiff.

tête-à-tête /,teɪt ɑː 'teɪt/ *n.* private conversation between two people.

tether /'teðə(r)/ *n.* rope or chain used to tie an animal to something. ● **tether** *v.* [T] tie an animal to something so that it cannot move very far.

text /tekst/ *n.* **1** [U] main printed part of a book or magazine. **2** [U] any form of written material: *a computer that can process ~* **3** [C] (*infml.*) = TEXT MESSAGE **4** [C] written form of a speech, play, article, etc. **5** [C] book, play, etc. that is studied. **6** [C] short passage of the Bible, etc. as the subject of a sermon. ● **text** *v.* [I, T] send somebody a written message using a mobile phone: *I'll ~ you when I get in.* ■ **'textbook** *n.* book that teaches a particular subject, used in schools, etc. ■ **'text message** (*also infml.* **text**) *n.* written message sent from one mobile phone to another. ▶ **'text messaging** *n.* [U] ▶ **textual** /'tekstʃuəl/ *adj.* (*written*) of or in a text.

textile /'tekstaɪl/ *n.* [C, usu. pl.] any type of fabric made by weaving.

texture /'tekstʃə(r)/ *n.* [C, U] way a surface or fabric feels or looks, e.g. how rough or smooth it is.

than /ðən; *rare strong form* ðæn/ *conj., prep.* **1** used for introducing the second part of a comparison: *Sylvia is taller ~ me.* **2** used after *more* or *less* and before expressions of time, distance, etc.: *It cost more ~ £100.* ◊ *It's less ~ a mile to the station.*

thank /θæŋk/ *v.* [T] tell somebody that you are grateful for something. [IDM] **no, thank you** used for refusing an offer politely. **thank you** used to show that you are grateful for something or to accept an offer. ▶ **thankful** *adj.* grateful ▶ **thankfully** *adv.* ▶ **thankless** *adj.* unpleasant or difficult to do and unlikely to bring any thanks: *a ~less task.* ▶ **thanks** *n.* [pl.], *exclam.* (words or actions) used to show that you are grateful for something [IDM] **thanks to something/somebody** because of something/somebody. ■ **,thanks'giving** *n.* **1** [U, C] (**Thanks'giving (Day)**) public holiday in the US and Canada. **2** [U] (*fml.*) expression of thanks to God.

that /ðæt/ *det., pron.* (*pl.* **those** /ðəʊz/) **1** used to refer to a person or thing that is not near the speaker: *Look at ~ man over there.* **2** used to refer to something/somebody that has already been mentioned or is known about: *Have you forgotten about ~ money I lent you last week?* **3** (*fml.*) used for referring to people or things of a particular type: *Those present were in favour of change.* **4** used to introduce a part of a sentence which refers to the person, thing or time you have been talking about: *Where's the letter ~ came yesterday?* ◊ *The pen (~) you gave me is a nice one.* [IDM] **that is (to say)** used to say what something means or to give more information. ● **that** *adv.* to that degree; so: *The film wasn't ~ bad.* ● **that** *conj.* used after some verbs, adjectives and nouns to introduce a new part of the sentence: *She said (~) the story was true.*

thatch /θætʃ/ *n.* [C, U] roof covering of dried straw, reeds, etc. ● **thatch** *v.* [T] cover a roof, etc. with a thatch.

thaw /θɔː/ *v.* **1** [I, T] (cause ice and snow to) melt. **2** [I, T] (cause frozen food, etc. to) become liquid or soft again: *Leave the meat to ~.* **3** [I] become friendlier and less formal ● **thaw** *n.* [C, usu. sing.] (warm weather causing) thawing

the /ðə; ði; *strong form* ðiː/ *definite article* **1** used for referring to a particular thing: *T~ dress was blue.* ◊ *Please close ~ door.* **2** all the people, things, etc. of the stated kind: *T~ cat is a popular pet.* **3** used for referring to a group or nationality: *~ rich.* ◊ *~ French.* **4** used before certain geographical names: *~ Mediterranean.* ◊ *~ Atlantic (Ocean).* **5** used with musical instruments: *play ~drum.* **6** (used with a unit of measurement) every: *paid by ~ day.* **7** used with a superlative: *~ best day of your life.* [IDM] **the more, less, etc. ..., the more, less, etc. ...** used to show that two things change to the same degree: *T~ more I read, ~ less I understand.*

theatre (US **theater**) /'θɪətə(r)/ *n.* **1** [C]

building in which plays are performed. **2 (the theatre)** [sing.] work of acting in, producing, etc. plays. **3** [C] hall or room for lectures. **4** [C, U] (*GB*) = OPERATING THEATRE (OPERATE) ■ **'theatregoer** *n.* person who frequently sees plays at the theatre. ▶ **theatrical** /θɪ'ætrɪkl/ *adj.* **1** of the theatre. **2** (of behaviour) exaggerated in order to attract attention.

theft /θeft/ *n.* [U, C] (crime of) stealing something from a person or place.

their /ðeə(r)/ *det.* of or belonging to them: *They have lost ~ dog.* ▶ **theirs** /ðeəz/ *pron.* of or belonging to them: *That dog is ~s, not ours.*

them /ðəm; *strong form* ðem/ *pron.* **1** (used as the object of a *v.* or *prep.*) people, animals or things mentioned earlier: *Give ~ to me.* ◇ *Did you eat all of ~?* **2** used instead of *him* or *her*: *If anyone comes, ask ~ the way.*

theme /θiːm/ *n.* **1** subject of a talk, book, etc. **2** repeated tune in a piece of music. ■ **'theme park** *n.* large park which has machines for people to ride on which are based on a single idea. ■ **'theme music/song/tune** *n.* music played at the beginning and end of a film, TV programme, etc.

themselves /ðəm'selvz/ *pron.* **1** used as a reflexive when the people or animals doing an action are also affected by it: *They hurt ~.* **2** used for emphasis: *They ~ have often made that mistake.* [IDM] **(all) by themselves 1** alone **2** without help.

then /ðen/ *adv.* **1** at that time: *I was still a bachelor ~.* **2** next; after that: *We stayed in Rome and ~ in Naples.* **3** used to show the logical result of something: *If you miss that flight ~ you will be delayed till the next day.* **4** and also: *There are the clothes to be washed and ~ the dinner to be cooked.*

thence /ðens/ *adv.* (*old-fash.* or *fml.*) from that place.

theology /θi'ɒlədʒi/ *n.* [U] study of religion. ▶ **theologian** /ˌθiːə'ləʊdʒən/ *n.* ▶ **theological** /ˌθiːə'lɒdʒɪkl/ *adj.*

theorem /'θɪərəm/ *n.* mathematical statement that can be proved by reasoning.

theory /'θɪəri/ *n.* (*pl.* **-ies**) **1** [C, U] formal set of ideas intended to explain why something happens or exists: *Darwin's ~ of evolution.* **2** [U] principles on which a particular subject is based. ▶ **theoretical** /ˌθɪə'retɪkl/ *adj.*

therapeutic /ˌθerə'pjuːtɪk/ *adj.* designed to help treat an illness.

therapy /'θerəpi/ *n.* treatment of a physical problem or an illness. ▶ **therapist** *n.*

there /ðeə(r)/ *adv.* **1** (**there is, are, was, were, etc.**) used to show that something exists or happens: *T~ 's a pub round the corner.* **1** in, at or to that place or position: *We'll soon be ~.* ◇ *I took one look at the house and offered to buy it ~ and then/then and ~* (= immediately). **2** at that point (in a story, etc): *Don't stop ~!* **3** used for calling attention to something: *T~ 's the bell for lunch.* ● **there** *exclam.* used to express satisfaction that you were right about something or to show that something annoys you: *T~! You've still not eaten!* [IDM] **there, there!** used to persuade a small child to stop crying.

thereabouts /ˌðeərə'baʊts/ *adv.* near that place, number, year, etc.

thereafter /ˌðeər'ɑːftə(r)/ *adv.* (*fml.*) after that.

thereby /ˌðeə'baɪ/ *adv.* (*fml.*) by that means; in that way.

therefore /'ðeəfɔː(r)/ *adv.* for that reason.

thereupon /ˌðeərə'pɒn/ *adv.* (*fml.*) immediately; because of that.

thermal /'θɜːml/ *adj.* **1** (*tech.*) of or caused by heat. **2** (of clothes) designed to keep you warm in cold weather.

thermometer /θə'mɒmɪtə(r)/ *n.* instrument for measuring temperature.

Thermos™ (*also* **'Thermos flask**) /'θɜːməs flɑːsk/ *n.* type of vacuum flask.

thermostat /'θɜːməstæt/ *n.* device that automatically keeps a building, engine, etc. at an even temperature.

thesaurus /θɪ'sɔːrəs/ *n.* (*pl.* **~es** or **-ri** /-raɪ/) book of words grouped together according to their meanings.

these *pl. of* THIS.

thesis /'θiːsɪs/ *n.* (*pl.* **theses** /'θiːsiːz/) **1** long piece of writing on a subject, done as part of a university degree **2** statement or theory supported by arguments.

they /ðeɪ/ *pron.* (used as the subject of a *v.*) **1** people, animals or things mentioned earlier. **2** used instead of *he* or *she* to refer to a person whose sex is not known: *If anyone comes late, ~ 'll have to wait.* **3** people in general: *T~ say we're going to have a hot summer.*

they'd /ðeɪd/ *short for* THEY HAD, THEY WOULD.

they'll /ðeɪl/ *short for* THEY WILL.

they're /ðeə(r)/ *short for* THEY ARE.

they've /ðeɪv/ *short for* THEY HAVE.

thick /θɪk/ *adj.* **1** having a large distance between opposite sides or surfaces: *a ~ slice of bread.* ◇ *a wall 2 feet ~* **2** growing closely together in large numbers: *~ beard.* ◇ *a ~ forest.* **3** (of a liquid) not flowing very easily. **4** difficult to see through; difficult to breathe in: *a ~ fog.* **5** (*GB*, *infml.*) slow to learn or understand things. ● **thick** *adv.* thickly: *spread the butter too ~* [IDM] **thick and fast** quickly and in large quantities. ● **thick** *n.* [U]

[IDM] **in the thick of something** involved in the busiest part of something **through thick and thin** even when there are problems or difficulties. ▶ **thicken** v. [I, T] become or make something thick: *~en the soup.* ▶ **thickly** adv. ▶ **thickness** n. **1** [U] size of something between opposite surfaces or sides: *4 centimetres in ~ness.* **2** [C] layer of something. ■ **,thick'set** adj. (*esp.* of a man) having a strong heavy body. ■ **,thick-'skinned** adj. not sensitive to criticism, etc.

thicket /'θɪkɪt/ n. mass of trees or bushes growing closely together.

thief /θiːf/ n. (pl. **thieves** /θiːvz/) person who steals something from another person or place. ▶ **thieving** /'θiːvɪŋ/ n. [U] (*infml.*) act of stealing things.

thigh /θaɪ/ n. part of the human leg between the knee and the hip.

thimble /'θɪmbl/ n. small cap of metal or plastic worn over the end of the finger to protect it when sewing.

thin /θɪn/ adj. (**~ner, ~nest**) **1** having a small distance between opposite sides or surfaces. **2** (of a person or part of the body) not fat. **3** not growing closely together or in large amounts: *~ hair.* **4** containing more liquid than is normal or expected: *~ soup.* **5** easy to see through: *a ~ mist.* **6** weak; feeble: *a ~ excuse.* [IDM] **the thin end of the wedge** event or action that is the beginning of something more serious or unpleasant. ● **thin** adv. thinly: *cut the bread too ~* ● **thin** v. (**-nn-**) [I, T] become or make something thin. ▶ **thinly** adv. ▶ **thinness** n. [U]

thing /θɪŋ/ n. **1** [C] any unnamed object: *What is that ~ in your pocket?* **2** (**things**) [pl.] personal possessions, clothes, etc.: *Bring your swimming ~s.* **3** (**a thing**) [sing.] used with negatives to mean 'anything': *I haven't got a ~ to wear.* **4** [C] fact, event, situation or action; what somebody says or thinks: *A terrible ~ happened last night.* ◇ *There's another ~ I want to ask you.* **5** (**things**) [pl.] general situation as it affects somebody: *Hi Mike. How are ~s?* **6** [C, usu. sing.] what is needed or socially acceptable: *do/say the right/wrong ~* **7** [C] (with an adjective) (*spoken*) used to talk to or about a person or animal, to show how you feel about them: *Jenny's daughter is a sweet little ~.* [IDM] **for one thing** used for introducing a reason **have a thing about something/somebody** (*infml.*) have a strong like or dislike of something/somebody in a way that seems strange **the thing is** (*spoken*) used to introduce an important fact, reason or explanation.

think /θɪŋk/ v. (pt, pp **thought** /θɔːt/) **1** [T] have a particular idea or opinion about something/somebody; believe something: *Do you really ~ it's going to snow?* **2** [I] use your mind to form opinions, make decisions, etc. **3** [I, T] imagine something: *I can't ~ why he came.* **4** [T] expect something: *The job took longer than we thought.* **5** [I, T] have something as a plan or intention: *I ~ I'll go for a swim.* [IDM] **think aloud** say what your thoughts are as you have them. **think better of it/of doing something** decide not to do something after thinking further about it. **think nothing of (doing) something** consider an activity to be normal or easy. **think the world, highly, a lot, not much, poorly, little, etc. of something/somebody** have a very good, bad, etc. opinion of something/somebody: *I don't ~ much of her idea.* [PV] **think about/of something/somebody 1** consider something/somebody when you are doing or planning something **2** consider doing something **think of something/somebody 1** have an image or idea of something/somebody in your mind: *When I said that, I wasn't ~ing of anyone in particular.* **2** create an idea in your imagination: *Can you ~ of a way to raise money?* **3** (used esp. with *can*) remember something: *I can't ~ of her name.* **4** imagine something: *Just ~ of the expense!* **5** consider something/somebody in a particular way: *I ~ of this place as my home.* **think something out/through** consider something carefully and thoroughly. **think something over** consider something carefully before reaching a decision. **think something up** invent or devise a plan, etc. ● **think** n. [sing.] [IDM] **have a think (about something)** (*infml.*) think carefully about something. ▶ **thinker** n. person who thinks seriously about things or in a particular way: *a quick ~.*

thinking /'θɪŋkɪŋ/ n. [U] process of thinking; opinions about something. ● **thinking** adj. intelligent.

third /θɜːd/ ordinal number, n. 3rd; the fraction $1/3$; each of three equal parts of something. ■ **,third de'gree** n. [sing.] [IDM] **give somebody the third degree** (*infml.*) question somebody for a long time; use threats or violence to get information from somebody. ▶ **thirdly** adv. ■ **,third 'party** n. (*fml.* or *law*) person other than the two main people involved ■ **,third party in'surance** n. [U] insurance that covers you if you injure somebody or damage their property. ■ **the ,third 'person** n. [sing.] (*gram.*) set of pronouns and verb forms used by a speaker to refer to other people or things: *"They are' is the ~ person plural of the verb 'to be'.* ■ **,third-**

'rate adj. of very poor quality ■ the ,Third 'World n. [sing.] way of referring to the developing countries of the world in Africa, Asia and Latin America.

thirst /θɜːst/ n. 1 [U, sing.] feeling of needing or wanting a drink. 2 [sing.] ~(for) strong desire for something; *a ~ for knowledge.* ● thirst v. [PV] thirst for something (*lit.*) be very eager for something: *~ for revenge.* ▶ thirsty adj. (-ier, -iest) feeling or causing thirst.

thirteen /ˌθɜːˈtiːn/ number 13. ▶ thirteenth /-ˈtiːnθ/ ordinal number.

thirty /ˈθɜːti/ number 1 30. 2 (the thirties) n. [pl.] numbers, years or temperatures from 30 to 39. ▶ thirtieth /ˈθɜːtiəθ/ ordinal number.

this /ðɪs/ det., pron. (*pl.* these /ðiːz/) 1 (being) the person or thing nearby, named or understood: *Is ~ your bag?* 2 used for introducing somebody or for showing something to somebody: *Jo, ~ is Pete.* 3 (*infml.*) used when you are telling a story or telling somebody about something: *Then ~ man came in.* ● this adv. to this degree: so: *It was about ~ high.*

thistle /ˈθɪsl/ n. wild plant with prickly leaves and esp. purple flowers.

thong /θɒŋ/ n. 1 narrow strip of leather used to fasten something. 2 piece of underwear for men or women that has only a very narrow strip of fabric at the back.

thorn /θɔːn/ n. 1 [C] sharp pointed part on the stem of some plants, e.g. roses. 2 [C, U] tree or bush that has thorns. [IDM] a thorn in somebody's flesh/side person or thing that constantly annoys somebody. ▶ thorny adj. (-ier, -iest) 1 causing difficulty or disagreement: *a ~y problem.* 2 having thorns.

thorough /ˈθʌrə/ adj. 1 done completely and carefully. 2 (of a person) doing work carefully, with attention to detail. ■ ,thorough-'going adj. (*written*) very thorough; complete: *a ~going revision.* ▶ thoroughly adv. ▶ thoroughness n. [U]

thoroughbred /ˈθʌrəbred/ n., adj. (animal, *esp.* a horse) of pure breed.

thoroughfare /ˈθʌrəfeə(r)/ n. (*fml.*) public road or street.

those *pl. of* THAT.

though /ðəʊ/ conj. 1 in spite of the fact that: *They bought the car, even ~ they couldn't really afford it.* 2 and yet; but: *It's possible, ~ unlikely.* ● though adv. however.

thought¹ *pt, pp of* THINK.

thought² /θɔːt/ n. 1 [C] something that you think of or remember. 2 [U] power or process of thinking. 3 [C] feeling of care or worry. 4 [U, C] intention or hope of doing something.

5 [U] particular way of thinking: *modern scientific ~* [IDM] have second thoughts change your opinion after thinking about something again. on second thoughts used to say that you have changed your opinion. ▶ thoughtful adj. 1 quiet, because you are thinking. 2 (*approv*) showing that you think about other people. ▶ thoughtfully adv. ▶ thoughtless adj. not caring for other people; selfish. ▶ thoughtlessly adv.

thousand /ˈθaʊznd/ number 1 1000. 2 (a thousand or thousands (of)) (*infml.*) large number: *There were ~s of people there.* ▶ thousandth /ˈθaʊznθ/ ordinal number.

thrash /θræʃ/ v. 1 [T] beat a person or an animal with a stick, whip, etc. 2 [I, T] (cause something to) move about violently: *He ~ed about in the water.* 3 [T] defeat somebody very easily in a game. [PV] thrash something out discuss a problem thoroughly in order to decide something. ▶ thrashing n. 1 beating. 2 defeat.

thread /θred/ n. 1 [C, U] (length of) cotton, silk, wool, etc. used in sewing. 2 [C] line of thought connecting parts of a story. 3 [C] raised spiral line round a screw or bolt. ● thread v. [T] 1 put a thread through a narrow opening or hole: *~ a needle.* 2 join objects, e.g. beads, together by passing something long and thin through them. 3 pass film, tape, etc. into position on a machine. [IDM] thread your way through something move carefully through something. ■ 'threadbare adj. (of cloth) worn.

threat /θret/ n. 1 [C, U] statement of an intention to punish or harm somebody. 2 [U, C, usu. sing.] possibility of trouble, danger or disaster. 3 [C] person or thing likely to cause trouble or danger: *He is a ~ to society.*

threaten /ˈθretn/ v. 1 [T] make a threat or threats against somebody; use something as a threat: *They ~ed to kill all the passengers.* 2 [I, T] seem likely to happen or cause something unpleasant: *Danger ~ed.* 3 [T] be a danger to something. ▶ threatening adj. ▶ threateningly adv.

three /θriː/ number 3 ■ ,three-di'mensional adj. having length, breadth and depth.

thresh /θreʃ/ v. [T] separate grains of corn, etc. from the rest of the plant, using a machine or by beating it.

threshold /ˈθreʃhəʊld/ n. (*fml.*) 1 floor at the bottom of a doorway, considered as the entrance to a building or room. 2 point of beginning something: *on the ~ of a new career.*

threw *pt of* THROW.

thrift /θrɪft/ n. [U] (*approv.*) careful use of money. ▶ thrifty adj. (-ier, -iest)

thrill /θrɪl/ n. 1 strong feeling of excitement or

pleasure. **2** sudden strong feeling that produces a physical effect. ● **thrill** v. [T] excite or please somebody very much. ▶ **thriller** n. book, play or film with an exciting story, esp. about crime or spying.

thrive /θraɪv/ v. [I] grow well and strong; prosper: *a thriving business.*

throat /θrəʊt/ n. **1** tube in the neck that takes food and air into the body **2** front part of the neck.

throb /θrɒb/ v. (-bb-) [I] (of the heart, pulse, etc.) beat, esp. more quickly and strongly than usual. ▶ **throb** n.

throes /θrəʊz/ n. [pl.] [IDM] **in the throes of (doing) something** in the middle of a difficult activity.

thrombosis /θrɒmˈbəʊsɪs/ (pl. **-ses** /-siːz/) n. [C, U] serious medical condition caused by a thick mass of blood forming in a blood vessel or the heart.

throne /θrəʊn/ n. **1** [C] special chair used by a king or queen in official ceremonies. **2 (the throne)** [sing.] position of being king or queen.

throng /θrɒŋ/ n. (fml.) large crowd of people. ● **throng** v. [I, T] go somewhere or be present somewhere in large numbers.

throttle /ˈθrɒtl/ v. [T] attack or kill somebody by squeezing their throat to stop them breathing. ● **throttle** n. device controlling the flow of fuel into an engine.

through /θruː/ prep. **1** from one end or side of something/somebody to the other: *The train went ~ the tunnel.* ◊ *The bullet went straight ~ the target.* **2** from the beginning to the end of an activity, situation or period of time: *She won't live ~ the ordeal.* **3** past a barrier, stage or test: *He drove ~ a red light.* ◊ *smuggle drugs ~ customs.* **4** (US) (also infml. **thru**) until, and including: *Monday ~ Thursday.* **5** by means of; because of: *The accident happened ~ lack of care.* ● **through** adv. **1** from one end or side of something to the other: *Put the coffee in the filter and let the water run ~.* **2** from the beginning to the end of something **3** past a barrier, state or test: *Our team is ~ to the semi-finals.* **4** connected by telephone: *I tried to ring you but I couldn't get ~.* [IDM] **through and through** completely. ● **through** adj. **1** allowing a direct journey: *a ~ train.* **2 ~(with)** (esp. US) used to show you have finished using something or have ended a relationship with somebody.

throughout /θruːˈaʊt/ prep., adv. **1** in or into every part of something: *They're sold ~ the world.* **2** during the whole period of time of something: *I watched the film and cried ~.*

throw /θrəʊ/ v. (pt **threw** /θruː/; pp **~n** /θrəʊn/) **1** [I, T] send something through the air with some force, esp. by moving the arm. **2** [T] put something in a particular place quickly and carelessly. **3** [T] move something suddenly and forcefully: *I threw open the windows.* **4** [T] move (a part of) your body suddenly and forcefully: *~ up your hands in horror.* **5** [T] make somebody fall to the ground **6** [T] cause something/somebody to be in a certain state: *Hundreds were ~n out of work.* **7** [T] direct something at something/somebody: *She threw me an angry look.* ◊ *The trees threw long shadows on the grass.* **8** [T] (infml.) confuse, upset or surprise somebody: *The interruptions threw him.* **9** [T] (tech.) make a clay pot, etc. on a potter's wheel **10** [T] move a switch, etc. to operate something **11** [T] **(throw a party)** give a party. [IDM] **throw cold water on something** → COLD¹ **throw a fit** → FIT³ **throw somebody in at the deep end** (infml.) ask somebody to do something new and difficult for which they are unprepared. **throw in the towel** admit defeat. **throw light on something** → LIGHT¹ **throw your weight about/around** (infml.) use your position of power aggressively in order to achieve what you want. [PV] **throw something away | throw something out 1** get rid of something unwanted. **2** fail to make use of something; waste something. **throw something in** include something with what you are selling, without increasing the price. **throw yourself/something into something** become involved in an activity with enthusiasm **throw something/somebody off** manage to get rid of something/somebody that is annoying you, etc. **throw somebody out (of ...)** force a troublemaker to leave a place. **throw something out 1** reject a plan, idea, etc. **2** = THROW SOMETHING AWAY **throw something together** make or produce something quickly. **throw (something) up** vomit. **throw something up 1** make people notice something. **2** leave your job ● **throw** n. **1** act of throwing something, esp. a ball or dice. **2** distance over which something is thrown. **3** loose cover for a sofa, etc. ▶ **thrower** n.

thru (US) = THROUGH.

thrush /θrʌʃ/ n. bird with a brown back and brown spots on its chest.

thrust /θrʌst/ v. (pt, pp **thrust**) [I, T] push something/somebody suddenly and forcefully in a particular direction. ● **thrust** n. **1 (the thrust)** [sing.] main point of an argument, etc. **2** [C] sudden strong movement that pushes something/somebody forward. **3**

[U] (tech.) force produced by an engine to push a plane, etc. forward.

thud /θʌd/ n. dull sound of a heavy object hitting something softer. ● **thud** v. (-dd-) [I] strike or fall with a thud.

thug /θʌg/ n. violent and dangerous person.

thumb /θʌm/ n. short thick finger set apart from the other four. [IDM] **thumbs up/down** used to show that something has been accepted/rejected. **under somebody's thumb** (of a person) completely controlled by somebody. ● **thumb** v. [T] ask for a free ride from passing motorists by signalling with your thumb: *to ~ a lift*. [PV] **thumb through something** turn the pages of a book quickly to get a general idea of it. ■ **'thumbnail** n. nail at the tip of the thumb. ■ **,thumbnail 'sketch** n. very short description of something. ■ **'thumbtack** n. (US) = DRAWING PIN (DRAWING).

thump /θʌmp/ v. 1 [I, T] hit something/somebody hard, esp. with your fist. 2 [I] beat strongly: *His heart ~ed with fear*. ● **thump** n. (noise of a) heavy blow.

thunder /'θʌndə(r)/ n. [U] 1 loud noise that follows a flash of lightning. 2 loud noise like thunder: *the ~ of guns*. ● **thunder** v. 1 [I] (used with *it*) sound with thunder: *It's been ~ing all night*. 2 [I] move somewhere very fast, often with a loud noise. 3 [T] say something in a loud angry voice. ■ **'thunderbolt** n. (written) flash of lightning that comes at the same time as the noise of thunder and that hits something. ■ **'thunderclap** n. loud crash of thunder. ▶ **thunderous** adj. very loud: *~ous applause*. ■ **'thunderstorm** n. storm of lightning, thunder and heavy rain.

Thursday /'θɜːzdeɪ, -di/ n. [U, C] the fifth day of the week, next after Wednesday (See examples of use at *Monday*.)

thus /ðʌs/ adv. (fml.) 1 in this way; like this. 2 as a result of this.

thwart /θwɔːt/ v. [T] (fml.) prevent somebody or their plans from succeeding.

thyme /taɪm/ n. [U] kind of herb used in cooking.

thyroid /'θaɪrɔɪd/ (also **'thyroid gland**) n. gland in the neck that affects the body's growth.

tiara /tiˈɑːrə/ n. piece of jewellery like a small crown, worn by a woman.

tic /tɪk/ n. sudden unconscious moving of the muscles, esp. in the face.

tick /tɪk/ n. 1 (GB) mark (√) showing that something is correct or has been dealt with. 2 small bloodsucking insect. 3 (also **ticking**) light repeated sound of a clock or watch. 4 (GB, infml.) moment: *I'll be with you in a ~*. ● **tick** v. 1 [I] (of a clock, etc.) make short light repeated sounds 2 [T] **~(off)** put a mark (√) next to an item on a list, an answer, etc. [IDM] **what makes somebody tick** what makes somebody behave in the way they do. [PV] **tick somebody off** (infml.) speak angrily to somebody because they have done something wrong. **tick over** keep working or operating steadily.

ticket /'tɪkɪt/ n. 1 printed piece of card or paper that gives you the right to travel on a bus, enter a cinema, etc. 2 label attached to something in a shop, etc. giving the price or size of something. 3 official notice of an offence against traffic laws: *a parking ~*.

tickle /'tɪkl/ v. 1 [T] touch part of somebody's body lightly, esp. so as to make them laugh. 2 [I, T] have or cause an itching feeling in a part of the body: *My throat ~s*. 3 [T] amuse and interest somebody. ● **tickle** n. [usu. sing.] act or feeling of tickling. ▶ **ticklish** adj. 1 (of a person) sensitive to being tickled. 2 (infml.) (of a problem) needing to be dealt with carefully.

tidal /'taɪdl/ adj. of or caused by tides. ■ **'tidal wave** n. very large ocean wave.

tide /taɪd/ n. 1 [C, U] regular rise and fall in the level of the sea. 2 [C] flow of water that happens as the sea rises and falls: *Beware of strong ~s*. 3 [C, usu. sing.] direction in which opinions, events, etc. seem to be moving. ● **tide** v. [PV] **tide somebody over (something)** help somebody through a difficult period by providing what they need. ■ **'tidemark** n. highest point reached by a tide on a beach.

tidings /'taɪdɪŋz/ n. [pl.] (old-fash.) news.

tidy /'taɪdi/ adj. (-ier, -iest) 1 neat; orderly: *a ~ room/girl*. 2 (infml.) (of an amount of money) fairly large: *a ~ sum of money*. ▶ **tidily** adv. ▶ **tidiness** n. [U] ● **tidy** v. (pt, pp **-ied**) [I, T] make something look neat by putting things where they belong: *~ (up) the room*.

tie¹ /taɪ/ v. (pres. pt **tying** /'taɪɪŋ/) 1 [T] fasten something to something or hold things together using string, rope, etc.: *A label was ~d to the handle.* ◊ *~ (up) a parcel*. 2 [T] make a knot in a piece of string, ribbon, etc.: *~ your shoelaces*. 3 [I] be closed or fastened with a knot, etc.: *Does this dress ~ in front?* 4 [T] connect or link something/somebody closely with something/somebody else. 5 [T] **~(to)** restrict somebody and make them unable to do everything they want: *be ~d by a contract/promise*. 6 [I, T] (of two teams, etc.) have the same number of points: *The two teams ~d*. [PV] **tie somebody down (to doing) something** limit somebody's freedom. **tie in (with something)** match or agree with something. **tie somebody up** 1 tie somebody's arms or legs with rope so that they cannot move or escape. **2** (*infml.*) (*usu.* passive) cause somebody to be busy: *I'm a bit ~d up now; can you call back later?* **tie something up** invest money so that it is not easily available for use.

tie² /taɪ/ *n.* **1** long narrow strip of material worn round the neck, esp. by men, with a knot at the front. **2** piece of string or wire, used for fastening or tying something. **3** strong connection between people and organizations: *family ~s.* **4** thing that limits somebody's freedom of action. **5** equal score in a game, etc. ■ **'tiebreaker** *n.* way of deciding the winner when competitors have the same score.

tier /tɪə(r)/ *n.* row or layer of something that has several rows or layers placed one above the other.

tiff /tɪf/ *n.* slight argument.

tiger /'taɪɡə(r)/ *n.* large fierce animal of the cat family, yellowish with black stripes. ▶ **tigress** /'taɪɡrəs/ *n.* female tiger.

tight /taɪt/ *adj.* **1** held or fixed in position firmly; difficult to move or undo: *a ~ knot* **2** (of clothes) fitting closely: *These shoes are too ~.* **3** very strict and firm: *Security is ~ at the airport.* **4** with people or things packed closely together. **5** difficult to manage because there is not enough of something, esp. money or time: *a ~ schedule.* **6** (*GB, infml., disapprov.*) unwilling to spend money; not generous. **7** (**-tight**) made so that something cannot get in or out: *air~ ◇ water~.* [IDM] **a tight spot/corner** a very difficult or dangerous situation. ● **tight** *adv.* tightly: *The bags are packed ~.* ▶ **tighten** *v.* [I, T] (cause something to) become tighter: *~ (up) the screws.* ■ **,tight-'fisted** *adj.* (*infml.*) unwilling to spend money. ▶ **tightly** *adv.* ▶ **tightness** *n.* [U] ■ **'tightrope** *n.* tightly stretched high rope on which acrobats perform. ▶ **tights** *n.* [pl.] piece of clothing made of very thin fabric that fits closely over a woman's hips, legs and feet.

tile /taɪl/ *n.* thin usu. square piece of baked clay or other material for covering roofs, walls and floors. [IDM] **have a night on the tiles** (*GB, infml.*) stay out late enjoying yourself. ● **tile** *v.* [T] **1** cover a surface with tiles: *a ~d bathroom.* **2** (*computing*) arrange several windows on a computer screen.

till¹ *conj., prep.* = UNTIL.

till² /tɪl/ *n.* drawer or box for money in a shop, bank, etc. ● **till** *v.* [T] prepare and use land for growing crops.

tiller /'tɪlə(r)/ *n.* handle used for turning the rudder of a boat.

tilt /tɪlt/ *v.* [I, T] (cause something to) move into a position with one side or end higher than the other. ● **tilt** *n.* sloping position. [IDM] **(at) full tilt** as fast as possible.

timber /'tɪmbə(r)/ *n.* **1** [U] trees grown to be used in building, etc. **2** [U] wood prepared for use in building, etc. **3** [C, usu. pl.] wooden beam used in building a house or ship. ▶ **timbered** *adj.* built of wooden beams.

time¹ /taɪm/ *n.* **1** [U] what is measured in minutes, hours, days, etc.: *As ~ went by we saw less of each other.* **2** [U] the time shown on a clock in minutes and hours: *What ~ is it?* **3** [U, C] time when something happens or when something should happen: *It's ~ for lunch. ◇ What ~ do you finish work?* **4** [U] an amount of time; the amount of time available to work, rest, etc.: *He never takes any ~ off* (= time spent not working). *◇ What a waste of ~!* **5** (**a time**) [sing.] period of time during which you do something or something happens: *I lived in Egypt for a ~. ◇ Her parents died a long ~ ago.* **6** [U, pl.] period of time; age: *in prehistoric ~s.* **7** [C] occasion: *He failed the exam three ~s.* **8** [C, U] how long somebody takes to run a race or complete an event. *The winner's ~ was 11.6 seconds.* **9** [U] (*music*) speed of a piece of music: *dance in ~ to the music.* [IDM] **ahead of your time** having advanced or new ideas that other people use or copy later. **all the time | the whole time** during the whole period. **at all times** always **at one time** at a period of time in the past **at a time** separately **at times** sometimes **behind the times** old-fashioned in your ideas, methods, etc. **do time** (*infml.*) spend time in prison **for the time being** for a short period of time but not permanently **from time to time** occasionally. **have no time for somebody/ something** dislike somebody/something. **have the time of your life** (*infml.*) enjoy yourself very much. **in time** after a period of time when a situation has changed. **it's about/high time** (**spoken**) used to say that you think somebody should do something soon: *It's high ~ you went to bed.* **on time** not late or early; punctual(ly). **take your time** use as much time as you need without hurrying. **time after time | time and (time) again** often; on many or all occasions. ■ **'time bomb** *n.* bomb set to explode at a certain time. ■ **'time limit** *n.* period of time during which something must be done. ▶ **times¹** *prep.* (*infml.*) multiplied by something: *5 ~s 2 is 10.* **2** *n.* [pl.] used in comparisons to show how much more, better, etc. something is than something else: *three ~s as long as something.* ■ **'timescale** *n.* period of time it takes for something to happen or be completed. ■ **'timeshare** (*also* **'timesharing**) *n.* [U] arrangement in which a holiday home is owned by several people who use it for a short time each year. ■ **'time switch** *n.* switch that can be set to operate automatically at a certain time. ■ **'timetable** *n.* **1** list showing the times at which trains, buses, etc. depart or arrive. **2** list showing the times at which the various subjects are taught at school.

time² /taɪm/ *v.* [T] **1** choose the time or moment for something: *She neatly ~d her arrival.* **2** measure the time taken for something to happen or for somebody to do something. ▶ **timer** *n.* device used to measure the time that something takes; device that starts or stops a machine working at a particular time. ▶ **timing** *n.* [U] (skill in) choosing the best moment to do something.

timely /'taɪmli/ *adj.* (**-ier, -iest**) occurring at just the right time.

timid /'tɪmɪd/ *adj.* shy and not brave or self-confident. ▶ **timidity** /tɪ'mɪdəti/ *n.* [U] ▶ **timidly** *adv.*

tin /tɪn/ *n.* **1** [U] (*symb.* **Sn**) soft silver-white metal. **2** (*also* **,tin 'can**) [C] (*GB*) metal container for food: *a ~ of beans.* ▶ **tinned** *adj.* (of food) preserved in a can: *~ned pineapple.* ■ **'tinfoil** *n.* [U] very thin sheets of metal, used for wrapping food in. ▶ **tinny** *adj.* (**-ier, -iest**) (*disapprov.*) (of a sound) light, high and unpleasant. ■ **'tin-opener** *n.* (*GB*) tool for opening tins of food.

tinge /tɪndʒ/ *v.* [T] **~(with) 1** add a small amount of colour to something. **2** add a small amount of a particular emotion or quality to something: *admiration ~d with envy.* ● **tinge** *n.* [C, usu. sing.] small amount of a colour, feeling or quality: *a ~ of sadness in her voice.*

tingle /'tɪŋgl/ *v.* [I] **1** (of a part of the body) feel as if a lot of small sharp points are pushing into it. **2 ~with** feel an emotion strongly: *~ with excitement.* ● **tingle** *n.* [C, usu. sing.] tingling feeling.

tinker /'tɪŋkə(r)/ *v.* [I] **~(with)** make small changes to something to repair it, esp. in way that may not be helpful.

tinkle /'tɪŋkl/ *v.* [I] make a series of light high ringing sounds. ● **tinkle** *n.* [usu. sing.] tinkling sound.

tinsel /'tɪnsl/ *n.* [U] strip or thread of shiny material used as a Christmas decoration.

tint /tɪnt/ *n.* (*esp.* pale) shade of colour. ● **tint** *v.* [T] add a small amount of colour to something.

tiny /'taɪni/ *adj.* (**-ier, -iest**) extremely small.

tip /tɪp/ *n.* **1** thin pointed end of something: *the ~s of your fingers.* **2** small part put on or over the end of something: *a stick with a rubber ~* **3** small piece of advice about something practical. **4** small amount of extra money given to somebody who has done a service: *leave the waiter a ~* **5** (*GB*) place where you can take rubbish and leave it. **6** (*GB, infml., disapprov.*) untidy place. [IDM] **on the tip of your tongue** just about to be remembered or spoken. **the tip of the iceberg** small sign of a much larger problem. ● **tip** *v.* (**-pp-**) **1** [I, T] (cause something to) move so that one end or side is higher than the other. **2** [T] (*esp. GB*) make something come out of a container or its position by holding or lifting it at an angle. **3** (*GB*) [I, T] leave rubbish somewhere outdoors in order to get rid of it. **4** [I, T] give a tip(4) to somebody: *~ the waiter.* **5** say in advance that somebody/something will be successful. **6** [T] cover the end or edge of something with a colour, substance, etc.: *~ped cigarettes.* [PV] **tip somebody off (about something)** (*infml.*) warn somebody that something, esp. something illegal is about to happen. ■ **'tip-off** *n.* secret warning. ■ **,tip-'top** *adj.* (*infml.*) excellent.

tipple /'tɪpl/ *n.* (*infml.*) alcoholic drink.

tipsy /'tɪpsi/ *adj.* (**-ier, -iest**) (*infml.*) slightly drunk.

tiptoe /'tɪptəʊ/ *n.* [IDM] **on tiptoe/tiptoes** standing or walking on the front part of your foot, with your heels off the ground: *stand on ~ to see over somebody's head* ● **tiptoe** *v.* [I] walk quietly: *She ~d out.*

tire¹ /'taɪə(r)/ *v.* [I, T] (cause somebody to) become tired: *The long walk ~d them (out).* ▶ **tired** *adj.* **1** feeling that you need rest or sleep. **2 ~of** bored with somebody/something.: *I'm ~d of sitting at home.* ▶ **tiredness** *n.* [U] ▶ **tireless** *adj.* (*approv.*) putting a lot of hard work and energy into something over a long time. ▶ **tiresome** *adj.* annoying or boring.

tire² (*US*) = TYRE.

tissue /'tɪʃuː/ *n.* **1** [U] (*also* **tissues** [pl.]) mass of cells that form the different parts of humans, animals and plants: *nerve ~* **2** [C] piece of soft paper used as a handkerchief. **3** [U] (*also* **'tissue paper**) very thin soft paper, used esp. for wrapping things.

tit /tɪt/ *n.* **1** (△, *sl.*) woman's breast. **2** small bird of various kinds. [IDM] **tit for tat** situation in which you do something bad to somebody because they have done the same to you.

titbit /'tɪtbɪt/ *n.* **1** small tasty piece of food. **2** small piece of gossip, etc.

titillate /'tɪtɪleɪt/ *v.* [T] excite somebody, esp. sexually.

title /ˈtaɪtl/ n. **1** [C] name of a book, play, picture, etc. **2** [C] word, e.g. *Lord, Mrs* or *Professor,* used for showing somebody's rank, profession, marital status, etc. **3** [C] position of being the winner of a competition, esp. a sports competition. **4** [U, C] (*law*) right to own something. ▶ **titled** *adj.* having a title such as Lord, Lady, etc. ■ **'title deed** *n.* legal document proving that somebody is the owner of a house, etc. ■ **'title role** *n.* part in a play, etc. that is used as the title.

titter /ˈtɪtə(r)/ v. [I] give a nervous or silly little laugh ▶ **titter** *n.*

TNT /ˌtiː en ˈtiː/ n. [U] powerful explosive.

to¹ /*before consonants* tə; *before vowels* tu; *strong form* tuː/ *prep.* **1** in the direction of something: *walk to the shops.* **2** situated in the direction mentioned from something: *Place the cursor to the left of the first word.* **3** as far as something: *Her hair fell to her waist.* **4** reaching a particular state: *rise to power.* **5** used to show the end or limit of a range or period of time: *from May to July.* **6** before the start of something: *It's ten* (= minutes) *to three.* **7** used to show the person or thing that receives something: *I gave it to Peter.* **8** used to show a relationship between one person or thing and another: *She's married to Mark.* ◊ *the key to the door* **9** used to show a comparison or ratio: *I prefer tea to coffee.* ◊ *We won by 6 goals to 3.*

to² /*before consonants* tə; *before vowels* tu; *strong form* tuː/ (used before the simple form of a *v.* to form the infinitive) **1** used to show purpose or intention: *I went out to buy food.* **2** used to show the result of something: *It was too hot to go out.* **3** used to show the cause of something: *I'm sorry to hear that.* **4** used to show an action that you want or are advised to do: *I'd love to go to Paris.* **5** used instead of the whole infinitive: *'Will you come?' 'I hope to.'*

to³ /tuː/ *adv.* (of a door) in or into a closed position: *Push the door to.* [IDM] **to and fro** backwards and forwards.

toad /təʊd/ n. animal like a frog.

toadstool /ˈtəʊdstuːl/ n. kind of fungus, esp. one that is poisonous.

toast /təʊst/ n. **1** [U] slices of bread that have been made brown by heating them on both sides **2** [C] act of a group of people wishing somebody happiness, success, etc. by drinking a glass of something, especially alcohol, at the same time: *propose a ~ to somebody.* ● **toast** *v.* **1** [T] wish happiness, success, etc. to somebody by drinking wine, etc.: *~ the bride and bridegroom.* **2** [I, T] (cause something, esp. bread, to) turn brown by heating it in a toaster, etc. **3** [T]

warm a part of your body by placing it near a fire. ▶ **toaster** *n.* electrical machine for toasting bread.

tobacco /təˈbækəʊ/ n. [U] (plant having) leaves that are dried and used for smoking in cigarettes, pipes, etc. ▶ **tobacconist** /-kənɪst/ n. shop or person that sells tobacco, cigarettes, etc.

toboggan /təˈbɒgən/ n. long narrow sledge (= vehicle that slides over snow) used for sliding down slopes. ● **toboggan** *v.* [I] travel down a slope on snow using a toboggan.

today /təˈdeɪ/ *adv., n.* [U] **1** (on) this day. **2** (at) this present time: *the young people of ~.*

toddle /ˈtɒdl/ v. [I] (*esp.* of a young child) walk with short unsteady steps. ▶ **toddler** *n.* small child that has just learned to walk.

to-do /təˈduː/ n. [C, usu. sing.] (*pl.* ~s) (*infml.*) unnecessary excitement or anger about something.

toe /təʊ/ n. **1** one of the five small parts that stick out from the foot. **2** part of a sock, shoe, etc. that covers the toes. [IDM] **keep somebody on their toes** make sure that somebody is ready for action by doing things that they are not expecting. ● **toe** *v.* [IDM] **toe the line** obey orders. ■ **'toenail** *n.* hard layer covering the end of a toe.

toffee /ˈtɒfi/ n. [C, U] (piece of) hard sticky sweet made by heating sugar, butter, etc.

together /təˈgeðə(r)/ *adv.* **1** with each other: *They went for a walk ~.* **2** so that two or more things touch or are joined with each other: *Tie the ends ~.* **3** in or into agreement **4** at the same time: *They both spoke ~.* [IDM] **together with** including; in addition to. ● **together** *adj.* (*infml., approv.*) (of a person) well organized and confident. ▶ **togetherness** *n.* [U] feeling of friendliness or love.

toggle /ˈtɒgl/ v. [I, T] (*computing*) press a key or set of keys on a computer keyboard in order to move from one program, etc. to another.

toil /tɔɪl/ v. [I] (*fml.*) ~**(away)** work hard and/or for a long time. ● **toil** *n.* [U] (*fml.*) hard, unpleasant and tiring work.

toilet /ˈtɔɪlət/ n. (room containing a) bowl used for receiving and taking away waste matter from the body. ■ **'toilet paper** *n.* [U] paper used for cleaning your bottom after you have used the toilet. ▶ **toiletries** *n.* [pl.] things, e.g. soap and toothpaste, that you use for cleaning your teeth, etc. ■ **'toilet roll** *n.* roll of toilet paper.

token /ˈtəʊkən/ n. **1** round flat piece of metal used instead of a coin to operate some machines, etc. **2** (*GB*) piece of paper that you pay for and that somebody can exchange for goods in a shop: *a book ~* **3** symbol or sign: *a*

~ *of my affection.* ● **token** *adj.* small; not serious: *a ~gesture.*

told *pt, pp of* TELL.

tolerate /'tɒləreɪt/ *v.* [T] **1** allow somebody to do something that you disagree with or dislike: *I won't ~ any nonsense.* **2** accept somebody/something unpleasant without protesting: *~ heat/noise.* ▶ **tolerable** /-rəbl/ *adj.* fairly good; that can be tolerated. ▶ **tolerably** *adv.* fairly ▶ **tolerance** /-rəns/ *n.* [U] willingness or ability to tolerate somebody/something: *religious/racial tolerance* ▶ **tolerant** /-rənt/ *adj.* able to accept what other people say or do even if you do not agree with it. ▶ **toleration** /-'reɪʃn/ *n.* [U] action or practice of tolerating somebody/something.

toll /təʊl/ *n.* **1** [C] money that you pay to use a particular road or bridge. **2** [C] amount of damage or the number of deaths caused by a war, disaster, etc.: *the death ~ has now reached 7000.* **3** [sing.] sound of a bell ringing with slow regular strokes. ● **toll** *v.* [I, T] (of a bell) ring slowly and repeatedly, esp. as a sign that somebody has died.

tomato /tə'mɑːtəʊ/ *n.* (*pl.* **-es**) (plant with a) soft red fruit eaten raw or cooked as a vegetable.

tomb /tuːm/ *n.* place, esp. with a stone monument, where a dead body is buried. ■ **'tombstone** *n.* stone monument over a tomb.

tomboy /'tɒmbɔɪ/ *n.* young girl who enjoys games and activities traditionally associated with boys.

tomcat /'tɒmkæt/ *n.* male cat.

tomorrow /tə'mɒrəʊ/ *adv., n.* [U] **1** (on) the day after today. **2** (in) the near future.

ton /tʌn/ *n.* **1** [C] unit for measuring weight, 2240 pounds in Britain, 2000 pounds in the USA. **2** (**tons**) [pl.] (*infml.*) a lot: *~s of money.*

tone[1] /təʊn/ *n.* **1** [C] quality of somebody's voice, esp. expressing a particular emotion: *speaking in hushed ~s.* **2** [sing.] general quality or character of something, e.g. a piece of writing: *the serious ~ of the article.* **3** [C] quality of a sound, esp. that of a musical instrument. **4** [C] shade of a colour. **5** [C] signal on a telephone line: *the dialling ~* **6** [C] (*music*) one of the five longer differences in pitch between one note and the next. ■ **,tone-'deaf** *adj.* unable to hear the differences between musical notes.

tone[2] /təʊn/ *v.* **1** [T] **~(up)** make your muscles, skin, etc. firmer and stronger: *Yoga ~s up the body.* **2** [I] **~(in; with)** match the colour of something. [PV] **tone something down** cause something to become less forceful or intense.

tongs /tɒŋz/ *n.* [pl.] tool with two long parts joined at one end, used for picking up and holding things.

tongue /tʌŋ/ *n.* **1** [C] soft part in the mouth that moves around, used for talking, tasting, licking, etc. **2** [U, C] tongue of some animals, cooked and eaten. **3** [C] (*fml.*) language. **4** [sing.] particular way of speaking: *He has a sharp ~.* **5** [C] long narrow piece of leather under the laces on a shoe. [IDM] **with your tongue in your cheek** | **with tongue in cheek** saying something that you do not intend to be taken seriously; joking. ■ **'tongue-tied** *adj.* unable to speak because of shyness or nervousness. ■ **'tongue-twister** *n.* word or phrase that is difficult to say.

tonic /'tɒnɪk/ *n.* **1** (*also* **'tonic water**) [U, C] clear fizzy drink, often mixed with a strong alcoholic drink, e.g. gin **2** [C, U] medicine that gives strength or energy. **3** [C, U] liquid that you put on your hair or skin to make it healthier.

tonight /tə'naɪt/ *adv., n.* [U] (during the) evening or night of today.

tonnage /'tʌnɪdʒ/ *n.* [U, C] amount of cargo a ship can carry.

tonne /tʌn/ *n.* metric unit of weight; 1000 kilograms.

tonsil /'tɒnsl/ *n.* either of the two small organs at the back of the throat. ▶ **tonsillitis** /ˌtɒnsə'laɪtɪs/ *n.* [U] painful swelling of the tonsils.

too /tuː/ *adv.* **1** to a higher degree than is allowed or desirable: *He was running ~ fast when he fell.* **2** in addition; also: *She plays the guitar and sings ~.*

took *pt of* TAKE[1].

tool /tuːl/ *n.* instrument that you hold in your hand and use for working on something. *See pg 485 for pictures.*

toot /tuːt/ *n.* short high sound from a car horn or whistle. ● **toot** *v.* [I, T] (cause something to) make a short high sound.

tooth /tuːθ/ *n.* (*pl.* **teeth** /tiːθ/) **1** any of the hard white objects in the mouth, used for biting and chewing food. **2** narrow pointed part that sticks out of an object, e.g. on a comb or saw. [IDM] **get your teeth into something** (*infml.*) put a lot of effort or enthusiasm into something that is difficult enough to keep you interested. **in the teeth of something** in spite of problems, etc. ■ **'toothache** *n.* [U, C, usu. sing.] pain in a tooth or teeth. ■ **'toothbrush** *n.* brush for cleaning your teeth. ▶ **toothed** /tuːθt/ *adj.* having teeth. ▶ **toothless** *adj.* ■ **'toothpaste** *n.* [U] substance that you put on a brush and use to clean your teeth. ■ **'toothpick** *n.* short pointed piece of wood, etc. used for removing food from between your teeth.

top¹ /tɒp/ *n.* **1** [C] highest part or point of something: *at the ~ of the hill*. **2** [C] upper flat surface of something: *the ~ of the table*. **3** [sing.] highest or most important rank or position. **4** [C] thing that you put on the end of something to close it: *a pen/bottle ~* **5** [C] piece of clothing worn on the upper part of the body. **6** [C] toy that spins on its pointed end. [IDM] **at the top of your voice** as loudly as you can. **from top to bottom** very thoroughly. **get on top of somebody** (*infml.*) be too much for somebody to manage or deal with. **on top of something 1** in addition to something. **2** in control of a situation. **on top of the world** very happy or proud. **over the top** | **OTT** (*esp. GB, infml.*) unacceptably extreme or exaggerated: *His performance in the film is a bit over the ~.* ● **top** *adj.* highest in position, rank or degree: *a room on the ~ floor.* ◇ *at ~ speed.* ■ **,top 'brass** *n.* [sing. with sing. or pl. verb] (*infml.*) people in the most important positions in a company, etc. ■ **,top 'dog** *n.* [usu. sing.] (*infml.*) person, group, etc. that is better than all the others, esp in a competition. ■ **,top 'hat** *n.* man's tall formal black or grey hat. ■ **,top-'heavy** *adj.* too heavy at the top. ▶ **topless** *adj., adv.* (of a woman) with the breasts bare. ■ **'topmost** *adj.* (*written*) highest. ■ **,top 'secret** *adj.* needing to be kept completely secret. ■ **'topsoil** *n.* [U] layer of soil nearest the surface.

top² /tɒp/ *v.* (-pp-) [T] **1** be higher than an amount: *Exports have ~ped £100m.* **2** be in the highest position on a list. **3** put something on top of something else: *a cake ~ped with icing.* **4 ~ yourself** (*GB, infml.*) kill yourself deliberately. [PV] **top something up** fill up a partly empty container: *~ up somebody's drink.*

topic /'tɒpɪk/ *n.* subject for discussion or study. ▶ **topical** *adj.* of present interest: *~al issues.*

topple /'tɒpl/ *v.* [I, T] (cause something to) become unsteady and fall: (*fig.*) *The crisis ~d the government.*

torch /tɔːtʃ/ *n.* **1** (*GB*) small electric light held in the hand. **2** piece of wood soaked in oil, etc. for carrying as a light. ■ **'torchlight** *n.* [U] light of torch or torches.

tore *pt of* TEAR¹.

torment /'tɔːment/ *n.* [U, C] (person or thing that causes) extreme suffering. ● **torment** /tɔː'ment/ *v.* [T] **1** (*written*) make somebody suffer very much. **2** annoy somebody in a cruel way. ▶ **tormentor** *n.*

torn *pp of* TEAR².

tornado /tɔː'neɪdəʊ/ *n.* (*pl.* **~es**) violent destructive storm with circular winds.

torpedo /tɔː'piːdəʊ/ *n.* (*pl.* **~es**) long narrow bomb that travels underwater and is used for destroying ships. ● **torpedo** *v.* [T] attack and destroy something (as if) with a torpedo.

torrent /'tɒrənt/ *n.* **1** large amount of water moving very quickly. **2** large amount of something that comes suddenly and violently: *a ~ of abuse.* ▶ **torrential** /tə'renʃl/ *adj.* (of rain) falling in large amounts.

torso /'tɔːsəʊ/ *n.* (*pl.* **~s**) main part of the human body, not including the head, arms or legs.

tortoise /'tɔːtəs/ *n.* slow-moving animal with a hard shell. ■ **'tortoise-shell** *n.* [U] hard yellow and brown shell of some turtles, used for making ornaments.

tortuous /'tɔːtʃuəs/ *adj.* **1** full of bends. **2** not direct; complicated.

torture /'tɔːtʃə(r)/ *v.* [T] cause extreme pain to somebody, as a punishment or to force them to say something ● **torture** *n.* **1** [U] act of torturing somebody. **2** [C, U] (*infml.*) (thing that causes) mental or physical suffering. ▶ **torturer** *n.*

Tory /'tɔːri/ *n.* (*pl.* **-ies**), *adj.* (member) of the Conservative Party.

toss /tɒs/ *v.* **1** [T] throw something lightly or carelessly. **2** [T] move your head suddenly upwards, esp. to show annoyance. **3** [I, T] (cause somebody/something to) move restlessly from side to side: *I kept ~ing and turning all night.* **4** [T] shake or turn food in order to cover it with oil, butter, etc.: *~ a salad.* **5** [I, T] decide something by throwing a coin and guessing which side will be on top when it falls: *Let's ~ to see who goes first.* ● **toss** *n.* act of tossing something: *with a ~ of her head.* ■ **'toss-up** *n.* [sing.] even chance.

tot /tɒt/ *n.* **1** (*infml.*) very small child. **2** (*esp. GB*) small amount of alcoholic drink. ● **tot** *v.* (-tt-) [PV] **tot something up** (*infml.*) add up numbers to make a total.

total /'təʊtl/ *n.* complete number or amount: *The repairs come to over £500 in ~.* ● **total** *adj.* complete: *the ~ profit.* ● **total** *v.* (-ll-, *US also* -l-) [T] **1** reach a particular total: *The number of visitors ~led 15 000.* **2 ~ (up)** add up the numbers of somebody/something and get a total. ▶ **totality** /-'tæləti/ *n.* [C, U] (*fml.*) whole amount; state of being complete or whole. ▶ **totally** *adv.* completely: *~ly blind.*

totalitarian /ˌtəʊˌtæləˈteəriən/ *adj.* (*disapprov*) (of a system of government) in which there is only one political party that has complete power and control over the people.

totter /'tɒtə(r)/ *v.* [I] **1** walk or move un-

steadily. **2** be weak and seem likely to fall.
touch¹ /tʌtʃ/ v. **1** [I, T] put your hands or fingers onto somebody/something: *The dish is hot—don't ~ (it)!* **2** [I, T] (of two or more things, surfaces, etc.) be or come so close together that there is no space between: *The two wires ~ed.* **3** [T] eat, drink or use something: *He hasn't ~ed any food for two days.* **4** [T] cause somebody to feel upset or sympathetic: *We were greatly ~ed by your thoughtfulness.* **5** [T] be as good as somebody in skill, quality, etc.: *No one can ~ him as a surgeon.* [IDM] **touch wood** touch something made of wood to avoid bad luck. [PV] **touch down** (of an aircraft) land **touch something off** make something begin, esp. a violent situation. **touch on/upon something** mention something briefly. **touch something up** improve something by changing or adding to it slightly. ■ **'touchdown** n. [C, U] moment when a plane or spacecraft lands. ▶ **touched** adj. feeling happy and grateful. ▶ **touching** adj. causing feelings of pity or sympathy. ■ **'touch screen** n. (*computing*) display device which allows you to use a computer by touching areas on the screen.
touch² /tʌtʃ/ n. **1** [U] sense that enables you to be aware of things when you put your hands on them. **2** [C, usu. sing.] act of putting your hands or fingers on somebody/something. **3** [sing.] way something feels when you touch it: *The material has a silky ~.* **4** [C] small detail: *put the finishing ~es to the drawing.* **5** [sing.] way of doing something: *Her work has that artistic ~.* **6** [C, usu. sing.] **~of** very small amount: *a ~ of frost in the air.* **7** [U] (in football/rugby) part of the pitch outside the sidelines: *The ball is in ~.* [IDM] **be, get, keep, etc. in touch (with somebody)** communicate with somebody. ■ **,touch-and-'go** adj. uncertain; risky.
touchy /'tʌtʃi/ adj. (**-ier, -iest**) easily offended.
tough /tʌf/ adj. **1** having or causing difficulties: *a ~ problem.* **2** very firm; severe: *~ laws to deal with terrorism.* **3** strong enough to deal with difficult situations. **4** (of meat) difficult to cut and chew. **5** not easily cut or broken. [IDM] **tough luck** (*infml.*) used to show sympathy for something unfortunate that has happened to somebody. ▶ **toughen** /'tʌfn/ v. [I, T] become or make somebody/something stronger.▶ **toughness** n. [U]
toupee /'tuːpeɪ/ n. small wig worn on a bald part of a man's head.
tour /tʊə(r)/ n. **1** journey made for pleasure during which several places are visited: *a round-the-world ~* **2** act of walking around a town, building, etc. in order to visit it: *I went on a guided ~* (= with somebody who knows the place) *of the palace.* **3** official series of visits to different places by a sports team, famous person, etc. ● **tour** v. [I, T] travel around a place, e.g. to perform, advertise something, etc. ▶ **tourism** /-rɪzəm/ n. [U] business of providing hotels, special trips, etc. for tourists. ▶ **tourist** n. person who visits places for pleasure.
tournament /'tɔːnəmənt/ n. series of games or contests: *a chess ~.*
tourniquet /'tʊənɪkeɪ/ n. bandage twisted tightly round an injured arm or leg to stop it bleeding.
tout /taʊt/ v. **1** [I, T] try to get people to buy your goods or services, esp. in an annoyingly direct way .**2** [T] (*GB*) sell tickets for sports matches, etc. at very high prices. ● **tout** n. person who buys tickets for sports events, etc. and then sells them at a higher price.
tow /təʊ/ v. [T] pull a car or boat behind another vehicle, using a rope, chain, etc. ● **tow** n. act of towing a vehicle. [IDM] **in tow** (*infml.*) following closely behind. ■ **'towpath** n. path along the bank of a canal or river.
towards /tə'wɔːdz/ (*also* **toward** /tə'wɔːd/) prep. **1** in the direction of somebody/something: *walk ~ the entrance.* **2** getting closer to achieving something: *steps ~ peaceful coexistence.* **3** close(r) to a point in time: *~ the end of the year.* **4** in relation to somebody/something: *friendly ~ guests.* **5** with the aim of obtaining something: *The money will go ~ a new car.*
towel /'taʊəl/ n. piece of fabric or paper for drying things, esp. your body. ▶ **towelling** (**-l-** *US*) n. [U] thick soft cloth used for making towels.
tower /'taʊə(r)/ n. tall narrow (part of a) building, esp. of a church or castle. [IDM] **a tower of strength** person who can be relied on to give a lot of help or support. ● **tower** v. [PV] **tower over/above somebody/ something** be much higher or taller than somebody/something. ■ **'tower block** n. (*GB*) very tall block of flats or offices. ▶ **towering** adj. very tall; very great.
town /taʊn/ n. **1** [C] place with many buildings and houses, larger than a village. **2** [sing.] all the people who live in a particular town. **3** [U] main business or shopping area of a town: *I gave her a lift into ~.* **4** [U] particular town where somebody works or lives or one which has just been referred to: *I'll be in ~ again next week.* **5** [sing., U] life in towns as opposed to life in the country. [IDM] **go to town (on something)** (*infml.*) do something with great energy or enthusiasm. **(out) on the town** (*infml.*) visiting restaurants,

clubs, etc. for entertainment, esp. at night. ■
,town 'hall *n.* buildings with the offices of the town's local government. ■ **'township** *n.* (in South Africa in the past) a town where black citizens live.
toxic /'tɒksɪk/ *adj.* (*fml.*) containing poison; poisonous.
toy /tɔɪ/ *n.* thing for children to play with. ● **toy** *v.* [PV] **toy with something 1** consider an idea or plan, but not seriously. **2** play with something and move it around carelessly: ~ *with the glass.*
trace /treɪs/ *v.* [T] **1** discover or find somebody/something after looking for them/it carefully: *I cannot ~ the letter.* **2** find the origin or cause of something. **3** describe a process or the development of something. **4** follow the shape or outline of something; draw a line or lines on something. **5** copy something by drawing on transparent paper placed over it. ● **trace** *n.* **1** [C, U] mark, sign, etc. showing that somebody/something was present in a place: ~s *of an ancient civilization.* ◇ *disappear without ~* **2** [C] very small amount of something; ~s *of poison in his blood.* ▶ **tracing** *n.* copy of a drawing, map, etc. made by tracing(5) it. ■ **'tracing paper** *n.* [U] transparent paper used for making tracings.
trachea /trə'kiːə/ *n.* (*pl.* ~s or, in scientific use, ~e /-kiːiː/) (*anat.*) tube that carries air to the lungs.
track /træk/ *n.* **1** [C] rough path or road **2** [C, usu. pl.] series of marks left by a moving vehicle, a person or an animal. **3** [C, U] rails that a train moves along. **4** [c] course or circuit for racing. **5** [C] piece of music or song on a record, CD or tape. [IDM] **(be) hot on somebody's/something's tracks** → HOT **keep/lose track of somebody/something** have/not have information about what is happening or where somebody/ something is. **make tracks** (*spoken*) leave a place. **on the right/wrong track** thinking in the right/ wrong way. **stop/halt somebody in their tracks| stop/halt/freeze in your tracks** (*infml.*) suddenly make somebody stop by frightening or surprising them; suddenly stop because something has frightened or surprised you: *The horse stopped dead in its ~s.* ● **track** *v.* [T] find somebody/something by following the marks, signs, etc. they have left behind. [PV] **track somebody/something down** find somebody/something after searching in different places. ▶ **tracker** *n.* ■ **'track record** *n.* past achievements of a person or organization. ■ **'track-**

suit *n.* loose warm suit worn by athletes, etc. during training.
tract /trækt/ *n.* **1** (*tech.*) system of connected organs or tubes in the body: *the respiratory ~* **2** large area of land. **3** short article on a religious, political or moral subject.
traction engine /'trækʃn endʒɪn/ *n.* large vehicle, driven by steam, used in the past for pulling heavy loads.
tractor /'træktə(r)/ *n.* motor vehicle used for pulling farm machinery.
trade¹ /treɪd/ *n.* **1** [U] business of buying, selling or exchanging goods or services. **2** [C] particular type or area of business: *She's in the book ~.* **3** [U, C] job, esp. one needing training and skill with the hands: *He's a carpenter by ~.* ■ **'trademark** (*abbr.* **TM**) *n.* name or symbol used on a product by a manufacturer ■ **'trade name** *n.* = BRAND NAME (BRAND) ■ **'tradesman** *n.* person, e.g. a shopkeeper, who sells goods. ■ **,trade 'union** *n.* organization of workers, formed to protect their interests and get better working conditions. ■ **,trade 'unionist** *n.* member of a trade union.
trade² /treɪd/ *v.* **1** [I, T] ~(in) buy and sell things. **2** [T] ~(for) exchange something for something else: *to ~ secrets.* [PV] **trade something in (for something)** give something used in part payment for something new. **trade on something** take unfair advantage of something. ▶ **trader** *n.*
tradition /trə'dɪʃn/ *n.* [C, U] (set of) customs, beliefs or practices passed down from one generation to the next. ▶ **traditional** /-ʃənl/ *adj.* ▶ **traditionally** *adv.*
traffic /'træfɪk/ *n.* [U] **1** vehicles on a road at a particular time. **2** movement of ships or aircraft along a route. **3** movement of people or goods from one place to another: *commuter ~* **4** ~(in) illegal trade in something. ● **traffic** *v.* (-ck-) [PV] **traffic in something** buy and sell something illegally. ▶ **trafficker** *n.* ■ **'traffic island** *n.* raised area for pedestrians in the middle of a busy road. ■ **'traffic jam** *n.* long line of vehicles on a road that cannot move or can only move very slowly. ■ **'traffic light** *n.* [C, usu. pl.] set of coloured lights that control the flow of traffic at a road junction. ■ **'traffic warden** *n.* person whose job is to check that people do not park their cars in the wrong place.
tragedy /'trædʒədi/ *n.* (*pl.* **-ies**) [C, U] **1** very sad event or situation, esp. one involving death. **2** serious play with a sad ending; plays of this type.
tragic /'trædʒɪk/ *adj.* **1** making you feel very sad, usu. because somebody has died: *a ~ outcome to a happy day.* **2** connected with

tragedy(2). ▶ **tragically** /-kli/ *adv*.
trail /treɪl/ *n*. **1** line, sign, series of marks, etc. left by somebody/something showing where they have been. **2** path through the countryside. ● **trail** *v*. **1** [I, T] (cause something to) be pulled along behind somebody/something, usu. along the ground. **2** [I] walk slowly because you are tired or bored, esp. behind somebody else. **3** [I] ~(by/in) lose in a game, etc. **4** [T] follow somebody/something by looking for signs they have left behind. **5** [I] (of plants) grow along the ground or hang down loosely. [IDM] **(be) hot on somebody's/something's trail** → HOT ▶ **trailer** *n*. **1** truck or container with wheels, that is pulled along by another vehicle. **2** (*US*) vehicle without an engine, that can be pulled by a car or truck or used as a home when it is parked. **3** series of short pieces from a new film, shown to advertise it.
train¹ /treɪn/ *n*. **1** line of carriages or trucks joined together and pulled along by a railway engine. **2** number of people or animals moving in a line. **3** series of connected things: *a ~ of ideas*. **4** part of a long dress that spreads out on the ground behind the wearer.
train² /treɪn/ *v*. **1** [I, T] receive or give somebody teaching, practice or exercise: *~ a ballet class*. **2** [T] make a plant grow in a certain direction: *~ roses up a wall*. [PV] **train something at/on somebody/something** (*written*) aim a gun, camera, etc, at somebody/ something. ▶ **trainee** /ˌtreɪˈniː/ *n*. person being taught how to do a particular job. ▶ **trainer** *n*. [C] **1** (usu. pl.) shoe worn for sports or as a piece of informal clothing. **2** person who trains people or animals. ▶ **training** *n*. [U] preparation; practice.
traipse /treɪps/ *v* [I] (*infml*.) walk in a tired way.
trait /treɪt/ *n*. particular quality in your personality.
traitor /ˈtreɪtə(r)/ *n*. person who betrays their country, friends, etc.
tram /træm/ *n*. passenger vehicle powered by electricity that runs on rails set in the road.
tramp /træmp/ *v*. [I, T] walk with heavy or noisy steps, esp. for a long time. ● **tramp** *n*. [C] **1** person with no house or job who travels from place to place. **2** [sing.] **(the tramp of somebody/something)** sound of somebody's heavy footsteps.
trample /ˈtræmpl/ *v*. **1** [I, T] ~(on/over) step heavily on somebody/something so that you crush or harm them/it with your feet. **2** [I] ~(on/over) ignore somebody's rights or feelings and treat them as if they were unimportant.
trampoline /ˈtræmpəliːn/ *n*. strong cloth held by springs in a frame, on which gymnasts jump up and down.
trance /trɑːns/ *n*. sleep-like condition of the mind.
tranquil /ˈtræŋkwɪl/ *adj*. (*fml*.) calm; quiet. ▶ **tranquillity** (*US also* **-l-**) /-ˈkwɪləti/ *n*. [U] calm quiet state. ▶ **tranquillize** (*also* **-ise**) (*US also* **-l-**) *v*. [T] make a person or animal calm, esp. by giving them a drug. ▶ **tranquillizer** (*also* **-iser**) *n*. (*US also* **-l-**) drug used to reduce anxiety. ▶ **tranquilly** *adv*.
transact /trænˈzækt/ *v*. [T] (*fml*.) do business with a person or an organization. ▶ **transaction** /-ˈzækʃn/ *n*. **1** [C] piece of business done between people. **2** [U] (*fml*.) ~**of** process of doing something.
transatlantic /ˌtrænzətˈlæntɪk/ *adj*. of travelling or communications across the Atlantic Ocean.
transcend /trænˈsend/ *v*.[T] (*fml*.) be or go beyond the usual limits of something: *~ spirituality*.
transcontinental /ˌtrænzˌkɒntɪˈnentl/ *adj*. crossing a continent.
transcribe /trænˈskraɪb/ *v*. [T] **1** record thoughts, speech or data in written form. **2** (*tech*.) show the sounds of speech using a phonetic alphabet: *~d in phonetic symbols*. **3** arrange a piece of music so that it can be played by a different instrument, etc. ▶ **transcript** /ˈtrænskrɪpt/ *n*. written or printed copy of words that have been spoken. ▶ **transcription** /-ˈskrɪpʃn/ *n*. [U, C]
transfer¹ /trænsˈfɜː(r)/ *v*. (**-rr-**) **1** [I, T] move from one place, job, etc. to another: *John was transferred from London to Durham*. **2** [T] give the possession of something to somebody else. ▶ **transferable** *adj*. that can be transferred(2): *This prize money is not ~able*. ▶ **transference** /ˈtrænsfərəns/ *n*. [U]
transfer² /ˈtrænsfɜː(r)/ *n*. **1** [U, C] (instance of) moving somebody/something from one place, job, etc. to another. **2** [C] design that can be transferred from one surface and stuck onto another
transfix /trænsˈfɪks/ *v*. [T] (*fml*.) (*usu*. passive) make somebody unable to move, think or speak because of fear, astonishment, etc.
transform /trænsˈfɔːm/ *v*. [T] completely change the appearance or character of something. ▶ **transformation** /-ˈmeɪʃn/ *n*. [C, U] ▶ **transformer** *n*. apparatus that changes the voltage of an electric current.
transfusion /trænsˈfjuːʒn/ *n*. [C, U] act or process of putting one person's blood into somebody else's body.
transgress /trænzˈgres/ *v*. [I, T] (*fml*.) go beyond the limit of what is morally or legally acceptable. ▶ **transgression** /-ˈgreʃn/ *n*. [C, U]

transient /ˈtrænzɪənt/ adj. lasting for only a short time.

transistor /trænˈzɪstə(r); -ˈsɪst-/ n. **1** small electronic device used in computers, radios, etc. for controlling the electric current. **2** (also **tran,sistor ˈradio**) small radio with transistors.

transit /ˈtrænzɪt; -sɪt/ n. [U] process of travelling or being moved from one place to another: *We stayed at the Dubai airport in* ~.

transition /trænˈzɪʃn; -ˈsɪʃn/ n. [U, C] (instance of) changing from one state or condition to another. ▶ **transitional** /-ʃənl/ adj.

transitive /ˈtrænsətɪv/ adj. (gram.) (of a verb) used with a direct object, e.g. *ate* in 'He ate an apple.'

transitory /ˈtrænsətri/ adj. lasting for only a short time.

translate /trænsˈleɪt/ v. [I, T] **1** put something written or spoken into a different language: ~ *(the book) from English to German*. **2** ~**(into)** (cause something to) be changed into a different form: ~ *words into action*. ▶ **translation** /-ˈleɪʃn/ n. [C, U] ▶ **translator** n.

translucent /trænsˈluːsnt/ adj. allowing light to pass through, but not transparent.

transmission /trænsˈmɪʃn/ n. (fml.) **1** [U] act of passing something from one person, place or thing to another: *the* ~ *of the bird flu infection from birds to humans has increased*. **2** [C] television or radio broadcast. **3** [U, C] parts of a vehicle that pass power to the wheels.

transmit /trænsˈmɪt/ v. (**-tt-**) [T] **1** send an electronic signal, radio or television broadcast, etc. **2** pass something from one person to another: *Diseases transmitted through mosquitoes*. ▶ **transmitter** n. device that transmits radio or television signals.

transnational /ˌtrænzˈnæʃnəl; ˌtræns-/ adj. (business) operating in or between many different countries, without being based in any particular one.

transparent /trænsˈpærənt/ adj. **1** (of glass, plastic, etc.) allowing you to see through it: *Water is* ~. **2** easily understood; obvious. ▶ **transparency** /-rənsi/ n. (pl. **-ies**) **1** [C] small piece of photographic film in a frame. **2** [U] quality of being transparent. ▶ **transparently** adv.

transplant /trænsˈplɑːnt; trænz-/ v. [T] **1** take an organ, skin, etc. from one person, animal, part of the body, etc. and put it into or onto another. **2** move a growing plant and plant it somewhere else. **3** (fml.) move somebody/something to a different place or environment. ▶ **transplant** /ˈtrænsplɑːnt; ˈtrænz-/ n. **1** [C, U] medical operation in which a damaged organ, etc. is replaced with another: *have a kidney* ~ organ, etc. that is used in a transplant operation.

transport /trænˈspɔːt/ v. [T] move goods or people from one place to another. ● **transport** /ˈtrænspɔːt/ (esp. US **transportation** /ˌtrænspɔːˈteɪʃn/) n. [U] **1** (system for) carrying people or goods from one place to another. **2** [U] vehicle or method of travel. ▶ **transporter** n. large vehicle used for carrying cars.

transpose /trænˈspəʊz/ v. [T] **1** (fml.) change the order of two or more things. **2** (fml.) move something to a different place or change something into a different form. **3** (music) write or play a piece of music in a different key¹(5) ▶ **transposition** /ˌtrænspəˈzɪʃn/ n. [C, U]

transverse /ˈtrænzvɜːs/ adj. (tech.) situated across something.

transvestite /trænzˈvestaɪt/ n. person who enjoys wearing the clothes of the opposite sex.

trap /træp/ n. **1** device for catching animals. **2** plan for catching or deceiving somebody. **3** light two-wheeled carriage. **4** (sl.) mouth ● **trap** v. (**-pp-**) [T] **1** keep somebody in a dangerous place, etc. that they want to get out of but cannot. **2** catch an animal in a trap. **3** trick or deceive somebody. ■ **ˈtrapdoor** n. small door in a floor or ceiling. ▶ **trapper** n. person who catches animals.

trapeze /trəˈpiːz/ n. bar hung from two ropes, used by acrobats for swinging on.

trash /træʃ/ n. [U] **1** (US) = RUBBISH. **2** (infml.) material, writing, etc. of very low quality. ■ **ˈtrash can** n. (US) = DUSTBIN (DUST). ▶ **trashy** adj. (**-ier, -iest**) (infml.) of very low quality.

trauma /ˈtrɔːmə/ n. **1** [U] emotional shock producing a lasting harmful effect. **2** [C, U] (infml.) very upsetting, unpleasant experience. ▶ **traumatic** /trɔːˈmætɪk/ adj.

travel /ˈtrævl/ v. (**-ll-**, US **-l-**) **1** [I, T] go from one place to another, esp. over a long distance: ~ *to no man's land*. **2** [I] move or go at a particular speed or in a particular direction: *Supersonic planes* ~ *faster than the speed of sound*. ● **travel** n. **1** [U] act or activity of travelling: *air* ~ **2** (**travels**) [pl.] time spent travelling, esp. for pleasure. ■ **ˈtravel agent** n. person whose job is to make arrangements for people wanting to travel. ▶ **travelled** (US **-l-**) adj. (of a person) having travelled the amount mentioned: *a well-* ~ *man*. ▶ **traveller** (US **-l-**) n. **1** person who is travelling or who often travels. **2** (GB) person who does not live in one place, but who travels around, esp. as part of a group. ■ **ˈtraveller's**

cheque *n.* cheque that can be exchanged abroad for the money of the country you are in.
traverse /trə'vɜːs/ *v.* [T] (*fml.*) cross an area of land or water.
travesty /'trævəsti/ *n.* (*pl.* **-ies**) very bad imitation or representation of something: *a ~ of justice.*
trawl /trɔːl/ *v.* [I, T] fish with a large wide net dragged along the bottom of the sea. ▶ **trawler** *n.* fishing boat used for trawling.
tray /treɪ/ *n.* flat piece of wood, plastic, etc. used for carrying things, esp. food.
treacherous /'tretʃərəs/ *adj.* **1** disloyal or deceitful. **2** dangerous: *~ waves.* ▶ **treacherously** *adv.* ▶ **treachery** /-tʃəri/ *n.* [U, C] (*pl.* **-ies**)
treacle /'triːkl/ *n.* [U] thick sticky liquid made from sugar.
tread /tred/ *v.* (*pt* **trod** /trɒd/; *pp* **trodden** /'trɒdn/) **1** [I] put your foot down while stepping or walking. **2** [T] press or crush something with your feet. **3** [I, T] (*lit.*) walk somewhere. [IDM] **tread on somebody's toes** (*infml.*) offend somebody. **tread water** keep yourself upright in water by moving your legs up and down. ● **tread** *n.* **1** [sing.] way somebody walks or the sound somebody makes when they walk. **2** [C, U] raised pattern on a tyre of a vehicle. **3** [C] upper surface of a step or stair.
treason /'triːzn/ *n.* [U] crime of betraying your country, e.g. by helping its enemies. ▶ **treasonable** /-zənəbl/ *adj. a ~able offence.*
treasure /'treʒə(r)/ *n.* **1** [U] collection of gold and silver, jewels, etc. **2** [C] highly valued object or person. ● **treasure** *v.* [T] have or keep something that is extremely valuable to you. ▶ **treasurer** *n.* person in charge of the money, accounts, etc. of an organization. ■ **'treasure trove** /trəʊv/ *n.* [U] treasure found hidden and claimed by no one.
treasury /'treʒəri/ *n.* **(the Treasury)** [sing., with sing. or pl. verb] government department that controls public money.
treat /triːt/ *v.* [T] **1** behave in a particular way towards somebody/something: *They ~ us like slaves.* **2** consider or deal with something in a particular way: *~ it as a joke.* **3** give medical care to a person, an injury, etc.: *~ the accident victim.* **4** use a chemical substance to clean, protect, preserve, etc. something: *~ crops with insecticide.* **5** pay for something that somebody/you will enjoy and that they/you do not usu. have or do. ● **treat** *n.* something very pleasant or enjoyable, esp. something that you give somebody or do for them.
treatise /'triːtɪs/, -tɪz/ *n.* long formal written work on one subject.
treatment /'triːtmənt/ *n.* [U, C] way of treating a person or thing: *psychological ~.*
treaty /'triːti/ *n.* (*pl.* **-ies**) formal agreement between countries: *a trade ~.*
treble /'trebl/ *det.* three times as much or as many: *He can carry ~ the amount than I can.* ● **treble** *n.* **1** [U] high tones or part in music or a sound system. **2** [C] (boy who sings with a) child's high voice. ● **treble** *v.* [I, T] become or make something three times as much or as many. ● **treble** *adj.* high in tone: *a ~ recorder.*
tree /triː/ *n.* tall plant with a wooden trunk and branches. ▶ **treeless** *adj.* without trees.
trek /trek/ *v.* (**-kk-**) [I], *n.* (make a) long hard journey, esp. on foot.
trellis /'trelɪs/ *n.* light wooden framework used for supporting climbing plants.
tremble /'trembl/ *v.* [I] **1** shake uncontrollably from fear or cold. **2** shake slightly: *He ~d with fear.* **3** be very anxious. ● **tremble** *n* [C, usu. sing.] feeling, movement or sound of trembling: *a ~ in her voice.*
tremendous /trə'mendəs/ *adj.* **1** very great: *a ~ amount.* **2** extremely good ▶ **tremendously** *adv.*
tremor /'tremə(r)/ *n.* **1** small earthquake: *earth/sea ~s.* **2** slight shaking movement in a part of your body.
trench /trentʃ/ *n.* long narrow channel dug in the ground, e.g. for drainage or to protect soldiers.
trend /trend/ *n.* general change or development: *the ~ towards smaller families.* ■ **'trendsetter** *n.* person who starts a new fashion or makes it popular. ▶ **trendy** *adj.* (**-ier, -iest**) (*infml.*) very fashionable.
trespass /'trespəs/ *v.* [I] **~(on)** go on somebody's private land without their permission. ▶ **trespass** *n.* [U, C] ▶ **trespasser** *n.*
trestle /'tresl/ *n.* wooden or metal structure with legs, used for supporting a flat surface. ■ **'trestle table** *n.* table supported on trestles.
trial /'traɪəl/ *n.* **1** [C, U] examination in a law court before a judge (and jury) to decide if somebody is guilty or innocent: *He's on ~ for grand larceny.* **2** [C, U] (act of) testing how good something is. **3** [C] cause of worry or difficulty. [IDM] **trial and error** process of solving a problem by trying various methods until you find one that is successful. ■ **,trial 'run** *n.* test of how well something new works.
triangle /'traɪæŋgl/ *n.* flat shape with three straight sides and three angles. ▶ **triangular** /-'æŋgjələ(r)/ *adj.*
tribe /traɪb/ *n.* group of people of the same

race, customs, language, etc. living in a particular area, often under the rule of a chief. ▶ **tribal** adj. ■ **'tribesman** | **'tribeswoman** n. member of a tribe.

tribunal /traɪˈbjuːnl/ n. type of court with the authority to settle certain kinds of problems.

tributary /ˈtrɪbjətri/ n. (pl. -ies) river or stream that flows into a larger river or a lake.

tribute /ˈtrɪbjuːt/ n. [C, U] act, statement or gift intended to show your respect or admiration for somebody: *pay ~ to his memory.*

trick /trɪk/ n. **1** something done to deceive somebody or to annoy them as a joke: *play a ~ on April Fools Day.* **2** clever or skilful action intended to entertain people: *the joker is apt at conjuring ~s.* **3** way of doing something that works well. **4** cards played or won in one round of a game. [IDM] **do the trick** (*infml.*) succeed in doing what is needed or wanted. ● **trick** v. [T] deceive somebody: *He was ~ed into marriage.* ▶ **trickery** n. [U] (*written*) deception; cheating. ▶ **tricky** adj. (-ier, -iest) **1** difficult to do or deal with: *a ~y situation.* **2** (of a person) deceitful.

trickle /ˈtrɪkl/ v. [I] flow in a thin stream: *The river ~d down the mountain.* ● **trickle** n. slow or thin flow of something: *a ~ of water.*

tricycle /ˈtraɪsɪkl/ n. vehicle like a bicycle, but with one wheel at the front and two behind.

tried pt, pp of TRY¹.

trifle /ˈtraɪfl/ n. **1 (a trifle)** [sing.] (*fml.*) slightly. **2** [C] thing of little value or importance. **3** [C, U] sweet dish made of cream, cake, jelly, etc. ● **trifle** v. [I] [PV] **trifle with somebody/something** (*fml.*) treat somebody/ something without genuine respect. ▶ **trifling** adj. unimportant.

trigger /ˈtrɪɡə(r)/ n. part of a gun that you press in order to fire it. ● **trigger** v. [T] ~**(off)** make something happen suddenly.

trill /trɪl/ n. **1** repeated short high sound made, e.g. by somebody's voice or a bird. **2** (*music*) quick repeated playing of two different notes. ● **trill** v. [I, T] sound or sing something with a trill.

trilogy /ˈtrɪlədʒi/ n. (pl. -ies) group of three related books, plays, etc.

trim /trɪm/ v. (-mm-) [T] **1** make something neater, smaller, better, etc. by cutting parts from it. **2** decorate something, esp. around its edges. ● **trim** n. [C, usu. sing.] act of cutting a small amount off something, esp. hair. [IDM] **in (good, etc.) trim** (*infml.*) in good condition or order. ● **trim** adj. (-mer, -mest) (*approx.*) **1** (of a person) looking slim and attractive **2** neat and tidy. ▶ **trimming** n. **1 (trimmings)** [pl.] extra things that it is traditional to have with a meal, etc.: *roasted chicken with all the ~mings* (= vegetables,

sauce, etc.). **2** [U, C, usu. pl.] material used to decorate something, e.g. along its edges.

trimester /traɪˈmestə(r)/ n. (*US*) = TERM(2)

trinity /ˈtrɪnəti/ n. [sing.] **(the Trinity)** (in Christianity) union of Father, Son and Holy Spirit as one God.

trinket /ˈtrɪŋkɪt/ n. small piece of jewellery, etc. of little value.

trio /ˈtriːəʊ/ n. (pl. ~s) **1** group of three people or things. **2** (music for) a group of three players or singers.

trip /trɪp/ n. **1** (*usu.* short) journey to a place and back again, esp. for pleasure. **2** (*sl.*) experience caused by taking a drug causing hallucinations. **3** act of falling down. ● **trip** v. (-pp-) **1** [I] ~**(over/up)** catch your foot on something and fall over. **2** [T] ~**(up)** catch somebody's foot and make them fall or almost fall. **3** [I] (*lit.*) move with quick light steps. [PV] **trip (somebody) up** (deliberately) cause somebody to) make a mistake. ▶ **tripper** n. person visiting a place for a short time for pleasure.

tripartite /traɪˈpɑːtaɪt/ adj. (*fml.*) having three parts or groups.

tripe /traɪp/ n. [U] **1** lining of a cow's or pig's stomach, used as food. **2** (*infml.*) nonsense.

triple /ˈtrɪpl/ adj. having three parts or involving three people or groups. ● **triple** v. [I, T] become or make something three times as much or as many.

triplet /ˈtrɪplət/ n. one of three children born to the same mother at one time.

triplicate /ˈtrɪplɪkət/ n. [IDM] **in triplicate 1** done three times. **2** (of documents) copied twice, so that there are three copies in total.

tripod /ˈtraɪpɒd/ n. support with three legs, e.g. for a camera.

trite /traɪt/ adj. uninteresting and not original.

triumph /ˈtraɪʌmf/ n. **1** [C] great achievement or success. **2** [U] feeling of joy and satisfaction that you get from a great success or victory. ● **triumph** v. [I] ~**(over)** defeat somebody/something; be successful. ▶ **triumphal** /-ˈʌmfl/ adj. done to celebrate a great success or victory. ▶ **triumphant** /-ˈʌmfənt/ adj. showing great joy and satisfaction because you have triumphed. ▶ **triumphantly** adv.

trivia /ˈtrɪviə/ n. [U] unimportant matters, details or information.

trivial /ˈtrɪviəl/ adj. not important or serious; not worth considering ▶ **triviality** /-ˈælati/ n. [C, U] (pl. -ies) ▶ **trivialize** (*also* -ise) v. [T] make something seem less important, etc. than it really is.

trod pt of TREAD.

trodden pp of TREAD.

trolley /ˈtrɒli/ n. **1** small vehicle with wheels that is pushed by hand and used for carrying

things: *a ~ at the airport/tea ~* **2** small table on wheels for serving food. **3** (*US*) = TRAM.
trombone /trɒmˈbəʊn/ *n.* brass musical instrument with a sliding tube. ▶ **trombonist** *n.* person who plays the trombone.
troop /truːp/ *n.* **1** (**troops**) [pl.] soldiers, esp. in a large group. **2** [C] group of people or animals. ● **troop** *v.* [I] walk somewhere together as a group. ▶ **trooper** *n.* soldier of low rank in the part of an army that uses tanks or horses.
trophy /ˈtrəʊfi/ *n.* (*pl.* **-ies**) **1** prize given for winning a competition **2** something kept as a reminder of a victory or success.
tropic /ˈtrɒpɪk/ *n.* **1** [C, usu. sing.] one of the two imaginary lines drawn around the world 23°26' north (**the Tropic of Cancer**) or south (**the Tropic of Capricorn**) of the equator. **2** (**the tropics**) [pl.] area between the two tropics, which is the hottest part of the world. ▶ **tropical** *adj.* of the tropics; *~ forests.*
trot /trɒt/ *v.* (**-tt-**) **1** [I] (of a horse or its rider) move fairly quickly, at a speed faster than a walk but slower than a gallop. **2** [I] run with short steps. [PV] **trot something out** (*infml., disapprov.*) give the same facts, explanations, etc. for something that have often been used before: *~ out the old one-liners.* ● **trot** *n.* [sing.] trotting speed. [IDM] **on the trot** (*infml.*) one after the other.
trouble /ˈtrʌbl/ *n.* **1** [C, U] (situation causing a) problem, worry or difficulty: *We had a lot of ~ looking for the right shade of colour.* **2** [U] illness; pain: *kidney ~* **3** [U] something that is wrong with a machine, vehicle, etc.: *engine ~* **4** [U] situation that is difficult or dangerous; situation in which you might be criticized or punished: *A yachtsman got into ~ off the coast and had to be rescued.* ◇ *He's always in ~ with the teacher.* **5** [C, U] angry or violent situation: *the ~s in northeast India* **6** [U] extra work or effort: *I don't want to put you to any ~.* ● **trouble** *v.* **1** [T] make somebody worried or upset. **2** [T] (*fml.*) (used in polite requests) disturb somebody because you want to ask them something: *I'm sorry to ~ you, but could you tell me the way to the bus station?* **3** [I] (*fml.*) make an effort; bother. ▶ **troubled** *adj.* worried. ■ **'troublemaker** *n.* person who causes trouble. ▶ **'troublesome** *adj.* causing trouble, pain, etc. over a long time.
trough /trɒf/ *n.* **1** long narrow container for animals to feed or drink from. **2** low area between two waves. **3** area of low air pressure.
troupe /truːp/ *n.* [C, with sing. or pl. verb] group of actors, dancers, etc.
trousers /ˈtraʊzəz/ *n.* [pl.] (*esp. GB*) piece of clothing that covers the body from the waist down and is divided into two to cover each leg separately: *a pair of ~.*
trout /traʊt/ *n.* [C, U] (*pl.* **trout**) common freshwater fish that is used for food.
trowel /ˈtraʊəl/ *n.* **1** small garden tool with a curved blade. **2** small tool with a flat blade, used for spreading cement, etc.
truant /ˈtruːənt/ *n.* child who stays away from school without permission: *play (= be a) ~* ▶ **truancy** /-ənsi/ *n.* [U]
truce /truːs/ *n.* agreement between enemies to stop fighting for a period of time.
truck /trʌk/ *n.* **1** (esp. *US*) = LORRY. **2** (*GB*) open railway vehicle for carrying goods or animals. **3** vehicle that is open at the back, esp. for carrying goods, etc.: *a goods ~* [IDM] **have/want no truck with somebody/something** refuse to deal with somebody; refuse to consider something.
trudge /trʌdʒ/ *v.* [I, T] walk slowly or with difficulty ● **trudge** *n.* [C, usu. sing.] long tiring walk.
true /truː/ *adj.* (**~r, ~st**) **1** connected with facts rather than things that have been invented or guessed: *Is it ~ she's no more?* **2** real: *my ~ feelings for you.* **3** faithful; loyal: *a ~ friend.* **4** being an accurate version or copy of something: *a ~ copy.* [IDM] **come true** (of a hope, dream, *etc.*) become reality. **true to form** behaving as you would expect somebody to behave, esp. when this is annoying. ● **true** *n.* [IDM] **out of true** not straight or in the correct position.
truly /ˈtruːli/ *adv.* **1** sincerely: *feel ~ happy.* **2** really: *a ~ brave man.*
trump /trʌmp/ *n.* (*also* **'trump card**) (in some card games) card of a suit that is chosen to have a higher value in a game. [IDM] **come up/turn up trumps** (*infml.*) be unexpectedly helpful or generous. ● **trump** *v.* [T] (in some games) play a trump card that beats somebody else's card. [PV] **trump something up** (*usu.* passive) invent a false accusation: *~ed-up charges.* ■ **'trump card** *n.* **1** = TRUMP. **2** something that gives you an advantage over others. **trumpet** /ˈtrʌmpɪt/ *n.* brass musical instrument with a long curved tube that you blow into. ● **trumpet** *v.* **1** [I, T] declare something loudly. **2** [I] (of an elephant) make a loud noise. ▶ **trumpeter** *n.* trumpet player.
truncate /trʌŋˈkeɪt/ *v.* [T] shorten something by cutting off the top or end.
truncheon /ˈtrʌntʃən/ *n.* (*esp. GB*) short thick stick carried as a weapon by a police officer.
trundle /ˈtrʌndl/ *v.* [I, T] (cause something to) roll or move slowly and noisily.
trunk /trʌŋk/ *n.* **1** [C] thick main stem of a tree. **2** [C] (*US*) = BOOT(2) **3** [C] long nose of an

elephant. **4 (trunks)** [pl.] shorts worn by men or boys for swimming. **5** [C] large strong box for storing or transporting clothes, etc. **6** [C, usu. sing.] human body apart from the head, arms and legs. ■ **'trunk road** n. (GB) important main road.

truss /trʌs/ v.[T] **1** tie up somebody's arms and legs so that they cannot move. **2** tie the legs and wings of a chicken, etc. before cooking it. ● **truss** n. **1** padded belt worn by somebody suffering from a hernia. **2** framework supporting a roof, bridge, etc.

trust¹ /trʌst/ n. **1** [U] ~(in) belief that somebody/something is good, sincere, etc. and will not try to harm or deceive you. **2** [C, U] (law) (arrangement for the) holding and managing of money or property for others: *money donated to a ~* **3** [C] (law) organization, etc. that invests money that is given or lent to it and uses the profits to help a charity. [IDM] **take something on trust** believe something without proof. ▶ **'trusting** adj. ready to trust others. ▶ **'trustworthy** adj. reliable ▶ **trusty** adj. (-ier, -iest) (old-fash. or hum) that you have had a long time and have always been able to rely on.

trust² /trʌst/ v. [T] **1** have confidence in somebody; believe that somebody is good, sincere, etc.: *You can ~ him.* **2** believe that something is true or correct or can be relied on: *He ~ed her sincerity.* **3** (fml.) hope and expect that something is true: *I ~ you are going to come today.*

trustee /trʌ'stiː/ n. person or organization that has control of money, etc. that has been put into a trust for somebody.

truth /truːθ/ n. (pl. ~s /truːðz/) **1** [sing.] the true facts about something, rather than things that have been invented or guessed: *prove the ~* **2** [U] quality or state of being based on fact: *There's not an inch of ~ in him.* **3** [C] fact that is generally accepted as true: *scientific ~s.* ▶ **truthful** adj. **1** (of a person) saying only what is true **2** (of a statement) giving only the true facts about something. ▶ **truthfully** adv. ▶ **truthfulness** n. [U]

try¹ /traɪ/ v. (pt, pp tried) **1** [I] make an attempt to do or get something: *He tried to flee.* **2** [T] use, do or test something to see if it is satisfactory, enjoyable, etc.: *Have you tried this new soap?* **3** [T] ~ (for) examine and decide a case in a law court: *He was tried for attempt at suicide.* [IDM] **tried and tested/trusted** (US) **tried and true** that you have used or relied on successfully in the past. **try your hand (at something)** attempt to do something. **try it on (with somebody)** (GB, infml.) behave badly towards somebody or try to get something from them, even though this will make them angry. **try somebody's patience** make somebody feel impatient. [PV] **try something on** put on a piece of clothing to see if it fits and how it looks. **try somebody/something out (on somebody)** test or use somebody/something to see how good or effective they are. ▶ **trying** adj. annoying or difficult to deal with.

try² /traɪ/ n. [C] (pl. **-ies**) **1** [usu. sing.] attempt. **2** (in rugby) points scored by a player touching the ball down behind the opponents' goal.

tsar /zɑː(r)/ n. title of the emperor of Russia in the past. ▶ **tsarina** /zɑː'riːnə/ n. title of the empress of Russia in the past.

tsetse fly /'tsetsi flaɪ/ n. African fly that bites humans and animals and can cause a serious disease called 'sleeping sickness'.

T-shirt → T, t

tub /tʌb/ n. **1** open container, used for washing clothes in, etc. **2** small plastic or paper container with a lid, used for food, etc.: *a ~ of butter.* **3** (esp. US) = BATH.

tuba /'tjuːbə/ n. brass musical instrument that you play by blowing and that produces low notes.

tubby /'tʌbi/ adj. (-ier, -iest) (infml.) (of a person) short and fat.

tube /tjuːb/ n. **1** [C] long hollow pipe of rubber, plastic, etc. esp. for carrying liquids. **2** [C] soft metal or plastic container for pastes, paints, etc. **3** [C] hollow tube-shaped organ in the body. **4 (the tube)** [sing.] (GB) (in London) underground railway system. ▶ **tubing** n. [U] metal, plastic, etc. in the shape of a tube. ▶ **tubular** /'tjuːbjələ(r)/ adj. made of or shaped like tubes.

tuber /'tjuːbə(r)/ n. short thick rounded part of an underground stem on some plants, e.g. potatoes.

tuberculosis /tjuː,bɜːkju'ləʊsɪs/ n. [U] (abbr. TB) serious infectious disease that affects the lungs.

TUC /,tiːjuː'siː/ abbr. Trades Union Congress; organization to which many British trade unions belong.

tuck /tʌk/ v. [T] **1** push the loose ends of something into something else so that it is tidy: *He ~ed his shirt into his trousers.* **2** put something in a tidy, comfortable or hidden position. [PV] **tuck in | tuck into something** (infml.) eat food eagerly **tuck somebody in/up** make somebody feel comfortable in bed by pulling the covers up around them. ● **tuck** n. **1** fold sewn into a piece of clothing. **2** medical operation in which skin and/or fat is removed, to make somebody look thinner or younger.

Tuesday /'tjuːzdeɪ; -di/ n. [C, U] the third day

tuft /tʌft/ n. bunch of hair, grass, etc.
tug /tʌg/ v. (-gg-) [I, T] ~(at) pull something hard, often several times. ● **tug** n. 1 (also **'tugboat**) small powerful boat that pulls ships into harbours. 2 sudden hard pull.
tuition /tjuˈɪʃn/ n. [U] (fml.) (fee for) teaching something: *He takes private ~.*
tulip /ˈtjuːlɪp/ n. large brightly coloured spring flower, shaped like a cup, on a tall stem.
tumble /ˈtʌmbl/ v. 1 [I, T] (cause somebody to) fall downwards. 2 [I] ~(**down**) fall suddenly and dramatically. 3 [I] move or fall somewhere in a relaxed, uncontrolled way. [PV] **tumble to somebody/something** (infml.) suddenly understand something. ● **tumble** n. [C, usu. sing.] fall. ■ **'tumbledown** adj. falling to pieces. ■ **,tumble-'dryer | ,tumble-'drier** n. machine for drying washed clothes.
tumbler /ˈtʌmblə(r)/ n. straight-sided drinking glass.
tummy /ˈtʌmi/ n. (pl -**ies**) (infml.) stomach.
tumour (US -**or**) /ˈtjuːmə(r)/ n. mass of diseased cells growing in the body.
tumult /ˈtjuːmʌlt/ n. [U, C, usu. sing.] (fml.) 1 noisy confusion involving a large number of people. 2 confused state. ▶ **tumultuous** /tjuːˈmʌltʃuəs/ adj. (fml.) very loud; involving strong feelings, esp. of approval: *~uous outcry.*
tuna /ˈtjuːnə/ n. [C, U] (pl. **tuna** or ~**s**) large sea fish eaten as food.
tune /tjuːn/ n. series of musical notes that are sung or played in a particular order. [IDM] **be in/out of tune (with somebody/something)** be/not be in agreement with somebody/something. **in/out of tune** be/not be singing or playing the correct musical notes to sound pleasant. **to the tune of something** (infml.) used to emphasize how much money something cost: *My bounty was to the ~ of 4,10,000.* ● **tune** v. [T] 1 adjust a musical instrument to the correct pitch. 2 adjust an engine so that it runs smoothly. 3 ~(**in**) adjust the controls on a radio or television so that you can receive a particular programme or channel. [PV] **tune in (to something)** listen to or watch a radio or television programme. ▶ **tuneful** adj. having a pleasant tune. ▶ **tunefully** adv. ▶ **tuner** n. person who tunes musical instruments, esp. pianos. ■ **'tuning fork** n. small steel fork that produces a certain musical note when you hit it.
tunic /ˈtjuːnɪk/ n. 1 loose piece of clothing covering the body down to the knees, as worn in ancient Greece. 2 (GB) tightly fitting jacket worn as part of a uniform by police officers, soldiers, etc.
tunnel /ˈtʌnl/ n. underground passage, e.g. for a road or railway. ● **tunnel** v. (-**ll**-, US -**l**-) [I, T] dig a tunnel under or through the ground.
turban /ˈtɜːbən/ n. head covering worn by a Muslim or Sikh man, consisting of a long cloth wound round the head.
turbine /ˈtɜːbaɪn/ n. engine driven by a wheel that is turned by a current of water, steam, air or gas.
turbulent /ˈtɜːbjələnt/ adj. confused; violent or uneven: *~ flight.* ▶ **turbulence** /-ləns/ n. [U]
tureen /tjuˈriːn; təˈ-/ n. large deep dish from which soup or vegetables are served.
turf /tɜːf/ n. (pl ~**s** or **turves**) 1 [C, U] (cut piece of) short grass and the surface layer of soil held together by its roots. 2 (**the turf**) [sing.] sport of horse racing. ● **turf** v. [T] cover an area of ground with turf. [PV] **turf somebody out (of something) | turf somebody off (something)** (GB, infml.) force somebody to leave a place, an organization, etc.
turkey /ˈtɜːki/ n. 1 [C] large bird, used for food. 2 [U] meat from a turkey.
turmoil /ˈtɜːmɔɪl/ n. [U, sing.] state of confusion or disorder.
turn¹ /tɜːn/ v. 1 [I, T] (cause something to) move around a central point: *The road ~ around after 5 kilometers.* ◊ *Take a ~* 2 [I, T] move (a part of) your body so as to face or start moving in a different direction: *She ~ed to look at me.* ◊ *How could you ~ your back on your family!* 3 [I, T] (cause somebody/something to) change the direction it/they are facing or moving in: *She ~ed the pant inside out.* 4 [I] (of a road or river) curve in a particular direction. 5 [T] aim or point something in a particular direction: *She ~ed her attention away from him.* 6 (usu. used with an adj.) (cause something to) change into a particular state or condition: *The milk has ~ed sour.* ◊ *She's just ~ed 50.* 7 [I, T] ~(**from**) **to/into** (cause something to) pass from one state to another: *Caterpillars ~ into butterflies.* [IDM] **be well, badly, etc, turned out** be well, badly, etc. dressed **not turn a hair** show no emotion when something shocking, surprising, etc. happens. **turn your back on somebody/something** reject somebody/something that you have previously been connected with. **turn a blind eye (to something)** pretend not to notice something bad that is happening **turn the clock back →** CLOCK. **turn a deaf ear (to somebody/something)** ignore or re-

fuse to listen to somebody/something. **turn your hand to something** begin to learn a practical skill. **turn your nose up at something** (*infml.*) refuse something, esp. because you do not think it is good enough for you. **turn over a new leaf** change your way of life to become a better, more responsible person. **turn the tables (on somebody)** gain an advantage over somebody who had an advantage over you. **turn tail** turn and run away. **turn up trumps** → TRUMP. [PV] **turn (somebody) against somebody** (cause somebody to) become unfriendly or opposed to somebody. **turn somebody away (from something)** refuse to allow somebody to enter a place. **turn (somebody/something) back** return the way you have come; make somebody/something do this. **turn somebody/something down** refuse somebody, their offer, etc. **turn something down** adjust a cooker, radio, etc. to reduce the heat, sound, etc. it produces. **turn in** face or curve inwards: *Her feet ~ in.* **turn somebody in** (*infml.*) take somebody to the police to be arrested. **turn somebody off** (*infml.*) cause somebody to be bored or not sexually excited. **turn something off** stop the flow or operation of something: *~ off the radio.* **turn on somebody** suddenly attack somebody. **turn somebody on** (*infml.*) make somebody excited or interested, esp. sexually. **turn something on** start the flow or operation of something: *~ on the radio.* **turn out 1** be present at an event. **2** happen in the way that is mentioned: *Everything ~ed out well.* **turn somebody out (of/from something)** force somebody to leave a place. **turn something out 1** switch a light or fire off. **2** empty something, esp. to clean it: *~ out the cupboards.* **3** produce something: *The factory ~s out 900 cars a week.* **turn something over 1** make something change position so that the other side is facing upwards or outwards. **2** think carefully about something. **3** do business worth the amount that is mentioned. **turn somebody/something over to somebody** give control of somebody/something to somebody: *The thief was ~ed over to the police.* **turn to somebody/something** go to somebody/something for help, advice, etc. **turn up 1** (of a person) appear. **2** (of an opportunity) happen, esp. by chance. **turn (something) up** (cause something to) be found: *Lost things usually ~ up somewhere.* **turn something up** adjust a cooker, radio, etc. to increase the heat, sound, etc. ■ **'turn-off** *n*. road that leads away from a main road ■ **'turnout** *n*. [C, usu. sing., U] number of people who attend an event ■ **'turnover** *n.* [sing.] amount of business done by a company: *Their annual ~over is in billions.* ■ **'turn-up** *n*. [C] **1** [usu. pl.] folded up end of a trouser leg. **2** (*infml.*) surprising and unexpected event: *He offered to help? That's a ~-up for the books!*

turn² /tɜːn/ *n.* **1** act of turning somebody/something around. **2** change of direction in a vehicle, on a road, etc. **3** time when somebody in a group of people should or is allowed to do something: *It's your ~ to sing.* **4** unusual or unexpected change in what is happening: *Business has taken a ~ for the worse.* **5** short performance or piece of entertainment. **6** (*old-fash.*) feeling of illness. [IDM] **at every turn** everywhere or every time you try to do something. **done to a turn** (*GB*) (of food) cooked just long enough. **in turn 1** one after the other. **2** as a result of something in a series of events. **speak/talk out of turn** say something that you should not because it is the wrong time or it offends. **take turns (in something/to do something) | take it in turns** do something one after the other: *The soldiers took it in ~s to watch the line.*

turning /ˈtɜːnɪŋ/ *n*. road that leads off another. ■ **'turning point** *n*. time at which an important change happens.

turnip /ˈtɜːnɪp/ *n*. [C, U] round white, or white and purple, root vegetable.

turnpike /ˈtɜːnpaɪk/ *n.* (*US*) road which drivers have to pay to use.

turnstile /ˈtɜːnstaɪl/ *n*. entrance gate that turns in a circle when pushed and allows one person through at a time.

turntable /ˈtɜːnteɪbl/ *n.* flat circular surface that turns round, on which a record is placed in a record player.

turpentine /ˈtɜːpəntaɪn/ *n.* [U] strong-smelling colourless liquid used for cleaning off or thinning paint.

turquoise /ˈtɜːkwɔɪz/ *adj.* greenish-blue in colour. ● **turquoise** *n.* [C, U] type of greenish-blue precious stone.

turret /ˈtʌrət/ *n*. **1** small tower on top of a building **2** small metal tower on a ship, plane or tank that can usu. turn around and from which guns are fired.

turtle /ˈtɜːtl/ *n*. large reptile with a hard round shell, that lives in the sea.

tusk /tʌsk/ *n.* either of a pair of very long pointed teeth of an elephant and some other animals.

tussle /ˈtʌsl/ *v.* [I], *n*. (have a) rough fight or argument.

tut /tʌt/ (*also* **,tut-'tut**) *exclam.* used for showing disapproval, annoyance, etc.

tutor /ˈtjuːtə(r)/ *n.* **1** private teacher, esp. of

one pupil. **2** (*GB*) university teacher who guides the studies of a student. ● **tutor** *v.* [I, T] teach somebody or work as a tutor. ▶ **tutorial** /tjuːˈtɔːriəl/ *n.* teaching period for a small group of students. ▶ **tutorial** *adj.* connected with the work of a tutor.

tuxedo /tʌkˈsiːdəʊ/ *n.* (*pl.* **-s**) (*US*) = DINNER JACKET (DINNER).

TV /ˌtiːˈviː/ *n.* [C, U] television.

twang /twæŋ/ *n.* **1** used to describe a way of speaking, esp. one in which the sounds are produced through the nose. **2** sound made when a tight string is pulled and released. ● **twang** *v.* [I, T] (cause something to) make a twang (2).

tweak /twiːk/ *v.* [T] **1** pull or twist something: *~ a child's cheeks.* **2** make slight changes to a machine, system, etc. to improve it. ▶ **tweak** *n.* [sing.].

tweed /twiːd/ *n.* **1** [U] thick woven woollen fabric that has small spots of different coloured thread in it. **2** (tweeds) [pl.] clothes made of tweed.

tweet /twiːt/ *n.* short high sound made by a small bird.

tweezers /ˈtwiːzəz/ *n.* [pl.] small tool with two long thin parts joined at one end, used for pulling out or picking up very small things.

twelve /twelv/ *number* 12. ▶ **twelfth** /twelfθ/ *ordinal number.*

twenty /ˈtwenti/ *number* **1** 20. **2** (**the twenties**) *n.* [pl.] numbers, years or temperatures from 20 to 29. ▶ **twentieth** /ˈtwentiəθ/ *ordinal number.*

twice /twaɪs/ *adv.* two times: *I've seen this movie ~.* ◊ *Your gift is ~ as big as mine.*

twiddle /ˈtwɪdl/ *v.* [I, T] twist or turn something with your fingers, often because you are nervous or bored.

twig /twɪɡ/ *n.* small thin piece of a branch of a bush or tree. ● **twig** *v.* (**-gg-**) [I, T] (*GB*, *infml.*) suddenly realize or understand something.

twilight /ˈtwaɪlaɪt/ *n.* [U] (time of) faint light just after sunset.

twill /twɪl/ *n.* [U] strong woven fabric with diagonal lines.

twin /twɪn/ *n.* either of two children born to the same mother at one time. ● **twin** *adj.* similar, one of a matching pair: *~ beds* (= two single beds).

twine /twaɪn/ *n.* [U] strong string. ● **twine** *v.* [I, T] (cause something to) twist or wind around something.

twinge /twɪndʒ/ *n.* **1** sudden sharp pain **2** ~(**of**) sudden short feeling of an unpleasant emotion: *a ~ of jealousy.*

twinkle /ˈtwɪŋkl/ *v.* [I] **1** shine with an unsteady light: *sequins twinkling in her dress.* **2** (of somebody's eyes) look bright with happiness or amusement. ▶ **twinkle** *n.* [sing]: *a ~ in her eyes.*

twirl /twɜːl/ *v.* **1** [I, T] (cause somebody/something to) move or spin round and round. **2** [T] curl or twist something with your fingers. ● **twirl** *n.* action of a person spinning around once.

twist /twɪst/ *v.* **1** [I, T] (cause something to) bend or turn into a particular shape: *The bike was a pile of ~ed metal.* **2** [I, T] turn your body, or a part of your body, around: *She ~ed her hand in an accident.* **3** [T] turn something around in a circle with your hand: *She nervously ~ed the scarf around her neck.* **4** [I] (of a road or river) have many bends. **5** [T] injure part of your body, esp. your ankle, wrist or knee, by bending it awkwardly. **6** [T] wind something around or through an object: *The phone cable has got ~ed* (= wound round itself). **7** [T] deliberately change the meaning of what somebody has said: *~ the truth.* [IDM] **twist somebody's arm** (*infml.*) persuade or force somebody to do something. **twist somebody round your little finger** (*infml.*) get somebody to do anything you want. ● **twist** *n.* **1** action of turning something with your hand or turning a part of your body. **2** unexpected change or development in a story or situation: *a strange ~ in the story of her life.* **3** thing that has been twisted into a particular shape: *mineral water with a ~ of lemon.*

twit /twɪt/ *n.* (*GB, infml.*) silly or annoying person.

twitch /twɪtʃ/ *n.* small sudden uncontrollable movement of the muscles. ● **twitch** *v.* **1** [I] (cause a part of the body to) make a sudden quick movement. **2** [I, T] give something a short sharp pull; be pulled in this way.

twitter /ˈtwɪtə(r)/ *v.* [I] **1** (of a bird) make short high sounds. **2** talk quickly in an excited or nervous way. ▶ **twitter** *n.* [sing.].

two /tuː/ *number* 2. [IDM] **put two and two together** guess the truth from what you see, hear, etc. ■ **,two-ˈfaced** *adj.* (*infml., disapprov.*) deceitful or insincere. ■ **ˈtwofold** *adj., adv.* **1** having two parts. **2** twice as many or as much. ■ **,two-ˈway** *adj.* allowing movement or communication in two directions.

tycoon /taɪˈkuːn/ *n.* (*infml.*) person who is successful in business or industry and has become rich and powerful.

tying → TIE¹.

type /taɪp/ *n.* **1** [C] (one of a) group of things or people with certain features in common; kind or sort: *many different ~s of TVs.* **2** [U] letters that are printed or typed: *italic ~.* ●

type v. [I, T] write something using a word processor or typewriter. ■ **typecast** /'taɪpkɑːst/ v. (pt, pp **typecast**) [T] (usu. passive) constantly give an actor the same kind of part to play. ■ **'typescript** n. [C, U] typed copy of something. ■ **'typewriter** n. machine that prints letters on paper by means of keys that are pressed with the fingers. ▶ **typing** n. [U] activity or job of using a typewriter or word processor to write something. ▶ **typist** n. person whose job is to type letters, etc. in an office.

typhoid /'taɪfɔɪd/ n. [U] serious infectious disease that causes fever and sometimes death.

typhoon /taɪ'fuːn/ n. very violent tropical storm.

typhus /'taɪfəs/ n. [U] serious infectious disease causing fever and purple spots on the body.

typical /'tɪpɪkl/ adj. having the usual qualities of a particular thing or person: a ~ outlook. ▶ **typically** /-kli/ adv.

typify /'tɪpɪfaɪ/ v. (pt, pp **-ied**) [T] be a typical feature or example of something.

typist → TYPE.

tyrannical /tɪ'rænɪkl/ adj. of or like a tyrant.

tyrannize (also **-ise**) /'tɪrənaɪz/ v. [I, T] ~(over) (written) use your power to treat somebody cruelly and unfairly.

tyranny /'tɪrəni/ n. [U] unfair or cruel use of power or authority.

tyrant /'taɪrənt/ n. person who has complete power in a country and uses it in a cruel and unfair way.

tyre /'taɪə(r)/ n. thick rubber ring that fits around the edge of a wheel of a bicycle, car, etc.

U u

U, u /juː/ *n.* [C, U] (*pl* **U's, u's** /juːz/) the twenty-first letter of the English alphabet. ∎

'U-turn *n.* **1** turn of 180° that a vehicle makes so that it can move forward in the opposite direction. **2** (*infml.*) complete change in policy or behaviour.

ubiquitous /juːˈbɪkwɪtəs/ *adj.* (*fml.*) seeming to be present everywhere; very common.

udder /ˈʌdə(r)/ *n.* part of a cow, goat, etc. that produces milk.

UFO /ˌjuː ef ˈəʊ; ˈjuːfəʊ/ *n.* (*pl.* **~s**) Unidentified Flying Object, esp. a spacecraft believed to have come from another planet.

ugh /ɜː; ʊx/ *exclam.* used for expressing disgust: *Ugh! It's stinking here!*

ugly /ˈʌɡli/ *adj.* (-ier, -iest) **1** unpleasant to look at. **2** threatening, likely to be violent. ▶ **ugliness** *n* [U]

UK /ˌjuː ˈkeɪ/ *abbr.* United Kingdom.

ulcer /ˈʌlsə(r)/ *n.* open sore area on the skin or inside the body. ▶ **ulcerate** /ˈʌlsəreɪt/ (*med.*) *v.* [I, T] (cause something to) become covered with ulcers.

ulterior /ʌlˈtɪəriə(r)/ *adj.* (of a reason for doing something) hidden: *an ~ motive.*

ultimate /ˈʌltɪmət/ *adj.* last, final or most extreme. ▶ **ultimately** *adv.* in the end.

ultimatum /ˌʌltɪˈmeɪtəm/ *n.* (*pl.* **~s** or **-ta** /-tə/) final statement of conditions to be agreed to without discussion: *She issued an ~ yesterday.*

ultrasound /ˈʌltrəsaʊnd/ *n.* **1** [U] sound that is higher than human beings can hear. **2** [U, C] medical process that produces an image of what is inside your body: *My mother had an ~ scan yesterday.*

ultraviolet /ˌʌltrəˈvaɪələt/ *adj.* (*physics*) of or using electromagnetic waves that are just shorter than those of violet light in the spectrum and that cannot be seen: *~ rays* (= that cause the skin to go darker).

umbilical cord /ʌmˌbɪlɪkl ˈkɔːd/ *n.* tube that joins an unborn baby to its mother.

umbrella /ʌmˈbrelə/ *n.* **1** folding frame covered with cloth, used as a protection from rain or sun. **2** thing that contains or includes many different parts or elements.

umpire /ˈʌmpaɪə(r)/ *n.* (in tennis, baseball, etc.) person who sees that rules are obeyed. ● **umpire** *v.* [I, T] act as an umpire in a game.

umpteen /ˌʌmpˈtiːn/ *det.* (*infml.*) very many: *have ~ dolls with blue eyes.* ▶ **umpteenth** /-ˈtiːnθ/ *det: for the ~th time.*

UN /ˌjuː ˈen/ *abbr.* United Nations.

unable /ʌnˈeɪbl/ *adj.* **~to** not having the skill, strength, knowledge, etc. to do something.

unaccountable /ˌʌnəˈkaʊntəbl/ *adj.* (*fml.*) that cannot be explained. ▶ **unaccountably** *adv.*

unaccustomed /ˌʌnəˈkʌstəmd/ *adj.* (*fml.*) **1** **~to** not in the habit of doing something; not used to something: *~ to this kind of a weather.* **2** unusual.

unanimous /juˈnænɪməs/ *adj.* in or showing complete agreement: *a ~ agreement.* ▶ **unanimity** /ˌjuːnəˈnɪməti/ *n.* [U] (*written*).

unanswerable /ʌnˈɑːnsərəbl/ *adj.* that cannot be questioned or disagreed with.

unarmed /ˌʌnˈɑːmd/ *adj.* without weapons.

unassuming /ˌʌnəˈsjuːmɪŋ/ *adj.* not attracting attention to yourself; modest.

unattached /ˌʌnəˈtætʃt/ *adj.* **1** not married or involved in a romantic relationship. **2** not connected with a particular group or organization.

unattended /ˌʌnəˈtendɪd/ *adj.* not looked after; alone: *~ child.*

unavoidable /ˌʌnəˈvɔɪdəbl/ *adj.* impossible to avoid or prevent.

unaware /ˌʌnəˈweə(r)/ *adj.* **~(of)** not knowing or realizing that something exists or is happening. ▶ **unawares** /-ˈweəz/ *adv.* when not expected: *catch/take somebody ~s* (= surprise somebody).

unbalanced /ˌʌnˈbælənst/ *adj.* slightly crazy; mentally ill.

unbearable /ʌnˈbeərəbl/ *adj.* that cannot be tolerated or endured. ▶ **unbearably** *adv.*

unbeatable /ʌnˈbiːtəbl/ *adj.* that cannot be beaten: *~ value for the aircraft.*

unbelievable /ˌʌnbɪˈliːvəbl/ *adj.* that cannot be believed; astonishing. ▶ **unbelievably** *adv.*

unborn /ˌʌnˈbɔːn/ *adj.* not yet born.

unbroken /ʌnˈbrəʊkən/ *adj.* not interrupted or disturbed: *~ sleep.*

unbutton /ˌʌnˈbʌtn/ *v.* [T] undo the buttons on a piece of clothing.

uncalled for /ʌnˈkɔːld fɔː(r)/ *adj.* (of behaviour or remarks) not fair or appropriate.

uncanny /ʌnˈkæni/ *adj.* (-ier, -iest) strange and difficult to explain.

unceremonious /ˌʌnˌserəˈməʊniəs/ *adj.* (*written*) done roughly and rudely. ▶ **unceremoniously** *adv.*

uncertain /ʌnˈsɜːtn/ *adj.* **1** not sure; doubtful: *I'm ~ about what had happened yesterday.* **2** likely to change; not reliable: *~ circumstances.* ▶ **uncertainly** *adv.* ▶ **uncertainty** *n.* [C, U] (*pl.* **-ies**)

uncharitable /ʌnˈtʃærɪtəbl/ *adj.* unkind or unfair.

unchecked /ˌʌnˈtʃekt/ *adj.* not controlled or stopped.

uncivilized (*also* **-ised**) /ʌnˈsɪvəlaɪzd/ *adj.* (of behaviour, *etc.*) rude.

uncle /'ʌŋkl/ n. brother of your father or mother; husband of your aunt.

uncomfortable /ʌn'kʌmftəbl/ adj. 1 (of clothes, furniture, etc.) not letting you feel physically comfortable. 2 embarrassed; not relaxed. ▶ **uncomfortably** adv.

uncommon /ʌn'kɒmən/ adj. not existing in large numbers or in many places. ▶ **uncommonly** adv. (fml.) extremely; unusually.

uncompromising /ʌn'kɒmprəmaɪzɪŋ/ adj. unwilling to change your opinions, decisions, etc.

unconcerned /ˌʌnkən'sɜːnd/ adj. not interested or worried.

unconditional /ˌʌnkən'dɪʃənl/ adj. without conditions or limits: ~ compromises.

unconscious /ʌn'kɒnʃəs/ adj. 1 in a state like sleep because of injury or illness: She was in an ~ state. 2 (of feelings, thoughts, etc.) happening without you realizing or being aware; not deliberate: ~ impulses. 3 not aware of somebody/something ▶ **unconsciously** adv.

uncool /ˌʌn'kuːl/ adj. (infml.) not considered acceptable by fashionable young people.

uncountable /ʌn'kaʊntəbl/ adj. (gram) (of nouns) that cannot be made plural or used with a or an, e.g. water, hair and information.

uncouth /ʌn'kuːθ/ adj. (of a person or their behaviour) rude or socially unacceptable.

uncover /ʌn'kʌvə(r)/ v. [T] 1 remove something that is covering something. 2 discover something secret or hidden.

undaunted /ˌʌn'dɔːntɪd/ adj. (written) not discouraged or afraid.

undecided /ˌʌndɪ'saɪdɪd/ adj. not having decided something; not certain.

undeniable /ˌʌndɪ'naɪəbl/ adj. true or certain; that cannot be denied. ▶ **undeniably** adv.

under /'ʌndə(r)/ prep. 1 below something: Look ~ the table for your ball. 2 covered by something: Most of the clothes are under the boxes in the bag. 3 less than; younger than: ~ £50. 4 used to say who or what controls, governs or manages somebody/something: There are around twenty people working ~ my sister. 5 according to an agreement, a law or system: ~ the terms of the contract. 6 experiencing a particular process; affected by something: a school ~ construction. ◇ He'll be ~ constant pressure of work in that office. 7 using a particular name: She edited the site ~ the name of Sidney Brown. ● **under** adv. in or to a lower place, esp. under water.

under- prefix 1 (in nouns and adjectives) below: an ~graduate. 2 (in adjectives and verbs) not enough: ~ripe.

underarm /'ʌndərɑːm/ adj. 1 connected with a person's armpit: ~ deodorant. 2 (sport) (of the way a ball is thrown) with the hand kept below the level of the shoulder. ▶ **underarm** adv.

undercarriage /'ʌndəkærɪdʒ/ n. the part of an aircraft, including its wheels, that supports it when it is landing and taking off.

undercharge /ˌʌndə'tʃɑːdʒ/ v. [I, T] charge too little for something, usu. by accident.

underclothes /'ʌndəkləʊðz/ n. [pl.] (fml.) = UNDERWEAR.

undercover /ˌʌndə'kʌvə(r)/ adj., adv. working or done secretly, esp. as a spy.

undercurrent /'ʌndəkʌrənt/ n. hidden thought or feeling: an ~ of excitement.

undercut /ˌʌndə'kʌt/ v. (-tt-, pt, pp -cut) [T] sell goods or services at a lower price than your competitors.

underdeveloped /ˌʌndədɪ'veləpt/ adj. (of a country) having few industries and a low standard of living.

underdog /'ʌndədɒg/ n. person, etc. thought to be in a weaker position, and so unlikely to win a competition.

underdone /ˌʌndə'dʌn/ adj. (esp. of meat) not completely cooked.

underestimate /ˌʌndər'estɪmeɪt/ v. [T] 1 think or guess that the amount, cost or size of something is smaller than it really is. 2 not realize how good, strong, determined, etc. somebody really is: ~ the other students' knowledge.

underfed /ˌʌndə'fed/ adj. having had too little food to eat.

underfoot /ˌʌndə'fʊt/ adv. under your feet: He is walking on the carpet which was was wet ~.

undergo /ˌʌndə'gəʊ/ v. (pt **-went** /-'went/ ,pp **-gone** /-'gɒn/) [T] experience something, esp. a change or something unpleasant.

undergraduate /ˌʌndə'grædʒuət/ n. university or college student studying for their first degree.

underground /'ʌndəgraʊnd/ adj. 1 under the surface of the ground. 2 operating secretly and often illegally, esp. against a government. ● **underground** n. [sing.] 1 (**the Underground**) (GB) underground railway system in a city. 2 (**the underground**) [with sing. or pl. verb] secret political organization. ● **underground** /ˌʌndə'graʊnd/ adv. 1 under the surface of the ground. 2 in or into a secret place in order to hide from the police, etc.: He went ~ soon after he committed the murder.

undergrowth /'ʌndəgrəʊθ/ n. [U] bushes and plants growing thickly under trees.

underhand /ˌʌndə'hænd/ adj. done secretly and dishonestly.

underlie /ˌʌndə'laɪ/ v. (pt **-lay** /-'leɪ/ pp **-lain** /-'leɪn/ pres. pt lying) [T] (fml.) be the basis or

cause of something.
underline /ˌʌndəˈlaɪn/ v. [T] **1** draw a line under a word, sentence, etc. **2** emphasize that something is important.
undermanned /ˌʌndəˈmænd/ adj. not having enough workers to be able to function well.
undermine /ˌʌndəˈmaɪn/ v. [T] **1** gradually weaken somebody, esp. somebody's confidence or authority: *Repeated failures ~d his spirit of being happy.* **2** make something weaker at the base, e.g. by digging under it.
underneath /ˌʌndəˈniːθ/ prep., adv. under or below something else.
underpants /ˈʌndəpænts/ n. [pl.] **1** (*GB*) piece of men's underwear worn under their trousers. **2** (*US*) piece of underwear worn by men or women under trousers, a skirt, etc.
underpass /ˈʌndəɑːs/ n. road or path that goes under a railway, another road, etc.
underprivileged /ˌʌndəˈprɪvəlɪdʒd/ adj. not having the standard of living, rights, etc enjoyed by others in society.
underrate /ˌʌndəˈreɪt/ v. [T] not recognize how good, important, etc. somebody/something really is.
underscore /ˌʌndəˈskɔː(r)/ v. (*esp. US*) = UNDERLINE.
underside /ˈʌndəsaɪd/ n. side or surface that is underneath.
the undersigned /ˌʌndəˈsaɪnd/ n. (*pl.* **the undersigned**) (*fml.*) the person who has signed that particular document: *The ~ agreed to start the work next month.*
understand /ˌʌndəˈstænd/ v. (*pt, pp* -**stood** /-ˈstʊd/) **1** [I, T] know or realize the meaning of words, a language, what somebody says, etc.: *She can ~ sign language perfectly.* **2** [T] know or realize how or why something happens, works, etc.: *I can ~ why this happened.* **3** [I, T] know somebody's character well: *We can never ~ that woman.* **4** [I, T] (*fml.*) have been told: *I ~ that she wishes to go back to London.* [IDM] **make yourself understood** make your meanings clear. ▶ **understandable** adj. seeming normal and natural; that can be understood. ▶ **understandably** adv.
▶ **understanding** n. **1** [U, sing.] knowledge. **2** [C, usu. sing.] informal agreement. **3** [U] sympathy. ▶ **understanding** adj. sympathetic and willing to forgive others.
understate /ˌʌndəˈsteɪt/ v. [T] state that something is smaller, less important or less serious than it really is: *~ the importance of that equipment.* ▶ **understatement** /ˈʌndəsteɪtmənt/ n [C, U].
understudy /ˈʌndəstʌdi/ n. (*pl* -**ies**) actor who learns the part of another actor in a play so that they can play that part if necessary.

undertake /ˌʌndəˈteɪk/ v. (*pt* -**took** /-ˈtʊk/, *pp* ~**n** /-ˈteɪkən/) (*fml.*) **1** [T] make yourself responsible for something and start doing it. **2** [I] ~ **to** agree or promise to do something. ▶ **undertaking** n. **1** important and/or difficult task or project. **2** (*fml.*) promise or agreement to do something.
undertaker /ˈʌndəteɪkə(r)/ n. person whose job is to arrange funerals.
undertone /ˈʌndətəʊn/ n. ~**(of)** hidden meaning or feeling [IDM] **in an undertone** in a quiet voice.
undervalue /ˌʌndəˈvæljuː/ v. [T] not recognize how good, valuable or important somebody/something really is.
underwater /ˌʌndəˈwɔːtə(r)/ adj., adv. found, used or happening below the surface of water.
underwear /ˈʌndəweə(r)/ n. [U] clothing worn next to the skin and under other clothes.
underworld /ˈʌndəwɜːld/ n. [sing.] **1** people and activities involved in crime in a particular place. **2 (the underworld)** (in mythology) home of the dead.
underwrite /ˌʌndəˈraɪt/ v. (*pt* -**wrote** /-ˈrəʊt/, *pp* - **written** /-ˈrɪtn/) [T] (*tech.*) accept financial responsibility for something so that you will pay money in case of loss or damage. ▶ **'underwriter** n. person or organization that underwrites insurance policies, esp. for ships.
undesirable /ˌʌndɪˈzaɪərəbl/ adj. not wanted or approved of; likely to cause trouble. ● **undesirable** n. [C, usu. pl.] person who is not wanted in a particular place.
undeveloped /ˌʌndɪˈveləpt/ adj. (of a place, land, *etc.*) not yet used for agriculture, industry, building, etc.
undies /ˈʌndiz/ n. [pl.] (*infml.*) = UNDERWEAR.
undo /ʌnˈduː/ v. (*pt* -**did** /-ˈdɪd/, *pp* -**done** /-ˈdʌn/) [T] **1** open something that is fastened, wrapped or tied: *~ a button/zip.* **2** destroy the effect of something: *He undid all her arrangements.* ▶ **undoing** n. [sing.] cause of somebody's failure.
undoubted /ʌnˈdaʊtɪd/ adj. certain; accepted as true. ▶ **undoubtedly** adv.
undress /ʌnˈdres/ v. [I, T] take off your clothes; remove somebody else's clothes. ▶ **undressed** adj. not wearing any clothes.
undue /ʌnˈdjuː/ adj. (*fml.*) too much: *with ~ compassion.* ▶ **unduly** adv.
undulate /ˈʌndjuleɪt/ v. [I] move up and down gently like a wave: *The road ~s through the hills.*
undying /ʌnˈdaɪɪŋ/ adj. (*fml.*) that will last for ever: *~ beauty.*
unearth /ʌnˈɜːθ/ v. [T] **1** find something in the

ground by digging. **2** discover something by chance or after searching for it: *~ the treasure*.

unearthly /ʌnˈɜːθli/ *adj.* unnatural and therefore frightening. [IDM] **at an unearthly hour** (*infml.*) very early, esp. when this is annoying.

uneasy /ʌnˈiːzi/ *adj.* (**-ier, -iest**) worried or anxious. ▶ **uneasily** *adv.* ▶ **uneasiness** *n.* [U].

uneconomic /ˌʌniːkəˈnɒmɪk; ˌʌnek-/ *adj.* not producing profit.

unemployed /ˌʌnɪmˈplɔɪd/ *adj.* not having a job. ▶ **the unemployed** *n.* [pl.] unemployed people. ▶ **unemployment** /-ˈplɔɪmənt/ *n.* [U].

unequal /ʌnˈiːkwəl/ *adj.* **1** in which people are treated differently or have different advantages in a way that seems unfair. **2** ~(**in**) different in size, amount, etc. **3** ~**to** (*fml.*) not capable of doing something ▶ **unequally** *adv.*

unequivocal /ˌʌnɪˈkwɪvəkl/ *adj.* (*fml.*) having a completely clear meaning. ▶ **unequivocally** *adv.*

uneven /ʌnˈiːvn/ *adj.* **1** not level or smooth. **2** varying in quality.

unexpected /ˌʌnɪkˈspektɪd/ *adj.* causing surprise because it is not expected. ▶ **unexpectedly** *adv.*

unfailing /ʌnˈfeɪlɪŋ/ *adj.* (*approv*) that you can rely on to always be there and always be the same.

unfair /ˌʌnˈfeə(r)/ *adj.* ~(**on/to**) not right or just: *~ marks* ▶ **unfairly** *adv.*

unfaithful /ʌnˈfeɪθfl/ *adj.* ~(**to**) having sex with somebody who is not your husband, wife or usual partner.

unfamiliar /ˌʌnfəˈmɪliə(r)/ *adj.* **1** ~(**to**) that you do not know or recognize. **2** ~**with** not having any knowledge or experience of something: *I'm ~ with this kind of atmosphere*.

unfasten /ʌnˈfɑːsn/ *v.* [T] undo something that is fastened.

unfinished /ʌnˈfɪnɪʃt/ *adj.* not complete: *They have some ~ work*.

unfit /ʌnˈfɪt/ *adj.* **1** not of an acceptable standard; not suitable: *~ for accommodation*. **2** not capable of doing something, e.g. because of illness. **3** (of a person) not in good physical condition because you have not taken exercise.

unfold /ʌnˈfəʊld/ *v.* [I, T] **1** (cause something folded to) become open or flat. **2** (cause something to) gradually be made known: *as his character in the story ~ed*.

unforeseen /ˌʌnfɔːˈsiːn/ *adj.* unexpected.

unforgettable /ˌʌnfəˈgetəbl/ *adj.* that cannot be easily forgotten.

unfortunate /ʌnˈfɔːtʃənət/ *adj.* **1** unlucky **2** that makes you feel sorry: *an ~ incident*. ▶ **unfortunately** *adv.*

unfounded /ʌnˈfaʊndɪd/ *adj.* not based on facts.

unfriendly /ʌnˈfrendli/ *adj.* (**-ier, -iest**) not kind or pleasant to somebody.

unfurl /ʌnˈfɜːl/ *v.* [I, T] (cause something that is curled or rolled tightly to) open: *The paper was slowly ~ed*.

unfurnished /ʌnˈfɜːnɪʃt/ *adj.* (of a rented room, *etc*.) without furniture.

ungainly /ʌnˈgeɪnli/ *adj.* moving in a way that is not graceful.

ungodly /ʌnˈgɒdli/ *adj.* (*old-fash.*) not showing respect for God; wicked. [IDM] **at an ungodly hour** very early or very late and therefore annoying.

ungrateful /ʌnˈgreɪtfl/ *adv.* not expressing thanks for something that somebody has done for you.

unguarded /ʌnˈgɑːdɪd/ *adv.* careless, esp. in speech.

unhappy /ʌnˈhæpi/ *adj.* (**-ier, -iest**) not happy; sad. ▶ **unhappily** *adv.* ▶ **unhappiness** *n.* [U].

unhealthy /ʌnˈhelθi/ *adj.* (**-ier, -iest**) **1** not having or showing good health. **2** harmful to your health.

unheard-of /ʌnˈhɜːd ɒv/ *adj.* that has never been known or done; very unusual.

unicorn /ˈjuːnɪkɔːn/ *n.* (in stories) white horse with a long straight horn on its forehead.

unidentified /ˌʌnaɪˈdentɪfaɪd/ *adj.* not recognized or known; not identified.

uniform /ˈjuːnɪfɔːm/ *n.* [C, U] special set of clothes worn by all members of an organization or group, e.g. the army or schoolchildren. ● **uniform** *adj.* not varying; regular. ▶ **uniformed** *adj.*: *~ed students*. ▶ **uniformity** /-ˈfɔːməti/ *n.* [U, sing.].

unify /ˈjuːnɪfaɪ/ *v.* (*pt, pp* **-ied**) [T] join people, things, parts of a country, etc. together to form a single unit. ▶ **unification** /ˌjuːnɪfɪˈkeɪʃn/ *n.* [U].

unilateral /ˌjuːnɪˈlætrəl/ *adj.* done by one member of a group or organization without the agreement of the other members: *a ~ agreement*.

union /ˈjuːniən/ *n.* **1** [C] = TRADE UNION (TRADE¹) **2** [C] club or association. **3** [C] group of countries or states. **4** [U, sing.] (*fml.*) act of joining or state of being joined together: *a discussion for the ~ of two states*. ■ **the ˌUnion ˈJack** *n.* [sing.] national flag of the United Kingdom.

unique /juˈniːk/ *adj.* **1** being the only one of its kind. **2** very special or unusual: *a ~ custom*. **3**

~(to) belonging to or connected with one particular person, place or thing: *Kangaroos are ~ to Australia.* ▶ **uniquely** *adv.*

unisex /ˈjuːnɪseks/ *adj.* designed to be used by both men and women.

unison /ˈjuːnɪsn/ *n.* [IDM] **in unison (with somebody/ something) 1** done or said at the same time. **2** (of people or organizations) working together and in agreement with each other.

unit /ˈjuːnɪt/ *n.* **1** single thing, person or group. **2** (*business*) single item of the type of product that a company sells: *What's the ~ cost?* **3** group of people with a specific job or function: *the scientific research ~* **4** small machine that has a special function or is part of a larger machine: *the motherboard ~ of a computer.* **5** standard of measurement: *The gram is a ~ of weight.*

unite /juˈnaɪt/ *v.* [I, T] (cause people or things to) join together or become one with others. ■ **the U‚nited ˈKingdom** *n.* [sing.] (*abbr.* **(the) UK**) England, Scotland, Wales and Northern Ireland. ■ **the U‚nited ˈNations** *n.* [sing., with sing. or pl. verb] association of many countries which works for peace, better conditions, etc.

unity /ˈjuːnəti/ *n.* [U, sing.] state of being in agreement and working together.

universal /ˌjuːnɪˈvɜːsl/ *adj.* done by or involving all the people in the world or in a particular group. ▶ **universally** *adv.*

universe /ˈjuːnɪvɜːs/ *n.* **(the universe)** [sing.] everything that exists in space, including all the stars and planets. *See pg 486 for pictures.*

university /ˌjuːnɪˈvɜːsəti/ *n.* [C, U] (*pl.* **-ies**) institution for advanced teaching and research.

unkempt /ˌʌnˈkempt/ *adj.* not kept tidy: *~ shelf.*

unkind /ˌʌnˈkaɪnd/ *adj.* unpleasant or unfriendly; slightly cruel.

unknown /ˌʌnˈnəʊn/ *adj.* not known or identified.

unleaded /ˌʌnˈledɪd/ *adj.* (of petrol) not containing lead and therefore less harmful to the environment.

unleash /ʌnˈliːʃ/ *v.* [T] (*fml.*) **~(on)** suddenly release a powerful force.

unless /ənˈles/ *conj.* if … not: *You will fall sick ~ you take precautions.*

unlike /ˌʌnˈlaɪk/ *adj., prep.* different from a particular person or thing.

unlikely /ʌnˈlaɪkli/ *adj.* **1** not likely to happen; not probable: *She's ~ to clear the exam.* **2** not the person, thing or place that you would normally expect: *an ~ place to stay.*

unload /ˌʌnˈləʊd/ *v.* **1** [I, T] remove things from a vehicle or ship; empty the contents of something. **2** [T] **~(on/onto)** (*fml.*) pass the responsibility for somebody/something to somebody else.

unlock /ˌʌnˈlɒk/ *v.* [T] open a door, etc. using a key.

unlucky /ʌnˈlʌki/ *adj.* having or bringing bad luck.

unmanned /ˌʌnˈmænd/ *adj.* (of a machine, vehicle or place) not having or needing a person to control or operate it.

unmask /ˌʌnˈmɑːsk/ *v.* [T] show the true character of somebody.

unmentionable /ʌnˈmenʃənəbl/ *adj.* too shocking or embarrassing to be spoken about.

unmistakable /ˌʌnmɪˈsteɪkəbl/ *adj.* that cannot be mistaken for somebody/something else. ▶ **unmistakably** *adv.*

unmitigated /ʌnˈmɪtɪɡeɪtɪd/ *adj.* (*fml.*) completely bad: *an ~ art.*

unmoved /ˌʌnˈmuːvd/ *adj.* not feeling any pity or sympathy: *He was ~ by her living condition.*

unnatural /ʌnˈnætʃrəl/ *adj.* **1** not natural or normal: *an ~ laughter.* **2** not expected or acceptable: *~ behaviour.*

unnecessary /ʌnˈnesəsəri/ *adj.* not needed; more than is needed. ▶ **unnecessarily** *adv.*

unnerve /ʌnˈnɜːv/ *v.* [T] cause somebody to lose confidence or courage.

unnoticed /ˌʌnˈnəʊtɪst/ *adj.* not seen or noticed.

unobtrusive /ˌʌnəbˈtruːsɪv/ *adj.* (*fml.*) not attracting unnecessary attention.

unofficial /ˌʌnəˈfɪʃl/ *adj.* without the approval or permission of somebody in authority.

unpalatable /ʌnˈpælətəbl/ *adj.* **1** (of facts, ideas, *etc.*) unpleasant and not easy to accept: *her ~ ideas.* **2** not pleasant to taste.

unpleasant /ʌnˈpleznt/ *adj.* **1** not pleasant **2** not kind, friendly or polite. ▶ **unpleasantness** *n.* [U].

unprecedented /ʌnˈpresɪdentɪd/ *adj.* never having happened or been done before.

unpredictable /ˌʌnprɪˈdɪktəbl/ *adj.* that cannot be predicted: *The situation is so ~.*

unprintable /ʌnˈprɪntəbl/ *adj.* (of words, *etc.*) too offensive or shocking to be printed.

unqualified /ʌnˈkwɒlɪfaɪd/ *adj.* **1** not qualified for a job: *~ to do the job.* **2** complete; not limited by negative qualities: *I gave her my ~ support.*

unquestionable /ʌnˈkwestʃənəbl/ *adj.* that cannot be doubted; certain. ▶ **unquestionably** *adv.*

unravel /ʌnˈrævl/ *v.* (**-ll-**, *US* **-l-**) **1** [I, T] (cause something woven or knotted to) separate into threads. **2** [T] explain something that is difficult to understand or mysterious: *~ a story.*

unreal /ˌʌnˈrɪəl/ adj. **1** so strange that it is more like a dream than reality. **2** not related to reality: ~ *dreams*. ▶ **unreality** /ˌʌnriˈæləti/ n. [U].

unreasonable /ʌnˈriːznəbl/ adj. not reasonable or fair.

unreliable /ˌʌnrɪˈlaɪəbl/ adj. that cannot be trusted or depended on.

unremitting /ˌʌnrɪˈmɪtɪŋ/ adj. never relaxing or stopping.

unrest /ʌnˈrest/ n. [U] political situation in which people are angry and likely to fight or protest.

unrivalled (US **-l-**) /ʌnˈraɪvld/ adj. better or greater than any other.

unroll /ʌnˈrəʊl/ v. [I, T] (cause something to) open from a rolled state and become flat.

unruffled /ʌnˈrʌfld/ adj. (of a person) calm.

unruly /ʌnˈruːli/ adj. not easy to control.

unsavoury (US **-vory**) /ˌʌnˈseɪvəri/ adj. unpleasant or offensive; not considered morally acceptable: *She is of an ~ character.*

unscathed /ʌnˈskeɪðd/ adj. not harmed.

unscrupulous /ʌnˈskruːpjələs/ adj. without moral principles; not honest or fair.

unseat /ˌʌnˈsiːt/ v. [T] **1** remove somebody from a position of power. **2** cause somebody to fall off a horse, etc.

unseemly /ʌnˈsiːmli/ adj. (*old-fash.*) (of behaviour, etc.) not polite or suitable.

unsettle /ˌʌnˈsetl/ v. [T] make somebody feel upset or worried, esp. because a situation has changed: *Frequent changes of jobs might ~ a person.*

unsightly /ʌnˈsaɪtli/ adj. not pleasant to look at.

unsound /ʌnˈsaʊnd/ adj. **1** not acceptable; not holding acceptable views: *socially ~*. **2** (of a building, etc.) in poor condition; weak. [IDM] **of unsound mind** (*law*) mentally ill.

unspeakable /ʌnˈspiːkəbl/ adj. that cannot be described in words, usu. because it is so bad.

unstuck /ʌnˈstʌk/ adj. [IDM] **come unstuck 1** become separated from something it was stuck to. **2** (*infml.*) (of a person, plan, etc.) fail completely, with bad results.

unswerving /ʌnˈswɜːvɪŋ/ adj. (*fml.*) strong and not changing: *~ confidence.*

unthinkable /ʌnˈθɪŋkəbl/ adj. impossible to imagine or accept.

untidy /ʌnˈtaɪdi/ adj. (**-ier, -iest**) not neat or ordered.

untie /ʌnˈtaɪ/ v (*pt, pp* **~d** *pres pt* **untying**) [T] undo a knot in something; undo something that is tied.

until /ənˈtɪl/ (*also* **till** /tɪl/) *prep., conj.* up to the point in time or the event mentioned: *Wait ~ it stops snowing.*

untold /ʌnˈtəʊld/ adj. (*fml.*) too great to be measured.

untoward /ˌʌntəˈwɔːd/ adj. (*fml.*) unexpected or unfortunate.

unused¹ /ˌʌnˈjuːzd/ adj. never having been used; not being used at the moment.

unused² /ʌnˈjuːst/ adj. **~to** not having much experience of something; not used to something: *She was ~ to doing that kind of work.*

unusual /ʌnˈjuːʒuəl/ adj. different from what is usual or normal; interesting because it is different. ▶ **unusually** adv.

unveil /ʌnˈveɪl/ v. [T] **1** remove a covering from a painting, statue, etc. so that it can be seen for the first time. **2** introduce a new plan, product, etc. to the public for the first time.

unwarranted /ʌnˈwɒrəntɪd/ adj. (*fml.*) not deserved or justified.

unwieldy /ʌnˈwiːldi/ adj. difficult to move or control, because it is large or heavy.

unwind /ʌnˈwaɪnd/ v. (*pt, pp* **-wound** /-ˈwaʊnd/) **1** [I, T] undo something that has been wrapped into a ball or around something. **2** [I] (*infml.*) relax.

unwitting /ʌnˈwɪtɪŋ/ adj. (*written*) not aware of what you are doing or the situation you are involved in. ▶ **unwittingly** adv.

unwrap /ʌnˈræp/ v. (**-pp-**) [T] take off the paper, etc. that covers or protects something.

up /ʌp/ adv. **1** towards or in a higher position: *He jumped up in excitement.* **2** to or at a higher level: *She turned up the volume of the television.* ◊ *Profits are going up.* **3** to the place where somebody/something is: *A car drove up to her and she got in.* **4** to or at an important place: *go up to the auditorium.* **5** to a place in the north of a country: *She's moved up north.* **6** into pieces or parts: *break the toy up.* **7** completely: *He's cleared up the floor.* **8** out of bed: *Is she up for the school?* **9** (*spoken*) used to say that something is happening: *Hi! What's up?* [IDM] **be up to somebody** be somebody's duty or responsibility; be for somebody to decide **up against something** (*infml.*) facing difficulties or problems. **up and down 1** moving upwards and downwards: *The children went up and down the hill.* **2** backwards and forwards: *walk up and down.* **3** sometimes good and sometimes bad **up for something 1** on offer for something; being considered for something. **2** willing to take part in an activity: *We're taking part in the debate. Are you up for it?* **up to something 1** as far as a particular number, time, etc.: *The plane takes up twenty people at a time.* **2** until something: *up to now* **3** as high or as good as something. **4** capable of something: *I wonder if he is up to the mark.* ● **up** *prep.* **1** to or in a higher position: *climb up the hill.* **2** along or further along a road, etc.:

There's a park up the lane. ● **up** adj. **1** directed or moving upwards: *the up lift.* **2** (*infml.*) cheerful **3** (of a computer system) working. ● **up** v. (**-pp-**) **1** [I] (*infml.*) (**up and ...**) suddenly move or do something unexpected: *She upped and slapped him on the cheek.* **2** [T] increase the price or amount of something: *The shopkeepers upped the cost.* ■ **,up-and-'coming** adj. (*infml.*) likely to be successful and popular in the future. ■ **,ups and 'downs** n. [pl.] mixture of good and bad experiences.

upbringing /'ʌpbrɪŋɪŋ/ n. [sing., U] way in which a child is cared for and taught how to behave while it is growing up.

update /ˌʌp'deɪt/ v. [T] **1** make something more modern. **2** give somebody the most recent information about something.

upheaval /ʌp'hiːvl/ n. [C, U] big change that causes a lot of confusion, worry and problems.

uphill /ˌʌp'hɪl/ adv. towards the top of a hill or slope. ● **uphill** adj. **1** sloping upwards. **2** difficult to win; requiring a lot of effort: *an ~ competition.*

uphold /ʌp'həʊld/ v. (pt, pp **-held** /-'held/) [T] **1** support something: *~ the law.* **2** confirm a legal decision.

upholster /ʌp'həʊlstə(r)/ v. [T] cover a chair, etc. with soft material (**padding**) and fabric. ▶ **upholsterer** n. ▶ **upholstery** n. [U] materials used in upholstering.

upkeep /'ʌpkiːp/ n. [U] cost or process of keeping something in good condition: *the ~ of the garden.*

upland /'ʌplənd/ n. [C, usu. pl.] area of high land situated away from the coast.

upload /ˌʌp'ləʊd/ v. [T] (*computing*) move data to a larger computer system from a smaller one. ● **upload** /'ʌpləʊd/ n. [U] (*computing*) act or process of uploading.

upmarket /ˌʌp'mɑːkɪt/ adj. (*infml.*) designed for or used by people who belong to a high social class: *an ~ hotel.*

upon /ə'pɒn/ prep. (*fml.*) = ON²

upper /'ʌpə(r)/ adj. at or near the top of something; situated above something else: *the ~ storey* [IDM] **gain, get, have, etc. the upper hand** get an advantage over somebody so that you are in control. ● **upper** n. top part of a shoe attached to the sole. ■ **the ,upper 'class** n. social group considered to have the highest social status and more money and/or power than others. ▶ **,upper 'class** adj. ■ **'uppermost** adj. (*written*) **1** higher or nearer the top than other things. **2** more important than other things: *This work was of the ~ priority.* ■ **'uppermost** adv. (*written*) in the highest position; facing upward.

upright /'ʌpraɪt/ adj. **1** (of a person) not lying down, and with the back straight. **2** placed in a vertical position. **3** (of a person) moral and honest. ● **upright** n. piece of wood, metal or plastic that is placed vertically in order to support something.

uprising /'ʌpraɪzɪŋ/ n. fighting by ordinary people against those in power.

uproar /'ʌprɔː(r)/ n. [U, sing.] (outburst of) noise and excitement or anger. ▶ **uproarious** /ʌp'rɔːriəs/ adj. (*written*) very noisy.

uproot /ˌʌp'ruːt/ v. [T] **1** pull a tree, etc. out of the ground. **2** **~yourself/somebody** (cause somebody to) leave a place where you/they have lived for a long time.

upset /ˌʌp'set/ v. (**-tt-**, pt, pp **upset**) [T] **1** make somebody feel worried, unhappy or annoyed: *be ~ by the news of her death.* **2** cause something to go wrong: *~ all our plans.* **3** make somebody feel sick after they have eaten or drunk something: *Her stomach was upset after she ate from the restaurant.* **4** cause something to fall over by hitting it accidentally: *~ the showpiece.* ● **upset** adj. unhappy or disappointed because of something unpleasant that has happened. ● **upset** /'ʌpset/ n. **1** [C] situation in which there are unexpected problems or difficulties. **2** [C] illness in the stomach causing sickness and diarrhoea: *a stomach ~* **3** [U, C] feelings of unhappiness and disappointment.

upshot /'ʌpʃɒt/ n. (**the upshot**) [sing.] **~(of)** final result of a series of events.

upside down /ˌʌpsaɪd 'daʊn/ adv., adj. in a position with the top where the bottom usu. is: *She had put the container ~.* [IDM] **turn something upside down 1** make a place untidy when looking for something. **2** cause large changes and confusion in a person's life: *After the death of his mother his life has turned ~.*

upstage /ˌʌp'steɪdʒ/ v. [T] attract attention away from somebody else and onto yourself.

upstairs /ˌʌp'steəz/ adv., adj. to or on a higher floor.

upstanding /ˌʌp'stændɪŋ/ adj. (*fml.*) behaving in a moral and honest way.

upstart /'ʌpstɑːt/ n. (*disapprov*) person who has just started a new job but who behaves as if they are more important than other people.

upstream /ˌʌp'striːm/ adv. along a river; in the opposite direction from the way the water flows.

uptake /'ʌpteɪk/ n. [IDM] **be quick/slow on the uptake** be quick/slow to understand something.

uptight /ˌʌp'taɪt/ adj. (*infml.*) anxious and/or angry about something.

up to date /ˌʌp tə 'deɪt/ *adj.* **1** modern; fashionable: *We can find ~ stuff from the fashion world in this showroom.* **2** having all the most recent information: *up-to-date news.*

upward /'ʌpwəd/ *adj.* pointing towards or facing a higher place. ▶ **upwards** (*esp. US* **upward**) *adv.* **1** towards a higher place or position. **2** towards a higher amount or price.

uranium /ju'reɪniəm/ *n.* [U] (*symb.* **U**) radioactive metal used in producing nuclear energy.

urban /'ɜːbən/ *adj.* of a town or city. ▶ **urbanized** (*also* **-ised**) *adj.* (of an area, country, etc.) having a lot of towns, streets, factories, etc, rather than countryside.

urge /ɜːdʒ/ *v.* [T] **1** try hard to persuade somebody to do something: *She ~ her sister to visit Dubai.* **2** recommend something strongly: *~ caution* **3** (*written*) use force to make a person or an animal move more quickly. ● **urge** *n.* strong desire to do something: *a sudden ~ to visit the country.*

urgent /'ɜːdʒənt/ *adj.* needing to be dealt with immediately. ▶ **urgency** /-dʒənsi/ *n.* [U] ▶ **urgently** *adv.*

urine /'jʊərɪn/ *n.* [U] liquid waste that is passed from the body. ▶ **urinate** *v.* [I] pass urine from the body.

URL /ˌjuː ɑː(r) 'el/ *abbr.* (*computing*) uniform/universal resource locator; address of a World Wide Web page.

urn /ɜːn/ *n.* **1** container for holding the ashes of a dead person. **2** large metal container for serving tea or coffee.

US /ˌjuː 'es/ *abbr.* United States (of America): *a US citizen.*

us /əs; *strong form* ʌs/ *pron.* (used as the object of a *v.* or *prep.*) me and another or others; me and you.

USA /ˌjuː es 'eɪ/ *abbr.* United States of America: *visit the ~.*

usage /'juːsɪdʒ/ *n.* **1** [U, C] way in which words are used in a language: *the ~ of foreign words in English literature.* **2** [U] fact of something being used; how much something is used: *The ~ of these kinds of words are more common now.*

use[1] /juːz/ *v.* (*pt, pp* **~d** /juːzd/) [T] **1** do something with a machine, a method, an object, etc. for a particular purpose: *I asked her if I could ~ her bicycle.* **2** take a particular amount of a liquid, substance, etc. in order to achieve or make something: *The woman ~d a lot of bright colours to paint the pictures.* **3** (*disapprov*) take advantage of somebody unfairly; exploit somebody [PV] **use something up** finish something completely ▶ **usable** *adj.* ▶ **user** *n.* person or thing that uses something.

use[2] /juːs/ *n.* **1** [U, sing.] act of using something; state of being used: *That old well is still in ~ by the local people.* **2** [C, U] purpose for which something is used; way in which something is or can be used: *a watch with many ~s.* **3** [U] right or opportunity to use something, *e.g.* something that belongs to somebody else: *She can have the ~ of my book.* **4** [U] ability to use your mind or body: *She lost the ~ of her senses.* [IDM] **be of use (to somebody)** (*fml.*) be useful **come into/go out of use** start/stop being used **it's no use (doing something) | What's the use (of doing something)?** used to say that there is no point in doing something because it will not be successful: *It's no ~ telling her again and again.* **make use of something/somebody** use something/somebody, esp. in order to gain an advantage. ▶ **useful** /'juːsfl/ *adj.* that can help you to do or achieve what you want. ▶ **usefully** *adv.* ▶ **usefulness** *n.* [U] ▶ **useless** *adj.* **1** not useful **2** (*infml.*) not very good at something: *I'm ~less in all this work.* ▶ **uselessly** *adv.*

used[1] /juːst/ *adj.* **~to** familiar with something; in the habit of doing something: *I hope to get ~ to this kind of an atmosphere.*

used[2] /juːzd/ *adj.* that has belonged to or been used by somebody before: *~ cars.*

used to /'juːst tə; *before vowels and finally* 'juːst tu/ *modal v.* used to say that something happened frequently or continuously during a period in the past: *I ~ be a football champion in school.*

usher /'ʌʃə(r)/ *n.* person who shows people where to sit in a church, public hall, etc ● **usher** *v.* [T] take or show somebody where they should go. [PV] **usher something in** (*fml.*) be the beginning of something new or make something new begin. ▶ **usherette** /ˌʌʃə'ret/ *n.* (*esp. GB*) woman whose job is to lead people to their seats in a theatre or cinema.

usual /'juːʒuəl/ *adj.* existing, done, happening, etc. most often: *Let's have our ~ stuff.* ▶ **usually** *adv.* in the way that is usual or most normal; most often: *She ~ly drinks coke.*

usurp /juː'zɜːp/ *v.* [T] (*fml.*) take somebody's position and/or power without having the right to do this ▶ **usurper** *n.*

utensil /juː'tensl/ *n.* tool that is used in the house: *kitchen ~s.*

uterus /'juːtərəs/ *n.* (*anat*) = WOMB.

utility /juː'tɪləti/ *n.* (*pl* **-ies**) **1** [C] public service such as an electricity, water or gas supply. **2** [U] (*fml.*) quality of being useful. **3** [C] (*computing*) piece of computer software that performs a particular task. ∎

u'tility room *n.* room in a private house which contains equipment such as a washing machine, freezer, etc.
utilize (*also* **-ise**) /'juːtəlaɪz/ *v* [T] (*fml*) use something, esp. for a practical purpose. ▶ **utilization** (*also* **-isation**) /-'zeɪʃn/ *n.* [U].
utmost /'ʌtməʊst/ *adj.* greatest; most extreme: *of the ~ importance.* ● **utmost** *n.* [sing.] the greatest amount possible: *I will do my ~* (= try as hard as possible) *to help her in completing the work.*
utter /'ʌtə(r)/ *adj.* complete; total: *~ darkness.* ● **utter** *v.* [T] (*fml.*) make a sound with your voice; say something: *to ~ a groan.* ▶ **utterance** /-rəns/ *n.* [U, C] (*fml.*) spoken word or words. ▶ **utterly** *adv.* completely.
U-turn → U, u.

V v

V, v /viː/ n. [C, U] (pl. **V's, v's** /viːz/) **1** the twenty-second letter of the English alphabet. **2** Roman numeral for 5 **3** volt (s).

v abbr. **1** (also **vs.**) (in sport or a legal case) versus (= against) **2** (infml., written) very.

vacancy /ˈveɪkənsi/ n. (pl. **-ies**) **1** job that is available for somebody to do. **2** room that is available in a hotel, etc.

vacant /ˈveɪkənt/ adj. **1** not filled or occupied; empty **2** showing no sign that the person is thinking of anything: a ~ expression.

vacate /vəˈkeɪt/ v. [T] (fml.) leave a building, seat, etc. empty; make something available for somebody else.

vacation /vəˈkeɪʃn/ n. **1** [C] period when universities are closed **2** [U, C] (US) = HOLIDAY.

vaccinate /ˈvæksɪneɪt/ v. [T] ~(**against**) protect somebody against a disease by injecting them with a vaccine. ▶ **vaccination** /-ˈneɪʃn/ n. [C, U].

vaccine /ˈvæksiːn/ n. [C, U] substance that is put into the blood and that protects the body from a disease.

vacuum /ˈvækjuəm/ n. [C] (pl. **-s**) **1** space that is completely empty of all matter or gases. **2** [usu. sing.] situation in which somebody/something is missing or lacking: a ~ created by the death of her husband **3** [usu. sing.] act of cleaning something with a vacuum cleaner. ● **vacuum** v. [I, T] clean something with a vacuum cleaner. ■ **'vacuum cleaner** n. electrical machine that sucks up dirt and dust from floors. ■ **'vacuum flask** n. container with a vacuum between its two walls, used for keeping liquids hot or cold.

vagabond /ˈvæɡəbɒnd/ n. (old-fash.) person who has no home or job and who travels around.

vagina /vəˈdʒaɪnə/ n. (anat.) passage from the outer female sex organs to the womb.

vagrant /ˈveɪɡrənt/ n. (fml. or law) person who has no home or job, esp. one who begs. ▶ **vagrancy** /-rənsi/ n. [U].

vague /veɪɡ/ adj. (**~r, -st**) **1** not clear in a person's mind. **2** not having or giving enough information about something. ▶ **vaguely** adv. ▶ **vagueness** n. [U].

vain /veɪn/ adj. **1** unsuccessful: a ~ attempt. **2** (disapprov) too proud of your own appearance, abilities, etc. [IDM] **in vain** unsuccessfully ▶ **vainly** adv.

vale /veɪl/ n. (in poetry or place names) valley.

valentine /ˈvæləntaɪn/ n. **1** (also **'valentine card**) card sent to somebody you love on St Valentine's Day (14th February.) **2** person that you send a valentine to.

valet /ˈvæleɪ; ˈvælɪt/ n. **1** man's personal male servant. **2** (GB) hotel employee whose job is to clean the clothes of hotel guests. **3** (esp. US) person who parks your car for you at a hotel or restaurant.

valiant /ˈvæliənt/ adj. very brave. ▶ **valiantly** adv.

valid /ˈvælɪd/ adj. **1** that is legally and officially acceptable: The ticket is ~ until 1st May. **2** based on what is logical or true. **3** (computing) that is accepted by the system: a ~ answer. ▶ **validate** v. [T] (fml.) make something valid. ▶ **validity** /vəˈlɪdəti/ n. [U].

valley /ˈvæli/ n. low land between hills or mountains, often with a river.

valour (US **-or**) /ˈvælə(r)/ n. [U] (lit.) great courage, esp. in war.

valuable /ˈvæljuəbl/ adj. **1** worth a lot of money. **2** very useful: ~ piece of art. ▶ **valuables** n. [pl.] valuable things, esp. jewellery.

valuation /ˌvæljuˈeɪʃn/ n. **1** [U] professional judgement about how much money something is worth. **2** [C] estimated value that has been decided on.

value /ˈvæljuː/ n. **1** [U, C] amount of money something is worth. **2** [U] worth of something compared with its price: This dress is good ~ at $100. **3** [U] quality of being useful or important: the ~ of regular exercise. **4** (**values**) [pl.] principles: high moral ~s. ● **value** v. [T] **1** think that somebody/something is important: She really ~s her as a mother. **2** decide that something is worth a particular amount of money. ■ **,value 'added tax** n. [U] = VAT ▶ **valueless** adj. (fml.) without value or worth. ▶ **valuer** n. person whose job is to estimate how much property, land, etc. is worth.

valve /vælv/ n. **1** device for controlling the flow of a liquid or gas in one direction only. **2** structure in the heart that lets blood flow in one direction only.

vampire /ˈvæmpaɪə(r)/ n. (in stories) dead person who sucks the blood of living people.

van /væn/ n. covered vehicle with no side windows, used for carrying goods.

vandal /ˈvændl/ n. person who commits acts of vandalism. ▶ **vandalism** /-dəlɪzəm/ n. [U] crime of deliberately damaging public property, etc. ▶ **vandalize** (also **-ise**) /-dəlaɪz/ v. [T] deliberately damage or destroy public property, etc.

vanguard /ˈvænɡɑːd/ n. (**the vanguard**) [sing.] **1** leaders of a movement in society, e.g. in politics, art, industry, etc. **2** front part of an advancing army.

vanilla /vəˈnɪlə/ n. [U] flavouring that comes

from a plant and is used in sweet foods, e.g. ice cream.

vanish /'vænɪʃ/ v. [I] **1** disappear suddenly **2** stop existing: *Her hopes of getting back her insurance money have ~ed.*

vanity /'vænəti/ n. [U] **1** (*disapprov*) too high an opinion of yourself: *She had no personal ~* (= about her appearance). **2** (*lit.*) quality of being unimportant: *the ~ of human ambition in the face of death.*

vanquish /'væŋkwɪʃ/ v. [T] (*lit.*) defeat somebody completely.

vaporize (*also* **-ise**) /'veɪpəraɪz/ v. [I, T] (cause something to) turn into gas.

vapour (*US* **-or**) /'veɪpə(r)/ n. [C, U] mass of very small drops of liquid in the air, e.g. steam: *water ~.*

variable /'veəriəbl/ adj. often changing; likely to change. ● **variable** n. situation, number or quantity that can vary or be varied. ▶ **variably** adv.

variant /'veəriənt/ adj., n. (being a) different form of something: *~ colors.*

variation /ˌveəri'eɪʃn/ n. **1** [C, U] change, esp. in the amount or level of something: *~(s) in the quantity of milk.* **2** [C] (*music*) repetition of a simple tune in a different form.

varicose vein /ˌværɪkəʊs 'veɪn/ n. swollen painful vein, esp. in the leg.

varied /'veərid/ adj. **1** of many different types. **2** not staying the same, but changing often: *a ~ life.*

variety /və'raɪəti/ n. (*pl* **-ies**) **1** [sing.] ~(of) several different sorts of the same thing: *a wide ~ of dresses of the same colour.* **2** [U] quality of not being the same: *a life full of ~* **3** [C] type: *rare varieties of birds.* **4** [U] entertainment with singing, dancing, comedy, etc.: *a ~ act.*

various /'veəriəs/ adj. **1** several different: *This toy comes in ~ shapes and sizes.* ◊ *She took up the work for ~ reasons.* **2** (*fml.*) having many different features. ▶ **variously** adv.

varnish /'vɑːnɪʃ/ n. [U, C] (liquid used for giving a) hard shiny surface on wood, etc. ● **varnish** v. [T] put varnish on the surface of something.

vary /'veəri/ v. (*pt, pp* **-ied**) **1** [I] be different in size, amount, etc.: *Interest rates ~ on a large basis.* **2** [I, T] (cause something to) change or be different according to the situation: *~ your route.*

vase /vɑːz/ n. container made of glass, etc., used esp. for holding cut flowers.

vast /vɑːst/ adj. extremely large: *a ~ area.* ▶ **vastly** adv.: *~ly shared.* ▶ **vastness** n. [U].

VAT /ˌviː eɪ 'tiː; væt/ abbr. value added tax; tax added to the price of goods or services.

vat /væt/ n. large container for holding liquids,

esp. in industrial processes.

vault /vɔːlt/ n. **1** room with thick walls, esp. in a bank, where valuable things are kept safe. **2** room under a church or cemetery, used for burying people. **3** arched roof. **4** jump made by vaulting. ● **vault** v. [I, T] ~ (**over**) jump over something using your hands or a pole to push you: *~ (over) the bed.*

VCR /ˌviː siː 'ɑː(r)/ abbr. = VIDEO CASSETTE RECORDER (VIDEO).

VD /ˌviː 'diː/ abbr. = VENEREAL DISEASE.

VDU /ˌviː diː 'juː/ n. visual display unit; machine with a screen like a television that displays information from a computer.

veal /viːl/ n. [U] meat from a calf (= a young cow).

veer /vɪə(r)/ v. [I] change direction.

vegetable /'vedʒtəbl/ n. plant, e.g. potato, bean or onion, eaten as food: *root ~s, such as radish.* ◊ *a ~ garden/ patch. See pg 511 for pictures.*

vegetarian /ˌvedʒə'teəriən/ n. person who does not eat meat or fish. ▶ **vegetarian** adj.: *a ~ meal.*

vegetate /'vedʒəteɪt/ v. [I] (of a person) spend time doing very little and feeling bored.

vegetation /ˌvedʒə'teɪʃn/ n. [U] (*written*) plants in general.

veggie /'vedʒi/ n., adj. (*GB, infml.*) = VEGETARIAN.

vehement /'viːəmənt/ adj. (*written*) showing very strong feelings, esp. anger. ▶ **vehemence** /-məns/ n. [U] ▶ **vehemently** adv.

vehicle /'viːɪkl/ n. **1** something such as a car, bus or lorry that carries people or goods from place to place. **2** ~ (**for**) means of expressing something: *A strike may be a ~ by which they can make the authority to agree to their demands. See pg 512 for pictures.*

veil /veɪl/ n. **1** [C] covering for a woman's face. **2** [sing.] (*written*) something that hides something else: *a ~ of mist.* ● **veil** v. [T] **1** cover your face with a veil. **2** (*lit.*) cover something with something else that hides it partly or completely.

vein /veɪn/ n. **1** [C] any of the tubes that carry blood from all parts of the body to the heart. **2** [C] thin line in a leaf or an insect's wing. **3** [C] layer of metal or mineral in rock: *a ~ of gold.* **4** [sing.] particular style or manner: *in a comic ~.*

velocity /və'lɒsəti/ n. [U, C] (*pl.* **-ies**) (*fml. or physics*) speed.

velvet /'velvɪt/ n. [U] cloth made of cotton, silk, *etc.* with a thick soft surface on one side. ▶ **velvety** adj. soft like velvet.

vendetta /ven'detə/ n. long bitter quarrel between families who try to harm or kill each

vending machine /'vendɪŋ məʃiːn/ n. machine from which you can buy cigarettes, drinks, etc. by putting coins into it.

vendor /'vendə(r)/ n. **1** person who sells food, sweets, newspapers, etc. usu. outside on the street. **2** (law) person who is selling a house or other property.

veneer /və'nɪə(r)/ n. **1** [C, U] thin layer of wood or plastic glued to the surface of cheaper wood. **2** [sing.] ~(of) false outer appearance: a ~ of civilisation. ● **veneer** v. [T] cover the surface of something with a veneer of wood, etc.

venerable /'venərəbl/ adj. (fml.) deserving respect because of age, importance, etc.

venerate /'venəreɪt/ v. [T] (fml.) feel and show great respect for somebody/something. ▶ **veneration** /-'reɪʃn/ n. [U]

venereal disease /və,nɪəriəl dɪ'ziːz/ n. [C, U] (abbr. **VD**) any disease caught by having sex with an infected person.

vengeance /'vendʒəns/ n. [U] (fml.) act of punishing or harming somebody in return for what they have done to you [IDM] **with a vengeance** (infml.) to a greater degree than is expected or usual.

vengeful /'vendʒfl/ adj. (fml.) showing a desire for revenge.

venison /'venɪsn; -zn/ n. [U] meat from a deer.

venom /'venəm/ n. **1** poison of certain snakes, spiders, etc. **2** (written) strong bitterness or hate. ▶ **venomous** adj.: a ~ous heart.

vent /vent/ n. hole for air, gas, liquid to pass through [IDM] **give (full) vent to something** (fml.) express a feeling, esp. anger, strongly: give ~to your pent-up frustrations. ● **vent** v. [T] (written) ~(on) express feelings, esp. anger, strongly: He ~ed his anger on his brother.

ventilate /'ventɪleɪt/ v. [T] allow fresh air to enter and move around a room, building, etc. ▶ **ventilation** /-'leɪʃn/ n. [U] ▶ **ventilator** n. **1** device or opening for letting fresh air come into a room. **2** piece of equipment that helps somebody to breathe by pumping air in and out of their lungs.

ventriloquist /ven'trɪləkwɪst/ n. person who can make their voice appear to come from another person.

venture /'ventʃə(r)/ n. business project or activity, esp. one that involves taking risks: The project is a joint ~. ● **venture** v. **1** [I] go somewhere even though you know it might be dangerous or unpleasant. **2** [T] (fml.) say or do something carefully, esp. because it might offend somebody. **3** [T] risk losing something valuable or important if you are not successful at something. ■ **'venture capital** n. [U] (business) money lent to somebody to buy buildings, equipment, etc. when they start a business.

venue /'venjuː/ n. place where people meet for an organized event, e.g. a concert.

veranda (also **verandah**) /və'rændə/ n. (esp. GB) platform with an open front and a roof, built along one side of a house.

verb /vɜːb/ n. (gram) word or phrase that expresses an action (e.g. eat), an event (e.g. happen) or a state (e.g. exist)

verbal /'vɜːbl/ adj. **1** relating to words: Applicants must have good ~ skills. **2** spoken, not written: a ~ agreement. **3** (gram) relating to verbs: a ~ noun. ▶ **verbally** /'-bəli/ adv. in spoken words.

verbose /vɜː'bəʊs/ adj. (fml., disapprov.) using more words than are needed. ▶ **verbosity** /vɜː'bɒsəti/ n. [U]

verdict /'vɜːdɪkt/ n. **1** decision reached by a jury in a law court: return a ~ of guilty/not guilty. **2** ~(on) opinion or decision formed after you have tested or considered something.

verge /vɜːdʒ/ n. piece of grass at the edge of a path or road [IDM] **on/to the verge of (doing) something** very near to the moment when somebody does something or something happens: He was on the ~ of tears. ● **verge** v. [PV] **verge on something** be very close to an extreme state or condition.

verify /'verɪfaɪ/ v. (pt, pp **-ied**) [T] make sure that something is true. ▶ **verifiable** adj. ▶ **verification** /,verɪfɪ'keɪʃn/ n. [U]

veritable /'verɪtəbl/ adj. (fml. or hum.) rightly named; real: a ~liar.

vermin /'vɜːmɪn/ n. [pl.] **1** small animals or insects that are harmful to crops, birds and other animals. **2** (disapprov) people who are harmful to society.

vernacular /və'nækjələ(r)/ adj., n. [sing.] (in or of the) language spoken in a particular area or by a particular group.

versatile /'vɜːsətaɪl/ adj. having many different skills or uses. ▶ **versatility** /-'tɪləti/ n. [U]

verse /vɜːs/ n. **1** [U] writing arranged in lines, each having a regular pattern. **2** [C] unit in a poem or song. **3** [C] short numbered division of a chapter in the Bible.

versed /vɜːst/ adj. ~**in** (fml.) knowledgeable about or skilled in something: He had become well ~ in employment law.

version /'vɜːʃn/ n. **1** copy of something that is slightly different from the original: the film ~ of the play. **2** description of an event, etc. from the point of view of one person: There

were three ~s of what happened.
versus /'vɜːsəs/ prep. (abbr. **v, vs.**) against: England ~ Brazil.
vertebra /'vɜːtɪbrə/ n. (pl. **-brae** /-briː/) any of the small bones that are connected together to form the backbone. ► **vertebrate** /'vɜːtɪbrət/ n., adj. (tech.) (animal) having a backbone.
vertical /'vɜːtɪkl/ adj. (of a line, pole, etc.) going straight up or down from a level surface or from top to bottom in a picture, etc.: *the ~ axis of the graph*. ● **vertical** n. vertical line or position. ► **vertically** /-kli/ adv.
vertigo /'vɜːtɪɡəʊ/ n. [U] feeling of dizziness and fear, caused by looking down from a high place.
very /'veri/ adv. **1** to a great degree; extremely: *~ little/quickly*. **2** used to emphasize a superlative adjective or before *own*: *the ~ best quality* ◊ *his ~ own house* (= belonging to him and nobody else) [IDM] **very likely** → LIKELY ● **very** adj. **1** actual: *This is the ~ book I want!* **2** extreme: *at the ~ end*. **3** used to emphasize a noun: *The ~ smell makes me vomit*.
vessel /'vesl/ n. **1** (fml.) large ship or boat. **2** (old-fash. or tech.) container used for holding liquids, e.g. a cup.
vest /vest/ n. **1** (GB) piece of underwear worn under a shirt, etc. next to the skin. **2** special piece of clothing that covers the upper body: *a bulletproof ~*. **3** (US) = WAISTCOAT (WAIST) ● **vest** v. [PV] **vest in somebody/something** (law) (of power, property, etc.) belong to somebody/something legally **vest something in somebody/something| vest somebody with something** (fml.) **1** give somebody the legal right or power to do something: *the authority ~ed in her*. **2** make somebody the legal owner of land or property. ■ **,vested 'interest** n. ~(in) personal reason for wanting something to happen, esp. because you benefit from it.
vestige /'vestɪdʒ/ n. (fml.) **1** small remaining part of something. **2** used in negative sentences to say that not even a small amount of something exists: *not a ~ of truth in the report*.
vet /vet/ n. doctor skilled in the treatment of sick animals. ● **vet** v. (**-tt-**) [T] find out about somebody's past life and career in order to decide if they are suitable for a particular job.
veteran /'vetərən/ n. person with long experience, e.g. as a soldier. ■ **,veteran 'car** n. car made before 1916, esp. before 1905.
veterinarian /ˌvetərɪ'neəriən/ n. (US) = VET.
veterinary /'vetnri; 'vetrənəri/ adj. connected with caring for the health of animals. ■ **'vet-erinary surgeon** n. (GB, fml.) = VET.
veto /'viːtəʊ/ n. (pl. **~es**) **1** [C, U] official right to refuse to allow something to be done, esp. a law being passed. **2** [C] **~(on)** occasion when somebody refuses to allow something to be done. ● **veto** v. [T] stop something from happening or being done by using your official authority: *~ a nomination*.
vex /veks/ v. [T] (old-fash. or fml.) annoy or worry somebody. ► **vexation** /vek'seɪʃn/ n. [C, U].
via /'vaɪə/ prep. **1** through a place. **2** by means of a particular person, system, etc.: *I heard about the sale ~ Jim*.
viable /'vaɪəbl/ adj. (esp. of a plan or business) capable of succeeding. ► **viability** /-'bɪləti/ n. [U].
viaduct /'vaɪədʌkt/ n. long high bridge carrying a road or railway across a valley.
vibrate /vaɪ'breɪt/ v. [I, T] (cause something to) move from side to side very quickly and with small movements: *The house ~s whenever a train passes*. ► **vibration** /-'breɪʃn/ n. [C, U].
vicar /'vɪkə(r)/ n. Anglican priest in charge of a church and the area around it (**parish**) ► **vicarage** /'vɪkərɪdʒ/ n. vicar's house.
vice /vaɪs/ n. **1** [U] criminal activities that involve sex or drugs: *plain-clothes detectives from the ~ squad*. **2** [C, U] evil or immoral behaviour or quality in somebody's character: *(hum) Drinking is my only ~*. **3** [C] tool with two metal jaws that hold something firmly.
vice- /vaɪs/ prefix next in rank to somebody and able to represent them or act for them: *~-president*.
vice versa /ˌvaɪs 'vɜːsə/ adv. the other way round: *We gossip about them and ~* (= they gossip about us).
vicinity /və'sɪnəti/ n. (**the vicinity**) [sing.] area around a particular place.
vicious /'vɪʃəs/ adj. acting or done with evil intentions; cruel and violent. ■ **,vicious 'circle** n. [sing.] situation in which one problem causes another problem, which then makes the first problem worse. ► **viciously** adv.
victim /'vɪktɪm/ n. person who has been attacked, injured or killed as the result of a crime, disease, accident, etc.: *~s of the flood*. ► **victimize** (also **-ise**) v. [T] make somebody suffer unfairly. ► **victimization** (also **-isation**) /ˌvɪktɪmaɪ'zeɪʃn/ n. [U].
victor /'vɪktə(r)/ n. (lit.) winner.
victory /'vɪktəri/ n. [C, U] (pl. **-ies**) success in a game, an election, a war, etc. ► **victorious** /vɪk'tɔːriəs/ adj. having won a victory.
video /'vɪdiəʊ/ n. (pl. **~s**) **1** [U, C] (box containing a) type of magnetic tape used for

recording moving pictures and sound. **2** [C] copy of a film, programme, etc. that is recorded on videotape. **3** [C] (*GB*) = VIDEO RECORDER ● **video** *v*. [T] record a television programme using a video recorder; film somebody/something using a video camera. ■ **'video camera** *n*. special camera for making video films. ■ **,video cas'sette recorder** (*abbr*. **VCR**) (*also* **'video recorder**) *n*. machine for recording and playing films and TV programmes on video. ■ **'videoconferencing** *n*. [U] system enabling people in different parts of the world to have a meeting by watching and listening to each other using video screens. ■ **'videotape** *n*. [U, C] = VIDEO(1).

vie /vaɪ/ *v*. (*pres. pt* **vying** /'vaɪɪŋ/) [I] ~ **with** compete with somebody.

view¹ /vjuː/ *n*. **1** [C] personal opinion about something; attitude towards something: *In my ~, nurses deserve better pay.* **2** [U, sing.] used when you are talking about whether you can see something or whether something can be seen in a particular situation: *The mountains soon came into ~*. **3** [C] what can be seen from a place: *a wonderful ~ from the top of the mountain* [IDM] **in full view (of somebody/something)** completely visible; directly in front of somebody/something **in view of something** considering something: *In ~ of the weather, the event will be held indoors.* **on view** being shown in public **with a view to (doing) something** (*fml*.) with the intention of doing something. ■ **'viewdata** *n*. [U] information system in which computer data is sent along telephone lines and shown on a television screen. ■ **'viewfinder** *n*. part of a camera that you look through to see the area that you are photographing. ■ **'viewpoint** *n*. way of thinking about a subject.

view² /vjuː/ *v*. [T] **1** think about somebody/something in a particular way: *~ the problem with some concern.* **2** look at something carefully. **3** (*fml*.) watch television, a film, etc. ▶ **viewer** *n*. person watching television.

vigil /'vɪdʒɪl/ *n*. [C, U] period of time when people stay awake, esp. at night, to watch a sick person, say prayers, etc: *His mother kept a round-the-clock ~ at his bedside.*

vigilant /'vɪdʒɪlənt/ *adj*. (*fml*.) very careful to notice any signs of danger or trouble. ▶ **vigilance** /-əns/ *n*. [U] ■ **vigilantly** *adv*.

vigilante /ˌvɪdʒɪ'lænti/ *n*. member of a group who try to prevent crime or punish criminals in their community, esp. because they think the police are not doing this.

vigour (*US* **-or**) /'vɪɡə(r)/ *n*. [U] energy, force or enthusiasm. ▶ **vigorous** *adj*. strong or energetic. ▶ **vigorously** *adv*.

vile /vaɪl/ *adj*. (**~r, ~st**) **1** (*infml*.) very unpleasant: *~ weather*. **2** (*fml*.) wicked; completely unacceptable. ▶ **vilely** /'vaɪlli/ *adv*.

villa /'vɪlə/ *n*. (*GB*) house for holiday makers, e.g. in the countryside: *rent a ~ in Tuscany*.

village /'vɪlɪdʒ/ *n*. very small town situated in a country area. ▶ **villager** *n*. person who lives in a village.

villain /'vɪlən/ *n*. **1** main bad character in a story, play, etc. **2** (*GB, infml*.) criminal [IDM] **the villain of the piece** (*hum*.) person or thing to be blamed for a problem, damage, etc.

vindicate /'vɪndɪkeɪt/ *v*. [T] (*fml*) **1** prove that something is true or that you were right to do something. **2** prove that somebody is not guilty of something. ▶ **vindication** /-'keɪʃn/ *n*. [C, U].

vindictive /vɪn'dɪktɪv/ *adj*. wanting to harm or upset somebody who has harmed you. ▶ **vindictively** *adv*. ▶ **vindictiveness** *n*. [U]

vine /vaɪn/ *n*. climbing plant, esp. one that produces grapes as its fruit. ■ **vineyard** /'vɪnjəd/ *n*. area of land planted with vines for making wine.

vinegar /'vɪnɪɡə(r)/ *n*. [U] bitter liquid made from malt, wine, etc, used to add flavour to food or to preserve it. ▶ **vinegary** *adj*.

vintage /'vɪntɪdʒ/ *n*. year in which a particular wine was made. ● **vintage** *adj*. **1** old and of very high quality. **2** (*GB*) (of a vehicle) made between 1917 and 1930.

vinyl /'vaɪnl/ *n*.[U, C] kind of strong flexible plastic.

viola /vi'əʊlə/ *n*. stringed musical instrument slightly larger than a violin.

violate /'vaɪəleɪt/ *v*. [T] **1** (*fml*.) go against or refuse to obey a law, an agreement, etc. **2** (*fml*.) disturb or not respect somebody's peace, privacy, etc. **3** damage or destroy a holy place. ▶ **violation** /-'leɪʃn/ *n*. [U, C]

violent /'vaɪələnt/ *adj*. **1** involving or caused by physical force: *a ~ attack*. **2** showing or caused by very strong emotion: *a ~ argument*. **3** very strong and sudden: *a ~ thunderstorm*. ▶ **violence** /-ləns/ *n*. [U] **1** violent behaviour. **2** physical or emotional force or energy. ▶ **violently** *adv*.

violet /'vaɪələt/ *n*. **1** [C] small plant with sweet-smelling purple or white flowers. **2** [U] bluish-purple colour.

violin /ˌvaɪə'lɪn/ *n*. stringed musical instrument held under the chin and played with a bow. ▶ **violinist** *n*. violin player.

VIP /ˌviː aɪ 'piː/ *n*. Very Important Person; famous or important person who is treated in a special way.

viper /ˈvaɪpə(r)/ n. poisonous snake.
viral → VIRUS
virgin /ˈvɜːdʒɪn/ n. person who has never had sex. ● **virgin** adj. **1** pure or natural and not changed, touched or spoiled: ~ snow. **2** with no sexual experience. ▶ **virginity** /vəˈdʒɪnəti/ n. [U] state of being a virgin.
virile /ˈvɪraɪl/ adj. having the strength and (esp. sexual) energy considered typical of men. ▶ **virility** /vəˈrɪləti/ n. [U]
virtual /ˈvɜːtʃuəl/ adj. **1** almost or very nearly the thing described: *The deputy manager is the ~ head of the business.* **2** made to appear to exist by the use of computer software: ~ memory/space. ▶ **virtually** /ˈvɜːtʃuəli/ adv. **1** in every important respect; almost or very nearly. **2** by the use of computer software that makes something appear to exist. ■ **,virtual reˈality** n. [U] images created by a computer that appear to surround the person looking at them and seem almost real.
virtue /ˈvɜːtʃuː/ n. **1** [U] (fml.) behaviour or attitudes that show high moral standards. **2** [C] particular good quality or habit: *Patience is a ~.* **3** [C, U] attractive or useful quality: *The great ~ of the plan is its cheapness.* [IDM] **by/in virtue of something** (fml.) by means of or because of something. ▶ **virtuous** adj. morally good.
virus /ˈvaɪrəs/ n. **1** tiny living thing that causes infectious disease. **2** (infml.) disease caused by a virus. **3** instructions hidden within a computer program that are designed to cause faults or destroy data. ▶ **viral** /ˈvaɪrəl/ adj. like or caused by a virus: *a viral infection.*
visa /ˈviːzə/ n. official mark put on a passport allowing the owner to visit or leave a country.
viscount /ˈvaɪkaʊnt/ n. (in Britain) nobleman of a rank below an earl and above a baron. ▶ **viscountess** n. **1** woman who has the rank of a viscount. **2** wife of a viscount.
vise (US) = VICE(3).
visible /ˈvɪzəbl/ adj. that can be seen. ▶ **visibility** /-ˈbɪləti/ n. [U] condition of the light or weather for seeing things clearly over a distance. ▶ **visibly** adv. clearly
vision /ˈvɪʒn/ n. **1** [U] ability to see; area that you can see from a particular position. **2** [C] idea or picture in your imagination: *~s of great wealth.* **3** [U] wisdom in planning the future: *problems caused by lack of ~.*
visionary /ˈvɪʒənri/ adj. **1** (approv) original and showing vision(3) **2** relating to dreams or strange experiences. ● **visionary** n. (pl. -ies) person who has the ability to think about or plan the future in an intelligent, imaginative way.
visit /ˈvɪzɪt/ v. **1** [I, T] go to see a person or place for a period of time: ~ *a friend/Rome.* **2** [T] make an official visit to somebody, e.g. to carry out checks or give advice [PV] **visit with somebody** (US) spend time with somebody, esp. talking socially. ● **visit** n. act or time of visiting somebody/something: *pay a ~ to a friend.* ▶ **visitor** n. person who visits a person or place.
visor /ˈvaɪzə(r)/ n. movable part of a helmet, covering the face.
vista /ˈvɪstə/ n. (fml.) **1** (lit.) beautiful view. **2** (written) range of things that might happen in the future: *This job will open up new ~s for her.*
visual /ˈvɪʒuəl/ adj. of or connected with seeing or sight. ■ **,visual ˈaid** n. [usu. pl.] picture, video, etc. used in teaching to help people understand something. ■ **,visual disˈplay unit** n. (computing) = VDU ▶ **visualize** (also **-ise**) v. [T] form a mental picture of somebody/something ▶ **visually** adv.
vital /ˈvaɪtl/ adj. **1** necessary or very important: *a ~ part of the machine.* **2** connected with or necessary for staying alive. **3** (written) (of a person) full of energy and enthusiasm. ▶ **vitality** /vaɪˈtæləti/ n. [U] energy and enthusiasm. ▶ **vitally** /ˈvaɪtəli/ adv. extremely; in an essential way. ■ **,vital staˈtistics** n. [pl.] **1** figures that show the number of births and deaths in a country. **2** (esp. GB, infml.) measurements of a woman's chest, waist and hips.
vitamin /ˈvɪtəmɪn/ n. natural substance found in food that is an essential part of what humans and animals eat to help them stay healthy.
vitriolic /ˌvɪtriˈɒlɪk/ adj. (fml.) (of language or comments) very angry and bitter.
vivacious /vɪˈveɪʃəs/ adj. (approv) having a lively and attractive personality. ▶ **vivaciously** adv. ▶ **vivacity** /vˈvæsəti/ n. [U].
vivid /ˈvɪvɪd/ adj. **1** (of memories, a description, etc.) producing very clear pictures in your mind: *a ~ description.* **2** (of light, colours, etc.) very bright. ▶ **vividly** adv.
vivisection /ˌvɪvɪˈsekʃn/ n. [U] experiments on living animals for scientific research.
vixen /ˈvɪksn/ n. female fox.
vocabulary /vəˈkæbjələri/ (pl. -ies) n. **1** [C, U] all the words that a person knows or uses: *the ~ of a three-year-old.* **2** [C] all the words in a language **3** [C, U] list of words with their meanings, esp. in a book for learning a foreign language.
vocal /ˈvəʊkl/ adj. **1** connected with the voice. **2** expressing your opinions freely and loudly. ● **vocal** n. [C, usu. pl.] part of a piece of music that is sung, rather than played on an instrument: *backing ~s.* ■ **,vocal ˈcords** n. [pl.] thin strips of muscle in the throat that move to produce the voice. ▶ **vocalist** /-

kəlɪst/ *n.* singer ▶ **vocally** /-kəli/ *adv.*

vocation /vəʊˈkeɪʃn/ *n..* [C, U] **1** (*fml.*) type of work or way of life that you believe is esp. suitable for you: *She believes that she has found her true ~ in life.* **2** belief that a particular type of work or way of life is esp. suitable for you. ▶ **vocational** /-ʃənl/ *adj.* connected with the skills, knowledge, etc. that you need to do a particular job: *~al training.*

vociferous /vəˈsɪfərəs/ *adj.* (*fml.*) expressing your opinions in a loud and confident way: *a ~ group of demonstrators.* ▶ **vociferously** *adv.*

vodka /ˈvɒdkə/ *n.* [U] strong Russian alcoholic drink.

vogue /vəʊg/ *n.* [C, U] fashion for something: *a new ~ for low-heeled shoes.*

voice /vɔɪs/ *n.* **1** [C, U] sounds produced through the mouth by a person speaking or singing: *recognize somebody's ~* ◇ *He's lost his ~* (= he cannot speak). **2** [U, *sing.*] (right to express) your opinion: *They should be allowed a ~ in deciding their future.* ● **voice** *v.* [T] tell people your feelings or opinions about something.

void /vɔɪd/ *n.* [C] (*fml.*) [usu. sing] large empty space. ● **void** *adj.* **1** ~**of** (*fml.*) completely lacking something. **2** (*law*) (of a contract, *etc.*) not valid or legal. ● **void** *v.* [T] (*law*) state officially that something is no longer valid.

volatile /ˈvɒlətaɪl/ *adj.* likely to change (in mood or behaviour) suddenly and unexpectedly.

vol-au-vent /ˈvɒl ə vɒ̃/ *n.* small light pastry case filled with meat, fish, etc. in a cream sauce.

volcano /vɒlˈkeɪnəʊ/ *n.* (*pl.* ~**es** or ~**s**) mountain with an opening (**crater**) through which hot melted rock, gas, etc. are forced out. ▶ **volcanic** /-ˈkænɪk/ *adj.*

volition /vəˈlɪʃn/ *n.* [U] (*fml.*) power to choose something freely or to make your own decisions: *He left of his own ~* (= because he wanted to).

volley /ˈvɒli/ *n.* **1** (in tennis, football, *etc.*) hit or kick of the ball before it touches the ground. **2** many bullets, stones, etc. that are fired or thrown at the same time. ● **volley** *v.* [I, T] (in some sports) hit or kick the ball before it touches the ground: *He ~ed the ball into the back of the net.* ■ **'volleyball** *n.* [U] game in which a ball is thrown over a net.

volt /vəʊlt/ *n.* (*abbr.* **V**) unit for measuring the force of an electric current. ▶ **voltage** *n.* [U, C] electrical force measured in volts.

voluble /ˈvɒljʊbl/ *adv.* (*fml.*) talking a lot. ▶ **volubly** *adv.*

volume /ˈvɒljuːm/ *n.* **1** [U, C] amount of space occupied by a substance. **2** [C, U] amount of something: *The ~ of exports fell last month.* **3** [U] amount of sound produced by a radio, television, etc.: *the ~ control on the TV* **4** [C] (*fml.*) book, esp. one of a series.

voluminous /vəˈluːmɪnəs/ *adj.* (*fml.*) **1** (of clothing) very large; using a lot of material: *a ~ skirt.* **2** (of writing) very long and detailed.

voluntary /ˈvɒləntri/ *adj.* **1** done willingly, without being forced: *Attendance is ~.* **2** (of work) done without payment: *a ~ organization.* ▶ **voluntarily** /-trəli/ *adv.*

volunteer /ˌvɒlənˈtɪə(r)/ *n.* **1** person who offers to do something without being forced or paid. **2** person who chooses to join the armed forces without being forced to join. ● **volunteer** *v.* **1** [I, T] offer to do something without being forced or paid to do it. **2** [T] suggest something or tell somebody something without being asked. **3** [I] ~**for** join the armed forces voluntarily.

voluptuous /vəˈlʌptʃuəs/ *adj.* (*written*) **1** (of a woman) having a full and sexually desirable figure. **2** (*lit.*) giving you physical pleasure. ▶ **voluptuously** *adv.*

vomit /ˈvɒmɪt/ *v.* [I, T] bring food from the stomach back out through the mouth. ● **vomit** *n.* [U] food from the stomach that has been vomited.

vote /vəʊt/ *n.* **1** [C] formal choice that you make in an election or at a meeting in order to choose somebody or decide something. **2** [C] ~(**on**) occasion when a group of people vote on something: *have/take a ~ on an issue.* **3** (**the vote**) [sing.] total number of votes in an election: *She obtained 40% of the ~.* **4** (**the vote**) [sing.] right to vote in political elections. ● **vote** *v.* **1** [I, T] formally express an opinion, support for somebody, etc. by marking a paper or raising your hand: *~ for/against somebody* ◇ *~ on the suggestion.* **2** [T] suggest something or support a suggestion that somebody has made. ▶ **voter** *n.*

vouch /vaʊtʃ/ *v.* [PV] **vouch for somebody** say that somebody will behave well and that you will be responsible for their actions. **vouch for something** say that you believe that something is true or good because you have evidence for it.

voucher /ˈvaʊtʃə(r)/ *n.* piece of paper that can be exchanged for certain goods or services.

vow /vaʊ/ *n.* formal and serious promise, esp. a religious one, to do something. ● **vow** *v.* [I, T] make a formal promise to do something or a formal statement that something is true.

vowel /ˈvaʊəl/ *n.* **1** speech sound in which the mouth is open and the tongue is not touching the top of the mouth, the teeth, etc. **2** letter that represents a vowel sound, e.g. *a, e, i, o* and *u*.

voyage /ˈvɔɪdʒ/ *n.* (*written*) long journey, esp. by sea or in space. ● **voyage** *v.* [I] (*lit.*) travel, esp. in a ship. ▶ **voyager** *n.*

vs *abbr.* (*esp. US*) = VERSUS

vulgar /ˈvʌlgə(r)/ *adj.* **1** showing a lack of good taste; not polite, elegant or well behaved. **2** rude and likely to offend. ▶ **vulgarity** /vʌlˈgærəti/ *n.* [U].

vulnerable /ˈvʌlnərəbl/ *adj.* weak and easily hurt physically or emotionally. ▶ **vulnerability** /ˌvʌlnərəˈbɪləti/ *n.* [U].

vulture /ˈvʌltʃə(r)/ *n.* **1** large bird that eats the flesh of dead animals. **2** person who hopes to gain from the troubles or suffering of others.

vying *pres. part. of* VIE.

W w

W *abbr.* **1** west(ern): *W Yorkshire* **2** watt(s).

W, w /'dʌblju:/ *n.* [C, U] (*pl.* **W's, w's** /'dʌblju:z/) the twenty-third letter of the English alphabet.

wacky /'wæki/ *adj.* (**-ier, -iest**) (*infml.*) funny or amusing in a slightly crazy way.

wad /wɒd/ *n.* **1** thick pile of papers, banknotes, etc. folded or rolled together. **2** mass of soft material: *a ~ of cotton wool*.

waddle /'wɒdl/ *v.* [I] walk with short steps, swinging from side to side, like a duck. ▶ **waddle** *n.* [sing.]

wade /weɪd/ *v.* [I] walk with an effort through something, esp. water or mud. [PV] **wade in/ wade into something** (*infml.*) enter a fight, discussion or argument in a forceful or insensitive way **wade through something** deal with or read something that is boring and takes a lot of time. ■ **'wading bird** (*also* **'wader**) *n.* long-legged bird that feeds in shallow water.

wafer /'weɪfə(r)/ *n.* **1** thin crisp light biscuit, eaten with ice cream. **2** very thin round piece of special bread given by a priest during Communion.

waffle /'wɒfl/ *n.* **1** [C] small crisp pancake with a pattern of raised squares. **2** [U] (*GB, infml.*) language that uses a lot of words but does not say anything important or interesting. ● **waffle** *v.* [I] (*GB, infml., disapprov*) talk or write using a lot of words but without saying anything important or interesting.

waft /wɒft/ *v.* [I, T] (cause something to) move gently through the air *The smell of baking ~ed into the room*. ▶ **waft** *n.*

wag /wæg/ *v.* (**-gg-**) [I, T] (cause something to) move from side to side: *The puppy ~ged its tail*. ▶ **wag** *n.*

wage /weɪdʒ/ *n.* [C] (*also* **wages** [pl.]) regular amount of money that you earn, usu. every week, for work or services: *fight for higher ~s* ◇ *a ~increase*. ● **wage** *v.* [T] ~ **(against/on)** begin and continue a war, campaign, etc.: *~ a war on the system*.

wager /'weɪdʒə(r)/ *n., v.* [I, T] (*old-fash.* or *fml.*) = BET

waggle /'wægl/ *v.* [I, T] (cause something to) move with short movements from side to side or up and down.

wagon /'wægən/ *n.* **1** railway truck for carrying goods. **2** (*GB also* **waggon**) vehicle with four wheels, pulled by horses and used for carrying heavy loads.

wail /weɪl/ *v.* [I] **1** make a long loud high cry, esp. because you are sad or in pain: *a ~ing child*. **2** (of things) make a long high sound: *~ing sirens*. ● **wail** *n.* long loud high cry.

waist /weɪst/ *n.* **1** area around the middle of the body between the ribs and the hips. **2** part of a piece of clothing that covers the waist. ■ **'waistcoat** *n.* (*GB*) short piece of clothing with buttons down the front but no sleeves, often worn under a man's jacket. ■ **'waistline** *n.* measurement of the body around the waist.

wait /weɪt/ *v.* **1** [I] ~**(for)** stay where you are or delay doing something until somebody/something comes or something happens: *We had to ~ an hour for the train*. ◇ *I'm ~ing to see the manager*. **2** [T] ~**(for)** hope or watch for something to happen, esp. for a long time: *He is ~ing for his chance*. **3** [I] be left to be dealt with at a later time: *The matter isn't urgent; it can ~*. [IDM] **I, they, etc. can't wait/can hardly wait** used when you are emphasizing that somebody is very excited about something or keen to do it: *I can't ~ to show her this!* **wait and see** used to tell somebody to be patient and wait to find out about something later. **wait on somebody hand and foot** (*disapprov*) do everything that somebody wants. [PV] **wait on somebody** act as a servant to somebody, esp. by serving food to them. **wait up (for somebody)** wait for somebody to come home before you go to bed. ● **wait** *n.* [C, usu. sing.] act or time of waiting: *We had a long ~ for the taxi* ▶ **waiter** (*fem.* **waitress** /'weɪtrəs/) *n.* person whose job is to serve customers at their tables in a restaurant, etc. ■ **'waiting list** *n.* list of people who will be served, treated, etc. later. ■ **'waiting room** *n.* room where people can sit while they are waiting, e.g. for a train or to see a doctor.

waive /weɪv/ *v.* [T] choose not to insist on a rule or right in a particular situation: *~ the charges*.

wake¹ /weɪk/ *v.* (*pt* **woke** /wəʊk/, *pp* **woken** /'wəʊkən/) [I, T] ~**(up)** (cause somebody to) stop sleeping: *What time do you ~ up?* [IDM] **your waking hours** time when you are awake. [PV] **wake up to something** become aware of something; realize something.

wake² /weɪk/ *n.* **1** occasion before a funeral when people gather to remember the dead person. **2** track left on the surface of water by a moving ship. [IDM] **in the wake of somebody/something** coming after or following somebody/something.

waken /'weɪkən/ *v.* [I, T] (*written*) (cause somebody to) wake from sleep.

walk¹ /wɔːk/ *v.* **1** [I] move or go somewhere by

putting one foot in front of the other on the ground, but without running. **2** [T] go somewhere with somebody on foot, esp. to make sure they get there safely: *I'll ~ you to the gate.* **3** [T] take an animal for a walk. [PV] **walk away/off with something** (*infml.*) **1** win something easily. **2** steal something **walk into something** (*infml.*) **1** get caught in an unpleasant situation, esp. because we are careless: *~ into a trap.* **2** get a job very easily **walk out** (*infml.*) (of workers) go on strike **walk out (of something)** leave a meeting, etc. esp. in order to show your disapproval. **walk out (on somebody)** (*infml.*) suddenly leave somebody that you are having a relationship with: *How could he ~ out of her life like that?* **walk (all) over somebody** (*infml.*) treat somebody badly. ■ **'walkabout** *n.* (*GB*) occasion when an important person walks among ordinary people to meet and talk to them. ▶ **walker** *n.* ■ **'walking stick** *n.* stick that you carry and use as a support when walking. ■ **'Walkman**™ *n.* (*pl.* ~s) small cassette or CD player with headphones that you carry with you and use while you are moving around. ■ **'walk-on** *adj.* (of a part in a play) small and with no words to say. ■ **'walkout** *n.* sudden strike by workers ■ **'walkover** *n.* easy victory.

walk² /wɔːk/ *n.* **1** [C] journey on foot, usu. for pleasure or exercise: *My house is a five-minute's ~ from the shops.* **2** [C] path or route for walking. **3** [sing] way of walking: *a slow ~* [IDM] **a walk of life** person's job or position in society.

walkie-talkie /ˌwɔːki ˈtɔːki/ *n.* (*infml.*) small radio that you can carry with you and use to send or receive spoken messages.

wall /wɔːl/ *n.* **1** long upright solid structure of stone, brick, etc. that surrounds, divides or protects something. **2** any of the upright sides of a room or building. **3** something that forms a barrier or prevents progress: *Investigators were confronted by a ~ of silence.* **4** outer layer of something hollow, e.g. an organ of the body: *the abdominal ~* [IDM] **go to the wall** (*infml.*) (of a company or organization) fail because of lack of money. **up the wall** (*infml.*) crazy or angry: *Mom will go up the ~ if I'm late.* ● **wall** *v.* [T] surround an area, town, etc. with a wall or walls: *a ~ed city.* [PV] **wall somebody/something in** surround somebody/ something with a wall or barrier. **wall something off** separate one place or area from another with a wall. **wall something up** block something with a wall or bricks. ■ **'wallflower** *n.* garden plant with sweet-smelling flowers. ● **'wallpaper** *n.* [U] paper, usu. with a coloured design, for covering the walls of a room. ■ **'wallpaper** *v.* [T] cover the walls of a room with wallpaper. ■ **,wall-to-'wall** *adj.* covering the floor of a room completely.

wallet /ˈwɒlɪt/ *n.* small flat case, esp. for carrying paper money and credit cards.

wallop /ˈwɒləp/ *v.* [T] (*infml.*) hit somebody/ something very hard. ▶ **wallop** *n.* [sing.]

wallow /ˈwɒləʊ/ *v.* [I] **~(in)** **1** (of animals or people) roll about in mud, water, etc. **2** take pleasure in something: *~ in luxury/self-pity.*

Wall Street /ˈwɔːl striːt/ *n.* [U] US financial centre and stock exchange in New York City.

wally /ˈwɒli/ *n.* (*pl.* **-ies**) (*GB, infml.*) stupid person.

walnut /ˈwɔːlnʌt/ *n.* **1** [C] (tree producing a) large nut with a hard round shell in two halves. **2** [U] brown wood of the walnut tree, used for making furniture.

walrus /ˈwɔːlrəs/ *n.* large sea animal with thick fur and two long outer teeth (**tusks**).

waltz /wɔːls/ *n.* (music for a) graceful ballroom dance. ● **waltz** *v.* [I] **1** dance a waltz. **2** (*infml.*) walk or go somewhere in a very confident way: *I don't like him ~ing around the garden as if its his property.*

WAN /wæn/ *n.* (*pl.* ~s) (*computing*) wide area network; system in which computers in different places are connected, usu. over a large area.

wan /wɒn/ *adj.* (*written*) looking pale and weak.

wand /wɒnd/ *n.* long thin stick used by a magician.

wander /ˈwɒndə(r)/ *v.* **1** [I, T] walk around a place with no special purpose: *~ round the house* ◇ *~ the grounds.* **2** [I] (of somebody's thoughts) move away from the subject. ▶ **wanderer** *n.* ▶ **wanderings** *n.* [pl] (*written*) journeys from place to place.

wane /weɪn/ *v.* [I] **1** gradually become weaker or less important. **2** (of the moon) appear slightly smaller each day after being round and full. ● **wane** *n.* [sing.] [IDM] **on the wane** (*fml.*) becoming smaller, less important or less common.

wangle /ˈwæŋgl/ *v.* [T] **~(from/out of)** (*infml.*) get something that you want by persuading somebody or by a clever plan: *~ an extra week's wages.*

want¹ /wɒnt/ *v.* **1** [I, T] have a desire or wish for something: *They ~ a new house.* ◇ *I ~ to go home.* **2** [I, T] (*infml.*) need something: *The grass ~s cutting.* **3** [I] **~to** (*infml.*) used to give advice to somebody, meaning *should*: *You ~ to be more careful.* **4** [T] feel sexual desire for somebody **5** [T] (*fml.*) lack something [PV] **want for something** (*esp.* in negative sentences) (*fml.*) lack something that you really need: *They ~ for nothing* (= they have everything they need). ▶ **wanted** *adj.* being searched for by the police in connection with a crime: *America's most ~ed man.* ▶ **wanting** *adj.* **~(in)** (*fml.*) 1 not having enough of something. 2 not good enough: *The new system was tried and found ~ing.*

want² /wɒnt/ *n.* 1 [C, usu. pl.] thing that you need or want. 2 [U, sing.] **~of** (*fml.*) lack of something: *die for ~ of water.*

WAP /wæp/ *abbr.* wireless application protocol; technology that links devices such as mobile phones to the Internet: *a ~ phone.*

war /wɔː(r)/ *n.* [C, U] 1 (instance or period of) armed fighting between countries: *the First World W~* ◇ *at ~* 2 struggle or competition: *a trade ~* ◇ *the ~ on drugs.* [IDM] **have been in the wars** (*spoken*) have been injured in a fight or an accident. ■ **'warfare** *n.* [U] activity of fighting a war: *chemical ~fare.* ■ **'war game** *n.* practice battle used as a training exercise. ■ **'warhead** *n.* explosive front end of a missile. ■ **'warlike** *adj.* (*fml.*) 1 aggressive and wanting to fight 2 connected with fighting wars. ■ **'warpath** *n.* [IDM] **(be/go) on the warpath** (*infml.*) (be) angry and wanting to fight or punish somebody. ▶ **'warring** *adj.* involved in a war: *~ring tribes.* ■ **'warship** *n.* ship used in war. ■ **'wartime** *n.* [U] period of war

warble /'wɔːbl/ *v.* [I, T] (*esp.* of a bird) sing with rapidly changing notes. ▶ **warbler** *n.* bird that warbles.

ward /wɔːd/ *n.* 1 separate room in a hospital for people with the same type of medical condition. 2 (in Britain) division of a local government area. 3 (*law*) person, usu. a child, under the protection of a guardian. ▶ **ward** *v.* [PV] **ward somebody/something off** protect or defend yourself from danger, illness, attack, etc.

warden /'wɔːdn/ *n.* person responsible for taking care of a particular place and for making sure rules are obeyed: *the ~ of a youth hostel.*

warder /'wɔːdə(r)/ *n.* (*fem* **wardress** /'wɔːdrəs/) (*GB*) guard in a prison.

wardrobe /'wɔːdrəʊb/ *n.* [C] 1 tall cupboard for hanging clothes in. 2 [usu. sing.] the clothes that a person has. 3 [usu. sing.] department in a TV or theatre company that takes care of the clothes the actors wear.

ware /weə(r)/ *n.* 1 [U] (in compounds) manufactured goods of the type mentioned: *silver~* 2 (**wares**) [pl.] (*old-fash.*) things that somebody is selling. ■ **'warehouse** *n.* large building for storing goods.

warm /wɔːm/ *adj.* 1 fairly hot; between cool and hot: *~ water.* 2 (of clothes, buildings, etc.) keeping you warm or staying warm in cold weather: *a ~ house.* 3 friendly and enthusiastic: *a ~ welcome.* 4 (of colours) creating a comfortable feeling or atmosphere. ● **warm** *v.* [I, T] (cause somebody/something to) become warm(er.) [PV] **warm to/towards somebody/something** 1 begin to like somebody/something. 2 become more interested in something. **warm up** prepare for physical exercise or a performance by doing gentle exercises or practice. **warm (somebody/something) up** (cause somebody/something to) become more lively or enthusiastic. ■ **,warm-'blooded** *adj.* (of animals) having a constant warm blood temperature. ■ **,warm-'hearted** *adj.* (of a person) kind ▶ **warmly** *adv.* ▶ **warmth** *n.* [U] state or quality of being warm.

warn /wɔːn/ *v.* [T] tell somebody in advance about a possible danger or difficulty: *I ~ed her that it would cost a lot.* ◇ *They were ~ed not to climb the mountain in bad weather.* ▶ **warning** *n.* 1 [C, U] statement, event, etc. telling somebody that something bad may happen in the future: *He didn't listen to my ~ing.* 2 [C] statement telling somebody that they will be punished if they continue to behave in a certain way. ▶ **warning** *adj.*: *~ing signs of trouble ahead.*

warp /wɔːp/ *v.* 1 [I, T] (cause something to) become bent or twisted: *Some wood ~s in hot weather.* 2 [T] influence somebody so that they behave in an unacceptable or shocking way: *a ~ed mind*

warrant /'wɒrənt/ *n.* legal document giving somebody authority to do something: *a ~ for his arrest.* ● **warrant** *v.* [T] (*fml.*) make something necessary or appropriate in a particular situation. ▶ **warranty** *n.* [C, U] (*pl.* **-ies**) written agreement in which a company promises to repair or replace a product if there is a problem.

warren /'wɒrən/ *n.* (*also* **'rabbit warren**) 1 system of holes and underground tunnels where wild rabbits live. 2 (*disapprov*) building or part of a city with many narrow passages or streets.

warrior /'wɒriə(r)/ *n.* (*fml.*) (*esp.* in the past) soldier; fighter.

wart /wɔːt/ *n.* small hard lump on the skin.

wary /'weəri/ *adj.* (**-ier, -iest**) looking out for possible danger or difficulty. ▶ **warily** *adv.*

was /wəz; *strong form* wɒz/ first, third pers. sing. past tense of BE

wash¹ /wɒʃ/ *v.* 1 [T] make somebody/something clean using water and usu. soap: *~ your hands/clothes.* 2 ~ (**yourself**) [I, T] make yourself clean using water and usu. soap: *I had to ~ and dress in a hurry.* 3 [I] (of

wash clothes, fabrics, *etc*.) be able to be washed without damage: *Does this sweater ~ well?* **4** [I, T] (of water) flow or carry somebody/ something in a particular direction: *Pieces of the wreckage were ~ed ashore.* [IDM] **wash your hands of somebody/ something** refuse to be involved with or responsible for somebody/something **something won't/ doesn't wash (with somebody)** used to say that somebody's explanation, excuse, etc. is not valid or acceptable: *That excuse just won't ~ with me.* [PV] **wash somebody/ something away** (of water) remove or carry somebody/something away to another place **wash something down (with something) 1** clean something large or a surface with a lot of water. **2** drink something while or after eating food: *We had bread and cheese ~ed down with beer.* **wash something out 1** wash the inside of something to remove dirt, etc. **2** remove a substance from something by washing. **3** (of rain) make a game, an event, etc. end early or prevent it from starting **wash (something) up** wash plates, glasses, etc. after a meal. ▶ **washable** *adj.* that can be washed without being damaged. ■ **'washbasin** *n.* bowl with taps that is fixed to a wall in a bathroom, used for washing your hands and face in. ■ **,washed 'out** *adj.* **1** (of fabric or colours) no longer brightly coloured. **2** (of a person) pale and tired. ■ **,washing-'up** *n.* [U] (*GB*) (act of washing the) dirty plates, glasses, pans, etc. left after a meal. ■ **washing-'up liquid** *n.* [U] (*GB*) liquid soap for washing dishes, pans, etc. ■ **'washout** *n.* (*infml.*) complete failure

wash² /wɒʃ/ *n.* **1** [C, usu. sing.] act of cleaning somebody/something using water and usu. soap: *give the car a good ~* **2 (the wash)** [sing.] (sound made by the) movement of water caused by a passing boat.

washer /'wɒʃə(r)/ *n.* **1** small flat ring of metal, plastic, etc. for making a screw or joint tight. **2** (*infml.*) = WASHING MACHINE (WASHING)

washing /'wɒʃɪŋ/ *n.* [U] **1** act of washing something: *I do the ~* (= wash the clothes) *in our house.* **2** clothes, sheets, etc. that are waiting to be washed or that have been washed: *hang the ~ out on the line.* ■ **'washing machine** *n.* electric machine for washing clothes. ■ **'washing powder** *n.* [U] soap in the form of powder for washing clothes.

wasn't /'wɒznt/ → BE

wasp /wɒsp/ *n.* flying insect with black and yellow stripes and a sting in its tail.

wastage /'weɪstɪdʒ/ *n.* **1** [U, sing.] fact of losing or destroying something, esp. because it has been used carelessly. **2** [U] amount of something that is wasted. **3** [U] reduction in numbers of employees or students: *natural~*

waste¹ /weɪst/ *v.* [T] **1** use more of something than is necessary or useful. **2** not make good or full use of somebody/something: *~ an opportunity.* [PV] **waste away** (of a person) become thin and weak.

waste² /weɪst/ *n.* **1** [U, sing.] **~(of)** act of using something in a careless or unnecessary way: *a ~ of time/ money ◊ I hate to see food go to ~* (= be thrown away). **2** [U] materials that are no longer needed and are thrown away: *industrial ~* **3 (wastes)** [pl.] large area of land where there are few people, animals or plants: *the frozen ~s of Siberia.* ● **waste** *adj.* **1** (of land) not suitable for building or growing things on and therefore not used: *~ ground.* **2** no longer useful and to be thrown away: *~ paper.* ▶ **wasteful** *adj.* causing waste: *~ful processes* ▶ **wastefully** *adv.* ■ **,waste-'paper basket** *n.* container for waste paper.

watch¹ /wɒtʃ/ *v.* **1** [I, T] look at somebody/ something carefully for a period of time. **2** [T] take care of somebody/something for a short time: *Can you ~ my bags for me while I go to the loo?* **3** [T] (*infml.*) be careful about something: *~ your head on the low ceiling* [IDM] **watch your step** → STEP¹ [PV] **watch out** (*spoken*) used to warn somebody about something dangerous. **watch over somebody/something** (*fml.*) take care of somebody/something.; protect and guard somebody/something. ▶ **watcher** *n.* person who watches and studies somebody/something regularly.

watch² /wɒtʃ/ *n.* **1** [C] small clock worn on the wrist. **2** [sing., U] act of watching somebody/something carefully in case of danger or problems: *keep (a) close ~ on the patient.* **3** [C, U] fixed period of time, usu. while others are asleep, during which somebody watches for any danger so that they can warn others; the person who does this: *I'm on first ~.* [IDM] **be on the watch (for somebody/ something)** be looking carefully for somebody/something, esp. in order to avoid danger: *Be on the ~ for pickpockets.* ■ **'watchdog** *n.* person or group of people whose job is to protect people's rights. ▶ **watchful** *adj.* paying attention to what is happening in case of danger, accidents, etc. ■ **'watchword** *n.* word or phrase that expresses somebody's beliefs or attitudes.

water¹ /'wɔːtə(r)/ *n.* **1** [U] clear colourless liquid that falls as rain, is found in rivers, etc.

and is used for drinking. **2** [U] area of water, esp. a lake, river, etc.: *He fell into the ~.* **3 (waters)** [pl.] the water in a particular lake, river, sea or ocean. **4** [U] surface of a mass of water: *She dived under the ~.* **5 (waters)** [pl.] area of sea or ocean belonging to a particular country: *in British ~s.* ■ **'water cannon** *n.* machine that produces a powerful jet of water, used for breaking up crowds. ■ **'water closet** *n.* (*abbr.* **WC**) (*old-fash.*) toilet. ■ **'watercolour** (*US* **-color**) *n.* **1 (watercolours)** [pl.] paints that you mix with water, not oil, and use for painting pictures. **2** [C] picture painted with these paints. ■ **'watercress** *n.* [U] plant that grows in running water, with leaves used as food. ■ **'waterfall** *n.* place where a stream or river falls from a high place. ■ **'waterfront** *n.* [C, usu. sing.] part of a town or area that is next to water, e.g. in a harbour. ■ **'waterhole** (*also* **'watering hole**) *n.* pool in a hot country, where animals go to drink. ■ **waterlogged** /-lɒgd/ *adj.* **1** (of soil, a field, *etc.*) extremely wet. **2** (of a boat) full of water. ■ **'watermark** *n.* design in some kinds of paper that can be seen when the paper is held up to the light. ■ **'watermelon** *n.* [C, U] large round dark green fruit with red flesh and black seeds. ■ **'watermill** *n.* mill next to a river in which the machinery for grinding grain into flour is driven by the power of the water turning a wheel. ■ **'waterproof** *n., adj.* (coat) that does not let water through. ▶ **'waterproof** *v.* [T] make something waterproof. ■ **'watershed** *n.* **1** event or period of time that marks an important change. **2** line of high land separating river systems. ■ **'waterside** *n.* [sing.] edge of a river, lake, etc. ■ **'waterski** *v.* [I] ski on water while being pulled along by a boat. ▶ **'waterskiing** *n.* [U] ■ **'water table** *n.* level below which the ground is filled with water. ■ **'watertight** *adj.* **1** that does not allow water to get in or out. **2** (of an excuse, plan, argument, *etc.*) containing no mistakes, faults or weaknesses. ■ **'waterway** *n.* river, canal, etc. along which boats can travel. ■ **'waterworks** *n.* [C, with sing. or pl. verb] building with pumping machinery, etc. for supplying water to an area. [IDM] **turn on the waterworks** (*infml, disapprov*) start crying.

water[2] /'wɔːtə(r)/ *v.* **1** [T] pour water on plants, etc.: *~ the lawn.* **2** [I] (of the eyes) become full of tears. **3** [I] (of the mouth) produce saliva. **4** [T] give water to an animal to drink [PV] **water something down 1** make a liquid weaker by adding water. **2** change a speech, piece of writing, etc. to make it less offensive. ■ **'watering can** *n.* container with a long spout, used for watering plants.

watery /'wɔːtəri/ *adj.* **1** containing too much water. **2** (of colours) pale; weak.

watt /wɒt/ *n.* unit of electrical power.

wave /weɪv/ *v.* **1** [I, T] move your hand or arm from side to side in the air to attract attention, as a greeting, etc. **2** [I, T] show where something is, show somebody where to go, etc. by moving your hand in a particular direction: *The guard ~d us on.* **3** [T] hold something in your hand and move it from side to side: *~ a flag* **4** [I] move freely and gently, while one end or side is held in position: *branches ~ing in the wind.* [PV] **wave something aside/away** not accept something because you do not think it is important. ● **wave** *n.* **1** raised line of water that moves across the surface of the sea, etc. **2** sudden increase in a particular feeling or activity: *a ~of panic.* **3** movement of your arm or hand from side to side: *with a ~ of his hand.* **4** form in which heat, sound, light, etc. is carried: *radio ~s.* **5** (of hair) slight curl. ■ **'wavelength** *n.* **1** distance between two similar points on a wave of energy, e.g light or sound. **2** size of a radio wave used by a particular radio station, etc. ▶ **wavy** *adj.* (**-ier, -iest**) having curves; not straight: *a wavy line* ◇ *wavy hair.*

waver /'weɪvə(r)/ *v.* [I] **1** be or become weak or unsteady. **2** hesitate about making a decision. **3** move unsteadily.

wax /wæks/ *n.* [U] soft easily-melted sticky or oily substance used for making candles, polish, etc. ● **wax** *v.* **1** [T] polish or cover something with wax. **2** [T] remove hair from a part of the body using wax. **3** [I] (of the moon) seem to get gradually bigger until its full form is visible. **4** [I] (**~lyrical, eloquent, etc.**) (*written*) become lyrical, eloquent, etc. when speaking or writing.

way[1] /weɪ/ *n.* **1** [C] method, style or manner of doing something: *the best ~ to help people.* ◇ *the rude ~ in which he spoke to us.* **2 (ways)** [pl] habits: *She is not going to change her ~s.* **3** [C, usu. sing] route or road that you take in order to reach a place: *ask somebody the ~ to the airport.* **4** [C, usu. sing.] route along which somebody/something is moving or that would take if there was nothing stopping them/it: *Get out of my ~! I'm in a hurry.* **5** [C] road, path, etc. **6** [C, usu. sing.] (in a) particular direction: *He went the other ~.* **7** [sing.] distance or period of time between two points: *It's a long ~ to London.* **8** [C] particular aspect of something: *In some ~s. I agree with you.* **9** [sing.] particular condition or state: *The economy's in a bad ~.* [IDM] **by**

the way (*spoken*) used to introduce a new subject when talking **by way of something** (*fml.*) as a form of something: *say something by ~ of introduction* **get/have your (own) way** get or do what you want, esp. when somebody has tried to stop you **give way** break or fall down. **give way (to somebody/something) 1** stop resisting somebody/something; agree to do something that you do not want to do: *give ~ to their demands.* **2** (*GB*) allow somebody/something to be or go first: *Give ~ to traffic coming from the right.* **3** be replaced by something **go out of your way (to do something)** make a special effort to do something. **go your own way** do what you want. **in the/somebody's way** stopping somebody from moving or doing something **make way (for somebody/something)** allow somebody/something to pass **(there is) no way** (*infml.*) used to say that there is no possibility that you will do something or that something will happen **on your/the/its way 1** going or coming. **2** during the journey **out of the way. 1** no longer blocking somebody/something or causing inconvenience: *I moved my legs out of the ~ to let her get past.* **2** finished **3** far from a town or city. **4** unusual **under way** having started and making progress **way of life** typical beliefs, habits and behaviour of a person or group.

way² /weɪ/ *adv.* (used with a preposition or an adverb) very far; by a large amount: *She finished the race ~ ahead of the others.* ■ **,way-'out** *adj.* (*infml.*) unusual or strange.

waylay /weɪ'leɪ/ *v.* (*pt, pp* **-laid** /-'leɪd/) [T] stop somebody from going somewhere, esp. in order to talk to them or attack them.

wayward /'weɪwəd/ *adj.* (*written*) difficult to control: *a ~ child.*

WC /,dʌbljuː 'siː/ *abbr.* (*GB*) (on signs and doors in public places) water closet; toilet.

we /wiː/ *pron.* (used as the subject of a *v.*) I and another person or other people: *We are all going to visit him.*

weak /wiːk/ *adj.* **1** not physically strong: *still ~ after his illness.* **2** easily bent, broken or defeated: *a ~ joint/team.* **3** easy to influence; not having much power: *a ~ leader.* **4** not good at something: *~ at mathematics.* **5** not convincing: *a ~ argument.* **6** not easily seen or heard: *~ sound/light.* **7** containing a lot of water: *~ tea.* ▶ **weaken** *v.* [I, T] become or make somebody/something weak. ■ **,weak-'kneed** *adj.* (*infml.*) lacking courage or strength. ▶ **weakling** *n.* (*disapprov*) weak person. ▶ **weakly** *adv.* ▶ **weakness** *n.* **1** [U] lack of strength, power or determination. **2** [C] fault or defect: *We all have our little ~nesses.* **3** [C, usu. sing.] difficulty in resisting somebody/something that you like very much: *a ~ for cream cakes.*

wealth /welθ/ *n.* **1** [U] large amount of money, property, etc. that a person or country owns. **2** [U] state of being rich. **3** [sing] **~of** large amount of something: *a ~ of information.* ▶ **wealthy** *adj.* (**-ier, -iest**) rich.

wean /wiːn/ *v.* [T] gradually stop feeding a baby with its mother's milk and start giving it solid food. [PV] **wean somebody off/from something** cause somebody to stop doing something gradually.

weapon /'wepən/ *n.* something, e.g. a gun, bomb or sword, used in fighting. ▶ **weaponry** *n.* [U] weapons. *See pg 302 for pictures.*

wear¹ /weə(r)/ *v.* (*pt* **wore** /wɔː(r)/ *pp* **worn** /wɔːn/) **1** [T] have something on your body as a piece of clothing, an ornament, etc.: *~ a dress.* **2** [T] have your hair in a particular style; have a beard or moustache. **3** [T] have a particular expression on your face: *~ a smile.* **4** [I, T] (cause something to) become thinner, smoother or weaker through continuous use or rubbing: *The carpets are starting to ~.* **5** [I] stay in good condition after being used for a long time: *These shoes have worn well.* **6** [T] (*infml.*) accept or allow something [PV] **wear (something) away** (cause something to) become thinner, smoother, etc. by continuously using or rubbing it. **wear (something) down** (cause something to) become gradually smaller, smoother, etc. **wear somebody/something down** gradually make somebody/something weaker or less determined. **wear off** gradually disappear or stop. **wear on** (*written*) (of time) pass, esp. slowly. **wear (something) out** (cause something to) become useless because of constant wear or use **wear yourself/somebody out** make yourself/somebody feel very tired.

wear² /weə(r)/ *n.* [U] **1** (in compounds) clothes for a particular purpose or occasion: *mens~* **2** fact of wearing something: *clothes for everyday ~* **3** amount or type of use that something has over time: *There's a lot of ~ in these shoes yet.* **4** damage or loss of quality from use: *The carpet is showing signs of ~.* [IDM] **wear and tear** damage to objects, furniture, etc. caused by normal use.

weary /'wɪəri/ *adj.* (**-ier, -iest**) very tired. ▶ **wearily** *adv.* ▶ **weariness** *n.* [U] ● **weary** *v.* (*pt, pp* **-ied**) [I, T] **~(of)** become or make somebody feel tired.

weasel /'wiːzl/ *n.* small wild animal with reddish-brown fur.

weather¹ /'weðə(r)/ *n.* [U] condition of sun,

wind, temperature, etc. at a particular place and time. [IDM] **under the weather** (*infml.*) slightly ill. ■ **'weather-beaten** *adj.* (of a person or their skin) rough and damaged because the person spends a lot of time outside. ■ **'weather forecast** *n.* description on the TV, etc. of what the weather will be like tomorrow, etc. ■ **'weatherman** (*pl.* -**men** /-men/) (*fem.* **'weathergirl**) *n.* (*infml.*) person on the TV or radio who tells people what the weather will be like. ■ **'weatherproof** *adj.* that keeps out rain, wind, etc. ■ **'weathervane** *n.* metal object on the roof of a building that turns round to show the direction of the wind.

weather² /'weðə(r)/ *v.* **1** [I, T] (cause something to) change shape or colour because of the effect of the sun, rain, etc. **2** [T] come safely through a difficult experience: *~ a storm/crisis.*

weave /wi:v/ *v.* (*pt* **wove** /wəʊv/ or in sense **1** ~**d** *pp* **woven** /'wəʊvn/ or in sense **4** ~**d**) **1** [I, T] make fabric, a carpet, a basket, etc. by crossing threads or strips across, over and under each other. **2** [T] make something by twisting flowers, pieces of wood, etc. together: *~ flowers into a garland.* **3** [T] compose a story **4** [I, T] move along by twisting and turning to avoid obstructions: *~ through the traffic.* ● **weave** *n.* way in which threads are arranged in a piece of woven fabric. ▶ **weaver** *n.* person whose job is weaving fabric.

web /web/ *n.* **1** [C] net of fine threads made by a spider. **2** (**the Web**) [sing.] = WORLD WIDE WEB (WORLD) **3** [C] complicated pattern of closely-connected things. **4** [C] skin that joins the toes of ducks, frogs, etc. ▶ **webbed** *adj.* (of a bird or animal) having pieces of skin between the toes. ■ **'webcam** (*also* **'Webcam**) *n.* (*computing*) video camera connected to a computer that is connected to the Internet, so that its images can be seen by Internet users. ■ **'webcast** *n.* (*computing*) live video broadcast of an event sent out on the Internet. ■ **'webmaster** *n.* (*computing*) person responsible for particular pages of information on the World Wide Web. ■ **'website** *n.* (*computing*) place connected to the Internet, where a company, organization, etc. puts information that can be found on the World Wide Web.

wed /wed/ *v.* (*pt, pp* ~**ded** *or* **wed**) [I, T] (*old-fash.*) marry.

we'd /wi:d/ = WE HAD, WE WOULD

wedding /'wedɪŋ/ *n.* marriage ceremony. ■ **'wedding ring** *n.* ring worn to show that you are married.

wedge /wedʒ/ *n.* **1** piece of wood, metal, etc. with one thick end and one thin pointed end, used for splitting something or to keep two things separate. **2** something shaped like a wedge: *a ~ of cake.* ● **wedge** *v.* [T] put or squeeze something into a narrow space to fix it in place: *~ the door open.*

wedlock /'wedlɒk/ *n.* [U] (*old-fash.*) or (*law*) state of being married.

Wednesday /'wenzdeɪ; -di/ *n.* [C, U] the fourth day of the week, next after Tuesday (See examples of use at *Monday.*)

wee /wi:/ *adj.* (*infml.*) very little. ● **wee** *n.* **1** [sing.] act of passing liquid waste (**urine**) from the body: *do/have a ~.* **2** [U] urine ▶ **wee** *v.* [I]

weed /wi:d/ *n.* **1** wild plant growing where it is not wanted, e.g. in a garden. **2** (*GB, infml.*) thin weak person. ● **weed** *v.* [I, T] remove weeds from the ground. [PV] **weed somebody/something out** get rid of somebody/something: *~ out the lazy students.* ▶ **weedy** *adj.* (-**ier**, -**iest**) **1** (*GB, infml.*) having a thin weak body. **2** full of weeds.

week /wi:k/ *n.* **1** period of seven days, esp. from Monday to Sunday. **2** period spent at work in a week: *a 35-hour ~* [IDM] **week after week** | **week in, week out** every week. ■ **'weekday** *n.* any day except Saturday and Sunday. ■ **,week'end** *n.* Saturday and Sunday. ▶ **weekly** *adj., adv.* happening or appearing every week or once a week. ▶ **weekly** *n.* (*pl.* -**ies**) newspaper or magazine that is published once a week.

weep /wi:p/ *v.* (*pt, pp* **wept** /wept/) [I, T] (*fml.*) cry. ▶ **weeping** *adj.* (of some trees) with branches that hang downwards.

weigh /weɪ/ *v.* **1** linking verb have a certain weight: *~ 10 kilograms.* **2** [T] measure how heavy somebody/something is: *She ~ed herself on the scales.* **3** [T] ~ (**up**) consider something carefully before deciding something: *~ up the pros and cons.* **4** [I] have an influence on somebody's opinion or the result of something: *His past record ~s heavily against him.* [IDM] **weigh anchor** lift an anchor out of the water before sailing away. [PV] **weigh somebody/something down 1** make somebody/something heavier so they are not able to move easily. **2** make somebody feel worried or depressed **weigh in** (**with something**) (*infml.*) join in a discussion, argument, etc. by saying something important. **weigh on somebody** make somebody anxious or worried. **weigh something out** measure an amount of something by weight.

weight /weɪt/ *n.* **1** [U, C] how heavy somebody/something is, which can be measured in kilograms, etc.: *I've put on* (= gained) *~.* ◊ *She wants to lose ~* (= become less heavy or fat). **2** [U] fact of being heavy. **3** [C] heavy object **4** [sing.] great responsibility or worry: *The news certainly took a ~ off my mind.* (= I did not have to worry about it any more). **5** [U] importance, influence or strength: *opinions that carry ~* **6** [C, U] unit or system of units by which weight is measured. **7** [C] piece of metal known to weigh a particular amount: *a 100-gram ~* ● **weight** *v.* [T] **~(down)** attach a weight to something to keep it in position or to make it heavier. ▶ **weighted** *adj.* **~towards/against/in favour of** arranged in such a way that one person or thing has an advantage/a disadvantage. ▶ **weightless** *adj.* having no weight. ■ **'weightlifting** *n.* [U] sport of lifting heavy weights. ▶ **weightlifter** *n.* ▶ **weighty** *adj.* **(-ier, iest)** (*fml.*) **1** important and serious. **2** heavy.

weir /wɪə(r)/ *n.* wall across a river to control its flow.

weird /wɪəd/ *adj.* **1** (*infml.*) unusual or different; not normal. **2** (*written*) strange; unnatural: *~ shrieks.* ▶ **weirdly** *adv.* ▶ **weirdness** *n.* [U]

welcome /'welkəm/ *v.* [T] **1** greet somebody in a friendly way when they arrive somewhere. **2** be pleased to receive or accept something: *The decision has been ~d by everyone.* ● **welcome** *exclaim* used as a greeting to a person who is arriving: *W ~ home!* ● **welcome** *n.* [C, U] greeting or reception. ● **welcome** *adj.* **1** received with or giving pleasure: *a ~ change.* **2** **~to** used to say that you are very happy for somebody to do something if they want to: *You're ~ to use my car.* [IDM] **you're welcome** (*esp. US*) used as a polite reply when somebody thanks you for something.

weld /weld/ *v.* [T] join pieces of metal together by heating their edges and pressing them together. ● **weld** *n.* joint made by welding. ▶ **welder** *n.* person whose job is welding metal.

welfare /'welfeə(r)/ *n.* [U] health, comfort and happiness. ■ **,welfare 'state (the ,Welfare 'State)** *n.* [usu. sing.] system of social services for people who are ill, unemployed, old, etc. paid for by the government.

well[1] /wel/ *exclaim* used to express hesitation, surprise, acceptance, etc.: *W ~,... I don't know about that.* ◇ *W ~, ~, so you've come at last!* ◇ *Oh, very ~ then, if you insist.* ● **well** *adj.* (**better** /'betə(r)/ **best** /best/) **1** in good health: *feel/get ~* **2** in a satisfactory state or condition: *All is not ~ at home.* **3** advisable; a good idea: *It would be ~ to start early.*

well[2] /wel/ *adv.* (**better** /'betə(r)/ **best** /best/) **1** in a good, right or satisfactory way: *The children behaved ~.* **2** thoroughly and completely: *Shake the mixture ~.* **3** to a great extent or degree: *drive at ~ over the speed limit.* **4** (**can/could well**) easily: *She can ~ afford it.* **5** (**can/could/may/might well**) probably: *You may ~ be right.* **6** (**can/could/may/might well**) with good reason: *I can't very ~ leave him now.* [IDM] **as well (as somebody/something)** in addition to somebody/something; too **be well out of something** (*infml.*) be lucky that you are not involved in something. **do well** be successful. **do well to do something** be sensible or wise to do something. **may/ might (just) as well do something** do something because it seems best in the situation you are in, although you may not really want to do it. **well and truly** (*infml.*) completely **well done** used to express admiration for what somebody has done. **well in (with somebody)** (*infml.*) be good friends with somebody, esp. somebody important. **well off 1** having a lot of money. **2** in a good situation. ■ **,well ad'vised** *adj.* acting in the most sensible way. ■ **'well-being** *n.* [U] state of being comfortable, healthy or happy. ■ **,well 'bred** *adj.* having or showing good manners. ■ **,well con'nected** *adj.* (*fml.*) (of a person) having important or rich friends or relatives. ■ **,well 'done** *adj.* (of food, esp. meat) cooked thoroughly. ■ **,well 'earned** *adj.* much deserved. ■ **,well 'heeled** *adj.* (*infml.*) rich ■ **,well in'formed** *adj.* having or showing wide knowledge. ■ **,well in'tentioned** *adj.* intending to be helpful, but not always succeeding. ■ **,well 'known** *adj.* known about by a lot of people; famous: *a ~-known actor.* ■ **,well 'meaning** *adj.* = WELL INTENTIONED ■ **well-nigh** /,wel 'naɪ/ *adv.* (*fml.*) almost ■ **,well 'read** *adj.* having read many books; knowledgeable. ■ **,well 'spoken** *adj.* having a way of speaking that is considered correct or elegant. ■ **,well 'timed** *adj.* done or happening at the right time or at an appropriate time. ■ **,well-to-'do** *adj.* rich ■ **'well-wisher** *n.* person who wishes another success, happiness, etc.

well[3] /wel/ *n.* **1** deep hole in the ground from which people obtain water. **2** = OIL WELL (OIL) **3** narrow space in a building for a staircase or lift. ● **well** *v.* [I] **~(up)** (of a liquid) rise to the surface of something and start to flow: *Tears ~ed up in his eyes.*

we'll /wiːl/ = WE SHALL, WE WILL

wellington /'welɪŋtən/ (*also* **,wellington 'boot**) (*also infml* **welly**) *n.* waterproof rubber boot that reaches to the knee.

welter /'weltə(r)/ *n.* [sing.] (*fml.*) large and confusing amount of something.

wend /wend/ v. (*old-fash.* or *lit.*) move slowly somewhere: *He ~ed his way home.*

went *pt of* GO¹

wept *pt, pp of* WEEP

were /wə(r); *strong form* wɛː(r)/ *pt of* BE

we're /wɪə(r)/ *short for* WE ARE (BE)

weren't /wɜːnt/ = WERE NOT (BE)

werewolf /'weəwʊlf/ n. (*pl.* **-wolves** /-wʊlvz/) (in stories) person who sometimes turns into a wolf, esp. when the moon is full.

west /west/ n. [U, sing.] (*abbr.* **W**) **1 (the west)** direction that you look towards to see the sun set; one of the four points of the compass. **2 (the West)** Europe and N. America, contrasted with eastern countries. **3 (the West)** (*US*) western side of the US. ● **west** *adj.* (*abbr.* **W**) **1** in or towards the west. **2** (of winds) blowing from the west. ● **west** *adv.* towards the west. ■ **'westbound** *adj.* travelling towards the west: *~bound traffic.* ▶ **westerly** *adj.* **1** in or towards the west. **2** (of winds) blowing from the west. ▶ **westward(s)** *adv., adj.* towards the west.

western /'westən/ *adj.* (*abbr.* **W**) (also **Western**) of the west part of the world or a particular country. ● **western** *n.* film or book about life in the western US in the 19th century, usu. involving cowboys. ▶ **westerner** *n.* person who comes from or lives in the western part of the world, esp. western Europe or N. America. ▶ **westernize** (*also -ise*) v. [T] bring ideas or ways of life that are typical of western Europe and N. America to other countries.

wet /wet/ *adj.* (**~ter, ~test**) **1** covered or soaked with liquid, esp. water: *~ grass/hair* ◇ *My dress was~ through* (= completely wet). **2** (of weather, *etc.*) with rain: *a ~ season.* **3** (of paint, cement, *etc.*) not dry or solid. **4** (*GB, infml., disapprov*) (of a person) lacking a strong character. ■ **,wet 'blanket** *n.* (*infml., disapprov*) person who prevents others from enjoying themselves. ● **wet** *n.* **1 (the wet)** [sing.] wet weather; rain. **2** [C] (*GB, infml., disapprov*) person who lacks a strong character: *Don't be such a ~!* ● **wet** *v.* (**-tt-** *pt, pp* **wet** or **~ted**) [T] make something wet. ■ **'wet suit** *n.* rubber clothing worn by underwater swimmers to keep warm.

we've /wiːv/ *short for* WE HAVE

whack /wæk/ *v.* [T] (*infml.*) hit somebody/something very hard. ● **whack** *n.* [C, usu. sing.] (*infml.*) **1** (sound made by the) act of hitting somebody/something very hard. **2** (*GB*) share of something; amount of something [IDM] **out of whack** (*esp. US, infml.*) (of a system or machine) not working as it should because its parts are not working

together correctly. ▶ **whacked** *adj.* (*GB, infml.*) very tired. ▶ **whacking** (*also* **whacking great**) *adj.* (*GB, infml.*) used to emphasize how big or how much something is ▶ **whacky** = WACKY.

whale /weɪl/ *n.* very large sea animal hunted for its oil and meat [IDM] **have a whale of a time** (*infml.*) enjoy yourself very much. ▶ **whaler** *n.* **1** ship used for hunting whales. **2** person who hunts whales. ▶ **whaling** *n.* [U] activity or business of hunting and killing whales.

wharf /wɔːf/ *n.* (*pl.* **~s** or **wharves** /wɔːvz/) flat structure built beside the sea or a river where boats can be tied up and goods unloaded.

what /wɒt/ *pron., det.* **1** used in questions to ask for particular information about somebody/something: *W~ are you doing?* ◇ *W~ are you eating?* **2** the thing(s) that: *Tell me ~ happened next.* **3** used to say that you think that something is especially good, bad, etc.: *W~ a good idea!* [IDM] **what about ... ?** → ABOUT **what for?** for what purpose or reason?: *W~ is this tool used for?* ◇ *W~ did you do that for?* **what if ... ?** what would happen if ? **what is more** used to add a point that is even more important. **what's what** (*spoken*) what things are useful, important, etc. **what with something** used to list the various reasons for something.

whatever /wɒt'evə(r)/ *det., pron.* **1** any or every; anything or everything: *You can eat ~ you like.* **2** used when you are saying that it does not matter what somebody does, or what happens, because the result will be the same: *Keep fighting, ~ happens.* **3** used in questions to show surprise or confusion: *W~ do you mean?* ● **whatever** (*also* **whatsoever**) *adv.* (used for emphasis) not at all; not of any kind: *no doubt ~.*

wheat /wiːt/ *n.* [U] (plant producing) grain from which flour is made.

wheedle /'wiːdl/ *v.* [I, T] (*disapprov*) persuade somebody to give you something or do something by saying nice things that you do not mean: *She ~d the money out of her brother.*

wheel /wiːl/ *n.* **1** [C] one of the circular objects under a car, bicycle, etc. that turns when it moves. **2** [C, usu. sing.] the circular object used to steer a car, etc. or ship: *A car swept past with Jon at the ~.* ● **wheel** *v.* **1** [T] push or pull something that has wheels. **2** [I] move or turn in a circle [IDM] **wheel and deal** do a lot of complicated deals in business or politics, often dishonestly. ■ **'wheelbarrow** *n.* small open container with one wheel and two

handles, that you use outside to carry things.
■ **'wheelchair** *n.* chair with wheels for somebody who is unable to walk. ► **-wheeled** (forming compound adjectives) having the number of wheels mentioned: *a three-~ed vehicle.*

wheeze /wi:z/ *v.* [I] breathe noisily and with difficulty. ● **wheeze** *n.* high whistling noise that your chest makes when you cannot breathe easily. ► **wheezy** *adj.* **(-ier, iest)**

whelk /welk/ *n.* small shellfish that can be eaten.

when /wen/ *adv.* **1** (used in questions) at what time; on what occasion: *W~ did you come?* **2** used after an expression of time to mean *at* or *on which: Saturday is the day ~ few people work.* ◊ *Her last visit to the town was in May, ~ she saw the new hospital.* ● **when** *pron.* what/which time: *'I've got a new job.' 'Since ~?'* ● **when** *conj.* **1** at or during the time that: *It was raining ~ we arrived.* **2** after: *Call me ~ you've finished.* **3** considering that; although: *Why buy a new car ~ your present one runs well?*

whence /wens/ *adv.* (*old-fash.*) from where.

whenever /wen'evə(r)/ *conj.* **1** at any time that; on any occasion that: *Ask for help ~ you need it.* **2** every time that: *I go ~I can.* ● **whenever** *adv.* (used in questions to show surprise) when.

where /weə(r)/ *adv.* **1** (used in questions) in or to what place or situation: *W~ does he live?* **2** (used after words or phrases that refer to a place or situation) at, in or to which place: *one of the few countries ~ people drive on the left.* ● **where** *conj.* (in) the place or situation in which: *Put it ~ we can all see it.* ■ **'whereabouts** *adv.* used to ask the general area where somebody/something is: *W~ abouts did you find it?* ● **'whereabouts** *n.* [U, with sing. or pl. verb] place where somebody/something is: *Her ~abouts is/are unknown.* ■ **,where'as** *conj.* used to compare or contrast two facts: *He gets to work late every day ~ she is always early.* ■ **where'by** *adv.* (*fml.*) by which; because of which ■ **,whereu'pon** *conj.* (*written*) and then; as a result of this.

wherever /weər'evə(r)/ *conj.* **1** in any place: *I'll find him, ~ he is.* **2** in all places that; everywhere: *Crowds of people queue to see her ~ she goes.* ● **wherever** *adv.* (used in questions for showing surprise) where.

wherewithal /'weəwɪðɔːl/ *n.* **(the wherewithal)** [sing.] the money, things or skill needed for a purpose: *Does he have the ~ to buy a car?*

whet /wet/ *v.* **(-tt-)** increase your desire for or interest in something: *The book will ~ your appetite for more of her work.*

whether /'weðə(r)/ *conj.* used to express a doubt or a choice between two possibilities: *I don't know ~ to accept or refuse.*

which /wɪtʃ/ **1** *pron., det.* used in questions to ask somebody to be exact about one or more people or things from a limited number: *W~ way shall we go – up the hill or along the road?* **2** used to be exact about the thing(s) that you mean: *Houses ~ overlook the sea cost more.* **3** used to give more information about something: *His best film, ~ won several awards, was about the Civil War.*

whichever /wɪtʃ'evə(r)/ *det., pron.* **1** used to say what feature or quality is important in deciding something: *Choose ~ brand you prefer.* **2** used to say that it does not matter which, as the result will be the same: *W~ way you travel it is expensive.*

whiff /wɪf/ *n.* **1** slight smell **2** slight sign or feeling of something.

while /waɪl/ *conj.* **1** during the time that something is happening: *Her parents died ~ she was still at school.* **2** at the same time as something else is happening **3** used to contrast two things: *She likes tea, ~I prefer coffee.* **4** although: *W~ I want to help, I don't think I can.* ● **while** *n.* [sing.] period of time: *for a long ~* ● **while** *v.* [PV] **while something away** spend time in a pleasant, lazy way.

whilst /waɪlst/ *conj.* (*fml.*) = WHILE

whim /wɪm/ *n.* [C, U] sudden wish to do or have something, esp. when it is unnecessary.

whimper /'wɪmpə(r)/ *v.* [I] make low weak crying noises. ► **whimper** *n.*

whimsical /'wɪmzɪkl/ *adj.* unusual and not serious in a way that is either amusing or annoying.

whine /waɪn/ *n.* long high unpleasant sound or cry. ● **whine** *v.* [I] **1** complain in an annoying, crying voice: *a child that never stops whining.* **2** make a long high unpleasant sound; *The dog was whining to come in.*

whinny /'wɪni/ *n.* (*pl.* **-ies**) quiet sound made by a horse. ► **whinny** *v.* (*pt, pp* **~ied**) [I]

whip[1] /wɪp/ *n.* **1** [C] piece of leather or rope fastened to a handle, used for hitting people or animals. **2** [C] (member of a political party who gives an) order to members to attend and vote in a debate.

whip[2] /wɪp/ *v.* **(-pp-)** **1** [T] hit a person or an animal hard with a whip. **2** [I, T] (cause something to) move quickly and suddenly: *A branch ~ped across the car window.* **3** [T] remove or pull something quickly and suddenly: *He ~ped out a knife.* **4** [T] stir cream, etc. very quickly until it becomes stiff. [PV] **whip somebody/something up 1** try to make people excited or feel strongly about something. **2** quickly make a meal or something to eat. ▶ **whipping** n. [C, usu. sing.] act of hitting somebody with a whip, as a punishment. ■ **'whip-round** n. (GB, infml.) money given by a group of people in order to buy something for somebody.

whirl /wɜːl/ v. **1** [I, T] (cause somebody/something to) move around quickly in a circle. **2** [I] spin; feel confused: *Her brain was ~ing.* ● **whirl** n. [sing.] **1** movement of something spinning around: *(fig.) Her mind was in a ~* (= a state of confusion). **2** number of events or activities happening one after another. [IDM] **give something a whirl** (infml.) try something to see if you like it or can do it. ■ **'whirlpool** n. strong circular current of water. ■ **'whirlwind** n. **1** tall column of quickly circulating air. **2** situation in which a lot of things happen very quickly. ▶ **whirlwind** adj. happening very fast: *a ~ wind affair.*

whirr (esp. US **whir**) /wɜː(r)/ n. [C, usu. sing.] continuous low sound of a machine working or a bird's wings moving quickly. ● **whirr** (esp. US **whir**) v. [I] make a continuous low sound like the parts of a machine moving.

whisk /wɪsk/ v. [T] **1** beat eggs, cream, etc. into a stiff light mass. **2** take somebody/something somewhere very quickly and suddenly: *They ~ed him off to prison.* ● **whisk** n. kitchen utensil for beating eggs, etc.

whisker /'wɪskə(r)/ n. **1** [C] long stiff hair near the mouth of a cat, etc. **2** (**whiskers**) [pl.] hair on the sides of a man's face.

whisky (US **whiskey**) /'wɪski/ n. [U, C] (pl. **-ies**) strong alcoholic drink made from grain.

whisper /'wɪspə(r)/ v. **1** [I, T] speak very quietly to somebody so that others cannot hear what you are saying. **2** [I] (written) (of leaves, the wind, etc.) make a soft quiet sound. ● **whisper** n. **1** low quiet voice or the sound it makes. **2** (also **whispering**) (written) soft sound.

whist /wɪst/ n. [U] card game for two pairs of players.

whistle /'wɪsl/ n. **1** instrument that produces a clear high sound, esp. as a signal. **2** sound you make by forcing your breath out when your lips are closed. **3** high loud sound produced by air or steam being forced through a small opening. ● **whistle** v. **1** [I, T] make a high sound or a musical tune by forcing your breath out when your lips are closed. **2** [I] (of a kettle or other machine) make a high sound. **3** [I] move quickly with a whistling sound: *The rockets ~d past us.*

white /waɪt/ adj. (**~r**, **~st**) **1** having the colour of fresh snow or milk. **2** of a pale-skinned race of people. **3** (of the skin) pale because of illness or emotion. **4** (GB) (of tea or coffee) with milk added. ● **white** n. **1** [U] colour of fresh snow or milk. **2** [C, usu. pl.] member of a race of people who have pale skin. **3** [C, U] part of an egg that surrounds the yellow part (**yolk**) **4** [C, usu. pl.] white part of the eye. ■ ,**white'collar** adj. of office workers, not manual workers. ■ ,**white'elephant** n. [usu. sing.] something expensive but useless. ■ ,**white 'lie** n. small harmless lie. ▶ **whiten** v. [I, T] become or make something white or whiter. ▶ **whiteness** n. [U, sing.] ■ **'whitewash** n. **1** [U] mixture of lime or chalk and water, used for painting walls white. **2** [U, sing.] (disapprov) attempt to hide unpleasant facts about somebody/something. ● **'whitewash** v. [T] **1** cover a wall, etc. with whitewash **2** (disapprov) try to hide unpleasant facts about somebody/something. ■ ,**white 'water** n. [U] part of a river that looks white because the water is moving very fast over rocks: *~-water rafting.*

whittle /'wɪtl/ v. [I, T] shape a piece of wood by cutting small pieces from it. [PV] **whittle something away** make something gradually decrease in value or amount: *Our savings are slowly ~ing down.* **whittle something down** reduce the size or number of something.

whizz (esp. US **whiz**) /wɪz/ v. [I] (infml.) **1** move very quickly making a high continuous sound: *A bullet ~ed past me.* **2** do something very quickly.

whizz-kid (esp. US **whiz-kid**) /'wɪz-kɪd/ n. (infml.) person who is very good and successful at something, esp. at a young age.

whizzy /'wɪzi/ adj. (infml.) having features that make use of advanced technology: *a ~ new mobile phone.*

who /huː/ pron. **1** used in questions to ask about the name, identity or function of somebody: *W~ is that?* ◊ *W~ are you phoning?* **2** used to show which person or people you mean: *The people ~ called yesterday want to buy the house.* **3** used to give more information about somebody: *My friend, ~ has been ill, hopes to see you soon.*

whoever /huː'evə(r)/ pron. **1** the person or people who: *W~ says I have a fortune to give* ◊ *You must speak to ~ is responsible.* **2** used to say that it does not matter who, since the result will be the same: *W~ rings, I don't want to speak to them.* **3** (used in questions for showing surprise) who: *W ~ heard of such a thing!*

whole /həʊl/ adj. **1** full; complete: *He never told us the ~ story.* **2** not broken or damaged: *She swallowed the sweet ~.* [IDM] **go the whole hog** (infml.) do something thoroughly. ● **whole** *n.* **1** [C] thing that is complete in itself: *Four quarters make a ~.* **2 (the whole)** [sing.] **~of** all that there is of something: *the ~ of her life.* [IDM] **on the whole** considering everything; in general. ■ **,whole'hearted** *adj.* (*approv*) complete and enthusiastic. ▶ **,whole'heartedly** *adv.* ■ **'wholemeal** *adj.* containing whole grains of wheat, etc. including the husk: *~ wheat flour/bread.* ■ **,whole 'number** *n.* (*maths.*) number that consists of one or more units, with no fractions. ▶ **wholly** *adv.* completely: *I'm not wholly convinced.*

wholesale /ˈhəʊlseɪl/ *adj. adv.* **1** of goods that are bought and sold in large quantities, esp. so they can be sold again to make a profit. **2** (*esp.* of something bad) happening or done to a very large number of people or things: *the ~ slaughter of animals.* ▶ **wholesaler** *n.* trader who sells goods wholesale.

wholesome /ˈhəʊlsəm/ *adj.* **1** good for your health. **2** morally good.

whom /huːm/ *pron.* (*fml.*) used instead of 'who' as the object of a verb or preposition: *W~ did she invite?* ◇ *The person to ~ this letter is addressed no longer lives here.*

whoop /wuːp/ *n.* loud cry of happiness or excitement. ● **whoop** *v.* [I] shout loudly because you are happy or excited: *~ing with joy.*

whooping cough /ˈhuːpɪŋ kɒf/ *n.* [U] infectious disease, esp. of children, that makes them cough and have difficulty breathing.

whore /hɔː(r)/ *n.* (*old-fash.*) female prostitute

whose /huːz/ *det., pron.* **1** used in questions to ask who something belongs to: *W~ (house) is that?* **2** used to say which person or thing you mean: *He's a man ~ opinion I respect.* **3** used to give more information about a person or thing: *Isobel, ~ brother he was, had heard the story before.*

why /waɪ/ *adv.* **1** used in questions to ask the reason for or purpose of something: *W~ are you sleeping now?* **2** used to give or talk about a reason: *That's ~ she left so early.* [IDM] **why not?** used to make or agree to a suggestion: *W~ not write to him?*

wick /wɪk/ *n.* burning piece of string, etc. in a candle or oil lamp. [IDM] **get on somebody's wick** (*GB, infml.*) annoy somebody.

wicked /ˈwɪkɪd/ *adj.* **1** morally bad. **2** (*infml.*) slightly bad but in a way that is amusing and/or attractive: *a ~ grin.* **3** dangerous, harmful or powerful. **4** (*sl.*) very good: *Their new song is ~.* ▶ **wickedly** *adv.* ▶ **wickedness** *n.* [U]

wicker /ˈwɪkə(r)/ *n.* [U] thin sticks of wood woven together to make baskets, etc. ■ **'wickerwork** *n.* [U] baskets, furniture, etc. made of wicker.

wicket /ˈwɪkɪt/ *n.* **1** (in cricket) set of three sticks **(stumps)** at which the ball is bowled. **2** area of grass between the two wickets.

wide /waɪd/ *adj.* (**~r, ~st**) **1** measuring a lot from one side to the other: *a ~ road.* **2** measuring a particular distance from one side to the other: *12 centimetres ~* **3** including many different things: *a ~ range of areas.* **4** far from what is aimed at: *His shot was ~ (of the target).* [IDM] **give somebody/ something a wide berth** not go too near somebody/something.; avoid somebody/ something **wide of the mark** not accurate. ● **wide** *adv.* as far or fully as possible: *He was ~ awake.* ◇ *The door was ~ open.* ■ **,wide-'eyed** *adj.* **1** with your eyes fully open because of fear, surprise, etc. **2** inexperienced; naïve. ▶ **widely** *adv.* **1** by a lot of people; in or to many places: *It is ~ly known that ...* ◇ *He has travelled ~ across the world.* **2** to a large degree; a lot: *Prices vary ~ly from shop to shop.* ▶ **widen** *v.* [I, T] become or make something wider. ■ **'widespread** *adj.* existing or happening over a large area.

widow /ˈwɪdəʊ/ *n.* woman whose husband has died ● **widow** *v.* [T] (*usu.* passive) cause to become a widow or widower. ▶ **widower** *n.* man whose wife has died.

width /wɪdθ; wɪtθ/ *n.* [U, C] measurement from one side of something to the other; how wide something is.

wield /wiːld/ *v.* [T] **1** have and use power, authority, etc. **2** hold something, ready to use it as a weapon or tool: *~ an axe/sword.*

wife /waɪf/ *n.* (*pl.* **wives** /waɪvz/) woman that a man is married to.

wig /wɪg/ *n.* piece of artificial hair that is worn on the head.

wiggle /ˈwɪgl/ *v.* [I, T] (cause something to) move from side to side or up and down in short quick movements: *~ your toes.* ▶ **wiggle** *n.*

wigwam /ˈwɪgwæm/ *n.* type of tent used by Native Americans in the past.

wild /waɪld/ *adj.* **1** living or growing in natural conditions; not kept in a house or on a farm: *~ animals/plants.* **2** (of land) in its natural state; not changed by people. **3** lacking discipline or control: *The horse is ~ and completely out of control.* **4** full of very strong feeling: *~ applause/cheers/clapping.* **5** not carefully planned; not sensible or accurate: *a ~ guess/thought.* **6** **~about** (*infml.*) very enthusiastic about somebody/something **7** affected by storms and strong winds: *~ weather.* [IDM] **run wild** → RUN¹ ● **wild** *n.* **1 (the wild)** [sing.] natural environment that is not controlled by people. **2 (the wilds)** [pl.] area of a country far from towns and cities. ■ **'wild card** *n*. **1** (in card games) card that has no value of its own and takes the value of any card the player chooses. **2** (*computing*) symbol that has no meaning of its own and can represent any letter. ■ **,wildcat 'strike** *n*. sudden unofficial strike by workers. ■ **,wild 'goose chase** *n*. (*infml*.) search for something that is impossible for you to find and so wastes your time. ■ **'wildlife** *n*. [U] wild animals, birds, etc. ▶ **wildly** *adv*. **1** in a way that is not controlled. **2** extremely: *The story spread ~ly like a fire.* ▶ **wildness** *n*.

wilderness /'wɪldənəs/ *n*. [C, usu. sing] large uncultivated area of land. [IDM] **in the wilderness** no longer in an important position, esp. in politics

wiles /waɪlz/ *n*. [pl] clever tricks intended to deceive somebody

wilful (*US also* **willful**) /'wɪlfl/ *adj*. (*disapprov*) **1** (of something bad) done deliberately. **2** determined to do what you want; not caring about what others want. ▶ **wilfully** *adv*.

will¹ /wɪl/ *modal v*. (*short form* **'ll** /l/ *neg.* **will not** *short form* **won't** /wəʊnt/ *pt* **would** /wəd/ *strong form* /wʊd/ *short form* **'d** /d/ *neg.* **would not** *short form* **wouldn't** /'wʊdnt/) **1** used for talking about or predicting the future: *You'll reach in time if you hurry.* ◇ *How long ~ you be resting?* **2** used for showing that somebody is willing to do something: *They won't lend us any more money.* **3** used for asking somebody to do something: *W~ you come with me to the party?* **4** used for ordering somebody to do something: *W~ you be quiet!* **5** used for stating what you think is probably true: *That ~ be the pizza delivery boy at the door.* **6** used for stating what is generally true: *If it's made of wood, then it ~ float.* **7** used for describing habits: *She would sit there, hour after hour, doing nothing.* ◇ *He ~ smoke between courses at dinner* (= it annoys you).

will² /wɪl/ *v*. [T] **1** use the power of your mind to do something or to make something happen: *She ~ed her eyes to stay open.* **2** (*fml*.) formally give your property or possessions to somebody after you die, by means of a will.

will³ /wɪl/ *n*. **1** (*also* **'will power**) [C, U] ability to control your thoughts and actions to achieve what you want to do: *He has an iron ~/a ~ of iron.* **2** [U, C] strong determination to do something that you want to do: *the ~ to die.* **3** [sing.] what somebody wants to happen in a particular situation: (*fml*.) *It is God's ~.* **4** [C] legal document saying what is to happen to somebody's property and money after they die: *to make a ~* [IDM] **at will** whenever or wherever you like.

willing /'wɪlɪŋ/ *adj*. **1** ~(**to**) not objecting to doing something; having no reason for not doing something: *I'm perfectly ~ take charge of the situation.* **2** ready or pleased to help; done enthusiastically: *~ helpers.* ▶ **willingly** *adv*. ▶ **willingness** *n*. [U]

willow /'wɪləʊ/ *n*. tree with thin flexible branches.

wilt /wɪlt/ *v*. [I] **1** (of plants) bend, lose their freshness and begin to die. **2** (*infml*.) become weak or tired or less confident.

wily /'waɪli/ *adj*. (**-ier, -iest**) clever at getting what you want, esp. by deceiving people.

wimp /wɪmp/ *n*. (*infml., disapprov*) person who is not strong, brave or confident.

win /wɪn/ (**-nn-** *pt, pp* **won** /wʌn/) *v*. **1** [I, T] be the most successful in a game, competition, etc. **2** [T] get something as a result of a competition, race, election, etc. **3** [T] achieve or get something that you want, esp. by your own efforts: *try to ~ support for your proposals* [IDM] **win (something) hands down** (*infml*.) win something easily [PV] **win somebody around/over/ round (to something)** get somebody's support by persuading them that you are right. ● **win** *n*. success; victory ▶ **winner** *n*. ▶ **winning** *adj*. **1** that wins or has won something. **2** attractive; pleasing: *a ~ning smile.* ▶ **winnings** *n*. [pl.] money won in a competition, etc.

wince /wɪns/ *v*. [I] show pain, distress, etc. by a sudden slight movement of the face. ▶ **wince** *n*. [C, usu. sing.]

winch /wɪntʃ/ *n*. machine for lifting or pulling heavy weights using a rope or chain. ● **winch** *v*. [T] move by using a winch.

wind¹ /wɪnd/ *n*. **1** (*also* **the wind**) [C, U] air that moves quickly as a result of natural forces: *gale-force ~s.* **2** [U] gas that forms in the stomach and causes discomfort. **3** [U] breath that you need when you do exercises: *I need time to get my ~ back after running so far.* [IDM] **get wind of something** (*infml*.) hear about something secret or private **put the wind up somebody** (*GB, infml.*) make somebody frightened. ● **wind** *v*. [T] make somebody unable to breathe for a short time. ■ **'windfall** *n*. **1** amount of money that somebody/something wins or receives unexpectedly. **2** fruit, esp. an apple, blown off a tree by the wind. ■ **'wind instrument** *n*. musical instrument (*e.g.* an oboe) that you blow into to produce sounds. ■ **'windmill** *n*. **1** building with machinery for grinding grain into flour that is driven by the power of the wind turning long arms (**sails**) **2** tall thin structure with parts that turn round, used to change wind power into electricity. ■ **'wind-**

pipe *n.* passage for air from the throat to the lungs. ■ **'windscreen** (*US* **'windshield**) *n.* window across the front of a motor vehicle. ■ **'windscreen wiper** (*US* **'windshield wiper**) *n.* blade with a rubber edge that moves across a windscreen to make it clear of rain. ■ **'windsurfing** *n.* [U] sport of sailing on water standing on a long narrow board with a sail. ▶ **'windsurfer** *n.* ■ **'windswept** *adj.* **1** (of a place) not protected against strong winds. **2** looking as though you have been in a strong wind: *~swept hair.* ▶ **windy** *adj.* (**-ier, -iest**) with a lot of wind: *a ~y day.*

wind² /waɪnd/ *v.* (*pt, pp* **wound** /waʊnd/) **1** [I, T] (of a road, river, *etc.*) have many bends and twists: *The river ~s (its way) through the countryside.* **2** [T] wrap or twist something around itself or something else. **3** [T] **~(up)** make a clock, etc. work by turning a key, handle, etc. to tighten the spring. **4** [I, T] **~forward/back** operate a tape, film, etc. so that it moves nearer to its ending or starting position: *He wound the tape back to the beginning.* [PV] **wind down 1** (*infml.*) (of a person) rest or relax after a period of activity. **2** (of a piece of machinery) go slowly and then stop. **wind something down 1** bring a business, an activity, etc. to an end gradually over a period of time. **2** make something move downwards by turning a handle, etc.: *~ the window down.* **wind up** (*infml.*) (of a person) find yourself in a particular place or situation: *We eventually wound up in a little cottage by the sea.* **wind (something) up** bring a speech, meeting, etc. to an end. **wind somebody up** (*infml.*) deliberately say or do something to annoy somebody. **wind something up 1** stop running a company, business, etc. and close it completely **2** make something, e.g. a car window, move upwards by turning a handle, etc.

window /'wɪndəʊ/ *n.* **1** opening (*usu.* filled with glass) in a wall, vehicle, etc. to let in light and air. **2** glass at the front of a shop and the area behind it where the goods are displayed. **3** area within a frame on a computer screen, in which a particular program is operating or in which information of a particular type is shown. ■ **'window box** *n.* long narrow box outside a window, in which flowers are grown. ■ **'window dressing** *n.* [U] act of arranging goods attractively in a shop window. ■ **'windowpane** *n.* piece of glass in a window. ■ **'window-shopping** *n.* [U] looking at goods in shop windows, usu. without intending to buy ■ **'window sill** *n.* narrow shelf below a window, either inside or outside.

wine /waɪn/ *n.* [U, C] alcoholic drink made from grapes or other fruit. ● **wine** *v.* [IDM] **wine and dine (somebody)** entertain somebody or be entertained by going to restaurants, enjoying good food and drink, etc.

wing /wɪŋ/ *n.* **1** [C] one of the parts of the body of a bird or insect that it uses for flying. **2** [C] one of the long flat surfaces that stick out from the sides of a plane and support it in flying. **3** [C] part of a large building that sticks out from the main part: *add a new ~ to the school.* **4** [C] (*GB*) part of a car above the wheel. **5** [C] one section of an organization that has a certain function or whose members share the same opinions: *the left/right ~* **6** [C] (in football, hockey, *etc.*) far left or right side of the sports field. **7 (the wings)** [pl.] sides of the stage in a theatre that are hidden from the audience. [IDM] **take somebody under your wing** take care of and help somebody less experienced than you are. ● **wing** *v.* [I, T] (*lit.*) fly somewhere [IDM] **wing it** (*infml.*) do something without planning or preparing it first. ▶ **winged** *adj.* having wings. ▶ **winger** *n.* (in football, hockey, *etc.*) attacking player who plays towards the side of the pitch. ■ **'wingspan** *n.* distance between the end of one wing and the end of the other when the wings are fully stretched.

wink /wɪŋk/ *v.* [I] **1** **~(at)** close one eye and open it again quickly. **2** (*written*) shine with an unsteady light; flash on and off. ● **wink** *n.* act of winking, esp. as a signal to somebody. [IDM] **have forty winks** (*infml.*) sleep for a short time, esp. during the day. **not get/have a wink of sleep | not sleep a wink** not be able to sleep.

winkle /'wɪŋkl/ *n.* small shellfish, like a snail, that can be eaten.

winner, winning → WIN

winter /'wɪntə(r)/ *n.* [U, C] coldest season of the year. ● **winter** *v.* [I] (*fml.*) spend the winter somewhere. ■ **,winter 'sports** *n.* [pl.] sports that people do on snow or ice. ▶ **wintry** /-tri/ *adj.*

wipe /waɪp/ *v.* [T] rub a surface with a cloth, your hand, etc. or rub something against a surface, in order to remove dirt or liquid from it: *~ the table with a cloth ◇ ~ your feet on the mat ◇ Use that cloth to ~ up the mess.* [PV] **wipe somebody/something out** destroy or remove somebody/something completely: *The epidemic ~d out the whole village.* ● **wipe** *n.* act of cleaning something with a cloth.

wire /'waɪə(r)/ *n.* **1** [C, U] (piece of) metal in the form of a thin thread. **2** [C] (*infml., esp.*

US) = TELEGRAM telegram ● **wire** v. [T] **1** connect a building, piece of equipment, etc. to an electricity supply, using wires. **2** connect somebody/something to a piece of equipment, esp. using a tape recorder or computer system. **3** (US) send somebody a message by telegram. ▶ **wiring** n. [U] system of wires that supply electricity to a building, etc. ▶ **wiry** adj. **1** (of a person) thin but strong. **2** strong and rough, like wire.

wireless /'waɪələs/ n. (old-fash.) radio. ● **wireless** adj. lacking or not needing wires.

wisdom /'wɪzdəm/ n. [U] **1** ability to make sensible decisions and give good advice because of the experience and knowledge that you have. **2** ~**of** how sensible something is. ■ **'wisdom tooth** n. any of the four large back teeth that do not grow until you are an adult.

wise /waɪz/ adj. (~**r**, ~**st**) having or showing experience, knowledge and common sense. [IDM] **be none the wiser | not be any the wiser** knowing no more than before. ▶ **wisely** adv.

wish /wɪʃ/ v. **1** [T] want something to happen or be true even though it is unlikely or impossible: I ~ I was going on a world tour. ◇ She ~ed she hadn't been so fat. **2** [T] ~**to** (fml.) want to do something; want something to happen: I ~ to speak to the manager. **3** [I] ~**(for)** think very hard that you want something, esp. something that can only be achieved by good luck or magic: He has everything he could possibly ~ for. **4** [T] say that you hope somebody will be happy, lucky, etc.: ~ somebody good luck/a happy birthday. ● **wish** n. **1** [C] desire or longing for something: I have no ~ to compete, but ... **2** [C] thing that you want to have or to happen. **3** **(wishes)** [pl.] used esp. in a letter or card to say that you hope somebody will be happy, successful, etc.: Dad sends his best ~es. ■ **,wishful 'thinking** n. [U] belief that something will come true simply because you wish it.

wishy-washy /'wɪʃi wɒʃi/ adj. (infml., disapprov) weak or feeble; not firm or clear.

wisp /wɪsp/ n. **1** small thin piece of hair, grass, etc. **2** long thin line of smoke or cloud. ▶ **wispy** adj: ~y hair.

wistful /'wɪstfl/ adj. thinking sadly about something that you would like to have, esp. something in the past that you can no longer have ▶ **wistfully** /-fəli/ adv.

wit /wɪt/ n. **1** [C, U, sing.] (person who has the) ability to say or write things that are both clever and amusing **2** **(wits)** [pl.] your ability to think quickly and clearly and to make good decisions [IDM] **be at your wits' end** be so worried by a problem that you do not know what to do next. **be frightened/scared/terrified out of your wits** be very frightened **have/keep your wits about you** be alert and ready to act. ▶ **witticism** /'wɪtɪsɪzəm/ n. clever and amusing remark. ▶ **witty** adj. (-**ier, -iest**) able to say or write clever, amusing things ▶ **wittily** adv.

witch /wɪtʃ/ n. woman believed to have evil magic powers. ■ **'witchcraft** n. [U] use of magic powers, esp. evil ones. ■ **'witch doctor** n. person believed to have special magic powers to heal people. ■ **'witchhunt** n. attempt to find and punish people with ideas that are thought to be unacceptable or dangerous to society.

with /wɪð; wɪθ/ prep. **1** in the company or presence of somebody/something: live ~ your friends ◇ leave a child ~ a minder. **2** having or carrying something: a coat ~ two pockets ◇ a girl ~ green eyes. **3** using something: cut it ~ a knife **4** used to say what fills, covers, etc. something: Fill the bottle ~ water. **5** in opposition to somebody/something; against somebody/something: argue ~ Rosie **6** concerning; in the case of: be patient ~ them **7** used to show the way in which somebody does something: He behaved ~ great dignity. **8** because of; as a result of: tremble ~ fear **9** because of something and as it happens: Skill comes ~ experience. **10** in the same direction as something: sail ~ the wind **11** in spite of something: W~ all her faults, I still love her. [IDM] **be with me/you** (infml.) be able to understand what somebody is talking about: I'm afraid I'm not quite ~ you. **be with somebody (on something)** support somebody and agree with what they say: We're all ~ you on this one. **with it** (infml.) **1** fashionable **2** understanding what is happening around you.

withdraw /wɪð'drɔː; wɪθ'd-/ v. (pt **-drew** /-'druː/ pp ~**n** /-'drɔːn/) **1** [I, T] (cause somebody/something to) move back or away from a place or situation: ~ complain from the board. **2** [T] stop giving or offering something to somebody: The drug was ~n from sale. **3** [I, T] (cause somebody/something to) stop taking part in something or being a member of an organization: calls for Britain to ~ from the EU. **4** [T] take money out of a bank account. ▶ **withdrawal** /-'drɔːəl/ n. [C, U] (act of) withdrawing. ■ **with'drawal symptoms** n. [pl.] unpleasant effects experienced by a person who has stopped taking a drug they are addicted to. ▶ **withdrawn** adj. (of a person) unusually quiet and shy.

wither /'wɪðə(r)/ v. **1** [I, T] (cause a plant to) dry up and die. **2** [I] become less or weaker, *esp.* before disappearing completely: *All our hopes just ~ed away.* ▶ **withering** *adj.* making somebody feel silly or ashamed: *a ~ing look.*

withhold /wɪðˈhəʊld; wɪθˈh-/ *v.* (*pt, pp* **-held** /-ˈheld/) [T] (*fml.*) **~(from)** refuse to give something to somebody: *~ application approval*

within /wɪˈðɪn/ *prep.* not further than something; inside: *~ seven days* ◊ *~ the city walls.* ● **within** *adv.* (*fml.*) inside.

without /wɪˈðaʊt/ *prep.* **1** not having, experiencing or showing something: *You can't travel in a public transport without tickets.* **2** not in the company of somebody: *Don't go ~ me.* **3** used with the *-ing* form to mean 'not': *He left ~ saying anything.*

withstand /wɪðˈstænd; wɪθˈs-/ *v.* (*pt, pp* **-stood** /-ˈstʊd/) [T] (*fml.*) be strong enough not to be hurt or damaged by extreme conditions, the use of force, etc.: *~ an assault.*

witness /ˈwɪtnəs/ *n.* **1** person who sees an event take place and is able to describe it. **2** person who gives evidence in a court of law. **3** person who signs a document to confirm that another person's signature is real. **4** (*fml.*) sign or proof. ● **witness** *v.* [T] **1** see something happen because you are there when it happens: *~ a theft.* **2** be present when an official document is signed. ■ **'witness box** (*US* **'witness stand**) *n.* place in a court of law where people stand to give evidence.

witticism, witty → WIT

wives *pl. of* WIFE

wizard /ˈwɪzəd/ *n.* **1** man believed to have magic powers. **2** person who is very good at something: *a financial ~*

wizened /ˈwɪznd/ *adj* (*written*) looking smaller and having wrinkles because of old age.

wobble /ˈwɒbl/ *v.* [I, T] (cause something to) move from side to side unsteadily. ▶ **wobbly** *adj.* (*infml.*) unsteady: *a wobbly chair*

woe /wəʊ/ *n.* (*old-fash.* or *hum.*) **1** (**woes**) [pl.] troubles and problems that somebody has. **2** [U] great unhappiness. ▶ **woeful** *adj.* **1** very bad or serious. **2** (*lit.*) very sad.

wok /wɒk/ *n.* large bowl-shaped Chinese cooking pan

woke *pt of* WAKE¹

woken *pp of* WAKE¹

wolf /wʊlf/ *n.* (*pl.* **wolves** /wʊlvz/) fierce wild animal of the dog family. ● **wolf** *v.* [T] **~(down)** (*infml.*) eat something quickly and greedily.

woman /ˈwʊmən/ *n.* (*pl.* **women** /ˈwɪmɪn/) **1** [C] adult female human being. **2** [U] women in general. **3** [C] woman who comes from the place mentioned, does the job mentioned, etc.: *a business~* ▶ **womanhood** *n.* [U] (*fml.*) state or qualities of being a woman. ▶ **womanizer** (*also* **-iser**) *n.* (*disapprov*) man who has sexual relationships with many different women. ▶ **womanly** *adj.* (*approv*) (of a woman) behaving, dressing, etc. in the way that is expected of a woman. ■ **,Women's Libeˈration** (*also infml.* **Women's Lib**) *n.* [U] movement that aimed to achieve the same social and economic rights for women as men.

womb /wuːm/ *n.* organ in a woman's body in which a baby develops before it is born.

won *pt, pp of* WIN

wonder /ˈwʌndə(r)/ *v.* **1** [I, T] feel curious about something; ask yourself about something: *I ~ who she is.* **2** [I] used to make polite requests: *I ~ if you can help me.* **3** [I] **~(at)** (*fml.*) be very surprised by something: *She ~ed at his daring.* ● **wonder** *n.* **1** [U] feeling of surprise and admiration. **2** [C] thing or quality in something that fills you with surprise and admiration: *the ~s of the developed world* ◊ *a ~ drug.* [IDM] **do/work wonders** have a very good effect or result. **it's a wonder (that)** ... (*spoken*) it is surprising or strange: *It's a ~ that they weren't all caught.* **(It's) no/little/small wonder (that)** ... it is not surprising. ▶ **wonderful** *adj.* very good, pleasant or enjoyable. ▶ **wonderfully** *adv.*

wonky /ˈwɒŋki/ *adj.* (*GB, infml.*) unsteady; not straight.

won't /wəʊnt/ *short for* WILL NOT (WILL¹)

woo /wuː/ *v.* [T] **1** try to get the support of somebody: *~ voters.* **2** (*old-fash.*) (of a man) try to persuade a woman to marry him.

wood /wʊd/ *n.* **1** [U, C] hard material that the trunk and branches of a tree are made of. **2** [C] (*also* **woods** [pl.]) area of trees, smaller than a forest [IDM] **not out of the wood(s)** (*infml.*) not yet free from difficulties or problems. ▶ **wooded** *adj.* covered with trees. ▶ **wooden** *adj.* **1** made of wood. **2** not showing enough natural expression, emotion or movement. ■ **'woodland** *n.* [U] land covered with trees. ■ **'woodpecker** *n.* bird with a long sharp beak that makes holes in tree trunks to find insects. ■ **'woodwind** *n.* [sing., with sing. or pl. verb] (players of) wind instruments, e.g. the flute and the clarinet. ■ **'woodwork** *n.* [U] **1** parts of a building made of wood **2** activity or skill of making things from wood. ■ **'woodworm** *n.* [U, C] (damage caused by a) small worm that eats wood. ▶ **woody** *adj.* (**-ier**, **-iest**) **1** of or like wood. **2** covered with trees: *a ~y hillside.*

woof /wʊf/ *exclam.* (*infml.*) word used to describe the sound made by a dog.

wool /wʊl/ n. [U] **1** soft hair of sheep and some other animals. **2** thread or cloth made from animal's wool, used for knitting. ▶ **woollen** (US **-l-**) adj. made of wool. ▶ **woollens** (US **-l-**) n. [pl.] clothes made of wool. ▶ **woolly** (US also **-l-**) adj. (**-ier, -iest**) **1** made of or looking like wool. **2** (of people or their ideas) confused; not clear. ▶ **woolly** n. (pl. **-ies**) (infml.) woollen sweater.

word /wɜːd/ n. **1** [C] written or spoken unit of language. **2** [C] thing that you say; remark or statement: *Have a ~ with your teacher and see what he thinks.* ◇ *Don't say a ~ about it.* **3** [sing.] promise that you will do something or that something is true: *I give you my ~ that I will come back.* ◇ *You'll just have to take my ~ for it* (= believe me). **4** [sing.] piece of information or news: *If ~ gets out about the affair, he'll have to resign.* [IDM] **by word of mouth** because people tell each other and not because they read about it. **have/exchange words (with somebody) (about something)** argue or quarrel with somebody **in other words** used to introduce an explanation of something **in a word** (spoken) used for giving a very short, usu. negative, answer or comment. **(not) in so/as many words** (not) using the exact words somebody said, but suggested indirectly. **say/give the word** give an order; make a request: *Just say the ~, and it will be done.* **too funny, silly, etc. for words** (infml.) extremely funny, silly, etc. **word for word** in exactly the same words ● **word** v. [T] express something in words. ▶ **wording** n. [U, C, usu. sing.] words used in a piece of writing or speech. ■ **,word-'perfect** adj. able to say something from memory without making any mistakes. ■ **'word processing** n. [U] use of a computer to create, store and print a piece of text, usu. typed in from a keyboard. ■ **'word processor** n. computer that runs a word processing program and is usu. used for writing letters, reports, etc. ▶ **wordy** adj. (**-ier, -iest**) using too many words, esp. formal ones.

wore pt of WEAR¹

work¹ /wɜːk/ v. **1** [I, T] do something that requires mental or physical effort, esp. as part of a job: *I've been ~ing hard all day.* ◇ *Doctors often ~ long hours.* **2** [I] have a job: *She ~s for an engineering company.* **3** [I] **~(for)** make efforts to achieve something: *a politician who ~s for peace.* **4** [T] manage or operate something to gain benefit from it: *~ the land* (= grow crops on it, etc.). **5** [I] function; operate: *The lift is not ~ing.* **6** [T] make a machine, device, etc. operate: *Do you know how to ~ the microwave?* **7** [I] have the desired result; be successful: *Will your plan ~?* **8** [T] make a material into a particular shape or form by pressing, stretching it, etc.: *to ~ clay/dough.* **9** [I, T] move or pass to a particular place or state, usu. gradually: *He ~ed his way to the top of his profession.* ◇ *The screw had ~ed loose* [IDM] **work to rule** follow the rules of your job strictly in order to cause delay, as a form of protest against your employer, etc. **work wonders** → WONDER [PV] **work something off** get rid of something by using physical effort: *He ~ed off his frustration by jogging around the park.* **work out 1** train the body by physical exercise. **2** develop in a successful way: *Things ~ed out well for us.* **work out (at something)** be equal to a particular amount: *The total ~s out at £180.* **work somebody out** (infml.) understand somebody's character **work something out 1** calculate something: *~ out the new price* **2** find the answer to something; solve something: *~ out a problem* **3** plan or think of something: *~ out a new scheme.* **work somebody/yourself up (into something)** make somebody/yourself reach a state of great excitement, anger, etc. **work something up** develop or improve something with some effort: *I can't ~ up any enthusiasm for his plan,* **work up to something** develop or move gradually towards something. ▶ **worker** n. person who works. ■ **'workout** n. period of physical exercise ■ **,work-to-'rule** n. act or working strictly according to the rules to cause delay, etc. as a protest.

work² /wɜːk/ n. **1** [U] the job that a person does esp. in order to earn money: *He's been looking for ~ for a year.* ◇ *to be in/out of ~* (= have/not have a job) **2** [U] the duties you have and the activities you do as part of your job: *Police ~ is mainly routine.* **3** [U] tasks that need to be done: *I've plenty of ~ to do today.* **4** [U] place where you do your job: *I go to ~ at 8 o'clock.* **5** [U] use of physical strength or mental power in order to do or make something: *Do you like hard ~?* **6** [U] thing produced as a result of work: *an artist whose ~ I admire.* **7** [C] piece of writing, art, music etc.: *the ~s of Alexander Dumas.* **8** (**works**) [pl.] activities involving building or repair: *road~* **9** (**works**) [C, with sing. or pl. verb] place where industrial processes are carried out: *a gas~* **10** (**the works**) [pl.] moving parts of a machine, etc. [IDM] **at work 1** having an effect on something **2 ~(on)** busy doing something. **get (down) to/set to work** begin. **have your work cut out** have something difficult to do, esp. in the available time. ■ **'workbench** n. long heavy table used for working with tools, etc. ■ **'workbook** n.

book with questions to be answered, usu. in the spaces provided. ■ **'workforce** *n.* [C, with sing. or pl. verb] total number of workers in a factory, industry, etc. ■ **'workload** *n.* amount of work to be done by somebody. ■ **'workman** *n.* man whose job involves physical labour. ■ **'workmanlike** *adj.* done well; skilful. ■ **'workmanship** *n.* [U] skill with which somebody makes something. ■ **,work of 'art** *n.* excellent painting, sculpture, etc. ■ **'workshop** *n.* 1 room or building where things are made or repaired 2 period of group discussion and practical work. ■ **'work-shy** *adj.* (*GB, disapprov*) not wanting to work; lazy. ■ **'workstation** *n.* desk and computer at which a person works. ■ **'worktop** *n.* flat surface in a kitchen, on which food is prepared.

workable /'wɜːkəbl/ *adj.* (of a system, an idea, etc.) that can be used successfully: *a ~ idea.*

workaholic /ˌwɜːkə'hɒlɪk/ *n.* (*infml.*) person who finds it difficult to stop working.

working /'wɜːkɪŋ/ *adj.* 1 having a paid job: *the ~ population.* 2 of or for work: *~ hours/clothes.* 3 good enough, esp. as a basis for further improvement: *a ~ knowledge of Russian.* [IDM] **in running/working order** (*esp.* of machines) working well. ● **working** *n.* [C, usu. pl.] 1 way a machine, organization, etc. operates. 2 parts of a mine or quarry where coal, metal, etc. has been dug from the ground. ■ **,working 'capital** *n.* [U] (*business*) money that is needed to run a business rather than to buy buildings, equipment, etc. at the beginning. ■ **the ,working 'class** *n.* social class whose members do not have much money, etc. and are usu. employed to do manual work. ■ **,working-'class** *adj.* ■ **'working party** *n.* group of people that study and report on a subject.

world /wɜːld/ *n.* 1 (**the world**) [sing.] the earth, its countries and people. 2 [C, usu. sing.] particular part of this: *the French-speaking ~* 3 [C] planet: *There may be other ~s out there.* 4 [C] people or things of a certain kind or activity: *the insect ~* ◇ *the ~ of sport* 5 [sing.] person's environment, experiences, friends, etc.: *Parents are the most important people in a child's ~.* 6 [sing.] our society; all the people in the world: *I don't want the whole ~ to know about it.* 7 [sing.] state of human existence: *this ~ and the next* (= life on earth and after death) [IDM] **do somebody/something the world of good** make somebody feel much better; improve something. **how, why, etc. in the world** (*infml.*) used for emphasis and to show surprise or annoyance: *How in the ~ did you manage to do it?* **out of this world** (*infml.*) absolutely wonderful. **a/the world of difference** (*infml.*) used to emphasize how much difference there is between two things. ■ **,world-'class** *adj.* as good as the best in the world. ■ **,world-'famous** *adj.* known throughout the world. ▶ **worldly** *adj.* (*written*) 1 of material, not spiritual things. 2 having a lot of experience of life. ▶ **worldliness** *n.* [U] ■ **,world 'power** *n.* country with great influence on international politics. ■ **,world 'war** *n.* war involving many important countries. ■ **'worldwide** *adj., adv.* happening all over the world. ■ **the ,World Wide 'Web** (*also* **the Web**) (*abbr.* **WWW**) *n.* [sing.] international multimedia system of sound, pictures and video for finding information on the Internet.

worm /wɜːm/ *n.* 1 small long thin creature with no bones or legs: *W~s wriggling in the mud.* 2 young form of an insect. 3 (*infml., disapprov*) weak worthless person. ● **worm** *v.* [I, T] use a twisting and turning movement, esp. to move through a narrow place: *He ~ed his car through the by-lanes,* [PV] **worm your way/ yourself into something** (*disapprov*) make somebody like you or trust you, in order to gain some personal advantage.

worn[1] *pp* of WEAR[1]
worn[2] /wɔːn/ *adj.* damaged by use or wear. ■ **,worn 'out** *adj.* 1 (of a thing) badly damaged and no longer usable. 2 (of a person) extremely tired.

worry /'wʌri/ *v.* (*pt, pp* **-ied**) 1 [I, T] ~(**about**) (cause somebody/yourself to) be anxious about somebody/ something: *Don't ~ about us. We'll manage.* ◇ *What worries me is how I'm going to get home.* 2 [T] annoy or disturb somebody. 3 [T] (of a dog) attack animals by chasing and/or biting them. ▶ **worried** *adj.* anxious; troubled ● **worry** *n.* (*pl.* **-ies**) 1 [U] state of worrying about something. 2 [C] something that worries you. ▶ **worrying** *adj.* that makes you worry.

worse /wɜːs/ *adj. comparative of* BAD 1 of poorer quality or lower standard; less good: *Her work is bad, but his is ~.* 2 more serious or severe: *an even ~ tragedy.* 3 more ill or unhappy: *She got ~ in the night.* ● **worse** *adv. comparative of* BADLY 1 less well: *She cooks badly, but I cook ~.* 2 more seriously or severely: *It's raining ~ than ever.* [IDM] **be worse off** be poorer, unhappier, etc. than before or than somebody else. ● **worse** *n.* [U] more problems or bad news [IDM] **be none the worse (for something)** not be harmed by something. **the worse for wear** (*infml.*) worn, damaged or tired ▶ **worsen** *v.* [I, T] (cause something to) become worse than it was before.

worship /ˈwɜːʃɪp/ n. [U] **1** practice of showing respect for God or a god by saying prayers, etc. **2** strong feeling of love and respect for somebody/something. ● **worship** v. (-pp- US -p-) **1** [I, T] show respect for God or a god, by going to church, praying, etc. **2** [T] love and admire somebody very much. ▶ **worshipper** (US -p-) n.

worst /wɜːst/ adj. superlative of BAD of the poorest quality or lowest standard; worse than any other person or thing of a similar kind: *the ~ storm of the century.* ● **worst** adv. superlative of BADLY most badly or seriously. ● **worst** n. **(the worst)** [sing.] the worst part, state, event, etc. [IDM] **at (the) worst** used for saying what is the worst thing that can happen **if the worst comes to the worst** if the situation becomes too difficult or dangerous.

worth /wɜːθ/ adj. **1** having a value in money, etc.: *a car ~ £55000* **2** used to recommend the action mentioned because you think it may be useful, enjoyable, etc.: *The book is ~ collecting.* **3** important, good or enjoyable enough to make somebody feel satisfied, esp. when effort is involved: *The job is hard work but the salary is ~it.* [IDM] **for all somebody/it is worth** (infml.) making every effort **worth your while** interesting or useful for somebody to do. ● **worth** n. [U] **1** amount of something that a certain sum of money will buy: *a pound's ~of apples.* **2** financial, practical or moral value of somebody/something. ▶ **worthless** adj. **1** having no value. **2** (of a person) having no good qualities ■ **,worth'while** adj. useful or interesting, and worth the time, money or effort spent.

worthy /ˈwɜːði/ adj. (-ier, -iest) **1** ~(of) deserving something: *~ of blame.* **2** deserving respect

would /wəd; strong form wʊd/ modal v. (short form **'d** /d/ neg. **would not** short form **wouldn't** /ˈwʊdnt/) **1** used as the past form of *will* when reporting what somebody has said or thought: *He said he ~ be here at nine o'clock.* **2** used for describing the result of something imagined: *She'd look better with short hair.* **3** used for making polite requests: *W~ you open a window, please?* **4** used in offers or invitations: *W~ you like a glass of milk?* **5** used to say what you like, love, hate, etc.: *I'd love a cup of coffee.* **6** used to give advice: *I ~n't drink any more, if I were you.* ■ **'would-be** adj. used to describe somebody who is hoping to become the type of person mentioned:*~-be wife.*

wound¹ /wuːnd/ n. injury to the body, esp. one made with a weapon: *a stab ~* ● **wound** v. [T] **1** injure part of the body. **2** hurt somebody's feelings.

wound² /waʊnd/ pt, pp of WIND²

wove pt of WEAVE

woven pp of WEAVE

wow /waʊ/ exclam. (infml.) used for to express great surprise or admiration.

wrangle /ˈræŋgl/ v. [I] n. (take part in) an angry argument that lasts for a long time.

wrap /ræp/ v. (-pp-) [T] cover something completely in material; fold something round somebody/something: *~ (up) a gift ◇ W~ the bandage round your leg.* [IDM] **be wrapped up in somebody/something** (infml.) be so deeply involved with somebody/something that you do not pay enough attention to others. [PV] **wrap (somebody/yourself) up** put warm clothes on somebody/yourself. **wrap something up** (infml.) complete a task, agreement, etc. ● **wrap** n. piece of fabric that a woman wears around her shoulders. ▶ **wrapper** n. piece of paper wrapped round something, e.g. a sweet or newspaper. ▶ **wrapping** n. [C, U] something used for covering or packing something.

wrath /rɒθ/ n. [U] (old-fash. or fml.) extreme anger.

wreak /riːk/ v. [T] (fml.) do great damage or harm to somebody/something.

wreath /riːθ/ n. (pl. ~s /riːðz/) circle of flowers and leaves, esp. one placed on a grave as sign of respect for somebody who has died.

wreathe /riːð/ v. [T] (written) (usu. passive) *~(in/with)* cover or surround something: *hills ~d in mist.*

wreck /rek/ n. [C] **1** ship that has sunk or been very badly damaged **1** car, plane, etc. that has been very badly damaged in an accident. **2** [usu. sing.] (infml.) person who is in a bad physical or mental condition. ● **wreck** v. [T] **1** damage or destroy something. **2** spoil something completely: *The weather ~ed all our plans.* ▶ **wreckage** n. [U] remains of a vehicle, etc. that has been badly damaged or destroyed.

wren /ren/ n. very small brown bird.

wrench /rentʃ/ v. [T] **1** twist or pull somebody/something/yourself violently: *~ the door open.* **2** twist or injure a part of your body. ● **wrench** n. **1** [C] (esp. US) metal tool for holding or turning things. **2** [sing.] sad and painful separation. **3** [C, usu. sing.] sudden and violent twist or pull.

wrestle /ˈresl/ v. [I] **1** ~(with) fight somebody by holding them and trying to throw them to the ground. **2** ~with struggle to deal with a problem. ▶ **wrestler** n. person who wrestles as a sport.

wretch /retʃ/ n. unfortunate or unpleasant

person.

wretched /'retʃɪd/ *adj.* **1** feeling ill or unhappy: *His toothache made him feel ~.* **2** extremely bad or unpleasant. **3** extremely annoying. ▶ **wretchedly** *adv.* ▶ **wretchedness** *n.* [U]

wriggle /'rɪgl/ *v.* [I, T] move with quick short twists and turns: *Stop wriggling and sit still!* [PV] **wriggle out of (doing) something** (*infml.*) avoid doing something unpleasant. ▶ **wriggle** *n.*

wring /rɪŋ/ *v.* (*pt, pp* **wrung** /rʌŋ/) [T] **1** ~**(out)** twist and squeeze something wet to get the water out of it. **2** twist a bird's neck in order to kill it. [IDM] **wring your hands** squeeze and twist your hands because you are sad, anxious, etc. [PV] **wring something from/out of somebody** obtain something from somebody with difficulty ▶ **wringer** *n.* machine for wringing clothes that are wet. ■ **,wringing 'wet** *adj.* very wet.

wrinkle /'rɪŋkl/ *n.* [C, usu. pl.] small fold or line in the skin, esp. caused by age. ● **wrinkle** *v.* [I, T] (cause something to) form wrinkles. ▶ **wrinkly** *adj.*

wrist /rɪst/ *n.* joint between the hand and the arm. ■ **'wristwatch** *n.* watch that you wear on your wrist.

writ /rɪt/ *n.* legal document ordering somebody to do or not to do something.

write /raɪt/ *v.* (*pt* **wrote** /rəʊt/ *pp* **written** /'rɪtn/) **1** [I, T] mark letters or numbers on a surface, esp. with a pen or pencil. **2** [I, T] produce something in written form so that people can read, perform or use it, etc.: *~ a report/novel* **3** [I, T] put information, greetings, etc. in a letter and then send it to somebody: *She promised to ~ to me every week.* **4** [T] put information in the appropriate places on a cheque or form. **5** (*computing*) record data in the memory of a computer. [IDM] **be written all over somebody's face** (of a feeling) be very obvious from the expression on somebody's face. [PV] **write something down** write something on paper to remember or record it. **write off/away (to somebody/something) (for something)** write a letter to an organization, etc. to order something, ask for information, etc. **write somebody/something off 1** ~**(as)** decide that somebody/something is a failure and not worth paying attention to. **2** (*business*) cancel a debt **3** (*GB*) damage something, esp. a vehicle, so badly that it is not worth repairing. **write something out** write something in full. **write something up** make a full written record of something. ■ **'write-off** *n.* **1** (*GB*) vehicle so badly damaged that it is not worth repairing. **2** (*business*) act of cancelling a debt and accepting that it will never he paid. ■ **'write-up** *n.* article giving somebody's opinion of a new book, play, etc. in a newspaper.

writer /'raɪtə(r)/ *n.* **1** person whose job is writing books, stories, etc. **2** person who has written a particular thing: *the ~ of the novel.*

writhe /raɪð/ *v.* [I] twist or move your body about, esp. because you are in pain.

writing /'raɪtɪŋ/ *n.* **1** [U] activity of writing. **2** [U] books, articles, etc. in general. **3** (**writings**) [pl.] written works of an author. **4** [U] person's handwriting. ■ **'writing paper** *n.* [U] (*usu.* good quality) paper for writing letters on.

written *pp of* WRITE

wrong /rɒŋ/ *adj.* **1** not true or correct; mistaken: *a ~ answer* ◇ *prove that somebody is ~* **2** causing problems or difficulties; not as it should be: *What's ~ with your nose?* **3** not suitable, right or what you need: *catch the ~ train* **4** not morally right or honest: *It is ~ to steal.* ● **wrong** *adv.* in a way that produces a result that is not correct or that you do not want: *You've spelt my name ~.* [IDM] **go wrong 1** make a mistake **2** (of a machine) stop working correctly. **3** experience problems or difficulties. ● **wrong** *n.* **1** [U] behaviour that is not honest or morally acceptable: *know the difference between right and ~* **2** [C] (*fml.*) dishonest or illegal act [IDM] **in the wrong** responsible for an accident, mistake, etc. **on the wrong track** → TRACK ● **wrong** *v.* [T] (*usu.* passive) (*fml.*) treat somebody badly or unfairly ■ **wrongdoer** *n.* person who does something dishonest or illegal. ■ **'wrongdoing** *n.* [U] ▶ **wrongful** *adj.* (*law*) not fair, morally right or legal: *She sued her employer for ~ful dismissal.* ▶ **wrongfully** *adv.* ▶ **wrongly** *adv.*

wrote *pt of* WRITE

wrought iron /,rɔːt 'aɪən/ *n.* [U] form of iron used to make decorative fences, gates, etc.

wrung *pt, pp of* WRING

wry /raɪ/ *adj.* **1** showing that you are both amused and disappointed or annoyed: *a ~ face.* **2** amusing in an ironic way: *a ~ smile.* ▶ **wryly** *adv*

WWW /,dʌblju: dʌblju: 'dʌblju:/ *abbr.* = WORLD WIDE WEB.

WYSIWYG /'wɪzɪwɪg/ *abbr.* (*computing*) what you see is what you get; what you see on the computer screen is exactly the same as will be printed.

X x

X, x /eks/ *n.* [C, U] (*pl.* **X's, x's** /'eksɪz/) **1** the twenty-fourth letter of the English alphabet. **2** Roman numeral for 10. **3** (*maths*) unknown quantity. **4** used to represent a kiss at the end of a letter, etc.

xenophobia /ˌzenəˈfəʊbiə/ *n.* [U] (*disapprov.*) great dislike or fear of foreigners.

Xerox™ /ˈzɪərɒks/ *n.* **1** process for producing copies of letters, documents, etc. using a special machine. **2** copy made using Xerox. ▶ **xerox** *v.* [T] make a copy of a letter, document, etc. by using Xerox.

Xmas /ˈkrɪsməs; ˈeksməs/ *n.* [C, U] (*infml.*, *written*) used as a short way of writing 'Christmas'.

X-ray /ˈeks reɪ/ *n.* [C] **1** [usu. pl.] type of radiation that can pass through objects and make it possible to see inside them. **2** photograph made by X-rays: *a chest ~* ● **X-ray** *v.* [T] photograph and examine bones and organs inside the body using X-rays.

xylophone /ˈzaɪləfəʊn/ *n.* musical instrument with a row of wooden bars that are hit with small wooden hammers.

Y y

Y, y /waɪ/ n. [C, U] (pl. **Y's, y's** /waɪz/) the twenty-fifth letter of the English alphabet. ■ **'Y-fronts™** n. [pl.] (GB) men's underpants with an opening in the front sewn in the form of an inverted Y.

yacht /jɒt/ n. large sailing boat, often with an engine and a place to sleep on board, used for pleasure trips and racing. ▶ **yachting** n. [U] sport or activity of sailing or racing yachts.

yam /jæm/ n. [C, U] large root of a tropical plant that is cooked as a vegetable.

Yank /jæŋk/ n. (GB, infml. often disapprov.) person from the US.

yank /jæŋk/ v. [I, T] (infml.) pull somebody/something hard, quickly and suddenly.

yap /jæp/ v. (-pp-) [I] **1** (of small dogs) make short sharp barks. **2** (infml.) talk in a silly, noisy and usu. irritating way.

yard /jɑːd/ n. **1** (GB) area outside a building, usu. with a hard surface and a surrounding wall. **2** (US) = GARDEN(1). **3** (usu. in compounds) area of land used for a special purpose or business: back ~ **4** (abbr. **yd**) unit for measuring length equal to 3 feet (0.9144 of a metre). ■ **'yardstick** n. standard used for judging how good or successful something is.

yarn /jɑːn/ n. **1** [U] thread that has been spun for knitting, weaving, etc. **2** [C] (infml.) long story.

yawn /jɔːn/ v. [I] **1** open your mouth wide and breathe in deeply, usu. because you are tired or bored. **2** (of a large hole or empty space) be very wide and often frightening: a ~ing hole on the road ● **yawn** n. act of yawning.

yd abbr (pl ~**s**) = YARD.

yeah /jeə/ exclam. (infml.) yes.

year /jɪə(r)/; also /jɜː(r)/ n. [C] **1** period of 365 days (or 366) from 1 January to 31 December: The library works all (the) ~ round. (= during the whole year). **2** period of 12 months, measured from any particular time. **3** period of 12 months connected with a particular activity: the graduation ~ **4** (esp. GB) (at a school, etc.) level that you stay in for one year: He was in my ~ in college. **5** [usu. pl.] age: time of life: I was 10 ~s old when I first went to London. [IDM] **year in, year out | year after year** every year for many years. ▶ **yearly** adj., adv. (happening) every year or once a year.

yearn /jɜːn/ v. [I] ~**for/to** (lit.) want something very much: He ~ed for his mother's love. ▶ **yearning** n. [C, U] (written) strong and emotional desire.

yeast /jiːst/ n. [C, U] fungus used in making beer and wine, or to make bread rise.

yell /jel/ v. [I, T] shout loudly ● **yell** n. loud shout.

yellow /'jeləʊ/ adj. **1** of the colour of lemons or butter. **2** (infml., disapprov.) easily frightened. ● **yellow** n. [U, C] the colour of lemons or butter. ● **yellow** v. [I, T] (cause something to) become yellow: His face turned ~ due to illness. ▶ **yellowish** adj. slightly yellow. ■ **,Yellow 'Pages™** (US also **,yellow 'pages**) n. [with sing. or pl. verb] telephone directory listing companies, etc. by the service they provide.

yelp /jelp/ v. [I] n. (make a) short sharp cry, esp. of pain.

yen /jen/ n. [C] **1** (pl. **yen**) unit of money in Japan. **2** [usu. sing.] strong desire: She always had a ~ to travel.

yes /jes/ exclam. used when accepting, agreeing, etc.: Y~, we will go to the match tomorrow. ● **yes** n. answer that shows you agree with an idea, a statement, etc.

yesterday /'jestədeɪ, -di/ adv., n. [U] **1** (on) the day before today. **2** (in) the recent past.

yet /jet/ adv **1** used in negative sentences and questions to talk about something that has not happened but that you expect to happen: They haven't reached there ~. ◊ She is ~ to join the company (= She has not joined the company yet). **2** at some future time: I may marry him ~. **3** used to emphasize an increase in number, amount or the number of times something happens: ~ another of their policies. **4** still: I have ~ to go for dinner. (= I have still not gone for dinner.) [IDM] **as yet** until now/then. ● **yet** conj. in spite of what has just been said: a hardworking ~ dumb ~ hardworking girl.

yew /juː/ n. [C, U] **1** (also **'yew tree**) small tree with dark green leaves and red berries. **2** wood of the yew.

Y-fronts → Y, y.

yield /jiːld/ v. **1** [T] produce or provide something, e.g. a profit, result or crop: The agricultural sector would ~ a lot of profit this year. **2** [I] ~**(to)** stop resisting something/somebody; agree to do something that you do not want to do: ~ to his dictates. **3** [T] (fml.) allow somebody to win, have or take control of something that has been yours until now. ● **yield** n. [C, U] total amount of crops, profits, etc. produced: a ~ of nine tonnes of crop per hectare. ▶ **yielding** adj. **1** (of a substance) soft and easy to bend. **2** (of a person) willing to do what others want.

yippee /jɪ'piː/ exclam. (infml.) used to express pleasure or excitement.

yodel /'jəʊdl/ v. (-ll- US -l-) [I, T] sing or call in the traditional Swiss way, with frequent changes from the normal voice to high notes.

yoga /ˈjəʊgə/ n. [U] **1** Hindu philosophy that teaches you how to control your body and mind. **2** system of exercises for your body and for controlling your breathing.

yoghurt /ˈjɒgət/ n. [U, C] thick white liquid food made by adding bacteria to milk and often flavoured with fruit.

yoke /jəʊk/ n. **1** [C] piece of wood placed across the necks of two oxen so that they can pull heavy loads. **2** [sing.] (*fml.*) harsh treatment or control: *She is free from the ~ of drudgery.*

yokel /ˈjəʊkl/ n. (*hum.* or *disapprov.*) person from the countryside.

yolk /jəʊk/ n. [C, U] yellow part of an egg.

yonder /ˈjɒndə(r)/ adj., adv. (*old-fash.*) (that is) over there.

you /juː/ pron. (used as the subject of a *v.* or as the object of a *v.* or *prep.*) **1** person or people being spoken to or written to. **2** used for referring to people in general: *It's an easy job for ~.*

You'd /juːd/ *short for* YOU HAD, YOU WOULD.

you'll /juːl/ *short for* YOU WILL.

young /jʌŋ/ adj. (**~er** /-ŋgə(r)/ **-est** /-ŋgɪst/) having lived or existed for a short time: *a ~ minister.* ● **young** n. [pl.] **1** young animals or birds; offspring. **2 (the young)** young people as a group. ▶ **youngish** adj. fairly young. ▶ **youngster** /-stə(r)/ n. (*infml.*) young person or child.

your /jɔː(r)/ adj. belonging to you: *How is ~ daughter now?* ▶ **yours** /jɔːz/ pron. **1** of or belonging to you: *Is that chair ~s?* **2** (*usu.* **Yours**) used at the end of a letter before signing your name: *Y ~s faithfully/sincerely/truly.*

you're /jʊə(r); jɔː(r)/ = YOUR ARE (BE).

yourself /jɔːˈself/ pron. (*pl.* **-selves** /-ˈselvz/) **1** used as a reflexive when the person or people doing something are also the person or people affected by it: *Have you painted it ~?* **2** used for emphasis: *You did it ~!* [IDM] **(all) by yourself/yourselves 1** alone. **2** without help.

youth /juːθ/ n. (*pl.* **~s** /juːðz/) **1** [U] time or state of being young: *in her ~* **2** [C] young man. **3** (also **the youth**) [pl.] young people considered as a group. ▶ **youthful** adj. young; seeming young: *a ~ful character.* ■ **ˈyouth hostel** n. building that provides cheap and simple accommodation to young people who are travelling.

you've /juːv/ *short for* YOU HAVE.

yuck /jʌk/ exclam. (*infml.*) used to express disgust.

yuppie /ˈjʌpi/ n. (*infml.* often *disapprov*) young professional person, esp. one who is ambitious and earns a lot of money.

Z z

Z, z /zed/ n. [C, U] (pl. **Z's, z's** /zedz/) the twenty-sixth letter of the English alphabet.

zany /'zeɪni/ adj. (**-ier, -iest**) (infml.) strange or unusual in an amusing way.

zeal /ziːl/ n. [U, C] (written) energy and enthusiasm ▶ **zealous** /'zeləs/ adj. (written) full of zeal.

zealot /'zelət/ n. often (disapprov) person who is very enthusiastic about something, esp. religion or politics.

zebra /'zebrə; 'ziːbrə/ n. African wild animal like a horse with black and white stripes on its body. ■ **ˌzebra ˈcrossing** n. (GB) area on the road marked with black and white stripes where people may cross.

zenith /'zenɪθ/ n. (fml.) highest point of something.

zero /'zɪərəʊ/ number **1** 0; nought. **2** temperature, pressure, etc. that is equal to zero on a scale: *The temperature was below ~ degrees on Sunday.* **3** lowest possible amount or level; nothing at all. ● **zero** v. [PV] **zero in on somebody/something 1** fix all your attention of the person or thing mentioned. **2** aim a gun, etc. at the person or thing mentioned. ■ **ˈzero hour** n. [U] time when an important event, an attack, etc. is to start.

zest /zest/ n. **1** [sing., U] enjoyment and enthusiasm **2** [U, sing.] quality of being interesting and enjoyable. **3** [U] outer skin of an orange or lemon.

zigzag /'zɪgzæg/ n. line that turns right and left at sharp angles. ● **zigzag** v. (**-gg-**) [I] move forward with sudden sharp turns first to the left and then to the right: *The path ~ to disappear in the woods.*

zinc /zɪŋk/ n. [U] (symb. **Zn**) bluish-white metal.

zip (also **ˈzip fastener**) /zɪp/ n. device for fastening clothes, bags, etc. consisting of two rows of metal or plastic teeth that you can pull together to close something or pull apart to open it. ● **zip** v. (**-pp-**) [T] **1** open or close something with a zip. **2** (computing) make computer files, etc. smaller so that they use less space on a disk, etc. ■ **ˈZip code** n. (US) = POSTCODE (POST¹) ▶ **zipper** n. (esp. US) = ZIP

zither /'zɪðə(r)/ n. flat musical instrument with many strings.

zodiac /'zəʊdiæk/ n. (**the zodiac**) [sing.] imaginary band in the sky containing the positions of the sun, moon and planets, divided into twelve equal parts: *Her ~ sign is Scorpio.*

zombie /'zɒmbi/ n. (infml.) person who seems only partly alive, without any feeling or interest in what is happening.

zone /zəʊn/ n. area or region with particular features or uses: *a time ~* ◇ *a smoke-free ~.*

zoo /zuː/ n. (pl. **~s**) park where living animals are kept for people to look at. ■ **ˈzookeeper** n. person who works in a zoo taking care of the animals.

zoology /zəʊ'ɒlədʒi; zu'ɒl-/ n. [U] scientific study of animals and their behaviour. ▶ **zoological** /ˌzəʊə-'lɒdʒɪkl; ˌzuːə'l-/ adj. ▶ **zoologist** n. student of or expert in zoology.

zoom /zuːm/ v. [I] **1** move or go somewhere very fast. **2** (of prices, *etc.*) increase suddenly and sharply. [PV] **zoom in/out** (of a camera) show the object that is being photographed from closer/further away, using a zoom lens. ■ **ˈzoom lens** n. camera lens that can make the object being photographed appear bigger or smaller.

zucchini /zu'kiːni/ n. (pl. **zucchini** or **~s**) (US) = COURGETTE.

Other Dictionaries by Sterling Publishers

The Sterling Dictionary of English for Everyday Use
Arjuna Hulugalle

The Sterling Concise Dictionary of English for Everyday Use
Arjuna Hulugalle

The Sterling Dictionary of Business Terms
Arjuna Hulugalle

The Sterling Dictionary of Literary Terms
Amrita Sharma

The Sterling Dictionary of Idioms
Vijay Kumar

The Sterling Dictionary of Anthropology
Ram Narayan Das

The Sterling Dictionary of Physics
Jasvinder Singh

The Sterling Dictionary of Economics
Dipavali Debroy

The Sterling Dictionary of Statistics
Sudarshan Kapur

The Sterling Dictionary of Biology
Dr Poonam Jain

The Sterling Dictionary of Zoology
Sudhir Pradhan

The Sterling Dictionary of Chemistry
Anand Dhingra

The Sterling Dictionary of Religion
Amrita Sharma